llem waren fe
as Chaos ging
del, in der Tief
chaffene, die
engewesen is
ala Le cha
t ins Dasein, d
agen wollen, d
rschaffene di
l vielen ander
n. Zuerst frei

Erschienen
im Jubiläumsjahr 2002
bei Klett-Cotta

SIEGFRIED
und
KRIMHILD

ROMAN

Die älteste Geschichte aus der Mitte Europas
im 5. Jahrhundert notiert, teils lateinisch, teils in der Volkssprache,
ins irische Keltisch übertragen
von Kilian Hilarus von Kilmacduagh
im 19. Jahrhundert von John Schazman ins Englische

Ins Deutsche übersetzt, mit den wahrscheinlichsten Quellen
verglichen und mit Erläuterungen versehen
von Jürgen Lodemann

KLETT-COTTA

Glaub mir, ich beneide keinen, der mit heilem Fell davonkommt und übrig bleibt. Irgendwas stimmt an unserer Zeit nicht. Irgendwas stimmt an ganz Deutschland nicht.

Letzter Brief des 19jährigen K.
am 8. 9. 1914, bevor er »fiel«

An meine Leser

Galway, 9. 11. 1848

Heute, zum Ende meines Lebens, muß ich, John Schazman, wohl einsehen, daß sich in Irland kein Verleger findet für das, was ich vor fast einem halben Jahrhundert entdeckte. Mehr als zehn Jahre lang übersetzte ich eine sehr alte Kelten-Chronik ins Englische, beflügelt von der Freude, in den Gewölben von *Nun's Island* eine Geschichte gefunden zu haben von den Anfängen des heutigen Europa. Nun's Island (»Nonnen-Insel«), ein Klostergelände am Westrand der Stadt Galway, Europas westlichster Hafenstadt

In dieser Liebesgeschichte, die zugleich eine Mordgeschichte ist, sah ich unsere eigene vertrackte Gegenwart widergespiegelt, wie in einem Zauberglas. Ich mochte argumentieren, wie ich wollte, mein Verleger in Galway, mit dem ich befreundet zu sein meinte, erklärte meine Übersetzung für verlorene Liebesmüh. Was da erzählt würde, habe mit Irland nichts zu tun, das käme aus barbarischer Vorzeit und aus ganz anderen Winkeln Europas, wo das auch höchstens hingehörte, an den Rhein, nach Deutschland, Holland, Frankreich, Österreich, Italien und Ungarn und in die Schweiz und auf den Balkan. Unter dem Preußenkönig Friedrich habe man kürzlich ähnliches vorchristliches Zeugs gefunden und ebenfalls verworfen als ganz und gar unnötiges Brimborium. 1755 war eine erste Handschrift des klösterlichen »Nibelungenlieds« entdeckt worden, ein Christoph Heinrich Müller publizierte es 1783 unter dem Titel »Der Nibelunge Liet. Ein Rittergedicht«

Mein Verleger beteuerte, in Irland wie im aufgeklärten England werde sich niemand für das Kauderwelsch dieser alten Wilden und ihrer Götter interessieren. Schon der sehr vernünftige Preußenkönig

Friedrich, ein gebildeter Herrscher, habe solche Schriften persönlich geprüft und festgestellt, daß sie vollkommen wertlos seien. Friedrich II. von Preußen (»der Große«) über das »Rittergedicht«: »Hochgelahrter, lieber getreuer (Müller), Ihr urtheilt viel zu vortheilhaft von denen Gedichten, deren Druck Ihr befördert habet. . . . Meiner Meinung nach sind solche nicht einen Schuß Pulver werth und verdienen nicht, aus dem Staube der Vergessenheit gezogen zu werden. In meiner Büchersammlung wenigstens würde ich dergleichen elendes Zeug nicht dulten . . . Euer sonst gnädiger König Frch., Potsdam, d. 22. Februar 1784«

Den unbekannten Nachlebenden, die einst mit Sicherheit das Magische und zugleich Aufklärende dieser keltischen Chronik erkennen werden, widme ich in Liebe meine Übersetzung und nenne sie »Die Kilianschronik« nach dem wackeren Manne, dem es gelang, diese unerhörte Geschichte vor den kirchlichen Kontrolleuren zu retten, zuletzt dadurch, daß er sie ins irische Keltisch übersetzte.

Auf dem Kontinent wurde spätestens unter Kaiser Ludwig, der den Beinamen »der Fromme« bekam, alles Heidnische, das noch sein Vater Karl der Große hatte sammeln lassen, vernichtet und verbrannt. Einhard, Zeitgenosse und Biograph Karls des Großen: *Barbara et antiquissima carmina, quibus veterum regum actus et bella canebantur, Carolus scripsit memoriaeque mandavit.* »Karl ließ volkssprachige sehr alte Lieder, in denen die Taten und Kriege von Königen vergangener Zeiten besungen wurden, aufschreiben und dem Gedächtnis bewahren.« – Dagegen heißt es von Karls Sohn, von »Ludwig dem Frommen« (Regierungszeit 814 bis 840), daß er *poetica carmina gentilia* (»heidnische Poesie«) verachtete und verbrennen ließ

Im Namen des Bewahrers der ungeheuren Chronik, im Namen des irischen Mönchs Kilian grüße ich meine Leser. Auch ich glaube an ein Leben nach dem Tode.

John J. B. B. Schazman

John J(acob) B(enjamin) B(althazar) Schazman, geboren am 23. 10. 1781 in Dublin, ein Schüler des Historikers James Hardiman (Verfasser u.a. von *The History of the Town and the County of Galway from the Earliest Periods to the Present*, Dublin 1820), starb am 21. 1. 1851 in Galway.

Nachforschungen ergaben, daß ihm seit 1849 der Prozeß gemacht worden war. Man wertete seinen Fund in *Nun's Island* als Diebstahl. Die keltische »Kilianschronik« kam zurück in kirchlichen Besitz

Seit langem vermutet die Literaturwissenschaft, daß den verschiedenen poetischen Versionen des Nibelungenstoffes eine gemeinsame Quelle zugrunde gelegen haben muß, »eine historische Chronik« aus der Zeit der Völkerwanderung, »ein zeitgenössischer Bericht« über Ereignisse im 4. und 5. Jahrhundert, »wahrscheinlich in lateinischer Sprache« (vgl. S. 147). Als »chronikalische Prosa« beschreiben die Forscher diese Chronik. Wenn man sie fände, hieß es, würde sie die Zeit der »Völkerwanderung« dokumentieren, eine Zeit der Völkerwendung. Damals etablierte sich das Christentum als Staatsreligion, wendete sich das Altertum ins Mittelalter

Schazmans Übertragung ins Englische verblieb in den Beständen der Buchhändler-Dynastie Kenny in Galway. Nach meinem Fernsehfilm über diese Stadt (»Columbus: Wir haben in Galway Bemerkenswertes gesehen«, 90 Minuten, SWF, 1988) schenkte mir Thomas Kenny einen Stapel von mehreren hundert alten Blättern, eng beschrieben. John Schazmans Hinterlassenschaft. Seine Übersetzung aus dem Keltischen ins Englische, verteilt auf sechs »Bücher«. Die Blätter beginnen mit einem Gebet des Mönchs Kilian. Es folgt das von der Germanistik seit langem gesuchte *missing link*, die »chronikalische Prosa«, die Urfassung des Nibelungenstoffes (vgl. S. 147 und 884)

Dona nobis lucem

»Gib uns Aufklärung«

Heimlich übergebe ich heute zehn unbeschriebene Pergamente
meinem eingekerkerten Freund *Gislaharus*,
dem jüngsten der Kinder des Königs Gundomar,
ich gebe sie ihm in der Hoffnung, dieser gelehrte junge Mann werde,
bevor man ihn hinrichtet,
aufschreiben können, aus welchem Grund er verurteilt wurde
und wer den Gast aus dem Niederland ermordet hat,
Krimhilds geliebten Freund.
So handelt und hofft Kilian *Hilarus*, Mönch aus *Kilmacduagh*

Das Kloster *Kilmacduagh* (ca. 50 Kilometer südlich Galway) ist seit dem
6. Jahrhundert Ruine

Mein Wunsch, daß Giselher aufschreibt, was passiert ist,
ist deshalb so inständig,
weil sowohl der Mord an dem Niederländer
als auch Giselhers eigene Verurteilung Beweise sind dafür,
daß unsere heilige christliche Religion zu einer Todesreligion wird,
die das Leben und die Welt verachtet,
die nur noch das paradiesische Jenseits preist
und nicht mehr das umsichtige Wirken im Diesseits.
Diese Vorgänge sind ebenso wie die Geschichte des Niederländers
so vertrackt und verhängnisvoll,
daß sie einen Chronisten benötigen, der die schärfsten Sinne hat

und den klarsten Kopf.
Ich, Gottes Mönch Kilian *Hilarus* aus Irland,
werde alle Blätter, sobald Giselher sie beschriftet hat,
verbergen in meiner Einsiedelzelle im Wackeswald

In den Vogesen. Die früheste Christianisierung im mittleren Europa betrieben im 5. und 6. Jahrhundert westlicher Zeitrechnung irische und schottische Missionare, die anfangs als Einsiedler lebten oder in kleinsten Klöstern. Ihre Glaubensrichtungen wurden von der Zentrale in Rom mehr und mehr verdächtigt, Heidnisches zu respektieren, die Mönche wurden diszipliniert (»romanisiert«)

Am sichersten wäre es freilich, ich brächte,
was mein Freund aufschreibt,
über das Meer zu meinem Kloster am Westrand der bewohnten Welt
und übersetzte dort, ohne Hast und Angst, alles ins Keltische.
So entginge Giselhers Bericht
dem Zugriff der neuen Herren
und könnte bis zum Beginn besserer Zeiten dort überdauern,
wo am Rand unserer Welt der endlose Ozean beginnt

Das irische Keltisch war eine frühe literarische Schriftsprache, in Europa war sie nördlich der Alpen die erste

Omnipotens Genitor, tu salva hic et nunc
filio tuo Gislaharo laeto
multis infectum quo sit medicamen!
Dona nobis lucem!
Incorrupta historia est servanda
pro libertate populorum
et humanae vitae progressione

»Allmächtiger Schöpfer, stärke hier und jetzt
Deinen Sohn, den fröhlichen Giselher,
auf daß er für möglichst viele eine Medizin sei

Gib uns Erleuchtung
Die unverfälschte Geschichte muß gerettet werden
für die Freiheit der Völker
für ein menschenwürdiges Dasein«

Kraft und Sorgfalt flehe ich herab auf den Poeten,
der, obwohl er ein Gelehrter ist,
auch die Sprache der Leute versteht und liebt,
diejenigen Geschichten und Gesänge,
die *theodisk* genannt werden oder *diutisk*
und denen die Verachtung der neuen lateinischen Herren gilt

Theodisk oder *diutisk* (»deutsch«) entstand aus *thiod* oder *diet* = »Leute«, »Bevölkerung«, »Stamm«. *Thiodisk* oder *diutisk* zu sprechen, meint also »reden wie die Leute«, wie die Nicht-Gelehrten. Erst 300 Jahre nach der »Kilianschronik«, erst 786 wurde ein päpstliches Dekret nicht mehr nur lateinisch publiziert, sondern zum erstenmal auch *diutisk*, in der Sprache der Bevölkerung

»Deutsch«, ursprünglich ein Schichtbegriff, war ein Name für die (lateinisch) nicht Gebildeten, für Volk, Plebs, Pack, Zuwanderer. »DEM DEUTSCHEN VOLKE« wäre demnach Pleonasmus (Wortverdoppelung) und hieße wörtlich: »Dem Bevölkerungsvolke«. »Deutsch« meinte die, die Mühen hatten mit dem Vokabular derer da oben

Qui mundum perpetua et inexplicabili ratione gubernas
Tu cuncta superno ducis ab exemplo tuo
Pulchrum pulcherrimus ipse mundum
Mente gerens similique in imagine formans
Nunc almus assis creator
Benignus fautor Gislaharo servo claustrali carcere septo
Tentare debet argumento litterato ingenti testis certare
Contra homicidium
Ipse dolens in carcere mortis obumbrante
Amen! Amen!

»Der Du die Welt nach ewigen und unerforschlichen Gesetzen regierst
Der Du das All von deinem himmlischen Urbild her führst
Du trägst die unfaßlich schöne Welt,
Du, selber unfaßlich schön,
trägst uns alle nach deinem eigenen Bild –
Nun aber steh uns bei, allwaltender Weltenschöpfer,
Hilf deinem Knecht Giselher.
Der, eingesperrt im Kerker des Klosters,
versuchen muß, mit einem groß angelegten literarischen Zeugenbeweis
gegen einen Mord zu kämpfen,
selber schmachtend in der finsteren Todeszelle.
So ist es. So sei es«

Meinen Giselher nennen die Leute »fröhlich«,
weil er die diejenigen Lieder liebt,
die als die heidnischen gelten und neuerdings als die teuflischen,
die nun verbannt werden und verbrannt,
womit unsere Historie von Grund auf verfälscht wird.
Die unvorstellbar schöne, die unfaßliche Gottheit,
sie verleihe meinem poetischen Freund in seinem Lorscher Loch
alle Kraft der Sinne, alle Klarheit der Kopfes!
Darum betet

Kilian

Barbetomagus, anno Domini CDLXXXVI, Aprili mense, pasche bis septima luna
»Worms, im Jahr des Herrn 486, im Monat April, es war eben Vollmond« (Ostern)

ERSTES BUCH

DE PRINCIPIIS

»Von den Anfängen«

In diesem ersten Buch gibt es:

Päpste ∾ Rheinische Bischöfe ∾ Völkerwanderungen ∾ Traumfalken ∾ Arminius ∾ weitsichtige Iren ∾ entfesselte Frauen ∾ Lichtbringer Lucifer ∾ kölnische Grobiane ∾ Soldaten Christi ∾ Ritterkreuze ∾ Eiserne Kreuze ∾ Alberich ∾ die Weltenesche Yggdrasil ∾ nackte Nornen ∾ stachlige Zwerge ∾ Amazonen ∾ Nymphen ∾ Lindwurm Nidgir ∾ Gänsegier ∾ Drachenkampf ∾ Wotan ∾ Germanen ∾ Deutsche ∾ Erlkönigs Töchter ∾ nächtlicher Drachenfels ∾ Roms Untergang ∾ Brünhild ∾ Kirchengründer Sankt Petrus ∾ Fabulierer Äsop ∾ Stahl ∾ Krupp ∾ Ruhrrevier ∾ libellische Bücher ∾ Teufelsnadeln ∾ Anthrazit ∾ Rheingold

Am Anfang von allem waren Feuer und Wasser. Licht und Nebel bildeten das Chaos *Ginungagap*. In der ältesten überlieferten deutschen Sprache ist *Ginungagap* das »klaffend Schlingende« (gin = »Rachen«), noch heute erkennbar in Wörtern wie »gähnen« und »beginnen«

Zwischen dem südlichen Feuer *muspel* und dem nördlichen Nebel *nifhel*, in der Tiefe von *Ginungagap* wohnte und wohnt die Unerschaffene, die bei den Griechen *Gaia* heißt und die immer gewesen ist und immer sein wird, in stets anderer Weise. *Gaia* lebt im Chaos und begehrt, und was sie begehrt, das tritt ins Dasein. Denn wenn Licht und Nebel einander erschlagen wollen, dann durchdringen sie sich. So zeugt die Unerschaffene die Kräfte der Welt, die in Burgund und bei vielen anderen Stämmen nach wie vor als Götter gelten.

Zuerst freilich zeugte sie auf Bornholm den *Bor*. Den *Bor* erschlug sein Sohn *Gar*. Den tötete sein Bruder *Grindel*. Als wären am Anfang nicht Begehren und Durchdringen gewesen, sondern Beseitigen und Erschlagen.

Ich, Giselher, jüngster Sohn des burgundischen Königs Gundomar, nun im Kerker des Klosters Lorsch, will beschreiben, warum einer erschlagen wird. Warum unser Gast aus Xanten kurz vor dem Tag, der an die Kreuzigung des Jesus erinnert, ermordet wurde. Meine Wächter sind mir gewogen. Wo nicht, werde ich sie zu täuschen wissen, damit ich einen dieser Morde, mit denen alles zu beginnen und mit denen alles zu enden scheint, schildern kann von seinen ersten Anfängen bis zu seinem entsetzlichen Ende.

Beschreiben will ich, wie sehr der Mann aus dem Niederland meine Schwester Krimhild geliebt hat und wie leidenschaftlich Krimhild den Niederländer liebte. Und ergründen will ich, warum ihr Liebster getötet wurde von Hagen, vom *Dux Exercitus Burgundiae.* »Heermeister Burgunds«. Jochen Martin (Freiburger Historiker): »Für die Ausbildungsphase des germanischen Königtums war die Anlehnung an Institutionen des *Imperium Romanum* außerordentlich wichtig. Dazu gehörte die Ernennung zum Heermeister, eine hohe römische Würde«

Gestern kam der irische Mönch Kilian *Hilarus* zu mir in meine Gruft und zog unter seiner Kutte zehn Pergamente hervor, zehn Kalbshäute, glatt und gut zu beschriften. Kilians Leibesumfang ist groß, der Wache war nicht aufgefallen, daß sein Umfang diesmal zwei Fingerdicken dicker war. Von nun an, so erklärte mir der Ire, bringe ich dir jede Woche zehn neue Häute hier herein und schaffe zehn beschriebene wieder hinaus. Die Geschichte muß gerettet werden. Und wenn ich sie am Ende mitnehmen müßte in mein Irland. Und dann mahnte er, ich solle diesmal keine lateinische Staatschronik schreiben, sondern sollte so genau wie möglich die wirklichen Begebenheiten notieren, und zwar in der Volkssprache, so daß sie beim Vorlesen alle sofort verstehen, nicht nur die Herren, sondern auch die Unfreien und jederlei Leute.

Probemus! »probieren wir's«, hab ich ihm geantwortet, und wir haben uns lachend umarmt.

Auf der ersten Schreibhaut hat Kilian seinen Gott um Beistand angefleht und mir alle Kraft der Sinne gewünscht und alle Stärke des Kopfes. Wenn beides mich nicht verläßt und wenn das Todesurteil vorerst nicht vollstreckt wird, will ich tun, was er verlangt.

Und es sieht fast so aus, als bliebe mir genügend Zeit. Denn meinem Bruder, dem König Gunther, dem ist das Todesurteil offenbar peinlich. Und Kilian hat recht, ja, ich sollte tatsächlich alles Latein vermeiden. Obwohl auch er selbst in seinem frommen Vorspruch schon wieder Latein einsetzt, als verstünde sein Gott manche Angelegenheiten nur in der Herrensprache. O doch, diese Mühe sollte ich mir machen und für jedermann verständlich bleiben und nur deutsch schreiben, was schon deshalb nicht einfach wird, weil in der Mordgeschichte der Bischof viel Lateinisches geredet hat, aber auch Hagen und Krimhild und auch der Mann aus Xanten – und fast immer in den entscheidenden Momenten. Wir werden sehen.

Draußen, nicht weit von meinem Kerkerloch hat Kilian junge Leute postiert, seine Schüler. Auch sie haben den Erschlagenen geliebt. Lustige Kerle sind das, die hocken nun da draußen unter den Frühlingsbäumen, ich höre sie lachen. Heute morgen lehrte Kilian sie Latein, danach unterrichtete er sie im Keltischen, mit viel Gelächter. Jetzt braten sie sich was, es duftet sehr.

Wenn ein Wächter naht, werden die dort unten mich warnen, dann imitieren sie den Eichelhäher und werfen Steinchen ins Mauerloch, so ist es abgemacht. Meine Schreibtruhe hat einen doppelten Boden, unter dem sind die Pergamente rasch versteckt. Auf dem oberen Boden liegt die Fiedel. Seit dem Mord habe ich nicht wieder spielen können. Seitdem überlege ich nur noch, wie zu begreifen ist, was in der Wirklichkeit geschah. »In der Wirklichkeit« übersetzt Schazmans *actually*, obwohl das Wort »Wirklichkeit« im Deutschen erst mehrere Jahrhunderte nach Giselher/Kilians Notaten erfunden wurde, von der deutschen Mystik, 1312, von Meister Eckhart, westlich Straßburg, und zwar, wie Kenner des späten Mittelalters beteuern, unter der Wirkung elsässischen Weins. Noch heute erklären Iren »Wirklichkeit« für ein Erzeugnis alkoholischer Spiritualität. Das deutsche »Wörterbuch der Philosophie« (Fritz Mauthner) ignoriert das Stichwort »Wirklichkeit«. »Wahrheit« erklärt es in 54 Lexikon-Spalten

Der Wormser Bischof Ringwolf hatte verfügt, daß der erschlagene Niederländer, der »Barbar«, wie er ihn nannte, draußen vor den Toren unseres Kastells zu begraben sei. Als dann nach der Beerdigung alle diejenigen, die noch wenige Tage zuvor die Doppelhochzeit begeistert gefeiert hatten, zurückkehrten von der Esche, unter der nun Sieglinds Sohn liegt, da, als wir den inneren Hof des Wormskastells betraten, da ist passiert, was mich in diese Todeszelle brachte.

Schon vor dem Südtor der Pfalz, schon im Aufweg zur inneren Wormsburg bildeten die Leute Spalier und blieben stumm. Sonst, wenn sie den König sehen und seine Fürsten und ihre Familien, dann drängen sie und rufen Schmeicheleien, hoffen auf Geschenke, auf Münzen, auf einfacheren Schmuck, kleinere Steine, die wir ihnen zuwerfen, den Kahlgeschorenen. Schazman: *bald-headed people*. Unfreie, die »Leute«, waren auch in der spätantiken Gesellschaft gezeichnet. – Worms war anfangs ein keltischer Heiligtumshügel (*Borbetomagus*), auf dem unter Kaiser Augustus, etwa seit dem Jahr Null, ein römisches Militärlager gebaut wurde, die *Civitas Vangionum*. Auf und in den Mauern des von den Römern verlassenen Lagers errichteten dann die Burgunder im 5. Jahrhundert ihre rheinische Pfalzburg (*Warmatia*)

Nun aber schwiegen sie, die Leute. Und blickten auf König Gunther, auf meinen Bruder, auf den bleichen Hochgewachsenen. Und blickten auf seinen Berater, den Heermeister Hagen. In der Tat, der hatte den Gast ermordet.

Auch auf mich fielen die Blicke. Aber auch Kilian starrten sie an, ihren irischen Liebling, den sie *Wunnibald* nennen. Von ihm und von mir erhofften sie Antworten. Wissen wollten sie, von wem und warum der Xantener Königssohn gemeuchelt wurde, warum und in wessen Auftrag. Warum ausgerechnet der sterben mußte, den sie bewunderten, dieser Nachfahr des berühmten Cheruskerfürsten *Arminius*, der die römische Besatzung zum erstenmal bezwungen hatte. Ach, nun schien auch ihnen klar, Rom ist tatsächlich ein *imperium aeternum*. »Ewiges Imperium«, wörtlich: »ewiges Befehlssystem«. In diesem 5. Jahrhundert zerbrach die militärische Romherrschaft, es etablierte sich die geistliche. Der Cheruskerfürst *Arminius (Sigurd)*, der hier als Vorfahr des Mannes aus Xanten bezeichnet wird, hatte im Jahr 9 nach Christus die erste erfolgreiche Schlacht germanisch-keltischer Stämme gegen die übermächtige römische Besatzung organisiert. Es ist überliefert, daß auch ihn später Verwandte erschlugen

Unser Gast aus dem Niederland war ein Nachkomme jenes cheruskischen Feldherrn, der als erster die römischen Feldherren überlistete, jene, die von den Kahlköpfen »Waldvernichter« genannt werden oder »Weltfresser«, ja, mein Mönch Kilian erklärt rundheraus: *Dominatio imperii est terror terrae, silvam terramque aequans.* »Die imperiale Herrschaft ist ein Schrecken der Welt, sie vernichtet mit dem Wald die Welt« – Alles Latein ist hier wiedergegeben wie bei Schazman, der in seinen Fußnoten versichert, daß er am Sprachwechsel in

Kilians keltischer Chronik nichts zu ändern gedenke, weil es aufschlußreich sei, was darin trotz des Vorsatzes, eine *diutiske* Chronik zu verfassen, nach wie vor in der Rom-Sprache mitgeteilt wurde. Alles Latein entspreche also dem Bestand in Kilians keltischer Sicherheitskopie und offenbar auch schon den Notaten des Giselher, der Nibelungen-Urschrift

Nun war auch er niedergemetzelt worden, der Niederländer, der Nachfahr des Cheruskers, ebenfalls von den Seinen, so wie schon *Arminius*. Hagen hatte verbreiten lassen, ein Mißgeschick sei passiert, ein bedauerlicher Jagdunfall. Sächsisches Gesindel habe den Gast aus Xanten in eine Falle gelockt. Nur wenige hatten ihm geglaubt, dem Fuchsgesicht. Und noch immer weiß ich nicht, wie in diesem Augenblick, im inneren Hof, als wir vom Begräbnis kamen, wie da der Zorn über mich kommen und mich so mutig machen konnte, daß ich plötzlich die Namen des Mörders und des Anstifters laut herausschrie, in einer Wut, die wohl doch von Wotan kommt oder vom *vates*, dem Sänger und Seher der Alten. Kilian sagt, »Wut«, »Wotan« und *vates*, sie seien alle miteinander wortverwandt.

Als wir jedenfalls durch das Spalier der ratlosen Leute gingen, voran der Ire Kilian, der den Toten in die Erde gesegnet hatte, hinter ihm die Erschütterten aus Xanten, Sieglind und Sigmund, dann meine Brüder, Gunther und Gernot, und hinter mir die Vettern Hagen und Ringwolf – Krimhild war von den Steinen, die nun ihren Liebsten deckten, nicht fortzubewegen gewesen – Brünhild, die Königin, war geflohen, auf rätselvolle Weise, ich werde das alles genau beschreiben –

– da jedenfalls, als sie im inneren Burghof hinter mir schritten, die Mächtigen, Fürst Hagen und Kirchenfürst Ringwolf, der zum Begräbnis des »Barbaren« nicht mitgegangen war, der sich erst hinterm Südtor wieder eingereiht hatte in den Zug, da, als wir in die Mitte des Platzes kamen, auf dem zwei Tage zuvor die Königinnen sich bis aufs Blut gestritten hatten, in diesem Augenblick der schmerzlichsten Erinnerung, da drehte ich mich um – drehte sie mich um? die Nymphe? – drehte etwas mich herum und ließ mich auf die zwei Vettern zeigen und sehr laut das rufen, was in der Stille niemand überhören konnte, weil diesmal keine Glocken läuteten, weil für den »Anti-Christ« kein Klagegesang erlaubt war und in diesen Augenblicken sowieso niemand zu sprechen wagte. In die Stille hinein hab ich geschrien: Damit auch ihr es wißt, ihr Leute, diese beiden Herren haben es getan, der Bischof hat es gewollt und der andere –

– weiter kam ich nicht. Ein Hieb traf mich am Kopf, schwarz wurde mir vor Augen. Kilian hat mir erzählt, ich sei sofort umgefallen, mit der Faust habe Hagen geschlagen, Zähne seien auf die Steine gesprungen, Blut sei geflossen.

Nur mit Mühe kann ich sprechen. Nicht nur mein Gemüt ist wund, auch mein Maul ist mir verkrustet und ich weiß ich nicht, wie ich je wieder werde singen können.

Krimhilds Frauen, sagt Kilian, hätten mich gewaschen, gesalbt und verbunden. Lange sei ich ohne Besinnung geblieben. Von der Gerichtsverhandlung weiß ich nur, was Kilian hörte. Heermeister Hagen hätte das Wort geführt. Und König Gunther hätte das Urteil gefällt, das Hagen wünschte. Hagen habe erklärt, man solle sich erinnern, wie vormals König Gundomar in einem ähnlichen Fall entschieden hätte, als es um den Vetter Seibold ging. Seibold hatte mit feindlichen Alamannen nächtliche Unterhandlungen geführt, hatte sie vor der Erstürmung des Lagers Augst gewarnt, weil er, wie er beteuerte, die Übergabe des Lagers ohne Blutvergießen hätte herbeiführen wollen. Augst ist die römische Grenzfestung *Augusta Raurica* bei Basel, gegr. 44 vor der westl. Zeitrechnung Diese Tat des Seibold habe Gunthers Vater, habe König Gundomar einen Hochverrat genannt und das Urteil entsprechend gefällt. Wer dem Stamm der Burgunder schade, der sei von diesem Stamm abzuschneiden, der untreue Kopf des Seibold vom Rumpf.

Das Urteil hat Hagen eigenhändig vollstreckt. Gernot war noch Säugling, ich noch nicht geboren. Gunther aber konnte sich genau erinnern. Als Fünfjähriger hat er das *praecisum capitis* mit ansehen müssen. Das »Abschneiden des Kopfes«

Auch Giselher, so habe nun Hagen erklärt, sei zum Tode zu verurteilen *perduellonis causa*. »Wegen Hochverrats« Die ersten Diener Burgunds hätte ich in Verruf gebracht, zwei Fürsten, die am Sterbelager dem König Gundomar geschworen hätten, alles zu tun, was Burgund das Überleben sichere.

Doch mein Bruder, der junge König Gunther, erwirkte eine Bedenkzeit. Bevor der Scharfrichter handele, sollte ich meine frühere

Weigerung, ein Kloster zu führen, widerrufen und ins missionierende Leben eintreten. Wenn ich endlich den Dienst akzeptierte, für den ich ausgebildet sei, solle Milde walten.

Aber ich hasse ihn, den Dienst an der *propaganda fides.* Am »zu verbreitenden Glauben« In der Tat, mit Sorgfalt bin ich in der Gotteswissenschaft unterrichtet worden, zuerst hier im Kloster Lorsch, dann auch in Rom. Sogar nach OstRom reiste ich und dorthin, wo alle Weisheit der Alten gesammelt ist, in des Aristoteles Stadt *Alexandria*, benannt nach dem Schüler des Aristoteles, nach dem großen Feldherrn Alexander. Schließlich schickte Bischof Ringwolf mich auch über den Rhein hinab zu jenen Stämmen, die für Roms Glauben noch zu gewinnen sind, Klosterherr sollte ich werden *in Germania inferiore* »im niederen Germanien«, dort, wo das *Imperium* seine Grenzen immer nochmal neu verteidigen und befestigen muß.

Der König Gunther bot mir eine Arbeit an als Abt *ad Saxones* »gegen die Sachsen«, an Ruhr oder Lippe. Bis Pfingsten habe ich Bedenkzeit, vierzig Tage also. Ach, meine Abneigung gegen das geistliche Imperium ist groß. Denn die kirchliche MachtArbeit erkenne ich als eine Kette aus Mord und Schamlosigkeit, die das Weltverwüsten der alten Militärherrschaft auf scheinheilige Weise weitertreibt. Zu »Weltverwüsten«, »Waldfressen« etc. vgl. auch S. 233 und den Bericht über *Yggdrasil* (S. 62f), über die Waldschneise *Tronje* (S. 100) und *waltswende* (S. 659), sowie das Plinius-Zitat (S. 679)

Auch die geistlichen Herren nutzen das Schwert. Und sie verfälschen Zeugnisse oder verbrennen sie. So wie sie nun auch die Erinnerung an den Gast aus dem Niederland verdrehen wollen und verschütten. Das ist ein Übel, das schon unter Roms Caesaren üblich war und bei ihren käuflichen Staatsschreibern, ein Übel, bekannt als *damnatio memoriae.* »Vernichtung der Erinnerung«

Unseren niederländischen Gast aus Xanten verleumden sie nun als einen blutsäuferischen Barbaren. In Wirklichkeit war er intelligent und einfallsreich, einer, der die Dinge der Welt nicht nur liebte, sondern auch mit gutem Verstand durchschaute. Wie sein Vorfahr *Arminius* war auch der Sohn der Sieglind und des Siegmund anfangs ein Offizier gewesen *in capite mundi grandi natu.* »In der hochbetagten Hauptstadt der Welt« Auch der Xantener hatte in Rom gelernt und hatte begriffen, wie die Macht operiert, wie die geistlichen und die weltlichen Herren einander in die Hände arbeiten, ja, dieser vermeintliche »Barbar« verstand die lateinischen Gesetzestexte und Herrenwörter ebenso gut wie die Leutewörter, die »deutschen«, die nunmehr als die unreinen gelten, als die teuflischen, gegen die uns unsere Priester jedesmal zum Lichtmeßfest alle Öffnungen des Körpers mit geweihtem Öl salben, damit Satan nicht auf dem Umweg über lüsterne Geschichten unsere Seelen verderben kann.

Nach dem Gerichtsurteil tat ich, als erwägte ich den Eintritt in den Kirchendienst ernstlich. Nutze nun aber die Gnadenfrist, um mit Kilians Hilfe aufzuschreiben, wie und warum der Xantener ermordet wurde. Und was alles in Worms geschah seit dem Weihnachtsfest *CDLXXXV* 485, aber auch zuvor in Xanten und auf Island und wie ungewöhnlich und wie stark sie waren, *cupiditas libidoque* »die Leidenschaft und die Lust«, die Krimhild an den Niederländer kettete und den Niederländer an Krimhild.

Mir ist nicht entgangen, daß mein Bruder Gunther nach dem Urteilsspruch stumm auf mich herabsah und wie sein Kopf eine langsam nickende Bewegung machte. Diese Geste kannte ich, von der werde ich erzählen, dreimal war sie ein Zeichen des Xanteners, das signalisierte, er werde dem König Gunther beistehen. Nun war das eine Geste meines Bruders Gunther mir gegenüber. Ich denke, das sollte anzeigen, daß auch er mir helfen, daß er mich womöglich in Ruhe hier schreiben lassen wird.

Inzwischen feiern sie in Worms das Osterfest. Begehrensduft weht in meine Steingruft. Zeugungsgeschmack. Durch das Loch in der Kerkerwand spüre ich, wie sich dort draußen Sonnenlicht und Feuchtigkeiten durchdringen wollen. Möge er mich beim Schreiben beflügeln, der Frühlingswind.

Ach, unter den Höllendrohungen der neuen Herren stülpt sich die schöne Freiheitsreligion des Jesus um in eine Angstseuche und hält uns nieder und duckt uns zurück unter die imperiale Herrschaft. So daß wir bleiben, was wir seit je gewesen sind, Kolonisierte.

Zwar gibt es nun den König Theoderich und gibt es im Frankenreich den König Chlodwig, aber Theoderich wie Chlodwig sind, fürchte ich, nicht gelehrt genug, um der neuen geistlichen Macht von Grund auf widerstehen zu können, jedenfalls nicht so, wie der es getan hätte, von dem ich hier erzählen werde. Theoderich (Dietrich),

König der Ostgoten, galt ab 471 als Roms neuer *Imperator,* »Theoderich« wie »Dietrich« meinen »Herr vieler Leute«. Chlodwig I. (*Chlotari,* 456–511), war merowingischer König der Franken seit 482 und gilt bisweilen als Begründer Frankreichs

Auch Heermeister Hagen beugt sich den Geboten der Kirchenfürsten, um sie freilich zugleich zu benutzen, und zwar als das Instrument, das, wie er dem König Gunther unverblümt versichert hat, jeder Herrscher benötige, der gehorsames Gefolge wolle. Die neue Kirche, sagte Hagen, schaffe Ruhe im Reich, sorge für eine willfährige Untertänigkeit dieser vielgesichtigen Deutschen.

Der Mann aus Xanten dagegen, der liebte das FreiSein, ja, der war ein Nachfahr des *Sigurd,* jenes Römerbezwingers, der sich in Rom zur Tarnung *Arminius* nannte »Armenier«, der in der Hauptstadt am Tiber die Methoden der Militärmacht studiert hatte. Nur so, in der Kenntnis der römischen Kriegskünste hatte dieser *Sigurd* oder *Arminius* die Übermacht überwinden können. Seine cheruskische Sippe wanderte inzwischen, wie fast alle Stämme, in die westliche Richtung, die Cherusker zogen von der Quelle der Lippe dorthin, wo dieser Fluß in den Rhein mündet, zum Ort Xanten. *Sigurd* für *Arminius* (später verballhornt zu »Hermann«) ist mehrfach belegt, z. B. in der *Historia Romana* des *Velleius Paterculus*

In neuen wie alten Schriften liest man häufig von einem »Kommenden«, immer mal wieder wird da geträumt von einem, der »Rettung« bringt, als »Messias«, als »Erlöser«, als »Prophet«, als »Befreier«. Ob Syrer, Juden, Perser oder Griechen, sie alle verfallen gern dem Glauben an eine unerhörte *persona.* Ursprgl. »Maske«, durch die man etwas tönen hört (*per-sonare*) Selbst der Philosoph Platon hatte wunderbare Erkenntnisse von einem »Philosophenkönig«, der nicht nur über Weisheit verfügt, sondern auch über die Kraft, sie in die Tat umzusetzen.

Mir scheint bisweilen, ein solcher Befreier hätte der Sieglindsohn tatsächlich sein können. Ein Glücksbringer. Oft freilich verführen bekanntlich Scharlatane. Die geschicktesten unter ihnen haben nun die römischen Kaiser betört, nennen sich Nachfolger des Jesus und bieten an, die weltliche Macht geistlich zu sichern als *imperium sacrum.* »Heilige Herrschaft«. Diese Formel scheint eine Vorform dessen zu sein, was später zum »heiligen römischen Reich deutscher Nation« wurde und 1000 Jahre in Geltung blieb Diese neuen Geistlichen stützen nun die Mächtigen, indem sie die Untertanen mit höllischen Schreckensbildern ängstigen und ins *obsequium* zwingen. In »Gehorsam« Dabei ist Jesus einer gewesen, der nie an Gehorsam dachte, sondern an Befreiung. Nie und nimmer wünschte er sich Macht. Als der Teufel ihn versuchte, hat er alles Machthaben zurückgewiesen.

Die Leute hier am Rhein, die Unfreien, die keltischen Versklavten in Worms, all diese »Deutschen« hatten gehofft, mit dem Niederländer sei einer gekommen wie vormals der *Spartacus* oder der cheruskische *Arminius*. Und fürwahr, selten erschien in einer Chaos-, Mord- und Wendezeit eine so tatkräftige, kluge und hilfreiche Gestalt wie der Mann aus Xanten.

Der, so fürchteten in Burgund die Hohen und so erhofften es die Niederen, der hätte das Lachen geweckt und nicht noch mehr Geheul über das irdische Jammertal, als das die neue Herrenkirche uns die Welt nun verdüstert.

Die Sache ist entschieden. Die Macht ist vertan. Rom und das neue OstRom, das Konstantinopel genannt wird, diese beiden Kapitalen beherrschen nun den Erdkreis. *Nunc dominant globum qua globus.* *Globus* heißt »Welt«, aber auch »Clique«, wörtlich also: »Nun beherrschen sie die Welt als Clique«

Das Paradies, so lehren die Väter und Weisen der neuen Kirche, ist nicht von dieser Welt und ist nicht etwa, wie der Xantener mir erklärt hat, in *Gaias* Schoß, sondern das Paradies, so heißt es neuerdings, ist geistig. Einzig das Geistige gilt als das »Reine«, das »Wahre«. Das Wirkliche dagegen, die Welt, so wird uns erklärt, die ist nichts anderes als ein Madensack, ein zu überwindendes Übel, das Diesseits ist teuflisch, faulig und giftig, ja, alles Irdische beargwöhnen die neuen Priester und neigen dazu, Materie von Grund auf zu verteufeln. Unser weltliches Leben, sagen sie, ist ein düsterer Schlund der Prüfungen und der Leiden, denen nur zu entkommen ist in der Hinwendung an das allein Heilige, an den *Spiritus Sanctus*. Und diese Hinwendung vom Materiellen hinauf zum heiligen Geist, die gelinge einzig im Schoß der neuen Geistlichkeit. Die gefährlichsten und verführerischsten Materien aber, die teuflischsten, so erklären die neuen Bischöfe, das seien die Juden, die Heiden und die Frauen. Ja, auch die Frauen, sagen sie. Die Frauen gehören unter die härteste Aufsicht, die seien die verwirrendste unter allen *materiis*. Materia: von mater (»Mutter«), also »Mutterstoff«

Einige in Burgund meinen freilich, auch der Xantener hätte sich irgendwann, wäre ihm längere Lebenszeit geblieben, als Scharlatan entlarvt. Heermeister Hagen sieht das so, auch der Bischof, auch König Gunther. – Hornhäutig war auch der Cherusker, hat Gunther geseufzt. Drachenhaft war auch dieser Schöne.

Der Niederländer hatte nur kurz Gelegenheit, sich zu beweisen. Auf der Meerfahrt nach Island hab ich lange mit ihm reden können. Wenn ich ihn richtig begriff, dann hätte er am Ende die vernünftigen Gesetze der römischen Republik verbunden mit den nifhelheimischen Freiheiten, mit der Lust am Unerschaffenen, Feuer also mit Wasser, das Licht mit dem Chaos. Am heftigsten empört zeigte er sich immer dann, wenn Menschen über Menschen verfügen wollten, egal, ob mit Wahrheiten oder mit Gewalt. Beides, Wahrheit wie Gewalt, so erklärte er, treibe in das gleiche Unheil. Athen oder Rom, die großen Stadtrepubliken, in denen die Macht nicht ein Einzelner haben, sondern in denen sie auf möglichst viele verteilt sein sollte, diese Republiken hätte er bewundert, hätte er nicht in der Welthauptstadt statt des schönen Prinzips in der Wirklichkeit ein Netz gefunden aus Heuchelei und Hörigkeit und Käuflichkeit.

Solange mir die Erinnerung an ihn im Kopf ist, will ich aufklären, wer er war und was er wollte. Das wird nur gelingen, wenn ich von ihm erzähle, so genau wie möglich. Noch bevor die neuen Todesanbeter dafür sorgen, daß auch dieser Eigensinnige aus dem Gedächtnis gelöscht wird oder nur noch als Wüstling in Erinnerung bleibt. Ja, im Erzählen will ich ermitteln, ob *Gaias* Durchdringen und Begehren tatsächlich dahinschwinden, ob statt dessen nur noch das Erschlagen bleibt und das Verwüsten.

An dem Winterabend, nur einen Tag vor der Ankunft des Xanteners in Worms, am Abend vor dem Christgeburtstag *CDLXXXV* 485, da hatte es mich aus unserer burgundischen Pfalzhalle noch einmal hinausgelockt. Über die Mauerwälle beim Rhein ging ich, über die nächtliche Außenfestung, unter der kalten Stille. Schnee war gefallen. Seit Stunden aber stand nun mondlos der Himmel, und es leuchtete Mars, aber auch Venus. Auch *Orion*, der »Große Jäger« wanderte über die schwarzen Berge im Osten, über Odins Wald. Odenwald Und als rätselhafter Silberschimmer querte das Sternengewölbe auch jetzt wieder *orbis lacteus*, die Milchstraße, die glimmende, die offenbar unendliche.

Heermeister Hagen hatte Gernot und Ortwin den Rhein hinabgeschickt, damit sie in der Romkolonie *Colonia* Söldner und Waffen kaufen sollten, Hilfstruppen gegen die Alamannen, gegen Sachsen und Hunnen. Jetzt, zum Neumond, hätten Gernot und Ortwin längst zurück sein sollen.

In die Sternennacht lauschte ich. Und da schien es mir, als seien dort oben, in der Kälte des Firmaments, alle Kräfte der Unerschaffenen erstarrt. Als blickten die Himmelsgeister mit eisig glühenden Augen auf mich herab, als verhöhnten dort oben erfrorene Götter den Winzling, denjenigen, der hier unten wissen wollte, was es hieß, unter einer riesenhaft kalten Dunkelheit zu leben. Versunken in vieltausendjährige Finsternisse.

Unten, bei den Zelten am Ufer, da leuchteten Holzfeuer, Kelten wollten dort übernachten, in den Mauerwinkeln vor dem Osttor, im Windschatten. Doch der Wind hatte sich gedreht. Der kam nun von Morgen und blies hart und kalt, und die Leute begannen, ihre Zelte wieder abzubrechen und zur anderen Pfalzseite hinüberzuwechseln.

Und dann geschah es. Plötzlich war dieser Doppelschrei zu hören. Kurz und heftig ein zweifacher Schrei. Zwei Frauenschreie.

Die kamen nicht von dort unten, wo sie, im Flammenschein, zu mir hinaufblickten. Über die Mauer lief ich zurück in die Burg, durch die Gänge bis in die Königshalle. Und sah dort, wie in dem halbdunklen Saal Gunther, Hagen und Ringwolf zum niederen Tisch gegangen waren, dorthin, wo die Frauen saßen und Karten legten.

In den Tagen zuvor hatte Krimhild der Mutter immer wieder einen Traum erzählt. Mit einem Falken habe sie gespielt. Im Traum sei sie auf einem gefiederten Raubtier geritten, ja, auf einem Falken. In der vergangenen Nacht jedoch sei ein Finsterling gekommen und hätte das Flugtier erschlagen.

Ute weigerte sich, den Traum zu deuten. Krimhild aber hat gedrängt und gefragt. So lange, bis die Mutter die Karten legte. Länger als sonst mischte sie die Blätter, und dann legte sie aus, langsam, Blatt für Blatt. Der Blinden mußte die Tochter die Bilder nennen. Tat das so lange, bis die Mutter aufschrie, und im Echo die Tochter.

Als ich kam, sagte Ute leise meinen Namen. Ihr Zeigefinger lag auf dem drittletzten Bild. – Die Esche, sagte ich. – Daneben nochmal die Esche? – Ja. – Danach die Mauer? – Ja, wollte ich sagen, doch Hagen beugte sich über den Tisch, tat, als interessierten ihn die Zeichen und warf die Bilder durcheinander.

Nutzt nichts, grummelte Ute. Wir haben ihn gesehen, den Kampf.

Den seh ich immer. Auch ohne Bilderspuk.

Der Streit, der nun kommt, geht gegen den Mächtigsten.

Hagen blies Luft aus seinem Graubart. Sah zum Bischof hinüber. – Gegen die Made? – Tat, als wäre der Bischof der »Mächtigste«.

Den Strom rauf mit uns, knurrte Ute. Weg mit uns, zum Jurasüdfuß. – Diesen Rat gurgelte sie gegen süßes Kauholz, das sie sich in den Mund geschoben hatte, diese Mahnung redete sie in Lauten, als lebte sie noch in Aachen oder als wären wir noch auf Bornholm. Daß wir Burgunder rheinauf sollten, sagte sie seit dem Tod ihres Mannes Gundomar.

Aber wenn die alte Königin so redete, stellte Hagen sich taub. Im Jahr 413 hatte das alte römische Imperium, weil es nicht mehr genügend eigene Grenztruppen aufstellen konnte, den Burgundern Land am Rhein geschenkt, *partem Galliae propinquam Rheno* »einen Teil Galliens nahe dem Rhein«, und für dies Geschenk, quasi aus Dankbarkeit, übernahmen die Burgunder als neue Verbündete die neue römische Staatsreligion, und das taten sie unter König *Gundicarius*. Weil jedoch diese burgundischen »Christen« eigensinnig blieben, ja aufsässig, ließ Feldherr *Aetius* im Jahr *CDXXXVI* 436 das hunnische Heer das rheinische Burgund überfallen. Nach der Niederlage zogen fast alle Burgunder in größere Nähe zur imperialen Schutzmacht. Die krochen, wie Hagen erklärte, zu Kreuze, und zwar dorthin, wo vormals keltische Helveter gehaust hatten, zur oberen Rhone, in die *Sapaudia.* »Savojen«, bei Genf, südlich des Schweizer Jura. Dort wohnten Burgunder nachweislich seit 443, später bei Vienne und Lyon

Ein Teil des Stammes aber hatte der verfallenden römischen Macht keinen Schutz mehr zugetraut, der war in Worms geblieben, in den milden und fruchtbaren Auen des Rheinstroms, zuletzt unter König

Gundomar, beraten von Heermeister Hagen. Und nachdem im Jahr *CDLI* 451 in der Schlacht auf den katalaunischen Feldern die Hunnen zurückgetrieben wurden von vielerlei Völkern, auch von den Burgundern, schloß Hagen von Worms aus Bündnisse mit den Alamannen im Osten und mit den Franken im Westen. Hagen, dieser lateinisch geschulte Kopf, stärkte das rheinische Burgund und hätschelte König Gundomars Traum, die Lücke füllen zu können, die sich mit dem Verfall von Roms Militärmacht auftat. Wenn am Tiber das alte Rom verfaulte, sollte nördlich der Alpen ein neues entstehen, ein Nord-Rom, so wie den Griechen in Konstantinopel ein OstRom wuchs.

Zwar wurden Burgunds ärgste Widersacher bezwungen, sächsische Stämme vor allem, deren Krieger, so beteuerte Bischof Ringwolf, daherkamen »wie in Fell gekleidete zweifüßige Tiere«, doch wurde in diesem Sachsenkrieg König Gundomar tödlich verwundet. An seinem Sterbelager schworen Hagen und Ringwolf, Gundomars Söhnen lebenslang treu zu dienen, Gunther, Gernot und Giselher. Drei Tage nach dem Tod des Königs ließ Hagen über Gundomars Grab fünftausend gefangene Sachsen köpfen, oberhalb Würzburg, auf dem Marienberg.

Den »Mächtigsten« sieht unsere Blinde, lachte Hagen und juckte sich über den Rücken hinunter. – Das Mächtigste, das ist auch in Worms die Kriechkraft Roms. Die bohrt an unserem Stamm wie an meinem Kreuz. – Juckte sich tief den Rücken hinab. – Wie in Worms die Würmer Roms, zischelte er.

Schon als Kind, wußte Ute, war Hagen von grauer Körperfarbe gewesen. Manche sagten, ein NachtAlbe hätte ihn mit Gundomars Schwester gezeugt. Jedenfalls wirkt der Waffenmeister auf viele abweisend, ja furchterregend, schwärzlich sind seine Zahnreste, nach sauerem Quark riecht er, ja, sein Leib stinkt nach dem Otternfett, mit dem er sich einschmiert gegen die Kälte und gegen das Scheuern der Rüstung.

Schabte sich seinen unteren Rücken, wo ihn der Ausschlag plagte. – Dies Weiberwort vom »Mächtigsten«, das sitzt inzwischen auch in den Herrenköpfen. In den Köpfen der Herren Söhne. Armer Gundomar. Wer so hoch hinauswollte wie du, wer sich am Rhein ein Byzanz träumte, der muß wohl so enden wie wir. In Worms.

Neues Holz warf Dankwarth in den Kamin, Rauch wirbelte, Funken stoben. Schatten sprangen über die goldene Saaldecke. Ute, die Blinde, schien überm Kauen der Lakritzwurzel in Schlaf gesunken. Mit ihrem Süßholzgemümmel ertrug sie fast alles. Unsere bedenkliche Lage. Auch den Männergestank.

Als verschwände damit aus den Köpfen, was er Weiberwort genannt hatte, griff sich Hagen plötzlich den schönsten, den kostbarsten von unseren Bechern, einen, auf dem in Rot und Gold die burgundische Adlergravur glänzte, und schleuderte den Pokal durch eines der Mauerlöcher hinaus und hinab ins Dunkle. Als Dankwarth daran erinnerte, daß für dieses Prunkstück zwölf Kahlgeschorene zu verkaufen gewesen waren an die Goldküste Côte d'Or, eine Region an der Saône, da antwortete der Waffenmeister, wenn der Mundschenk wolle, könne auch er in den Rhein fliegen.

Es war keine gute Stimmung in diesem Wintersaal. Am Abend vor dem Tag, an dem der Niederländer nach Worms kam. Wärme war nur beim Kamin. Bißchen weiter weg fror man schon. Und der qualmige Gestank kroch überall herum.

Und dann begann der Waffenmeister, sein Kreuz kratzend, uns ausführlich zu erklären, von wo dem rheinischen Burgund tatsächlich Mächte drohten. – Aus Abend kommen die, von Westen drängeln sie, merowingische Franken, die schleichen die Mosel rauf, durchstreunen den Hardtwald. Auch aus Mitternacht drängen welche und nennen sich Dänen oder Sachsen oder OstFalen, drängen durch die Rheinschlucht, geführt und aufgestachelt von Cheruskern. Immerzu wimmelt Keltenpack. Und allesamt wormswärts.

Er sah uns der Reihe nach an. Versuchte, Essensreste aus seinen Zahnruinen zu klauben. – Durch meine *caries* »Fäulnis« bohren sich die Höllenwürmer mindestens so unverschämt wie durchs Wormsreich. Noch im 19. Jahrhundert glaubte man, für Karies sorgten Würmer Nicht umsonst hab ich Gernot mit Ortwin und mit zwölf Reitern den Rhein runtergeschickt, Söldner zu werben oder zu erschlagen. Denn auch aus der Donau wälzt sich Rattenpack. Durchs Bayernland kommt das, als krummsäbeliges Geschmeiß, nunmehr unter Etzel, dem Hundesohn des Hunnenkönigs. Attilas Söhnchen Etzel ist es jetzt, das unsere maroden Offiziere schreckt, unsere Herren Gottlieb und Gere, *principes equitatus nostri delumbes.* »die lendenlahmen Führer unserer Reiterei«

Er spuckte aus, spuckte hinter das Frauentischchen. – Kelten noch immer. Und überall. Unter tausend Tarnkappen. Aber der allerniederträchtigste Parasit, der sitzt uns längst im Speck. Als Bischof Romss zu Wormss. – Zum Zahnlückengezischel landete Hagens Hand auf Bischof Ringwolfs Rundrücken, so heftig, daß der Geistliche dorthin greifen mußte, wo vor seiner Brust der Kristall hing, der ihm, wie er gern erzählte, im Jahr *CDLXXX* 480 persönlich überreicht worden war von Roms oberstem Bischof, vom gestrengen *Simplicius.* Papst von 468 bis 483

Als dem Heiligen Vater der eigene Stein geborsten sei, da habe *Papa* Simpel ihm, unserem Bischof Ringwolf, eine der beiden Hälften zugeeignet und nicht die geringere, und hätte erklärt: Höre, Freund, hier teilen wir mit dir das Kleinod, das Magdalena fand im Felsengrab am Ostermorgen, an der Stelle, an der unser Herr drei Tage lang hat liegen müssen von Barbarenhand. Dieser klare Stein ist also von des Gottessohns verklärtem Leibe, und wenn diese Kostbarkeit nun zerbrach, so soll uns dies nicht betrüben, sondern ein Zeichen sein, daß Jesu Licht, allem Teufelsspuk zum Trotz, sich vermehren und verbreiten wird und siegen. Trage du, *Rumoridus Rusticulus* »ländliche Volksstimme«, diese Kleinodhälfte über die Alpen, bring sie als Bischof Roms nach Worms, stifte Klarheit im Barbarenland, schaffe Licht den Alamannen wie den Sachsen und auch dem Volk der Burgundionen, entflamme Christi Botschaft im finsteren Norden Europas, denn wahrlich, unsere Welt wird auf der Mitternachtsseite überschwemmt von Teufelsgläubigen. Schazmann: *in the continents midnight-side, in the devil's own barbarian-swept Europe*

Zu diesem Halbstein also mußte Bischof Ringwolf jetzt schnappende Bewegungen machen, als wollte er sich daran festhalten, als könnte er nur so die Schläge ertragen, die Hagen ihm, von Burgunds Drangsalen redend, auf die speckigen Schultern schlug.

Schwindler, sagte Hagen, Ohrenkitzler und Glaubensgaukler wie unser Vetter Ringwolf, die beherrschen das alte Imperium auf neue Weise, *nostra aetate cum novo et dissimulato terrore.* »in diesen Zeiten mit neuem und getarntem Schrecken« Die umklammern längst auch unser Rheinland. Und zwar so, wie das vormals die Midgardschlange mit Bornholm machte. Und all solchen Wurmfraß, verehrte Frau Ute, den erkenne ich auch ohne Bilderbrimborium. Ohne Eschenbaum und Mauer und ohne Falkentraum. Und bislang immer noch rechtzeitig, und jedesmal ohne *torpor cerebri* »Hirnbetäubung« durch Süßholz in Mohnsoße.

Da Ute tat, als schliefe sie, wendete sich Hagen wieder an den Bischof. – Vetter, ehe du mir nun erklärst, daß Kartenspiel und Würfellust Teufelszeug sind, wüßte ich von dir jetzt ungeheuer gern, wie es deiner *Theophanu Lavinia* geht. Gehorchst du Papst *Innozenz* und dem Konzil von Arles? wonach alle Priester ihre Weiber verkaufen sollten? notfalls verjagen? jedenfalls nie mehr beschlafen? Innozenz, Papst von 401 bis 417; das Bischofskonzil von Arles tagte 443

Nun tu nicht länger so, als seist du als einziger frei ist von der Plage des Mannes, von Gier und Lüsternheit. Schon dein heiliger Herr *Clemens* hat früh erkannt, daß auch die Ehe nichts anderes ist als Unzucht. Viehische Unzucht, schweinisches Geschlecke und Geschleime. Clemens, ca. 150 bis 215, leitete die Gelehrtenschule von *Alexandria*

Bischof Ringwolf, die Hände am Kristall, schien sich unter Hagens Spott ducken zu müssen. An diesem Abend konnte er nicht ahnen, daß nur einen Tag später ein anderer ihm noch weit heftiger zusetzen würde, der Gast aus Xanten. Doch da zollte Hagen dem nicht etwa Beifall, sondern nahm seinen Bischof in Schutz. Auch worüber gelacht werden durfte, bestimmte der *Dux Burgundiae*.

Ich hörte, *Theophanu Lavinia* kocht dir auch jetzt noch täglich die Leibspeise? Sanft und suppig? Fischsud, der den Mann gelüstig macht? dazu Elisenlebkuchen mit Ingwer und schwarzem Pfeffer aus Indien? Fliehst du sie also nicht, deine liebliche *Lavinia*? Hüte dich! Wenn du dein ewiges Himmelsglück retten willst, dann bedenke das Ende des Bischofs *Theophrastus*. Als der jetzt in Trier ans Sterben kam, da beachtete der bis zuletzt aufs allerfeinste die Regeln, nach denen ein wahrhaft reiner Gottesmann seine Ehefrau meiden muß. Meiden muß er sie, so raten alle Kirchenväter, wie eine Schwester. Wie eine Mutter. Und falls die Frau ihn dennoch bedrängt, dann muß er unbedingt vor ihr fliehen, wie vor einem *inimicissimus*. Vor einem »Todfeind« (vgl. Erster Korinther 7, 1–3)

Bischof Ringwolf blickte mit Konzentration in den hinteren Saal, wo zwischen zwei zaghaften Flämmchen ein Kreuz hing und daran ein zweites Holz, der Leib des Gekreuzigten. Vom 3. Jahrhundert an erscheint im Gottesdienst und im Alltag der Christen das Kreuzzeichen

Euer milder Herr *Clemens*, sagte Hagen, der hat den Männerjammer durchschaut. Die Ehefrau zu beliegen, das ist die Hölle. Schon auf Erden. Das sei, sagt er, schlimmer noch als Ehebruch. Weil man nicht ausgerechnet dem die hündische und sündige Lust zumuten dürfe, den man doch zu lieben hätte. Clemens in Paidagogos II, 10,99,3

Ringwolf blieb stumm. – Bischof *Theophrastus* in Trier jedenfalls, der vermied bis zu seinem letzten Atemzug das Berühren seiner Gemahlin, der wollte sich von ihr nicht mal im Nötigsten bedienen lassen. Ja, noch in seiner Sterbestunde vermied er die Haut der Gattin und verbat sich sogar derartige Hilfen, auf die man auf dem letzten Lager eigentlich gar nicht mehr verzichten kann. Wie tapfer dieser Vorbildliche war, das zeigte sich aber erst so richtig in seinem allerletzten Augenblick. Als nämlich seine Frau sah, wie *Theophrasti* Glieder sich strecken wollten, als ob er stürbe, da prüfte sie, ob er noch röchle und hielt ihr niedliches Öhrchen ganz dicht an seine gewiß sehr geistreiche Nase, an seinen halb oder schon ganz toten Gesichtsbalkon. Das fühlte der gute *Theophrastus* mit letzter Kraft und mußte ächzen: Frau, geh weg! Und gleich danach: Willkommen, meine Herren, willkommen! ich komme, ich komme!

So sind sie bezeugt, seine allerletzten Worte. Ächzend und mit dem Seufzer »ich komme« schwebte er empor in euer Paradies. Vom sündhaften Trier zog der gute Mann geradewegs am neugierigen Ohr seiner Gattin vorbei hinauf in die goldene Ewigkeit. Und war sich sicher, im Paradies ausschließlich Herren begrüßen zu dürfen. Heilige Herren, versteht sich, von keiner Frau befleckte. Nein, in euerem höchsten Himmel hausen keine Gottvergessenen, die in den Nächten wüsten Umgang haben mit unflätigen Suppenmeisterinnen und die dann, am Morgen danach, an den Altar des Herrn treten, besuppt. Du dagegen?

Ringwolf schwieg beharrlich. Ich sah, wie Krimhild die Hände der Mutter ergriffen hatte. Wie sie an den dünnen Fingern der alten Frau die Haut sanft zog und zurückschob und wie die Greisin leise Behagenstöne summte. König Gunther war zur dunklen Hallenseite hinübergegangen, zu den Fensterlöchern, wo zwar die Kaltluft blies, wo er aber allein war und von den neuen geistlichen Schrecken nichts hören mußte. Gunther blickte zum Rhein hinab. Als wollte er Gernot herbeischauen.

Durch die Mauerlöcher meinte ich den Rheinstrom zu hören. Mag sein, es setzte ein Nachen über. Eine Weile war es still in der Halle.

Da ging ich zu dem kleinen Tisch hinüber, setzte mich zu den Frauen und wollte der Mutter und der Schwester sagen, was auch ich geträumt hatte in der letzten Nacht, damit sie anderes bedenken konnten als den geistlichen Horror. – Mir träumte, sagte ich, Gernot käme zurück. Unser Bruder stürmte von Köln und Mainz her den Rhein herauf. Er ritt aber auf einem Ungeheuer und schrie schon von weitem: Dies ist er! Hier kommt er, unser neuer Bundesgenosse!

Der »Mächtigste«, lachte Hagen und hatte, drüben am Herrentisch, die Ohren gespitzt.

Gernot ritt auf einem Wurm, lang erschien der mir in meinem Traum, lang wie drei Schiffe, und der Wurmschwanz war hoch aufgeschwungen, eng gebogen wie die Rheinschlaufe bei *Bodobriga.* Boppard Mit diesem hier, rief Gernot, werden wir die Sachsen packen! die Dänen fangen! die Hunnen verjagen! Doch das Riesenreitvieh war nur scheinbar gezähmt. Vor Worms verlor Gernot die Gewalt über das Monstrum, und das Scheusal umschlang mit seiner Schwanzschlinge unsere Pfalz. Und zerdrückte Worms und uns alle.

Eine Weile schien es wieder still im Saal. Nur Feuerknacken war zu hören. Von fern hörte ich den Fluß rauschen. Und den Wind. Und weil nun alle mich ansahen, mußte ich meinen Traum wohl auch erklären. – All diese Träume, sagte ich der Schwester, die melden –

Die melden was?

Einen Gast.

Wen?

Den Siegfried.

Da hob Hagen drüben auf seiner Bank eine Hinterbacke, diejenige, die dem Bischof zugewendet war, und leerte viel Leibesluft über das Brett und ließ es lange knattern. – O Geist des Königs Gundomar! Weih geschrien. Wann immer das burgundische Gramgewinsel weibermäßig wird, dann füllt dieser Name die Hirnschalen. »Siegfried«! Vetter Ringwolf, nimm es zur Kenntnis, melde das deinem *Felix* nach Rom, nirgends ist Klarheit im Barbarenland. Ab 483 regierte Papst *Felix*

Eines Tages, flüsterte Ringwolf, leuchtet Gottes Klarheit auch in Worms. Das Licht der Ewigkeit ist unaufhaltsam. Und auch für dich, Hagen. *Ad hoc aequo animo ferro et in spiritu sancto patris et filii et matris dei, amen.* »Bis dahin fasse ich mich in Geduld und im heiligen Geist des Vaters und des Sohnes und der Gottesmutter, Amen«

Bis dahin aber leuchtet in Worms gar nichts, bis dahin regieren Kinderträume. Die melden einen Wurm, ein Biest von dreifacher Schiffslänge, mit erstaunlichem Schwanz. Und die melden einen Sturzflieger und Raubvogel. Und beide, Vogel wie Wurm, fressen schon jetzt an Krimhilds Busen. Und an Giselhers Hirn.

Keine Kinderträume sind das.

Was sonst?

Dämonen.

Libellengeschwirr. Firlefanziges Libellengeschwirre, nichts weiter. Denn würde existieren, was Poeten und Jungfrauen »Siegfried« nennen, wäre das nicht bloß ein Nachtschrecken in Schreiberträumen und in Weiberwünschen, wenn es das wirklich gäbe, dann wühlte sich auch dieser sogenannte »Mächtigste« längst durch diese Wormspfalz. – Waffenmeister Hagen wendete sich zur Seite. Im Eingang der Halle stand *Rumolt*.

Der Fährmann, mein Freund, stotterte der Küchenmeister, der hat gesehen, es flog was aus dem Rheinfenster und fiel ins Wasser, ein Blinkendes. Das war dieser Becher, der Pokal von *Troyes*. Den hat er aufgefischt, und weil wir Frauenschreien hörten, wollte ich fragen, ob, wenn Böses wütet, vom neuen Birnenschnaps gebracht werden sollte, wunderbar reift und gärt jetzt die ChristusBirne *Sancti Guilhelmi in diebus Novembris et Decembris* –

Alles, sagte Hagen, ist hier in Klarheit und in Güte, nur Koch *Rumolt* redet Unfug. Gib mir den Becher und schaff neuen Roten rauf, von der Goldküste, nur noch von der Saône, keinen mehr aus der *Sapaudia*.

Wenig später erzählte unten im Küchengewölbe *Rumolt*, es zöge durch die Pfalz neue Angst. Und *Rumolts* Kochgesellen sagten es weiter, denen in den Hütten und an den Feuern, allen, die das Frauenschreien gehört hatten.

König Gunther blieb bei der Fensternische und betrachtete die Nachtlichter. Mein Bruder liebte alles Unerhörte und hätte jetzt gewiß gern Genaueres gehört über den »Siegfried«. Traute sich aber nicht, zu fragen. Ach. Auch er wollte auf keinen Fall als ängstlich gelten.

In dieser Nacht vor dem Christgeburtstag, da geschah aber, nur einen knappen Tagesritt flußab, das folgende.

Am Rheinbogen bei *Mogontiacum* oder, wie die Leute den Ort *diutisk* nennen, bei Mainz, da hatten vordem die Kelten ihrem Gott *Mogon* aus mannshohen Felsen eine SonnenUhr errichtet. Mit den alten magischen Himmelssteinen bauten um das Jahr Null die römischen Herren dem Kriegsgott Mars einen Tempel. Die Söldner freilich machten sich in Geheimhöhlen heilige Plätze für ihren Sonnengott *Mithras*. Nachdem dann die Alamannen den Römertempel zerstört hatten und auch die Mithrashöhlen und nachdem die Alamannen wiederum von den Burgundern vertrieben waren, ließ Bischof Ringwolf aus all den verschiedenen Trümmern und Heidensäulen eine Kapelle bauen für Maria, für die »wahre Königin« oder, wie er sie seit wenigen Jahren nannte, für seine »heilige Gottesgebärerin«.

Während in der Wormspfalz Herr Hagen sich den Grind vom Rücken rieb, hat draußen im Strom vor Mainz, hat vor Ringwolfs Marienhaus ein Schiff Anker geworfen. Da rasselte im Dunkel Eisen gegen Eisen, ein Boot unter schwarzen Segeln ankerte da, hinter ihm noch mehrere andere, alle unter solch düsteren Schatten. Am Ufer wurden Lichter gezündet, traten Gestalten aus dem Kirchengemäuer, kam es zum Wortwechsel mit den Matrosen im vorderen Schiff und war *bijobs* von Worms die Rede und hörte man vom Schiff Herrn Gernots Stimme und sollte eine wichtige Nachricht so schnell wie möglich, noch diese Nacht, zur burgundischen Pfalz hin vorausgemeldet werden, mit berittenem Boten, die Nachricht von der Ankunft des Siegfried von Xanten. Man eilte mit den Fackeln, band ein Pferd frei, zäumte, sattelte, rief Namen, lateinische, keltische, burgundische, jemand schwang sich auf mit *perrix* und *yerra* und ritt davon, am Ufer entlang, stromauf, nach Worms. *Bijobs, perrix und yerra nennt Schazman celtic magic words (untranslatable)*

Wenig später war der nächtliche Bote bis dorthin geritten, wo die

Arme des wildernden Stroms an die Berge drängen und den schmalen Weg bei Hochwasser fortspülen. Da der Reiter keinen Pfad mehr fand, wollte er sein Pferd ins Wasser treiben, das sträubte sich, der Mann warf eine Münze in die Flut, rief den Sonnengott an, das half nichts, das Tier scheute. Also mußte er ausweichen, mußte über den Berg, beim Anstieg aber merkte der Reiter, daß sich das Tier verletzt hatte, daß es lahmte, Worms würde er diese Nacht nicht mehr erreichen, wechselte er nicht das Pferd. Ein gesundes, hoffte er, fände er bei einem der burgundischen Posten, die zwischen Worms und Mainz den Rhein entlang in gleichen Abständen Wache halten.

Auf der Höhe erblickte er in der Sternennacht endlich ein Wächterzelt, sprang ab, gab dem Lahmtier einen Hieb und näherte sich dem Zelt. Vorm Eingang war das Feuer niedergebrannt, hier wachte niemand, der Bote schlich sich seitwärts, dorthin, wo ein Pferd festgepflockt war. Das Tier wurde unruhig, schnaubte, warf den Kopf, schon war's zu spät, der Posten war aufgewacht, lief heran und hätte den Boten als Pferdedieb erschlagen, wären nicht *knörrip* und *bijobs* gallisch-keltische Parolen, die dem Wachmann meldeten, der Fremde war ein Kumpan.

Den zog der Wächter ins Zelt und tat freundlich mit ihm, damit der nicht verriet, daß er geschlafen hatte, zündete eine Fackel, nötigte den Reiter aufs Sitzfell, bot ihm vom Käse, vom Bier und wollte hören, für welche Nachricht der andere unterwegs war. Saßen sich in der Enge sehr dicht gegenüber, die beiden Kahlgeschorenen. Der Bote aber erzählte nichts, trank wenig, schwieg.

Bei eiliger Nachricht, sagte der Wachmann, sind Reiter und Pferd zu wechseln, von Posten zu Posten. – Deswegen wollte ich das Pferd wechseln. – Zu wechseln hat auch der Reiter. – Falls der in der Nacht wach ist. – Nimm mehr vom Bier. Hier ist Ziegenkäse. Was ist *yerra* so wichtig, daß es noch diese Nacht nach Worms muß.

Der andere antwortete nicht.

Ruh dich aus. Nach Worms reite ich. Sag mir die Nachricht.

Der Bote nahm das Messer, als wollte er Käse schneiden. Der Wächter sah das, nahm ebenfalls ein Messer. – In Worms willst du Botenlohn? Worms gehört Kaufleuten aus Mailand, Basel, Köln. Selbst wenn du meldest, Gott Wotan käm den Rhein herauf oder der wiedererstandene Christ oder die Sachsen hätten Herrn Gunther zum König gewählt, einen Schluck Roten bekämst du von Dankwarth, von Herrn Hagen einen Tritt.

Oder einen Drachenzahn, sagte der Bote, kam dem Wächter zuvor, stieß ihm das Messer in die Rippen, riß es wieder heraus und stürzte davon. Nach Worms.

Zu dieser Zeit also saß König Gunther, mein großer Bruder, in der Fensternische über dem Rhein. Groß muß ich den König nennen, ZU groß erschien er mir oft. Nicht selten stand er gebeugt, obwohl er noch jung war. Ach, ihn beherrschte die Neigung, vor dem, was ihn bedrückte, auszuweichen in Höhen, die nur das Denken erreicht und das Träumen, wo Schwindel warten und Zweifel. Wir werden sehen. An diesem Abend betrachtete er *Orion*, den »Großen Jäger«, der im Osten über die schwarzen Berge schritt. Von unten wisperte der Strom und rauschte mit seinen Armen. Und als alles so rätselvoll blieb, wie es immer schon war, hat Gunther sich in der Nische eine kleine Harfe herangerückt, berührte diesen und jenen hart eingedrehten Darm, freute sich über die Klänge und hat zu summen begonnen.

Dies Instrument hatte ihm mein Ire gebaut, mein Kilian, dessen Beiname *Hilarus* in der Leutesprache »der Heitere« heißt oder *Wunnibald*. Kaum hatte Kilian dem König die schöne Harfe geschenkt, durfte er mit König Gunthers Geld und Brief ein Klösterchen errichten, im Süden, weit oben im Waskenwald, gegen den Willen des Bischofs, der beteuerte, Lorsch und Speyer reichten aus, die neue Heilslehre sei nicht zu teilen in eine reine aus Rom und in eine unreine aus dem Irischen, wo sich noch immer Dämonen einmischten in die heiligen, in die wahren Frömmigkeiten. Über Irland heißt es noch im »Reisebuechlein des Ehrwürdigen Herrn Tomae Carve, aus dem Latein ins Teutsch übersetzt durch P. K. Jetzo, erschienen zu Mainz bei Joan Balthasar Kuntzen 1640«: »Umbs Jahr Christi 433 ist es zum christlichen Glauben kommen und werden in dieser Insel fast unglaubliche Dinge gesehen.«

Gunther jedoch hatte sich in die heitere Christuskirche der Iren ebenso verliebt wie in die handliche Harfe, auf der er zwar nichts spielen konnte, jedoch diesen oder jenen Ton zupfen und an Schönes denken, am liebsten an das, was Kilian gesungen hatte von tüchtigen Königinnen, von arbeitswütigen Kobolden, von Feuertieren und Mitternachtsfrauen, von üppigen und weichen, auch von der Zauberin Brünhild, die beschützt würde von einer Flammenwand. Schazman: *firewall*. So heißt noch jetzt der elektronische Sicherheitsschutz des Pentagon, der die US-Militärdaten vor Hackern bewahren soll

Freilich, da ich nun den Namen ausgesprochen hatte, dachte Gunther in seiner Harfennische auch an den Mann aus Xanten. Und schon war mein zartsinniger Bruder auf neuen Gedankenreisen, auf kühnen wie auf süßen.

Als Ringwolf sah, daß Burgunds König sich dem Harfenklang widmete, warnte er laut vor den keltischen Versuchungen, insbesondere vor den Liedern des Kilian *Hilarus*. Und begann von einem anderen Iren zu erzählen. Ein irischer Mönch sei kürzlich auf der anderen Rheinseite vor Ringwolfs Kloster Lorsch auf einen Holzhaufen gestiegen und hätte vom Brennholz herab zu predigen begonnen und habe behauptet, auch unterhalb des *orbis terrarum* würden Menschen wohnen. Anfangs habe man den Irrwitzigen verlacht, als aber der Bettelpriester beschrieb, daß auch in der Unterwelt und sogar in Satans Schattenreich ewiges Gotteslicht leuchte und daß auch unter der Welt der heilige Himmel Regen und Segen spende und Wärme, ja, daß auch in der höllischen Tiefe Christus und alle seine Engel walteten, da war ihm, Ringwolf, klar, daß ein Exempel statuiert werden mußte an diesem scheinchristlichen Barbaren.

Ich wollte nicht noch einmal die Geschichte von der Bestrafung des irischen Wanderpredigers hören, die der Bischof mir schon ausführlich geschildert hatte, da er mich ja zum Priester ausbilden wollte. Ich hockte mich auf die Armlehne von Königin Utes Sessel und bat Krimhild, mir ihren Falkentraum genauer zu erzählen.

Die ließ die Hand der Mutter los, fuhr sich durch ihren Haarschopf, als könnte sie so ihren Traum besser erinnern. Und schloß die Augen. – Den Traum sehe ich immerzu. Auf einer hohen Straße ging ich. Die spaltete sich. Da klaffte, was Ute *Ginungagap* nennt. Ehe aber auch ich auseinanderfiel und stürzte, hielt mich ein Vogel. Der war stark und schön, mit dem war wunderbar zu spielen, ja, mit dem flog ich. Groß war er, ein Falke, prächtig und wild. Ein Spielteufel.

Arbolgan ist heizmuoti! kodderte Hagen einen uralten Fluch. »Die Wut rast« Auch jetzt hatte er gut mitgehört. – Prinz Giselher träumt sich einen Wurm. Prinzessin Krimhild einen Spielteufel.

Und stolz bin ich, rief Ringwolf, diesen irischen Gotteslästerer eigenhändig bestraft zu haben. Sklaven hängten ihn kopfunter an einen Baum, und Bruder *Pius Eulogius* stieß ihm den gespitzten Balken zwischen die Hinterbacken, das Eichenholz, das wir für den Teufel stets bereit halten, wann immer er uns heimsuchen will, kräftig hieb er das Spitzholz hinein ins Darmloch –

– der Falke in meinem Traum, der war herrlich gefiedert, der trug goldene Bänder und Silberglöckchen, am Hals, auch über den Krallen. Und hat hoch am Himmel Kreise gezogen, herrlich und weit, so daß ich schon fürchtete, er würde mir wegfliegen, kam aber zurück und hat mich gepackt und emporgehoben und mitgenommen, zu tausend schönen Schwüngen und Kurven und Stürzen –

– den Pfahl hab dann ich selber hineingetrieben, ja, ich höchstselbst, mit dem Schmiedehammer hab ich ihn tief hineingeschlagen in den elenden DämonenLeib, vor den Augen der Lorscher Brüder und vor allem Gesindel, hinein in den Ketzer, in den Irrwisch, in den Verteufelten, ja, Roms Bischof persönlich hat den Hammer geschwungen und war sich keineswegs zu schade, das Eichenholz einzutreiben in den gottverlassenen Fleischsack, tief hinein, bis in die sündige, die gotteslästerliche Satansbrust –

– von diesem rotgoldfarbenen Federtier, von dem hab ich dreimal geträumt. Dreimal tollkühne Flüge, dreimal über alle Lande hinweg, aus Worms weit hinaus. In der letzten Nacht aber – Krimhild biß sich auf den Finger.

Was war in der letzten Nacht?

Da drang einer in die Pfalz. Ein Vermummter. Der hat mein Spieltier getäuscht. Hat es mit Fleisch gelockt. Mit den Falkenweibchenrufen. Hat ihn erschlagen, meinen Liebling.

– aus dem Gottlosen sind Schreie gedrungen, bis zuletzt. Aber keine Schreie der Reue. Sondern Trotzgeschrei. Was er sage, sei nicht des Satans, das sei Wirklichkeit. Wirklichkeit und immer wieder Wirklichkeit hat er gebrüllt. Bis mein letzter, mein kräftigster Schlag ihm den Atem zerriß.

Da wendete ich mich zum Tisch der Herren und fragte, ob Ringwolf nicht endlich aufhören könne mit solchen *historiis atrocitatis.* »Geschichten der Gräßlichkeit«

Meine Frage hatte ich mit Imperiumsworten gesagt, in der Kirchensprache, dennoch wurde ich ein wenig rot. Ringwolf ist der Bischof des Königs, ist Hagens Vertrauter und Vetter und ist doppelt so alt wie ich. Giselher gibt später das Alter des Xanteners mit 23 an, nennt sich selbst gleichaltrig

Gunther näherte sich von der Fensternische her. Und nickte. – Welch süße Geschichten wissen die irischen Priester. Und welch mörderische die römischen. Zum Beispiel wurde Virgils *Aeneis* nördlich der Alpen zuerst ins irische Keltisch übertragen, ins »Gälische«. Fixiert wurden in Irland zwar auch die christlichen Mythologien (über St. Patrick oder St. Columban), ohne daß deswegen die »heidnischen« Legenden vernichtet worden wären. Sie wurden bewahrt und verehrt, wie etwa die über Chu-Chulainn, über den Helden der Provinz Ulster (Nord-Irland)

Mein Falke, sagte Krimhild leise, ist nicht gleich tot gewesen. Hat noch geflattert, in der Eisenkralle. Immer nochmal. Gezuckt hat er, bis in den Morgen.

Der Bischof sah nicht ein, daß es irgend etwas geben könnte, das wichtiger wäre als die Erlösung des Menschen. Als des Menschen Befreiung von den Verblendungen und Fesseln Satans. Und zu diesem Satanswerk, das war ihm klar, gehörten auch Flugträume und erst recht Frauenträume. – So wie diesen verteufelten Iren der Rhein wegspülte, so hätten wir auch den Harfensänger bestrafen sollen, den die Kahlköpfe *Wunnibald* nennen. Statt ihn für schamlose Lieder ein Kloster bauen zu lassen. *Etiam Ciliano Hilaro necesse sit palum adigere per posteriorem partem miserabilem diabolicam.* »Auch diesem Kilian dem Heiteren wäre es nötig gewesen, einen Pfahl hineinzutreiben in sein erbärmliches teuflisches Hinterteil«

Da sah ich, wie die Witwe des Gundomar ihre Hand auf das Haupt der Tochter legte. Ihre dürren Finger legte sie in Krimhilds Dunkelhaar, dessen Schwärze, wenn man genau hinsah, in rötlichem Glanz schimmern wollte. Blond ist Krimhild auch in den späteren mittelalterlichen Überlieferungen nirgends. Blond wird sie erst im 19. Jahrhundert, besonders seit 1870/71. Endgültig ab 1933

In die knochigen Finger hinein und in das schwarze Feuerhaar sagte Ute:

Eiris sâzun Idisi
Sâzun hera duoder
Suma hapt heptidun
Suma heri lezidun
Umbi cuoniouuidi
Insprinc haptbandun!
Invar vîgandun!

Lange stand er im Raum, der Bannklang. Bischof Ringwolf blickte zum Saalgewölbe und sah dort, wie Schatten übers Rot und Gold huschten. Er wird sie erkannt haben, die Dämonen, vor denen er immer wieder warnte. – Was war das? Was hat Frau Ute geredet?

Hättest du Deutsch gelernt, sagte ich. Leutewörter statt Latein. Dann wüßtest du's.

Dann, du »Deutscher«, du Leuteliebling, dann sag, was sie geredet hat.

Von Frauen redete Ute. Von weisen, von gewitzten Weibern. Die taten sich zusammen, um Fesseln zu sprengen.

Einstmals hockten sich Frauen
hockten sich hierhin und dorthin
Einige legten Fesseln
Andere hemmten das Heer
Andere lösten und öffneten Knoten
Um der Baumkraft willen
Nun entspring den Fesseln!
Entkomm den übermächtigen Feinden!

Was muß ich da hören, rief Ringwolf. Von Frauen, die das Heer hemmen! die nach Gutdünken fesseln! oder aber entfesseln! Wie oft noch muß ich in Worms warnen vor solchen Trugbildern. Ist schon übel genug, wenn Frauen vom Fliegen träumen, vom Ritt über die Wolken, von Vogelkünsten und von Lockfleisch. Wer von »Baumkraft« redet, der spricht Teufelslitanei. *Dies irae, dies illa*, wahrlich, er wird kommen, der Tag des Zorns und der ewigen Höllenqual. Nur wer keine heilige Ordnung weiß, nur der wünscht sich ins Wilde zurück, ins Zuchtlose, ins unflätig Barbarische. Und solche Verteufelten müssen dann auch phantasieren vom »Fesselnlösen«. Hat unser Heermeister das wahrgenommen? Frau Utes *carmen veneficum* »Zauberspruch« (»giftmischend«) redete vom Hemmen des Heeres!

Der Bischof bekreuzigte sich mit der einen Hand, mit der anderen griff er sich an die Brust, wo, in Silber gefaßt, das Stück hing aus der Hand seines obersten Geistlichen. Und wendete sich dann an die Frauen. – Aus Rom kennt ihr seit Jahr und Tag die Gebete und Bitten an den wahren, an den ewigen Vater. An den Sohn, an den heiligen Geist und an die reine Gottesgebärerin.

Abermals gurgelten aus Utes Lakritzwurzelmund altburgundische Bornholmworte. – *Waz Wulf Hellhunt fuor du sar en abcrunt!* »Stinkender Wolf, Höllenhund, fahr du hinab in den Abgrund«. *Waz* ist der stinkende Wild-Eber, regional *Wuz* oder *Wutz*

Rigwolf bekreuzigte sich, stand auf und ging langsam dorthin, wo an der hinteren Hallenwand zwischen Pech- und Unschlittlichtern der Gequälte hing, der Gekreuzigte. Kniete dort und betete und hat laut geklagt. Wie mühevoll die Arbeit sei, die ihm der heilige Vater aufgetragen hatte, viel zu schwer für einen Schwachen wie ihn.

Wie hatte Hagen ihm seine bischöfliche Arbeit erklärt? – Trennen sollst du, herrschen werde dann ich. Zertrenne du die Geister von den Leibern. Die Weisheit von den Weibern. Mit den Zertrennten operiere dann ich. *In oboedientia servitioque retinere deinde mea res est.* »Auf Untertänigkeit und Gehorsam zu achten ist dann meine Sache«

Da ich Ringwolfs Hirtenkunst ebenfalls lernen sollte, hörte auch ich immer wieder solche Ratschläge. Nur Leute, die zerschnitten seien, erklärte der Heermeister, ließen sich lenken. Und Ringwolf, der Bischof »Roms zu Worms«, er hat Hagens Rat gern und mit Nachdruck wiederholt und murmelte das leise, wie ein Stoßgebet. »Die Geister von den Leibern. Die Weisheit von den Weibern«.

Und wieder zischelte Königin Ute und strich über Krimhilds Gluthaar. – *Singemes thaz cuoniouuidi umbiring allan thesan woroltring.* »Singen wir von der Baumkraft rings herum ums ganze Erdenrund«

Und dann redete sie so leise, daß nur Krimhild und ich ihre Worte hörten. – Dein Wahrtraum vom Frauenfreuen zeigt, du wirst denjenigen freien, der widersteht. *Terrori terrae*. Der Weltverachtung.

Hagen kam näher, um Utes Gezischel besser zu verstehen. – Ja hör nur zu, Hagen. Im Frühjahr ist Hochzeit.

Mirifice! »Wunderbar« Wer wohl hätte was gegen diese oder jene Hochzeit. Wenn sie so lustig ist wie vernünftig. So burgundisch wie römisch.

Aber um den Freier der *Grimhildis* wächst Neid. *Insprinc haptbandun. Isprinc Rumuburc.* »Entspring den Fesseln. Übersteig die römischen Mauern« – Ute nannte ihre Tochter gern *Grimhildis* und sagte, dies sei ihr richtiger Name. Krimhild ist oberdeutsche Lautung des niederdeutschen Grimhild König Gundomar, so hatte sie erzählt, habe verfügt, alle seine Kinder sollten, so wie er selber, im Namensbeginn das »G« haben, in der Tradition der Königssippe. Als aber Krimhild zehn Jahre alt wurde, da wollte sie keine *Grimhild* sein, was sie als »Grimmkämpferin« deutete, und als sie 14 wurde, da wollte sie sowieso, daß ihr Name anders klänge als der ihrer Brüder, und weil sie im Lateinischen gelernt hatte, daß *crimen* das Verbrecherische meint, da ließ sie sich nur noch Krimhild nennen und erklärte, wenn sie einst Königin sei, werde sie alles Übel aus der Welt verjagen, alles Verbrechen, alles Mörderische. Ähnlich assoziierten offenbar auch noch spätere Abschreiber, etwa die der Münchner Handschrift D aus dem 14. Jahrhundert mit dem Titel »Das ist das Buch Chreimhilden«

Hagen wendete sich von den Frauen weg. Über seinen Zahnspitzen sah ich im Flackerlicht die grinsenden, die rissigen Lippen.

Insprinc, zischelte die Mutter ihm nach. – *Infar* weit weg, bis hintern Jura! rheinauf!

Da fragte Gunther: Wenn es wirklich der Mächtigste ist, der hierher kommt und der unser Schwager werden soll, vor wem und warum müßten wir dann noch fliehen, hinter den Jura?

Vorm Neid, sagte Ute. Und dann murmelte sie wieder bornholmische Wörterketten, danach fränkische, solche aus *Aquae* Aachen, wo sie geboren ist, und nach diesen älteren Silbenreihen, die niemand verstand, auch ich nicht, redete sie endlich in unserem dünnen wormsischen Hofdeutsch. – Nicht den Giselher schickt hinunter nach Nifhelheim, sondern den *Wazwulfilas*. Laßt den Ringwolf im *nifhel* sein Paradiesgedöns säuseln und reinpfählen in die Köpfe. Schluß mit Menschenfraß, Waldfraß, Weltfraß. – Dies und einiges andere flüsterte und sirmelte sie in Krimhilds Schwarzhaar, vielerlei Leutelaute und zuletzt Lateinisches: *Finis operarum Imperii!* »Schluß mit den Untaten des Imperiums«

Da blickte Krimhild mich an. – Giselher, was weißt du von dem Mächtigsten.

Daß er aus Ammenmärchen kroch, sagte Hagen.

Giselher hab ich gefragt.

Ich nahm einen Schluck vom jurassischen Wein. – Fast alle, die ich in Köln fragte und in Rom, die sagten, der Xantener sei vom Stamm der Cherusker. Ein römisch gebildeter Kelte. Ein Nachfahr des *Arminius*. Dessen, der Roms Feldherren in die Falle laufen ließ.

Silvis nostris, zischelte Ute. »In unseren Wäldern«

Ja, in unsere Wälder und Sümpfe lockte sein Vorfahr *Arminius* die imperialen Weltherren mit all ihren schweren Mauerbrechern, mit ihrer ungefügen Artillerie, trieb die Besatzer in die nifhelheimischen Sümpfe, wo sie im Schlamm stecken blieben, ihre Wurfmaschinen, ihre *res tormentariae* »Artillerien«. Im Jahr 9 nach westlicher Zeitrechnung bei der Schlacht »im Teutoburger Wald«. Neuere Funde bei Kalkriese belegen ein wochenlanges Gemetzel am nördlichen Saum des Mittelgebirges. Es kam zum Totalverlust von 3 Legionen und 6 Kohorten (1 Legion = 10 Kohorten = ca. 300 Reiter plus ca. 5000 Mann), also von insgesamt fast 20000 Menschen, unter Feldherr *Varus Quinctilius*. Der römische Historiker *Velleius Paterculus* in seiner *Historia Romana* (Buch II, Kapitel 119): »Von Wäldern und Sümpfen umschlossen wurden sie von eben dem Feind bis zur völligen Vernichtung hingeschlachtet, den sonst sie selbst wie das Vieh zu schlachten pflegten«

Mag sein, knurrte Hagen, daß er aus solchen Sümpfen kroch, euer »Mächtigster«. Ein Moormolch ist er. In Spelunken zusammengeflunkert und krummgelogen, damit die Soldaten mehr trinken müssen und die Mädchen zittriger träumen. Damit Sänger mit langen Locken was zu singen haben, damit Könige an keltischen Harfen zupfen können.

In Hagens Furchengesicht liefen vielfältige Erfahrungen um. Zornfalten und Lustfalten krümmten sich da wie die Seitenränder eines Buchs, wenn es verdrückt wurde oder in den Regen geriet.

Der Xantener, sagte ich, stammt von dem, der die römischen Verwüster so abschlachten ließ, wie zuvor sie selbst diejenigen gemetzelt hatten, die sie für Barbaren hielten. Eine Woche lang strömte die Weser als Blutfluß, floß an Bremen vorbei rot zur Nordsee, voller kopfloser Herren. Den Generälen fehlten auch die Männerglieder, so daß sie sich ganz und gar ausbluten konnten in das Land, das sie kolonisieren wollten.

Ich sah, wie Ute nickte und wie der Bischof drüben die Hände hob, zum Kreuz empor. Da stand ich auf, ging zu meinem Schreibpult und hob einige Papiere, verschiedene Chronikrollen. Und sagte: Ist alles notiert. Buchstäblich so.

Und *Irmin*, sagte Ute, hieß *Sigurd*. Und kam von den Leuten bei den Externsteinen, die verstehen, wie die Sonne zur Nacht herumgeht, so wie der irische Mönch das verstand, den der Bischof zerhämmerte und spießte. Den *Sigurd* nannten sie in Rom *Arminius*, weil er schwarzes Haar hatte und sich verkappen wollte als Mann aus dem Morgenland. – Sie wendete mir die blinden Augen zu, als fragte sie, ob auch dies die Chroniken meldeten.

Auch das ist überliefert, ist alles studierbar.

In *Sigurds* Sippe, sagte sie, haben sie seit je das *Sig* im Namen. Auch noch die Eltern des Xanteners, denn die heißen Siegmund und Sieglind. Und dies *Sig* meint kein Niederzwingen, sondern die Kraft, die der hat, der mehr Witz hat, mehr Verstand, mehr Kenntnis. Meint die Klugheit dessen, der nicht gegen die Welt lebt, sondern mit ihr. Der die Berge versteht, die Flöze, die Baumkraft. Und weiß, wie der Menschenkopf arbeitet. Kennt auch die Verstecke in unseren Schädeln. Den Machtneid. Und der nun kommt, der ist deswegen der Mächtigste.

Qualp, rülpste der Waffenmeister. Packte den Pokal und sagte: Aus Nebel ist er. Und heißt darum »Nibelunge«. – Hagen trank. – Mir schmeckt, was im römischen Mittag reift. Euer »Mächtigster«, *doleo* »tut mir leid«, ist nichts als Gasthausdunst, der bei allzu dickem Bohnenfraß den Fressern aus dem Hintern wazt.

Da kam Kirchenvetter Ringwolf wieder an den Tisch der Herren. – Von »Baumkraft« redet ihr. Erkenntnisse kämen aus Nifhelheim. Aus Wotans Wutwelt, aus *Gaias* Rauschreich. Weh über dieses unausrottbare Traumgefasel. Licht und Erleuchtung sollen Steine bringen? Baum und Wald? Die Flugkünste der Raubvögel? Oh ihr Freunde, weh über den uralten Märchenschwindel. Auch der Teufel nennt sich »Lichtbringer«. König Gunther, dir Lateinunkundigem, dir sage ich's: Teufels Name heißt *Lucifer*. Und *Lucifer* in der Sprache der Deutschen heißt »Lichtbringer«. Ja, was in Wahrheit die Finsternis bringt, das heißt in den Worten der Proleten »Aufklärer«. Proletarii (von *proles*, »Brut«, »Schößling«) meint die (kinderreichen) Angehörigen der untersten Volksklasse Und all das verrät es uns: Der Teufel ist ein Blender, der uns mit falschen Lichtern lockt, mit zauberischen Schönheiten verführt er uns in ewige Höllenqual, mit heidnischem Märchenwitz verwirrt er uns, mit Libellengeschwirr, wie Hagen das nennt. Wann endlich siegt auch auf dieser Seite der Alpen das wahre Licht, der Glanz von Golgatha.

In Wirklichkeit, rief ich, bist du es, der blendet! Ja du, der Bischof Roms in Worms! Bei den Deutschen, sagst du, hilft allein das Peitschen. Macht mir die Franken fromm, kriegt mir die Kelten klein, tauft mir die Hunnen und Sachsen oder erschlagt sie und pfählt sie und zerschneidet sie in Geist und Leib. In Wirklichkeit glaubst du, wie Hagen, nur an eines: *Oderint, dum metuant.* »Mögen sie mich hassen, wenn sie mich nur fürchten«. Die dominante Rolle der Priesterschaft im frühen germanischen Burgund bestätigen auch andere alte Quellen, z.B. der röm. Historiker *Ammianus Marcellinus* (330–395): »Denn der Priester ist bei den Burgundern bei weitem der mächtigste Mann, er ist es lebenslang und er ist unangreifbarer als selbst die Könige.« (*Res gestae*, Buch XVIII, 14)

Und ich fuhr fort und war in guter Aufregung. – Allein Rom ist es, das Mauern baut, das Unfrieden sät, das Leid predigt und Wüste stiftet.

Das Wüste predigt?

Ja, weil es Ding und Geist zertrennt und das Dingliche verflucht und nur noch das Geistige als heilig gelten läßt.

Da widersprach der Bischof mit großem Predigerton, mit seiner zitternden, mit seiner Empörungsstimme. – *Poeta Gislaharius*, laß dich erinnern! *Nostra Sancta Ecclesia docet, quod ubique, quod semper, quod ab omnibus creditum est.* Für König Gunther übersetze ich das. »Unsere Kirche lehrt, was überall, immer und von allen geglaubt wurde.« Und das ist, alles in allem, dies: *Omnes homines una aeterna manet nox et calcanda semel via leti.* »Alle Menschen erwartet eine einzige ewige Nacht, der nur ein einziges Mal zu betretende Weg des Todes.« In dieser Not, die dich betrifft ebenso wie mich und uns alle, *ergo sub specie aeternitatis*, also im Angesicht der Ewigkeit und des Todes und der Hölle, da will ich dir verraten, welche »Mauern« wir errichten: Liebet eure Feinde!

Zugegeben, wo es euch Vorteil bringt, da säuselt ihr auch von Liebe und Frieden. Und befehlt anderswo Gehorsam, nutzt Not und Todesangst, verteufelt Leib und Welt und Weiber und raunt Paradiesgeschichten und Singsang vom Heiligen und vom Jenseits und betäubt das Diesseits nach Art der giftigen Drachen. In der Wirklichkeit ist es deine Romkirche, die uns lähmt und pfählt, uns alle! Seit je ist nichts betäubender als jede Art Priesterschaft, so war es schon immer. Aber diese neuen, diese vermeintlichen Jesusjünger, sie blenden und fälschen dauerhaft.

Hagen hob die Hände, genug sei's jetzt, hieß das. Dabei schien er vergnügt. Er kannte meinen Zwist mit Ringwolf, foppte den Vetter auch selber zu gern. So sehr er ihn schätzte als den, der ihm die Macht sichern half mit Todesbildern, so wenig glaubte er ihm irgendeine seiner Himmelsnachrichten.

Schluß, bat Krimhild, Schluß mit euerem Heiligkeitsgezänk. Giselher, erzähl von dem Niederländer.

Ja, verlangte Gunther, sag, was du von dem Cherusker weißt.

Auch die anderen wollten nun, daß ich erzählte. Aber wen immer ich ansah in der Wormser Pfalzhalle, der wünschte sich anderes. Hagen wollte Beweise, daß der Niederländer ein Hirngespinst sei. Krimhild wünschte sich *confirmationes* für ihren Traum vom fliegenden Gespielen. Gunther hoffte auf neue Nahrung für seine mitternächtlichen Gedankenreisen. Und was Ringwolf erwartete, ließ der nicht im unklaren.

Ja, erzähl es uns, Giselher, sag es ohne Gift und Haß. Ist es nicht so, daß die Kaufherren in Mainz, Köln oder in Basel diesen Cherusker sehr beneiden? Nicht gerade weil er von *Irmin* stammt oder von *Sigurd*, sondern weil er sagenhaften Reichtum besitzt, den er auf sehr zweifelhafte Weise gehortet hat? Schazman merkt an, die Fragen des Bischofs könne man im Englischen nicht korrekt wiedergeben, das Keltisch-Gälische der Klilianschronik (*Kilian's Chronicle*) kenne kein eindeutiges Wort fürs »Haben« und »Besitzen«, in wörtlicher Übertragung müßte diese Stelle lauten, der Xantener habe »mit sagenhaften Schätzen gespielt«. So etwas gebe natürlich im Englischen wenig Sinn, und so habe er sich hier wie in den folgenden Fällen für *possessed* entscheiden müssen, »für eine Verfälschung im Sinne des Englischen«

Wenn ihr mir Zeit laßt, antworte ich euch allen.

Da zögerte Krimhild nicht und setzte sich dicht neben mich an die Herrentafel. Dankwarth stellte mir einen gefüllten Becher vor. Krimhild trank daraus. Ute blieb, wo sie die Karten gelegt hatte, schien nun wirklich zu schlafen.

Der »Mächtigste«, sagte ich, da haben die Handelsherren recht, ist reich. Von hundertfünfzig Eselsladungen Kleinodien hörte ich, jedes Tier bepackt mit zwei Säcken voller Kostbarkeiten, keltischen Ringen, Spangen, Halsketten, Kronen und Bechern. Auch mit Kirchensachen.

Mit geraubten, wußte Ringwolf.

Wie er in ihren Besitz gelangte, darüber laufen verschiedene Berichte um. Ich hab alles mit allem verglichen und glaube inzwischen, daß ich's weiß. Doch müßt ihr Geduld haben. Wenn ihr mich ungestört reden laßt, wißt ihr die richtige Geschichte erst mitten in der Nacht. Allerdings kann ich schon jetzt sagen, daß der Nibelunge nichts erschwindelt hat. Daß er sich alles erarbeitete. Mit ungewöhnlichen Mühen. Noch um 1200 beginnt das berühmte, aber selten gelesene klösterliche »Nibelungenlied« mit dem Hinweis auf *grôze arebeit* Und schon jetzt verrate ich euch, daß er all seine Schätze nicht besitzt, sondern daß er sie wieder herschenkt. Dieser Niederländer ist ebenso frei wie freigebig. Und überaus hilfsbereit. Und er ist von Grund auf ein Arbeiter, wie Herkules. Um 1200 dagegen rügt das (wahrscheinlich in einem Passauer Kloster verfaßte) große Vers-Epos, berühmt als »Nibelungenlied«, den *helt von Niderlant* wegen seines Egoismus, vermerkt sein *starkes übermüeten* (»Überheblichkeit«) und seine Besitzsucht: *lánt unde bürge, daz sol mir werden undertân*

Großartig, knurrte Hagen. – Krimhild hält Hochzeit mit einem Arbeiter.

Mit einem Räuber, ergänzte Ringwolf. – Mir hat der Kölner Bischof Gerhard hinterbracht, es handele sich um einen Kerl *vix iam homo, magisque semifer.* »Kaum noch Mensch, halb Tier« Auf jeden Fall ist er ein Kirchendieb. Aus *Germania inferior.*

Mir meldete man, sagte Hagen, dies Vieh auf zwei Beinen sei entstanden, weil zwei Geschwister, Siegmund und Sieglind, miteinander *summam voluptatem* ausprobiert hätten. »Höchste Wollust«

Sänger, sagte ich, die man gut bezahlt, singen jede Lüge. Geboren ist der, den ihr für ein Vieh haltet, im Niederland, in einem römischen

Kastell am unteren Rhein, in einem Militärlager, wo unter dem Cheruskerkönig Siegmund die neuen Frömmler ihre Gerippe und Totenbilder aufstellen und den Ort »zu den Heiligen« nennen: »*ad Sanctos*«. Daraus haben die Leute im schnellen Reden »Xanten« gemacht.

Du hörst es, Ringwolf, murmelte der Heermeister. Dein schatzsammelndes Gespenst wurde zwar gesäugt von Bärenzitzen, kommt aber, heißt es, aus einem Ort der Heiligen.

Der Ort ist dort, sagte ich, wo die Lippe mündet. Das ist der Fluß, bei dessen Quellen das Romheer besiegt wurde. Und alle, mit denen ich sprach, waren sich einig, daß Siegfrieds Mutter keine Bärin ist, sondern eine weise Frau, klug und gewitzt, mit schönem Haar und schönen Brüsten.

Die sie sich über die Schulter wirft, sobald sie ihr beim Humpeln im Weg sind.

Giselher erzählt, sagte Krimhild.

In Köln wie in der Siegburg hörte ich, seine Mutter Sieglind sei eine cheruskische Priesterin. Die wuchs dort auf, wo die Römer ihre Schlacht verloren. Sieglind habe den schärfsten Verstand, kenne den immerwährenden Kalender, den Gang des Tageslichts wie der Nachtlichter. Und sie lehre die Frauen, wie man Krankheiten heilt mit Kräutern und Salzen, wie man Kindersegen erlangt oder meidet. Selten sei sie in »Xanten«. Denn dort paktiert ihr Mann mit den neuen geistlichen Herren. Lieber lebt sie in den Teutoburger Bergen, wo in den ferneren Wäldern nicht nur Bären hausen, sondern auch noch größere Ungeheuer, diejenigen, die dem Menschen die Hortgier einblasen, das Drachentrachten. Es heißt, Sieglind habe sich gewünscht, daß auch ihr Sohn Priester würde, im Sternzeichen des *Orion*.

Orion, sagte Hagen, der gilt bei den Griechen als der tolle Jäger, der wurde von *Diana* an den Himmel gebannt. Hoffen wir, daß Wotan ein Einsehen hat und auch den nifhelheimischen Arbeitsbuben an den Nachthimmel heftet.

Für Frau Sieglind ist das Sternbild *Orion* kein Jäger, sondern eine riesenhafte Kuh. Ein friedliches Rind. Nicht um Eisen, Kampf und Speerstöße geht es ihr, sondern um Milch und Sonne und Freundlichkeit. Neugier und Begehren hätte ihr Sohn lernen sollen, nicht Neidgier. Aber es kam anders.

Ich nahm einen kräftigen Schluck. Auch mir war unheimlich, was ich da zu erzählen begonnen hatte. So wie jetzt wieder, wenn ich es aufschreibe. Schon dieser Abend in der Pfalzhalle hätte mir zeigen können, wie vergebens es sein würde, unseren Vettern, dem Teiler und dem Herrscher, klarzumachen, was nicht vom Erschlagen handelt, sondern vom Durchdringen.

Gunther aber lobte mich und schmeichelte. – Erzähl weiter! Und ihr anderen solltet nicht so oft unterbrechen. Seit es den GeistesEifer gibt aus Sankt Peter, hören wir nur noch Gerippegeschichten. Reinheitsgeschichten aus den Wüsten, die geistlichen, die heiligen, die niemand fassen kann.

Ja, fassest denn du, klagte der Bischof, was dieses Sumpfweib anbetet? Bäume, Kühe! Steine vergöttert sie, Sterne!

Ja, sagte Hagen, als oberstes verehrt sie die Kuh. Die dämlich tappige, die sich ihre Milch nehmen läßt, obwohl sie Hörner hätte, uns wegzustoßen.

Und tut das wahrscheinlich in schauderhaftem Gelalle, in der Niederweltsprache, die wir leider auch von Königin Ute immer nochmal zu hören kriegen.

Laß sie schwätzen, flüsterte Krimhild. Wieder trank sie aus meinem Becher, hockte sich eng an meine Seite, küßte mir die Wange.

Unser Bischof vergißt, sagte ich, daß noch Gundomars Großvater *Gundicarius* in Nifhelheim aufwuchs, im Warägermeer, auf *Burgundarholm* »Bornholm«, wo vormals die Riesen hausten und von wo wir Burgunder den Namen haben.

Ist auch der Nibelunge ein Riese? fragte Krimhild.

Riesenhafte Neugier treibt ihn. Witz und erstaunliche Künste. Kenntnisse und Fertigkeiten. Ein Priesteramt wie seine Mutter wollte er nicht. Aber er wollte auch nicht wie sein Vater sein, der den neuen Römern gehorcht. Weder ein Eisenkrieger wollte er werden noch ein mildtätiger Kuhpriester. Tatendurstig und arbeitswütig drängte er früh fort von den Eltern. Wie der berühmte *Irmin* wollte er werden. Ein Römerbezwinger. Wenn ihm erklärt wurde, in Rom gebe es nichts mehr zu bezwingen, bis auf einen letzten Rest in Gallien seien alle Weltverwüster besiegt, dann machte ihn das nur ärgerlich. Sieglind hatte ihm Genaueres erklärt.

Die Generäle der Baumfresser, so hatte sie gesagt, die seien zwar besiegt und verjagt, aber das Verwüsten hocke nun tiefdrinnen in unseren Köpfen. Als Angst vor der Welt, als Angst vor den Qualen nach dem Tode, als Höllenangst und Sündenfurcht, als Sehnsucht nach der Erlösung in einer geistigen Welt, woraus die Verachtung wächst gegen die diesseitige, gegen die Waldwelt, gegen die Steinwelt, gegen die Leiberwelt. Und gegen die Frauen. Und all diese Ängste, sagte Sieglind, die sorgen von nun an für die Unaufhörlichkeit der Hörigkeit. Hörigkeit? fragte der Junge. Für UnfreiSein, sagte die Mutter. Woran erkenne ich UnfreiSein? Am *terror terrarum*, an der Weltzerstörung. Da die neuen Geisteslehrer aus den Wüsten kommen und alles irdisch Üppige verteufeln, ist ihnen, wie schon den römischen Caesaren, am Ende jeder Terror recht.

O perturbatio omnium, klagte der Bischof. »Totale Verwirrung«

Da sagte ihr Sohn, Terror kenne er auch von Leuten, die nicht aus der Wüste oder aus Rom kämen. So ist es, antwortete sie, niemand ist nur gut, niemand nur schlecht, aber die neue Priesterschaft hat es aufgegeben, die Mischungen in dieser Welt zu lieben und zu verbessern. Das Erdenleben sei ein für allemal, so erklären sie, ein Übel und Leid von Grund auf, alles Diesseitige ächze für immer in des Teufels Hand. Aus Rom, aus *Alexandria* und aus Jerusalem kommt eine unendliche Traurigkeit über die Menschen, die betäubt die Welt mit Weltverachtung.

Adulteratio ex toto, seufzte Ringwolf. »Verfälschung ganz und gar«

Zum Beweis rief Sieglind einen römischen Priester herbei, den sie in der Xantenburg wohnen ließ als Lateinlehrer für ihren Sohn, dieser Mönch mußte laut vorsprechen, was er jeden Abend zu seinem Kirchengott betete, dann, wenn mit der Dunkelheit die Zeit der Fragen kommt und der Sorgen. Diese »wahren Gebete aus Rom«, so bestätigte der Priester und Lateinlehrer, die warnen vor dieser Welt, die nur deswegen so schön glänze, weil der Teufel mit diesem Glanz verführen und ablenken wolle von der wahren Pracht, von der des Himmlischen und Heiligen.

Meine Gebete, erklärte der Geistliche, verwünschen in der Tat das Irdische, denn unser Leben im Diesseits ist, besieht man es genau, ein Leben im Jammertal, eines, das man abstoßen muß und überwinden. Allabendlich flehen wir zu unserem Schöpfer, daß es uns gelingen möge, alles Vergängliche und jederlei Weltlust fernzuhalten, auch die Lust des Leibes, wahrlich, *voluptas* »Wollust« ist unser *inimicissimus*.

»Todfeind« Und wir beten: *Hostemque nostrum comprime, ne polluantur corpora.* Und das bedeutet in der Leutesprache: »Unterdrücke unseren Feind, damit unsere Leiber sich nicht beflecken«.

Du siehst, sagte Sieglind dem Sohn, in allen Lustigkeiten sehen sie einen »Feind«, der schmutzig macht. Seit dem 5. Jahrhundert gehört das *polluantur* zum »Stundengebet« der Mönche, der Nonnen und Priester

Die Mutter erzählte dem Sohn dann auch vom Bischof zu Köln. Der hielt die Verträge mit ihr nicht, weil den Klerikern ein Wort von Heiden als unrein gilt, erst recht eine Absprache mit einer Frau, alles *formulam pactionemque facere et praestare mulierariam.* »Abmachungen und Verträge schließen und halten mit Weibern«

Denkt so auch der Bischof zu Worms? fragte Krimhild.

Du siehst, Ringwolf wendet sich ab. Die Frage einer Frau ist für ihn eine, die nicht gestellt wurde. Als aber Sieglinds Sohn hörte, wie die Kirchenleute mit seiner Mutter umgingen, da wollte er der Mutter helfen, wollte er auf der Stelle ein Ritter sein. Doch nun erklärte ihm sein kirchenfrommer Vater: *Ad maiorem dei gloriam* »zur höheren Ehre Gottes« sei der Vertrag mit seiner Mutter gebrochen worden. Siegmund lebte mit der Mutter im Streit. Der Junge mochte aber die Mutter mehr als den Vater, sprang auf, schnappte sich die Eisenstange, die ihm Siegmund gegeben hatte, freilich nur zum Üben, griff sich den eisernen Pfahl und wollte nach Köln, wollte die Mutter und alle betrogenen Frauen rächen und die Heiden, wollte zum kölnischen Bischof und war nicht mehr aufzuhalten.

Draußen im Hof schwang er sich auf seinen Rappen *Grani* und war kraftvoll und wild wie fast alle Jungen, wenn sie vierzehn sind oder fünfzehn. Da brachte die Mutter ihm im letzten Moment das Bischofskäppchen, das sie im Streit dem kölnischen *Episcopus* vom Kopf gerissen hatte, und sie konnte dem ungebärdigen Sohn in aller Eile weismachen, solche Hüte seien Tarnkappen, die man heutzutage tragen müsse, wenn man in Köln die Raffgierköpfe und Neidgeister beeindrucken wolle, ja, seit am Rhein die RomChristen herrschten, sei auch dort das Kappentragen Sitte. Sieglind hoffte, die Leute unterwegs, wenn sie ihren Sohn unter der bunten Mütze sähen, die würden ihn verspotten und ihm die Lust nehmen, ein Ritter zu werden. Da der Junge seiner Mutter ganz und gar vertraute, ließ er sich das purpurne Käppchen um den Kopf binden, hob den eisernen Pfahl des Vaters, fühlte sich sehr stark und galoppierte aus Xanten hinaus, nach Köln.

Ein Verrückter, befand Ringwolf.

Als der Bursche mit der Stange und der Purpurkappe den Rhein hinaufzog, fand er unterwegs sofort Publikum und Beifall, freilich zweifelhaften. Und als er mit der Bischofsmütze und dem Eisenpfahl in das große *Colonia* einzog, da setzte es rings von vielen Leuten Hochrufe und schallendes Gelächter. Auf dem Markt bildeten die Neugierigen einen dichten Kreis um den großen kleinen Riesen und begrüßten ihn als »Bischof von Niedernifhelheim«. Als sich der Junge maulfertig zu wehren begann und die Menge etwas leiser wurde, weil man verstehen wollte, was der Narr zu sagen hätte, erhob sich von neuem Gelächter, denn der Knabe unterm Bischofskäppchen redete die nebelländische, die klobige Sorte Leutesprache, die unkolonisierte. Von Xanten nach Köln hatte er, würden Germanisten sagen, die »Benrather Linien« überquert, jene Grenzen, die noch heute unterscheiden zwischen »Hochdeutsch« und »Niederdeutsch«, was erkannt wird an »ich« statt *ik*, an »machen« statt *maken*, an »essen« statt *äten* oder an »das« statt *dat*

Sieglinds Sohn war aber kein Trauerkloß und fand gut, daß alle Welt ihn beachtete und zu feiern schien, ja, er genoß, daß er in Köln sofort im Mittelpunkt stand und daß auf den Plätzen wie in den Herbergen jeder gern hörte, wie stark dieser Cherusker über die Niedertracht der obersten Geistlichen schimpfen konnte. Und wenn ihn einer *Dolbatz* rief oder *Tölpel* oder *Triegel* oder *Trap* »Tollpatsch«, »Dörfler«, »Betrüger« und »Tropf«, wußte er sich handfest und maulstark zu wehren. So daß am Ende die Gassenjungen und Witzbolde und Schurken, wann immer sie den Kerl aus Xanten erblickten, zu johlen anfingen:

Orbi et urbi
Wat ne leckere jeckere Burbi
Schmackich Lurchi et Schnurrbi
Döi'n RheinMi ond RuhrMi!

Heiland, entfuhr es dem Bischof. Obwohl ich dem Vetter versicherte, daß dies nur ein Spaß sei mit den Namen Rhein und Ruhr, warf er auch diesmal die Hand über seinen heiligen Stein. Zweifellos hatte er auch jetzt gesehen, wie Dämonen die Pfalzhalle querten. Friedrich Engels im Jahr 1839 (er ist 19jährig): »Was ist es, das uns in der Sage von Siegfried so mächtig ergreift? . . . da ist die üppigste Poesie, bald mit der größten Naivetät, bald mit dem schönsten humoristischen Pathos vorgetragen . . . wir fühlen alle denselben Tatendurst, denselben Trotz in uns, der Siegfrieden aus der Burg seines Vaters trieb . . . wir alle wollen hinaus in die freie Welt, wir wollen die Schranken der Bedächtigkeit umrennen . . . Für Riesen und Drachen haben die Philister auch heute gesorgt, namentlich auf dem Gebiete von Kirche und Staat«

Noch ehe der junge Held, gerade 14 Jahre alt, auf den Kölner Bischof traf, um ihn womöglich zu verhauen oder gar zu erschlagen, geriet er vor einer üblen Hafenschenke in eine Prügelei mit drei Schmiedeknechten. Außer dem Lateinischen verstand der Sieglindsohn nämlich auch die *Colonia*-Sprache, jedenfalls gut genug, um zu begreifen, daß die drei Kerle ihn vor dem Stapelhaus verhöhnten und ihn Breitsemmel nannten und Milchsack und wegen seiner rötlichen Haare Kupferkopf und wegen seiner knorzigen Wörter *Piffdeckel* und *Blasbalg* und *ons virsämmilisch Sieschfritz!* und nicht ganz dicht und grünohrig und daß sie ebenfalls zu singen anfingen *döin RheinMi ond RuhrMi!*

Der Jüngling war aber alles andere als *siesch* oder kränklich, sondern begann sofort, die Grobiane mit seines Vaters Eisenstange durchzuwalken. Als er aber zu seinem allerwildesten Hieb ausholte, da wollte die Stange nicht auf einem der Kahlschädel landen, sondern verfing sich in den Radspeichen eines vorüberrollenden Kohlrübenkarrens und drehte sich ihm aus den Händen. Und das Mützchen, das Sieglind dem obersten Hirten am unteren Rhein weggerafft hatte, das war unter der schönen Seide nur aus Leder und Filz und bot wenig Schutz, vor allem, als einer der Schmiedekerle die Eisenstange seinerseits mit hartem Schlag gegen den »Kupferkopf« führte. Die Bischofskappe rutschte dem Jungen über die Augen, nahm ihm die Sicht, Hieb traf ihn auf Hieb, bis es ihn von den Beinen holte und sein Blut zwischen die Rinnsteine tropfte, vor dem »Stapelhaus«, nicht weit vom neuen Dom.

In der Gosse, maunzte der Waffenmeister, unser »deutscher Herkules«, der »Mächtigste«! Gesegnet sei die Luft, die ich fahren ließ, als unser Bücherheld den Namen dieses Mutternarren zum erstenmal hinausposaunte.

Ich spürte die Schulter meiner schönen Schwester an der meinen. – Ein Mönch in schwarzer Tracht hat den Verprügelten aufgelesen, dem gehörte das bunte Wägelchen, in dessen Rädern die Eisenstange steckenblieb. *Titus Teutonicus* nannte der sich, »deutscher Titus«, der hob den Verwundeten aus dem Dreck, legte ihn auf seinen Eselskarren, bettete ihn zwischen Rüben und Kohl und schob ihm das sanfte Kirchenkäppchen unter den Kopf.

Dem neuen *Arminius*, höhnte Hagen. Dem Schrecken Roms.

Jedenfalls stillte er dem Raufbold die blutenden Wunden. *Titus Teutonicus* hatte auf seinem Karren unter Kohl und Rüben kostbares Goldgerät versteckt, wo er nun auch den eisernen Pfahl vergrub; band dann hinten an den Eselskarch den Rappen *Grani* und ließ sich mit diesem heiklen Gespann von einem Schiffsmann über den Rhein setzen, denn er fand, wenn der junge Kerl wieder gesund würde, dann wäre der gewiß gut geeignet als Arbeitsmann im Kloster. Ins untere Siegtal brachte er den Jungen, zu einem verlassenen Kastell auf einem Felsbuckel. Seit die Römer fort waren, hatte diese Siegburg keinen Besitzer mehr und bauten Mönche das Kastell zu einer wehrhaften Klosterburg aus, die sie dem kämpferischen Engel Michael weihten. Die frommen Leute glaubten außer an Christus vor allem an alles Wehrhafte. An starke Mauern und an gute Waffen.

Während *Titus Teutonicus* in seiner Zelle den jungen Helden gründlich säuberte, salbte und verband, gab er ihm den Rat, sich künftig besser zu schützen als durch eine Narrenmontur. Wer ein Ritter werden wolle, müsse keine Seidenkappe tragen, sondern das, was auch im Rheinland und im Siegerland die Schmiede von den Römern gelernt hätten als *ars ferrea Martis et mortis*. »Eiserne Mars- und Todes-Kunst«. Mars, der römische Kriegsgott, ist der mythische Vater Roms, Mars gilt als der Erzeuger der Zwillinge *Romulus* und *Remus*, der Stadtgründer, die wölfisch genährt wurden

Da empörte sich der junge Mann. Eben dieses Römische, rief er, das wolle er nicht erlernen, sondern vertilgen. AUF den Köpfen wie IN den Köpfen.

Herr *Titus* lachte. Die römische Kniffe bezwingst du nur mit Gegenkniffen. Gegen harte Helme helfen nur die noch härteren.

Wo finde ich die!

Hier im Siegerland bist du auf der richtigen Spur. Wer die Feuerkünste kennt, der beherrscht am Ende alles andere.

Dies Gespräch des *Titus* hatten einige im Kloster mit angehört. In dem Orden debattierten sie seit langem, ob man dem neuen Glauben besser diene, indem man bete und arbeite oder wenn man auch bereit sei, gegen die Ungläubigen zu kämpfen, gegen die Barbarischen, die Heiden, so wie es uns Vetter Ringwolf empfiehlt und in WestRom wie in OstRom die meisten Kirchenlehrer. Manche im Kloster Siegburg nannten sich »Legionäre Christi«, gingen gekleidet wie Ritter und behängten und schmückten sich mit Kreuzen aus Eisen, die sie »Ritterkreuze« nannten oder eiserne, ja, sie verstanden sich als *milites christiani*, als *bellatores*. Als »Soldaten Christi«, als »Krieger«. Militärische Ehrenzeichen haben kirchlich-klösterlichen Ursprung

Andere aber in dem Kloster glaubten, Paradies und Friede seien keine Dinge von dieser Welt, sondern rein geistige Angelegenheiten, diese fehlerhafte Welt müsse man nicht im Kampf überwinden, sondern in einsamer Einkehr, im Gebet. Denn dem Jammertal könne man nur entkommen im rein Geistigen, durch Arbeit in den Klosterzellen oder in den Schreibstuben, beim Abschreiben der heiligen Geschichten und frommen Regeln und im innigen, im betenden Umgang mit der Heiligkeit des Gottesgeistes. Wer dagegen das Schwert erhebe, der werde durch das Schwert umkommen. So habe Christus gemahnt. Joh.18;10,11

Als auch ich auf die Siegburg kam, hörte ich, wie sehr die Siegburger Mönche der Name »Siegfried« beschäftigt hat. Daß der Jüngling so hieß wie ihr Fluß und ihre Burg und wie ihre höchsten Ziele, das beunruhigte sie sehr. Und als die »Legionäre Christi« erfuhren, daß Siegfrieds Eltern Siegmund hießen und Sieglind, da flammte ihr alter Disput neu auf, ob man für Jesus nur beten sollte oder doch auch Siegen im tödlichen Kampf. Dicht umstanden die Kuttenmänner das Krankenlager, den »kindlichen frechen Mann«, wie Abt Eginhardt ihn mir beschrieb. Widerspenstig sei dieser Rotkopf gewesen, so redelustig wie rauflustig und kaum im Krankenbett zu halten.

Auch *Titus Teutonicus* meinte, die weisen Eltern in Xanten, die hätten mit dem Namen »Siegfried« kundtun wollen, Friede sei nur durch Siege erreichbar. Dem widersprachen andere und sagten, der Name des Jünglings verheiße allein dem Friedfertigen den Sieg. Eine dritte Gruppe wußte von der nifhelheimischen Weisheit, wonach »Sieg« jene Kräfte meint, zu denen, wie Ute sagt, die Kenntnisse und die Klarheit des Kopfes gehören. So zerstritt sich der Orden aufs neue und ging es am Krankenlager hin und her.

An der Sieg wußten nur wenige, daß »Sieg« nicht Demütigung meint, keine Mißhandlung und kein tödliches Niederzwingen, sondern das Erkennen und Anpacken des Unerschaffenen, und daß »Fried« von allen Fertigkeiten den schärfsten Verstand fordert, sehr viel mehr als Krieg und alles Erschlagen, denn »Fried« ist im Wort wie in der Sache verschwistert mit dem FreiSein und mit dem »Freien«. Von niederländischen Leuten hörte ich »Freien« immer dann, wenn einer sagen wollte, daß Menschen ihre Liebe nicht nur bereden oder besingen wollten, sondern auch *perficere*, also »tun«, in der Schlafstatt, im Heu oder im Wald oder sonstwo. Nur wer freie, heißt es im Niederland, werde friedlich und wirklich frei.

O Christe, klagte Ringwolf, gib mir Kraft, zu schützen deine Werke vor der Barbaren Kraft und Teufelsstärke.

Um den Namen des Sieglindsohns ganz und gar verstehen zu können, dazu lebten die Klosterleute auf der Siegburg allzu klausnerisch. Von niederländischen Freiheiten ahnten sie nichts und wollten davon auch gar nichts wissen, weil auch sie alle Weltlust für teuflisch hielten, für den *inimicissmus* »Todfeind«. Ausführlich aber schilderten sie mir, wie liebevoll sich Bruder *Titus* um den wunden Körper und die kräftigen Glieder des jungen Xanteners gekümmert hätte. Und als sie nun am Krankenlager diskutiert hätten, ob der Soldatentod dem Herrn Jesus gefallen würde oder vielleicht eher nicht, da sei plötzlich der Verletzte, den sie gar nicht mehr beachtet hatten, aufgesprungen, habe sich seine Verbände von Kopf und Armen gerissen und hätte erklärt, er werde die neue RomKopfsucht so oder so bekämpfen, ob im Streit oder im Frieden.

Was er mit der RomKopfsucht meine, hat Abt Eginhardt gefragt.

Eure Kopfkrankheit.

Was er wiederum hiermit meine, erkundigte sich Eginhard, der es ebenfalls sinnvoll gefunden hätte, wenn der kräftige Junge beim Kloster geblieben wäre, als Arbeiter in den Steinbrüchen.

Damit meint meine Mutter, daß in Jerusalem und in Rom die ganze tolle Welt nur noch ausgedacht wird, so sehr und so lange, bis sie als Hölle gilt.

Ach, seufzte Abbas Eginhardt, du hast offenbar eine wunderbare Mutter. – Und dann suchte er den Heißsporn zu beruhigen, indem er ihm vortrug, was der Junge schon oft zu hören bekommen hatte, nämlich daß man die RomKöpfe gar nicht mehr bekämpfen müsse, daß sie längst allesamt geschlagen seien und der letzte Kaiser soeben geflüchtet, *Romulus Augustus*, ja, der sei abgesetzt vom germanischen Feldherrn *Odoaker*. Nur fern in OstRom, in Konstantins Stadt Byzanz, da gebe es allerdings noch einen kaiserlichen Popanz, der sich für einen Gott halte und der schon deswegen bald, wie alle Seifenblasen, platzen werde. – Dieses oströmisch Byzantinische ist allerdings eine Kopfkrankheit, die du getrost bekämpfen solltest.

Diese Krankheit versteckt sich auch in eurem Kloster, rief der junge Mann, ich hab's gesehen, ihr tut so, als wärt ihr schon auf Erden im Paradies, ihr prunkt mit Geglitzer, mit Marmor, Gold und Geschmeide und kostbaren Geweben, überall blitzt es von euren Schätzen, und dieser Wahn, Gold sei ein ParadiesesSegen, der zerfrißt eure Köpfe. Sagt meine Mutter.

Eine weise Mutter hast du. Gier gibt es allerdings auch hier, auch in uns, denn wisse, die Gier nagt als Erbsünde an all unseren Seelen, doch die Gier muß jeder in sich selbst besiegen durch fromme und fleißige Arbeit. Nur wer seine fauligen Leibestriebe überwindet in steter Mühe und im Gebet, nur der wird finden, was wahrhaft »Friede« und »Freiheit« ist, und er wird sie finden im heiligen Geist des allwaltenden Gottes.

Meine Mutter, rief der Bengel, hat *quirumpil* keine fauligen Triebe in ihrem Leib und auch nichts römisch Gieriges zum Überwinden.

Da schmunzelten die Mönche, lächelten und wußten es insgeheim wieder besser. Doch ehe Abt Eginhardt abermals Weisheiten vortragen konnte im gönnerhaften Ton, polterte der Junge. – Täglich hat meine Mutter zu leiden unter den Betrügereien eurer Kappeskapitäne und Kapitelkappen, die allesamt zerfressen sind von der verkappten Erbsünde, weil sie gierig *condiciones* und Verträge brechen und hochnäsig erklären, Abmachungen mit meiner Mutter hätten schon dann keine Geltung, wenn sie unterschrieben würden, weil Frauenworte weder vor dem heiligen Geist gültig seien noch im Paradies noch sonstwo, weil meine Mutter, sagen sie, nicht bloß eine Frau ist, sondern obendrein eine Barbarin und *ergo* Teufelin. Solche Falschheit, trübseliger Herr Ekkehard oder Eginhardt, die will ich bekämpfen und will darum kein bloß betender oder nur arbeitender oder nur schreibender Ritter sein, sondern ein ganzer, und werde eure Habsuchtskrankheit zerhauen, wo immer ich sie treffe, auch und gerade unter den Bischofskappen, die allesamt Tarnkappen sind. Denn wie die Falschheit, so sind auch Paradies und Frieden, sagt meine Mutter, von DIESER Welt, und ich glaube euch Kreuzträgern und *milites Christiani* kein Wort, wenn ihr mir mit euerem Herrn *Titus Teutonicus* jenseitiges *bijobs* vorsäuselt und Geistesgedöns, und in Wirklichkeit schmuggelt ihr diesseitigen Schmuck und Gold in euer Kloster, auf Kohlrübenkarren, verkappt unter kölnischem Kappes.

Diese Rede, die gar nicht mehr zu enden schien und in Wirklichkeit noch sehr viel länger gedauert haben muß, die schmerzte die frommen Brüder sehr, vor allem den Herrn *Titus*, der den geschmeidigen und kräftigen Jüngling gar zu gern im Kloster behalten hätte. Da aber eben jetzt die Glocke zum Gebet rief, gingen diejenigen, die der Wüstling »Kappeskapitäne« genannt hatte und »Kapitelkappen«, zur Michaelskapelle hinüber; nur *Titus Teutonicus*, der seinen Frieden nicht nur im Geiste, sondern durchaus auch in seinem Leibe zu finden hoffte, blieb im Refektorium und nahm sich des jungen Mannes noch einmal besonders an, setzte ihm ein kräftiges Frühstück vor aus Speck und Bohnen und begann, ihm die Glieder neu zu salben und erklärte ihm ausführlich, wie er seinem *diutisken* Namen Ehre machen und auch im Diesseits sieghaft sein könne und dennoch rein und fromm bleiben.

Da schüttelte der Jüngling die Hände des frommen Mannes von seiner Schulter und rappelte und schlackerte nifhelheimische Verwünschungen an ihn hin, von denen *Titus* nur knapp die Hälfte verstand, immerhin so viel, daß alles Geflöte von Reinheit ein überflüssiges *Üpfetapf* sei und die Welt kein Guckkasten, worin man Reines und Unreines fromm sortieren könne, sondern *Gaias* Welt sei eine bunt gemischte Suppe, und der Herr *Titus*, statt ihm die Schulter zu betatschen, möge ihm lieber verraten, wo hinter den nächsten Bergen die besten Schmiedezauberer wohnten, solche, die scharfe eiserne Waffen machten und harte Helme. In fast allen archaischen Kulturen sind Schmiede die Beherrscher des Feuers, der Energien und der technischen Basis-Arbeiten, magisch mythische Figuren, die verklärt werden zu Zauberern, zu Priestern; oder sie sind Frevler gegen die Gottheit *(Prometheus)*

Wenn der Sieglindsohn gute Waffen wolle, sagte *Titus*, dann müsse er zurück in Richtung Mitternacht, dorthin, wo das sächsisch Heidnische beginne, wo seit tausend Jahren Schmiede arbeiteten mit den besten Erzen und Feuerkräften. – Diese *Sax*-Meister verstehen sich auf beides, auf römische Eisenkunst wie auf keltischen Feuerzauber. Dort beginnt das Land der Falen, das wir Siegburger über kurz oder lang erobern werden fürs ungemischt Reine, für das hohe heilige Rom.

Als der Kraftkerl das hörte, hob er, was vom Frühstück noch übrig war, von der Tischplatte und schleuderte es mit Wucht durchs Refektorium, schmiß den irdenen Teller samt Humpen gegen das Leidenskreuz an der Wand, stieß den *Teutonicus* zur Seite, der sich an seinen schönen Leib klammern wollte, verfluchte alle, die von »Reinheit« raunten, polterte durch die Gewölbe, bis er seinen Eisenpfahl gefunden hatte, beschimpfte auf dem Hof diejenigen, die ihm aus der Kapelle entgegenstürzten, schmähte sie als Tarnkapuzen, als verkappte Raubgenossen und sprang auf seinen Rappen *Grani*. Abt Eginhardt rief ihm noch nach, er möge bleiben, man verzeihe ihm, aber der Reiter lüftete seinen Arsch und sprengte fort, mit erhobener Stange.

Schazman hat einige der letzten Passagen gestrichen, gibt sie aber lateinisch im Anmerkungsteil von *»Kilian's Chronicle«* wieder, *owing to completeness* (»der Vollständigkeit halber«). Im Hauptteil habe er »diese eindeutig unsittlichen Sequenzen dem empfindsamen Leser nicht zumuten« wollen

In dem bergischen Land zog der Junge aus Xanten nun hügelauf, hügelab, vom Siegfluß zur Wupper und immer weiter in Richtung Mitternacht. Unterwegs, in engen Tälern, wurde in der Tat Eisenerz geschmolzen, schürten seit je Schmiede ihre Feuer. Zahlreiche Eisenmeister probierte er aus, keiner genügte ihm. Fast überall gab es Streit, zerbog er Dolche, zerbrach Schwerter. Gesellen verprügelte er ebenso wie Meister und mochte am Ende kaum glauben, daß er hier die tüchtigen Feuerkünstler fände, von denen seine Mutter gewußt hatte.

Nördlich der Wupper ritt er auf *Grani* einen ganzen Tag lang über eine Höhe, auf der immer dichter die Nebelschleier strichen. Schwer, kalt und grau hingen da die Wolken, keine Menschen lebten dort, kein Weg war da. Zwischen Felsen und umgestürzten Bäumen drohte sein Rappe zu straucheln, doch mutig sang der Reiter den alten nebelländischen Zauberspruch:

Sose benrenki
Sose bluotrenki
Sose lidirenki:
Ben zi bena
Bluot zi bluoda
Lid zi geliden
Sose gilimida sin

Als ich in der Wormser Königshalle dies Bannwort hören ließ, wendete sich Bischof Ringwolf auf seinem Sitz hin und her, als quälten ihn böse Träume. – Was war das! rief er, was sprichst du da!

Fast alle, sagte ich, die vorgeben, Gelehrte zu sein, haben eines am wenigsten gelernt, die Wörter der *diet* nicht, der »Leute« nicht, Deutsch, obwohl sie uns regieren und unsere Hirten sein wollen. Auch dir muß ich also den Zauberspruch in unsere Hofsprache übersetzen, in unser dünnes Wormsisch. »So ergehe es der Beinverrenkung, so ergehe es der Blutverletzung, so sei es mit der Gliedverdrehung: Bein zu Bein, Glied zu Glied. Als seien sie aneinandergeleimt.«

Unflat, rief Ringwolf.

Diesen Unflat hatte er von seiner Mutter und wußte ihn wüst und knarrend zu singen, wann immer er über unsicheres Gelände ritt. Auch auf der Hochheide oberhalb *Werethina*, wo er rote Früchte pflückte, die süß schmeckten, überall hielt er mit Sieglinds Bannwort die Schadensgeister fern, wo immer *Grani* sich zwischen Steinen, Wurzeln und querliegenden Bäumen die Fesseln hätte verrenken können. Und kam im Dickicht, dem Nebelwetter zum Trotz, gut weiter.

Bis er auf einer Höhe vor sich einen riesigen Baum erblickte, eine Esche, bei weitem die mächtigste, die er je gesehen. Was ihn freilich noch mehr erstaunte, unter der Esche, im Moos, lagen drei weiße Frauen. Nackt waren sie und schön. Der junge Mann bemerkte aber auch, daß der riesige Baum zur Hälfte kahl stand. Mitten im Sommer hing da kein einziges Blatt, standen Äste und Zweige tot. Der Ort heißt heute »Heiligenhaus«

Da hörte er die drei Schönen reden, in einer Sprache, die er gut verstand. – Im Baum, sagte die erste, wirkt *Cuoniouuidi.* »Baumkraft«

Was kann sie, die *Cuoniouuidi*?

Sie sagt uns, was du denkst.

Was denke ich?

Du hältst uns für schön.

Da hat der Baum recht.

Und du wunderst dich, daß der Baum kahl steht, sagte die zweite Frau, und die dritte sagte: Aber du traust dich nicht, zu fragen, woran der Baum leidet.

Der Baum ist mir unheimlich.

Du bist noch sehr jung, sagte die erste. – Und die zweite: Du solltest mehr wissen wollen als nur, wo es die härtesten Panzer gibt und die besten Waffen. – Und die dritte sagte: Wenn deine Mutter die RomKöpfe schmäht, dann hat sie damit nicht gesagt, du solltest deinen eigenen nicht benutzen.

Da fragte er endlich. – Woran leidet der Baum!

Den benagt der Drache. *Nidgir.*

Wie kann ich den finden! rief er und hob die Eisenstange. – Ich besiege ihn!

Als da alle drei lachten, sprang er vom Pferd und ging auf die Frauen zu. Blieb aber vor ihnen stehen, so schön waren sie.

Da nahm die erste Frau seine Hand, legte seine Hand auf ihre Stirn und sagte:

Tho was fon RumuBurc
Rikes mannes ban
Endi bodskepi
Raubari, ginannit heilac fathar –
Invar!

Und die Zweite nahm ebenfalls seine Hand, legte sie auf ihre Brust und hat folgendes gesprochen:

Tho was fon RumuBurc
Herios meistas ban
Endi botscepi endi giuualt
Obar alla thesa irmin-thiod –
Insprinc!

Schließlich ergriff die Dritte seine Hand und legte sie auf ihren Schoß:

Uuirdit denne fon RumuBurc gitragan
Ban endi sorgu zi ellan tagan
Thaz richtit, so ich thir zellu
Thiu sin giuualt in ellu caput –
Irslac ban irslac sorgu!

Die Herren in der Wormser Halle verstanden auch diese Worte nicht. Der Bischof beschwerte sich, er habe *thiod* herausgehört, das Wort für »Leute«, für »Bevölkerung« und »Plebs«. – Was soll solche Weiberlitanei.

Gern wiederhole ich dir die Litanei in unserem Hofdeutsch, damit wenigstens der Bischof das »Deutsch« durchschaut. – Die erste Frau hat gesagt: »Da war einmal, von der Stadt Rom aus, eines reichen Mannes Bann und Botschaft, eines Räubers, genannt Heiliger Vater. Entflieh ihm!«

Und die zweite Frau sagte: »Da kam einmal, von der Stadt Rom aus, des tückischsten aller Heere Bann und Botschaft und Gewalt über alle Menschen. Entspring ihnen!«

Und die dritte sagte: »Und es werden auch weiterhin, von der Stadt Rom aus, Bann und Kummer hinausgetragen alle Tage, und die beherrschen, versichere ich dir, alle Köpfe. Erschlag Bann! Erschlag Kummer!«

Hierzu, sagte ich, solltet ihr wissen, daß die dritte Frau mit dem Lateinwort *caput* vieldeutig redetet, mit einem Wort, das auch Sieglind oft verwendete, wann immer sie dem Sohn die Kopfkrankheit aus der

Wüstenstadt Jerusalem erklären wollte. *Caput* ist nicht nur der »Kopf«, sondern *caput* steckt auch in »Kappe« und »Kapitel« und meint obendrein diejenigen Städte, die man die »Haupt«-Städte nennt, die »Kapitalen«. Und meint zugleich die in solchen Kapitalen angehäuften Güter, das Kapital. Als letztes aber, im Leutedeutsch, auch deren Zertrümmerung. Das Kaputtmachen.

Ringwolf schlug das Kreuz. – *Apage Satana!* »Verschwinde, Satan«

Kaum hatte der junge Mann die Frauen verstanden, da lösten sich die Schönen auf, da wurden die Leiber zu Nebel und Licht, und auch die riesige Esche verwandelte sich und ihre Äste verknüpften für Augenblicke Himmel und Erde und trieben durch die ganze Welt, so lange, bis der Baum und die Frauen ganz und gar verschwunden waren und verweht, und wo die Esche gestanden hatte, floß eine Quelle.

Als er daraus trank, rauschten ihm im Kopf wieder die Worte, die er gehört hatte. Und in der Hand spürte er die Stirn. Die Brust. Und den Schoß. Und er erkannte, daß die Frauen seiner Mutter ähnlich gesehen hatten. Und es fiel ihm ein, wie Sieglind von drei weisen Frauen erzählt hatte und von der WeltenEsche *Yggdrasil*. An *Yggdrasils* Wurzeln, hatte die Mutter gewußt, nage ein Drache. *Yggr* bedeutet »Schauer« oder »Terror«. *Drasil* meint »Roß«. Jacob Grimm (»Mythologie«): »Dieser Baum ist Wotans, des die Natur durchSCHAUERNden Rosses, auf dem er daherrauscht«. Und meist wütend, wie Wotans Name nahelegt

Nun stand der junge Mann auf freiem Feld und wußte, daß er mit denen geredet hatte, die das Schicksal spinnen, mit den Nornen. Schwedisch *norna* oder *nyrna* = »raunen«, »heimlich mitteilen«, »leise warnen«

Er ritt weiter und trieb seinen *Grani* laut singend über die Heide. *Invar* sang er. *Insprinc* rief er. Und *irslac* knackte es aus seinem Mund. So, die drei Mahnungen vor sich her schmetternd, kam er zu einer Talschmiede. Und da sich dort niemand blicken ließ, schrie er: Wer täuscht, wer lügt hier!

Da kamen sie heraus, sieben Raufpartner für den neuen Herkules, sechs Knechte und ihr Herr, aber die verprügelte er allesamt mit seiner Eisenstange, auch den bis oben hin zugerüsteten Meister, zusehends geschickter war er, verhäkelte sich in keinem Wagenrad mehr und zog, da er auch hier Brünnen verbogen und Waffen zerbrochen hatte, unzufrieden weiter. Weiterhin, auch nach den Mahnungen der Nornen, auf der Suche nach den härtesten Panzern.

Dann aber hat sich ihm im Nebel ein Gewappneter entgegengestellt, der stand da in dunklem Harnisch und hat ihn verspottet, als Prahlhans, als Maulhelden, hat *knörrip* gerufen und *yerra* und *rattaplui* und solche Wörte noch viele, wie er sie von seinen externsteinischen Freunden liebte. Schazman: »Leser von Geschmack *(tasteful readers)* werden einsehen, daß nicht ins Englische übertragen werden muß, was als lautmalendes oder krachschlagendes Kraftwort deutlich genug ist«

Lange ist der Schimpfkampf hin und her gegangen, und dann hat auch der Eisenkampf getobt. Dieser neue Widersacher hat dem Niederländer zugesetzt wie keiner zuvor, beide haben gekämpft, geschoben, gedrückt, geschlagen und gestoßen, bis ihnen die Kräfte versagten und ihr Durst übergroß wurde, so daß der Xantener, mitten in einer wechselseitigen Umklammerung, stöhnen mußte: Nicht mal einen Trinkschnappsack hast du Jammerlapp!

Da haben beide lachen müssen, und weil im Lachen nicht gekämpft werden kann, hat sich die Umklammerung gelöst, hat das Gegenüber Visier und Helm aufgeklappt und ist eine Frau gewesen. Schwarzhaarig und schön, eine Amazone.

Als der Niederländer auch bei ihr seine Hand auflegen wollte, auf Stirn, Brust und Schoß, und als er nicht mehr genau wußte, ob er dieses Gegenüber nicht erschlagen, sondern lieber begehren sollte, da ist auch diese Frau vor seinen Augen verschwunden, so daß er ihr nachlief, aufgeregt mit seiner Stange umherfahrend, aufgebracht vor Wut und Begehren, lange noch folgte er der Stimme, stocherte er mit dem Pfahl im Nebel umher und hat nur ihr Spottgelächter gehört. So kam der Sieglindsohn, *Grani* hinter ihm drein, zu einer Lichtung, wo unter einem Hügel eine kleine Tempelgrotte stand und wo in niederen Erdhöhlen Iren wohnten, beim Ruhrfluß wohnten die, bei *Werethina* Werden. Den Flußnamen notiert Schazman durchgehend *Roar*

Als ich in der Wormser Halle den Kampf mit der Amazone erzählte, war der zierliche Herr Gere hereingekommen und ließ kleine Schreckensrufe hören. Markgraf Gere kam von einem Schneider, der in Rom gelernt hatte, wie man neuerdings die Toga zuschneidet, bei dem hatte Gere mehrere Gewänder ausprobiert, nun aber fragte er mit deutlichem Entsetzen: In Erdhöhlen?

Die Iren bei *Werethina*, sagte ich, lebten in Höhlen, andere in Bootshäusern, wieder andere in Steinhütten, die aussehen wie Bienenkörbe.

Was suchte der junge Held in Erdspelunken, fragte der schöne Herr Gere.

Die Feuerkunst suchte er, diejenige, mit der auch bei den Ägyptern und Griechen und Persern jede Weisheit beginnt, eine Kunst, die überall dort Schutz bietet, wo eine elegante Toga wenig weiterhilft, wo Bäume halb kahl stehen und wo die neuen Priester das Leben halbieren, indem sie die Geister von den Leibern trennen.

Herr Gere, die Augen weit aufgerissen, verstand wenig.

Und bei diesen Iren bekam der junge Mann genaue Auskunft. – Nicht weit von hier, so hörte er vom Abt, gibt es einen Gnom, der weiß überm Steinfeuer Eisenerz so zu mischen, daß seine Waffen hart werden wie Diamant, härter als alle Steine und als alle anderen Metalle Vgl.den Brief, der bei *Werethina*, nur 1000 Meter weiter und fast 1500 Jahre später, geschrieben wurde und der den Welterfolg des Schmieds Alfred Krupp begründete (Seite 283f)

In diesen Ruhrspelunken hörte der Xantener alles über die Feuerkunst, denn die Iren wollten das Erdenleben nicht verteufeln, sondern erkennen und pflegen, das waren Mönche von der Art unseres Kilian *Hilarus* und darum hatten sie weniger von den Heiden zu leiden als von ihrer eigenen RomKirche. An der Ruhr siedelten sie, weil dieser Fluß über einen entscheidenden *Limes* fließt, aus dem Sächsischen herüber in das Fränkische, aus dem Heidnischen in das Christianisierte. Diese Grenze teilt noch heute Nordrhein von Westfalen, sprachlich halbiert sie (»Benrather Linie«) z.B. das Stadtgebiet Essens, die nördliche Stadt ist ursprgl. sächsisch-westfälisch, die südliche (Werden) rheinfränkisch. Der »Heliand«, die Übertragung des Neuen Testaments ins altsächsische Sprechen und Denken, eine älteste deutschsprachige Poesie, entstand, darin scheint sich die Altgermanistik einig, im Kloster Werden, als Arbeit von Missionaren

Jedenfalls meinten die Iren in *Werethina*, daß Jesus und *Gaia* keine Feinde seien sollten, sondern Verbündete. Deswegen lernten sie dort nicht nur die lateinischen, sondern auch die nifhelheimischen Sprachen und wußten überdies, daß der beste Schmied an der Ruhr der Alberich war. Das Besondere seiner Feuerkunst, sagten sie, bestehe darin, daß er Eisenstoffe und Kohlenstoffe miteinander verbinde, wodurch der Stahl entstehe, der hart ist und zugleich zäh, unzerbrechlich und doch biegsam. Beim Stahl, sagten die Iren, käme es auf die genauen Mischungen an, aber auch auf die richtigen Hitzen, und diese Hitzen seien nur mit den Ruhrsteinen zu schüren.

Mit Steinen? fragte Gere.

Der Abt erklärte es ihm. – Die Amazone, mit der du gekämpft hast und die dich hierher gelockt hat, war eine von Alberichs Töchtern, die ist dunkel und stachlig, und ihre Taten schmecken bitter, bringen aber Segen. – Wo ist der Schmied Alberich! – Nicht weit von hier, flußauf, wo in den Bergen die Steine sind, die brennen, noch vor *Buochenheim* arbeitet er, noch vor *Stehli*, und seine Tochter heißt *Helinga*. Vor »Bochum«, vor »Steele«. *Hel* = »Höhle«. Jacob Grimm (»Mythologie«): »Nach der Edda war die Nymphe *Hel* halb schwarz und halb menschenfarbig . . . ihre Wohnung ist im Dunkel der Erde« (Bd. I, Seite 259)

Wieder wollte der Königssohn streiten, da er meinte, Abt Patrick würde ihn foppen, wenn er von Steinen erzählte, die brennen. Doch Patrick zeigte ihm einige Stücke und ließ mit diesen Brennsteinen Feuer machen. In der Nacht, in der er bei den Iren in einem Erdhaus schlief, begriff er, wie wunderbar auch harte Steine Wärme spenden, ja, eine ganze Nacht lang leuchtete da im Finstern karfunkelrotes Glühen.

Steine, die brennen. – Ringwolf freute sich. – Schön ist so eine Märchenstunde.

Da sagte Hagen dem Grafen Gere, er solle sich von Gespenstergeschichten auch an diesem Abend nicht abhalten lassen, die Rheinwachen zu kontrollieren. Das war allerdings die Aufgabe des Markgrafen, Gere erhob sich, eilte davon und genierte sich, daß der *Dux Burgundiae* ihn bei einer Nachlässigkeit ertappt hatte, vor den Augen der von ihm sehr verehrten Krimhild. Den abendlichen Kontrollritt hatte Hagen längst dem Oheim Gottlieb übertragen, obwohl dessen Körperfülle bei solchen Aufgaben eher hinderlich war. Nach dem prahlerischen Gottlieb schickte Hagen nun auch den sittsamen Herrn Gere aus der Halle. Von der Tür her richtete der noch einen schmerzlichen Blick auf meine Schwester, zeigte im Hinausgehen mit der neuen Toga einen eleganten Drehschwung. Krimhilds Lachen spürte ich. Doch dann drängte sie. – Erzähl von dem Xantener.

Gleich am nächsten Morgen ritt der von *Werethina* aus flußauf und fand unter einem Buchenwaldhang den Alberich, einen häßlichen Zwerg. Der hatte sich ein pickliges Schuppenhemd geschmiedet aus goldschimmernden Stahlblättern, aus Metallstücken, die so stachlig waren wie die Blätter der Büsche, zwischen denen er hauste, ja, unter silbergrauen Buchenriesen wohnte dieser Kobold in einem dunkelgrünen Unterholzgestrüpp, in einem borstig düsteren Stechpalmenwald Schazman: *hollywood*, wo er sich, nicht weit vom Ruhr-Ufer, eine Schmiedehütte gebaut hatte. Und diesem Gnom Alberich, dem rief er zu, wie denn er, dieser Winzling, diese komische Stachelkugel, zu einer so schönen Tochter *Helinga* habe kommen können.

So stritt der Xantener sich auch hier von Anfang an und kämpfte mit dem Geisterkönig, schlug dem Zwerg den Siegmundprügel über den winzigen Helm, doch der Alb rollte zur Seite und keine Beule war da zu sehen, statt dessen bekam der Nibelunge selber üble Hiebe von dem Stachelkobold, Schläge, die der Niederländer gar nicht kommen sah. Das machte ihn wütend und schließlich hat er den Kleinen mit blanker Hand gepackt, hat sich eines der zappeligen Geisterglieder geschnappt und ließ den Kobold hoch über sich in der Luft an seinen Beinchen baumeln und strampeln, hat ihm mit der anderen Faust die Ärmchen zusammengepreßt, so lange, bis der Eisentroll wimmerte, flehte und zeterte und endlich versprach, dem jungen Kraftmenschen alle Kunstkniffe zu verraten, ja, auch die, mit denen man Stahl macht und ein stählernes Schwert und stahlharte Rüstung. In Schazmans *Kilian's Chronicle* erscheint für »Stahl« das altsächsische *stehli* statt des neuenglischen *steel*. »Steele« heißt oberhalb Werden ein Ort an der Ruhr, ein Ort mit Schmiedetradition, Rastplatz für Kaiser und Könige, die dort ihre Bewaffnungen erneuerten

So lange hing Alberich in der Luft, bis er mit Eid geschworen hatte, daß er den Niederländer alle seine Stahlkünste lehren würde. Erst als er das versprochen hatte, im Namen der Nornen, kam er frei, dieser Alb in der Stechpalmenpanzerkugel, der sich Erlkönig nannte. So fand der Nibelunge seinen Lehrherrn.

Aha, ließ Hagen hören. So also. Lehrling bei einer Stachelpalmenpanzerkugel. Bei einem Unterholzgnom. Ein feiner Gemahl für Krimhild. Für Gundomars einzige Tochter. Wahrlich, Vetter *Rumoridus*

Rusticulus, Worms wird leuchten. König am Rhein wird wahrhaftig ein Arbeiter.

Von dem Tag an wohnte der Königssohn drei Jahre im Gemäuer der Isenburg oder »Eisenburg«, nicht weit von dem Ort *Asnithi* »Eschen«. Aus *Asnithi* wurde über *Asnith* und *Assind* und *Essend* der Ortsname »Essen«. Inzwischen zeigen Funde beim Essener Münster (neuerdings »Dom«, »852 gegründet«), daß Essen »weit älter ist als bislang angenommen«

Und in der Eisenhütte am Ruhr-Ufer lernte er viel und arbeitete. Kähne aus den höheren Bergen fuhren dort Erze heran, Eisenerze aus dem Iserlohn, aus dem »Eisenwald« und aus Orten wie Hagen, Schwerte und Kleinhammer, aus dem Sauerland und dem Rothaargebirge. In Köln traf ich Gesellen, die ebenfalls dort waren, die wußten, wie man vielerlei Stahl am Schraubstock glühend ineinander zu drehen hat und das Zerdrehte dann wieder auszuschmieden und wieder und wieder zu mischen und vor allem, wie man an der Glutfarbe des Eisens die Hitze erkennt, die richtig ist für die Arbeit mit dem Hammer, nicht gelb, sagten sie, dürfe die Glut leuchten, nicht violett, nicht hellrot, nicht dunkelrot, auch nicht bläulich, nein, wichtig sei ein rötliches Goldgelb, erkennbar nur für wenige Augenblicke, und wer diese Glühfarbe nicht bemerke, der verpasse den Moment, in dem er hätte zuschlagen sollen. Die kritische Temperatur (bei der das Eisenglühen orangefarben wird) beträgt 780 Grad

Dieses Glühen und auch die Farben beim Abkühlen hatte der Nibelunge zu lernen, Farben wie aus dem Regenbogen, wobei die richtige Farbenwahl entscheidet, ob das Eisen zu Stahl wird, nämlich hart und zugleich elastisch. Und zugleich lernte er, wie man die Eisenstoffe mit Kohlenstoffen mischt. Zwei Gesellen in Köln wollten mir das Geheimnis nicht verraten, erst ein dritter, nach sehr viel Wein, redete von Lederbeuteln, von Tierhäuten, mit denen man das Glühende umwickeln müsse, so dicht, daß keine Luft mehr ans Eisen kommt, innerhalb von drei Tagen verschmelze das verkohlte Tierische mit dem metallischen Erz. Sehr lange Arbeit sei nötig für ein gutes Schwert, der Xantener hätte für das seine mehr als zweihundert Stunden gebraucht, monatelange unentwegte Mühsal. Und damit das Abkühlen gelinge, müsse man das Glühende auf richtige Weise abschrecken im Kaltwasser, in salzigem und in saurem, ja, Alberich hätte seine Lehrlinge angehalten, ihr Wasser im Kühlbottich abzuschlagen.

Schon bald begriff der Königssohn, wie man aus den Erdhöhlen, wo sie die brennbaren Steine fanden, das Wasser herausleitet über gute *aquaeductus* und wie vorteilhaft auch eine kleinere Gestalt ist, wenn es darum geht, aus den Felsspalten in den Waldhhügeln über der Ruhr diesen schwarzen Stein zu holen, der das beste, das heißeste Schmiedefeuer macht. Doch doch, Vetter Ringwolf, in großen Mengen finden sich bei *Asnithi* und *Stehli* und *Buochenheim* Bochum Steine, die brennen, düstere Brocken, viel schwärzer als das, was unsere Wormser Waldköhler in ihren Meilern schmoren oder was uns die Kölner verkaufen als stinkige Braunkohle. Die Ruhrsteine glänzen in der Sonne wie Silber, wie Diamant. Die Hänge über dem Ruhrfluß sind voll davon, überall findet man sie im Reich des Elbenkönigs Alberich, über *Buochenheim* weit hinaus, bis nach *Trutmundi.* Dortmund

»König« nennst du den Gnom? – Hagen schüttelte den Kopf. – Unser *poeta* macht nicht nur einen FeuerArbeiter zum Königssohn. Nun krönt er auch eine Mißgeburt aus Stechpalmenblättern, nun macht er auch einen Mistkäfer zum König. Was, frage ich, hat unser Dichter in Lorsch gelernt und in WestRom und in OstRom.

Kaum durchschaute der junge Mann die Geheimnisse des Mistkäfers, da übertraf er schon seinen Meister. Denn der Sieglindsohn war nicht nur schnell im Begreifen, sondern auch arbeitswütig. Nicht so sehr seine Kraft sei ungewöhnlich gewesen, sagten die Kölner Gesellen, sondern sein Eifer, geradezu schön habe er gearbeitet, hörte ich, schwungvoll und leicht. Seine weiten Eisenhammerschläge seien so wuchtig gewesen, daß unter den hoch ausholenden Hieben Alberichs kleiner Amboß ins Gestein hinabdrang. Da befahl ihm sein Meisterlein, zunächst mal einen großen Amboß zu schmieden. An dem schaffte der Niederländer viele Monate, und so ungeheuer schlug er zu, daß die Erde bebte und daß gegen diesen metallenen Lärm die Glocken unseres Münsters wie Froschquaken tönen. Wölfe, Wildpferde und Elche flohen vor dem Getöse hinab in die Buchen- und Eschenwälder, nach *Asnithi* und bis zum Rhein, ja, drei Jahre lang hatten sich die Schiffer am Rhein zu wundern über die heulenden und verschreckten Tiere in den Kastellruinen rings um die Ruhrmündung, in den aufgelassenen römischen Villen und Landgütern oberhalb wie unterhalb der Deutschburg. Duisburg

Dieser cheruskische Arbeiter war nicht nur grob und stark und schwungvoll, sondern auch aufmerksam und hellsichtig und las die Funkenbilder bald ebenso gut wie die lateinischen Buchstaben. Denn die vom Amboß wegstiebenden Glutfunken, die zeigen an, wieviel Kohlenstoff das Eisen bereits verschlungen hat, wie weit es schon Stahl ist. Als einziger von Alberichs Lehrlingen konnte der Xantener in dem Funkensprühen und in dem Lichtblitzen erkennen, welche stacheligen Verästelungen sich zeigten, ob sie schon leuchteten, die winzigen kleinen Lanzenspitzen, »fein glühende Zünglein«, die Meister Alberich in der springenden Glut unbedingt sehen wollte.

Erlkönig Alberichs Verschmelzungskünste vereinten das Beste aus *muspil* wie aus *nifhel*, das Harte mit dem Weichen, das Römische mit dem Keltischen, und so konnte der Niederländer sich in seinem dritten Lehrjahr endlich das herstellen, was er sich seit langem gewünscht hatte, einen starken dunklen Helm und ein silberschwarzes Panzerhemd aus siebenhundert stählernen Stechpalmenblättern, und danach dann auch sein berühmtes Schwert, zweischneidig und so scharf, wie es bis heute nie eine Waffe gab. Die monströsesten Waffen, die je in Deutschland entstanden, waren die Panzerschiffe »Tirpitz« und »Bismarck« in Weltkrieg II, je 251 m lang, gebaut aus Platten des Stahltyps »Wotan hart« und »Wotan weich«, beide von Krupp in Essen

Das Schwert des Xanteners gilt bei allen, die etwas davon verstehen, als das beste, es sei denn, so sagten mir die Gesellen in Köln, auch Schmied Wieland hätte Alberichs Künste gekannt und hätte ebenfalls nebelländische mit römischen Erzschmelzkniffen verbunden. So gut gerüstet wie der junge Ritter aus Xanten sei höchstens noch der königliche Herr des Feuermeisters Wieland, König Theoderich, der jetzt als neuer *Caesar* gelten will und der darum vor nichts zurückschreckt, auch nicht vor Mord *Flavius Theodericus* (453–526), König der Ost-Goten (»Dietrich von Bern«), setzte den *Odoaker* (s. S. 58) nicht nur ab, sondern hat ihn 493 auch eigenhändig erschlagen. »Kaiser« Theoderich versuchte, das verfallende weströmische Machtgefüge noch einmal zu stabilisieren, durch Heiraten und durch Bündnisse mit Vandalen, mit WestGoten, mit den Burgundern in Savoyen und mit anderen Stämmen

Ein älterer Ruhrgeselle, der *Galahad* hieß, erklärte mir, auch der berühmte Wieland habe seine Eisenkunst doppelt gelernt, von den Römern ebenso wie von den Kelten, doch Wieland habe keine Steinkohlen verwenden können, nur Holz hätte der gehabt und Holzkohlen, darum sei die Rüstung des Xanteners unübertroffen, da gebe es keine Zweifel.

Hier machte ich eine Pause und hoffte, daß Hagen nun aufhören würde, den, der da nach Worms kommen sollte, als Popanz abzutun. Still blieb es in der Pfalzhalle. Nur die Holzscheite knackten im Brand.

In Köln gestand mir einer der jüngeren Gesellen, er habe Büschel von Pappelsamen in den Ruhrfluß werfen müssen, und der eifrige Mensch aus Xanten hätte sein Schwert so in die Strömung gehalten, daß die Büschel gegen die Schneide trieben. Erst als beide Seiten des Schwertes den herantreibenden Flausch zerteilten, hätte der Niederländer seine Waffe für gut befunden. Und gab ihr den Namen *Balmunk*. Dies Wort, erklärte mir *Galahad*, meine das Vertreiben von Blendung und Besitzsucht. *Balmunk* heiße »Betäubervertreiber«.

Und? fragte der Waffenmeister. Zu was taugt es? – Hagen antwortete gleich selbst. – Zum Flockenschneiden. Zum Wollschneiden. Ein Aufschneider ist er, dein Mächtigster. Ein Schneiderlehrling. – Nahm einen Schluck und fügte noch hinzu: Ein Nebelspalter.

Sei froh, sagte ich, wenn du sein Eisen nie zu spüren kriegst.

Mein lieber hochgelehrter Giselher, du edler Buchstabenheld und Papierdrache, all das, was du jetzt rausgelassen hast, das erzählte man sich vormals auch von Wielands Künsten. Der Schmied des Theoderich aber, der war auch dann noch nicht zufrieden, wenn seine Waffe im Fluß die Wollflocke teilte, selbst dann ging er nochmal zurück zum Amboß, zerfeilte sein Wunderstück zu tausend Eisenspänen, mengte diese Späne mit Gerstenkörnern und Hirse und mischte und rührte lange und gab dann den eisernen Mischmasch den Gänsen im Stall zu fressen, nachdem er sie drei Tage lang hatte hungern lassen. Die Tiere schluckten in der Gier alles. Und was danach als Gänsescheiße im Stall lag, das sammelte Wieland, schmolz es auf und schmiedete daraus sein endgültiges Schwert.

Da waren sie in der Halle wieder eine Weile stumm. Selbst die Wanzen an den roten Saalwänden blieben ruhig sitzen. Nur das Feuer knackte weiter. Die Stille in der Königshalle dauerte so lange, bis endlich, ziemlich verzagt, mein Geständnis kam. – Eben diese Feinheit von Wielands Kunst, die wollte ich auch vom Ruhrschmied mitteilen. Doch unter Ringwolfs eifersüchtigem Glauben und unter Hagens strengem Verstand, da war ich nicht mutig genug, zu all dem, was ich nun zu erzählen habe, auch noch die Entstehung *Balmunks* aus Gier und Scheiße zu schildern. Obwohl auch dies kein Wunderzauber ist, sondern wieder nur jenes Wissen, wonach Salze und Säuren, MenschenSäuren ebenso wie GänseSäuren, dem Stahl die allerbeste Schärfe geben.

Vetter Ringwolf blickte schmerzlich zum Gekreuzigten. Und Hagen mußte sich jucken. – Ehe sich jetzt Bewunderung oder Angst breit machen, solltet ihr wissen, daß Wieland nicht nur schmiedete, sondern auch tötete. Er tötete die Söhne des Königs. Und bestieg und beschlief die Königstochter. Und säte Unheil und flog am Ende davon und war unser erster Gnom, der uns glauben machen wollte, alles sei machbar. Vorsicht vor den Wielanden, auch in den Rheinlanden.
Auch in der Kilianschronik, der Urschrift des »Nibelungenlieds«, bekommt ein außenstehender, ein »barbarischer« Schmied die Königstochter und die Königssöhne überleben nicht

Ein Ire in *Werethina* erklärte mir, das Wort des Betäubervertreibers *Balmunk*, das komme vom ägyptischen *Balsam*. Und seinen Schwertgriff hätte der Xantener in der Form eines Kuhschädels gebildet, weil er noch immer seine Mutter verehrte, die Priesterin Sieglind. Und der alte *Galahad* wußte, daß der Niederländer allen Stahl, wenn er vom Schmieden noch heiß war, mit aufschmelzendem Kuhhorn überschmierte, wovon die dunkle Farbe rührte an seinen Panzern und Waffen.

Ach, die Schmiedekunst, sagte Ringwolf. Wendete seinen Kopf ärgerlich hin und her. – Die Feuerkunst kann edel sein aber auch übel. Und die gibt es inzwischen überall, die sah ich auch in Rom, aber in schönerer Weise, nämlich als Verfertigung von Goldschmuck, von Silberfiligran. Nie hörte ich in Rom derbes Amboßklopfen. Dieser Heidenlümmel ist also eindeutig ein Wüterich. Ein Räuber. Und seine Schätze sind Kirchengut.

Wir kommen schon noch dahin, daß ich erzähle, woher er sie hat.

Du gibst also zu, daß er sie hat.

Krimhild zuliebe erzähle ich zuvor vom Drachen *Nidgir.* Und von der anderen Tochter des Alberich, von *Baldinai.* Das ist die Nymphe, die den *Balmunk* gesegnet hat.

Da knurrte Hagen, bevor auch ich jetzt mit dem *sancire* und Heiligsprechen begänne, sollte ich zuvor mitteilen, wo Höhlenlurchs Eltern ihr Königreich hätten. – Oder sind auch die nur zwei Stechpalmenstrolche? – Grunzte und lachte und schabte sich Krümel aus dem Nacken, Bröckchen von säuerlich gewordenem Otternfett.

Siegmund und Sieglind herrschen über eine Sippe, die als keltisch gilt. Als cheruskisch oder kattisch. Andere halten sie für ostfälisch, also sächsisch.

Und wo hausen sie, diese Cherusker? oder Katten oder Sachsen oder Kelten? Im »OderOderOder«-Reich?

In Xanten, bei der Lippe-Mündung, wie ich gesagt habe.

Xanten, kodderte der Waffenmeister, ist heute ein Steinhaufen. Wie Deutschburg. Wie *Mogontiacum* und *Lopodunum* und *Argentoratum.* Mainz Ladenburg Straßburg Seit die Römer fort sind, verlottert auch Xanten. – Hagen sah sich um, schien von jedem am Tisch hören zu wollen, daß er recht hätte. – Nie, sagte er, habe ich gehört, es gebe Könige in diesem *ad Sanctos.*

Und sein Vetter ergänzte: Ach, und niemals wurde der Nebel in Nebelheim erleuchtet *a gloria dei et luce legum et rerum publicarum.* »vom Ruhm Gottes und vom Licht der öffentlichen Ordnung und Gesetze«. Ringwolf nennt hier die Differenz, die seit je von Rom aus definiert wurde: Barbar war, wer außerhalb des Imperiums wohnte, wem die Segnungen der römischen Republik fremd waren und/oder nicht vermittelbar. Noch am Ende der »Aufklärung« fragt Schiller: »Woran liegt es, daß wir noch immer Barbaren sind?« (1795, »Ästhet. Erziehung« 8)

In Xantens Ruinen, sagte Hagen, da frieren noch immer, mag sein, einige kattische Nebelkapitäne und Räuberhäuptlinge. Die hausen in Zelten aus Schaf- und Bärenfell. Und Ringwolf hat recht, nie lasen die einen römischen Buchstaben, geschweige denn je ein vernünftiges Gesetz. Die Vernunft des Staatswesens ist den Kelten so fern wie dem Gänseblümchen das Marsgestirn. Dein Schmiedelehrling von der Ruhr, vor dessen Hammerwucht nicht nur die Hühner und Ziegen zittern, sondern offenbar auch die Dichter und die burgundischen Weiber, über dessen Wüstheit unser zierlicher Herr Gere soeben

Schreckensrufe hat ausstoßen müssen, dieser ungeheuer wackere Nebeljunge, der zog es also vor, mit vierzehn Jahren seinen Eltern davonzulaufen und seinen Lehrherrn zu verprügeln. Wo, frage ich, liegt sein Reich? an der unteren Lippe? Und was, bitte, hätte die Gemahlin dieses Raufbolds zu erwarten? Ein Wasser-Imperium bei *Werethina*? Oder existiert das alles bloß zwischen zwei zu weit aufgerissenen poetischen Maulhälften?

Ich sah, wie Gunther sich ein bißchen in seine Finger biß, was er jedesmal tat, wenn er verlegen wurde. Auch Krimhild blickte mit großen Augen zwischen mir und dem Waffenmeister hin und her. Es stimmt, der gneisköpfige Vetter, der, seit er den Sieglindsohn ermordet hat, »Tronje« genannt wird, er ist verschlagen, er ist gewitzt. Sein faltenreiches Gesicht hatte er nun der GundomarTochter zugewendet, mahnend, als richte er an Krimhild einen Appell in Sachen Staatsvernunft.

Da gab ihm die junge Frau eine beachtliche Antwort. – Heermeister Hagen, du schätzt mich falsch ein. Ich erwarte kein »Reich«. Und schon gar kein »Imperium«. Ich erwarte den Siegfried.

König Gunther, die Finger zwischen den Zähnen, ging rasch vor das Kaminfeuer. Blieb dort stehen und stand dann da wie eine Karyatide, wie eine der Zierskulpturen, die den Sims tragen an den gemauerten Feuerstellen.

Ringwolf umfingerte seinen Brustkristall. Hoffte, Krimhild werde widerrufen. Oder korrigieren. Oder würde von ihrer Mutter zurechtgewiesen. Von Ute oder von Hagen.

Es kam aber kein Widerruf. Und keine Korrektur. Hagen hat nur kurz nach Luft geschnappt. Der hat weggeschluckt, was ihm als Schreckenslaut hatte entfahren wollen. Schob sich seinen Bartwuchs übers Maul und ließ aus seinem Wickelkleid einen Arschwind hören, der noch nachhaltiger dröhnte als der vorige.

Still blieb es in der Halle. Überm Feuerknacken stand noch immer Krimhilds Wort im Raum. »Ich erwarte den Siegfried«.

Ich wünschte, sagte ich, auch ihr anderen könntet den Ruhrschmied herbeiwünschen.

Einen Deppen? unterm Bischofshut? – Ringwolf küßte seinen Kristall. – Einen Raufbold, der, mag sein, schmieden kann, aber kein X von einem U unterscheiden.

Er kann Xanten von Rom sehr genau unterscheiden. Und Rom sehr gut von Worms. Einen wie ihn hat Hagen oft geradezu herbeigesehnt.

Was habe ich?

So oft hast du ihn herbeigesehnt, daß ich es längst auch in unserer Chronik notierte. Dort in der Truhe ist verzeichnet, was du immer mal wieder ausgemalt hast.

Was habe ich ausgemalt? Als *foederatus* »Bundesgenossen« einen vorlauten Feuerlümmel? einen Milchsackbischof von Niedernifhelheim?

Du hast gesagt, wer je unsere Wanderstämme und Wirrköpfe und *diutisken* Hammelhorden und Leutemeuten, wer all diese vielerlei Deutschen je an einen Zügel bekommen wollte, so sagtest du, wer mit all solchen staatsfernen Wechselbälgern gegen die Mächte in OstRom oder in WestRom bestehen wollte oder auch gegen die Hunnen und wer mit diesen Feuerfreunden gar so etwas wie ein NordRom am Rhein errichten möchte, der müßte, so sagtest du, entweder ein abgefeimter alter Schlaukopf sein wie *Arminius* oder aber ein tückischer Machtmensch und Mörder wie *Theodericus*. Am besten beides zugleich. So hörte ich dich reden. Der müßte, sagtest du, die alten militärischen RomKniffe ebenso beherrschen wie die neuen geistlichen Winkelzüge, also nicht bloß X und U. Nur ein ganz und gar Gerissener und Hellsichtiger könnte jemals die versklavte, die dumpf und klein gehaltene Mischbrut unserer keltischen Germanen und germanischen Kelten dienstbar machen und aufstacheln zu irgendeiner guten tollen Freiheit. Der müßte vor allem, sagtest du, die Bischofsnebel und Papstmirakel durchsichtig machen, den Angst-*Terror* des RomImperiums.

Mag sein, ungefähr so hab ich geredet. Und hab damit eben das beschrieben, wovon auch ich mal träumte und was ich seit langem aufgab. Gut hast du mir zugehört. Aber was haben solche Erkenntnisse zu tun mit deinem ungefügen Kraftklotz, mit diesem Nebelbengel von der Ruhr!

Wenn ich weiter erzähle, begreifst du, was das mit ihm zu tun hat. Wenn du hörst, was dieser Kraftklotz auch sonst noch gelernt hat, außer dem Eisenhandwerk. – Von Krimhild, die mir nicht von der Seite wich, bekam ich einen Wangenkuß, einen zärtlichen, einen federleicht beflügelnden.

Kilian brachte in mein Lorscher Loch sein drittes Pergament-Paket. Das zweite, inzwischen beschriftet, wollte er mitnehmen. Und die ersten zehn Bögen hatte er unterdessen gelesen, er umarmte mich und schien glücklich, der Beginn vom Beginn der Geschichte sei glücklich fixiert, mit dieser Sorgfalt solle ich weiter arbeiten und, bei Gott, rief er mit singender Stimme, auf diese Weise wird das Ungeheure, das hier geschehen ist, endlich allen Leuten bekannt. »In tüchtige Prosa gesetzt, würde das zu einem Volksbuch« (Goethe über das Nibelungen-Epos des 13. Jahrhunderts)

Ich fragte ihn, woher er wisse, daß ich die Geschichte korrekt festhalte, da er in der Nacht vor dem Christgeburtstag *CDLXXXV* 485 gar nicht in Worms gewesen sei, sondern in seiner irischen Einsiedelei hinter Straßburg. Er habe Ohren, lachte er, *Rumolt* und seine Küchengesellen hätten ihm vieles erzählt, auch von Gunther, Dankwarth und Krimhild habe er manches gehört und alles so, wie ich es hier notiert hätte. So solle ich fortfahren und die mörderische Geschichte festhalten, *incorruptam rerum fidem.* »Die unverfälschten Tatsachen«

Da fragte ich, wie ich so weiterschreiben könne, wenn ich nun das Schwierigste zu erzählen hätte, was es je zu schildern gebe, den Kampf mit dem Feuerdrachen *Nidgir.*

Kilian küßte mich auf den Mund und zeigte mir, was er mir mitgebracht hatte, einen Kuchen hatte er gebacken, einen mit Honig und mit Nüssen, der gebe Kraft, sagte er, Kraft vor allem im Kopf. Und dann berichtete er, daß in Worms inzwischen niemand mehr von Giselhers Hinrichtung rede. Es sähe ganz so aus, als bleibe der Schreibkerker meine einzige Strafe. Und dann wollte er wissen, was aus dem reitenden Boten geworden sei, der die Ankunft des Niederländers in Worms hätte melden sollen. – Wurde er abgefangen? vom Oheim Gottlieb? von Gere?

Der Messerstecher kam bis Worms. Aber hab Geduld, das ist noch nicht an der Reihe. – Ich schob ihm die neu beschrifteten Pergamente unters Rupfenkleid, stupste seinen Leib und sagte: Die wirklichen Anfänge und Ursachen kennst du noch immer nicht. Oder soll ich dir schon jetzt verraten, welche sieben Gebote der Xantener mir auf der Fahrt nach Island sagte?

Nun wollte Kilian gar nicht mehr weichen, wollte die sieben Sätze wissen. Zum Glück hörte ich den Schrei des Eichelhähers, durchs

Kerkerloch prasselten Steinchen, der Wächter nahte, der kam mit Hirsebrei und Rosinen und mit Wein aus der *Sapaudia*. Rasch zupfte sich mein Mönch die zehn beschrifteten Blätter zwischen Kittel und Leib zurecht und wendete sich zum Gehen. – Dann also, dann stell und setz nur gute Buchstaben, Stab ein, Stab aus, nun stich dem Papst die Lügen aus!

Und trabte so, mit den Knabengeschichten des jungen Siegfried vor seinem Bauch, aus meinem Lorscher Loch. Im Wackeswald will er schon anfangen mit dem Übersetzen, will er das alles in sein irisches Keltisch übertragen, mein wunderbarer Freund aus *Hibernia*. Schazman: *In the Vosges Mountains he settled at a wild and barren celtic spot of the Druids, my wonderful friend from Hibernia.* »In den Vogesen siedelte er bei einem wilden und kahlen keltischen Druiden-Ort, mein wunderbarer Freund aus Irland«. – Dieser Ort dürfte im heute als *Mur Païen* (»Heidenmauer«) benannten Gelände vor *St. Odile* liegen, bei den *Grottes des Druides* oder den keltischen Grabstellen auf den Buntsandsteinfelsplatten, 680 erstmals schriftlich erwähnt

So beginne ich denn das Ungeheuerliche, beginne zu erzählen, was, außer dem Mord selbst, am schwersten zu beschreiben sein wird, aber ich halte mich an einen sehr alten Bannschwur in einem neuen Lied: *Wettu irmingot, obane ab hevane!* »Ich rufe als Zeugen die Gottheit an oben im Himmel«. Giselher zitiert das vorchristliche »Hildebrandslied«

In Siegburg wie in Köln, überall hörte ich es, von den Schmiedegesellen wie von den Kappenträgern und Kapuzenkäuzen in der klösterlichen Siegburg und auch von Schiffsleuten und Händlern: Der Boden am Niederrhein hat gezittert. Der wurde unter den Schlägen des neuen Schmieds zum *fundus tremens*. Zum »bebenden Grund«

Die Berge, die Felder, der Waldgrund, die gerieten unter der hämmernden Arbeit des jungen Mannes so ins Schütteln, daß die Unruhe von der Ruhr bis dort hinaufdrang, wo der Rheinstrom bei einem alten Feuerberg in die Ebene hinausfließt. Auf diesem Felsen, knapp oberhalb *Bonna*, auf einer der nördlichsten und härtesten Kanten unserer Gebirge, dort lagerte damals noch, wie jeder weiß, das größte, das älteste der Ungeheuer, da hockte auf altem Glutgestein das Feuervieh *Nidgir*, das Besitztrachten, die Drachenkraft. Der »Drachenfels« im Siebengebirge lieferte (mit seinem vulkanischem »Trachyt«) Baumaterial für den Kölner Dom. »Drache«: von griech. *drakon*, »Schlange«

Als am Rhein noch die Kelten herrschten und davor noch ältere Stämme, da hausten solche UrKröten überall, auch am Oberrhein, auch an der Donau, Untiere waren das, burghoch und bergschwer. Nach der letzten Frühjahrsschmelze fand ich auf einer Sandbank unterhalb Worms Knochen, die mächtiger waren als Baumstämme. Hätte Ringwolf sie nicht zerschlagen lassen als Teufelssäulen, wäre ich versucht gewesen, sie zusammenzufügen, dann hätten wir gewußt, wie riesenhaft sie waren, diese Bestien, die sich zurückziehen mußten, seit die römischen Legionen plündernd durch unsere Wälder zogen. Auch Roms Söldner durchquerten das Land in langen Heerzügen und auch solche Heerzüge nannten die Leute »Lindwurm«. Als »Lindwurm« bezeichneten noch die US-Streitkräfte den Abtransport der nach 1945 in Deutschland gelagerten US-Chemie-Waffen und Nervengifte, ein Manöver, »von den Medien aufgebauscht zu einem technisch-sportlichen Leistungs-Ereignis« (Christian Geissler, »Neues Deutschland«, 2. 2. 1992)

Nur ein einziges Vorzeitmonster, der älteste, der *Nidgir*, der hielt sich lange, denn der besetzte den günstigsten Platz, und zwar dort, wo der Rhein aus den Bergen ins flache Land hinausströmt, wo unsere Gebirge sich zum letzten Mal zusammenschließen wie eine fränkische und sächsische Arschbacke. An diesem letzten oder ersten Engpaß raffte *Nidgir* und hortete alles, gefräßig und unersättlich, und keiner, wenn er den Fluß hinabwollte oder hinauf, kam hier ungeschoren davon, Tribut war zu zahlen mit Zins und Zinseszins und mit tausend Ängsten der verkauften Seele, oft mit dem Leben.

An dieser Stelle am Rheinufer hatten auch die Römer ihr Lager, weil auch sie wußten, daß bei *Bonna* am besten Beute zu machen ist, denn von hier ab trifft den, der stromauf will, im engeren Tal die stärkere Strömung, müssen die Handelsschiffe halten, um Ruderer zu mieten und Treidler, die die Kähne am Ufer entlang ziehen. In *Bonna* mieten sie Sklaven, erneuern sie Segel, ständig ankern hier Schiffe, wird verhandelt mit den Besitzern der Ruderer und der Schleppsklaven. Diese Wartezeiten, die nutzte, aus sicherer Höhe, der *Nidgir*. Der

Name des Lagers *Bonna* kommt wahrscheinlich von *Bon(n)a Dea*, einer römischen Fruchtbarkeitsgöttin. Das *Castrum* wurde um 400 von Franken erobert

Das war wie vor Troja, auch vor Troja hatten die Handelsschiffe, die ins östliche Meer wollten, nach *Kyjiw* Kiew, *Zazamank* oder nach *Trapezunt*, zu warten, bis die widrigen Winde nachließen oder bis genügend Ruderknechte beisammen waren. Und in diesen Wartezeiten konnten auch die Trojaner die Schiffe überfallen oder Zoll erzwingen oder plündern, so lange, bis die Griechen, wie sie schon damals sagten, dem Spuk ein Ende bereiteten. Nein, nicht um eine Frau stritten Trojaner und Griechen, die Schönheit der Helena ist die Ausschmückung der Märchenhändler. Auch in Troja ging es um Gold und Macht, um die Sicherung der Kaufmannsstraße, der wichtigsten bei den Alten. Und welche Straße bei uns ist wichtiger als der Rhein. Und welche Kräfte und Süchte sind gefräßiger und sind so unersättlich wie Neid und Gier.

Nidgir, die Raffkraft auf dem Rheinfelsen, hatte unsagbaren Reichtum gehortet. Als aber nun unter seinem schweren Leib das Rütteln dröhnte von der Arbeit an der Ruhr, als von der ungewohnten Härte der Schläge sogar der Drachenfels zu zittern begann, da mochte der Besitzriese zunächst glauben, der alte Feuerberg wolle wieder lebendig werden und Höllenglut speien und die Tore öffnen zu den Teufelstiefen, wolle neuen Nifhelschlamm hochkochen und *Gaias* Begehren. Doch dann spürte der Wurm, daß alles Beben, Stoßen und Rütteln von einer kunstgeführten Wut kam.

Da argwöhnte er, es nähere sich ein Vetter, ihm, dem *Nidgir* die Beute streitig zu machen und den guten Platz, den schon die Römer den »guten« nannten und den »fruchtbaren«, weil jeder hier vorüber muß, der von Regensburg, Passau, Augsburg, Salzburg, Trier, Konstanz oder Basel hinab will nach Köln, Deutschburg, Xanten und nach *Susato* Soest und weiter hinunter ans Meer, nach Bremen oder Hamburg und in die anderen niederen Lande, so daß ein Wurm es sich bei *Bonna* nur bequem zu machen braucht, um nach Baucheslust zu rauben und zu raffen.

Nun aber, hockend auf seinen Gütern und Kapitalien, nun witterte der Horträuber Gegenkräfte und diesen Widerstand, den spürte er im Bauch, dort, wo auch bei ihm Lust und Gier sitzen und die Ängste. Ja, er bekam es mit der Angst, denn sobald so ein Habsüchtiger auch nur von fern den Klang hört von Leben, gerät er in Sorgen, die so unstillbar sind, daß er mit all seinem Gerafften lieber untergeht und die anderen mit hineinreißt ins Verderben, als daß er je dasjenige teilen würde, was er giftschwitzend unter seinem Leib besitzt. Diese Habsucht ist eine Todessucht, und wir beschreiben sie am genauesten, wenn wir das Wort »besitzen« nutzen. Einer wie *Nidgir* ist besitzsüchtig und nimmt nicht nur anderen das Leben, sondern auch sich selbst. Die Leute sagen, so einer, der grämt sich zu Tode.

So tut auch ihr im WormsWaz, hörten wir die Mutter, die alte Königin, die keineswegs schlief. – Hockt hier auf'm Schwitzzins wie *Nidgir*. Bis in den Gramtod. Fort mit uns, fort ins Andere, *per claustra Basilensa, ab Rheno ad Rhodanum.* »Durch die Klusen bei Basel, vom Rhein zur Rhone«

Ich wartete, ob ihr jemand was entgegnen würde. Es wurde geschwiegen. Der Greisin antwortete auch jetzt die *neglectio virorum imperiosorum.* »Die Geringschätzung der imperialen Männer«

Wie jedes schatzsammelnde Gewürm listig zu sein meint, so wollte auch der Mächtige von *Bonna* schlau sein und demjenigen, der ihn nun zu bedrohen schien, zuvorkommen. Um den Konkurrenten zu vernichten, machte sich der riesige Neidwurm auf einen mühevollen Weg, gegen all seine gefräßigen Trägheiten nahm er die enorme Unbill auf sich und bewegte sich. Kroch nun aber nicht etwa wutschnaubend den Rhein hinunter zur Ruhr, einfach hinab ins Nebelland, sondern schlängelte sich hinten herum, hinterhältig. Schwerfällig keuchte er und fauchte wie ein Feuervulkan, ja, ein stinkendes Scheusal wälzte sich durch die Waldtäler, schob sich über Sieg und Wupper immer weiter in die Mitternachtsrichtung und kannte ihn genau, den alten Pfad der Waffenhändler, jenen Weg, den auch der Königssohn geritten war. Schlau, auf Umwegen schlich sich das dickfellige Besitzvieh, rumpelte giftsprühend, wäldersengend und gasspeiend vorwärts und näherte sich so dem Tal der Ruhr.

Dort war der Nibelunge mit FeuerEifer dabei, sich zu seiner Brünne auch stählerne Schienen zu bauen, mit denen Arme und Beine zu schützen waren. Zwar arbeitete er stark und schwungvoll wie keiner sonst und war wohl auch, wie Hagen sagt, ein »Kraftklotz«. Trotzdem, dieser neue, der *diutiske* Herkules blieb hellhörig und aufmerksam und spürte rechtzeitig, wie Hütte und Grund nicht mehr nur von den eigenen Schmiedehieben bebten, sondern wie sie auch dann noch zitterten, wenn er nicht hämmerte. Und hat wahrgenommen, wie es rings um ihn her wärmer wurde, wie die Nebel schneller trieben, wie faulige, stickige und schweflige Dünste über den Fluß wehten und über die Wälder aus Erlen, Eschen und Buchen und wie nach und nach ein Rumoren in der Luft war und ein Grollen und Donnern.

Als er mit den Gesellen darüber reden wollte, waren die fort. Die hatten sich in den Klüften versteckt, aus denen sie die brennbaren Steine brachen. Auch Alberich zeigte sich nirgends, die Eisenhütte am Ufer war leer.

Von der Südseite des Flusses, von den flacheren Hängen auf der Mittagsseite rückte da etwas Ungewöhnliches heran, das tarnte sich unter Dünsten, das duckte sich hinter brennenden Böschungen, ja, da näherte sich ein Schad- und Gierberg. In der Ruhr schwankte das Wasser, schlugen Wellen gegen Wellen und sprangen aneinander hoch, als tanzten Wasserfrauen und als wollte der Fluß zerspringen und verdampfen, tatsächlich, die Ruhr rührte sich um. Althochdeutsch *ruora* = »heftige Bewegung«, »Unruhe«

Das Flußwasser gurgelte, kippte über die Ufer, und unter plötzlichem Sturm bogen sich die Buchenkronen, der Wald bäumte sich, Blätter und Zweige, mitten im Sommer stoben sie davon, Äste barsten, stürzten, schossen weg und in der Dunstluft flog Wasser in Fetzen dahin.

Der Sieglindsohn stand am steilen Nordufer, wollte eine Stelle finden, von der aus das Gelände auf der Südseite besser zu überblicken war. Da sah er, wie unter einer Buche der Metallzauberer sich auflöste, wie der Alberich verduftete zu Stinkluft und Nebel.

Der Sieglindsohn lachte und sprang zurück in die Eisenhütte, panzerte sich fest ein in seine neue Rüstung und trat so, gewappnet, vor das Stahlhaus, und das Stahlhaus zitterte nun, aber in der Hand hielt der Cherusker seinen *Balmunk*, seinen »Betäubervertreiber«. Und er sah nun, wie im Fluß die Erzkähne herumschlugen, wie die Boote kippten und versanken und wie die Stege brachen, ja, Wasser und Luft, die Welt war in Aufruhr.

Da schob sich was durch die Schwaden heran, das war kein Wolf, kein Bär, kein Elch oder Auerochse, da näherte sich und prasselte und pfiff was anderes, so ungeheuer, wie der Xantener noch nie eine Bestie zu jagen hatte. Ach, was sich da näherte, das war das Verhängnis der Menschen. *Welaga nu, waltant got, wewurt skihit!* »Weh nun, waltende Gottheit, Unheil geschieht«. Giselher zitiert abermals das Hildebrandslied

Wo andere Wesen Knochen haben, schienen hier eiserne Räder und Ketten zu klirren wie in *rebus tormentariis* »Artillerien«, da quietschten Gestänge, Gewichte und Fallen und schlugen und schrillten und stanken Energien, die nur das Vergiften kannten und das Plattmachen und das Waldfressen. Einige Ruhrgesellen behaupteten später, Erlkönig Alberich hätte dem Niederländer zuvor, ohne daß der junge Mann es bemerkt habe, einen Sud ins tägliche Getränk gemischt, einen, der ihn berauscht hätte, der ihn eine verwüstete Welt hätte sehen lassen und über all dem die ungeheure Schlange. Andere aber beteuerten, der Kampf, der nun kam, sei ganz und gar wirklich gewesen. – *Sic erat*, sagte auch der alte *Galahad*, »so war es«, denn fürwahr, Besitzsucht und Betäuberkraft, das sind keine Hirngespinste, sondern es sind die Hirnwürmer, die existieren. Richard Wagner: ». . . das Unvergleichliche des Mythos ist, daß er jederzeit wahr, und, bei dichtester Gedrängtheit, für alle Zeiten unerschöpflich ist« (»Oper und Drama«)

Ich weiß, wer da kommt, rief der Königssohn, jetzt schlurft er heran, der *Nidgir! Yggdrasil* frißt er kahl! *Gaias* Esche will er verschlingen, will sich die Erdschätze krallen, will auch mich totstinken. Komm her, du Schlingfetzer, du Krötenkopf, du KriechChrist! – Diese Schimpfreden weiß ich von den Gesellen, die sich in den Kohlenstollen versteckt hatten, in den Bergspalten, in den bebenden und flatternden Felsen, da sahen und hörten sie alles.

Im Schütteln und Rasseln, im Quietschen und Dröhnen vernahm der Xantener plötzlich dicht neben sich den Alberich. – Nein, nicht *Nidgirs* Ende kommt jetzt, nein, du Großmaul, jetzt wird der Sigurdbengel gefressen! *Ahî*, nun endlich lernt der cheruskische Kraftschwengel, wer in Wahrheit der Mächtigste ist am Rhein!

Dem Gekeif sprang der Niederländer nach, in die Richtung griff er, aus der Zwerg Alberich höhnte, aber der blieb unsichtbar, der gackerte nur um so schändlicher, mal hinter ihm, mal vor ihm. Plötzlich aber hatte er ihn doch erwischt, zum zweitenmal schnappte der Xantener sich eines der geisterhaften Beinchen, fest packte er das und hielt dann auch das andere in seinen eisengepanzerten Pranken, hängte den Stachelgnom abermals hoch in die Luft, der Lehrling sah ihn zwar nicht, aber daß er ihn gegriffen hatte, das hörte er am Gejaul des Alben und am Gequietsch der stählernen Rüstungspickel. Den Giftzwerg quetschte er mit Wonne, den hätte er zerdrückt, wär nicht das Gekreisch unausstehlich schrill gewesen, ja, der Flözteufel zeterte in unerträglichen Tönen und versprach, wenn er freikäme, dann würde er dem Niederländer ein Bischofskäppchen schenken, die Zauberkappe, die aus der Wirklichkeit forthebt, die verwandelt, die Tarnkappe, die ganz und gar unsichtbar macht. – Gib mich frei! keifte der Gnom.

Nichts da, mit Kappenbetrug legt mich keiner mehr rein! – Und dann hätte er, heißt es, dem Zwerg die *consecutio vera* erklärt, die richtige Reihenfolge. – Zuerst tust du selber mir das Käppchen auf den Kopf und bindest es fest, so daß nicht ich zu sehen bin, sondern du, erst dann laß ich dich frei. – Da heulte der Alb, fand sich durchschaut und jaulte abermals, weil der Xantener ihm Arme und Beine verdrehte, weil Siegfried ihn zu wringen begann wie ein Stück Wäsche.

Da wurde der Kobold sichtbar. Unter seinen stählernen Stechpalmenblättern war der nur aus Erlenwurzeln samt *allium* »Knoblauch«, und der zappelte nun in den KeltenPranken wie in einem Schraubstock, der ihn mehr und mehr zerbog und zerknickte, und da mußte der Alb nun, wollte er überleben, seinem niederländischen Lehrling die tarnende Bischofsmütze um den Kopf binden.

Der sah, wie sein Meister über ihm plötzlich in der Luft zu schweben schien, in Armlänge über ihm, ohne daß vom Sieglindsohn noch ein Arm oder sonst etwas sichtbar war. Hoch über ihm strampelte und zuckte Schmied Alberich und zeterte und schrie in den drehenden Dämpfen, nun MÜSSE der Xantener ihn freilassen, sonst würde *Nidgir* auch ihn verglühen, den König des Nachtgeisterreichs.

Da warf er den weg, den Kreischenden, und sah noch, wie der sich auf dem Waldboden aufrappelte und davonsprang, unter schrillen Verwünschungen. Alberich soll nun ebenfalls in eine Felsspalte geflüchtet sein, doch der alte *Galahad* meinte, schon jetzt habe der Troll sich davongemacht, zum Rhein hinüber, zum Hort auf dem Drachenfels.

Der Xantener, nun ganz und gar unsichtbar, hatte keine Zeit, nachzudenken, wohin sich der Giftzwerg wenden würde. In stinkenden

Sturmwirbeln wälzte sich jetzt vom anderen Ufer, kroch aus dem Schwefeldunst der Wälderverwüster hervor, klickend und knirschend wie ein römischer Streit-, Ramm-, Ratter- und Plattwalzpanzerwagen, ja, als näherte sich da die vermeintlich perfekte Unbezwingbarkeit aus des Feldherrn Caesar *electis militibus Imperii.* »Elite-Truppen des Imperiums«

Ich sehe, wie Ringwolf sich abwendet. Wie auch Hagen lieber nichts hören will von all dem, was da erzählt wird. Auch *Nidgir* wollt ihr abtun als Märchengespenst. Wenn ihr ihn »Drachen« nennt, dann verwendet ihr das *drakon*, das griechische Wort für die »scharf blikkende« Echse, und wenn wir ihn »Lindwurm« nennen, dann sagen wir mit der Leutesprache, er sei biegsam wie ein Wurm, geschmeidig wie eine Schlange. Nicht umsonst zeigten schon die Ägypter auf ihren Schilden den scharfkralligen Feuerspeier, das GierTier und trugen das als Feldzeichen in die Schlacht, denn der Drache, sagten die Priester des Pharao, verleihe Kraft und Klugheit und scharfen Blick.

Die Iren glauben, *Nidgir* habe vormals Flügel gehabt, die Flügel seien ihm aber, seit er den Hort besitze und sich vom Besitz nicht mehr wegrühre, verkümmert und verfault. Auch die Norweger erzählen, ehedem sei *Nidgir* der geflügelte *Fafnir* gewesen, der glaubte, seit er fliegen könne, sei auch er ein Gott. Über Island, Schottland, Norwegen und Irland sei *Fafnir* wie ein riesenhafter Schatten geglitten, auch über Bornholm, so lange, bis ihn die Geldgier verkommen ließ zum Kriechmolch, zum Zinseszinsgiftwurm. Doch auch noch im Schlamm blieb er schlangengleich und geschmeidig, manche sagen sogar, Lindwürmer seien frauengleich und glatt, wie ja auch Sieglind und andere Frauen in ihrem Namen das »lind« haben, jene Glätte und Schönheiten, die den Bischof erschrecken und fast alle Männer entzücken, bestürzen und verwirren.

Nun aber verschloß der junge Cherusker Kettenpanzer und Helm, schwang seinen *Balmunk* und freute sich, endlich ein wirkliches Abenteuer zu bestehen, ein ritterliches. Stieg auf einen Felsen über dem Fluß und sah, wie die Ruhr kochte. So sah das noch im 19. Jh. die Ballade der Annette von Droste-Hülshoff über die Ermordung des Kölner Erzbischofs Engelhardt. Im Jahr 1225 war Engelhardt Regent des »heiligen« römischen Reiches deutscher Nation, Vormund des noch unmündigen Kaisers. Diesen »Kanzler« aber erschlug der damalige Essener Stadtvogt, der Graf von der Isenburg. Walther von der Vogelweide verdammte den Mörder, wünschte ihm alle Foltern, *ich warte allez,* ob *diu helle in lebende welle slinden,* »ich warte darauf, daß ihn die Hölle lebendig verschlingt«. Die Droste-Ballade über diese Tat beginnt: »Es kocht die Ruhr ...«

Feuerdünste stieß der *Yggdrasil*-Würger vor sich her und eine Hitze, unter der die Ruhr tatsächlich kochte, unter denen die Flußwellen aufsprangen wie Wasserflammen. Über die flacheren Hänge vom Süden her schwankte nun das heran, was alles Leben erstickt, was die Waldwelt in Asche verwandelt, in Wüste. Von den Iren in *Werethina* hörte ich, *Gaia* hatte diese Kraft, hatte die Besitzsucht mit einem der mörderischen BorSöhne gezeugt. (Vgl. S. 15)

Der in der Tarnkappe mußte sich auf seinem Felsenplatz festhalten, so stark schwankte nun der Steingrund, so scharf ätzte der Gestank. Atemluft wurde knapp. Feuer sagt niemals, jetzt ist's genug, Feuer will immerfort alles und jeden verbrennen. Der Niederländer wich zurück, lief den Hang zur Isenburg hinauf, auf den breiten Mauern hoffte er frischere Luft zu finden, festeren Halt. Ja, und von dort oben sah er dann, wie der Koloß das Flußtal nachgerade ausfüllte, breit und fett schlappte das Giervieh hierhin, dorthin und wuchtete und schob mit riesigem Hintern Alberichs Eisenhütte beiseite.

Im Krachen und Trümmerpoltern hörte der getarnte Sieglindsohn eine Stimme. Ein weibliches Reden. Dicht neben sich hörte er das. Oder in ihm selbst warnte das und redete im alten Leutedeutsch und lockte und riet ihm, was schon Sieglind und die Nornen ihm geraten hatten, nämlich listig zu sein und gerieben, den Kopf zu benutzen, klug zu sein und den offenen Kampf zu meiden. Denn den Besitzwahn, den müsse man reizen, foppen, täuschen und immer mehr schwächen, nur so sei er kaputtzukriegen, der kapitale Giergeier. Im Namen *Nidgir* meint die Silbe *gir* außer »Gier« und »Begierde« auch »Geier«, aber auch »gern« und Ger, woraus dann, wie manche gemeint haben, der Nationalname wurde (vgl. S. 89f)

Der Xantener blickte sich um, wollte wissen, wer da redete. Ehe er aber jemanden erblickte, rollte ihm vor die Füße ein Steinbrocken, ein Bruchstück aus den Isenburgmauern, von gutem Amboßgewicht. Da begriff er, was die Stimme meinte, da packte er das Felspaket, schleppte das auf den vordersten Burgwall und stieß dort den Klotz weit von sich weg, in großem Bogen in die Tiefe. Und hat das Feuervieh getroffen, traf den Gramberg mitten auf seinen breiten Leib.

Der röhrte, hustete und heulte, der mußte nun wütend herumtoben, ja, der sperrte nun seinen Rachen *Gin* weit auf und spuckte Feuerschlamm, schwarze Stinkschwaden erbrach *Nidgir* und spie so schauerliches Gift, daß unser Ringwolf darin nichts weiter als die Hölle selbst erkannt hätte, wäre nur je einer von euch Heiligen in die Nähe solcher Glutlava und Todessuppen vorgedrungen und bestünde der Drachenmansch nicht gerade aus dem Material, aus dem ihr neuen RomHerren so giergeierhaft gern eure Schätze schmieden laßt, möglichst fein und filigran. Ach, grauenhafte Flammen warf der RaffRiese vor sich her, so daß in der Drachenhitze die Ruhr schier verkochte, daß der Fluß sich verwandelte in brüllend pfeifende Geysire, ja, der Tumult ließ das brühheiße Ruhrwasser rückwärts fließen.

Als der Niederländer in den weit aufgerissenen glühenden Drachenrachen blickte, da beeilte er sich, da klaubte er aus der Burgmauer einen zweiten Brocken, schleuderte auch den und traf diesmal das Scheusal mitten in den Schlund. Da mußte das sich um den Steinklotz herumkrümmen und hatte gräßlich zu wimmern, mußte sich mit schlagendem Schwanz durch das Flußbett wälzen, bis endlich das Untier den Felsbrocken ausrülpsen konnte. Der war zu Lava geschmolzen. Nun aber kotzte das Monster neue Flammen, schnaubte und spuckte schwefelgelbe Giftluft und kroch, unter der Deckung seiner bräunlich herausgezischten Gasschwaden den Steilhang hoch, dorthin, von wo die Steinbrocken geschleudert wurden und von wo nun auch Frauengelächter tönte.

Die kölnischen Gesellen, verborgen im tanzenden Berg, haben seltsame Rufe gehört. Natürlich wurde *Waz* gerufen, also Stinktier. Aber auch Feigling! Und: Hier rauf! *Yerra*, hier bin ich, du Molch, nun zeig, was du kannst, du Matschmemme, nur donnern? kriechen? ätzen? kotzen? Schlappschwanziger Schrapphals *mo chac ort! Go dtachta tú!* Schazman läßt dies unübersetzt. »Meine Scheiße komme über dich! Erstick dran«

Zu Alberichs Isenburg hinauf schob sich das schuppengepanzerte Rasselungetüm, erhob turmhoch seine Krötenfratze, das fauchte Feuer, Eiter und Ätzgas, hieb mit dolchspitzen Tatzen vor sich herum, schlug sich durch die Stinkschwaden unaufhaltsam weiter nach oben, immer näher heran an den Niederländer, wuchtete den Waldhang empor, haute Felsen weg und Bergbrocken wie wir Sachsenzelte, knickte Buchen und Eschen wie unsereiner Stroh.

Der Xantener sah zu, daß er rechtzeitig auf Bergsporne sprang, die nicht zertrümmert wurden, diese sicheren Stellen, die riet ihm die Stimme in seinem Inneren oder die einer Frau. Kaum hatte er sich auf eine andere Höhe gerettet, lockte und berührte ihn jemand und redete dicht neben ihm und betörte und reizte ihn, bis er wieder nach vorn stürzte, bis er mit neuen Felswürfen und Hohngeschrei dafür sorgte, daß sich das Ungeheuer ausraste und kaputt tobte. So schwächte und so erschöpfte er *veneficum tributarium capitalem mundi imperiosi* »Den kapitalen Zins- und Giftmischer der imperialen Welt«

Befeuert von der Stimme hinter sich oder in sich, trieb der Nibelunge dies Spiel so lange, bis die Kräfte des Gastes am Ende waren, bis *Nidgir* über dem Ruhrhügel lag wie ein ausgepumpter Stier, schwer japsend, als sei ihm die Brunst vergangen. Dann erst, obwohl es den Königssohn schwindelte von der beißenden Säuernis, dann erst sprang der Getarnte vor, lief bis dicht vor den Koloß und hieb ihm mit seinem diamantharten doppelschneidigen Betäubervertreiber eine der vorderen Drachentatzen weg.

Vom Aufbrüllen des Viehs erschraken die Sklavenhändler in *Bonna* wie in *Colonia*, flohen Priester und Kaufleute aus *Asnithi* und *Buochenheim*, ach ja, die machten sich allesamt davon bis in die Rothaar- und Sauerlandwälder. – *Quirumpil!* höhnte der cheruskische Prinz und schrie den *Nidgir* an: Nun heb sie hoch, nun zeig sie her, deine Saftpratzen!

Da war aber wieder dicht neben ihm die Frauenstimme, die lachte und schrie nun in merkwürdigen Sprachen, ganz und gar Fremdartiges kreischte die, zum Beispiel *Blindwurm Zinsturm Fazke Wazke Tazke*, auch *Tronje*. Darüber stritten sich die Kölner Gesellen, jeder hatte anderes verstanden, doch ein Steinhändler von der Frankenfurt, der wußte das alles sehr genau, denn der kannte eine Nymphe, die erzkundig war. Die habe ihm in den Ruhrbergen die besten Handelsstücke gezeigt und die sei eben jene Frau gewesen, deren Stimme der Sieglindsohn hörte und die ihm riet, gerieben zu sein und seinen Kopf zu nutzen, und diese Frau war, sagte er, die andere Tochter des Erlkönigs, *Baldinai*, die Schwester der *Helinga*, ebenfalls eine Hagen-

oder Heckenfrau, die man auch *Hagedisse* nennt oder *Heckse*, was nichts anderes heißt als Heckenspringerin, weil diese Wesen über alle Zäune und Ränder hinüberkönnen und freiweg über jede Grenze, und der Name *Baldinai* komme vom ägyptischen Springkraut *Balsam* und bedeute »Heilkräftige in den Auen«, beteuerte mir der Händler in Frankfurt. Frankfurt (*Franconofurd*) gilt als »erstmalig 794 erwähnt«, doch ist das Existieren gern unabhängig vom Schriftgut. Bei archäologischen Arbeiten während dieser Übersetzungs-Arbeit entdeckte man unter Frankfurt »weit ältere Siedlungsschichten«

Was beim Kampf mit *Nidgir* an Geschrei zu hören war, das hat mir der Händler schließlich auf ein Pergament gemalt und hat es in lateinischen Buchstaben so zueinander gefügt, daß ein Tönebild entstand, exakt so, wie das die Frauenstimme gerufen hätte und wie es dann auch dem Xantener aus dem Maul gefahren sei als eifriges Echo, ja, der Steinhändler bildete mir die Schreie der Albentochter und des Cheruskers auf dem Pergamentbogen so ab, wie das durch das Ruhrtal schallte, und dies Buchstabenbild sah am Ende geradeso aus wie die Begehrenswaffe und wie der Gierhaken, von dem unsere Stämme ihren gemeinsamen Namen »Germanen« haben sollen, so behaupten das jedenfalls seit Herrn *Tacitus* die Römer Vgl. S. 86 und S. 90. Im Keltischen (wie noch heute im Walisischen) hat *ger* die Bedeutung von »Nachbar«, von »Nähe« und von »ganz und gar«(»gar«)

Leider hat Bischof Ringwolf mir dieses Wörterbild weggenommen. Hat es verbrannt, dies wunderbare *libellum.* »Schrift«, »Büchlein«, siehe aber auch die Bedeutung von *libellula* = »Wassernymphe« bzw. »Teufelspferd« (s. S. 134)

Ringwolf bekreuzigte sich. – Auch dies, sagte er, auch dies hexische *libellum*, das propagierte das Höllische. Mit seinem Buchstabenzierat verdrehte und verführte es alle Klarheit ins Undurchschaubare. *Fiat voluntas Domini. Carmen illud atqua imago illa omnia peccata occulta nostra dicere solet.* »Der Wille des Herrn geschehe. Ein solcher Zauberspruch und ein solches Bild pflegen all unsere heimlich begangenen Sünden zu benennen«

Ja, das *Ger*Bild zeigte überdeutlich die Gier und die Besitzsucht, die auch dir und deinen Geistesfreunden zu schaffen machen, jedenfalls ahne ich, warum es dich nun an die Begehrenswaffen erinnert oder an den Gierhaken, an dem so viele von uns hängen, und warum du erschauern mußt und dein Geständnis lieber in Latein sagst, so daß König Gunther es nicht verstanden hat.

Da rührte sich Hagen. – Lassen wir Vetter Ringwolfs heimliche Gelüste, mit denen ist er bestraft genug. Aber wunderlich ist es schon, daß die Rheinvölker nicht den Namen »Drachenkämpfer« bekamen, sondern den Germanen-Namen und wieso das zu tun haben soll mit Begehren oder mit dem *Ger*. Dies *Germani* haben sich Römer wie *Tacitus* erfunden, als sie uns verspotten wollten als die »Ganz und Garen«, als »die Besonderen«, die »Reinen«, »Eigenen«, und »Eingebildeten«. Bei Gunther und Giselher hätten sie allerdings recht gehabt, auch in Krimhilds Frauenschädel oder in dem der *Grimhildis* schwirrt manch wirres *libellum*, das die Gundomarkinder weit über alles Vorhandene hinweghebt in bedenkliche Anderswelten. Dabei sind die Stämme dieser »Germanen« oder »Reinen« alles andere als »rein«, sind seit je Mixturen aus keltischen und östlichen Bankerten. Freilich surrt ihnen allen im Haupt der erhabene Libellenpropeller, sie seien Besondere und »Reine« und müßten versuchen, in *aere aedificare*. »in der Luft zu bauen«. Zum Nationalnamen vgl. S. 86 und z. B. Klaus von See, »Der Germane«, in: »Ein Lied von gestern?«, Worms 1999. – »*Germane* ist eine ideologische Bezeichnung für die rechtsrheinische Völkermischung, Zubehör des machtpolitischen Meinungspakts Caesars, der diesen Begriff . . . nach der Besiegung Galliens als Angstmacher für den römischen Senat brauchte und keltische, keltoskytische Elemente, sofern sie rechtsrheinisch wohnten, zu einem Popanz zusammenraffte.« (K. Wiegand laut Alexander Kluge in »Chronik der Gefühle«, Bd. II, S. 368)

Krimhild bat, weiterzuerzählen vom Drachenkampf.

Ich bin abgeschweift, weil diese Herren so tun, als ginge sie der Kampf gegen den Hortwahn nichts an. Dabei hängen sie längst selbst tief in den Klauen der Besitzsucht und des Drachentrachtens. – Ja, aber nun erzähl. – Der Jüngling, sagte ich, als er auf der Eisenburg all diese Frauenschreie hörte, egal ob libellische oder rebellische, da ergötzten sie ihn sehr, da wiederholte er sie lauthals und immer noch lauter und sprang dann in seiner Tarnkappe abermals befeuert vor und hackte dem erschöpften Raffmonster *Nidgir* mit dem *Balmunk* und mit *Tronje*Gebrüll auch die andere Vordertatze ab, dem Besitzriesen, dem Weltvergifter.

Im Wutschrei richtete der sich hoch auf, reckte beide triefenden Stümpfe hoch über sich, fiel dann rücklings gegen den Ruhrhang und spuckte und erbrach sich, und wo das Erbrochene auf Felsen traf, da zerschmolzen die Felsen zu Lava und zu Kohlenglut.

Der Königssohn, in den Ätzdämpfen halb von Sinnen, sprang an dem Panzertier seitwärts hinab, duckte sich in einen der Flözgräben, aus denen die Brennsteine gebrochen worden waren, und gelangte auf diese Weise tief hinab, tief unter den Bauch des Ungeheuers. Und von dort, von ganz unten, aus einer Kohlengrube heraus, konnte er seinen »Betäubervertreiber« hineinstoßen in den Giftschlurch, in den Gierberg, *in terrorem terrae*.

Tief drang *Balmunk* ein, und mit dem zurückgezogenen Stahl schoß in breitem Schwall öliger Schmier hervor. Noch einmal reckte das Biest sich hoch, hohles, langes Heulen erfüllte Nebelland, gurgelnder Todeskrampf durchzuckte den Weltzerfresser. Eine Weile sah es aus, als stehe der fest über dem Abgrund, und so, im Aufbäumen, ging *Nidgir* kaputt. Der Mächtigste. Kippte rauchend und donnernd hintenüber, stürzte mitten hinein ins Ruhrwasser. Und blieb dort liegen. Bauchoben und quer über dem Flußbett, so lag er da.

Die Ruhr wollte nun wieder abwärts strömen, staute sich aber an dem Kadaver. Aus öligem Saft und Wasser bildeten sich Drachenblutstrudel, die schillerten grün und violett und kreiselten und lurten und raunten. Zu »lurten« (»lockten«) vgl. *Loreley* oder *Lurlay* (wörtl.: »die Lockung auf dem Felsen«)

Nach dem Todesstoß war der Xantener auf eine Anhöhe gesprungen und von dort, das Schwert noch in der Faust, schaute er hinab und sah, wie Wasser und Schmier sich stauten, wie ein See sich bilden wollte und wie sich nun alles verwandelte – da schleuderte er den *Balmunk* zur Seite, schrie: *Nidgir* ist kaputt!, riß sich die Nebelkappe vom Kopf, auch die blutige Brünne, den Helm, das ganze verschmiert triefende Stahlhemd aus Stechpalmenblättern, alles warf er sich vom Leib und sprang nackt umher, stieß die Arme hoch und tanzte, schreiend vor Glück.

Unterdessen kehrte der alte Wind aus der Abendrichtung zurück, wälzte die Schwaden beiseite, trieb die Stickluft fort, lichtete sich das Graue zu einem Goldnebel und wurde endlich die Sonne wieder sichtbar und schien dem Königssohn auf die blanke Haut. In diesen

Augenblicken, als er tanzte und glaubte, die Besitzsucht sei erschlagen, dasjenige, was die Unerschaffene hatte leersaugen wollen und verwüsten, da blickte er durch die Berge hindurch bis zu den Flözen, bis zu den Erzen und tief hinab bis zu den Silberkohlen, da meinte er den Gesang der Vögel zu verstehen und was die Bäume sich wisperten und wie die Felsen ihre uralten Gänge gingen.

Meine Zuhörer schwiegen. Nur die Holzklötze im Kaminfeuer knackten, als wollten sie auseinanderspringen. Nicht mal Hagen mochte jetzt *interpretor* sein. »Dazwischenredner«

In diesen Augenblicken, als er tanzend alles zu durchschauen meinte und als auch ihn alles durchschauerte, da hat er zum erstenmal die Kraft erblickt, die ihm geholfen hatte, die Fee und Albentochter *Baldinai*. Und was er dann mit dieser Nymphe machte und sie mit ihm, darüber gibt es sehr verschiedene Berichte. Leute, die nahe bei den Domen und Klöstern wohnen, Bürger von Köln oder Mainz, die erklären, es habe da keineswegs eine Frau gelauscht und zugeschaut und Ratschläge erteilt, nein, es sei etwas anderes geschehen. Sieglinds Sohn hätte ein Bad genommen, sagen die Frommen, sei in den neuen Ruhrsee gesprungen, hätte den Drachenblutsee schwimmend durchquert und sei so, ohne davon zu wissen, selber hürnern geworden. Hornhäutig wie der Drache, der nur am Bauch verletzbar war, wogegen ihn auf dem Rücken und an den Seiten die Hornpanzer schützten. Unverwundbar sei seitdem auch der Niederländer. Freilich, an einer einzigen Stelle nicht. Dort nicht, wo auf seinen Rücken, beim Bad im Blutsee, ein Lindenblatt gefallen sei. So hörte ich das in Köln und in Siegburg. Und in anderen frommen Orten.

Ein Blatt? – Hagen freute sich. – Ein Lindenblättchen? Das soll ihm den dicken Gierschmier ferngehalten haben, den ätzigen, den giftigen Hornsaft? dem Tober? dem Tanzer? dem Juchzebold? Immerzu das zarte Blättchen? unverrutscht am Rücken?

Dem, was in den Bischofsstädten erzählt wird, widersprach mein Steinhändler. Als der Drachentöter tanzte, habe der Niederländer endlich auch jene junge Frau gesehen, Alberichs andere Tochter, angelockt von der Schönheit des Jünglings auf dem Hügel. – Ich zögerte.

Alles erzählst du, sagte Krimhild.

Der Edelsteinhändler an der Frankenfurt, spät abends noch, nach sehr viel Apfelwein vertraute er mir an, was er über *Baldinai* wußte.

Die Nymphe hat er nicht nur geschätzt, weil sie sich auskannte in Drusen, Erzgängen und Flözen, sondern weil sie auch andere Künste konnte und von den Menschenleibern so viel wußte wie von den Bergleibern. Diese Grenzenüberfliegerin sei so wie Alberich ein Elf oder Alb, also einer, der auch uns noch oft genug auf der Brust sitzt, auch in Worms, wenn zum Beispiel Krimhild vom Mord an ihrem Falken träumt.

Krimhilds Arm spürte ich.

Der Erlkönig hatte seine Töchter *Helinga* und *Baldinai*, als sie vierzehn und fünfzehn Jahre waren, eingesperrt, weil er aus ihrer dunklen Schönheit Vorteile ziehen wollte.

Dunkle Schönheit? – Gunther verließ den Kamin, hockte sich an den Herrentisch.

Von *Baldinais* Schönheit erzählen alle, die sie gesehen haben, und sie beschreiben sie in Bildern. Der Steinhändler sagte, in der Albentochter hätten die Glitzersterne der Passionsblüte gefunkelt, ja, dunkel sei *Baldinai* wie Kohlendiamant, und er verglich sie mit dem silberglänzenden Anthrazit. Von griech. *Anthrax* = »Kohle«. Anthrazit ist die Steinkohle mit dem höchsten Inkohlungsgrad (längste Entstehungszeit, größter Druck in größter Tiefe unter vollkommenem Luftabschluß). Anthrazit mußte an der Ruhr nicht aus der Tiefe geholt werden, sondern konnte dort (dafür sorgte die Erdgeschichte) schon immer im Tagebau geschürft werden. *Helinga*, bei Schazmann fast immer mit dem Adjektiv *»black«*, erinnert in ihrem Namen an *Hel* und *heln*, also an »Höhle«, »verhehlen« und »verheimlichen« (vgl. S. 67). »Schwarze Helene« war im 19. Jahrhundert ein beliebtes Ziel (heute ein Gasthaus) des Freizeit-Reiters Alfred Krupp (1812–1887), des Gründers des Schmiede-Imperiums und Erbauers der »Villa Hügel«. Villa wie Gasthaus sieht man seit 1933 über der gestauten Ruhr, dem »Baldeneysee«

Diese Nymphe, sagte der Händler, sei mit ihrer Silberkohlenhaut so schön, daß ihr Vater sie seinem wichtigsten Erzlieferanten habe verkaufen wollen, einem Knauser aus Kleinhammer im Sauerland, wo die Menschen besonders knickrig sind und nicht nur die Sklaven, sondern auch ihre Frauen kahlscheren und einsperren und leicht reich werden, weil sie wie *Nidgire* auf ihren Gütern hocken und auch Frauen als Besitz betrachten, ja, sie ruhen nicht, bis jede Tochter gut verheiratet ist und jeder Berg seine Erzadern hat öffnen müssen und alles um und umgewühlt ist und leergeplündert. Als *Baldinai* sich weigerte, diesen Kleinhammerknicker zum Mann zu nehmen, hat ihr Vater, der damals noch seine große und starke Gestalt hatte, die Tochter auf seiner Isenburg eingeschlossen. *Helinga* aber half ihrer Schwester und beide jungen Frauen sind geflohen und sind hexische Freie geworden, und aus Haß gegen Alberich und gegen *Nidgir* hätten sie den Jüngling zur Ruhr gelockt und habe *Baldinai* die hilfreichen Ratschläge gegeben.

Als wir in der dritten Nacht wieder vom Apfelwein der Kelterer tranken, gab der Händler zu, daß überdies die Alberichtochter den Xantener begehrt hätte, ja, daß sie sich verliebt habe in seine Frechheit und Geschicklichkeit, mit Lüsternheit habe sie ihm den Rat gegeben, im Drachensee zu baden. Zum einen, weil ihn das tatsächlich unverwundbar machte, zum anderen, weil sie damit ihre eigenen Absichten verfolgte. Und die hätten sich auf der Stelle erfüllt.

Kaum habe der Sieglindsohn die glänzende Schöne erblickt, da sei er in Entzücken geraten und habe sie ergriffen, so wie er *Helinga* hatte ergreifen wollen. Mit *Baldinai* ist es ihm besser ergangen als mit der stachligen Schwester, mit ihr hat er sich hinuntergewälzt in den See, in den brodeligen bunten Schlamm zog er sie wie sie ihn, und beide haben sich darin vergnügt und im Eintauchen fest umschlungen und sich so, in dieser Umarmung, »gefreit«, wie man im Niederland sagt, wenn man die Flugkünste der Männer meint und das FrauenFreuen.

Und so wurde unser cheruskischer Spielteufel hürnern? fragte Gunther.

An einer Stelle nicht.

An welcher?

Die verwundbare Stelle gab es von keinem Lindenblättchen, sondern auf handfeste Weise, schon einfach deswegen, weil beide auch in dem warmen See keinen Augenblick voneinander lassen konnten und die Hand der Alberichtochter stets dort blieb, wo sie den Jüngling am engsten umklammern konnte. Hagen argwöhnt zu Recht, die verwundbare Stelle entstand nicht unter einem Blatt, das gewiß verrutscht wäre. Das hatten sich die Scribenten und Priester in Köln ausgedacht, um nicht von Liebesfreuden erzählen zu müssen, die ja, wie uns der Bischof täglich versichert und wie alle Heiligen beteuern, höllisch sind, unrein und sündhaft. Als sei nicht am Anfang von allem, in *Ginunga-*

gaps Tiefe, das Begehren gewesen, das Durchdringen. Das Verletzbare in Siegfrieds Rücken jedenfalls entstand, weil die Hand der Alberichtochter ihn so lange nicht freigab, wie beide eingetaucht blieben in den bauchwarmen Brei.

Und der Schmiedelehrling und die schwarze Rättin, sagte Hagen, sie zeugten nun zweifellos ein Streifenhörnchen. Mischlinge dachte man sich anfangs gern so, daß die gegensätzlichen Hautfarben der Eltern im Kind kariert sichtbar würden oder als Streifen- oder Zebra-Kind, vgl. *Feirefiz* in Wolframs *Parzival*

Da ging Bischof *Rumoridus Rusticulus* wieder in den hinteren Saal, trat unter das Folterkreuz und murmelte. Doch murmelte er so deutlich, so daß wir seine Klagen gut verstehen konnten. – *O delira atque irritatione voluptatis.* »O Wirrsal und wollüstiger Wahnsinn« Wann endlich werden meine Freunde wissen, wie der HIMMEL ist zu küssen. *Omnes dii gentium daemones. In Warmatia credebam me evasisse corporis pericula et iam in rete diaboli cecidi.* »Alle Götter der heidnischen Stämme sind Dämonen« (Vgl. Paulus, Epheserbrief 2,2 oder 1. Brief an Timoth., 4,1). »In Worms glaubte ich, den Gefahren des Fleisches entkommen zu sein, und geriet nun erst recht in das Netz des Teufels«

Wo also genau, fragte Gunther, hat er das Verletzliche?

Der Händler sagte, verwundbar sei der Niederländer nicht dort, wo die Kleriker das Lindenblatt gesehen haben wollen, nicht zwischen den Schulterblättern, nicht hinter dem Herzmuskel. Die Stelle liege zwei Handbreiten tiefer. Auf der Höhe der Querhaut oder des Zwerchfells, hinter der Mitte des Leibes, hinter dem Lebensmuskel, der unser wirklicher Motor ist, der Ort von Angst und Schrecken, von Lust und Sehnsucht, wo wir weinen oder im Schreck schreien, wo wir auch lachen und wo, was die Kelten noch wissen, aber nicht mehr die RomChristen, der Mensch erschütterbar bleibt, solange er einer bleiben will. Das »Zwerchfell« ist verbunden mit dem »Sonnengeflecht« des Nervensystems; »*Zwerch*« hat zu tun mit *twer* = »quer«, »zwischen inne liegend« und mit *twerch* = »verkehrt«, »schräg«, aber auch mit »Zwerg« sowie mit *twern* = »quirlen«, »durcheinander rühren«, »verdrehen«

Da pries Gunther die keltischen Sänger und Erzähler, lobte sie als Zwerchkünstler und Querfellmeister und sagte, er werde Kilian um ein Lied über *Baldinai* bitten.

Ringwolf kam aus seiner Gebets-Ecke zurück. – Warum nur haben wir Giselher nach Rom geschickt. Damit er uns Huren- und Höllendunst ins Hirn bläst.

Doch da war nun auch wieder, vom kleinen Tisch herüber, Utes Stimme zu hören. – Auf Burgundarholm hieß es *penezny smij*, das Drachentrachten. In eurem Hofdeutsch heißt das »Geldschlange«. Und diese Sucht ist es, was du in Wirklichkeit willst, du Kirchenwurm. Wisse, wer vom *Nidgir* erzählt, der bläst nicht Huren- und Höllendunst, sondern *urbart urbar.* »Der offenbart zinsbringendes Besitzmachen« (noch heute in »urbar machen«)

Ja, *penezny smij*, grinste Hagen. – Daß unser Kirchenfürst ein Leutetäuscher ist, das wissen wir, und das hilft mir beim Regieren. Aber wissen wir, was so ein Pfaffe in Wirklichkeit will? Verrat es mir, Giselher, du kluger *vartman et homo dicax doctus.* »Fahrensmann und gelehrter Witzbold«

Ringwolf will, daß wir alle ungetauften Kelten, Juden, Sachsen oder Cherusker wie Feinde behandeln, und daß sie, wenn sie sich nicht taufen lassen, zu schlachten sind.

Und wie erklärst du dir dann, daß bei Würzburg über deines Vaters Grab auch Getaufte ihr Leben ließen?

In eurer Wut über Gundomars Tod wolltet ihr gar nicht mehr unterscheiden, wer getauft war, wer nicht. Zumal Ringwolf erklärt hat, Gott werde sie im Jenseits schon zu unterscheiden wissen.

Hagen wendete sein Gneisgesicht dem Vetter Ringwolf zu, hob ein wenig beide Schultern und murrte: Unser Chronist weiß sie wörtlich, deine Weisheiten. – Sah dann wieder mich an, aus seinen vielfach gefältelten Augenspalten. – Aber du glaubst offenbar, daß *Nidgire* und *penezny smij* und urbare Golddrachen nicht nur als Sucht und in Kirchenkleidern umhergehen, sondern auch als wirkliche Würmer. Als stinkige Kriech- und RaffRiesen mit Krötenköpfen auf Echsentatzen.

Ich spürte, wie Krimhilds Hand wieder meinen Rücken wärmte, dort, wo der Zwerch- oder Quermuskel sitzt. – Alles Drachenbekämpfen, sagte ich, macht klug. Der Königssohn, als *Nidgir* tot war, durchschaute plötzlich die Dinge mit Scharfblick. Geldgier dagegen und Zinsraffwut vernebeln und verdummen. Nach der ältesten Drachensage hatte eine ägyptische Königstochter ihren kleinen Goldschatz in einem Kästchen verschlossen und hat das Kästchen von einer

Giftspinne bewachen lassen. Die fütterte sie gut, so gut, wie Hagen seinen Vetter füttert. Die Spinne der pharaonischen Prinzessin, die wurde bald groß und größer, gleichzeitig wuchs auch ihr Schatz. Die Spinne, heißt es, dehnte sich am Ende zur Schlange, und die Schlange wuchs zum drachenhaften Kriechmonster, das Burg und Stadt schließlich ganz und gar umgab und umwucherte, wobei das Scheusal am Ende seinen eigenen Schwanz in den Mund nahm und alles erdrückte und erstickte, die Herrschaften wie das Volk.

Was lernen wir daraus? fragte Krimhild.

Die Pharaonen mußten verschwinden. Und Rom, das weiß jeder, ist mitten im Sturz. Alle Gelehrten, die ich in der alten Tiberstadt traf und die über den Untergang nachdachten und dem neuen Geistesreich sich noch nicht unterworfen hatten, die waren sich einig, zerfallen mußte das Imperium der Kaiser an seinem privaten Reichtum. Und an seiner öffentlichen Armut und Dummheit.

Was sagt das über den Ruhrschmied, fragte Ringwolf. – Üble Verdrehungen macht uns unser Chronist weis. Der in Wahrheit das Böse besiegt hat, der war unser heiliger Ritter *Georgius*. In Kleinasien besiegte er es in Drachengestalt, unter Kaiser Diokletian. Und wurde ein Märtyrer, und starb im wahren Gottesglauben.

Ach, Vetter, das UrUngeheuer, so hörte ich Hagen schnaufen, das wurde schon immer erschlagen. Schon in den ältesten Geschichten. Als erste erstachen ihn die Ägypter. Auf Rollpapyros in Byzanz sah ich die Bilder vom märchenhaften Drachenkampf. Auch auf blauen Skarabäen war das abgebildet und auf babylonischen Münzen, Broschen, Medaillons. Und als letztes erschien dann, fromm und gutherzig, euer Sankt Georg als neuster Bestientöter. Zugleich als *Megalomartyros*. »Großmärtyrer«

Tut nicht so, sagte ich, als lebten Drachen nur irgendwo in Kleinasien. Auch der im Norden, der Fliegende, der *Fafnir*, der verwandelte sich in einen Besitzraffer und Kriecher und sucht nun auch uns heim als dauerhaftes *perezny smij* und *irregengel* »Irregehen« und ängstigt uns, damit auch wir für das neue GeistesImperium Silbergeld horten und Goldmünzen. Ute, wenn sie die Geldschlange nennt, weiß das. Wer denn tritt dem Goldraffen heute noch auf den Kopf. Von Ringwolfs heiligem *Georgius* hörte ich nur Widersprüche. Wer das Raffmonster füttert, dem dehnt sich die Gier aus zu einer scheinbar schönen Brücke in ein traumhaft paradiesisches Reich, wo er sich dann an Geld und Gold tüchtig süchtig sattfressen kann und freilich aufpassen muß, beim Sattfressen das Totfressen zu meiden. *Heraklit*, der Älteste unserer Philosophen, hat seine Epheser gemahnt: »Hütet euch, je eueren Reichtum zu verlieren, denn dann würde offenbar, wie verkommen ihr seid.«

Aber Prinzessin Krimhild, fragte Hagen, die träumt nun ebenfalls vom Hort. Vom Ritt hinauf in horrenden Reichtum.

Vetter, du verstehst nur deine eigenen Träume. Laß Giselher erzählen. Meinetwegen vom Liebesritt im Schlamm.

Dankwarth hatte mir neu eingeschenkt, ich trank. – Bis in die Dämmerung des Tages, an dem er den *Nidgir* getötet hatte, blieb der Niederländer bei der Alberichtochter, vielerlei Wonnen hatten sie, nicht nur im Drachenblut, auch auf dem Wiesenhügel über der Ruhr, und dieser Hügel heißt seither bei Bergleuten und Schmieden »heimliche Liebe«. Als dann das dunkelhelle Paar endlich auftauchte aus seinen Versunkenheiten, da schimmerte unten über dem neuen See schon das Abendlicht. Und noch immer stieg da erhitztes Ruhrwasser, in kleinen weißen Kräuselwolken.

Da mußte Gunther tief atmen. – Sollte der zu uns kommen, dieser Wüstling, ich zweifle, ob wir mit ihm glücklich würden. Mit einem Hornhäutigen. Mit einem Arbeiter. Der sich im Blutschmier suhlt oder freiweg auf den Wiesen.

Der an die Kuh glaubt, ergänzte Ringwolf. Und an geraubtes Kirchengut.

Die Gesellen in Köln, sagte ich, ärgerte es, daß die Geistlichen ihre Berichte verfälschten mit einem Lindenblatt, nur damit niemand mehr davon sprach, was schon auf Erden paradiesisch ist als leibhaftige Verzückung. Immerhin, der Siegburger Abt Eginhardt redete in der Sprache der Kirche *de veritate corporis inspirantis, dei spiritu inflammantis.* »Von den Wirkungen des Leibes, der begeistert ist und vom Geist der Gottheit entflammt«

Aus Basel hörte ich, sagte Gunther, der Habgierige sei nicht *Nidgir* gewesen, sondern der Xantener, voller Ehrgeiz wäre der sieben Tage lang den Drachenspuren gefolgt, dem Goldstaub, den Schwefelgerüchen, dem Metallklang, quer durch Nifhelheim, immer hinter *Nidgirs* giftiger Stickluft her.

Da die Basler selber reichlich horten, drückt sie der Alb, es käme der Drachentöter auch zu ihnen und zerschlüge und zerteilte, was sie häufen. Das Basler Märchen über den Sieglindsohn und die Gier hörte ich auch von Kölner und von Augsburger Handelsleuten. Wer hinterm Zinseszinsgeglitzer her ist, muß ablenken vom Geruch der eigenen Geschäfte.

Ich nahm einen neuen langen Schluck. – Einst hatte sich ein jüdischer Herr *Aureus* gegen den *Nidgir* auf dem Drachenfels wehren wollen. Als auch *Aureus* bei *Bonna* Zinseszins zu zahlen hatte, zog der gegen den Rheinbeherrscher sein Schwert, obwohl den »Jesus-Mördern« die Waffen verboten sind. Er mußte den Versuch mit dem Leben bezahlen. In den Pranken des Gierviehs, noch im letzten Moment verfluchte *Aureus* alles Horten, alles Besitzen.

Meine Schwester beugte sich vor, um besser zu sehen, welches Gesicht der Bischof schneiden würde. Als Ringwolf das bemerkte, sagte er, was er nun für geboten hielt. – Der weiseste unter den Vätern der Kirche, unser heiliger *Chrysostomos* in Konstantinopel, der hat das Nötige gesagt über die Juden. Wann immer sie sich wehren, am Ende bleibt ihnen nur das Verfluchen.

Erzähl weiter, flüsterte meine Nachbarin. – Erzähl vom Hort!

Ich stand auf. Weil ich nachdenken mußte und auswählen. Stand auf, nahm zwei von den Buchenscheiten, trug sie zum Kamin und stellte sie so in die Glut, daß sie gegeneinanderlehnten. Eine Weile beobachtete ich das Zündeln. Und wußte schließlich, wie ich am besten berichten könnte über das Rheingold.

Einige, sagte ich, die das Latein verstehen, ergänzten den Fluch des *Aureus* und sagten, er hätte geschrien *potentia est iustitia.* »Macht ist Recht« Mir scheint, auch Gold und Geld machen Recht. Jedenfalls erzähle ich jetzt, worauf unsere Vettern von Anfang an lauerten. Wie der Nibelunge den Hort gewann. Das begann schon am Abend seines ersten Liebestages. Da hat der junge Niederländer im Licht der untergehenden Sonne den neuen See betrachtet. Der war lang und schmal und schlangengleich gewunden wie das Flußtal zwischen den dunklen Waldhügeln. Ja, das Tal glänzte unterm rötlichen Abendhimmel geradeso wie der biegsame Leib des Lindwurms *Nidgir.* Als er dies Bild betrachtete, ist ihm, in seinen Armen, der Silberleib der Nymphe zerstoben. Erst glaubte er, die Elfe habe ihm die Tarnkappe gestohlen, habe sich unsichtbar gemacht, darum wütete er und warf alles auf dem Hügel umeinander und polterte, bis er seine Rüstung fand und auch die Tarnkappe und bis er im Dunkel ihre Stimme hörte, die ihn fragte, ob der Berserker nun nicht endlich anfangen wolle mit dem genaueren Denken. – Der Neidlump Alberich, wenn er dir *Balmunk* nicht raubte und nicht mal die Kappe, dann nur deshalb, weil er einen anderen Ort viel interessanter fand.

Da wollte er die Elfe packen, wie er ihren Vater gepackt hatte, aber sie schwirrte hierhin und dorthin, vogelschnell und mit Gelächter und Hohn über den Drachenjäger, der sich einbilde, mit *Nidgir* habe er das Drachentrachten besiegt. Eine Weile verfolgte er sie, dann verstummte ihr Spott, verlor sich im struppigen Stechpalmenwald.

Da nahm er *Balmunk*, Rüstung und Nebelkappe, holte *Grani* aus der Burg und ritt hinab zum Fluß und wollte dort, wo der See sich an dem toten Ungeheuer staute, zur anderen Seite hinüber, aber der Rappe scheute vor dem Leichnam. Erst nach den Rufen *Invar!*, *Insprinc!* und *Irslac!* sprengte *Grani* hinüber, über die horngepanzerte Brücke, über die warzige.

Auf der südlichen Ruhrseite empfing den Ruhrschmied die breite Spur, die der Verwüster durch die Wälder gefurcht hatte, eine üble Schneise aus Asche, aus zerbrochenen, aus versengten und verkohlten Bäumen, da ritt er über verwüsteten, zerätzten und gegeißelten Grund, ritt immer der Kriech- und Todesbahn nach und folgte einer Bahn, die der junge Ritter lauthals *Tronje* nannte, ein Wort, das mir niemand erklären konnte.

Da die Nacht klar blieb, war die Leidensstraße auch im Dunkeln gut zu erkennen. Zu beiden Seiten standen die Bäume kahl gegen den Sternenhimmel, mitten im Sommer reckten sich Äste und Zweige ohne Blätter, Buchen, Birken, Eschen und Eichen waren entlaubt und zerknickt, und am Weg lagen Rinder, Ziegen und Schafe verendet, verkrümmt, gedunsen, ach, auf dieser schwarzen *Tronje*-Straße war alles vergangen und geborsten, da schwiegen selbst die Nachtvögel, nicht mal mehr Geisterschatten bewegten sich.

Unverdrossen trieb der Niederländer sein Pferd vorwärts, ritt von Hügel zu Hügel, am Ende wieder über die Sieg, und gelangte so, immer der Todesspur folgend, mitten in der Nacht auf eine einsame Steinhöhe hoch über dem Rhein. Dort, auf dem alten erloschenen

Feuerberg endete die Kriechstrecke, dort hielt der cheruskische Reiter an und lauschte.

Auf der Felsenhöhe war es kahl. Milder Wind wehte. Mit klagenden Geräuschen blies der über die Steine. Im Licht der Gestirne war zunächst wenig zu erkennen, nur der blank schimmernde Fels und tief unten der Rheinstrom.

Aber im Dunkel war es dann, als blinke etwas zwischen den Hufen von *Grani*. In den schwarzen Klüften hier wie dort schienen sich Helligkeiten zu bewegen. Das glitzerte und schimmerte in der Finsternis, als wollte der Nachthimmel mit seinen fernen Sternen heruntersinken auf die Felsenhöhe. Doch die Gestirne fielen keineswegs, die leuchteten nach wie vor am Himmelsgewölbe. Nur blinkte es über wie unter dem jungen Nachtreiter, als hätte sich der Felsenberg in einen Spiegel verwandelt, in dem die Sternenkuppel sich verdoppelte, ja, als sei der Silberstrom der Milchstraße über die Erde ausgegossen worden von der unendlichen Frau *Gaia*. Und durch all dies Lichtergefunkel, quer durch das schimmernde Luftmeer glänzte der Rheinstrom, fern vom Horizont her bog der sich aus den südlichen Bergen heran wie eine Schlange, kam bis dicht unter die Felsenhöhe und kroch von dort wieder in die dunkle Ebene weit hinaus, nach Mitternacht hin.

Wie der Sieglindsohn so dem Rheinlauf nachblickte, hörte er ein zartes Klingen. Silbrige Töne schienen mit den Lichtern zu spielen oder die Lichter mit den Tönen, und endlich durchschaute er die glitzrigen Bewegungen zu seinen Füßen. Da wanderten und schwebten Kleinodien, Perlen, Ringe, da irrlichterten Edelsteine, goldene Ketten, da wurden Kostbarkeiten fortgetragen, geradewegs unter *Grani* hindurch.

Da sprang er vom Pferd, packte in das klingende Leuchten hinein und prüfte, was er zu fassen bekam. Juwelen waren das, goldene Kreuze, silberne Sonnenräder, mit Karneol geschmückt und mit Granat und Aquamarin, Kelche, Broschen, Spangen, Abendmahlbecher, Reliquienbehälter, Weihrauchkessel und bronzene Raben und diamantene Bischofsringe. Er warf das alles zurück und jedesmal klingelte es und polterte in den Klüften des alten Vulkans, das rasselte zart, gelegentlich grob, und auf und in den Felsen sirselte hier immerzu ein leiser Metallton und klirrte und sang und lockte, und die

Lichter vom mondlosen Firmament zeigten ihm immer deutlicher, wie unter ihm in unablässiger Bewegung ein endlos glimmendes Filigran vorüberzog, als sei in der Nachtschwärze ein Lindwurm aus glühenden Insekten unterwegs und wanderten wie funkelnde Ameisen.

Da wanderten aber keine Ameisen und keine Feuerfliegen, sondern da klangen und hallten Steine und Erze und zog unter dem Niederländer das Rheingold dahin wie eine blinkende Milchstraße. Abermals tauchte der junge Mann in das Glitzrige hinein, sprang unter die schimmernden Dinge, schnappte, packte und spürte, daß er etwas Gewebtes in der Hand hielt, und als er daran zog, gellten Schreckensschreie, die ihm bekannt vorkamen. Rasch wickelte er den Stoff um seine Faust und begriff, daß er abermals den Erlkönig Alberich geschnappt hatte, nunmehr zum drittenmal.

Mit Wutgeschrille hing der Troll in der Schleppe, auf der er die Drachenschätze hatte forttragen wollen. Es hieß, dies Gewebe sei der alexandrinische Hochzeitsschleier der ptolemäischen Kleopatra gewesen, anderen meinten gar, im Schweiß- und Leichentuch des Gekreuzigten selber habe der Erlkönig *Nidgirs* Funkelpracht wegschleppen wollen.

Den Zauberzwerg jedenfalls hatte er nun fest im Griff und kniff ihn, fesselte ihn mit dem Tuch, und auch jetzt keifte der Erlkönig und fiepte fürchterlich. Diesmal wollte sich aber der Schüler vom Gewinsel des Meisterchens nicht ablenken lassen, sondern hob ihn hoch, den Gierzwerg, um ihn gegen den nächsten Felsen zu klatschen, aber da hörte er in Alberichs Gezeter und Gepfeife etwas, das ihn zögern ließ. Der Gnom schien nämlich zu wissen, mit wem der Niederländer sich in der Ruhr vergnügt hatte, und tat nun, als wisse er auch, wo der junge Mann die gelüstige Nymphe wiederfände.

Du lügst.

Laß mich frei, dann sag ich dir, wo sie ist, die Hexe.

Umgekehrt, rief der Kraftkerl und redete wieder in lateinischen Worten von der richtigen Reihenfolge. – Erst sagst du, wo sie ist, erst dann kommst du frei.

Und preßte und quetschte den Giftzwerg, und endlich mußte der zum drittenmal klein beigeben und begann mit der Beschreibung. Beschrieb aber nicht den Weg zu seiner tollen Tochter, sondern zu einer Verwandten, einen Weg weit in den Norden hinab, ins Mitternachtsreich, tat, als sei *Baldinai* inzwischen auf einer fernen Insel im Eismeer, bei der Feuerfrau Brünhild.

Als ich in der Wormser Halle den Namen Brünhild nannte, rückte König Gunther nahe heran. Dankwarth wollte mir nachschenken, ich winkte ab und sagte, jetzt wolle ich keinen Wein mehr, nun müßte ich alle Sinne wachhalten, denn bei der isländischen Brünhild gehe es um Wege, die noch um ein Vielfaches verschlungener seien als alle bisher beschriebenen.

Erzähl alles, flüsterte die Nachbarin.

In den Klauen seines Lehrlings schilderte der Alb dem jungen Mann die Mitternachtskönigin im Eisland und tat, als beschreibe er seine Tochter *Baldinai*. – Deine wilde Hexe wirst du wiederfinden, wenn du den Rhein hinabfährst und an der Mündung vorbei, hinaus aufs Meer, bis zu der Insel Island. Bei den isländischen Feuerfrauen haust sie jetzt, deine mannstolle Nymphe, dort, wo die Unerschaffene vormals die besten Eisenschmelzen bereitet hat mit *Loki*, der klügsten unter *Gaias* Weltkräften.

Was er da hörte, mußte den Xantener sehr interessieren, da schien es sowohl um Nymphen zu gehen als auch um Schmiedefeuer und Waffenkunst. Alberich verschwieg ihm aber, wie endlos und wie eisig das mitternächtliche Weltmeer ist, so daß der Xantener meinte, daß er zu seiner Ruhrnymphe nur den Rhein hinunterfahren müsse und daß er sie nicht weit von dort fände, wo der Strom ins Meer mündet, ach, nichts ahnte er von der Meergöttin Ran und vom Ozean und von der Walküre Brünhild, die zwar schön ist, aber von unvorstellbaren Kräften umgeben.

Von Kräften? – Gunthers Stimme klang eng. Kilians Harfenlieder hatten von der Mitternachtskönigin Süßes erzählt, Paradiesisches.

Zwerg Alberich verheimlichte dem Jüngling, daß Brünhild übermenschlich ist und daß sie sich wie ihr Vater, der Wutgott, auf die Rauschkunst versteht und vor allem, daß sie von himmelhohen Flammen geschützt wird. Viele, die zu ihr wollten, sind auf Island verbrannt. Schon beim Anblick der Lohe verzagten einige und kehrten lieber rechtzeitig heim. Nur *Loki* und *Freyr* gelang der Gang durch den Feuerwall. In dieser Glutwand, so hoffte Alberich, werde der verhaßte Cherusker endlich verbrennen. An seiner eigenen Tollheit.

Und gaukelte dem Schmiedegesellen vor, Island sei eine EisenInsel mit vielerlei Frauen, aber auch mit wunderbaren Schmiedepalästen. So sehr den Drachentöter diese Schilderungen entzückten, den Steinkönig hielt er noch immer fest in seine Faust gewickelt und betrachtete ihn aufmerksam. Und hörte, wann immer der Erlkönig die isländischen Schönheiten pries, einen falschen Ton und sah, daß der Alb ihn bei seinen Erzählungen nicht anzusehen wagte. Da spürte er die Lügen und zerschmetterte den Wicht.

Von der Felswand, gegen die er ihn geschleudert hatte, rollte mit einem kauzigen Klang ein Stein herab, ein Kügelchen, etwa so groß wie der Kristall, den Ringwolf vom Papst *Simplicius* bekam. Das war aber kein Bergkristall, auch kein zur Hälfte gespaltener, sondern ein Mondstein. Der lag rund und schwer und schön in der Hand des Jünglings, und es schien, als sei der soeben erst erschmolzen und sogleich geschliffen in der Sternenküche *Ginungagap*. Nicht durchsichtig leuchtete diese Kugel wie diejenige, die vom verklärten Leib des Gekreuzigten sein soll, sondern undurchsichtig war dieser Stein, verbergend. In milchigem Mondglanz zogen zarte Adern in den Farben des Regenbogens. Dies Kügelchen steckte der Niederländer sich ein.

Auch dieser Stein kam drei Monate später nach Worms. Wehe, das war ein Verhängnisstein. Seine Kraft bekamen alle zu spüren. Der burgundische König ebenso wie seine Schwester. Der Xantener ebenso wie die isländische Brünhild.

Aber ich darf nicht vorgreifen in meiner Chronik, auch jetzt will ich die *ordo chronologiaque temporum* respektieren »die Ordnung und zeitliche Abfolge«, doch ist mir oft, als meldete sich in jedem Moment dieser Geschichte zugleich das Vergangene wie das Zukünftige. Immer neu muß ich erkennen, wie die Zeiten und die Dinge in den Händen der Nornen ineinander verschlungen sind. O wer sich da auskennte. Leser und Zuhörer wollen immer wieder nur solchen Gauklern glauben, die frech genug sind, all das bunt Verworrene in einfache Formen zu fassen, die unendlichen Rätsel, das unfaßbare *Ginungagap*.

Als ich das Ende des Alberich erzählt hatte, redete Gunther. – Ein prächtiger Falke naht sich da. Ein räuberischer, ein Kraftvieh. Das seinen Eltern davonspringt. Das sich mit schönen Hexen im Blutmatsch suhlt. Und das seinen Lehrherrn umbringt. Wenn dieser Arbeitswütige tatsächlich hier auftauchen sollte, dann frage ich mich, wie begegnen wir so einem. Wie treten wir ihm entgegen. Und wie verfallen nicht auch wir ihm.

Da war der Bischof gefragt. – Wir begegnen ihm so, wie es bei allen Barbaren ratsam ist. Wer seine Kraft saugt aus dem Blut von Drachen und Zwergen, von Gnomen und Mitternachtsfrauen, wer sich befleckt mit steinschwarzen Huren, dem gehört unser Mißtrauen. All unsere Wachsamkeit.

Da hörten wir vom kleinen Tisch her die Mutter. – Aus Blut ist er? Und »arbeitswütig«? und »befleckt«? Vor zwei Stunden hieß er »Märchenmann«. »Hirngespinst«. »Gasthausdunst«. Inzwischen ist er ein »Kraftvieh«? Rabenaas *Ringwulfilas*, du Lügenmaul. – Da stand Krimhild auf, ging hinüber zum Frauentischchen und setzte sich neben Ute. Ergriff wieder die dünnen Finger und schob die Haut vor und zurück.

Wahrlich, einen Wirrwarr aus Widersprüchen liefert uns der Chronist, klagte Ringwolf. – Und offen ist weiterhin die Frage, ob der Niederländer nun den Hort besitzt oder nicht.

Und war er wirklich bei der Isländerin? fragte Gunther. – Auf der eisländischen Insel? Gewann und besaß er die Kraft dieser Frau? Besitzt sie noch immer? – Den König hatte eine große Unruhe erfaßt. Zu seiner Schwester blickte er hinüber, zu seiner Mutter, dann wieder zu mir. – Ist Brünhild die »tüchtige Königin« in Kilians Liedern?

Zwischen dem fragenden Bischof und dem fragenden König sah ich hin und her und mußte lachen. Ergebenst antwortete ich zuerst dem Bischof. – Der da kommen soll, der sitzt nicht auf dem Hort. Der spielt mit ihm. Nach Art der Kelten. Das Rheingold, das läßt er leuchten und fliegen, und er verschenkt es.

Verschenkt es? – König Gunther vergaß für einen Moment, seinen Mund zu schließen. – Spielt? mit dem Hort? Wohl auch mit Brünhild? Verschenkt womöglich auch sie? – Überaus aufgeregt schien mein Bruder.

Hör nicht auf die Zwergenfragen, rief Krimhild vom kleinen Tisch herüber. – Erzähl weiter. Nur für Ute und mich.

Die Geschichte geht euch alle an. Und sie geht folgendermaßen weiter. Nach der Nacht auf dem Drachenfels hielt der Cherusker auf dem Rhein niederländische Schiffe an, zwölf Segler- und Ruderbarken. Flußauf wollten die und waren nur halb gefüllt, die wollten Anthrazit und Trachyt rheinauf bringen bis zur Mosel, bis nach Trier, Bausteine und Heizsteine für die alten Rombäder. Den Schiffsleuten versprach der Xantener bessere Geschäfte, und schon halfen sie ihm und im Nu wurde da sehr viel bewegt und schafften die Matrosen alles aus den Drachenhöhlen hinunter in die halbleeren Boote. Den Trachyt warfen die Fahrensmänner unter den Drachenfels, nur die Steinkohlen blieben in den Bootsbäuchen. Mit diesen brennbaren Brocken wären die Dampfbäder in Trier besser zu heizen gewesen als mit Holz und mit Meilerkohlen. Am Ende gab der Ruhrschmied jedem, der ihm half, so viel Gold und Geschmeide, wie er mit zwei Händen und zehn Fingern tragen konnte.

Und da der Niederländer die Arbeit so ungewöhnlich gut bezahlte, hatte das Bootsvolk nichts dagegen, mit dem Cheruskerprinzen in die Gegenrichtung zu fahren, stromab, in neuen Diensten und Aufträgen. In Trier warten sie noch heute auf die Feuerkraft für ihre Fußbodenheizungen.

Stromab? fragte Gunther. Also wohin?

Nach Xanten, zunächst.

Danach also weiter? zum Meer? zum Isenstein?

In Basel hörte ich, sagte Ringwolf, Sieglinds Sohn sei nicht nach Norden gefahren, sondern in seiner Machtgier *in regionem meridianam* nach Süden, nach Rom.

Das war später. Später ist er nicht nur in Rom gewesen, sondern auch in *Alexandria*, weil er, wie ihm Sieglind riet und wie schon die Nornen geraten hatten, alles wissen und alles durchschauen sollte, seinen Kopf benutzen. Freilich, euch, so scheint mir, wäre es offenbar lieber gewesen, der Nibelunge wäre ein Tölpel geblieben, ein dummer, ein »ungefüger Kraftklotz«.

Hagen schabte sich mit seinen Barthaaren die Backe und knurrte in die knisternden Grauzottel. – »Alles durchschauen« wollte der? Von Schlammweibern ließ er sich klug machen. Von *materia inspirans*. Danach vom Geschwätz der Vögel. Vom Schlag der Gebirge. O doch, wir sollten uns vor diesem Gelehrten hüten.

Ich hab euch erzählt, wie seine Mutter und wie die Nornen ihn gewarnt haben vor *Rumuburc*. Auch beim Drachenkamp riet *Baldinai* dem *Beserker*, listiger zu sein, *giribin*. All diese Mahnungen zeigten allmählich Wirkung, machten ihn tatsächlich mehr und mehr wißbegierig. Wie vormals *Sigurd*, wie der sogenannte *Arminius*, so wollte auch er sie nun kennenlernen, die »Kniffe«, die Geriebenheiten der *Caput*-Köpfe. Die Klugheit der Gegner sich selber anzueignen, so wie er sich die Panzerhaut des Drachen übergestreift hatte, das wurde mehr und mehr seine Kunst. So wie der cheruskische *Irmin* die Besatzer mit ihren eigenen Mitteln überwunden hatte, so wollte schließlich auch Sieglinds Sohn die jeweils besseren Waffen nutzen. Und für die beste hielt er am Ende das KlugSein. Und ging deswegen, so wie Sieglind ihm dringend empfahl, drei Jahre lang ins Zentrum des Imperiums. des »Befehlssystems« Und lernte in der Kapitale nicht nur Gesetzeswissen und Militärkunst, sondern auch *omnes artes belli fidei*. »alle strategischen Lehren des Glaubenskrieges«. Im klösterlichen Epos um 1200 (Hs. B 21, 1–3) finden sich von der Klugheit der Hauptfigur nur noch Reste: *Sîvrit was geheizen der snelle degen guot / er versúochte vil der rîche durch ellenhaften muot . . . er reit in menegiu lant* »Siegfried hieß der gewandte, der vortreffliche Recke, er durchstreifte viele Reiche und war überaus mutig . . . und ritt in viele Länder«. Ähnliches weiß das Epos aus der mönchischen Schreibstube sonst nur von Hagen: . . . *dem sint kunt diu rîche und ouch diu vremden lant* (82,1). Beide gelten auch 700 Jahre später noch als Ritter oder Helden allein deshalb, weil sie fremde Zusammenhänge nicht fürchten, sondern erkunden

Er lernte die *artes belli fidei?* – Ringwolf empörte sich. – Wovon redest du!

Von deiner Leidenslehre rede ich, die inzwischen fast jeder Fürst nützlich findet. Weil sie seine Untertanen genügend zerteilt und ängstlich macht und folgsam. *Studium studium, semper primum omnium* hörten die Gesellen und Schiffsleute den Xantener immer wieder murmeln »Neugier und Wissensdurst, immer als Allererstes« oder, um mit dem (oder vielmehr gegen das) »Lied der Deutschen« zu operieren, »über alles«

Willst du etwa behaupten, fragte Ringwolf, dein Hornhäutiger, der lernte die Regeln der Kirchenväter? Studierte sie? aber befolgte sie nicht?

Es heißt, einige Kirchenherren habe er kennengelernt. Hätte lebhaft mit ihnen diskutiert.

Deine Märchen werden immer wüster, sagte Hagen. – Erzähl lieber von Drachen und lüsternen Düsterweibern, aber nichts von der Gelehrtheit deines Ruhrschmieds. Sag uns, ob er tatsächlich nach Island kam und was er dort machte. Ob er die Vulkane überlebte.

Die der Gnom ihm als Eisenschmieden vorgaukeln konnte, freute sich Ringwolf.

Auch Hagen tat, als freute er sich. – Auf Island lernte unser Prinz in der Leber zu lesen und die Blitze zu deuten, wie es die Illyrer konnten und die Wilden in Thrazien, und so wurde auch Sieglinds Söhnchen zum Eingeweihten der Eingeweide. Stimmt's? Denn die Nifhelheimischen, statt ihren Kopf zu befragen, ziehen es seit je vor, totem Vieh in den Bauch zu schauen oder beim Gewitter die Blitze zu studieren – *semper semper studium* – und glauben am Ende, in solchem Chaos oder im Lärm der Vögel das Zukünftige besser zu erkennen als die Römer in ihren Chroniken, Denkschriften und Gesetzesbüchern.

Ich versuchte, ruhig zu bleiben. – Ja, er war auf Island. Danach aber war er auch im alten Imperium. Und in Rom erkannten Senatoren wie Kirchenfürsten, denen er scharfe Dolche verfertigte und denen er tausend spitze Fragen stellte, seine besonderen Begabungen, und die Herrschaften nutzten sie. Nahmen ihn mit auf verschiedene Reisen, nicht nur nach *Alexandria*, sondern auch hinter die langen Mauern der Kaiser *Hadrianus* und *Antoninus*, weil sie jenseits von *Britannia* die mitternächtlichen Inselreiche erkundet haben wollten, die *terrae septentrionales* »die Länder im Norden«, wörtlich: die Regionen unter den »sieben Dreschochsen«, womit das nördliche Himmelsbild des Großen Bären gemeint ist. *Hadrianus* war römischer Kaiser von 117 bis 128, *Antoninus* von 138 bis 161; *Hadrian's Wall* findet man nördlich der heutigen Grenze zwischen England und Schottland, den parallelen Grenzwall des *Antoninus* auf der Höhe von Edinburgh

Erzähl von Brünhild, bat Gunther. – Sag, ob der Xantener sie fand.

Auf Island hausen vielerlei hitzige Frauen. Undinen und Sylphen und in der Tat, nicht selten auch die Alberichtöchter. Mit den Trollen hausen sie hinter der Glaslava im Palast *Herdubreid* und hüten dort alles, was die Schmiede benötigen für den Schmuck oder für Schwerter oder Dolche, ja, die Vulkane bergen kostbare Erze und Energien, und

Legionen von Elfen, Trollen und Feuerweibern verteidigen sie. Nur dem *Loki* und dem *Freyr* gelang es, *Gaias* Glasfeuer zu durchdringen. Alle anderen Besucher, falls sie nicht vorher verzagten und umkehrten, gerieten statt zu den glutflüssigen Schätzen von *Herdubreid* in das Labyrinth der Fratzen und verirrten sich auf den schwarzen Straßen von *Dimmubogir*, die sich aufspalten und die den Menschen abstürzen lassen ins *Ginungagap*. *Freyr* und *Loki* aber haben von der Glaslavaburg den Rausch mitgebracht, den begeisterten begeisternden, den verheerenden Wotansrausch, der oft auch zum Liebesrausch wird und der den Weltenbaum *Yggdrasil* durchschauert. Und wenn ich alles, was mir erzählt wurde, richtig verstand, dann ist auch der Niederländer diesem Rausch erlegen.

Der Waffenmeister knarzte ein böses Lachen. – Diese keltischen Götter, das sind die mit den Selbstenthauptungsflügeln. Ihnen ebenso wie dem Keltenplebs schwirren sie überm Schädel wie bunte Libellenpropeller und schillern in allen Farben, auch in denen der Eisenglut. Daran ziehen sich die Gälen oder Gallier oder Kelten hoch über die Wolken hinauf, in so weite Weltenfernen, daß sie von ihren Rauschreisen und *Odhörrir*-Flügen nie mehr zurückfinden. Da hilft ihnen dann auch kein »Betäubervertreiber« mehr. Ach, auch durch Worms schwirren nun diese libellischen Selbstverwirrer, benebeln auch dem Giselher den Kopf und offenbar auch dem burgundischen König. Bei Schazman, der *Ödhörrir* mit »Gedanken-Met« übersetzt, steht für »Libellenpropeller« *level of dragon-fly*, wozu er anmerkt, daß *dragon-fly* den Drachenflügel meine und *level* die Libelle. Die Kilianschronik, sagt er, spiele mit *libellum* (»Buch«, »Schrift«, »Programm«) ebenso wie mit *libellula*, was als »Teufelspferd« (s. S. 89 und 134) an die Libelle erinnere, so daß dieses poetische Bild nichts anderes beschwöre als eine vielfache Beflügelung oder Berauschung durch Erzählprogramme (*story-telling*)

Das Gegenteil ist richtig, sagte ich. Die Kelten leben nicht in den Wolken, sondern sehr fest am Grund. Leben mit Steinen, Metallen und Bäumen und Tieren, *et si imagines cogitatione informant*. »auch dann, wenn sie phantasieren«, wörtlich: »Gedankenbilder formen«, noch wörtlicher: »Bilder durch das Denken formen« Auch wenn sie sich die Zukunft vorstellen, auch dann tun das die keltischen Götter und Menschen nicht nebelhaft, sondern mit Matsch und Eisen, mit Erzen und Goldmaterien und allen Schmiedekünsten. Nur ungern mit Wolkendampf. Das erkennt ihr an den Liedern unseres irischen Kilian ebenso wie an den Taten des Sieglindsohns. Dessen Fahrt mit den zwölf Rheinschiffen ging an Xanten vorüber bis auf den See ohne Ende, so wie Alberich ihm den Weg beschrieben hatte. Von den Stränden Europas trieben die Schiffe des Liebeglühenden weit fort, weit hinaus auf das Meer, hinüber in das düstere Reich der unberechenbaren Meeresgöttin Ran. Nach Mitternacht hin segelten sie zwölf Tage lang und zwölf Nächte und verirrten sich nicht, sondern hielten genauen Kurs, fünf Handbreit links vom Mitternachtsstern. Wie das der *Walthari* wußte, der beste der Schiffsleute.

Am Abend des letzten Tages erschien dann tatsächlich über dem Horizont die Lohe, die Lichtwand über dem Isenstein. Darüber berichteten mir drei Schiffsleute, die mitgefahren waren. Die Feuermauer sahen sie dort, wo die Sonne untergegangen war. Ein Leuchten sei das anfangs gewesen, das sie für den Schimmer des versunkenen Tageslichts gehalten hatten, doch dann ließ sich dies Leuchten von den Nachtschatten nicht nur nicht verschlingen, sondern je schwärzer die Nacht wurde, desto heller trat das hervor und loderte und schlug bis an die Sterne hinauf.

Thar sorget mannilih bi sih, murmelte Ute in der Bornholmsprache. »Da hat jeder Angst um sich selbst« – Krimhild knetete liebevoll die Hand der Mutter.

Ja, dies Licht war schaurig und schön und das stieg auf wie leuchtender Nebel, wie glühende Wolken und stürmte himmelwärts und in der Höhe zuckte das quer über das Sternengewölbe und fuhr rings um den Weltenrand herum wie ein Wetterleuchten, nur hundertmal wilder, sprang hierhin und dorthin, von Mitternacht nach Abend und zurück über den *Orion* und über den Großen Bären und war, so beteuerten mir die Schiffsleute, nicht *Herdubreid*, der Glasvulkan, sondern das war, sagten sie, das heilige Wotanslicht selber, das Wutfeuer, das nichts weniger zu schützen hatte als die Tochter des Göttervaters, weil alle ungewöhnliche Schönheit, da sie fortwährend in Gefahr ist, ungewöhnliche Sicherheit benötigt. Die besten Versicherungen jedoch, so glaubten auch die drei Matrosen, das sind die Listen und die Klugheiten des Lügengotts *Loki*, und zwar in Form von Verhüllungen und Tarnungen, ja, unüberwindbar sei der Schutz des unendlichen

Sonnenwinds. *Lokis* Verhüllungen, so erklärte man mir, die durchdringe nur der, der *Lokis* Kenntnisse durchschaue. »Durchdringen« wird in Giselhers ersten Sätzen (S. 15) mit »Begehren« zusammengesehen, hier mit »Kenntnissen«, »Klugheiten« und »durchschauen«

Auch Abbas Eginhardt in der Siegburg erklärte mir, weise sei nur der, der die *materia* erkenne als heilige Schöpfung, und der Abt fügte hinzu: *In materiis orbis a priori informatae deorum sunt notiones, ob eam causam omnes res materiae inspiratae dici debent.* »In den Stoffen (wörtlich: Mutterstoffen) des Weltkreises sind von vorneherein die Kenntnisse der Gottheiten vorgebildet, weswegen alles Dingliche bezeichnet werden sollte als inspirierte (vergeistigte) Materie«

Der Siegburger Abt Eginhardt wünschte diese Erkenntnisse vor allem jenen, über deren Köpfen Hagen die Selbstenthauptungsflügel schwirren sieht. Abt Eginhardt sah solche Weltferne und Kopflosigkeit aber nicht bei den Kelten, sondern mehr und mehr bei den Stiftern von Jerusalems Wüstenreligion. Und so ist es recht aufschlußreich, zu erfahren, wie Sieglinds Sohn mit den Materien umging, ob beim Schmieden im Ruhrtal oder nun auch bei den Energien auf Island, ob und auf welche Weise er sie bezwang oder ob umgekehrt sie ihn unterwarfen, und wie er vor allem der Mächtigsten auf Island begegnet ist, der Walküre Brünhild, und wie er zuvor die leuchtende Himmelsmauer durchschritt und dabei nicht verging und sich auf diese Weise, so hieß es, würdig erwies, Brünhild zu »freien«.

Auf dem umflammten Isenstein vermutete der Nibelunge noch immer seine Elfe, seine heilkräftige, seine inspirierende Nymphe, weil ihm der stachlige Alb das so erzählt hatte und weil der junge Xantener damals noch fast alles zu glauben bereit war, weil er in Rom noch nichts gelernt hatte von dem, was in der Tat das Ende und der Anfang von allem zu sein scheint, nämlich Täuschung, Tarnung und Verwandlung, *mutatio perpetua et depravatio rerum.* »Immerwährende Veränderung und Verdrehung des Seins«

Was weißt du über Brünhild. – Gunther mußte aufstehen, so aufgeregt war er. Und sofort setzte er sich wieder. – Sag uns als erstes, wie Brünhild auf diese scheußliche Insel kam und warum!

Ich weiß nicht, warum du die Insel scheußlich nennst. Über Brünhild hörte ich das Wichtigste nicht weit von der Deutschburg, in einem kleinen Ort namens Krähenkamp Krefeld? Bei Schazman, der

auch Ortsnamen meist unverändert wiedergibt, *a place called crowkamp*
Auf dem Markt dort, da trug ein fränkischer Sänger ältere Lieder vor, auch eines von Brünhild. Brünhild, so erzählte sein Lied, war eine Walküre, und Walküren werden von Göttern gezeugt, wenn Götter sich mit Menschenfrauen einlassen oder mit Elfen.

Der oberste aller Götter, so wußte der Sänger am Niederrhein, der Wutgott und Weltbeherrscher Wotan, der beherrscht seine Welt nur dann mit Lust, wenn er auch Frauen beherrscht und besitzt. Im Befriedigen seiner Menschengier unterscheidet sich der Oberste wenig von uns Untersten. Wotan jedenfalls, so hörte ich am Niederrhein, habe einst auf der Insel *Burgundarholm* Alberichs schöne Schwester erblickt, die hieß Ran. An einem heißen Sommertag hat er die junge Meerfrau in einer Felsennische beobachtet, bei einer heiligen Grotte, und zwar zu den Zeiten, als Alberich noch seine große Gestalt hatte und als die Nachbar-Insel *Ertholm* noch unter dem Meer lag. *Ertholm* ist die Felseninsel *Christiansö* nördlich Bornholm. Nach der Eiszeit lag sie zunächst unter dem Meeresspiegel. Bei der »Felsennische« dürfte es sich um *Gudhjem* gehandelt haben (»Götterheim«, vgl. *Gotham*-City). *Gudhjem* gilt als der schönste Ort an Bornholms Felsenküste; eine ihrer Grotten, in der Form eines Amphitheaters, heißt *Helligdomen* (»Heiligtum«)

Ran, die Wasserliebende, war unter der einsamen Steinwand nackt den Wellen entstiegen, und in der stillen Bucht, umgeben von turmhohem Granit, fühlte sie sich unbeobachtet und kleidete sich in Ruhe an, bedeckte ihre Schönheit mit weichen weißen Ledergewändern und begann dann, ein Opfermahl für die Götter zu bereiten, um den Wutgott milde zu stimmen. Mischte in einer runden Felsvertiefung, die bei den Leuten Hexenkessel heißen, Honig, Bilsenkraut und Mohn mit *Hannapis* und mit dem kostbaren Pfeffer. *Hannapis* (Hanf) war Rausch- und Lustmittel der Liebesgöttin *Freya* und des *Loki*. König *Alarich* (370–410, König der Westgoten) gewährte im Jahr 410 der Stadt Rom Schonung gegen die Lieferung von 3000 Pfund Pfeffer

Den fertigen Speisebrei tat Ran in einen Lederbeutel und hoffte, mit dieser Mischung den Weltenherrscher zu besänftigen und das riesige Meer gefügig zu machen für die Seefahrer und für einen guten Fischfang auf Bornholm. Freilich wußte sie nicht, daß diese Gabe nur den Göttern bekommt. Menschen und Halbgötter berauscht sie.

Scheinheilig näherte sich ihr derjenige, den die Nordländer *Odin* nennen oder *Uuodan*. Zwischen den Granitklippen erschien er mit einem Wanderstab und gab vor, als Pilger nach langer Fahrt auf die Insel gelangt und ermüdet zu sein und von der Speise zu benötigen, um wieder zu Kräften zu kommen. Ran erschrak, da sie das Mahl dem Meer übergeben wollte und keinem Sterblichen. Ohne daß sie es ahnen konnte, stand aber die Götterspeise eben diesem Wanderer zu, zumal Ran die kostbare Mischung ja ausdrücklich ihm geweiht hatte, dem WutWotan. So lieben es die besitzgierigen Götter seit je, ihr Vorauswissen gegen die Menschen auszuspielen, sagte der Franke auf dem Markt in Krähenkamp, und er bekam für diese Bemerkung viel Beifall von den gespannt zuhörenden Leuten.

Die Meerfrau Ran hielt den Fremden für einen frommen Wanderer, der *Gaia* dienen wollte und den sie auch gern erquickt hätte, freilich nur mit Kost, die dem Menschen bekommt. Doch der Alte blieb hartnäckig, und schließlich teilte sie die Probe und versenkte die eine Hälfte mit heiligen Wunschworten im Meer. Die andere Hälfte überließ sie dem vermeintlichen Pilger.

Da verlangte der, daß Ran die Hälfte der Hälfte essen sollte. Wieder erschrak sie und zögerte sehr. Hielt den Mann unter dem breiten Hut und mit dem langen Stab zwar für einen Weisen, wollte aber nicht das essen, was nur dem Weltbesitzer zustand.

Da lüftete der Oberste der Götter ein wenig seinen breiten Hut, und sie erkannte, daß er nur ein Auge hatte und wer er tatsächlich war. Zitternd gehorchte sie und aß. Und wurde von dem, was nur den Göttern bekommt, berauscht. Und erlag dem, wovon Hagen geredet hat, jenem Libellensinn, der die Menschen, sobald sie begeistert sind, hinaufzieht über die Wolken oder hinab in den Irrsinn. Ja, Ran war von Grund auf benommen, begeistert und verwirrt und verfiel dem Wanderer. Der nahm sie sich, hatte heftige und lange und vielerlei Besitzlust mit ihr, und so, durch einen Betrug und im Rausch, wurde Brünhild gezeugt und trat ins Dasein.

Zur Hölle mit den Giergeistern, rief Ringwolf. – Fluch den Rauschgöttern! Um nichts anderes geht es ihnen als um den unreinen Leib der Weiber, um teuflische Flüssigkeiten, um all jene Leibestriebe, vor denen sich der Geist wahrhaft kluger Männer wohlweislich fernzuhalten hat. Denkt an den heiligen *Pachomios* in *Alexandria*, ein wahrlich verehrungswürdiges Gegenbild zu diesem widerwärtigen Wotan.

Pachomios? fragte Gunther.

Nicht nur dem heiligen *Antonius*, sagte ich, hat die Christenkirche das Klosterleben zu danken, sondern auch dem *Pachomios*, den Ringwolf soeben zu einem Heiligen erhebt. Dieser ganz und gar aufs Reine versessene Gelehrte hat seine Mönche von *Alexandria* aus in die kahle Wüste geschickt, wo er sie gegen alle fleischliche Versuchung dadurch abhärten wollte, daß er ihnen befahl, nur im Sitzen zu schlafen, und zwar angekleidet, den Leib nachts bedeckt mit filzigen Kitteln aus kratzigem Ziegenhaar und mit einem harten Gürtel, der zwischen den Beinen alle feuchte Lust, wenn sie denn doch kommen wollte, wegpressen sollte. Pachomios, Klostergründer und Verfasser sehr strenger christlich-koptischer (»ägyptischer«) Mönchsregeln, um 300

Da hörten wir Ute, die gurgelte aus ihrem Süßholzsaft fremdartige Wörter und dazwischen auch verständliche. – *Ubil wati, ubil kruces boume.* »Üble Kleider, übler Kreuzbaum« Wüstenterror. Von Wüstenpriestern. Jerusalem wie WestRom wie OstRom, sie verdorren die Welt. Mit GeistIdiotie.

Wie, grollte Ringwolf, rechtfertigt Frau Ute ein solches Satanswort. »GeistIdiotie«!

Wenn ich Königin Ute richtig verstehe, nennt sie nicht den Geist idiotisch, sondern euren Grundgedanken. Die Zertrennung von Geist und Materie.

Mit dem Geist lästert sie das Höchste, das Ewige. Das wahrhaft Göttliche. Abermals rufe ich: *Apage Satana!* »Hebe dich weg von mir, Satan« (ursprgl. griechisch)

Die alte Blinde wendete ihren grumbeligen Mund zum Ohr der Krimhild, als habe sie unserem Bischof nichts zu antworten oder zu rechtfertigen. – WüstenIdioten schrecken schon die Kinder. Vertrocknen Flüssigleben, erfrieren FrauenFreuen, scheuchen ins *obsequium* »Gehorsam«, *in ariditatem servitudinis matrimonii.* »in die Verdorrtheit der Ehe-Sklaverei« *Et voluptatem capere ex vita est huc istuc illuc. Obit et perit.* »Und die Lebensfreude ist hin und weg. Verschwindet und geht kaputt«

Da wußte der Bischof im Zorn keine andere Entgegnung als nur noch ein stilles Gebet und den Griff an seine römische Brustkugel.

Wider ihre Gewohnheit war Utes Rede auch im Süßholzsaft gut verständlich gewesen, nicht nur im Leutedeutsch hatte sie geredet, sondern auch im wormsischen Hofdeutsch und dann in deutlichem Latein, das ich dem König übersetzte.

König Gunther aber, statt Utes Worte zu bedenken, wollte wissen, was zwischen Brünhild und dem Ruhrschmied geschehen sei, auf Island, unter dem Flammenwall. – Hat er das Himmelsfeuer durchdrungen? So wie *Freyr*? Hat er am Ende auch Rans Tochter durchdrungen? »gefreit«?

Falls der Xantener wirklich zu uns kommt, Gunther, dann frag ihn selber. Ich berichte nur, was die Schiffsleute erzählt haben und der Sänger auf dem Markt im fränkischen Krähenkamp. – Im Anfang, so wußte der Franke, als Nifhelheims SchadAlben mit dem Lindwurm *Nidgir* noch gemeinsame Sache machten, da lockten sie dem Drachen am Rhein noch diese und jene reichen Herrschaften an, am liebsten vornehme und schöne Frauen. Eines Tages aber haben zwei Kobolde aus *Burgundarholm* einen Fehler gemacht, das waren Alberichs Eltern, die trieben dem Rheinwurm eine Dame zu, auf die kein Geringerer sein Auge gerichtet hatte als der Göttervater selber. Kaum mußte Wotan mit ansehen, daß die Frau, die er besitzen wollte, dem Gierwurm anheimfiel und vollkommen verschlungen wurde, da hat er zur Strafe nicht den Lindwurm vernichtet, der nun mal unabschaffbar gierig ist wie alles im *Ginungagap*, sondern er bestrafte die beiden bornholmischen Trolle als Händler der Falschheit und bannte die beiden an den Himmel, als Schwänze im Sternbild des Drachen.

Ihr Sohn Alberich, damals noch in seiner großen Gestalt, war zu seinem Glück am Verkauf der schönen Dame nicht beteiligt gewesen, der reiste in dieser Zeit zu anderen einträglichen Geschäften durch das Brennstein- oder Bernsteinland nach *Carnuntum*. Römerlager und Zivilstadt bei Wien, an der »Bernsteinstraße«

Alberich war also an dem Drachengeschäft mit der reichen Frau ausnahmsweise unschuldig und kam ungestraft davon. Als er aber heimkehrte in die Mitternachtswelt und sah, daß seine bornholmischen Eltern für immer an das Nachtzelt gebannt waren als Zierzipfel des Himmelsdrachen, da war seine Trauer nicht besonders groß, da fühlte er sich von nun an als Alleinherrscher und König über alle niederen oder nifhelheimischen Gnome, vom Rhein über die Elbe bis an das Warägermeer Ostsee, ja, SchadAlb Alberich begriff sich jetzt als unumschränkter Herr der Dunkelseite, als Fürst im Nacht- und Neidgeisterreich.

Doch unterlief nun auch ihm ein peinlicher Irrtum. Da seine bornholmische Schwester Ran plötzlich keine Eltern mehr hatte, die neuerdings nachts am Horizont als Schwanzsterne leuchteten, so beanspruchte der Erlkönig die Vormundschaft über seine schöne Schwester und hoffte, mit diesem Mündel gute Geschäfte zu machen, solche, wie sie ihm mit seinen Töchtern *Helinga* und *Baldinai* mißlungen waren. Denn seit Ran auf Bornholm schutzlos sei, erklärte er, müsse nun er, ihr Bruder, ein Schild und Schutz sein. Die Meerfrau Ran lachte darüber und ging ihrer Wege, auf *Burgundarholm* und auf *Ertholm*.

Als sie dann aber schwanger war und eine Tochter gebar, die sie Brünhild nannte, und als der Alb Gerüchte hörte, wonach sich Ran mit einem fremden Herrn eingelassen hatte, da empörte sich Alberich gewaltig, da wetterte er gegen den unbekannten *homo libidinosus* »Wüstling«, der sein Mündel überlistet hätte, da blies der Erlkönig sich sehr auf und beschimpfte lauthals den *corruptor* »Verführer«, und als er hörte, es habe sich um einen älteren und gut gekleideten Wanderer gehandelt, womöglich um einen pilgernden Reichen, da hoffte er, daß er diesen Übeltäter gut erpressen könnte, machte sich mächtig wichtig und steigerte und schmückte seine Drohungen mit all den moralischen Wörtern, die er von den neuen Priestern gelernt hatte, schmähte Rans Schwängerer als Teufel, Satan und Dämon und verwünschte so, ohne es zu ahnen, den Herrn der nördlichen Welt.

Und als er dann auch, ohne es zu wissen, dem *Odin* den Drachen auf den Hals wünschte und obendrein Wotan selbst, da brach die Weltherrengewalt über Alberichs Isenburg und zerstückelte die mächtigen Mauern. Heftete aber den Erlkönig nicht ebenfalls ans Firmament, sondern Alberich mußte, da er sich so sehr ins Große aufgeblasen hatte, von nun an ein Zwerg sein.

Da hatte er allerhand Spott zu ertragen, vor allem von seinen beiden großen und lebhaft schönen Töchtern. Seit der Feuergnom kaum länger war als ein splitteriges Stuhlbein, mußte sich ihr zerschrumpfter Vater, ob er wollte oder nicht, mit ihnen vertragen, mit der anthrazitfarbenen *Baldinai* wie mit der borstigen Amazone *Helinga*.

Doch der Winzling konnte nun immerhin Bekanntschaft machen mit den ältesten Weltkräften, mit den Sylphen und Salamandern, mit den Energien und Spannungen in den Felsspalten, mit Feuerkraft und Wassergnomen und Undinen und mit der Kunst, als Schrumpfschmied in den engen Klüften der Ruhrberge das Wasser abzuleiten und Steinkohlen zu gewinnen und über der Kohlenglut aus den Erzen das beste Eisen herauszuschmelzen und die Schmelzen in klugen Mischungen zu Stahl auszuschmieden.

Aber Ran und Brünhild? – Gunther ließ mir kaum Ruhe.

Die Meerfrau Ran, so wußte der Franke, nachdem sie Brünhild geboren hatte, wurde zur Göttin der Nordmeere erhöht, womöglich aus üblem Göttergewissen, ach, Wotans Umgang mit den Frauen schwankte ständig zwischen Besitzgier und Sorge. Vor allem vor der allmächtigen und unabschaffbaren *Gaia* hatte er Respekt. Brünhilds Mutter Ran jedenfalls, die ließ er seither über die Meere im Norden regieren, und wann immer jemand von Europa aus in die Mitternachtsrichtung hinausfährt auf das Weltwasser, ist er gut beraten, wenn er zuvor der betrogenen Ran einiges opfert, mindestens jene Speise, die sie selbst vormals dem Wutgott bereitet hatte, die mildernde Mischung aus Honig, Pfeffer, Bilsenkraut, Mohn und *Hannapis*, als *sacrificium undis atque undinis.* »Opfer für die Wellen und Wassergeister«

Und Brünhild wuchs auf hinter einer Feuerwand? – Gunther stellte viele Fragen an diesem Abend.

Soviel der Sänger in Krähenkamp wußte, wünschte der Göttervater, daß seiner Tochter von *Gaia* und ihren Nornen das Schicksal erlassen würde, das er selber der Mutter bereitet hatte, der Ran. Auch und gerade Wotan kannte zu genau, was am Anfang war und was einige das Begehren nennen, das Durchdringen und Verwandeln. Andere aber nennen es Kampfgier und Mordlust und die wachse aus dem Drachentrachten, aus der Besitzsucht. *Uuodan* jedenfalls wollte sein Kind Brünhild bewahren vor diesem allgegenwärtigen *Urbar*, und so befahl er dem Lügengott *Loki*, seine Tochter mit einem besonderen Schutz zu umgeben. Überbehütet ließ *Loki* sie aufwachsen, auf der fernsten der Inseln, im Eisland, umringt von Rans kaltem Meer, hinter Barrieren aus Gletschern und obendrein umhüllt von einem sternenhohen Licht, das viele für das Feuer von *Herdubreid* halten, andere für Allmutter *Gaias* Sonnenwind.

Als sich nun die zwölf Rheinschiffe dem verwunschenen Eiland näherten und als die Seefahrer erkannten, wie unwirtlich es dort war und wie der Lichtwall über den ganzen Nachthimmel sprang und es so aussah, als sollten sie alle verschlungen werden in kochendheißen Trollvulkanen, da weigerten sich die Matrosen, die Insel zu betreten und erklärten dem verwegenen Kapitän, daß sie weder im Eis noch in der Glut umkommen wollten. Auch er selber solle sich besser hüten, ob er denn nicht begreife in seinem jugendlichen Eifer, daß diese Lichtwand aus übermenschlichen Welten käme, daß hier die Kraft der Götter lodere, womöglich die Glut der Weltenmutter selber, der *Gaia*.

Mitten im Winter waren sie nach Island gelangt. Im Winter, so wußte der Franke in Krähenkamp, da dauern unter dem Mitternachtsstern die Nächte so lang, daß sie einander berühren, als wickle sich *Nidgir* wie die ägyptische Geldschlange rings um die Zeit und als schlänge sich der Winter seine eigene Schwanzspitze in den Rachen. In dieser Dunkelwelt, so warnten die Seeleute, da müsse alles menschliche Leben verkümmern, da regierten nur noch die Rauschkräfte, die Wut und der *furor* zerstrittener Götter. Der Niederländer sähe ja selber, hier weiche sogar die Sonne selbst einer endlos finsteren *nifhel*- und Nebelnacht.

Die Kohlenschiffer, die zu Rheingoldfahrern geworden waren, warfen Anker und hielten guten Abstand von der Küste. Und ahnten allmählich, daß auch den, der sich Nibelunge nannte, ein Wotansrausch trieb, eine tollschöne Leibes- und Liebesgier. Daß hinter diesen Glutwänden eine Frau lebte, deretwegen er diese dreiste Meerfahrt gewagt hatte. – Wer sich dem Flammensog nähere, so mahnte *Galahad*, der Älteste, der werde ohne Umwege in den höllischen Glaspalast hinabstürzen. Die Hölle aber heiße hier *Dimmuborgir* und sei die Stadt der schwarzen Straßen, ein Labyrinth aus finster feurigen Fratzen.

Der Königssohn antwortete ihm, der Teufel heiße *Nidgir* und den habe er besiegt. Diese Feuermauer hier, die sei allerdings von ungewöhnlicher Materie und Gewalt, doch auch die wolle er kennenlernen und bezwingen und am Ende überlisten, *studium studium, semper primum omnium.*

Und während sie alle so von dem Schiff hinaufblickten in die himmelhohen Helligkeiten, da bemerkten sie auf der steilen dunklen Felsküste, im Schein der Lichtspiele, eine steinerne Bahn. Die führte von oben an bis hinunter an den Ozean, die glänzte und schimmerte unter den wechselnden Lichtbögen und reichte vom Meer bis hinauf unter die Flammenhöhe und sah aus wie eine Fläche aus blank gescheuertem, sanft gerundetem Alabaster, wie die Rücken von Walfischen. Von seiner Mutter und von den Externsteinen wußte der Sieglindsohn, daß in den Sommernächten über solch blinkende, mit Wollfett geschmeidig gemachte Felsenbahnen die Frauen hinabrutschen, wenn sie wollüstig sind, dann gleiten sie über solch ölig glitschende sanftharte Wonnewände wie über Wasserfallfluten und kommen erhitzt und beflügelt dort an, wo begeisterte Männer warten.

Als der Xantener eine solche Bahn auch auf Island zu erkennen meinte, da seufzte er so heftig wie jetzt auch König Gunther. Und seit auf Island der Niederländer diese Felsen gesehen hatte, konnte ihn niemand mehr daran hindern, die Insel zu betreten und in die Lichtwände zu dringen. Das Höllengestammel der kölnischen Schiffsleute machte ihn nur noch tatendurstiger, der Cherusker gürtete sich mit seiner unübertrefflichen Rüstung, bestieg einen Nachen und ruderte allein hinüber, geradewegs unter die schwarzen Eiswände, vor die Felsenküste. Sein Schwert *Balmunk* aber, so beteuerte der fränkische Sänger ebenso wie die Gesellen in Köln, seinen »Betäubervertreiber«, den ließ er auf dem Schiff zurück.

In den wechselnden Helligkeiten haben die Matrosen seine dunkle Gestalt noch lange beobachten können. Schließlich sahen sie ihn als winzigen Punkt mitten in den Lichtstürmen, und es sah so aus, als ob der Punkt in das Blitzen und Feuerzucken hineintauchte. Und dann geschah es, daß die Lohe tatsächlich erlosch. Und daß alles in Finsternis versank. Die auf den Schiffen fürchteten, ihr Kapitän sei jetzt verschlungen. Sei verschwunden in dem RiesenErdSchlundMaul. Ach, die kleinmütigen Matrosen klagten und waren sich sicher, in den entsetzlichen Tiefen von *Herdubreid* fräße jetzt ihren Kapitän die unersättliche Allmutter selber und zeugte nun auch mit ihm eine neue Gottheit, *nova industria in agendo mundum.* »eine neue Welt-Energie«

Der leuchtende Feuerwall jedenfalls hatte sich aufgelöst. Einzelne Lichtwirbel huschten noch dahin, wehten ins Dunkle davon und zergingen. Und es war, als hätte sich aus dem Himmel ein riesiger schwarzer Leib herabgesenkt, so daß auf dem Schiff sich alle sehr fürchteten.

Als ich dies in der Wormser Halle erzählt hatte, mußte ich von meiner Bank aufstehen, da ich ebenfalls sehr aufgeregt war, was ich aber nicht zeigen wollte. Vor das Kaminfeuer mußte ich gehen und die Glut betrachten, in die sich meine Buchenscheite verwandelt hatten.

Auch was nun geschah, sagte ich, wird in Frankfurt anders erzählt als in Mainz oder in Köln. Die Frommen in den Domstädten erzählen, Brünhild habe, als die Lohe erlosch, den *Nidgir*-Bezwinger mit allen Ehren begrüßt, und der Königssohn habe die Nacht auf dem Isenstein verbracht *ex instituto*. »der Sitte angemessen« So beteuerten es mir die Kölner und die Siegburger. Zwischen Brünhild und dem Nibelungen hätte auf dem gemeinsamen Nachtlager das Schwert *Balmunk* gelegen, und der Lohenbezwinger habe Rans Tochter keineswegs berührt. Kölner wie Siegburger und Mainzer, all jene Gelehrten, die auch vom Lindenblatt auf Siegfrieds Schulter sichere Kunde hatten, erklärten, beide jungen Menschen hätten es bewundernswert bestanden, *experimentum integritatis, nox purgationis*. »die Prüfung der Reinheit, eine Nacht der Reinigung« Ein Mönch aus Bayern wußte es noch genauer. *Nudus cum nuda iacebat. Et non commiscebantur invicem*. »Der Nackte lag bei der Nackten. Und sie vereinigten sich nicht miteinander«

Das Schwert aber, so wußten die Schiffsleute, war auf dem Segler geblieben. Und mein Gewährsmann in Frankfurt, der Steinhändler, sprach es in unserer dritten Apfelweinnacht offen aus, daß der Nibelunge in Islands kohlschwarzer und schier endloser Winternacht anfangs zwar enttäuscht war, daß er auf dem Isenstein nicht seine Nymphe fand, sondern eine andere. Doch habe er diese Enttäuschung erstaunlich rasch überwunden und sei sehr wohl, ja mit Begeisterung Brünhilds *brutigomo* gewesen. Denn da er die Flammenwände durchdrungen und überwunden hatte, habe Rans Tochter den Gast in ihrer Freiheitsfreude gern empfangen. So wußte es der Frankfurter Juwelenhändler, und der wußte es von einer guten Freundin der Isländerin, von seiner Nymphe, von der Alberichtochter.

Sie sind also verlobt? – Nun war es Gunther, der wollte, daß ich keine Pausen machte im Erzählen.

Am nächsten Tag, so wußte mein Kaufmann, da habe der Xantener der Brünhild versprochen, wiederzukommen, dann, wenn er genügend gelernt hätte über die neuen Weltbeherrscher in den Mittagsreichen, über jene, die mit *divide et impera* »teile und herrsche« Leib und Geist trennten und das Äußere vom Inneren und das Innere vom Äußeren, so wie es nun auch Ute mit gutem Grund beargwöhnt hat als Geist-Idiotie. Dieses neue *imperium mortis* »Befehlssystem des Todes« müsse er studieren und überwinden, weil es im Zertrennen Ungerechtigkeiten verbreite, weil es mit der Angst vor dem Leben und vor dem höllischen Nachleben die Weltverachtung stifte und die Frauenverachtung der Männer. Zum Beweis, daß er wiederkommen werde, habe der Nibelunge der Isländerin den Mondstein geschenkt, zu dem Erlkönig Alberich erstarrt war, Brünhilds Oheim und Rans Vormund, ja, seine nebeltrübe Kraftkugel gab er ihr, die mit den zarten Regenbogenzeichen.

Das Paar, so hätte ihm *Baldinai* berichtet, habe Abschied genommen mit Umarmung und Kuß und mit dem Mondsteingeschenk. Brünhild seit verwundert gewesen über die Gabe und hätte gesagt, die eisländische Glaslava gebäre ähnliche Steine, aber nicht so schöne, nicht mit so zarten Blutzeichen. Diese hier, in der die Kräfte des Albenkönigs gebannt waren, die wolle sie in ihrem Gürtel fassen. Und beide hätten sich abermals geküßt, vor den Augen der *Freya*-Frauen, der Walküren, die mit Brünhild auf dem Isenstein lebten. Freya ist die Rausch-, Frühlings- und Fruchtbarkeitsgöttin im Norden, in anderen Schreibweisen *Frigg* oder *Frija*

Und wer lügt nun? fragte Gunther. – Die Gelehrten in *Colonia* und in Mainz? Oder die Schiffsleute, dein Krähenkampmann und der Kaufmann an der Frankenfurt mit seiner Nymphe?

Genaueres als das, was ich hier erzähle, gibt es nicht zu wissen.

Und Brünhild gilt als schön? – Ich schwieg. – Und was ist gemeint mit ihrer »Kraft«?

Gewiß diejenige, die sie als Stein in ihren Gürtel faßte. Abt Eginhardt sagte mir, beim Wort »Kraft« wisse man nie, ob *materia* gemeint sei oder Geist. Oder das eine im anderen.

Jedenfalls ist der Cherusker ein Bräutigam, sagte Gunther. – Er ist verlobt.

Der Mann an der Frankenfurt erinnerte mich daran, daß Sieglinds Sohn wegen der Ruhrnymphe nach Island gefahren war. Als ihn dort eine andere begrüßt habe, müsse er überrascht und verwirrt gewesen sein. Auch erzählte der Franke auf dem Markt von Krähenkamp, daß die Wotanstochter so gut wie ihre Mutter die Wutspeise zu bereiten verstand, jene betäubende Mischung, die schon Ran auf Bornholm so folgenreich zubereitet hatte. Der Sänger deutete an, daß auch der Xantener von der libellischen Luftreisenkost zu essen hatte und daß auch er darüber, wie vormals die bornholmische Ran, außer sich geriet. Die Wotansspeise berauscht und macht zugleich zielstrebig. Weil sie die Sinne einschränkt.

Einschränkt? fragte Gunther.

Einschränkt auf einen einzigen. – Ich trank einige Schlucke und sagte, nun müßten allerdings auch diese Dinge beim Namen genannt werden, damit, falls der Xantener wirklich in Worms erscheine, niemand unvorbereitet sei.

Sag alles, hörte ich Krimhild.

Die bornholmische Rauschspeise reduziert die Sinne auf den ehrgeizigsten, engstirnigsten und gierigsten. Da der Nibelunge nach der Rückkehr auf sein Schiff drei Tage und drei Nächte hat schlafen müssen, vermuteten die Matrosen, daß Brünhild nicht nur Bilsenkraut und Wiesenröhrling ins Begrüßungsmahl hatte einmischen lassen, sondern auch den kahlen Schwindling, der seine Wirkung tarnt durch die Umkehrung dessen, was sein Name mitteilt, nämlich nach der tarnend verquerenden Zwergenweise, in verdrehender *perversitas*. Gedörrt und zum Sud aufgekocht und eingerührt unter das Göttermahl oder auch nur getrocknet und zerstoßen und mit Honig zerrieben dem Met zugesetzt, entfacht der Schwindling die Durchblutung der gelüstigsten Leibesteile des Mannes wie des Weibes in solchem Unmaß, daß er keinen Schwindling schafft, sondern in traumwirbelnder Wahnwut das Gegenteil, nämlich alle seit je als göttlich geltenden Tüchtigkeiten der männlichen wie der weiblichen Wonne-Organe. Diese Wirkung geriet auf dem Isenstein weit über alles menschliche Maß hinaus. Und von solchem Unmaß hat selbst der »deutsche Herkules« sich drei Tage lang erholen müssen.

Ich sah, wie meine Zuhörer mich anstarrten und nun auf jedes weitere Wort lauerten, als jagten sie ein seltenes Wild. – Der Franke, der Sänger am Niederrhein erklärte, von Thors Hammer wie von Adams Phall, von denen lebe seit je der Flug der Engel wie der Elfen. Und daraus wüchsen, so beteuerte er, all jene *Gaia*-Verdrehungen, die wir Falschheit nennen. Andere aber sähen darin die ewig fruchtbare, die immerzu Neues schaffende Verwandlungskraft.

Ich ging zu der kleinen Bank, auf der die Frauen saßen, setzte mich zwischen die Mutter und die Schwester und spürte, wie sich Krimhild wieder an mich schmiegte. – Der Kaufmann sagte mir, ich solle mir vorstellen, wie dem Niederländer zumute gewesen sein muß, als er nach den drei Tagen erwachte. Überlistet kam er sich vor. Zuerst von Alberich, der ihm die Ruhrnymphe vorgegaukelt hatte. Und dann vom Göttervaterkind, von der kräftereichen Brünhild, von ihren WutWotansmischungen und Schlangengetränken.

Also wurde in Wahrheit der Xantener »gefreit«? hörte ich hinter mir Gunther verstockte Frage. Und dann wollte er wissen, warum Brünhild dem Niederländer betäubende Speisen reichen mußte, wenn es doch heiße, sie sei unbeschreiblich schön.

Rans Tochter beherrscht Energien. Solche, die Ute *cuoniouuidi* nennt, Baumkraft. Und der Steinhändler sagte mir, Brünhild sei »mächtig wie zehn Männer«. So etwas hörte ich auch von dem fränkischen Sänger. Schön und gewitzt sei sie wie *Baldinai* oder *Helinga*, und seit sie den Gürtel trage mit dem Alberichstein, sei sie mit Kräften gesegnet wie keiner unserer Ritter.

Ich werde, spottete Hagen, bei Frau Ute in die Schule gehen und die alten Gurgellaute lernen. Die Baumsprache.

In meiner Unruhe mußte ich wieder aufstehen. Und ging nochmal zum Feuer zurück. – Mag sein, die alten Leutewörter sind hilfreich. Wir *Caput*Köpfe, wir Romsklaven, wir Wüstenjünger mit unserem eisernen Staatsverstand *cum sensibus seiunctis* »mit abgesonderten (abstrakten) Sinnen«, wir werden sie am Ende dringend benötigen, Frau Utes *Hel*-, Tarn-, Bann-, Baum- und Nymphen-Kenntnisse.

Ich wendete mich ein wenig weg und tat, als wollte ich nun in meine Schlafnische hinüber. – Nun wißt ihr, was ich von Island weiß. Und vom Hort und von den heimlichen Lieben, nach denen Ringwolf und Gunther so hartnäckig gefragt haben. Laßt mich von den weiteren Wegen des Xanteners später erzählen. Von seinen Fahrten in die Kapitalen, durchs *Imperium Romanum*. Vielleicht bringen ja Gernot und Ortwin schon morgen neuere Berichte. Oder aber er kommt selber, der Niederländer. Dann fragt ihn. Wenn ihr euch traut.

Setz dich wieder, sagte Hagen. Ich zögerte, sah aber, daß es ihm ernst war. – Erkläre mir, wie ein solcher Cherusker, noch jung und mit Feuchtigkeit hinter den Ohren, wie so einer in Rom beachtet werden konnte und wie er dort oder in *Alexandria* je irgendetwas im Ernst hat begreifen können. Einer, der Verlangen hatte nach Feuer oder Nebel und Wasser, nach harten Panzern und nach schwarzen Weibern, was, bitteschön, erkannte so einer in Roms Helligkeiten?

Ich setzte mich, jedoch nicht neben Hagen, sondern wieder an das Frauentischchen. – Du hast offenbar nicht hören mögen, daß der Sieglindsohn nicht nur Latein lernen, sondern vor allem das Studieren studieren wollte. Rätsel ergründen, das bereitete ihm ebensoviel Lust wie alle Handwerksfertigkeiten, der Umgang mit Feuer, Wind, Stein, Wasser, Erz. Und daß ihm seine Mutter wie die Nornen und die Alberichtöchter rieten, das Fremde nicht zu fürchten, sondern zu erkunden. Das hatte Folgen. Und in den drei Nächten auf dem Schiff vor Island, da hat er von drei Frauen geträumt. Nein, nicht von den Nornen. Die drei Frauen im Traum seien alle drei in großer Gefahr gewesen, und jedesmal habe es ihn gedrängt, zu helfen, zu retten. Doch die Hindernisse erschienen unüberwindlich. Ein Elfen-, ein Alben-, ein Albtraum.

Nach der Rückkehr hat er mit Sieglind darüber sprechen müssen, und am Ende nannte sie ihm die drei Frauen beim Namen. Wenn sie alles bedenke, was es zu wissen gebe, handele es sich zum einen um ihre keltische Freundin *Alva*. Zum zweiten um Frau Brünhild. Und zum dritten um *Gaia* selber, auf deren Chaosgrund der Sohn den Weltenbaum *Yggdrasil* habe kahl stehen sehen.

Die Gefahr, in der die Frauen schwebten, wollte der junge Ritter auch diesmal sofort bekämpfen, so wie schon vormals den Kölner Bischof und das Ungeheuer *Nidgir* und alsdann den Alberich. In seinem Ungestüm sei er in der Xantener Halle, wo er mit den Schiffsleuten bewirtet wurde, aufgesprungen, kaum anders als damals, als er mit seinem Eisenpfahl die *Caput*Krankheit hatte bekriegen wollen. Sprang also auf und –

– und wollte das ewige Rom zerschlagen. *Caput mundi.* »Die Hauptstadt der Welt« – Hagen feixte und kratzte sich.

Diesmal handelte er überlegter. Xanten ist ein größeres Kastell als Worms je eins war. In Xanten lagerten damals noch drei Kohorten aus Rom. König Siegmund rechnete diese Besatzer zu seinen nützlichen Verbündeten, hatte mit ihnen schlaue Abmachungen getroffen und verbat sich von seinem Sohn jederlei Aufruhr gegen die, die er *praesidia* nannte. »Schutzmacht«

Und die Mutter sagte dem Sohn, die Wald- und Weltverwüster, die solle er zwar bekämpfen, doch zuvor solle er sie studieren. Und zwar dort, wo ihre Macht sich nach wie vor konzentriere, in Rom. Hätten ihm nicht die Nornen unter der Esche erklärt, wo *Nidgir* in Wirklichkeit sei? In *rumuburc*, dort könne er die neuen Herren von Grund auf kennenlernen, so wie es auch sein Vorfahr getan hätte, der *Sigurd* oder *Arminius*, und in der neueren Zeit der erfolgreichste Widersacher Roms, der Attila. Rom sei nur durch Rom bezwingbar. Die Wüstenstadt Jerusalem ebenso wie die Welthauptstadt, durch Wildheit oder Zorn seien die nicht zu überlisten, nur durch gründliche Kenntnisse.

Hör und sieh dich um dort, sagte sie, laß dich ausbilden. Dein Vater gibt vor, mit dem Feldherrn *Severus* befreundet zu sein, nimm ihn beim Wort und er wird es einrichten, daß du in der Kapitale die Kunstgriffe und Techniken der neuen Priesterschaften lernst, jener Herrschaften, die zwar Weltfremdheit predigten, aber niemals weltfremd handeln. Begreif nicht nur Bäume, Gewässer, Meeressturm und Feuer, nicht nur Sylphen, Undinen und die berauschenden Kräfte, sondern durchschau auch, wie die neuen Caesaren, zum Beispiel König Theoderich, die Päpste nutzen und wie umgekehrt die Päpste die Caesaren und Fürsten nutzen. Und wie beide Seiten ihre Macht aufbauen auf den Höllen-Ängsten der betäubten Leute.

Thulten thanne thiu thiut in ewon thes helliwizes wewon, sagte Ute. »Erdulden sollen die Leute in alle Ewigkeit das höllische Leiden«

So kam es, daß der Sohn, nachdem er gut drei Jahre lang bei Alberich in der Lehre war, drei weitere Jahre am Tiber wohnte und von dort viele Fahrten machte. Fragt ihn selbst, wenn er kommen sollte. Sieben Jahre hat er gelernt und lernt auch heute noch. In Rom studierte er nicht nur die Griffe und Kniffe der Militärs, sondern auch die Vernunft der Rechtsprechung, der Verwaltung. Vor allem aber begriff er die Niederhaltung der Freiheitslüste durch die neue allwaltende Geisteskirche, die dadurch herrscht, daß sie mit Gerippegeschichten und Todesbildern die Leute vollkommen verängstigt und zerschneidet in Geist und Leib, wogegen die Priesterschaft in all ihren Rängen sich zu verklären sucht als Abbild der ewigen himmlischen Heerscharen.

Ich schaute mich um. – Tut mir leid, Herr *Rumoridus*, bei seiner Heimkehr nach Xanten, da hatte der Tölpel nicht nur X und U durchschaut, sondern auch, daß die Abmachungen seines Vaters mit dem römischen Besatzungsgeneral nichts anderes waren als eine Bereicherung. *Quod utriusque in rem est*, pflegte Siegmund zu sagen. »Es ist zu beiderseitigem Vorteil« Und dem heimkehrenden Sohn war es eine große Lust, die drei Kohorten aus dem Kastell zu jagen und den Rhein hinabzuschicken, zur Nordsee, wo sie entweder nach Rom gelangten oder von der Meergöttin Ran verschlungen wurden. Den eigenen verräterischen Vater aber, den Herrenhörigen, den ließ der junge Offzier in einem verriegelbaren Käfig mitten in Xantens *palatium* »Hof« sieben Wochen lang öffentlich über seine Miserablität nachsinnen und über den lateinischen Namen, den sich der Sohn nunmehr zugelegt hatte: *Victor Placidus.* »Friedfertiger Sieger«, Siegfried

Seit er die römischen Herren vertrieben hatte, nannten ihn die Leute am unteren Rhein »Siegfried deutsch«, was nichts anderes heißt als Freund der »Leute«. Ob er freilich mit seinem friedfertigen Sieg über die Besatzer die Leute ganz und gar von ihren Engen und Ängsten befreit hat, weiß ich nicht. Auch nicht, ob er auf diese Weise jene drei gefährdeten Frauen rettete, von deren Untergang ihm geträumt hatte. Aber er ist noch sehr jung und es heißt, er brenne vor Tatendrang.

Ich war wieder aufgestanden, wollte gehen, spürte aber, daß Krimhild mich festhielt. – In welcher Gefahr schweben die Frauen? Die erste, die *Alva*?

Alva war eine Freundin der Sieglind. Als diese *Alva* nach dem Tod ihres Mannes allein stand, da galten auch in ihrem Fall die Verträge nichts mehr, die es zwischen ihrem Gemahl und dem Kölner Bischof gegeben hatte. Weil Frauen bei den neuen Weisen nicht als Wesen gelten, die vollständige Menschen sind, mit denen *in pacto manere serio necesse est.* »mit denen man im Ernst einen Vertrag einhalten muß« Ach, einige Weise am Tiber beteuerten mir, Tarnkappe und Falschheit seien *motores moventes ecclesiam Romanam.* »die Motoren, die die RomKirche bewegen«

Ich nahm wieder Platz, setzte mich neben Krimhild und bekam zu trinken. Tat einen langen Schluck. – Unter der Siegburg, wo die schwarzgekleideten Mönche, wo die »Soldaten Christi« sich auf den

Römerresten ihr Kloster bauten, hab ich mit Abt Eginhardt lange über diese Fragen geredet. Eginhardt wußte recht genau, wie die neuen Priester die Erzählungen von Jesus verdreht hatten, der kannte nicht nur die christlichen Legenden, sondern auch fast alles, was der Franke in Krähenkamp von *Gaias* Gottheiten wußte.

Eginhardt wußte, wie krank *Yggdrasil* ist, die Weltschöpfung. In welcher Gefahr die Welt ist, die für Roms neue Herren barbarisch bleibt und teuflisch. Für den großen *Augustinus* ist diese Welt erfüllt von *mala temporalia* »vergänglichen Übeln«, von Leid, das uns wägen und prüfen soll Augustinus, De civitate dei 4,3 Auch von der Besitzsucht wußte Eginhardt, vom Drachen, der für manche die Midgardschlange ist, für andere der *Fafnir*, der als stolz fliegender Wolf begann und zum kriechenden Wurm *Nidgir* verkam. Den Drachen bezeichnete der weise Abt als den Machttrieb und Neidgeist, der, so mußte er zugeben, auch Roms Kirche längst befallen habe und zerfräße. Alles Machthaben, sagte er, endet in Besitzsucht. – Die Welt, sagte er, steht an einem Scheideweg. Und ich fürchte, wir treffen die Entscheidung gegen sie.

Eginhardt schien ganz klar, daß das Täuschen und Betäuben der Allesbeweger ist. In *nifhel* wie in *muspel*. Zum Beispiel in der Geschichte von Ran und Brünhild. Wer hatte da wen zuerst getäuscht? Brünhild ihren Gast aus Xanten? Oder der Xantener die Brünhild? Oder schon Alberich seinen Lehrling? Oder der Erlkönig seine Töchter, als er über sie verfügen, als er sie verkaufen wollte? Und betrog nicht sogar Sieglind ihren Sohn, als sie ihn als Narren nach Köln ziehen ließ? Oder war der Anfang von allem jene Täuschung auf Bornholm, mit der Wotan sich als Pilger ausgab und so, mit einem Betrug, in Rans Vertrauen schlich? Stehen sich denn nicht seit dem Anfang der Welt, so fragte der Abt, immer wieder unvereinbare Gegensätze gegenüber wie Feuer und Wasser? Sorgt also unser Dasein selbst unablässig für das Vermischen und Verwandeln? Und wir Menschen sehen das als Verdrehen und Betrügen und Erschlagen?

Immer fanden Eginhardt und ich noch einen früheren Betrug. Bis wir dahin kamen, zu glauben, daß Mischen und Betrügen das ist, was in der Tat unerschaffen ist und was als erstes auf der Welt gewesen sein muß. Daß Falschheiten und List die Hefe sind und die räuberische Flamme, die sich vorwärtsfressen und erhitzen muß und alles antreiben, die Säure, die gären will und verwandeln und Menschen und Sachen durchdringen und einverleiben, die unersättlich alles immerzu umkehrt, die auch die Verwandlungen wiederum verschlingt in neuen Feuern und Verdrehungen, ohne daß unsereiner weiß, was je aus der Asche einst wieder wachsen wird.

Der kluge Abt unter der Siegburg, als wir wieder einmal über Roms imperiale Weltherrschaft nachdachten, über die militärische wie über die neue geistliche, da meinte er, es sei vielleicht so, daß alles, was auf dem Weltkreis ins Dasein tritt und sich umwälzt, nur der Widerschein ist von himmlischen Umwälzungen und Trugspielen. Was wir vom Unerschaffenen in unserem kurzen Leben mitbekämen, das erscheine ihm wie ein Abglanz ferner Freudenfeste oder aber von *pugnae tumultus atque caedes.* »Schlachtgetümmel und Blutbädern« Freude wie Gier, Lust wie Mordlust wie Neid wie Lüge, sie seien schon immer vor uns da, als *Gaias* Gottheiten. Von Anfang an lodern die Weltkräfte in *Gaias* unaufhörlichem Chaos. Und mir scheint, sagte er schließlich, tief in der Nacht, mir scheint, es ist allein der Schein, der nicht trügt.

Da hat Krimhild der Mutter Ute geholfen, aufzustehen, hat sie gestützt und hat sie auf die nächtlichen Gänge hinausgeleitet, wo ihnen Pagen durch die Pfalzflure leuchteten. Auch der Bischof hat sich verabschiedet. Allerdings sah es erst so aus, als hätte er sich den Frauen in den Weg stellen und mit ihnen sprechen wollen. Als Ute ihm aber ihr Lakritzholz vor die Füße spuckte, trat er erschrocken zur Seite und ließ die Frauen ziehen.

Der Bischof ging dann seitwärts zu einer Steintafel, die er sich als Grabplatte hatte arbeiten lassen, die stand seit mehreren Jahren neben dem Ausgang der Halle und zeigte einen auf die Knie sinkenden, einen sterbenden Bischof, dessen Seele sich als Taube aus dem Haupt erhebt, um zum Himmel zu fliegen. Nun sank er vor diesem Stein auf die Knie und murmelte und betete. Nun erst, nach diesem Abend begreife er, wieviel Arbeit ihm noch bleibe. Nicht nur bei den Heiden, fast mehr noch bei den Getauften. – Statt endlich vom Heiligen Geist zu wissen und in Klarheit das Gute vom Bösen zu scheiden, denkt man in Worms ans »ewige Vermischen«. Und träumt sich noch immer und ach, wie erfindungsreich, in teuflisch freche Freiheiten. *Semper in turpitudines novas.* – Und damit auch Gunther verstand, was das hieß, wiederholte ich das laut *theodisca in lingua*, denn das hieß im »Deutschen«, in der Leutesprache: Es regieren immer von neuem die Unanständigkeiten.

Da nahm Dankwarth den Bischofsvetter beim Arm und geleitete ihn zum Ausgang. In der Tür aber blieb der Geistliche noch einmal stehen und klagte laut. – O Truchseß, du solltest dazwischenfahren und für Ordnung sorgen wie ein Engel mit Feuer und Schwert. Denn wenn die, deren Hirte ich sein soll, mal ausnahmsweise vom Bösen reden, ausgerechnet dann reden sie von der Kapitale des Sankt Peter. *Procul recedant somnia et noctium fantasmata.* »Fern verdrängt seien mir die bösen Träume und Trugbilder der Nacht« (bis heute Abendgebet in Klöstern)

Ringwolf verneigte sich noch einmal vor dem Leidenskreuz an der Wand und grämlich, ja verbittert ging er davon, hinaus in die nächtlichen Gänge. Dankwarth, der freundliche Haushofmeister, leuchtete ihm heim, dem Bischof Roms zu Worms.

Kilian, mein tapsig fröhlicher Mönch, hat mich wieder umarmt. In seinem Kloster im Wackeswald hat er in Ruhe und ohne Gefahr, entdeckt zu werden, meine neuen Blätter lesen können und, ach, er sei glücklich, sagt er, wie ich ihn gefaßt hätte, den Ruhrkampf der Panzerhäute und dann auch den Liebeskampf. Und schon habe er, begeistert, mit der Übertragung begonnen, mit der Verhüllung und Sicherung des Anfangs der Geschichte im irischen Keltisch.

Schon auf seinem Ritt in den Süden, hinauf in die Vogesen, schon da habe er mit dem Lesen beginnen müssen und habe dann gar nicht mehr aufhören können. Sein Eselchen, sein *asinus Äsop* kenne längst den Weg dorthin besser als er selbst, so daß er unterwegs getrost die Blätter aus dem Wams habe ziehen können, um im Ritt auf dem Eselsrücken mit Eifer meine Notizen zu studieren, ja, *Äsop* sei so klug und geländekundig und gehe so sicher auch über die steilsten Pfade, daß Kilian die Zügel schleifen lassen und sich ganz dem Entziffern habe widmen können.

Nur ein einzigesmal sei das gute Grautier stehengeblieben, so daß er habe aufblicken müssen. Und das sei auch gut so gewesen, denn es sei eine herrschaftliche Sänfte den Weg entlang getragen worden mit dem dicken Oheim Gottlieb darin, der sich von zwölf Kahlgeschorenen zu üppigen Mahlzeiten hatte schleppen lassen nach *Argentoratum*. Straßburg Gerade noch rechtzeitig habe Kilian das Pergament, auf dem der Kampf mit *Nidgir* verzeichnet war, unter die Kutte an seinen Bauch zurückgeschoben, ehe der gefräßige burgundische Oheim das hätte bemerken und ihn hätte fragen können, was es da auf dem Eselsrücken so Interessantes zu lesen gäbe. Als dann die Sänfte dicht neben ihm vorübergeschleppt wurde von den Sklaven, da kam aus dem Inneren des gepolsterten Kastens nur ein fetter Schnarchton.

Dennoch, wir lobten beide das kluge Eselchen, den *Äsop*.

Tief in der Nacht vor dem Christgeburtstag sind nur noch Hagen und Gunther in der Pfalzhalle geblieben. Ich tat, als müßte ich in meiner Schreibnische Papiere ordnen und ergänzen, schloß meine Truhe auf, suchte darin herum, griff mir ein Pergament, trug es zum kleineren Tisch, um dort, unter der helleren Fackel, meine Tageschronik zu verfassen. Nahm mir aber zwischendurch Zeit, zu beobachten, was sich zwischen dem König und seinem Berater tat.

Als erstes wollte Hagen wissen, warum der Herr Gunther an diesem Abend wiederholt und mit ach so großer Innigkeit zu seufzen gehabt habe.

Kilian hat mir verschwiegen, daß sie von Himmelsfeuern bewacht wird. Und er verschwieg, daß sie trotzdem erobert wurde. Daß Brünhild Braut ist.

Der Heermeister fuhr sich mit den Händen über sein Gneisgesicht. Strich sich den Bart hin und her, als müsse er Spinnweben loswerden. Ich widmete mich meinen Schreibhäuten. Schüttelte die Tinte, begann eine Feder zu spitzen.

Ja wäre sie nur wirklich bezwungen, hörte ich Gunther.

Was meinst du mit all dem? Warum wünschst du dir das? – Hagen hatte sich erhoben, ging bis vor Gunthers Stuhl und blieb vor dem König stehen, bereit, entweder ebenfalls fortzugehen zu seiner Schlafstelle oder sich wieder zu setzen und meinem Bruder die Gedanken zu ordnen.

Als Gunther dann aber nur wieder seufzen konnte und verlegen zu mir hinüberblickte, nahm Hagen neben ihm Platz. – Wovon träumst du, Mann.

Der andere biß sich auf zwei Finger. – Von »Unanständigkeiten« träumt mir. – Und dann, nach einer weiteren Pause, kam stockend, dann aber immer rascher, was ihn umtrieb. – Weil jetzt unser Leib- und Seelenschreck endlich hinausgegangen ist, wage ich es dir zu sagen. Auch mich plagt ein Traum. Fast jede Nacht sehe ich eine Gestalt. Ebenso mächtig wie schön ist die. Kann sein, der Ire hat sie mir ins Zwerchfell gesungen. Als Alb oder Elfe, als lockende Figur hat dieser Kilian sie mir in meinen Mittelmuskel »verzwergt«. Ins Erschütterungsfell. Und da Giselher nun erzählt hat vom Nibelungen und von den Nymphen und von der Isländerin, finde ich endlich den Mut, dir zu sagen, daß ich beim Aufwachen oft nicht weiß, ob meine Traumgestalt ein Mann ist oder eine Frau. Mal ist sie eine mitternächtige märchenhafte Königin. Mal ein herrlicher Ritter. Dann doch wieder eine Flughexe. Jedesmal bin ich wie betrunken und weiß kaum, wo ich lebe. Und schwanke und kriege sie nicht mehr aus dem Kopf.

Wen.

Diese Leiberhügel. Rund, wie die isländischen Felsen im Nachtglanz.

Hagen hatte sein Knitterhaupt tief in den Händen verborgen. Gunther nahm wieder zwei Finger zwischen die Zähne, zog dann aber die Finger entschlossen wieder heraus und redete weiter. – Senk nur dein Haupt, senk es tief in die Hände. Ich weiß, was du denkst. Von Träumen wie von Nachtnebeln hältst du nichts. Für dich ist das alles Nifhelheimgelichter. Hirngespinst. Aber glaub mir, wer sich morgens in kaltem Schweiß wiederfindet, der weiß, daß Träume kein Wind sind und keine Wolkenreise mit Libellenflügeln. Sondern daß sie tatsächlich vorhanden sind, daß diese Traumbilder den Kopf durchqueren und ebenso den Bauch. Daß sie Fieber machen im Zwerchfell. Schweiß pressen sie auf die Haut, nehmen dir den Atem, drücken hart in die Enge, wie Trachyt. Ach, beichtete ich dies alles dem Bischof, dann lamentierte der nur wieder seine Erlasse. Kirchenbescheide. Bücherregeln. Aus Furcht vor dem Teufel, vor der höllischen *materia*. Aus Furcht vor dem Leben nach dem Tod verflucht er das Leben davor.

Ich freute mich, meinen sonst eher verstockten Bruder so frei reden zu hören. Er schaute zu mir hinüber, ich wickelte meine Rollen auseinander, tat, als läse ich. Machte mir gleichzeitig Notizen. Und hörte ihn weiterreden, mit leiser Stimme, beschwörend.

Nicht mal der Mutter gestehe ich, was mich nachts heimsucht. Dabei sieht sie mehr als die Sehenden. Vetter, du warst bei den Lateinern, du warst bei den Griechen in Byzanz, und dort sahst du sie sicherlich, die göttlichen Statuen, von denen sich Reste in Mainz fanden und in Basel, einige sogar in Worms und nebenan in Ladenburg. Diese Marmorgestalten, die schimmern, schien mir, wie lebendige Leiber, bleich und warm wie Menschenhaut.

Unsinn. Die Götter sind bunt. In Byzanz sah ich, wie die Griechen sie machten. Über und über bemalt sind sie, farbig und bunt, wie die Grimassen der Keltenkrieger. Hier am Rhein ist das alles weggescheuert vom Wasser, weggebleicht von der Sonne.

Aber feierten denn nicht die alten Philosophen, deren Weisheit bisweilen sogar unser Bischof preist, die Liebe zu den Schönheiten? zum blanken jungen Leib? egal ob Mann oder Frau? Und wirst du mich verdammen, wenn ich dir sage, ich sehne mich, wenn schon nicht nach einem wahren und leibhaftigen Freund, dann nach einer Frau, frei und stark wie Brünhild? Nach einer »kräftereichen«? Wirst du das verwünschen?

Hagen erhob sich mit einem solchen Ruck, daß es in den Bankfugen krachte. Stapfte dann dorthin, wo durch die schwarzen Fensterlöcher die Winternacht pfiff. – *Prunnahilti* willst du? – Und sprach den Namen der Isländerin aus, als redete er von einer eisernen Rüstung. – Wirklich *Prunnahilti*?

Du sprichst den Namen falsch. Von Kilian weiß ich, der Name kommt nicht von »Brünne«, nicht vom Waffenpanzer. Sondern hat zu tun mit Feuersbrünsten. Mit dem Feuer wie mit dem Brunnen. Mit den alles verwandelnden Weltkräften, dem alles durchdringenden Begehren, mit der Energie, die immer war und immer sein wird.

Der Waffenmeister wendete sich weg, als wollte er solche Reden nicht länger ertragen. Sah in die Nacht hinaus. Weiße Dunststreifen drehten sich unten am Strom, auch über den ferneren Armen des Rheins. Schwarze Nebelkälten. Nur der obere Himmel war klar geblieben, dort standen die Sterne. Auch *Orion*.

Nach langem Schweigen erst hat sich der *maior domus* vom dunklen Fenster zurückgewendet und hat geredet. Hat leise, aber so deutlich gesprochen, daß mir, dem Schreiber, kein Wort entgehen konnte. – Fatal geht es mit Gundomars Kindern. Wie ein Verhängnis. Allein Gernot scheint so zu geraten, wie euer Vater es wünschte. Aber Krimhild träumt. Und auch Gunther, der König sein soll, träumt. Phantasiert von Siegfried. Oder von Brünhild. Und Giselher? Liebt das Fabulieren, und leider die unnütze, die Gaukelsorte. – Er blickte zu mir hinüber, sah, daß ich ihm zuhörte. – Bücher, jaja, sie sind hilfreich, in Gefahren und in Notzeiten. Nur müssen sie klar geschrieben sein. Als exakte, als vernünftige Chronik. Nicht als Traumreisenwirbelei. Nicht als Libellenschwirren. – Er tat ein paar Schritte auf mich zu.

Als ich das letztemal in Rom war, da lasen dort alle Vornehmen und Gebildeten einen Roman. Einen nach der traumhaften, der Gaukelweise. Der Roman erzählte vom Kampf des *SimonMagus* gegen den *SimonPetrus*. Von des *SimonMagus* Streit mit dem vorgeblichen Gründer der nunmehr allmächtigen Kirche, mit *Petrus*, von dem man weiß, daß er nur ein Fischer war und nie in Rom. Der neue *Magus* jedenfalls, der *SimonMagus*, so erzählte es der Roman, der sei so mächtig geworden, daß er es sogar fertiggebracht habe, über die Stadt zu fliegen. Der flog, erzählte der Roman, über das riesige *Rumuburc*. Einmal ganz rundherhum flog er über die ewige Kapitale. Und alles Volk bewunderte den neuen *Magus* und rief: Seht, der ist doch mächtiger als der sagenhafte *SimonPetrus*, der die neue Religion gestiftet haben soll. So erzählte es der Roman. Als das die *Petrus*-Schar sah, die wollte, daß ihr *Petrus* als oberster und erster *Magus* und Christenpapst gelten sollte, obwohl manche sagen, *Markus* in *Alexandria* sei der wahre erste Papst gewesen, als da, in diesem Roman, die *Petrus*-Schar erkannte, daß ihnen die Schäfchen davonlaufen wollten, da, so sagte es der Roman, beteten sie inbrünstig zu ihrem heiligen *Petrus*, und siehe da, der fliegende *Magus* stürzte ab. So erzählte der Roman. Der Erzfeind stürzte und zerschellte. Womit bewiesen schien, wer in Wahrheit der Mächtigste war. Und als der AntiChrist *Magus* tot war, da verbrannten sie nicht nur dessen Leichnam, sondern auch all seine Schriften. Leider nur die Schriften des *SimonMagus*. Nicht auch all die anderen libellischen Traumsuchtgaukelgeschichten.

Hagen ging zurück zum schweren Herrentisch. Und stützte sich dort auf, der Heermeister Burgunds. Und betrachtete die blanke Tischplatte, als läse er in den Holzmaserungen. Als sähe er in den Astlöchern Augen und in den Jahreslinien Zukunftsbilder. Und sagte dann: Euerem Vater schwor ich in seiner Todesstunde, seinen Kindern beizustehen. Um jeden Preis. Als hätte er geahnt, wen er mit Ute gezeugt hat. Welche Schwirrgeister. Welch libellische Brut. Jacob Grimm nennt in Band 2 seiner »Mythologie« (S.860) »die Wassernymphe *libellula grandis*«: ». . . bewährt sich die altheidnische Natur auch darin, daß sie sich dieses schlank gegliederte Insekt dienstbar macht als Haarnadel von Lokis Mutter«. Und in Band 3 (S.303): »Libelle heißt *daemonis equus* (Teufelspferd)«. In badischer Mundart ist Libelle noch im 3. Jahrtausend westl. Zeitrechnung »Deifelsnoodle« (Teufelsnadel) oder »Hexenoodle« (vgl. S. 89)

Gunther stand auf und wollte auf Hagen zugehen. Aber die wenigen Schritte meines etwas zu großen Bruders, sie mißlangen ihm, mit dem Schienbein stieß er gegen die Bank. Hielt sich die schmerzende Stelle. – Ach Vetter, sagte er. Wenn du die phantastischen Erzählungen schmähst, dann glaube ich erst recht, daß du nicht einmal annähernd ahnst, was es heißt, zu träumen. Zu träumen so wie ich. Jede Nacht unter Schatten zu geraten, in Engpässe, auf hitzige Lustlager oder Flüge oder Abstürze, so daß mich vor jeder neuen Nacht graust. In der kommenden wird's mich erst recht quälen. Nun, nachdem Giselher berichtet hat von *Helinga*, von *Baldinai*, von Ran, von Brünhild und Siegfried. – Er setzte sich, rieb sich das Schienbein.

Und hörte dann Hagens Mahnung. – Ich wünschte, weder Brünhild beträte jemals diese Halle. Noch je dieser Tolldreiste.

Wie wunderbar wäre das! Er käme hierher und würde Krimhilds Mann!

Horror wär das. Schauerlich. Weh! schon Kilians Lieder warfen dich aus der Bahn. Nun machen dich Giselhers Geschichten vollends vogelherzig. Wie sehr erst würde dich dieser eigensinnige Wirrkopf aus Nifhelheim, wenn er wirklich hier auftauchte, libellisch machen. Verblenden und verwirren würde er dich *ad libum formidolosum*. »zum furchtsamen Opferkuchen« Ich jedenfalls hätte keinen ruhigen Augenblick mehr. – Schob sich den Bart übers Gesicht. – Aber sei getrost, ich weiß eine Medizin.

Gegen den Cherusker?

Gegen deine Träume. Gegen deine und gegen Krimhilds Hochzeitsträume. Erinnerst du dich, wie im letzten Sommer räuberische Franken bei Metz unseren Gimpel Gere überfielen? Gere von Speyer wäre tot, hätte Gernot ihn nicht herausgehauen. Und du weißt, für wen der zierliche Markgraf sich interessiert.

Ebenso weiß ich, daß er Krimhild niemals bekommt. Worauf willst du hinaus?

Hagen drehte sich weg, hastig und unwirsch. Sah mich an, mit aufgerissenen Augen, drehte sich noch einmal ganz um sich selbst und rief: Die den Gere meucheln wollten, das waren Chlodwigs Leute! Und warum wohl wollten die denjenigen erschlagen, der inzwischen als Krimhilds Verehrer verspottet wird bis hinter Trier, bis ins merowingische Metz? Der Überfall auf unseren Speyerer Hustekuchen hat gezeigt, wer wahrhaft interessiert ist an Krimhild. Und wer wahrlich der bessere Freier wäre, ja, sogar der beste. König Chlodwig! Weitaus vernünftiger wäre der als dieser cheruskische Arbeitsgnom.

Gunther senkte den Blick. – Würde Krimhild den Chlodwig heiraten, würde Burgund zur Frankenprovinz. Zum Vasall der Merowinger.

Im Gegenteil. Dann könnten deines Vaters Träume womöglich doch noch wahr werden. Mit Chlodwig wären die römischen Beamten und Truppen vollends zu vertreiben. Mit dem Frankenkönig würden wir nicht nur die Römer verjagen, sondern auch Sachsen und Hunnen, auch Dänen und Cherusker und jeden, der sich am rheinischen Burgund fettmästen will.

Schützen wird uns am besten der, von dem es heißt, er sei der »Mächtigste«.

Hagen drehte seinen Bart um die Finger, tat, als wollte er ihn ausrupfen. – Ein Wundertier als Schutz? ohne Land, ohne Volk? ein Spuk im Hirn von Kelten und Kahlschädeln? Weih, auch dich hat es betäubt, das Herbergsgesäusel, Giselhers gesammeltes Libellengebrumm *barbarorum*. Dein Vater Gundomar, der wollte das klägliche Worms über Trier erheben, hoch auch über Basel und Köln und über alle anderen Kastelle rheinauf und rheinab, der dachte an nichts weniger als an eine *Roma nova*. So etwas wäre auch jetzt noch zu schaffen, wenn der Frankenkönig nicht Feind, sondern Freund ist. Mit Chlodwig könnten wir den Papstspuk ebenso im Rhein versenken wie diese nifhelheimische Gegenpest. Wenn der Merowinger unseren Lächerling Gere beseitigen wollte, dann war das nicht nur Werbung um Krimhild, dann war das ein Angebot an Burgund. Laß mich zu ihm reiten! ich schließe ab! in deinem Namen!

Hagen stand nun dicht vor Gunther. Der aber vergrub sein Gesicht in den Händen, und mir war klar, ihn verlangte es nach nichts dringender als nach eben dieser »keltischen Gegenpest«. – Ein »Zwar« hörte ich. Das drang durch Gunthers Finger. Und dann, nach einer Pause, folgte ein zittriges »Aber«.

Da wendete der Waffenmeister sich weg, sah mich an, hob beide Hände, als sollte ich ihm helfen oder als käme jetzt und hier alle Hilfe zu spät. Ich zeigte ihm meine Schreiberhände, meine offenbar schuldlosen. Da wollte der Vetter fort, tat schnelle Schritte zur Hallentür. – Weih! rief er. – Das burgundische RheinReich, es wird regiert von einem Zwaraber.

Und blieb vor der Tür stehen. Denn von draußen hatte er Geräusche gehört, Rufe. Rasch tappende Schritte kamen näher, die trabten durch die nächtlichen Gänge. Und dann erschien in der Pfalzhalle ein schwitzender, durchnäßter, stinkender Mann, dann erschien jener Bote, der von Mainz aus unterwegs gewesen war, in abgeschabten, in nassen Fellen stand der im Eingang, im letzten flackrigen Fackellicht sahen wir ihn stehen, verschmutzt, ärmlich, abgekämpft, erschöpft vom langen nächtlichen Ritt. Mit kurzem Atem sagte der seine Botschaft. Er käme aus Mainz, sei vorausgeritten, und in Mainz habe er –

Von Mainz? Du weißt, bei so langer Distanz gilt die Staffette.

Der Wächter auf halber Strecke, der in Alzey, der war nicht auf dem Posten, der schlief. So ritt ich durch, denn die Nachricht ist wichtig.

Welche!

In Mainz landeten zwölf Schiffe, unter schwarzen Segeln. Mit fünfhundert Streitern. Morgen kommen sie nach Worms. Noch vor dem Abend brächte er, sagte mir Herr Gernot, einen neuen wunderbaren, einen unübertrefflichen *foederatus* »Bundesgenossen«. Gegen Hunnen und Sachsen und Dänen.

Hat der *foederatus* einen Namen?

Der Kahlgeschorene blickte zwischen Hagen und Gunther hin und her, als hätte er Verbotenes mitzuteilen. Der Name, den er nun aussprechen sollte, der machte ihm offenbar Mühe. – Gernot sagte, ich solle sagen, er käme mit fünfhundert Leuten, und mit ihnen käme der Offizier der fünfhundert, der *Victor Placidus*. Der Siegfried.

Da sprang Gunther auf, flog von der Bank hoch, wankte einen Moment, griff sich dann, als suchte er Halt, den Pokal auf der Tischplatte, der zuvor in den Rhein geflogen war, hob den Goldhumpen, trug ihn vor sich her, balancierte den Prachtbecher wie in Trunkenheit zu dem schmutzigen Reiter hin, den Pokal mit dem burgundischen Adler, hielt ihn dem Boten vor. – Du bist erhitzt, trink!

Der nahm das Gefäß, sah verwirrt den Waffenmeister an, trank dann, soff den Becher leer. Den Becher behalte.

Der Kahlschädel blickte auf die Herren, auf den Pokal, auch kurz zu mir hinüber, ob Widerspruch käme, verneigte sich hastig und sprang hinaus, mit dem Prunkstück. Kam aber gleich wieder zurück, den Pokal schon unter dem Rupfen, und rief, als sei das Geschenk auch diese Nachricht noch wert: Fünfzig Merowingische haben sie unterwegs erschlagen, fünfzig Chlodwigkrieger, bei *Bodobriga*. Boppard – Und hastete davon und verschwand.

Nur noch wenige Lichter flackerten in der Halle. Wir bewegten uns nicht. Der Waffenmeister stand unbewegt dort, wo er den Boten befragt hatte. Auch Gunther, mein Bruder, mein ein wenig zu großer Bruder, schien erstarrt.

Bis Hagen zu murmeln begann. – *Taetra ac perpetua saltatio armata.* »Scheußlicher immerwährender Waffentanz« Dem König Gundomar hab ich einen Eid geleistet. Einen verfluchten Eid. Aber keinen Eid gegen Dämonen. Und keinen gegen Feuerkraft. Keinen gegen Giergötter und Wotanswut. Schon gar nicht gegen einen Irrsinnigen. Gegen einen neuen Wieland. Einen neuen *Spartacus*. Spartacus, Gladiatoren-Sklave, organisierte 71 vor der westl. Zeitrechnung einen Aufstand der Unfreien, der Sklaven. Mit 6000 Rebellen wurde er vor Rom gekreuzigt, an der *Via Appia*. Auch der Poet Vergil bezeichnete ihn als irrsinnig. Als »gottlos und irrsinnig«

Der Heermeister schlurfte vom Ausgang der Halle weg, stapfte wieder zur Tafel zurück und sah sich nach Bechern um. Fand aber keinen, in dem noch zu trinken gewesen wäre. Kratzte sich unter dem

Fellhemd den Rücken und fluchte. – Zweimal fünfzig Köpfe, mit einem einzigen Schlag. Obendrein der Kopf des Königs. Einhundertundein Köpfe! *Huc, istuc, illuc.* »Hin und weg«

Wie rechnest du, rief Gunther.

Fünfzig Chlodwig-Krieger, sagt der Bote, erschlug der Mann, der jetzt kommt. Das zeigt, auf welcher Seite der steht. Unser sogenannter *foederatus.* Auf der keltischen, auf der barbarischen Seite. – Mit wütenden Bewegungen griff Hagen durch das Geschirr, ließ leere Becher über die Tafelplatte rollen.

Ich war aufgestanden und trug dem, der Siegfrieds Mörder werden würde, mein Trinken hinüber. Der beachtete das erst nicht, nahm dann aber doch den Krug und leerte ihn. – Fünfzig keltische Bauern mußten wir geben für den Pokal, den du soeben verschenkt hast. Nicht zwölf, sondern fünfzig, das wußte ich, als ich ihn aus dem Loch warf. Zu diesen fünfzig kommen nun fünfzig Merowinger, die dein Nebelmann beseitigte, sind zweimal fünfzig, auf einen Schlag. Und obendrein der Kopf des regierenden Gundomarsohns. Den mein König verlor an seine Nachtmare.

Hagen sah mich an. – Kelten noch immer! Und überall. Und fast alle in Tarnungen. Und ich sag es euch beiden: Gegen Grenzspringer, Heckenreiter, Drachentöter und Hornhäuter helfen, das seh ich nun klar, weder *claritas* noch *humanitas.* Von jetzt ab gelten in Worms nicht Vernunft und Bildung und Pietät, sondern *artificia Romae.* »Die Schlauheiten Roms«

Aber warum, fragte Gunther, warum sollte, wer aus Nifhelheim kommt, Schaden bringen? Auch wir kamen aus *nifhel.* Und in Notzeiten hast auch du dich immer wieder vertragen mit Alamannen, mit Franken, sogar mit Hunnen. Fast alle, die du nun beschimpfst als »libellisch« oder »rebellisch«, die alle waren mal deine Verbündeten. Und die Merowinger, von denen du plötzlich schwärmst, waren nicht immer deine Freunde. Was ist an dem Xantener Königssohn wirklich übel? Preist nicht auch der das Vernünftige? das Studium? und war er nicht in Rom, jahrelang? So lang ich denken kann, hör ich dich ein Latein murmeln, das ich mir, obwohl es mir schwerfällt, gemerkt habe. *Si res coget foedere iungi etiam cum diabolo.* »In der Not auch Bündnisse mit dem Teufel«

So ist es. *Foedere* sagt die Vernunft. Nur kennst du leider wenig von der *etymologia*. Von der Wahrheit der Wörter. *Foedus* ist nicht nur das Bündnis, sondern auch das Häßliche. Und *bellum* ist nicht nur der Krieg, sondern auch das Schöne.

Hagen blickte zur Tür, dorthin, wo er sich nun offenbar ins Freie wünschte oder in den Schlaf. – Mit diesem Kraftmonster vom Niederrhein bekommen wir Arbeit. *Labor* nannten das die Alten. Und die Wörterwahrheit meint mit *labor* zugleich das Wanken und das Fallen, das Stürzen und Untergehen. *Labor* und *lapsus*, die beiden lauern aufeinander. Nicht nur in der *etymologia*.

Und dann holte der Gneiskopf viel Luft durch seine umbartete Mundhöhle. – Wenn er morgen hierher kommt, der »Mächtigste«, der »Unübertreffliche«, der deutsche Herkules, dann bleibt uns nichts anderes übrig, dann machen auch wir aus ihm das Beste. Dann gilt Frau Utes Rat. Dann machen wir ihn *urbar*.

Urbar?

Der Berater ging wieder vor das Fensterloch, in den Winterwind. – Er ist das, was wir aus ihm machen. Schon Abt Eginhardt in der Siegburg wollte ihn für sich arbeiten lassen. Und hatte damit vollkommen recht. Der Ruhrschmied glaubt, er hätte mit *Nidgir* Neidgier und Falschheit und Machtsucht getötet. Abt Eginhardt ist klüger. Die Welt ist eine Räuberhöhle. Und das Lügen hetzt wie ein tollwütiger Hund auch dieses Arbeitstier.

Was also werden wir mit ihm machen?

Krimhild hat es geträumt.

Krimhild?

Sie »zog« sich einen Falken. So hat sie geträumt. Ja, »ziehen« werden wir den Cherusker. *Educare*. Er-»ziehen«. Zum nützlichen Zögling ziehen wir ihn. Wenn wir schlau genug sind.

»Ziehen« murmelte Gunther und atmete tief. – Die Kraft, nach der es mich »zieht«, die zieht allerdings, die zerrt durch alle meine Glieder, die peinigt, die begeistert, die gruselt mich.

Da wendete Hagen sich vollends weg. Schlappte auf seinen breiten Filzschuhen wortlos aus der Halle hinaus. Aus den fernen dunklen Gewölben tönte dann sein Geschlurfe.

Hilflos saß er nun da, der König. Hilflos, ratlos und allein. Kam seinem Reich jetzt ein *foedus*? Ein »häßliches Bündnis«? Oder aber ein *bellum*? Ein »schöner Krieg«?

Eine Zeit lang hockte Gunther stumm, ohne Bewegung. Wenn ich vom Schreiben aufblickte, sah ich seine gekrümmte, seine unglückliche Größe. Allein hockten wir in der Halle, mein Bruder und ich. Im Saal war es fast finster. Das Kaminfeuer war zu Asche zerfallen, nur über meiner Nische flackerte noch ein Fackellicht. Ich notierte alle Worte, die ich gehört hatte.

Gunther ist dann zum Fenster hinübergegangen und hat ebenfalls in die große kalte Dunkelheit hinausgeblickt. Hat sich dann wieder zu seiner Harfe gesetzt und hat zu spielen versucht. Auch jetzt mißlangen ihm die Töne.

Ist dann ebenfalls aus dem Saal. Zaghaft, in seinen Schritten wie gelähmt, hinkend, wankend, wie ein Nachtwandler ging er. Zur Tür hinaus und auf dem Gang begleiteten ihn die Pagen, zwei Knaben mit Öllämpchen. Dieser Dienst stand ihm zu, auch nach Mitternacht noch, dem »Zwaraber«. Dem König des rheinischen Burgund.

Was die drei Männer beim Einschlafen bedacht haben werden?

Den Heermeister bedrückte der Auftrag. Die Last, bei einer Sippe unter Eid zu stehen, die Macht und Kraft nur als das kannte, wonach sie sich sehnte. Vielleicht wird er wenigstens in seiner Kammer, wenn ihn niemand hörte, der alten Ute recht gegeben haben, wonach es klüger gewesen wäre, mit den anderen Burgundern fortzuziehen hinter die sichernden Berge, an den jurassischen Südfuß. Als wäre das liebliche Revier dort, als wären die *riparii* an der oberen Rhone die einzige Region im Weltkreis, die keine »Räuberhöhle« ist.

Ach, in der Nacht an König Gundomars Sterbelager, da hatte Hagen einen Treu-Eid geschworen. Mit letzter Kraft hatte der König einen Eid verlangt, im Namen der alles Regierenden, im Namen *Gaias*. Und dieser Eid verlangte unverbrüchliche Treue zu Gundomars Kindern, *vera fides et foedus et religio*. »Unbedingte Treue, Bündnis und Verbundenheit« Restlose Gefolgschaft, Gehorsam. Hingabe an Burgund. Der Schwur wurde geleistet im Namen all der Kräfte, die je von der Unerschaffenen gezeugt wurden, im Namen all ihrer Götterkinder und Weltkreisweiber und all ihrer Kobolde im Nachtgeisterreich. Ein solcher Schwur konnte nie gebrochen werden, der forderte Unterwerfung bis in den Tod.

Damals wollte auch Vetter Ringwolf nicht zurückstehen und hatte am Sterbebett denjenigen Eid geleistet, der für den *advocatus Ecclesiae*

Burgundionis »Anwalt der burgundischen Kirche« die höchstmögliche Eidesleistung war, auch er schwor, und Gundomar bat noch im Sterben, daß Ringwolfs heiliges Latein öffentlich zu übersetzen sei in die Leutesprache, »damit jeder den Bischof erkennt«. Und so wurde Ringwolfs Eid jedermann verständlich gemacht, und der verkündete, daß der Bischof versprochen habe, *obsequium in sacrum imperiium continere*, daß er Gehorsam gegenüber der heiligen Herrschaft wahren wolle, »zur Ehre Gottes, zur Mehrung des Glaubens, zum Heil der auserwählten Seelen und zur Abwehr aller Erscheinungen des Antichristen und Satans, *ergo* im Namen jenes Glaubens, der von Christus über die Apostel über die Kirchenväter und Konzilien mir aufgetragen wurde, mir, dem Bischof *Rumoridus Rusticulus* als unabäußerliche Aufgabe«. Auch dieser Schwur konnte unmöglich gebrochen werden. Nur um den Preis von Todsünde, um den Preis von ewiger Höllenqual und Feuerfolter.

Und König Gunther? Der war in dieser Winternacht ganz offensichtlich verwirrt. In gleichem Maß verzaubert wie verängstigt. Verlockende Aussichten betörten ihn, Bilder von schmelzenden, von »ziehenden«, von bestürzenden Leibern, die ihn in libellische Träume hinauftrugen, zu ungewohnten Tagesstärken und Nachtkräften, empor in ein anderes, freieres Dasein, in ein freiendes.

Ach, und dann, am nächsten Tag schon, da ist er bei uns erschienen, der Cherusker. Plötzlich, wie ein Komet, allzu hell leuchtete er auf und tauchte ein in unsere Wormsische Enge. Der Lebhafte, der Liebhaber, der Arbeitswütige. Und ist verbrannt.

Und hat in den nur drei Monaten, in denen er bei uns war, unsere mörderische *ordo* ganz und gar durchleuchtet. Hat blitzartig erhellt, wie von Jerusalem aus und von der Heiligkeit des rein Geistigen die imperiale Weltverachtung über die Welt kam, die Leidenslust und die Hörigkeit und Unterwürfigkeit. Mit denen die neue Kirche seitdem jeder Herrschaft die nützlichsten Dienste tut.

ZWEITES BUCH

LABOREM FORTUNATUM EXERCENS

»Folgenreiche Arbeit verrichtend«

In diesem zweiten Buch gibt es:

Des Schreibers Glück im Klosterkerker ∾ Der Samen der Männer als Saft ewigen Lebens ∾ Wie die Burgunder im Hof zu Worms unglücklich waren und froren ∾ Was der Xantener in Worms als erstes geredet hat ∾ Was Gernot in der Schafshaut verbarg ∾ Krimhild setzt wieder ihren Willen durch ∾ Wie der Niederländer seinen Leuten gutes Essen besorgt und den Herrschaften einheizt mit brennbarem Gestein ∾ Der Cherusker bietet einen Kanalbau an und andere Verbesserungen ∾ Wie aus einem Totschläger ein Handelsmann wird ∾ Königin Ute erzählt vom Lehrling Krokus in *Buochenheim* und vom Arbeitsriesen ∾ Giselhers schlechtes wildes Kriegslied ∾ Krimhilds Liebesnacht oder wie sie wieder ihren Willen durchsetzt ∾ Des Cheruskers Kampf gegen die Ostfalen ∾ Seine Erkenntnis des Kampfkrampfs ∾ Die Falken-List gegen die Sachsen des Herzogs *Liudger* ∾ Wie der berühmte *Tacitus* an sein Wissen über die Germanen gelangte ∾ Die Verbesserung der Wormser Schmiedekunst ∾ Von der Weisheit der Feuerwörter ∾ Wie der Xantener den Burgundern gegen die Dänen half ∾ Wie er den unerhörten Hort verschenkte ∾ Wie die Kirchenväter das Wort *femina* verstehen ∾ Höllendrohungen sowie erstaunliche Debatten über Leibeslust und Sündhaftigkeit ∾ Koch *Rumolt* erzählt die Geschichte des Schwarzwalds ∾ Siegfried läßt einen lachenden Jesus über das Rheinland fliegen ∾ Krimhild beichtet und der Bischof verliert für wenige Augenblicke die Besinnung ∾ Was die Wormser auf Island erwartet und wie Wotan Brünhild zeugte

Eine halbe Nacht lang hat Kilian mir vorgelesen, wie er meine Chronik überträgt und sichert in schönen keltischen Liedstrophen mit langen erzählenden Zeilen, in jenem leisen melodischen Singklang der Gallier las mein Freund, in dem Tonfall, der schon meinen Bruder Gunther so sehr entzückt hatte, daß er ihn auf der Harfe hat wiederholen wollen. Die lyrischen Lang-Zeilen der »Kilianschronik« übertrug Schazman in freie englische Prosa, weil, wie er erklärt, Giselhers Notate ebenfalls Prosa-Notate gewesen seien

Unsere Chronik von der Ermordung des Niederländers wird nicht, wie es die Sitte der neuen Gelehrten will, lateinisch geschrieben, sondern fast ganz in der Sprache der Leute. Wenn dereinst die Zeit kommt, in der man Wahrheiten gefahrlos mitteilen, in der man diese Chronik lesen oder vorlesen kann, dann wird sie jedermann verstehen, denn die kleinen lateinischen Restbrocken sind rasch übersetzt. Hauptsache, so freut sich Kilian, die Geschichte des Nibelungen wird vor den Kirchenkontrollen geschützt. Wehe, der dicke Oheim Gottlieb hätte ihn damals auf seinem Esel *Äsop* beim Lesen erwischt oder wehe, Lorscher Knechte fänden noch jetzt, hier oder in den Vogesen, unsere Papiere, der Bischof würde sie verbrennen lassen, so wie die Romkirche alles zerstört, was sie von den alten wandernden Stämmen in die Gewalt bekommt.

Das Pfingstfest ging inzwischen vorüber, und Kilian scheint sich sicher, daß mein Todesurteil gar nicht mehr vollstreckt wird. Er meint, daß man mich in diesem Felsenloch vergessen hat oder mit Absicht vergessen will. Auch die Erinnerung an den Chronisten Giselher, der die Wahrheit herausschrie, auch dieses Wissen, sagt er, soll sich ins Nichts auflösen, wie die Erinnerung an den Gast aus Xanten.

Inzwischen geht es mir keineswegs elend, meine Wächter versorgen mich gut, sie gestatten meinem irischen Freund jeden Besuch. Kilians Idee, die Mord- und Liebesgeschichte um Siegfried und Krimhild wahrheitsgetreu aufzuschreiben *theodisca in lingua* »in der Sprache der Leute«, die gibt meinem Dasein einen wunderbaren Sinn, die beflügelt alle meine Lebensgeister.

Kilian hat gehört, daß kürzlich eines der berühmten Weltwunder verbrannt ist. In Flammen zerging die Bibliothek von *Alexandria*, die man das Gedächtnis der Welt genannt hat, in der die Verse des Homer und die Schriften des Zarathustra aufgehoben wurden und die Weisheiten des Aristoteles. Bischof Ringwolf habe erklärt, um die vernichteten Werke sei es nicht schade, mit Ausnahme einiger Schriften des Kirchenvaters *Clemens* sei diese Bücherei ein Hort der Ruchlosigkeit gewesen, und der Bischof wußte auch schon, wer das Feuer gelegt hätte, die Heiden, weil sie mit den Papyrosrollen weder sorgsam umzugehen wüßten noch überhaupt Respekt zollten der *claritas rerum divinarum scientiae.* »Klarheit der Gottesgelehrtheit«

Kilian *Hilarus* dagegen sagt, die sogenannten Christen selber, die Gemeinde des *Clemens* von Alexandrien habe den Brand gelegt so wie diese neuen Frömmler alles Fabelhafte vernichten wollten, alles, was das Lebendige feiert. So hätten sie in *Alexandria* auch die berühmte Philosophin *Hypatia* förmlich hingeschlachtet, die Tochter des großen Mathematikers und Philosophen *Theon*, des letzten Vorstehers der einzigartigen Universität in dieser ptolemäischen Stadt des Wissens. – *Hypatia*, sagte er, war eine weise Frau, die sich erlaubt hatte zu erforschen, was immer es zu wissen gab, und die dieses Wissen in öffentlichem Unterricht vortrug, nicht etwa nur vor den machthabenden Herrschaften. Priester haben sie diffamiert als Zauberin, so lange, bis im März des Jahres *CDXV* 415 das immer wieder verführbare Volk unter Anführung eines Klerikers namens *Petrus* über die gelehrte Frau herfiel und sie in die Kirche *Kaisarion* schleppte, wo man sie nackt auszog, quälte und mit Glas- und Muschelscherben zerstückelte.

Was mich in all meinem Unglück hier im Klosterkerker von Lorsch glücklich macht, das ist, daß hier ohne jede Störung endlich eine von all diesen Mordgeschichten korrekt festgehalten und gesichert wird. Das tun Kilian und ich, indem wir in sorgfältiger Chronik jede Einzelheit fixieren, Schritt für Schritt. Inzwischen postuliert die Literaturwissenschaft, es müsse vom Nibelungenstoff und seinen zahlreichen poetischen Varianten eine frühe historische Chronik gegeben haben, eine »Prosa-Version«, chronikalische Annalen über Ereignisse in der Völkerwanderungszeit, »wahrscheinlich in lateinischer Sprache«, sagt die Germanistik. Eine Chronik müsse das gewesen sein, in der im 4ten oder 5ten Jahrhundert, entweder zeitlich parallel oder kurz danach, die Geschehnisse im rheinischen Burgund, also in Worms, zeitgenössisch dargestellt worden seien, eine Schrift, von der fast alle Poeten profitiert hätten, auch noch um 1200 die klösterlichen Verfasser des »Nibelungenlieds«. So versichert z. B. Werner Hoffmann (»Das Nibelungenlied«, 1982, 5. Aufl., S. 125): »Die Unauffindbarkeit« (eines solchen Textes) »ist noch kein Beweis dafür, daß er nicht existiert hat . . . Denkbar ist am ehesten, daß die zum erstenmal zu Pergament gebrachte Nibelungen-Überlieferung nicht eine Dichtung war, sondern eine chronikalische Prosa (so auch Josef Körner, 1920, S. 37 a.a.O., später Helmut Birkhan)«. – So auch noch Siegfried Grosse (Das Nibelungenlied, 1997, S. 986): »Die Quelle für die variantenreiche Überlieferung wird ein geschriebener (nicht gesungener) Text gewesen sein . . .« (vgl.S. 8)

Daß wir die lateinische Version so früh verworfen und stattdessen die Sprache der Leute wählten und alsdann, zur Sicherheit, die Übertragung ins Keltische, das ist, ich bin gewiß, das Glück für diese Chronik. Wohlgeborgen wird sie ruhen in der gallischen Wörterkunst, so lange, bis in besseren und freieren Zeiten niemand mehr Erinnerungen fälschen oder vernichten will. Auch hätte das Lateinische, so wie es heute von den Kirchenherren vorgeschrieben wird, die Ereignisse entstellt, hätte das Sachenreiche und Leibhaftige ausgedörrt, hätte es abgehoben vom Freundlichen fort in jenes Weltferne und Abstrakte, das die neue Religion des »rein Geistigen« nunmehr preist als das einzig Göttliche.

Am nächsten Tag, am Tag nach meiner langen Erzählnacht, da wollte die Wintersonne schon wieder sinken, als sich die Gedanken der burgundischen Herrschaften auf die Frage richteten, was es zu bedeuten habe, daß von dem nächtlichen Boten außer dem »Mächtigsten« obendrein fünfhundert Kämpfer gemeldet worden waren. Der König ging in den Gängen der Pfalz umher, hielt Ausschau vom Bergfried, kam dann vom Turm herunter und stellte sich ans Kaminfeuer, wirkte unkonzentriert, verschwand mehrmals in seiner Kemenate und stand zu wiederholten Malen vor mir, jedesmal in einem anderen Gewand. Wie, so fragte er mich, kleidet sich einer, der einen niederländischen Königssohn und Drachentöter beeindrucken muß. Ich riet ihm, sich mit solchen Fragen an seine Schwester zu wenden. Gunthers Interesse an scheinbaren Äußerlichkeiten wird auch von späteren Überlieferungen belegt (vgl.S. 317ff)

Und da nun fast alle in der Königshalle sehr unruhig waren über die »fünfhundert verbündeten Krieger«, die da kommen sollten, und da sie sich ablenken wollten, besprach man die gefahrvollen und kalten Zeiten und kam so doch wieder auf die Frage, was in diesen Froststunden die günstigste Bekleidung sei. Schließlich fuhr Vetter Hagen dazwischen und rief, König Gunther werde seinen Zobel jetzt schonen dürfen und statt dessen seine Rüstung bereitlegen. Und dann klapperte der Waffenmeister durch den Saal, nicht mehr auf Filzschuhen und in Wickelgamaschen, sondern halbwegs schon in seinem alten schlachterprobten Eisen, ja, gerüstet rasselte der Vetter an uns vorbei, unwirsch, zur Türe hinaus, der Heermeister.

Die Sonne senkte sich an diesem kurzen Wintertag schon auf die Hardtwälder und schickte über den Rhein und gegen die fernen Odenwaldberge rostige Feuer. Herr Gere hatte die Wachen stromab verdoppeln müssen, hatte wiederholt Boten hin- und hergeschickt, doch kamen von Mainz her und von Alzey nur ungenaue Nachrichten über das, was da heranrückte.

Da wandte sich Bischof Ringwolf an mich und sagte, ob es mir nicht irgendwann gelingen könnte, statt von Wildlingen und von Tiermenschen von Vorbildlichem zu erzählen, Geschichten jener Heiligen zum Beispiel, die vielerlei Arbeiten und große Leiden bewundernswert auf sich genommen hätten, im schlimmsten Fall den süßen Opfertod. Zum Beispiel sei gestern nur flüchtig die fromme

Debatte der »Soldaten Christi« unter dem Sieg-Kastell erwähnt worden, zu gerne wüßte er, Ringwolf, von dort Genaueres, vor allem, wie die *milites christiani* ihn inzwischen einschätzten, den »kindlichen frechen Mann«, den »Mächtigsten«, den Hortjäger.

Als ich an der Sieg war, sagte ich, waren schon sieben Jahre vergangen, seit der Xantener von *Colonia* aus dorthin gekarrt wurde auf dem vermeintlichen Kohlrübenkarren, der in Wahrheit ein Hortjagdkarren war. Das Gold unter den Rüben war einem kölnischen Kaufmann abgepreßt worden, dem die Lust mit den Weibern als Frevel verboten wurde und der, weil er diese Gelüste nicht hatte lassen wollen, vom Bischof als Sündenbock und Teufelsbraten in die Hölle verflucht wurde, wovon er sich nun, im hohen Alter, durch die Goldgaben, die unter den Rüben versteckt waren, hat freikaufen wollen. Aber die kölnischen Kleriker verlangten auch die guten Grundstücke dieses Mannes, die lagen mitten in der Stadt, nicht weit vom Dom, und darum verdächtigten sie den Mann auch in seinem fortgeschrittenen Lebensalter der heidnischen Liebes- und Leibesmagie und teuflischer Spiele mit denen, die von der Kirchenweisheit eher für Tiere als für Menschen gehalten werden, mit den Frauen. Weil der reiche Alte aber einen öffentlichen Zauberei-Prozeß durchaus hat vermeiden wollen, mußte er schließlich, auf dem Sterbebett, auch sein letztes städtisches Grundstück der Kirchengemeinde »schenken« und umging so das *iudicium capitale*, jedenfalls das Gericht auf Erden. »Prozeß um ein todeswürdiges Verbrechen«

Von solchen Sachen wollte der Bischof nichts hören, er bat um Auskunft über den Siegburger Abt Eginhardt und seine frommen Streiter.

Die Siegburger, sagte ich, ob »fromm« oder nicht, horten Schätze wie die Kölner, auch anderswo interessieren sich die Geistlichen nicht nur für den heiligen Geist, sondern mindestens ebenso stark für runde und gebogene Broschen und Verschlußbügel, ja, auch für Ohrringe und für Haarnadeln und für Granatsteine aus Böhmen, obwohl doch die Bischöfe selber, jedenfalls vorläufig noch, ohne solch zierlichen Schmuck umherwandeln, so daß man sich fragen muß, für wen sie dies alles so begehrlich sammeln müssen.

Sie schmücken damit, in tiefer Verehrung, die Statuen ihrer Heiligen. Ich hatte dich nach geistlichen Dingen gefragt.

Der erste Geistliche unter der Siegburg, Abt Eginhardt, versicherte mir, daß die Habgier die Haupttäuschung des Menschen sei, *motus mundi*, die alles bewegende Energie, ohne die freilich, so sagte er, auch das Gute nie entstünde, ja, dieser weise Mann sah, wie ich gestern noch spät zu sagen versuchte, das Gute und das Böse im ständigen Wandelwirbel, für uns Sterbliche schwer unterscheidbar. Um diesen Verwirrungen zu begegnen, haben Eginhardt und seine Mitbrüder Regeln verfaßt nach Johannes *Cassian* von Marseille. Um 430 Abt von *St. Victor* in Marseille. *Cassian* hatte als Zeitgenosse des großen Kirchenlehrers *Chrysostomos* in Konstantinopel den *terminus* für Maria gefunden: *Mater* DEI et genetrix DEI, was im Deutschen zusammengefaßt wurde als »Gottesgebärerin« (Beschluß des Konzils von Ephesus, 431)

In Herrn Eginhardts Regeln, sagte ich, ist das Wichtigste ein Rat des griechischen Apoll, ein Grundsatz, den sowohl die *bellatores* respektieren konnten als auch die *oratores*, also die Kämpfer wie auch diejenigen, die nur beten wollen.

Die Frommen an der Sieg richten sich nach Apoll?

Obwohl Apoll bei den Griechen meist nackt dargestellt wurde.

Welchen apollinischen Rat befolgten sie?

Das *Ne quid nimis*. »Nichts allzu sehr« oder »Alles mit Maßen«

Den Vetter sah ich, wie er bedenklich in seinem Sessel beide Arme über seinen Schmerbauch legte, der ihm in diesem Winter unter mancher Kirchererbsen- und Bohnenspeise üppig aufgeblasen war. – Ich weiß, sagte ich, griechische Grundsätze findest du weniger gut, aber mit denen hat Eginhardt auch die wildesten seiner Klostersoldaten diszipliniert. Als ich kam, beteten und sangen in seiner Siegburg auch die *bellatores* sanfte Gesänge. Nur einer von ihnen, jener Franke, den ich später in Krähenkamp als Erzähler wiedertraf s.S. 111f, war auf und davon. Die anderen folgten Eginhardts Anweisungen wie den Befehlen eines Feldherrn und vollbrachten ohne Murren ihre *militia pia erga Christum*. »frommen Soldatendienst für Christus«

Da lobte Ringwolf solche *disciplina*, pries sie als Manneszucht, lobte auch die *necessitas duritiae* »Notwendigkeit von Härte« und klagte über die neue Gottlosigkeit in manchen Klöstern, der nur mit strengen Regeln zu begegnen sei. Auch ich würde das eines Tages schon noch begreifen. Er, *Rumoridus*, sei in Rom Zeuge gewesen, wie dort einer, dessen Namen er jetzt nicht ausspreche, weil der Unhold von der glühenden Höllenqual, in der er inzwischen zweifellos wimmere, auch nicht für eine einzige Sekunde, in der auf Erden sein Name genannt würde, erlöst sein solle, denn er, Ringwolf, der Bischof Roms zu Worms, habe in der Hauptstadt der Welt mitansehen müssen, wie dieser Unselige sich dem siegreichen heidnischen König *Odoaker* angedient hätte als neuer Papst, als falscher *Magus* der Kirche, als Gesegneter und Gesalbter der ägyptischen Lehre des *Markus* die koptischen (»ägyptischen«) Christen berufen sich statt auf *Petrus* auf *Markus*, und er habe beobachten müssen, wie dieser Ketzer seine Verruchtheiten so weit trieb, daß dem *Odoaker*, dem gotischen Eroberer Roms zu Ehren Tieropfer gebracht wurden, so blutig wie früher, und zwar für den Sonnengott *Mithras*, und dieses nicht etwa auf den alten heidnischen Altären mit dem nackten Apoll und anderen Abscheulichkeiten, nein, am neu geweihten Altar des Herrn Jesus selbst wurden sieben Rinder geschlachtet, o ja, diese Besudelung habe er mitansehen müssen in der Kirche des heiligen *Simon Petrus*, des ersten und wahren Papstes.

Ringwolf fand mit dieser Schilderung allerhand Zuhörer in der Wormser Halle, solche Erzählungen schienen die Winterluft zu wärmen, die lenkten gut ab von den unklaren Nachrichten über die Annäherung der fremden Truppen aus dem Mitternachtsland.

Diese Irregeleiteten, sie ergötzen sich an Ausschweifungen, klagte der Bischof, und das klang fast so, als betrübe es ihn, in Rom von solchen Ereignissen ausgeschlossen gewesen zu sein. – In der heiligen Haupstadt treiben sie die barbarischen Unsitten inzwischen so weit, daß sie glauben, als Priester mit Konkubinen leben zu dürfen so wie jener kölnische Krämer, der seine Seele erst im letzten Lebensaugenblick reinigte, indem er seine vergänglichen Güter fortschenkte an die kölnische Gemeinde *Sanctae Mariae* und an die siegburgischen Mönche. Ach, und sogar die Bischöfe leben heutzutage nicht selten mit fünf Frauen gleichzeitig, die sie obendrein teilen mit ihresgleichen, um sie gemeinsam als Maria Magdalena zu verehren oder als Judith oder als Elisabeth oder als *Potiphar*, von der dann erklärt wird, Frau *Potiphar* mit ihrem sündigen Leib sei es schließlich gewesen, die dem armen Joseph im fremden Ägypten alle Kraft zurückgegeben hätte, mit der er am Ende seine berühmten Wundertaten für das Volk

Israel habe vollbringen können. Auf nächtlichen Festmahlen und in Mitternachtsmessen besingen sie mit ihren tierisch triebhaften Frauen, so weiß ich es aus Trier, den männlichen Samen und zelebrieren mit diesem Samen heilige Handlungen, so wie unsereiner beim heiligen Abendmahl das Brot in den Leib des Herrn verwandelt, und dabei tun sie so, als handele es sich beim Samen der Männer um den Saft des ewigen Lebens und, ach, besingen ihn.

Saft des ewigen Lebens? Könnten sie da nicht auf einer Spur der Wahrheit sein?

Wehe, wohin denkst du! Sie irren, sie gleiten aus auf schlüpfriger Satansbahn. Merkst du nicht, daß mir die *militia Christi* deines Herrn Eginhardt hundertmal lieber ist als alle höllische Hurerei? Es genießen doch viele Behäbige, viele vermeintlich Fromme in Münstern und Klöstern unter scheinheiligen Vorwänden nichts als ihre elenden Leibeslüste, statt vom reinen Geist der neuen Lehre sich ihren Gnadenteil zu erhaschen.

Ich frage mich, warum dir, lieber Vetter, mitten im Gesicht so erdbeerrot der Prestling blüht. »Priesternase«, umgangssprachlich auch »Erdbeere« So ganz und gar weltfern oder leibfeindlich lebst doch auch du nicht, du wohlbeleibter Fürst Roms in Worms und Freund der fröhlichen *Lavinia*. (s.S. 31f)

Da sah ich, wie Hagen wieder die Halle betrat, noch immer eingeschnallt in eine nur halbfertige Rüstung, sah, wie er unmutig umherstapfte, darum fügte ich rasch noch hinzu: In solch rosigen Dompfaffen wie dir, da sehe ich keinerlei *ne quid nimis*, sondern eine gut ausstaffierte Schläue.

Schläue?

Wie bei jenem Silberschmied im Bayerischen, der für eine Klosterkirche eine Glocke zu gießen hatte und statt des Silbers, das man ihm anvertraute, eine Messingschmelze bereitete aus Kupfer und Zinn und Zink, weil er das Silber günstig weiterverkaufen wollte an Händler aus Basel. Als er dann seine betrügerische Glocke im Turm der Klosterkapelle hat aufhängen wollen, stürzte er mit der Glocke von der Leiter, und es erschlug ihn seine eigene Kunst.

Da sagte Ringwolf, daß auch ich, der Schreibkünstler, mich am Ende noch von meinen eigenen Märchen werde erschlagen lassen ins Unselige und Verdammenswerte. Und der Bischof wollte dann noch weitere Lehren aus dem Schicksal des bayerischen Glockengießers ziehen, doch da stürmte ein Kahlgeschorener in die Halle und rief: Die Feinde kommen! Schiffe mit schwarzen Segeln, zwölf Schiffe!

Der Bote wollte dem Heermeister noch mehr melden, hatte den Mund schon offen, aber ein anderer Unfreier stand plötzlich neben ihm, nutzte das Luftholen, schob den ersten beiseite, alles sei falsch, rief er, es kämen keine Feinde, es käme der Nibelunge.

Am Eifer der beiden war gut abzulesen, daß sich der üppige Pokal als Botenlohn herumgespochen hatte. Hagen herrschte den zweiten Boten an, wieso er den ersten korrigieren und sagen könne, der Nibelunge sei kein Feind. – Das könne er nicht beantworten, stotterte der, er wisse nur, zwölf Schiffe kämen den Strom herauf, die seien vom Bergfried aus sichtbar und zeigten in schwarzen Segeln das nifhelheimische Zeichen, den Kuhschädel, die brächten fünfhundert Kämpen in Rüstungen, die ebenso dunkel seien wie die Segel.

Dunkel ist es in euren Köpfen! rief der Waffenmeister, doch nun meldete sich der erste Bote nochmal, man habe ihn nicht zu Ende reden lassen, in Wahrheit sei, was der andre gesagt habe, das Falsche, so falsch, daß Herr Hagen vermuten müsse, es näherten sich Feinde, aber die zwölf Schiffe würden geführt vom besten Freund und Bruder des Königs Gunther, von Herrn Gernot.

Da erhob sich vielstimmiges Palaver, Dankwarth gab beiden Sklaven zu trinken, die aber wollten auch den Pokal, aus dem sie zu trinken bekamen, jeder verlangte das Stück dreist für sich, sie rangelten, bis Hagen ihnen den Humpen aus der Hand schlug, mit flacher Schwertseite ihre Rückseiten bedrosch und die Kerle aus der Halle klopfte.

Im Saal redeten jetzt alle durcheinander, und neben mir, am kleinen Frauentisch murmelte auch wieder, aus duftender Süßholzsoße, Frau Ute. Nun gelte es, den Verstand zu nutzen, schon *Irmin* sei kein Rauftrottel gewesen und kein Blutsäufer, sondern ein lateinisches Schlitzohr und zugleich ein keltisches Himmelsvieh.

Ich sah, wie Krimhild mit Ute flüsterte und wie meine Schwester dann mit mehreren Burgfräulein die Blinde aus dem Saal führte. An der Tür hielt der Waffenmeister die Frauen auf. – Was plant Frau *Grimmhildis*?

Soll ich Gäste empfangen in Rupfen?

Gäste zu empfangen ist Gunthers Sache. Deine ist es, zu warten, bis man dich ruft.

Ich begrüße Gernot, wann ich will. – Eine Weile atmete Krimhild sehr schnell, und da Hagen noch immer den Ausgang versperrte, murmelte Ute: *Insprinc*, Giftnattervetter.

Da zog König Gunther seinen Berater in den Saal zurück und wollte Auskunft. – Fünfhundert? in dunklen Waffen? – Hinter Hagens Rücken gingen die Frauen hinaus.

Der Heermeister ging mit Gunther zum Fensterloch, Winterluft hob ihm den Bart vors Gesicht, Eiswind pfiff, aber vom Fenster aus war kein Schiff zu sehen. – Die Säue des Landmanns, sagte das Gneisgesicht, die werden immer mal wieder vom Saubär bestiegen, das Haustier vom WildEber. Mag sein, solchen Besuch kriegen nun wir.

Halb stand er schon im Eisen, halb noch in Wickelgamaschen aus Rupfen und Fell. Stakste zurück, vors Kaminfeuer, wollte sich wärmen, Gunther blieb bei ihm und Hagen redete. – Dieser Gast kommt von dort, wo bislang Kelten hausten, Halbwilde. Wander- und Räuberhäuptlinge, die glauben, das Land am Oberrhein sei noch immer nicht gänzlich verteilt an die Geistlichen, noch nicht besetzt als *colonia*. So denkt er, so plant er. Was denn sonst wollte der hier. Ute hat recht, wir sollten uns hüten. *Cavete Cheruscos.* »Hütet euch vor den Cheruskern«

Gunther ging noch ein bißchen näher an ihn heran. – Droht nicht noch immer Sachsenrache? Sind nicht Cherusker Sachsen?

Die Ostfalen werden den Mariaberg kaum vergessen haben. Die fünftausend Zerschnittenen über Würzburg. – Hagen drehte sich und starrte seinen Schützling an. – Wieso um Gundomars Willen bist du nicht bereit? Im Zobelfell empfang die Kaiserin von *Arabia*, aber keinen Schlagetot. Hol deine Eisenkluft! Meinetwegen häng den neuen Friesenmantel drüber, kalt genug wird es werden.

Da wurden die neuen Friesenmäntel gebracht, aber auch die Helme und Schilde wurden geschleppt, Eisenschalen wurden geschnallt, Schwertgürtel gebunden, wurde auch die Schlagwaffe schon mal an die Gürtel gehängt, so schwer die Schwerter auch zogen und drückten. Schließlich hüllte man über das alles die interessanten grünen Friesentücher, die machten freilich Sorgen, denn wie wir nun so standen zwischen all unserem Eisengerät und einander betrachteten, sahen wir, daß die neuen Überzüge weder paßten noch halbwegs prächtig aussahen, wie Gunther gehofft hatte. Nein, auch diese Tarnung würde die Fremden, selbst keltische, schwerlich beeindrucken.

Pagen trugen das glatte Blankmetall herein, in dem wir unsere Umrisse erkennen konnten und worin bei besserem Licht ein Spiegelbild zu sehen war. Im grauen Winterlicht erkannten wir in den Glanzflächen nur bucklichte Krummschatten. Immerhin, die Grüntücher verhüllten die Waffen, und darauf kam es wohl an.

Hagen rüttelte an seinem Eisenkorb, der Panzer saß ihm eng, mehrere Monate hatte er ihn nicht mehr getragen, Leibeigene besserten dran herum, zogen Riemen, bogen Schnallen, weiteten die Verschlüsse. Da war noch viel zu tun, denn einer wie der Waffenmeister trug an Frosttagen ebenso wie der König unterm Panzer ein dickes, ein von Krimhild und von den Hoffräulein gewebtes Hemd, darüber ein schweinsledernes Wams, das von seidenen Leibbinden gehalten wurde. An den Beinen wärmten Socken aus Wolle und darüber Gewickeltes.

Unseren gewöhnlichen Überwurf, den Umhang aus Otternfell hatten wir nun mit den Brünnen vertauscht. Hatten unsere Kleider über Bänke und Tische verteilt und glätteten und zerrten an den neuen Mänteln, bei denen sich herausstellte, daß sie zu kurz waren, so daß unten alles herausschaute und die Bewaffnung ahnen ließ. Und Gunther verdroß es, daß die Schönheit seiner Rüstung von den grünlichen Friesentüchern verhängt werden sollte. Die goldenen und die silbernen Griffe von Schwert und Dolch, die Karneol-Beschläge auf seinem goldschimmernden Brustpanzer und das steinbesetzte Gehänge, all das verschwand unter lausigem Filz, das schaute unansehnlich unter dem Saum heraus.

Die Manteltücher waren uns von Aachener Händlern als friesischer Luxus verkauft worden, ohne daß man, auch damals schon, Krimhild zu Rate gezogen hatte, die waren aus gebrauchter englischer Ware zugeschnitten, waren dünner und, wie sich jetzt zeigte, kürzer als selbst die gewöhnlichen angelsächsischen, die Händler hatten unsere Unwissenheit genützt und die vermeintliche Herrenware um je einen Meter beschnitten, so daß ihre Gewinne sich verdreifachten.

Hagen besah sich im Kupferspiegel. – Am Anfang war nicht die Falschheit. Am Anfang war der Kaufmann.

Doch Gunther neigte auch jetzt dazu, sich ins Hochfliegende hinaufzudenken, fand die Schattenrisse im Blankmetall interessant, wollte sich an die neue Verhüllung gewöhnen, drehte sich halb um sich selbst und nickte. Als Hagen das sah, redete er Latein, wie er immer tat, wenn sein König etwas nicht verstehen sollte. – *Domine, nunc in regno tuo pulchriorem praeputium ferris et tam pulcher es, ut quasi infiniti cottidie pro amore regis occidere vellent, et nisi citius medicina invenitur, quotquot sunt in regno, peribunt, pro amore tui.* »Herr, in deinem Reich trägst du nun die schönste Vorhaut und bist überhaupt so schön, daß jeden Tag unzählige aus Liebe zum König sterben wollen, und wenn nicht ziemlich rasch eine Medizin gefunden wird, dann werden alle in deinem Reich zugrundegehen, aus Liebe zu dir«

Gunther, der diesen Spott in der Tat nicht verstand, schritt hochgemut zum Ausgang der Halle, zum Flur und zur Treppe, die in den Hof führte, ja, der burgundische Regent begab sich nun als erster zum Abstieg, um die fremden Gäste zu begrüßen. Auch ich fand seine Stimmung unangemessen, ja leichtsinnig, und versuchte, ihn noch auf den oberen Treppenstufen ins Lot zu bringen. Er solle vorsichtiger sein, solle dem erfahrenen Hagen den Vortritt lassen.

Gunther aber, stufenspringend, wehrte ab. Ich habe gehört, sagte er, die Säue der Landleute, wenn sie der Saubär oder WildEber bespringt, dann werfen sie Mischlinge, die besseren Widerstand leisten gegen Krankheiten aller Art, dann sind sie geschützt gegen Schnupfen, Fieber und Winterfrost. Nicht *genus purum* »die reine Rasse«, sagt Koch Rumolt, gibt das beste Fleisch, sondern immer nur das Gemischte. Allein durch gute Vermischungen gerät auch der Mensch ins Tüchtige, ins Wehrhafte.

Auf halber Treppe blieb er nochmal stehen und belehrte mich. – Nur das Mischen ergibt, sagt *Rumolt*, saftiges Muskelfleisch, und mit ihren hohen dünnen Beinen werden die Bankerte am Ende selber wild und geschickt und können sich verteidigen, notfalls gegen Wölfe, gegen Bären. Es leben die Hochbeinigen! rief er und hüpfte weiter, keß und wohlgelaunt und sprang vor mir die Stufen hinab auf besonders hohen und schönen Beinen, als sei auch er, der Hochgewachsene, aus günstiger Mischung entstanden.

Kurz vor der Tür aber hatte Hagen ihn erreicht und packte ihn am Friesen-Ärmel, hielt ihn fest und legte die andere Hand auf den Torgriff. – Schluß jetzt. Empfangen wir den Feuergaukler ohne Libellenschwirren. Denk an das, was ich dir gesagt habe übers Erziehen. Machen wir ihn nützlich, den Bespringer.

Öffnete dann selber das Tor zum Pfalzhof, blickte hinaus und ließ den König als ersten ins Freie. Gunther trat in die Kälte hinaus, und seufzte. Der Hof war kahl und leer. War zum Hafen hin noch verschlossen. Er hatte einen anderen Anblick erwartet. Gab den Knechten Zeichen, das untere Tor zu öffnen, das Hafenportal.

Die beeilten sich und riegelten auf, schoben und schrien sich keltische Wörter zu wie *leibide* »Idiot« oder auch *An-lá!* »toller Tag« und andere Leutebrocken. Endlich kam, mit Geknarze, das schwere Portal in Bewegung und rollte zur Seite. Dahinter, nur fünfzig oder dreißig Schritte unterhalb, floß der kräftigste der wilden Rheinströme, dort, am festen Kai, war Platz für wenigstens drei Schiffe. Dankwarth, der die Knechte befehligt hatte, rief herauf, das vorderste der fremden Boote sei jetzt zu sehen, das benötige bis zum Anlegen nur noch *centum minimae partes horae.* »Hundert Sekunden (wörtl.: Kleinste Einheiten der Stunde)«

Dankwarth kam dann herauf und sagte, dies erste Boot habe die Segel gerefft, kräftig werde da gegen die Strömung gerudert, Bug und Segel seien in der Tat schwarz und zeigten Kuhzeichen. Gunther trat einige Schritte vor, zögernd, nun nur noch mit wenig Schwung und mit kurzen Tritten. Neben ihn stellte sich Hagen. Auch Ringwolf war plötzlich unter uns, trug über dem Leib mehrfache Kutten, an seinen runden Flanken meinte ich zu erkennen, daß sich da was krümmte, ein Dolch womöglich. Ach, die Ängste, die Ungewißheiten, weh über die Gefangenschaft in den eigenen *depravationibus opinionibusque praeiudicatis.* »Verfälschungen und Vorurteile«

Eiswind wischte dem Bischof die Stirn. Die knitterte sich zu besorgten Falten. Leise Klagen flatterten aus seinen Zitterlippen und flogen in die Winterluft. – Weh, verstand ich, nun naht er, der Barbar, der Blutsäufer und Räuber. Der AntiChrist.

Immer wieder muß ich feststellen, daß Lügner, wenn sie wirklich gut lügen können, am Ende ihre eigenen Erfindungen glauben.

Die hinteren Schiffe, berichtete Dankwarth, haben schon unterwegs festgemacht, am unteren Ufer. Das vordere werde jetzt jeden Moment im Hafen-Portal erscheinen.

Wir burgundischen Fürsten standen nun genau in der Mitte des Hofs, etwa dort, wo mich später, nach dem Begräbnis, Herrn Hagens Schlag traf.

Standen nun, gut drei Monate vorher, am Abend vor dem Christgeburtstag, auf dem zugigen Steinplatz, standen in unseren neuen Loden in eisigen Windwirbeln. Keine Leute umgaben uns diesmal, kein Spalier, nur Sand und altes Laub trieb durch den Hof, tanzte um unsere Lederstiefel herum. Der Wind war unangenehm, pfiff durch die Mäntel, hob sie hierhin und dorthin. Nicht, daß einer von uns mit den Zähnen geklappert hätte oder auch nur übertrieben gezittert. Aber es war doch sehr kalt. Böen jagten vom Odinswald über den Rhein, die pfiffen aus der Morgenrichtung und stürmten nun ungehindert durchs geöffnete Portal. Die Sonne hinter uns stand schon tief, sank hinter die Burg, hatte an diesem Tag sowieso kaum Kraft.

König Gunthers leichter Sinn war ganz und gar verflogen, ach, die Herren des rheinischen Burgund erschienen nun nicht mehr stolz oder hoch aufgerichtet, was zu allen Zeiten als überlegene Haltung gilt und was der König auch jetzt liebend gern gezeigt hätte, wir fünf Herren im Hof, wenn ich es aufrichtig notieren soll, und eben das soll ich und will ich, wir warteten zwar nicht in der Haltung der Sklaven, nicht gekrümmt oder gar geduckt, aber doch, kaum wahrnehmbar, entstellt und niedergebogen, allein schon unter der Last der Eisenpanzer. Im Wind buckelten sich die neuen Mäntel, die bliesen sich auf und wölbten den Rücken. Außerdem scheuerte die Rüstung, an unseren Hüften und an fast allen Gelenken, da schabten Holz- und Stahlstücke, verschoben sich diese und jene Scharniere an unpassende Stellen, stets dorthin, wo sie schmerzten.

Die fünfhundert Streiter, so hörte ich Hagen, falls sie uns tatsächlich dienen wollen, was werden wir ihnen zahlen dürfen. Gallische *auxiliarii* »Hilfstruppen« bekam man vordem umsonst. Kostenlos. Für Hannibal wie für Caesar wie für Attila. Immer waren Schildschlepper froh, wenn sie Fraß kriegten und Weiber. Aber die Zeiten sind kaufmännisch geworden. Falsch. *Qua tempora mutantur* »wie die Zeiten sich ändern«, so müssen auch wir das nun tun. Müssen machen, was politische Köpfe schon immer taten.

Als König Gunther ihn ansah, um zu erkennen, was sein Waffenmeister gemeint haben könnte, bekam er zu hören: *Sagum temporibus servire.* »Den (Kriegs-)Mantel nach dem Wind hängen« Damit meine ich das Zaunziehen und das Mauernbauen. Die Römer beherrschten beides. Und die Leute in *Britannia* beherrschen immerhin das erstere, kennen den Segen der Gesetze und der Grenzen und ziehen, seit *Hadrianus* die Britannier umzäunte und zähmte, um jede Siedlung einen vernünftigen, einen befestigenden, einen lehmgestärkten Zaun. Und erlassen für das Umgrenzte klare Regeln und nennen die Siedlung »Zaun«. Town

Hagen hustete, schnaubte. – Wir Burgunder dagegen, wir sind offenbar zu dumm dazu. Zu dumm, jemals vernünftige Grenzwälle zu errichten. Am Ende bleibt uns nichts übrig, als zu befolgen, was Ute rät. Nehmen wir uns in acht vorm Nachfahren des Latein-Ebers, des cheruskischen *Sigurd* oder *Irmin*.

Und da wir Brüder ihn ansahen und auf genauere Weisungen warteten, wie wir uns denn nun zu hüten hätten, da faßte der Vetter unterm flatternden Loden an sein Schwert. Da legte auch Gunther, da legten auch wir unter den Tarntüchern die Hände dorthin, an jenen Griff, von dem in solch heiklen Stunden am ehesten, so glaubt man in den Imperien, Sicherheit kommt.

So standen wir nun in der eisländischen Zugluft, und ich konnte mir nicht verkneifen zu sagen, ich fände diese Lodentücher, diese in den Windwirbeln hochzuckenden Mantelrücken ganz und gar angemessen, denn die Böen sprängen um uns herum wie Flammenlohe und ließen das Loden lodern, wobei »Loden« ein Keltenwort sei und »Lohe« ein Wort von den Sachsen.

Über diese *coniecturae poeticae* »dichterischen Mußmaßungen« wurde geschwiegen. Mein Flammenvergleich vermehrte nur die Bedenken und Sorgen. Mit verspannten Armen standen wir in der Kälte, unterm dünnen englischen Ziertuch, das wir für friesisches gehalten hatten. Hagens Graubart hob sich und drehte sich, als kraulten ihn Sturmfrauen. Grämlich sah er aus, bläulich und alt. – Deine *etymologia*, knurrte er, ist wenig hilfreich. Angemessener finde ich jetzt diejenige, die mitteilt, daß die *franca* die Franken, die »Freien« es lieben, Schädel mit der *francisca* zu spalten oder mit dem Kurzschwert *sax*, dem einzigen Wort, das der respektieren dürfte, der da jetzt kommt.

Und dann folgte ich dem Blick seiner flinken Augen und bemerkte, daß unser Heermeister rings auf den Burgmauern und auf den Wehrgängen zwischen den Zinnen und Spitzen Bewaffnete postiert hatte. Gegen das späte Tageslicht wirkten die blinkenden Helmköpfe der mehreren hundert Mauerlauerer wie aufgereihte Schleuderkugeln. Das Gneisgesicht, unser *maior domus* hatte die große Wehrsperre angeordnet, als gelte es, eine Belagerung auszuhalten. Und unter dem Saum seines kurzen grünen Umhangs zeigte er jetzt seine flache Hand. Die senkte er hinab, zu dieser Seite, dann zur jener, und zeigte damit den Kämpen rings auf den Gebäuden, sie hätten sich hinunterzuducken.

Denn nun erblickten wir über der linken unteren Mauer eine Mastspitze und im kalten Windhauch den dunklen Kuhschädelwimpel. Von links glitt es näher. Und dann erschien im offenen Hafentor der Bug, Ruderkräfte trieben das Schiff heran, auch die Schiffswand zeigte den Rindsschädel, das Kuhwappen, in Blutrot und in Schwarz.

Hanfseile und Schlingen wurden ans Ufer geworfen, Dankwarth war wieder unten bei den Knechten, wies die Sklaven an beim Vertäuen. Auf dem Boot schimmerte fremde dunkle Rüstung, unbekannte Rufe schwirrten durch den Hof und den Wind. Dann lag das Schiff fest.

Zwar trug es die Kuhzeichen, aber es zeigte römische Bauweise und war wohl mehr als zwanzig Klafter lang gut 30 m, war nicht etwa offen gebaut, sondern überdacht. Was es im Inneren verbarg, war nicht zu sehen, ein Holzsteg wurde vom Deck herabgeschoben zum Kai, und wir erkannten, daß als erster Gernot erschien, unser Bruder, gerüstet, aber das Haupt frei, der Helm hing ihm über die Schulter, unverkennbar seine sehr kurzen Haare, sein Stoppelkopf. Im Arm hielt er etwas, das in ein Fell gewickelt war.

Gleich hinter ihm erschien ein anderer, ein um vieles größerer, in dunklem Eisen, blinkend, in silberner Schwärze kam der, in der Anthrazitfarbe. Als diese hochgerüstete Gestalt nun hinter dem Gernot ebenfalls über den Holzsteg heruntertrat an das Ufer, da hörte ich den Bischof stammeln. *Vera rara avis, quid ille nos vult.* »Wahrlich ein seltener Vogel, was will der von uns«

Die Antwort gab ihm der Heermeister. – So gewappnet, wie der daherkommt, weiß der Teufel, so macht er, hoffe ich, selbst unseren libellischen Träumern klar, daß es um keine Kleinigkeiten geht. Eine solche erste Äußerung Hagens bei der Ankunft des Xanteners in Worms kennt noch Jahrhunderte später die bislang ausführlichste, die hochmittelalterliche Überlieferung der anonymen Kloster-Autoren (Handschrift B): *Er stêt in der gebaere, mich dunket, wizze Krist / es ensín niht kleine maere, darumb er hergezogen ist.* »Der sieht ganz so aus, mir jedenfalls kommt es weiß Gott so vor, als käme der nicht wegen irgendwelcher Späßchen«

Was der Xantener in Worms als erstes geredet hat? Darüber wurde bald heftig gestritten, in fast allen Gesprächen. Mein Kilian, als er eine Woche nach der Ankunft des Ruhrschmieds aus seinem Klosterwald nach Worms kam, da erkundigte der sich hier wie dort und stellte mehrfach eben diese Frage. Was denn, wollte er wissen, hat dieser Niederländer in Worms als erstes gesagt? Und erlangte keine Klarheit.

Die Kahlgeschorenen sagten, der Riese habe als erstes einen Fluch ausgestoßen. Andere versicherten, dieser dunkel gepanzerte Rotkopf, der habe als erstes viel zu trinken verlangt und viel zu essen. Die Kirchenbrüder beteuerten, gräßliche Lästerungen seien über seine großen Lippen gerutscht wie feuchte fette Ratten. Graf Gere von Speyer hingegen meinte, schon jetzt habe der Raufbold die Rede auf Krimhild gelenkt. Andere wußten von einem ersten Streit mit Hagen. Wieder andere nur von cheruskischen Lauten, die nicht mal die keltischen Sklaven verstanden hätten.

Zum Glück hab ich mir noch am Abend seiner Ankunft die ersten Wechselworte aufgeschrieben. Und fand dies Papier nun hier, im Klosterkerker, im doppelten Boden der Truhe. *Beatissime lector, veram speciem historiae capio.* »Du glücklichster unter den Lesern, ich ergreife für dich die Wahrheit der Geschichte«

Ach, von Anfang an gab es das Interesse, den Königssohn, der da kam, als derben Kraftriesen zu brandmarken, als Ausbund des Barbarischen, als *maleficium* als »böse Magie«, ja, als wandelnden Lebenstrieb, der nur ein einziges in Reinheit verkörperte, Geschlechtshunger und Mordlust. So heißt es noch um 1200 in der Kloster-Version der Geschichte, bei der Ankunft des Xanteners: *wie degenlîche er stêt in strîtes vâr,* »wie kampfbereit und streitgierig er da steht«, oder: *sô michel was sîn kraft* »so gewaltig war seine Kraft« oder: sein *starkez übermüeten,* also seine »große Überheblichkeit« oder, in seiner ersten Äußerung: *Ist daz iemen lîep óder leit: ich will an iu ertwingen, swaz ir muget lân* »Ganz gleich, ob es jemandem gefällt oder nicht, ich will euch alles abzwingen, was ihr besitzt«

Bevor ich jetzt notiere, was die Wahrheit ist, muß ich gestehen, daß, wo immer ein Schreiber etwas festzurrt, ein Fälschen im Spiel ist. Ja, obwohl ich diese frühen Notate besitze vom ersten Auftritt des Cheruskers im winterlichen Hof, vom Christabend des Jahres *CDLXXXV* 485, als alles in Wahrheit ein Wirbel war und als in unseren Köpfen die Angstbilder und die Hoffnungsbilder umeinander herumstoben wie das welke Laub im Burghof um unsere frierenden Gestalten, so muß ich doch nun auch gestehen, daß alles Aufschreiben ein Behelf ist. Der weise Eginhardt wußte von einem ägyptischen König, zu dem vor Zeiten ein Dämon kam, der Zahlen und Buchstaben zum Kauf anbot. Zahlen und Buchstaben, so versprach der Gnom dem Pharao, würden das Gedächtnis der Menschen stärken. Der Pharao aber nahm nur die Zahlen, die Schrift dagegen lehnte er ab, weil seine Gelehrten, sagte er, dann nur noch die Buchstaben für die Wahrheit nähmen. Und Herr Eginhardt, der mir dies erzählt hat, der seufzte, so dürr, so papiern und so wüstenhaft öde, so sähe sie inzwischen aus, die Wahrheit des neuen, des geistlichen Imperiums.

Der Fremde, der da hinter Gernot vom Schiff heruntergestiegen war, der trug keinen verhüllenden Mantel. Der trug offen Schild, Schwert und Halbschwert, den berüchtigten *Sax*. In der Tat, sein *Balmunk* wie auch der vielblätterige Stachelharnisch des Riesen, die alle waren von dunklem Eisen, die glänzten und schimmerten im Anthraxsilber, wie diamantene Kohlen. Diese Gestalt aus Nifhelheim, ja, sie blinkte von den Fußschienen bis zur Helmspitze in leuchtendem Schwarz.

Hinter ihm ging ein anderer, ein Knappe, der aber nicht kahlgeschoren war. Der Knecht führte ein Pferd vom Schiff, einen Rappen, zweifellos den Grani. Führte das Tier am Zaumzeug und trug seinem Herrn die Lanze. Nicht kahlgeschoren war der Dienstmann, sondern trug helles Langhaar, und gekleidet war er mit einem roten Kittel und dunklem Wolfsfell. Die Hufe des Rappen klirrten hell, die schienen wie bei den Pferden der Römer mit Eisenstücken beschlagen zu sein, diese tänzelnd trippelnden Tritte auf dem Hofpflaster, die klangen unternehmungslustig.

So leicht das Tier sich bewegte, so gemessen näherte sich der gepanzerte Mann. Behielt sein Visier geschlossen. Auch die Unterarme sicherte der mit Schienen, sogar seine Hände staken in Handschuhen aus feinsten Eisenringen. Der Pferdewärter reichte ihm jetzt den Ger.

So, die Lanze in der Linken, die blitzende Spitze nach oben, so blieb der eiserne Gast im unteren Hof stehen, gut fünfzig Schritte vor uns. Ein Sonnenschimmer blinkte in der Gerspitze, ein Spiegellicht, vielleicht aus einer fernen Goldwolke am Abendhorizont. Gernot redete vertraut mit dem Riesen.

Ein Schuppentier, hörte ich den Bischof.

Drachenhaft, flüsterte Gunther.

Ein EisenEber, sagte Hagen. Der neue *Arminius*. Der hürnerne.

Gernot hat dann den Eisenmann stehen gelassen und ist quer über den Hof zu uns heraufgekommen. Gernot ist nicht so groß wie Gunther, nicht schmal und wohl auch nicht zart, eher in die Breite wuchs er, ins Stämmige, fast so wie Vetter Hagen, ja, borstig und sehr breit erschien er mir, nachdem ich ihn so lange nicht gesehen. Schon immer trug er sein dunkles Haar sehr kurz, stoppelig knapp, nicht, weil er aussehen wollte wie die Leibeigenen, sondern weil ihm sein Helm so besser über den Schädel paßte und im Kampf nicht auf üppiger Haarpracht herumrutschte.

Der Breitstämmige begrüßte uns, Gernot hat uns alle umarmt. Allerdings legte er um jeden, auch um den Bischof, nur den rechten Arm. Im linken trug er etwas, von dem er sich, obwohl Sklaven genug bereitstanden, nicht trennen wollte. Da war etwas in eine Schafshaut gewickelt. Das hielt er so wie Ammen einen Säugling tragen. Nahm nun Abstand, blickte uns an und sagte: Ich habe eine gute Nachricht. Und eine schlechte.

Zuerst die schlechte, sagte Hagen.

Gernot öffnete das Schafsfell und zeigte einen Arm. Einen MenschenArm. Blau aufgedunsen. Daran steckte ein metallener Reif, eingeklemmt ins tote Fleisch, ein bronzener Reif mit Burgunds Adlerzeichen. – Ortwins Arm, sagte Gernot. – Rasch deckte er wieder das Fell darüber, über das tote Fleisch.

Sachsen haben das getan. Ostfälische Sachsen. Schon auf dem Hinweg, kurz vor Koblenz, da stürzten sie nachts aus dem Lahntal, überfielen unser Lager, nahmen unsere zwölf Mann gefangen und haben sie geschlachtet. So muß ich das sagen. Sie taten es mit Geschrei und ohne Gnade. Auch den Ortwin zerstückelten sie. Gefesselt mußte ich ansehen, wie sie es machten. Das, so riefen sie, tun wir geradeso wie dein Vater Gundomar es in Würzburg mit den unseren gemacht hat. Jedesmal bevor sie wieder ein Haupt spalteten, riefen sie diese Worte: »Wie am Mariaberg! Wie am Main! Wie eure neuen christlichen Heiligen!« Am Ende ließen sie nur mich frei, waffenlos. Und gaben mir dies hier, als Botschaft an euch. Alles andere von den Zwölfen trieb den Rhein hinunter.

Ich blickte zur Seite, fürchtete, er werde das Fell noch einmal öffnen. Sah neben mir den Gunther, wie er von Dankwarth gestützt wurde.

Eine neue Eisbrise wirbelte näher, schlug sich durch unsere dünnen Tücher. Ich wollte mir einreden, die Bö sei es, die den König wanken ließ. Dann hörte ich Hagens Stimme. Selbst jetzt tönte sie fest, düster und rauhbissig. – Wenn das die Botschaft ist aus Sachsen, was heißt es dann, daß hinter dir ein Sachse lauert? Und hinter dem *Sax*-Sachsen fünfhundert andere Saxonen?

Bleib ruhig, sagte Gernot. Was durch Nifhelheim wandert, glaub mir, Hagen, das ist ein Wald. Mit unzählbar vielen Stämmen. Der eine Bewaffnete dort und die fünfhundert hinter ihm, die kommen zwar aus dem, was für die Römer Sachsenland war, sind aber kattische oder cheruskische Kelten, sind von anderen Stämmen als Ortwins Mörder. Was zum Rhein wandert, glaubt mir, das ist eine *silva vetusta* »ein uralter Wald«, ein Dickicht mit jederlei Verästelung. Dieser Xantener will unser Freund sein.

In Waffen?

Der Stichelhaarige tat, als hätte er Hagens Einwand nicht gehört. – Die uns überfielen, die zogen dann weiter, von der Lahn zum Main. An der Frankenfurt werben sie neue Streiter, kaufen oder rauben Waffen. Schon übermorgen könnten sie hier sein. Wenn wir ihnen nicht zuvorkommen.

Und die gute Nachricht? – Gunther fragte das, mit klappernden Zähnen. Ich stand neben ihm, hörte die königlichen Zähne klicken.

Die gute Nachricht, das sind diese zwölf Schiffe. Fünfhundert Kämpfer aus Xanten, unterm Befehl des Klügsten und Witzigsten, den wir uns je wünschen könnten als *foederatus*.

Gernot, rief Hagen, wo bleibt dein Verstand! Du bringst Feinde!

Heidenbrut, ergänzte der Geistliche.

Der Borstenkopf blickte zurück, sah hinab zum offenen Tor, wo die schwarze Gestalt stand. – Der dort unten, der steht uns bei, gegen die Hunnen und ebenso gegen die, die sich nun an der Mainfurt sammeln und rüsten.

Gegen seine eigenen Leute? In welche Falle läßt du uns tappen! Selbst wenn wahr wäre, was du sagst, womit denn, bitte, würde sich dieser Stahlriese bezahlen lassen?

Frag ihn selbst. – Gernot trat dichter an König Gunther heran, so daß nur ich mitbekam, was der Stoppelkopf ihm zuflüsterte. – Süßesten Dienst, sagte er dem frierenden Bruder, will er uns leisten. Weder auf Island noch in Rom gebe es den. Nur in Burgund. Davon hat er geträumt. Wahrgeträumt

Wenn ihm nach Frauendienst ist, sagte Gunther, warum kommt er gepanzert?

Je römischer die Köpfe, sagt er, desto wölfischer wird geheult Bei Schazman: *When in Rome, do as the Romans* Roms Imperium sei von Wölfen gezeugt und gesäugt und sei vom Kriegsgott Mars gesegnet. Im Zweifelsfall erobere man im *Imperio* Königstöchter nur im Kampf.

Da fragte der Bischof, der Gernots Geraune nur halb verstanden hatte: Ich höre Gerede von »Dienst«. Wofür? Wogegen? Was will dieses Eisenscheusal!

Gernot holte tief Luft. – Helfen will es uns, das Scheusal. Von der Verbindung zwischen Niederrhein und Oberrhein erhofft sich dies *monstrum* Schönes. Aber das erklärt er euch besser selber.

Gernot trat zur Seite, winkte zum Hafentor. – Und von dort hat sich nun die dunkle Gestalt, Schritt für Schritt, heraufbewegt. Näherte sich in seinem silberschwarzen Panzerhemd. Aus vielen hundert stählernen Stechpalmenblättern war das geschmiedet. Dichtauf folgte der Knecht, mit dem Rappen Grani.

Gernot trug das blutige Fell beiseite, dorthin, wo unter den Arkaden die übrigen Hofleute standen und das Gesinde. Als die sahen, was da eingewickelt war, erhob sich Schmerzgeschrei.

In diesen Augenblicken, als im Schatten der Pfalzmauern geschrien wurde, brach vorn, vor den fünf grünen Herren Burgunds, ein ganz anderer Lärm aus. Ja, ich muß das hier so wiedergeben, wie es gewesen ist. Im Näherkommen begann der Mann aus Xanten zu lachen. Erhob sich ein eisenrumpelndes Gelächter.

Der Fremde bog sich vor Lachen. Dies, so peinlich es ist, es aufzuschreiben für alle Zeiten, dies Lachen war in Worms seine erste Äußerung.

Der Königssohn schüttelte sich, riß sich das Visier auf und konnte fast nicht aufhören zu lachen. Ließ es nur für einen kurzen Moment, als er rings auf den Mauern die Bewaffneten entdeckte. Da sagte er, und das war allerdings sein erstes Wort in Worms: *In regno Burgundiae parturiunt montes, nascuntur ridiculi mures.* »Im burgundischen Reich kreißen die Berge, aber geboren werden lächerliche Mäuse«

Wann immer er dann einen von uns in Augenschein nahm, mußte er wieder lachen. Und warf dem, den er *Walthari* nannte, die schwarze Lanze zu, das Kurzschwert auch, der Knecht ließ beides auf den Hofboden klappern und half dem Ritter, den Panzer zu lösen, die Verschnürungen, die Schienen. Und lachte ebenfalls.

Auch der *Walthar*, beide kicherten hin und her, wie Freunde bei einem gelungenen Spaß. Fingerten grinsend an Laschen, Klappen und Bügeln und mußten sich zuweilen ja doch auch konzentrieren auf die Arbeit am Eisen und am Leder, doch wann immer sie zu uns herübersahen, verzogen sich ihre Gesichter und mußten sie wieder losplatzen ins Gelächter.

Währenddem drehte uns der Nibelunge seine Rückseite zu, schutzlos stieg er, hustend vor Lachen, aus den eisernen Schalen heraus, aus Gürteln und Riemen, aus dem Stechpalmenpanzer. Hob sich den Helm vom Kopf, und auf die Schultern fiel langes rötliches Haar, gehalten von einem schwarz glitzernden Band.

Der Mann, mit dem Rücken zu uns, zeigte dann mit dem Daumen hinter sich, auf uns, auf den königlichen Adel zu Worms, und sagte seinem Knappen, wenn ich das richtig verstand und korrekt notiert habe: *Klabastir opt Schipp ond quat thiu thiot, ahi, thiu bischräin skoni im Purkhund ougin sik as kumbarlich grasgruoni chrumbarkrokodilik gukkumbarfigürkin.* Übersetzer Schazman sagt, der Ankömmling wollte hier offensichtlich durch eine bewußt üble (*unbecoming*) Sprechweise zusätzlich Schrecken und Spott verbreiten. »Geh an Bord und sag unseren Leuten, die berühmten Schönheiten Burgunds zeigen sich als kümmerlich grasgrün krummkrokodilige Gurkenfigürchen«

Und als dann Knecht *Walthar* Waffen und Harnischteile vom Boden sammelte, kam der Ritter näher zu uns heran, kam in seinem hellen

Hanfleinenhemd. Im fein gewirkten Kittel und dunklem Gürtel, so stand er schließlich dicht vor uns, lächelnd, auf leichten Lederschuhen und riesig. Und betrachtete uns, die Herren zu Worms, mit großem Interesse, jeden sah er freundlich an, lächelnd, fast gütig und schüttelte den Kopf. *Quomodo teneatis, amici?* »Wie könnt ihr das Lachen unterdrücken, Freunde«

Da Gernot unter den Arkaden blieb, um die Witwe des Ortwin von Metz zu trösten, und da diese Frau jetzt sehr laut jammerte, bemerkte diesen Jammer auch der Gast und so redete auch er von jetzt ab ernsthafter und sprach Hofdeutsch. Schazman: *in courtly German*

Keine Antwort? Keinerlei Grußwörtchen? Hat denn Gernot euch nicht meinen Namen genannt? Gern wüßte ich die euren. – Er wartete einen Moment. – War euch Zierbengeln mein Lachen peinlich? Hören Burgunds *cuniculi* »Kaninchen« lieber Lobreden auf ihre byzantinische Kostümierung? Was, bitteschön, wünscht ihr zur Begrüßung, ein Wort wie *thar cionn?* »Wundervoll« Oder besser *Jolifanto Bambla*? Schazman spricht auch hier von »keltischen Zaubersprüchen« (*untranslatable*)

Der König schien schreckensstarr. Auch sein Berater. Ich fand ungehörig, daß sie den Gast nicht willkommen hießen.

Was erwartet ihr aus Plattland? Hat Poet *Tacitus* etwa recht mit seinem Urteil? *Sordes omnium ac torpor procerum*? »Verwahrlosung bei allen, und Blödigkeit bei den Häuptlingen« (*Tacitus, Germania* XLVI)

Da wandte sich der Gast wieder an seinen *Walthari*, der nun alles vom Boden aufgesammelt hatte und mit Waffen und Rüstung zum Schiff zurückgehen wollte, nahm dem Knecht das Langschwert ab, den *Balmunk*, hob die Waffe, wirbelte den langen scharfen Stahl einmal ganz um seinen Kopf und ließ ihn unter König Gunthers Mantelsaum hindurchzucken. – *Ut aliquid fieri hic videatur.* »Damit es wenigstens so aussieht, als geschähe hier irgend etwas«

Mein königlicher Bruder, im Schrecken, tat einen Hüpfer, sprang vor der blitzenden Spitze rückwärts und hat unterm Manteltuch seine Hand fest um den Griff seiner Waffe geklammert. Mußte dann jedoch erkennen, daß der Riese ihm nur einen dunkelgrünen Faden abgeschlagen hatte, eine Faser vom schlecht gesäumten Ende des Friesenmantels. Der Faden lag nun auf dem Pflasterboden. Ein Windstoß hob ihn auf, rollte und wehte ihn davon.

Nach diesem ersten Treffer hörte der Fremde mit Lachen ganz auf. Mag sein, weil er merkte, wie hinten im Hof, wohin der Faden wehte, trostlos geklagt wurde. Dort jammerten die, deren Männer, Söhne und Väter nicht heimgekehrt waren. Da reichte der Mann die Waffe zurück an seinen Knecht, der sich entfernte, und der Gast kam wieder näher und betrachtete uns, als prüfe er rätselhafte Kunst.

Ich versuchte, ihn anzublicken. Sah seine schönen hellen Augen, seinen witzigen, seinen großen Mund mit den geschwungenen Lippen. Das lange Haar schien rötlich, vielleicht nur im Widerschein fernen Abendlichts. Seine freundlichen Unheimlichkeiten gefielen mir. Dem König jedoch behagten sie kaum und den frierenden Vettern schon gar nicht.

Ist das hier üblich, Gäste stumm zu begrüßen? Nur mit hundert Eisenköpfen zwischen den Zinnenspitzen? – Vorm König blieb er stehen, der Fremde. Gunther senkte den Blick. Seine dünne Nase hatte sich verfärbt in graues Blau. – Ist das zu Worms alle Tage so trüb, voll Todesgrimm, voll Leidensgram? Ich hoffte, in *Warmatia* polterte Turnierspaß. Zimbelquietschen und Rumpelmusik. Aber nun ahne ich, *etiam hic Barbarus sum, quia non intellegor ulli.* »Auch hier bin ich ein Barbar, verstehen wird mich kaum einer«

Da gab Hagen ihm eine Antwort. – *Nulla granditas iactatioque sine mixtura dementiae.* »Keine Großartigkeit und Aufgeblasenheit ohne einen Schuß Verrücktheit«

Als er das gehört hatte, ging der Niederländer seitwärts an mir vorbei, trat ziemlich dicht vor den Waffenmeister und sprach und redete sehr leise. – Kriecht dir außer Lateinwitz aus Versehen auch mal Leutedeutsch aus'm Maul? Gallisches Romanz? Gemeint ist offenbar die damalige lateinisch-fränkisch-keltische Mischsprache, die Vorform des Französischen

Hagen stand wie im Krampf. Steif wirkte er, erstorben. Keinem von uns gelang eine Gegenrede, wahrscheinlich schon der Kälte wegen. Mir jedenfalls waren Mund und Backen starrgefroren. Um so lebhafter funkelte der Xantener, um so lockerer, ja frecher bewegte sich dieser Riese und redete Wörter, die wir nur zur Hälfte verstanden oder die wir zu verstehen lieber gar nicht erst versuchten, so vertrackt schienen die Reden dieses riesenhaften Cheruskerprinzen, stets gespickt mit Spott.

Ich weiß, dieser Berserker aus Xanten, so hör ich euch *clam murmurare*, »heimlich murmeln« dieser *homo novus* »Emporkömmling«, dieser *proletarius* dem untersten Stand angehörend, von *proles* »Sprößling«, »Brut«, der ist im besten Fall ein gälisch fälisch kattisch Arbeitsvieh und Geschmeiß. Gefahr zwar, aber, könnte sein, auch gut fürs Sachsenköpfen. Fürs Verwüsten von Verwandten. Fürs Drachenschlachten, fürs Pfaffenpuffen.

Und da er gerade jetzt, leichtfüßig, vor Ringwolf stand, tat er, was er gesagt hatte, knuffte er den frommen Vetter in den Bauch. – Nicht wahr, ich ekle den süßen Himmelsbräutigam, ich ängstige ihn sehr. Aber laß dir gesagt sein, Pfaff, der Herr Jeschu kommt so bald nicht wieder, ach, er schlägt dir so bald keine güldenen Schneisen durch den Teufelswald am Rhein. So müssen du und ich, du Kugelmensch und ich Langmensch, müssen wir nun sehen, wie wir beide ohne ihn zurechtkommen. Tut mir leid. Und wer den Gernot rheinab schickt in die Tiefe, muß mit Tiefenteufeln rechnen. Und sollte seiner heiligen Bibel trauen: »Machet dem Herrn einen fröhlichen Lärm, seid heiter, seid ausgelassen.« Offenbarung 5,9; 14,3; 15,3

Trat zwei Schritte zurück, schaute uns an. – Ich weiß, Freudenkrach ist Heidenspuk. Ist einzumauern. Ans Kreuz zu nageln. Oder aber man muß *contra gaudium stipitem adigere per medium Antichristum.* »gegen die Freude einen Pfahl hineintreiben in die Mitte des Antichristen«

Schaute dann wieder in dieses und jenes Gesicht. – Wotans Raben, die waren anders. Die schissen noch freudig in die heilige Weltenesche. Aber »Freude«, die ist bei der neuen Priesterschaft, so lernte ich in Rom, nur für die reinen Geister. Für die, die alles Heilige glauben und »guten Willens sind« Lukas 2,14, ältere Interpretation

Nicht mal zu nicken trauen sie sich. Wie unhöflich, den Gast zu bemuffeln. Und mit hundert Kriegern zu umzingeln. Und unterm Filzwams zu verstecken, was ihr hier Waffen nennt, ihr Fröstlinge, ihr Blaugesichter. Und du Pfaffsack mit den zwei Karfunkelsteinen, einem roten im Gesicht und einem blassen vorm Bauch, was *musha* klammerst du dich an dein halbiertes Quarzkügelchen? Meldet dir das Neuigkeiten vom *Spiritus Sanctus*? Mein Vater Siegmund liebt Leute wie dich, die genau wissen, was der Weltenschöpfer denkt und will und wer in die Hölle muß und wer nicht. Und nannte unser altes *Castrum* euch zuliebe *Ad Sanctos*, woraus unsere Leute, weil sie kein

Latein können, »Xanten« machen. Stell dir vor, ich komme aus »Heiligenstadt«. Du glaubst mir nicht? Kuckst deswegen so himmlisch schiefschnäuzig? Wenn ich richtig lausche, dann rauscht dir unterm Leibfell ein *quirumpil chac tatta gorem*, ein Stinkejauchebach. Und was raunt dir der?

Ringwolf, der reichlich Kohlsuppe mit Lammfleisch gegessen hatte, bekreuzigte sich. – *Abbibeo Antichristum.* »Ich halte mir den Antichristen vom Leib«

Also weißt du aus pullerigem Rumpelknax im Bauch, wo Gefahr lauert? Weissagt dir dein Gedärm auch den geheimen Sitz der lieben Nymphen, die Verstecke der Undinen in den Feentümpeln, der Luftgeister und Silvestren und Salamander? O wunderbarer Kullerpriester, wir könnten Freunde werden. Falls nicht, so schenk ich dich meiner Mutter, die hängt dich zum Trocknen in den Wind und liest aus deinen Eingeweiden Roms künftige Wege.

Ringwolf schlug abermals das heilige Zeichen, diesmal gleich zweimal, doch das Notzeichen, sein Doppelkreuz, versagte, nein, der Hürnerne zersprang nicht. Der wandte sich nun wieder dem König zu, griff Gunther sanft bei der Schulter, wo es klapprig knarrte.

Starken Kampfschutz spür ich unter deinem Filz. Hast du Lust auf Tjostspäße? Dann probieren wir jetzt aus, wer den Pfaffsack schneller in den Rhein rollt, du oder ich. Der könnte eine Wäsche gut vertragen, *nam nulla dies sine lavare dominum tuum verum.* »Denn kein Tag vergehe, ohne deinen wahren Herrn zu waschen« Das rieten mir in Rom die hohen Offiziere, und nie war klar, welche Herren sie meinten.

Hüte deine Zunge, Schmied, rief nun Vetter Hagen, als sei er aus einer Ohnmacht erwacht. – Hüte sie vorm geistlichen wie vorm weltlichen Regiment!

Und endlich stand Gernot wieder neben uns, der hielt Hagen am Ärmel fest, doch der Waffenmeister riß sich frei. – Eh du den Bischof und den König beleidigst, wisse, Xantener, vor dir steht Gunther von Burgund, Gundomars ältester Sohn, *Rex Burgundionum.*

Benedice! Endlich wird mir ein Name genannt. Beruhig dich, Gneisgesicht, ich will deinen König nicht beleidigen, sondern ihm beistehen. Gegen alle seine Feinde. – Und ergriff Gunthers Hand, die inzwischen sehr kalt geworden war. Im Zugriff hörte ich, wie Gunthers

Finger knackten, der cheruskische Xantener knorpelte die Hand ineinander, und unser König begann zu wanken.

Ist dir nicht wohl, *Rex Burgundionum*? es gibt Kölnisch Wasser auf dem Schiff. – Er ließ die Hand nicht los. – Wie willst du Zierbub sächsische Raufsäcke scheuchen? Und die Falen, Dänen, Hunnen? Wir beiden sollten üben gehen auf Schild und Lanzen, hier gleich im Hof, das gäb dir Kraft und Wärme in die Tätzchen. – Endlich ließ er die Hand frei, die violett zerkrumpelte. Und packte dann die Hand des Waffenmeisters. – Dieser hier, rief Gernot rasch, das ist Herr Hagen, Burgunds Waffenmeister, unser treuer Vetter.

Ein Waffenmeister, der Waffen schafft, die schon zerspringen, wenn man sie nur scharf anblickt? Ganz Worms riecht nach üblen braunen Kohlen aus dem Land bei Köln, nach Schwefel, nach faulen Feuern, unmöglich gibt das eine gute Schmiedeglut. – So redete er und lästerte Hagens Waffenschmiedekunst. In der Tat schürten unsere Schmiede ihre Feuer mit Schwefelkohle aus Köln. Und nun drückte er auch Hagens Hand und blickte überrascht. Spürte Gegendruck.

Eine Weile spannten sich da Fäuste und Arme. Bog sich dieser Rumpf, dann jener. Schließlich zitterte und seufzte der Heermeister, rötete sich sein Steingesicht, ächzte er und drohte in die Knie zu brechen. Der Ruhrschmied lockerte den Griff, ließ Hagen sich aufrichten, gab ihn aber nicht frei. – Wir zwei, du Knorz, wir wären gut für bessere Späße. Wie wär's, wir machten wirklich *gaudium* und kratzten gemeinsam den neuen Teufelsglauben aus den Wurmsköpfen? – Ließ den Hagen nun ganz los, nahm Abstand und sah ihn an, wartete auf eine Antwort.

Der betrachtete ihn mit kleinen Augen, den Riesen, der ihn beleidigt hatte, ihn und seine Schmiedekünste, blickte voll Haß auf das große Gegenüber und sagte dann: *Usus noster civitatis semper non venit cum proletario foedere iungi.* »Es verstößt seit je gegen unsere guten öffentlichen Sitten, mit einem Proleten ein Bündnis zu schließen«

Da nickte der Riese, zeigte auf Hagens knappen Mantel und meinte: Sitten soll man ehren bis zum Umfallen. Auch wenn solch dumme dünne Sitten um eueren muskelreichen Ranzen zappeln. Diese Filze schmücken euch nur mäßig. Trägt man nun auch in Burgund nur noch Armutslappen? Mönchsgewänder? Sind jetzt auch die, von denen ich hörte, sie liebten das Prächtige, nur noch Klagenarren? die glauben, allein über Hunger, Elend und Frost kämen sie dem Christusleiden näher? He, Hagen, gemeinsam fänden wir bessere Kappen, fröhlichere, da bin ich sicher.

Ich hörte, du seiest Schmied. Schneider also auch?

In Notzeiten ist keine Kunst zu schade, am wenigsten die Verkappungskunst. Muß ich das dir erklären, dem *pugnax multiplex*? dem »vielfältigen Raufbold«

Gernot legte auch jetzt seine Hand beruhigend auf Hagens Arm. – Neben dem Waffenmeister siehst du Giselher, meinen jüngsten Bruder, der kennt alle Schriften und Sprachen und viele Länder, lateinische wie nebelländische.

Der Xantener gab mir zum Glück nicht die Hand, sondern legte sie auf meine Schulter. Auch dort verschoben sich hölzerne und eiserne Harnischteile und knirschten. – Auch Schreiber Giselher schnürt sich seine Schulterflügelchen mit Eisenklammern aus den Schwefelschmieden? Mit Hanffäden gebunden statt mit Leder? Auch dir wünscht ich bessere Teilchen.

Dann nahm er wieder Abstand und redete, als spräche er zu sich selbst. – Auf diesen Herren stehen sie nun, die *consilia* »Pläne« des Königs Gundomar. Des Vaters Geist denkt sich ins Freie. Der Söhne Furcht duckt sich aufs Neue. Laut Schazman eine Zeile im Versbau der keltischen Kilianschronik

In singendem Tonfall sprach er, der unheimliche, der tänzerische Mann und schien ein altes Lied zu zitieren. – Bleich stehen sie hier vor mir, bleich und bruchplatt, die Mauern von *Roma nova*. Rostig und hohl. NordRom zerfällt, noch ehe es entstand. Worms wird Wurms, es sei denn – es sei denn –

Er zögerte. Stockte. Plötzlich mußte er in den oberen Hof schauen, zur großen Pforte im Haupthaus. Die hatte sich geöffnet, und von dort kam, begleitet von ihren Kammermädchen, Utes Tochter. Krimhilds dunkelroter langer Mantel wehte im Wind, der war neu, zeigte an den Rändern Goldstickereien, wurde von einem schwarzen Gürtel gehalten.

Die Freundinnen blieben beim Portal zurück, Krimhild aber kam quer über den Hof, ging geradewegs auf den Gast zu. Hagens Zähneknirschen hörte ich. Gernot griff ihm auch jetzt an den Arm, hielt ihn ruhig.

Der Xantener aber bemerkte den Hagen gar nicht mehr. – Also gibt es das auch? Im hartgefrornen Worms? Über tausend Gramfalten geht nun doch noch die Sonne auf? Noch im Kloster-Epos um 1200 (Hs.B, 281,1): *Nu gie diu minneclîche alsô der morgenrôt tuot ûz den trüeben wolken* »Nun erschien die Liebliche und kam wie ein Morgenrot aus trüben Wolken«

Sag mir, Gernot, dies ist sie? Bruder Gernot nickt, kann vor Stolz nur nicken.

Als Krimhild nun dicht vor dem großen Fremden stehenblieb, da verstummte der, da verging ihm sein Spielton, da konnte selbst er nichts mehr sagen. Ach, nun schienen über sein helles Gesicht andere Helligkeiten zu wehen, Frühlingslichter flogen drüber hin, fröhlicher Feuerschimmer.

Dicht vor dem großen Wildling stand die UteTochter, vor dem berüchtigten Nibelungen und Drachentöter, dem hürnernen »Mächtigsten«. Welch eine Tat unter Hagens Aufsicht. Unter Ringwolfs angstvoller Kontrolle.

Und auch meine Schwester konnte nun nicht vermeiden, daß in ihrem Antlitz ebenfalls etwas lodern wollte; ob sie mochte oder nicht, ferne Flämmchen schienen da zu zündeln, als zeige sich mitten im Winter vom Frühling ein Widerschein, und weil sie diese Wärme gespürt haben wird, sprach sie rasch, wie um das zu verjagen oder davon abzulenken. – Seid willkommen, Herr Siegfried, berühmter Fremdling und Ritter. Großer Feuerkünstler, von dem mir mein Bruder Giselher wunderbar Gutes erzählt hat und Tolles.

Der Mann aus dem Niederland wagte nicht, nun etwa auch ihre Hand zu ergreifen. Schien einen Moment wie benommen, flüsterte was kattisch Keltisches. Versuchte dann eine kleine Verbeugung. – Dank, sage ich, Dank für dies erste Freundliche hier, für dies Licht in der Wurmsgruft. Dies Frühlingslicht in eurer lausigen eisigen Diözese. »Provinz«. Die damals neuen Bischofs-Diözesen waren (und blieben zum Teil bis heute) identisch mit den alten Militärprovinzen des römischen Befehlssystems

Dem Herrn Gunther hob eine Bö das Filztuch, die wulstete seinen Mantel zur grünen Glocke. Und jeder konnte sehen, wie er die linke Hand noch immer um den Schwertgriff klammerte und wie die rechte, die zerkrumpelte, zu zittern hatte. Als der König sah, wie er beobachtet wurde, flüchtete er sich in eine höfliche Anordnung. – Ich denke, wir sollten unseren Gast nicht länger im Zugwind stehen lassen. Krimhild, führ ihn hinauf!

Nichts wäre ihr lieber gewesen, schon ergriff die zarte Hand die große des Königssohns, schon gehorchte ihr der Gast, ja, die Mädchengestalt zog den ritterlichen Riesen hinter sich her, der folgte ihr gehorsam, der ging neben ihr her und mochte von nun an sowieso seine Augen auf nichts anderes richten als auf die junge Schöne in ihrem neuen rotgoldschwarzen Mantel.

Wir schauten denen nach. Muß noch erklärt werden, welche Frechheit sich meine Schwester herausgenommen hatte? Der König hatte ihre Verfehlung einigermaßen gedeckt, als er sie bat, den Gast in die Pfalzhalle zu führen.

Nun aber drohte Hagens Grimm überzukochen. Sein Zorn galt nicht nur dem spöttischen und verwirrenden Auftreten des vermeintlichen Grobklotzes und den offenen Sympathien, die Gernot und ich ihm entgegenbrachten, seine Wut galt nun vor allem Krimhild, die sich auch dann, wenn sie älter gewesen wäre, einen solchen Schritt niemals hätte erlauben dürfen. – Kommende Nacht, sagte Hagen, stehen am Hafen und in diesem Hof je fünfzig zusätzliche Wachen.

Warum, fragte Gernot. Wachen sollten wir stromab schicken, zum Main hin, da sollten wir sie wohl verdoppeln, gegen Ortwins Mörder. Ach, wie Nonnen tut ihr, wie Jungfräulein, die nachts der Teufel heimsucht. Recht hat er, wenn er euch verspottet. Wie Würmer krümmt ihr euch, wie erfrorene Würmer, ja, »bruchplatt« und kaputt habt ihr vor ihm gestanden, nun glaubt es doch wenigstens mir: Alle Gefahr, seit dieser Gast bei uns ist, muß zerplatzen!

Da riß Hagen sich sein grünes Tuch vom Leib, warf es auf den Boden und zischte: Seit ein solcher Schmied uns mit Hohn überschütten kann, ist die Gefahr drachenköpfig! Der Klotz, den du mitgebracht hast, ist aus *Lokis* Brut, der ist aus Dreck, aus List, ist gespickt mit elendem *arbitrium loquendi!* »Redenkönnen«. In der gemanischen Götterwelt ist *Loki* der wendigste Helfer des Wotan (Odin), zuständig für List, Lüge und Erzählkunst Denkt an die berühmte Stadt Troja, die erobert wurde durch ein Holzpferd. Auch das hatte in seinem Bauch Bewaffnete. Mag sein, schon bei *Homeros* und *Odysseus* waren es fünfhundert Krieger.

Da ging Gernot zu Herrn Gere und wies an, daß diese Nacht die Wachen rings um die Pfalz auf den Mauern ausharren müßten und Hof und Hafen im Auge behalten. Feuerchen könnten sie sich zünden, müßten aber wachsam bleiben, so lange, bis auch Hagen einsähe, daß die niederländischen Gäste denkbar besten Schutz böten für Burgund. Nur die Posten am Rhein, nach Mainz hinab gegen Mitternacht und Morgen, die sollte Graf Gere verdoppeln und sollte die Männer anhalten zu schärfster Wachsamkeit, gegen Dänen und Hunnen und ostfälische Sachsen, gegen die, die den Ortwin geschlachtet hatten und die zwölf Gesellen.

Oben in der großen Halle legten wir unsere Rüstungen ab, lehnten Brünnen und Waffen gegen das bröckelnde Rot der Hallenwand. Schwerter und Schilde blieben, so hatte Hagen verfügt, bei der Tafel, jederzeit greifbar. Nun trugen wir wieder den Überwurf von Ottern- oder Lammfell, der Gast aber ging im hellen Leinenkleid, ohne Kragen, im schwarzen Gürtel, in dem nicht mal ein Dolch steckte. Überall auf dem lichten Kittelstoff schimmerten Zeichen, Figuren in den Farben der Eisenglut und des Regenbogens, die sahen aus wie Feuergirlanden, Umrisse von Tieren meinte ich zu sehen, von Kuhschädeln. Ein dunkles Band um Stirn und Kopf hielt sein schulterlanges Flammenwellenhaar.

An der Tafel wies Dankwarth ihm den Sessel neben König Gunther. Der Fremde, von dem wir glaubten, so ein Ungefüger, der würde sich sofort setzen, wartete, bis der König saß, nahm erst dann Platz, schien indessen bei all solchen Höflichkeiten nur Augen zu haben für Krimhild. Ihr und ihren Freundinnen hatte der Truchseß einen Nebentisch angewiesen.

Da saß er nun neben dem König. Die Hallenfeuer brannten, von den roten Wänden sprangen Feuerschatten über den, von dem wir so märchenhafte Taten wußten. Der Schildknappe *Walthari* und einige andere Gefährten von den Schiffen waren ebenfalls in den Saal hinaufgekommen, gleichfalls ohne Waffen, für die Matrosen ließ Dankwarth geschwind neue Tische aufstellen. Auf dem ersten setzten jetzt Rumolts Küchenhelfer Amphoren und silberne Platten mit Wildschweinbraten, mit gemästeten Enten, Rebhühnern, Gänsen und auch Platten mit Bückling, Lachs und Forelle.

Als die Holzfläche unterm duftenden Fleisch schier verschwunden war, als Gurken und Ackersalate, Gewürze und frisches Brot nicht fehlten, da gab der Cherusker seinem *Walthari* einen Wink. Der und drei andere standen auf und hoben den schwer bepackten Tisch, von dem Truchseß Dankwarth die Speisen und Getränke selber hatte verteilen wollen, da stemmten die ihn nun zu viert und wollten ihn mit allem, was drauf war, aus der Halle tragen. Als Dankwarth sich in den Weg stellte, erklärte der Xantener, diese duftende Last gehöre in den Hof, dorthin, wo jetzt in den Mauernischen fast fünfhundert Ruderer um Winterfeuer lagerten und fürchterlichen Hunger hätten.

Sie bekommen alle, rief Dankwarth, wir haben vorgesorgt. – *Yerra* Mehlsuppe, Grütze von Saubohnen, als verdiente nicht, wer schwerste Arbeit tat, das Beste. – Da kam Koch Rumolt selbst und beschwichtigte und sagte, es sei genügend vorbereitet. Sollten halt die Ruderknechte unten im Hof die Mastvögel schlemmen und die Fischgerichte.

Also trugen *Walthar* und die Gesellen den dampfenden Tisch hinaus, andere gingen mit Krügen hinterdrein, schleppten das alles fort unter den Augen der burgundischen Herrschaften, denen das Mundwasser lief. Brachten mit Rufen und Poltern die Köstlichkeiten hinab, unter die Hof-Arkaden. Von dort dröhnte Willkommen.

Derweil ließ der Niederländer keinen Blick vom Tisch der Frauen und murmelte Laute, von denen Kilian mir später versichert hat, daß es gälische Zauberklänge gewesen seien, Urlaute der Druiden, *ba umf* meinte ich wieder zu hören und *thar barr* und *Kussagauma*, Wörter, von denen Graf Gere erklärte, die gingen nun entschieden ins Unanständige. (Vgl. »Karawane« von Hugo Ball)

Koch Rumolt hatte nicht zu viel versprochen, bald tafelten auch die Herrschaften und aßen Kapaune, krustig gebraten, Fasanen und Schwäne, am Drehspieß geröstet, Forellen und anderen Fisch, Schellfisch und Rheinlachs, und dann kam, als Luxusgabe, extra für den Niederländer, eine große Platte mit dem Fleisch der Lämmer, geschmückt aber mit Pfauenfedern, zum feurigen Rad gesteckt rings um die riesige, um die schildgroße Schale. Der Xantener, der zwischen Gunther und mir seinen Platz hatte, der freute sich, fragte mich aber, ob in Roms Worms nicht ebenfalls die tückischen Mondmischungen genutzt würden, diejenigen von Schwindling und Röhrling. Mag sein, er dachte jetzt an die Rauschspeise, an die Giftnacht bei der isländischen Wutfrau.

Also tat ich einiges Lammfleisch von seiner Platte auf die meine und kostete vor, und als ich nun nicht vom Stuhl sank, da sagte er, dies sei der wahre Beruf der Schreiber, Vorkoster zu sein und Lügenprüfer, und legte mir seinen Arm um die Schulter. Kein Quietschen war mehr zu hören, den ungeliebten Schlagschutz hatte ich abstreifen können. Und nun aß der Gast neben mir tüchtig, trank gern vom jurassischen Wein, speiste ausführlich, vergaß aber bei fast keinem Bissen, zum Tisch der Frauen zu blicken.

Die Wormser Herrschaften blieben besorgt. Dieser große Mensch mit dem rotblonden Haupt, dieser Herkules »deutsch«, verschrien als Finsterling, der werde, so fürchteten Gottlieb, Gere und Ringwolf und so argwöhnte gewiß auch Hagen, der werde nun nicht nur Tische mit bestem Essen verschwinden lassen, der würde, hätte er nur erst genug getrunken und gegessen, Schreckliches anstellen, der würde das Adlerbild an der hinteren Hallenwand in ein Kuhbild verzaubern, der würde womöglich einige von den Steinsäulen knicken oder diese oder jene Mauer eindrücken in seinem Übermaß an Kraft. Wahrscheinlich flögen durch die Lücken in der Außenwand demnächst nicht Schmuckpokale in den Rhein, sondern der eine oder andere Fürst, gewiß der zierliche Graf Gere oder sogar der fromme dicke Gottlieb. Mir war klar, daß ich meinen Verwandten zu viel vom Feuerkünstler erzählt hatte und zu wenig davon, daß er in der zweiten Hälfte seiner Lernzeit die Sitten auch in Rom erkundet hatte, die in den römischen Villen, ja, daß er dort zuletzt, wie sein Vorfahr *Arminius*, zu den *potentes* und *duces* gerechnet wurde. Zu den »Mächtigen« und »Anführern«

Da aß er nun, der Nymphen- und Hexenfreund, der hürnerne »Mächtigste«. Aß und saß dort, so groß wie vergnügt, so leicht wie schwer hockte er auf dem Sitz aus Eichenholz, der sonst Herrn Hagen vorbehalten war als Platz des Nächsten beim König. Aß und trank, wie gesagt, gern und verhielt sich überraschend anders, als man erwartet hatte, hielt sich ruhig und beinahe maßvoll und schien tatsächlich das zu sein, was ich von ihm immer behauptet hatte, ein Königssohn. Die klösterlich sanktionierten Überlieferungen um 1200 haben ihn eher als ungehobelt gezeichnet, von Klugheit ist fast alles getilgt, Ausnahme sind die Hinweise auf seine vielen Fahrten, zu werten als Hinweise auf Erfahrenheit. Immerhin: *Er hât mit sîner krefte sô menegiu wúnder getân* »Mit seiner Kraft hat er viele Wundertaten vollbracht«. Ansonsten beschreiben ihn Jahrhunderte später die klösterlichen Dichter als cholerisch und unbeherrscht: *Da zurnde harte sere der helt von niderlant. Er sprach: Sich soll vermezzen niht wider mich din hant . . . Sie muozen rede vermîden, daz was Gernôtes rat.* »Da zürnte der Held aus den Niederlanden heftig und erklärte: Paßt nur auf, daß du dich gegen mich nicht übernimmst . . . Gernot riet, jetzt lieber nicht weiterzureden« Wenn Herrn Gere ein Lob gegen diesen Mann nicht eh überfordert hätte, dann hätte er urteilen müssen, dieser Gast aus dem Nebelland benahm sich zuchtvoll. Hagen dagegen witterte auch und gerade in dieser Mäßigung nichts weiter als eine besondere Heimtücke. Ihn hörte ich wiederholt von *Loki* murmeln, von Tarnung und von dem Ungeheuer, das Kreide fraß.

Mochte aber sein, diese Mäßigung bewirkte jene zarte junge Frau, die den Niederländer nun ebenfalls zu berauschen schien, wenn auch ohne alle Mondmischungen, und zwar so sehr, daß auch seine eigenen Gebärden und Wörter zusehends sanfter wurden und geschmeidiger. Wie schon beim Anblick der Nornen oder der *Helinga* oder der Nymphe *Baldinai*, so stand er offenbar auch jetzt im Bann von *materia inspirans inspirata.* »begeisternd begeisterte Materie« Den Mund wischte er sich mit einem Tuch, das er aus einer geheimen Tasche in seinem schwarzen Gürtel zog, und fragte nun, Roten trinkend, den Geistlichen, der ihm gegenüber saß, ob es stimme, was Gernot erzählt habe, daß in Worms kürzlich ein Gelehrter hingerichtet worden sei, eigenhändig von ihm gepfählt, vom Bischof, ein irischer Himmelskundiger, der den Gang der Gestirne kannte, die Zeiten der Sonne und des Mondes.

Der hatte den Teufel im Leib.

Sein Wissen wurde auch in *Colonia* gerühmt und wäre von meiner Mutter in Xanten keineswegs bestraft worden, schon gar nicht mit dem Tode, zumal sie die Barbarei des Hinrichtens abgeschafft hat. Nein, so einen weisen Mann, den hätte sie ausgezeichnet mit hohen Ehren. Die Iren lassen solche Menschen seit je große SteinUhren bauen, an denen man den Gang der Gestirne ablesen kann. Auch in Rom, Herr Romwolf, sprach ich mit Gelehrten, die aus den alexandrinischen Schriften wußten, daß nicht *Erde*, sondern *Helios* die Mitte des Kosmos sei. Nicht die Erde, sondern die Sonne Und wer am Hof meiner Mutter Kenntnisse hat *de revolutionibus orbium coelestium* »von der Umwälzung der Sternenkreise und des Himmelsgewölbes«, der gerät dort, wie früher in Rom, nicht an den Galgen oder auf den Pfahl, sondern in den Rat der Weisen. – Sprach's und stupfte das zierliche Tuch wieder in seinen dunklen Gürtel.

Es ist, sagte Ringwolf, von Gottes Sohn nirgends überliefert, daß sein Vater auch unterhalb der Erdscheibe Menschen gesegnet hätte. Alles, was von diesem Iren zu hören war, widersprach entschieden den heiligen Schriften und ihrem göttlichen Himmelsbild.

Der Gast wartete eine Weile, ob der Bischof auch sonst noch etwas entgegnen würde. Da aber nichts weiter folgte, fuhr der Xantener fort, es sei nun genau hundert Jahre her, daß in Trier einer hingerichtet worden sei, nur weil er der heiligen Schrift entnommen hatte, der freundliche Jeschu hätte versprochen, er wolle alle Welt »frei machen« Joh.8,32, und zwar die Herren der Welt ebenso wie die dienenden Leute. – Ich dachte, fügte der Xantener hinzu, seit diesem armen klugen *Priscillian* in Trier, der Jesu Worte ernst nahm, dem man aber im Namen von Kaiser *Valentinianus* den Kopf abschneiden ließ, seitdem vermehre sich am Rhein endlich das Wissen und nicht die Dummheit.

Da Ringwolf darauf so schnell nichts zu entgegnen hatte, blickte der Xantener sich um, fragend. Auch von den anderen Ecken des Tisches kam keine Erwiderung. Es schien ganz so, als sei unser Bischof ungenügend gewappnet gegen diesen Gast, der gewiß ebenfalls den »Teufel im Leib« hatte und sich nicht nur in Rom, sondern auch in den römischen Provinzen auszukennen schien, zum Beispiel in Trier.

Unter Folter, sagte der Cherusker, mußte der arme *Priscillian* gestehen, er, der Gelehrte, hätte sich Freiheiten eigensinnig herausgenommen, die nur den Fürsten und den Kirchenfürsten erlaubt seien. Überdies hätte er mit seiner Freundin getrieben, was die neuen Kapuzenmänner »Unzucht« nennen. Ich fürchte, denen ist jedes Studium *eo ipso* Unzucht. Ist es auch für euch *revolutio perversa*, wenn einer weiß, wie die Freude kommt und wie die Welt sich dreht? Muß so einer gepfählt werden? *Numquam satis discitur.* »Man lernt nie aus«

Man legte die Messer leiser als sonst, um nur ja keines seiner Wörter zu überhören. – In Rom wurde geschwiegen, wann immer man sah, daß Römerfrauen plötzlich mit Blondhaar gingen, weil es ihnen ihr Liebhaber über die Alpen gebracht hatte. Niemand wagte zu fragen, wie sie an solchen Schmuck gekommen waren. Wird auch in Worms geschwiegen, wenn man Unrecht wittert?

Nun konnte Ringwolf nicht länger still bleiben. – *Miramur* »Wir haben uns zu wundern«, sagte er und atmete schwer. – Verwunderlich erscheint uns, wenn in Worms statt eines Kraftklotzes, wie Hagen zu wissen vorgab, als Gast ein Kenntnisklotz auftaucht. Der sich obendrein, ganz offensichtlich, als ein *feminarum auriscalpius* hervortut. »Ohrenkitzler der Frauen«. So hieß u. a. Papst *Damasus* (366–384) wegen seiner rhetorischen Begabungen, die, wie die Überlieferung behauptet, insbesondere die Frauen stimulierten

Noch einmal holte Ringwolf tief Luft, spürbar war ihm unwohl, aber er mußte nun Antworten geben. – Laßt es euch gesagt sein, das Urteil gegen den unseligen *Piscillian* in Trier, das wurde zu Recht gefällt. Es erging wegen eines bösen Falls von *maleficium* »schwarze Magie«, nämlich wegen Ketzerei und allerdings auch wegen »Unzucht« mit mehrerlei Frauen und wurde vom Papst *Siricius* (Papst von 384 bis 399) eingehend nach den Akten geprüft und bestätigt, als rechtmäßig. Und was ich selbst in Lorsch gegen den irischen Ketzer urteilte, das verhält sich im gleichen Sinne und nicht im Sinne von Dummheit. Das wird Folgen haben für alle, die sich ähnliche Freiheiten herausnehmen wollen gegen die Wahrheit unserer heiligen Überlieferungen. *In nomine Domini et Filii et Spiritus Sancti, Amen. Honorem tribuite sacrae cuidam condemnationi corporali et sacrae sententiae condemnationis corporalis latae per patres Ecclesiae sacrae, Amen.* »Im Namen des Herrn und des Sohnes und des Heiligen Geistes, Amen. Erweist Ehre der heiligen und förmlichen Leibesverdammung und dem heiligen ausführlichen Urteil der Leibesverdammung durch die Väter der heiligen Kirche, Amen«

Episcopatus venerandus »verehrungswürdiger Bischof«, ich wollte, daß alle eure Urteile und Überlieferungen nur halb so zauberhaft leuchteten wie euer spiegelblanker Kugelschädel. – Der Xantener, bevor er seine Rede fortsetzte, wischte sich wieder den Mund und steckte das regenbogenbunte Tuch zurück in den Gürtel. – Zu Wurms wird mir bei solch heiligen Reden wahrlich wurmslich zumute, trachytisch bedrückt mich eure Über- und Unterlieferung. Denn über das »Freiheiten herausnehmen« höre ich hier dermaßen Bedrohliches, daß sich mir der Kopf dreht. Bislang nehmen wir uns die Freiheiten, dachte ich, gar nicht heraus, sondern wir haben sie. Trinken sie schon aus der Mutterbrust. – Blickte auf seinen königlichen Nachbarn, dann auf mich und lächelte. – Nicht wahr, *Gislahar*, vor lauter Freiheitsangst erbleicht hier Roms Glanz auf einer blanken Glatze, oder? Ist nicht auch überliefert, auf welch unheilige Weise Roms Kaiserglanz erlosch? Nämlich so, daß der allerletzte Imperator am Ende nur noch Hühnchen züchten mochte?

Ich nickte, auch ich hatte davon gehört.

Als nämlich der wackere Gote *Odoaker* in die müde alte Cäsarenstadt gezogen kam Odoaker setzte 476 den Kaiser *Romulus Augustulus* ab, da betrieb Frau Kaiser hinterm Capitol einen furchigen Acker für Knoblauchstecken, Kohlrüben, Gurken und Rettiche. Und Papst *Simplicissimus*, so versicherte mir jeder, den ich am Tiber fragte, der ging hinaus, um den streitlustigen Goten milde zu stimmen, dem fremden Feldherrn ging *Sanctus Papa* ans nördliche Stadttor entgegen mit runden Süßteilchen, »Mohrenbrüstchen« nannte er die und hatte die selbst gebacken, mit Eidottern von den kaiserlichen Hühnern des Herrn *Augustulus*. In einem der Küchelchen aber stak ein Ring, und wer beim Willkommensmahl dies Ringlein fand in seinem Mohrenbrüstchen, der durfte mit des Papstes jüngster Tochter dreimal rund um den Mond fliegen und zurück, auch das ist überliefert. Ach, nun hält Herr Ringwolf sich die Hände vors Gesicht? Herr Hagen kneift die Augen spitz? Hab nun auch ich mir zu viele Freiheiten rausgenommen aus Roms gerüchereichem Giftschrank?

Er lachte, wendete sich zur anderen Seite, zu Gunther, und sah, der hatte im Forellenfilet geprokelt und kaum gegessen. – Herr Künnek schweigt? Hat Kummer? Und wär doch so gerne prächtig? Wird aber zernagt von Gram?

Da mußte ihm nun auch der »Künnek« antworten. Gunther tat es mit mehreren zögerlichen Blicken zum Waffenmeister. – Das Burgunderreich, sagte er, ist allerdings ein Sorgenreich. Hat zwar keine Mühsal mit Knoblauch oder Hühnchen, sondern verlor, wie ihr wohl wißt, eine große Schlacht gegen die Hunnen, trotz römischer Hilfen.

Römische Hilfen? Ihr Ärmsten. Die sind unter allen Hilfen die faulsten. Jeden Morgen hatten wir Offiziere am Tiber folgendes zu geloben: *Tu regere imperio populos, Romane, memento, haec tibi erunt artes, barbarisque imponere morem et debellare superbos.* Und damit alle hier im Saal diesen *terrorem terrae* ganz und gar begreifen, sag ich dies Gelöbnis gern in der Leutesprache nach, für die *diet*, für die Deutschen: »Du, Römer, denk immer daran, die Völker der Welt zu beherrschen, diese Künste sind deine wichtigsten. Den Barbaren drück deine gesittete Ordnung auf, und alle, die dagegen sind, die schlag nieder.« – *De hoc principio inhumano, ad quod omnia referentur, auxilium speratis?* »Von solch inhumanem Grundgesetz erwartet ihr Hilfe?« *De imperio absoluto qua disseminatio angoris et terroris via ac ratione ac obsequio?* »Von einem Befehlssystem zur systematischen Verbreitung von Angst und Schrecken und Abhängigkeit?«

Gunther hatte nur wenig verstanden und blickte wieder dorthin, wo sein römisch gebildeter Berater saß. Da der auch jetzt nur seine vielfältigen Augenhöhlen eng zusammenzog zu einem schweigenden Lauern, mußte mein Bruder nun selber eine Antwort finden auf die Fragen nach seinen Sorgen und Ängsten. – Unser burgundischer Stamm, seit jener Niederlage gegen Attilas Hunnen lebt er geteilt. Die größere Hälfte zog nach Süden, in der Hoffnung auf römischen Schutz. Wir hier dagegen in Worms, das ihr »Wurms« nennt, wir haben die Hoffnung auf Roms Hilfe ganz und gar aufgegeben. Haben uns aus eigener Kraft gewehrt gegen Franken und Sachsen, auch gegen Alamannen und immer nochmal gegen Hunnen, die nun unter Attilas Sohn Etzel daherkommen. Und die Aussicht, schon morgen vor eure fälischen Verwandten zu geraten, die, wie Gernot berichtet, sich beim Main mit neuen Waffen rüsten, diese Aussicht ist es, die mir den Appetit verschlägt. Da brauche ich nur an Ortwins Arm zu denken. Da hilft mir kein Liebesapfel aus Persien und auch keinerlei Süßspeise.

Der aus *Nifhelheim* legte seine Hand sehr sanft auf Gunthers Schulter und sagte nun etwas, das der König ebenfalls kaum verstanden haben dürfte, doch allein die Stimme des Xanteners und die Tonart seiner Rede, die klangen auch für ihn wie eine Musik der Freundlichkeit. *Quantum possum, amice, quantum in me situm.* »Was immer ich vermag, ich werde es für dich tun, mein Freund« Glaub mir, es beißt sich *knörrip* die Zähne aus, wer immer dein rheinisches Burgund zernagen will und dir und deiner Schwester den Vanillepudding verderben oder wegfressen, schon weil ich weiß, daß Vanille nördlich der Alpen teurer ist als *argentum* »Silber« und weil nördlich der Alpen, da bin ich mir noch sicherer, keine Schönere lebt als deine Schwester Krimhild.

Verwirrt schaute Gunther den Mann an, fürchtete, allein schon in dessen Latein steckten teuflische Pferdefüße, die er nicht bemerkt hätte, und blickte wieder fragend zu Hagen hinüber. Auch diese unsicheren Blicke bemerkte Sieglinds Sohn, lächelte und nickte und schaute wieder zum Frauentischchen hinüber: *Curae dominorum, o quantum fumat in illis inane!* »Die Sorgen der Herren, o wieviel Irrsinn qualmt darin« Deine Sorgen, Freund Gunther, die könntest du allesamt vergessen, würdest du deines Waffenmeisters klägliche Schmiedekunst im Rhein versenken. Mit euren Eisenschmelzen auf schwefliger Braunkohle aus Köln und mit Blech, mit mürbem Leder und mit Holzgeflügel, mit solchen Waffenkünsten besteht ihr gegen keinen von all diesen rauflustigen Sachsenstämmen. Wenn du willst, mach ich dir wirklichen Stahl, ja, wenn du magst, dann leg ich dir übers Jahr zwölf Schiffe auf, mit Rollen drunter, Rennschiffe als Streitwagen und Streitwagen als Rennschiffe, so daß du auf Booten über die alten römischen Heerstraßen dahinsaust und daß du mit Rennwagen über den Mainfluß und den Rheinfluß fährst. – Ein Blick zu Krimhild hinüber, von dort wieder zurück zu König Gunther, und schon ging die Märchenreise weiter und immer phantastischer. – Einen Wasserlauf laß ich dir bauen, einen, der Rhein und Donau zusammenbringt, über den Main und die Altmühl bis hinüber nach Regensburg und Passau.

Über die Berge? Einen Wasserweg?

Wo die Wasserwege Berge queren, bauten die Römer schlaue Tunnel. Und wo ihre Wasserwege Täler querten, da machten sie *aquaeductus* »Wasserwege«, meilenlange witzige Wasserbrücken.

Wasserwege auf Brücken, die man befahren kann?

Unter all ihren Künsten waren, denke ich, die *ductus aquarum* ihre klügsten. Zu Schiff fährst du am Ende von Xanten oder Worms über Regensburg und Passau hinaus bis in Herrn Etzels Hunnenland. Der Kanal zwischen Rhein und Donau wurde unter Karl dem Großen begonnen, vollendet unter Franz Josef Strauß Und wenn am Ende Burgunder und Kelten mit Sachsen Nachbarn sind, ja wenn sie sogar mit Attilas Leuten durch Wasserwege eng verbunden wurden, dann *möfflak mürspriem virquürkilt scraiste Künnek* bei Schazman unübersetzt (*magic spells*). *Künnek*, teilt er mit, heiße natürlich »König« und *scraiste* erkenne er als »idiotisch«, dann wird er verdampft sein, dein Sorgendruck, deine Furcht vor allem Fremden. Wenn eine Grenze bedrückt, dann muß man sie abschaffen. Ach, wieviel Klägliches sah ich soeben in eurem Hafen. Holzräder sah ich, um die kein schützender Eisenring gespannt war. Und eure Pferde haben nicht etwa Eisenbügel, sondern zum Aufsteigen nutzt ihr Riemen oder Hanfseile, und unter den Hufen haben sie kein Eisen, sondern lächerliche Woll- und Fell-Lappen. Auch hier in eurer Halle, sieh nur hinauf, da fehlen in den stolzen Deckenbalken die Stahlklammern, weh, höchste Zeit, daß euch ein Ruhrschmied verrät, was Araber und Römer seit langem können und meine Kelten noch länger. Aber ich fürchte, auch du wartest nun unter deinem Herrn Bischof geduldig aufs Paradies, aufs Jenseits und hältst es nicht für nötig, im Diesseits gute Straßen zu bauen, bessere Häuser oder Pferdegeschirre und endlich auch einen geschickteren Pflug, nämlich den Pflug nicht mit einem, sondern mit zwei Eisenblättern, das vordere zum Aufbrechen, das hintere zum Umstülpen des Aufgebrochenen.

Mir scheint, du hast einen anderen Blick auf unsere Dinge.

In den Dingen erst zeigt sich der Geist, schon vom Schiff aus sah ich, wie ihr euren Ochsen und Pferden alle Last an den Hals hängt, so daß ihr ihnen die Kehle zuschnürt, ich zeige euch, wie man dem Vieh das Ziehgeschirr vor die Brust schnallt, auch solltet ihr sie nicht hintereinander spannen, sondern nebeneinander, am Ende bewegen sie doppelt schwere Fuhren. Ach, nur *in uno modo* ist hier schon jetzt ein *paradisus humanus, sed occultus.* »ein irdisches (menschliches) Paradies, freilich ein geheimes«

Und da er nun wieder zur UteTochter hinüberblickte, schaute auch Gunther dorthin, danach aber auch rasch auf den Waffenmeister, neugierig, mit welchen Gesichtszügen der reagieren würde. Ach, und endlich antwortete auch er, der Heermeister, und zwar recht deutlich, obwohl er beim Reden in seinen Becher blickte. – All diese »Hilfen«, verehrter Herr Ohrenkitzler, wären aber allzu schlecht bezahlt.

Vom »Bezahlen« redet ihr?

Vom zu schlechten Bezahlen. Für nur eine Abendmahlzeit bekommen wir einen Weltwunderkanal? rollende Schiffe? geschicktere Pflug-Eisen und Pferdegeschirre? Das wäre zu viel Lohn für zwölf Geflügelhappen, drei Fische, vier Humpen jurassischen Wein, fünf Feigen und anderthalb Ziegenkäse.

Erstaunlich genau habt ihr mir aufs Maul geschaut beim Futtern. Aber damit ihr das nun nicht verkennt, Herr Hagen, ich will für meine Arbeit, wenn ihr sie wirklich haben wollt, mehr bekommen als die vier Humpen Roten und die paar Bissen. Ich hoffe, daß jetzt niemand hier im Saal umfällt, wenn ich nun so offen bin wie euer König, der frei von seinen Sorgen sprach, obwohl Könige sonst zu prahlen lieben. Ich hoffe, keiner holt sich nun die Waffen, die drüben an der Wand lehnen, wenn ich jetzt gestehe, was ich mir hier in Wahrheit wünsche. – Vom Waffenmeister wendete er sich zurück zu König Gunther. – Sorgenreicher Künneke, deine schöne Schwester, die *musha*, die will der Plattlandschmied. Die will der liebend gern. Die wünscht der sich zur Frau.

Alle Gespräche verstummten. In der menschengefüllten Halle schien es, als wanderte ein Kugelfeuer über die Köpfe. Nicht mal mehr zu tuscheln traute sich jetzt noch irgendwer. Die Buchenscheite im Feuer hörte ich brechen. Krimhilds Gesicht sah ich nicht, drüben am Frauentisch barg sie es hinter Frau Utes grauem Haupt.

Der Niederländer schaute uns an, einen nach dem anderen. Lächelnd, als genieße er diese und jene Verlegenheiten. Sein Lächeln wurde zu vergnügtem Lachen, fast schon wieder so laut wie zuvor, als er uns im Pfalzhof hatte frieren sehen. – Nun lähmt das uralte Wurms ein Schreck? – Rings in die Tischrunde blickte der Cheruskerprinz, neugierig, ob irgend jemand antworten würde. Es blieb still.

Da war es nun dringend erforderlich, daß einer von Burgunds Herren antwortete, und plötzlich merkte ich, wie ich selber es war, der laut zu reden begann. – Wenn jetzt, so stotterte ich und stand von meinem Sitz auf, wenn jetzt unserem Gast so rasch niemand eine Antwort gibt, so hörte ich mich reden und erhob mich umständlich, dann will ich es tun, obwohl es mir nicht zusteht. Doch hat man mir, dem Schreiber, dem Studierten, schon öfter diese Rolle zugewiesen, wann immer in dieser Halle Sorgen durch die Köpfe schlichen, Sorgen oder Ratlosigkeiten. Darum bekenne jetzt ich, daß er mich froh macht, dieser Königssohn aus Xanten, dieser Gast mit seinen witzigen Reden und nun auch mit einem überraschenden Antrag. Auch wenn dieser Saal mit den runden Bögen und mit der Adlerwand und mit dem Bodenmosaik so tut, als sei er ein Saal in Rom, so hoffe ich doch nicht, daß unser burgundischer Eifer, mit dem wir Roms Glanz imitieren, zugleich Roms Schatten weckt. Wer in die Stadt am Tiber kam, der hieß *hospes*, der hieß »Gast«. Damit war er aber zugleich auch *hospes*, der »Fremde«. Der Ausländer. Und so war er am Ende oft genug auch *hostis*, der »Feind«, den man bekämpfte, den man verjagte oder sogar umbrachte. So, Freunde, Vettern und Brüder, sollten wir Rom nicht nacheifern.

So nicht? fragte Hagen und blieb sitzen. – Wie also dann? Wie also ehren wir am besten unseren neuen Tischgast? Dank für Herrn Giselhers gebildete *etymologia* oder aber EtyMythologie. Die erlaube ich mir zu ergänzen. *Parasitus* heißt bei den Römern nicht nur »Tischgast«. Sondern auch »Schmarotzer«.

Ich stand noch immer, hatte nun zu schlucken. – Was soll uns der lateinische Wörterspuk. Ich jedenfalls bin froh über unseren Gast. Und bin glücklich über sein Angebot, Freund zu sein und hilfreicher Nachbar. Und nun gar Verwandter. Und will dem Tischgast gern erklären, warum wir hier erst einmal schweigen und verwirrt sind. Weniger deshalb, weil ihr, berühmter cheruskischer Ritter, zwischen den lateinischen *sententiis crebris* »gedankenvollen Sätzen« auch leutedeutsche Brocken redet und keltischen Rätselrumor. Seit langem lieben es die abendlichen Erzähler bei den Alamannen wie bei den Burgundern und auch bei den Franken, also überall dort, wo die Römer allzu lange geherrscht und die Sitten gleichgemacht haben mit dem *terror*, den ihr uns geschildert habt als tägliche Parole der Offiziere, seit langem singen und erzählen überall dort die *varnde diet* »Fahrensleute«, »Spielleute« ihre besten und freiesten Geschichten und Lieder nicht im Latein der Herren und der Gelehrten und der Priester, sondern *diutisk*, also »deutsch«, in der Sprache der ungebildeten »Leute«, des »Volks«. Dort jedoch, wo es dagegen um Macht geht und um die Schlauheit der Herrscher, beim *usus civitatis*, beim Regieren und Vorteilschinden, da wird auch zu Worms nach wie vor die Romsprache genutzt.

Ich nahm einen guten Schluck. – Und so kommt es, daß wir im Schrecken, wann immer es um Kampf gehen soll oder um Macht, lieber schweigen oder stottern müssen, weil auch am Rhein Roms Herren allzu lange das Zerteilen übten. Als Feldherren trennten sie die Köpfe von den Rümpfen. Als Missionare trennen sie nunmehr das Denken vom Leib. Wenn dann einer kommt wie ihr und redet frei und leutselig daher und nun gar vom »Freien«, dann schmerzt uns unser uraltes Zerschnittensein. Dann fällt es uns sehr schwer, eurer freien Rede frei zu antworten.

Wo denn, fragte der Gast, herrschen am Rhein noch heute Roms Herren?

Ringwolf und Hagen sind an diesem Hof zu Worms unsere ersten Fürsten, und beide sind gebildet auf die römisch imperiale Weise. Ihre Schützlinge, König Gunther und sein Bruder Gernot, die folgen ihnen sehr gehorsam. Allein ich hatte das Glück, außer den *homines litterati* und *clerici* samt ihren *septem artes* auch die diutisken Gesänge kennenzulernen, die Leutelieder. Für Giselher sind die »literarisch Gebildeten« also Kleriker, die über die »sieben Künste« (des Kirchenwissens) die Grundlagen der klassischen Bildung erlernten und die damit im Gegensatz stehen zu jenen *varnde diet*, den »deutsch« vortragenden Spiel- und Fahrensleuten, die die Volkssprache nutzen und seither von den (ehrlosen) Gauklern nur noch vage unterschieden wurden

Um weiterreden zu können, benötigte ich abermals einen jurassischen Schluck. – Nur wenige unter den neuen Herren sehen ein, daß Historien, die gut sind und ohne Verfälschung, daß solche Erzählungen und Erzähler nicht nur das Lateinsiche kennen müssen, sondern auch und noch genauer das Teutonische oder *Diutiske* oder das *Romanz*, das Leute-Latein, Sprachen also, die so wie euer Keltisch oder Nibelungisch die Bischofsohren erröten läßt und am Ende zuschwellen, so daß unsere Hirten ihre Schäfchen schließlich nicht mehr verstehen können. Die Leute-Sprachen nämlich, die kennen das trennende Messer nicht, die Zerschneidungen ins Innen und ins Außen, sondern sie zeigen das Eine im Anderen, das Andere im Einen.

Da hatte ich doch nun genügend lange geredet, so daß Hagen oder Gunther sich inzwischen gut hätten fassen und eine ordentliche Antwort auf den Heiratsantrag finden konnten. Doch auch jetzt blieben die Herren stumm. Darum fügte ich hinzu: Redet also auch ihr, verehrter Gast, getrost so, wie euch die Wörter zufliegen, auch von jenseits des *limes* Der *Limes* (»Grenze«) war jahrhundertelang die Grenze zwischen der alten römischen Besatzungszone und den nicht eroberten »barbarischen« Stämmen in Europas Osten und Norden (*Nifhelheim*) Was allerdings euer Hochzeitsbegehren angeht, so erlaubt mir die Frage: Entschließt ihr euch überall so rasch? – Ich setzte mich.

Dank, Schreiber, antwortete der Niederländer und erhob sich nun ebenfalls, der Riese, der feuerköpfige. – Deine Rede kennt sich gut aus in der lateinischen Imperiums- und Sezierkunst, in der cäsarischen wie in der kirchlichen. Weniger leuchtet mir aber ein, was du von meinem Hochzeitsbegehren urteilst. Als ich deine Schwester zum erstenmal sah, vorhin im Hof, da wußte ich im selben Augenblick, was ich seit langem in meinen Träumen wußte. Da sah auch ich das Eine im Anderen und das Andere im Einen, und zwar so genau, wie die Etrusker es aus den Blitzen wissen, *fulmine ictus.* »vom Blitz getroffen« Diese junge Frau, so wußte ich blitzartig, die ist es. Gütiger Gelehrter, goldiger Herr Giselher – so rief er, der Niederländer, und ich höre ihn noch immer so rufen, auch jetzt noch in meinem Lorscher Loch höre ich die vielen Gleichklänge zur Schlußsilbe meines Namens, fünfmal hintereinander das »er« am Schluß der Wörter – du magst mir hier viel erzählen, wie sehr euch in Worms noch immer die römische Bildung zertrennt und nun, noch stärker, die geistliche. Da ich gut drei Jahre unterm obersten Kirchengeist in Rom zu leben hatte und obendrein drei Monate in *Alexandria* in der Schule des heiligen *Clemens*, so hätte wohl auch ich guten Grund, zerschnitten umherzulaufen und zu klagen, hab aber gar keine Lust auf die Schubladen der *clerici* und der priesterlichen Angstbeamten. Und wenn *diutiske* Wörter und erst recht cheruskische in Worms als unhöflich gelten und als köpfenswert, als Sache, die man kreuzigen oder pfählen muß nach der messerscharfen Art der Soldatenkaiser, ja, wenn sie auch in diesem Wurms als pöbelhafte Unzucht die zarten GeistesOhren zuschwellen lassen, so bin ich um so neugieriger, zu hören, mit welcher Eleganz eure beiden lateinisch gebildeten Fürsten demnächst auf meinen Antrag antworten wollen.

Am Giebel des Berliner Reichstagsgebäudes steht über der Inschrift DEM DEUTSCHEN VOLKE ein kampfbereiter Germanenkrieger im Stil des 19. Jahrhunderts, offenbar ist das Siegfried oder Wilhelm II. Neben ihm sitzt ein Älterer, dessen Barttracht ihn kenntlich macht als Kaiser Wilhelm I., als jenen, der 1848 und 1849, als 50jähriger »Kartätschenprinz«, die Schwarz-Rot-Goldenen und ihren ersten deutschen Demokratieversuch hatte zusammenschießen lassen, »niedermachen«, wie Prinz Wilhelm sich ausdrückte. Mörder und Demokratie-Verhinderer als Schmuck am Parlament. »Dem deutschen Volke« am Haus des Bundestags die Gestalt eines verhängnisvollen Volks- und Demokratenhassers (»Gegen Demokraten helfen nur Soldaten«)

Da war plötzlich Krimhild aufgestanden. Stand am Nebentisch, die junge Frau, und hat folgendes gesprochen. – Ich weiß, unsere zarten Landesherren werden mißtrauisch, wenn in diesem Saal *diutisk* geredet und gedacht wird und gelacht. Und noch unruhiger werden sie, wenn von hier aus geredet wird, vom Tisch der Frauen. Doch da es nun offenbar um mich geht, soll nicht nur Giselher unserem Gast antworten. Zumal auch ich gerne unhöflich bin und meine Gedanken sage, obwohl es unserem Bischof mißfällt als *turpis et dissolutus.* »schimpflich und sittenlos« Und so erkläre ich nun: Es sieht ganz so aus, als ob nicht nur die beiden Namen »Siegfried« und »Krimhild« dasselbe melden. Nämlich Kampf gegen das Unrichtige. Und so sage ich denn: Auch ich, Utes und Gundomars Tochter, will diesen Mann. Will ihn »liebend gerne«.

Sprach's. Und blieb stehen.

Wieder schlug da was in die Gesichter. Wie kalter Blitz. Zwischen den roten Wänden knackte Eisesstille. Feuerstille. Schlucken hörte ich, vorsichtiges Bechersetzen. Nur erst allmählich, aus den hinteren Reihen, machte sich Gezischel auf, bahnte sich den Wörterweg. Die *diutisken*, die »Leute«, die tuschelten, die freuten sich. Aber Gneiskopf Hagen blieb wie versteinert.

Der Ruhrschmied blickte herum, als wollte er prüfen, ob gegen Krimhilds Rede irgend etwas eingewendet würde. Ging dann, offenbar unbesorgt, vom Herrentisch hinüber zum anderen, zum niederen und trat dort vor die junge Frau. Beide standen nun sehr dicht voreinander, beide schauten sich an. Mir schien, am Fürstentisch hörte ich Zähne knirschen. Mir gegenüber war es der Bischof, und am Kopf-Ende der Tafel war es der König, die aussahen, als müßten sie nach Luft schnappen.

Den Niederländer hörte nun jeder im Saal, obwohl er sehr leise redete. – *O matris pulchrae filia pulchrior.* »O einer schönen Mutter schönere Tochter« Schwarzes Feuerhaar sehe ich. Und Pfauenaugenbrauen. Und darunter, da funkelt es bernsteinbraun. Diese Augen, die hatte Gernot mir nicht beschrieben. Eingezaubert sind sie in den schönsten Frauenkopf, als glitzerten Orionlichter. Als tanzten bei *Lokis* Sommerfesten über Bornholm unendliche Funkelsterne.

Als er so murmelte und als sich die beiden jungen Leute genügend lang betrachtet hatten, mit zittrigem Lächeln und mit sichtlich wachsendem Vergnügen, und als sie nun ganz und gar zu vergessen schienen, daß ihnen im Saal gut hundert Menschen zuschauten, und als sich nun diese beiden jungen Leute immer noch schönere, noch glücklichere Geschichten aus Gesicht und Augen lasen, da setzte endlich Utes Tochter einen Fuß vor, hob sich auf die Zehenspitzen, umarmte den großen Gast und küßte ihn auf den Mund. Für einen winzigen Moment schien der zu schwanken, der Riese, ein bißchen. Und sagte dann: Nun begreif ich's, dich geben sie nur ungern frei. Selbst wenn ich deinen wurmsigen Geizkragen sieben Kanäle baute und sieben mal sieben Rollwagen und schenkte ihnen tausend mal tausend *aurei*. Gold-Denare

Da half dem König Gunther nicht länger der ratlose Blick hinüber zu seinem Heermeister, jetzt mußte er schon selber Bescheid geben, jetzt endlich und möglichst rasch. Er faßte sich also und erhob sich. Schob hinter sich mit den Beinen seinen schweren Eichensessel ein wenig zurück, ohne sich umzudrehen oder den Sitz mit den Händen wegzuheben. Der Stuhl blieb aber in einer Steinrille hängen, so daß dem zu großen Mann wenig Platz blieb zum freien Stehen. – Wunderbarer Gast, sagte er, nahm noch einen Schluck, stand krumm und beengt, der Regent, und erklärte folgendes. – Auch ich könnte mir keine bessere Freundschaft denken als die mit einem, von dem es heißt, er sei unbezwingbar, er sei sogar der Mächtigste und habe das Gierigste besiegt, den Rheinbeherrscher, den Besitzwahn. Wenn dieser hochberühmte Feuerkünstler nun unsere Schwester freien will und so überraschend rasch, wie es auch unseren Poeten wundert, dann müßten wir zuvor wohl wissen, ob unser Gast denn wirklich frei ist zum Freien und nicht, wie uns erzählt wurde, längst versprochen? Einer fernen Frau? Einer Feuerfrau auf Island?

Da wendete sich der Niederländer von Krimhild ab. – Wer bezahlte diesen Erzähler? Von einem »Versprechen« versprach der sich? Womöglich hieß der Versprecher Giselher? Oder hast du, König Gunther, dem Poeten nur das falsche Ohr zugewendet? Nein, hiermit sage ich dir und allen hier, es gibt keinen Bund und es gibt kein Versprechen. Und damit es in diesem Wurms niemand überhört, wiederhole ich: Kein Gelöbnis gab es auf Island.

Nichts war in der Halle zu hören, nur das Feuerknistern. Und nun nahm der große Mann Platz – am Tisch der Frauen. Der Xantener setzte sich mit Krimhild an das Tischchen, das für ihn um einiges zu klein war, saß jetzt zur Linken der Königin Ute, zu deren Rechten Krimhild saß, hockte *qua homo eximia corporis magnitudine* »als Riese« auf der niederen Bank. Da legte die blinde Alte ihre magere Hand auf den Feuerkopf und hat gut vernehmlich folgendes gesprochen:

Thu biguolen Siglind
sunna era suister
thu biguolen Frija
mana era suister
thu biguolen Uuodan

»Da besprachen (segneten) dich Sieglind / und ihre Schwester, die Sonne / da besprachen dich Freya / und ihre Schwester, der Mond / da segnete dich auch Wotan«

Ringwolfs Rundkopf duckte sich ans Ohr seines Vetters Hagen. – Was spricht sie jetzt, was sagt diese Ute. – Hagen knurrte zurück: *Eius causae vult omnia bona.* »Sie wünscht ihm für diesen Fall alles Gute«

So bewegend Utes Töne nun auch im Raum standen, so vieldeutig die auch schienen, so sehr, daß Gernot und Dankwarth ihren Segen leise nachsprachen, damit sie das durchschauten und auf keinen Fall vergäßen, mit Utes geheimen Wunschworten gab es noch immer keine burgundische Antwort auf die nebelländische *petitio matrimonii.* »Vermählungs-Antrag«

So mußte Gunther, der weiterhin vor seinem Königssitz stand und weiterhin ziemlich beengt, abermals reden. – Wenn das, was unser Gast uns soeben versichert hat, zutrifft, wenn er tatsächlich noch frei ist, dann gefällt mir folgender Vorschlag. – Der König sah zu Hagen hinüber und zum Bischof und schob dann mit laut scharrendem Geräusch seinen schweren Stuhl noch ein bißchen weiter zurück, wieder nur mit den Beinen, erst mit dem einen, dann, weil das Eichenholz in der Steinkufe hakte, mit dem anderen, bis schließlich Pagen seine Not bemerkten, herbeieilten und den Sessel vollends nach hinten zogen.

Wir, König des rheinischen Burgund, haben in diesem römisch gebildeten Saal von unserem Bruder Giselher Erstaunliches gehört. Wunderbares erzählte er vom ewigen Begehren und vom immerwährenden Verwandeln unter den Gesetzen der Unerschaffenen, der *Gaia*, und wir hörten, was alles mit den von *Gaia* gezeugten Kräften sich tat, zumal unter dem WutGott Wotan, zumal mit der Meeresgöttin Ran und mit deren gemeinsamer Tochter, mit der Feuerreiterin Brünhild auf Island. Unser *poeta doctus* »gelehrter Dichter« hat berichtet, daß gegen jeden, der als Freier um diese Frau Brünhild wirbt, um diese kräftereiche Schöne, ein Schutzwall errichtet ist, eine Mauer aus Feuer. Es heißt, höhere Mächte umhüllen mit berghohen Flammen die isländische Frau, weil sie unendlich schön und weil alle Schönheit unendlich gefährdet ist. Vielleicht ist diese Lichtmauer eine Sternenkraft, vielleicht ist sie die alte Göttergewalt. *Alius aliud dicit*, fügte er einen der wenigen Lateinbrochen hinzu, die er kannte. »jeder sagt etwas anderes« Jedenfalls verfügt die isländische Königin Brünhild über ungewöhnliche Kräfte, und jedenfalls ist sie unbeschreiblich schön. Und da unser Gast hier soeben freimütig seine Wünsche bekannt hat, so gestehe nun auch ich, ebenso freimütig, daß ich gleichfalls einen ehelichen Wunsch hege. Seit ich weiß, daß jene wunderbar Behütete auf der Insel der Riesen gezeugt wurde, auf Burgundarholm, woher wir Burgunder stammen, weswegen in uns von langer Hand die Sehnsucht umgeht nach dem Riesenblut – Gunther zögerte, ließ eine Pause, als hätte er Scheu vor dem, was er nun aussprechen wollte – seit, sagte er endlich, seit ich dies alles weiß, bin ich entschlossen, für unser von Sorgen und von Schwächen und von Feinden heimgesuchtes Reich um eben diese Frau, die aus dem gleichen Ursprung ist wie wir, zu werben, mit einer königlichen Brautfahrt.

Zwar war ich einigermaßen vorbereitet, da ich in der Nacht zuvor sein Gespräch mit Hagen gehört hatte, doch daß der Bruder von seinen heimlichen Träumen so bald und so deutlich und öffentlich reden würde, das überraschte, das irritierte uns alle. Auch Gunther selber schien kaum zu fassen, was er da geäußert hatte, er drehte sich um, rückte sich Gundomars großen alten Sessel ein wenig zurecht, schob und scharrte ihn umständlich näher und setzte sich.

Stand aber gleich wieder auf. – Ich schlage also folgendes vor. Wenn unser berühmter Gast aus Xanten uns hilft, all die Gegner zu vertreiben, die derzeit wormswärts unterwegs sind, vor allem die fälischen Sachsen, die sich jetzt am Main sammeln und die Ortwin und seine Krieger erschlugen, und wenn er mir alsdann beisteht, die Wunderbare und Begehrenswerte zu gewinnen, die Isländerin, indem er mit seinen Rüstungskünsten und Schmiedefertigkeiten, die als unübertrefflich gelten, den isländischen Flammenvorhang zum Erlöschen bringt, wie er das schon einmal fertiggebracht haben muß, dann, ja dann wäre ich, im Namen Gundomars, glücklich, wenn wir solch einen Mächtigen aus *Nifhel* nicht nur zum Verbündeten gewännen, sondern auch zu unserem Freund und Schwager.

Da stand nun auch der Niederländer wieder auf. Ging hinüber zum König, nahm meinen Bruder Gunther in die Arme, küßte ihn auf den Mund, murmelte *Thu biguolen cuoniouuidi* »Dich stärke der Baumverstand« und küßte ihn nochmal. Bleich und sehr verwirrt schien mir der König, als hätte er in diesem Moment, blitzartig, *fulmine ictus*, all die Verhängnisse vorausgesehen, die kommen würden.

Der Nibelunge ging zurück zum Frauentischchen, nahm Krimhild bei der Hand und hat sie zum Tisch der Herren geführt. Blieb dort mit ihr stehen und küßte und umarmte sie vor aller Augen und redete dann mit ihr, und jeder im Saal hat es verstanden. – Auch wenn euer schiefäugiger Karfunkelvetter weiterhin schweigt und ebenso euer Waffenvetter und Griesgram Hagen, von nun an kann tatsächlich von einem »Verprechen« gesprochen werden. – Lächelte und sagte: Zum Beispiel einen weißen Falken, den versprech ich dir.

Einen Falken? – Krimhild war überrascht, ja erschrocken, mußte glauben, der Cherusker wüßte von ihrem Falkentraum.

Ja, einen Winterfalken schenke ich dir, morgen, spätestens übermorgen, einen schneeweißen, einen Gerfalken. – Und wollte seine neue Freundin auf den Sessel neben den König bitten, aber Krimhild ging zurück zum Nebentisch und holte von dort die alte Ute. Führte die blinde Königin zum großen Stuhl neben dem Herrschersitz. Auf dem hatte Ute seit König Gundomars Tod nicht mehr gesessen.

Ich rückte zur Seite, gab dem Gast den Platz neben Krimhild. Und Krimhild, bevor sie sich neben ihre Mutter setzte, erklärte dem Xantener, und redete auch dies so deutlich, daß es auch die an den hinteren Tischen hörten: Wenn nun, in dieser romanischen Adlerhalle, die imperialen Herren schweigen, Priester *Rusticulus* ebenso wie Vetter Hagen, dann, lieber Gast, muß uns das nicht bekümmern. Diese Fürsten lernten ihre Zertrennungslektionen am Tiber, und solange sie verdrießlich blicken oder sogar entsetzt, so lange sind wir auf guten Wegen, lieber Freund, berühmter Schmied und Gerfalkenfänger.

Krimhild saß dann mit Ute und mit dem Niederländer zwischen Gunther und mir, und der Nibelunge beugte sich zu meiner Schwester und ich hörte, wie er ihr leise dankte. – Du Sternenäugige, was du von deinen Vettern sagst, das erinnert mich an einen Spottvers, den meine Mutter mich auswendig lernen ließ. »Der ist in Rom ein Herr / der voller Schuld und Blut / in Reinheit und in Ehr / bewahrt den hohen Mut.« Auch im Englischen erscheint das mit Endreim, nach Schazmans Angaben im Versbau der Kilianschronik. »Ehre« und »Hoher Mut« werden bekanntlich zum Zentralbegriff in den Ritter-Epen des späteren Mittelalters

Bischof Ringwolf hatte den Vers von Reinheit und Schuld deutlich verstanden, jetzt machte er seine Augen eng, so wie immer, wenn er Einwände erheben mußte, er, der doch zuständig war für Schuld und für Reinheit. Ach, über einigen Wormser Gesichtern lag noch immer ein gelinder Schrecken, als beobachte man an dieser Abendtafel ein ungewöhnliches Turnier oder als sähe man, wie der Rhein schon jetzt, in den Tagen der Weihnacht, seine Frühjahrsfluten schicken wollte und unseren Pfalzhügel wegschwemmen. Da schien nun allerhand altgefügte Sitte umgestürzt, ja umgestülpt. Welche Tollheiten hatten wir auch vom eigenen König zu hören bekommen.

Kein Wunder, daß Krimhild und Ute nicht mehr am Nebentisch sitzen bleiben konnten, wenn den burgundischen König eine »Sehnsucht« trieb nach Nebelland, nach Mitternacht, nach »Riesenblut«, in jene Regionen hinab, in denen nach der herrschenden Meinung barbarischer Horror wartete. Ach, das war so, als habe König Gunther den Wunsch geäußert, über den Todesfluß fahren zu wollen, über den Weltenrand hinab und geradewegs in die Hölle hinein. Weh, hätten wir gewußt, was am Ende seiner Wünsche tatsächlich wartete, wieviel Grauen, wieviel Tod. Und daß dieser *interitus* »Untergang« ganz ohne Hölle und Teufel und Weltenrand über uns kommen würde, allein aus den immerwährenden Ängsten der Menschen.

In den hinteren Reihen, wo weniger Fackeln leuchteten, da erhob sich inzwischen fröhliches Wörtergewisper, Silbenvermischungen aus den Wörtern Eisland und Island und Isenstein und Flammenwand, vor allem die Gäste aus dem Niederland, die Leute aus Xanten mit dem Knappen *Walthari*, die verwandelten den Namen Brünhild nun immer neu und verspielten ihn in Brünne und Brust und Brunst und Feuersbrunst, und auch die Wormser Tafelfreunde tranken jetzt mehr als bisher und berauschten sich an solch neuen Bildern und kühnen Aussichten, die so plötzlich aufgetaucht waren und durch die Halle jagten und durch die Schädel, als flögen plötzlich durch Roms Worms die WotansRaben. Da beflügelte die Tafelrunde allerlei leichtsinniges Gerede von Reichtümern, aber auch der jurassische Wein aus jenem Land, in das sich der größere Teil des Stammes geflüchtet hatte, Nebel und Rausch und kühne *etymythologiae*, wie Hagen das genannt hatte, mythologische Wörterwahrheiten umschwirrten die regierenden wie die untertänigen Köpfe, und Gernot und ich, aber auch Oheim Gottlieb und der sittenstrenge Markgraf Gere von Speyer, der Verehrer Krimhilds, wir alle warteten in diesen Verwirrungen nun dringend auf ein Wort vom Bischof oder eher noch auf eines von Hagen selbst, auf ein kluges, auf ein politisches.

Doch hockten die beiden Vettern fest auf ihren Eichensesseln, als müßten sie beobachten, wie Truchseß Dankwarth Süßspeisen verteilte, Kuchen, Pudding und Gebäck, als sei nun nicht überfällig, daß endlich auch der Kanzler und Heermeister sein *placet* sagte oder sein *veto*. Und sein Urteil, wie all das bisher Gehörte, wie all dies Unerhörte zu bewerten sei. Aus der Unruhe unter Gernots Kurzhaar, aus seinen zuckenden Augenbrauen und Mundwinkeln las ich, daß er im nächsten Augenblick einen Notschrei herausgerufen hätte, nun, Hagen, gib uns bitte Bescheid – hätte sich jetzt nicht eine ganz andere Stimme gemeldet.

Jetzt, Hagen, so zischelte aus zahnlosem Mund die Königin Ute, jetzt, alter Vetter, jetzt such dir sieben Kübel Feuer und such sieben Kübel Wasser und rühr Feuer und Wasser sieben mal elf mal nach Elfenweise ineinander und dann bewahre deine hohle Horrorseele.

Als Ute mit den Wörtern, die der Xantener von seiner Mutter gesagt hatte, solche *bellaria nova* serviert hatte »neuen Nachtisch«, da antwortete der Waffenmeister nun doch. Blieb aber sitzen und tat, als rede er nur in seinen Bart hinein. – Das Rühren, so knurrte er, und obwohl er knurrte, hörten auch dies in der gespannten Stille selbst diejenigen gut, die in den hinteren Winkeln an den Gesindetischen saßen und ihre Tuscheleien sofort beendeten, das Rühren hier, sagte der Heermeister, und das allgemeine Umarmen, das geht mir um einiges zu rasch. Denn bei all dem, was wir zuvor von unserem Poeten über den Gast aus Xanten hörten, war doch immer noch die Frage offen geblieben, ob unser Schreiber nur *fabulas fictas* erzählt hat »ausgedachte Märchen« oder aber wahre Chronik, *historias demonstrandas.* »Ereignisse, die man nachweisen kann« Nun, da der Schmied selber unter uns ist und da er sogar unser Schwager sein will, und nun, da unser König mit Hilfe dieses Niederländers eine ferne Königin gewinnen möchte, da meine ich, nun heißt es: *Habeamus quaestionem.* »Verhören wir ihn« Denn es ist nicht ausgeschlossen, daß der cheruskische Feuerkünstler seine eitlen Heldentaten nur deswegen vollbringen konnte, weil er über schwarze Kräfte verfügt, über Gewalten aus NifHELheim. Auch in der keltischen Chronik erscheint hier laut Schazman die Silbe HEL in Großbuchstaben. *Hel* meint Hölle, aber auch Verborgenes, Verheimlichtes

Was, fragte Gunther, willst du wissen von unserem freundlichen Gast?

Keine Sorge, mein Herr. *Ne capitalis poena tormentis quaeramus.* »Verhören wir ihn nicht peinlich auf Kapitalverbrechen«. Bekanntlich entwickelten sich aus »peinlichen Verhören« (unter Aufsicht von Geistlichen) die Folter- und Hexenprozesse Nein, lieber nicht so, wie es die Kirche liebt mit ihrem peinlichen Angst-, Reinheits- und Schuldgebräu. Nein, zu unserer eigenen Sicherheit sollten wir ein paar Fragen stellen nach Beweisen, nach Belegen, nach Gründen. Fragen, die einem vernunftbegabten Wesen seit den großen Tagen der Römer wohl noch immer erlaubt sind.

Obwohl Hagen genau zu wissen schien, was er fragen wollte, zog er sich erst mal seinen Becher nahe heran und trank. Nach drei langen Schlucken sprach er weiter, in sehr ruhigem Ton. – Dieser Schmiedegeselle nennt unsere Pfalz »Wurms«. Das scheint mir so betrüblich und so beleidigend und bedauernswert wie der Umstand, daß der wahre Wurm, daß der Lindwurm lediglich den Kaufmann *Aureus* verschluckt hat und nicht, wie es sonst WurmsArt ist, auch jedes andere

Großmaul. – Er machte eine kleine Pause. Man hätte eine Maus rascheln hören können, auch unter der hintersten Bank, hätte sich eine zu rascheln getraut. Noch Luther nennt Worms bisweilen »wurmbs«, z.B. nach seinem berühmten Auftritt auf dem Wormser Reichstag 1521: ». . . zu wurmbs, da die gotlich warheyt ßo kyndisch verschmacht (verschmäht), ßo offentlich wissentlich verdampt ward« (in einem Brief ein Jahr danach)

Da gab der Xantener seinem Schildknappen *Walthari* einen Wink. *Walthari* ging zu ihm hin, ging vom Gesindetisch zur Königstafel, beugte sich zum Niederländer, und der flüsterte mit ihm. Der Kumpan nickte, ging aus dem Saal und lief draußen die Treppe hinab. Um dem Gast die Waffen zu holen? *Balmunk*?

Hagen schien dies alles gar nicht beobachtet zu haben und hatte es dennoch verfolgt. – Was immer unser Gast nun im Schilde führt, nachdem er mit seinem Knappen geflüstert hat, eines scheint klar. Die Sachsen zu schlagen, Kanäle zur Donau zu bauen und räderne Schiffe und bessere Rüstungsschmieden für Worms zu schaffen und uns Beistand zu leisten, am Ende gar gegen die Mächte der Finsternis, die jene ferne Brünhild bewachen, das alles wäre, denke ich, zu viel Dienst für ein warmes Gastmahl und für eine kalte Herberge. Aber das wäre, wenn ich weiterdenke, zu wenig Arbeit für einen Schmied, der eine Königstochter freien will. Bleib nur ruhig sitzen, *Victor Placidus*. Halte dich gut fest an unseren Tafelplatten, die halten das aus, die sind aus Eichenholz. Aufschlußreicher wäre nämlich, ein Goldfuchs und Arbeitsmann und Juwelensammler wie du, der könnte uns erklären, ob er außer zweifelhaften Reichtümern tatsächlich ein Reich besitzt.

Iniurias lascivas »freche Beleidigungen« ließ Hagen hinaus, nannte den Königssohn Arbeitsmann und schaute nicht hinter sich, ob ihn von dort ein Schwertstrahl träfe oder ein Fausthieb oder ein Humpen, sondern blickte fast immer nur in seinen Krug. Trank neue Schlucke. Und rings herrschte Sprachlosigkeit und stiegen Erwartungen, die gespannt waren zwischen neuen Wünschen und neuen Ängsten.

Die Stille nutzte nun der Bischof. – Und zu fragen ist, rief er, ob all das, was der Niederländer und seine Mutter an Juwelen und Reichtümern gesammelt haben, entweder erschwindelt wurde mit hexischen Betäubungssuppen und schwarzen Gewalten, so wie Hagen das argwöhnt, oder ob sie gestohlen wurden in Köln, bei meinen rheinischen Hirtenbrüdern.

Hagen tat seinen Blick aus dem Topf, blickte kurz zu Gunther und zu Krimhild hinüber und verschoß nun das uralte Mittel der Mutterbeleidigung. – Und stimmt es also, was man vielerorts hören konnte, daß der Schmied, der unsere Burgunderprinzessin begehrt, nicht nur bei einem Zwerg jahrelang Arbeitsdienste leistete, sondern daß er auch in den Sümpfen hinter den Externsteinen aufwuchs? bei einer trolligen Koboldin? bei einer fuchsroten oder bärenbraunen? die ihn nachts mit in ihr Bett nahm, so lange, bis der Zehnjährige ihr die Brüste spannenlang gesogen hatte?

Auf sprang da der Niederländer und tat das so heftig, daß sein Sessel hinter ihm auf den Steinboden schlug. Stieß seinen Becher derart hart auf den Tisch, daß die Emaille-Ringe zersprangen und Rot und Gold und Wein über den Tisch rollten. Dann aber blieb er stehen. Schwer atmend stand er, der Königssohn, blickte auf das Zerstörte und Verschüttete, von dort auf seine schöne Nachbarin. *For unskült* »Verzeihung«, flüsterte er, legte seine Hand auf Krimhilds Schulter, und ich sah, wie diese große Hand, die als hürnern galt, zitterte, ja auf der zarten Frauenschulter zitterte sie. Und dann hörten wir, wie der Mann sagte: *Accipiter non captat muscas.* »Der Falke fängt keine Fliegen«

Tief hatte er zu atmen, ehe er in Ruhe weiterreden konnte. – Diesem Himmelsbild hier neben mir, dem verdankt ihr's, Herr Künneke, daß jetzt vom Hagenklotz keine Späne fliegen. Ist nur gut, daß er giftige Fragen stellt. Das macht klar, in wessen Kopf tatsächlich Nebel wallen. Wo hier Betäubungen sind, Dünkelqualm. O Hagen, du großer kluger Romvasall und *praefectus imperii* »Offizier des Imperiums«, nie hätte ich gedacht, daß so kläglicher Dummquack, daß solch erbärmliche Lulleliedchen so viel Gewalt haben könnten über einen wie dich. Weihwaber, wie ihn sonst nur katholische Angstbäuche ausstinken. Um ihre Schäfchen auf ewig zu Kindsköpfen zu zerkneten.

Der Bischof bekreuzigte sich. Auf Dankwarths Wink hatte ein Page den gestürzten Stuhl wieder aufgerichtet, Kahlgeschorene wischten den Tisch, und der Niederländer setzte sich wieder. Der Truchseß stellte ihm einen anderen Becher vor, einen hölzernen, und schenkte ihm neu ein.

Meine Mutter, sagte der Xantener leise, heißt Sieglind und kommt allerdings von den Externsteinen. Ist eine cheruskisch-königliche Priesterin. An Tagen, die so kalt sind wie der heutige, trägt sie auch Bärenfell. Im übrigen bin ich kein Juwelensammler, sondern Kenntnissammler. Und war darum nicht nur im Eismeer, sondern auch im Imperium. Und habe die Schätze, von denen ihr gehört habt, weder gestohlen noch gesucht, sondern hab sie gefunden auf abenteuerlichen Wegen. Und wenn ihr wissen wollt, ob ich Kelte bin oder Franke oder Cherusker oder Niederländer oder Römer oder Germane oder was sonst sich die imperialen Staatschronisten an Namen für unsereinen ausdenken, an Sortierungen und Obernamen und Unternamen, so antworte ich solchen Kleinkrämern: Nibelunge bin ich. Und das heißt: *Huius mundi filius sum, qui totum mundum incolit ac civem se arbitratur utique. Non homo captus et stupens, qui numquam trans saepes suas prospicit.* »Ein Sohn dieser Welt bin ich, der die ganze Welt bewohnt nach eigenem freien Ermessen. Jedenfalls kein solcher Schwachkopf, der nie über seine Zäune schaut«

Er trank aus dem neuen Becher. – Genug Auskunft? Lüftet das eueren Kopf *a mala aria febri Tiberis?* »von der schlechten Luft des Tiber-Fiebers« (von der »Malaria«)

Da meldete sich Bischof Ringwolf. Freilich tat er das erst, nachdem er sah, daß Hagen zunächst nichts antworten würde. Da ermannte er sich, da redete nun der Kirchenmann und klammerte seine rechte Hand um seinen kristallklaren Brust-Stein. – Aber, so ergeht meine Frage an den sogenannten Kenntnissammler, an diesen großen und gerüchtereichen Gast, aber, so frage ich, bei jener Rauferei in *Colonia*, als von Eurem Kopf die gestohlene Bischofskappe flog, da und noch bei vielen anderen Gelegenheiten, zum Beispiel im Siegburger Kloster, überall da und auch soeben wieder, da habt Ihr immerzu die heilige Kirche gelästert, *custodem mundi sanctum* »die heilige Hüterin der Welt«, und wahrlich, es wäre unverantwortlich, wenn wir es zuließen, daß Gundomars einzige Tochter, daß sich unsere burgundische Prinzessin vermählen würde mit einem Feind und Lästerer der göttlichen Wahrheit, mit einem, der uns Kleinkrämer nennt und der Rom und auch die große heilige Bischofsstadt Köln verunglimpft.

Der Xantener mußte lachen. – Köln, guter Mann, ist so wenig heilig wie Xanten, obwohl eure Kirchenleute dem Ort Xanten ausdrücklich diesen Heilignamen gegeben haben. Tut mir leid, auch in Köln sind die sogenannten heiligen Häuser stapelweise voll mit römischer Gewalt, nämlich mit Besitzsucht, sind stoppelvoll gefüllt mit dummen und verängstigten Seelen und mit furchtsam umklammerten Gütern und Schätzen, ach, in all diesen Häusern reicht der Witz der Besitzer nur gerade vom linken bis zum rechten Nasenloch und schwätzen alle diese frommen Herrschaften nur noch das, was von den neuen Romköpfen so dahergenebelt kommt, Wort für Wort so dünkelhaft dumm wie von des Bischofs Schachfigur namens Hagen oder wie vom großen Hohlkopf namens *Tacitus* Autor der Germania, ca 55 bis 120, der, wie ihr wißt, alles zu wissen vorgab über *Nifhelheim* und die Welt der sogenannten *Germania*. Seit ich die Werke dieses *Tacitus* zu lesen und zu hören bekam und erkannte, daß die alten wie die neuen RomHerren bei der *propaganda potestas* »der zu verbreitenden Macht« wie bei der *propaganda fides* »dem zu verbreitenden Glauben« jeden, der den Weisungen Roms nicht folgt, rundheraus und nach wie vor zum Barbaren erklären und neuerdings sogleich zum Satansgeschmeiß, nämlich als *tiuvelswinnic* »teufelsbesessen«, so daß unsere Bischöfe zwischen *tiuval* und *tiuf* und *thiut* und *diutisk* zwischen »Teufel«, »tief« und (niederen) »Leuten« und »Deutschen« kaum mehr Unterschiede machen, seitdem nenne ich mich im Trotz freiwillig so, wie sie uns nennen, seitdem nenn ich mich »Sohn der Finsternis«, »aus Nebelland«, aus *nifhelheim*. Also Nibelunge.

Da nickte Vetter Ringwolf und redete dann in sehr sanften Tönen. – Jede Art von Selbsterkenntnis sollten wir in Ehren halten, aber, ach, es sind leider immer nur sehr wenige ausersehen, Gottes große Gedanken zu denken. Ihr reisender Ritter aus den Niederlanden, in Euren Urteilen seid Ihr in einigem vortrefflich, aber in anderem geht Ihr um vieles zu weit, vor allem, wenn Ihr die guten Arbeiten unserer kölnischen Hirten verdammt als »römische Gewalt«. Wisset, auch in Köln kümmert sich *Sancta Ecclesia* »die heilige Kirche« nicht nur um die Reichen, sondern sehr wohl auch um die Armen und um die Verängstigten. Und mir scheint, Ihr verwischt die Grenzen, die es in Gottes Schöpfung nun einmal gibt und die von nichts weniger künden als von der hohen Vernunft dieser Schöpfung, zumal Gottes Sohn gepredigt hat, gebt dem Kaiser, was des Kaisers ist. Darum haben wir sie in Ehrfurcht zu respektieren, die gottgegebenen Unterschiede zwischen den Beschützern und den Beschützten, zwischen den Glaubenden und den Irrenden, zwischen den Zivilisierten und den Barbarischen. Wie schön wäre es, wir könnten auch Euch, verehrter Gast, als einen gewinnen, der mit uns die Hilflosen und die Furchtsamen *deducit ad cultum humanum ac civilem.* »hinführt zur zivilisierten Kultur«

Da hob der Gast aus Xanten seinen neuen hölzernen Becher und trank dem Bischof zu. – Wahrlich, ich beneide Euch um euer goldumrahmtes und honigsüßes Glaubensbild von Gottes Schöpfung. Das scheint so klar und rein wie das kristallene Steinchen vor eurer Brust. Ach, wenn ich Euch sehe und Eure Mühen, dann tut es mir beinahe leid, daß ich Ordnung und Grenzen so wenig verehre wie ich die vermeintlich heiligen Häuser in Köln nicht verehren mag und daß ich die Ängstlichen ungern so schütze wie Ihr das tut, nämlich indem Ihr sie mit Höllen- und Leidensbildern noch ängstlicher macht. Alles Fremde, das Ihr verachtet als Barbarei, alles Andersartige, so lernte ich von meiner Mutter, all das öffnet nicht die Pforten der Hölle, sondern erschließt *condiciones optimas studii rerum novarum atque meliorum.* »die besten Möglichkeiten, Neues zu begreifen und Besseres«

Der Niederländer schaute sich um, als wollte er fragen, ob noch weitere Auskünfte gewünscht würden über den, der hier die Burgunderprinzessin zur Frau begehrte. In diesem Moment hörten wir aber von der Treppe her ungewohnte Geräusche, polternder Lärm kam da näher, Rufe und Ächzen, und dann erschienen im Eingang der Pfalzhalle mehrere große Gestalten, ein Dutzend starker Kerle, Arbeitsmänner, zwölf Schiffs- oder Kriegsleute, gekleidet in dunkelbraune Lederschürzen, so wie sie die Schmiede bei ihrer FeuerArbeit tragen, und jeder von diesen Zwölfen schleppte ein Gewicht, trug einen dunkelbronzenen Kessel in den Saal, einen Kessel voller schimmernder Anthraxsteine. Anthrazit

Der Xantener war aufgestanden und zum Kamin gegangen, winkte die Kerle dorthin, griff sich zwei der schwarzen Brocken und hob sie vor eine Wandfackel, drehte sie und wendete sie ganz herum und ließ das Dunkle im Fackelflammenschimmer funkeln. – Solche Kraftklumpen so zu verachten, wie es die neue Kirche mit allem tut, was sie *materia* nennt, auch das fällt mir schwer. – Er gab Krimhild und mir und König Gunther je einen von den schwarzen Brocken in die Hand und warf dann einige andere in das Kaminfeuer. Im Kohlenstaub sprangen Flammenzungen auf, und dann sprühten und leckten violett-gelbe Feuerchen um die düsteren Steine herum, ja, die schlängelten und züngelten und begannen zu lodern. Franz Kafka, anläßlich seiner Lektüre der Madame de Staël im März 1912: »Der für Franzosen unscheinbare Witz der Deutschen scheint oft nur deren Unkunde des Deutschen. *Was lockst du meine Brut / hinauf in Todesglut* – de Staël übersetzte *air brûlant*. Goethe sagte ihr, er hätte (in seiner Ballade «Der Fischer») die Kohlenglut gemeint. Das fände sie äußerst geschmacklos und *maussade«* (eben unzivilisiert und barbarisch) »das Gefühl des Schicklichen fehle den deutschen Dichtern.« – Madame de Staël verstand *air brûlant* also als etwas rein Geistiges (*air brûlant* ist wörtlich »heiße Luft«) oder eben als *esprit*. Goethe dagegen sah darin AUCH Materie, nämlich Kohlenglut. Und Kafka registriert das, mit großem Interesse

Die Lederschürzenmänner setzten die Bronzekessel vor dem Kamin ab, stellten ihre Lasten neben das Feuer und bekamen von Dankwarth zu trinken. – Dies also, so hörte ich den Bischof, dies soll er nun sein, der *thesaurus praeclarus*? *famosus et infamis*? »der vortreffliche Schatz, der berühmte und berüchtigte«

Freilich wußte auch *Ringwulflilas*, daß dies der Hort nicht war, doch Fragen aus der scheinbaren Dummheit heraus gehörten seit je zu seiner Verhörkunst, und schon bekam er eine Antwort, die, wie mir schien, solche Scheinheiligkeit verdiente. Der Schmied ging vom Kaminfeuer fort, trat hinter den Sessel des Bischofs und sagte: *Auri miser fames! Quid non cogis rapaciter et privatim crassos nanos.* »Erbärmlicher Hunger nach Gold, wohin treibst du nicht just die dicken Zwerge, und zwar auf räuberische und egoistische Weise« (*privatim* meint wörtlich »ohne Beziehung zur Allgemeinheit«, »unsozial«)

Und was treibst du hinter meinem Rücken? Ist nicht das, was du da im Kamin leuchten läßt und qualmen, nichts anderes als dein eigener erbärmlicher Hunger nach Macht?

Was da leuchtet, ist Frau *Gaias materia inspirata inspirans.* »Begeistert begeisternde Materie« – So redete der Ruhrschmied und nahm wieder Platz neben seiner Freundin und neben dem König.

Könnte es nicht sein, fragte Gunther, daß diese Materie, diese dunklen »Kraftklumpen«, wie ihr sie genannt habt, in Wahrheit eine Drachensaat sind? Zeichen für Machtgier, wie Ringwolf vermutet? Haben nicht auch Lindwürmer schwarze Zähne?

Schon der große Ovid, sagte ich, erzählte, daß einst ein riesiger Ritter einen Drachen erschlug. Und die Zähne dieses Ungeheuers waren in der Tat schwarz. Diese Zähne aber säte der Ritter aus. Und übers Jahr wuchsen auf seinem Acker unbezwingbare Krieger.

Und diese Krieger, sagte Hagen, als sie sich stark genug fühlten, erhoben sich zu riesigen Mißgeburten und erschlugen sich gegenseitig.

Nicht alle töteten sich, korrigierte ich. Zwei von ihnen blieben übrig, *Romulus* und *Remus*. Die gründeten, so weiß man, die Welthauptstadt Rom. Und bereiteten damit das vor, was unser Gast *mal aria capitis* genannt hat. Die Besitzgier in unseren Köpfen. Den Dünkel fast aller RomHerren gegenüber den Barbaren. Auf diesen Dünkel bauten die Wolfsbrüder ihr Imperium, das Befehlssystem, das nun die neuen Kirchenherren übernehmen und weidlich nutzen.

Inzwischen schlug im Kamin lichtes Feuer, Flammen zuckten aus dem schwarzen Gestein. Zur Drachenzahnsage vgl. auch: »Die Erzählung von Gilgamesch ... Heiner Müllers Version des Epos, das die Frühzeit der Menschheit dokumentiert« in Alexander Kluge, »Chronik der Gefühle«, Bd.I, S. 292ff, besonders S. 300

Mag sein, sagte Ringwolf, daß auch aus üblem Drachentrachten am Ende etwas Segensreiches wachsen kann.

Segen aus dem Drachentrachten? – Der Ruhrschmied lachte. – Das *tractare*, das Trachten und das Scharfblicken, das Eifern und Gieren, diesen *motor vivendi* »Lebensmotor«, hartleibig wie Trachyt, den gibt es allerdings in Rom gut zu beobachten, *ex fundamentis.* »gründlich« Und mir fällt schwer, zu erkennen, wer von all dieser Macht- und Besitzlust gesegnet worden sein soll, doch nicht etwa die sehr wenigen Reichen, draußen auf ihren Landgütern, wo sie verfetten, sich langweilen und zu Tode fressen?

Stimmt es, fragte Hagen, daß der Schwarzzahndrache von der Ruhr dich gleich zu Beginn dessen, was als dein Kampf mit *Nidgir* überliefert wird, einzuatmen versuchte? Daß er dich aber lieber ausspie? Daß er dich hinunterspuckte ins Ruhrwasser? – Unser Waffenmeister hat das wörtlich so gesagt. Auch jetzt griff er in großer Ruhe nach seinem Krug. Und redete nach zwei Schlucken in gleicher Ruhe weiter. – Natürlich mochte der Scharfblickende keinen kohlenstaubigen *proletarius* in seinem Schlund. Ihm wurde übel, vom Morchelgeruch, vom Kohlengestank. *Nam proles olet.* »Denn die Brut stinkt«. So wußten es schon die Alten, zu Ovids Zeiten und zu Platons Zeiten. Der faule Lindwurm, als er den cheruskischen Nebelmann im Maul hatte, drohte zu ersticken, mit Hängen und Würgen erbrach er dich.

Von dem da die Rede war, der stand nun wieder auf. Der ging dann in der Stille, die nun eingetreten war, hinter den Stühlen herum, ging am neuen Kaminfeuer langsam vorbei, mit ruhigen Schritten querte der Riese den Saal, so lange, bis er hinter Hagen stand. Der Waffenmeister blickte sich nicht um. Im Feuer prasselte es heftig. Kein Husten war, kein Atmen zu hören.

Hagen, Krummknorz. Gneiskopf. Danke es nicht meiner römischen Disziplin, daß du nun weiterleben wirst. *Disciplina* hat einer wie ich nur sehr dünn und sehr notdürftig gelernt. Danke es statt dessen ein zweites Mal der jungen Frau, die auch du, gib es zu, am liebsten einsperren würdest oder verkaufen, so wie der alte Schadalb Alberich seine Töchter. Du *servus Romae versutus* »abgefeimter Romknecht«, dank es Krimhild, daß du auch jetzt keine *dolores capitis aut cervicis* erleidest. »Kopf- oder Nackenschmerzen« Beschwören allerdings kann ich es nicht, daß Krimhild oder der Romdrill mich auch ein drittes Mal daran hindern werden, *hoc capitulum obstinatum et deforme capere et concidere.* »dies halsstarrige und häßliche Köpfchen zu packen und zu zerhacken«

Da hörten wir die Stimme aus dem blinden Gesicht, da meldete sich die Lakritzholzstimme. – Hagen, sagte die alte Ute, deine Unverschämtheiten mißachten den Eid, den du meinem Mann geschworen hast.

Ich fürchte, sehr bald wird klar, wie gut sie diesem Eid gehorchen.

Auch ich, meldete sich Gernot, auch ich finde, unser Gast, der mein Freund ist und der mir sehr geholfen hat und der uns allen hier helfen will gegen unsere Feinde, auch gegen die Sachsen, obwohl er mit ihnen eher verwandt ist als mit uns, dieser Gast ist kein Schmarotzer und verdient keine Geringschätzung. Freilich hat er eine andere Art zu denken und zu reden. Wahrlich, die sollte Hagen als Gewinn begrüßen.

Und unser Vetter Hagen, rief Ringwolf, der hat seine Hagen-Art! Eine, die ihn bislang all unsere Gäste gut zu unterscheiden lehrte.

Da mischte ich mich ein und sagte, ich verstehe nicht, warum die beiden Arten, die HagenArt und die HeckenArt, sich reiben müssen.

Sind beide aus Nifhelheim. Und wollen wohl beide dasselbe. Haben sie doch beide Arten ihren Namen aus dem Haag oder Grenzgestrüpp.

Da lachte der aus Xanten, ging zurück zu seinem Platz, ich spürte seine Hand über meine Schulter gleiten. Hat sich dann wieder neben die junge Frau gesetzt, lachte einiges Keltische über »Hecken« und »HexenArt«, »UnArt« und »HagenArt«, und die junge Frau, die er soeben gerühmt hatte als Hagens Retterin, die küßte ihn und er küßte sie, beide in einem Glücklichsein, das, so schien mir, mindestens so viel Wärme ausstrahlte wie das Glutfeuer im Kamin.

Als jedoch der Cheruskerprinz und die Burgunderprinzessin mit ihrer hitzigen GesprächsArt gar nicht mehr aufhören wollten, wurde König Gunther unruhig, als würde er sich genieren. Rutschte in seinem Sessel, räusperte sich und redete umständlich und wie mit Stolperschritten. – Gast aus Xanten, sagte er, Sohn der Priesterin, die alles Fremde als Gewinn bezeichnet, willst du uns also, uns Burgunder zu Worms, als Entgelt für Krimhilds Hand, willst du uns also nicht nur deine schwarzen Erdklumpen überlassen, sondern etwa auch die wahre, die wirkliche »Drachensaat«, deinen Hort?

Da beendete der Nibelunge seine innige Unterredung, fuhr herum mit *Pottvirdicki* noch heute niederländischer Fluch und rief: *Warmatia vendenda*? »Worms ist zu verkaufen?« *O locus animi angusti!* »O engstirniger Ort« Statt Raufgier herrscht hier Kaufgier. Ein Krämerwinkel ist Worms, nicht besser als Köln, Basel und Rom. Selbst der edelsinnige König Gunther, er verhökert, wenn's ihm die Vettern raten, die eigene Schwester? Ach je, du Trachter, du backenloses Loch, auch du, mein *Brutus*, kriechst ihm hinterher, dem Verhängnis, dem schwarzzahnigen Weltverwüster.

Er stand auf, als sei's ihm in seinem Sessel zu eng geworden, setzte sich dann aber wieder und betrachtete mit Kopfschütteln meinen ältesten Bruder, der doch nur fix noch den Preis für Krimhild hatte verbessern wollen. Reichlich Roten sog der Königssohn aus dem neuen, aus dem hölzernen Krug, setzte den dann wieder auf die Tischplatte, tat das rasch, nun aber mit Vorsicht. – O WunderBurgunder Gunther. Wenn auch Roms Worms derart eng ist und klein, dann, wenn anders kein Weg ist zu dieser Krimhild, ach, dann greift sie euch doch, dann freßt sie, dann schluckt sie doch allesamt, die faulen Zähne des Imperiums, den verfluchten Neidgeierkrempel, dann steckt ihn euch getrost in all eure Hohlräume, *in capita ut in posteriores* »in die Köpfe wie in die Hinterteile«, ja, alle zwölf Schiffsladungen könnt ihr euch von nun an einverleiben, wenn ihr unbedingt wollt, o doch, nehmt sie euch, rafft sie, nicht nur das Anthrazit, sondern auch alles andere, *Nidgirs* komplettes ptolemäisches Krempelgerümpel, endlich bin ich sie los, die verfluchte Fracht, ich Wicht im Glück. Hinweis auf das Alter eines der beliebtesten europäischen Märchen. »Wicht« (bei Schazman *wight*) meint altsächsisch »Kobold« oder »Dämon« und ist wortverwandt mit »Nicht« und »Nichts«. Überwirkliches und Unbewußtes, so weiß die Tiefenpsychologie, wird ungern beim Namen genannt

Der Nibelunge, kaum war er in Worms und hatte Krimhild gesehen und begehrt, da hat er seinen Hort verschenkt. Und es schien mir, als hätte er ihn auch zuvor keineswegs als seinen Besitz betrachtet und immer nur verflucht.

Nach so aufregenden Angelegenheiten braucht der Schreiber im Kerker dringend eine Pause, nicht nur, weil die Mühen des Schreibens ihm heißen und kalten Schweiß auf den Körper treiben und ihn zittern lassen, als sollte er im nächsten Moment vom Stuhl fallen, sondern auch, weil wieder nur eine einzige Pergamenthaut noch übrig ist in meinem Lorscher Loch.

Was mich vor allem aufregt, ist die Klarheit, mit der ich erst jetzt und hier, im Klosterkerker, erkenne, wie sehr sich dieser wunderbare Gast aus Xanten *iuste* »förmlich« um sein Leben geredet hat, denn wahrlich, todesmutig war er nicht nur in seinen Taten, auch in seinen Reden und stand in der Redekunst dem Heermeister in keiner Weise nach, ach, mutig und frech war er und verwirrend klug und zugleich sträflich leichtsinnig. Hätte doch wenigstens ich ihn beizeiten zur Vorsicht gemahnt, zur Wachsamkeit vor dem Bischof und vor Hagen. Aber dann, auch das wird mir klar, als Bedächtiger und als Vorsichtiger wäre er ja nicht der Liebenswerte gewesen, als den Krimhild und ich und viele andere ihn bewunderten, als einen, der endlich all das aussprach, was die meisten nicht einmal zu denken wagten.

Ja, neue Häute benötige ich, Pergamente, auch neue Dornentinte muß her und ein Kuhhorn für die Initialen für die großen »Anfangsbuchstaben« und für die *Rubrica.* das »rot Hervorgehobene« Die rote Tinte aus dem Zinnobermehl ist mir ausgelaufen, als mich jetzt, bei der Schilderung des Wörterkampfes zwischen dem Gast und Hagen und dem Bischof, ein Drehschwindel packte und vom Sitz warf und ich im Fallen das kleinere der Kuhhörner vom Pult wischte. *Heu me miserum!* »Weh, ich Elender«

Noch ist eine Kalbsshaut frei und bietet auf beiden Seiten Platz, meinen Lesern zu sagen, daß ich dies alles auf den besten Pergamenten notieren kann, die läßt Kilian in seinem Waldgebirge herstellen, so wie ich sie selber im Kloster Lorsch herzustellen lernte nach den klassischen Rezepten. *Mitte pergamenam in calcem et iace ibi per dies tres et tende illam in cantiro et rade illam cum nobacula in ambabus partibus et laxa desiccare.* »Lege die Haut in Kalkwasser und laß sie drei Tage darin liegen, spanne sie dann in einem Gestell aus, schabe sie auf beiden Seiten mit einem scharfen Messer ab und lasse sie trocknen«

Aus Schafs-, Ziegen- oder Kalbshaut ergibt sich eine glatte und haltbare Unterlage für das Schreiben, geschmeidig genug, um darauf mit dem Gänsekiel auch dann zu notieren, wenn man es eilig hat und hastig schreibt. Inzwischen aber habe ich offenbar unbegrenzt Zeit und werde sie nutzen. Ich habe nachgezählt, fast zweihundert Wörter fixiere ich pro Stunde; bis auf die gelegentlichen Anfangsbuchstaben sind keine Schmuckzeichen auszumalen. Nur die Kapitel-Anfänge hebe ich groß hervor, mit roter Tinte.

Kilian besorgte mir Federn aus dem linken Gänseflügel, da ich mit der Linken nicht nur die Fiedel spiele, sondern auch schreibe, und zwar in einer Schrift, die, obwohl ich sie eng setze, gut lesbar ist und schön anzusehen. Für die Tinten läßt Kilian Brühen aufkochen aus Schlehendornen, mit Wein verrührt gibt das eine gut haltbare Braunlinie, von der die Lederhaut nicht so sehr angegriffen wird wie von der Galläpfeltinte. Anfangs dachten wir, lesbarer sei die schwarze Schrift, die man aus Feuerruß gewinnt, aber da warnte mich der Ire, der Holzkohlenruß zeichne zunächst zwar scharf, doch sei es in *Hibernia* oft feucht, in Irland könnte die kostbare Vorlage sich am Ende eintrüben und würde auseinanderschwimmen, bevor noch die Chronik in gallische Erzählstrophen übertragen worden sei.

Morbus sacer »heilige Krankheit« nennt Kilian meine Erschöpfungen und will mir Mut machen. So derb oder fremd manchem diese

Historie auch erscheinen mag, darin geht es um unser Leben und um unser aller Tod. In Gefahr ist, denke ich und so meint es auch Kilian, unser teutonisches Anderssein. »Teutonen« nannte Caesar einen der zahlreichen germanischen oder keltischen Stämme, die er unterwarf. Auch »Teutonen« entstand aus dem keltischen Wort für »Leute«, *tuath*, das in den keltischen wie in den germanischen Sprachen »Volk« heißt, *diet*. Dieser Name für die im Sinne des Imperiums Ungebildeten sorgte nachmals für den Nationalnamen

Unsere Liebe zur irdischen Welt soll weggewischt werden wie mein Kuhhörnchen, soll verworfen und zerbrochen werden als antichristlich. Das Verhängnis ist, daß dies uns alle betrifft als eine Wende, die Europa ins Traurige und Unfrohe führt, ach, mein Kilian sagt, diese Wende werde tausend Jahre lang dauern oder noch länger.

Ich will, *lector beatissime* »glücklichster Leser«, auf dieser letzten Haut erklären, warum ich so sicher bin, daß dies uns alle betrifft. Als ich in Rom meine Ausbildung vervollkommnen wollte, begegnete auch ich dort der wohl wichtigsten Propagandaschrift des Imperiums, derjenigen des großen Historikers *Tacitus*, worin vieles über unsere Stämme behauptet wird, vor allem Haarsträubendes, zum Beispiel welche Haarfarbe wir hätten, was wir äßen, wie wir uns kleideten; dies alles verbreitete Herr *Tacitus* in so arger Verallgemeinerung, daß davon bis auf den heutigen Tag römische Feldherren, Präfekten und nun auch wiederum die neuen Romherren, die Kirchenfürsten, bequem ihre Verachtung ableiten können gegen alles, was sich dem neuen Glauben nicht unterordnen will.

Nachdem ich in Rom mit verschiedenen Schreibern gute Freundschaft geschlossen hatte, erfuhr ich, wie die berühmte *Germania* in Wirklichkeit zustande kam, dies unselige Buch, das nicht etwa auf gründlichen Reisen und Beobachtungen basiert, sondern auf Flunkereien und Schmähungen und altüberlieferten Vorurteilen gegenüber all jenen Völkern, die dem Imperium Widerstand leisten. Gegen diese *Germania* wird meine Chronik ein Gegenbild zeichnen, wenn meine Kräfte mich nicht verlassen.

Wie der Herr *Tacitus* seine Schrift tatsächlich verfaßt hat, das erfuhr ich in Rom durch einen Kleriker namens *Landolt Manessus Pluralis*, der kam aus *Turicum* Zürich und hatte sich in jahrzehntelangem disziplinierten Dienst in die Gunst der Sankt-Peter-Bischöfe der Päpste hinaufgearbeitet. In einer vertrauten Stunde verriet er mir, was er in seiner Jugend, als er nach Rom kam, gehört hat bei einigen Huren, die bekanntlich die ehrlichsten Frauen sind und nur bei den neuen Maßgebenden als liederlich gelten.

Der berühmte Schriftsteller der *Germania*, so wußte *Landolt* von diesen Frauen, der hätte seine Vorliebe für hellhäutige Knaben nie ganz unterdrücken können. Wann immer ein neuer Feldzug aus dem Norden frisches Jungvolk nach Rom brachte, mußten diese Elf- oder Zwölfjährigen in sehr kurzen Hosen durch die Stadt gehen, damit ihr *pretium libidinis* »Lustwert« deutlich sichtbar würde und sich alle Interessenten und auch unser berühmter Dichter um die feistesten Exemplare bewerben konnten, um Jungen, von denen er sich noch einmal ein Aufflackern seiner Lendenlüste versprach.

Einer dieser Jungen mit Namen *Milesius* »Müller«, der schon vierzehn Jahre zählte, galt als besonders pfiffig und geschmeidig, und als eines Tages, nach den Aufregungen des Leibes, der berühmte Staats-Chronist sich etwa so fühlen mußte wie jetzt ich mich in diesem Kellerloch bei den Strapazen des Schreibens, als also der müde Alte ebenfalls dringend eine Pause benötigte, da hat der junge *Milesius*, um zusätzlichen Lohn zu ergattern, nette Schnurren aus seiner Heimat zu erzählen begonnen, aus dem Westfälischen bei den Teutoburger Bergen, um den Gast zu unterhalten und mit diesen Unterhaltungen seinen Unterhalt zu sichern, denn in dem Badehaus, in dem der Jüngling zu arbeiten hatte, wurden die Verrichtungen der Lustsklaven nach Horen »Stunden« bezahlt, gleichgültig, was in der verflossenen Zeit im einzelnen vorging. Zunächst nur wie beiläufig hatte der Fale kuriose Begebenheiten ausgeplaudert aus den Dörfern und Wäldern, in denen er gewohnt hatte.

Diese Plaudereien aber interessierten den greisen Historiker ungemein, den Propagandisten des Imperiums, und der junge glatte Kerl lieferte diese *fabulationes* bald um so lieber und um so reichhaltiger, als der Gelehrte ihm überaus aufmerksam zuhörte und dem Erzähler mit Fragen zusetzte und darüber seine Absicht, seinen Samen ein zweites Mal aus seinem knittrigen Leib zu pressen, mehr und mehr vergaß. *Milesius* durfte nun hoffen, durch hinhaltende und ausführliche Flunkereien den berühmten Herrn ganz und gar abzulenken von seiner Greisengier, und so gewöhnte der Junge sich an, dem Herrn *Tacitus* heftig beizupflichten, sobald der nur, nach der ersten Lust, damit begann, Mutmaßungen über alles Barbarische zu äußern und dagegen die Tugenden der Weisheit zu preisen, die *virtutes animi puri atque rationis.* »die Vorzüge des rein Geistigen und der Vernunft«

Immer abenteuerlichere Berichte dachte sich der pfiffige Fale aus, possierliche Schrullen über die Falen und Cherusker und Teutonen und über die Gebräuche in seiner Heimat, und *Milesius* fand vielerlei Mittel, wie er den zittrigen Historiker mit List abhielt von neuen Beplänkelungen und Betrillerungen seines jungen Leibes. Schon beim nächsten Badebesuch erschien der Herr *Tacitus* mit einem Schreiber des Senats und ließ von diesem amtlichen Manne die wichtigsten Punkte notieren. Ja, wahrlich, so entstand sie, die *Germania*. Aus Not entstand sie, um den Nachstellungen eines alten Gelehrten zu entkommen, einem lahmen Pergament-Arsch, den *Milesius* sonst abermals hätte besteigen sollen, dieser gelenkige Jüngling aus der Gegend von Paderborn.

Auf diese Weise enstand *De origine et situ Germanorum.* »Über Herkunft und Heimat der Germanen« (im Jahr 98 westlicher Zeitrechnung publiziert) Diese Schrift, für viele ein bewunderungswürdiges Werk, ist nach Meinung aller ehrlichen Kenner vollkommen aus den Fingern gesogen und vermischt wenig Wahres mit abenteuerlich Falschem und wurde vom Verfasser obendrein passend zurechtgebogen zur Erbauung und Ermahnung der römischen Bürger, zur Herabsetzung der nordischen Stämme und zur Aufhetzung der römischen Offiziere, die, wie uns der Gast aus Xanten verriet, täglich ihr Gelübde erneuern, wonach sie das Heil des Imperiums allen Völkern im Erdkreis zu bringen haben und mit allen Mitteln.

Wehe, nur noch ein knappes Viertel der Rückseite ist nun unbeschrieben. – Freund *Landolt* aus *Turicum* schloß seine Erzählung aus dem kapitalen Badegewerbe mit der Mahnung an mich, niemals einfältig zu glauben, was in staatlichen Chroniken überliefert ist, sondern stets zu bedenken, wer die Schreiber bezahlte und welche Quellen sie nutzten.

Landolt, da er sich das Vertrauen der geistlichen RomHerren erarbeitet hatte, wußte bis ins Kleinste, wie sie das alte verächtliche Herabblicken auf die *homines proletarii et homines externi* »Proleten und Ausländer« neuerdings nach den alten und bewährten Mustern des

Imperiums übertragen auf alle diejenigen, die sie für Ungläubige erklärten, für Ketzer und für Primitive. Was vordem für die Barbaren galt, gilt nun für die Heiden. Die Caesaren wie die Kirchenherren, rief *Landolt* aus, schon ihren Dünkel verehren sie als Denken.

Was mir der Mann aus Zürich anvertraute über eine der wichtigsten Quellen unserer historischen Gelehrten, das verdeutlicht nur, aus welchen Gründen ich in diesem Lorscher Loch all diese Schreibmühen ertragen und überstehen muß. Da hilft kein Seufzen über brennende Augen und schmerzende Rückenknochen, auch nicht, daß meine Schrift sehr eng eingetragen werden und fast ganz und gar schmucklos bleiben muß, weil ich hier keinen Helfer habe und keine Schüler für sorgfältig verzierte Initialen oder Rankenwerk, gar nicht zu denken an einen Maler, der interessante Bilder zeichnen könnte. Es muß ja hier alles heimlich gehen, es muß gelingen, und am Ende muß Kilian alles Beschriebene auf seinem Eselchen *Äsop* in die Vogesen hinaufbringen und von dort womöglich bis an den irischen Rand der bewohnten Welt. O doch, gesichert werden muß die Aufklärung darüber, daß wir Besetzten des großen Imperiums von nun an in neuer Form besetzt sind, als in Geist und Leib Zerschnittene, als Entmutigte, als Kolonisierte.

In meinem Klosterkerker aber bin ich bestens gerüstet für die Rettungstat und segne meine lateinische Ausbildung und welche *occasio opportuna* »günstige Gelegenheit« mir diese neuen Tierhäute bescheren, nämlich die Aussicht auf ein sehr langes Überdauern meiner Chronik. Die Ptolemäer der Stadt *Alexandria*, in der bekanntlich die größte Bibliothek des Altertums gestanden hat, sie hatten zuletzt verboten, den Pflanzenstoff *Papyros* vom Nil in andere Länder zu verkaufen, damit allein sie, die Herren von *Alexandria*, im Besitz der bei ihnen gesammelten Weltweisheit blieben. Die Millionen Schriftrollen der Bibliothek von *Alexandria* bestanden aus sprödem *Papyros*, ach, und sie zerfielen nicht, sondern sie wurden verbrannt von »christlichen« Eiferern und nicht, wie die Legenden wollen, von denen, die sie für Heiden halten, auch nicht schon von *Caesar* bei seinem Besuch der Königin *Cleopatra*.

Als vor nun hundert Jahren bekannt wurde, daß niemand *Papyros* aus Ägypten herausbringen darf, da verbreitete sich, was unter König *Eumenes* zu *Pergamon* hergestellt worden war, nämlich ein neues

Schreibmaterial, ein viel haltbareres, eines aus dem ungegerbten Schaf-, Ziegen- oder Kalbfell. Eumenes II., im 2. Jh. vor Chr. König in *Pergamon* (heute Bergama, Türkei) Und so haben wir nun anstelle der brüchigen und leicht brennbaren alexandrinischen *Papyros*-Rollen aus der Stadt *Pergamon* das Rezept für die Pergamente, und es entstanden die *Codices*, die Bücher, die sehr viel beständiger sind als die ägyptischen Schriftrollen, seither kommt es zu Chroniken, deren Blätter man zwischen Holz- und Lederdeckel bindet oder schraubt und die womöglich tausend Jahre überdauern werden oder gar noch länger. *Codices* (von *codex* »Buch«, »Bibel«) ersetzten im 4. Jahrhundert der westlichen Zeitrechnung die *Papyros*-Rollen

Bevor ich nun endlich auf neuen Häuten festhalten kann, was bei der Ankunft des Cheruskers in Worms weiter passiert ist, muß ich Vorgänge schildern, von denen ich erst in diesem Kerker zu hören bekam, als man nämlich hier jetzt jenen Kaufmann verurteilt hat, der anfangs ein Bote war aus *Mogontiacum* und der, um sich die Gunst des Königs Gunther zu ergaunern, den Wachtposten in Alzey buchststäblich ausstach, statt ihm die Meldung von der Ankunft der zwölf Schiffe in der Staffette zu übergeben. In jener Nacht nämlich, in der Sieglinds Sohn oben in der burgundischen Pfalzhalle seinen Besitz herzuschenken versprach, den Hort und alles, was er in seinen zwölf Schiffen herantransportiert hatte, da begab sich, wie ich inzwischen weiß, am anderen Ende des Worms-Kastells folgendes.

Da schlich sich hinter dem Pfalzhügel, wo in den Lößwänden die Wohnhöhlen sind für die Juden, eine Gestalt, die tappte im Dunkel der Steilseite über gefrorene Schlammwege, dort, wo der wildernde Rhein beim letzten Hochwasser den Hang um etliche Klafter immer wieder hat unterspülen können. Da ging jetzt dieser Messerstecher in einem langen Rindsmantel von Eingang zu Eingang und sicherte sich ab, ist aber beobachtet worden, schien in die Behausungen hineinzuspähen, schien zu horchen, als suchte dieser Mensch eine Höhle, in die er einbrechen könnte, um zu stehlen oder auch nur, um die eisige Nacht bei einem Feuerchen zu überleben.

Blieb aber schließlich vor einem der Eingänge stehen. Auch diese Höhle war versperrt mit einem Geflecht aus Pfählen, Stöcken, Fellen und Schilf, blieb dort stehen und rief mehrfach einen Namen. Von innen, wo ein Feuer brannte, kam erst nach dem dritten oder vierten Ruf eine Antwort. Und ein *markari* »Aufpasser« hat bezeugt, was nun im einzelnen geredet wurde.

Einen Namen hätte die Gestalt mehrfach gerufen, den Namen Hirsch. Immer nochmal: Hirsch. Und dann: Willst du einen Zahn vom Drachen? – Da öffnete sich in der Flechtwand, in Kopfhöhe, eine Öffnungsklappe, kaum größer als ein Auge. In diesem TorAuge wurde ein Feuerschein sichtbar, und der war dann verdeckt von einem wirklichen Auge, von dem Auge des Herrn Hirsch, der hier wohnte und der ihn nun erblickt hat, den im Mantel vermummte Menschen in der Kälte, im Zwielicht.

Herr Hirsch hinter der Palisade hat gefragt, was der Nachtwanderer unter seinem Mantelfell verstecke.

Keine Waffe, bleib unbesorgt. – Was statt dessen? – Einen Goldzahn. – Zahn? Red nicht in Bildern. Kenn ich dich? – Bin aus Mainz. – Was nennst du Strolch einen Goldzahn? Einen Drachenzahn? – Laß mich ein, ich zeig ihn dir. – Du verbirgst ein Ochsenjoch. – Unsinn. – Willst mich erschlagen, weil du meinst, außer einer Kiepe voll Bohnen besäße ich Schätze. – Erschlüge ich dich, könnte ich dir nichts verkaufen. – Was sollte ich dir abkaufen und mit welchem Geld; außerdem kenn ich dich gar nicht. – Ich zeig's dir, wenn du mich einläßt. – Da wär ich schön dumm. – Ich hab das vom König selber. – Vom König? Du lügst. – Ich schwör's. – Dann zeig's mir. – Hier vor dem Tor erkennst du es nicht, es ist zu dunkel. – Komm morgen wieder, bei Tageslicht. – Laß mich ein, Hirsch, ich zeig's dir bei deinem Feuer, ich friere, ich fall um vor Kälte, vor Hunger, gib mir von deiner Bohnensuppe, die rieche ich, schließ auf! – Ich kenn euch Gesocks. Diebe seid ihr, stehlt und behauptet, das sei ein Geschenk vom König. – Frag die Herrschaften im Kastell, die wissen, daß ich's geschenkt bekam, frag Herrn Giselher, Herrn Hagen. – Wofür schenken die sowas? einem wie dir? – Für gute Botschaft. Die brachte den König aus dem Häuschen. – Welche Botschaft? – Ich hatte zu melden, daß Siegfried den Rhein raufkommt, mit zwölf Schiffen, mit fünfhundert Kriegern, inzwischen ist er da, hast du den Lärm nicht gehört? –

Wohl hab ich den gehört, aber du bist ein Gauner, verbirgst ein Krummholz unter deinem Fellmantel, willst mir Steine rauben, die ich anderswo verborgen hab, pack dich, Schacherer! – Dann sieh dir's an!

Hat den Mantel geöffnet und hat dem Auge in der Palisade das entgegengehalten, was der König in seiner Verwirrung verschenkt hatte. Drehte im schwachen Licht etwas Funkelndes. Im dünnen schmalen Lichtstrahl blinkte das und schimmerte verlockend.

Da wurden am Palisadentor Riegel geschoben, Riemen aufgebunden, quietschten Angeln und ging in dieser Frostnacht in der Lößhöhle noch lange ein *commercium mercatorum memorabilis.* »denkwürdiger Handelsverkehr«

In der anderen Höhle, in unserer römisch gemauerten, bahnte sich zur selben Zeit ebenfalls ein Handel an. Der war um vieles reicher und, wahrlich, er war verhängnisvoller. Pechfeuer beleuchteten die Halle und bestrahlten eine glücksverwirrte Versammlung, in der kaum einer wußte, ob er nun wirklich glauben durfte, daß der Gast aus dem Niederland seinen ungeheuren Schatz tatsächlich verschenkt hätte. Des Ruhrschmieds Lust, den Drachenschatz loszuwerden, die schien wie ein dünnes Eis, auf das sich kaum einer hinaustraute. Wußte man doch, wen jener Kaufmann *Aureus*, den der *Nidgir* unterm Rheinfelsen verschlang, als letztes verwünscht hatte. Jeden, der diesen Reichtum je besäße.

Fast alle im Saal versuchten nun, schwindelerregende Rechnungen zu lösen. Wie oft schon hatten sich Macht und Glück einer ägyptischen oder persischen oder griechischen oder römischen Kapitale auf solch sagenhafte Schätze gegründet. Meist auf Kriegsraub.

Unsere trügerischen Gedankenreisen und Größenträume, die gewahrte nun am deutlichsten diejenige, die nichts sah. Was hier und jetzt in der Wormser Pfalzhalle vor sich ging, das durchschaute am besten die blinde Ute, unsere gebrechliche alte Königin. Als sie nach dem Hortversprechen nur noch Seufzen hörte und Räuspern und weil nun kein klares Wort mehr zu vernehmen war, da erkundigte sie sich laut, warum sie den Gast bei seiner Ankunft im Hof habe unmäßig laut lachen hören, schallend lachen. – Sind meine Söhne, seit ich sie nicht mehr sehe, lächerlich geworden? *Nunc ioculatores sunt, qui risum movent hospitibus nostris?* »Sind sie neuerdings Clowns, die sich komisch aufführen vor unseren Gästen«

Man zögerte mit der Antwort. Jede ehrliche Auskunft wäre peinlich gewesen. – Giselher, antworte.

Da begann ich mit der genauen Geschichte und erzählte der Mutter von den Aachener Kaufleuten und von den englischen Tuchen, die diese Händler für friesische ausgegeben hatten und die weder friesisch waren noch genügend lang noch ausreichend warm und dick, sondern nur ein *birrus angustus minutusque hominum fraudulentorum.* »ein enger und zu kurz geratener Kapuzenmantel von Betrügern«

Hättet ihr mich gefragt. Als wüßtet ihr nicht, daß Gundomar mich aus Aachen freite. Selbst in Weibersachen fragt ihr mich nicht. Weder über *Aquae* Aachen noch über *Genova* Genf wollt ihr die Wahrheit wissen. Weh, Worms schwirrt. Wird zum Wolkenheim. So blind, wie ihr euch zeigt, benötigt ihr dringend Sicherheit. – Und sagte wieder ihren Rat. – Fort mit uns, nach *Helvetia*. An dieser Tafel, an der ich seit Gundomars Tod zum erstenmal wieder sitze, weil ein guter Gast mich dorthin geführt hat, an dieser Tafel erkläre ich euch, daß ich die Aachener Krämer, als sie in dieser Halle ihren Handel trieben, sehr wohl durchschaut habe, mit blindem Auge sah ich, daß sie weder Friesen waren noch Aachener, sondern Britannier, weil sie Sagensachen erzählten aus Angelland, ja, weil sie Kauzkram prahlten aus Britannien und offensichtlich Grund hatten, ihre wahre Herkunft zu verbergen.

Hättest du's verraten, murrte Gunther. Das hätte Spott erspart.

Hast du mich gefragt? Überglücklich warst du, von diesen sogenannten Aachenern Neues und immer noch Wilderes zu hören über deine eisländische Traumkönigin.

Da meldete sich der Niederländer. – Mehr und mehr behagt mir diese Frau Ute. Die spürt, wie trüb und dick die Luft ist unter diesem römischen Saalschädel. Höre, *domina venerabilis et regina vera* »ehrwürdige Herrin und wahre Königin«, so wie du hier als Blinde klar siehst, was im argen liegt, so spürst du gewiß auch, daß deine Herren Söhne samt ihren Beratern sich jetzt die Köpfe zerdenken und zertrachten in der uralten Besitzsucht. Darum, verehrte Mutter Burgunds, bring diesen armen Köpfen Frieden und erzähl uns eine von den Geschichten der Angeln, erzähl eine von diesen britannischen Tückeboldsagen, diese oder jene, die deine Mantelkrämer aus der Insel der Angelsachsen kannten.

Die englischen Märchen sind düster, die stiften alles andere als Frieden und gute Nachtgefühle.

Die Priester stillen und lähmen die Armen und Ahnungslosen seit je mit grausig Höllischem. Einen solchen Schlaftrunk, den gib nun auch du!

Ja, sagte König Gunther, immer wenn hier lang und breit von römischer Klarheit und Vernunft gepredigt wurde, dann sehne ich mich nach finsteren Nifhelheimgeschichten. Sie sind die ehrlicheren.

Erzähl ich also, knurrte Ute. Erzähl ich eine Geschichte, die von überreicher Gabe handelt. Und von großer schwarzer Kraft. Und von übereifrigem Dienst. Die Geschichte ist gewiß älter als tausend Jahre. Als Kind schon hörte ich sie, als Kaufleute aus England uns abends in Aachen unterhielten. Bekannt war sie auch den beiden Tuchkrämern, die ihren *birrus* wie ihre Erzählungen von den Angelsachsen hatten. Nur war beides viel zu kurz. Ihre Geschichten wie ihre Tücher.

Sie machte eine Pause, hatte sich zu besinnen. – Erzähl uns die längere Fassung, bat Gunther. – Still war es geworden. Von überreicher Gabe und von starkem Dienst wollte jeder jetzt Genaueres wissen. Unter den Fenstern hörte ich den Rheinstrom, dort heulte der Ostwind. Gelbrotes Feuergebrodel munkelte in den Anthraxsteinen. Die schwarzen Brocken glühten im Inneren sonnenhell, und außen herum leckten Flämmchen mit rötlichen Zungen.

In den frühesten Zeiten, begann Ute, als die Wunder und die Märchen noch nicht im Zwist waren mit dem, was die Herren nun *chronica* nennen oder *historia demonstranda*, da gab es den Ort *Buochenheim* Bochum, einen Ort zwischen Rhein und Externsteinen, zwischen Ruhr und Lippe, in dem aus den Buchen, nach denen wir die Bücher benannt haben, die Buchstaben gearbeitet wurden. In diesem Ort der Gelehrten lebte ein Mann, der verstand alle Sprachen und wußte alle Wörter, die seit dem Turmbau zu Babel je gesprochen wurden, im *Imperio* wie im Nebelland, in *nifhel* wie in *muspel* und zuvor auch bei den Griechen, den Ägyptern und den Persern.

Dieser Gelehrte kannte die Wörter für die Steine wie für die Gewimmele im Wasser und in der Luft und in den Bäumen, ja, er hatte die Namen der alexandrinischen Bibliothek allesamt in seinem Kopf. Einer wie er wußte, daß die Namen Bannkraft haben, und darum schrieb er alle Namenswörter in ein Buch, das mit Silbergittern umgeben und gut zu verschrauben war. Wenn der Weise in diesem *Codex* lesen wollte oder neue Wörter eintragen, dann öffnete er das Silberfiligran mit einem Schlüssel, und niemand in *Buochenheim* wußte, wo er diesen Schlüssel verwahrte. So wußte auch niemand außer diesem Gelehrten, wie viele Feen und Elfen und Sylphen und Gnome es gibt und welche von ihnen Dienst tun und welche Schaden anrichten und welche einen Wirbel aus beidem, den wir die Gaukelei nennen. Allein der Wörterkenner wußte, wie viele Pflanzen im Weltkreis wachsen, welche von ihnen heilkräftig wirken und welche giftig, was jene lindern und was diese beflügeln. Wobei zwischen Gift und Heilkraft oft ein einziger Buchstabe entscheidet, wie zwischen Mispel und Mistel oder Luft und Lust, und wie zwischen *hospis* und *hostis*. »Gast« und »Feind«. Dieser Gelehrte wußte Herrenwörter so viele wie Knechtwörter.

Dieser Magier aus *Buochenheim*, der hatte seine Kunst vom Süden wie vom Norden. Nicht nur von den Götterboten Hermes und Merkur hatte er gelernt, sondern auch von den Wörterpielern und Lügengöttern und Zauberteufeln *Loki* und *Freyr*. In seinem Haus über der Ruhr beherbergte er aber einen Lehrling namens *Safran*, der war so grün und täppisch, daß der Meister ihn nie in sein silbernes Buch schauen ließ. Dieser *Safran* durfte nicht mal in das Gemach, in dem der *Codex* mit dem *thesaurus verborum* »Wörterschatz« aufgehoben wurde.

Dieser Namensammler war noch einer, der mit den Wörtern auch das beherrschte, was die Wörter meinten. Eines Tages jedoch zog es ihn über das nördliche Meer, da fuhr er als Luftgeist zum irischen Rand der Welt, weil er sich in eine gälische Windsbraut verliebt hatte. Kaum war er fortgeflogen, da hatte sein *Safran* nichts Besseres zu tun, als in die Kammer einzudringen, die ihm verboten war und in der *Buochenheims* Meister sie aufbewahrte, *ordo et usus rerum litterarum*. »Alphabet und Schrift, das Verzeichnis der Dinge«

In dieser Kammer hing der Spiegel, in dem der Lehrling hätte sehen können, was alles auf der Welt passiert und aus welchen vielfach verbündelten Gründen. Da lag auch die Muschel, die *Safran* nur an sein Ohr hätte halten müssen, um die verworrenen Gedanken zu vernehmen, die dieser oder jener von diesem oder jenen zu denken versucht. Dort hing auch das Horn des Einhorns, in das der Lehrling nur hätte hineinhorchen müssen, um zu erfahren, was die Nornen sich für die Zukunft aushecken. Und in dieser Kammer lagen auch die neuesten Liebesseufzer und Lustphantasien, die sein Meister soeben für die irische Elfe verfaßt hatte, die lagen noch da als *descriptio* »Entwurf« auf dem Tisch, lagen ganz offen herum, doch *Safran* war zu dumm, konnte die Liebesschriften nicht entziffern, da sein Herr und Zauberer ausgerechnet die beiden Buchstaben, die sein Lehrling am besten lesen konnte, nämlich das A und das O, in seinen Briefen und Gesängen konsequent vermied und statt dessen Laute bevorzugte, die mit zierlichen Zusatzzeichen überdacht waren, mit Pünktchen, Kügelchen und Strichelchen, die den armen Jungen nur verwirrten.

Safran verstand von all dem wenig oder nichts und betrachtete nur furchtsam rings die Geräte und Bilder und sagte sich, was mein Herr versteht, das werde ich niemals begreifen. Jedenfalls so lange nicht, wie ich die Buchstaben nicht weiß und die Namen für die Dinge. Unglücklicherweise entdeckte er in diesem Moment in einer Nische das schwarzsilberne Lederbuch, den *index nominum.* »Wörterverzeichnis« Und siehe, der weise Mann, in seinem irischen Liebesrausch hatte er vergessen, die Vergitterung abzuschließen.

Der Junge schlug das Werk auf, legte den Finger auf das oberste Wort und begann es zu buchstabieren. Und weil dieses Wort als Vokal nur das A enthielt und das sogar zweimal, konnte er sich den Namen zusammenstückeln, ängstlich und neugierig. Kaum hatte er in Gedanken alle Laute beisammen, da sprach er das Wort laut aus, ja, er rief es geradezu: *AlbMacht* rief er. Und kaum hatte er das herausgelassen, da heulte es um ihn her, da fuhr rings ein Wind über die Kerzenlichter, da wurde es finster in der Ruhrburg, die Mauern zitterten, und Donnergrollen rollte über *Buochenheim.* Und vor dem Jungen stand, in einem seltsamen Licht, als schiene der Mond, ein Riese, ein Ungeheuer mit einem Atem wie Feuer.

Zweifellos hatte *Safran* einen Alb gerufen. Vielleicht König Alberich selber, der damals noch in seiner großen Gestalt ging. Jedenfalls fauchte das Scheusal wie ein Schmelzofen und schrie: Gib mir Arbeit! – Da fühlte sich *Safran* ähnlich hilflos wie jetzt unsere burgundischen Herren in diesem Saal, weil ihnen ein mächtiger Gast ebenfalls große Arbeit anbietet. Und als nun die Erscheinung aus der

Finsternis abermals ihren Befehl wiederholte und der blöde Lehrling umständlich und ängstlich nach einer Antwort suchte wie soeben noch Gundomars Söhne keine Antwort fanden auf die schönen Angebote aus Xanten, da sprang der Feuergnom auf den armen Jungen zu, griff ihm an die Gurgel und verlangte zum drittenmal: Arbeit!

Da, so sagt es die vieltausendjährige Geschichte auch Goethes Ballade vom Zauberlehrling basiert auf sehr alten iroschottischen Überlieferungen da rief *Safran*: Hol Wasser! – Das war, was er hätte tun sollen, solange sein Meister durch Irland flog. – Schon stob der Feuerteufel hinaus, ebenso schnell kehrte er wieder zurück mit einem Wasserfaß auf dem Rücken, das goß er aus, verschwand wieder, kam zurück und goß und verschwand und kam abermals – genug! schrie der Lehrling, aber die Arbeitskraft, diese ruhelos rührige urbare Ruhrkraft, die schüttete fässerweise Wasser, das reichte dem *Safran* bald bis an den Hals, zitternd kletterte der Dummling auf einen Tisch, schrie um Hilfe, Wasserflut brauste um ihn her und schwoll und stieg unaufhaltsam in die Höhe und hätte gewiß ganz *Buochenheim* ersäuft, wäre nicht der Meister, weil ihm seine süße Sylphe vom Lügengott *Loki* abgelistet worden war, vorzeitig heimgekehrt und hätte den Feuergnom vertrieben, indem er das magische Anfangswort verdrehte und mit dem Vertauschen eines einzigen Buchstabens verwandelte: *NachtAlb* schrie er, und der Geist verschwand, und das viele Wasser verwandelte sich in Nebel, und Nebel lastete fortan über Nifhelheim und gab ihm den Namen *nifhel*, »Nebelland«, wonach sich unser Gast, im Trotz, wie wir nun wissen, Nibelunge nennt.

Seinen *Safran* schrumpfte der Zauberer zu einem Hämmerchen, und wann immer sich im Niederland seither ein Lehrling blöd anstellt, hört man, der sei behämmert, doch da auch Hämmerchen hilfreich sind, schmiedete sich der Buchstabenmeister mit seinem neuen safrangelben Werkzeug sein allerbestes Silberfiligran, eines, mit dem er seine Bücher von nun an verklammerte, verklausulierte und verschlüsselte.

Ute schien uns anzuschauen mit ihrem blinden Gesicht. Ihr ältester Sohn, der König, seit je allen hochfliegenden Ausflüchten und Anderswelten sehr zugeneigt, der fragte sie nun, ob *Buochenheim* nicht doch, statt hinter der Deutschburg Duisburg, in Wahrheit in Ägypten liege, ob dieses *Buochenheim* nur ein anderer Name sei für *Alexandria*.

Nur zwischen Ruhr und Lippe kann es liegen. Nur dort, wo zwischen Gelehrten und Leuten keine Trennungen geschnitten werden, nur zwischen römischen Franken und heidnischen Sachsen, nur seitab von den GeistIdioten hier und von den GedärmIdioten dort. Nicht nur bei den Etruskern war es beliebt, aus den Gedärmen der Opfertiere Erkenntnisse zu lesen Nur bei des Cheruskers *Asnithi* Essen kann ein *Buochenheim* sein mit Menschen, die das Latein ebenso verstehen wie das nifhelheimische Leutedeutsch.

Schob sich ein Kauholz in die Backe, redete aber weiter. – Wo unser Gast den Kampf mit *Nidgir* bestand, nur dort machen sie keinen Unterschied zwischen Märchen und Historien, zwischen der Poesie und den Chroniken. So wie das vormals auch der *Homerus* nicht tat und der *Ovidius* nicht und die Bibelschreiber nicht und alle anderen guten Sänger nicht.

Nun war wieder Stille und es schien, als würde ringsum viel nachgedacht. – Da von Poesie die Rede gewesen war, traute ich mich und sagte, daß Utes Geschichte allerdings tausend Jahr alt sei oder älter. Jedenfalls ist sie nicht angelsächsisch, sondern keltisch. Unsere Tuchhändler beendeten sie so kaufmännisch knapp wie ihr grüner Filz kurz war, nichts wußten sie vom Nebel und vom Silberfiligran. Bei ihnen sagte der Zaubermeister ein Bannwort, der Lehrling sprach es nach und später, behaupteten sie, hätte der Lehrling dies geheime Wort den eigenen Lehrlingen weitergesagt und nie mehr sei ein Schad-Alb in *Buochenheim* erschienen und auch nicht drumherum.

Da meldete sich der Bischof und ahnte offenbar nicht, über welch hohlen Boden Utes Geschichte auch ihn hatte reiten lassen. – Mir scheint, sagte er, dies uralte Märchen, so oder so beendet, ist lehrreich. Auch wenn es eine Barbarenmär ist, so zeigt sie uns doch, welche Gefahren in den unbeaufsichtigten Büchern lauern, aber auch in den Weibern, Gefahren, die selbst einen gelehrten Kopf ablenken können. Die man also beide immer gut verschließen muß, die Weiber wie die Bücher. Denn wahrlich, Utes Fabel zeigt, wie die Leibesgier selbst einen Mann, der dem Geistigen sich widmen will, von Grund auf verwirren kann und wie einer, der die Dämonen ruft, sie nicht wieder loswird. Oder nur unter Gefahren und unter Verlusten. Ja, diese Geschichte lehrt, wie riskant es werden kann, wenn dienstbare Leute sich allzu aufdringlich anbieten, als arbeitswütige Wichte und

Feuerkünstler. – Keck schaute er auf den Niederländer, der sich doch soeben noch als »Wicht im Glück« bezeichnet hatte. Hagen schmunzelte und schien vergnügt. – So warnt uns nun unser Seelenverwalter? Den ebenfalls keiner wieder loswird, seit er der Wormspfalz im Pelz sitzt?

Je tiefsinniger, sagte der Xantener, die neuen Herren die Abkehr von der Welt preisen, desto gnadenloser plagt sie der Ehrgeiz, sich ihrer dennoch zu bemächtigen. Verkappt tun sie das, mit Hilfsgeistern, mit *ministris.* »Vollstreckern« Zum Beispiel mit Heermeistern. Nicht wahr, Herr Bischof? Ihr schweigt? Von Euerer Gerissenheit und List mit den Mächtigen verratet Ihr uns lieber nichts? In Rom, wann immer ich dort diejenigen fragte, die lieber selber dachten, statt *praecepta ecclesiae* »die Vorschriften der Kirche« für sich denken zu lassen, von denen hörte ich, so sei es. Je eifriger die neuen Hirten die Weltlust leugneten, desto tückischer wüchse ihnen die Machtlust.

Ringwolf richtete sich nach dieser Rede ein wenig auf, holte Luft und klagte. – Wehe, mir scheint, auch in den Kopf kann es dringen, das Drachenblut. Denn wisse, junger Freund, unsere kirchliche Macht, sie dient, aber sie »bemächtigt« sich nicht. Auch nicht mit der Hilfe von Heermeistern oder von Hilfsgeistern. Jedenfalls nicht mit solchen, wie sie in Utes Geschichte auftauchen. Gottes Hilfsgeister sind erhaben über die irdischen Dinge, sind schöne und reine Engel. Bisweilen freilich helfen dem himmlischen Herrn auch Menschen, solche, denen es gelingt, in ähnlicher Reinheit zu leben wie die Paradiesgeister. Nein, die Kirche ist nichts anderes als ein dienendes Amt, ein Dienst an der Heerschar der armen und verängstigten Menschen. *Confiteor at enim, lepores timidi sumus. Sed non ego sed solo dux exercitus Burgundiae studet rei publicae Warmatiae administrandae. Precor ei a Deo, ut hic labor prospere succedat. Nihil iam.* »Ich gestehe aber, wir alle sind furchtsame Hasen. Aber nicht ich, sondern allein der Heermeister Burgunds bemüht sich in Worms um die Staatsführung. Ich wünsche ihm bei Gott, daß ihm diese Arbeit gelingen möge. Nichts mehr«

Der Geistliche blickte bedeutend in die Runde. – Freilich, so setzte er dann seine Rede fort, auch die Kirchen sind auf dieser Erde zu bauen. Und benötigen dazu starke Stützen, klare Vorschriften. Standhafte Mauern, wie die römischen Kastelle. Wälle aus Stein, Wände aus guten, aus dauerhaften Gesetzen.

Zuletzt hatte Ringwolf die Stimme ein wenig gehoben. Schon das Lateinische hatte seine Rede in schönen Schwung versetzt, nun aber, als er sich auf die Gesetzesmauern berief, klang seine Stimme wie ein Gesang. Und er beschloß seine Botschaft mit dem Philosophen *Heraklit.* Heraklit von *Ephesus*, 550 bis 480 vor der westlichen Zeitrechnung. – Schon Heraklit, der große griechische Denker und Gelehrte aus *Ephesus*, hat vor tausend Jahren erkannt: »Töten muß das Gemeinwesen. Für das Gesetz ebenso wie für seine Mauer.«

Gernot, der schon nach dem Wort vom Drachenblut neuen Streit entstehen sah, erinnerte daran, daß der kommende Tag solche heraklitischen tödlichen Forderungen ebenfalls stellen werde, nicht in gelehrten Theorien, sondern in handfestem Ernst. Wenn die bisherigen Nachrichten zuträfen, dann käme es schon morgen zu einem Treffen mit den feindlichen Sachsen, mit jenen, die Ortwin und seine Gefolgsleute gnadenlos getötet hätten, dann käme es zu einem Treffen mit den Falen, die sich am Main gut vorbereiteten auf einen Angriff gegen Burgund.

Weiß denn unser Poet, fragte Gernot, weiß denn unser gelehrter Bruder Giselher nicht eine Geschichte oder irgendein Lied, das Mut macht? Das Mauern errichtet gegen jeden, der uns unterwerfen, der uns berauben will? Das zu stärken weiß *desiderium nostrum libertatis*? »unsere Sehnsucht nach Freiheit«

Vor einem blutigen Kampf mit den Ortwinmördern, sagte ich, sollte ich so etwas wohl wirklich hören lassen. Auch wenn ich lieber von angenehmeren Dingen singe als von Streit und Kampf. – Und blickte auf das verliebte Paar neben mir.

Von dem Schlachtgesang, den ich dann hören ließ, kam in der Tat verwegene Stimmung auf. Dies Lied brummte alsdann durch die Köpfe, schwirrte über den breiten Adler an der Wand und schwang sich die roten Wände entlang. O doch, als das verklungen war, da gingen sie alle wie in Benommenheit zu ihren Nachtlagern, wiederholten summend meine Töne, suchten sich ihre Schlafstellen, prüften die Waffen und legten sich mit ihnen nieder, hinter Mauerbögen und Säulen, auf den Schiffen in den Kojen unter Deck, unter Fellen und Filz. Noch im Einschlafen, so schien es, hörten die Männer meine Schlachtlitanei gegen die Falen, gegen jenen rachsüchtigen Stamm der Sachsen. Ich war zur Truhe gegangen, hatte die sieben Schlösser geöffnet, hatte die Fiedel hervorgeholt und eingestimmt und folgendes vorgetragen.

Die Kunde flog den Rhein hinauf
In Frankfurt sitzt der Sachs
Das drang bis Worms, man zog zuhauf,
freut sich des Sachsenpacks

Kurz vor der Furt, am flachen Main,
da lag der Falen Troß,
die kauften Waffen, kauften Wein,
die Händler 's nicht verdroß

Zu zahlen war mit hohem Zins
für Rüstung, Knecht und Schwert,
der Ort blüht' auf ob des Gewinns
und wuchs um Goldes Wert

Kurz hinterm Fluß, am flachen Main
die harte Schlacht begann,
die Falen hörten Hagen schrein:
Zieht Drachenpanzer an!

Und furchtbar blitzte Siegfrieds Stahl
Freund *Balmunk* fand sein Ziel
und traf und schnitt und säte Qual
und mancher Fale fiel

Und blutig stach das Ruhrstahlschwert
entsetzlich stieß der Spieß
und Blut durchschritt Herrn Gunthers Pferd
Blut tranken Sand und Kies

Der Fale stritt nur kurze Zeit,
bald Herr wie Knappe lief
das Feld vorm Main ward überstreut
mit Leichen Kniees tief

Der lief zum Strauch, der floh zum Main
vorm Nibelungenlicht
sie sprangen in den Strom hinein
und dürsteten doch nicht

Die zappelten als Entenschar
im Wasser hin und her,
als wär'n die Weihnachtsgänse gar,
stieß Gernot ins Geröhr

Herr Siegfried fuhr noch auf den Fluß,
schlug sie mit Rudern tot
Dies ihres Lebens letzter Kuß
Dies war der Sachsen Not

Kurz darauf, im dunklen Gang der Pfalzburg, da hörte ich ihn neben mir reden. – Der Schreiber mag klug sein. Den Nibelungen kennt er nicht. – Als ich mich umsah, ging der weg, von dem ich das blutige Wüten gesungen hatte. Und ich muß gestehen, ich war sehr verwirrt. Und am Ende voller Scham.

Hat diese Nacht sonst noch Bemerkenswertes ausgebrütet? Ich sollte davon berichten. Nicht etwa, wer gut schlief, wer schlecht. Ich jedenfalls fand keinen Schlaf, mir war klar, ich hatte ein schlechtes Lied gesungen, ein falsches. Und ebenso war klar, Krimhild hatte sich gegen Herrn Hagen durchgesetzt. Hatte sich für einen ganz und gar Ungewöhnlichen entschieden. Für diesen rätselhaften »Mächtigsten«.

Auch in dieser Eisnacht zog es mich nach draußen, ging ich wieder über die äußere Mauer. Die Winterkälte sollte mir klären helfen, was geschehen war. Und was der Niederländer geredet hatte. Und was Utes *Buochenheim*-Erzählung an Wahrheiten leuchten ließ, so wie nun über mir die großen Bärensterne funkelten und die des Großen Jägers. Die keltischen Lagerfeuer unter der Mauer waren waren erloschen. Dunkle Segel standen auf dem Rhein. Mitternacht war vorbei,

Venus, Mars und *Orion* leuchteten. Aber die Himmelslichter erklärten nichts, die verdeutlichten nur die Rätsel. Beunruhigt ging ich wieder hinein. Schlich mich hinter die Säule, duckte mich in meine Schreib- und Schlafnische. Was hatte mein Lied »nicht gekannt«?

Ich wendete mich zurück, in den Gängen und in der Halle schien noch nicht alles in Ruhe. Unter einer Treppe hörte ich, wie zwei Leute meinen *cantus* summten.

Schatten bewegten sich durch den Hintergrund, unsicheres Licht wanderte. Unter den Innenbögen schien noch Leben, da ging jemand bei den Wandfackelfeuern, die erlöschen wollten und immer nochmal aufglimmen mußten. Leise bewegte ich mich durch die leere Halle, ging weiter und sah vor Gunthers Königskammer die beiden Pagen stehen, neben ihren hellen Köpfen leuchteten Flämmchen, in den Händen hielten sie Öllämpchen aus *Massilia*, geformt wie Phalli.

Und im Zwielicht ging da eine Gestalt vorüber, im Halbdunkel, verborgen hinter den Bögen, eine weibliche Gestalt schlich da durch den Gang, ja, die wollte offenbar zu meiner Nische, ich beeilte mich, lief ihr nach. Die Frau, da sie mich nicht fand, strebte wieder fort, ich rief sie leise an, sie blieb stehen und war froh, mich doch noch zu treffen, eine von Krimhilds Freundinnen, die gab mir eine Schrift, murmelte Grüße und eilte fort.

Ich löste das kupferrote Band, rollte die Lederhaut auseinander und las einen Brief meiner Schwester. Zur Sicherheit hatte sie den in Latein geschrieben, eine geheime Botschaft, die sehr allgemein begann, die am Ende aber genaue Anweisungen gab. In das Pergament eingenäht hatte Krimhild mit einem dunkelroten Hanfband, eine ihrer dunklen Feuerlocken.

Gislaharus, frater meus dulcis, nihil mihi gratius facere poteris quam hoc servitium quod sequitur. Miles gloriosus admirabilisque iste recedens miro modo et sapienter regnum nostrum salvabit. Cito illi iuveni nuntium mitte, voluntatem suam sine ulteriore dilatione facio. Cum vero silentium noctis aderit, miles amicos suos excedet, vestimenta deponet et, antequam lectum suum ascenderit, inter coopertorium et linteamen haec chartam meam inveniet qua pilam viae. Tunc conglutinabitur est anima sicut corpus puellae cum eo et soror tua ultra modum eum amabit. Quomodocumque fiat, voluntatem meam adimplebo. Pulchra enim sunt ubera mea quae paululum supereminent et tument modice sed cupide – Laut Schazmann enthält *»Kilian's Chro-*

nicle« auch die Übersetzung dieses Briefs in die Volkssprache, mit der Vorbemerkung »Dies heißt, in der Sprache der Leute:«

»Giselher, mein geliebter Bruder, du kannst mir keinen größeren Gefallen tun als mit dem folgenden Dienst. Der berühmte und bewundernswerte Ritter, der sich eben jetzt zurückzog, wird auf erstaunliche Weise und mit Weisheit unser Reich retten. Schick diesem Jüngling umgehend eine Botschaft, und zwar die, daß ich ihm ohne weiteren Verzug zu Willen bin. Sobald die Nachtruhe wirklich eingetreten ist, verläßt der Ritter seine Freunde, legt seine Kleider ab und findet in seinem Bett, zwischen Decke und Leintuch, diesen meinen Brief als Wegweiser. Alsdann vereinigt sich die Seele wie der Leib des Mädchens mit ihm, und deine Schwester wird ihn über die Maßen lieben. Was auch immer geschieht, ich werde mein Verlangen an ihm ersättigen. (Zu «ersättigen» s.S. 702) Denn schön sind meine Brüste, die nur ein wenig hervorstehen und maßvoll schwellen, aber voller Begierde.«

Das Latein war flüchtig formuliert, die Schrift hastig notiert, es folgten noch Anweisungen, wie ich diesen Brief dort verstecken sollte, wo der Xantener schlafen würde und wie ich die beiden Fakkelpagen, die Hagen in dieser Nacht auch vor Krimhilds Tür postiert hatte, wegbefehlen müßte und wie schließlich alles so aussehen sollte, als sei nicht der Niederländer, sondern ich es, der ihre Kammer betreten hätte, wie es aber in Wahrheit der riesenhafte Prinz sein würde, für den sie sich nun ganz und gar entschieden habe, ja, und daß ich in dieser Nacht für ihrer beider Sicherheit zuständig sei.

Die Himmelslichter wissen es, ich habe für ihre Sicherheit gesorgt, habe alle Anweisungen meiner liebenden Schwester sorgfältig befolgt. Und besser noch als der kalte Winterhimmel weiß allein ich es, wie in dieser eisigen Nacht Gastgeberin und Gast für Glut sorgten und Hitze, für feuerköpfig leibesheiße und sternenhohe Reisen, von denen selbst den fernsten und eisigsten Göttern hätte warm werden müssen, ja, eine Begehrenshitze loderte da, mit der Frau Venus sogar den eisernen Gott des römischen Imperiums, den Kriegsgott Mars, gründlich hätte ablenken können von den üblen Plänen, die ihm und seinen Heermeistern auch in dieser Nacht die Köpfe umwölkten. Zumal ein leichtsinniger, ein eitler Poet dem Marstrieb mit einem lokkeren Liedchen wieder mal die Wege geebnet hatte, mit einem Lügenlied von all dem, was seit uralten Zeiten als mannhaft gilt, als tapfer und als heldenhaft.

So vollständig entfaltete Frau Venus in Krimhild und ihrem Freund *gaudia amoris voluptatisque* »die Liebes- und Lustgenüsse«, daß ich seit diesen Stunden kein anderes Paar wüßte, das sich inniger begehrt und vehementer vereint hätte als diese beiden jungen Leute, die junge Frau vom Oberrhein und der junge Mann vom Niederrhein. Jedenfalls weiß ich niemanden, der sich jemals fragloser und entschiedener und fröhlicher ersättigt hätte und wonnevoller, nämlich mitten aus jenem Sonnengeflecht und Gegenmuskel und zitternden Querfell, das Kopf wie Leib umgreift als zentrale *materia inspirans inspirata*, als begeistert begeisternde Leibesmitte. *Puer cum puellula aeternitas in cellula*. »Der Junge mit der Jungen, eine Ewigkeit im Kämmerchen«

Am anderen Morgen kannte fast jeder, der nun in den Kampf ziehen mußte, mein Kriegslied auswendig, man hatte es sich weitergesagt und nachgesummt, Pferdeknechte wie Waffensklaven, Cherusker wie Burgunder hatten es voneinander im Nu gelernt. Auch die Ritter liebten es, sich die kommende Schlacht angenehm zu denken, das blutige Gemetzel. Und dazu nutzten auch sie mein leichtfertiges, mein Marslied. Herren wie Kahlgeschorene, der Feldscher wie die Köche, die Schiffsleute auf dem Rhein wie die Bauern am Weg, sie alle wußten zwar insgeheim genau genug, welche Schrecken jeder Schwertkampf bereithält und was in Wahrheit bevorstand. Doch in solchen Momenten brauchen auch und gerade die sogenannten Tapferen vor allem eines, Blindheit. Und die holten sie sich aus meinem Gesang, als verhängnisvolles *delirare*. wörtlich: *de lira ire*, »aus der Furche geraten« = wahnsinnig werden

Peinlich war's mir, wie sie sich mit krachendem Lachen immer nochmal an den Zweideutigkeiten freuten, vor allem an »Geröhr« und an »Spieß«. Und unser dicker Oheim, den seine Eltern Gottlieb genannt hatten, obwohl ich mir keinen Gott vorstellen mag, der ihn lieb gehabt haben könnte, selbst Gott Mars oder Lügengott *Loki* hätten ihn verachtet, dieser Ritter Gottlieb, der war nur immer wieder plump und laut und witzlos und der wiederholte nun mit seinen Gesellen ohne Unterlaß und brüllend dies »Zieht Drachenpanzer an!« und »als wärn die Weihnachtsgänse gar« und wollten allesamt gar nicht aufhören, über diese Bilder zu lachen. Angst vorm Kampf? Das war »der Sachsen Not«.

Von den Wachtposten zu beiden Seiten des Rheins brachte Markgraf Gere günstige Nachricht. Der Feind lagere noch immer bei den Kaufleuten am Main. Freilich nunmehr am diesseitigen Ufer, nach Süden, nach Worms hin.

Beim Aufbruch im Pfalzhof, als wieder der Wind von den Odinswäldern herunterpfiff aus Ost und Nord-Ost, da erschien der Niederländer mit seinem Rappen Grani, ritt über den gepflasterten Boden, das schöne schwarze Tier trippelte, das schien tanzen zu wollen, unter den Eisenhufen schien es zu knistern, schienen Funken zu springen, Kraftladungen aus Midgardgewittern. Während ich noch Mühe hatte, den wenigen Schlaf zu ignorieren, den ich in der Nacht gefunden hatte, während ich noch an meiner schlechten Rüstung herumruckte und daran arbeitete, bequemer und sicherer auf meinem Schimmel zu sitzen, ritt der, den Hagen so gern und so herablassend als Ruhrschmied bezeichnete, in kleinen Kreisen um uns drei Königsbrüder herum, umkreiste uns, die wir auf unseren Gäulen verfroren hockten und verkrümmt, und brachte und reichte uns aus einem seiner zwölf Schiffe drei schwere Mäntel vom Fell des Auerochsen, die schenkte er uns, zottige Stücke, wollig gelockt, sehr schwer, sehr warm.

Gunther genierte es, solch barbarische Kleidung tragen zu sollen. Da wir aber in den »Friesen«-Tüchern schon jetzt nur wieder schlotterten, nahmen wir, einer nach dem anderen, das Geschenk dankbar an, ergriffen die kattisch-cheruskischen Felle und legten sie anstelle des Grünfilzes um die eisernen Hemden.

Als dann der Nibelunge auch noch ein viertes, eine besonders breites und struppiges Fell heranbrachte und unserem Waffenmeister ebenfalls solch einen Umhang überreichen wollte und das spöttische Lächeln in seinem fröhlichen Cheruskergesicht nicht zu übersehen war, da lehnte Hagen das Geschenk abrupt ab, griff sich König Gunthers Grüntuch, das der dem Herrn Gere hatte übergeben wollen, doppelt hüllte sich Hagen ein ins windige Aachener Kaufmannsgewand, schnaufend tat er das und umständlich, so daß der Gast nicht anders konnte, als über seine Schulter auf den ächzenden Vetter zurückzuschauen und noch deutlicher zu lächeln als zuvor, ja, mit Schadenfreude beäugte er den knorzigen Alten beim verfilzelnden Rudern im Händlertuch und warf dann das abgelehnte Ochsenfell seinem Kumpan *Walthar* in die Arme. Wie nebensächlich mögen solche Gesten und Bilder erscheinen, aber mir geht es in dieser Chronik darum, alles aus der Erinnerung aufzufrischen, was mir erklären könnte, wie Hagen zu seinem tiefem Haß kam gegen den anderen, zu so unsagbar blutigem und verhängnisvollem.

Ist in euerem Kriegshaufen ein Jude? fragte unser neuer Verbündeter.

Juden, antwortete Borstenkopf Gernot, haben auch in Worms kein Waffenrecht. Wozu brauchst du einen *Circumcissum*? »Beschnittenen«

Wir treffen auf Ostfalen, vielleicht auch auf Dänen, Friesen, Angelsachsen und auf noch fremdere Stämme. Mich haltet ihr ja für sächsisch, mir traut und glaubt ihr kaum, was ich euch übersetzen würde aus anderen Sprachen. Statt dessen könnte uns ein Jude helfen, von denen die meisten in ihrem reichen Wanderleben gewandte Leute werden und aller Welt Sprachen verstehen, auch Sachsensprachen.

König Gunther blickte auf seinen Ratgeber, der seinen gepanzerten Leib inzwischen vollends eingewickelt hatte in die fadenscheinigen Tücher. – Vor der Frankenfurt, knurrte der Heermeister, wird nicht gedolmetscht. Wird gestochen, geköpft.

Wenn das so ist, sagte der *Victor Placidus*, dann hat Giselhers Liedchen auch den Klügsten verdummt.

Auch unser Poet, sagte Gunther, ist ein guter Übersetzer.

Aber das Fälische, sagte ich, das verstehe ich nur unvollkommen, und bei den kommenden Verhandlungen geht es gewiß um Genauigkeit. Wir haben in Worms in der Tat gewitzte Juden, Händler, die oft über die Limes-Grenzen wechseln. – Und ich nannte den Mann, von dem ich inzwischen weiß, daß er in der zurückliegenden Nacht ein gutes Geschäft gemacht hatte mit dem Boten aus Mainz. – Herr Hirsch, sagte ich, ist ohne Furcht vor Fremdheiten und hat sich alles *contrarium* »Entgegengesetzte« erstaunlich genau gemerkt.

Weh, seufzte der Xantener, über eure Lehrer, über die staatstragenden Schreiberlinge *Tacitus*, *Ausonius* und *Ammian* Schazman: *state-owned writers. Ammianus Marcellinus,* ca. 330 bis 395, neben *Tacitus* bedeutendster Historiker der Kämpfe mit den »Germanen« (31 Bücher).

Ausonius, ca. 310 bis 393, Verfasser eines schwärmerischen Gesangs von einem Sklavenmädchen von der Mosel namens *Bissula*. Nichts ahnen sie von den Engerern, Brukterern, Ampsivariern, Cheruskern, Chamaven, Skiven, nichts von den Alanen, Sueben, Katten, Batavern, Cornuten und Tribokern oder Hermionen. Rheinauf, rheinab dreht sich ein Völkerwirbelwind, aber die RomKöpfe vertrauen ihren Papieren und sehen keine Wese-Goten, Ostro-Goten, Atrobigen, Usipeterer und Tenkterer und Veneter und Friesen oder die östlichen und westlichen Falen und Sigambrer und Kimbern und Markomannen und Kaucherer und hundert andere Sippschaften.

Ich bin sicher, der Niederländer hat noch ein Dutzend weiterer Stämme genannt. Als niemand widersprach, auch Hagen nicht, wollte ich den Hirsch holen. Aber Dankwarth hatte einen Boten geschickt.

Als wir auf Herrn Hirsch warteten, in einem zugigen Winkel, dort, wo der Hof sich zum Rheinhafen öffnet, da wehte durch den Winterwind ein helles Rufen von hoch oben her, ich erkannte Krimhild zwischen den *pinnis murorum* den Zinnen, den »Mauertürmchen«. Der Niederländer lachte, ritt näher und fing auf, was sie ihm zuwarf. Er dankte und hielt an diesem finstersten Tag des Jahres, den die Christen als Geburtstag ihres Namensgebers feiern oder als Weihnachtstag, andere als Fest der Hoffnung auf die Wiederkehr des großen Himmelslichts, eine Rosenblume in der Hand. Die war aus Seidentuch gebildet, sorgfältig gefaltet und leuchtend rot gefärbt im Saft der Blutläuse. Den langen Binsenstengel zog der Ritter durch die Kragenschlaufe an seinem Fellmantel, den auch der Ruhrriese an diesem Tag über seiner Eisenrüstung trug. Vom Hals her hing ihm die rote Blume auf den breiten Rücken hinab.

Etwa dort leuchtete sie, wo ihn der Speerschuß treffen würde, zwölf Wochen später.

An die tausend *milites* brachen dann auf, sechshundert berittene Streiter aus Worms und vierhundert aus Xanten. In der Morgendämmerung setzten die über den vielarmigen Strom, und dann bewegten sie sich in einem langen Heerzug durch die rechtsrheinischen Auwälder, immer in die Mitternachtsrichtung.

Herr Hirsch ritt auf einem kleinen Grautier neben mir, ich erklärte ihm seine Aufgabe. Er blieb stumm. König Gunther hatte sich mehrfach abfällig über ihn geäußert, da dieser Mann klein sei und unscheinbar, jedenfalls nicht so aussah, wie er sich einen Gelehrten vorstellte oder einen geschickten Verhandler mit feindlichen Sippschaften, auch diesmal hatte es mich wieder Mühe gekostet, die Klugheit und das Wissen des Herrn Hirsch zu preisen, obwohl der niemals in Rom war und seine Kenntnisse an keiner hohen Schule erworben hatte.

Unterwegs kam alle Stunde vom Norden her neue Nachricht, Meldungen von Markgraf Geres Wachtposten. Fast immer dieselbe, nämlich, daß vor uns und fern am Main alles still bleibe. *Ad vadum Francorum* »an der Frankenfurt« läge der Wald wie im Schlaf. Die Räuber lagerten weiterhin vor der Furt, die hätten in der Nacht viel gefeiert, hätten sorglos getrunken und erwarteten keinen Angriff. »Dies ihres Lebens letzter Kuß«, summte Gernot. Seinen Stoppelkopf barg Gernot schon jetzt im Helm.

Der Heerzug ritt über einen uralten keltischen Weg, der schnurgerade nach Norden führte, geradewegs auf die Frankenfurt zu, einige nannten das einen Heerweg, andere einen Handelsweg. Immer gradeaus ritten wir durch einen Wald von Kiefern, Eichen, Erlen, Espen, Tannen und Birken, meist auf sandigen Böden. Nach meinen Anweisungen an Herrn Hirsch ritt ich nach vorn und hielt ich mich neben dem Cherusker, weil der mir zugerufen hatte, *spero te me prosecuturum esse* »ich hoffe, du begleitest mich«. Nachdem ich ihm einiges Belanglose über die Frankfurter Kaufleute erklärt hatte, fragte er mich mit lateinischen Worten, ob ich schweigen könne. – So fest wie diese Rheinsteine dort unten am Bach.

Die erzählen vieles. Oft Ungeheures. – Es versteht sie aber keiner. – Du weißt es längst, aber sagen muß ich's trotzdem, ja, herauslassen muß ich das jetzt unbedingt, wenigstens vor demjenigen, dem Krimhild am meisten vertraut. *Carissimam dulcissimamque sororem tuam miro modo diligo in perpetuum et nunc, quando possum, ad eam accedam atque, si res coget, montes movebo, quia eam amo.* »Deine liebreiche und zauberhafte Schwester liebe ich über alle Maßen und für immer, und ich werde, von nun an, wann immer ich kann, ihre Nähe suchen, notfalls werde ich ihr zuliebe Berge versetzen«

Er blickte zurück und zur Seite, niemand lauschte. – Ich weiß nicht, was mich am meisten entzückt, ihre Schönheit oder ihr Eigensinn. Ihre Lust, »Krimhild« zu sein, Böses zu bekämpfen. Alles an ihr begeistert mich, verstehst du das? Als ob mir Blitze ins Querfell schlügen. Schon bei der ersten Begrüßung gestern in euerem alten Burghof, als sie da in Erscheinung trat, das war wie ein Wunder. Blitzartig war klar, diese hier, die ist es. Dir sag ich gewiß nichts Neues, du hast natürlich die alten Poeten studiert, den Ovid und die *ars amandi* »Liebeskunst« und weißt, daß Begehren begeisternd sein kann, aber auch lähmend. Befreiend nur, wenn eine Freie zu freien ist. Nur lehrt uns von all den alten Bücherschreibern und Großgeistern selten einer oder gar keiner, wie erst die Lust der Frauen sie wirklich frei macht, die Lust der Männer. Die dauerhafte, die nicht zerfliegende.

Eine Weile ritten wir stumm, und dann hörte ich, wie er leise weiterredete. – Alles, so wußte meine Nymphe, alles ist auch im Kopf. Alles, auch die Lust.

Oft noch hab ich hierüber nachdenken müssen. Erst recht jetzt wieder, in meinem Kerker. Und darüber, wie er mich mit seinem leisen Reden, als redete er nur mit sich selbst, ganz und gar in sein Vertrauen zog. Und nach einer weiteren Pause sagte er: Wenn ich das alles bedenke und auf die Weisen höre, auf einige alte und auch auf fast alle neuen, dann sollen wir nun, statt das Lieben zu lernen, das Sterben können. Nicht *artes amandi* lehren sie, sondern *artes moriendi*. Die Todeskünste.

So redete er, und wann immer er meinte, jemand höre mit, wechselte er ins Lateinische. Wenn er vom »Lähmenden« redete, so weiß ich es inzwischen, dann sprach er von der Überbehüteten, von der isländischen Feuerfrau.

Von keinem, sagte ich, läßt meine Schwester sich vorschreiben, was sie tun oder lassen soll. Doch der Kirchenvetter wie der Waffenvetter, beide behandeln sie nach den alten Sitten. Die Ute schon immer verwünscht hat.

Was verwünschen Ute und Krimhild?

Die Sitten, nach denen Frauen Männerbesitz sind.

Der Niederländer blickte sich um. Seine Vorsicht erschien mir fast ein wenig spielerisch, denn gestern in der Halle hatte doch jeder sehen können, wie sehr er meiner Schwester zugetan war und wie überquer es ihm dagegen mit dem Waffenmeister ging. Manchmal überfiel ihn eine merkwürdige Sorte Ernst oder gar *melancholia*, so auch jetzt, beim Ritt durch den alten Wald, kurz vor dem ungewissen Kampf am Main. Und Wort für Wort weiß ich, daß er jetzt folgendes gesagt hat.

Nichts gräßlicher als die festgenagelten Sitten. Wenn ich hier diese uralten Steine sehe, dann erscheint mir unser tolles Leben so lächerlich klein und kurz. Wir sind von riesigem Schlaf umgeben. Von vieltausendjährigen Schatten. Zu schön wär es, es gäbe Schreiber, die unsere winzigen Momente NICHT verfälschten.

Ich spürte, daß ich rot wurde, da mir klar war, daß er mich und meine Profession meinte. Und mein unbedachtes Kampflied. Hier in meinem Lorscher Schreibkerker weiß ich inzwischen, welches sein allerletztes Wort gewesen ist. Das war ebenfalls an mich gerichtet. Und auch das verfluchte die Lügner. s.S. 694

Er sah, daß ich mich genierte, und wechselte das Thema, fragte, für wie groß ich diese burgundischen Wälder hielte. Ich antwortete, dieser Forst wachse ohne Unterbrechung vom Main bis zum Neckar, und wer wolle, könne auch den Odinswald hinzurechnen und in solchen Waldungen bis über *silva nigra* »Schwarzwald« hinaus reisen, bis nach *Argentoratum* Straßburg oder bis nach *Turicum.* Zürich

Und wem gehören sie, diese Wälder?

Du meinst, in Wahrheit gehören sie der Unauslöschlichen, der Unerschaffenen im *Ginungagap*.

Ja, und nicht etwa einem *dominus vana superbia inflatus et sui mentis non compos, sed silvas aequans et devorans et vastans.* »Besitzer, eingebildet und besinnungslos, aber die Wälder macht er nieder und frißt und verwüstet sie« Aber anworte mir, wie heißen diese Besitzer im burgundischen Rheinland?

Größter Grundbesitzer ist, mit König Gundomars Brief und Siegel, Kloster Lorsch. Der Bischof, so bestimmt es ein alter Vertrag mit Gundomar, ist am oberen Rhein der Grundherr, den Strom hinab bis nach Mainz. Wann immer wir einen heidnischen Stamm unterwerfen, so bestimmt es die Abmachung, werden die Besiegten, sofern sie sich taufen lassen und am Leben bleiben, dem Bischof als *servi casati* »unfreie Bauern« unterstellt, damit sie hier oder dort Waldböden roden und nutzen, zum Vorteil für das Kloster und für Burgund.

Hier sind nirgends Siedlungen.

Dies sind Bannwälder. In solchen Grenzwäldern wären sie ungeschützt, die Bauern. Was hilft es uns am Oberrhein, daß nun zu Rom der gotische Herr Theoderich zum Konsul bestimmt wurde, was hilft es uns hier, wenn in der Hauptstadt jetzt wieder Recht und Ordnung gelten sollen. Zwei Jahre zuvor, also 484, wurde Theoderich Konsul. Seitdem galt »Dietrich« als neuer Kaiser des Imperiums, der Sage nach »Dietrich von Bern« (von Verona) Nach wie vor haben wir am Rhein das, was du »Völkerwirbelwind« genannt hast und haben das immer wieder blutig. *Rustici aut laboratores* »Landleute oder Landarbeiter« könnten in diesen Grenzwäldern für Lorsch nur unter Gefahren *servitia* leisten. »Sklavendienste«

Üppiges Land wäre hier, für viele, für sehr viele, die anderswo in Gefahr und Not sind und sich drängeln müssen. – Als er dies sagte, war vor uns Bewegung entstanden, da erhob sich Lärm, wir ritten am Zug entlang nach vorn und sahen, daß sich beim König zwei Boten gemeldet hatten, und wie immer, wenn es um das Wissen der Herren ging, versuchten sie, lateinisch zu sprechen, obwohl König Gunther es nur mangelhaft beherrschte. *Hostes flumen transire coeperunt*, erklärte der erste Bote und blies sich damit bedeutend auf. »Die Feinde haben begonnen, den Fluß zu überqueren« Dem Lateinredner und Wichtigtuer widersprach der andere: Überschritten hätten die fürchterlichen Falen den Mainfluß schon längst, alles sei richtig und zugleich falsch, nein, vom Main her sei eine Schar Sachsen aufgebrochen, zwölf Bewaffnete, wahrscheinlich Kundschafter, die kämen uns entgegen auf dieser geraden alten Handelsstrecke, *intra brevitatem* wären die hier. Binnen kurzem, verdeutschte der Melder das selber. – Wie kurz ist *brevitas* bei dir? – *Post unam horam brevem.* In knapp einer Stunde.

Zwölf Mann? fragte der Mann aus dem Niederland. – Das paßt, sagte er. Zwölf Mann, so viele hat Herr Gernot an der Lahn verloren. – Und dann bat der Xantener den König, dieser Vorhut allein entgegenreiten zu dürfen. Nur ich sollte ihn begleiten und der Dolmetscher, der kundige Jude auf seinem Esel.

Gunther blickte auf seinen Ratgeber. Hagen saß geduckt zu Pferde, im doppelt grünen Filz. Aus seinem Gneisgesicht kam kein Widerspruch, kein Gemunkel von Verrat oder Sachsen-Falschheit, sondern *probemus!* ließ er hören. »Probieren wir's«

Da verkündete der König *Ita fiat!* »So wird's gemacht!« und wünschte dem Niederländer Glück. Mir ließ er ein Horn mitgeben, damit ich, falls Not sei, Hilfe herbeirufen könnte.

Das Heer blieb zurück, machte Rast. Der Xantener auf seinem Rappen Grani, ich auf meinem Schimmel, Herr Hirsch auf seinem Grautier, wir ritten weiter den Weg wie bisher, immer die alte gerade Waldschneise entlang, die schon Roms Heerzüge nutzten, zuvor die Kelten und noch ältere Stämme. Hinter uns hockte auf seinem Esel der Wormser Handelsmann, auf seinem Rücken trug er aus Weidengeflecht eine verschließbare Kiepe. Murmelte leise vor sich hin und blickte auf seine Hände, die sich an die Zügel klammerten; mochte sein, daß er betete.

Der Nibelunge drehte sich um. – Was für eine Litanei raunst du? – Eine, die um ein gutes Ende bittet. – Was nennst du ein gutes? – Gut wär, wenn ich heimkehrte und in der Kiepe Besseres trüge als jetzt. – Was ist jetzt drin? – Luft. – Und wie ist dein Name? – Hirsch. – Ein nützlicher Name im Dickicht. Kommt Gefahr, springt Herr Hirsch seitwärts in die Büsche. Sag, Hirsch ohne Geweih, was wär in deiner Kiepe besser als Luft?

Der Mann auf dem Esel schien eine Weile überlegen zu müssen. – Falls, wie ich denke, das Sachsenheer am Main geschlagen wird, wollte ich mir dort dies und jenes besorgen. – Dies und das? Du weißt, daß die Sachsen ihren Namen vom »Sachs« haben, was Fels heißt und Schwert. Nimm dich in acht vor den Wüterichen. Kastanien und getrockenete Birnen werden sie dir in deine Kiepe kaum tun.

Der Mann auf dem Grautier sagte dazu nichts, schien im Reiten zu nicken.

Wenn die Schlacht geschlagen ist, murmelte der Xantener, dann wartet unser Kiepenkerl, wie alle Krämer, bis die Leute aufs Schlachtfeld gehen und über die Leichen steigen. »Kniees tief«. Bis sie sich Beute holen. Edelsteine, Glitzersachen, die klauben sie sich von den Sachs-Griffen. – Er wendete sich wieder zurück. – Gib's zu, Hirsch, du rechnest mit Schmucksachen.

Der Handelsmann schien weiterhin nur zu nicken. Mochte sein, daß es nur der Trabschritt seines Esels war, der ihn zum Nicken brachte. – Achte gut auf deinen klugen Kopf. Daß dir der nicht vor die Füße nickt.

Bin nur ein alter Mann. Hab in Frankfurt gute Freunde. Die Kiepe sieht nicht aus, als wär sie voll Schmucksachen. Sachsenräuber muß ich nicht fürchten. Bin gut getarnt. Fast so gut wie ihr Kriegsleute unter euren Ochsenfellen.

Der Xantener blickte wieder nach vorn. Im langen hellen Haar trug er sein dunkles *redimiculum* »Haarband«. Im Schwarz des Samttuchs, so schien es, schimmerten die Farben des Feuers. Wie in Krimhilds Haar. – Ob Kutte oder Krämerkiepe, sagte er, rheinauf rheinab ist Verkappen die Mode. Tarnkunst. Die Köpfkunst. *Perturbatio et separatio capitis est terror terrarum*. »Das Verwirren und Abtrennen des Kopfes ist der Schrecken der Welt.« Und manche Sänger, auch solche, die denken könnten, trällern Süßes über Krieg und Kampf. Und merken nicht, wie auch ihnen die Herrschaft längst den Kopf betäubt. Von den Kindesbeinen bis ins Alter blendet die Herrschaft der Priester wie der Münzen.

Darauf wußte ich nichts zu entgegnen. War in Verlegenheit und in Scham. Schweigend ritten wir eine Weile auf dem überwucherten Geradeausweg, kamen durch wechselnd dichte Waldungen. Im Dämmerlicht zwischen den Stämmen schimmerte heller Schnee auf dem Waldboden, glitzerten die Zweige im Rauhreif. Weiter oben schienen sie die Sonne zu ahnen. Die Wipfel leuchteten.

Als sich vor uns weiterhin kein Fremder zeigen wollte, drehte sich der Xantener wieder zum Eselsreiter zurück und fragte: Nicht wahr, die Herren in Rom sagen, Juden seien es gewesen, die den lieben Jesus gemartert hätten. Sagen sie nicht so?

Herr Hirsch nickte. – Auch Herr Ringwolf sagt es so. Wir gelten als Mörder.

Tröste dich. »Das Heil kommt von den Juden.« (Joh. 4,22)

Der gute Mann auf seinem Esel schaute unbewegt.

Giselher sagt, du bist weitgereist. Weißt gewiß, wer Jeschu in Wahrheit ermordet hat.

Die RomHerren, seufzte Hirsch. Sie selber mordeten den Störenfried. Wo, fragt mein Rabbi, wo ist noch Gerechtigkeit. Allein bei Gott.

Mein Nebenmann nickte. – Allein bei Gott. So sagen sie's nun alle. Zuerst in Jerusalem, inzwischen rings um den Erdkreis. Und keinen mehr kümmert das Hier und Jetzt. – Und dann blickte er wieder nach vorn und suchte zu erkennen, ob vor uns irgendeine Bewegung war. Der hohe Wald stand auf alten Sanddünen. In kleinen Tälchen zwischen den Dünen war mooriger Grund, wo sich das Bachwasser verwandelt hatte in blinkenden Eisschmuck.

In einem der Dünentälchen zog das Wasser durch einen steinernen Grund, an einer kleinen Steinhöhle vorbei, in der Quellwasser einen gläsernen Eis-Tempel gebaut hatte. Der Königssohn hielt an, saß ab, ging zwischen die Felsen, beugte sich in der Grotte über den wunderlichen Tempel aus kristallenen Säulen, nahm sich eine Hand voll Wasser und trank. In der dämmrigen Höhlung schimmerte auf seinem Rücken der rote Rosenpunkt. Als ich nachzudenken begann, ob sich darunter die Umrisse einer Hand verbargen oder die eines Lindenblattes, hörte ich fernes Zweigeknacken. Auf dem Weg vor uns, noch eine halbe Meile entfernt, brach Geäst. Da näherten sich die sächsischen Reiter.

Diesmal warnte ich ihn, den Mann an der Quelle.

Der kam aus der Höhle, trat auf den Weg zurück und sah in die Richtung, in die wir hatten reiten wollen, sah, wer da kam, und nickte. – Das paßt, rief er wieder. Band sich seinen Fellmantel auf, warf ihn über sein Pferd und bat uns, Grani auf guten Abstand wegzuführen. Er werde rufen, wenn er mich brauche, mich oder den Dolmetscher.

Mit Herrn Hirsch und mit Grani ritt ich nicht allzu weit, wollte aus gutem Abstand beobachten, wie es dem Niederländer erging.

Der stand jetzt allein auf der Lichtung, wartete vor der Grotte, stand dort in seinem silberschwarzen Stachelpanzerhemd. Den dunklen Helm hatte er sich aufgesetzt, mit offenem Visier, *Balmunk* blieb noch in der Scheide. Auf dem Schneeboden, vor seinen Füßen stand das *scutum nigrum ex chalybe factum.* »der schwarze stählerne Schild«

Die Fremden, da sie hier mit niemandem gerechnet hatten und am wenigsten mit einem Einzelnen, hörten plötzlich einen Zuruf, einen Ruf in ihrer Sachsensprache. Und was alsdann hin- und hergeschrien wurde, das übersetze ich nun für diese Chronik aus der fälischen Niedersprache in unser Hofdeutsch. – Nach Worms, rief der Xantener, kommt ihr diesen Tag nicht mehr!

Die Reiter hielten an und berieten sich. Auch sie trugen dunkles Eisen. Schließlich sprang einer vom Pferd, ging näher heran an den

Ruhrschmied und rief: So wie du hier stehst und krächzt, du Waldschrat, bist du wahrscheinlich dieser AlberichLehrling, der verhürnte. – Und er beschimpfte den Königssohn mit Hürnfried, mit Hortfried, mit Dummfried.

Als er im Schimpfen eine Pause einlegte, hörte ich, wie der *Nidgir*-Töter sagte, er rate dem Wotanswirrkopf, bevor er sein sächsisches Maul zu weit aufreiße, erst mal in Roms Schimpfschule zu gehen, wo er vielleicht doch noch lerne, wie man richtig beleidige. – Gesichter, rief der Xantener, vergesse ich niemals. Nur bei dir mache ich eine Ausnahme.

Für wen, du Großmaul, stellst du dich hier in diesen Weg? *A mhuicin brocach, gabh ar aìs ag an gcráin!* Schazman läßt dies unübersetzt, dies Keltisch sei »unschicklich« (*unseemly*). »Geh zurück zu deiner Saumutter«

Für König Gunther steh ich hier, für ihn und für Königin Krimhild. Nach Worms gelangt ihr nur über die Klinge *Balmunk*. Die vertreibt Betäuber wie Betäubte.

Nach so zweischneidiger Auskunft besprach sich der Sachse mit seinen Genossen. Soviel ich von ihrem erregten Reden verstand, handelte es sich da um Leute aus dem ostfälischen Stamm, um jene, denen Ortwin und seine Leute zum Opfer gefallen waren. Dann näherte sich wieder der Einzelne, diesmal angetan mit allen Waffen. Trat in die buschige Lichtung hinaus, näher als beim ersten Mal kam er und rief: Jauche über dich! über dich Sklaven unterm römischen Adler! Unter die *Nidgire* und Schacherer kriechst du, unter die Mörder von Würzburg, das Wurmsreich kaufst du dir, mit Drachengeld. Pfui über Sieglinds Sohn, ein Stinktier bist du geworden, selber ein Raubwurm, ein Speichellecker bei den Weltfressern, pfui!

Weh, da waren wunde Stellen getroffen. Von dem, was Krimhilds Freund da zu hören bekam, wären dem Teufel die Hörner vom Kopf geplatzt. Ich sah, wie der Xantener seinen Schild vom Boden hob. Auch die sächsischen Krieger zogen nun ihre Schwerter und fluchten, und jeder schlug seine Waffe heftig gegen den eigenen Schild und schrie und schimpfte. Voller Gift sei der Drachenbluttrinker, bis oben hin voll mit dem Gierjauch der römischen Lindwürmer. Und trommelten allesamt Eisen auf Eisen, und dann stimmten sie den *Banditus* an. Der *Banditus* wird von mehreren römischen Chronisten geschildert, auch von *Tacitus* (in *Germania* 3) als ein ins Gräßliche sich steigerndes Kriegsgeschrei. Es liegt nahe, bei diesem in mehreren Wellen sich verstärkenden Männergebrüll an heutigen Fußball-Lärm zu denken, auch an den »anschwellenden Bocksgesang« der griechischen Tragödienspiele

In diesen Hohn- und Schreckensgesang, der mit Flüstern beginnt, der dann ins Zischen übergeht und immerzu stärker wird und am Ende, wie schon *Ammian* beschrieb, aufbrüllt wie eine tosende Meeresbrandung zwischen Felsenklippen, in diese aufbrausenden Wutwellen mischten sich mehr und mehr einzelne Kampfschreie, ach, das rauschte düster und grausig durch den kalten stillen Forst. Dazu klapperte und hallte Mordmetall auf Mordmetall, und unter allem Krawall war deutlich zu verstehen, daß die Ostfalen mit dem Siegfried nun dasjenige machen wollten, was sie zuvor, aus Rache für das Schlachten oberhalb von Würzburg, mit Ortwin von Metz gemacht hatten, »metzen« würden sie nun auch ihn, den römischen Speichellecker, zerschneiden und zerstückeln würden sie ihn als Verräter, als Verräter der lebendigen Götter, als Hort- und Hornvieh und Papstknecht.

Si fractus inlabatur orbis »Und wenn der Himmel birst und zusammenstürzt«, ich hab euch gewarnt, rief der Nibelunge und verschloß nun ebenfalls seine Helmklappe, zog sein Schwert und hieb *Balmunk* mit der flachen Seite gegen den eigenen stählernen Schildbuckel, daß es klang wie Glockenschlag. Ich wußte, warum sie vorm Kämpfen aus dem Stahl die Töne hervorrufen, das Dröhnen der Schmieden, den Lärm aus den Höhlen der Feuerkünstler. Das sind die Klänge, die seit kurzem auch in den kirchlichen Glocken leben. Stahl und Eisen sollen schwingen und schallen, damit die eigene Angst übertönt wird und betäubt. Damit die Widersacher eingeschüchtert sind, so wie die Glocken Gläubige wie Ungläubigen verwirren sollen und demütig machen. Erz, wenn es in den Kirchen tönt oder in den Schmiedehallen, es ruft, heißt es, die Geister auf die eigene Seite. Womöglich die Götter.

Vom Heulen und Fluchen und vom ohrenschmerzenden Lärm schienen nicht nur die Zweige rings zu zittern und der Reif von den Bäumen zu stäuben, es war mir, als hätte dies Getöse dem Gehürnten die Schutzhaut zerreißen müssen. Den Niederländer aber schüchterte das Gebrüll nicht ein, ihn entmutigte auch nicht die zwölffache Übermacht. Als hätte er in der Grotte vom Born der Unerschaffenen getrunken, so sicher trat er nun vor.

Die Sachsen schrien, der Xantener habe seinen Vorfahren *Irmin* verraten, Frau Sieglinds Milchtier an die römischen Adler- und Raubkrallen, an das lateinische Otterngezücht. Der Cherusker sei, so schallte es bis zu mir hinüber, ein Mariakriecher geworden, nicht besser als der verfluchte Kaiser Theoderich, der den Krummstab küsse und die langen Kirchenröcke und der sich das dicke Christenbuch ins Gotische übersetzen lasse. Der *Codex Argenteus*, die »Silberbibel«, diese früheste Übertragung des Neuen Testaments (4 Evangelien) in eine germanische Sprache (ins Gotische), lagerte bis zum Dreißigjährigen Krieg in der Klosterbibliothek Essen-Werden (*Werethina*)

Seine Drachentat, die habe ihm den Verstand verschmort, so hörte ich sie schreien. Ob Sieglinds Sohn heute dem Herrn Gunther schon den Arsch gewischt und Herrn Hagen den Lügenschleim vom Maul geküßt.

Da geriet der Zorn auf beiden Seiten in solche Glut, daß kein Zurück mehr blieb, daß der *Victor* »Sieger« seinen Beinamen *Placidus* »friedfertig« im Wutrausch ganz und gar vergaß. Nun loderte die Zorneshitze so wild, daß der Vorderste der Zwölf vorspringen mußte, um erste Schläge mit dem Verachteten zu tauschen. Doch schlug er zunächst nur Geäst herunter, köpfte Farn und kahle Sträucher und Zweige, als benötige er freie Kampfbahn.

Plötzlich aber hatte das Morden wirklich begonnen. Mit einemmal dröhnte der Wahnsinn, der splitterte und funkte aus Armkanten, aus Beinschienen, da klirrte, krachte und blitzte es zwischen den Bäumen, da sprangen die hirnzerreißenden Funkenfeuer, klang das Gekreisch der Eisenhütten aus Schulterstahl und Schädelschutz.

Und dann hieb *Balmunk* tief hinein in Menschenfleisch. Und brüllte der fremde Ritter auf, tat in der kalten Waldluft seinen letzten, einen sehr jämmerlichen Schrei, sank nieder, sein Leib krümmte sich, wand sich wie ein getretener Wurm. Und verreckte.

Als die übrigen Elf sahen, wie schnell ihr Bester gefallen war, berieten sie sich, gestikulierten heftig und schimpften gegeneinander und beschlossen endlich, gemeinsam auf den einzudringen, der, wie auch sie wußten, Feuergewalten beherrschte, der mit Gnomen im Bund stand, mit *Gaia*-Kenntnissen und der als hürnern galt. Zusammen rückten sie vor gegen den AlberichLehrling.

Und der wich nun aus, der zog sich zurück, ging rückwärts bis halb in die Grotte, so daß er seinen verwundbaren Rücken gut gesichert hatte, ob er davon nun wußte oder nicht. Im Rücken und an den Seiten geschützt von den Felsen, so konnte gegen ihn immer nur einer der mordwütigen Falen den Angriff führen.

Als die Elf das erkannten, spotteten sie und höhnten und fragten, ob er sich anders nicht zu helfen wisse. – Er verdrückt sich? als Grottenolm? als Winkelried? Du Lügenlehrling, du Romkanaille, du Muttersöhnchen. *An raibh tú ar an gcioch fos innin?* »Warst du heute schon an Mamis Brust«

Der antwortete: Ortwin und zwölf Leute im Schlaf töten, das könnt ihr, ihr erhabenen Helden, euer dummes Maul aufreißen und blöken wie Schafe, ihr *Leibide* »Idioten«, ihr Hirnlosen.

Da stürzten sich die Sachsen wieder in den Blutkampf und schlugen zu, und da sah es so aus, als müßten auch diese Krieger *spem omnem in virtute viri fortissimi ponere qua in antiquis temporibus.* »all ihre Hoffnung auf die Tapferkeit des Heldischen setzen, wie in den alten Zeiten«

Abermals toste der mörderische Stahl, brach kunstgefügtes Eichenholz, barsten bestgeschmiedete Eisenteile, zersprangen ansehnliche Rüstungen. Und rissen und klafften auch jetzt immer nur die Waffen und Brünnen der Angreifer. Und ihre Leiber.

Als wieder zwei gefallen waren und der Eisbach sich rot färbte, da besprachen sich die restlichen Neun und waren über die Maßen aufgeregt. Vor einem einzigen, so verstand ich ihre Rufe, dürften sie auf keinen Fall feige sein und fliehen. Auch diesem Gegner, diesem Heimtückischen, der mit Elfen und Kobolden sich behelfe, auch dem müßten irgendwann die Kräfte erlahmen. Und einem unter ihnen würde gewiß der entscheidende Schlag gelingen, nämlich dann, wenn sie einander geschickt abwechselten und jeder nur so lange kämpfte, wie er bei vollen Kräften sei und bei höchster Aufmerksamkeit. Sobald Wachsamkeit und Kräfte nachließen, sollte er zurückspringen, sollte der nächste nach vorn und an seiner Stelle weiterkämpfen.

So hielten sie es von nun an, so tobte nun *dimicatio cruenta* »der mörderische Entscheidungskampf«, und der rumorte und blitzte noch eine weitere volle Stunde lang. Der kurze Tag der Christgeburt neigte sich schon zurück in die Nacht, doch das üble Gemetzel lärmte noch immer durch den dunkelnden Wald, schickte Funken und Blitze über die Lichtung, zuckte und sprühte und ging erbittert und ohne Unterbrechung seinen hirnlosen, seinen entsetzlich blutigen Gang, da krachten und platzten Eisengelenke und splitterten Schwerter, die man für Wunderwerke gehalten hatte.

Und es brach ein Streiter nach dem anderen in die Knie, ehe er hatte zurückweichen können, um dem nächsten den Vortritt zu lassen. Ja, immer wieder knickte der Vorderste zusammen, sank und röchelte, doch auch dann noch versuchte dieser oder jener, mit schwacher Mühe und im letzten Augenblick, von unten her, mit dem Kurzschwert dem Nibelungen unter die Rüstung zu stechen, mit dem Dolch in den unteren Leib, jedesmal verhinderte das ein tödlicher Hieb, jedesmal folgten Schreie im Todesschreck und würgendes Wimmern.

Keinem gelang der erhoffte Treffer, ohnmächtig waren sie gegen diesen »Mächtigsten«, gegen den Ruhrschmied in der unübertrefflichen Rüstung. Wie immer sie es versuchten, ob mit langer Lanze, ob mit geschleuderter Stachelkugel oder mit der geworfenen oder geschlagenen *francisca* oder mit dem kurzem *sax* oder mit dem Dolch, stets endeten die Attacken mit dem Ächzen eines Angreifers, mit dem hell aufgellenden, mit dem jäh erstickten Quälschrei eines sterbenden fälischen Sachsen.

Als wieder einer, der schon am Boden lag und sehr blutete, sich noch einmal aufrichtete und röchelnd das Messer hob, um von hinten zuzustechen, bemerkte der Niederländer auch dies, drehte sich und schlug ihm den Kopf vom Rumpf. Fürchterlich sah der Boden aus vor der Grotte. Zerwühlter Acker, schneeweiß und blutrot. Bis in die eisige Nacht hinein dauerte das Gemetzel. Am Ende war nirgends mehr eine Kraft. Kein Blitzen mehr, kein Funkenstrahl. Nur noch Stille.

Übrig blieb ein düster grauer Raum. Ein leerer Waldraum. Tote trübe Finsternis. In den Schatten lagen zwölf Männerleiber, durchbohrt, zerschnitten, gestückelt.

Grauenvolle Erinnerung. In meinem Kerkerloch muß ich die Feder weglegen, muß meinen Kopf festhalten, muß die fünf Schritte von der einen Mauer zur anderen gehen und wieder zurück und muß sehen, wie ich jetzt weiterschreiben kann. Wie viele Berichte hatte ich schon zu lesen vom Krieg und vom Kämpfen, aber ich frage mich, ob all diese Chronisten je wirklich solches Abschlachten haben mitansehen müssen oder wenn doch, ob sie dann wirklich und aufrichtig hingeschaut haben. Was sind das für Schreiber, die von tausenden Toten Meldungen machen und nichts vom Jammer und von den Schreckens- und den Weherufen der Sterbenden und der Verwundeten, die ich nie vergessen werde. Als hätte den Chronisten ein Siegeswahn oder eine staatliche Aufsicht verboten, das Entsetzen darzustellen, als wären alle Feldherren und Machthaber immer aufs neue daran interessiert, Krieg und Sieg als *res praeclare gesta* »heldische Angelegenheit« gepriesen zu bekommen und nicht als das, was es ist, als hirnlose Bestialität, in der Menschen sich als das zeigen, was Tiere niemals sind, als Mörder. »Krieg ist staatlich sanktionierter Mord.« Erich Hartmann auf die Frage, wie er heute den Krieg sieht. Hartmann war mit 352 Abschüssen »erfolgreichster Jagdflieger aller Zeiten«. (Aus: »Restloser, verzehrender Einsatz für Deutschland«, Stuttgart 1992)

Was geschah danach? Nach dem Gefecht sah ich im letzten Dämmerschimmer, wie der Nibelunge zwischen den Köpfen und Leibern stand. Schwankend stand er. Wie in Ohnmacht. Wankte schließlich zurück in die Grotte, zu der Quelle. Trank dort länger als zuvor. Kam dann hinaus, wollte wohl über die Toten hinweg. Blieb aber wieder stehen. Seinen Schatten sah ich und sah, wie er sich niederbeugte, wie er diesem und jenem ins Gesicht blickte. Und hörte, wie er redete. – Was haben sie dir gesagt. Und dir. Über mich. Wie viele Dummheiten. Wieviel dummen Haß. Und auch du, du verdummter Tölpel. Was nur hast du dir in den Kopf blasen lassen. Nebel. Zerwazt hat man dich. Zerhetzt.

Und als ich nah genug herankam, sah ich, wie der Cherusker von dem, der ihn hinterrücks hatte erstechen wollen, den Kopf nahm und wie er sich setzte, den Rücken gegen einen der Grottensteine, und wie er den Kopf in seinen Schoß legte und immer so weiterredete über die dummen, über die armen Idioten und wie er dazu schluchzte und, ja, wie er in großer Erschöpfung weinte. Japste nach Luft und weinte. Lange Zeit traute ich mich nicht zu ihm, hörte nur seine sterbensmüde *lamentationem desperatam.* »verzweifelte Klage«

Wurde dann endlich ein wenig ruhiger. Und sagte, schluchzend, als spräche er mit den Toten rings vor ihm, mit den Leibern auf dem zerrütteten Boden: *Cur turbulentem fecistis mihi aquam bibenti.* »Warum habt ihr mir, der ich trank, das Wasser trübe gemacht«

Heute, da ich mich an diesen lateinischen Seufzer erinnere, weiß ich, daß dies, mit der Kraft des Sehenden, ein Vorweis war auf sein eigenes Ende, auf seine gnadenlos blutige Ermordung.

Der Siegmundsohn hier ausnahmsweise nicht »Sieglindsohn« richtete sich endlich auf und sah in die Richtung, in der er Herrn Hirsch und mich vermutete. Hinter dem nächsten Baum kam ich hervor. Auch der Handelsmann näherte sich. Ich zögerte, etwas zu sagen. Der Nibelunge stand auf, hielt noch immer den Kopf des Toten, legte den nun neben den Rumpf. Und kam dann heran, unsicher, wankend. Und starrte mich an, als ob er mich nicht mehr erkannte. Oder als ob er sich selber nicht mehr kannte. Seine Augen schienen weit geöffnet, die glänzten im grauen Licht.

Und begann mit stimmlosem Gezischel. Soviel ich davon verstand, gebe ich hier wieder. – Knochenhacken. Steinzeit. *Omnis semper captus* »in jedem Fall schwachköpfig«. Der Mensch, wär er einer, müßte Besseres wissen. Besseres als Kampf. – Ich merkte, wie ihm die Lippen flatterten. Auch die Hände. Als er sah, wie auch ich ihn anstarrte und ihn zu verstehen suchte, kam er ganz nah auf mich zu. – Kopflose Sänger, die trällern, im Sieg würde gejubelt. Und? Was ist? Soll ich jetzt tanzen, juchzen, hüpfen? Wahr ist, mich hat das Schlottern. Und will das nicht beiseite drücken, nicht mit Brüllen, nicht mit Gesaufe, *non removere per torporem stuporemque* »nicht verdrängen durch Betäubung und Stumpfsinn«, wie das bei Helden noch immer üblich ist. Wobei die Schreiber solches Heldengetue feiern. Als großartig. In Wahrheit ist Schlotterei, im Leib und im Kopf. Grauenvoller Schwindel.

Schnappte nochmal Luft. Kühlte sich die Stirn mit seinem Gürteltuch, das hatte er sich in der dunklen Höhle genäßt, an der Quelle im GrottenSchwarz. Nickte, murrte keltisches Deutsch, das ich nicht verstand. Hatte seine Brünne gelöst, warf den eisernen Brustkorb auf den Boden.

Gib mir die Kiepe. – Eh Handelsmann Hirsch verstanden hatte, zog ihm der Ruhrschmied den Korb vom Rücken und ging damit zurück zu der Grottenquelle. Er, der sonst so leichten, so federnden Schritts dahinging, tappte mit schwerem Tritt, trug schwankend das Weidengeflecht ins Finstere. Und aus der Höhle hörten wir helles Schreien, ein Flügelflattern. Der Riese kam dann wieder heraus aus der Gruft, trug die Kiepe zurück, öffnete den Deckel, ließ uns hineinschauen. Im dunklen Flechtkorb hockte, zitternd, ein weißer Vogel. Eine Eule.

Bat mich dann, ihm zu helfen. Und so ging ich mit ihm näher heran zu den zerhackten Leibern, wo er mit stummen Gesten bat, anzufassen. Die Toten zu bergen. Ohne zu reden, trugen wir nach und nach die Körper und die Körperteile in die finstere Kammer. Im hinteren Winkel setzten wir sie gegen den Fels, alle nebeneinander. Am Ende hockten sie da alle. Zwölf Falen. Einer von ihnen mit dem Kopf im Schoß. Kauernd saßen sie, mit eingezogenen Beinen und Armen, wie große frisch Geborene.

Zurück ins ErdEi, sagte er. In *Gaias* ewigen Verdauungsbauch. – Legte den Falen die Sachs-Schwerter auf den Schoß. Tat das alles, obwohl sie ihn als Verräter beschimpft hatten, als Kriecher, Verkäufer, Räuber. Und begann schließlich, den schwersten der alten Steine aus dem sandigen Tälchen heranzuwälzen, ich half, auch Herr Hirsch, und dann spannte er den Grani ein und wir zogen, drehten und stemmten den größten unter den runden Brocken bis vor die Höhlung, kippten den Fels so in den Eingang, daß er das Totenhaus vollkommen versperrte. Gegen Blicke. Gegen Wildtiere. Gegen Räuber.

Erschöpft lehnte er sich von außen dagegen. Das sah aus, als umarme, als küsse er das graue Kalte. Keuchte, *virdicki* verstand ich und *scraiste* und andere Flüche. Was immer er nun benötigte an Atemluft und an Wutwörtern, das sagte er dem kalten Stein. Sagte dann auch ein Segensgebet. *Thu biguolen Siglind. Suna era suister. Mana era suister.* Und danach, gut vernehmlich, noch folgendes gegen den frostharten Fels: *Gislaharus*, Schreibsatan, *dulce et decorum pugna atrox inexpertis.* »Süß und ehrenvoll erscheint der Mordkampf den Ahnungslosen«

Und schaute mich dann an. – Und ist wie ein Hirnkrampf. Das Kämpfen ist Kampfkrampf. Ist das im Gang, findet keiner mehr raus. Gelähmt, betäubt. Ins Morden betäubt. Zerwazt. Ins Kopflose.

Schazman vermerkt kritisch, die keltische Vorlage liefere hier nur noch unvollständige Sätze (*fragmentary*), und bemerkenswert sei, daß die Chronik diese Bruchstücke nicht mit Punkten trenne, sondern mit zerbogenen Schwertern

Wieviel besser wär mehr List gewesen. – Wischte sich über die Stirn. – »Kniffe«, »Geriebenheit«. Das riet mir Sieglind. Auch *Baldinai*, auch die Nornen. Und was tat *Victor Placidus*? Im Wutkrampf zerplatzt *Lokis* Witz. Weil sie mich Schacherer nannten »Räuber«. Knecht. Papstspeichellecker. Warum nur hab ich zurückgeschimpft. Mit diesem Fehler fing's an. Mit Wutkrampf. Hirnlos.

Trat dann langsam zu unserem Handelsmann, zu dem stummen Mann mit der Kiepe. Und als ob er jetzt erwachte, packte er plötzlich den Eselsreiter und hob ihn hoch hinauf in die Dunkelheit, stemmte den Herrn Hirsch, schüttelte ihn und rief: Als das kam, das Wort vom Schacherer, als sie riefen, ich erschacherte, ich erwucherte mir das Wurmsreich, war dies das Sterbenswort. Das alles tot macht. *Imperii terror terrae.* »Der imperiale Weltschrecken«

Der Händler über ihm in der finsteren Luft, der nickte. Soviel ich sah, nickte der und wand sich und suchte sich loszumachen. Da setzte der Riese ihn wieder auf das Grautier und sagte: Könnte sein, am Ende ist auch unser Krämer nur einer aus der Heerschar der Wald- und Weltverwüster. *Unus ex nimiis, qui non iam vivunt nisi magnas pecunias fenore collocatas habent. Iam nihil. Heu qua vita beata mirifica!* »Einer der viel zu vielen, die nicht mehr leben, die aber große Mengen Geld auf Zinsen angelegt haben. Mehr nicht. Ach, welch ein wunderbar glückliches Leben«

Bei einer leeren Fischerhütte neben den Rhein-Armen wollte König Gunther übernachten. Dort war unterdessen das Heerlager eingerichtet, waren Zelte aufgeschlagen. Im größten Zelt hörten die Herren von mir, was auf der Waldlichtung geschehen war, wie der Nibelunge zurückgeschimpft, wie er sich geschlagen und wie er im »Kampfkrampf« gesiegt hatte. Hagen interessierte sich für jedes Wort, das da gerufen wurde. Endlich schien sein Mißtrauen gegen den Ruhrschmied, den er für einen Sachsen gehalten hatte, zu schwinden. Ihm und den Brüdern konnte ich klarmachen, daß den Sieglindsohn die Liebe zu Krimhild so unbändig beherrsche, daß er in dieser Liebe zu fast allem bereit sei, zu jedem Dienst für Burgund. Gunther, Gernot und Hagen berieten sich noch ausführlich und beschlossen, früh, noch im Nachtdunkel aufzubrechen, um die Falen am Main lange vor Sonnenaufgang zu überfallen.

Wieder hatte ich gezögert. Hatte die Brüder und den Heermeister nicht genau genug unterrichtet, hatte verschwiegen, wie der Nibelunge nach dem Kampf zagte und zweifelte, ach, viel zu langsam arbeiten unsere Erkenntnisse, ich hätte begreifen und weitersagen müssen, daß unser neuer Bundesgenosse auch in seiner unsäglichen Liebe zu Krimhild keinen Geschmack finden würde an einem heimtückischen Überfall. »Besser wär mehr List«, hatte er gesagt.

Statt dies den Herrschaften zu erklären, hockte ich bei den Leuten am Lagerfeuer, schaffte mir meine Unruhe vom Hals dadurch, daß ich bei den niederen Kriegsleuten immerzu vor mich hin redete und beim Winterfeuer erzählte und jedem in möglichst vielen Einzelheiten schilderte, wie der Nibelunge gekämpft hatte. Aber es schien, als ob meine Zuhörer die Zweifel und den Mißmut des Siegers nicht wahrnehmen wollten. Als sie hörten, wie sich der Königssohn geschlagen hatte, hob sich die Stimmung, wuchs auch hier die Kriegslust. Wuchs bei denen, die nicht dabeigewesen waren. Auch nachdem ich's mehrfach erzählt und nichts ausgelassen hatte, waren sie guter Dinge, mir aber zitterten die Knie. Das Zittern übertrug sich auf keinen Hörer. Weil jeder die Bilder, die ich beschrieb, durch diejenigen ersetzte, die er im Kopf hatte.

Verdrossen stand ich auf, ging seitwärts durchs nächtliche Lager. An all den Feuern ging kein Schlottern um, schallte nur wieder das Lied von der Sachsen Not und vom Blut, das der Mainstrand trinken werde. Ich verwünschte die Rolle des »Schreibsatans«. Des Sängers, des Boten. Wie gefährlich, wie verführerisch kann der Sänger sein. Und wie machtlos.

Ins Dickicht ging ich hinein, über den Schneeboden, und bemerkte am Ufer eines alten Rheinarms den Alberichgesellen. Erkannte den Blumenpunkt in seinem hellen Rückenfell, Krimhilds Rose verriet, wer da am Waldrand kauerte. Im Schimmer des Sternenhimmels saß der Cherusker, kniete auf einer Böschung vorm Wasser und war dabei, den Ast einer Esche zu spalten. Ich näherte mich, ging leise, aber er hatte mich bemerkt, nickte mir zu, und ich sah, wie er mit seinem Dolch den fast armdicken Zweig der Länge nach in zwei Hälften teilte, doch nur über die halbe Astlänge. Die andere Hälfte ließ er unaufgeschnitten. Als ich wissen wollte, was er da tat, sagte er, das einzige, was auf dieser Welt erschlagen werden müsse, sei die Dummheit, und da wolle er bei sich selber beginnen und müsse sich noch in dieser Nacht die Weisheit einfangen. Dann bat er mich, meine Hand auszustrecken. Das tat ich, und dann ließ er die beiden auseinandergespreizten Asthälften so zusammenschnappen, daß sie meine Hand einklemmten.

Aus Eschenhholz, sagte er, ist der Ger, der stark sein soll und unzerbrechlich. Wotan, der Maßlose und Wütige, der verlangte, sein Ger müsse aus dem Holz der Welten-Esche stammen (s.S. 853ff). Aber *Gaia*, die Unerschaffene, duldete nicht, daß der Weltenbaum beraubt wurde und sie strafte den Wotan. Stach ihm ins Auge. Morgen, sehr früh, fängt Krimhilds Falke sich einen Winterfalken. Wird die Kampfgier einfangen mit der Weisheit. Wenn du magst, schau dir das an. *Walthar* soll dich wecken.

In der Frühe, noch lange vor der ersten Dämmerung, wachte ich im Zelt hinter der Fischerhütte auf, hatte unruhig geträumt, und als ich mich umblickte, begriff ich, daß *Walthari* mich bei der Schulter berührt hatte, und sah, wie der in eine bestimmte Richtung wies. Benommen stand ich auf, raffte mir den Ochsenfellmantel über die Schultern und ging in die Richtung, in die der Knappe gezeigt hatte, tappte ins Dunkle, über den Schnee, ging am Ufer entlang, und sah schließlich den Ritter als Schatten. Ich näherte mich wieder so leise wie möglich. Auch der Cherusker bewegte sich wie auf Katzenpfoten. Mit dem Ast, den er gestern der Länge nach gespalten hatte, schien er etwas eingerichtet zu haben, er flüsterte mir zu, wir müßten versteckt bleiben und ruhig sein.

Im Sternenlicht sah ich, wie über uns der gespaltene Ast zwischen zwei Bäumen eine Brücke bildete. Wo gestern meine Hand eingeklemmt war, hatte er ein Holzstück eingeschoben, das die beiden

Hälften auseinander sperrte, und zwischen den beiden klaffenden Hälften hockte jetzt die Eule. Auf einem Ast hockte das weiße Tier aus der Grotte, hockte zwischen den beiden Eschenholzteilen und rührte sich nicht.

Das hell schimmernde Wesen blieb unbewegt, wohl in der Furcht vor den frühen Raubvögeln, denen es nach oben hin nun ungetarnt ausgesetzt war. Mochte aber auch sein, der Niederländer hatte die Eule festgebunden. In diesen Momenten wollte ich keine Fragen stellen, mochte nicht mal flüstern.

In der Hand hielt der Alberichgeselle ein Zugband, aus Pferdehaar geflochten, das reichte von seiner Hand bis zu dem Hölzchen hinauf, das die Asthälften um den Weisheitsvogel auseinanderdrückte. Beide blickten wir geduldig dorthin, wo in den Nachtschatten das helle Tier zu erkennen war, sahen hinauf und warteten. Kein Morgentier gab Laut, nichts raschelte im beschneiten Laub.

Aber dann, im allerfrühesten Anfang der Morgendämmerung, als soeben *Eos*, die Morgenröte, mit den zärtlichsten Fingerspitzen den ersten Lichthauch in die Finsternis schickte, da fiel er wie ein Irrlicht vom Himmel, der Raubvogel, der stieß auf die Eule nieder und war ebenso weiß wie sein Opfer. In fast jedem Detail, bemerkt Schazman, lege die Kilianschronik Wert auf Doppelungen – der den Hürnernen schlug, wird selber hürnern, der Betrüger wird betrogen, der Vogel fängt den Vogel, das Weiße »schlage« das Weiße, der Lügner werde belogen, der Zerstörer (Hagen) sei am Ende zerstört etc.

Im wirren Geschrei und im unsicheren Licht mußte ich das keifend wirbelnde Getümmel für ein einziges Tierknäuel halten, ja, da hatte sich ein Tier auf ein Tier gestürzt, der Winterfalke auf die Schnee-Eule, da zuckte und stob ein kreischender Federwirbelwind zwischen den dunklen Astgittern, und bevor das eine Geschöpf den Hackschnabel in den Nacken des anderen hat schlagen können, war das selber gefesselt, ein Zug an der Schnur ließ das eingeklemmte Hölzchen herabschnellen, die Eschenhälften klappten zusammen, und ein zweiter Zug befestigte die Falle, preßte dem Raubtier die Fänge. Gefesselt schlug der Falke um sich, ein kleines kräftiges Wintertier war das, ein GerFalke. Der *rapax* »Raubvogel« zeterte, schimpfte und kreischte nun gerade so wie die Eule, empörtes Geschrei tobte da über uns, die Eule mit ihren Todesschreien sah sich noch immer als Opfer, ein Gestöber aus Daunen schneite herab, schließlich kletterte der Xantener hinauf, die Hände mit zweifacher Lage Rindshaut geschützt, und holte beide Tiere aus dem Geäst.

Der Schneefalke kam in Herrn Hirschs Weidenkiepe. Und den weißen Weisheitsvogel tat der große Jäger in eine weiträumige und verschließbare irdene Weinflasche, die am Abend zuvor im Lager geleert worden war. Mit beiden Tieren sollte ein cheruskischer Wächter bei der Fischerhütte so lange warten, bis wir vom Main her hier wieder vorbeikämen und über den alten Keltenweg zurückziehen würden nach Worms.

Lange vor Sonnenaufgang war der Heerzug bereit, bewegten sich mehr als tausend Krieger nach Norden, im frühesten Winterlicht rückten sie über die alte Keltenschneise zum unteren Main hin. Und kamen nun an der verwüsteten Kampfstatt vorüber, an der Felsengrotte. Der Sieglindsohn sprang vom Rappen, vor den großen Verschlußstein kniete er sich, kniete dort nieder, als wüßte er noch die Weisheit der Alten, daß Altar und Tempel dort sind, wo wir mit Haupt und Gliedern niedersinken und Respekt erweisen jedem einmaligen Leben. Lehnte sich im Knien gegen den großen Stein, reglos verharrte er, schien ihn zu küssen, sprang dann ebenso rasch wieder zurück auf sein Pferd Grani.

Hagen murrte nicht, auch über diesen kleinen Zeitverlust hörte ich ihn nicht klagen. Seit meinem ausführlichen Bericht über den Kampf gegen die Zwölf schien er beruhigt. Weh, wie konnte ich den nagenden Wurm in seinem Inneren verkennen, den Neid auf den klugen, auf den schönen *aemulus* »Konkurrenten«, der ausgerechnet das, was er selber am besten zu beherrschen meinte, noch um vieles besser beherrschte, die Waffen- und die Kriegskünste.

Weiter ging es über die schnurgrade gallische Waldstraße, immer in die Mitternachtsrichtung. Nach knapp einer Stunde, in der langen Winterdämmerung war es nur wenig heller geworden, zeigte sich vor uns, am anderen Ufer des Main, auf den Resten eines Römerkastells, die neue Frankenburg. Davor aber, am diesseitigen Ufer, erblickten wir im blauen Morgenschimmer zwischen den Büschen die Zeltspitzen vom Lager der Falen. Tausend Kämpfer verteilten sich rings um die Lichtung mit dem sächsischen Heerlager. Bei den Zelten herrschte tiefe Ruhe, Feuerstellen und Amphoren verrieten, daß in der Nacht gefeiert worden war. Der Gegner fühlte sich in Sicherheit. Dem Heermeister gefiel dies alles sehr. – *Ulciscendi cupidos circumvenimus re vera idoneo loco.* »Die Rachgierigen umzingeln wir fürwahr am geeigneten Platz«. Urkundlich ist dieser Ort erstmals erwähnt im Jahr 1193 als »Sassenhusen«, neuere Grabfunde belegen eine Besiedlung »mindestens seit dem 5. Jahrhundert«

Der Niederländer bestand aber nun darauf, nicht hinterhältig über die Eindringlinge herzufallen, sondern zuvor zu erkunden, welcher Herzog diesen Stamm führe und was diese Leute beabsichtigten. Darüber kam es zum Streit. Hagen mahnte, Eile sei geboten, es würde bald hell. Wenn die Überraschung gelingen sollte, müsse sie jetzt geschehen, in einer halben Stunde würden im Lager viele wach sein und es käme zu erbitterter Gegenwehr. Doch der Xantener erklärte, was die Burgunder auf dem Würzburger Marienberg im Namen der neuen Kirche vollbracht hätten, das sei nicht so rühmlich, daß es wiederholt werden müßte. Und die Untat an Ortwin und seinen Leuten habe er inzwischen gerächt.

Was er statt dessen wolle? – Gunther fragte das, im eisigen Frühwind zog er sich die Enden vom Auerochsenfell nahe ans Kinn.

Die hier gefeiert haben, die sind ein sächsischer Stamm und werden von einem Herzog geführt. Den haben die Krieger in freier Wahl bestimmt. Wenn sie sich weigern, von hier friedlich zurückzuziehen in ihren Norden, dann werde ich mit diesem Herzog, der sicher ihr bester ist, kämpfen. Für das Gespräch mit ihm gebt mir *Walthari* mit und eueren Bruder Giselher und obendrein die kleine graue Eule namens Hirsch. Dann bleibt kein Wort, das ich mit den Fremden verhandele, verborgen, kann ich nichts ohne euer Wissen verabreden. Sobald sie erkennen, daß sie umzingelt sind und von welch großer Zahl, werden sie sich fügen, es sei denn, auch diese hier sind verblendet und aufgehetzt. Ihren Herzog, wer immer das ist, den fordere ich zum Zweikampf und werde ihn besiegen, und alsdann werden wir ihnen den Abzug befehlen und wird weiter kein Blut vergossen als einiges aus dem Arm oder Bein ihres Anführers. Für einen neuen Massenmord nach Roms imperialer Art habt ihr in mir keinen Genossen.

Gunther blickte besorgt zum grün verhüllten Heermeister hinüber. Hagen hielt sich erstaunlich still, empörte sich nicht länger, sondern befahl schließlich mir, den Ruhrmenschen keinen Moment lang aus den Augen und den Ohren zu lassen. Da der Cherusker mit den zwölf Kundschaftern immerhin nicht paktiert hatte und dem Kampf nicht aus dem Weg ging, so wolle er, sagte er, ihm auch jetzt vertrauen. Im Namen König Gundomars.

Und im Namen Krimhilds, ergänzte der Xantener. – Außerdem bitte ich euch, daß erst nach Giselhers Signal, erst nach dem Hornstoß alle übrigen aus dem Wald treten, dann aber, sichtbar, stehenbleiben und sich nur zeigen in ihrer großen Zahl. Wartet dann ab, was geschieht. Ihr hört dann keltisch-fälische *voces dirae* »Flüche« und sonstiges Sprechgemisch und seht dann meinen Kampf mit dem Herzog.

Als auch das verabredet war und akzeptiert, ging der Niederländer mit seinem *Walthar* voraus, leise, zunächst noch im Schatten der Bäume. Herr Hirsch und ich schlichen ihnen hinterher, Hirsch nun ohne seinen Kiepenkorb auf dem Rücken; für den entgangenen Handel am Main hatte der Cherusker ihm reichen Ersatz versprochen.

Zu viert näherten wir uns durch Gestrüpp und Farn einem Großzelt, Hirsch und ich folgten dem Riesen und dem Knappen nah genug, so daß wir mitbekamen, wie in der Dämmerung vor uns plötzlich eine erschrockene Wache sich bücken wollte und nach einer Lanze greifen, schon trat ihm ein Fuß auf die Hand, so daß der Wächter aufschreien wollte, woran ihn aber eine Hand auf seinem Mund hinderte. Die Schmiedehand drückte fest zu, zwei andere Hände entwaffneten den Wachsoldaten, und der Mann in der buchengrauen Rüstung bekam in die Ohren gezischelt, er solle, ohne Krakeel, wenn ihm sein Leben lieb sei, das Herzogszelt öffnen.

Der öffnete die hohen, die rot gefärbten Fellwände, und die beiden Niederländer gingen mit dem Wachtposten hinein und kamen recht bald mit einem geknebelten Mann wieder heraus, mit einem Benommenen, einem Wankenden, offensichtlich mit dem Herzog. Dem hatte der Nibelunge eines seiner Kuhtücher vor die Augen gebunden, und hinter dem Rücken hielt er ihm die Fäuste zusammen, den stieß er nun vor sich her, als Blinden, als Geknebelten. Der Wächter, der von *Walthar* geführt wurde, hatte eine Rüstung zu schleppen und Waffen und mußte das Kampfgerät auf eine sanfte Erhebung hinauftragen, auf eine Düne. Auch den Geknebelten stieß der Cherusker dort hinauf, und oben befahl er dem Posten, dem Herzog die Schienen anzuschnallen, die Brünne und die Schulterstücke.

Dann gab der Nibelunge die Hände des Herzogs frei, der riß sich das Tuch von den Augen, blickte sich um, sah aber nicht, in wessen Hand er war, sah nur zwei schwarz Gerüstete, beide Xantener hatten ihre Helmvisiere geschlossen. In einer zweiten wütenden Bewegung riß sich der Sachsenherzog den Knebel aus dem Mund und hätte nun wohl schreien wollen, aber einer der Gerüsteten vor ihm, der Nibelunge, der reichte ihm Lanze und Schwert und winkte mir, das Signal zu geben, den Trompetenton.

Ich tat das, mit einiger Aufregung, blies aber schön hell und kräftig. Sofort war die Luft rings voller Geschrei. Von überall her traten die Gewappneten in Erscheinung, und gleichzeitig stürzten aus den Zelten morgengrau verwirrte und verschlafene Gestalten, die wollten sich ihre Eisenkleider umgürten, sahen aber, daß ihr Lager umzingelt war, überall den Wald entlang standen die fertig gerüsteten Ritter, schlag- und wurfbereit und drauf und dran, das Chaos zu nutzen. Und was das Ärgste war, auf ihrem Wachhügel erblickten sie ihren Heerführer neben zwei schwarzen Eisenmännern.

Immerhin, ihr Herzog stand da gepanzert, gerüstet bis über den Hals und trug seine gewohnten Waffen und ihm gegenüber stand ein fremder Krieger. Und dieser Fremde rief nun in die erschrockene Stille hinein. – Wie dieser Kerl hier ein Herzog ist, so bin auch ich es. Und so wie ihr im Revier südlich des Main rauben wollt, so will ich es NICHT. Nur wenn ihr eueren Raubzug beendet, ist Friede. Wollt ihr aber den Krieg und Blut und wollt weiterziehen bis Worms, dann schlagen wir uns jetzt. Wir zwei an Heeres Statt. Falls euer Herzog den Zweikampf fürchtet, trifft das Gemetzel euch alle! Auf, Kerl! *Prock Paruttel!*

Die gerüstete Falenfigur begann, sich nach den Waffen zu bücken, die vor ihm im Sand lagen. Tat dies aber mit seltsamer Langsamkeit.

He, Krummknorz, so rief der Ruhrmann, nun pack deine Zinken! heb sie hoch, nutz deine Klauen, hack dir den Weg frei, wenn du Roms Wurms erobern willst, oder aber zieh ab, noch diesen Tag zurück an die Weser! Was ist? Der Herzog denkt nach? Das kann nie falsch sein. Was ficht dich an, du Kobold, deine *brachiola* »Ärmchen«

läßt du sinken? bist du besoffen? wirst schon schlapp, eh es losgeht? Auf! schlag zu! *Yerra knörrip zirquürkilt SchonkDrop! Mich armet din armec-heit!* »Mich erbarmt dein Elend«

Der fälische Anführer, verborgen hinter grauem Stahl, stand wie starr. Obwohl der Niederländer ihn mit Zurufen reizte und mit Gesten und obwohl vom Wald her das Gelächter der Burgunder und der Cherusker immer lauter wurde, dachte der Heerführer nicht daran, einen ersten überraschenden Ausfall zu tun und den Kampf zu eröffnen. Er ließ nicht nur die Arme sinken, sondern ließ nun auch, mit einem dumpfen Schlag, seinen Schild zurückplumpsen in den Sand.

Obwohl darüber das Gelächter sehr heftig war, war klar, dieser Herzog verweigerte den Kampf. Der warf auch sein Schwert weg. Klappte sein Visier hoch und betrachtete sein Gegenüber. Und begann zu reden, und zwar in der katabolzenden Art, wie ich sie, als ich im Nebelland war, zu hören bekam und wie ich sie auch jetzt ins Hofdeutsche übersetze.

Höre ich hier, so redete der Sachsenfürst, den *Balmunk*-Schmied? Ist dies der Rauhbesen vom Xantenkastell, der Betäubervertreiber? mit dem ich in der Feuerlehre war im Eschenwaldland?

Da klappte auch der Cherusker seinen Helm auf, und nicht genug damit, nun riß auch der sich den Helm vom Kopf und breitete seine Arme aus.

Und zur großen allgemeinen Verwunderung aller Krieger ringsum, die einen erbitterten Waffengang erwartet hatten, *excitans ac horribile visu* »aufregend und schrecklich anzusehen«, lagen sich plötzlich die beiden Kontrahenten in den Armen, aber nicht, um sich zu erdrücken und niederzuwerfen, sondern um miteinander zu lachen und *Yerrafikkament* zu schreien und *Bijobs* und *Wupperich* und *An-lá* und eins ums andere Mal *Schonkdrop tatta gorem* und dergleichen und schlugen sich dazu mit heftigem Vergnügen die beschienten Pranken auf die Schulterbrünnen, daß es krachte und in den Scharnieren quietschte und beide Herren am Ende umfielen in begeistert rumpelnder Umarmung.

Verdutzt mußten beide Feindeshaufen das mitansehen. Ihre Feldherren, statt sich zu erstechen oder zu köpfen, wälzten sich eng umschlungen im Dünensand, nicht in Wut und Mordlust, sondern in der Freude, sich wiederzusehen, als wären sie Kinder oder ineinander verliebt. *Ruhrrölps* war da zu hören, *Wämsknörrip Piewimopp* und *Ümpf*

Qärmilsörbräddid und *Üpfetapf* und *Thar barr* und vielerlei solche keltischen oder altsächsischen Gurgelröcheleien aus dem cheruskischkattischen Niederland hinter *Werethina*, *Asnithi* und *Buochenheim*. Der Westfalen-Herzog *Liudger* hatte in der Eisenhütte an der Ruhr mit dem Xantener gemeinsam die Feuerkunst gelernt, war mit dem Königssohn eng befreundet, und beide dachten nicht daran, sich die Helme zu spalten und die Schädel.

Da sah ich Hagens Bitterkeit. So etwas hatte er befürchtet. Gunther und Gernot mußten ihn beruhigen. Inzwischen erhob sich rings auf der Lichtung vielstimmiges Hin- und HerPalavern. Und nach den ersten Wiedersehensfreuden fragte nun Herzog *Liudger*, wie denn der Xantener sich unterstehen könne, diesen eingebildeten Romknechten, diesen burgundischen Heuchlern und Meuchlern zu dienen, diesen Würmlingen aus Worms, die auf dem Berg, den die neuen Priester der erst kürzlich erfundenen Gottesmutter Maria geweiht hätten, fünftausend ostfälische Sachsen hätten schlachten lassen im Namen der neuen Elends-, Leidens- und Kreuzes-Religion, so schmachvoll und so hinterhältig hätten sie das mit den wehrlosen Gefangenen getan, wie das sonst nur die römischen Feldherren taten und wie es darum auch die Römer immer aufs neue nicht anders verdienten, nicht aber der eine Feind Roms von einem anderen.

Da antwortete der Niederländer, dienen wolle er nicht nur Gundomars Tochter, der Prinzessin Krimhild, sondern durchaus auch *Liudgers* Sachsenvolk, und *Liudger* sähe doch, daß sein Ruhrfreund soeben ein weiteres Sachsenschlachten hatte verhindern können. Statt die Schlafenden im Lager zu überfallen und die fälischen Leute »metzen« zu lassen, habe er den Zweikampf verlangt mit dem Herzog, ohne zu ahnen, wer der war.

Hagen, dem ich dies Gespräch übersetzen mußte, begann zu wüten. Der rief, nun begreife König Gunther hoffentlich, welch einen *foederatus* er in diesem Cherusker gewonnen hätte, dieser »Mächtigste« verschenke glatt ein *bellum*, einen schönen Krieg und Sieg, vertue einen großen Sieg für einen zweifelhaften Frieden, dieser Xantener sei selber einer von den nifhelheimischen *thiet*, von den »Leuten« tief unten, sei selber nichts als ein Sachse oder Kelte oder Katte. – Da sieh ihn dir an, sieh ihn mauscheln mit seinen alten Kumpanen, o hätten wir nur zugeschlagen.

Da kam der vom Niederrhein in die burgundische Herrenrunde, brachte den Herzog *Liudger* mit und erklärte, dieser Herr der Westfalen ergebe sich in Freundschaft dem Spruch der Söhne Gundomars. *Sed sint, ut sunt.* »Aber sie sollten sein und bleiben, wie sie nun einmal sind«

Ja, er wolle ihn hören, den burgundischen Spruch, sagte *Liudger*, er, der Westfalenherzog, geboren an den Quellen der Lippe, füge sich gern dem, was der Freund von der Mündung der Lippe beschließe. *Nidgirs* Bezwinger solle den Spruch fällen und nicht etwa dieser Finsterling und Würzburger Menschenmetzger.

Da mußte Gernot den Hagen festhalten, der nach Rache rief für Ortwin von Metz.

Ortwin, sagte der Xantener, wurde nicht von *Liudgers* Leuten erschlagen, sondern von Ostfalen, von den wenigen, die eure fromme Würzburger Untat überlebt haben. Aber ich sehe, die Herren *Liudger* und Hagen hegen gegeneinander hundert Eselsladungen voller Groll, so daß wir mindestens hundertzehn Ladungen Hirn brauchen, um einen guten Schiedsspruch zu finden. Und gut ist der bekanntlich nur dann, wenn die einen ihn nicht als Niederlage empfinden und die anderen nicht als Schmach. Die meisten Übel, wußte meine Mutter, kriechen aus den Demütigungen der Männer. Seit je, sagte sie, ist es der gekränkte Ehrgeiz der Männer, der für Verhängnisse sorge.

Dankwarth hatte Decken und Teppiche und Felle herbeischaffen lassen und bot Getränke. Als wir uns mit *Liudger* niederließen und der Trinkbecher zu kreisen begann, in der Sonnenrichtung »links« herum, im Uhrzeigersinn, da sprach der Westfale folgendes, und ich sagte es sogleich nach in unserem Hofdeutsch, damit meine Brüder und der Heermeister wußten, wovon *Liudger* sprach.

Wenn auch ich die Ursachen all der Plagen bedenke, sagte *Liudger*, die Anfänge der Verhängnisse, an denen fast all unsere Stämme leiden, so hat unser Freund aus Xanten die wichtigsten Gründe genannt, weswegen Tausende in Nifhelheim, nicht nur Ostfalen und Westfalen, von den Herren des Imperiums betrogen und umgebracht wurden, weswegen Hütten und Dörfer zerstört und Verträge gebrochen und Vieh und Land und Frauen geraubt wurden und weswegen sich nun auch die beraubten Stämme untereinander zu zerfleischen beginnen und euer König Gundomar die tödliche Wunde empfing und weswegen, wie ich jetzt hörte, noch gestern der zweite zwölffache Totschlag geschah, diesmal gegen unsere ostfälischen Kundschafter. Wenn ich all dies bedenke, dann finde ich, die Ursache ist: Statt der alten Wotanswut, statt des dumpfen Kampfrauschs herrscht nun die noch viel dumpfere Besitzwut. Als sei nicht jeder Ort, ob am Rhein, an der Weser oder an der Elbe, ob diesseits oder jenseits der Alpen, in Wahrheit und für immer im Besitz der Unerschaffenen. Niemand von uns besitzt diese oder jene Plätze, Früchte oder Bäume, sondern es sind alle Dinge wie auch wir selber nichts anderes als für kurze Momente Früchte aus demselben Chaosgrund, in dem wir am Ende alle wieder verschwinden. Wer das irgendwann gründlich bedenkt, der erkennt, wie lächerlich jeder Besitzraub ist, wie fliegenschissig jeder Streit um Reviere und Grenzen. Brüderlich trinke ich euch zu und biete Frieden. Ja, an diesem Wintermorgen will ich zusammen mit euerem neuen cheruskischen Bundesgenossen »siegfrieden«, was nichts weiter bedeutet, als daß es zu überlegen gilt, wie man am klügsten die Weltschätze gemeinsam genießt und pflegt, die Dinge, die niemandem gehören, sondern allen, wie man sich darum das Leben nicht sauer macht, sondern fröhlich.

Auf diese Rede vermochte König Gunther, der in imperialer Ordnung zu denken versuchte, kaum etwas zu erwidern, doch er versuchte es. Zaghaft äußerte mein Bruder den Wunsch nach Freundschaften mit allem Nifhelheimischen, auch den Wunsch nach dem verheißungsvollen »Siegfrieden«.

Da hob *Liudger* den Pokal, spritzte daraus mit seinen Fingern einige Weintropfen in alle vier Himmelsrichtungen und trank. Gab den Goldbecher aber nicht weiter, sondern sagte, daß der Stamm der Ostfalen nach dem Massaker am Marienberg nunmehr ausgerottet sei. Die letzten Überlebenden seien an der Lahn, als sie Ortwins und Gernots Lager entdeckten, nicht zu bremsen gewesen, hätten auf eigene Faust Rache genommen an denen, die bei Würzburg ihre Brüder, Söhne und Väter erschlugen, nur weil sie, die Ostfalen, dem neuen Gott nicht hatten dienen wollen. Wenn er, *Liudger*, jetzt trinke, dann denke er an die toten ostfälischen Freunde. Hob den Becher gegen die Sonne, die in diesen Augenblicken, rot leuchtend, über dem Main aufging. Und trank dann, mit erinnernden, mit geschlossenen Augen.

Trank lange, schluckte vernehmlich, als seien auch Tränen zu schlucken. Gab dann seinem niederländischen Freund den Becher mit dem Wunsch, er möge in diesem guten Wein die richtige Entscheidung finden. Der Xantener trank aber nicht, hielt den Becher vor sich hin und sagte: Während du an diese alten Frevel erinnert hast, hab ich einen Plan vorgegoren. Mag sein, der paßt zu deiner Rede wie ein geschmiedeter Achsbolzen mit Nabe und Kopfring, auf dem Räder schwere Lasten bewegen können, auch über Waldschneisen, Räder von Kelten oder Römern oder von denen, die bei Herrn *Tacitus* Germanen heißen.

Auch der *Nidgir*-Töter, ehe er weiterredete, sah noch eine Weile still in das rote Morgenlicht hinein, das über den wildernden Armen des Main aufgegangen war. – Mein Plan geht folgendermaßen. In der Tat gehören wir alle der Erde, und umgekehrt gehört die Erde allen und nicht nur wenigen Herrschaften. Weil aber im neuen Völkerwirbel sich sehr viele drängeln und meinen, Landraub und Besitz brächten Freiheit, und weil nun fast alle im Kleinen so tun, wie die Römer es im Großen taten, und stecken sich ständig neue Grenzen und Präfekturen und Provinzen ab und rauben sich Großgüter und Diözesen und schlachten alle, die nicht in solche Käfige hineinwollen und die von ihrer Freiheit nichts hergeben mögen für die Freiheit der anderen, so verstehe ich, warum in diesem Wirbel einige Sachsenstämme ebenfalls zu wandern begannen und neues Land suchen. Und so meine ich, daß diese Wanderwestfalen nunmehr, unter burgundischem Schutz, an der Stelle, auf der wir hier sitzen, eine sächsische Landsiedelei beginnen sollten. Sollen sie doch getrost hier, mit Freibriefen aus Worms und Lorsch und Mainz, Landbau beginnen. Und außerdem Weinbau und Obstbau und Viehzucht und Hausbau und was immer sie Sinnvolles tun wollen. Mag sein, wenn ihnen die Main-Auen zu eng sind, dann weiß König Gunther auch noch andere Plätze, die Pflege brauchen. Mit diesem Vorschlag trinke ich, wie *Liudger*, auf das immer neue Unerschaffene und zum Glück Unabschaffbare. *Gaia* wird uns alle überleben, da mögen wir gieren und giften, wie wir wollen, die Ewige überlebt auch die nunmehr neu erfundene spirituelle, die Geistesmutter. Gut 50 Jahre zuvor, auf dem Konzil zu *Ephesus* (431), war gegen die in *Ephesus* bislang verehrte Naturgöttin *Artemis* (*Diana*) Maria als jungfräuliche »Gottesgebärerin« proklamiert worden

Ließ sich so vernehmen, der Nibelunge. Und so ist es am Ende geschehen, und so mußte es, nach langen Gesprächen, selbst unser Heermeister gutheißen. An den Rändern des rheinischen Burgund, in den eher unsicheren Regionen wurden sie angesiedelt, die westfälischen Sachsen. Den Bischof hörte ich zwar, wie er warnen mußte vor dieser *falsa pax* »falscher Friede«, denn wer den Heiden nachgebe, sagte er, der beschwöre den Zorn Gottes herauf *propter peccata nostra* »wegen unserer Sünden«. Auch Hagen, hörte ich, hätte noch lange gemurrt, nur die sehr alten, die sterbenden Hunde, die holten sich die Flöhe selber in ihr Fell, schon weil dann ihr Kadaver sofort restlos beseitigt und weggefressen würde von den Parasiten.

Die meisten aber waren erleichtert über die Wendung der Dinge. König Gunther meinte, daß der Gast aus Xanten seinen Namen »friedfertiger Sieger« zu Recht trage. Die Nordleute, die Falen siedelten nun also am Main, just auf dem Feld, das ein Schlachtfeld hätte werden sollen. Dort ackern und säen sie seitdem, berichtet mir mein Kilian, und schon jetzt, während ich dies schreibe, bestellen sie ihre neuen Felder unter der Frühlingssonne. Zugleich siedeln andere auch an südlicheren Orten, bei einer Stelle, die nun, sagt Kilian, *Casa Saxonis* heißt, nicht allzu weit entfernt von der Siedlung *Portus* Pforzheim, vor den Bergen der herzynischen *silva nigra* »Schwarzwald«, dort, wo Roms Kohorten sich vormals weigerten, weiter vorzurücken in die Unwirtlichkeiten.

Vor meinem Kerkerloch scheint es jetzt zu schneien. In Wirklichkeit fliegen da weiße Apfelblüten, die wehen in den Frühlingslüften in lustigen Wirbeln vorüber. Mir freilich, dem Schreiber, ist es im Lorscher Steinloch winterlich kalt und in der Seele immer wieder weh.

Eiswind und Schnee scheuchte uns über die keltische Waldschneise heimwärts, damals, als wir uns an den neuen Weihnachtstagen mit den Fremden gut geeinigt hatten. Als wir in Worms eintrafen, liefen auch in der Ostwindkälte die Kahlgeschorenen vor die Königsburg, um uns zu begrüßen, um uns mit Strohblumen zu bewerfen, denn Herrn Geres Boten hatten die gute Nachricht, daß kein Blut geflossen sei und daß der Friede gewahrt blieb, vorausgeschickt. Keiner war im Kampf geblieben, niemand mußte diesmal klagen, im Gegenteil, es hieß, abermals hätte Burgund neue Freunde gewonnen. Ja, das war ein fröhlicheres Willkommen als drei Monate später bei jener Rückkehr vom Grab, als mich mein Redeteufel ritt, als mich im Pfalzhof Hagens Faustschlag traf und der Schrekkenstag folgte, *qua quis capitis damnatur.* »an dem das Todesurteil gesprochen wurde« Im Schneetreiben gab es das Blumenwerfen, im Frühling folgte trostloser Jammer.

Wer diese winterliche Jubelgasse in der Wormser Pfalz hätte betrachten können, wäre nie auf so absurde Gedanken gekommen wie die sogenannten Gelehrten *Tacitus* oder *Ammian*, die sagen, alle Germanen seien klein oder alle groß oder alle wild oder beim Kampf alle nackt und mit rot gefärbtem Haarschopf. Das sind Schreckens-, Propaganda- oder Unterhaltungsmärchen, mit denen staatlich bezahlte Schreiber schon immer die Tatsachen so verdrehten, wie es die Feldherren und Usurpatoren sich wünschten und nunmehr auch die Geistlichen. Um so mehr sollte ich bei all den Leiden, die ich in meinem Lorscher Loch zu erdulden habe, froh sein, daß mich für meine Schreibarbeit kein Machthaber bezahlt, daß niemand mich gängelt, keiner außer meinem Freund Kilian, der fast nie genug bekommt von neuen Chronik-Seiten.

Ach, wer damals das Spalier der Leute hätte sehen können, der hätte sich zu wundern gehabt über so reiche Vielfalt. Die Edlen, die Herren ragten freilich auch hier heraus, wobei unter den Großen der cheruskische Siegfried als ungewöhnlich Größter erschien, als Riese. Die Oberen, die »Freien«, die waren schon immer fein heraus und wuchsen hoch hinaus, einfach schon deswegen, weil sie von Kind an die besseren Speisen bekamen. Der Mann aus Xanten maß in der Höhe fast sieben Fuß. gut zwei Meter Wir Gundomarsöhne, mit Ausnahme des breiten und derben Gernot, waren viel zierlicher, zwar immer noch größer als all jene, die von Kind an kaum je Fleisch hatten, statt dessen Bohnen oder Kohl. Kleinwüchsig blieb die Menge der Kahlgeschorenen, der Unfreien, der Kelten, der Fronbauern, der Abgabepflichtigen beim Kloster Lorsch wie bei der burgundischen Pfalz.

Nun aber fehlte keiner von den Knechten wie von den Herren, da jubelten sie alle, Krimhilds Hoffräulein, Herr Gere, Herr Gottlieb, das Heer der Pagen, Koch Rumolt wie seine Küchensklaven, sie alle warfen dem Xantener Königssohn selbstgefertigte Blumen zu und freuten sich und gafften, und die niederen Leute setzten auf den künftigen Ehegemahl der Krimhild viele wunderbare Hoffnungen, schon jetzt gehörte dem Ruhrschmied alle *aura popularis* »Volksgunst«, und viele wiederholten sich, was Krimhild gleich am ersten Abend offen ausgesprochen hatte, daß hier der eine Name gut zum anderen paßte, weil der eine wie der andere das Bekämpfen des Bösen meint und man sehe ja nun, daß die Frau Krimhild den Mann fand, der ihn zu Recht trage, den Siegfried-Namen, den des friedfertigen Siegers.

Im inneren Hof sprang der Falkenfänger vom Rappen, lupfte dem Herrn Hirsch die Kiepe vom Rücken und wies *Walthar* an, den Handelsmann aus dem Hortschatz mit Ringen, Spangen und Fibeln gut zu entschädigen für die entgangenen Geschäfte in Frankfurt. Und wenn ich es richtig beobachtete, so entstand bei einigen ein kaum verhohlener Neid auf das Glück dieses Kaufmanns. Hitler, »Mein Kampf« (S.340): »Den deutschen Fürsten ist es zu danken, daß die deutsche Nation sich von der jüdischen Gefahr nie endgültig zu erlösen vermochte . . . («. . . end . . . lösen»). Sie verbündeten sich mit dem Teufel (sic!) und sie landeten bei ihm.«

Dann nahm der Niederländer die Kiepe und näherte sich der Königstochter, die wartete mit ihren Frauen vor dem Portal. Auf frischem Schnee stand meine Schwester, wartete in einem schmalen Umhang aus festem dunkelrotem Tuch und aus Goldstoffen, in den Farben, die sie liebte. Ihr Liebster umarmte sie, küßte sie heftig, öffnete dann die Kiepe und ließ sie hineinschauen. Als sie den Raubvogel erblickte, den weißen Gerfalken, da erschrak sie, aber nur kurz. Erstaunlich rasch faßte sie sich, dankte und fragte, was ihn darauf gebracht habe, ein so wunderbares Geschenk mitzubringen.

Weil ich dir das versprochen habe und weil euer Schreiber mir deinen Traum erzählt hat. Ich wünsche, daß alle deine Träume sich erfüllen.

Wieder sah ich, wie sie erschrak. Von ihrem Falkentraum hatte ich dem Xantener allerdings erzählt, jedoch nur die erste, die schöne Hälfte, den Traum vom Zauberflug. Krimhild mußte sich, um ihren Schrecken zu verbergen, tief hinabbeugen und hat den schneeigen Jagdvogel lange bewundert. – Der erste Ausflug ist meinem Falken vorzüglich gelungen, flüsterte sie.

Er war noch nicht ertragreich genug.

Was immer du »Ertrag« nennst, ich zweifle, ob ein so starkes Tier noch erzogen und belehrt werden kann.

Du solltest deine Künste ausprobieren. In der verdunkelten Kammer wird auch ein erwachsenes Jagdtier schon noch zahm und läßt sich wunderbar belehren. Zartes Lockfleisch und sanfte Töne, Streicheln und viel Freundlichkeit schaffen noch im erwachsenen Freiwild erstaunliche Verwandlungen.

Da sah ich, wie meine schöne Schwester lächelte und ganz und gar glücklich schien und den Nibelungen noch einmal küssen mußte, diesmal länger und ohne Scheu.

Hat dann aber plötzlich, mit einem Schrei, seine Krimhild gepackt und hochgestemmt und hat sie dermaßen wild gedrückt und überall geküßt, ins Gesicht und in ihr dunkelrotes Gewand hinein, daß mich gleich danach die Hofleute mit Fragen bedrängten, was da passiert sei und was da geflüstert wurde. Fast alle, die alsdann in der Pfalzhalle beisammen saßen und gut fränkisch zu tafeln hatten, nämlich *in modo stratisburgo*, also Herrn Rumolts argentoratische »straßburgische« Saucen und rheinisches Würzfleich zum Wein aus der *Sapaudia*, all diese gut versorgten Herrschaften, die pfefferten beim Essen mit vielen neugierigen Fragen nach und mit Mutmaßungen, die garnierten ihre Kenntnisse mit Gerüchten und überschütteten auch den Kalbsnierenbraten im Teigmantel mit allerhand Behauptungen über die cheruskischen Liebesgebräuche und die Lustsitten in Nifhelheim, vielleicht einfach deswegen, weil Rumolt an Knoblauchzehen fast nirgendwo gespart hatte und weil Burgunds Herrschaften nun in Fülle genießen und schwelgen konnten wie seit langem nicht, *quod nunc cum aureo draconis multo melius vivere videntur.* »weil sie nun, mit dem Drachen-Hort, um vieles besser zu leben schienen«

Aber in dieser Tafelschlacht siegten dann doch die Straßburger Hähnchengerichte über die neugierigen oder neidischen Spekulationen, denn Rumolts geröstete Gockel waren gefüllt mit Birnen und Honig und mit prickliger Leber in Apfelsauce, und dann reizten auch die Fischpasteten mit Ingwer, Zimt und Safran und Nelkenpulver selbst die Satten zu neuer Eßlust, vor allem den Oheim Gottlieb. Nur der grämliche Gere von Speyer blieb verdrossen und spickte fast alles mit mahnenden Kommentaren, nichts half bei ihm das wunderbare Rosmarin, das stark duftende, das Rumolt reichlich verstreut hatte, überall, beim Lammfleisch wie beim Rindfleisch wie beim Geflügel fanden sich die silbrigen Nadeln und die violetten Blüten, die sie uns beflügeln helfen, die Leibeswonnen aller Art.

Herzog *Liudger* hatte am Main berichtet, daß seine Westfalen bei der Frankenfurt verabredet gewesen seien mit Kriegern aus dem Norden, mit Dänen. Als *Liudger* dann genauer gefragt wurde, hatte er erklärt, daß es sich da um kampfgierige Yüten handele, die inzwischen ganz andere Wege gezogen wären, westwärts, die Mosel hinauf. Sie selbst, die Westfalen, seien von Koblenz aus über die Lahn ostwärts bei den irischen Einsiedlern vorübergekommen, über Fulda und südwärts durch ein Tiefland voller Nebel und Hagel, das die Leute Wetterau genannt hätten. Der Yütenherzog aber, dieser eigensinnige junge Mann, habe seine Schiffe keinen Augenblick lang verlassen wollen, sei mit seinen Mannen die Mosel hinaufgerudert und hätte das alte Trier heimsuchen wollen, in dessen Mauern seit Jahrhunderten römischer Raub gehortet würde.

Nun spekulierte man an der Tafel, daß dieser Yütenherzog, wenn er Trier geplündert hätte, wieder moselabwärts führe und dann, wie verabredet, den Rhein heraufkäme. Und *Liudger* hatte schließlich angedeutet, der Dänenherzog hätte gewiß auch geplant, den Ort zu erobern, der berüchtigt sei als das neue, als das andere, als das nördliche Byzanz, Worms also. Nur um auf die kampfeslustigen Dänen zu warten, hätten die Westfalen vor Frankfurt ihr Lager bezogen. Würden nun die Dänen ebenfalls Frieden geben? Oder würden die weiterziehen, gegen Worms?

Liudger hatte gewarnt vor diesen Streitgenossen, vor den Yütländern solle man sich vorsehen, die seien aufs Rauben aus, aufs Wikingen Die späteren »Wikinger« bekamen ihren Namen vom überfallartigen Plündern von Ortschaften an Flußmündungen und Buchten. *Wik* = Bucht, Ufer, Strand (vgl. Reykjavik, »rauchende Bucht«)

Wie lange wohl würden die Nordländer benötigen, um Trier zu erobern? Herrschten in Trier noch immer die Treverer? oder schon Chlodwigs Merowinger? Wäre Trier ohne Roms Hilfe in der Lage, solche Flußräuber zurückzuschlagen? König Gunther wandte sich an seinen Berater und schien sehr besorgt. – Mir wird gesagt, unser neuer *foederatus* aus Xanten, der habe unserer Schwester etwas eingeflüstert von besserem »Ertrag«. Meinte der die Dänen-Gefahr?

Da antwortete Hagen mit einem überaus verwinkelten Militärlatein, das ich dem Bruder auf der Stelle hab übersetzen müssen. – *Hoc Victor Placidus dicere dicitur a feminis oculis caeruleis. Sed suum regem consultor confirmat: Urbem Trevirorum expugnatam hostes haud dubie diripuerunt, hoc facinore admirando occasione nobis utendum est devorandi causa, cum exuviis.* »Daß Siegfried so etwas gesagt hat, das wird von blauäugigen Frauen behauptet. Aber der Berater versichert seinem König: Die Feinde, nachdem sie die Stadt Trier erobert hatten, haben sie zweifellos geplündert, und diese bewundernswerte Tat sollten wir nutzen, sie aufzufressen, mitsamt ihrer Beute«

Um neue Feinde also und um neue Furcht kreisten beim üppigen Mahl die Gespräche, und selbst in den wonnigsten Gerüchen aus Pasteten und Füllungen öffneten sich immer wieder unklare Aussichten auf das, was da demnächst kommen würde, sogar im *Sapaudia*-Rotwein schienen Ängste zu lauern. Gunther hoffte insgeheim, die weiteren »Ausflüge« des Falkenfängers brächten als Ertrag ihm, dem König, die Aussicht auf das sagenhafte Mitternachtsland, auf die starke Ran-Tochter *Prunnahilti*. Der Hausherr aß wieder wenig.

Bischof Ringwolf ahnte, warum Gunther schwieg und worum es ihm eigentlich zu tun war. Vertraulich wendete sich der Seelenhirte an den Grübler und versuchte es nun ebenfalls mit einem lateinischen Mahnwort. *Spero te scire, quid te nunc deceat per somnia tua nuptialia.* »Ich hoffe, du weißt, was sich für dich nun ziemt bei deinen Hochzeitsträumen«

Gunther schwieg, blieb vergrübelt und hatte wohl auch dieses Latein *cum hac complicata coniugatione periphrastica* »mit dieser verwickelten Umschreibungsrethorik« nur unvollständig kapiert, weshalb sein Behüter nun die Ansprüche mäßigte und meinte: *Chrysostomos*, dieser in fast allem erleuchtete Hirte unserer heiligen Kirche, der riet: *Amoris ardor* »das Liebesfeuer« fromme keinem Manne von Stand und Geist. Was, so fragte er, ist das Weib anderes als die Feindin der Freundschaft und der Vernunft. Eine natürliche, also teuflische Versuchung ist sie. Ein ergötzlicher Schade. Eine Prüfung, ein Abgrund in Gottes Menschenschöpfung. So predigte er, der klügste von all unseren Kirchenlehrern. Chrysostomos, Kirchenpatriarch und Bischof zu Byzanz und großer Prediger, sein Name bedeutet »Goldmund«, starb 407

Da Gunther mit solchen Mahnungen schon immer recht wenig anfangen konnte, obwohl Ringwolf sie oft und beredt vorzutragen wußte, und da ihn kirchliche Vorschriften von seinen Sehnsüchten kaum abbringen konnten, fuhr der geistliche Vetter nun stärkere *bellica tormenta* »Geschütze« auf. – Das Wort *femina* »Frau«, so sagte Ringwolf, das kommt, wie du weißt, von *fe* und von *minus*, wobei *fe* eine Abkürzung ist für *fides*, für den »Glauben«, und weil *minus* bekanntlich »weniger« heißt, so ist also die Frau diejenige, die weniger Glauben hat. Oder, wie Aristoteles und Goldmund *Chrysostomos* übereinstimmend gepredigt haben, »ein Mangel in der Natur«.

Rumoridus blickte sich um. Auch die anderen an der Tafel waren dankbar, daß bei so vielen guten Speisen einer war, der für interessante Unterhaltung sorgte. – Ich fürchte, mein Sohn, wenn du jetzt, wie ich ahne, von Island träumst, so denkst du weniger daran, deinem Geschlecht Nachkommen zu erzeugen, als deinem Leibe Lüste zu verschaffen. Und zwar nach der Art der Juden und anderer ungläubiger und sittenloser Völker. Bedenke, was in unserer neuen erleuchteten Zeit einer der ersten christlichen Kaiser dekretiert hat, und alle, die mir jetzt zuhören, sollten dies ebenfalls bedenken. Der weise und starke Kaiser Valentinian hat im Jahr *XCCC* 390 jede Handllung im Eheverkehr, die etwas anderes will als die Erzeugung von Kindern, mit dem Feuertod bedroht.

Mit dem Feuer? Jede? Wie grausam. Und warum? – Gunthers Fragen klangen zerstreut. Wußte er doch, daß, wer zu Brünhild wollte, Feuer zu durchdringen hatte.

Ja, jede Handlung und auch schon jeden entsprechenden Gedanken. Und zwar hat dieser scharfsinnige Kaiser folgendes verfügt, ich weiß es wörtlich und wollte, auch du würdest das im rheinischen Burgund als Gesetz erlassen: »Jede erfindungsreiche Unanständigkeit der Sünder verdient die Feuerstrafe.«

Jede? Auch schon der bloße Gedanke?

Lustgedanken ebenso wie die Lust selbst können niemals sündenfrei sein. Sie entfernen uns, ob als Gedanke oder als Tat, von unserer eigentlichen Bestimmung, von unserer Heimkehr ins geistliche Gottesreich. So lehren es alle unsere Heiligen. Lust ist, so oder so, Beschmutzung des reinen Gottesgeistes. In jedem Mann wartet dieser reine Gottesgeist auf Erlösung. Ein Grundgedanke der Kirchen-Ethik. Eindrucksvoll realisiert z. B. in Wagners Musikdramen. Karl Marx an seine Tochter Jenny (1876): »Überall wird man nun mit der Frage gequält, was halten Sie von Wagner. Charakteristisch für diesen neudeutsch-preußischen Reichsmusikanten: Er nebst Gattin (der von Bülow sich getrennt habenden) nebst Hahnrei Bülow nebst ihrem gemeinschaftlichen Schwiegervater Liszt, sie alle vier hausen einträchtig in Bayreuth, herzen, küssen und bewundern sich in ›Villa Wahnfried‹. Bedenkt man außerdem, daß Liszt römischer Mönch und Frau Wagner (Cosima) Liszts von Madame d'Agoult gewonnene ›natürliche‹ Tochter ist, so kann man keinen besseren Operntext für Offenbach ersinnen als diese Familienmischpoke mit ihren verlogenen archaisch alttestamentalen Grundsätzen.« – Ob Antike, Mittelalter, Neuzeit, als Grundansatz der »Kritischen Theorie« gilt, daß »am Sockel der Gesellschaft« sich immer wieder die ältesten Verhältnisse neu herausbilden. Verhältnisse wie etwa im Worms der Jahre 485/486 der westl. Zeitrechnung

Der Bischof war mit seinen Erläuterungen nicht so bald zu einem Ende zu bringen, im Gegenteil, es schien mir, er redete sich warm, zumal ihm in diesem Saal sehr viele neugierig zuhörten. – Unser Dasein, sagte er und löffelte Rumolts überaus schmackhafte straßburgische Kräutersuppe, unser Leben, rief er, was kann das in Wahrheit anderes sein als eine einzige inständige Hoffnung auf Loslösung von der vergänglichen, von der niederen *materia*. Wenn es wahr ist, daß diese Frau Brünhild hinter Feuerwänden haust, und wenn auch unser niederländischer Gast sich immer wieder auf Feuerkräfte beruft, so scheint uns dies alles mit Inbrunst zu warnen.

Vor *amoris ardor*?

Ringwolf hob den Finger, freute sich, daß Gunther begriffen hatte. – Auch die Verheirateten, wenn sie allein auf das Feuer und die Gifte der Lust und der egoistischen Fruchtlosigkeit sinnen, dann sind sie nicht Ehegatten, sondern in Wahrheit nichts Besseres als feuerzüngelnde Schlangen, dann sind sie als Unzüchtige ein Fraß für das Höllenfeuer. Schon der weise *Heraklit*, der gewiß nicht im Verdacht steht, ein Agent unserer Kirche gewesen zu sein, hat gesagt: *Si felicitas esset in delectationibus corporis, boves felices diceremus, cum inveniant pisa ad comedenda*. Und ich übersetze dir das sogleich und nicht ohne Vergnügen: »Gäbe es ein Glück in den leiblichen Lüsten, so hätten wir die Ochsen glücklich zu nennen, wenn sie Erbsen zu fressen finden.« Ja, es tut mir leid, solche Erkenntnisse hier zitieren zu müssen, wo mit so viel Hingabe getafelt wird, wobei du, lieber König Gunther, die einzige Ausnahme zu bilden scheinst, denn du issest so wenig, als gingest du durch tiefe Zweifel, und das läßt mich hoffen. Und darum wisse, die christlichen Kirchenväter wie die griechischen Philosophen, sie sind sich einig in dem, was ich dir hier noch einmal wiederhole: Lust kann nie ohne Sünde sein. *Sustine et abstine!* »Leide und meide!« Das raten alle wahrhaft Weisen, und das ist zugleich die Grund-Einsicht unserer Kirchenväter.

Nun ließ der Bischof seinen Blick auch über Krimhild und ihren Riesen wandern. Die junge Frau saß wieder neben dem Nibelungen und hatte sich, während Ringwolf redete, dicht an die breite Schulter ihres Nachbarn gekauert und von dort dem Bischof aufmerksam zugehört. Nun aber, nach *sustine et abstine* und nach dem »Lust kann nie ohne Sünde sein«, da hielten beide wieder ihre eigene innige Art Zwiesprache und betrieben eine Unterredung, die ohne Stimme und ohne Wörter auskam und die dennoch um so mehr die Lippen benötigte und die Zungen. Und der Gast aus Xanten genoß diese Zuwendungen tatsächlich mit noch mehr Freude als Rumolts schmackhafte Apfelhühnchen.

Doch auch unter den Mitteilungen seiner Freundin hat der Ruhrschmied die kirchlichen Mahnungen zur Kenntnis genommen, nun griff er sich eine Hühnerkeule und redete, vom Knochen das lockere Fleisch nagend: Eure Sorgen, Herr Ringwolf, Eure Furcht um unseren König Gunther, die verstehe ich sehr gut. Las ich doch bei dem sehr weisen Griechen Aristoteles, bei dem bekanntlich alle Goldmünder in die Schule gingen, ebenfalls diese erstaunlichen Einsichten, wonach die *feminae* in der Tat nichts anderes seien als Fehlgeburten der Schöpfung. Wann immer des Mannes Samen, so erklärte der große Aristoteles, durch ungünstige Umstände nicht zur richtigen Entwicklung komme, weil der Eheherr mal wieder nur einen oberflächlichen Appetit hatte oder weil er unkonzentriert und bloß fleischeslustig war und an zu zeugende Kinder gar nicht richtig gründlich hat denken mögen, sondern mal wieder nur an den eigenen *furor et ardor amoris* und womöglich auch an die Lust seiner Freundin, in solchen Fällen, so lehrt es uns Herr Aristoteles, entsteht ein Mißlingen. Ein MinusMensch. *Id est:* eine Frau. Verzeiht, ihr Freunde, aber all das ist *nuda veritas* »die nackte Wahrheit«. Gestattet, daß ich meiner so offensichtlich mißlungenen Nachbarin den teuflisch mangelhaften Mund zerschmatze.

Als die den ihren sofort weit aufsperrte und als rings über diese neue Form der Zwiesprache und über des Niederländers Erläuterungen der aristotelischen Weisheit viel gekichert wurde, da sprang der Bischof von seinem Sessel auf, hob die Arme und rief: *Benedictus altissimus, benedictus Christus, benedictus Christi vicarius. Christi nomen spiritui immundo cippus. Victor Placidus, abrenuntiasti vere diabolo? Et omnibus operibus eius et omnibus pompis eius?* – Zur Sicherheit wiederholte er seine priesterliche Beschwörung sofort in unserem Hofdeutsch. – »Gepriesen sei der Höchste, gepriesen sei Christus, gepriesen sei der Stellvertreter Christi. Christi Namen ist jedem unreinen Geist ein Grenzstein. Siegfried, hast du wirklich dem Teufel abgeschworen? Und all seinen Werken und seinem ganzen Kult?« Beschwörungs- und Taufformel, wie sie noch in einer Essener Handschrift aus dem 8. Jh. altsächsisch belegt ist, wahrscheinlich aus dem Kloster Werden: *Farsakis thu unholdon werkon endi willion? Farsakis thu allon hethinon geldon enti gelpon?* »Sagst du des Teufels Werken und Willen ab? Sagst du allen heidnischen Opfern und Bräuchen ab?«

Der geistliche Vetter nahm wieder Platz. Eine Weile war es still im Saal. Den Cheruskerprinzen, der da so feierlich angesprochen worden war, den sah ich lächeln. Und dann hörten und sahen wir ihn in großer Ruhe antworten: *O pia fraus.* »O frommer Betrug« Ich kann dich ganz und gar beruhigen, Vetter *Rumoridus Rusticulus*, seit langem habe ich all jenen Teufelchen abgeschworen, die uns als Kräutersuppe schmecken und die sich durch unsere Häuser und Schädel und Mägen schleichen als *Ringwulfilas* und als Wicht. Althochdeutsch ist *wiht* dasselbe wie »nichts«, meint bisweilen auch den Teufel

Ehe der Hirte reagieren konnte darauf, daß man ihn bei seinem ursprünglichen altburgundischen Namen *Ringwulfilas* genannt und nun gar als teuflisch beschrieben hatte, da hörten wir Frau Utes Stimme, ebenfalls mit beschwörenden Formeln, aber mit *diutisken*:

Wola, wiht, taz thu weist,
taz thu wiht heizist
taz thu waz scheizist
taz thu neweist noch nechanst
cheden chnospinci

»Wie gut, daß du nun weißt, daß du nur ein Wicht bist und Mief furzt, was du freilich selber nicht weißt und auch nicht zugeben kannst, du Rumpelstilzchen«

Dank, sagte der Xantener, Dank, erleuchtete Frau Ute, Dank für eueren neuen Segen. Wahrlich, diese Tage hier in Worms und besonders dieser heutige, *theist dag ouh nibulnisses joh windesbruti lewes,* »auch der ist ein Tag der Benebelung und des Wirbelwindes«. Doch alle, die ihr jetzt so gerne gekichert habt, bedenkt bitte, wie mühselig Roms kirchliche Köpfe zu arbeiten haben mit unseren nifhelheimischen Dickköpfen. Denn derjenige, auf den diese Luftschlösserkirche sich beruft, der Jeschu, der strafte Kirche und Priester mit Verachtung, der schmähte die »Schriftgelehrten« und wollte weder Religionsregeln in die Welt setzen noch Angstverwaltungen gründen, eine Kirche also. Schon gar keine mit gehorsamen Vorschriftgelehrten. Doch um diesen Jeschu war es den neuen Herren ja nie zu tun, sondern mehr und mehr um Macht. Darum sind ihnen selbst heidnische Philosophen, die sie sonst tapfer zum Teufel wünschen, dann nie zu schade, wenn sie hilfreich sind beim Verdammen der begeisternden Leibesmaterie. Und weil diese *feminae*, weil diese weiblichen Teufelsgeschöpfe um so vieles lieblicher sind als die prächtigsten Päpste, so müssen zum einen die armen Päpste und Bischöfe nunmehr in Frauengewändern umherwandeln und müssen zum andern die wirklichen Frauen um so heftiger geschmäht werden, gern auch mit der Hilfe des *Aristoteles*, als Mißgeburten und als Minusmonster werden sie verteufelt, und meine gelehrten Freunde in Rom, die alle der Ansicht waren *naturalia non sunt turpia* »alles Natürliche ist keine Schande«, die beteuerten mir wiederholt: *difficile est, satiram non scribere.* »es ist schwer, darüber keine Satire zu schreiben« – Wieder umarmte er seine Nachbarin, nannte sie des Teufels Mißgeburt und küßte sie aufs innigste.

Quot homines Romani, tot sententiae. Praecinge me Domine cingulo integritatis! So murmelte Ringwolf und umklammerte seinen Bruststein.

»So viele Römer, so viele Ansichten. Schütze (gürte) mich, Herr, mit dem Gürtel der Reinheit« (noch heute Priestergebet vor dem Meßdienst, in dem sich der Priester nach wie vor gürtet) Hört, ihr burgundischen Freunde, glaubt diesem naseweisen Cherusker höchstens die Hälfte von seinem Vorwitz. Unsere Kirche entstand keineswegs als Schutzschild für die Macht und für die Mächtigen, im Gegenteil, Jesus sammelte die Armen um sich, die Ohnmächtigen, die Kranken, die Besitzlosen, und all denen zeigte er, in welchem Reich das wahre Leben auf sie wartet. Auch in Roms Katakomben war das nicht anders, auch in den geheimen Kirchen im Untergrund waren es die Armen und die Machtlosen, die in unserer *alma mater* Zuflucht fanden.

Und was blieb übrig von diesen jesusnahen Anfängen?

Da mischte sich Markgraf Gere von Speyer ein und wollte Harmonie stiften und begann zu mahnen, ob es nach so guten Mahlzeiten nicht an der Zeit sei, statt der Rechthaberei die reine Seele zu nähren und das rein Geistige. Ob es zum Beispiel nicht sehr viel geistvoller sei, in der Rose, die Frau Krimhild ihrem neuen Freund geschenkt hätte, nicht etwa, wie einige Leute derb gedacht hätten, die weibliche Leibesblüte zu erblicken, sondern ein Zeichen von lauterer seelischer Liebe, und zwar nach der zärtlichen Weise der Mütter, im Sinne der Mutter Maria.

Als da nun auch über den Herrn Gere ein wenig geschmunzelt werden mußte und von Mutter Ute wieder das *chnospinci* gezischelt wurde, da rief ich nach *Rumolt*, nach unserem Straßburger Küchenmeister. – Wenn nun auch Graf Gere das rein Seelische preist, sagte ich, dann sollten wir *Rumolt* in diesen Saal bitten und ihn fragen, wie man ins Paradies des rein Seelischen gelangt. Der Koch, da bin ich sicher, kennt den Weg dorthin am besten.

Rumolt von Straßburg erschien in der Halle, im Kochleder und schwitzend, und fragte, woran es fehle.

Uns fehlt, sagte ich, nachdem wir deine ausgezeichneten Suppen, Pasteten und die gefüllten Geflügel genossen und den jurassischen Wein, uns fehlt nun jene Geschichte, die du mir erzählt hast über *silva nigra*. Erzähl die jetzt hier, in dieser Halle, denn der Bischof und der Herr Gere wollen nicht erkennen, wie gerade der gelüstigste Leib der frömmste ist und der seelenvollste.

Da lächelte der Straßburger, wischte sich Stirn und Wangen und band seine Schürze ab, Dankwarth nahm sie und ließ einen Stuhl in die Hallenmitte rücken und reichte dem Koch einen gefüllten Becher. Der setzte sich, rieb sich nochmal die Stirn und trank. Im Feuer legte der Truchseß Scheite nach, dazu einige von den glänzenden schwarzen Steinen. Und dann erzählte Rumolt, was er, wie er sagte, allerdings für eine Geschichte der Gelüstigkeit halte, nämlich für eine, bei der, wie auch sonst im Leben, Leib und Seele nicht zu trennen seien.

Von Mitternacht her stürmten Eisnadeln um die burgundische Burg. In wechselnden Böen fuhr ein Wintersturm über die Mauern und Zinnen, der jagte Schnee durch die Wandlöcher, trieb ihn bis in die Gänge und Kammern. Den Rhein hinab standen alle fünftausend Klafter Wachtposten, die auf die Dänen achten sollten, auf den Yütlandherzog.

Am Anfang aller Besiedelungen, da gab es am oberen Rhein ein Dorf, in dem lebten die Leute vom Fischen und vom Fährdienst, hatten aber in fast jedem Jahr Kummer mit dem Strom. Der wilderte zu gern, änderte ständig seinen Lauf und überflutete im Frühjahr das tiefe Land zwischen Waskenwald und Schwarzwald. Nicht umsonst sprachen die römischen Generäle, als sie diesen Fluß zum erstenmal sahen, vom *Rhenus horridus*. »schauerlicher Rhein«

Als wieder einmal im steigenden Frühlingswasser Hütten und Schuppen wegbrachen, Vorräte und Vieh davontrieben und nur wenige Leute sich ans Ufer retten konnten, da sagte der Alban, dem Eltern und Geschwister ertrunken waren: Hier bleibe ich nicht. Mehr Unheil als in den Armen des Rhein gibt's auch im Gebirge nicht. – Und wollte hinaufsteigen in die schwarzen Wälder. Da warnten ihn seine Freunde und malten ihm die Gespenster aus, die in der Höhe lauerten. Die Schwarzwaldberge habe noch nie jemand durchquert, jedenfalls nicht lebendig. Selbst die Römer hätten bei Pforzheim lieber Halt gemacht.

Alban schlug sich mit seiner Kappe die Mücken aus dem Gesicht, hängte sich ein Bootsseil über die Schulter und stapfte davon, auf die vorderen lichten Hügel, durch Obstgärten und Weinhänge hinauf bis zu den Dickichten, die schwarz standen, und all seine guten Freunde sahen mit Entsetzen, daß er geradewegs dem höchsten der Berge zustrebte. Da lief ihm einer noch nach und beschwor ihn, er marschiere in sein Unglück, ob er denn nicht wisse, daß auf den obersten Kuppen unter roten Felsenplatten Scheusale hausten, die nachts ihre Grubendeckel öffneten und die alles, was an Lebendigem umgehe, aussaugten. Ich weiß, nickte Alban, ersauf du in deinem Rhein. Und ging weiter. Ob er denn nicht wisse, rief der Freund, daß beim obersten Gipfel Hornissen surrten und am Ende auch ihn jagen würden und stechen, so daß er giftgelähmt läge bis zur Nacht, in der die Insekten wiederkämen als Vampire, um sein Blut zu trinken.

Diese Geschichte, rief Alban, erzählt man sich auch an der Donau, von der Quelle bis zur Mündung, ach, und den Bischof von Passau hat bis heute keiner ausgesaugt, eher umgekehrt. – Und drang unter den dunklen Tann, und der Freund ließ ihn ziehen.

Im Tann war es kühl und finster, aber auch voller Bewegung, da schreckten Wildtiere, die flohen mit Lärm und Geschwirre, Krähen und Häher stoben unter klagendem Geschrei. Unbeirrt stieg Alban die Hänge hinauf und gelangte bis dorthin, wo er ihn schon von weitem hörte, den Hornissenton.

Rumolt nahm einen Schluck vom Goldküstenwein. In der dunstigen Halle schien der Koch stärker zu schwitzen als über seinen Pfannen. Er trank und erzählte weiter. – Als sich der junge Mann ausruhen wollte, setzte er sich auf einen niedergebrochenen Stamm und lauschte: Vernahm im Forst das Seufzen der Kreatur. Das Drohen der Insekten. Sah aber auch über sich, in der kahlen Höhe des Gebirges, die obersten roten Felsen, die leuchteten in der Sonne.

Neben ihm wuchsen Beeren, schwarze und rote. Von denen aß er einige und fand sie süß und würzig. Und als er sie gegessen hatte und als nun die Sonne ihre Strahlen schräg bis auf den Grund des Hochwalds senkte, da erblickte er auf einer Lichtung zwei Herren, die drehten eine Holzwinde und wickelten darauf das, was sie aus dem Leib einer Frau herauszogen. In langer Reihe ordneten sie sorgfältig den hervorgewickelten Darm auf das Drehholz, so daß Alban sich anstrengen mußte, bei Verstand zu bleiben.

Und er erkannte, daß die beiden Herren, die er anfangs für Bischöfe gehalten hatte, in Wahrheit riesige Vögel waren, prächtig gefiedert wie Hähne oder wie Falken, die, als sie fertig waren mit dem

Drehen, das Gewickelte aufpickten. Darüber gerieten sie aber in Streit, sprangen gegeneinander hoch und merkten nicht, wie sie mit ihren Krallen das, wovon sie sich ernähren wollten, zerstörten.

Einen Ast riß Alban sich aus einem Baum, wirbelte den Ast um seinen Kopf, lief auf die Lichtung und schrie, fand dort aber keine Frau mehr und keine Falken, sondern nur einen stillen blauen See. Kreisrund war der, der leuchtete wie ein RiesenAuge und schien hell wie der Himmel. Direkt vor ihm, am Ufer, murmelte es und schlugen kleine Wellen gegen den Strand, als sei da soeben jemand fortgetaucht.

Am anderen Ufer, unter Tannen und Lärchen, schien das Wasser schwarz, dort rumorten Insekten. Da fuhr Alban wieder mit dem Ast durch die Luft und schrie: Grindeln kann auch ich! Schnurcheln kann ich am besten! – Kreiselte das dicke Holz über seinem Kopf, bis der Ast winselte und sich schwer machte und Alban merkte, daß er einen Frauenleib herumschleuderte. Den legte er vorsichtig ins Ufergras und erkannte eine Nymphe. Die rutschte sofort ins Wasser, aber den Fischschwanz hatte Alban gesehen. Danke, sagte die Frau, zum Dank für deine Hilfe gegen die Kapuzen will ich dir zeigen, wie du dich schützen kannst vor den Hornissenbissen.

Umfing den Alban mit ihren Armen, zog ihn hinab und umschlang ihn und schwamm mit dem jungen Mann in die Tiefe, und dem Alban war, als wäre der runde See nicht aus Waldwasser, sondern aus Mohnduft und Moos und aus Milch und Honig. Nie meinte er, sich leichter und freier bewegt zu haben.

Der Straßburger trank wieder, ließ sich den Becher neu füllen. Behagen breitete sich aus. Nur der Bischof verließ seinen Platz; die Hand über dem Bruststein, betete er hinter den Säulen, bei seinem Leidenskreuz.

Nach dem Flug durch das Wasser mußte Alban eine Weile geschlafen haben, denn als er sich am Ufer wiederfand, schimmerten schon die Sterne, und er lag gerade so da, wie er die Wasserfrau hatte liegen sehen, halb noch in den Wellen. Unruhiges Wasser züngelte um seine Beine, Pilz- und Krautgeruch duftete überall. – Dank, Murmelfrau, rief er über den runden See. – Es kam keine Antwort. Auch der Hornissenberg blieb still.

Nach dieser Salbung fühlte Alban sich sicher vor den Giftbissen, in der Dunkelheit stieg er weiter bergauf und wünschte sich, so eine wie diese Frau öfter zu treffen. Kaum hatte er das gedacht, da entdeckte er vor sich zwei Kapuzen, die knurrten ihn an wie Hunde, helle Augenlöcher schimmerten in ihren Mützen, doch wenn Alban auf sie zuging, wichen die Kerle vor ihm zurück, und weil sie bei jedem seiner Vorwärtsschritte aufjaulten, als würde er sie treten, erkannte er, daß es der Duft der Nymphe war, der ihm die Kapuzen vom Leib hielt. – Flurzer, schrie er, verduftet!

Da flackerte von sehr weit oben aus dem Nachthimmel ein Irrlicht. Das senkte sich zwischen die Büsche und zeigte dem Alban und den Kapuzen einen seltsamen Schrecken. Da hing an einem Ast eine Gehängte, im rötlichen Leuchten sah er die an einem Baum, die hatte die Schlinge von Albans Bootsseil um den Hals und kam ihm bekannt vor, ja, da baumelte seine Seefrau und trug Narrenhosen und ließ die Hosen herunter und furzwazte so jäh gegen die Kuttenköpfe, daß die sich ducken mußten und jaulend davonsprangen.

Das Irrlicht erlosch, nichts war mehr zu sehen, doch wehten weiterhin die Düfte von Moos, Moschus und Mohn. Da stieg Alban in den steilen Hang hinein, kletterte und hoffte, solchen Frauen noch oft zu begegnen, solchen, die ihm die Hornissen fernhielten und die Tarn-Kapuzen.

Als *Rumolt* sich auch jetzt die Stirn wischen und trinken mußte, sagte Krimhild, interessant wäre, zu wissen, was diese Gewissenshornissen wollten, diese Kappen- und Kapuzenmänner, die da vorm Frauengeruch verdufteten. – Sieht hier noch jemand den mit der Bischofskappe?

Rumolt rückte sich seinen Stuhl zurecht. – In der Sternennacht kam Alban durch die Dickichte rasch vorwärts und aufwärts, am Steilhang drang er über Ruhesteine wie über Schliffköpfe ungewöhnlich schnell empor, bis er endlich erkannte, daß er nicht mehr zu Fuß unterwegs war, sondern beritten, ein Reittier spürte er zwischen seinen Schenkeln, das ließ ihn schweben wie im Falkenflug, als gleite er durch den See. Nun aber flog er durch keine Flut, sondern durch das Luftmeer.

Von dem Leib unter ihm stiegen Geschmack und Dampf, da atmeten Moose vom Waldboden, und vor ihm wehte eine schwarze Mähne und hinter ihm, im Sternenglanz, schimmerten zwei runde Leibeskuppen, auf wiegendem Rücken zog er dahin und sah über sich den gestirnten Himmel so klar, wie er ihn unten in den Mückenwolken und im Dunst der Rheinsümpfe nie gesehen hatte.

Plötzlich aber stürzte vor ihm aus dem Dickicht ein Hirsch. – Endlich ein Jagdfang, rief er, klatschte seinem Reitgnom den Leib, so daß die Fahrt sprunghaft schneller ging, rasend rasch unter dem Nachthimmel, der Reiter brauste hinter dem Jagdfang her über Bäche und Felsen und Ödnisse. Vor ihm floh das starke Tier, und weil Alban sein Bootsseil wieder zur Hand hatte, wollte er das Tier fangen, schwang er das Seil als Schlinge, schwirrend flog er dahin, über flache Heiden, über Felsenmeere und Moore, das heulte, klabasterte und spritzte durch schwarze und silberne Gewässer.

Mit einemmal stand vor ihm das gejagte Geschöpf still, zitternd hielt das an, stand vor einer Tiefe, aus der es dröhnte. Schon sirrte ihm Albans Rheinseil ums Geweih, da duckte der Hirsch sich und setzte den Steilhang hinab, Steine prasselten, und mit den Steinen raste das Tier nach unten auf den Abgrund zu und dort, vom letzten Fels, sprang das in einem ungeheuren Satz hinüber und erreichte die andere Seite.

Rumolt trank. Wischte sich Mund und Stirn. – Unverletzt ist der Hirsch drüben angekommen, erzählten mir Rheinschiffer und Flößer. Mit wem immer ich sprach, sie alle wußten noch vieles vom Alban und seinem Eigensinn. Wie der nach und nach ganz betört gewesen sei von der schönen Wasser- und Luftfrau, von ihrem nahrhaften Duft und von ihren Künsten.

Sein Ende jedoch scheint ungewiß. Die dem Alban weniger wohlwollten, die haben ihn schon gleich in der ersten Nacht dem Tier nachspringen lassen, die ließen ihn in die Schlucht stürzen und wollen ihn deutlich gehört haben, den Notschrei.

Andere beteuerten, im schwarzen Wald sei Alban im Winter des Jahres, in dem der Herr Christus im Stall zu Bethlehem geboren wurde, von einem starken Eisregen überfroren worden. Dabei sei jeder Ast und Zweig unterm Eisglas erstarrt, und es sei nicht nur den Bäumen, sondern auch dem Einsiedler alles erstorben. Wann immer dort wieder die Winternebel wehten, gehe da ein Klagen und Klirren um, nicht nur am Glaswaldsee.

Andere aber, solche, die ihm schon immer eher wohlgesonnen waren, die versicherten, die Elfe habe dem Alban auch im eisigen Jahr der Christgeburt Zuflucht geboten. Mit der Fee habe er Kinder gehabt und Tiere gefangen und habe gelernt, Holz zu bearbeiten und zu verkohlen und hätte die Eisregen immer besser überstanden. Alban sei der erste Siedler gewesen im Schwarzwald und habe sich durchgerauft. Viktor von Scheffel, noch im Jahr 1850: »Die Hauensteiner . . .« (mit denen meint er einen Stamm der Alamannen im »Hotzenwald«, früh praktizierende Demokraten) ». . . und ihre Lebensgewohnheiten gehören unmittelbar in das Gebiet der deutschen Reichsaltertümer, zu deren rechtlicher Beurteilung höchstens die *Lex Alamannorum* aus weiland König *Chlotari* Zeiten sichere Anhaltspunkte gibt. Dazu zählen namentlich die bedeutenden Leistungen der Hauensteiner im Gebiet der Rauferei.« Daß bei den Hotzenwäldern nicht nur gerauft, sondern auch demokratisch gewählt wurde, hält Scheffel entweder für keine »bedeutende Leistung«, oder er verschweigt das damals, kurz nach dem gescheiterten Demokratie-Versuch von 1848

Die eher Ängstlichen dagegen haben den ersten Siedler noch lange wandern gesehen. Wann immer einer sich im Dämmerlicht zu dicht beim Gebirge aufhielt und er war ein Hasenfuß, dann hat er deutlich eine Gestalt bemerkt, die aus dem Wald daherkam wie etwas Dunkles auf Menschenbeinen. Wer immer dieses Gehen sah, dem ist es schwarz geworden vor Augen, denn der Alban sei nur noch ein Schatten seiner selbst gewesen, ausgesogen von Hornissen und von verkappten Kapuzenherren, ruhelos und für immer auf der Suche nach seiner Zauberfrau. Und könnte doch nie etwas anderes finden als den Widerschein der Bilder in seinem eigenen Kopf.

Noch heute, heißt es, singen deswegen die Großmütter in Straßburg ihre Albanlieder. Wenn abends drüben die Schwarzwaldberge im letzten Tageslicht leuchten, dann lullen sie ihre Enkel in den Schlaf mit einem alten wackeswälderischen Waldsegen:

Tumbo saz in berke mit tumbemo kinde enarme
tumb hiez der berch tumb hiez daz kint:
ter heilago Tumbo versegene elliu wundi

»Dummling saß auf dem Berge mit Dummlingskind im Arm, Dumm hieß der Berg, Dumm hieß das Kind. Der heilige Dummling, er heile alle Wunden«

Diese Alten wußten noch, daß Alban nicht bloß als Geist weiterlebte, sondern als Herumtreiber mit vielen unruhigen Leibeskräften. Und daß sein Ende in einer klaren Oktobernacht kam, als unterm Vollmondlicht in der Ferne das eisige Alpengebirge gewaltig aufschimmerte, als erscheine dort das Traumreich von Thule, und als obendrein in der Nähe alle Schluchten und alle Tiefen mit weißen Nebeln gefüllt waren, da, als Alban auf die höchste Kuppe des Gebirges hinaustrat, die kein Wald mehr bedeckt, sondern die als freies Schneefeld manchmal bis hinüber nach Straßburg leuchtet, da hätten, so hörte ich, die eisigen Alpenwände und darunter die weichen weißen Nebelrundungen den Waldmann dermaßen begeistert, wie nur Alban zu begeistern gewesen sei und zu bestürzen, da habe der die Wolkenwallungen für Nymphen, Undinen und Sylphen gehalten oder für das Unendliche der Unerschaffenen, so daß er, gerade so wie das gejagte Tier, den herrlichsten Sprung tat. Und ist verschwunden wie ein Blitz in der Nacht, und blieb seither verschollen.

Rumolt trank seinen Becher leer, achtete nicht auf das schmunzelige Gemurmel rings, sondern erhob sich und wollte aus der Halle. Da stand aber einer im Ausgang und verstellte ihm den Weg. – Früher hab ich Leuten, die mir weismachen wollten, was ich für einer sei, Mund und Nase plattgedrückt. Aber den Erzähler vom »Sprung«, den will ich umarmen. – Und umarmte den Koch und küßte ihn gern und lange. Als der Cherusker dann wieder neben Utes Tochter saß und seine Krimhild ebenfalls küßte, da wurden Stimmen laut, die erklärten, nach Rumolts Geschichte müsse nun ein Liebeslied folgen. Ich, Giselher, solle meine Truhe öffnen, solle die Fiedel holen.

Und fast alle baten um ein Lied über das, was in *Rumolts* Geschichte mit dem »Sprung« gemeint sei. Im Englischen folgen nun nur Notizen über einen song, *jumping through the hell of breathless love.* Das berechtigt, in dieser Übersetzung eine Strophe zu nutzen, die zwar später entstand, die aber im Deutschen als früheste Liebeslyrik gelten darf, die obendrein das Motiv der Rumolt-Geschichte durchspielt, den »Sprung«

Als ich sihe daz beste wîp,
wie kume ich daz verbir,
daz ich niht umbevâhe ir reinen lîp
und twinge si ze mir.

Dicke ich stân ze SPRUNGE, als ich welle dar,
sô si mir sô suoze vor gestêt
naeme sin al diu werlt war,
sô mich der minne unsin ane gêt,
ich möhte sin nicht verlân,
der SPRUNC wurde getân.
Truwet ich bi ir ainer hulde durch disen
unsin bestân

»Wann immer ich die Schönste sehe, kann ich mich kaum bezwingen, nicht ihren makellosen Leib zu umarmen und sie an mich zu zwingen. Oft stehe ich geradezu auf dem Sprung. Als müßte ich unbedingt dorthin, wo sie so süß vor mir steht. Und sähe alle Welt, wie mich der verliebte Wahnsinn schüttelt, ich könnte es nicht lassen – der Sprung muß getan sein! Wollte sie nur meinen Wahnwitz mit einer einzigen Aufmerksamkeit kühlen«

Als dann alle, mit den Bildern vom Schwarzwald im Kopf, ihre Schlafstellen aufsuchten, da hörte ich, wie Krimhild leise ihrem Nachbarn sagte, so leise, daß es außer mir und ihrem Nachbarn niemand verstehen konnte, wieso er beim Gesang vom »Sprung« tief zu atmen gehabt habe. Auch schon bei der Alban-Geschichte. – Muß also auch ich dich »mit einer einzigen Aufmerksamkeit kühlen«? *Ad stringendum sanguinem et amoris ardorem*? »zur Beruhigung des Blutes und des Liebesfeuers«

Beides will ich ungern kühlen, und wenn, dann nicht bloß mit einer »einzigen Aufmerksamkeit«. – Von dem Kuß, der sich anschloß, von dem gestand sie mir später, gab es auch in dieser Winternacht *successus infiniti improbique.* »endlose Fortsetzungen und verrucht maßlose«

Auch in dieser Nacht zog es mich wieder durch die Pfalzgänge hinaus ins Freie. Auf der äußeren Mauer der Burg ging ich lange unter dem Winterhimmel dahin und stieg dann zum Rhein-Ufer hinunter. Unterm Kastell, bei den Feuern in den Nischen und Ecken, traf ich einige, die schon wußten, was alles der Nibelunge dem Bischof gesagt hatte. Hörte, wie die Proletenleute einander vieles wiederholten in ihrer Sprache. Wie sie sich dies und jenes gegenseitig ins Gedächtnis riefen, als könnten sie's nur dann fassen, wenn sie sich's mehrfach aufsagten, ja, als lernten sie ein neues, ein sehr langes und schweres

Lied. – Feuerstrafe für jeden Sünder. – Jede Frau eine Mißgeburt. – Der cheruskische Heide als Teufelsbrut. – Gegen Kuttenkappen helfe nur das Frauenfreuen. – So schnappte ich's auf, bei den Leuten da unten. So ging es auch mir durch den Kopf, unter dem Sternenhimmel.

Als Kilian *Hilarus* dies alles gelesen hatte, meinen Bericht über den Kampf mit den zwölf Falen, über den Falkenfang, über *Liudger*, über die Debatte mit dem Bischof und über *der minne unsin*, da war er sehr vergnügt und fand, wichtige Anfänge der Geschichte seien nun gesichert, wenn auch noch vieles fehle, zum Beispiel der Raubzug der Dänen und die Fahrt nach Island. Ich wollte von ihm wissen, wie es, seit ich in diesem Kerker lebte, der weißen Eule ergangen sei.

Der Ruhrschmied hat das Tier seinem Freund *Liudger* geschenkt. Herzog *Liudger* nahm den Weisheitsvogel gerne mit, trug ihn in eine seiner neuen Siedlungen, in das Land hinter der Schwarzwaldpforte, hinter *Portus*, dort fand die Eule ihren Platz in einem alten Wachtturm im *Limes*.

Eine gute Behausung, denke ich. Vielleicht wird das Eulentier an dieser denkwürdigen Grenze irgendwann hilfreich. Tausend Jahre nach diesen Ereignissen kamen in dem Eulen-Ort, der bei Sachsenheim liegt und inzwischen Knittlingen heißt, zwei zur Welt, die viele zu den Weisesten rechnen. Zum einen Till Eulenspiegel. Zum anderen Doktor Johannes Faust. Freilich kam aus Knittlingen auch der ebenso epochale Deutsche Johann Jakob Gottlieb Biedermaier

Ganz Burgund, schien es, war nun »auf dem Sprung«. Denn nun drohten tatsächlich Dänen mit Krieg. Aus Trier kamen böse Nachrichten von Raub und von Plünderungen und Mord. In Worms aber hörte man Lärm aus neuen Arbeitshütten, gab es neuen Krach aus den alten Werften und Schmieden. Unruhe rumpelte im Pfalzhof wie in der Siedlung *Warmatia*. Nicht mehr die schwefligen Kohlen aus dem Kölner Hinterland erfüllten die Stadtgassen mit ihrem Gestank, sondern nun glühten Ruhrwaldsteine. Und Niederländer arbeiteten da, mit keltischen Methoden, ja, der Nibelunge selbst, *semper novarum atque meliorum rerum cupidus* »ständig aufs Neue und aufs Bessere aus«, lehrte nun seine Feuerkunst. Die Wormser Waffenschmiede wurden angeleitet, mit den »Kraftklumpen« aus dem *Asnithi*-Wald zu arbeiten, die hatten zu lernen, wie ein Stahlschwert hart wurde und dennoch biegsam, so daß es nicht, wenn es auf andere Härten traf, zum Beispiel auf yütländische, sogleich zerspringen mußte und zersplittern.

Auch unsere burgundischen *ferrarii* »Schmiede« trieben nun die Schmiedehitze hoch mit Blasebälgen und mit Luftschläuchen, immer besser verstanden es auch die Älteren, Kohlenstoffe und Eisenstoffe miteinander zu verbinden und die glühenden Schmelzen im richtigen Augenblick im Kühlwasser abzuschrecken, so daß aus Eisen das wurde, was sie an der Ruhr den »Stahl« nannten.

Der cheruskische Schmied verbesserte aber nicht nur die burgundischen Waffen, sondern es entstanden auch neue Pflugscharen, solche mit zwei verschiedenen Eisenblättern hintereinander. Es entstanden obendrein große Eisenbänder in Ringform, mit denen die Holzräder vorm Zerbrechen und Abgenutztwerden zu schützen waren. Und den Reitpferden nagelte der Ruhrschmied eigenhändig die ersten hilfreichen Eisen unter die Hufe.

Solche Alberichkünste schienen Gundomars Reich am Rhein neu erblühen zu lassen, und der alte Gefährte meines Vaters, der Waffenmeister Hagen, er hätte nun allen Grund gehabt, zufrieden zu sein mit diesem Gast aus dem Niederland. In der Tat hörte ich ihn in diesen Tagen kaum mehr murren oder poltern und hadern, er war schweigsam. Es schien mir unvorstellbar, daß Hagen gegen einen so nützlichen Mann noch irgendeinen Groll hätte hegen können, geschweige denn Mordgedanken.

Aber um eben die Ursachen seines Mordes ist es mir hier zu tun, ihretwegen muß die Geschichte so genau wie möglich erzählt werden, und erst hier in meinem Lorscher Loch ahne ich, daß in dem stiller gewordenen Waffenmeister ein geheimer, ein giftiger Neid gewühlt haben muß. Ausgerechnet auf Hagens eigenem Feld, auf dem der Eisen- und Waffenkunst, zeigte dieser Cherusker seine Überlegenheiten. Da muß Gram gebohrt haben in unserem gneisköpfigen Vetter, ein Grimm über den Besseren, den Klügeren, den Geschickteren, den Liebenswerteren. Und kaum anders dürfte es dem Kirchenmann ergangen sein, auch dem halfen seine *artes theogoniae* plötzlich recht wenig »Kennntnisse vom Ursprung der Gottheit«, auch der traf auf einen Überlegenen.

Eines Tages war der Xantener zu mir in meine Schreibnische gekommen im hinteren Hallenwinkel und bat mich um einige Pergamentbögen. Fünf Dutzend gut präparierte Kalbshäute, die würden ihm genügen.

Ich gab ihm fast alles, was ich hatte und vermutete, nun wolle er sich seine wilden Geschichten selber aufschreiben. Doch gut eine Woche später, an einem klaren kalten Morgen, da führte er mich hoch hinauf an die Kante über jenem Steilhang, in den die Wohnhöhlen für die Wormsischen Juden eingegraben sind. Dort oben warteten in dieser Frühe schon viele schwatzende Leute, und in der bunten Menge, umgeben von ihren Freundinnen, sah ich auch Krimhild. Aus einer der obersten Lößhöhlen zog ihr Liebster ein Gebilde aus Eisendraht, groß wie eine Kuh. Dies Drahttier hatte er vollkommen überklebt mit meinen Pergamenten und hatte die Häute mit der Essenz vom Johanniskraut rot eingefärbt, tiefrot. Und nun trug der Niederländer vor aller Augen dieses feuerrote Papiertier. Das so tat, als wollte es schon jetzt in die Lüfte hüpfen, zur vordersten Kante des Steilhangs wollte das, dorthin, wo der Wind dem Tier unter die Flügel griff und wo rings um seinen pergamentenen Leib schwarze und goldene Bänder aufwehten wie Mähnen und Federn.

Thar barr an-lá! »Wundervoller toller Tag«, rief der Cherusker, und eh man's begriff, ließ er sein Riesenspielzeug los. Der Flugdrache tat einen wunderlichen Sprung, stürzte weit über die Kante nach vorn und stieg empor, ja, das ganze große leichte Ungeheuer stieg steil in die Höhe, wurde aber zugleich festgehalten an einer Schnur, die der Schmied in der Hand hielt. Der künstliche *Fafnir* rüttelte und zog dem Mann aus Nifhelheim mehr und mehr *fila serica* »Seidenfaden« aus den Händen, der rote Vogel wollte nun immer höher hinauf in den Winterwind, die Leute klatschten und schrien keltische Krawalltöne, erst recht aber lärmten sie, als der Nibelunge nun an das Ende der langen Schnur ein Gewicht band, und zwar einen Heiland, der lachte. Den hatte er sich in *Werethina* von Abt Patricks irischen Mönchen formen lassen, einen freundlich lächelnden »Jeschu«, der seine Arme wie in einer großen Freude oder Überraschung nach beiden Seiten ausstreckte.

Der Ruhrmensch hob jetzt diese Figur hoch und ließ den lachenden Erlöser davonfliegen, schon hob sich der feurige Vogel mit seinen weithin wallenden Bändern frei empor in die Morgensonne, leuchtend und blinkend, und wollte weiterhin schwanken und dahinstürzen wie ein Betrunkener, aber der lachende Jeschu zog an ihm fast so stark wie zuvor der Xantener, der hielt ihn und glich das Geschwanke aus, brachte den Torkler ins Lot und verschaffte ihm eine klare und elegante und vogelgleiche Flugbahn.

Nordwärts flog der Glücksvogel mit seiner vergnügten Beute, trieb über den Rhein dahin, schwebte den Strom hinab immer höher, gewiß in Richtung Mainz oder nach Frankfurt. Lange noch sahen wir den Drahtdrachen im Sonnenlicht blitzen und sahen den Jeschu darunter seine Arme breiten. In der Ferne aber, über dem Horizont verschmolz das am Ende zu einem winzigen dunklen Punkt, und dann verging er schließlich, der papierne Drache.

Die Dänen, lachte der Cherusker, wenn sie den Rhein heraufkommen und wikingen wollen dies alte Verb nutzt auch Schazman: *when beeing wicked*, wörtlich »wenn sie böse sind« und wenn sie dann plötzlich dies Zeichen am Himmel sehen, dann meinen sie, sie sähen *Fafnir* oder einen von Wotans Kriegswölfen, *Geri* oder *Freki*, dann fürchten sie sich, dann hören sie hoffentlich die Hornissen und kehren lieber heim.

Über den Flug des lachenden Heilands wurde von den Leuten noch viel geredet und gestaunt. Bischof *Rumoridus* hat seinen Kapuzenbrüdern mit mahnenden Worten den Flug zu erklären versucht, als Teufelsflug. Ein Kloster-Eleve erzählte mir, der Lorscher Herr habe sich in sein feierlichstes Gewand gekleidet, habe eine große Bußmesse zelebriert und in seiner Predigt folgendes geklagt: *Nil mortalibus ardui est, caelum ipsum petimus impii nova cognoscendi cupidi* »Zu allem versteigt sich der Sterbliche. Sogar an dem Himmel selbst vergreifen wir uns, in frevelhafter Neugier.« Und eindringlich hätte Abt Ringwolf gewarnt vor dem Verhängnis *experimenti medietatis mundi.* »der Versuchung, die Mitte der Welt sein zu wollen« (vgl. S. 525)

Nach diesem prächtigen Flugmorgen beobachtete ich, wie der Königssohn unten am Hafen abermals eine neue Schmiede einrichtete, diesmal am Rhein-Ufer, gleich neben unserer Burg. Einige behaupteten, diese Werkstatt sei exakt so gebaut wie Alberichs Eisenhütte an der Ruhr. In der Tat, auch in Worms hob nun der Fluß selbst, hob nun das strömende Flußwasser den schweren Hammer, hob ihn mit übermenschlicher Kraft, und wenn das Gewicht dieses neuen Hammers niederfiel, dann, so schien es, erzitterten sogar die Mauern unseres Kastells, obwohl sie doch von den Mauerkünstlern noch selbst errichtet worden waren, von den Römern.

Gern sah ich dabei zu, wie der »Mächtigste« unseren Schmieden zeigte, wie sie sieben Lagen von festem und weicherem Stahl zu mischen hatten. Die siebenfache Schichtung wurde zur Glut gebracht und unter dem Rheinhammer auf dem Amboß ausgereckt, dann in der Kohlenglut wieder gebogen und zusammengeklappt, neu durchgeschmolzen und durchgeschlagen, unterm Hammer nochmal ausgetrieben und abermals zusammengekrümmt. Ständig durchdrangen sich so die verschiedensten Härten in der Glut und wurden, wenn diese Glut die richtige Farbe anzeigte, aufs neue ineinandergedreht und ein weiteres Mal herausgeschlagen und unermüdlich immer so fort. Erst wer bereit sei, sagte der Nibelunge, sein Material dreimal sieben Tage lang zu bearbeiten und mit Kohlenstoffen zu mischen, werde eine Waffe herstellen, die denen der Franken, der Dänen oder dem Sachs der Sachsen nicht nachstehe. Deren Stich- und Schlagschwert »Sachs« sei freilich ein Felsenspalter, sei den Schwertern der Hunnen und der Römer siebenfach überlegen, im Bodenkampf wie im Reitkampf.

Ach, wenn ich an diese Arbeitslust und an den siebenfachen Verstand des Ruhrschmieds denke, bedaure ich wieder, daß ich hier in meinem Klosterkerker beim Herstellen meiner Schreib-Arbeit nicht annähernd die gleiche *diligentia* »Sorgfalt« anwenden kann. Wie gerne würde auch ich meine Sätze und Kapitel mehrfach wieder einschmelzen und neu ausformen, so lange, bis keine Kleinigkeit mehr zweifelhaft scheint.

Der 33jährige Ruhrschmied Alfred Krupp schrieb 1844 folgendes an den preußischen Kriegsminister (und bekam nach diesem Brief den Auftrag, Kanonen zu bauen, und wurde zum größten Stahl- und Waffenschmied der Welt): »Essen, 1. 3. 1844, Ew. Exzellenz! Unterrichtet über die wesentlichen Eigenschaften, welche ein zu Geschützen verwendbares Material besitzen soll, habe ich mich mit dem Versuche beschäftigt, ob an der Stelle von Schmiedeeisen zu Gewehrläufen und Bronze zu Kanonen nicht ein einziges für beide geeignetes produziert werden könne. Es ist mir gelungen, einen Gußstahl darzustellen, der die Eigenschaften der Festigkeit, Reinheit und Dehnbarkeit vereinigt, in höherem Grade als irgendein anderes Metall . . .«

Gern beobachtete ich den Alberichgesellen bei seinen Arbeiten und sah, wie er in der großen neuen Werkstatt von Feuer zu Feuer ging und Handgriffe zeigte und die Wormser Schmiedegesellen unterwies, den *Anthrax*- oder *Asnithi*-Stein in die passende Glut zu bringen. Als ich ihn *homo faber* nannte »Meister«, stellte er sich neben mich und blickte eine Weile ebenfalls in das Glühen und in die Flammen. Nach einer Pause hörte ich, wie er sagte, weise Mütter lehrten, daß alles Lehren kein Fässer-Abfüllen sei, sondern ein Flammen-Entzünden. Ein Glut-Entfachen. Und daß ohne Liebe keine Materie brenne.

Dann spürte ich seine Hand auf meiner Schulter und hörte: In Rom war eine weise Frau, die sagte mir, jedes Wort erzählt uns eine Geschichte. Manche Wörtergeschichten seien witzig, manche bedeutend und einige wenige beides. Du giltst in Worms als Mann aus *Buochenheim*, als derjenige, der die Wörter weiß. Wenn wir in dies Feuer blicken, welches Wort ist fürs Flammen und Flackern das richtige?

Die Leute sagen »lodern«. Oder »lohen«.

Sagen aber die Leute nicht »Lohe« auch dann, wenn sie den Wald meinen?

»Lohe« meint beides, den Wald wie das Feuer. »Lohe« meint alles, was schnell nach oben will, was im Unterholz rasch emporschießt als Trieb, als Schößling. Die Schößlinge heißen bei den Leuten »Loden«, weil sie förmlich hochlodern und weil auch der Frühlingswald »Lohe« macht wie die Flammen. Das Wort »Lodern« ist wie *liud* im Namen *Liudger* oder im Namen für die »Leute« ein Wort für alles rasche Wachsen und Emporwollen.

Er sah mich an, als warte er auf weitere Wörtergeschichten. – *Liud*, sagte ich, ist ein Wort, daß bei anderen Stämmen *diet* heißt und auch dort nichts weiter meint als jene »Leute«, die in Rom »ProLETen« genannt werden, weil sie wie die *lota*, wie freie Schößlinge, sich rasch vermehren und emporschießen, wie Feuer oder wie wilder Wald. Auch neuere Ermittlungen postulieren *lud* als Wurzel für »Lodern«, »Lohe« und »Leute«, zugleich für »Teutonisch«, »*Thiut*«, »*diet*« und »deutsch« (s.S. 11). *Lud* ist aber auch Wurzel für »*Loki*«, den Gott der Lügen und der Flammen

Die Leute selbst lodern wie die Flammen?

Auch die Leute. Als deren Freund du giltst. »Siegfried deutsch« nennen dich die Leute in Worms.

Da fragte der Niederländer: Kommt aber nicht auch »Lügen« vom »Lodern«?

Ich sah ihn neugierig an, wollte herauskriegen, ob er mich nur prüfte, ob er das nicht längst selber erkannt hätte. – Was muß ich dir noch verraten, du weißt es eh. Der Lügengott Loki, der rasch redende, auch dessen Name meint das Feuerzüngelnde. Meint alles was ruppig und üppig ins Kraut schießt, wie die freien Triebe im Wald und im Feuer.

Er lachte. – Mit dir muß ich noch vieles bereden. Nicht nur Wörtergeschichten. *Studium semper primum omnium*. Aber jetzt bitte ich dich, besuch deine Schwester Krimhild. Sie wird dir Neuigkeiten erzählen. Hier hab ich zu tun, wir müssen die Dänen empfangen. – Ging zurück in den Arbeitslärm, nahm einem der Wormser Schmiede Zange und Hammer aus der Hand, prüfte und wendete. Und schlug zu.

Da entstanden nicht nur Rüstungen, Waffen und Schiffsteile. Da wuchs unter dem Wasserhammer etwas, von dem behaupteten unsere Schmiede, das werde ein stählerner Lindwurm. Eine stahlharte Schlange sei das, ein Ungeheuer von vielfacher Schiffslänge. Wo immer in Worms zwei beieinanderstanden, da hatten sie zu rätseln, zu welchem Ende der neue enorme Lärm tose, da kreisten Gerüchte und drehten sich entweder um den papiernen Drachenflug mit dem lachenden Christus oder aber um diese neuen, diese besonderen Arbeiten. Was wurde da vorbereitet? Der Kampf gegen die Yüten? Schon jetzt die Fahrt nach Island? zu Brünhild? Einige von den Leuten behaupteten, der Niederländer sei ein neuer Wieland und hätte ihnen erklärt, schon in der Bibel sei zu lesen: Wer nichts hat, der verkaufe sein Kleid und schmiede sich ein Schwert. Lukas, 22,36

Bevor ich zu Krimhild ging, geriet ich in eine Spelunke und hörte dort solche Worte und das sorgenvolle Gemunkel derer, die ihn gesehen hatten, den Eisenwurm von vielfacher Schiffslänge. Gegen Rom sei das gerichtet, wußten die keltischen Sklaven. Auch die neuen Schwerter aus dunklem Stahl, die seien allesamt »Betäubervertreiber«, immerzu entstünden jetzt in Worms neue *Balmunks*. Euer Unterlegensein, so hätte der Xantener den gallischen Leuten gesagt, eure Abhängigkeit muß nie dasselbe sein wie Dummheit. Weder Schwäche noch Elend gestatteten einen hohlen Kopf.

Das machte die Runde, das begeisterte die Leute, vor allem die jungen. Wer frei sein wolle, habe der Niederländer gesagt, müsse nicht nur die Besatzer verjagen, sondern auch die Besetzer der Köpfe. Die Angstbeamten, jederlei Priester. Die lähmenden Kapuzengeister seien die gefährlichsten. An welchen Tisch ich mich in dieser Kneipe auch setzte, überall hörte ich, der wiedererstandene *Arminius*, der habe große Pläne, der würde nicht nur den Rhein mit der Donau verbinden, der würde nicht nur lachende Heilande schaffen, sondern bald würde der auch selber fliegen, o ja, und der würde das Lachen zum neuen Gott machen und nicht mehr das Klagen und Leiden, ja, der würde das Gelächter stiften als neue Religion. Einige keltische Sklaven versicherten, der Cherusker werde die Kleinen groß machen und die Großen klein. Als ich da wissen wollte, was daran das Neue und das Bessere sei, die Figuren wären dann nur vertauscht und es gäbe Unterdrückung wie zuvor, da antworteten sie, nein, der Herr aus Xanten hätte erklärt, in Wahrheit sei jeder so groß, wie er sich niemals klein machen lasse.

Der Niederländer, so hörte ich, der plane ein externsteinisches, ein *Gaia*-Reich, eines, in dem weder Groß noch Klein regierten, in dem auch keine Schuldängste mehr drückten als Hornissenbisse, in dem kein Höllenschlund verschlinge, in dem nicht in aller Zukunft nur noch die Schmerzen des christlichen Lebens lauerten, nicht Kreuz und Klage, nein, künftig herrsche am Rhein als Fruchtbarkeitszeichen die Kuh und andere schöne bunte Bilder des Friedens und der Leibhaftigkeit, in deren guten Namen keiner mehr nach Besitz gieren müsse und regieren und streiten und keiner mehr groß sein und keiner mehr klein.

Als ich da die Zecher im Wirtshaus fragte, wie denn der Nibelunge dies alles bewerkstelligen werde gegen das neue geistliche Rom und gegen den mächtigen König Theoderich, da riefen sie: Indem der

Xantener das wahre Byzanz errichte, eine Kapitale der *diet*, ein wirkliches GegenRom. Solche Visionen in der Spät-Antike schildert auch z. B. *Orosius* in seinen *Historiae adversum paganos*, Buch VII, Kap.43,5–6, verfaßt kurz nach 414: »Ich, Gotenkönig Athaulf, habe leidenschaftlich begehrt, den Namen Roms vergessen zu lassen und das römische Imperium zu einem der Goten zu machen, damit die *Gothia* sei, was die *Romania* gewesen ist«

Käme darauf an, sagte ich, wer am Rhein sich durchsetze, der Schmied mit den freundlichen Flammenbildern und Kuhzeichen oder der von Herrn Hagen unterstützte Herr Ringwolf mit seinen strengen Leidenszeichen. Daraufhin meinte ein einzelner, vielleicht sei der Niederländer nur ein Prahler und Schönredner, denn der vermeide mehr und mehr die wirklichen Kämpfe, der habe auch vom Hort bislang fast nichts wirklich herausgerückt, nur dem Juden habe er einiges geschenkt und ansonsten vom Schenken lediglich geredet, um die Königstochter zu gewinnen. Verschenkt habe er bislang nur die Glühsteine aus dem *Asnithi*-Wald und seine in der Tat vortreffliche Handwerkskunst.

Da protestierten andere und meinten, den Frieden zu schenken sei mehr Wert als blutige Kämpfe mit den Sachsen. So flatterten allerhand Ängste und Hoffnungen durch die Schenke. Nicht umsonst, hieß es, halte der Cherusker seine Reichtümer zurück, auch diesem »Mächtigsten« gehe es um nichts als Macht. Der werde nicht nur die größten Flüsse miteinander verbinden, sondern auch – und wahrscheinlich als erstes – die römische Provinz *Burgundia* mit seinem heidnischen Nebelland. Und nach den beiden Hochzeiten, von denen neuerdings die Gerüchte immer dichter würden, nach den Hochzeiten Siegfrieds mit Krimhild und Gunthers mit der isländischen Königin, nach solch einer Doppelhochzeit wäre der Xantener weit mächtiger als sein Nachbar im Westen, stärker als der merowingische Herr Chlodwig, und werde dann auch diesen Merowinger gewiß besiegen und danach zweifellos auch den König Dietrich oder Theoderich. Oder er werde beide für sich gewinnen, als Vasallen. Was König Gundomar begann und wovon Herr Gunther nur träume, das würde der *Arminius*-Nachfahr vollenden. Die Reise nach Island, auf die er nun hinarbeite mit seiner rätselhaften stählernen Schlange, die sei der Beginn.

Nein, seine List gegen die Sachsen, schon der Friede mit Herzog *Liudger* sei der Anfang gewesen, wurde geantwortet. Und die Fahrt nach Island, die werde allerdings nicht bloß eine Brautwerbung für Gunther sein. Man werde sehen. Wieso verzichte der Cherusker auf die Herrin dort? Weshalb überlasse er sie, die er doch schon mit seinem Gang durchs Feuer errungen hatte, dem König Burgunds? Warum nähme er statt dessen Krimhild? Und auch die drohenden Dänen, die Trier besetzt hatten und geplündert, auch diese Raubritter würden am Ende cheruskische Gefolgsleute. Man werde sehen.

Ließ die Leute in der Kaschemme weiterreden und ging fort. Denn da nun wieder von Krimhild gesprochen worden war, fiel mir ein, was mir der Freund aufgetragen hatte. Aus dem Wirtshaus ging ich zur Burg hinauf und fand meine Schwester in ihrer Kammer. Als sie mich sah, wußte sie, wer mich geschickt hatte, verschloß sie sofort die Tür. Das Winterlicht leuchtete in ihrem dunklen Haar. – An diesem Morgen, sagte sie, da hat dort, wo du jetzt stehst, unser Angstprediger gestanden.

Der Bischof? was wollte der?

Der hat sich nicht auf diesen Stuhl gesetzt so wie du. Sondern hat seine Nase in meine Schränke gesteckt. Und in die Truhen. Und dann dort an das Bett hin, ja, an die Laken. Dabei riecht er selbst übel, wie fauler Fisch, unmöglich kann er irgendwas anderes riechen als sich selbst. Was suchst du hier, hab ich gefragt. Er schnüffelte weiter. Welcher Hafer sticht dich, daß du an meinen Laken schnupperst!

Kein Hafer, säuselte er. Mein Gewissen sticht. – Dein Gewissen? – Eine fortwährende Sorge um deine Sitten. – Um meine Sitten? – Um die Unversehrtheit deines Glaubens. – Das klingt alles so dumpf und ungenau, wie ein Haufen Bettwäsche. An meinem Laken schnüffelst du wegen meines Glaubens?

In Sorge um das junge und reine Leben derjenigen, die eine burgundische Königin sein will.

Mein Leben ist jung, aber wär es rein, ich würde es wegwerfen.

Da mußte er nach seinem Steinchen greifen. Und ging dann auf mich zu. Sehr dicht trat er neben das Nähtischchen, an dem ich arbeitete. Ich roch das Otternfett und den Fischdunst und sagte: Zum Glück stinkt mein unreines Leben nicht so säuerlich wie mein reiner Vetter Ringwolf. – Da schaute er sich ängstlich im Zimmer um, natürlich wollte er auf keinen Fall, daß meine Frechheiten von irgendwem gehört würden. – Sei unbesorgt, die Fräulein sind alle fort, in der Wäscherei.

Höre, Tochter, klagte er und ließ sich endlich in den Sessel fallen. – Deine Reden bestätigen mir, wie berechtigt meine Angst ist. – Angst? Wovor? – Dämonen haben dich im Griff. Nebelgeister, die von altersher dem burgundischen Stamm zusetzen. Handelte ich nicht jetzt, wärest du binnen kurzem des Teufels. *Et ego vidi per somnum meum, quod daemones cum instrumentis ferreis ac igneis animam tuam de corpore traxerunt et male tractaverunt.* »Und ich habe in meinem Traum gesehen, wie Dämonen mit eisernen und glühenden Instrumenten deine Seele aus deinem Körper zogen und ihn schrecklich mißhandelten«

Mit »glühenden Instrumenten«? Träumst du von der neuen Schmiedekunst? – Ich tat ihm nicht den Gefallen, fürchterlich zu erschrecken, sondern nähte dort weiter, wo ich, als er eintrat, zu nähen aufgehört hatte. Er aber seufzte sehr unglücklich, und da mich schon seine Höllenträume nicht beeindruckt hatten, wußte er nun nicht, wie er mich aus meiner fröhlichen Ruhe bringen konnte.

Mag sein, meine Liebe, dieser mein Traum von den glühenden Dämonen, der hat zu tun mit den Feuerkünsten deines Freundes. Fürwahr, dich beherrscht auch tagsüber dieser Cherusker. Der ist einer, der mit dem Glühenden Umgang hat, schon seit er *in Teutoburgiensi saltu* lebte »im Teutoburger Wald«. Das ist einer, der das Glühende zu unerhörten Experimenten nutzt. Und wenn ich das alles miteinander bedenke, dann war auch dein Falkentraum ein Wahrtraum.

Nun plötzlich doch? Sonst hast du meine Träume lächerlich gemacht, hast sie beschimpft. – Leider hast du sie nur deiner Mutter und deinem Giselher genauer erzählt. – Du hättest zuhören können. Mußtest ja schildern, wie du den irischen Gelehrten gepfählt hast. – Der war ein *haereticus*, ein *contaminator* ein »Ketzer«, ein »Beflecker«. Und in der Gefahr, beschmutzt zu werden, bist nun auch du. – In welcher Gefahr bin ich? – Deine Seele zu beflecken.

Meine Seele beflecke ich mit vielem Vergnügen. Am liebsten färbe ich sie regenbogenbunt, oder auch goldglänzend. Oder schwarz.

Da griff er wieder nach seinem heiligen Bruststein und rief: Weh, ich fürchte, daß in dir die alte bornholmische, die wilde keltische *Grimhildis* wieder zum Vorschein kommt! *Heu, sub te vera hiat puteus infernalis! Ultra caput iam tuum gladius acutus scilicet divinum iudicium paratum animam tuam pessumdare.* »Weh, unter dir klafft wahrlich der Abgrund der Hölle! Über deinem Kopf aber hängt schon das scharfe Schwert, nämlich das göttliche Gericht, bereit, deine Seele zu vernichten«

Er holte tief Luft, als müsse er sich von seinen Schreckensbildern erholen. – O wie weise war doch der heilige Paulus, als er anwies: *Mulieres taceant in consilio virorum.* »Die Frauen sollen schweigen im Rat der Männer« (1. Kor. 14,34)

Soviel ich weiß, hat Jesus nie einer Frau gesagt, sie soll den Mund halten.

Lassen wir das. Soviel ich mitbekam, bist du in deinen Träumen geflogen.

Warum wohl hab ich von einem Falken geträumt und nicht von einer Made?

Somnia volatus dedecent te. »Flugträume ziemen sich nicht für dich«

Ich fand sie ziemlich wunderbar.

Wie bist du mit ihm geflogen?

Wie man eben fliegt. *Utique, undique, vesperi ut prima luce, heri et multo ante, quo magis eo potius.* »In jeder Weise, von allen Seiten, am Abend wie bei Sonnenaufgang, gestern ebenso wie schon lange zuvor und je mehr, desto lieber«

Er schnaufte. Er zitterte. Gab aber nicht auf. – Was heißt das alles, was schilderst du mir da! Noch Träume? Schon wirkliche Flüge? die, wie du weißt, von liederlichen Sängern verklärt werden, obwohl es da um die Besudelung durch den Mann geht?

Ich sagte dir schon, ohne Besudelung würde ich mein Leben lieber wegwerfen.

Dominus, adiuva me! »Herr, hilf mir«

Auch ich würde dir gerne helfen, wenn ich wüßte, wie.

Helfen würdest du mir, wenn du jetzt klar sagtest, auf welche Weise du mit diesem Falken geflogen bist.

More maiorum. »Nach der Sitte der Altvorderen«

Das muß ich genauer wissen, wenn ich dir helfen soll. *Quod dicis mo-*

rem? Quo modo volavisti? »Was nennst du Sitte? Auf welche Weise bist du geflogen«

Was genau mußt du jetzt wissen?

Es geht, wie gesagt, um die Reinheit deiner ewigen Seele. Du hast sie mit Unziemlichem befleckt. – Wirklich? – *Solum servus dicere potest se nescire, quid liceat.* »Nur ein Sklave kann sagen, er wisse nicht, was sich ziemt«

Rede nicht immer so allgemein. Was meinst du mit »Reinheit«, mit »Seele«? Meine Seele gehört mir allein, die geht dich eigentlich gar nichts an. Aber weil du das so dringend wissen willst, so höre: Im Moment sitzt meine Seele eine gute Handlänge unter meinem Zwerchfell.

Weh, ächzte er und schluckte; und wußte eine Weile nicht mehr weiter. Und sagte schließlich, sehr leise: Du bist also AUF dem Untier geflogen?

Ja, nicht neben, sondern auf, und zwar mit Vergnügen, weil es nämlich kein »Untier« war, sondern ein Liebestier.

Rittlings?

Sollte ich mich an seinen Schwanz hängen?

Geritten bist du also.

Nicht mal im Traum soll ich reiten dürfen?

Wo waren beim Ritt deine Beine?

Ich verstehe dich nicht. Ich hatte sie natürlich bei mir.

Blieben sie bei diesem Ritt geschlossen?

»Geschlossen«? Haben meine Beine ein Schloß?

Wissen muß ich, ob deine beiden Beine zur selben Seite hinabhingen oder, wie bei den reitenden Männern, das eine zu dieser, das andere zur anderen Seite des Tiers.

Nun mußte ich mein Nähzeug beiseite legen. Das Gespräch begann mich zu interessieren. Ich bat ihn, mir ein bißchen Zeit zu lassen zum Nachdenken. Und überlegte mir mit Lust eine kluge lateinische Antwort, mit der ich ihn bestrafen könnte für seine Lüsternheit. Und sagte endlich: Schier alles bei diesem Flugritt war in mir offen. Offen und aufgeschlossen. Nicht nur meine Beine. Da mir der Nibelunge hoch und heilig versprochen hat *nullum diem praetermitto, quin te delectem* »Keinen Tag lasse ich vorübergehen, an dem ich dich nicht erfreue«, so stieg ich dem Falken nur zu gern auf den Leib. Freilich rittlings, und zwar *nudo* »nackt«. Ist es das, was du wissen willst?

Ihn schienen die Kräfte zu verlassen. – Erzähl alles, ächzte er. – *Bella bestia* »die schöne Bestie« hob mich so, daß ich jubelnd singen wollte, mitten im Schlaf, getragen vom Traum. Hast auch du schon mal im Schlaf gejubelt? Ein wahrlich paradiesisches Glück ist das. Beischlaf nennt das meine Mutter. Sie nennt es den besten Weg zum FrauenFreuen. Kann ja sein, so glücklich war ich nur deswegen, weil ich keineswegs, wie mir mein frommer Vetter weissagt, abstürzte in irgendeine Besudelung, sondern statt dessen frei dahinschwebte, wie mit Vogelschwingen, so wie der Alban durch seinen Schwarzwald. Ja, ich flog wie der rote Drache, der mit dem lachenden Jesus über das Rheinland segelte. Nein, keine Sorge, Vetter, vom Falken droht keine Gefahr. Mir jedenfalls nicht. Glück bringt er mir, paradiesische Leibeswonnen. Spürst du denn nicht, wie gut es mir geht? Ich fürchte, darum sorgst du dich auch heute nicht.

Regungslos, wie ein Leichnam lag er in meinem Sessel. Doch dann kam eine weitere Frage. – Sprach das Flugtier mit dir? – Gern und immer wieder witzig. – Was? – Es nannte mich »Mißgeburt«. – Er zuckte zusammen, der arme Vetter, dies Wort kannte er nur zu gut. – Ja, der Vogel nannte mich seine »mürspriemlich honigmilchleckere Mißgeburt«. Wieso findest du das schrecklich? Für deine heiligen Kirchenväter sind Frauen doch *ex natura* »von Natur aus, grundsätzlich« Mißgeburten. So hast du's die Männer gelehrt, in fast jeder Predigt.

Da sah er von seinem Kristallkügelchen hoch und blickte mich traurig an. – Meine Tochter, sagte er mit der Zitterstimme, die er immer dann nutzt, wenn er uns seine tiefste Besorgnis zeigen will. – Krimhild von Burgund, du hattest Teufelsträume. – Tatsächlich? – Die Frau, die in der Nacht nackt durch die Lüfte reitet, auf einem männlichen Tier, *in habitu virorum* »in der Haltung der Männer«, die ist bereits, ob im Traum oder in der Wirklichkeit, die ist bereits, das wissen alle heiligen Kirchenväter, in der Hand des Höllenfürsten.

Dann hätte der Höllenfürst eine wunderbare Hand.

Vae mihi misero! »Wehe mir Elendem« Wärest du nicht die Schwester des Königs, du wärest verloren. – Verloren? Was heißt das? – Er wollte zunächst nicht antworten, druckste herum, wälzte sich in dem Sessel hin und her, als hätte ihn ein Schlag getroffen oder als müßte er an seiner Verdauung leiden; ich hätte ihm geholfen, aber wir Weiber können ja die hohen Gedanken dieser Herren selten richtig erfassen oder auch nur erahnen. Also mußte er seinen Kummer allein tragen. – Schon jetzt, sagte er endlich, wäre, streng gesehen, ein *iudicium divinum* fällig, und zwar ein öffentliches.

Ein Gottes-Urteil? – Ein Gottes-Urteil. – Um herauszufinden, ob ich auf *Incubus* flog oder auf *Succubus*? Ob ich nun eine Braut des Teufels bin? Vor dem Koitieren mit dem Teufel warnen fast alle Kirchengründer. *Succubus* (wörtlich: »Untenliegender«; gemeint ist, der Teufel liegt unten) naht sich versucherisch, einem Mann als Frau, von unten. Anschließend erscheint er in Männergestalt, als *Incubus*, als »Obenliegender«, um den zuvor (als *Succubus*) gewonnenen Menschensamen einer Frau einzuflößen und Teufelskinder zu zeugen

Da du AUF dem Tier geritten bist, war's nur eine Probe. Eine erste Versuchung. So will ich hoffen, darum will ich beten. Sobald Satan sich aber als *Incubus* naht, wird dir der Teufelssamen unweigerlich eingespritzt. So wie es in *Rumolts* Schwarzwaldgeschichte ging, wo der Gottseibeiuns den Jüngling als Wasserdämon verführte, wo er sich als *Succubus* den Samen dieses Jünglings geholt hat, um damit anderswo Jungfrauen heimzusuchen.

Was rätst du mir also? Soll ich meine Kammer verschlossen halten? Oder schleichen sich diese Lustvögel auch durch Schlüssellöcher? unter der Tür durch?

Du scheinst diesen Dämon nicht wirklich zu erkennen. Unser heiliger Vater *Simplicius*, von dem ich diesen Stein habe, der riet, die von Satan Besessenen zu fesseln und ins Wasser zu stoßen.

Warum hat er sich so etwas ausgedacht? Da würde ich ertrinken!

Nur dein Tod bewiese, daß Satan und seine Teufel dich noch nicht in ihren Fängen haben. Allein mit teuflischen Künsten sind Fesseln und Wasser zu überleben.

Falls ich also überlebe –

– bewiese das, du bist mit der Hölle im Bunde.

– müßtest du mich öffentlich verbrennen? wie Kaiser Valentinian das empfahl? (s.S. 264f)

So ist es, meine Tochter.

Entweder ich ertrinke, oder, wenn ich überlebe, werde ich verbrannt? Bin also verloren *utcumque iudicium divinum dicit*? »wie auch immer das Gottes-Urteil lautet«

Er machte eine Pause, und sagte dann: Wärest du nicht Gundomars Tochter.

Da griff ich wieder zu meiner Näh-Arbeit. War aber nicht in der Lage, einen Stich zu tun. Dachte nach über die Dämonenlehre der neuen Herren, über ihre Menschenverachtung, ihre Weltverachtung. Und erklärte ihm dann: Ute sagt, Flugträume beflügeln das FrauenFreuen.

Ja, sie verraten den Lustritt. Und du weißt, daß Lust per se sündhaft ist. Weil sie uns zu trennen sucht von Gottes ewigem Heil. Frage bei neuen Heimsuchungen nicht deine Mutter und auch nicht den, der fürwitzig mit seinen geheimen Feuerkräften hantiert, der nun sogar den Himmel zu erobern sucht. Sondern frage den, der vom Leib des Allmächtigen diesen reinen Stein besitzt.

Wenn Gott der Allmächtige ist und der Weltenschöpfer, dann hat er auch das FrauenFreuen geschaffen. Und die Falkenflüge. Und die Feuerkünste. Ich werde diesem Allmächtigen dienen, indem ich, wie schon in den letzten Nächten, seine Schöpfung in Ehren halte.

Wie hältst du sie in Ehren?

Indem ich, statt immer nur davon zu träumen, tatsächlich über das Rheinland fliege.

Wie bitte? Was heißt das?

Bis zum Mond fliege ich, ganz drumherum und wieder zurück.

Er bekreuzigte sich. Hatte sich bislang einbilden können, alles was ich ihm gestand, seien Träume gewesen; nun hatte ich das korrigiert, nun konnte er sich nichts mehr vormachen. – Was heißt das, rief er mit Entsetzen. Was heißt, du flogst »tatsächlich«!

Reapse heißt das, *re vera*. Du hast mich genau verstanden.

Er versuchte aufzustehen, blieb aber mit seinen Speckhüften im Sessel hängen, fiel zurück, ächzte ärgerlich.

Mit FrauenFreuen, sagte ich, meine ich das wirkliche Fliegen, den tatsächlichen Zitterflug zu zweit, über die Welt hinweg und dennoch mitten durch sie hindurch.

Riß sich nun empor, stand nun aufrecht, hielt sich aber am Sessel fest. – Bei allen Heiligen, wenn ihr Verkehr hattet, dann wärst du tatsächlich verloren. *Re vera.* Sowohl bei *Chrysostomos* als auch bei *Hieronymus*. Auch beim großen *Augustinus*. Alle Kirchenväter müßten dich verwerfen.

Der Nibelunge verwirft mich nicht.

Ja, weil er der AntiChrist ist.

Aber das ist nicht wahr! rief ich, er LIEBT mich! Und ein bißchen liebt er auch ihn, deinen Jeschu. Er liebt fast alle diese wunderbaren Leute, die sich für Gottes Kind halten, gezeugt vom Allerhöchsten. Von solchen Entzückten leben, erzählte er mir, allein in *Alexandria* derzeit drei veschiedene. Und alle drei seien liebenswerte Wandelpriester und hätten große Gemeinden, der *Adonis* wie der *Atthis* und auch der *Tammuz*. Mein Freund wußte auch von einem vierten, vom hochgebildeten und weisen *Appollonius*, der in Rom erstaunliche Wunder vollbracht hat und gewaltig predigen konnte mit all den Kniffen der Rhetoriker, o ja, der sprach nicht so schlicht wie Jesus, der Handwerkersohn, sondern der kannte Aristoteles-Zitate. Und mein Liebster wußte, daß diesem Herrn *Appollonius* doppelt so viele Schlauköpfe nachliefen wie eurem liebenswerten Zimmermannssohn, der bekanntlich nur aus einem Dorf kam.

Dein Cherusker, willst du sagen, liebt Jesus?

Nicht den Gottessohn, sondern den Geschichten-Erzähler. Ach, will denn nicht neuerdings sogar der Kaiser in Ost-Rom ungeheure Dinge erzählen und behaupten, er sei in Wahrheit ein Gott? Mein Niederländer jedenfalls schätzt all diese Befeuerten hoch ein, glaub mir's, obwohl er sie gern auch verspottet. Einen von den neuen *Caput*-Predigern fand er besonders toll, von dem hieß es, der sei als Säugling in Schriftrollen eingewickelt worden, sei in einem Bücherkorb den Nil hinabgetrieben und bei *Alexandria* gestrandet, wo die Bibliotheksgelehrten ihn entwickelt hätten und den Pergamenten entnahmen, daß auch dieser Knabe von Jehova gezeugt worden sei, ja auch dieses Knäblein von Gott selbst, und auch in diesem Fall mit einer Jungfrau. Das erzählen sie deswegen allesamt so gern, weil solche Gottes- und Jungfrauen-Söhne uns von der Welt des rein Geistigen erzählen sollen. Uns allen, die wir auf dieser wüsten Erde nichts als Mühsal erdulden müssen, sollte auch das Papyrus-Baby aus dem Nil, so hofften die Begeisterten in *Alexandria*, Trost spenden. Mit Erzählungen vom ganz und gar Anderen.

Da hat Ringwolf sich seinen Stein gegen die Augen gepreßt. Und als ich schon dachte, nun sei er vollkommen verstummt oder gar eingeschlafen, da hat er Nase und Backen gelupft, hat sie schmerzlich verzogen und hat geseufzt: Wie, o Tochter, kann dein Cherusker das *totaliter aliter* erkennen »das ganz und gar Andere«, wie kann er IHN lieben, der reiner Geist ist, *spiritus sanctus purus*, wie kann er sich in solch reine Höhen jemals hinaufdenken, dieser Wald-Barbar, dieser Lust-Eber.

Ich ließ mich nicht beirren und sagte: Dieser Leibeslustige ist der Geistvollste, der sich denken läßt. Gerade weil er *libidinem* liebt »die Lust«, nur deswegen ist er auch der Frömmste. Diese *contradictio in adiecto* »Widersprüchlichkeit im Beiwort« ist doch ein uraltes offenes Geheimnis, Koch *Rumolt* hat das mit seiner Alban-Geschichte noch einmal bewiesen Schazman: *he proved the old open mystery by telling*

Rumoridus schniefte, schlurfte durch die Kemenate und blieb eine Weile beim Gatter stehen. Mein weißer Winterfalke hob seine Flügel, und als der Vogel des Bischofs Otterngestank spürte und immer unruhiger wurde und Schimpfschreie ausstieß, kam der Vetter seufzend zurück, setzte sich wieder und sagte: Ohne jeden Umweg, sondern *de facto*: WIE habt ihr miteinander verkehrt.

Eigentlich geht's dich nichts an. Aber da es dich so süß zu quälen scheint, verrat ich's dir. Immer wieder anders haben wir »verkehrt«. Immer verkehrter, immer traumhafter. Im verrückten, im fliegend springenden *minnenden unsin*. s.S. 277f; Schazman: *more and more in intercourse, transcourse, contracourse, supercourse*

Da stand er auf, wollte auf mich zu, drehte dann aber ab und stapfte verzweifelt im Raum hin und her. Schließlich ging er zur Tür, als wollte er fliehen, kam aber wieder zurück, weinend: Höre! *Non multum afuit, quin te violarem.* »Es hätte nicht viel gefehlt und ich hätte dich geschlagen«

Die gefalteten Hände rang er zum Fenster hin. – Höre! ich flehe dich an! Winseln werde ich um deine Seele, obwohl sie längst hinabstürzt in höllische Verdammnis. – Schluchzte wie um ein Kind, das gestorben ist. Schien sich dann ein bißchen zu fassen. – Ihr habt also auch außerhalb des natürlichen Gefäßes verkehrt.

Ich sagte dir doch, in jeder Weise machten wir's. Und was meinst du jetzt mit »Gefäß«? Wie redest du von mir? Bin ich ein Kochtopf?

Varia et mutabilis semper femina »Buntschillernd und wechselhaft ist für immer die Frau«, klagte er, und dann ergriff er meine Hände, sank vor mir nieder, nahm meine Finger in die seinen, ich zog sie wieder heraus, aber er grabschte danach, nahm mich auf diese Weise inständig ins Gebet und sagte: Alle, die Verkehr haben, auch die Eheleute, sie versündigen sich, sie verfallen der Hölle auf Erden, der *civitas diaboli.* »dem Teufelsstaat« (Grundthese des Augustinus)

Ich weiß, so lehrt es deine Kirche.

Meine sollte auch deine sein. Denn das alles ist allgemein anerkannt, als Wahrheit. Auch Eheleute versinken in diesen grauenvollen Zeiten in erbärmliche Unwissenheit, wie Schweine im Dreckstall. – Wie redest du! – Wie unsere Weisen rede ich, wie all unsere Heiligen. Und ich sage dir mit den Worten dieser Seligen und Heiligen: Es wäre immer noch besser, wenn eine Tochter mit ihrem Vater auf natürliche Weise Verkehr hätte als mit ihrem Ehemann WIDER die Natur, also außerhalb des »Gefäßes«, in das der Same nach göttlichem Willen hineingehört. Alles Außerhalb dient ausschließlich der Lust, ergo der Höllenglut. *Amen.*

Das wiederum verstehe ich, sagte ich, denn es stimmt, ausschließliche Lust wärmt und heizt höllisch, so heiß, wie ich es nie geglaubt hätte. Immer nochmal heißer wird das und nochmal neu und wieder ganz anders und immer noch glühender. Zu dumm, daß du das nie erlebst. Als sprühten Funken, als stürzten Häuser brennend ineinander, flögest du in Flammen rund um die Welt.

Er ließ seinen Kopf auf meine Knie sinken und schluchzte. – Wie wenig hast du begriffen. *Utinam hic Victor Placidus reverteretur.* »O wenn doch dieser Siegfried wieder verschwände« – Blickte dann wieder auf: Oder willst du mich mit all deinen Aussagen nur verspotten und weißt insgeheim längst, worum es mir geht?

Mit deinen Reden über die Höllenhitze hast du mich an meinen Liebsten erinnert, an den Feuerkünstler. Von dem ich keine einzige seiner Künste missen mag. Die ich alle wissen und lernen will. Schon jetzt, da du mich so hartleibig nach all dem fragst, was dich eigentlich nichts angeht, freue ich mich auf seine nächste Lektion, bei der nächsten Welt- und Mond-Umrundung.

So hab ich's ihm gesagt. So oder ähnlich. Und da er nun ganz und gar sprachlos schien und ich viel Zeit hatte zum Nachdenken, tat ich, was ihn beinahe umgebracht hätte. Nun kam ich mit dem Lateinischen. Gut hatte ich mich vorbereitet, schon weil ich, seit der Nibelunge hier ist, mit diesem Bischofs-Verhör gerechnet hatte.

Ach, Priester, seufzte ich, ich fürchte, wir verstehen uns nicht. Weil wir beide zu allgemein reden, zu nebelhaft. Da du aber so überaus begierig bist, alles genau zu wissen, was immer sich in dieser Kammer und zwischen diesen Laken abspielt, überall dort, wo du geschnuppert hast, so höre nun in deiner Herrensprache, was ich dem Xantener tatsächlich gesagt habe, als er mir hier zum erstenmal gegenüberstand und als ich so tun mußte, als freute ich mich nicht unbändig, sondern als hätte ich, wie du es mich gelehrt hast, Angst vor der Leibesgier des Mannes. *Interius gaudens inquam AntiChristo tuo quasi maerens et angens prima nocte: »Gratias ago pro arbitrio tuo loquendi et arte orationis liberae et pro labore libertatis. In mercedem cuncta libens tibi facio, sis certior, atque fidem do.« Sed rufus dubitans nihil ultra inquit: »Ter mihi nunc succumbas in mercedem, accipias velim.« – »Si decies possis in una nocte, mihi fac«, inquam, »vel quotiens vis! Nam nudabo et relevabo femora et posteriora tua. Heu gremium meum aperias! asperge me spermate tuo et inquinabor!«* »Innerlich jedoch jubelnd tat ich in der ersten Nacht so, als sei ich betrübt und ängstlich und erklärte deinem AntiChristen: ›Dank sage ich für deine Redefreiheit, deine Redekunst und deine Freiheits-Arbeit. Zum Lohn besorge ich dir alles, liebend gern, dessen sei gewiß und darauf geb ich dir mein Wort.‹ Der Rotkopf zweifelte daran überhaupt nicht und sagte: ›Zum Lohn will ich deine Zusage, daß du mir nun dreimal zu Willen bist.‹ – ›Und wenn du es mir zehnmal machen kannst in einer einzigen Nacht‹, sagte ich, ›dann mach es mir meinetwegen zehnmal, oder so oft du halt magst. Denn ich werde deine Schenkel entblößen und deinen Hintern freilegen, ach, öffne meinen Schoß, bespritze mich mit deinem Samen und mache mich unrein‹«

Noch ehe ich ihm die schönsten Einzelheiten hatte sagen können, fiel er auf den Boden, mein Vetter. Und lag dann da, bleich, schnappte nach Luft wie ein Vogel, der gegen die Spiegelscheibe flog. Vom Plumpsen des Bischofs hatte auch mein Falke wieder zu schreien begonnen. Zuerst wollte ich zum Vogel, aber unser Vetter schien in noch größerer Not, der atmete schwer, der ächzte. Ich tat einen Zipfel von meinem Bettlaken in die Wasserschüssel, kühlte ihm Stirn und Nacken und hatte freilich Mühe mit dem Dunst, der ihm aus der Kutte dampfte. Schließlich war wieder seine Stimme zu hören, kläglich und klein. – Weh, jammerte er, in deinem elenden Latein roch ich sie. – Wen, bitte, hast du gerochen? – Die Hölle.

Da wollte ich ihm über Gerüche einiges erklären, aber die geistliche Fleischkugel, noch immer auf dem Boden, maunzte und klagte: Höre, Tochter, wenn ihr beiden beim Verkehr den Samen in das Organ geleitet habt, in das er seiner Bestimmung nach hineingehört, so will ich, da ihr einander versprochen seid, die Zuversicht nicht aufgeben, die Hoffnung für deine Seele, aber auch für die des Kindes, das ihr womöglich gezeugt habt. – Hob dann ein wenig seinen Kopf, sah mich an und fuhr fort: Ja, hoffen will ich wenigstens für das Kind, obwohl alle Kinder, schon indem sie gezeugt wurden, befleckt sind. – Er richtete sich auf, saß jetzt vor meinen Füßen. – Kein Zeugen ist ohne Lust, bleibt ohne den Gestank des Teufels. Pure Lust aber und erst recht die, wie du sagtest, zehnfache, die ganz und gar ohne jeden Zeugungswillen sich ausrast, die ist zutiefst vermaledeit. Die ist noch mehr als der unterbrochene Akt oder der Erguß außerhalb des Organs *summum peccatum mortiferum.* »allertiefste, absolute Todsünde«

Wozu die Sorgen! Sieh doch, wie gut es mir geht! Und ihm, glaub mir, geht es ebenso!

Das wahre Verhängnis wird erst im Jenseits offenbar. *Beati esse videmini.* »Es scheint nur so, als ob ihr glücklich wärt«

Du Ärmster, wie sehr mußt du leiden unter Gottes schönsten Schöpfungen. Laß dir gesagt sein, es wäre besser, du würdest bei all deinen Sorgen um meine Reinheit endlich einmal auch deinen eigenen Leib bedenken und reinigen und würdest beim Baden dein altes Hemd ausziehen, denn, Vetter, nicht die Hölle riecht hier, sondern allein du selber stinkwazt wie ein Kotz- und Kackbrocken.

Da blickte er mit seiner erdbeernen Priestlingszierde zu mir auf, als bete er mich an. Das war äußerst unangenehm, denn aus dem Kuttenwaz hat es gerochen wie erbrochen.

Bedenke, drohte er, was nebenan, in Trier, dem frechen *Priscillian* widerfuhr.

Ich weiß, sagte ich, freies Reden kostete *Priscillian* das Leben. Und den Iren, der ebenfalls frei redete, hast du eigenhändig durchbohrt, obwohl der so witzige Dinge wußte wie sonst nur Kilian *Hilarus* oder mein Freund aus Xanten. Auch bei Kilian lach ich mich warm, weil es, so sagt der Niederländer, unser Sonnengeflecht ist, mit dem wir lachen oder weinen, ach, ich fürchte, auch den Kilian wirst du irgendwann schlachten, nur weil er uns alle lachen macht. Vetter, du solltest den *Victor Placidus* und mich lachen hören, vor allem dort, zwischen den Laken, wo immer wieder das passiert, was schon die Altvorderen liebten, die Männer wie die Frauen: *Idisi clubôdun umbi cuoniouuidi.* »Frauen lösten die Fesseln am Kraftbaum« (vgl. S. 41ff und Hugo Ball)

Da hob er beide Hände und rief: *Exi ab ea immunde spiritus et redde honorem deo vivo et vero!* »Fahr aus von ihr, unreiner Geist, und erweise Ehre dem lebendigen und wahren Gott« Auch das Lachen zeigt ihn an, den Dämon, der dich gefangen hält. Lachen verrät die Zerrissenheit der Seele; nichts schleudert den Geist so sehr in die Tiefe, sagt *Augustinus*, wie unbeherrschtes Lachen, die ungehemmte Bauchlust.

Im Gegenteil, mein Freund beherrscht das Lachen sehr genau. Sogar euren sonst so finsteren Leidensgott ließ er lachen und fröhlich über die Welt fliegen.

Lachen, sagt *Augustinus*, ist wie die weibliche Liebkosung, ist zutiefst unrein und –

Von Reinheit, rief ich, sollstest du nun schweigen und endlich deinen ranzigen Schwitzleib säubern, statt mich fortwährend mit den Reden der Heiligen zu bedünsten. Mir wird übel! – So rief ich und stieß ihn weg, leider etwas zu heftig, so daß er sich, unterm Geschrei des GerFalken, nach hinten überkugelte. Erstaunlich schnell war er wieder auf den Beinen und rasch aus der Kammer. Ich aber stürzte ans Fenster, ließ Luft ein.

Und hab dann alles meinem Riesen erzählt. Der riet, dies alles auch dir zu erzählen. Unser weitgereister und theologischer Schreiber, sagte er, der kann am ehesten beurteilen, ob dein Kirchen-Vetter nur gelähmt ist von der allgemeinen Verwüstung der Lebenslust, von der *Caput*-Sucht aus Jerusalem und Rom, oder ob er vielleicht auch gefährlich ist. Also, Giselher, ist Ringwolf gefährlich?

Nur insofern, als er all das glaubt, was er dir gesagt hat. Glaubt es tatsächlich und aufrichtig und heftig, auch und gerade den Geistergrusel und das Hornissensurren. Und wird in all dem gestützt von seinen großen Patriarchen, nicht nur von denen aus Jerusalem und Rom. Bei so stabilem Glauben ist im Ernstfall mit Vernunft nicht zu rechnen. Auch nicht mit Freundlichkeit, sondern mit Verachtung, mit Verwüstung. Darum rat ich dir, vertrau ihm künftig nichts mehr an, was ihn in der Tat nichts angeht. Höchstens noch mir beschreibst du deine Flüge, deine Lüste im Sonnengeflecht. – So redete ich. Und küßte gern ihre Hochzeitswangen.

Den Kuß gab sie heftig zurück, und mir war klar, wem das galt. Wäre mir nur halbwegs so klar gewesen, wie sehr die junge Frau bei diesem Besuch die Nähe des Mörders gespürt hat. Die des Weltverwüsters, *silvas aequans*.

Umberto Eco (»Der Name der Rose«) sagt, die »Meta-Sprache der Moderne« wisse nicht mehr weiter. »Die Antwort auf die Moderne besteht in der Einsicht, daß die Vergangenheit, nachdem sie nun einmal nicht zerstört werden kann (da ihre Zerstörung zum Schweigen führt) auf neue Weise ins Auge gefaßt werden muß. Mit Ironie. Ohne Unschuld.« Zitiert nach Karl Heinz Bohrer: »Erinnerungslosigkeit. Ein Defizit der gesellschaftskritischen Intelligenz« (Frankfurter Rundschau, 16. 6. 2001). Bohrer mahnt an, angesichts des fokussierten Interesses am Holocaust auch »Fernerinnerung« zu aktivieren

Ohne Zeit zu verlieren, hab ich gleich danach in meiner Schreibnische alle Einzelheiten dieses Gesprächs zwischen Krimhild und dem Bischof notiert. Am Ende war mir schwindlig, als wollte sich mein Kopf aus dem Halsgelenk drehen, auch ich brauchte nun Luft, streckte mein Gesicht aus einem Fensterloch der Pfalzhalle und sah unten im Hof den Waffenmeister, sah ihn im knappen grünen Tuch der Aachener Händler, sah, wie Herr Hagen durch die Arkaden des Burghofs stapfte und von dort zum Hafentor hinaus, alsdann ging er zwischen den Zelten der fünfhundert niederländischen Kämpfer hindurch, offenbar zum Lößhügel hinüber. – An diesem Vormittag, erklärte mir der Truchseß, hält Hagen Gerichtstag. Dort oben, wo der cheruskische Lachvogel aufstieg.

Da eilte auch ich dorthin, stieg auf den Hügel und sah, wie Hagen als ersten einen Kahlgeschorenen aufknüpfen ließ, als Mörder und als Pferdedieb. Die Verhandlung lief rasch. – Gibst du zu, daß die Wittbeckwiese die ist, auf der du deine drei Schafe weidest? – Ja, aber – – Gibst du ferner zu, daß auf dieser Wiese Herr Gere eines seiner kostbaren Wächterpferde wiederfand? – Ich geb alles zu, aber – – Und gibst du zu, daß dies Pferd dem Wächter zugeteilt war, der bei Alzey

Wache hielt und der nun, im Fieber, mit dem Tode ringt? – Auch das, bei allen Heiligen, wie sollte ich das nicht zugeben, aber – – Und du gestehst auch, an welcher Stelle wir das blutige, das Mord-Messer gefunden haben. – Bei Maria, niemals hab ich den Ärmsten – – Du gestehst also und bestätigst, daß Herr Gere dies Messer im Sattel des Wächterpferds fand, daß dies Pferd auf der von dir gepachteten Wiese neben deinen Schafen weidete und daß es das Messer war, von dem der, der nun um sein Leben ringt, die tödliche Wunde empfing. – O ihr Heiligen, das alles wird so sein, aber – – Dann muß es auch so sein, daß du, Wittbeck, nicht nur ein Pferdedieb bist, sondern ein Mörder und daß du auf diesem Galgenberg jetzt öffentlich zum Tode befördert wirst zur Mahnung und Warnung an alle, die Ähnliches im Schilde führen; verurteilt bist du hiermit im Namen der *Lex Regis Burgundiae* und der gerechten *Leges Romanae*, wonach die Diebe in sehr vielen, die Mörder in allen Fällen des Todes sind.

Der Delinquent rang nach Atem, nach Wörtern; jemand aus der Menge, der in Rom gewesen war, rief: *Audiatur et altera pars* »Gehört werden muß auch die andere Seite«, aber der Pächter der Wittbeckwiese verstand den Zuruf nicht und die meisten Zuhörer gleichfalls nicht, und Hagen überhörte ihn, der Delinquent rang im Todesschrecken nach Luft, nach Wörtern, über der steilen Lößwand stand das Gerüst, Kahlschädel griffen den Kahlschädel, der Mann wehrte sich, der strampelte, nein, er habe kein Pferd gestohlen, keinen Rheinwächter ermordet, sein Geschrei half ihm nichts. – Erst seit kurzem weiß ich, wie Pferd und Blutmesser auf seine Wiese gelangten.

Wittbecks Sippe hatte den Bischof um Hilfe gebeten, und der hatte befunden, weil es keine Zeugen gebe, müsse nicht der Mensch urteilen, sondern Gott, man solle den Beklagten eine Nacht lang mit dem gefährlichsten Stier zusammensperren, lebe der Mann bei Sonnenaufgang, wäre klar, daß er des Teufels sei. Hagen nannte das Kirchenkrempel, zu Worms gelte das freie römische Recht.

Der Mann schrie bis zuletzt, wurde von vier Sklaven gehalten, damit Hagen selbst ihm den Strick um die Gurgel schlingen konnte. Überm Gebrüll des Ärmsten hörte ich die Leute kichern, ihr schreckliches Grinsen sah ich und wußte, dies ist ihre Angst: Weil es ein anderer ist, der in den Erstickungsstrick muß, findet ihre Angst ins aufatmende Kichern, in die furchtsame Lust, selber nochmal davongekommen zu sein. Alle sahen, wie der Ärmste so lang zappelte, bis er leblos war und vom Galgen genommen wurde, weil der für den nächsten Delinquenten frei werden mußte, und wie dann der Körper über die Lößkante stürzte, etwa dorthin, wo Herr Hirsch hinter der dreifach verflochtenen Palisade wohnte, beim Abdeckerloch, bei der Ludergrube.

So ging das Urteilen und Vollstrecken auch mit drei anderen Leuten, ebenfalls rasch und ohne Komplikation. Unter den Gaffern, die danach wieder zu ihren Hütten gingen, zurück in die Löcher und Zelte, unter den Zuschauern ist damals auch der nächtliche Reiter gewesen, der in Wahrheit zugestochen, der das Pferd geraubt, der den Pokal ergaunert hatte.

Rundum andere Dinge bedachte an diesem Morgen König Gunther, obwohl Hagen drüben auf dem Hügel im Namen des Königs verurteilte. Gunther hockte mit dem Bischof bei der Frühstückstafel und beredete mit ihm seine geheimen Sorgen. Würde der Niederländer nun auch mit den Dänen paktieren? Würde er am Ende auch den Yütenherzog umarmen, so wie er *Liudger* umarmt hatte oder den Koch *Rumolt* und auch ihn, den König selbst? Jedenfalls sei dieser Umarmer, so bemerkte Gunther, alles andere als ein »Dummling«, wie die Vettern zuvor behauptet hätten. Sondern dieser »Schrat« und »Lehrling«, dieser »Arbeiter«, dieses »Gasthaus- und Hirngespinst«, der sei ein kunstfertiger Kluger, der das Reich der Burgunder, der dieses »Sorgenreich« schon jetzt stärker gemacht habe und sicherer als je. So jedenfalls schien es ihm, meinem Bruder.

Bischof *Ringwulfilas* hatte unterdessen Missionen ausgesandt in die neuen sächsischen Siedlungen des Herrn *Liudger*, es trieb ihn, auch diese zweifelhaften Bundesgenossen vom Glauben an die heidnischen Götzen zu befreien. Doch die Missionare waren schon kurz hinter Lorsch von cheruskischen Wächtern abgefangen worden und wurden heimgeschickt mit der Botschaft, daß auch bei den Sachsen jeder das glaube oder nicht glaube, was ihn seine eigene Erfahrung lehre und nicht, was dieser oder jener Mächtige ihm vorschreibe.

Nun erschien auch der Cherusker an der Frühstückstafel, und ohne große Umwege beschwerte sich der Bischof über die Behinderung seiner kirchlichen Arbeit, doch der Niederländer wiederholte ihm die heidnische Botschaft vom Selberdenken und sagte, es sei an der Zeit, daß Ringwolf, statt Belehrungen zu verbreiten, auch mal Erfahrungen sammele, solche mit Feuer-, Luft-, Erd- und Wasserkräften.

Und zum Trost und vielleicht, weil der Xantener nun auch und sogar den Bischof in einer seiner listigen Umarmungen zu erdrücken versuchte, bat der Ruhrschmied noch an diesem Morgen den Kirchenfürsten, mit ihm hinunterzukommen zum Hafen und, zusammen mit ihm, mit dem Ruhrschmied, eines der zwölf Hortschiffe zu besteigen. Und fuhr alsdann mit Bischof Ringwolf über die alten engen Bögen des Rheinstroms hinüber nach Lorsch und ließ dort aus dem Schiffsbauch nicht nur all die glänzenden Steinkohlen ausladen, sondern in sagenhaften Mengen auch Edelsteine und Geschmeide und Goldgeräte. Mit den Glutbrocken aus dem Eschenwald, erklärte der Cherusker, mit denen bekäme Herr Ringwolf für mindestens drei Winter wunderbare Wärme in sein Lorscher Steinkloster, und dann begreife er vielleicht, wie sinnvoll es sei, auch von den Steingeistern Kenntnisse zu erwerben. Und mit dem zwölften Teil des Horts solle der Herr Vetter vorerst zufrieden sein und Ruhe geben und mit dem Rheingold seinen himmlischen Herrn ehren, wenn denn solches Geschmeide und Geklunkere den rein geistigen Gottvater wirklich erfreue, *si hi globuli aurei deo tuo reapse placent.* »wenn solcher Krimskrams (wörtlich: diese goldenen Klößchen oder Kügelchen) deinem Gott wirklich gefällt«

Wie mir mein Freund Volker, derzeit ein Latein-Eleve im Kloster, anvertraute, hat der Herr zu Lorsch die Gaben des Cheruskers mit verwirrtem Dank begrüßt und ist bemüht gewesen, sie gut versorgen und verriegeln zu lassen. Ja, dem himmlischen Herrn zu Ehren sollten diese Schätze dereinst erglänzen. Kaum hätte aber der Nibelunge den Ort wieder verlassen und sei mit seinem Schiff zurückgefahren nach Worms, da, so berichtete mir Freund Volker, habe Herr Ringwolf seinen Ordensleuten erklärt: Von Sankt *Matthäus* wissen wir, was der Gottessohn sprach. »Wer hat, dem wird gegeben werden.« Matth. 25,29. Und es gibt keinen Grund, an diesem Gotteswort zu zweifeln.

Und noch zum Mittagsmahl hätte er im Refektorium seinen Klosterbrüdern gepredigt: Seht diese Heiden, rief er, seht diese Wilden, diese Steinverehrer und Wald- und Feuergläubigen, sie meinen, uns täuschen und überlisten zu können *cum rebus externis et amoenis simulationibus.* »mit Äußerlichkeiten und schönem Schein« Mit höllischen Hitzekünsten wollen sie uns verführen. Erkennt aber, so bitte ich euch, in ihren glitzernden Flammensteinen die Schwärze aus den Tiefen des Teufels und haltet dagegen diesen paradiesisch hellen Kristall unseres römischen Vaters *Simplicius*, vergleicht ihren Glitzerflitter mit der lichten Reinheit vor meinem Herzen! Und bedenkt unbeirrt, was uns die Bibel befiehlt: »Reißet um ihre Altäre und zerbrechet ihre Säulen und verbrennet mit Feuer ihre Haine, und die Bilder ihrer Götter zerschlaget, und vertilget ihren Namen.« 5. Moses 12,3, hier in Luthers Übersetzung (Überschrift: »Art und Weise des wahren Gottesdienstes«)

Tatsächlich meldeten Rheinposten des Markgrafen Gere in der zweiten Woche des *Ianuarius* viele hundert Ruderer. Ein gewaltiges Heer, so hieß es, rudere bei *Bingum* Bingen den Strom herauf. Das waren die Dänen. Offenbar hatten die yütländischen Räuber Siegfrieds roten Feuervogel überm Rhein nicht fliegen sehen, oder aber es war der Drache mit dem lachenden Jesus seitwärts davongeflogen, in die Main-Richtung. Mein irischer *Wunnibald* berichtete mir später, nur noch in Alzey hätten Frauen und Kinder ihn beobachtet und hätten begeistert davon erzählt, seien aber wegen der höllischen Heimsuchung mit strengen kirchlichen Bußübungen bestraft worden. Der fröhliche Jesus jedenfalls sei bislang nirgends gefunden worden, der flog entweder bis in das ferne Warägermeer, oder er wurde vernichtet. In der Fassade des alten Hauses Fortunastraße 11 in Buda (Budapest) gibt es die Skulptur eines lachenden Jesus. Dieser Hinweis ist Dr. Maria Borbely zu danken. Ansonsten fand sich nur noch in *Clonmacnois*, unweit von *Kilmacduagh*, wo Kilians Orden zu Hause war, die Figur eines lachenden Franziskus

Nun näherten sich also die Dänen und bedrohten Worms. Diese Räuber hätten in Mainz, hörten wir, die burgundischen Wachen überfallen, die hätten gepfählt und geteert, ja, die wollten, so hieß es,

Rache nehmen für die entwaffneten sächsischen Brüder, für die »Entehrung« des Herzogs *Liudger*. Wie schon *Irmin* die Römer als Kadaver den Weserfluß hinabgeschickt hätte, so würden sie es nun auch mit den römischen Vasallen machen, mit den Burgundern in Worms. Das gaben sie denen als Botschaft mit, die sie leben ließen und rheinauf schickten.

Da regte sich König Gunther sehr auf und verwünschte nun, daß der neue *foederatus* die Westfalen nicht »gemetzt« hätte, zur Abschreckung der Dänen und aller weiteren Maden aus der Morgen- und aus der Mitternachtsrichtung. Hagen habe wohl doch wahr gesprochen, als er vor dem Frieden mit *Liudger* gewarnt hatte.

Da sagte der Nibelunge, Gunther solle sich lieber um seine Winterreise ins Eisland kümmern, solle sich von Krimhild und deren Fräulein schönere Wärmkleider schneidern lassen, wenn er schon den Aachener Grünfilz für unzureichend halte und seinen, des Xanteners Auerochsen-Fellmantel, für zu schwer und zu zippelig. – Die Dänen, sagte der Königssohn, die überlaß deinem *proletario*.

Und belud noch in derselben Nacht jenes Schiff, das nun leer war, weil er die Ladung dem Bischof geschenkt hatte, mit dem Ding, das von den Wasserkräften des Rheins gehämmert worden war und vom Ruhrwitz und das einige in Worms für eine eiserne Schlange hielten, andere für einen tausendfachen Höllenring. War denn nicht schon in diesen und jenen Vagantenliedern zu hören gewesen, daß die Stärke mancher Amazonen und auch die unmäßige Kraft der Frau Brunhild von einem besonderen Ring käme? Dieser Nibelunge hatte nun nichts weniger geschmiedet als einen ineinander verbundenen zehntausendfachen Ring.

Mitten in der winterlichen Nacht rasselte unten am Hafen das schauerliche Eisen-Ungeheuer und tönte bis dorthin, wo ich schlief, bis oben hin in meine Schreibnische im Burgwinkel polterte das und rumpelte, ich ging ans Fenster und hörte die Schreie und Gesänge der Niederländer, Stahl stürzte da, das lärmte in den leeren Schiffsleib hinab. Ich tat mir den Fellmantel um, lief hinunter und wollte sehen und begreifen, was dort unten für Getöse und Eifer sorgte, und da stand er wieder neben mir.

Komm mit, Schreiber. Wir umzingeln sie jetzt, wir fangen die Dänen. – Ich bin ohne Waffen. – Laß sie zu Hause, mein *Balmunk* genügt.

Da stieg auch ich auf das Schiff, und schon begann die Fahrt. Mit nur fünfzig nifhelheimischen Kumpanen fuhr der Cherusker stromab, den Eroberern entgegen, von denen es hieß, daß es mehrere hundert seien. Glitten den Rhein hinab bis dorthin, wo die Auwälder am rechten Ufer »Kühkopf« heißen und wo der Hauptstrom in einer engen Biegung eine große Wassertiefe aufgewühlt hat, in deren gelbem Sand die Leute seit langem Gold finden. Den Kühkopf gibt es noch heute, bei Darmstadt, zwischen Goddelau (Büchners Geburtsort) und Guntersblum

Dort ließ der Xantener noch vor der Morgendämmerung das Schiff festmachen und schlang dann selber, weil sonst keiner die Kraft hatte, den vieltausendfachen Ring, den stählernen »Lindwurm« um zwei Eichenstämme am Ufer. Fuhr dann mit dem Schiff und mit dem eisernen Wurm zur anderen Seite des Hauptarms, ließ sich hinüberrudern und schlang drüben das andere Ende des Ungeheuers ebenfalls um einen Baumstamm. Und kam dann, mit der zweiten Hälfte der Schmiedeschlange, zurück zu uns und befestigte das Ende wiederum an den beiden Eichenstämmen.

Was da geschmiedet worden war, diese Schlange oder dieser Lindwurm, das war eine armdicke Kette aus gut zehntausend kräftigen Stahlringen. Die Kette reichte unterm Wasserspiegel von Ufer zu Ufer, einmal hin und einmal zurück, und die Hin-Kette und die Her-Kette waren miteinander verbunden mit starken Querketten, und dies Kettennetz sperrte nun, schwer und ganz und gar unzerreißbar, Glied für Glied, die Fahrrinne des Rheins vollkommen ab.

Im ersten Tageslicht hatten wir dann nicht lang zu warten. Vom Ufer aus sahen wir, wie sie in der Morgendämmerung herankamen. Wie sich im kalten frühen Winternebel sieben Schiffe näherten, rudernde Männer, sieben mal zwei Dutzend Ruderer arbeiteten sich da stromauf. Und fuhren dann, ein Schiff nach dem anderen, gegen das Hindernis. Blieben allesamt hängen. Stießen mit ihren Booten gegen das stählerne Netz, dicht unter der Oberfläche des Wassers, knapp unter dem grauen Rheinspiegel verfingen sich die sieben Boote in der doppelten Sperre.

Stocherten und schimpften und schlugen mit ihren Rudern auf dem Hindernis herum, bohrten schließlich auch mit den Lanzen und hieben mit den Schwertern. Meinten wohl erst noch, Baumstämme oder untiefe Felsen vor sich zu haben oder besonders zähe Schlingpflanzen, arbeiteten immer wütender und mit immer mehr Geräten, stießen und schlugen mit Keulen, Äxten und Hämmern auf den ungewöhnlichen Widerborst und mußten bemerken, daß, wenn sie das Hindernis getroffen hatten, ihre Schwerter Schrunden zeigten und ihre Äxte Risse und Sprünge.

Gegen die Eisenschlange, gegen dies Band aus vieltausendfachen Ringen half keinerlei Kraft. Als die Dänen erkannten, daß es sich um ein stählernes Netz handelte, da wollten sie das bergschwere Ungeheuer hochstemmen, um mit ihren Booten drunter her zu fahren. Aber von dem großen Gewicht tauchten gleich die ersten zwei Boote, von denen aus man das Hindernis hatte heben wollen, so tief in den Rhein, daß beide Boote voller Wasser liefen und versanken und daß die Eisenkrieger in ihren Stahlhemden ebenfalls im Rhein verschwanden und im kalten Schrecken ertranken. Nur zwei konnten sich auf Nachbarboote retten.

Wütend rammten und ruderten die Eroberer immer nochmal gegen die Sperre und mußten es schließlich aufgeben. Fuhren ans Ufer, erschöpft. Wollten am flacheren Flußrand das tun, was die Yüten bei Stromschnellen und anderen Hindernissen schon immer taten, wollten ihre Boote an Land ziehen und wollten über den Strand, wollten die Boote an der schwierigen Passage vorüberschleifen, über Schnee, Sand und Sandbänke.

An der Stelle aber, an der sie ihre Schiffe zu ziehen gedachten, da empfing sie im Morgenlicht der Königssohn. Begrüßte sie mit *Knipskidicki*, mit *Pleidhce* und mit *Üpfetapf* Schazman: *untranslatable* (*magic words*), *Pleidhce* (keltisch) bedeutet »Idiot« und verhöhnte und verspottete sie mit allerlei nifhelheimischen Wendungen und redete dann manches, was ich hier ins Hofdeutsche übertrage, obwohl die nifhelheimischen Leuteworte des Niederländers runder klangen und schöner.

Ob die dänischen Dummlinge Schazman: *Sleepwalkers* das Rudern verlernt hätten? Was denn der fürstliche Yütenjunge in Worms wolle? Eine Abreibung? Die könne er bekommen, nasse Hosen habe er ja bereits. So verhöhnte der Cherusker den dänischen Herzog und zwang ihn zum Zweikampf. Umging auch hier das Gemetzel für die Leute. *Haujiback!* rief der Niederländer, und der Däne mußte die wiederholte Aufforderung und den Hohn, den alle gut gehört hatten, wohl oder übel beantworten, wollte er bewahren, was bei den Kampfkerlen als Ehre gilt.

Und wurde vom Nibelungen jämmerlich zerbleut. Nach einem kurzen und heftigen Gehau mußte der Dänenherzog seinen zerspaltenen Schild in den Ufersand sinken lassen und mußte, da sein linker Arm zerknickt war, den Kampf aufgeben. Hatte den anderen Arm zum Eid zu erheben für das Versprechen, mit den Seinen umgehend und friedlich über den Rhein zurückzufahren, über die Nordsee heim nach Yütland und mußte schwören, künftig das Wikingen zu unterlassen.

Zuvor aber hatte er alles herauszurücken, was in Trier geraubt worden war. So, mit der Stahlkette und mit dem Zweikampf, vermied der Nibelunge zum zweitenmal einen blutigen Krieg. Und Gunthers Sorgenreich dankte auch diesen Frieden dem *Victor Placidus*, den Feuerkünsten des Mannes aus dem Niederland. *Lucio Mansilla,* argentinischer General und Literat, hat 1845 wieder einen Fluß mit einer Kette versperrt, den *Paraná,* als es ebenfalls galt, Räuberschiffe aufzuhalten. Engländer wollten das neue freie Argentinien als Kolonie kassieren, *Mansillas* stählerne Kette hielt stand, Argentinien blieb frei

Mit dem dänischen Herzog war hinterher noch ganz angenehm zu reden. Wie oft mußte ich beobachten, daß aus blutrünstigen Feinden, wenn irgend etwas die Feindschaft unterbrach, zu umgänglichen Leuten wurden, die sich mit Staunen gegenseitig als freundliche Menschen erkannten.

Als die Stahlschlange wieder im Schiff des Xanteners lag und auch die vielerlei Schätze aus dem geplünderten Trier, da wurden am Ufer Feuer gezündet, ließ der Cherusker Kräuter in den Auen des Kühkopfs sammeln und ließ Töpfe bringen und hat eine Weile gestößelt und gemischt und gerührt und hat dem unglücklichen Yütländer die Wunde gesalbt und verbunden, hat den Arm des dänischen Herzogs geschient und dabei dem yütischen Heerführer klarzumachen versucht, wer im Rheinland der wahre Räuber sei, der wahrhafte Neidgier. Wieder überraschte mich, wie sehr die Erkenntnisse des Niederländers den Erkenntnissen des burgundischen Waffenmeisters Hagen glichen. Ach, und wie verschieden aber wurden sie genutzt.

Bis in die Nacht ging mit dem Yütenherzog das Erzählen und das Gelächter. Der Wurm unter der Welten-Esche, so versicherte der

Xantener dem Dänen, die Kraft, die alle Seelen beherrschen wolle, die heiße derzeit *Felix* Felix III., Papst von 483 bis 493 und wohne am Tiber. In Worms heiße sein tüchtigster Gehilfe *Ringwulfilas* oder Ringwolf. Mit diesem Namen wollte der Yütenherzog scherzen und behauptete, was der Xantener über den Rhein gespannt habe, auch das sei ein Ringwolf gewesen.

Im niederländischen Leutedeutsch erzählte der Xantener dem Dänen viel Bedenkliches von den neuen Herren zu Rom und zu Jerusalem und sprach von den Zertrennern und Betäubern und von ihren Angsthornissen, aber auch von Jeschu redete er, denn der sei ein anderer gewesen als der, den die neuen Priester nun ausriefen als den Herren ihrer Jenseitswelt, nur damit sie die Diesseitswelt ungeniert lenken könnten und die Menge der Leute blenden, einschüchtern und ängstigen.

Die Gegner schieden in Freundschaft, ja, sie haben sich am Ende so sehr verbrüdert, daß der Ruhrschmied auch diesen Widersacher, beim Abschied, in die Arme nahm.

Umarmte der Niederländer ihn für ein gemeinsames NordRom? für ein nebelländisches *Imperium*? »Befehlssystem« Undenkbar, denn allzu viel Kritisches wußte er über das *Imperium Romanum* als *Imperium Ecclesiae* »Kirche«, nein, nach dieser Umarmung vernahm ich keinerlei Gerüchte von Machtwahn, mit eigenen Ohren hatte ich selber das meiste von seinen Gesprächen genau verstanden, obwohl in der Plattsprache geredet wurde.

Beim Abschied pflückte der Niederländer eine Wildrose, die von einem zarten Eismantel umhüllt war, die übergab er dem Dänenherzog. – Ein Friedensgeschenk, im Namen König Gunthers. – So schieden sie von dem Ort, der seither, wie mir Kilian meldet, Guntersblum heißt.

Zauberkräfte schienen da am Werk, so erschien es fast allen, ja, nach dem Abzug der Dänen blühten in und um Worms herum noch tollere Siegfried-Geschichten als zuvor, ach, die leuchteten so üppig, als spürten die Leibeigenen ungeheure neue Kräfte und als wüchsen den Kahlschädeln Blumen auf dem Kopf.

Nach der List gegen die Yütländer glaubte jeder zu wissen, warum die ferne cheruskische Königin Sieglind ihren Sohn Siegfried genannt hatte und was »Siegfrieden« bedeute und *Victor Placidus. Freyr-* und Frauen- und Baumverstand, mit »Geriebenheit« angewendet, die sorgten, so hörte ich, für die friedlichen Siege, die dieser Kraftkerl und Alberichgeselle mit Witz bewerkstellige, ohne daß wie sonst hunderte und tausende Krieger ihr Leben geben mußten. So redete man an den Lagerfeuern und in den Spelunken, und auch an der Fürstentafel gingen solche Gedanken um.

Bei aller Begeisterung der keltischen und der »germanischen« Leute, fast immer sah es so aus, als beachte dieser »friedfertige Sieger« bei all seinen Künsten auch die alte römische Regel: *Prospicere pro pace oportet, quod bellum iuvet.* »Für den Frieden sind Vorkehrungen zu treffen, die dem Krieg dienen« Denn ständig war dieser niederländische »Freier« nun unterwegs zwischen Worms und Mainz und Straßburg und *Aquae* wörtlich bedeutet *Aquae* »die Wässer« bzw. »Quellen«, gemeint ist ein römischer Bade-Ort, nachmals Baden in Baden, unentwegt reiste der Alberichgeselle hin und her zwischen Alzey, Ladenburg, Speyer, Lorsch, Metz und Trier und lehrte seine Fertigkeiten und machte den Handwerkern klar, wie Luft unter die Feuer zu mischen und wie die Wasserkraft zu nützen war, wie die Schmiede mit den Steinkohlen vom Ruhrfluß die Erze aus Metz in sorgfältig gehüteten Gluten und unter den richtigen Funkenbildern so schmelzen und wieder abschrecken konnten, daß Rüstungen und Waffen entstanden, die denen der Römer, Hunnen, Dänen und Sachsen nicht nachstanden, sondern sie sogar übertrafen.

Bei den Burgundern, die bei den römischen Gelehrten als westgotischer Stamm der Germanen gelten, sprühten nun hellere Funken als je zuvor, ja, die Schmiedefunken sprangen wie Hoffnungsfunken. In den Handwerkerhöhlen fauchten Alberichs Künste, gespickt mit römischem wie mit nibelungischem Witz. Wann immer Waffenmeister Hagen den Mann vom Niederrhein erblickte, schien endlich auch ihn Wohlbehagen zu wärmen. Aber sein Mißtrauen, da bin ich sicher, das würde er, der die Welt als Räuberhöhle verstand, nicht mal gegen sich selber schlafen lassen.

In diesen Wintermonaten des Jahres *CDLXXXVI* 486 schien alles so eingetroffen, wie Hagen selbst es am Abend vor der Ankunft des

Niederländers gewünscht hatte. Der Mann aus dem *Asnithi*-Wald »Eschen«-Wald, s. S. 69 war Burgunds nützlichstes Arbeitstier geworden. Mag sein, ich habe an den wolkenlosen Wintertagen dieses denkwürdigen Jahres nicht genau genug aufgepaßt, hab mich von den Erfolgen und Taten unseres Gastes so sehr zufrieden, ja glücklich machen lassen, daß ich abgelenkt war und den geheimen Haß, der auch und gerade jetzt in Hagen gewachsen sein muß, nicht bemerkte.

Und eben deswegen werde ich hier, in meinem sicheren Schreibloch, alles tun, um den Mord an dem Nibelungen so *accurate* »genau« wie möglich zu erzählen, weil nur im genauen Erzählen die Gründe sich klären lassen, aus denen Hagen handelte und diesen hilfreichen Cherusker tötete, ja, sorgfältig und ausführlich muß ich alles festhalten und im Aufschreiben begreifen, und dafür nutze ich sowohl die Leutesprache als auch die Herrensprache, dort jedenfalls, wo sie die Geschichte dem näherbringt, was sich wirklich ereignet hat, da kann ich sie nicht vermeiden, die Sprache des alten wie des neuen Imperiums, *sermonem Latinum*, *sermonem dominorum*, *qui summam imperii tenent*. »das Lateinische, die Sprache der Machthaber«

Nachdem Falen und Dänen uns hatten überfallen wollen, irritierte es König Gunther sehr, in die Richtung auf Brautwerbung fahren zu sollen, wo solche Wildlinge lebten wie diese Yüten oder die Falen, die Ortwin und seine Mannen überfallen und enthauptet und die Trier geplündert hatten. Eines Tages überraschte der Niederländer den König in seinem Gemach, ertappte ihn, wie er ein Lied übte, auf *Wunnibalds* Harfe. – Wie süßlich klingelt es aus deinen Fingern, aber was soll das Gezirpse? – Dies ist Kilians Instrument, ein irisches. Das möchte ich mitnehmen auf die Brautfahrt. Um der Feuerfürstin, wie es sich für einen Freier gehört, Lustlieder vorzutragen. – Lustlieder? – Ich denke an Giselhers Lied vom »Sprung«. Freilich, wenn mir's mißlingt, sollte das wohl besser mein Bruder vortragen, unser Poet, unser Sänger.

Auf Island, fürchte ich, benötigst du kein zartes Gezupfe. Nicht mal zu so genauen Worten wie zu denen vom »Sprung«. Vom Werber erwartet Brünhild andere Treffer. Gern geh ich mit dir auf den Turnierplatz, da üben wir das, wozu du hoffentlich besser begabt bist. Laß das Harfenkrampfeln. Nach der Rückkehr aus Island, wenn die Feuerfürstin in Worms lebt, dann ist genug Zeit, Frau Brünhild was vorzuzipfeln.

Verzagt hat mein Bruder geschwiegen. Hat hinabgeblickt auf sein zierliches Instrument. Und betrachtete dann den großen Mann. Der erschien ihm nun, da er keine Märchenfigur mehr war, sondern da er nun so dicht und wirklich vor ihm stand und so viele wunderliche Taten vollbracht hatte, wie ein Berg voller Fragen und wie ein Riese voller Rätsel.

DRITTES BUCH

FULGURA FRANGERE

»Die Blitze zerbrechen«

In diesem dritten Buch gibt es:

Burgunds Prächtigkeitssinn ∾ Gott Thors Torheit und Thryms Zertrümmerung ∾ Wie Loki Lüsternheiten nützt und wie die Burg Hammershus zu ihrem Namen kam ∾ Der raunende Felsen Lorelay ∾ Winterreise zur Mitternachtsinsel ∾ Mutmaßungen über die Teufelsmutter Lilith und über den neuen Spartacus ∾ Sieglinds sieben Vorschläge ∾ Frau Rans Orkan vor Island ∾ Von Lichtfrauen und Asen und Elfen ∾ Spiegelndes Eis und Schwarze Straßen ∾ Sonnenwind und Lichtwände im Labyrinth der Fratzen ∾ Frau Brünhilds dreifache Prüfung des burgundischen Brautwerbers ∾ Hagens Erklärung der Politik und der Revolutionen

In immer heftigeren Zweifeln, bis in die Schwermut und in den Trübsinn hinein plagte sich König Gunther auch in den nächsten Tagen. Zum Beispiel bei den Mahlzeiten. Während die anderen aßen, während der Bischof und Hagen, aber auch der Cherusker *Rumolts* Straßburgische Speisen in reichen Mengen genossen, mochte Gunther kaum Nahrung zu sich nehmen. Unbeachtet ließ er es auf dem Teller, das knusprig Überbackene mit den Kräutersoßen. Der nibelungische Schmied bemerkte das und wollte wissen, was seinen Nachbarn bedrücke.

Da schob der Herrscher Burgunds seinen Teller beiseite und sprach, nach tiefem Luftholen. – In einem, lieber Freund, muß ich nun endlich Bescheid wissen. Ehe wir aufbrechen in die Mitternachtsrichtung, in die Kälte und in die Dunkelheit. Zuvor muß ich genaue Einzelheiten kennen. Ich kann das alles kaum mehr erwarten, schlafe nur noch schlecht, träume die wirrsten Geschichten.

Was möchtest du wissen?

Hören muß ich von dir zum Beispiel, wir wir auf Island uns am ansehnlichsten kleiden sollten. Diese scheinbare Übertreibung der »Kilianschronik« findet sich auch in den späteren Überlieferungen, z.B. um 1200 in Handschrift B: *Diu maere wesse ich gerne, sprach der künec dô, / ê daz wir hinnen füeren (des waere ich harte vrô), / waz wir kleider solden vor Prünhilde tragen, / die uns dâ wol gezaemen: daz sult ir Gunthere sagen* »In einem wüßte ich gar zu gerne Bescheid, sagte der König, eh wir abfahren – ich kann es gar nicht mehr erwarten, so sehr freue ich mich –, was sollen wir denn überhaupt anziehen, wenn wir vor Brünhild erscheinen? Kleider, die uns dort gut stehen – das müßt ihr mir nun unbedingt auch noch verraten.«

Wird es auf dieser eisigen Insel besser sein, wir erscheinen zunächst in der Rüstung? Oder sollten wir uns anfangs lieber freundlich geben? oder besser festlich? Trägt und kennt man dort so etwas wie Seide oder exotisches arabisches Tuch? Weiß man auf Island irgend etwas von Byzanz, von byzantinischer Pracht? Wäre es denn im Eisland für alles Zierliche und Schöne nicht einfach viel zu kalt? Grundsätzlich: Wer wirkt auf dem Isenstein mehr, wer scheint der Vollkommenere zu sein, der Reiche oder der Kriegerische? Der Schöne oder der Kühne? Wie denkt man dort? Verzeih, daß ich dich mit solchen Fragen behellige, aber darüber mußt du mir nun gründliche Auskunft geben, glaub mir, das beschäftigt mich, seit klar ist, daß wir dorthin reisen werden. Du warst schon dort, du kannst das einschätzen. Nicht die geringste Lust habe ich, mich noch einmal so zu blamieren wie mit dem grünen Filz aus Aachen.

Schazman kommentiert hier aufschlußreich. »So wenig sich für Burgund, für dieses uralte Zwischenreich zwischen Frankreich und Deutschland, die politischen Träume je realisierten, so nachhaltig bedeutend blieb Burgunds Schönheitssinn. Wer kennt nicht das ›Burgunderrot‹ oder andere modische Schöpfungen wie etwa die *Braguette* oder ›Schamkapsel‹, die Heraushebung des eisernen Hosenlatzes im Harnisch der Ritter. Berühmt sind auch Burgunds wunderbare Kirchen und das *Gislebertus hoc fecit* (›Dies machte Giselbert‹) als Inschrift unter den Steinbildern im burgundischen *Autun* – noch einmal das ›G‹ im Namensbeginn. Der exquisite Geschmack der Burgunder, vor allem das schimmernde Schwarz, auch das Gold und das Rot, das alles hat sich erhalten, weil es fast alle Mächtigen in Europa zur Imitation reizte, vor allem die Spanier, als sie die Welt beherrschten. Nach ihnen dann die Niederländer und die Österreicher, die ›Habsburger‹. Wer also noch jetzt erahnen möchte, wie sie aussah, Krimhilds burgundische Gewänderpracht, der trete in Wien, in Madrid oder in Amsterdam, in Brüssel oder in Antwerpen vor die wunderbaren Gemälde und betrachte die Porträts der Herrschaften. Dann entdeckt er ein Schwarz, das keineswegs aus den stumpfdunklen Kutten asketischer Mönche stammt, etwa aus denen der benediktinischen *milites christiani*, dann entdeckt er vielmehr ein glänzendes Schwarz, das glimmt wie Diamant, wie der Silberschimmer des Anthrazit.«

Nicht nur mein Stolz, erklärte der König, hängt vom Schönen ab und von korrekter Erscheinung. Vetter Ringwolf erklärt uns in jeder Predigt, wie sehr sich Gottes Gnade erweise in all dem, was den Mann schon im Diesseits schmückt als Ausweis seiner Taten und Erfolge. Nicht nur im Sieg auf dem Schlachtfeld, auch in der Pracht seines Reiches erkenne man des Himmels Wohlgefallen, Gottes Gnade lese man unmißverständlich ab am Glanz der Städte, der Kirchen und der Pfalzen und ihrer Herrschaften. Auch der oberste Bischof von Rom zeige sich nicht umsonst in fürstlichem Prunk und lasse darin die Unbeschreiblichkeit des Paradieses erahnen. Die Schönheit der geistlichen wie der weltlichen Herrschergewänder, die beweise Gottes Gunst schon auf Erden, die lasse vom Himmel einen ersten hellen Schein herabstrahlen in unser Elend, *civitas mixta* nennen das unsere Bischöfe nach Augustinus und meinen damit die Mischung aus geistlichem Paradies und teuflischer Erde. Ich fühle, wie sehr ich bereit bin, ihnen in diesem Punkt Glauben zu schenken. Nie empfand ich größere Schmach als damals, als du uns zum erstenmal erblickt hast und wir alle standen da wie krumme grüne Gurken, so hast du es ausgedrückt, in zu kurzen und zu dünnen, in erbärmlichen Wintertüchern. *In gloria splendida* »im strahlenden Glanz«, sagt Ringwolf, im Prunk der Bauwerke wie der Menschen ermesse sich nicht nur die Ehre des Mannes, sondern auch, schon auf Erden, der Segen der ewigen Gottheit.

Amen! hörten wir Ringwolfs Stimme. »So ist es!«

Der Ruhrschmied hat meinen Bruder in Ruhe ausreden lassen und hat derweil weitergegessen. Als der König genügend vorgebracht hatte und sich zu wiederholen begann, da, nach dem *Amen* des Bischofs, legte der Niederländer sein Messer nieder, wischte sich den Mund mit einem der wunderbaren Gürteltücher, das er aus seinem Leibleder zog und auf dem die Feuerbilder und Kuhzeichen schimmerten, betrachtete dann den König des Burgunderrreichs, betrachtete ihn in großer Gelassenheit

Was steckt nur in eueren Köpfen. – Er faltete das Tuch, tat es zurück in den Gürtel. – Was ich von Hagen hörte, das muß wohl stimmen, daß nämlich die Burgunder dazu neigen, über ihren Köpfen Libellenflügel schwirren zu lassen. Flügel, mit denen sie über die Dinge dieser Welt traumhaft hinwegschweben können. Ich fang die

Falken lieber in der Wirklichkeit. Bewundere aber auch die Träumer. Schon in *Alexandria* fielen mir solche Entzückten auf mit ihrer unbändigen Sehnsucht nach dem Fernsten und Höchsten, nach dem, was sie »Geist« nennen oder Paradies oder *civitas dei* oder *spiritus sanctus*. Und benahmen sich allesamt in diesen Sonderlichkeiten überaus einfallsreich und unterhaltsam. Ach, Künneke, manche von diesen Begeisterten hätte ich geradezu küssen mögen, so wie ich auch dich umarmt und geküßt habe und von nun an immerzu deine süße Schwester. Aber keinem von jenen fabulösen Alexandrinern hätte ich je ein Reich zu lenken gegeben. Solche Libellenköpfe sind freundlich, aber mit wirrem Verstand. Manche freilich beginnen, ihre Nachbarn zu bedrängen und ihnen ihre Hirnbilder aufzuzwängen und stiften dann gräßliche Verwirrungen und blutige Not. Wenn sie das unterlassen, sind sie interessante *Buochenheim*-Pfauen, die so theoretisch wie theologisch über die Welt segeln wie mein Papyros- oder Pergament-Vogel, und wahrlich, manche fliegen und funkeln ganz und gar wunderbar. Freilich bleiben sie lebenslang libellische Bibliothekare, das heißt, stets in Gefahr, in Tinten zu ertrinken oder an Schreibfehlern zu ersticken. Denn sobald sie ihre Hirnbilder anderen aufdrücken wollen und sobald es ihnen um Macht geht, beginnen fatale Verhängnisse.

Und dann riet er meinem Bruder, er solle sich in Schneider- und Kleiderfragen an seine süße Schwester wenden. Die trete, sofern er, der proletische Stein-, Baum- und Ruhrmensch, das richtig einschätze, in so schmeichelhaften Gewändern auf und beweise auch hier so viel Witz, daß ihre Vorschläge und Fertigkeiten gewiß auch auf Island gehörig Eindruck machten.

So geschah es. Wir burgundischen Brüder hatten uns von nun an auf die Reise nach Island auch in den Kleiderfragen gründlich vorzubereiten. Noch am selben Tag mußten wir uns in Krimhilds Kemenate auf ein breites Damaszener-Kissen setzen, das Siegfried *matraz* nannte, und allesamt hatten wir die Vorschläge der Schwester gutzuheißen oder zu verwerfen. Eine der Freundinnen notierte unsere Wünsche. Und dreißig andere waren nach dieser Besprechung dreißig Tage lang sehr beschäftigt.

Am Ende bekam jeder der reisenden Recken zwölf Gewänder mit auf die Fahrt. Alle von edelstem Zuschnitt, aus besten Stoffen und in sorgfältiger Verarbeitung, zierlich gewirkt, gründlich gesäumt. Bei der letzten Vorführung, zwei Tage vor der Abfahrt, da sahen und bewunderten wir wasserweiches Chagrin-Leder und Juchten, mit arabischem Gold besetzt, levantinische und afrikanische Tuche, fränkische Seiden aus dem Rhonetal, Mäntel aus Ziegen- wie aus Haifisch-Leder, und da fehlte es auch nicht an flandrischen Spitzen und an friesischen, an echten, und es fehlte nicht an golddurchwirkten Geweben, auch nicht an anthraxschwarzem Samt aus Marokko, aus Libyen und aus dem fernen *Zazamank*. Samarkand(?)

Einige Kleider waren besetzt mit Lapislazuli und mit Bernstein, andere mit Türkisen, eines auch mit GerSpitzen aus Silber, wieder andere mit Achaten, geschliffen im nahen Hardtwald. Mit den Juwelen waren sieben Eichenschilde gefüllt worden, und diese Schilde mußten, gehäuft beladen, von je vier Kahlgeschorenen in die Frauengemächer geschleppt werden. Sechs von den sieben Schildlasten waren aus den Hortschiffen geholt worden, aber den siebten Teil wollte Gunther doch auch aus eigenen Vorräten gestiftet haben, für den Fall, daß in Island gefragt würde, woher all diese Pracht käme. Er fürchtete, irgendein Neider würde der sagenhaften Braut, wenn sie nach Worms gekommen sei, hinterbringen, der Schmuck der Burgunder sei nichts weiter als nifhelheimisches Drachengut.

Auch der Nibelunge hatte sie nun zu begutachten, die Kunstwerke der Schneiderinnen, er tat es mit Geduld, Krimhild zuliebe, da er merkte, wie stolz sie war auf ihre Künste und daß auch seine Liebste wundersam beflügelt wurde von der burgundischen Schönheitslust. Insgeheim aber nahm er sich vor, so raunte er mir zu, König Gunther den »Kleider-*Quirumpil*« irgendwann heimzuzahlen.

Da erklärte Herr Gere, der an der Kleiderprobe teilnahm, obwohl er nicht mitfahren sollte nach Island, der aber keine Gelegenheit ausließ, in Krimhilds Nähe zu gelangen, da behauptete der Markgraf, das schöne Schwarz in Krimhilds Gewändern stamme aus dem Schwarz der Mönchsmäntel. Doch der Xantener meinte, deren Kapuzenschwarz sei stumpf wie Pech, dieses hier dagegen glimme und glitzre wie die brennbaren Steine im Eschen- und Buchenwald. Wieland Wagner übers Inszenieren des Finales der »Götterdämmerung«: »Logischer wäre, die Götter sozusagen nur ausräuchern zu lassen, da Steine bekanntlich nicht brennen können«

Auch der Niederländer bewunderte, von der *matraz* her, was seine künftige Königin verfertigte, wie gewandt sie verwandelte und verhüllte, und er freute sich, daß ihre Vorliebe jener scheinbaren Nichtfarbe gehörte, dem schimmernden AnthraxSchwarz, über das er noch einiges zu murmeln wußte von gewandten Gewändern und, wenn ich's richtig gehört habe, murmelte er auch von der Nymphe *Baldinai*. – Gleichgültig, sagte er, was meine Krimhild zu solchem Schwarz angeregt hat, diese Frau *hapt heptida* »legt Fesseln«, wechselt fesselnd schimmernde Dunkelheiten mit schimmernden Schatten, im Samt wie in Fellen, im Gewirkten wie im Gefärbten, und wenn ich das alles richtig beobachte, dann scheinen die Schwärzen mit dem Irrlicht zu spielen, das auch in Rumolts Schwarzwaldgeschichte auftauchte und das im übrigen all die Farben wiederholt, die aus den schwarzen Kohlen glühen.

I*n omnibus artibus atque artificiis* »in allen Künsten und Handwerken« nutzt man bekanntlich die unterschiedlichsten Wege. Das neue Schmiedefeuer unterm Rheinhammer zum Beispiel, das diente dem niederländischen Königssohn nun nicht mehr zum Schmieden einer weiteren Stahlschlange, sondern in den Wochen vor der Abfahrt nutzte er es nur noch dazu, um sein Hauptschiff zu verbessern. Weil Gunther sehr drängte und weil noch im ausgehenden Winter gefahren werden sollte, wollte der Xantener fast alle Aufbauten erneuern, da überprüfte er die Kalfaterungen, das Werg und das Pech und alles, was für ein dichtes festes Schiff wichtig ist. Eisenklammern wurden eingezogen, das Holz von Grund auf ausgebessert, mit Metallschienen gestärkt und mit Farbe geschützt. Holzbolzen und Eisenschrauben wurden zusätzlich eingefügt im Mastschuh, und bei den vier Wanten und für die Besegelung wurde das Rick neu bespannt und gesichert. Sein KuhSchiff, nach römischem Vorbild gebaut, hat der Ruhrschmied mit all seinen Handwerkskünsten ganz und gar überholt und gründlichst vorbereitet für die Fahrt ins offene, ins unendliche und wilde Wintermeer. Für den nächsten, für den dreistesten Flug des Falken.

Am letzten Abend vor der Ausfahrt wurde in der großen Halle mit guter Zuversicht gefeiert, und nach einer üppigen Straßburger Mahlzeit endete mein Gesang mit den Worten:

Gestern sah ich den Falken wunderbar fliegen
An seinen Fängen glänzten seidene Bänder
Auch schimmerte sein Gefieder von rotem Gold
Gott füge die zusammen, die vor Liebe verbrennen

Da schien die Stimmung in unserer Pfalzhalle so freundschaftlich, daß der Mann aus Xanten plötzlich bitten konnte, den Inhalt aller seiner Hortschiffe nunmehr, bevor die Fahrt begänne, in die Kellergewölbe der Wormspfalz zu schaffen, noch in dieser Nacht. Als sich der freudige Schreck über diese Bitte durch alle Gesichter verbreitete, als da die Gespräche verstummten und der Nibelunge seine Bitte noch einmal ausdrücklich wiederholen mußte, da machten Dankwarths Hundertschaften sich endlich an die Arbeit, Wormser Haussklaven wie Xantener Schiffsleute hoben im Licht von Dutzenden Fackeln das Rheingold aus den Bootsbäuchen und schleppten die Schätze in unsere Kastellgewölbe, den Drachenhort.

Durch Gänge und Treppen dröhnten Rufe, vom Hof und vom Rhein her polterte es durch die Winternacht, als sei der Arbeitsgnom von *Buochenheim* nun auch über Worms hergefallen. Das klirrte und rasselte in Fässern, in Säcken und auf Bahren und Schilden, da quietschten hölzerne Hebekräne und wahrlich, nun tönte das alles wie die lieblichste Musik in den Ohren der burgundischen Herrschaften. Nirgends mehr schien noch eine Erinnerung übrig an jenen Fluch des *Aureus*, an die tödliche Verwünschung dieser rheinischen Mitgift.

Selbst Hagen schien bewegt. Nun hatte sich der Gast aus dem Plattland endgültig angenehm gemacht. Kein Märchenwind, kein Prahlhans war der, sondern von wirklichem Nutzen und Frommen.
Altdeutsch »fromm« kommt von *fruma* = »Vorteil«, »Nutzen«; *frumen* ist »nützlich sein«, »tüchtig sein«, »vorwärts kommen«

Als endlich wieder Stille war im Haus, als alles verstaut schien und einverleibt, da wuchs unterm Gold und Rot der Halle eine sonderbare Hochstimmung. Gunther, der ja erklärt hatte, was für ihn und die neue Kirche Pomp und Prunk bedeuteten, wollte nun trotzig glauben, daß seine isländische Werbung gelingen werde. Auch ohne daß er auf der EisInsel Harfenlieder vortragen würde. Und wer jetzt aufgestanden wäre, um zu erklären, in nur einem Monat wären alle Freunde, die hier in diesem Saal so behaglich beisammensaßen, die unglücklichsten und die blutigsten Feinde und die erbittertsten Gegner im »Mordkrampf«, der wäre, da bin ich sicher, von Vetter Hagen tatsächlich durchs Mauerloch in den Rhein geschleudert worden. Es ist ein Segen, daß wir unsere Zukunft nie wissen. Daß *Gaias* Zeitzauberinnen und Schicksalsfrauen für alle Zeit unerreichbar bleiben und göttlich, und zwar nicht unter, sondern über dem Gott *Uuodan* Wotan und über all jenen anderen märchenhaften Gestalten, die wir uns erfinden, um die Welt zu verstehen und zu ertragen.

Eine Art Schwindel übermannte uns in diesen Momenten; Wein war reichlich ausgegeben worden, auch in den Hof hinunter, an die Leibeigenen. Selbst Fleisch vom Rind wurde den Kahlköpfen an diesem besonderen Tag ausgeteilt, zarte Hüftstücke sogar, die sie selten oder nie zu kosten hatten. Trunken schien da bald jeder, und Ringwolf strafte keines der losen Wörter, die nun fast überall sich lockerten, ermahnte keinen für seine unter dem Tisch wandernde Hand oder für sein geschwindes Maul und faßte nicht ein einziges Mal an seinen reinen PapstStein, sondern glänzte selber vor Hoffnungen und vor Getränken und schien bereit, zu vergessen, daß er, Bischof *Rumoridus*, seit nunmehr zwei Monaten mit dem unter einem Dach hauste, den er als AntiChristen bezeichnet hatte. Kaum denkbar war, Ringwolf würde in seinem Glaubensfuror nun doch noch irgendeinen von diesen niederländischen Gästen pfählen oder er wollte im Ertränken oder mit anderen tödlichen »Gottesurteilen« ihre Sündhaftigkeit überprüfen. Obwohl er, da bin ich mir sicher, nach wie vor nicht zweifelte, daß es sich bei den Leuten vom niederen Rhein um Heiden handelte, die man retten oder überwinden müsse, um Barbaren, wo nicht gar um Ketzer, Häretiker und Irre und Teufelsgläubige, eben um Kelten, Gnomen, Barbaren und Wildlinge, freilich um überaus Mächtige.

Was aber sollten solche Sorgen dort, wo nun so sichtbar Wohlstand, Besitz und Macht sich häuften als Spiegel von Gottes Gunst. In solcher Ausgelassenheit feierten wir, daß etliche Hoffräulein wiederholt zu beweisen hatten, wie gut sie sich auf die Festungskunst verstanden, vorerst. Jedenfalls waren viele im Saal überaus geil. Matthias Lexers Altdeutsches Wörterbuch in der 28. Auflage: *geil* (adjekt.): »von wilder Kraft«, »mutwillig«, »üppig«, »lustig«, »fröhlich« (Schazman: *jolly*)

Plötzlich aber stand König Gunther auf und rief, an diesem letzten Abend vor der Abfahrt hinab nach Nifhelheim, da möge der burgundische Schreiber alles erzählen, was er von *Lokis* Mitternachtskünsten wüßte, von den Fertigkeiten des Lustgottes, ja, herauslassen solle ich, Giselher, wie man in den Ländern nördlich des *limes* außer dem Wörter- und Liederzauber auch die Leibeslüste schätze und nutze.

Ich stand auf, ein bißchen überrascht und verlegen, weil ich von denjenigen Göttern reden sollte, denen die allerärgsten Verachtungen des alten wie des neuen Imperiums galt. Gab dann aber der Tafelrunde im goldüberglänzten Fackelsaal ausführlich Bescheid. Und bald schafften es diese Geschichten, zusammen mit dem Wein von der *Côte d'Or*, daß es fast allen schien, als flöge durch die Halle zu Worms der Falke im Goldgefieder und zöge einen jeden zu sich hinauf in feurig fiebernde Gegenwelten.

Wie die meisten schon wissen, so begann ich, bin ich auf meiner Rheinreise von Köln aus mehrmals auch zu jenem Abbas Eginhardt gefahren und zu dessen Brüdern in den schwarzen Kutten, die unter der Siegburg hausen. Die Strenge, die in diesem Kloster der »christlichen Soldaten« herrscht und die dort als *duritia dei* »Strenge Gottes« angebetet wird, diese Strenge hat mich, wie ihr wißt, gehindert, ins gelehrte Mönchsleben einzutreten. Vor Freude über meine Entscheidung, frei zu bleiben, bin dann wohl auch ich ein wenig leichtsinnig geworden, so wie auch wir jetzt in diesem Saal ziemlich übermütig scheinen und flattersinnig, und bin in meiner *lascivia* »Leichtfertigkeit« über Köln hinaus stromab gefahren nach dem Niederland, da ich doch auch einmal über die Grenze hinüber wollte, hinab ins Inferiore oder Niedere oder Nifhelheimische, endlich einmal wirklich dort hinein, statt über dies Niederland immer nur zu hören oder zu lesen und immer wieder nur Zweifelhaftes.

Nicht weit von der Deutschburg ist mir auf der gegenüberliegenden Rheinseite in einem Ort namens Krähenkamp, wo gerade Markt gehalten wurde, jener Mann aufgefallen, der sich als Geschichten-Erzähler beliebt machte s.S. 111ff und der von allen, die dieses Geschäft betrieben, den meisten Zulauf fand und den stärksten Beifall. Meine burgundischen Verwandten hier im Saal wissen, was dieser Mann über Bornholm und Brünhilds Mutter Ran und über den einäugigen Weltengott erzählte. Dieser Erzähler und Sänger war der Franke *Karolus* Johannes, der hatte wie ich die Mönchskutte ausgeschlagen, war ein schriftkundiger Mann und viel gereist. Und bei seinem singenden Erzählen hatte der schon im Siegburger Kloster so viel Witz bewiesen, daß seine frommen Brüder ihm das Versprechen abhandelten, er möge, wenn er schon nicht in ihrem Kloster der *duritia dei* huldige, wenigstens seine Erzählkünste in den Dienst der neuen Glaubenslehre stellen und solle von Markt zu Markt ziehen und die nebelländischen Götter lächerlich machen. Das hat *Karolus* Johannes gern zugesagt. Zum einen wußte er, daß dort, wo gelacht wird, gut bezahlt wird, und zum andern, daß Geschichten vom Lachen, Weinen, Begehren und Angsthaben die Gottheiten nicht ausdörren, sondern neu befeuern. So war dieser Franke seit Jahren unterwegs, erzählte und unterhielt wunderbar das Zwerchfell der Leute, jenen Ort im Leib, wo das Lachen und die anderen Erschütterungen der Seele zuhause sind. Und *Karolus* Johannes erzielte große Erfolge, zum Leidwesen der *Caput*-Kapuzen. Zu »Zwerchfell« siehe S. 95 und S. 816f, aber auch Alexander Kluge: »Die Fähigkeit, auf den Gedankenkitzel zu antworten, sitzt hier. Das Zwerchfell ist offenkundig der Sitz der Aufklärung und der Überraschung, ein von keiner Herrschaft beeinflußbares Lach-Zentrum.« (»Freitag«, 13. 10. 2000)

Dieser Franke redete nun folgendes. – Als im Anfang aller Dinge nur Nebel war und Feuer und als in den Tiefen des Chaos die Ewige, die Unerschaffene wohnte, da trat bekanntlich alles, was sie begehrte, ins Dasein. Wen aber zeugte sie zuerst? Nicht Odin oder Wotan war der erste im Weltkreis, sondern das war der UrRiese, das NebelSonnengeschöpf *Bor*. Die einen sagen, *Bor* erschien auf Island in vulkanischem Dampf, andere meinten, *Bor* entstand auf Bornholm. *Bor* jedenfalls hat über die Gabe verfügt, Söhne aus sich selbst heraus zu erzeugen, ohne die Hilfe der Frauen. Des Selbsterzeugers erste Söhne waren ebenfalls Riesen, *Gar* und *Grindel*, die Erschläger (s. S. 15). Später aber, als er älter wurde und weiser, so erzählte der Franke, da wurde ihr Vater *Bor* weniger selbstherrlich, da begehrte auch er und entdeckte und gewann und durchdrang Leiberhügel und am liebsten den der *Bestla*, gleichfalls ein NebelSonnengeschöpf, und *Bor* konnte auf der Stelle von der Lust, sie nicht zu erschlagen, sondern zu durchdringen, nicht genug kriegen.

Mit der Riesenfrau *Bestla* zeugte *Bor* auf Bornholm nunmehr Odin, den wir auch *Uuodan* nennen oder Wotan. Wotan überragte alle anderen an Machtgier und, noch bevor Bor erschlagen war, erklärte Odin die nördliche Welt zu seinem Besitz und beherrschte sie. Freilich wußte dieser erste Imperator fast alle Waffen meisterlich zu gebrauchen, auch die des Begehrens, und im *Ginungagap* tat er das so lange, bis die Unerschaffene auch ihn heftig begehrt haben soll, so daß auf Island die Erde bebte, allerhand Inseln versanken, andere neu auftauchten und einige Berge auseinanderklafften und Feuer spien. Bei diesen Ereignissen, sagen die Alten, sei das Land *Atlantis* verschwunden.

In ihrem Liebesfeuer habe die Unerschaffene den Wotan zum Ersten unter den Göttern erhoben. Im südlichen Reich *muspil* gab sie ihm den Namen Zeus oder Jupiter, im nördlichen *nifhel* den Namen Wotan. Kaum war Wutgott *Uuodan* nicht mehr im wilden *Ginungagap*, sondern im lieblichen Midgardhimmel, da sehnte er sich heftig zurück nach der Unerschaffenen, kehrte immer wieder heimlich dorthin, wo er ihr begegnet war, suchte sie nicht nur in Bornholm, sondern erschien fast überall im Nifhelheim, auch in Pruzzen, in Yütland, Schottland und Norwegen, auch in Island. Das Weltbeherrschen bereitete ihm erst dann wirklich Lust, wenn er obendrein Frauen besaß und beherrschte. Um bei seinen Ausflügen als Gott nicht erkannt zu werden, weil er nicht wollte, daß die Frauen Angst hätten, sondern Lust, zeigte er sich in Tarnungen und durchdrang diese und jene Anderswelten, erschien manchmal als Tier, manchmal als Mensch. Wir wissen, daß er es war, der auf Bornholm die schöne Ran übertölpelte als frommer Pilger, so daß Brünhild ins Dasein trat.

Der zweite Sohn von *Bor* und *Bestla*, so erzählte der Franke in Krähenkamp, war *Donar* oder Thor. Der flog am liebsten auf einem goldenen Sonnenwagen durch die Welt und ließ sich ziehen von sieben Ziegenböcken, die vor allem die Frauen erschrecken sollten mit ihren schwarzen Ziegenbärten und mit ihren gelben Augen. Auch diesen tollen Thor begehrte und segnete die Unerschaffene und erhob ihn alsdann zum Hammergott, der bekanntlich, wenn er sein goldenes Werkzeug wirft, Getöse verbreitet, weithin hallenden Himmelslärm. Im Gegensatz zu Wotan hat Thor, seit er seine goldlockige *Sippia* kannte, keine andere Frau mehr ersehnt, die *Sippia* nahm er mit auf fast all seine Reisen, dieser Gemahlin blieb er stets treu, ja, er liebte sie mit Fleiß und Inbrunst jeden Tag irgendwo auf dem Erdkreis, weswegen es seither jeden Tag über irgendeinem Revier donnert, ach ja, stürmisch wie ein Unwetter pflegte Thor herzufallen über seine *Sippia*.

Sorgen bekam er jedoch, als ihm die Bornholmer Riesen, die selber zu gerne die Lautesten gewesen wären und die Thors Liebeslärm für Angeberei hielten, den goldenen Hammer stahlen. Ohne Hammer blieben die Liebesfreuden aus. Denn in den Ohren der goldlockigen *Sippia* tönte Thors Donner nicht hohl und wichtigtuerisch, sondern betörend, so daß sie, sobald sie nur von ferne sein Grollen und Rollen hörte, sich ihm aufs brünstigste ergab. Nun aber, ohne das gewaltige Rauschen und Rumpeln, blieb die Goldlockige kalt, trocken und spröde.

Voller Verlangen nach seinem Wunderstück machte der Hammergott sich auf die Suche. Er reiste durch Island, durch Norwegen, durch Yütland und wanderte, nach Wotans Art, getarnt. Wo immer er als frommer Pilger die Leute fragte, warum es eigentlich nicht mehr donnere, warum die Erde vertrockne und alles Lebendige unfruchtbar werde, als sollte schon jetzt der Tag des *muspil* der Weltvernichtung im Feuer beginnen, da erzählten ihm die Leute Genaueres über seine eigene Unpäßlichkeit: Gott Thor habe keinen Hammer mehr. Schließlich hörte der Donnergott, was die Wahrheit war, die Bornholmer Riesen hätten sein Glanzstück gestohlen.

Da verwandelte er sich in eine Frau, so lieblich wie üppig, und näherte sich der Insel, auf der, bevor wir Burgunder dort hausten, die Riesen wohnten.

Auf Bornholm erfuhr die vermeintliche Frau, daß es *Thrym* war, der dem Thor das Werkzeug genommen hatte, und daß *Thrym* den Hammer nur dann wieder rausrücke, wenn *Freya* ihn, *Thrym*, beglücke, Thors schönste Tochter. *Freya* war in der Tat sehr ansehnlich, die schöne *Freya* war es, die Gott Thor mit der Unerschaffenen gezeugt hatte. Von dieser *Freya* kam nicht nur die Lust auf das FreiSein in die Welt und auf das FrauenFreuen, sondern auch der Name für die »Frau«, für die ursprünglich Freie vgl. S. 112, 121.

Da verbesserte Thor seine Tarnung und verwandelte sich in *Freya*, sah also nun so aus wie seine eigene Tochter, mit der er schon immer viel Ähnlichkeit gehabt hatte, wenn auch der entscheidende Unterschied nicht zu beseitigen war. Wie immer die Götter sich tarnen, auch in der Verkappung bleiben sie bei ihrem Geschlecht.

Hergerichtet als *Freya*, der unsäglich Schönen täuschend ähnlich, betrat der Donnergott eines Abends, als dort gerade getafelt werden sollte, die Halle der größten Burg auf Bornholm. Im Westen der Insel steht sie seit je überm Meer und ist die größte Behausung in Nifhelheim. An diesem Sommerabend leuchtete das Gebäude golden in der tiefen Sonne, die soeben ins Meer sinken wollte, und in diesem besonderen Schein betrat nun der Gott, verwandelt in seine Tochter, den Riesensaal und erklärte mit hell klingender Stimme, Donnergott Thor habe seine schönste Frucht zu Herrn *Thrym* geschickt, damit sie, *Freya*, sich ihm, dem Herrn *Thrym*, auf das freieste zuwende, freilich gegen die Herausgabe des väterlichen Hammers.

Da schallte Fröhlichkeit durch die Halle der Ungeheuer, gern beäugten die Monster das stattliche Weib, sorgfältig ließ der Burgherr das Mahl verbessern, fix noch ließ er vom Mutterkorn einrühren, vom Schwindling, auch allerhand von Schlafmohn und Bilsenkraut. Das vermeintliche Fräulein speiste von allem recht gern und ausführlich, mit bebender Wonne gewahrte *Thrym*, wie das süße Mädchen ganz allein einen Ochsen fast vollständig verzehrte, dazu drei Lachse und obendrein allerhand Schüsseln Gebäck samt kopfgroßer Klumpen yütländischen Käses, ja *Thrym* sah mit Staunen, wie diese junge Frau auch vom Rausch- oder Wutgetränk humpenweise wegtrank, ohne unter den Tisch zu rutschen. Wie wir aber schon aus der Geschichte von Ran wissen, lähmt der Wutsaft nicht den, von dem er seinen Namen hat, berauscht nicht Wotan und seine Verwandtschaft, sondern vor allem die Menschen, aber auch die Riesen.

Die liebliche *Freya* aß und trank reichlich, ja unmäßig, und hielt mit Schmatzen und Schlucken den gelüstigen Herrn *Thrym* ziemlich lange hin. Der saß dicht neben ihr, rutschte immer noch mal ein bißchen näher an sie heran. Auf Bänken, weiß man, berühren unsere Finger gern, wie aus Versehen, das Bein oder den Bauch der Nachbarin, jedenfalls vormals, als noch keine Kirchenstuhllehnen Hände und Beine fernhielten.

Thrym jedenfalls bekam Tuchfühlung, bekam Hautfühlung, war aufgeregt und längst satt und schaute dem fressenden Fräulein fassungslos zu. Die Üppige, die Prächtige schien seine Gier aber nicht zu bemerken, weder sein Gaffen noch seine unruhigen Finger noch sein Gejapse, dieses mächtige Mädchen aß immer nochmal eine Wachtel oder einen Pfannekuchen, den einen bestrich sie mit Schweineschmalz, den anderen mit Rübensirup, einen dritten mit beidem, ja, und Frau *Freya* schlürfte zu wiederholten Malen das Stierhorn leer und rülpste so herzhaft, daß es den ungefügen *Thrym* entzückte bis fast zur Raserei.

Als er vor Drang und Brunst ganz rot war und kaum noch atmen konnte und keinen Augenblick mehr stillsitzen, da mochte auch die überirdisch Schöne nicht länger so tun, als begreife sie nicht, worum es dem schnaufenden Herrn neben ihr ging. Wandte sich ihm zu, lächelte und stellte frohgemut fest, wie interessant er zittere. Und, ja, unter der Tischplatte bestaunte sie fachkundig *Thryms* Lüsternheit, gewaltig stand ihm und prangend der Liebeshammer.

Da nickte die weise Frau verständnisvoll und folgte endlich dem Ächzenden, folgte ihm zu seinem Lager. Und erklärte dort dem Scharwenzelnden, bevor nun das *Freya*-Vergnügen beginne, und zwar aufs allerfeinste, nämlich mit dreifachem Glücksspagat bis ins innerste Muschelhorn, verlange sie zuvor den Hammer ihres göttlichen Vaters. Weil der so ungetüme wie ungestüme Herr jetzt auch nicht einen einzigen Augenblick länger warten konnte und weil schon die Alten wußten, daß dort, wo der Männerhammer sich erhebt, der Verstand in den Sand fährt, bekam Thor seinen goldenen Hammer und hat damit Herrn *Thrym* den Schädel eingeschlagen. *Thryms* Zertrümmerung war rings in Nifhelheim zu hören; und seither heißt die Riesenburg auf Bornholm, an der Abendseite steil über dem Meer, Burg *Hammershus.* Größte Burganlage Nord-Europas

Als ich dies in der Wormshalle erzählt hatte, hörte ich Frau Ute lispeln. – *Odin prodin loshait boshait.* »Der Verheerer, der Zerstörer, die Frechheit, die Bosheit«. Odin/Wotan als »Wutgott«, »Verheerer«

Wenn dies, sagte Ringwolf, die Sitten sind in Nifhelheim, dann wünsche ich bei der Brautwerbung auf Island *tota mente bene vertat!* »von Herzen Glück auf«

Um die Sitten in Nifhelheim, sagte ich, geht es auch in einer zweiten Geschichte, die in Krähenkamp zu hören war. Diese andere Geschichte des *Karolus* Johannes endet mit Auskünften über die Meergöttin Ran, über die Mutter der Brünhild, also derjenigen, die sich Gunther als Braut wünscht. Wobei ich nicht recht weiß, ob diese zweite Geschichte von Freiheiten erzählen will oder eher von Beschränktheiten. Jedenfalls geht es auch darin um *loshait boshait et vim comicam.* »Frechheit, Bosheit und Komik«

Man schenkte sich neu ein, und ich mußte unbedingt auch die andere Geschichte erzählen, da war niemand im Saal, der nicht von Ran und Brünhild Genaueres wissen wollte. – *Loki*, so wißt ihr, ist der Gott des gut geübten Mundwerks, den schon die Kelten verehrten als den Herrn der Wörtertarnung und des geschickten Lügens und dem auch wir Respekt erweisen sollten, weil Wahrheit bekanntlich nur verwandelt zu haben ist, nur in gut geölter Flunkerei, in den Künsten der Erzähler und Sänger. Zeigt sich doch erst jetzt, im Zerbrechen des RomReichs und im Entstehen des KirchenReichs, *qui ingeniosus narrator atque efficax ille fuit* »welch genialer und wirksamer Erzähler derjenige gewesen ist«, den unser Freund aus Xanten »Jeschu« nennt und den auch er lobpreist als wohltätigen Fabulierer.

Der Franke *Karolus* in Krähenkamp erzählte in seiner zweiten Geschichte von einer sehr viel früheren Zeit, in der auf Bornholm noch keine Burgunder hausten und auch noch keine Riesen. In dieser Vorzeit feierten auf der Insel im Warägermeer die wichtigsten Götter selber ihre Feste, und zwar feierten sie an jedem siebten Freitag mit denjenigen Frauen aus Nifhelheim, die sie für die schönsten hielten, ja, an diesem der *Freya* gewidmeten Freitag stillten sie jeweils eine Nacht lang ihre unstillbare Frauenbesitzsucht. Einst aber hatte man vergessen, *Loki* einzuladen, wahrscheinlich mit Absicht, denn die meisten fürchteten sich vor seiner losen Zunge. An diesem Freitag fehlte auch Thor, obwohl man den natürlich eingeladen hatte. Aber Thor war mal wieder irgendwo auf der Welt in ein wichtiges Donnergeschäft verwickelt, und wie fast alle Großen mochte auch er es keinen Augenblick lang unterlassen, die Menschen in ihren Wäldern und Sümpfen gehörig einzuschüchtern und ängstlich zu machen und demütig.

Auch ohne Thor und ohne *Loki* waren in der Halle der Burg, die später *Hammershus* hieß, viele würdige Gäste versammelt, sogar Odin oder Wotan war wieder anwesend, der *Gaia*- und *Bor*-Sohn. Der mochte freilich solche Feste nicht sonderlich, der liebte die einsame Pirsch, nicht die gemeinsame. Neuerdings setzten ihm auf Bornholm harte Lehnen zu in hohen sperrigen Sesseln. Gleich bei seiner Ankunft war er in den höchsten dieser Sitze plaziert worden, darin fühlte er sich aber nicht wohl, weil er keine Nachbarin zu spüren bekam, nur noch kaltes Eichenholz. Odin jedenfalls thronte an diesem Abend einsam und mürrisch auf seinem erhabenen Thron und hatte heftig dem Gedankenmet zugesprochen, dem *Odhrörir*. Seinem versteinerten

Gesicht sah man an, daß sich wieder einmal Großes und Bedeutendes in seinem Schädelgewölbe staute, wahrscheinlich umfassende Gedanken über eine neue Welt-Ordnung, über die er immer dann zu grübeln begann, wenn keine Frau in der Nähe war. Vielleicht dachte er aber auch an die jüngst gewonnene Irin, die er mit *Lokis* Hilfe einem Zauberer aus *Buochenheim* abgelistet hatte. Oder aber er schürte insgeheim irgendeine neue große Lust auf unerhörte Wutstürme, Tumulte und Wirrsale, die er mit seinen beiden Kriegswölfen *Geri* und *Freki* zu entfesseln liebte.

Drei Frauen hatten zu diesem bornholmischen Freitag eingeladen, und von denen war es die zarte Frau *Skuld* gewesen »Schuld« (*Skuld* ist der Name einer der drei Nornen), die den Weltbesitzer in den kantigen Holzsessel hineinkomplimentiert hatte, und weil jetzt diese Frau *Skuld* auch dafür sorgte, daß Wotans Gattin *Frigg* bei ihrer Rückkehr aus dem Tanzsaal wieder neben ihm Platz nahm, hielt ihr Gemahl nun seine kühnsten Projekte, vor allem die mit der jungen Irin, sorgfältig hinter seiner umwölkten Stirn. Ach, die hohe Göttervaterfigur an der Schmalfront der großen Hammershushalle, man hätte sie auch für einen Altar- oder Bautastein halten können oder für einen *Menhir* unbehaune Kultsteine, meist Gneis oder Granit, bis zu 15 m hoch; auf Bornholm stehen noch heute mehr als 250. Doch wer genau hinsah, konnte beobachten, wie ab und zu Schatten aus Wotans hohem Schädel stürzten, die Raben *Hugin* und *Munin*, dreimal taten sie das an diesem Abend, schwirrten rund um den Saal und dann zu den Fenstern der Burg hinaus, weit übers Meer, *Hugin*, der Gedanke, und *Munin*, das Gedächtnis.

Der Franke *Karolus* beteuerte, der WutGott und Verheerer habe seine schwarzen Hirnvögel ausgeschickt, weil sie nachprüfen sollten, ob *Lokis* Lohe auf Island noch brenne und ob Tochter Brünhild nach wie vor gut bewacht sei. Andere meinten freilich, nicht die Sorge um seine Tochter hätte ihn umgetrieben, sondern wieder mal ein Kriegsrausch, die beiden Raben hätten ihm melden sollen, ob die Sachsen, Dänen und Waräger dem Weltenherrschter Wotan weiterhin huldigten und ob endlich ein neuer *Irmin* oder Romvertilger in Sicht sei, der die Wüstenpriester und Totengötter vertrieb. Dritte dagegen waren sich sicher, die Vogelboten sollten ermitteln, was inzwischen die beiden neuen Großfürsten in OstRom und WestRom sich ausheckten.

Von Byzanz hatten *Hugin* und *Munin* Neues gemeldet von Kaiser Konstantin. Der habe im Februar des Jahres 313 die christliche Religion anerkannt und zur Staatsreligion des Imperiums erhoben. Denn als er um den Sieg gegen seinen Konkurrenten *Maxentius* zum Herrn Jupiter habe beten wollen, da sei am Himmel ein Kreuz erschienen mit der Inschrift *IN HOC SIGNO VINCES*, und weil Herr Konstantin dann den Mitbewerber um die Kaiserkrone tatsächlich aus dem Feld schlug, habe er dieses Zeichen anerkannt und verehre es von nun an. »In diesem Zeichen wirst du siegen.« Bezieht sich auf die Schlacht im Norden Roms, an der Milvinischen Tiber-Brücke, überliefert von *Eusebios* (*Vita Constantini*, 1,28): *Hoc signo victor eris!* Diese lateinische Inschrift ist auch das Motto auf Karl Mays »Winnetou IV«, 1910 (»Empor die Edelmenschen«)

In der Burg, die nachmals *Hammershus* hieß, erörterten die anderen Götter und Göttinnen jedoch keine neuen Einschüchterungsreligionen und keine neuen Weltregierungen samt den Gefahren für die alten, sondern sie mischten sich mal wieder *medias in res mediocritatis* »mitten hinein in die Angelegenheiten der Mittelmäßigkeit«. Zum einen redeten sie über das Gerücht, wonach die beiden Wotansraben, statt sich um die neusten Entwicklungen in Rom und in Byzanz zu kümmern, in die heilige Esche *Yggdrasil* geflogen seien, um sie vollzuscheißen. Zum anderen aber und noch viel eifriger beredeten Frauen wie Männer, wie schön es sei, daß man diesmal den Gott der *loshait* los sei, daß man den scharfzüngigen *Loki* endlich einmal nicht zu ertragen hatte, dieser Tag hier sei der erste wahrhaft freie Freitag. Von Tisch zu Tisch, während gegessen und getrunken wurde, einigte man sich lauthals darauf, daß die zarte *Skuld* recht gehandelt hätte, den Lügenlümmel nicht einzuladen, weil ohne die Haken, Spitzen und Pfeile dieses *deus interpretationis* »Gott des Dazwischenredens« sehr viel angenehmer zu speisen sei, ja, mit mehr Gemütlichkeit – da flog die Saaltür auf, und *Loki* stürmte herein.

Und der verlangte nun seinen Platz an der Tafel. Und da ja ein Sitz freigeblieben war für Thor, fand man in der Eile keine Ausrede und ließ *Loki* sich setzen. Neben Wotan saß nun auf der einen Seite die Gattin *Frigg*, auf der anderen Seite der Gott der geschwinden Zunge, saß dort, wo alle ihn sahen und wo sie seine blitzigen dunklen Augen beobachten konnten. Diese Augen blickten so rasch und so scharf, daß niemand im Saal mehr zu reden wagte. *Loki* hatte den ersten Schluck *aqua vitae* »Lebenswasser« Aquavit? noch kaum im Leib, da nutzte er das säuerliche Schweigen rings und begann zu lästern. Da spottete er und höhnte und beleidigte nach und nach jeden an der Tafel. Und tat das einfach dadurch, daß er alles, was er über die Anwesenden wußte, herausplauderte.

Zuerst lästerte er über die Göttinnen und ließ keine ohne Verlegenheit. Und als die Herren Götter sich schon kugeln wollten vor Lachen über dieses nun doch noch so gelungene Freitagsfest, da gab *Loki* auch das zum Besten, was er über die Herren wußte, wer mit welcher und welche mit wem und wann und wie und wie oft oder wie selten und wenn ja, unter welch kuriosen und absonderlichen Umständen und wie berauscht oder wie vergrätzt dieser oder jener das Beilager verließ, wann Lust war, wie oft aber Pein und Gram und wie selten *Freyas* FrauenFreuen.

Am Ende schonte Loki selbst den Göttervater nicht und erklärte, der benötige allein deshalb immerzu neue und noch jüngere Frauen, weil ihm sonst sein Liebeshämmerchen nicht mehr in die Höhe wollte, ja, in der Bucht von Bornholm habe er die schöne Ran erst dann beschlafen können, als sie ohnmächtig vor ihm lag, betäubt von der Götterspeise, die in *concavo electo* »in der auserlesenen Schüssel« die menschlichen Sinne nicht weckt, sondern betäubt und lähmt. Diesen Betrug werde die Unerschaffene dem einäugigen Weltbesitzer niemals verzeihen und Ran werde sich rächen, spätestens dann, wenn es irgendeinem Freier gelänge, Brünhilds eisländische Flammenbehütung zu durchdringen und zu löschen. Der alten Falschheit und dem Dünkel der Götter drohe endgültige Rache, ja, Untergang.

Als ich dies erzählte in der Wormser Halle, da war es sehr still, und ich sah, wie Gunther bleich geworden war. Auch dem Xantener schien das Lachen erstorben zu sein. Und es sah aus, als ob Krimhild sich an seiner Schulter zu verstecken versuchte.

Ich erzählte weiter, wollte, daß allen klar war, daß in *nifhel* wie *muspel* von Beginn an Verwandlung war und Lüge und Falschheit. Und wie Feuer und Wasser, wie Macht und Niedertracht sich endlos mischen und immer neu die Welt heimsuchen und herumdrehen.

Als beim bornholmischen Gelage der Lügengott *Loki* schließlich so frech wurde, daß er selbst Odin nicht schonte, der doch neben ihm saß, da war den Göttern bald klar, daß ihr Göttervater inzwischen ziemlich alt geworden sein mußte, ähnlich alt wie Jupiter im *Imperium Romanum*. Wenig schien der Alte von *Lokis* Dreistigkeiten zu bemerken, steinern thronte er über der Versammlung, libellisch, als reise er wie auf Rabenschwingen zu seinen grandiosen Gedankengebäuden. Da bat schließlich Thors Frau *Sippia*, die fürchten mußte, die Reihe der Schmähungen käme nun auch an ihren abwesenden Donnergemahl, da bat also Frau *Sippia* den *Loki*, mit dem FrechSein endlich aufzuhören, mit dem Getratsche im Stil der einfachen Leute, ja, *Sippia* bat um mehr Respekt vor den Gottheiten.

Gerade du, rief *Loki*, hast es nötig, um Schweigen zu bitten, *Sippia*, die sittliche, noch vor nur zwei Tagen hat sie hoch in den Wolken über *Hammaburc* Hamburg nicht genug kriegen können, weil endlich mal, wie sie beteuerte, kein hohler Donnerhammer am Werk war, sondern, so drückte sie das aus im Stil der einfachen Leute, eine Wonnewucht – ja seht nur hin! ihre eigenen Worte erkennt sie und wird rot bis unter ihre goldigen Löckchen.

Sippia, als sie sah, daß alle sie anschauten, sank ohnmächtig unter den Tisch. Und tat das gerade in dem Moment, in dem abermals die Tür aufflog und ihr Gemahl Thor hereinfuhr, der Donnergott, lautstark wie immer, der Gott der Wichtigtuerei und nunmehr der Gehörnte. – Warum liegt meine *Sippia* unter dem Tisch?

Sie erlag, log *Loki*, göttlichen Sitten. – Den Trinksitten? – Liebessitten. – Du lügst! – Frag *Sippia*. – Da griff sich der Donnerer seine Gattin, zerrte sie hoch, herrschte sie an mit dem üblichen Getöse, so daß sie es vorzog, noch ohnmächtiger zu werden und so daß Thor sich seine Frau über die Schulter werfen mußte, um mit ihr in die Nacht hinauszustürmen zu seinem schwarzgoldenen Ziegenbockwagen. Und hat in dieser Nacht noch ausführlich mit ihr gegrollt.

So schilderte das der Franke und erzählte weiter. – Da Herr Wotan auf seinem Thron wie so viele, die oben an der Weltspitze sind, den Kontakt verlor zu dem, was ganz unten ist, und da ihn seine Boten nur noch sehr schlecht bedienten und ihm nur das berichteten, was er hören wollte, nämlich großartiges Gekrächz über bedeutende Stunden der Weltgeschichte, und da den Wotan auch das Gebrodel in der Bornholmer Halle nicht weiter bekümmerte, beherrschte von nun an der zungenschnelle *Loki* das Fest und konnte mit den Göttern anstellen, was er wollte, da er alle Schwächen derer kannte, die sich für unsterblich halten. Sogar den Lautesten hatte er vertrieben, den obersten Dröhner, Demütiger und Zerschmetterer. Und weil auch in Nifhelheim die Unsterblichen nichts so sehr fürchten, als sich unsterblich zu blamieren, ließen sie *Loki* reden und ungehindert seine Wahrheiten verbreiten durch Lügen. Schon was er über Frau *Sippia* behauptet hatte, entsprach nicht dem, was da wirklich geschehen, dafür aber genau dem, was heimlich gewünscht worden war.

In Wahrheit, log *Loki*, sei der einäugige Rauschgott Wotan nichts weiter als ein schwacher Imitator der neuen römischen WüstenGottheit, also nichts weiter als ein oberster Vortäuscher, und suche seinen Menschenbesitz ebenso zu vergrößern wie Zwerg Alberich seinen Materialbesitz, nämlich, wie man das am Wort »Zwerg« gut ablesen könne, als Verdreher, Verwandler und Gaukler, also lügenhaft und hinterhältig, nämlich *turpilucricupidus.* »gierig nach schändlichem Gewinn« (vgl. »lukrativ«) Der in diesem BornholmSaal herumsitzt wie ein erhabener Stein, so erklärte *Loki* der Versammlung, ohne daß der, den es betraf, etwas davon wahrnahm, dieser sogenannte Weltengott ist also nichts weiter als ein aufgeblähter Zwerg, und die Meergöttin Ran, sie wird es rächen, daß sie von diesem übergroßen Zwerg berauscht, betrogen und geschändet wurde und daß ihre Tochter Brünhild von Flammen bewacht wird und festgehalten. Mit der Kraft der Unerschaffenen wird Ran ihre kalten Salzmeere über die Lande schicken und wird sie ersäufen und die Berge werden am Tage des *muspil* verglühen *in flammis ultimis.* »in endgültiger Lohe«, vgl. Brünhilds finalen Fluch S. 708f

Als die in Bornholm Versammelten das hörten, so erzählte der Franke, da erschraken alle, die zuvor *Loki* gelästert hatten, und erstarrten im Schock viele zu Bautasteinen, von denen auf Bornholm seither zahlreiche zu sehen sind, und sahen gewiß viele bleich aus und ähnlich kränklich wie jetzt ihr hier in der Wormser Pfalzhalle.

Ob *Loki* damals gelogen oder im Lügen die Wahrheit gesagt hat, das weiß ich nicht. Dies jedenfalls ist es, was ich zu hören bekam in Krähenkamp. Eine Geschichte von der letzten Vernichtung, vom Untergang in der Glut, und die hörte ich nicht weit von dort, wo unser Gast aufwuchs, nicht weit von Xanten. Als an diesem Abend die Leute aus dem Erzählzelt heimkehrten in ihre eigenen Zelte und Hütten, da war keiner, der nicht eingesehen hätte, wie lebendig die alten nifhelheimischen Verwandelgötter sind im Vergleich zu dem Gerippe, das uns die Herren der neuen Todes-, Leidens- und Wüstenreligion aufdrängen als Gott und Gottessohn, als den, dessen gequälten Leib inzwischen auch Herr Ringwolf in diesen Saal gehängt hat, gleich neben den Eingang.

Habe ich das damals im Pfalzsaal wirklich so gesagt, damals, als Hagen und Ringwolf mich anblickten? war ich da tatsächlich so mutig, so frech oder hab ich mir inzwischen nur hundertmal gewünscht, das so gesagt zu haben? – Jedenfalls habe ich das hier und jetzt geschrieben.

Nun erst hab ich dies alles in meinem Schreibkerker notieren können, nach einer langen Pause, nach einer ekelhaften Krankheit, die mich mehr als drei Monate Zeit gekostet hat, aber jetzt sitze ich wieder aufrecht, hocke wie zuvor an meinem Tisch in diesem finsteren Lorscher Loch, wo jene vierzig Tage Gnadenfrist inzwischen mehr als dreimal vergangen sind, ohne daß von einer Hinrichtung noch irgend jemand reden würde. Es scheint in der Tat so, als hätte Gunther die Frist längst verlängert. Oder als wollte man auch mich vergessen. Da klage ich nicht, sondern nutze, endlich wieder gesund, diese Abgeschiedenheit, um mit Kilian *Hilarus* und seinen Schülern die Chronik zu erstellen, die Mordgeschichte, die zugleich eine Liebesgeschichte ist, eine *Historia de duobus amantibus* »Geschichte zweier Liebenden«, die erzählt, wie und warum das Erschlagen das Durchdringen besiegte.

Inzwischen bläst es herbstlich kalt aus dem Mauerloch, ich hatte *influentia* »Grippe« und es schlossen sich andere *morbi et aegrotationes* an »Krankheiten und Schwächen«, die ich hier nicht alle aufzählen will, jedenfalls konnte ich lange nichts notieren, ach, wie seltsam stoßen die Gegensätze gegeneinander, welch ein *contrarium* bilden die blühenden Bornholmgeschichten zu meinem Klosterkerker und zu meiner körperlichen Schwäche. Aber der freundliche Kilian pflegt mich und hilft mit warmer Kleidung, mit belebenden Kräutern, guten Speisen und mit interessanten Neuigkeiten aus der rätselhaften Welt dort draußen.

Selbst die Erinnerung an die bornholmischen Lustfeste scheint mich nicht heilen zu können von der Trauer über die Ereignisse, die im Finsteren enden, auch nicht der heimliche Gott dieser Chronik läßt mich gesund werden, der scharfsinnige *Loki*. Die Warnungen, die ich von ihm zu erzählen hatte, die wollte auch in Worms niemand begreifen. In der Pfalzhalle hörte man das ungern, hörte lieber nicht genau zu und nahm das alles eher als köstliche Unterhaltung und Ablenkung und nicht als Aufklärung, begriff *documenta qua delectationes* »die warnenden Beispiele als Ergötzlichkeiten«. Dabei hätten die Berichte aus Krähenkamp, so fremd oder komisch sie scheinen mochten, aufdecken können, daß die Besitzgier zur stärksten Weltkraft wurde, nicht nur die Gier nach Frauenbesitz. Sondern daß im neuen Schrekkens-Imperium das Privatisieren regiert, die Lust, sich Menschen wie Sachen anzueignen, ja, als Eigentum zu verstehen.

Ganz wenige Tage nur nach dem *Hornung* »Februar«, *ante diem quintum Nonas Martias* »am dritten März« schon sollte die große Reise beginnen, und in der Tat, an diesem Tag waren all die neuen burgundischen Prunkgewänder sorgfältig gefaltet, waren in gute Truhen gelegt, und die Truhen waren in den Schiffsbauch geschleppt worden, ja, nun, im frühesten Morgenlicht sollten wir wirklich aufbrechen nach Island, sollten Hagen und der Niederländer, sollten Gunther, Gernot und ich mit sieben nibelungischen Schiffsleuten den Rhein hinabfahren, hinaus aus der *terra continente* auf den unendlichen *Oceanus*, dorthin, wo die bornholmische Ran herrscht, die Betrogene, die nun als Göttin die Mitternachtsmeere bewacht.

Am Hafen bat Dankwarth den Xantener, der sich von Krimhild verabschiedete, um ein dringendes Gespräch. Der Burgwart und Mundschenk schien verwirrt, zog den Cherusker in einen Winkel hinter dem Hoftor und sagte, König Gunther habe ihm merkwürdige Aufträge erteilt und nun wisse er, der Truchseß, nicht, ob Gunther sie ihm wirklich erteilt hätte oder in Wahrheit doch nicht. »Zwar« und »aber« hätte mein Bruder jedesmal gesagt.

Was sagte der Zwaraber?

Seine Schlafkammer, bat Gunther, solle ich, während er nach Island unterwegs sei, herrichten lassen zu einem Ehegemach. Auch die große Pfalzhalle solle ich ausbessern für eine ansehnliche Hochzeitsfeier, außerdem wäre der Abort neu zu bauen und breiter und ansehnlicher. Auch am Bergfried und im Hof müßte ich die Dächer reparieren lassen, die morschen Stützen ersetzen, alles frisch bemalen und noch manches mehr und vor allem: Gäste soll ich einladen, an die siebenhundert Gäste. Kurzum, eine siebentägige Hochzeit hätte ich vorzubereiten.

Wo bleibt das »aber«?

Aber all diese Aufträge hat er wieder zurückgenommen. Zwar wäre das alles sinnvoll, aber ausführen sollte ich das lieber vorerst nicht, so sagte er's heute morgen und meinte, rheinauf rheinab würden wir uns blamieren, wenn wir ohne Brünhild heimkehrten. Warte besser, bis wir zurückkommen. Sonst sind siebenhundert Gäste in Worms und es gibt gar nichts zu feiern, höchstens meine Schmach gibt es zu belachen oder man muß mein Verschwinden und Ableben betrauern, wenn denn überhaupt einer darüber wird trauern wollen. So redete er. Was soll ich nun tun? Wenn der König mit dieser nordischen Frau heimkehrt und niemand ist geladen und nichts ist vorbereitet, dann blamieren wir uns erst recht, dann wird Heermeister Hagen mich in seinem Zorn tatsächlich aus dem Mauerloch in den Rhein werfen. Du, der berühmte Mann aus Xanten, du warst in Island, wie schätzt du sie ein, König Gunthers Chancen als Freier? – So fragte Dankwarth.

Zähl zweimal zwölf Tage. Zwölf Tage, so lange dauert die Hinfahrt. Genauso lang brauchen wir für die Rückfahrt. Und dann zähl zwei oder drei Tage hinzu, so viele werden wohl nötig sein, um die Flammenfrau zu gewinnen und nach Worms zu bringen. Das heißt, in sechsundzwanzig oder in siebenundzwanzig Tagen ist unsere Arbeit getan. Und Ende März ist auch die deine fertig.

Dankwarth blickte dem Ritter verdutzt nach, der ihm einen kräftigen Schlag auf die Schulter gehauen hatte. Der ging nun wieder dorthin, wo Krimhild vor dem Schiff wartete. – Zähl zwei mal zwölf Tage, murmelte Dankwarth, dann tu zwei oder drei hinzu. Zwölf Tage für die Überfahrt nach Island werden auch noch in der Zeit um 1200 überliefert. Diese Zeitangabe ist nach Auskunft von nautischen Fachleuten realistisch, angesichts damaliger Seefahrtstechniken

Am Kai, wo meine Schwester ihren Liebsten umarmte und küßte, sah ich, wie Krimhilds Augen naß waren und schier überströmen wollten vor Schmerz und zugleich doch gewiß auch im Glück über den Tatkräftigen, der, da war sie sich längst sicher, für immer ihr Mann war. Herr Gere stand neben dem verschlungenen Paar und war einigermaßen verlegen, hätte sich jetzt ebenfalls von dem Xantener verabschieden wollen, doch die Umarmung dicht neben ihm, die dauerte sehr lange und war heftig, und als dann endlich der Riese sich löste und auf den Herrn Gere zuwankte und, ebenfalls noch mit Tränen in den Augen, beim Anblick des Markgrafen rumpelnd lachen mußte und seine breite Arbeitshand auf die elegante Tunika schlug, da meinte der Graf, dem Weinenden zum Trost einen weisen Spruch der alten Königin wiederholen zu müssen und sagte: Wer nie fortgeht, kommt nie heim. – Ja, Geregraf, ich versprech dir, *heimzikommene gisund!* – Und gab seinen niederrheinischen Leuten Anweisungen, wohin auf dem Schiff das Rauchfleisch zu verladen war, wohin die Rüben, der Kohl und die Eßkastanien und wo nun in vielerlei Käfigen allerhand piepsende Hühnchen bleiben sollten und eine lebende Ziege, dazu Schmalz und Salz und Wein, aber auch, in einem Gitterkasten, drei Raben. Die krächzten böse und mir war nicht klar, wozu auf dem Weg übers Meer diese Vögel dienen sollten, da mir von Rabenmahlzeiten gar nichts bekannt war.

Da bemerkte ich, wie Bischof Ringwolf mit seinem weltlichen Vetter redete und wie er dem Heermeister jenen Lederbeutel gab, den er immer dann vorbereitet hatte, wenn es zu blutigen Kämpfen kommen würde, auch schon vor der Reise an den Main, als es gegen die sächsischen Falen ging, hatte er dem Hagen einen solchen Beutel mitgegeben mit Mischungen aus Lorbeersekreten und mit Weihrauchharz. Der Waffenmeister sollte auch auf der Island-Fahrt, kurz vor einem möglichen Gefecht über einem Feuer diese Ingredienzen erhitzen und sollte uns alle berauschen und beflügeln mit den Dünsten, die von Lorbeer und Weihrauch aufsteigen und die seit den ältesten Zeiten hilfreich sind im Kriegsbetrieb wie im Religionsbetrieb.

Frau Ute, die sich ans Schiff hatte tragen lassen, bat den *Victor Placidus*, bevor er an Bord gehe, seinen Kopf zu neigen, weil sie den Kopf des Xanteners berühren wolle. Da ging der Niederländer zu der Greisin, kniete vor ihr nieder und legte ihr den Kopf in den Schoß. Ihre dürre Hand legte sie dem Nibelungen ins Haar und sprach:

Ic dir nachsihi
ic dir nachsendi
uz minin funf fingirin
funfi undi funfzic guoti Albi
Loki gisundi heim dik sendi
Offen si dir daz sigidor
sami si daz segidor
bislozzin si dir daz wagidor
sami si daz wafindor

»Ich sehe dir nach. Ich sende dir nach aus meinen fünf Fingern fünfundfünfzig gute Geister. Loki schicke dich gesund wieder heim. Offen sei dir das Tor zu den Weltkräften und ebenso das Segeltor. Verschlossen bleibe dir Wogentor und ebenso das Waffentor«

Dasselbe sagte und tat sie dann auch mit ihren Söhnen. Denen hatte ich Utes uralte Leuteworte ins Hofdeutsche zu übersetzen. Dann endlich gingen wir an Bord, Leibeigene lösten am Kai die Leinen und schon glitt es stromab, das römisch gebaute Boot mit dem keltischen Verdeck und mit dem Kuhschädel am Bug und im Segelwappen.

Gunther, meinen ältesten Bruder, den werde ich wohl lebenslang nicht wirklich begreifen. Immer wieder überrascht er mit kaum verständlichen Äußerungen und Wünschen. Als Worms nicht mehr zu sehen war, da rief er alle, die an Bord waren, zum Heck des Schiffes, dorthin, wo *Walthar* das Lenkruder führte. Dort erklärte der König den Versammelten, auch den Matrosen auf dieser Fahrt in die Mitternachtsreiche solle unser Freund aus Xanten der »Schippmann« sein, nämlich der Kapitän. – Daran hatte nie jemand gezweifelt, nicht einmal Hagen. – Der Cherusker lachte und nickte und forderte uns auf, ihn auf dieser Reise von nun an immer nur »Schippmann« zu nennen.

Da der Rhein um diese späte Winterzeit wenig Wasser führte, war es günstig, kundige Lotsen zu haben. Die Leute aus Nebelland, allen voran *Walthar*, die kannten offenbar alle Untiefen in den Strom-Engen zwischen Mainz und Koblenz, oder sie konnten sie rechtzeitig erkennen, als blickten sie schon von weitem durch das graue Flußwasser hindurch und sähen im wildernden Strom die Hungersteine. Jedenfalls steuerten sie das Boot durch all die unsichtbaren Gefahren *sine calamitate* »ohne Unfall«. Schazman hat hier *hungry stones*, noch heute heißen gefährliche Felsen im Rhein, die bei Niedrigwasser zu sehen sind und bei höherem Wasser unter der Oberfläche bleiben, »Hungersteine«

So passierten wir gleich am ersten Tag die Rheinschluchten und auch jenes Ufer, auf dem zwölf der Unseren überfallen und ermordet worden waren, darunter Ortwin. Überraschend schnell trieben wir unter den Steilfelsen dahin. Plötzlich aber erschrak Gunther, weil er bemerkte, daß ausgerechnet hier, wo Stromschnellen das Boot schüttelten und engste Stellen zu passieren waren und rings im Wasser die schwarzen Felsköpfe schimmerten, daß just hier unser Kapitän nirgends zu sehen war, daß er das Steuern seinem Knappen überließ. Der niederländische *Walthar* erklärte, der Kapitän sei unter Deck. Vor diesen Felswänden habe der sich zu hüten.

Wie soll das gehen? zürnte Gunther. Wenn Gefahr ist, dann versteckt er sich? Zwischen diesen SteilUfern müßten wir besser alle zusammen achtgeben, und am meisten, denke ich, der Kapitän. – *Walthar* schwieg, hatte auf die Klippen und die Untiefen zu passen. Da erklärte ich dem Bruder, daß sich auf den düsteren Wänden zu beiden Seiten der Rheinschlucht zuweilen eine Wasserfrau zeige, eine Nymphe. – Wer sie erblickt, hörte ich in Köln, der verfällt ihr augenblicklich. Bei den Salmfischern gilt der schwarze Berg dort, der so breit und kräftig in den Strom hineinragt, als *lure Lay.* Als »raunender Felsen«. Der Flußgeist »Loreley« wurde literarisch erst von der deutschen Romantik erfunden, im Jahr 1800 von Clemens Brentano in seiner Ballade »Zu Bacharach am Rheine«, 24 Jahre später von Heinrich Heine mit seinem Lied »Ich weiß nicht . . .«

Da fragte und murrte Gunther nicht weiter, sondern begann, rings die Felsen zu beobachten, eher scheu. Zunächst blickte er nur aus den Augenwinkeln, wie mit FliegenAugen, die gleichzeitig nach links wie nach rechts sehen können. Als sich aber in den dunklen Klüften hier wie dort nichts zeigte, nur kleine Schneeflecken und graues Schmelzwasser, da erinnerte ich Gunther daran, daß, wer den Drachen erschlug, mehr sehe und höre als andere. – Wunderbare Frauen erkennt nur, wer die Neidgier besiegt hat, *Nidgir.*

Geschwind glitt das Boot, steuerte ohne Zwischenfälle durch die schnellen Wellen. Und kurz vor der ersten Nacht fanden wir dann einen guten, einen ruhigen Ankerplatz, oberhalb *Bonna*, dicht unter dem Drachenfels. Kein Rheinwurm verlangte Zoll. Da unterm Trachytfelsen die Abendsonne den Felsenberg in freundliches Licht tauchte, begrüßten die Schiffsleute, von denen einige in dieser Region zu Hause waren, lauthals den freien Rheinstrom, der hier aus dem Bergland unbehindert hinausströmen kann in die weite Ebene, hinab ins Niederländische.

Schon beim Ankersetzen hörte ich diese Glücksrufe der Niederländer. Und als das Schiff für die Nacht gut befestigt war, begannen die Kerle eine Art Gesang, der mir bekannt schien aus dem furchtbaren Kampf des Xanteners mit den Zwölfen. Auch unterm Drachenfels erhob sich nun wisperiges Gedröhn und Gezisch und ließ sich kaum als ein Singen erkennen, sondern das knarzte rauh und huckelig, das fauchte, das bellte. *Walthar* erklärte mir, wann immer in Nifhelheim Feinde vertrieben würden, ob Römer oder andere Räuber oder Drachen, dann höre man dies klotzige Männergelärme, das sei der *banditus*, der schon Roms Kohorten unter Herrn *Varus* erschreckt habe. Diese Beschreibungen werden von neuerer Musikforschung bestätigt, z. B. von Michael Walter (»Das andere Wahrnehmen«, Köln 1991), der den Johannes *Diakonus* zitiert, einen fränkischen Zeitgenossen Karls des Großen, eine klösterliche Quelle: »Nicht so sehr durch ihren Leichtsinn als vielmehr durch ihre Natur haben die Germanen Schwierigkeiten beim Erlernen römischer Kirchengesänge, weil ja ihre Körper mit ihren dröhnend donnernden und allzu lauten Stimmen die eigentliche Melodie nicht wiedergeben können und die barbarische Wildheit ihrer Säufergurgel nur ein naturgegebenes Krächzen hervorbringt mit einem Geräusch, wie wenn ein außer Kontrolle geratener Wagen über Treppen hinunterpoltert«

Wie auf der Waldlichtung vor Sachsenheim, als die zwölf Ostfalen den Xantener hatten »metzen« wollen, so heulte der *banditus* nun auch hier und scholl von sehr tief unten und zischte, schwoll und schlug schließlich schaurig gegen den Drachenfelsenberg, auf dem der Jude *Aureus* seinen Fluch geschrien hatte, ja, das Begrüßungsbrüllen unserer Matrosen erfüllte am Ende die ganze breite Talbucht bei *Bonna*. Die Sänger nannten das »Steingesang« und »Felsensingen«, und dieser Lärm rumpelte in der Tat wie Steinepoltern. Schazman verwendet hier wiederholt *rockmusic* und betont, die »singenden« Matrosen meinten mit ihren Benennungen einen steinerweichenden, einen bebenden, einen Berge versetzenden Krawall

Als dann die Dunkelheit kam und alle an eine warme Mahlzeit dachten, da sollte unter Deck Feuer gemacht werden. Gunther, der ein wenig fror, sprach von einer guten Suppe. Der Schippmann lächelte. – Diesen Abend ist König Gunther die Kochfrau.

Im letzten Tageslicht war nicht zu übersehen, daß der König errötete. Doch der Nibelunge trug nun unter Deck zweierlei Hölzer vor die Feuerstelle. Das breitere, ein kleines Brett, das eine Vertiefung hatte, das legte er auf den Boden, kniete sich davor und hielt das andere Holz darüber, einen Stab, der exakt in die Vertiefung im breiten Brettchen hineinpaßte. – Nimm das untere, Künneke Gunther, und halt es gut fest.

Der König mußte sich also ebenfalls neben den Herd knien und hatte das Schalenholz zu halten. Der Xantener drehte das Bohrholz in der Öffnung, drehte es zwischen seinen kräftigen Händen hin und her, immer schneller. Die Reibestelle erhitzte sich zusehends, *Walthar* hielt trockenes Gras daran, das zu rauchen begann und schließlich glühte, *Walthar* blies und schon flammte das Heu auf und das brennende Büschel entzündete im Herd einen Stapel Späne und Hölzchen, bald drauf auch gröberes Holz und Steinkohlen, und erstaunlich rasch kam es zu starker Glut unter den Kesseln. – Wir sind zwölf Mann an Bord, sagte der Ruhrschmied. Jeder ist einmal abends an der Reihe, jeder hält einmal das Hexenlochholz. Wenn alle das getan haben, dann sind wir vorm Isenstein.

Als wir Burgunder am nächsten Morgen an Deck kamen, war *Colonia* längst vorüber, glitt das Kuhschiff schon an den Resten der Deutschburg vorüber Duisburg. Zwischen und in den Römer-Ruinen standen Schilfhäuschen und Holzhütten und Fischerzelte. Der Niederländer, als er zur Ruhrmündung hinüberblickte und den Fluß hinaufsah, da schien er zu summen.

Noch vor der Mittagsstunde erblickten wir dann hinter einem breiten Strombogen die Türme und Mauern Xanten-Kastells. Da berittene Boten vorausgeschickt waren, wehte dem Schiff schon von weitem Willkommen entgegen, ein Getöse von vielen Stimmen, Tücher wurden geschwenkt, Gesänge heulten, Trommeln polterten und abermals klang das so wie bei den Steinliedern unterm Drachenfels.

Unterm Fiedeln und Flöten, unter rumpelnd schwallenden Gesängen wurden Leinen geworfen, wurde ein Steg gelegt. Als erster schritt König Gunther vom Boot und wünschte sich, daß es gleich hier am Hafen mit König Siegmund zu einem *officium vulgare* käme. »Höflichkeitsbegrüßung« Aber es kam zu keinerlei Feierlichkeiten, nur zu Volksgedröhn. Frau Sieglind war über diese Winterzeit verreist, und mit seinem Vater pflegte unser Kapitän kaum Freundschaften. Um so heftiger umarmte der Ruhrschmied viele Gleichaltrige und allerlei Volksleute, die ihn hier offenbar ebenso verehrten wie die Leute in Worms, ja, in diesem Xantener Hafen kam es zu fröhlichen Begrüßungsraufereien und Menschenverknäuelungen. Gunther, der sich *cum elegantia* gekleidet hatte, sah verlegen weg, der ging zurück ins Schiff.

Obwohl es kühl war, legte mein Bruder unter dem Deck seinen wunderbaren Raubfischmantel ab, den Krimhild ihm genäht hatte. Er legte ihn ab, um den Xantenern zu zeigen, daß er darunter ganz und gar in Seide gekleidet ging und trat so an Deck wieder in Erscheinung, ging dort auffällig hin und her. Als auch diese Wunder keiner anschauen wollte, schlang er sich gegen die Kälte eine Toga um die Schultern, eine kurze, eine besonders feine, eine aus Frettchenfellen. Auch das wurde nicht beachtet. Unter einem Vorwand stieg er murmelnd nochmal ins Unterdeck und kehrte mit einer anderen, mit einer farbigeren Aufmachung zurück, die er für *diutisk* hielt, für leutefreundlich, aber die niederländischen *Diutisken* die »Deutschen«, die »Leute« , die drängelten sich nur um den Alberichschmied und um seine Schiffsleute und lachten mit denen, und als sie endlich etwas ernster wurden, redeten sie von den Preisen und Zöllen, die neuerdings die kölnischen Kaufleute nähmen, wenn man Kohlen und Viehfelle nach Mainz oder nach Trier brächte und Holz von dort heranführe, alsdann wollten die Xantener wissen, ob man etwa mit den Wormser Handelsleuten besser führe als mit den kölnischen und ob man in Burgund mit Bernstein- und Gewürzkrämern aus Passau gut in Verbindung stehe und mit den Erzhändlern aus Basel, aus Zürich und aus Metz.

Obwohl diese Leute zwischen beachtlichen Steinmauern aus den Zeiten des alten Imperiums hausten, gab es hier, das wurde Gunther nun klar, nur Krämer und Kobolde und keinerlei Kenner und keinen Geschmack. Hier trugen fast alle zottelige Auerochsenpelze und darunter leinenes Rupfenzeug, einige erschienen in Schaffellen, andere, allerdings wenige, tatsächlich im Bärenfell, und fast alle zeigten darunter den groben Braunrupfen. Und drängten sich allesamt um diesen Schmiedegesellen, der wieder nur sein schlichtes schmales Leinenhemd trug im breiten schwarzen Gürtel, immer nur rings um diesen berühmten SchmiedeRiesen lärmten die niederländischen Leute mit ihren knackenden Lach- und Krachlauten.

Bei der Mahlzeit in der Halle saßen Gunther und Hagen neben König Siegmund. Der war ein großer alter Mann, der zu Gunthers Bedauern am liebsten lateinisch redete und dann, wenn er die Leutesprache nutzte, unerträglich grob tönte, laut und polternd. Sein Sohn hatte seinen Platz weitab genommen, drüben bei alten Freunden, und es schien, daß dort viel gelästert wurde, heftig schallten von dort immer wieder neue Gelächterwellen. Neben mir an der Königstafel hockte ein stilles Mönchlein, auf dessen Leinenkittel ein Gesicht gestickt war, das fröhlich grinste, fast so wie die JesusFigur, die über den Oberrhein geflogen war. – Ist das Bild auf deinem Hemd irisch? – Gälisch. – Kommst du aus *Hibernia*? Irland – Aus *Scotia*. Schottland – Herr Siegmund duldet hier einen wie dich? Ich hörte, er läßt die Iroschotten vertreiben, duldet allein die RomKirche. – Wir Gälen dulden sie ebenfalls. Zum Glück wohnt hier bisweilen Frau Sieglind. – Mein Nachbar seufzte, aß einen Hammelbissen.

Gleich nach dem Mahl gab der Kapitän das Zeichen für die Weiterfahrt. Mit seinem Vater schien er kaum ein Wort gewechselt zu haben. Der Mutter ließ er beim Abschied ausrichten, in zweimal zwölf Tagen werde in Worms sieben Tage lang ein doppelter *Brutlauf* gefeiert »Brautlauf«, nach einem vergessenen Ritual, »Hochzeit«, dann sollten möglichst viele Xantener den Rhein hinauffahren, so viele Kämpen, wie es bei einer Reise ins Mars- und Romland nötig sei.

Unser Schiff trieb noch am selben Tag auf dem sehr breiten Rheinstrom tiefer hinab, fuhr durch ein sehr flaches Land. Vorn am Bug stand Gunther und sah nicht links und nicht rechts, sondern starrte voraus in die Fluten. Mehr und mehr beschlichen ihn Zweifel, ob ihm die Brautwerbung in diesem *nifhelheim* gelingen könnte, und gar auf dem fernen Eisland. Ob er sich diese ferne fremde Königin wirklich hätte wünschen sollen. Seine Zweifel wuchsen nicht erst seit der Begegnung mit dem andersartigen Hof-, Markt- und Leuteleben in Xanten. Schon nach meinen Erzählungen aus Island, *Hammershus* und Bornholm waren diese Fragen aufgebrochen, schon auch nach den Erfahrungen mit den Falen und Dänen. Eine Riesin wie Brünhild sollte er gewinnen? Die Tochter der rachewütigen Frau Ran? Waren nicht seine sanft singenden Träume das eine, das rauhe Leben aber das ganz andere?

Ich stellte mich auf dem Vordeck neben ihn, hörte, wie er leise vor sich hin redete. Er schien er in die Wellen zu murmeln, mit leise klagenden Tönen. Wenn ich ihn richtig verstand, dann versuchte er sich vorzustellen, was für eine Frau ihn auf Island erwartete. Von Wotans Mächten, vom lügenhaften *Loki* wurde diese Frau behütet, von Feuerkünsten, die offenbar noch ungleich wilder waren als die unseres Ruhrschmieds. Aufgewachsen war diese isländische Königin oder Walküre hinter einem fürchterlichen Weltenfeuer, unter trügerischen Wandelkräften, von Himmelsblitzen geblendet. Müßte daraus nicht die Neigung erwachsen, gleichfalls hinters Licht zu führen? zu blenden? Wovon würde die Tochter der betrogenen Ran mit einem wie Gunther reden wollen? Vom Handel mit Basel? von kölnischen Zöllen? Oder aber von Erdhitze? Von Wut? Von *Lokis* Unverschämtheiten? von Gold, vom Licht, von Schmuck? Von all dem murmelte er, mein verwirrter, mein zu großer Bruder.

Als du uns von der isländischen Nacht des Xanteners erzählt hast, war da nicht die Rede von Rauschtränken und Hexenkünsten? Von Schlafmohn? von Kräuterzauber? von der Wut der WutGottTochter? – Immer deutlicher spüre er, gestand er mir, daß Hagen mit Recht gewarnt hätte. Die Sehnsucht nach der Riesenkraft, die sei ein Wunschtraum, der besser einer geblieben wäre.

Doch nun trieben wir schon auf dem untersten Rhein. Glitten auf dem breiten Strom dem Meer zu. Und es begann zu dunkeln. Gunther ging ins Hinterschiff, ich folgte ihm und sah, wie er sich dort, am Steuer, dem näherte, der ihm unter den Schiffsleuten der gescheiteste schien, dem *Walthari*. Den fragte der König, ob auch er auf dem Isenstein gewesen sei.

Lange kam keine Antwort, bis dann doch, in der Dämmerung, eine ruhige Stimme zu hören war. – Wir alle waren dort. – Knappe *Walthar* führte das Steuerruder und schien kaum geneigt, mehr zu reden als das, was er soeben gesagt hatte. Gunther kramte in seinem Mantel aus kostbarer Haifischhaut, die er für tarabulisch hielt für »tripolissisch«. *Tripolis* (arabisch *Tarabulus el Gharb*) war 439 von germanischen Wandalen erobert worden

Schließlich fand er im Taschenbeutel drei von den kleinen roten Goldstücken, die er, wenn ihm in Xanten zugejubelt worden wäre, unter die Leute geworfen hätte. Nun hielt er sie dem cheruskischen Schiffsmann hin. Doch der hatte das Lenkruder zu halten, schaute nur kurz auf die ausgestreckte Hand, dann wieder aufs düstere Fahrwasser und schwieg.

Nimm das, sagte Gunther.

Siegfried lohnt mild. Und teilt gern. *Etiam nummos*. Auch Münzen.

Meine hier sind aus RotGold. Von solchen wirst du kaum welche besitzen. Dreimal ein Gold-*Solidus* aus Byzanz. Im Wert wie ein Gold-*Denar* oder ca. 25 Silber-*Denare*, Kaufkraft ca. 300 Euro

Davon, sagte *Walthar*, schenkte Siegfried jedem so viel, wie in einen Helm paßt. Jedem, der in Island war.

Gunther seufzte, blickte sich hilfesuchend zu mir um, hielt immer noch die Hand mit den Münzen ausgestreckt, seufzte nochmal und steckte die Münzen zurück in den arabischen Haifischmantel. Und sagte dann dem Steuermann: Ich bitte dich, erzähl mir alles, was du von Island weißt. Beschreib mir eure Fahrt. So genau wie möglich. Denn ich – Gunther brach ab.

Hinter uns ging der Schiffsherr vorüber, summend kam er heran. Prüfte die Steuerung, die Richtung. Schien leise zu singen. Zog eines der Segel enger. Die Segel hatte er setzen lassen, seit der Rhein so breit geworden war wie zwei Rheine bei Worms. Fand nun an Deck offenbar alles in guter Ordnung und ließ uns wieder allein. Eine Weile blieb Schweigen. Wassermurmeln drang durch die Dämmerung. Und es sah aus, als wollten sie sich durchdringen, Himmel und Rheinstrom.

Endlich meldete sich wieder mein Bruder, mit enger Stimme. – Ich benötige Auskunft. Hab in Island eine schwere Aufgabe.

Könnt euer Monet behalten.

Ich muß wissen, was mich erwartet auf dem Eisland, auf der Feuer-Insel.

Der Schippmann hat alles gesagt. Auch Herr *Gislahar* wußte aus Krähenkamp gut Bescheid.

Drei Erzähler sagen mehr als zwei. – Gunther hielt dem Steuermann nochmal die drei *Anastasios*-Münzen hin. Der nahm sie endlich, ließ sie in seinen dunklen Umhang fallen, der war von Robbenfell.

Und blieb dann wieder lange Zeit stumm. Wir schauten in das trübe Dämmerlicht über dem Wasser, warteten nun auf Erzählungen. Schließlich sagte der Steuermann, der mit dem Rücken zur linken Seite stand und den Ruderriemen mit beiden Händen hielt, er wisse wenig.

Ob wenig oder mehr, laß mich beurteilen. Vergleichen werde ich selber.

Der Mann schaute ins schwache, ins graue und dunkelnde Licht. Der Strom war nun so breit und das Zwielicht so fahl, daß die Ufer des Rheins nicht mehr zu erkennen waren. Dicht überm Wasser wehten Nebelstreifen. Leichter Wind ließ sie dahinschweben, kurze Kräuselwellen trieben gegen das Boot und nagten mit knisterndem Pochen, mit schmatzendem Geräusch, mit schnappendem.

Und allmählich war dann auch eine neue, eine Grundbewegung zu spüren. Die hob das Schiff leicht auf, die senkte es wieder. War das schon Meerkraft?

Jetzt sind wir in Rans Reich, sagte der Steuermann. Und dann begann er denn doch zu erzählen, der *Walthar*. Sehr langsam sprach er, mit großen Pausen. – In *Nifhel*, sagte er, leben die Böen. Die Wogen. Auch die Felsen leben. Auch das Licht. Alles. Ist nirgends ein Totenkopf wie in Roms Angsthäusern. Lesen die Klugen nicht nur die Bücher, sondern auch die Buchen. Und die Eschen geradeso wie die Aschen. Die vom Holzfeuer wie die vom Steinfeuer. Sind alle Dinge in Wirklichkeit Asen und Elfen. Oder Walküren. – Er drehte sich zurück und sah an dem Mast hinauf. Suchte offenbar zu erkennen, in welche Richtung dort oben das winzige Kuhfähnchen wehte. Im neuen Wind schien es, als müßte *Walthar* sich eine Weile auf die Steuerung konzentrieren, als könne er vorerst nicht weiterreden.

Die Götter und Asen und Elfen, so hörten wir ihn dann, sind *Gaias* Weltbeweger. Die bewegen auch dich und mich, ob wir wollen oder nicht. Die treiben alles, was lebt. Seit der ImperiumsZeit hausen sie weitab. Tief in Nifhelheim, fern vom RomKreis, nach Mitternacht zu. Nicht mal auf Burgundarholm versammeln sie sich, wie früher so oft, an den *Freya*-Tagen. Auch nicht mehr auf Gotland. Nur noch hinter Irland und Schottland. Gut versteckt. In Felsgrotten, unter Brunnen. In Gewittern. Auch im Eis glühen sie. Flüchteten seit langem vorm Marsgeist. Fliehen nun vorm neuen, vorm Wüstengeist. In *Nifhel* war der Besitzwahn und der Machtgeist gebannt, im *Nidgir*. Im Imperium herrscht er am hellen Tag. Und lockt mit Münzen.

Erzähl mir nicht von Rom. Sag mir alles von Island.

Langes Schweigen war die Antwort. Rings umgurgelten uns die schwarzen Wellen, schnappten unablässig gegen die Bordwand. Bis endlich aus dem Dunkel wieder die Stimme kam. – Nach der Nacht mit der Isländerin, da hat Sieglinds Sohn drei Nächte geträumt. Hat geglaubt, Wahrheiten zu verstehen. Nicht nur die Gefahr für die drei Frauen s. S. 124. Brünhild wird auf Island geschützt vor den südlichen Imperien. Vor den habgierigen. Unterm Sonnenwind lebt sie, hinter einem Feuerschild. Diesen Schutz hat *Loki* entflammt, auf *Uuodans* Wunsch. Ich weiß, ihr wißt nichts mehr von solchen Dingen. Nur Frau Ute. Oder Kilian. Die anderen sollen an das Tote glauben. An Münzen. Und an den Leichnam am Kreuz. Wißt nichts vom Götterstreit, vom Neiden und Betrügen der Dinge, von ihrem Wüten und Verwandeln. Nichts mehr wißt ihr von den allgegenwärtigen Kriegswölfen. Auch nichts von der Meergöttin Ran. Euer Bischof würde jeden pfählen und rösten, der aus *nifhel* käme und sagte sein Wissen über die Kugelwelt und über die allwaltende Sonne. *Unde so si gechrumbet iro fart, keteilta in zwene bogen, einen obe erdo, anderen under erdo, so gat sie widersinnen tiu ze iro ortu.*

Das mußte ich dem Bruder übersetzen. »Und wenn sie, die Sonne, ihren Lauf gekrümmt hat, geteilt in zwei Bögen, einen über der Erde, den anderen unter der Erde, so gelangt sie im Gegenlauf immer wieder zu ihrem Ausgangspunkt zurück«. Ältestes deutschsprachiges Zeugnis von »Krümmung« und »Bögen« bei Erde und Sonnen-Umlauf

Dies sage ich euch, obwohl, wer in Worms so zu reden wagt, zerschnitten wird und durchbohrt. *Unde nahtet erstrichet si dia tougenum fart undar dero erdo und zesamolichero wis erstrichet si tages den himmil obe dero erdo.*

Auch das übersetzte ich dem König ins Hofdeutsche. – »Wenn sie in der Nacht diese geheimnisvolle Reise unter der Erde fortsetzt, dann durchschreitet sie in der gleichen Weise tags drauf wiederum den Himmel über der Erde.«

Wer solches weiß, sagte *Walthari*, wird im Imperium gehenkt. Oder erstickt, ersäuft oder verbrannt. Wer die Sonne versteht und die Menschen, der lebt bei euch gefährlich. Die euch regieren, die hat Frau Ute durchschaut. Als »Geist-Idioten«. Vgl. S. 114

Sag nur alles frei raus, sagte Gunther. – Hier lauert kein Priester.

Der Steuermann schwieg. Ich beeilte mich anzufügen: Wir jedenfalls sind keine Romsklaven, wir schätzen ihn hoch, den Waldverstand. Nicht nur unsere Mutter, auch mein Freund Kilian, auch Abt Patrick in *Werethina* oder *Abbas* Eginhardt oder der Gelehrte in *Buochenheim*, die alle bewundern diese *doctrina, quae de rerum natura quaeritur.* »Diese Naturkenntnisse«

Das neue Imperium verwünscht sie. Von nun an tausend Jahre. Und noch weitere tausend.

Da sagte Gunther: Nicht alle Christen sind solche Bücherknechte. Manche haben keine Sorge vor den Kräften der *Gaia*, sondern Sehnsucht nach dem, was jetzt als teuflisch gilt. *Wunnibald* in Worms sang mir Lieder von der Gegensonne unter der Welt und von anderen sonderbaren Dingen, von schönen Königinnen und von Inseln mit lebendigen Hügeln, wo, wie er sagt, Glut zu strömen scheint unter dem Eis.

Da *Walthar* stumm blieb, setzte ich fort: Der *Abbas* im Kloster Siegburg, bei dem auch dein Schiffsherr war, der erklärte mir, alles, was es an Streit unter den Menschen gebe, das sei ein Widerschein von Götterstreit.

Obwohl *Walthar*, dieser nifhelheimische *Schalk* ursprünglich »Knecht«, nun doch erkannt haben mußte, wie sehr wir ihn verstanden hätten oder verstehen wollten, schwieg er. Schwieg hartnäckiger als wir. Steuerte das Schiff in die Dunkelheit hinein. Ich blickte in die Höhe, konnte das Windfähnchen kaum mehr erkennen. Oben zwischen den Nebeln schimmerte ein Stern, aber nur für wenige Momente.

Walthar wartete lange. – Die neuen Herren, so sagte er schließlich, die erzählen vom Jenseits. Wir aber glauben an Lichtkraft, an Steinkraft, ans Diesseits. An die immerwährenden Feuerwandelkreise. Nicht an Todesstaub und Knochengaukelei.

Gunther nickte und blickte sich absichernd um. Bemerkte hinter sich keinen Lauscher. – Von alledem, raunte er, hat mir der Ire Kilian vieles gesungen. Das ist mir zwar fremd und fern, doch auch wunderbar. Es klingt wie ein Kindertraum. Überaus verlockend. Und nun brennt es mich, zu hören, was alles du auf dem Isenstein hast beobachten können.

Ich war nicht auf dem Isenstein. Die Mannschaft verließ das Schiff nicht.

Warum nicht?

Licht und Sonnenwind sind zu gewaltig. Nur Halbgötter betreten die Feuerländer. Oder Asen und Elben.

Ist unser Kapitän ein Halbgott?

Hitzkräftig ist er. Und witzig. »Witz« meinte ursprünglich (laut Lexers altdeutschem Lexikon): »Wissen«, »Verstand«, »Besinnung«, »Einsicht«. Als Adjektiv *witzec* meint es »kundig«, »klug«, »weise«. Bei Schazman: *ingenious*

Dann hörten wir lange wieder kein *Walthar*-Wort. Die Dämmerung war zur Finsternis geworden. Gunther atmete ab und zu schwer. Mochte sein, weil das Schiff sich jetzt heftiger bewegte und weil auch der Wind kühl und respektlos wurde und dreist in seine schöne Doppel-Tunika schlug. Über uns zeigten sich bisweilen die Sterne. Die Nebel waren aus dem Wasser gestiegen, wehten nun rascher um uns her. – Sind wir nicht mehr auf dem Rhein?

Auf dem Unendlichen sind wir. Dies Reich gehorcht der Frau Ran. Jacob Grimm, Mythologie: »Ran empfängt die zu Wasser gestorbenen Seelen, *Hel* die auf dem Lande gestorbenen«

Gunther schaute sich um, erkannte rings im Anthraxsilber der Nacht auch jetzt keinen Merker. Und traute sich zu fragen: Brünhild hast du nie gesehen?

Da war der *Walthar* verschwunden. Sein Ruderholz lag führungslos auf dem Deck. Schob sich kratzend über die Planke. Bis vor die Lederstiefel des Königs rutschte die Führstange, schabte über die Deckbretter. Gunther trat vor dem, was da auf ihn zukroch, zurück. Stieg ratlos über das kratzende Holz. Was bedeutete das? Sollten wir nun selber das Ruder ergreifen?

Ebenso plötzlich, wie der Fährmann verschwunden war, stand er wieder neben uns, führte wieder das Ruder und hielt etwas Dunkles in der Hand, einen Beutel. Der schien gefüllt mir einer duftenden Speise. Holte aus seinem Mantelsaum Gunthers drei Rotgoldmünzen, tat auch die in den Beutel, hob den kleinen Sack dann hoch ins Dunkel und rief über die Reling ins Finstere: *Ran! Ihtes iht hebb dau Wut! Lat dik din Uuodinsfrätin zutzlic zutziln, weih Bilsifruht weih Mohnifruht weih Bienifruht!* – Und warf das hinab, ins Düstere. Aus der Tiefe kam schlotzender Ton. Schmatzendes Schlucken.

Konzentrierte sich dann wieder auf sein Steuerruder. Und nach einer langen Pause erst, in der wir, jeder für sich, zu klären suchten, wieviel Glauben und Achtung wir solchen Opfergaben schenken könnten, nach mühevollem und aussichtslosem Denken also, wiederholte Gunther seine Bitte um Auskunft. Der Brautwerber wiederholte das in fast angstvollem Ton. Warum *Walthar* die Herrin der Eis-Insel nicht zu Gesicht bekommen habe. – Wie sollte ich sie sehen. Wir schliefen im Schiff, weit draußen vorm Hafen.

Und das Feuer? Als dein Herr an Land ging, da erlosch es?

Walthar schwieg. Der Seewind war stärker geworden, wir hörten ein Klatschen, kalte Wellen schlugen gegen das Boot. – Als *Victor Placidus* an Land ging, da ist für Augenblicke das Lohen erloschen. Aber als er oben auf der Burg war, sprang das wieder auf. Heller als zuvor. Wie Lichtschlangen. Die wollten in die Höhe und jagten rings um den Himmel herum. Bis über den Weltenrand ringelten sie. Das waren Flammenschlangen. Sonnenstürme. Auf dem »Sprung«.

War in dieser Nacht irgend etwas zu hören? Irgendwas von euerem Schiff aus?

Wieder wartete der Steuermann lange mit der Antwort. Das Boot wankte. – Auch Nifhelheim ist randvoll mit Kampf. Und der sich Nibelunge nennt, der ist weder Engel noch Teufel. Lexers Wörterbuch jedoch: *nibelunc* = »Sohn der Finsternis«. Im selben Lexikon: *niderlant* = »Unterland«, »Hölle«

Dröhnte also ein Kampf von der Burg Isenstein? – Gunthers Stimme verschlug fast der Wind. Wir neigten die Ohren dicht an den Steuermann hin, wollten keine seiner leisen Antworten überhören.

Eine Nacht lang toste was wie Kampf. Rumorte schwerer als Brandung. Röhrte wie *Buhurt* spielerischer Ritterkampf. Klang manchmal wie Wutkampf. Königin Ute nannte das *Odin prodin. Ze ware* »fürwahr«, das spukte und das puruckelte bis weit hinter die Mitternacht.

Mitternacht? fragte eine Stimme aus der Dunkelheit. Hinter uns stand der Kapitän. Der Niederländer hielt ein Licht und leuchtete Gunther ins Gesicht. – Ich wollte, stotterte Gunther, von *Walthar* wissen, wie lang wir noch zu fahren haben.

Ze ware, Herr Zwaraber, bis weit nach Mitternacht. Mindestens so lang noch haben wir zu fahren, bis die Mitternächte eine gemeinsame Nacht machen, die den ganzen Tag verschlingt. Und von jetzt ab leben wir hier ganz und gar ohne Halt und ohne Staatsbesuch und Volksgeschrei. Wo auch sollten wir hier wohl ankern und Landvolk begrüßen und neue Kleider zeigen. Frau Rans Grund unter uns, der ist tausend Klafter tief. Und tiefer.

Das Boot hob und senkte sich wuchtiger, das ächzte in Mast und Wanten, und gegen den Bug schlugen neue Wellen, die hoch hinauf sprangen, über die Holzwand hinauf bis aufs Deck. – Aber wenn nun, fragte Gunther, wenn nun dieser Nebel noch dichter wird? wenn niemand mehr die Sterne sieht noch sonst irgend etwas? wer steuert dies Schiff dann in die richtige Richtung?

In diesem Moment meinte ich, in den Gesichtern der Schiffsleute ein Nicken oder gar Lachen zu sehen. – Blick dorthin, sagte der »Schippmann«. Dort siehst du ihn blitzen, den Mitternachtsstern. – Ich seh nichts. – Aber den Großen Bären erkennst du. – Gunther nickte. – Wenn du vom Bären mit der Hand fünfmal die Tatzenlänge nach links steckst, dann siehst du den Mitternachtsstern. – Gunther hielt wie sein Schippmann die Hand hoch, maß die »Bärentatze« ab, wollte den Tatzen-Abstand mit der Hand fünfmal in die Nacht »stekken«. Gelangte mit diesem Verfahren aber fast bis auf das Wasser hinunter. – Dort?

Ba umf, die Sonne, die nachts unter die Erde steigt, wie euch der Ire in Lorsch hat erklären wollen, die ist zur Mitternacht genau dort. Unter dem Nachtstern, unterm Nordstern. Nur fahren wir aber, weil wir nach Island wollen, nicht exakt nach Mitternacht, sondern sobald die Küsten von *Britannia* und *Scotia* vorüber sind, dann geht unser Ritt über die Bärentatze zwei weitere Tatzenlängen hinaus, *tunc terram glacialem proficiscemur.* »Dann werden wir ins Eis-Land reisen«

Gunther zögerte mit dem Nicken, haßte alle lateinischen Auskünfte. – Aber wenn der Nebel kommt und wenn er den Stern dort oben verhüllt? den ich schon jetzt kaum mehr erkenne?

Da stellte sich der Nibelunge dicht hinter den König und streckte seinen Arm so über Gunthers Schulter, daß mein Bruder den Nord- oder Polarstern nun doch endlich bemerken mußte, und jetzt, wo ich dies notiere, wird mir klar, der Xantener nahm in diesem Moment, als er hinter Gunther stand, die betrügerische Haltung beim Zweikampf mit Brünhild vorweg. Wir werden sehen. Auf dem Schiff jedenfalls, da maß er den Himmel ab mit Gunthers Hand, führte Gunthers Hand vom Mitternachtsstern aus fünfmal eine Handbreite zur Seite – da zeigte auch die Hand meines zu großen Bruders auf die linke Tatze des Großen Bären.

Dorthin, sagte der Kapitän, fahren wir. Bis *Far Ör* halten wir diese Richtung, bleiben bis dahin nordwärts, immer nah bei den Küsten. Erst danach richtet *Walthar* den Bug fünf Handbreiten backbord, vom Nachtstern Richtung Abend. – Und schien wieder zu lachen. – Wenn du aber fürchtest, die Nebelfrauen betören unseren Steuermann, die Rangeister verdrehen ihm sein Hirn, die machen den Himmel dicht und lassen *Walthar* plötzlich vergessen, wohin der Wind weht und woher die Wellen kommen und in welchem Winkel er seinen Steuerriemen gegen Wind und Wellen stemmen muß, dann, ja dann – er zog aus seinem schwarzen Gürtel seinen Dolch und hieb die Schneide mit *Knörrip Yerra* ins dunkle Holz der Reling, so daß im Schwarzen eine weiße Kerbe leuchtete – dann, Freund, dann bleibt dies Zeichen unsere Richtung, dann immer weiter über diese helle Kerbe hin, klar? Wenn *Walthars* Steuerriemen nur tapfer genug dorthin lenkt, dann sind wir am zwölften Tag unterm Isenstein.

König Gunther tat, als begriffe er, sah aber beim Nicken lieber nicht in den schwachen Laternenschein, sah nicht den Kapitän an, sondern blickte zu den Himmelslichtern empor, zu den unsicheren, den zwielichtigen.

Wir zwölf Brautwerber fuhren zehn Tage lang unter lebhaften Winden. Die Nebel rissen immer wieder auf und zeigten das Firmament und der weiße Schnitt im Kantholz mußte dem Steuermann den Weg nie weisen. Zumal Gunther zu ahnen begann, daß ihn der Niederländer zum Narren gehalten hatte. Unterdessen lernten auch wir Wormser, das lange Steuerholz zu handhaben und das Schiff so zu lenken, daß in den ersten Nachtstunden die Kuhhörner am Schiffsbug auf die linke Bärentatze zeigten, ja, wir lernten zu steuern, konnten jedenfalls am Ende, bei ruhiger See, jedes Abdriften ausgleichen durch Gegensteuern.

Auch in der Küche im Unterdeck waren inzwischen fast alle an die Reihe gekommen, hatte jeder das Lochholz zu halten gehabt, das breitere dem schmaleren entgegen, dem Bohrenden. Das Leben im schaukelnden Wasserhaus lief in den ersten zehn Tagen so mühelos, daß ich mir wünschte, so wie diese Reise, so möge auch die Brautwerbung gelingen.

Die Fahrt schien ins Endlose zu gehen, die bewegte mich mehr und mehr, die warf Fragen auf, die sich gegenseitig verschlingen wollten. Oft schien, was ich zu hören und zu sehen bekam, wie ein Meer von unlösbaren Rätseln. Aber auch das riesige Nachthimmelszelt über uns leuchtete wie ein unendliches Fragenlichtermeer. Obwohl die Nächte nun immer länger wurden und obwohl es fast ständig dunkel war, wie konnte ich Schlaf finden unter diesem ungeheuren *firmamentum* (festgefügtes) »Himmelsgebäude«, das mir ganz und gar *infirmus* erschien »unergründlich«. Dort oben also war vormals der geflügelte *Fafnir* unterwegs? und die Weltenschlange? und *Freya*, *Fafnirs* Stiefschwester, von der es heißt, sie sei die UrFrau und hätte den Frauen den Namen gegeben und den Traum vom Freuen und FreiSein? In jedem Fall herrschte hier Ungewißheit. Und unter uns, in dieser unendlichen Wasserweite, da herrschte die Meergöttin Ran?

Jetzt, da der Schiffsherr ermordet ist, kann und werde ich nie mehr vergessen, wie ich einmal, spät noch, nach Mitternacht, in der vorletzten Nachtwache, den Riesen selbst am Steuer fand. Und ich weiß noch, wie ich zunächst zögerte, mich einfach neben ihn zu stellen, und wie ich das dann doch tat. Und wie schön es war, daß jeder von uns erst einmal gar nichts geredet hat. So daß all die Fragen, die uns rings umgaben, Zeit hatten. Die Rätsel selber konnten leuchten. Die schimmerten als Nordstern und als Großer Jäger *Orion* und als Bär. Und erzählten glimmende Geschichten.

Schließlich kamen wir doch ins Sprechen. Kamen in eine Wechselrede, die, mag sein, zwei Stunden dauerte. Und die Pausen zwischen den Worten, die dauerten allesamt länger als sieben mal sieben Atemzüge. Keiner mahnte zur Eile, keiner drängte auf eine Antwort. Das Schweigen in all diesen Schatten, das war, als stünden wir zwischen himmelhohen Bäumen oder Nornen und sollten sie nicht stören. Hier umgaben uns die Asen und Elfen, die Kräfte, von denen *Walthar* geredet hatte und der Erzähler in Krähenkamp.

Wenn ich nun, in meiner Lorscher Gruft, aufs Pergament male, was der Nibelunge auf meine Fragen geantwortet hat, dann solltest du, *beatissime lector*, aus dem Wechsel der Fragen und Antworten nicht schließen, wir hätten miteinander geschwätzt wie Krämer und Kunde, wie Wirt und Gast, die ohne wirkliches Interesse um Woher und Wohin plaudern und keiner verzögert im Reden die *responsa* »Antworten«, weil man im Imperium die Raschheit für Gewitzheit hält und die schnelle Zunge für *intelligentia* und weil heutzutage schon das Zögern als Lügen gilt, als Hinterhalt und der sophistische Spaßbold als der klügste.

Seit meinen Studien im Imperium wie in den Klöstern an der Grenze zur Nebelwelt spürte ich und erkannte, daß die Zeit der Elementargötter zu Ende geht, daß *Gaias* Kräfte dem neuen GeistGott weichen müssen, den Rom und Konstantinopel zum Staatsgott erhoben haben, womit sie zugleich auch den Jesus, von dem sie immerzu reden, beseitigten.

Im »Völkerwirbelwind« haben die Goten kürzlich den letzten römischen Militär-Kaiser abgesetzt, und ihr König Theoderich beansprucht nun selber die Kaisermacht. Aber auch Chlodwig will sie haben. Auch *Simplicius*, auch *Felix*, auch die Bischöfe Roms, die Päpste ebenso wie die Kaiser in Byzanz, sie alle wollen die Macht.

Auch der Xantener? Und wenn ja, welche? Mit welchen Göttern? Mit welchen Gesetzen? Mit den römischen? Hatten die Leute in den Wormser Spelunken vom Niederländer etwas Richtiges geahnt?

Immer wieder schien mir, als wollte der Xantener die südliche und die nördliche Welt zusammenschmieden. So wie er seinen Stahl aus

Hartem und aus Biegbarem verschmolz. *Muspel* wie *nifhel*, beide sollten in ihre Rechte. So schien es mir.

Wie lebendig, meinst du, war meine erste Frage, bleiben unter dem neuen GeistGott die bornholmischen? *Loki*? *Freya*? *Uuodan*? – Seine Antwort kam erst, als wir gut sieben Schiffslängen weitergefahren waren. Schazman merkt an, die Kilianschronik setze zwischen die folgenden Antworten als Zierzäsuren kleine Wellenzeichen

Die bornholmischen Geister sind so lange lebendig, wie wir es sind. ~ Sie sind unsere besten Wünsche. ~ Unsere grausigsten Ängste. ~ Sind weder endlich noch unendlich, sondern beides.

Erst nach langem Schweigen und vielen weiteren Schiffslängen Fahrt setzte er seine Rede fort. ~ Vorschriftsgelehrte sagen, ihr Gott sei dies oder jenes. ~ Kirchenväter wissen Namen und Wörter für das Unsägliche. ~ Können reden und haben Namen für das unlösbare Rätsel, das es ist, daß du und ich vorhanden sind. ~ Daß in dir und mir die Materien zu denken versuchen.

Nach weiteren sieben Schiffslängen hörte ich ihn noch einmal. ~ Jerusalems Wüsten-Prediger und Jenseits-Priester sind *persecatores*. Zerschneider. ~ Zertrennen das Geistige von den Materien. ~ Ruhen nicht, bis die Menschen in Isolation sind und in Angst. ~ Bis die Welt kahlgefressen ist wie *Yggdrasil*. ~ Zerschnitten in Gedanke und Leib. In göttlich und teuflisch, in gut und böse. ~ Bis alles zerspalten ist und das Diesseits verdorren mußte für die sieben rein geistigen Paradieseshimmel.

Im Sternenglanz entging mir nicht, daß er mich nun ansah. Das nächste redete er dann nicht mehr ins Dunkel hinein, das sagte er zu mir hin. ~ Nur ein Sänger der Widersprüche, sagte er, kann die Geheimnisse erahnen. Kann sie erzählen. ~ So wie nur der Lügengott Wahrheiten sagen kann.

Du wolltest kein Kuhpriester werden bei deiner Mutter, warum? ~ Weil ich keinen Bescheid weiß. Nur dies weiß ich, lachte er und zeigte auf die weiße Kerbe im Holz der Reling. Dann wurde er wieder ernst, und erst nach längerem Schweigen redete er weiter. ~ Vom ganz und gar Anderen hören wir nur über Töne. Über Lieder. ~ Über wahre Märchen, wie sie deine Mutter weiß und auch meine oder euer Koch *Rumolt*. ~ Wie Sieglind sie dir erzählte? fragte ich ~ Sieglind und Patrick in *Werethina*.

Gute Lügner wie dein Mann in Krähenkamp und wie Jesus in Jerusalem, die erzählen die Welt genauer. Genauer als *omnes mensurae Romanae longitudinis aut altitudinis aut temporum.* »alle römischen Maße der Länge oder Höhe oder Zeit« ~ Gute Lügen wissen mehr über die Welt als alle Kriegs-Chroniken und Kirchen-*Codices*, mehr als der *logos* des *Aristoteles* oder die schlechten Lügen des *Tacitus.* ~ Weh über die Historienschreiber. *Sed perit pars maxima.* »Aber das meiste geht unter« ~ Rumolts Märchen wie dein Lied vom »Sprung« fassen die Liebeswirrsale besser als all die genauen Zahlen und Winkel von *Pythagoras* und *Euklid.* ~ Und Utes Erzählung aus *Buochenheim* kennt weit mehr Welt als alle Mahnungen des heiligen *Paulus.*

Dann kam wieder sein Schweigen und weitere Gleitfahrt. ~ Bevor die Drachensaat des *Mars* aufging mit Namen *Romulus* und *Remus* und *Imperium Romanum*, da sah die Welt anders aus. Da standen Baumwipfel rund ums *mare internum.* ~ Heute sind die meisten Bäume verdorrt oder weggeholzt. Steht nicht nur *Yggdrasil* kahl. ~ Kennen denn heute die Athener und die Römer, kennen die *silvas aequantes* »Wälderverwüster« noch einen BaumGott, der kahl steht? ~ Sie kennen *Aristoteles* und die anderen Papiersoldaten, die in *Alexandria* angebetet wurden, wo schon immer Papier mehr galt als die Wunden, die wir heilen müßten. ~ Freilich, auf manchem *Papyros* steht, wie man Wunden heilt. ~ Beides gehört zusammen, eins ohne das andere ist tot, Geist ohne Leib so sehr wie Leib ohne Geist.

Wieder ließ er das Schiff eine gute Weile dahinrauschen. Wendete dann die Richtung mit dem Riemen. Als das Manöver getan war und der Wind von der Gegenseite in die Rahsegel griff, redete er weiter. – Priester wollte ich nicht werden, weil jedes Wahrheitwissen Mauern baut. Weil jede Priesterschaft Tore verschließt. ~ Die zwischen dir und dem, was vorhanden ist.

Als der Fahrensmann wieder schweigsam wurde, fiel mir ein, auf welches Zerspalten sich Hagen und Ringwolf geeinigt hatten. »Die Köpfe von den Leibern. Die Geister von den Weibern«. Ich erzählte ihm, wie sich die beiden das Machthaben organisiert hätten. Er schwieg lange, schien dann zu nicken. ~ Das macht die Angst der Priester, die Angst vor der Unerschaffenen, vor der *materia.* Mater = Mutter, *materia* = Mutterstoff Die PriesterAngst verbreitet sich nun auch in den Schäfchen, als Angst vor der Leiblust, vorm Frauen-

Freuen, vorm ChaosWald, vorm unerschaffenen und unabschaffbaren Begehren. Vorm Verwandelchaos. Vor der unendlichen Vergänglichkeit. ~ Die mischt unaufhörlich alle Dinge und Begeisterungen. ~ Dies rätselvolle immerwährende *revolvere* »Umwälzen«, klar, das MUSS sie ängstigen, die Zertrenner, die Ordner, die Bescheidwisser.

Am matten Sternenlicht, das nun von seinem Gesicht ausging, spürte ich, daß er mich wieder angesehen hatte. Wieder folgte lange kein Wort. Jedenfalls keines, das ausgesprochen wurde.

Schließlich fragte er. ~ Du *poeta doctus*, du wirst wissen, wie vordem die ältesten Sänger auch bei den Römern und Griechen die Unerschaffene besangen. Auch *Homerus* besang sie, die Urkraft. Und wie sie alle wußten, daß das, was ist, von der immer begehrenden *Gaia* regiert und bewegt wird, indem sie in der Weite des *Ginungagap* mischt, umstürzt und immerzu das Neue auf alte Weise ins Dasein hinausläßt und das Alte auf neue Weise, nur um ständig alles wieder umzukehren.

Beim *Hesiod* und bei *Homerus*, sagte ich, stand *Gaia* über allen Göttern.

Dann weißt du auch, daß von *Gaia* die Welt nicht zerschnitten wird in Lebloses und in Lebendiges oder in *res spiritualis* und in *res realis*. »in Geist und in Ding« – Wieder glitten Wechselschatten über sein Gesicht. In den Hanfseilen und Segeln, wo immer der Wind durchzog, von überall her aus der Finsternis rings um uns her tönte unablässig Rauschen und Windfauchen. Das trieb und zog und schob und schien zu heulen und zu singen, das ließ das Schiff in allen Teilen murren und musizieren.

Dann fragte er plötzlich: *In tacendo ut in dicendo calles?* »Bist du im Schweigen so gewitzt wie im Reden?« – Wenn du willst, rede ich bis zur Rückkehr nach Worms kein Wort. – Das wäre mir unangenehm. Aber da du so gern zuhörst und niemand hier ist, der uns stört, nenne ich dir nun sieben Vorschläge. – Vorschläge?

Sieben Sätze vom Erkennen. ~ *Heu, amor est magis cognitivus quam vana cognitio ipsa.* »Ach, die Liebe ist um vieles erkenntniskräftiger als die hohle Erkenntnis selbst«

~ Die sieben Sätze, die ich dir sagen will, die hat mir Sieglind, als ich sehr jung war und aus Xanten fortlaufen wollte, auf ein Leseleder geschrieben. ~ Das Leder nähte sie mir in die Bischofskappe, von der du gehört haben wirst. Die war eine Tarnkappe. ~ Das Schreibleder hab

ich verloren. Schon beim ersten Geraufe in Köln. Da wußte ich aber die sieben Sätze vom Studium längst auswendig. Ohne sie zu verstehen.
Sagst du sie mir?

- Aus Kraft machst du nicht Macht, sondern spielend liebendes Erkennen, das dir erklärt, wie Wahrheiten und Götter dem Menschen unfaßlich bleiben, und wie diese Wahrheiten und Götter, wenn er sie dennoch zu fassen glaubt, Gewalt werden
- Die wechselvolle Welt begeistert den, der erkennt, um wieviel besser es wäre, sie würde durchdrungen statt zerschlagen
- Päpste, Priester und Papageien erkennen den Schein der Dinge; durchdringen wird sie, wer so frei sein will wie neugierig und gerecht
- Ins Ritterleben dringst du, wenn du *Gaia* liebend erkennst und gegen alles Fremde niemals Mauern baust
- Dies liebende Erkennen zeigt dir, an all den selbstherrlichen Herrschaften und Hauptstädten dieser Welt gibt es auch ein Gutes: den Widerstand gegen sie
- Wer dich zerschneiden will in Geist und Stoff, in Gut und Böse, hat nur Angst, auf das Seil hinauszugehen, das zwischen beiden gespannt ist als *Gaias* Erkenntnislust
- Gegen alle Gegner und Greuel helfen nicht Machtsucht noch Besitzsucht, nur begehrendes Erkennen des Chaos: *Caput pecca alacriter!* »Kopf, sündige fröhlich«

Rasch lief ich ins Unterdeck zu meinen Pergamenten, um aufzuschreiben, was ich gehört hatte. Solang ich diese »sieben Sätze vom Erkennen« noch im Ohr hatte. Wortgetreu hab ich sie nun, in meinem Lorscher Loch, von jenem alten Blatt abgeschrieben. Und da nun auch der Niederländer unter den Steinen liegt, im »Erd-Ei«, beginne ich, diese Sätze zu bedenken, und sehe, wie da eins aus dem anderen wächst und das Ende wieder in den Anfang mündet. Und beginne zu begreifen, warum die Herrschaften so einen aus dem Weg räumen mußten.

Erst am zehnten Tag endete das gute Fahrwetter, da verschleierte sich der Himmel, da begann die Dämmerung schon kurz nach dem Mittag, ach, von nun an schien sich alles ins Düstere zu wenden. Gunther und ich standen am Steuerruder, doch in der Finsternis wollte sich über uns kein Gestirn mehr zeigen. Da mochte ich nicht länger zögern, nutzte die neue Nähe, wollte auch auf diese Frage eine Antwort von dem »Schippmann« und fragte ihn, wie er denn jetzt, so weit draußen auf der offenen See, noch immer die richtige Richtung fände, ob ihm etwa der Wind, der jetzt unruhig war und ständig aus wechselnden Richtungen in den Segeln herumsprang, noch immer das Ziel verrate, die isländische Insel. – Jetzt, wo Nordstern und Bär und *Orion* hinter den Wolken bleiben und das Sonnenlicht schon längst?

Noch weiß ich, wo es zuletzt hell war. Wo sie unterging, die Sonne. Aber der Wind, das stimmt, der springt, wie ein Gnom turnt der durch die Segel und will uns das Hirn verdrehen. Zum Glück sind die Wogen nicht so sprunghaft. Die rollen noch lange in der gleichen Richtung, immer halb aus Süd, halb aus West, gewiß noch eine Stunde oder zwei oder drei. Kann sein, später werden auch die Wellen keine Hilfe mehr sein. Am Ende wendet der Wind auch die Wogen und dann gilt der siebente Satz. Das Erkennen des Chaos.

Welcher siebente Satz? wollte Gunther wissen.

Es gibt, sagte ich, sieben Grundregeln für die Gefahren auf dem Meer.

Der Cherusker übergab seinem *Walthar* das Steuer und ging nun mit breitem Schritt über die wankenden Planken zu dem Käfig hin, in dem, als sie ihn sahen, die drei Raben heftiges Geschrei anfingen. Der Niederländer hob das Deckelgitter, holte einen der Wotansvögel heraus. Der blieb eine Weile auf seiner Faust, sprang dann auf die Reling hinüber. Blieb auch dort eine Weile, sah hierhin und dorthin und schwang sich dann nach vorn, auf die Reling beim Bug. Wartete dort noch einmal und flog dann vom Schiff fort, über den Bug hinweg nach vorn, in die Nacht hinein.

Die Botenvögel, sagte der Alberichgeselle, fliegen zum nächsten Land. Und da dieser hier über den Bug abgeflogen ist, meldet er uns, unser Boot steht in der richtigen Richtung. Unser Steuerruder muß nun, was immer als Sturm auf uns zukommt, in dieser Stellung stehenbleiben. Muß dem, was jetzt heranstürzt, Widerstand leisten. Seemannsregel fünf.

Als das Meer draußen immer unruhiger wurde und der letzte der zwölf Tage unter dem schweren Gewölk gar nicht mehr aufklaren wollte, da mahnte unten, im gut überdachten Inneren des Schiffs, unser »Schippmann«, wir sollten nicht nur Seemannsregeln lernen, sondern auch an Land die isländischen Sitten beachten. – Jedenfalls vor Frau Brünhild. – Was er damit meine, fragte Hagen. – Die Brautwerbung wird kaum glücken, wenn du vor Brünhild dieses redest, Herr Gunther jenes und ich was Drittes. – Was zum Beispiel sollten wir mit einer Zunge reden?

Der Xantener schob mit einer Lanzenspitze Glut in den Herd zurück. – Sagen sollten wir zum Beispiel gemeinsam, daß euer Kapitän, daß euer Mann aus Xanten der Schippmann ist. Und zwar als Eigenmann des Königs Gunther. Dies entscheidende Wort »Eigenmann«, das auch in der späteren Nibelungen-Überlieferung wichtig wird, bildet diese Übersetzung in Anlehnung an das altdeutsche *eiginman*, was »Dienstmann« bedeutet, »Untergebener«, auch »Leibeigener«. Schazman sagt, er übersetze hier aus der Kilianschronik das lateinische *servus* (»Diener«). Schazmann übersetzt es aber mit *slave*. »Sklave« jedoch gibt Siegfrieds List nicht korrekt wieder, hat nicht die Mehrdeutigkeit von *eiginman*. Der »Schippmann« redet von einem Dienstverhältnis, das auch ein freier Mann eingehen konnte, sozusagen als leitender Angestellter, zum Beispiel als Kapitän. Um die Frage, ob der Xantener frei oder unfrei dient, wird es Streit geben. Noch um 1200 sagt Siegfried (Hs.B, Strophe 386): *Gunther sî mîn herre, und ich sî sîn man.* Vor Brünhild sagt er dann, sehr mißverständlich (420): *Wande er ist mîn herre*

Da wollte nun auch Gunther den Ratschlag des Niederländers genauer verstehen. – Du willst vor Brünhild als mein »Eigenmann« auftreten?

Ihr solltet mich vor der Isländerin als denjenigen behandeln, der sich in burgundischen Dienst gestellt hat, und zwar *mea sponte* »freiwillig«. So wie es tatsächlich geschehen ist. Ihr wißt, ich tu dies alles, um Krimhild zu gewinnen. Unternehme diese Fahrt um Krimhilds willen, so wie ich um ihretwillen gegen die Sachsen gezogen bin und danach gegen die Dänen. Nur wenn dies Dienstverhältnis von Beginn an klar ist, nur dann kann die Brautwerbung gelingen. Schon gleich bei der Begrüßung achtet auf eure Worte.

Gunther schien verwirrt und sagte: Nun haben wir sie aber gesehen, deines Vaters reiche alte Römerburg in Xanten. Ein romanisches *oppidum* ist das, ein gut befestigtes Kastell, größer, denke ich, als unsere Pfalz in Worms. Wie kann es geglaubt werden, daß einer, der dort König wird, jemandem dient, der in Worms regiert? Ich hörte, auch Feldherr *Quinctilius*, bevor er gegen *Arminius* auszog und in der großen Schlacht seine Legionen verlor, er lagerte zuvor im mächtigen Xanten. Wie sollte Frau Brünhild das alles verborgen bleiben, zumal du selber zuvor auf Island warst und deine plaudernden Leute mit dir? Und werden nicht die Raben und die Asen und Elfen auf vielerlei Weise alles weitertragen und die Isländerin mißtrauisch machen? und das uralte mißgünstige Eichhörnchen wird alles verraten? Früh kannte man die Rolle der Medien. Auf Island zeigt eine mitelalterl. Handschrift den Baum *Yggdrasil*. In der Krone halten die Raben *Hugin* und *Munin* Wacht, an der Wurzel nagt *Nidgir*. Am Stamm läuft emsig ein Eichhörnchen auf und ab, um, wie es heißt, »mißgünstige Nachrichten zu überbringen«

Der »Eigenmann« sah ins Herdlicht. Als erkenne er in der AnthraxGlut, ob sein Vorschlag gut war. Selbst wenn er im Schein des Kohlenfeuers noch länger hätte nachdenken wollen, wie sollte ihm nun klar geworden sein, welche Folgen sein Rat hatte. Schließlich erklärte er, stockend: Dies, Freunde, ist nicht das erste Mal, daß einer, den man für mächtig hält, in Dienste tritt und Arbeiten erledigt für einen anderen. Weil ihn die Liebe zu einer schönen Prinzessin treibt. Und ihr solltet wissen: Die Isländerin rechnet damit, daß ich komme, um ihr einen alten Wunsch zu erfüllen.

Was für einen Wunsch?

Sie nach Xanten zu holen.

Also doch! sagte Gunther.

Ich gab ihr kein Versprechen. Das habe ich euch in Worms gesagt und wiederhole es. Schon bei meiner Ankunft hab ich gesagt, ich bin nicht versprochen. Kann aber sein, Frau Brünhild sieht das anders. Daß sie ein Wünschen bewegt. Solch eine Sehnsucht ist etwas anderes als ein Versprechen, das nicht den einzelnen betrifft, sondern zwischen zweien verabredet ist. Wenn Bründhilds Wünschen noch immer lebendig ist oder bei meinem Eintreffen wieder aufwacht, dann fragt sich, ob und wie sie sich bereitfindet, König Gunther zu folgen. Wenn wir morgen oder übermorgen unter ihrer Burg anlegen, dann könnte es sein, daß sie glaubt, dies sei die Brautwerbung des *Nidgir*-Töters. Dessen, der als erster ihr Flammengefängnis geöffnet hat. Wenn das so ist, dann hilft nur, daß ich in den Hintergrund trete, als derjenige, als der ich mitgefahren bin. Als Helfer und Freund, als dienstbarer Mann. Am deutlichsten wird das mit einem klaren Wort, von euch allen. Nicht umsonst bitte ich, nennt mich »Eigenmann«. Oder »Schippmann«. Kapitän wollte ich nicht nur deswegen sein, weil ich mit Meer und Segelkunst Erfahrungen habe. Sondern auch wegen anderer Erfahrungen.

Wegen welcher? – Kaum hatte Gunther diese Frage gestellt, mußte er einen Querbalken ergreifen, denn das Schiff tat einen großen Sprung.

Unerklärliche Kräfte herrschen auf dem Isenstein. Betäubende. Da herrscht der nifhelheimische Rausch, den der Wutgott stiftet, Wotan. Dieses Betäubtwerden, das gehörte zu meinen Erfahrungen.

Da begann Gunther zu klagen. – Wenn schon du nicht gefeit warst gegen solche Kräfte, wie sollte dann ich sie überstehen.

Um so listiger müssen wir sein. Müssen zum Beispiel alles ablehnen, was uns an Getränken geboten wird. Nicht umsonst ist reichlich jurassicher Wein im Schiff. Den werden wir der Burgherrin schenken. Und wenn ich mich ausgebe als einer, der zwar cheruskischer Königssohn ist in Xanten, der aber bei König Gunther im Vertrag steht, der für ihn Dienst verrichtet als Schiffsherr, dann wird die Wutbraut, hoffe ich, unseren SorgenKünnek um so höher einschätzen. Welch ein Herrscher muß das sein, dem ein so weitbeschreiter Arbeitsmann beisteht.

Gunther blickte dorthin, wo Hagen saß.

Der wiegte seinen Furchenkopf. Im schwachen Öllampenlicht und in den Bewegungen des Schiffs war nicht klar zu erkennen, ob er den Gneisschädel unter Bedenken hin und herneigte oder unter der wogenden Unruhe im Boot. Schließlich hörten wir, wie er redete. – Das ist in der Tat ein alter *usus*, von dem unser Kapitän spricht. Allgemein anerkannt im Imperium. Wir sollten unseren Mann aus Xanten bezeichnen als *vir operam navans multam et utilem amicis suis.* »Mann, der seinen Freunden umfangreiche und nützliche Dienste leistet« Ja, das ist alte Sitte. Immer wieder war es so, daß zwei gleich Angesehene lebten und einer leistete dem anderen Dienst. Mag sein, für eine Prinzessin. Mag sein, auch für andere Ziele.

Da blickten sich die beiden Kontrahenten für einen kurzen Moment mit kleinen Augen an, und der Xantener schüttelte den Kopf. – Dem HagenKlotz bleibt ein Mann schwer vorstellbar, dem über Nacht alle Dinge und alle Ziele zu einer Prinzessin werden, zu einer märchenhaften. Und wie in diesem Bann jede Arbeit den Namen einer Geliebten bekommt.

Da meldete sich Gernot, der Streit vermeiden wollte. Der ermutigte den König. – Unser Schippmann gibt dir guten Rat. Wenn einer wie dieser Riese dein Dienstmann ist, der *Nidgir*-Töter, der Hort-Besitzer, wie mächtig mußt dann du sein.

Und so lange es einen so mächtigen Burgunderkönig gibt, sagte der Cherusker, wie sollte Frau Brünhild da einen Dienstmann wollen.

Nur um meine Werbung gelingen zu lassen, erniedrigst du dich? als meinen Leibeigenen?

Als einen, der ehrbare Arbeiten leistet. In königlichem Auftrag. Hagen hat recht, das ist eine alte und gute Gepflogenheit, wenn einer *officia ministeriaque offerebat in amicos foederatos.* »verbündeten Freunden Dienste erwiesen hat« Und ihr wißt, das tu ich, seit ich in Worms bin, gerne altdeutsch *gern* = begehren, tu es in meiner Begeisterung für Krimhild. Meine Liebe zu ihr ist eine Welt als Grund. – Er wendete sich zu mir, kam nahe heran und sagte: Erste und siebente Ritterregel.

Da fragte Gunther: Wenn du aber die Isländerin eine »Wutbraut« nennst und wenn du auf ihren übermenschlichen Vater anspielst, und wenn du obendrein geheime Erfahrungen andeutest, Täuschungen und Enttäuschungen, die dir auf Island zugestoßen seien, Betäubungen, wie denn soll dann ich all dies vermeiden? War es so, daß auch Brünhild dich betrog? So wie einst ihr Vater auf Bornholm ihre Mutter täuschte?

Auch die Götter sind Zwerge. Das haben Giselhers Geschichten aus Krähenkamp gut erzählt. Brünhild, nach der du dich sehnst, ist eine wunderbare Frau und eine sehr schöne. Aber ihr unmäßiger *furor* »Begeisterung«, »Verzückung«, auch »Kampfwut«, »Aufruhr«, den sollten wir respektieren und auf keinen Fall gegen uns entflammen.

Das Schiff schwankte heftiger. Der Nibelunge erhob sich und ging zu der Treppe, die zum Deck führte. Stieg aber noch nicht hinauf, sondern betrachtete die bedenklichen Gesichter der Fahrgäste. – Zu einfacher *Loki*-List rate ich. Zu einer notwendigen Geriebenheit. Um Burgunds willen.

Ja, nickte Gunther. Und hat von nun an den Querbalken nicht mehr losgelassen. – Mit einer Zunge sollten wir reden, in der Tat, aber –

Der Niederländer wollte an Deck, wartete aber, um zu hören, was König Gunthers »aber« folgen würde.

– aber da ist eine Lohe um das Land. Die, so wissen wir, die kannst nur du bezwingen. Du, mit deiner unübertrefflich harten und stachligen Stahlrüstung vom Erlkönig Alberich. Mit einer Panzerung, die nicht mehr *aenus* ist »von Bronze« und nicht mal von Eisen, sondern aus Stahl, mit der römisch-irisch-elbischen Mischung, aus Hartem wie aus Weichem, geschmiedet nicht über Kölnkohlen, sondern überm Anthraxstein. Auch diesmal wirst du derjenige sein müssen, der als erster durch das Himmelsfeuer geht. Und wenn die Frau, die du »wunderbar« nennst und schön, wenn die sieht, wer auch diesmal die Lohe besiegt? was dann?

An der Stiege, die aufs Deck führte, mußte der Riese sich festhalten, auch der Schiffsherr benötigte nun Halt in der ruckenden Fahrt. – Keine Sorge, Zwaraber, die Feuerfrau wird nicht zu sehen kriegen, wer die Glut löscht. An einem geheimen Ort werden wir das Lohen bezwingen. Gemeinsam. Und alsdann wird deine Werbung gelingen. Aber nur dann, wenn wir beide eines Sinnes sind. Du mußt auf Island immer nur das tun, was dir dein Kapitän rät. Dann wird geschehen, was dir deine Mutter Ute beschworen hat: *Offin si dir daz sigidor*. Öffnen wird sich dir das Tor zur Burg Isenstein. Und das Tor zu Brünhild. Und jetzt muß ich an Deck, jetzt geht's um Utes anderen Segen. *Bislozzin si dir das wagidor*.

Er wendete sich wieder zur Stiege, wollte an Deck, hörte aber Gunthers seufzendes Atemholen. Da drehte er sich nochmal zurück und betrachtete uns, wie wir nun alle am Schiffsboden kauerten, in bekümmerten Haltungen, rund um die Feuerstelle. – Also gut, dann rede auch ich offen. Bei meinem ersten Besuch hat mich die Rantochter berauscht. Nicht nur mit ihrer Schönheit. Auch mit anderen Mitteln. So daß ich sagen darf, sie hat mich betrogen. Mag sein, daß Gunther solche Berauschungen liebt. Ich nicht. Alles Betäuben und

Benebeln hasse ich. Deswegen heißt mein Schwert *Balmunk*, »Betäuberverteiber«. Weil ich meine Gedanken selber denken und meinen Willen selber wollen will. Aber hab keine Sorge, Künneke. Meine Erfahrungen auf Island, die machten mich gewitzt. Ich werde aufpassen. Brünhild wird mit ihren nifhelheimischen Mitteln diesmal nichts ausrichten. Nach sieben Jahren Lehrzeit weiß ich Gegenmittel.

Das Schiff bekam einen harten Stoß, so daß der Deckel von Gunthers Kleidertruhe zuschlug. – Der Cherusker lachte, ein neuer schleudernder Stoß warf das schwimmende Haus zur Seite. Es folgte derbes Schütteln und Schaukeln. – Die Meerfrau schickt Sturm. Wahrscheinlich hat mein Rabe ihr gemeldet, der Drachentöter kommt. Ich muß nach oben, Segel reffen, muß sehen, ob *Walthar* das Boot noch immer genau genug gegen die Wellen stellt.

Stieg hinauf, in den Stößen mit Mühe. An Deck hörten wir seine Stimme, hörten *Quirumpil* und andere nebelländische Rufe. Wir aber, in der engen Höhle unterm Wasser, wir klammerten uns nun an alles, was im Halbdunkel Halt versprach. Gunther sah ich, wie er unsere Gesichter zu erkennen versuchte. »Eigenmann«, murmelte er. Und »Gegenmittel« wiederholte er. Als müsse er diese Wörter lernen. Mit beiden Armen umklammerte er den Querbalken. – Freiwillig *servus* will er sein, der Königssohn. Ein *Schalk*. Minister. Knecht. Mein Schiffsherr. Mein Diener. Das Wort »Eigenmann«, das schaukelt, das schillert wie ein Regenbogen. Ist das *Loki*-List? Krimhild zuliebe? *Arminius*-List? Der Cherusker als mein Eigentum? – Er starrte in die Nische, in der Hagen ebenfalls einen Balken umarmte, dieser Anblick wurde sofort zerrüttet und versprungen, das Schiff zitterte und stürzte wie in hundert Ängsten. Blieb dann wieder stehen, für Momente hob es sich nicht, senkte sich nicht, zitterte aber und wurde dann noch fürchterlicher hinabgerissen, das Kuhschiff. Hatte nun spürbar Mühsal mit den Schlägen der Frau Ran, die von Mal zu Mal schwerer dreinschlug und ruppiger.

Als uns nun alles so arg umtrieb und schüttelte, das Meer ebenso wie die tiefen Zweifel, da fand ich's an der Zeit, meinen Gefährten zu sagen, was ich von dem Niederländer bis dahin nicht erzählt hatte. Mit den Geschichten aus Bornholm hatte ich den burgundischen Herren, die imperial zu denken suchten, allzuviel Umheimliches zugemutet, zu viel von dem, was als barbarisch gilt.

Um vor allem den König im torkelnden Schiff zu beruhigen, berichtete ich nun, was urkundlich belegt war und von Kirchenmännern beglaubigt. – Jetzt, sagte ich, weil ich merke, wie jeder sich fragt, was der Cherusker im Schilde führt, fällt mir ein, daß die Mönche an der Sieg und die Kirchenleute in Köln mir Urkunden gezeigt haben, Dokumente über einen römischen Offizier, der in Köln registriert war unter dem Namen *Victor Placidus.* »friedfertiger Sieger« Dieser Ritter hätte, sagten die einen, dem Sonnenkult *Mithras* gehuldigt, andere dagegen betonten, der hätte sich aufgelehnt gegen alle Götter, auch gegen die alten römischen, was für Roms Generäle eine Todsünde war, denn schon *Cicero* hätte erklärt: *Religione nostra, id est cultu deorum barbarorum multo superior.* »Was unsere Gottesfurcht angeht, so ist sie dem Götterkult der Barbaren bei weitem überlegen.« (*De natura deorum,* II,8)

Als ich dann vom Aufstand dieses Offiziers *Victor* Genaueres erfahren wollte, da verwickelten sich die frommen Siegburger in Widersprüche. Die einen sagten, dieser Ritter habe nicht nur gegen die Generäle, sondern vor allem gegen den Kriegsgott Mars gefrevelt, andere behaupteten, er hätte Venus und Minerva gelästert. Es dauerte eine Weile, bis ich dahinterkam, daß sie mit dem *Victor Placidus* den meinten, der in Xanten nicht die Götter, sondern die letzten RomKohorten vertrieben hatte und obendrein seinen eigenen Vater, jedenfalls für einige Monate. Und nun wollten die *milites christiani* unter der Siegburg diese Befreiungstat des jungen Offiziers zu einer frommen Legende umbiegen, als wäre der einer der ihren. Zum Glück wußte ich's genauer.

Als ich sie bei ihrer Fälschung ertappt hatte, gab Abbas Eginhardt alles zu und zeigte mir die Dokumente. Von Rom war dieser *Victor Placidus* kaum in Xanten zurück gewesen, da hatte der die Präfektur beseitigt und mit seinen Freunden Soldaten wie Anführer den Rhein hinabgejagt, als sei er ein zweiter *Spartacus,* und Eginhardt erzählte mir dann im einzelnen, wie dieser Aufrührer schon vor Jahren als ein reitender Narr in Köln erschienen war und auf einem Kohlrübenkarren zur Siegburg kam, um aber von dort, kaum war er wieder bei Kräften, weiterzuziehen zu den Schmieden an der Ruhr. Und aus Eginhardts lateinischen Verzeichnissen wurde nachweisbar, daß dieser Störenfried von dem abstammte, den die Chronisten *Arminius* nennen, von jenem Feldherrn, der bei Cheruskern und Kelten *Sigurd* heißt, was manche *Sigward* aussprechen, daß unser cheruskischer Kapitän also tatsächlich ein Nachfahre ist des berühmten Siegers *anno post Christum natum nono.* »im Jahr neun nach Christi Geburt«

Gunther krümmte sich über die Truhe, umklammerte alle Griffe, die er erreichen konnte.

Und ich bin sicher, sagte ich, was dieser Mann vom Stamm des *Arminius* über seine begeisterte Liebe zu Krimhild gesagt hat, das ist die Wahrheit. Das ist sein Motor, darauf dürfen wir uns verlassen, auch hier und jetzt, in diesem Wasserchaos.

Der Schiffsraum stürzte und schien dann eine Weile zu rollen und keine Richtung mehr zu wissen. Über uns hörten wir Schreie und schnelle Schritte, dann stählerne Schläge, das tollte, das tobte. Gernot kroch auf den Knien zur Kohlenglut, schob mit der kratzenden Schwertkante die Glutbrocken zurück in die Feuerstelle, schob sie in den hinteren Herd und rückte Steine davor.

Da hörten wir Hagen. – Weh, daß unser *regni heres* den Wahn hat, zu den Riesen zu wollen. Mit *regni heres* (»Kronprinz«) degradiert Hagen den König Giselher kann jetzt noch so viele Dokumente zitieren, es wird immer klarer, dieser neue *Spartacus*, dieser »Herkules deutsch« oder neue Wieland, der nutzt Gunthers Irrsinn. Der verlädt und verrät uns, an die »Wutbraut«. Jedem Wahne seine Fahne.

Nein, sagte ich, der Niederländer verrät nicht, er hilft. – Auch ich klammerte mich an eine Verstrebung zwischen den Holzpfeilern. – All diese Mächte, die uns hier erschrecken, nur mit ihm sind sie zu packen! Da bin ich mir vollkommen sicher. – Sagte ich und stürzte mit dem Schiff schroff zur Seite. Gunther blinzelte mit unruhigen Augen, suchte im Kohlenlicht zu erkennen, ob irgendwer in der Runde der Hockenden, Knienden und Klammernden mir zustimmen würde. Oder wenigstens ein bißchen nicken oder sonst Zuversicht zeigen.

Von den anderen wußte ja keiner, über was alles ich in der vorletzten Nacht mit dem Nibelungen geredet hatte. Auch meine Mitteilungen aus den lateinischen Urkunden konnten jetzt kaum beschwichtigen. Andeutungen von einem Aufrührer, von einem neuen *Arminius* oder *Spartacus* oder Wieland, die beunruhigten nur noch mehr. Zu allem Überfluß kam, nein, floß nun der, den Gunther zu Beginn der

Reise ausgefragt hatte, nun strömte wie ein menschlicher Wasserfall Knecht *Walthari* über die Deckstiege herab, stolperte über uns her, schloß über sich die Holzklappe und öffnete schon auf den Stufen seine triefenden Mantellappen. Kaltwasser schwappte aus seinem Robbenfell mitten hinein in den hilflosen Männerhaufen. Nach zwei breiten Schritten stand der Steuermann vor dem Herd und versorgte seine nassen Sachen. Hängte Umhang und Leibfell über Balken und Stangen und bemerkte dann, wie entsetzt wir ihn anstarrten in dem ächzenden und springenden Schiff, das von ungeheuren Kräften herumgestoßen wurde.

Kaum hatte *Walthar* sich in eine Wollkutte gehüllt und vor die Restglut gehockt, da fing er an zu sprechen. Als hätte sein Herr ihn beauftragt, uns zu beruhigen. Oder zu belehren. – Frau Ran, das solltet ihr wissen, die bespringt uns. Mit der müßt auch ihr nun, ob ihr wollt oder nicht, Freundschaft schließen. Und das gelingt nur, wenn ihr Entschädigung leistet. Für das, was auch ihr nun der Meermutter rauben wollt. – Wir starrten ihn an, als verstünden wir nichts. – Der Brünhildenmutter listet ihr die bornholmische Tochter weg.

Das Schiff sprang hoch, schnellte gut zwei Mannshöhen hoch und fiel ebenso tief wieder hinab. *Walthar* hatte sich rechtzeitig zwischen zwei Pfeilern gesichert, Gunthers Kopf aber war heftig gegen einen oberen Querbalken gestoßen. Und Wasser drang jetzt von allen Seiten ein. Was half es, daß dieser königlich-cheruskische Schippmann sein Boot römisch gezimmert hatte, die Türklappe über der Treppe hielt nicht dicht, ließ eisige Fluten über die Stufen, überall strömte es und platschte.

Ertrinkende Imperiumsherren, so hörten wir den *Walthar*, die fängt und krallt sich Ran am liebsten. Die umarmt sie. Um sie zu erdrücken. Zu ersticken. Ein Freund in Köln, der nochmal davonkam, weil er rechtzeitig hat stammeln können, er sei kein römischer Herr, sondern ein Sklave, ein Unfreier in einer von Roms Kolonien, dieser Mann erzählte von wildem Beilager. Am Kuß der RanFrauen müssen die meisten vergehen.

Walthar sah sich um. Und fragte, ob dies irgendwer bezweifelte. Oder ob jemand Genaueres wüßte und warum wir noch immer nichts opferten. – Dieser doppelt betrogenen Mutter, der müßt ihr Tribut entrichten. Ihr Könige in Worms. Beruhigen müßt ihr sie, sonst rast ihre Wut sich aus bis ins Höllische. Begräbt uns unter himmelhohen Wasserflammen. Die Kette um eueren Hals, Herr Gunther, die würde sie befriedigen.

Die? Die ist aus Byzanz. Ist mehr wert als dies Schiff.

Eben darum, brummte der Steuermann. Der murrte das aus dunklem Filz, in das er sich bis über den Kopf doppelt eingewickelt hatte. – Vielleicht, so hörten wir ihn, vielleicht besänftigt sie auch schon, ihr solltet es probieren, der schöne goldene Kamm. – Welcher? – Mit dem sich Herr Gunther morgens an Deck so sorgfältig kämmt. Wenn ihr auch den nicht opfern wollt, dann hilft vielleicht eines von den Fässern Wein, vom jurassischen Südfuß. Ran liebt den Rausch. Spätestens seit dem Betrug im bornholmischen *Heligdomen* liebt Ran alles Rasende. Mit Herrn Gunthers niedlichem Kamm könnte sie es glätten, ihr wallendes, ihr grauschwarzes Wogenhaar. Wenn sie das glättete, ich seh's, das täte uns allen gut. Wenn wir aber geizig bleiben, wenn wir alle Geschenke nur ihrer Tochter bringen, um die Tochter zu betören und sie abzulenken von dem Mächtigsten, vom Alberichschmied, dann, da bin ich sicher, erfassen nifhelhöllische Strudel unser Schiff. Meermutter dreht das Boot in wutschnaubenden Wirbeln immer schneller, drückt es in ihrer rasenden Leidenschaft tief hinab in ihren Schoß. Ja, sie befriedigt sich an uns. Und unsere Leichname fressen die Kraken. Nur zähe Reste, Hagens Bart oder Giselhers Lokken, die treiben Richtung *Scotia*. Am Strand von *Far Ör* sieht man oft Knochen.

Im taumelnden Schiffsbauch faßte Gunther sich an seine Halskette, von der er sich vorgestellt hatte, sie würde ihn bei der Ankunft auf dem Isenstein vorteilhaft herausheben vor uns anderen, vor allem vor diesem Niederländer. – Diese Kette besser nicht. Den Kamm vielleicht –

Da bewegte sich im Hintergrund ein anderer Matrose, der hatte dort geschlafen. Jetzt setzte der sich auf, ein Jüngerer, der um diese Stunde den *Walthar* hätte ablösen sollen. Bei solcher See jedoch griff der Kapitän selber ins Ruder. Der junge Mann tat, als könnte er uns beruhigen über die Meeresfürstin, als wüßte er über Frau Rans Gier Genaueres.

Ran ist nicht unerbittlich. – Aus dem Dunkel klang die Jünglingsstimme sehr hell. – Nicht jedem bringt sie Verderben. Aus Friesland, von wo ich komme, weiß ich, daß Ran und ihre Schwester Aisa sich nicht an tote Männer anschleichen, sondern an schlafende; das machen sie plötzlich und überraschend, so wie eine doppelt hohe Meereswelle. Nur Schlafende beschleichen sie, nie Tote. Walküren, sagt meine Mutter, genießen Seeleute niemals als Leichen, sondern betören und beschlafen die Männer, ohne sie umzubringen, weil sie die Lebendigen mögen. Erst seit die WüstenKirche das Sagen hat, erst seitdem, sagt meine Mutter und auch meine Großmutter, haben Nordmänner wie Südmänner Angst vor Frauen, die wild sind. Seitdem müssen die *Freya*Frauen, um ihre Opfer besser genießen zu können, mit Rauschtränken betäuben. Auf Wotans Weise täten sie das, mit *Hannapis* und mit Trinkzauber, so wie das Frau Brünhild auch mit unserem Kapitän gemacht hat. Im Rausch allerdings, da seien die Frauen dann unersättlich. Meine Mutter warnte mich, und die Großmutter ebenfalls. Selbst Nordmänner seien dann der Ohnmacht nahe und dem Wahnsinn. Aber tot sind sie nicht. Nur von Sinnen. – So redete der Jüngling, aus dem Dunkel.

Der Brautwerber griff sich an seinen Kopf, dorthin, wo ihn der Balken getroffen hatte. Alles um ihn herum und auch alles in seinem Inneren, das schüttelte nun und schockte. Diese Fahrt hob meinen zu großen Bruder auf Sprünge, die unfaßlich wurden. Und in diesem Moment öffnete sich abermals die Einstiegsluke und mit eisigen Güssen kam nun der Schiffsherr selber, der rutschte und ratterte mit *Yerra* und *Üpfetapf* die sieben nassen Stufen herunter, ging auf seinen Steuermann zu und sagte etwas über den Matrosen, der nun oben allein sei und baldmöglichst Ablösung brauche. Der Orkan nehme immer noch zu, der werde eisiger. Dann schlurfte der Cherusker dorthin, wo Gunther hockte, stand neben ihm, über ihm, triefend, und hielt sich geschickt an diesen und jenen Verstrebungen. Klappte dann aus seinem Ochsenfellmantel dem Herrscher des burgundischen Reichs einige frische Wasserschwappe ins Gesicht und sagte: Verzeih, aber ich soll dich grüßen von deiner eisig kalten *socrus*. »Schwiegermutter« Rupfte sich Gürtel und Hemd vom Leib, danach die Lederschuhe und das lederne Beinkleid und stülpte all das Tropfnasse über dem Herd aufs Gestänge. Gleichzeitig erhob sich sein *Walthar*, wickelte sich seine Trockendecke vom Leib, warf die Decke seinem Herrn zu, stand nackt in dem schwankenden Raum und griff sich von einem kleinen

Querbalken Gunthers guten Rindsfellmantel, der vom schönen Waskenwaldrind geschneidert war. – Fürs Zittern hier unten ist der unnötig, sagte er, kleidete sich und stieg hinauf in die lärmende Finsternis.

Unterdessen hatte sich der Cherusker ins Trockentuch gewickelt und streckte sich im Hintergrund aus, im Dunkel. – Ihr Wormsfürsten, ihr seht aus, als solltet ihr geschlachtet werden. Bedenkt, auch die Meermutter will, daß ihre Tochter endlich frei wird. Und daß sie den richtigen Mann bekommt. Daß Brünhild endlich rauskann aus Wotans Lügenreich. Aus dem Gefängnis im *Loki*-Feuer. Den Gefallen werden wir ihr tun. Da holen wir sie heraus. Noch einmal mein Rat, rührt auf Isenstein kein Getränk an. Vom Schlafmohn und vom Mutterkorn ist niemand zu erlösen.

Das Schiffchen schien nicht nur springen, das schien nun fliegen zu wollen. War aber kein Seevogel, sondern fiel aufs Wasser, bäuchlings und hart. Gunther umklammerte seine Kleidertruhe, die war im Schiffsboden sicher verbolzt, und darin lagerten nicht nur seine Prunkgewänder, auch sein Schmuck. An den Truhengriff klammerte er sich mit Anstrengung und fragte nun den Niederländer, ob man nicht, zur Sicherheit, sowohl der Frau Ran als auch vor allem dem Weltengott etwas opfern sollte. Zum Beispiel eine von seinen golddurchwirkten Westen.

Weder Wotan noch Jesus wären glücklich über eine von deinen drei Westen.

Auch Göttinnen, sagte Hagen, wollen seit je *pecus* »Vieh«, und *pecus* ist ein Wort fürs Opfervieh ebenso wie für *pecunia* »Geld, Vermögen«, und zwar in der Form von *moneta.* »Münzen« Seit je wurde das Vieh *pecus* auf die Stange *obolos* gespießt. Eine alte Göttergeschichte. *Ergo*, als *obulus* erfreut und beruhigt auch die Walküren allein Geld. Einer der Beinamen der Göttin *Juno* war *Moneta*, weswegen alles, was in ihrem Tempel geprägt wurde, *moneta* hieß

Mit einer Goldweste, sagte ich, schmückt sich am liebsten Frau *Lilith*. Gunthers Goldwesten sollten wir der uralten *Lilith* opfern. In diesen Finsternissen, hier am Weltrand, da regiert, so argwöhnen jedenfalls alle, die sich Christen nennen, Frau *Lilith*, nach Auskunft von Vetter Ringwolf ist sie des Teufels Großmutter.

Hagen lachte und sagte, diese Großmutter sei kein bißchen besser als Ran oder Aisa und benötige schon zum Frühstück jeweils einen jungen Mann. So ist es, sagte Gunther und teilte mit, Bischof Ringwolf hätte ihm auseinandergesetzt, daß auch *Lilith* die Männer als *Incubus* beschlafe, also im Herrensitz.

Aber auch diese *Valandin* »Teufelin«, sagte ich, da mögen die Kirchenväter drohen und phantasieren wie sie wollen, auch Frau *Lilith* macht den Mann keineswegs tot. Macht ihn nicht einmal wahnsinnig. Die Sache mit dem Frühstück läuft umgekehrt, von *Lilith* bekommt selbst ein Bischof, wenn er ihr schon wieder mal erlegen ist, am Morgen danach gute Speisen, und zwar, wie man in Irland weiß, Saug- und Lampret-Fische und süßsauer eingelegte Wachtel-Eier, gefüllt mit Senf. Und wenn hier, in dieser Wasserwüste, tatsächlich die satanische *Lilith* herrscht, dann müssen wir nichts befürchten, denn mein Kilian wußte von dieser alten Teufelin nur Mildes und Freundliches. Jedenfalls zerfleischt sie niemanden, nur die Kirchenväter reden übel von ihr. Ja, Ringwolf warnte auch mich, *Lilith* hätte das erfunden, was er den »nicht normalen Verkehr« nennt, nämlich all die Freuden, bei denen vom Samen des Mannes nichts in die Frau fließt, bei denen wie die Kirche sagt, allein *libidines furibundae* regieren. »Die tolldreisten Lüste«

Ringwolf, sagte Gunther, weiß das alles nur aus seinen römischen, griechischen und alexandrinischen Heiligenbüchern. Der ist in Wahrheit ahnungslos, der ist verschnitten.

Gerade das macht ihn gefährlich, mahnte Hagen. *Moneo, moneta tribuite!* »Ich mahne, opfert Münzen« Und Vorsicht! rief Hagen und hätte gewiß noch einiges mehr gerufen, doch nur »Vorsicht!« war noch zu hören, dann tat das Boot einen enormen Sturz und Stoß. Unter dem Warnruf hatte Gunther sich rechtzeitig wieder an die Kleidertruhe geklammert. Kaum war dieser wilde Sprung getan und das Schiff dann im Rollen und Drehen, da versuchte der Heermeister, sich alten Schorf vom Buckel zu kratzen, wie er immer tat, wenn er Längeres sagen wollte. Im schüttelnden, im schleudernden Gefährt jedoch benötigte er beide Arme, um sich am Mastfuß festzuhalten, und so dauerte es eine Weile, bis es ihm endlich gelang, zu klammern und zu kratzen und obendrein seine Mahnrede fortzusetzen.

Fast alle Caesaren, sagte er, fast alle RomKaiser hatten Kastrierte als Minister. Diese Verschnittenen konnten, so erhofften sich die Kaiser, nie zu Konkurrenten werden. Doch die Beamten und die Kanzler, sie hatten ihre stärksten Erfolge fast jedesmal darin, daß sie ihre kaiserlichen Herren vergifteten, erstachen, ertränkten und in vieler Weise zerschnitten. Wonach sie dann in der Regel selber Kaiser wurden. Das Kastriertsein jedenfalls behinderte sie nicht im mindesten, es scheint vielmehr, als hätte es sie beflügelt beim Unheil-Stiften. Habt also Respekt vor Verschnittenen. Und sowieso sollte man sich hüten vor allen zweiten Leuten. – Krächzende Lacher ließ er hören, der Waffenmeister.

Im tanzenden Boot schien jede Geschichte gut, die vom Chaos ablenkte, und weil Gunther nun gerne Genaueres von *Lilith* und von der berauschenden Lust der Nymphen und Walküren wissen wollte, von Leidenschaften, von denen er fürchtete, daß sie ihn auf Island erwarteten und daß es diejenigen seien, vor denen die neuen RomHerren so dringend warnten, so erzählte ich nun von einem Mönch, der in Ringwolfs Kloster erwischt wurde, weil er eine vornehme Dame in seiner Zelle hatte übernachten lassen. – Diesen Klosterbruder verurteilte Ringwolf zum »kleinen Siegel«. Entmannung

Dieser Ringwolf, klagte Gunther, dieser Ringwolf ist unsere Satansmutter. Nicht umsonst geht er in Röcken herum. Warum bekam der Klosterbruder nur das kleine, nicht das »große Siegel«?

Weil der Mönch aus reichem Haus stammte, aus *Noviomagus* Speyer. Vor Mächtigen hat Ringwolf Respekt. Den *Tortillius*, der ebenfalls mit einer Frau überrascht wurde, aber nicht mir einer reichen, sondern mit einem Bauernmädchen, den ließ er nicht nur kastrieren, sondern den sperrte er für immer in den Kerker. *Tortillius* war nur der Sohn eines geringen Beamten aus *Lopodunum* Ladenburg, fragte aber beim Prozeß, wieso Ringwolf gegen die Fleischeslust wettere, die er doch gar nicht kenne. Da kam der Frechling ins unterste Verlies und *Rumoridus* verfügte das »Große Siegel«, das die volle Wonnenudel wegbrennt.

Das Schiff tat Schwünge, als balge es sich mit Drachenkräften. Mein ältester Bruder, die Hände fest um beide Truhengriffe gekrallt, klagte abermals. – Diese neue Kirche, sie wünscht sich unseren Leib am liebsten so, »versiegelt«.

Cupiditas atque libido »Gier und Lust« sind Roms neue Erzfeinde, sagte ich. Ob *Freya* oder *Venus* oder *Lilith*, sie sorgen für Ungehorsam, für Unordnung. Dagegen ist die Ehe schon deswegen notwendig, weil sie dem Mann die böseste der Leibeskrankheiten lindert, das

Begehren. Und für das eheliche Ruhigstellen sind, so lehren sie, keine *Freya*-Frauen geeignet und keine *Lilith*-Frauen, sondern die gehorsamen, die unterwürfigen. Die gekauften. Ehegattinen. Ruhe in Stadt und Land will bekanntlich jede Herrschaft. Auch die burgundische, auch die des Herrn Hagen.

Der Vetter widersprach nicht. Doch dann suchte ich Gunther zu trösten und wollte Rausch und Begeisterung und Wildheit preisen und die freien Frauen, aber jetzt verschlug der RanTumult auch mir die Sprache. Das Kuhschiff schien kippen zu wollen, infernalisch donnerte nun und dröhnte der Schiffskörper, der enge Holzkasten bebte, ächzte, schleuderte unter und zwischen fürchterlichen Wasserbergen und wir alle schlotterten, umarmt von ozeanischen Ungetümen.

Da hörten wir vom Alberichgesellen aus dem Dunkel einen anderen Trost, abermals einen zweifelhaften. – Ihr Burgunder, ihr müßt weder Ran fürchten noch Aisa noch *Lilith*. Warum sollten sie sich an euch vergehen? Wer aufs byzantinische Horten aus ist, wer sich schreckensbleich an seine Schatztruhe klammert, der steckt längst tief im Todesrachen. In dem des Neidwurms. Der traut nicht mal mehr der eigenen Mutter. Die, so meine ich mich zu erinnern, hatte für euch alle die Wogentore verschlossen.

Höhe und Kraft der stürzenden und im Sturz zerspringenden Wasserwände nahmen tatsächlich noch zu, so daß der Nibelunge, statt zu schlafen, wieder hinaufmußte in den Tumult. Dort hat er dann das Deck und das Steuerruder bis Island nicht mehr verlassen. Das Lenkbrett war nur noch von ihm zu halten. Der Orkan tobte, der kreischte den vollen zwölften Tag hindurch.

Wir, unten, beim erlöschenden Feuer, hielten uns fest, an Balken, Mastfuß und Sparren, auch an der Truhe und ihren Griffen. Nur Gernot und ich trauten uns schließlich, gegen Abend des zwölften Tages nach oben, um nur mal für Augenblicke den Kopf aus der Luke zu tun, um anderes zu atmen als Stickluft, ranzigen Kohlsuppendunst, fischigen Otterngeruch und Schweiß.

Da sah und hörte ich sie nun, die *Nifhel*Hölle. Hörte in der Finsternis das brüllende Getöse, Wellenschaum schoß waagerecht vorüber, zerfetztes, zerstürmtes Wasser, das hetzte und toste dahin wie in Tollwut, und Meer und Himmel heulten ineins, als wollte die Welt zerbersten.

Der Kapitän und sein Knappe *Walthar* hatten sich beide beim Steuer festgebunden, Walthar in Gunthers Waskenwaldrindsfellmantel. Beide versuchten gemeinsam, das Ruder, das zu brechen drohte, zu halten und das Schiff gegen das zu stellen, was da ständig neu heranstürzte. Mußten das Boot, damit es nicht umschlug, mit der Bugspitze gegen die heranschleudernden Wasserberge immer wieder neu ausrichten, gegen Rans aufsteigende Riesenschultern, gegen die schwarzen, gegen die bestialisch heranbrüllenden Orkanberge.

In den Gischtfetzen fauchten auch Eiskörner daher, die pfiffen und peitschten uns messerscharf um die Nasen. Und überall am Schiff schimmerte ein Mantel aus Eis. Nur noch auf allen vieren, festgezurrt, mit doppelt geflochtenen Tauen gesichert, nur so war noch Halt auf den spiegelnden Planken. – Das ist nicht Ran, schrie Gernot.

Beide Steuermänner richteten gemeinsam das Boot neu aus, stellteen es gegen das nächste Anbranden, und als das getan war, hörten wir den Kapitän, eh der neue Brecher seine Stimme zerriß. – Nicht Ran. *Bor*Sohn ist das, der Wutgott! Der Mann aus Xanten nennt nicht, wie alle übrigen im Schiff, Göttinnen und andere weibliche Elemente als Urheber der Gewalten. Im Schöpfungsbericht der Kilianschronik ist Wotan (»Wütender«, »Verwilderer«, »Wetterer«, »Verheerer«) ein Sohn der Unerschaffenen (*Gaia*) und des Gewaltriesen *Bor* (s. S. 326)

Von irgendwoher schien eine Helligkeit zu kommen. Dies Leuchten zeigte uns das eisspiegelnde Boot und zeigte, wie beide Steuerleute knieten, wie sie ihre Schultern unter den Lenkriemen duckten. Das zugerundete Ruderholz trugen sie in der Nackenbeuge, der Königssohn in der linken, der Matrose in der rechten, so suchten sie gemeinsam die Sprünge abzufangen und das Schiff immer nochmal so auszurichten, daß es den heranstürzenden Wogenbergen mit dem Bug entgegenstand, den *Bor*Sohnsschlägen.

Immer aufs neue waren so Attacken und Abdrift auszugleichen, das Schiff zurückzupressen gegen die Wasserwucht, sollte es nicht überkippen und hinuntergedrückt und zerschmettert werden von den haushoch heranheulenden Massen.

Ohne Unterbrechung, bis in den späten zwölften Tag raste das gegen das römisch-keltische Schiff. Erst gegen Abend ließ der Orkan nach. Die See aber hob und senkte sich lange noch, keuchte wie ein rasendes Ungeheuer und konnte sich auch nach Stunden noch kaum beruhigen, atmete wie der schwellende Leib der Meermutter. Aber nun pfiffen die Eisnadeln nicht mehr. Auch das Sturmkreischen hatte aufgehört.

Neben dem Nibelungen kniete *Walthar*, und am Ruder spürten sie nun, das »Wogentor« wollte sich schließen. Breit wälzten sich die Wellenhöhen dahin, wie schwarze Rücken, die den Horizont aufhoben, die ihn aufwölbten und wieder hinabsinken ließe. Das waren Bewegungen, die meine Sinne vollkommen verdrehten, *conatus mei miserabiles cognoscendi.* »meine kläglichen Versuche, mich zu orientieren«

Ach, dieser dunkel schwellende Leib, dieses Atmen der riesenhaften Meergöttin, ja, das verwirrte fast alle *ratio*. Immerhin, der Ozean hob und senkte sich nun in sehr viel weiteren Abständen. Der Tanz der Unerschaffenen schien beendet, so daß endlich auch die anderen Burgunder aufs Deck zu kriechen wagten. Auf den Knien kamen sie daher, auf allen Vieren, in die umgewendeten Ochsenfelle gehüllt, in Siegfrieds barbarische Gabe.

Schwer zogen über uns die zerrütteten Wolken, und mit zweifelnder Erwartung blickten wir in die Richtung, die der Bug vorgab, dorthin, wo Island zu erwarten gewesen wäre. Aber vor dem Kuhschädelbug war keinerlei Land zu sehen. Da hob sich und fiel und schwankte nur der dunkle Horizont, fast ebenso düster wie die Wolken. *Walthar* ließ die sieben Matrosen ein erstes Segel setzen.

Über dem Bug schienen sich aber, in der ferneren Himmelshöhe, die Eiswolken öffnen zu wollen. Und da schien nun aus unsichtbaren Nebeltoren diese ungewöhnliche Helligkeit hervorzuströmen. Eine Zeitlang glaubte ich, dies sei noch der Schein der untergehenden Sonne, die in dieser westlichen Richtung vor nicht allzu langer Zeit unter den Horizont getaucht sein mußte.

Als wir aber genügend lang dieses Schimmern beobachtet hatten und die Wolkentore sich weiter öffneten, wurde klar, daß die Sonne längst hinter dem Weltrand verschwunden war. Was wir da als Helligkeit sahen, war ein bewegtes Licht. Das sprang plötzlich weg und machte anderen Helligkeiten Platz. Am Himmel zeigte sich ein flirrendes Feuerband, ja, eine Leuchtkette schwirrte da durch die Nachtkuppel, eine grünliche Lichtkette, und alsdann Goldbögen. Je mehr die Wolken das Firmament freigaben, desto deutlicher wurde, daß sich quer über das Weltgewölbe leuchtende Schlangen spannten, Lichtfratzen, Feuertrolle, Irrlichter.

Jagten die über die Glaslavaburg *Herdubreid*? Waren dies die Feuer, die Brünhild bewachten? die alle Besucher abschreckten mit solch grüngoldenem Drachendrohen?

Das taumelnde Auf und Ab und das Eis, von dem das Schiff überzogen war, hatte uns alle niedergezwungen auf die Knie. Festgeklammert an Mast und Reling und an den Pflöcken für die Besegelung, so starrten wir zwölf Schiffer hinauf zu diesen glühenden Erscheinungen, zu diesem Funkensturm, zu diesen Lichtkaskaden. Und da die Wolken zusehends zerflogen, erblickten wir nun den ganzen freien Himmel und sahen die schwirrende Fülle der Feuerleiber und Lichterketten. Und wußten dann endgültig nicht mehr, wo wir hier hingeraten waren. In den Höllendunst? in Himmelshöhen? an den Weltenrand? Oder zum isländischen, zum tödlichen Glas- und Glutvulkan?

Von sehr hoch oben schienen Feuer herabzufallen, wie brennende Vorhänge. Aber diese vielfarbigen Lichtteppiche rollten sich sofort wieder auf und wurden zu Schlangen, die kreiselten und ringelten sich plötzlich ineinander und schienen davonzuwehen, als wären sie Leuchtfäden oder Lockenhaare von berghohen Hexen. Finger aus Brennkugeln und Bärensteinen griffen an den Glutwänden hinauf und hinunter, durchkämmten wie Furienkrallen und Schattenvögel die Nachtkuppel und spiegelten sich im Wasser, im immer neu heraufrollenden schwarzen Meeresleib.

Vor uns, fern über den ganzen Horizont, da stand nun aber eine breite dunkle Masse. Da war zwischen Meer und Himmel, quer durch die Welt, eine schwarze Wand erschienen. Ja, unterm Lichtzucken und im Wetterleuchten näherte sich da das Eisland Island. Anfangs erschien das wie ein finsterer Querbalken, der sich düster und breit hineinstellte in den Feuerzauber.

Und dann waren plötzlich all die Girlanden wieder verschwunden und waren im nächsten Moment ganz andere herangeflogen, hellere, die krümmten sich zu farbenspeienden Spiralen, drehten sich am Himmel wie die vierzehnköpfige Midgardschlange. Wenn Gunther nur genau genug aufsah, dann erkannte er in dem feurigen Spiegellabyrinth, wie ihn grünäugige Katzen ansprangen. Kaum hatten die sich getrollt, schossen Frauenfratzen auf ihn zu, als wollten sie geradewegs über den König Gunther herfallen oder über unser Boot, ach, da foppten und wippten glühende grüne Hügel quer über den Himmel, da strahlten Kugelkuppen durchs gestirnte Firmament, immer neue, noch hellere, auch weiße Leiber, womöglich genauso, wie mein Bruder sie sich erträumt hatte an seiner Harfe in Worms.

Aber diese Lichtspiele hier waren nicht ausgedacht, sondern waren wirklich und verwandelten sich zuckend in blutrote Erhebungen, in tiefrot steile Eichenstämme, in Lanzen oder Münstertürme, kirchturmstarr standen die für wenige Augenblicke, staken tief in dem zittrigen Leiberwippen, nur um ebenfalls wieder zu zerwehen oder verwandelt zu werden zu Gegenbildern. Zweifellos ritt nun über uns hinweg die Unerschaffene. Und die verwandelte ihr Begehren in die Gier, die galoppierte dort oben als Urmuttersau und verlangte und verschlang ihre Sterne wie manche gebärende Schweine ihre eigenen Ferkel.

Dem König, ich spürte es, dem zerdrehte sich die blitzende Welt. Er und sein Blick zerfielen, ja, ich sah's, sie zerflossen, und da dem »Zwaraber« der Sinn eh randvoll war mit Gespenstertumult, so zerrann ihm nun alles, was er sah, zu Tränen.

Keiner auf dem Schiff, der nicht den Kopf in den Nacken gelegt hätte, um all diese Wirrnisse und Ausschweifungen beobachten zu können, der nicht versucht hätte, diese Bilder zu entziffern, diese schwellenden und kochenden und lodernden und wieder gefrierenden Schriften. Während *caelo iunctus* »himmelhoch« immer neue Flammenschleier und brennende Bänder vorüberflackerten, stieg und sank unter dem Tanzblitzen am düsteren Horizont das Land Island, hob sich die große breite Eis-Insel immer näher heran und schien doch stets auch wieder davonzustürzen.

Als erster löste sich der Niederländer aus dem Bann der Lichtschleier und Glutpunkte und glitt zum König hinüber. – *Lokis* Wotanslohe ist das. Und dahinter erwartet dich die Wutbraut. Nun nimm dir dein bestes Gewand, nun verhüll auch du dich aufs prächtigste, *clubodun*, nun kommt deine Prüfung. *Miracula videntes mentem pertractant ac examen maximum bene probant.* »Die die Wunder gesehen, deren Herz ist geprüft und die bestehen bestens das schwerste Examen«

Gunther verstand ihn nicht, sah ihn fragend an, bleich und zitternd. Sogar das Einfach-Latein erschien ihm fremd. Da wiederholte der Xantener seinen Rat in der Leutesprache und tat, als spreche er in großem Ernst. Sein festlichstes Gewand müsse Gunther nun aus seiner Truhe holen. Auf seinen burgundischen oder krimhildischen Sinn fürs Schöne und Prunkende dürfe er nicht ausgerechnet jetzt, in dieser Situation der Begrüßung und des Empfangs, verzichten. – Du weißt doch, der erste Eindruck, den Prüflinge oder Freier machen, der ist entscheidend. Vor allem im Vergleich zu mir, dem Dienstmann, mußt du als der Mächtigere erscheinen und als der Prächtigere. Dein Kapitän trägt auch jetzt nur sein Regenbogenlinnen. Darüber allerdings kommt fürs erste, das rate ich auch dir, die volle Rüstung. Und in dieser Eiseskälte obendrein das Auerochsenfell.

Schon rutschte der Riese über die sieben nassen Stufen zurück ins Schiff. Gunther schlinderte hinterdrein und glitt hinab und schlotterte. Unten hörte ich ihn fragen, ob er die Rüstung wirklich schon jetzt benötige.

Trittst du ungerüstet vor die Königin, kann sie unmöglich glauben, du hättest die Flammenwand gelöscht. Dein Kapitän wird zwar vorangehen, aber der Freier darf nicht allzu weit dahinterbleiben. Wenn dann die Lichtwand zusammenfällt, trittst du vor und mußt als erster den Isenstein erreichen, damit es für jedermann so aussieht, als hättest du ihn bezwungen, den Sonnenwind. *Yerra üpfetapf*, vielleicht ist es gut, wenn der Schreiber Giselher mitkommt, als Zeuge. Zum Schneiderbruder der Schreiberbruder. *Cum argumentis suis ambiguis.*
»Mit seinen zweifelhaften Beweisen«

Da ich durch die offene Luke meinen Namen hörte, stieg nun auch ich hinunter in den Bootsbauch und sah, wie der König auf seinen Knien durch den nassen Laderaum kroch, zu der Truhe hin, in der die Mühen und Künste unserer Krimhild und ihrer dreißig Fräulein warteten. Der Niederländer hob ihm den Deckel und empfahl ihm unter all den ansehnlichen Gewändern den glimmenden Goldbrokat mit der Weste aus Dachshaaren, das Kleid, dessen goldschimmerndes Gewebe besonders reich bestickt war. – Dies Gewand aus *Zazamank*, versicherte der Niederländer, das ist mit so seltenen und erstaunlichen Steinen bestückt, das wird die Ran-Tochter beeindrucken.

Seufzend begann mein Bruder mit der Arbeit. Das Ankleiden und

Zurüsten mußte fast ohne Licht geschehen und in schwankender Enge. Ach, dunkel und wenig geräumig war diese Kleiderkammer, und es fehlte jeder hilfreiche *cubicularius*. »Kammerdiener« Der Xantener selber half dem König, der Niederländer zerrte und zupfte, richtete und zog und band und schnürte dann auch das Eisenhemd darüber und schien zu lächeln.

Als endlich Prachtkleid, Rüstung und Fell den König bedeckten und beschwerten, da hatte er sich unter der Last an den Querbalken festzuklammern, denn das Schiff taumelte nach wie vor. Mehrfach hatte Gunther sich inzwischen den Kopf gestoßen, nun lehnte er sich klagend gegen die siebensprossige Leiter und begann, sich hinaufzuziehen, nun wollte er wieder an Deck, doch sein Kapitän hielt ihn an den Beinen fest. – Was wollen deine Füßchen auf Island in so zarter Sommermode?

Diese Goldsandalen, erklärte Gunther, die sind im Schnitt byzantinisch, die passen zum Brokat. Passen wohl auch zum ersten Auftritt in der isländischen Halle.

Dort werden sie Eindruck machen, das ist wahr. Aber in Bändern aus Kalbshaut willst du aufs Eis? Unter die Lichtwand? Nur in hart gegerbtem Eberleder dringst du da durch. Ohne die Kampfstiefel verglühen dir die Zehen schon hundert Klafter zuvor. Rund 130 Meter

Der König trat von der steilen Treppe zurück, schnaufte nicht nur unter seiner schweren Bekleidung, sondern auch deshalb, weil er sich nun entscheiden sollte. Zwar wünschte er sich an den Füßen die schöne Zier, aber auch den Schutz gegen Eis und Feuerkräfte. Der Ruhrschmied meinte, ein Weile dürfe der SorgenKünnek nun grübeln und sein Schuhwerk auswählen, so lange, bis auch Giselher und der Kapitän in Fell und Eisen stünden.

Gunther hockte sich auf die unterste Stiegenstufe und atmete schwer. Und dauerte nun den Xantener wohl doch ein wenig. Als ein rechter »Eigenmann« zog er dem König die leichten Goldschühchen aus, band sie an den Riemchen zusammen und hängte sie meinem Bruder um den Hals. Und fragte, wo er seine Streitstiefel abgestellt habe. Gunther wies in die finstere Ecke hinter dem Herd. Dort zerrte der Schalk sie hervor und paßte sie ihm an, dem »kleinen König«, dem »Künneke«, wie er ihn gern nannte, obwohl mein schmaler dünner Bruder fast so hoch gewachsen war wie der cheruskische Riese.

An Deck, auf den Glasplanken, in denen sich die vielerlei Himmelslichter spiegelten, ließ Gunther sich sofort wieder auf die Knie und suchte Halt. Nicht nur das glatte Eis zwang ihn nieder, auch all die Bewegung ringsum. Das finstere Meer hob und senkte sich noch immer, dunkle Bergrücken wechselten mit verwirrenden Tiefen. Da wogte eine riesenhafte, eine brausende Dünung. Und da loderte noch immer der Himmel.

Walthar hatte inzwischen alle Segel setzen lassen. Und die schwarze Landmasse vor uns war nun zum Greifen nahe herangerückt. Gegen die roten und grünen Feuervorhänge standen jetzt auch, oben auf der Berghöhe, deutlich die schwarzen Umrisse einer Burg. Darunter, in der Dunkelheit, dröhnte Brandungsrollen.

Und in den Wellen sahen wir, was wir zunächst für einen Widerschein der himmlischen Ereignisse halten wollten. Doch in den schwarzen Wogen leuchteten andere Helligkeiten. Die blitzten und funkelten mal hier, mal dort, im dunklen Wasser zuckten unzählige Sprühlichter hinauf und hinunter, als tanzten vor dem Schiff Feuerfliegen. Doch da schimmerten keine Kleinodien wie auf dem Drachenfels überm Rhein, da funkelten im Meer winzige Glühgeister.

Durch dieses Wassergelichter, sagte der Xantener, müssen wir hindurch. – Wir? da hindurch? – Im Wellenritt. – Wovon redest du! wie soll das gehen! – So lange wir beiden von Bord sind, ist *Walthar* der Kapitän. – »Wellenritt«? »Wir beide von Bord«?

Wir beide, wir müssen doch nun an Land. Du wolltest doch zu Frau Brünhild, oder etwa nicht? – Gunther nickte. – Wir beide gehen als erste. Und Giselher begleitet uns. Zur Feuerwand müssen wir, dort oben hinauf auf die Küstenhöhe, das siehst du doch wohl ein. Mit unserem Schiff kommen wir kaum auf die Felsenhöhe, schon gar nicht zum Isenstein. Übers Wasser muß König Gunther jetzt. Danach übers Eispack. Und von der düsteren Küste müssen dann du und ich steil hinauf, bis unter das *Loki*-Licht, und zwar zu einer Stelle, die von der Burg aus nicht zu sehen ist. Sobald das Lodern zusammenfällt, steuert *Walthar* unser Schiff drüben in die schwarze Bucht, zum Hafen unter Frau Brünhilds Pfalz.

Gunther blickte zu den Himmelslichtern hinauf, dann wieder auf die finstere Küste.

Hab keine Angst vor der Lichtwand. *Walthar* kennt den Weg. Und Schreiber Giselher begleitet uns und wird, falls Frau Brünhild strenge Fragen stellt oder nur neugierige, *nobis opportuna testimonia dicere.* »uns günstige Zeugnisse ausstellen«

Während ich auch dies dem König übersetzte, hatte der Nibelunge begonnen, neben dem Rabenkäfig ein kleines Boot loszubinden. Hob nun dies Schiffchen hoch auf und warf es ins Meer, wo es mit Gespritze ins funkelnde Wasser platschte, hielt es aber zugleich an einer Leine fest, so wie vormals die Falkenfalle und den Papierdrachen. Zog das winzige Boot dicht an die Schiffswand heran, stieg über die Reling, übergab einem Matrosen die Leine, ließ sich außen hinab, wartete auf einen günstigen, einen ruhigeren Moment, sprang dann in die *navicula* »kleines Boot« und klammerte sich gleichzeitig fest an das Schiff, so daß Gunther in Ruhe nachsteigen konnte, gestützt und gehalten von Gernot und von mir. Dann half man auch mir in die tanzende Wanne.

Als wir drei darin saßen, vor mir Gunther, hinter mir der Nibelunge, reichte ein Matrose dem Kapitän das Ruderbrett. Der stieß kräftig ab und ruderte und wühlte sich dann mit einer Gewalt durchs Wasser, als gelte es, mit der Bootsspitze Enten zu spießen oder beim Wettrudern rund um ein Wasserkastell der Sieger zu sein.

Als ihm die Fahrt schnell genug schien, nutzte er das Ruder als Steuer und verstand sich darauf, mit dem Kähnchen über die steilsten Wellenkämme seitwärts zu reiten und zu gleiten, auf den Wogenrükken vorwärts zu treiben, auf die Küste zu, verstand es, das Schiffchen von den sich aufbäumenden Brandungsmassen nicht erschlagen, sondern tragen zu lassen, ja, da sausten wir, flogen wie auf einem wunderbaren Nymphenrücken atemberaubend rasch auf das düsterschwarze Land zu.

Mitten ins aufsteigende und funkelnde Wogengedonnere ritt der Niederländer uns hinein, wir Brüder krallten uns an die Bootskanten, ich schloß die Augen, zitternd, ganz und gar ausgeliefert an diesen Herrn der linken Bärentatze und der Sieglindsätze und der Alberichkräfte. Ich blinzelte aber auch, suchte mitten im tolldreisten Falkenflug irgend etwas zu erkennen, irgendeinen Halt in dem blinkenden Schwarz, sah aber nur düstere Wasser steigen und stürzen, überall dies Leuchten und Blitzen und silbrige Flirren und über allem die sprühenden Himmelskaskaden.

Als die Fahrt immer schneller wurde und ich in meiner Angst die Augen weit aufriß, da sah ich, wie vor uns die Wasserwände sich aufsperrten wie ein Feuerrachen, und sah, wie sich vor mir König Gunther ins Boot niedergeduckt hatte, ja, ergeben ließ er's geschehen, daß der Ruhrschmied ihn durch diese Fürchterlichkeiten steuerte und daß am Ende Rans Kraft das winzige Fahrzeug nicht zermalmte, sondern hoch emporwarf und so weit und wuchtig nach vorn stieß, daß es in einem rasenden Rutschen auf den Strand schoß.

Mit dem Schwung des Aufpralls war der Niederländer nach vorn hinausgesprungen, war mit einem weiten Satz vor uns auf dem Strand gelandet und versuchte nun, uns Herren aus Worms aufzurichten, zog zuerst den vorderen hervor, den König, stellte den schließlich aufrecht hin, danach auch mich, zog und und half uns beiden ins Trockene, ordnete Gunther das triefende, das verrutschte Ochsenfell, schob ihn über den Sand zum Schnee hinauf. Ja, sehr viel Schnee türmte sich hier, der Schnee stand da wie eine Wand überm dunklen Strand, türmte sich wie eine schimmernde Mauer, war in dreifacher Mannshöhe zu Wächten gefroren, zu einer haushohen Eisbarriere.

Als Gunther diese eisige Mauer sah, sank er zurück, setzte sich in den Sand und wollte verzagen. Der Nifhelheimische klopfte ihm die Schulter. – Gundomarsohn, nun ermanne dich, nun steigen wir drei empor, als erstes in die Eiswand. – Und er stieg voran, kletterte tatsächlich in die weißen Türme hinauf, hielt aber an und blickte zurück. Der zu große König hatte seine Stiefel ausgezogen, schüttete das Wasser aus, zog sich dann die Schuhe wieder an und erhob sich, atmete tief durch und wollte dann doch dem Niederländer nachsteigen. Ungelenk und schwerfällig näherte er sich, wankte unter seinen vielen Gewichten in die Eisplacken hinein, griff nach dem Mantelzipfel und nach der Hand über ihm, hielt sich an seinem »Eigenmann« fest, zog sich an ihm hoch.

Als wir endlich auf dem höchsten Punkt der Schneebarrikade standen, Gunther und ich sehr außer Atem, da gewahrten wir vor uns, im Schein des Irrlichtgewitters, ein weites weißes Gelände, das sich bis an die schwarzen Felsen erstreckte, wahrlich ein *campus horridus* »schauerliches Feld«, auf dem unter wechselnden Lichtern und huschenden Schatten tausende eckige Gletscherzähne in die Nacht bleckten. Eine wirre Wüste aus Eis hatte der Ozean zusammengedrückt, hatte Berge aus gefrorenen Wänden und Säulen übereinandergepackt, ineindergeschoben und zu üblen Gestalten zerstaucht.

Wohin wir auch sahen, überall blitzten baumhohe Spitzen, Zacken und Schollen. All diese Kanten wollten überwunden sein? Bis unter die ferne schwarze Felswand hin? Die erhob sich erst in mehr als tausend Klaftern. Fast 1300 Meter

Über die kalt glühenden Trümmer wirbelte der Sturm Eisnadeln, und in den Böen drehte sich dieser Eisstaub zu weißen Fontänen hoch, stieg auf, wirbelte, ja, da zogen wandernde Gespenstertürme über das Feld, zerdrehte Gestalten, die erhoben sich und tauchten wieder ab und versanken in der fernen Schwärze.

Über diese Eiswüste sollten wir gehen? bis an die Felswand? Gunther spähte und suchte, wollte in den Schattenspielen einen Weg erkennen. Auch unter den helleren Himmelsblitzen schien das Eisfeld unbetretbar. Und die düstere Felsenwand dahinter, die schien endgültig undurchdringlich.

Ehe du jetzt verzagst, Künneke, begreife: *Nullum iter directum* »keinen direkten Weg« suchen wir durch diese *regio deserta ac saeva* »grausame Wüste«, sondern einen Weg außen herum. Seitwärts schlagen wir uns durch. – Schon sprang der Kapitän davon und wollte auf dem vorderen Schneewall seitwärts klettern.

Ach, Gunther hätte kaum geglaubt, daß der Niederländer ihn mit Absicht und mit Lust über diese mühevollen Umwege leitete. Als Vergeltung fürs tagelange Kleiderbetrachten auf Krimhilds *matraz*? Nein, für das dünkelhaft feine Gehabe des Herrn, der sich und andere nach Glanz und Reichtum bewertete, danach, wie groß und üppig die Besitztümer waren. Ausführlich zu leiden hatten wir nun für Gunthers und Ringwolfs Stolz auf all das, was beide für den irdischen Segen des Himmels hielten.

Zunächst schwankte der König hinter dem Nibelungen drein, unter der Last seiner vielfachen Zurüstung mit pfeifendem Atem, verzagt und zittrig. Zum Glück bemerkte der Cherusker bald, daß Gunther nicht Schritt halten konnte, schon kam er zurück, der tänzelnde Riese, und erkundigte sich, wo der Freier Schwierigkeiten habe. – Hab ich's dir nicht geraten? Turnierfechten wär besser gewesen als Harfenzupfen. Und Zieratnähen. – Und trat dem König dann den Weg frei. Wenigstens die eckigsten Hindernisse brach er ihm weg, bahnte die

Schritte. Oben auf der äußeren Eismauer ging es entlang, in großem Bogen dorthin, wo über der schwarzen Felswand nach wie vor die Lohe zuckte, der wütend springende Lichtwall. Im seitlichen Dunkel, über dem Meer zeigte sich nichts von unserem Schiff. Kein Umriß, kein Schatten war da, nur schwarz blitzende Wellen rollten über den Strand und schlugen gegen den bleichen Wall.

Um beim Gehen nicht im hoch aufgewehten Schnee zu versinken, mußten wir möglichst auf festes Eis treten. Doch das Feste war unter dem Schnee selten sichtbar, war kaum zu erkennen, und die waagerechten Platten erwiesen sich plötzlich als schiefe oder bucklige oder brachen ab. Über Tücken und Scheinbrücken, über harte Grate und gestauchte Spitzen führte uns der Kapitän, auf gefrorenen Waagen war da zu balancieren, auf Kämmen und Kanten zu gleiten und immer wieder zu straucheln, zu kippen und in mannshohen Wächten zu versinken und aus den Löchern mühsam wieder nach oben zu kriechen, ach, der Alberichgeselle leitete uns über kriegerische Schilde, über Dutzende scharf geschliffene Schneiden, und nie war klar, ob wir hier wirklich weiterkommen würden oder endgültig einbrechen.

Gunther versuchte, in die Stapfen des Riesen zu treten. Der aber, gewiß mit Absicht, tat bisweilen übergroße Schritte, vollführte Sprünge. Auch jetzt spürte der »neue Herkules«, dieser »kindisch freche Mann« die Bedrängnisse der anderen, blieb immer mal wieder stehen und kam zurück und erkundigte sich und schien sich insgeheim zu freuen. – Zu viel Arbeit? fragte er. Wie, um Utes Willen, kann ich dir diese Mühsal erleichtern? *In tuam rem converte! abutere tuo homine proletario ad fortunam tuam! Et ne deterrearis, quominus haec omnia hic facias, maxime vitae necisque domine et in spe populorum omnium imperii. Sed etiam spero vos scire, quid vos postea deceat.* »Nütz ihn aus zu deinem Vorteil. Beute ihn aus zu deinem Glück, deinen Proletarier. Und laß dich nur nicht abschrecken, all dies hier zu tun, o allergrößter Herr über Leben und Tod und zukünftiger Herr aller Völker des Imperiums. Aber hoffentlich wißt ihr auch, was sich nachher für euch ziemt«

Ach Freund, seufzte der Verspottete, nachdem ich ihm die Rede seines Kapitäns übersetzt hatte. – Du hast hier offenbar dein Vergnügen, ich merke das wohl. Wogegen ich mir wünschte, ich trüge jetzt nicht ausgerechnet unter der Rüstung das schwerste von all meinen

Kostümen, das aus *Zazamank*. Den Blutjaspis spüre ich. Seit wir in diesem elenden Gelände unterwegs sind, scheuert der Jaspis mir den Rücken auf, der reibt und bohrt sich mir ins Kreuz!

Der Niederländer schien zu lachen, ob freundlich oder in Schadenfreude, die huschenden Feuerlichter ließen das im Ungewissen. – Sag mir, so fragte mich einst der burgundische Herrscher, sag mir, du Islandfahrer, wie kleidet man sich auf dem Isenstein. So fragte mich schönheitstrunken der König zu *Wurmiz*. Älteste deutschsprachige Form des Ortsnamens

Gunther, noch immer schwer atmend, nickte und sah sich um. Über dem Meer, auf der schwarzen Weltseite, zeigte sich weiterhin kein Schiff. In den Finsternissen rumorte nur die Brandung. Und in der Höhe flogen nun viele glitzrig helle Feuervögel zu der Burg auf dem düsteren Felsen. Mein Bruder wandte sich ab, versuchte, über sich in den Himmel zu blicken. Da glühten jetzt die Sterne, die funkelten ihn an wie mit Falken-Augen. Gleich danach blitzten und schwirrten neue Lichtschleier und trollten und rollten sich wie die kinderfressende GierSau *Gaia* oder wie der Fruchtbarkeitsgott *Freyr*, von dem es heißt, daß er es liebt, verheerend als *Gullinbursti* »Eber« durch die Nachtkuppel zu galoppieren.

Ich hatte mir, seufzte mein Bruder, dies alles ganz anders vorgestellt. Angenehmer, freundlicher. Bevor du Islandfahrer zu uns nach Worms kamst, da hörte ich von schönen Mitternachtsköniginnen und von einer wunderbaren Felsenrutschbahn. Diese Felsenbahn, so hieß es, die glänze in der Nacht, die schimmere im Licht des Mondes, die sei eine Bahn aus blankgerutschtem Dunkelgestein. Auf dem glitten und glitschten die Frauen herab, wenn sie gelüstig seien oder wenn sie es werden wollten. Und Kilian sang davon, daß sie über diese glänzende Alabasterbahn in den Sommernächten hinabführen wie in Wasserfallfluten. Nun ist hier schier nichts davon zu sehen.

Wer das sang, der hat nicht geflunkert. Im Mittsommer ist es hier warm und freundlich, traumhaft sind hier die Sommernächte, sanft und hell, und dann locken auf diesen Höhen glänzende Zauberkessel, und manche Felsen sind nichts anderes als runde, honiggewachste Steinschöße, silberne Backen, die im Mondlicht glänzen und im Lohenlicht, und obwohl sie aus hartem alten Stein sind, schmiegen sie sich dem Leib sorgfältig an. Jetzt allerdings, im Winter, da greifen sich Brünhilds Frauen lieber schön gerundete Steinbollen aus der Meeresbrandung, holen sich Gneiskugeln vom Strand hinauf in die Burg, heizen sie im Feuer und nehmen sie nachts mit unter ihre Schlafdecken.

Sind das Walküren? Mitternachtsfeen?

Unter der Glaslava im Palast *Herdubreid* hausen hitzige *Freyr-* und *Freya-*Töchter, die hüten, was wir Schmiede für den Goldschmuck benötigen, kostbare Erzschmelzen, die ältesten Materien der Unerschaffenen. Die hüten und bewachen sie mit Legionen von Trollen und Elfen aus den Vorhöfen von fürchterlichen Vulkanen. Wenn je einer von uns die Schätze der *Gaia* raffen und besitzen will, dann gelangt er statt nach *Herdubreid* ins Labyrinth der Fratzen, auf die schwarzen Straßen von *Dimmuborgir* und gerät am Ende unter die Gierklauen der Drachen. Da kann er dann fluchen, wie er will, es hilft ihm nichts.

Der Xantener sprang wieder voraus. Mein Bruder erhob sich, suchte dem Niederländer zu folgen und murmelte. – Im Sommer, das wär's gewesen. In den langen hellen Nächten. Ich hatte zu sehr gedrängt. – Er wankte, stolperte über Schrunden und Ecken, hielt sich eine gute Weile aufrecht und sank dann wieder ein, zwischen das Harte, in das Kalte.

Als er wieder einmal wegrutschte und tief einbrach in eine tückische Aufwehung, da kam der Schippmann lächelnd zurück und sagte: So wie du nun kniest, Künneke, *ba umf*, da siehst du aus, als wolltest du sie schon jetzt anbeten, die Frau auf dem Isenstein. – Er reichte Gunther die Hand, zog ihn auf eine feste glatte Platte. – Ist gut, daß du das Knien schon hier übst und am Ende gut beherrschst. *Devotionem* »Anbetung« lieben nicht nur die Religionen aus Jerusalem, auch die Herrinnen auf dem Isenstein, auch Brünhild. Glaub mir, sie hat auch ihre eisigen Seiten.

Wie meinst du das?

Bete sie nur tüchtig an. So meine ich das. *Semper permane in devotione magnae dominae.* »Verharre allzeit in der Verehrung der großen Herrin« Schon der berühmte *Tacitus* vermutete: *Feminis inesse quin etiam sanctum aliquid et providum barbari putant.*

Die lateinischen Sätze ließ er ohne Übersetzung, sprang weiter, setzte auf die nächste Scholle hinüber und es schien, als tanze er, ja,

Krimhilds Falke schien förmlich nach vorn zu fliegen, als klafften hier nirgends Abgründe, als trüge nicht auch er unter dem Fell Brünne und Waffen. Gunther japste nach Luft, setzte sich auf einen Eisklotz und bat mich, zu übersetzen, was der Riese zuletzt geredet hätte. Diese Wildnis, sagte er, die verwirre ihm alles, auch sein Latein.

Tacitus hat erklärt: »Die Barbaren glauben, daß den Frauen irgend etwas Heiliges und Voraussehendes innewohne«.

Ich bin sicher, murrte Gunther, *Tacitus* meinte das nicht bewundernd. Er hat uns damit warnen wollen. Uns Männer. Die neue Lateinkirche jedenfalls sagt von den Frauen das genaue Gegenteil. Frauen seien unheilig. Ja, sie seien unheilvoll. Und ich fürchte, das könnte die Wahrheit sein. Ach Giselher, ich wünschte, dein Freund, dieser Riese, der könnte weniger rätselhaft reden.

Der Riese eilte inzwischen weit voraus, der tanzte wie ein Jagdhund, der sprang und turnte leichtfüßig über Grate und Ecken und Spalten, fern schon, drüben in der lichtdurchblitzten Finsternis. Endlich blieb er stehen und sah, daß wir noch immer im Eisloch hockten. Also kam er wieder zurück und zog auch jetzt seinen »Künneke« auf die Füße.

Auf diese Weise näherten wir uns endlich der Felswand, mit viel Stolpern und Straucheln. Kletterten nun in eine kalte Rinne hinein, schoben uns über blanke Eisbahnen aufwärts, über glatte Steinhalden, rutschenden Schutt. Und als wir endlich der Hochfläche näherkamen, spürten wir einen Luftsog. Der zog uns hinauf, der schien wärmer zu sein, der drängte uns wie in Böen den Lichtschleiern entgegen, schob uns zu dem riesigen Leuchten hin.

Aber dort oben, in einem eigenartigen Sturmtrieb, da konnte Gunther sich noch weniger auf den Beinen halten. Auf allen vieren zog er sich vorwärts, auf den Knien kroch er über die beinharte Erdhaut. Und als der Xantener ihn so sah, als einen Kriecher, schüttelte er den Kopf und meinte, Krimhild wäre gewiß garstig böse, sähe sie, wie ihr Bruder ihr kostbares Goldgewirke durchs Eisland schrämme. – *Improbe Amor, quid non mortalia imbellicaque cordula cogis.* »Unersättlicher Liebestrieb, wozu nicht alles treibst du die sterblichen und schwächlichen Herzchen«

Könnte sein, sagte ich, Krimhild müßte auch einfach lachen. – Denn mir war klar, bei all den Mühen, die der Cheruskerprinz sich mit uns auflud, trieb auch ihn der *Amor improbus*, seine unendliche Liebe zur Burgunderprinzessin Krimhild.

Auf der felsigen Windhöhe glitt Gunther plötzlich in eine Vertiefung, die noch mit Schnee gefüllt war. Von den Himmelslichtern geblendet, vom Lichtsog niedergedrückt, suchte er nach einem Halt, wollte nicht jedesmal die andere Hand in Anspruch nehmen, wollte aus eigener Kraft aus der Bedrängnis kriechen. Doch da erblickte er über sich statt des Riesen eine noch höhere Gestalt, weiß war die, die strahlte in allen Farben des himmlischen Wetterspiels und brüllte grauenhaft und war eine Bestie, die sich auf meinen Bruder stürzte, doch im selben Moment blitzte *Balmunk*. Enthauptet fiel der weiße Bär über den König und begrub und besudelte ihn.

Das Pelzwild mußten wir gemeinsam und mühsam zur Seite wälzen und Gunther darunter hervorziehen. Der saß dann starr in seiner Schneekuhle, hatte nun erst recht zu keuchen und zu klagen, wischte sich seinen Mantel und blickte, im Luftschnappen, mal mich an, mal den Nibelungen, mal den erschlagenen Eisbären. – Unmöglich. Wo sind wir hier. Unmöglich sieht es jetzt aus, Krimhilds Goldgewirke. Zerstört. Zerschmiert.

Blutig siehst du aus. Bestialisch, ja blutsäuferisch. Wie ein wahrer walhallischer Berserker. Und dieser Schmier, wenn die Isländerin den sieht, der macht es stahlscharf, das Wotansweib.

Ich bin in Not, bin am Ende aller Kraft, bin verfolgt und überfallen. Und du spottest.

Da zog der Ruhrschmied unter Gunthers Mantel dessen Schwert aus der Scheide und hieb aus dem weißen Fell des Raubtiers ein zottiges Stück heraus, riß ein Stück Fell von der Bärenhaut und sagte, die eigne sich gut als Wischlappen. Steckte die blutige Waffe zurück in Gunthers Scheide, und mir dämmerte, warum er Gunthers Schwert genommen und blutig gemacht hatte und nicht sein eigenes. Und als ahnte er, worüber ich nachdachte, sagte er: *Magni momenti est, labores periculaque non solum adire sed etiam prospicere.* »Wichtig ist, Arbeiten und Gefahren nicht nur anzugehen, sondern auch vorauszusehen«

Hör bitte auf mit deinen römischen Klugheiten. Dringend sollte ich mich umkleiden.

Ich werde einen Kammerherrn vorbeischicken. – Wir reinigten und putzten meinen Bruder, so gut es mit dem Bärenlappen ging.

Und der Niederländer wiederholte, daß Eisendampf und Blutgeruch und Geschmack von Wunden die Walküre beeindrucken würden. Nach solch zweifelhaftem Zuspruch versuchte Gunther, aus der Vertiefung herauszuklettern und sich aufzurichten. Aber auf der oberen Kante hielt er sich im heftigen Heißsturm nicht auf den Beinen, sank wieder zurück auf die Knie. Und weigerte sich, weiterzugehen. Mochte und konnte nicht mehr, nun auch nicht einen einzigen Schritt mehr. Sein Atem piepste. Es fällt mir schwer, dies hier festzuhalten, aber da ich geschworen habe, in dieser Chronik auch in scheinbaren Kleinigkeiten nur zu notieren, was wirklich geschehen ist, so muß ich auch dies hier niederschreiben. Blanke Tränen liefen ihm über die Backen, dem Beherrscher Burgunds.

Weinte aus schierer Erschöpfung. Oder aus Angst. Oder aus beidem. Und hustete. Lichtfontänen huschten über uns weg und blendeten. Und dieser fortwährende Wechsel zwischen hitzigen und kalten Winden, der biß und schnitt und verwirrte fast mehr noch als der Eissturm zuvor. Ja, heißer Frostwind trieb über die Felsenhöhe, der toste über unsere Köpfe wie Furienhorror, stob über uns hinweg in die Lichtwand hinein und schien uns förmlich vorwärtszuschieben, ja, der wollte uns heulend hineindrängen in die Helligkeiten.

Nifhelheimküche, murmelte der Xantener. Und legte den Arm um Gunther, klopfte ihm die Schulter. – Listgott *Loki* kocht. Der heizt dein Brautlager. Streut Samen. Roms *Incubus* und *Succubus* und Höllenbrand, das alles ist nur erfunden und erlogen, um Angst zu verbreiten und die niedrigen Leute niedrig zu halten, damit sie im Imperium geduckt bleiben und zerdrückt, verzagtes Geschmeiß. Diese isländischen Irrwische aber, das spürst du nun, die sind kein Hirnzauber. Sondern Sonnenwind und Glutlava, die sind *materia inspirata et inspirans.* »Materie, belebt und belebend«

Und von diesem weißen Bären, sagte er, von dem werde ich mir *musha* so bald wie möglich das Fell holen, noch bevor es zerfetzt wird von Hyänen zu hundertsieben Wischlappen. – Beugte sich wieder nieder zum König und fragte: *Capitulum* »Köpfchen« kapituliert? Ach, es mußte ja Frau Brünhild sein. Die libellische Gier wählte sich die wütigste der Frauen. Was Wunder, daß dir das Wurmsbrüstgen pifft.

Er umarmte Gunther, hob ihn vollends auf die Beine und stellte den Zitternden vor sich hin. Ließ ihn alsdann, mit Bedacht, los.

Schaute eine Weile besorgt, ob er stehenbleiben würde. Wendete sich erleichtert wieder nach vorn, richtete die Arme nach oben, reckte sie gegen die leuchtenden Wände und schien jetzt in sehr gehobener Stimmung. – Die Welt *yerra* ist zerhagenhackt. Zu Schurkenmurksgelurke. Die Geister von den Weibern. Die Kräfte vom WunderBurgunder Gunther. – Er lachte und schien betrunken. Diese Lichtstürme, diese Sonnenkräfte, ganz offensichtlich berauschten sie ihn.

Der König war nicht in der Lage, irgend etwas zu entgegnen. Er schien nun zu gar nichts mehr in der Lage. Hatte sich wieder niedergekniet, in der Sorge, umgerissen zu werden vom heißkalten Feuersog. Auch als sein Atem sich genügend beruhigt hatte, auch dann wollte er keinen Deut weiterkriechen. Sondern schlotterte. Überfordert, durchnäßt, beschmiert. Geschüttelt von Frost und Glut. Und von Angst, ja, das muß ich hier festhalten, obwohl es sich um einen König handelt und obwohl jede Herrschaft Wert darauf legt, daß die Oberen und die Helden keinerlei Angst kennen.

Der König von Worms tat noch ein oder zwei Rutscher auf den Knien, richtete sich, vom Ruhrschmied gestützt, noch einmal auf, sank aber, japsend, zurück auf die Knie. – Hier kann ich nicht stehen, sagte er. Wenn das *Lokis* Lichtsog ist, dann knickt er mich nieder. Auch hast du mich viel zu gewichtig gekleidet.

Ich dich?

Oder ich mich, egal. So jedenfalls geht es nicht.

Der Niederländer hockte sich neben ihn und zog unter seiner dunklen Stechpalmenbrünne eines der schönen Tücher aus dem Gürtel, eines der schillernden, regenbogenfarbenen, das nahm er und tupfte meinem Bruder die Stirn.

Der Blutjaspis sprengt mir das Kreuz.

Der Xantener nickte, nahm dem König das Fell ab, dann auch den Brustpanzer, band und streifte schließlich auch das schwere Brokatkleid auf und wir sahen, wie Gunthers zitternder Rücken in der Tat blutig geschunden war. Den großen Jaspis brach der Cherusker aus der silbernen Kleiderfassung heraus, öffnete in seinem Gürtelleder eine andere Tasche, barg dort den Stein und öffnete dann eine seiner hinteren Gürteltaschen und tupfte zwei Fingerspitzen hinein. – Wollfett, zwei Fingerspitzen Wollfett, die streich ich dir übers Kreuz, sanft. So! Spürst du's?

Gunther nickte, schien sich zu beruhigen. Der Riese kleidete ihn wieder an, zog ihm Kostüm und Weste an den Leib, schnürte die Goldbrünne um das Kleid und tat das schwere Mantelfell wieder darüber. – Und jetzt paßt gut auf, ihr UteSöhne. Jetzt spring ich euch voran, ins Helle. Und ich hoffe, ich besteh auch diesmal. Und wenn der Lichtspuk gelöscht ist, dann ist auch der Sturm weg. Dann kannst du aufstehen, du wunder Gunther. Dann rückt ihr nach, ihr beiden. Zuerst der König. Und brav weit hinter ihm der Schreiber. Als dritter erst folgt der »Eigenmann«. Achtet auf die Reihenfolge. Und auf klare Abstände. Zwar ist dann das Feuer aus und wird alles fast finster sein und still, aber will's ein SchadAlbe oder *Loki* selber oder Frau Ran, dann merkt irgendwer, daß nicht derjenige im prächtigen *Zazamank*-Gewand der Lichtritter ist, sondern dann glaubt man hier, daß noch einmal Brünhilds alter Genosse auf die Felsenrutsche will.

»Genosse«? – Gunther fragte, zwar mit schwacher Stimme und schnatternd, aber deutlich genug. Versuchte, in den Lichtwirbeln das Gesicht seines Schiffsmeisters genau zu erkennen. Als wir den Mann so über uns sahen, hoch aufgerichtet, da schien es, als schlüge das Licht auch aus seinem Rothaar, als wollten Flammen aus diesem Kopf.

Gunthers Zähne schlugen gegeneinander. – Jetzt, vor dieser hellen Geisterwand, jetzt gesteh's mir. Es fällt mir schwer, zu reden. Sag, Freund, warst du tatsächlich ihr »Genosse«? Brünhilds Mann?

Pleib! »Idiot« »Brünhilds Mann«! Was ist das? Bin ich ihr Eigentum? Ist sie das meine? Sind Menschen hortbar? Verfluchte Besitzsucht! *Sic hanc hominum possessionem odiosam dixeris, miserabile erraveris.* »Falls du diesen widerwärtigen Menschen-Besitz gemeint haben solltest, hättest du dich kläglich geirrt« *Sed hic error est horror imperii.* »Aber dieser Irrtum ist der Schrecken des Imperiums« (des Befehlssystems)

Der Mann drehte sich wie im Zorn einmal rasch um sich selbst ganz herum und starrte dann wieder meinen Bruder an. – Du *musha* elend Künnek, ich bin im Ernst niemandes »Eigenmann«! Und es ist auch Frau Brünhild eine *Freya*-Frau und niemandes Eigenfrau. Mach dir jetzt nicht mehr Drangsal, als du hier eh zu ertragen hast. Komm, halt dich bereit, jetzt tun wir gemeinsam den Schritt in ihr Riesenreich. Paß gut auf, du wirst sehen: *Fulgura frango!* Die Blitze breche ich! Merk dir wenigstens dieses Lateinwort. Und wenn dann der feurige Sonnenwind endlich erlischt, dann trittst du voraus, dann gehst du keck an mir vorbei, gehst allein, gehst weit nach vorn, bis vor die Burg und dringst dort als erster ein.

Hat dann seinen Auerochsenfellmantel dem König vor die Knie gelegt, als wollte er ihm einen Barrikadenschutz bauen gegen das, was nun kommen würde, wendete sich dann von uns weg, kehrte sich in den Lichtzauber und schrie gegen das leuchtende Geschwirre sächsische oder cheruskischkattische Leuteworte. – *Sifrit gert krapt gert clubodun gert Allmuotars gerkrapt gert hitzhagedissewitz gert himmilzungalons giuualt taz himmiliskiu dinc!* »Der friedliche Kraftkerl begehrt Energie, begehrt Baumkraft, begehrt die Begehrenskraft der Unerschaffenen, begehrt Hexenkraft, begehrt auch die Sternkraft, das himmlische Ding«. Schazman läßt dies, als *magic banishments* (»Beschwörungsformeln«), unübersetzt, merkt nur an, wie hier *in an unchristian way* Geistiges und Materielles vereint würden in Verbindungen wie »himmlisch« und »Ding«. – Noch Albert Einstein: »Wären alle Dinge verschwunden, wären auch Raum und Zeit verschwunden«

Und ist dann vorwärtsgesprungen über das nackte schwarze Gestein, der Niederländer, Wörter schreiend sprang er dahin, Wörter vom Verkörpern all dessen, was den neuen Priestern als »geistig« gilt, »barbarische« Wörter und zugleich lateinische, und dazu hüpfte er wie im Tanz und schrie. – *Sic itur ad astra!* »So geht es zu den Sternen«

Gunther, im Bärenloch, duckte sich hinter die Mantelmauer. Überm Saum des Ochsenfells konnte er das Unfaßliche gut beobachten. Auch ich sah, wie der Niederländer weit vor uns durch den fremden Schein dahinsprang, immerzu schreiend, geradewegs unter die zuckende Lichtwand stürzte der sich, als wollte er sich in das Helle hineinwerfen, sich im Lodern emporheben lassen wie Funken in den Flammen. Und sang und tat, als könnte er das alles womöglich überleben, dieses sternenhohe Auf und Ab und Quer über den Nachthimmel, unbeirrt schleuderte er sich dort hin und schon wurde seine Gestalt überstrahlt und schien verschlungen –

Giselher, so hörte ich meinen Bruder leise rufen, nun sag es mir aufrichtig. Hörtest du nicht in Krähenkamp, die Unerschaffene werde sich rächen? Oder Ran? Was wußte dein Sänger von dieser Chaosküche? Von Rans fürchterlicher Vergeltung? Und von diesem »Genossen« – nun sieh doch nur, sieh –

Ich sah hin und mir schien, als sei der gepanzerte Mann, dieser tanzende Mensch vor der Lichtwand ins Glühen geraten, als erstrahle sein nibelungisches Schwarz-Eisen jetzt wie dunkelrote Kohlenglut, ja, der gewappnete Leib des Xanteners leuchtete, die stachlige Stahlhaut aus Alberichs Werkstatt blitzte, schlug Funken, und der Nibelunge stand da mit breit auseinandergestellten Beinen, über und über umglänzt von dem Weltall- oder Wotans-Licht, als wäre sein hürnerner und eiserner Leib inspiriert, aufgeklärt und durchleuchtet. Als ich ihn sehr viel später einmal zu fragen wagte, was er von diesen Wundern verstünde, sprach er vom Atem der Sonne. Nordlichtphänomene erklärt man heute als elektromagnetische Entladungen der Sonne, nennt sie noch immer »Sonnenwind«

In diesen Momenten sah es so aus, als wollten all die springenden Lichtgirlanden auf den Cherusker niederstürzen, als müßten die flammenden Erscheinungen in ihn hineinfahren und es verschlängen nicht sie ihn, sondern er sie – wie der Baum den Blitz einfängt, und der Baum leuchtet auf, hält aber stand, bleibt aufrecht stehen.

Und dann zerfielen die Vorhangspiralen. Die Fackeln und die Lichterdrachen waren in den Menschen hineingestoben. Und mit dem *Loki*-Licht verging der Lufttrieb mit all seinen Sturmwirbeln, und es wurde still.

Still war es plötzlich. Und finster ringsum.

Nur an einem Punkt noch glühte es. Die Gestalt in der Dunkelheit, die stand noch da. Glimmend und breitbeinig stand sie, die Arme nach oben gerichtet. Die Glieder weit auseinandergestreckt. Eine Feuerfigur. Empörter Baum.

Als wir uns an die Nachtschwärze gewöhnt hatten, schüttelte mein Bruder den Kopf, atmete noch einmal tief, und dann raffte er sich hoch und schwankte einige Schritte. Rasch sprang ich auf, wollte ihn stützen, er jedoch ließ nun sein Mantelfell fallen, denn es war plötzlich sehr warm geworden, von überall her wehte ungewöhnlich lauer Wind. Dann ging Gunther weitere Schritte, ging ganz allein. Wie in einer großen Erleichterrung schritt er voraus. Ich blieb stehen, sah, daß er gut vorwärtskam, etwas staksig zwar, aber doch um vieles sicherer als zuvor, so stieg der König zu dem Hügel hinauf, wo oben im Dunkel noch immer die glimmende Gestalt zu sehen war, ging dort hinauf, hielt sich aber bei dem empörten Baum nicht auf, sondern schritt ohne Pause weiter. Da der Wind den König nun nicht mehr schüttelte, sondern angenehm vorwärts schob, gelang ihm der Weg recht gut, schritt er mit sicheren Tritten aus und, soviel ich erkennen konnte, ohne jeden weiteren Sturz.

Erst als Gunther schon hoch oben auf der fernen schwarzen Höhe wanderte, von wo der Isenstein im Sternenschimmer gewiß zu sehen war, nahm ich die Mäntel vom Boden und stieg nun ebenfalls empor. Als ich dem Lohendurchdringer näher kam, hörte ich ihn keuchen, ja, außer Atem schien der. Nun war er es, der nach Luft rang, der sich erholen mußte von ungewöhnlicher Mühsal. Murmeln hörte ich ihn in der Nifhelsprache. Und wenn ich alles richtig verstand, dann sagte er: *Loki fer yfir akra. Locke dricker vand. Nu saaer Loki sin havre.* »Feuergott fährt über die Äcker. Loki trinkt Wasser. Nun sät Loki seinen Hafer« (Kirchlich: Nun sät der Teufel sein Unkraut, seinen Samen)

Der Hürnerne brauchte offenbar noch lange, bis er wieder zu Kräften kam. Ich wagte nicht, ihn anzusprechen. Legte ihm seinen Mantel zu Füßen, ließ den schwer Atmenden stehen und folgte, wie er uns geraten hatte, dem König, ging weiter über den dunklen Hügel hinauf. Das Gestein hier und alles um mich herum strahlte Wärme aus. Schnee oder Eis fehlten hier ganz.

Und vom obersten Punkt sah ich dann tatsächlich, seitlich, die schwarze Burg. Und erkannte davor auch, im matten Licht, den König, der ging schon auf die isensteinische Pfalz zu, tauchte ein in den Mauerschatten der Burg. Da ging ich zurück zu dem Nibelungen, zu dem Unheimlichen, dem Drachentöter und hörte ihn immer noch reden. – *Ignis mutat mundum.* »Feuer verwandelt die Welt« Und endlich ließ der die Arme sinken, reckte sich, bog die Schultern, atmete tief durch, zitterte und schien zu frieren. Ich gab ihm seinen Fellmantel.

Inzwischen, sagte er leise, wird sie ihn gesehen haben. Als die Lichtwand erloschen war, da erschien er im richtigen Moment dort oben. Alle, die sich fragen werden, wer diesmal die Lohe verschwinden ließ, alle Gnomen und Raben und Zwerge und Frauen, sie werden ihn gesehen haben.

Dann gingen auch wir hinauf und von der Höhe hinab bis vor die Burg. Diese Mauern waren nicht ganz und gar düster, sondern schienen eine milde Helligkeit auszusenden. Vor dem unteren Burgtor erreichten wir den König, der »Eigenmann« nahm ihm die zierlichen

Sandaletten vom Hals, kniete vor ihm auf den Boden, schnürte ihm die Stiefel auf und zog sie ihm aus. Und band ihm statt der groben Schuhe die byzantinischen Sandaletten um. Mochte sein, auch dies tat er sehr bewußt, auch diese Vorgänge, hoffte er, würde man von überallher sehen, würde man vor allem vom Isenstein herab gut bemerken. Im Schein dieser sanft strahlenden Mauern, auf denen, wenn ich das richtig beobachtete, winzige Flämmchen züngelten in langen Leuchtbändern.

Nun gehst du wieder voraus, sagte der »Eigenmann« seinem Herrn, du als erster betrittst diese Burg. Und auch im Inneren gehst du dann allein hinauf in die Halle. Nein, den Panzer nehm ich dir nicht ab. Den Harnisch läßt du am Leib.

Gunther sah mich fragend an, blickte sich um. Vor uns und über uns und überall, wo vor kurzem noch die Feuerfontänen gesprungen waren, da war es nun still und fast schwarz, auf diesen Bergen hier schimmerte nirgends Eis oder Schnee. Und der Felsboden und die Mauern schienen warm, die fühlten sich an, als hätte hier soeben noch Mittagssonne für Sommerhitze gesorgt. Und zur Burg hinauf, die Mauern und Treppen entlang, bleckten die bläulichen Flämmchen.

Dann hörten wir aus der Tiefe, vom Meer her, ein heftiges Krachen. Als zerbräche da ein starkes Holz. – Unser Schiff, sagte der Niederländer. Dazu nickte er und sagte dann noch einmal das, was ich schon vor seinem Kampf mit den zwölf Ostfalen von ihm gehört hatte. – Das paßt.

Das klang aber wie Bruch, klagte Gunther.

Ja, das war Bruch. Nun geh du hinauf in die Burg. Und wenn Rans Tochter dich fragt, woher du so blutig bist und verschmiert, erzähl ihr von deinem Bärenhieb. Den tatest du. Dein Kapitän hat nun kaum Zeit für eine lange Begrüßung, der muß sich um das Schiff kümmern. Jetzt geh da hinauf, du Lohenlöscher. Du Blutberserker.

Gunther, ohne Mantel, in seiner goldschimmernden, in seiner befleckten Brünne stieg er nun durch das offene Tor die langen Treppen empor. Und während wir noch warteten, bis er weit genug voraus war, kamen vom Hafen herauf Hagen, Gernot und *Walthar* und einige Schiffsleute. Die waren in gedrückter Stimmung. In der Tat war das Boot, weil plötzlich kein Licht mehr die Küste erhellte, in der schweren Dünung gegen die Felsen gestoßen, so daß sich die vordersten

Aufbauten zerdrückt hatten. – Gut so, befand der Niederländer. Das paßt. Ach, es passiert alles so, wie es soll. – Dem *Walthari* und den Matrosen trug er auf, aus dem Schiff eines der Fässer zu holen, roten JuraWein als erstes Gastgeschenk. Und hat mit seinem nibelungischen Steuermann weiteres beredet, wollte den Schaden am Bug genau beschrieben haben.

Die sieben Schiffsleute gingen zum Hafen zurück, Gernot, Hagen und ich dagegen passierten nun mit dem Niederländer ebenfalls das Tor in der gewaltigen Isenstein-Mauer, stiegen hinauf unter den großen Burgschatten, der schwarz gegen den Sternenhimmel stand. Gingen oben durch ein zweites offenes Tor und kamen an den Fuß einer zweiten Treppe. Auf deren höchster Stufe sahen wir den König stehen, sahen ihn gegen das Licht, das aus einem dritten Tor strahlte. Von den Mauern rings dampfte es und rauchte. War das Kohlenwärme? Vulkanwärme? Heizte hier *Herdubreid*? Auf den Zinnen, Türmen und Dächern und Mauergeländern, überall glommen Steinlichter, bläuliche und grüne Flämmchen, wie aus dem *Anthrax*. Und nirgends stand eine Wache. Kein Mensch war hier, der uns begrüßt hätte.

Als auch wir die oberste Stufe erreichten, sahen wir, daß Gunther wieder weit vorausgegangen war. Durch einen langen Fackellichtergang blickte er zu uns zurück. Der Nibelunge winkte ihm, und Gunther ging abermals weiter.

Und kamen dann alle in einen weiträumigen Hof, der war grob gepflastert und von hohen Mauern umgeben. Auch diese Wände waren warm, auch hier leckten rings die Feuerzungen. Wächter aber oder Lauscher bemerkten wir nirgends in dieser Schattenwelt. Aus der freien Höhe über uns leuchteten die Sterne, die Nacht war ohne Mond. Auch die Nacht vor der Ankunft des Xanteners in Worms wird als »mondlos« beschrieben. Wenn er am 22. oder 23. Dezember in Worms eintraf, handelt es sich beim Ankunftstag in Island um den 16. oder 17. März, da die Burgunder am 3. oder 4. März in Worms abgefahren waren. Sie treffen demnach am 28. oder 29. März in Worms wieder ein

Über eine Treppe im Hintergrund des Hofs stieg der König empor, sicheren Tritt zeigte der, als hätte er sich nun ganz gefaßt und seine alte Haltung wiedergefunden. Mochte sein, die lichte Wärme hier, die tat ihm gut, und auch diese vielen Treppen bescherten ihm byzantinische Auftritte. Wir gingen ihm nach, und durch einen langen Gang kamen wir schließlich in eine weite Halle. An deren Wänden schienen Fackeln zu brennen, doch flackerte nirgends offenes Feuer, sondern das war ein Leuchten, so wie es dem Cherusker nach dem Sieg über die Lohe aus dem Harnisch zu strahlen schien.

An der seitlichen Hallenwand stand ein langer Tisch mit hohen Sitzen. Eine Tafel war da gedeckt. Das sah so aus, als sollte hier demnächst festlich gegessen werden. Ein schwerer schöner Duft stand im Raum. Gunther stand schon am hinteren Ende der Halle, an der Schmalseite, die auf eine höhere Stufe führte, auf eine Empore, wo das unerklärliche Leuchten wie eine Dämmerung war, aber diese Dämmerung schien voller Bewegung, da zeigten sich Gesichter. Und aus dem Zwielicht kam nun tatsächlich ein einzelnes Wesen langsam nach vorn, eine Frau näherte sich da, die trug ein schwarzes Gewand, das zwar dunkel war, das aber wie blankes Eisen blinkte oder wie Silber. Um ihr Gewand trug diese Frau, dreifach geschlungen, einen dunklen Ledergürtel, in den ein Stein eingefaßt war, der war groß wie ein offener Mund und schimmerte milchig und schien wie ein Mond zu leuchten. Da stand nun, auf der Empore, Brünhild.

Gunther verneigte sich vor ihr und verharrte in dieser gebeugten Haltung. Auch wir neigten die Köpfe. Und dann hörten wir sie leise reden, die dunkle Frau auf der erhöhten Stufe. – Da kommt ein Gast in Waffen? Und im Gefolge Männer, ebenfalls in Waffen?

Gunther richtete sich auf, hat aber nicht sofort antworten können. Betrachtete die vermeintliche »Riesin«, die schön schien und nicht größer als er selber und die ihn nun abermals fragte. – Wollt ihr Streit? – Und, nach einer Pause: Man nennt mich Brünhild. Es wär freundlich, wenn auch du deinen Namen sagtest.

Habt Nachsicht. Es ist dies alles sehr fremd für uns. Ich bin Gunther, König von Burgund. Euch zuliebe wagte ich mit meinen Freunden von weit her die Fahrt. Zwölf Seefahrtstage weit. Wundert Euch nicht über meine Rüstung. Allein in diesem Panzer konnte ich die schreckliche Lohe durchschreiten, was, wie wir hörten, jeder zu tun hat, der Euch, Frau Brünhild, kennenlernen und heimführen will als seine Gemahlin.

Auf der Empore kamen nun auch andere Gestalten nach vorn, weibliche Leute kamen da, vergnügte Frauen, die wisperten, die schienen zu kichern. Brünhild, wenn ich's richtig sah, schien an Gunther vorbeizublicken. Auch an Gernot und an Hagen und an mir blickte sie vorbei, tief hinab ging ihr Blick bis an das hintere Ende der lichten Halle. Richtete ihre Augen auf den Niederländer, der stand weit hinter uns. Und erst nach einer Pause, die mir sehr lang erschien, unerträglich lang, sprach Brünhild. – Gut gerüstet bist du, Gunther, für die Flammen, und das war auch wohl besser so. Doch du und deine Freunde, ihr behaltet eure Waffen auch in meiner Halle? Willst du Kampf?

In der Fremde denkt jeder zuerst an Sicherheit.

Brünhild sah noch immer dorthin, wo der Nibelunge stand. – Bei uns ist es Sitte, daß der Gast ungewappnet kommt. Siehst du mich und meine Freundinnen in Panzern?

Gunther verneigte sich wieder und bat um Verständnis. In Worms am Rhein habe er von den Sitten auf Island nur Unvollständiges gehört. Er würde sie aber gerne kennenlernen. Und begann dann, seine Rüstung aufzuschnüren.

Weh, hörte ich Hagen. Der Nibelunge trat hinter ihn und beschwor ihn, ruhig zu bleiben und Gunthers Beispiel zu folgen. – Du siehst, die Frauen sind allesamt waffenlos.

Also knüpften auch wir unsere Panzer und Schienen auf und legten und stellten alles Eisen rings gegen die Wände. – Weh, wiederholte Hagen und konnte nicht aufhören, grimmig zu zischeln. – Wie soll das enden, in dieser *Loki*- und Frauenhölle. Frauen sind, da hat die neue Herrenlehre recht, des Teufels tierische Mischbrut. Halb Mensch, halb Tier, geistlos verlockende *materia*.

Nicht jetzt, sagte der Niederländer und legte dem Waffenmeister die Hand auf die Schulter. Brünhild kam die Stufen von der Empore herab. Winkte dann einigen Frauen und zeigte auf eine der Rüstungen an der Wand, auf Gunthers Harnisch. Sein goldenes Kettenhemd, das sollten die Frauen ihr bringen. – Und dazu Herrn Gunthers Schwert. – Die Frauen trugen beides herbei. Die Hausherrin zog Gunthers Waffe aus der Scheide und prüfte sie, betastete mit zarten Fingern die Klinge. Und bemerkte das frisch geronnene Blut. Gab das Schwert zurück und legte dann ihre Hand auf Gunthers Goldharnisch. Welch eine schöne Hand hatte diese »tüchtige Königin«. Und wie sanft erschienen ihre Bewegungen, wie anmutig dies schmiegende, dieses zärtliche Hand-Anlegen.

Die Hand noch immer auf dem vergoldeten Eisenkettenhemd, blickte sie auf meinen Bruder, sah ihn an aus großen dunklen Augen. Schwieg eine Weile. Blickte immer nur den Brautwerber an und sprach schließlich: Mit diesem Harnisch hast du *Lokis* Feuerkraft bezwungen? – Sah ihn weiterhin an und fragte: Diese schwitzkalten Eisenringe, verehrter Herrscher von Burgund, die hätten sie weggeleitet, *Lokis* Schutzblitze? die Sonnenstärke?

Gunther machte eine Schluckbewegung, die er aber, wie er sicherlich hoffte, gut verbergen konnte. Mir entging sie nicht. – Keine Hitze spürt Ihr im Gold-Eisen? *Fulgura frango.* Islands Lichtsturm fuhr da hinein und sollte noch jetzt von zarten Händen gut zu fühlen sein.

Die Frau legte ihre schlanke Hand an andere Teile des Metalls. Blickte dabei den Gunther unverwandt an. Wie wohlgeformt, wie schmal diese Hand war. Eine Riesin war sie? Eine Walküre? Welche Schauermärchen waren uns aufgebunden worden.

Auch ihre Stimme klang nicht rauh oder schrill oder was sonst als barbarisch gilt, sondern tönte angenehm. – Auch wenn du das Blitzebannen lateinisch beschwörst, du König aus Worms, meine Hand fühlt an deinem GoldEisen nur Angstschwitzhitze.

Endlich ließ sie die prüfenden Finger vom Metall, ließ dann die Freundinnen alles wieder zur Wand schaffen. Ließ aber meinen Bruder nicht aus dem Blick. Ging vielmehr einige Schritte auf ihn zu. Stand nun sehr dicht vor ihm, gleich groß war sie wie er, der zu große, und sah ihn an mit ihren dunklen Augen. Mir schien, als beobachte sie, was sich ihm jetzt auf der Stirn bildete und an den Schläfen. Zweifellos bemerkte sie, wie sie sich dort vermehrten, zahlreiche zarte Perlen aus Schweiß.

Ließ meinen Bruder endlich aus ihrem Blick, schaute zwischen Gernot und mir und Hagen hindurch und betrachtete den, der weiterhin im Hintergrund blieb. – In Euerem Gefolge, Herr König vom Rhein, da erkenne ich einen, der, dächte ich, der müßte wohl wissen, wie auf Island die Sitten sind.

Ging dann an Gunther vorbei, an Gernot, an mir und an Hagen und blieb vor dem Nibelungen stehen. – Gegrüßt seist du, Nibelunge. Bindest du neuerdings Stiefel auf? Ziehst einem angstheißen König die Stiefel von den Schwitzfüßen? Und bindest ihm statt dessen güldene Schühlein um? Kniest nieder vor diesem Wormskönig Gunther?

Grußwörter, sagte der, stehen mir hier kaum zu. Als erstem jedenfalls nicht. Grüß bitte zuerst diese hier, die Herren vor mir, das sind König Gunthers Brüder, das sind Gernot und Giselher, und dies ist der berühmte burgundische Heermeister Hagen. Diesmal, Frau Brünhild, komme ich nicht als Königssohn und nicht in eigener Sache, diesmal steh ich in königlichem Dienst. Bin als Schippmann des Herrn Gunther gekommen, als sein Eigenmann. War auf der schweren Fahrt hierher der Kapitän. Ehre vor allem den König, der mit Mut und Lust die Lohe bezwungen hat und der –

Das lügst du. – Wie ein Blitz fuhr dies Wort in Siegfried Rede. Und diesen Blitz, ach, den hat am Ende auch er nicht brechen können.

Der Xantener schien aber nicht verlegen oder irritiert. Sondern der antwortete auch jetzt, redete geradezu gut gelaunt. – Wie sollte der, vor dem Herrn Lokis gewaltige Flammenwand zusammenfiel wie ein nasser Teppich, wie sollte der über dieser Mühsal nicht in Schweiß kommen? Das weiß keiner genauer als ich. Und wie sollte ich dem, dem solch eine Tat gelang, die Schuhe nicht wechseln? Mit römischen Sandalen war kein *Loki*-Licht zu durchdringen. Die Blitze des Lügengotts sollen mich treffen, wenn ich damit lüge.

Auf *Loki* berufst du dich? Wann je hätte der Lügengott das Lügen zerblitzt. – Auch den Xantener betrachtete diese Frau nun sehr genau mit ihren schwarzen Augen. Hielt ihre Lippen gepreßt, als müsse sie jetzt viel verschweigen. Als wollte sie dem Mann Gelegenheit zur Antwort geben. Siegfrieds Gesicht schien zwar bleicher als sonst, aber es zeigte keine Schweißperlen. Und seine Gesichtsfarbe schien nur deswegen fahl, weil das fremdartige Leuchten rings von den Hallenwänden alle Gesichter eintauchte in das graublaue AndersLicht.

Wenn du aber nicht gelogen hast und bist wirklich Herrn Gunthers »Eigenmann«, dann, wenn du mich jetzt nicht täuschst, dann muß dein Herr Gunther am Rhein ein wahrhaft großer König sein. Freilich nur dann, wenn deine cheruskische Geriebenheit ausnahmsweise keine Verkappungskünste übt. Mächtig muß dann dein Herr Sandalenträger sein. Einer von den pompösen neuen Königen aus dem Morgenland, die, so hörte ich, nunmehr die römischen Kaiser sein wollen und von denen mir meine Freundinnen, die Alberichtöchter, Kurioses erzählten. Zum Beispiel, daß sie in Rom in bunten langen Röcken umhergehen wie alte Frauen. Mächtig, sagen sie, seien diese komischen Herren am Tiber. Nun auch am Rhein? So mächtig, daß sich im Dienst bei einer dieser Wundergestalten derjenige erniedrigt, der die kapitale Besitzbestie tötete?

So ist es, ich steh in König Gunthers Diensten.

Ich dachte, wir zwei, wir wären verabredet.

Nur zwei Freie, denke ich, können sich verabreden. Nicht zwei Befangene. Nicht zwei Betäubte, nicht zwei Berauschte.

Da muß ich dir recht geben. Verabredet war ich mit einem Freien, nicht mit einem Schuhanzieher. – Ging mit diesem Bescheid zurück, trat wieder vor König Gunther und betrachtete ihn. – Du hast es gehört, du wirst als sehr mächtig gepriesen. Willkommen also, wahrhaft großer Morgenlandkönig. Und Dank, daß du sie freien willst, die verrufene Frau vom Isenstein. Das ehrt sie. Und nun sag es mir unverhohlen, warum ist dein Goldhemd naß?

Von Blut.

Blut? Nicht auch von Schweiß?

Draußen im Eis hatte ich unfreundlichen Empfang. Kurz vor der Feuerlohe fiel mich ein Eisbär an.

Ich sehe, du hattest starke Arbeit. Das macht wohl auch Schweiß. Auch dein Schwert, ich hab's gesehen, das wurde blutig bei dieser Arbeit. Das paßt zusammen. Wilkommen also, und willkommen auch ihr anderen alle. Ich will euch erfrischen und bewirten, wie das hier Sitte ist.

Sie wies Sitze an. Gunther hatte sich neben sie an das Kopfende der Tafel zu setzen. Der Niederländer bekam einen Platz am anderen Ende. Frauen brachten Becher, Gefäße aus purem Silber, trugen eine Kanne herbei.

Da erhob sich Gernot, winkte in den langen Gang hinein und sagte, es sollte wohl erlaubt sein, jetzt ein Gastgeschenk zu präsentieren. Ein Geschenk von der Goldküste, aus dem Mittagsreich *muspil*.

Aus dem Fackellichtergang näherten sich Geräusche, da kamen nun vier niederländische Seeleute, und der erste rollte ein Faß Wein in die Halle. Der zweite trug auf einem weinroten Kissen Gunthers Kette, das kostbare byzantinische Stück, das wertvoller war als das Schiff. Und der dritte und vierte Matrose, die schleppten eine außerordentliche Last, die schafften den weißen Eisbären heran. Brachten den riesigen Kadaver auf einer Holztrage und ließen ihn in der Mitte des Saals zu Boden, so daß er die lichten Steine besudelte mit rostdunklem Blutschmier.

Brünhild war aufgestanden, ging dann in die Hallenmitte, beugte sich über das Tier, über den fast vom Rumpf getrennten Kopf. – *Bi war* »wahrhaftig«, das war ein starker Hieb. Und das geschah mit gutem Recht. Gegen solch rauhen Empfang, gegen so ungebetenen Wächter muß man sich wehren. Mit einem kleinen Schwert so großen Kopf zu trennen, das ist wohl stark. Welch großer Schrecken für unseren Herrn aus Worms. – Hat abermals ihren Freier prüfend angesehen. Gunthers Kinn sah ich zittern, kaum merklich, so, als hätte er etwas sagen wollen, hätte aber das passende Wort nicht gefunden.

Dank auch für den Wein, sagte die Frau und schien zu lächeln, als sie sagte, dann sollten ihre Freundinnen die Silberkannen fürs erste zurücknehmen, dann wollten sie gern probieren, was im Mittagsreich reife. – Und ach, den meisten Dank aber für so feine Kette. Wie zierlich ist die Wurmskunst. Zierlich in den Ketten wie in den Schühchen. Solch niedlicher Zierat sollte uns zu Freunden machen. – Sie ließ die Matrosen das Faß aufstellen, öffnen und ließ ausschenken. Die isländischen Kannen, zum Glück, verschwanden.

Dann ging sie zurück zum Tisch, und dort stellte sich nun Frau Rans Tochter, die »Genossin« des Cheruskers, neben Gunther, nahm ihren Krug vom Tisch und betrachtete abermals den Brautwerber. Als alle Becher gefüllt waren, hob sie den ihren und sagte: Auf gute Zeiten, mit Rheinländern wie mit Niederländern! – Trank und blieb stehen und schaute unentwegt meinen Bruder an. So daß ich verzweifelt darauf sann, wie ich sie ablenken könnte von all dem, was sie da offensichtlich beobachtete und durchschaute.

Dann sagte sie: Wahrhaft großer Morgenlandkünnek, Ihr müßt folgendes wissen. Ein Treuloser hat mich vor kurzem arg getäuscht. Und seither, auch das solltet Ihr wissen, hat derjenige, der um mich freien will, nicht bloß das Lodern zu bezwingen. Seitdem prüft ihn nicht nur, in *Uuodans* Auftrag, *Lokis* himmelhohe Sonnenkunst. Seitdem gerät so einer auch vor mein eigenes Mißtrauen. – Und betrachtete bei all diesen Worten meinen Bruder mit großem Interesse.

Was nennt Ihr Mißtrauen?

Wer immer an diesem heutigen Tag die Lohe gelöscht hat und wer immer mich zur Gemahlin begehrt, der muß, seit jener Berserker sein

Versprechen nicht hielt, eine zusätzliche Probe bestehen. Eine dreifache. Aber für einen wahrhaft großen König ist diese Probe eine Kleinigkeit. Die ist kaum mehr als das, was Ihr, Herr Gunther, an diesem Bären bewiesen habt. Über der linken Tatze fehlt *yerra* ein starkes Stück Fell, wo blieb das?

Ich hab versucht, mich mit diesem Stück Fell zu säubern. Mich von dem Bärenblut zu reinigen. Ihr seht, das gelang nur halbwegs. Aber sagt mir Genaueres von Euerer zusätzlichen, von dieser »dreifachen« Probe.

Ein kleines Wettspiel ist das. Ein Spaß bloß. Gewiß übersteht das der Burgunderkönig, ohne daß ihm danach der Kopf vom Hals geschoren werden muß. Denn ich bin sicher, er ist ein tüchtiger Ritter. Wo nicht, wäre nun noch Zeit, in Frieden heimzuziehen in euer zierliches Rheinland.

Warum heimziehen? Natürlich bin ich ein Ritter. Alle Turniere spiele ich mit.

Wirklich alle? Wenn Ihr einen Fehler macht in einem der drei Spielchen, dann wird nicht nur der Hals des Königs kahl. Dann wird auch euren burgundischen Gefährten das Siegel aufgebrannt, das große, von dem ich hörte, daß es inzwischen als größtes Erdenglück gepriesen wird, als Befreiung von der Leibeslust, wofür Euere neuen Priester, wenn jemand für Jerusalems Geisterwelt sich nicht so recht begeistern mag, mit klarem Abschneiden sorgen.

Und schaute ihn ohne Unterlaß an. Schien auf Gunthers wechselnde Blässen zu achten wie ein Fischer auf die kleinsten Bewegungen seiner Angel. Und blickte, als sie vom Köpfen sprach und vom Kastrieren der burgundischen Gefährten, kurz auch über die Tafel. Auf das Entsetzen in den Gesichtern ringsum.

Und wenn ich nun den Schweiß sehe auf Euerer Stirn, König Gunther, so sollte ich Euch beruhigen und sagen, daß es zum Verzagen wenig Grund gibt. Denn wer das Sonnenfeuer löschte, wer diesen Bären töten konnte, dem sind meine drei Proben drei lächerliche Spielchen. Der erweist sich auch in Island als wahrhaft großer Morgenlandritter. Und mit so einem will ich dann gern auch nach Worms ziehen, an den Rhein, dorthin, wo man so schöne Perlenketten zaubert und so guten Wein trinkt und so zarte Schühchen schätzt und so kostbare Goldgewänder wie euer blutgetränktes.

Gunther verzichtete darauf, zu gestehen, daß weder Kette noch Schuhe noch Brokat in Worms entstanden waren. Und da die Hausherrin und Gastgeberin nun, nachdem sie so zweideutige Schrecken angekündigt hatte, das gepriesen zu haben schien, was ihn seit je beflügelte, die Schönheiten des Äußerlichen, wirkte er um so verwirrter. Von einem »Spielchen« hatte sie geredet, von einem, bei dem jeder Fehler entweder mit Entmannung bestraft würde oder gar mit Enthauptung.

Vieles hat ihn nun überfordert, meinen zu großen Bruder. Nach der harten Überfahrt, nach den zwölf Tagen und Nächten im engen Schiff, nach dem qualvollen Gang durch das Pack-Eis, nach dem Überfall durch den Bären und nach der übergroßen Sonnenlichtwand überfiel ihn nun ein Ansinnen, das diese Frau offenbar ernst meinte und das sie zugleich lächerlich machte, so daß er die Gefahr, die sich in diesem dreifachen »Spaß« verbarg, nicht annähernd einschätzen konnte.

Sein Helfer und sein Ratgeber, der aus Xanten und der aus Worms, die saßen ausgerechnet jetzt am anderen Ende der Tafel. Mein Bruder war, ich spürte es, einer Ohnmacht nahe. Stecknadelfeine Perlen glitzerten ihm auf der Stirn wie an den Schläfen, ach, seine Haut schien nicht mehr zu wissen, ob sie erbleichen sollte oder erröten, so daß sie in der Not beides tat und verräterische Flecken bildete.

Doch muß nun auch gesagt werden, daß der fleckige Held selbst in dieser Situation Haltung bewahrte. Jedenfalls zeigte er das, was martialische Herren seit je für Haltung halten oder für Mannhaftigkeit. Dazu gehörte, daß mein Bruder jetzt nicht etwa vom Sitz sank, sondern daß er einen seiner Arme über die Rückenlehne seines Stuhls geschlungen hatte, das hielt ihn aufrecht, hielt ihn in herrenhafter Geradheit. Außerdem verschaffte ihm das Blicke zum anderen Tafel-Ende, Blicke, die Brünhild, nachdem sie die drei Geschenke betrachtet und kommentiert und sich wieder gesetzt hatte, so genau nicht mitbekommen sollte, hilfe- und ratsuchende Blicke waren das, hinüber zu seinem Ratgeber und zu seinem nifhelheimischen Schiffsmeister.

Und an dem bemerkte er nun, daß der, offenbar nur zufällig, seinen Kopf hob und wieder senkte und wieder hob und noch einmal senkte. Der »Eigenmann« schien an den Wänden ringsum, mit Neugier, das überhelle Strahlen zu studieren. Und hatte doch mit seinem Nicken nichts weniger als seine Ermutigung gezeigt, seine Zustimmung zu dem, was die Isländerin da als dreifaches Spielchen vorschlug.

Gunther hatte diese Geste verstanden und begann nun, Brünhilds Ansinnen zu beanworten, freilich mit leiser Stimme. – Hohe Herrin, das tut mir leid, daß Ihr so schwere Zweifel hegt an meiner Aufrichtigkeit. Und daß Ihr so sehr an einer bösen Erfahrung leiden müßt. Wer so weite und gefährliche Fahrt wagte wie ich, wer so viele Mühsal auf sich nahm und schließlich die lichte Glut durchschritt, die Euch bis an die Himmelhöhen umfangen hielt, der sollte eigentlich, so denke ich, genügend stark bewiesen haben, daß es ihm Ernst ist mit seiner Werbung. Daß er auf keinen Trug sinnt.

Sie sah ihn an, lächelte und nickte ein wenig, aufmunternd, als sei sie begierig auf all das, was er sonst noch Interessantes vorbringen würde.

Doch wenn Ihr unbedingt auf dem besteht, was Ihr das eine Mal Spielchen nennt, das andere mal Spaß und das dritte Mal eine Prüfung mit tödlichem Ende, so sehen wir auch solchen Späßen gern entgegen, obwohl ich meinte, solch grobe Sorte Rittertum mit blutigem Ende, das sollten wir den Barbaren überlassen, das sollte nicht ausgerechnet bei Frauen Sitte sein.

Hab ich da recht gehört? »Dem sehen WIR gern entgegen«? – Brünhild blickte über die Tafelrunde, zu der Seite hin, an der ihre Frauen saßen. – Habt ihr das gehört? Spricht so zu Wurms ein einzelner Mann? Die zierlichen, die sittsamen, die nicht-groben und nicht-barbarischen Herrschaften, die nennen sich »wir«?

Nun schien der »Zwaraber« nicken und gleichzeitig seinen gefleckten Kopf schütteln zu wollen. – In unseren Landen, erklärte er schließlich, vor allem im Morgendland sagt jeder Herrscher gerne »wir«. Weil jeder am liebsten göttlich und zugleich ein Kaiser sein will. Und weil er zu gern die Kaiser des vergehenden Imperiums ersetzen möchte. Mein Bischof hat mir das genau erklärt. In diesem »wir«, da meinen wir irdischen Herren nicht nur uns selbst, sondern zugleich den Christengott. Da meinen wir unser Ich und obendrein den höchsten aller Herren, der, wie wir hoffen, »mit uns« ist. Gott sei mit euch, predigen die Kirchenherren und machen ihr Kreuzzeichen. Das ist nun Brauch in WestRom wie in OstRom, ist römische wie byzantinische Sitte, ist Sitte in der neuen Geisterwelt aus Jerusalem, die alles ins Zweifache denkt, in Leib und in Geist. Und dieses ständige Doppeldenken, wonach man in allem immer auch das Heilige und rein Geistige mitdenkt, das beherrscht nun allerdings den Weltkreis, wenn auch, ganz offensichtlich, dieses Euer Island bislang noch nicht.

Nun lachte die Burgfrau, und ihre Freundinnen lachten ebenfalls, Brünhild lachte zum erstenmal laut und schien beinahe übermütig. – Jetzt, wahrhaft großer WirKönig, hab ich wenig Appetit auf Geisterwelten, sondern will Bärenfraß. Und habe Lust, mir dein Perlenkettchen um den Hals zu hängen, o nein, Verzeihung, nicht »deine« Kette, sondern »eure«, Verzeihung, ihr Herren WirKönig oder WirrKönig. Und jetzt, ihr Freundinnen, zerhackt das Vieh hier und bratet das, wie's Sitte ist im geistlosen Eisland, und solange meine Freundinnen die Mahlzeit vorbereiten, laßt uns das Kämpfen tun, ihr mehreren Herren Gunther. So daß wir, sobald das Bärenbiest gesotten ist und gar, feiern können, so oder so, mit oder ohne Euch, mit oder ohne die irdischen und zugleich rein göttlichen Günthers.

Als da deutlich wurde, wie schnell die schreckliche Kampfprobe schon folgen sollte, schien Gunther nun doch, jedenfalls für den, der ihn kannte, einer Ohnmacht nahe. Bewundernswert fand ich, wie der Erschrockene sich trotzdem aufrecht hielt. Auch jetzt nutzte er die Lehne in seinem Rücken, klammerte sich daran mit einem seiner Arme, den er nach hinten über die Rückseite des Sessels hängte. Und auch jetzt bemerkte er die getarnte Zustimmung seines »Eigenmanns«, sah er deutlich dessen langsames Nicken, drüben, am anderen Ende des Tischs, wo der Kapitän die Wände hinauf und hinabzublicken schien wie im Studium.

Und dann gab Gunther sich einen Ruck und brachte es fertig, zu erklären: Euer Kampfruf, Frau Brünhild, der kommt sehr schnell. Bei uns in Burgund haben wir ebenfalls Lust auf Turniere, aber es gilt auch eine andere Gastfreundschaft. Da darf der Reisende, wenn er eintrifft, sich zunächst erholen. Muß nicht schon Turniere schlagen, bevor er irgend etwas speisen konnte. Ich zum Beispiel, nach so langer Fahrt und nach so starker Arbeit, ich hätte gern ein Bad genommen, statt gleich zu stechen oder zu hauen und gar, wenn ich Euch recht verstehe, um Leben und Tod. Oder gar um Manneskraft.

Das glaub ich dir gern, daß dir das Baden lieber wäre. Das seh ich an deinem morgenländischen SchwitzWirGesicht. Das schmilzt und zukkelt und fleckelt, als ob du allerdings Erholung wünschtest. Wie süß, Herr König, ist der Urlaub erst für den, der eine vergnügte Freiersprüfung überstand.

Wie geht denn jetzt, zur Nacht noch, ein ritterlicher Tjost? Kämpft und spielt man hier im Sterngefunkel?

Brünhild lachte wieder und fragte, ob die Freundinnen je einen Helden so beredt um Aufschub und um Schonung hätten bitten hören. – Er sorgt sich sogar um gutes Licht, ausgerechnet auf *Lokis* Lichtburg, darüber wird in hundert Jahren noch zu lachen sein.

Da war der Nibelunge aufgestanden, war an der Tafel entlanggegangen und hat sich mit ausgestreckten Händen der RanTochter genähert. Auf seinen Händen lag eines seiner zart schillernden Lichtbogentücher, und auf dem Tuch lag der Blutjaspis. – Dieses seltene Stück, sagte er, erlaube er sich, der Frau Brünhild zu schenken, als Versöhnungsgabe.

Ein Geschenk? von einem Sklaven? einem »Eigenmann«? Einen Blutstein gibt der mir? Zur Versöhnung? – Die Gastgeberin ergriff die Gabe, starrte auf Tuch und Stein.

Da bat der Nibelunge, man möge, solange das Turnier dauere, sich um ihn nicht sorgen, unten am Hafen erwarte ihn dringende Arbeit. Gewiß hätten sie auch hier oben das Schiffsholz krachen gehört, weil bei der Landung, als plötzlich alles Licht zerfiel, im Dunkel der Bootsbug gegen den Kai schlug und zerbrochen sei. Da gäbe es für den Kapitän und den Schmied allerhand zu tun. Zerbröselt sei sein Bootskopf wie schon mancher Mannskopf an diesem Isenstein. – Und wendete sich weg und wollte aus der Halle.

Ihm folgte ihre Stimme. – Ja, dann sollte er, der Schiffskopf, gut aufpassen, daß sein Schiff das einzige bleibt, was sich am Isenstein zerbröselt.

Der Xantener hätte sicher gern nochmal zurückgeschossen, doch da faßte eine Frauenhand seinen Arm, er sah zur Seite und glaubte, wie er mir später verriet, seine Ruhrnymphe zu erkennen. Einen Moment zögerte er, war verwirrt in schönen Erinnerungen und eilte dann davon, der tüchtige, der königliche Kapitän, der »Schiffskopf«, der treue Untreue.

Die Burgherrin legte seine Gabe vor sich auf den Tisch. – Einen wackeren »Eigenmann« habt ihr, großer Doppelkönig. Der schenkt mir einen Blutstein und will nicht zuschauen, wenn sein König kämpft. Wenn sein Herr für sich und sein Gefolge sein Leben gewinnt oder verliert, und nicht bloß sein Mannestum. – Sie sah ihre Gäste an, mit einem höhnischen, aber auch mit einem fragenden und forschenden Blick.

Gunther, Gernot, Hagen und ich, niemand wußte da eine Antwort. Weder verstanden wir unseren niederländischen Schippmann noch das, was Brünhild meinte, wenn sie vom Kämpfen redete und von den Folgen für unser aller Leben. In freundlichstem Ton redete diese Frau und drohte doch mit dem Blutigsten. Und ausgerechnet jetzt ging der Nibelunge davon, der sonst so hilfreiche. Warum mußte der sich um das Schiff kümmern, wieso tat das nicht *Walthar*, der erfahrene Steuermann mit seinen Matrosen? Auch *Walthar* war ein Schmied, war gleichfalls aus Xanten, hatte mitgeholfen, das Boot zu bauen.

Hagen fühlte sich bestätigt. Diese Fahrt, murrte er, die ist in der Tat ein Spielchen, ein abgekartetes. »Waren wir nicht verabredet?« Ja, Verabredungen gibt es hier. Zwischen dem Märchenmann und der Feuerfrau. Was denn sonst meint dies Geschenk, der Blutjaspis. – Die Hausherrin bemerkte das Gemurre und rief nun auf, die spöttischen Wechselreden endlich zu beenden und in den Hof hinabzugehen.

Da wollte Gunther sich rasch erheben, doch versagten ihm die Knie. Gernot sprang ihm bei und tat, als lege er in Freundschaft seinen Arm um die Schulter des Bruders, und konnte ihn so abfangen und stützen. – Ja, gehen wir zum Kampfplatz, rief Gernot. Und wollte den Schwankenden, den Zitternden aus der Burghalle führen.

Da stand auch Brünhild auf und legte, wie Gernot, den Arm auf Gunthers andere Schulter und, als kennte sie ihn nun schon sehr gut, fragte den König, ob er einen Becher mit Johannissaft wünsche.

Gunther tat, als müsse nun auch er lachen. – Lieber wäre mir, wir spielten jetzt sofort eure spaßige Dreifachprobe und kämen endlich zu richtigem Essen und Trinken. – So redete er, in trotziger Verzweiflung.

So soll es sein. Wir treffen uns im Hof, nun rüstet Euch gut in die Brünne, die unsere Lohe bezwang. – Mit diesem zweideutigen Rat ging die schlanke Frauengestalt wieder auf die Empore hinauf, verschwand dort mit ihren Freundinnen.

Auch Gunther wollte fort, aus dem Saal, ich trug ihm Rüstung und Waffen, Gernot stützte ihn, durch den langen Gang kamen wir zurück auf die obere Terrasse über dem großen Hof, wo angenehmere Luft wehte und keine Blendungen herrschten wie in der Halle. Von oben her war gut über den weiten Platz zu schauen, und da sahen wir, wie rings an Mauern die steinernen Lichter höherflackerten und wie sie sich im Aufflammen zusammenfügten zu Lichtbändern, die den grobgepflasterten Hof von allen Seiten überstrahlten, die leuchteten heller als drei Vollmonde, die machten den Hof zu einem guten Kampfplatz.

Als ich dem Bruder noch Mut zusprach, der Xantener werde vom Hafen rechtzeitig wieder heraufkommen, der werde die Arbeiten am Schiff vorausplanen und die Ausführung den Matrosen überlassen und seinem *Walthar*, da waren plötzlich Frauen neben uns, die reichten Gunther einen fremden Schild. Der schien sehr schwer. Hagen stellte den beiseite, half dem König beim Wappnen, ja, der Waffenmeister verschnürte dem Zitternden das goldfarbene Eisenhemd und die Schienen an Armen und Beinen.

Auch im Innern der Burg schien man sich auf den Kampf vorzubereiten, von dort klang ebenfalls Eisen, schwirrten Rufe und Geräusche, die nicht bloß dem Zerlegen des Bären galten, Waffenklirren meinte ich zu hören, aber auch Gelächter. Frauengelächter.

Hat einer von euch, fragte Gunther leise, hat hier irgendwer einen Ritter bemerkt? Einen, der gegen mich antreten wird? Gegen wen denn, bitte, gegen welchen Kämpfer soll ich nun meine Ritterlichkeit beweisen?

Aus den griechischen Geschichten, sagte ich, aber auch aus einigen nordischen weiß man, daß oft Frauen kämpfen. Solche, die berühmt wurden als Amazonen. Oder als Walküren. Erinner dich an den ersten ernstlichen Gegner des Xanteners, mit dem focht er im Ruhrwald und lange ging das hin und her und am Ende war's eine Frau, die *Helinga*. Und wenn ich hier alles richtig beobachte, so sind unter Brünhilds Freundinnen auch diese silberhäutigen Elfen, dunkle *Hagedissen*, ob nun Nymphen oder Walküren, vielleicht auch die Alberichtöchter.

Du sagst mir guten Trost, klagte Gunther.

Wie soll ein Mann im Ernst gegen eine Frau fechten, empörte sich Hagen. Alles hier ist *Lokis* List, oder es ist die unseres wunderbaren neuen Herkules. Einen weiblichen Gegner wird kein wahrhafter Ritter im Ernst erschlagen können. Irgendwann trifft ihn dann ein hinterhältiger, ein teuflischer Gegenschlag. Besser wäre, sie ließen uns hier gegen Bestien kämpfen *ut Romanis gaudio erat.* »wie es den Römern Freude machte« Wenn schon nicht gegen Löwen, dann meinetwegen gegen Eisbären.

Mein Bruder streckte einen Arm aus, für die letzte, für die Schiene am linken unteren Arm. Hagen band sie ihm fest. – Eisbären, sagte Gunther, wären mindestens so unpassend und fürchterlich wie Frauen. Ihr habt's doch gesehen, die weißen Bären hier, die sind riesenhaft. – Gunthers Stimme klang klein, blieb ihm halb im Hals.

Aber das gefährlichste Tier hier, sagte Hagen, hat sich verkrochen. Oder seht ihr noch irgendwo unseren Dienstmann und »Eigenmann«? Wenn dort unten im Hof jetzt einer auftritt, ein Riese, bis oben hin schwarz gepanzert, das Visier verschlossen, und die Frauen erklären uns, der sei es, der für Brünhild kämpfen will, dann kennen wir endlich die ganze Geschichte. Alle Verabredungen. Dann wehe uns. Spätestens dann sehen wir den Hinterhalt, in den uns unser teutonischer Freund gelockt hat.

Krimhild zuliebe, sagte ich, dient und hilft er uns auch jetzt, mit all seiner Kraft.

Das muß ich von Grund auf bezweifeln, klagte Gunther. Unter der Feuerwand hat er sich »Genosse« genannt. Du, Giselher, hast es gehört. Ihr »Genosse« sei er gewesen. Im Taumel, kurz bevor er in die Glutwand sprang, sprach er die Wahrheit. Brünhilds Geliebter ist er. Und meinen Blutjaspis hat er ihr geschenkt. – Der König biß sich auf einen seiner Finger, wollte das Klappern der Zähne stillen.

Verzweifelt suchte ich nach Trostworten, nach Beweisen, mit denen ich den Bruder beruhigen könnte. *Quin amicus veniat, dubium non est.* »Zweifellos wird er kommen, der Freund« Was half hier das Lateinische, es klang hilflos, und Gunther verstand es sowieso nicht. – Ihr solltet endlich aufhören, dem Xantener irgendeinen Verrat zuzutrauen. Ich bin sicher, auch dieser tolldreiste Falkenflug nach Island, auch der bringt uns am Ende einen wunderbaren Fang.

Gunther biß sich weiter auf den Daumen, schien zu frieren. – Hat er sich »Genosse« genannt oder nicht? »Brünhilds Genosse«?

Ich hatte zu nicken und dachte mit großer Anstrengung darüber nach, ob ich meinem zu Tode verängstigten Bruder jetzt nicht doch noch die sieben wunderbaren Ratschläge vorlesen sollte, die unser *foederatus* und Eigenmann zu befolgen suchte. Aber diese Sätze hatte der Nibelunge mir zu treuen Händen gegeben, die sollten geheim bleiben. Mochte auch sein, Gunther würde sie in seiner jetzigen Aufregung und Verwirrung nur mißverstehen.

Der König verwünschte seine Reise in dies eisige Land und alles, was er sich erträumt hatte. Fertig eingerüstet schaute er hinab in den Hof. Der schien in Zauberlicht getaucht. – An wen, sag mir, du Schreiberbruder, an wen soll ich jetzt meine Gebete richten? An Ringwolfs Totengott? An den Leidenden im Wormser Münster, der uns allen das Kreuz von Jerusalem verkündet? der mir in der Tat das Kreuz bricht? Ach, oder bete ich besser zu den Popanzen aus Byzanz, die mir einflüstern, »wir« zu sagen –

Unser König atmete tief und blickte nun steil hinauf, dorthin, wo überm hellen Hof die Bärensterne flimmerten. – Oder wende ich mich hierorts besser an die nifhelheimischen, an die bornholmischen Götter, an Wald- und Wassergeister, die das *Sigidor* öffnen oder schließen? Was jetzt in diesem Hof so unheimlich strahlt und glimmt und Hitze macht, ist das der Stein- oder Baumverstand, den unsereiner anbeten muß? wenn er mit dem Leben davonkommen will? Herrscht hier der Verheerer und Wutgott *Uuodan*? Oder Ran oder *Loki* oder *Lilith* oder wer denn nun!

Die Stimme zerfiel ihm. Ach, wie oft sind Helden vor dem Kampf vollkommen falsch beschrieben worden. Immer wieder von Leuten, die wollten, daß herrlich und unbezwingbar gekämpft würde. Tatsache ist, daß meinem zu großen Bruder die Zähne nun viel zu sehr zitterten, als daß er noch hätte weiterreden können. Auch hätten dann einige Frauen, die in diesem Moment auf der hohen Terrasse vorübergingen, seinen Zustand bemerkt, einen Zitterzustand, den kein Mann zeigen darf, will er als Mann gelten und als Held. Ja, in Wirklichkeit suchten unseren König und »Zwaraber« keine königlichen Kampfgelüste heim, sondern Zweifel über Zweifel. Und der Zweifel nistete sich von nun an so fest in ihn ein, daß darüber sein Inneres am

Ende schwarzsauer geworden ist. Wolfram von Eschenbach, der mit der Nibelungen-Überlieferung vertraut war, beginnt sein Parzival-Epos: *Ist zwîfel herzen nahgebur / des muoz der sele werden sur.* »Wo Zweifel dem Herzen ein Nachbar ist, muß die Seele sauer werden«

Der Nibelunge, so sagte ich schließlich, der begehrt Krimhild. Daran kann gar kein Zweifel sein. Über alle Maßen liebt er unsere Schwester. Seit er sie gesehen hat, seit er in der Liebe zu ihr in Flammen steht, sieht er keinerlei andere »Genossin«. Allein Krimhild zuliebe wird er dir beistehen. Ich hab es gesehen, wie er dir zugenickt hat.

Da hörte ich Hagen murren. – Unser Saubär, unser Alberichgeselle, der zieht uns an der Nase herum, ja, bis in dieses elende Eisland hat er uns genasführt, bis in Frau Rans FeuerwasserReich, tief hinab in *Gaias* höllisches *Ginungagap*. Hätten wir uns nur an König Chlodwig gehalten. Ich bin sicher, Chlodwig hätte unsere Burgunderprinzessin nicht abgewiesen, und umgekehrt unsere gelüstige *Grimmhildis* den Chlodwig ebensowenig.

Im Hof, im nächtlichen Strahlen dort unten hatten sich inzwischen zahlreiche Frauen versammelt. Ihre Gesichter sahen wir aufleuchten, da sie nun immer häufiger zu uns heraufblickten, auf die Terrasse, von wo sie den Gast erwarteten, den Fremden, der ihre Brünhild freien, der um sie kämpfen wollte.

Wenn ihm auch Zähne und Knie kaum mehr gehorchten, so nahm Gunther nun doch seine Hand von Gernots Schulter. Und stieg die Treppe in den Hof hinab, ging nun auf seinen hohen Beinen wie im Schlaf, langsam, Stufe für Stufe. Mit dem fremden, mit dem gewichtigen Schild in den Armen und unter der schweren Rüstung gelang er ihm fast makellos, dieser harte Gang. Jetzt wirkte wohl auch in ihm noch ein Rest von der Kraft des burgundischen Bornholm und seiner Riesen, und sei es als Erinnerung, als Sehnsucht, als süße Einbildung.

Und was von nun an, bei der dreifachen Probe, in Wirklichkeit geschah, das alles weiß ich in aller Genauigkeit erst, seit mir Gunther nach der Hochzeitsnacht zu Worms in seinem großen Jammer dies alles gestanden hat. In einer langen, in einer qualvoll verzweifelten Beichte.

Als er nämlich nun unten, im Licht der Mauerflammen, den Turnierplatz betreten wollte, da habe er mit einemmal, dicht neben sich, eine Stimme gehört. Eine freundliche, eine vertraute Stimme. Verspielt wie immer habe diese Stimme geklungen, geradezu spöttisch und leichtsinnig und, ja, voller Zuversicht.

Nun solle er achtgeben, hat er gehört. Sobald der Kampf beginne, müsse Gunther sich jedesmal so gebärden, wie er, der Unsichtbare, ihm rate und wie der Freund ihn von nun an handfest führe. Wir zwei, so hätte die Stimme geraunt, wir haben so, wie ich jetzt hinter dir stehe, auf meinem Schiff mit der Himmelsbärentatze den Nordstern gesteckt, und wir zwei, *yerra*, wir packen nun auch dies hier, und niemand muß darüber unglücklich werden. Du nicht. Und auch die schöne Frau Brünhild nicht. Am Ende, du wirst es sehen, freist du Brünhild so wie ich Krimhild.

Von der Treppe herab erkannte ich damals nur, daß Gunther die Augen geschlossen hielt. Um sich zu konzentrieren? Um seine Verwirrungen zu meistern? In Wirklichkeit, um in diesen Momenten genau zu verstehen, was ihm eingeflüstert wurde.

Inzwischen weiß ich, der Nibelunge nutzte Alberichs verzaubert verzaubernde Kappe. Gunther jedoch konnte in diesen Momenten den Gedanken, daß er Brünhild tatsächlich »freien« würde, kaum fassen, bekam diese Vorstellung nur sehr vage in seinen sonst so weiträumigen Kopf. Seit der Landung auf dem Eisland wünschte er sich nichts sehnlicher, als aus diesem Fremdland lebend und gesund wieder heimzukehren an seinen Rhein.

Doch nun hörte er dicht hinter sich diese übermütige Stimme, und er spürte eine Hand und einen Arm und eine Gestalt und merkte, wie die Handpranken des Ruhrschmieds ihm, als wollten sie mit ihm üben oder noch einmal am Himmel eine Bärenspanne abstecken, die Arme führten. Da wurde ihm endlich wieder ein wenig wohl, da war ihm das plötzlich sogar sehr lieb. Als hätten ihn bislang nur üble Träume gequält, als beginne erst jetzt das Traumreich, von dem ihm Kilian auf der Harfe sang.

Inzwischen hatten sich im Hof mehr als hundert Frauen versammelt. Auch Hagen, Gernot und ich gingen jetzt über die Treppe hinunter, gingen quer über den Platz hinweg zu einer Mauer-Nische. Dort warteten wir, die Mauer im Rücken, betrachteten unseren König und hatten uns zu wundern. Welch eine Verwandlung war da mit ihm vorgegangen. Plötzlich schien der sich sehr frei zu bewegen. Auch mit dem schweren fremden Schild ging er nun um, als trage er nur einen Falken, der davonfliegen könnte.

Munter, fast elegant trat er jetzt auf. Dies burgundische Bündel Unsicherheit und Zweifelsucht, dieser »Zwaraber«, dieser Knoten aus Widersprüchen, Träumen und Sorgen, dieser schönsinnige König hatte seine Zuflucht schon immer in kunstvollen Haltungen gesucht, in feiner Gewandung, in byzantinischen Höflichkeiten. Jetzt schritt er leicht dahin, allein, und ohne daß Gernot oder ich ihn noch hätten stützen müssen. Keck trat er in den hell erleuchteten Innenraum hinaus, in die Mitte des Hofs, schaute sich dort nach allen Seiten um und bemerkte offenbar sehr gern die Blicke der vielen fremden Frauen. Mein Bruder Gunther wirkte wieder wie früher, gab sich sicher, hochbeinig, leichtfüßig, beinahe frech.

Doch dann zeigte sich oben auf der Terrasse etwas anderes. In einer größeren Gruppe weiblicher Gestalten bewegte sich von dort oben über die Treppe eine schwarz blinkende Brünne herab und fuhr uns als Schrecken in die Glieder. Dies Bild meinten wir zu kennen, hatten es vorausgefürchtet – nun kam er, der Nibelunge?

Aber dann gelangte die dunkle Gestalt ins hellere Licht im Hof, und dieser Mensch, offenbar der Gegner unseres Königs, trug das Haupt unbedeckt, hielt den Helm noch unterm Arm, betrat den inneren Hof und war keineswegs der Riese aus Xanten, sondern war Brünhild. Die Isländerin selber wollte gegen Gunther antreten. In schwarzer Eisenweste kam sie daher. Unter der Brünne trug sie ihr dunkel glimmendes Kleid.

Gunther, wie er mir später gestand, fuhr bei diesem Anblick Eis in die Knie. Die Frau wollte ihn bekämpfen? Die Frau, von der ihm soeben die cheruskische Stimme versichert hatte, gewiß, die bekäme er zur Gemahlin. Und wieder hörte er neben sich das zuversichtliche Reden. – Schau sie dir an! ist sie nicht lieblich? ist sie nicht wahrlich arg schön? Freu dich, Gunther, du freist eine selten Schöne.

Die Isländerin ging nun auf Gunther zu. Sechs oder fünf Schritte vor ihm blieb sie stehen und sah ihn wieder mit ihren großen Dunkelaugen an, aber doch auch mit einem freundlichen Lächeln und sagte: Die drei eisländischen Aufgaben für den Freier, die sind wirklich nicht hart. Für einen WirKönig sind sie nicht ärger als Bärentöten oder Flammenlöschen. Das ist auch eigentlich kein Streit. Nur ein

Wettspiel. Als erstes werfe ich die Lanze auf deinen Schild, und ich denke, dem hältst du stand. Danach wirfst du den Ger zurück auf meinen Schild und wir werden sehen, ob du triffst und ob ich bestehe. Das zweite Spiel ist ein Steinwurf, kaum anders als bei den spielenden Kindern, nur ist halt der Stein ein wenig klotziger. Alle hier in diesem Hof werden beobachten, wie weit ein morgenländischer WirHeld den werfen kann, gewiß weiter als ein Weib. Und das dritte und letzte ist dann ein einfacher Weitsprung. Da bin ich sicher, der RomRitter springt am weitesten. Ist alles für einen großen Herrn vom Rheine nichts weiter als ein lustiges Spielchen.

In den wärmenden Flammen leuchtete ihr Antlitz liebenswert, das strahlte in so blühendem Schmelz, daß wir alle und nun auch Gunther tief Luft holen mußten. Es dauerte jedenfalls lange, bis der Brautwerber sagen konnte: Was ihr da vorschlagt, liebe Herrin, das ist allerdings eine gute und leichte Ritter-Übung, das ist Sitte auch bei Turnieren in Worms. Freilich muß in Worms der Verlierer nicht so blutig zahlen, wie ihr das verfügt. Aber laßt uns beginnen. – Das kam ihm erstaunlich forsch über die Lippen, und seine Antwort hörten viele, die in der Nähe standen. Seine Stimme klang nur dem unsicher, der ihn seit Jahren kannte.

Die Kontrahenten gingen auseinander, die Frauen machten Platz. Die Mitte des Hofs war nun ganz frei von Menschen, die Zuschauerinnen stellten sich rings an den Hofrand, unter die leuchtenden Mauern. Einige allerdings malten noch mit Kreide zwei Kreise auf den Platz. Je einen weißen Kreis an jedem Ende des Hofs. Das waren wohl die Stellen, von denen aus der Speer in der ersten Übung geworfen werden sollte und wo, im Kreis gegenüber, diesem Wurf standzuhalten war.

Hagen tauschte mit Gernot grimmige Bemerkungen. Denn nun wurde seitwärts ein Tor aufgeschoben, und zwölf Frauen zogen unter Anfeuerungsrufen einen Kriegswagen in den Hof. Auf dem flachen Gefährt lag ein Stein, der war allerdings ein »klotziger«, und neben dem Brocken lagen eine Lanze und ein Schild. Die Mühe, mit der die zwölf Frauen den Wagen zu bewegen suchten, das Ächzen der Räder und Achsen, allein schon diese Töne und dazu die Schreie ringsum, die verhießen den Gästen aus Burgund schwere Not. Sechs Frauen zogen den Wagen, sechs andere hatten zu schieben.

Bombax! hörte ich den Waffenmeister murren. »Bombastisch« – Diese *Prunnahilti*, so lieblich sie auch aussieht, selbst wenn sie byzantinische Feinsitten kennen würde, von meiner Liebe bliebe sie ganz und gar verschont.

Auch Gernot mochte seine Bedenken nicht länger für sich behalten. – Um so etwas wie Liebe geht es hier wohl längst nicht mehr. Wir sind in Frau *Freyas* Feuerland. Hier und jetzt geht es ums Blutige, um Mord.

Ein ums andere Mal schauten wir zum unteren Hofeingang, hofften, der Cherusker würde kommen, unser Freund, der Riese, den Gernot für Worms als Helfer geworben hatte. Doch der war nirgends zu sehen.

In diesen Augenblicken wußte auch ich, offen gesagt, nicht mehr, ob alles, was wir auf diesem Isenstein zu sehen bekamen, noch *historiae demonstrandae* waren vgl. S. 196 und 216 oder ob uns ein gaukelnder Waldgeist wilde Geschichten einblies nach Art des Franken auf dem Markt von Krähenkamp. In meiner Verwirrtheit beobachtete ich um so gieriger alle Einzelheiten auf diesem nächtlichen Hof, suchte unter dem eigenartigen Licht jeden Vorgang genau zu erkennen. Das war, als ob in einem Gasthaus ein Erzähler mit *Lokis* Lügenwitz seine Zuhörer dermaßen hätte bannen können, daß sie alles, was da erzählt und behauptet wurde, sofort glauben mußten und leibhaftig vor sich sahen.

Wie reut es mich, hörte ich Hagen, daß ich nicht heftiger widersprochen habe, als Gunther das erste Mal was gestottert hat von seiner isländischen Gier. Wie konnten wir diese unmögliche Fahrt wagen. Nur um hier und jetzt, in diesem grausigen Nifhelheim, geschlachtet zu werden? In dieser schauderhaften Nacht wollen diese liebenswerten Frauen uns entmannen. Wollen uns ausbluten. Unberechenbare Weiber sind das. Hausen nicht umsonst am Rand der Welt. Byzanz hab ich überlebt, Rom mehrfach. Und nun soll ich krepieren *in ultima Thule*. Thule ist bei den Römern die Bezeichnung für den äußersten Norden, für den Rand der Welt (*Vergil, Georgica* 1,30). Der Name erscheint zuerst bei *Pytheas von Massilia* (Marseille), der um 325 vor der westlichen Zeitrechnung eine Insel beschrieb, »sechs Tagereisen nördlich Britannien, auf der die Sonne im Winter ganz verschwindet, im Sommer aber nicht untergeht«

Als der schwere Wagen auch bei uns vorübergezogen wurde, mit quietschenden Rädern und unter Anfeuerungsrufen, da hörte ich, wie Hagen grimmig durch seine schlechten Zähne zischte: *Immania monstra! Feminae foedae! Pestes!* »Fürchterliche Monster. Scheußliche Weiber. Scheusale.« Wenigstens ich hätte merken müssen, daß dieser »geriebene« Cherusker alles verdiente, nur kein Vertrauen. Aber wozu jammere ich. Jetzt ist es zu spät. *Per iurandum meum pro rege Gundomare, mihi non licet hic et nunc ignavo esse et pigro et modo miserabili.* »Bei dem Schwur, den ich für König Gundomar geleistet habe, mir ziemt es nicht, hier und jetzt feige zu sein und untätig und nur noch jämmerlich«

Da nahm ich all meinen Mut und Ernst zusammen und sagte dem Waffenmeister und dem wütenden Bruder Gernot: Was immer hier passiert, ich glaube an die Ehrlichkeit des Niederländers. – Und merkte, wie nun auch meine Stimme nur noch zitterte. Wie denn auch sollte ich den Freunden irgendwas beweisen? Hätte ich ihnen jetzt mein Lederblatt aus dem Schiff heraufholen sollen, meine Schrift mit den sieben nibelungischen Vorschlägen der Königin Sieglind?

Hagen schien mich in seinem Zorn sowieso nicht mehr gehört zu haben. – Überlistet, sagte er, verwirrt, betört hat er uns mit seinem Hortgeschenk. Mit diesem fluchbeladenen Kirchenkrempel. Und alle unsere Feinde machte er sich zu Verbündeten. Wo, bitte, steckt er jetzt. Falls wir bis zum heutigen Tag als Ritter galten, nunmehr, auf diesem verfluchten Eiland, da zertreten uns Weiber zu Madenmatsch. Seht sie euch an, diese gastfreundlichen Fräulein! Seht, was sie da herumkarren.

Ehe sie mir meinen Bruder erschlagen, rief Gernot in großer Erregung, gibt es auch noch mich, den sie zerfleischen müßten!

Nicht umsonst haben sie uns die Waffen weggeluchst. Herrn Siegfrieds Midgardgenossinnen handeln nifhelheimtückisch, mit *Lokis* Tarn- und Nebellist, wie Schlangen, wie Luchse.

Dies Gemurre der Männer und vor allem Gernots Empörung, das war nun so laut gworden, daß es auch die RanTochter gehört hat. Ich sah, wie sie über ihre Schulter zurückblickte in unsere Nische und wie sie über den graubärtigen Waffenmeister zu lächeln schien. – Die Morgenlandhelden hadern? Bangen um ihr schönes Leben? Also gut, ihr Frauen, auch diese großartigen Zitterfürsten, sie sollen sich wohlfühlen. Bringt ihnen die Waffen!

Da wurde Gernot ein wenig rot, zum einen vor Freude, weil der kampflustige Stoppelköpfige nun seine Streitgeräte wiederbekommen sollte, zum anderen, weil er sich genierte, da er sich in aller Offenheit furchtsam gezeigt hatte. Jedenfalls ließen wir uns Brünhilds Angebot nicht zweimal sagen, sondern nickten, baten in der Tat um unsere Waffen, und die wurden augenblicklich gebracht. Frauen trugen sie über die Hoftreppe herab, lachten und klapperten mit den Eisen und kicherten und halfen uns, die Panzer wieder anzulegen.

Als wir verschnürt und geschient waren, begaben sich die zwölf Kampfgehilfinnen zurück zum Streitwagen und machten sich daran, den Wurfstein herunterzuholen. Fünf Frauen stiegen auf die Ladefläche, griffen unter den Klotz und schafften es, nach mehreren Zurufen, den Brocken herumzuwälzen, so daß er, krachend, auf den Rand des Wagens schlug. Neben dem Wagen warteten die sieben anderen mit einer Trage, die hielten sie dicht an den Wagenrand.

Der Fels mußte dann, in einer zweiten Anstrengung, von der Wagenkante auf die Trage heruntergekippt werden. Wieder griffen die fünf auf dem Gefährt unter den Klotz, stemmten ihn auf, bis er endlich über die Kante hinabkippte auf das Leder im Holzrahmen. Unter dem Aufprall sanken die sieben Trägerinnen in die Knie, richteten sich aber unter Anfeuerungsrufen wieder auf, unterm wogenden Geschrei von allen Seiten in dem weiten Hof, das sich steigerte, unterm regelmäßigen Klatschen der Zuschauerinnenhände, unter einem weiblichen *Banditus*-Gejuchze. Und dann schleppten die sieben die Bahre mit dem Felsen zur hinteren Hofhälfte, taten ihn in den Wurfring, mit schlurfenden Schrittchen schleppten sie ihn und legten ihn ab.

In den Wurfring ging nun auch die Hausherrin und krempelte an ihrem schwarzseidenen Hemd die Ärmel hoch. Wir erblickten liebliche, zarte, geschmeidige Arme, die an alles Schöne denken ließen, nur nicht an Kampf und an erdrückende Felsengewichte. – Hagen schüttelte seinen Gneisschädel und sagte: Wir sind im verdrehenden *Ginungagap*, im Zwergengedreh, in *Lokis* Lügenland. Hier gelten Kniffe, von denen wir so wenig Ahnung haben wie eine Maus von Byzanz. Weh, welch eine Geliebte hat sich unser König erkoren. Dieses ungeheure Fräulein nähme sich für ihre Leibeslust besser die Riesen *Bor* oder *Thrym*. Denn wenn sie diesen Felsen heben kann, dann ist sie tatsächlich eine Ausgeburt der *Lilith*. Noch die Fassung um 1200 teilt hier mit: *Wâ nu, künec Gunther? Wie verliesen wir den lîp! Der ir dâ gert ze minnen, diu ist des tiuveles wîp* »Was nun, König Gunther, wie verlieren wir nun unser Leben! Die ihr da zu lieben begehrt, die ist die Frau des Teufels«

Und nun sahen wir, wie die zarte schlanke Frau einen riesigen Schild vom Wagen hob, mit ihren schmalen Armen ein wahrhaft gigantisches Stück, *maior quam pro humano habitu, magnitudinis potentis* »zu groß für irgendeine menschliche Körperkraft, von riesenhaftem Ausmaß«. Schazman kommentiert, die Kilianschronik setze dort, wo es um Unwahrscheinliches geht, bewußt das Lateinische ein, das in den Umbruchszeiten der Völkerwanderung und der Spät-Antike eine letzte Glaubwürdigkeit zu garantieren schien (*last credibility*)

So wie der Felsbrocken, so schien auch der runde Schild unmäßig schwer. Dies Rad aus massivem Eisen war eher ein Mühlrad als ein Schild und war in seiner Mitte, dort wo der Stahlbuckel sich wölbte, gewiß zwei Spannen dick. Fast 50 cm, »Spanne« (Schazman: *span*) meint bei gespreizter Hand den Abstand von der Spitze des Daumens zur Spitze des kleinen Fingers

Angesichts dieser Waffen und Gewichte blickten wir uns ratlos an, waren wir so entgeistert wie im engen Schiffbauch unter den stürzenden Meeresbergen. Auf diesem Isenstein beleuchteten grüne und bläuliche Lichtketten Vorgänge, die wir mit unseren klaren Begriffen nicht mehr fassen konnten. Am meisten aber überraschte in dieser Gespensternacht, daß Brünhilds Gestalt unvergleichlich schön schien und nicht etwa massig und unförmig, nicht so, wie wir uns den Gott Thor dachten, wenn der sich für Herrn *Thrym* in seine eigene Tochter *Freya* verwandelt hatte. Doch schon jetzt, in meinem Lorscher Schreibkerker, da weiß ich, daß es inzwischen *fabulatores* gibt »Märchenerzähler«, (unseriöse) »Gaukler«, die behaupten, Brünhild sei eine Riesin gewesen, ein plumpes Gewaltweib, über das höchstens zu lachen wäre. Denen ist zu sagen, daß sie ganz offensichtlich keine Ahnung haben von den elementaren Kräften, die im fernsten Nifhelheim geherrscht haben. Ich jedenfalls will hier festhalten in meiner unverfälschbaren Schreib-Arbeit: Erlesenste Attribute wären zu kümmerlich, um Brünhilds Schönheit zu schildern und ihre Anmut. *Non animal noxium aut agreste, sed maga pulcherrima.* »Keineswegs üble Bestie oder schwerfällige Tölpelin, sondern allerschönste Zauberin«

Die zarte schlanke Frau trug den mühlradschweren Schild, als wäre das ihre tägliche Übung. Legte das metallende Rund im Wurfkreis ab und griff zur Lanze, zu einer doppelt mannshohen Stange mit jener keilförmigen Eisenspitze, wie sie auch in den südlichen Ländern in Gebrauch ist. Hob dann die Arme und gab ein Zeichen, daß man im Hof still sein möge, und in der Tat, ringsum wurde es ruhig und wir hörten, wie sie rief, Gunther möge sich jetzt in den weißen Kreis am anderen Ende des Hofs stellen. Zur ersten Prüfung. Zum GerWurf.

Hagen murmelte wie im Gebet. – Fluch dem gallischen Musikanten, der unserem König solche Wunderweiber in den Kopf harfte. »Tüchtige Königinnen«. Wenn wir aus diesem Lügenland je davonkommen sollten, als erstes werde ich in Worms den irischen Sänger Kilian pfählen. Und werde Krimhild mit Chlodwig vermählen. *Mementote!* »Merkt euch das«

Derweil ging Gunther mit wunderbar festem Schritt hinüber, zum Kreidekreis unter der hinteren Lichtmauer. Er spürte jetzt, ohne daß wir's wußten, in seinen Armen, von hinten her, kräftigste Unterstützung. Und hörte auch jetzt, ohne daß wir davon was hätten ahnen können, dicht an seinem Ohr die leise, die vergnügte Stimme. – Laß nun alles meine Sorge sein, Sorgenkünneke. Fangen und Werfen werde ich, du aber, du stellst das dar. Das kannst du gut, das weiß ich, du liebst die Gesten und die Gebärden, du wärst in Rom ein bedeutender *homo qui versatilis est in republica.* »Politiker«, »der wendig ist in öffentlichen Angelegenheiten« – Und bekam dann dies Latein zum Glück auch ins Deutsche übersetzt und fühlte nun, wie sein Arm, der den Schild hielt, besonders hart gepackt wurde und wie er, König Gunther, im Kreis herumgewendet wurde. – Sieh sie dir an, dies zierliche Mondmädchen. Sieh, wie lieblich sie strahlt. Wie wunderbar, wie göttlich sie sich bewegt.

Die Isländerin rief über den Platz: GerMann, jetzt halte stand! – Dann holte die Frau aus, um den Spieß zu schleudern. Mit wenigen raschen Sprüngen setzte sie nach vorn, zog die lange Lanze blitzschnell über ihre Schulter, stieß sie mit einer Energie, die sie gewiß aus geheimen und verhüllten *Gaia*-Quellen bezog, schleuderte die lange Waffe quer über den erleuchteten Hof, ließ sie hinüberfliegen auf den Schild, den Gunther am anderen Ende dem Geschoß entgegenzuhalten schien.

In Wirklichkeit, er spürte es, hielt seinen Arm und den sehr schweren Schild ein anderer. Und das war wohl auch besser so. Denn als Brünhilds Ger aufschlug, da sprühten von König Gunthers stahlkantigem Schlagschutz Feuerfunken. Lichtblitze sprangen vom Schild, und es sah aus, als ob diesen Aufprall eine Gestalt wie die unseres zu großen Gunther niemals überstehen könnte. Die Stahlspitze durchbohrte das Schildgefüge aus Eisen und Holz, stieß bis auf Gunthers Harnisch, der König strauchelte.

Aber zum allgemeinen Erstaunen blieb er stehen. Und hielt stand. Er und die Kraft, die ihm beistand. Da half ihm eine Stärke, die gleichfalls aus Nifhelheim kam, wohl noch von jenem unerklärlichen Baum, die als *Irmins* Ulme gilt. Diese »Irminsul«, fälschlich »Irmins Säule«, ist offenbar jene berühmte heilige Ulme (»Wotans Sitz«), die nachmals gefällt wurde vom romkirchlichen Bekämpfer alles »Heidnischen«, »Barbarischen« und »Teuflischen«, vom Missionar *Bonifatius*. Jacob Grimm (»Mythologie«): »Wenn heidnische Götter in heiligen Wäldern und hohen Bäumen gedacht wurden, so dürften die gen Himmel strebenden Kirchen unseres Mittelalters, denen kein griechisches Gewölbe beikommt, noch immer auf jene germanische Vorstellung zurückgehen. *Irminsul* und *Yggdrasil* waren solche heiligen Bäume, die sich hoch in die Lüfte streckten«

Die Kante des Schilds war Gunther gegen die Zähne geschlagen, Blut lief ihm aus dem Mund. Aber er blieb stehen. Bleich und mit breiten, mit etwas ungelenken Beinbewegungen wankte unser »Ger-Mann« rückwärts, dann wieder vorwärts. Und schien sich, nachdem er an seine Lippen gefaßt, nachdem er gehustet, gespuckt und Blut vom Mund gewischt hatte, wieder zu fassen. Ich wußte, daß eine seiner vielen Schwächen die Süßspeisen waren und daß auch ihm schon früh die Zähne verkümmerten. Sicherlich hatte er jetzt den einen oder anderen verloren. Erstaunlich rasch aber war er wieder bei Kräften und, kaum stand er sicher da, bückte sich schon nach der Lanze, die Brünhild so eindrucksvoll herübergeschickt hatte. Beanspruchte keine besondere Erholung oder »Urlaub« wörtlich »Erlaubnis«, sondern gab der Isländerin nun eine Antwort, die wir alle für undenkbar gehalten hatten.

Wieder fühlte er an seinem WurfArm eine breite Hand, spürte sie dort, wo er selber, wie alle gutgläubigen Zuschauer sehen konnten, den Ger anfaßte und hob. Eine Kraft spürte er, eine *industria in agendo* »Arbeits-Energie«, mit der ihm die schwere Stange wunderbar leicht wurde, eine Kraft, die ihm das Geschoß nun nach hinten zog. Diese andere Gewalt ließ ihn zwar hoffen, sie werde ihm aus all diesen isländischen Gefahren heraushelfen, die ließ ihn aber auch fürchten, sie könnte die zauberhaft schöne Frau dort womöglich zerschmettern, diese schlanke Gestalt, das »Mondmädchen«, das am anderen Ende des Hofs so liebenswert stand und mit einem mühlsteinschweren Schild den GegenWurf erwartete.

König Gunther mußte sich jetzt auf die richtigen und glaubwürdigen Gebärden konzentrieren, nun holte sein »Eigenmann« weit aus, so weit, daß die GerSpitze bis an Gunthers Kopf zurückgezogen wurde. Dann griff der Helfer hinter ihm mit dem anderen Arm fest um Gunthers Leib und drang sehr plötzlich und stark nach vorn, mein Bruder fühlte sich gepackt und gehoben und geschwungen, und wir sahen mit Staunen, wie er mit zwei oder drei weiten Sprüngen sehr rasch nach vorn eilte, o ja, im fahlen Licht gewannen seine Bewegungen eine unerhörte Leichtigkeit, ja Schönheit, diese Sprünge wirkten in ihrem schwebenden Schwung und Tempo ganz und gar überzeugend und richtig. Als Gunther dann ruckartig anhielt, so daß sein Oberkörper nach vorn flog und jeder Zuschauer sehen konnte, wie der Werfer plötzlich leicht gebeugt stehen blieb, da flog das Geschoß kraftvoll von seiner Schulter fort, quer über den Hof schleuderte der König das zurück und ließ es in hohem Bogen hinübersegeln in den Gegenkreis.

Dort hob die liebliche Frau den enormen Schild, den massiven, den spannendicken Schutz, den hielt sie sich rechtzeitig vor Gesicht und Brust. Aber den Stahlschutz traf der Ger so gewaltig, daß gegen diese Wucht all ihre besonderen Kräfte nicht mehr ausreichten, nein, diesen Schlag überstand Brünhild nicht, der schwere Aufschlag riß die Burgherrin um, der warf die Schöne unhöflich auf das Hofpflaster. Wie noch die hochmittelalterlichen Poeten lieben auch Giselher und Kilian das Spiel mit Doppeldeutigkeiten, mit »Sprung«, mit »verkehrt verkehren«, mit »Kissen/Küssen«, »Ruhr/Aufruhr«, »gern« und »begehren«, hier also mit »Hof«

Wie im Zorn sprang da die junge Frau sofort wieder auf und rief: Ihr könnt mehr, als ich glauben konnte. Für diesen Stoß habt Dank.

Schazman betont, hier seien zweideutige Deutungen verfehlt, gemeint sei, daß die Kämpferin froh war, einen würdigen Freier anzutreffen und als Bräutigam nicht den Schwächling zu bekommen, als den sie Gunther zunächst hatte einschätzen müssen

Von nun an mochte Brünhild glauben, hier freie einer um sie, der tatsächlich über ritterliche Kräfte und Fertigkeiten verfügte. Da dieser Eindruck aber mit einigen Beobachtungen bei der ersten Begrüßung nicht übereinstimmte, begannen nun auch in ihr erste Zweifel zu nagen, schwarzsaure Ungewißheit.

Welch tückische Fügung war es aber auch, daß in diesem Hof zu Isenstein die beiden Fähigsten gegeneinandergerieten, diejenigen, die gemeinsam das Drachenreich hätten besiegen und uns alle vom Imperium hätten befreien können. Statt sich gegen Wald- und Weltverwüstung zu vereinen, begannen sie, sich gegenseitig zu zerstören. Wie wichtig wären statt dessen *prudentiae corporatae* gewesen schwer übersetzbar: »verkörperte« (konkrete) »Klugheiten«, *dico labores necessarii contra terrorem terrarum ac silvarum.* »nämlich notwendige Arbeiten gegen die Welt- und Waldvernichtung«

Mit Wut, so schien es, ging nun die Isländerin das zweite Kampfspiel an, den ungefügen Fels, bückte sich und griff und umschlang den Granitblock mit ihren schlanken Armen, preßte den Stein an ihren Leib und wuchtete ihn hoch, brachte ihn mit dem ersten Schwung bis auf ihre Hüften, hob ihn dann mit einem zweiten Ruck noch eine gute Handlänge höher, bis vor ihr Zwerchfell, beim dritten Schwung aber stemmte sie den Brocken, indem sie sich für einen kurzen Moment unter den Fels zu ducken schien, hatte ihn plötzlich auf der Schulter, drückte ihn dann mit der Schulter hoch empor, so lange, bis sie aufrecht stand, stützte das Gewicht dort oben mit beiden Händen, bewegte die schlanke Tragschulter wie abwägend, neigte Schulter und Klumpen leicht vor und zurück, fast wippend, und stieß dann den Fels endlich in den Hof voraus, gut fünf Klafter weit, wozu mehr als einhundert Frauenstimmen Jubelschreie ausstießen. Klafter bezeichnet den Abstand zwischen den Spitzen der Hand bei ausgebreiteten Armen eines Erwachsenen, der Fels flog demnach fünf mal fast anderthalb Meter Wo der Brocken aufschlug, da sprangen nach allen Seiten Funken. Einige von den kopfgroßen Hofsteinen waren geborsten, waren in den Grund gerammt.

Dann trat sie zurück, immer noch wie zornbebend. Ging weit nach hinten, bis an die Mauer trat sie zurück, atmete dort tief, lief dann los, nahm starken Anlauf und lief überraschend rasch zurück in den Kreis und tat, aus dem Wurfkreis heraus, ihren Sprung. Hob ab und flog in schönem Bogen mehr als fünf Klafter weit, gelangte mit ihrem Leib im Sprung also weiter, als sie zuvor den Felsbrocken gestoßen hatte, überbot den Stoß mit dem Flug ihres Körpers, wahrlich mit dem Körper einer Grenzenüberfliegerin. Vgl. S. 88f.

Im Beifall der Zuschauerinnen hörte ich von Gernot und Hagen andere Töne. – *Fafnir*-Gattin, grollte Gernot. – *Valandinne* »Teufelin« fluchte Hagen.

Die Springerin trat dann zur Seite und gab den Kreis frei für den Gegner, für den burgundischen Brautwerber. Und der schritt jetzt quer durch den Hof, abermals nicht ohne Keckheit, trat auf die andere Seite und ging zu dem Felsbrocken. Auch er, so viel sah jeder, war von Statur nicht etwa breit und stämmig, nicht so wie Gernot, sondern von so schlankem Wuchs, daß unvorstellbar schien, wie er diesen Klotz je bewegen könnte. Doch Gunther bückte sich nur kurz und zeigte mit leichten Gebärden, wie er den Felsen zu heben verstand, scheinbar mühelos trug er ihn in Brünhilds Wurfkreis, als habe er auf dem Markt einen besonders dicken Kürbis erstanden oder Kohlrüben, eine *libra* oder *pondo*. *libra* wie *pondo* meint das römische Pfund, etwa 326 Gramm

In dem Kreis, von dem aus geworfen wurde, schien er dann den ungeheuren Stein vor seinem Leib wie spielerisch in den Händen zu wiegen, drehte ihn ein paarmal hin und her, nahezu elegant, als ob er herausfinden wollte, wie dieser Brocken am günstigsten in seinen feingliedrigen Fingern läge. In Wirklichkeit lauschte er seinem arbeitswütigen Gnom, damit er für die Zuschauer ringsum, vor allem für die Frauen die richtigen Bewegungen machte. Wuchtete dann scheinbar ebenfalls den Felsen auf seine schmale Schulter, drückte ihn, offenbar wie Brünhild, mit dem Rücken empor, bis auch er aufrecht stand, und nun bewegte auch er das Gewicht auf der Schulter hin und her, nahezu lächelnd, jedenfalls ohne daß man ihm die enorme Mühe mehr als nötig hätte anmerken können, ja, Gunther tänzelte nun sogar ein wenig, in einer hüpfenden Art Unruhe, als könne er's gar nicht erwarten, diese Last, die so viele Frauen kaum hatten schleppen können, fortfliegen zu lassen. Schließlich stemmte er den ungewöhnlichen

Klotz, immer noch wie spielerisch, stemmte ihn hoch über seinen Kopf hinaus und stieß den Stein weit von sich weg, wozu Gunther eine erstaunlich edle und schöne Anstrengung sehen ließ.

Stieß das Gewicht in eine ungeheure Entfernung. Nämlich gut um die Hälfte weiter, als die Isländerin den Felsbrocken hatte stoßen können. Fast acht Klafter weit weg flog das unmäßige Ding. Der Einschlag von Brünhilds Wurf war ja durch die geborstenen und zerrammten Hofsteine deutlich markiert, jeder Zuschauer, jede Zuschauerin konnte vergleichen. Da war gar kein Irrtum möglich. Da waren nicht nur Hagen und wir Brüder baff, da lief nun ringsum durch den nächtlichen Hof ein ungläubiges Staunen, zugleich ein schmerzvolles Wehklagen. Wer auch, außer Gunther, hätte in diesem Moment wissen können, welche Kraft da im Spiel war. *Cuoniouuidi*. Baumkraft fällte Baumkraft. Vgl. S. 41ff

Der König aber, so schien es, nahm auch diesen zweiten Sieg wie selbstverständlich. Der zeigte keine Faxen, vollführte keine Lufthüpfer und Freudensprünge, sondern bewahrte auch jetzt Haltung. Trat dann gleichfalls um gut zehn Schritte zurück, fast bis an den hinteren Rand des Hofs, der nach wie vor beleuchtet schien wie von mehreren Monden. Dort mußte er warten, denn immer noch standen fassungslos einige der elbischen Wesen in der Hofmitte, starrten ungläubig auf die Einschläge, verglichen kopfschüttelnd diese mit jener Zertrümmerung der Hofsteine und räumten nur mißmutig und sehr zögernd das Sprungfeld.

Unter der dunklen Wand mochte sich der König von Grund auf gesammelt haben, nun jedenfalls tat er alle Kraft in einen einzigen Sprung, vollbrachte er eine Tat, die ihn und uns alle rettete. Tat zunächst einige langsamere, dann mehrere recht schnelle Schritte, setzte nach vorn, immer längere Sätze sahen wir von ihm und beobachteten dann einen riesenhaften Sprung. Wie ein Schwebender flog er, federleicht und, ja, libellengleich schnellte unser König dahin, als flöge er, als wollte er auf und davon. Und schaffte mit einer rätselhaft eleganten Bewegung *mirum in modum* »auf wunderbare Weise« den Sieg. Ach, wer denn wohl wüßte nach all dem, was geschehen war, noch genau, wer in dieser Geschichte den ersten Betrug beging. Wahrscheinlich stand, am Anfang von allem, die Verwandlungslust der begehrenden *Gaia*. Vgl. S. 15 u. S. 127f

Auch Gunther war weiter gesprungen, als er zuvor den Felsen gestoßen hatte. Und hatte damit auch die dritte Probe gewonnen. Hatte sein Leben gerettet und unseres und offensichtlich auch unseren *robur virile* »Manneskraft«. Unser Untergang war abgewendet in einer *mirifica altera natura et in rerum concordia discors.* »durch eine wunderbare zweite Natur und in der zwieträchtigen Eintracht der Dinge«. Das entspricht der Ansicht des Empedokles (und des Horaz), wonach Naturprozesse ablaufen im wechselhaften Wirken gegensätzlicher Elemente, z. B. Liebe/Haß, Klarheit/Verworrenheit, Feuer/Wasser

Ein Schrei war da durch den Hof gesprungen, ein vielfacher, ein Frauenschrei (vgl.S. 26, S. 882). Unklar blieb mir lange, aus welchen Gefühlen dieser Aufschrei kam, ob aus Bitterkeit, aus Ohnmacht, aus Zorn. Isländische Frauen eilten dorthin, wo eben noch Brünhild gestanden hatte. Freundinnen umringten sie, stützten sie und bildeten einen dichten Kreis. H. P. Duerr (»*Sedna*«,1984): »Vor kurzem noch gab es auf den *Far Öern* einen Tanz, in dem von Brynhild gesungen wurde, die auf einem öden Berg auf einem goldenen Stuhl sitzt. Die Sängerinnen pflegten einen Bannkreis zu bilden um eine junge Frau, die Brynhild darstellte – bis Sigurd auf seinem Roß *Grani* den Kreis der Sängerinnen durchbrach und sich mit Brynhild vereinigte«

Auf den dunklen Mauern rings leuchteten die Steinlichter schwächer. Nein, auch in ihrem Schrecken wollte Brünhild sich nicht stützen lassen, schon sehr bald zeigte sie sich wieder frei zwischen ihren Gefährtinnen. Die öffneten ihr eine Gasse, aus der sie bleich aber gefaßt hervortrat. Zurück in die Hofmitte ging sie und redete dann, gut vernehmbar, mit offenbar sicherer Stimme. – Freundinnen, das Kämpfen ist getan. Wir haben es verloren. Wir haben nun einen Herrn. Wir stehen jetzt im Dienst bei einem wahrhaft großen Morgenlandkönig. Sind von nun an allesamt dem rheinischen Herrn untertan. Beugt euch vor seinen ungewöhnlichen Kräften und Künsten. Und wünscht ihm Glück und Kraft. Und wünscht das auch mir.

Da wurden Klagen laut. Und ich sah Bitterkeit und Erschütterung. Die waren bei vielen Frauen ablesbar an den gepreßten, an den dünnen Lippen, am Sorgenblick und an manchen schnell verwischten Tränen. Bei einigen wenigen aber auch an heftigen Schlägen gegen die eigene Brust, und hier und da an einem energischen und lauten Jammer.

Wir Gäste aus Worms hatten im Jubel die Arme hochgeworfen. Gernot schleuderte seine Waffen fort, der umarmte mich und erklärte auf der Stelle alles Mißtrauen gegenüber den Isländerinnen für vergangen. Selbst Hagen öffnete seinen Brustpanzer.

Und dann sahen wir, wie die Burgherrin, nachdem sie ihren Freundinnen noch einmal das Wort »untertan« wiederholt hatte, zu meinem Bruder hinüberging. Sahen, wie diese Frau, die als wunderbar gelten muß, vor König Gunther auf die Knie sank, so wie zuvor der Xantener unten am Burgtor vor Gunther gekniet hatte, zum Schein in Devotion, um ihm die Schuhe zu binden. In Wirklichkeit, um Spione zu täuschen.

Als Brünhild so, auf den Knien, ihre Ergebenheit erwies und als jetzt auch ihre Gefährtinnen ihrem neuen Herrn Gunther im Kniefall huldigten, da hörte mein Bruder, wie ich später von ihm erfuhr, noch einmal, dicht neben sich, die vertraute Stimme. – Gut hast du dich dargestellt. So wollen sie es sehen. In jedem Imperium. Solange das Besitzgift herrscht, gibt es Freiheit immer nur so. Unter Trug, unter Tarnung.

Gunther nickte ein wenig. Da er zugleich nicht aufgehört hatte, sein gnädiges Herrenlächeln zu zeigen, meinten die, die ihm huldigten, sein Nicken gelte ihnen. Und dann machte er mit flachen Händen eine freundliche Bewegung und bat die Frauen, sich wieder von den Knien zu erheben.

Als dann in der lichten isensteinischen Halle gefeiert wurde, rund um die Bärenspeise, da erschien endlich auch wieder der Niederländer. Da zeigte er sich im gleißenden Saal, kam mit seinen Schiffsleuten und schaute sich erstaunt um im hellen Saal. – Aus euerer Fröhlichkeit, aus dem Bärenbratenduft rate ich, daß die dreifache Prüfung gelang? – Und ließ sich von mir berichten, wie alles abgelaufen war. Hörte gern zu, lächelte und nickte. So oder ähnlich, sagte er, hätte er's vorausgesehen.

Auch vom Schiff bringe er gute Nachricht. Das KuhBoot sei wieder fahrtüchtig, liege im Hafen, bereit für abermals zwölf Tage quer über die See. Am Bug habe er eine neue Kupferplatte einziehen müssen, das zerschlagene Vorderholz sei ersetzt und neu verbolzt worden und verschraubt, das Steuerruder habe am Gelenk ein frisches starkes Doppel-Leder erhalten, das alte sei unterm Orkan und vom Salzwasser eingerissen und bedenklich mürbe gewesen. Er lächelte und nickte. – Das paßt alles gut zusammen. Unser Schiff könne schon morgen wieder ablegen. Und könne auch noch einmal so viele Fahrgäste aufnehmen wie auf der Herfahrt, weitere zwölf. Oder wollen die Frauen in einem eigenen Schiff nach Worms?

Da wurde nun quer über die Tafel hin und her gefragt, da kam dann hier und da doch auch Lachen auf und wurde vom Goldküstenwein getrunken und nicht nur vom Eisbärenfleisch gegessen, auch vom Aal, vom Lachs, von der Meerforelle und vom Hai. Den Blutjaspis freilich sah ich nirgends. Nur Gunthers kostbare Kette lag jetzt an Brünhilds schönem Hals. Gunthers Wunde am Mund war mit Salben bestrichen worden, mit Wollfett, diesmal mit isländischem. Und die Scherze, an denen auch ich mich, ich muß es gestehen, beteiligt habe, drehten sich anfangs um scheinbar harmlose Spiele mit Wörtern, und dummerweise brachte ich die Frage auf, ob bei den Kelten und bei den nördlichsten Leuten in Nifhelheim die Wörter für die Braut und für das Zaumzeug, mit denen man die Pferde zügle, tatsächlich aus den gleichen Wurzeln kämen. Schazman stimmt dem zu und nennt zum Beweis das englische *bride* (Braut), *bridle* (Zaumzeug), *breed* (Junge haben, »brüten«) und *breeder* (Züchter)

Mein Versuch, mit dieser Frage zur Unterhaltung beizutragen, war aber offenbar fehl am Platz, das Lachen verstummte, ich hatte Übles berührt, nur langsam und mühsam kehrte danach die bessere Stimmung wieder zurück.

An dem Gerede beteiligte sich der König kaum. Der saß am oberen Ende der Tafel neben seiner neuen Gefährtin, und ich bekam mit, wie er erschrak, als ihn plötzlich von hinten eine dunkle Schöne umarmte, ja, von hinten hatte die sich seinem Sitz genähert und hatte in ungewöhnlicher Freundlichkeit seinen Hals umschlungen, Gunther blickte wie erstarrt, da herzte ihn mit *Simpf* und *Thar cionn An-lá* »wundervoller toller Tag« eine von Brünhilds Freundinnen, und das war die Ruhrnymphe des Xanteners, die wünschte ihm und der Isländerin mit ihren hübschen hexischen Gesten und Wörtern Glück und raunte unvertraute Laute. Gleich nach ihr gratulierten noch andere Gestalten, immer von neuem segneten und feierten die Frauen den König, beglückwünschten ihn und die »Herrin«, wie sie Brünhild von nun an nannten.

Da hatte Gunther ständig neu zu nicken und zu lächeln und sagte endlich seiner stummen Nachbarin: Nun sieht es ganz so aus, als wäre ich tatsächlich, mit euch zusammen, ein wirklicher »WirKönig«.

Sie schwieg. Die nun als Braut galt, die schien erschöpft und in bedrückter Stimmung. Auch der König wirkte blaß, sicherlich schon deshalb, weil in dieser Burghalle diese fahle *lux obscura* leuchtete »dunkles Licht«, vgl. *concordia discors* in der Glosse zu *Empedokles/Horaz* s. S. 430. Bei dem Felsenlicht war mir bis zum Schluß nicht klar, ob es seine Helligkeiten aus den Steinen bezog oder aus dem, was uns bei der Ankunft in Island als Himmelsfeuer begrüßt hatte, als wir burgundischen Herren es waren, die auf den Knien lagen, auf den Planken des überfrorenen Schiffs.

Während sich im Saal nach und nach eine eigenartig trotzige Fröhlichkeit breit machte, sah man an der oberen Seite der Tafel zwei überforderte, zwei angestrengte Sorgengesichter. Auffallend schien Brünhilds Blässe, ihr Schweigen. Sie wird gewiß bemerkt haben, wie groß der Abstand blieb, den ihr früherer »Genosse«, der Niederländer, auch jetzt von ihr zu wahren suchte. Aber auch der Abstand zu diesem neuen Herrn und König neben ihr, dem sie »untertan« zu sein versprochen hatte. Das war deutlich spürbar, da ergab sich alles andere als Nähe. So klar König Gunthers Sieg auch ausgefallen war, so rätselhaft blieb ihr an diesem blassen schmalen Bräutigam fast alles.

Der Xantener wußte sich unterdessen gut abzulenken, ich sah ihn mit *Helinga* reden, mit der Amazone aus dem Stechpalmenwald, und es schien, als hätte sie, wie schon im *Asnithi*-Waldgestrüpp, nur Stachliches für ihn übrig, kratzige Fragen, wissen wollte sie, warum der Wormsische König kaum rede und nicht lache und nicht strahle über seinen Sieg, höchstens stumm grüßen sähe man den und trocken nicken, ob alle Herrschaft im RomReich so tot sei und kalt wie eine Schatztruhe.

Baldinai umspielte ihren alten Freund ungleich leichter und sanfter, gern, sagte sie, würde sie mitreisen nach Worms, auch mir sagte sie das, gern wolle sie in Worms versuchen, solch steife Herren wie Gunther, Gernot, Hagen und mich aus ihren Panzern zu locken. –

Nach Worms reise ich mit, nicht ungern auch auf dem Männerschiff, weil ich wissen will, was für ein Mann dieser kraftvolle »WunderBur-Gunther« wirklich ist. Und weil ich sehen will, wie es der RanTochter am Rhein ergeht. – Und warf einen verwirrenden Blick auf meine Gestalt, so daß ich zu fürchten begann, nun würde auch ich geprüft.

Gewiß ist, ich fiel noch in dieser Nacht in Liebe zu dieser Nymphe, so sehr, daß ich seither nicht mehr weiß, warum die Weißhäutigen als die schöneren gelten sollen. Blaß, fast kränklich erscheinen mir seither die Bleichgesichtigen. Und erst seit ich die Anthraxfrau ganz und gar kannte, erkannte ich auch, welche Gefahr nun drohte. Vgl. S. 93

Auf diesem isensteinischen Fest genoß auch der Falke Flug und Spiel. Ach, der hatte seine Kräfte aus Welten wie diesen. Und hatte sie nun doch, nimmt man alles in allem, gegen diese Welt gewendet.

Wie schwer ist es, all diese Verwicklungen gerecht zu beurteilen. Da hing Altes mit immer noch Älterem zusammen und da bleibt nur zu wissen, der Nibelunge verfügte mit seinen klugen Künsten über Gewalten, zu deren Anfang auch diese Chronik nur Suchschritte unternehmen kann. Seit der Nacht auf dem Isenstein freilich hilft mir die Nymphe, die Alberichtochter.

In meinem Lorscher Loch denke ich nun an den Xantener Offizier wie an einen, der sich Krimhild zuliebe Arbeit um Arbeit auflud, kaum anders als jener Feuergnom in Utes *Buochenheim*-Erzählung. Nur lud sich der Cherusker all diese Mühsal nicht aus Unterwürfigkeit auf und aus bloßem Diensteifer, sondern er tat das *radicitius* »radikal«, *in amore toto et plane* »in der totalen und absoluten Liebe« zu Krimhild und zugleich in seiner Liebe zu allem, was er zu erleben liebte, in seiner Lust auch am eigenen Können und an all den von ihm erlernten Künsten. Beflügelt vom Liebesentzücken, das Krimhild in ihm entzündet hatte, von einem Feuer, das ihn auch vor den ungewöhnlichsten Arbeiten nicht zurückschrecken ließ. Wir werden außer denen auf Island noch andere kennenlernen.

Von seiner externsteinischen Mutter und von ihren sieben Sätzen wußte er, daß Tod und Trug aus beiden Welten herankriechen, aus der Feuerwelt wie aus der Wasserwelt, aus Wotans Rauschreich wie aus Roms Gierreich. Gegen die weltumschlingende Besitzsucht half nur, so glaubte er mehr und mehr, der noch größere Wissensdurst und die immer noch bessere, noch geschicktere, noch genialere Verkappung, die noch tüchtigere List. In dieser Einsicht, unter der Lust am *studium semper primum omnium* »das Lernen immer als erstes« war er unterwegs, freilich nur dreiundzwanzig Jahre lang. Unterwegs zu einem verbesserten, zu einem lebensfreundlichen Rom?

All unsere Vorstellungen von Rom variieren nur das imperiale Denken, das in Befehlssystemen denkt und an riesige Reiche, solche Vorstellungen übertragen die Herrschsucht auf das mitternächtlich nibelungische Nifhelheim, auf eine noch halb keltische Welt. Wer vom Nibelungen erzählt, das wird mir immer klarer, ist unterwegs zu unseren Ursprüngen, die so bornholmisch irdisch sind wie sie zugleich unfaßbar scheinen, so begreifbar wie rätselhaft, ähnlich den sieben Sieglindsätzen.

Mir scheint, daß ihr Sohn einen Ausweg suchte aus dem römisch-byzantinischen Herren-Wesen, einen Weg zwischen der Hagen-Art und der Hecken-Art. An seinem Anfang standen nicht nur seine kölnischen Raufereien und Stahlkünste und Ruhrkräfte, nicht nur die wunderbare Erschlagung *Nidgirs* und daß er seinen hinterhältigen Schmiedelehrer dreimal überlistete und schließlich zerschmiß, sondern spätestens seit dem mörderischen Kampf mit den zwölf Ostfalen verspottete er, ja, verhöhnte er alle Kopflosen, die *capti*, schon seit seiner Lehrzeit in Rom verachtete er alle Berauschten und Besetzten und jeden, der sich seine Gedanken von anderen vordenken ließ. Seitdem versuchte er es mehr und mehr mit dem, was er »Kniffe« nannte, ob mit der Eisenkette oder mit der Kappe, ob mit geschickten Reden oder mit genauem Wissen. Sein Weg, scheint mir, führte ihn von dem, der ihm den Eisenpfahl gab, zu derjenigen, die ihm die Geschichten gab und die sieben Sätze samt der Empfehlung, nach Rom zu gehen und zu lernen.

War sein betrügerischer Kampf gegen die Isländerin ein Rückfall? Oder war das seine Antwort auf einen älteren Rauschbetrug, von dem er uns im umstürmten Schiff Andeutungen gemacht hat *inter undas circumtonantes.* »mitten zwischen ringsumdonnernden Wogen« Sein weiterer Weg wurde ihm versperrt und verschüttet, wurde mörderisch gekappt vom römisch geschulten Hagen. Sollte der Xantener wirklich, wie viele ihm nachsagten, Norden und Süden, *nifhel* und *muspel*, zu verbinden versucht haben, womöglich als Imperiums- oder Reichs-Idee, dann, ach, dann fürchte ich, dann hätte auch das nur im Unglück geendet. Wann immer Kelten oder Burgunder oder Alamannen oder »GerMannen« imperiale Ideen verfolgen, sind die Folgen unabsehbar.

Mitten im feiernden Tafelgesumse in der Isenstein-Halle hörte Gunther neben sich eine Frage. – Warum, fragte die Isländerin, bist du so bleich? – Fast erschrocken sah er sie an, erblickte wieder ihre großen dunklen Augen. Die Frau wartete eine Weile, ob er eine Antwort wüßte und sagte dann: Freust du dich nicht? Du bist Sieger!

Aber ja, ich freue mich und Ihr seht ja, ich danke gern jedem Glückwunsch, von welcher Seite er auch kommt. Nur bin ich jetzt so erschöpft, wie das nach solcher Reise und nach so ungewöhnlichen Anstrengungen wohl erlaubt ist. Nein, unfroh bin ich keineswegs, verehrte Herrin. Im Gegenteil, voll süßer Erwartung bin ich. Obendrein versteh ich wenig von all dem, was ich auf Euerem Isenstein sah. Vor allem wundert mich Euere übergroße Kraft. Da Ihr so unvergleichlich schön seid und schlank und anmutig, erscheinen mir Euere Kräfte sehr rätselhaft.

Er sah nun immerzu diese dunklen Augen der Frau. Die sah er so durchdringend auf sich gerichtet, daß es ihn geradezu schmerzte, und zwar dort, wo auch bei ihm der innere Leib vom Zwerchfell durchquert wird, vom *solar plexus* oder *praecordia*, vom Sonnengeflecht. Später sagte er mir, in diesen Augen der RanTocher habe er bis auf den Grund des Meeres geblickt und habe sich vor diesen Augen mehr und mehr gefürchtet. Zumal er in diesem Schwarz das Glimmen aus den brennenden Waldsteinen zu erkennen meinte. Ach, Brünhilds Blick erschien ihm düster und zugleich überhell.

Um sich von diesen prüfenden Augen abzulenken, setzte er sein Reden fort: Bekennen muß ich, daß mir schon auf der Fahrt hierher vieles unfaßbar blieb. Schon all diese ungeheuren Lichtwolken quer über dem isländischen Himmel, von denen es heißt, Gott *Loki* hätte sie entzündet, um Euch zu schützen vor unwillkommenen Gästen. Und als ich Euch heute werfen sah und stoßen und springen, auch da, so schien mir, leuchteten im Hof geheime Zauberwolken. Euer zarter schlanker Leib, woher nimmt er diese Gewalt? Wirklich von *Loki*? nicht doch von Frau *Freya*? Oder von der Unerschaffenen selber?

Da sagte die Frau mit den großen Augen, König Gunther erinnere sie an einen Fischer. Den hätten ihre isländischen Freundinnen gebeten, für eine besondere Mahlzeit nur kleinere Fische zu fangen, kleiner als eine Handlänge. Als der vom Fang heimgekehrt sei, habe der solche Fische nicht mitgebracht und behauptet, solche kleinen gäbe es nicht im Meer, da lebten nur Haie, Wale, Delphine, Seeschlangen und Lachse und andere, die alle armlang und länger seien. Den Fischer hätten sie wieder hinausgeschickt, doch auch beim nächsten Mal habe der nur Tümmler mitgebracht und Seeteufel und Riesenkraken und habe sich bestätigt gefühlt in dem Glauben, der große Ozean berge nur große Tiere. – Kluger König vom Rhein, du siehst, die Narrheit solcher Tölpel ist ihr Netz. Wenn ein Burgunderherr aus dem Imperium hierher reist und unser Island betrachtet, dann erscheint ihm fast alles wie ein Wunder. Weil er in seinem Kopf das falsche Netz hat. Durch dein Sieb, verehrter Herr Gunther, fällt womöglich alles hindurch, was rings um Island gut zu fangen wäre. Nur in einem, wahrlich, da hast du einen erstaunlichen Fang getan.

Zum Glück, antwortete Gunther. Da hatte ich wohl, im entscheidenden Augenblick, das richtige Netz. – So sagte er's und schien noch blasser geworden als zuvor. Noch ratloser. Und nunmehr so sichtbar erschöpft, daß die Königin zu ihren Freundinnen ging und Anweisungen gab für die Nacht.

Unterdessen kam Hagen, und ich hörte, wie er Gunther fragte, was ihn bedrücke.

Er ist mir unheimlich.

Wer?

Gunther sah sich um und flüsterte: Der Niederländer. – Mehr sagte er nicht. Nicht nur, weil die Isländerin sich wieder näherte. Auch später schwieg er über das, was auf dem Kampfplatz im Hof in Wirklichkeit geschehen war. Auch unterwegs im Schiff, als bei der Rückreise Zeit gewesen wäre für genauere Auskünfte. Er behielt für sich, was ihn ängstigte. Nur am Ende, erst in der Not teilte er in einer jämmerlichen Beichte seine geheimen Befürchtungen auch mit mir, und danach ahnte auch ich, warum ihm der Ruhrschmied unheimlich geworden war und übermächtig. In seiner Beichte nach seiner Hochzeitsnacht, da, in seiner Hilflosigkeit, gestand er mir alles.

Am Abend auf der isländischen Burg aber haben sich die Isländerin und der Burgunderkönig nun mit höflichen Worten voneinander verabschiedet. Beide gingen in entgegengesetzten Richtungen davon, geleitet von Frauen mit Fackeln. Gunther und Brünhild, ich kann es bezeugen, übernachteten in weit voneinander entfernt liegenden Kammern der Burg.

Hagen war dann zu der Empore gegangen, wo für die Nachtruhe der Männer Felle ausgebreitet waren. Dort hörte ich ihn murren. Und als ich wissen wollte, was Gunther ihm anvertraut hatte, antwortete er: Unser Schippmann ist eine neue Sorte Sklave. Ein Sklave mit Hinterlist.

Ich fragte, wie er über unseren Freund dermaßen lästern könne.

Er sah mich eine Weile mißtrauisch an. Schob sein Schwert unter den Rand des Fells, auf dem er schlafen wollte. – Mehr als die hirnlosen Spielkarten schätze ich das Schachspiel. Schach ist kein Nebelspaß. Schach erfordert *prudentia rerum publicarum.* »politische Klugheit« – Er öffnete seine Leibbinde, ließ sie aber am Körper. – Und ist deswegen der Welt am ähnlichsten. Der Mordwelt.

Er ließ sich auf seine Knie, drehte sich zur Seite und legte sich nieder. Ich deckte ihn zu mit einem zweiten Fell. – Beim Schach sind, sagte er, nur wenige Bewegungen erlaubt, wie in der wirklichen Welt. Und die wenigen Regeln in der wirklichen Welt, die regelt und definiert neuerdings klar, streng und gut brauchbar, so praktikabel wie nie zuvor, *sacerdotum globus.* »die Clique der Priester« Scharf trennt diese Priesterschaft in Groß und Klein. Und nutzt Böses und Gutes. Und so darf auch beim Schach der Turm immer nur geradeaus, der Läufer immer nur schräg, die Springer nur übers Eck. Mit einer einzigen Ausnahme. – Hagen sah mich prüfend an. – Eine einzige Figurensorte hat Hoffnung, all diese Spielregeln abzuschütteln. Sich zu verwandeln und im Verwandeln sich ungeheuer zu verbessern. Zu ermächtigen. Und das wollen in diesem Spiel die Geringsten. Das Volk, das Pack. Das hofft aufs *mutabor* »ich werde verwandelt werden«. *Cave servitium! Cave Spartacum!* »Hüte dich vor den Sklaven. Hüte dich vor

Spartakus« Hüten wir uns vor denen, die du so liebst, vor den Proleten, den »Leuten«. Die wir die *diet* nennen, die »Deutschen«.

Er wälzte sich weg, wollte wohl schlafen. Kam dann aber doch nochmal hoch und sah mich an. – Manchmal erkennt man die Verbesserungswut der Proleten schon früh. Ihren verhängnisvollen Ehrgeiz. Schon beim Beginn, beim ersten Schritt verraten sie sich. Den tun sie dann als Doppelschritt. Um danach freilich, bei den winzigen Schrittchen, die ihnen danach noch erlaubt sind, fast immer geschlachtet zu werden. Aber schon ihr erstes übermütiges Auftreten, der frühe Doppelschritt, der entlarvt sie. Wehe, es dringt einer von diesen Ehrgeizlingen von unten her empor bis an sein oberstes Ziel. Dann wird ein Keltenkopf zum Wotansjünger, zum Verwüster. Dann beherrscht ein Rüpel das Spielfeld. Und er macht es zum Schlachtfeld. Als »Dame«, als »Herrin«. Zum Glück gibt es das sehr selten, höchstens in jedem neunundvierzigsten Spiel. Auf die *diet*, weiß der Teufel, da ist ständig aufzupassen. Am besten metzt man sie beizeiten.

Ich kniff die Lippen zusammen, hockte mich neben ihn. Er hatte sich ganz in das Fell gewickelt, schob sich den Bart übers Kinn und beobachtete mich. Um herauszukriegen, woran er jetzt dachte, sagte ich: Du denkst an ein »Bauernopfer«?

Ich denke an vieles. Auch daran, daß in der Not auch mal ein König einen Sprung wagen muß. Dann springt er bis hinter seinen eigenen Turm. Tauscht den Platz mit dem Turm, bringt sich in Sicherheit. Läßt lieber seinen Turm handeln.

Hat nicht Gunther heute einen solchen Sprung getan?

Ich wollte, er wäre in seine Sicherheit gesprungen.

Was hätte er anderes tun sollen als in dieser merkwürdigen Probe mitspielen und gewinnen?

Prüfen sollte er nun, wo sein wahrer Turm steht. Sollte Bauernsprünge nicht mit Turmsprüngen verwechseln. Siegfriede nicht mit Bergfrieden. Bergfriede sind die jeweils stärksten Türme der Burg, an der am meisten gefährdeten Stelle, zum Berg hin

Er blies die Kerze aus, die ich neben ihn auf den Boden gestellt hatte. Nach einer Weile hörte ich ihn nochmal, aus dem Dunkeln. – Ich weiß, was du von dem Gold- und Rotfuchs denkst. Laß dir gesagt sein, wir haben nun, mitten unter uns, ein *monstrum industriae laboris* »Scheusal des Arbeitseifers«. Wie in Utes *Buochenheim*Geschichte.

Unser Scheusal will nicht bloß Wasser beherrschen und Feuer und nicht bloß *agros* »Äcker« beackern und nicht bloß Frauen. Sondern will sich in den neuen *Orion* verwandeln, in den obersten Jäger, in die Königin des Schachspiels. Du weißt von den Griechen, wie *Orions* Geschichte endete.

Artemis, in Rom die *Diana*, die heftete ihn an den Himmel, als Sternbild.

Schon ein einziger *Spartacus* war einer zu viel.

Bis tief in die Nacht hinein tönten dann noch eigenartige Geräusche und Gesänge durch den Isenstein, kollernd und hart lärmten die über die Burg. Machmal hörte sich das an wie das Kampfheulen unter dem Drachenfels und im Wald vorm Main. Diesmal aber rumorten fast nur Frauenstimmen. Helle Steingesänge wehten von der Burg her, wehten weit über das Meer und bis auf die Eisfelder hinaus. Gernot, der mit mir im Saal geblieben war, wollte von mir wissen, wovon Brünhilds Freundinnen nun immerzu sängen. Das konnte ich nicht beantworten, konnte nichts übersetzen. Nur »*Chunthar*« unterschied ich. Auch »untertan«.

Obwohl ich bis zum Morgen unter den Frauen blieb, wußte ich von diesen nifhelheimischen Nachtgesängen bis zuletzt nicht, ob darin Lust rumorte oder Trotzlust oder Zorn. Bis zuletzt blieb unklar, ob in diesem seltsamen Hallenlicht Rauschklänge zu hören waren oder Trauerklänge. Später, nach Mitternacht, mischten sich Trommeln ein, Flöten und quietschende Trompeten. Die Singfreude der Matrosen aus Xanten verband sich plötzlich mit eisländischen Kraftschlägen, die offenbar Mut schüren wollten. Und ich meinte zu spüren, daß in all dem Gerausche und Gesumme und Gemurre auf diesem nächtlichen Isenstein vor allem Empörungen schwirrten. Erbitterte Widerstandssignale. Gegen die Waldverwüster, gegen die Frauenbesetzer.

Unüberhörbar war er, der drohende, der schwarzsaure Zorn.

VIERTES BUCH

DUPLAE NUPTIAE ADORNATAE

»Doppelhochzeit«

In diesem vierten Buch gibt es:

Überaus prächtige Begrüßung der Islandfahrer in Worms ∾ Überlegungen der Männer, ob Krimhild schöner sei oder Brünhild ∾ Bischof Ringwolf verehelicht König Gunther mit der isländischen Frau ∾ Krimhild und der Xantener halten Hochzeit ohne den Segen des Bischofs ∾ Der Niederländer erzählt von der großen Lachlust der Jesus-Mutter und von der Reinlichkeit mancher Mönche ∾ Gottes Sorge oder Gottes Säbelbeine und was der Name »Ringwolf« bedeutet ∾ Über die richtige Stellung der Körper beim ehelichen Beischlaf ∾ König Gunthers ganz und gar ungewöhnliche Hochzeitsnacht ∾ Ein königlicher Männerleib hängt an der Wand und ist ein Argument ∾ Giselher besingt den Verlust der Jungfernschaft ∾ Der UrRuhr-Arbeiter will dem burgundischen König beim Heiraten helfen ∾ Keltische Bespringtänze und Siegfrieds Sprung über den Stier ∾ Die Ruhrnymphe und der WeltMotor ∾ Bischof Ringwolfs Erpressung eines Kusses ∾ Allgemeines Abendmahl und dreifaches Scheißen ∾ Nachricht, daß soeben der letzte römische Präfekt vertrieben sei ∾ Die Hauptstadtpracht des neuen Ost-Rom ∾ Byzanz oder Konstantinopel ∾ Wie Hagen beim Gott-Kaiser in Byzanz der Hinrichtung entkam ∾ Warum Präfekt *Severus* nie mehr nach Worms wollte ∾ Frau Sieglind über die Sprache der Steine ∾ Wie Gernot seine beiden Arme behielt ∾ Kilian besingt den irischen Glauben ∾ Ringwolfs heiliger Stein und das Private

Am anderen Tag hatten die isländischen Frauen entschieden, im eigenen Boot nach Worms zu fahren. Brünhild sagte unverblümt den Grund. Zum einen wolle sie Gunther jetzt noch nicht »freien«. Erst bei der Hochzeit, erst am Rhein. Zum anderen fahre es sich angenehmer und rascher auf den, wie sie sagte, Schwingen der Windsbräute.

»Freien« will sie? Sie ihn? So hat sie geredet? fragte Hagen die Botin, die uns diese Entscheidung meldete. – So hat sie geredet, antwortete die Nymphe.

Auf der Rückreise übers Nordmeer blieb das Boot der Frauen fast immer in Sichtweite. Mal luvseitig, mal im Lee. Da die See sehr ruhig blieb, saßen wir Männer tags häufig an Deck und redeten. Immer mal wieder über die denkwürdige Nacht auf der Insel. Schließlich fragte ich meinen Bruder sehr direkt, mit welchen Kräften er den ungeheuren Wettkampf habe gewinnen können.

Er stotterte. Sagte etwas vom Bornholmischen. Von der Riesennatur, die auch in einem wie ihm lebe. So wich er aus und murmelte dann was von den Gedankenfischern, die ein falsches Netz nutzten.

Als auch Hagen deutlich machte, wie wenig von den Ereignissen auf dem Isenstein zu begreifen sei, und als Gernot erklärte, er werde nie verstehen, wie Gunther den gewaltigen Stein überhaupt vom Boden habe aufheben können, da erzählte Gunther die Geschichte vom Fischer, Brünhilds Geschichte vom falschen Fangnetz.

Danach ließen wir ihn mit Fragen in Ruhe. Unsere Neugier war ihm unangenehm. Hörten aber in der folgenden Nacht vom Steuermann *Walthar*, daß es in den Weltmeeren Inselberge gebe, die zögen die Schiffe so heftig an sich heran, daß die Schiffe an diesen Inselfelsen zerschellen müßten. Und daß es andere Inseln gebe, die stießen die Schiffe fort, so daß dort nur mit großer Mühe zu landen sei. Auf diesen abstoßenden Inseln habe man Felsbrocken gefunden, die groß wie Kälber seien, aber so federleicht wie Schweinsblasen. Brächte man solche Felsen nach Xanten oder Worms, würde dort wiederum niemand sie schleppen können.

Auch auf dem Rheinstrom, als den Fluß hinauf gegen die Strömung zu rudern war, blieb das isländische Schiff dichtauf, ohne daß wir an Bord jemanden gesehen hätten. Niemand war dort, der ruderte oder Segel bediente. – Sie haben Gespenster an Bord. – Hagen sprach leise, wollte Gunther das nicht hören lassen. – Wahrscheinlich nutzen sie Sylphen. Luftgeister. Oder Undinen, Wasserfrauen. Oder diejenigen Geistersorten, die sich auf die Böen verstehen. Oder auf Fließendes und Strömendes. – Niemand widersprach ihm. Und mir fiel ein, daß sich bei den unfreien Leuten das Gerücht hielt, auch Hagen stamme von den Alben.

Vor der Ruhrmündung blieb das fremde Schiff zurück. Bei der Deutschburg hat es am Ufer angelegt, vielleicht, weil dort die Alberich-Töchter wohnten.

Unterm dunklen *Lurlai*-Felsen war es dann wieder in Sichtweite, mit seinen silbergrauen Segeln. Auch jetzt sah niemand einen Kapitän oder eine Steuerfrau, es war, als hätten sich die Isländerinnen über den Hungersteinen in den Schiffsbauch zurückgezogen. Am raunenden Fels *Lurlai*, wo, wie es hieß, in der Bergwand die Nymphe wohnte, hockte auch diesmal in der Steinwand kein Flußgeist oder Berggeist. Wir jedenfalls bemerkten nichts Ungewöhnliches, hatten gewiß die unpassenden Augen.

Am letzten der zweimal zwölf Reisetage, wie es der Nibelunge vorausgesagt hatte, näherten wir uns dem Wormser Kastell. Keine Tinte und kein Papier sollte ich sparen, den Empfang dort zu schildern, das grandiose Aufgebot an Menschen und Willkommenszeichen. Da wurde vom Ufer her gewinkt, gejubelt, da zeigten sich schon zuvor auf den Inseln und auf dem Wasser in kleinen Booten die Begeisterten. Begeistert waren auch die Kahlgeschorenen, die Besitz- und Waffenlosen. Dieser Tag der Rückkehr im Jahr *CDLXXXVI* 486 war einer der ersten warmen Lenztage, ein Tag in der Umkehrzeit des Jahres, in der die Tage und die Nächte gleich lang sind. Ach, man weiß, nichts bleibt in der Waage. Und wenn je eine Fürstenhochzeit ins Stürzen geriet, dann diejenige, die nun begann.

Mit dem Tag der Ankunft, so hatte Truchseß Dankwarth es angeordnet, würde die doppelte Hochzeit eröffnet. Sieben Tage lang sollte gefeiert werden, und am siebenten würde das Fest mit einem großen Jagen in den südlichen Wäldern enden, dort, wo es zwischen den wildernden RheinArmen reichlich Wild gibt und von wo die Burgunder seit je erstaunliche Beute heimbrachten. Wer hätte ahnen können, was da am Ende zur Strecke gebracht wurde. Höchstens die, durch deren Kopf Wörter geisterten wie *Cave servitium*, Bauernopfer, Wieland oder *Spartacus*.

Nichts von dem grausig schaurigen Ende schien erkennbar an diesem Tag der Begrüßung. Am Wormser Kai standen in Mengen die Leute und die Herrschaften, von überall her waren sie gewandert, geritten, gefahren und zu Fuß gekommen, in vielerlei Schiffen und Fuhrwerken, Freie wie Leibeigene, Landleute wie Krämer, Waldköhler aus Odins Wald wie Handwerker aus Mainz und Speyer und Ladenburg, Mönche aus dem Neckar-Tal wie Kriegsknechte aus Straßburg, auch Gaukler, Kuppler, Haferbauern und Badeknechte, von überallher waren sie in großer Zahl gekommen, Kuchenverkäufer wollten schon jetzt Geschäfte machen, auch Zahnreißer, Possenreißer, Lumpensammler, Korbflechter, Gerber und Brotbäcker, deren Schreie und Gerüche schon jetzt bis zu uns aufs Schiff herüberwehten. Auch interessante Badefräulein waren am Ufer zu erkennen, die kamen gewiß aus den beiden *Aquae* wahrscheinlich Aachen und Baden-Baden, Frauen, die bekanntlich kaum zu unterscheiden sind von den gewitzten *meretrices* »Gunstverkäuferinnen«, die von allen Arbeiten wahrlich die schwersten tun, da sie den Männern die Lustplage stillen müssen und nicht selten die Ängste vor dem gelüstigen Frauenleib.

All diese Leute wollten an diesen sieben Tagen Gewinne machen oder hofften auf eine gute Unterhaltung, wenn sie sehen könnten, wie die Hochzeitsleute aus dem Mitternachtsland zurückkämen und wie man zu Worms diese sagenhaften Wesen empfing, die als Walküren galten und wie alsdann die Waffenspiele begännen und das große Markten, das alles wollten die Leute sehen, wollten auch hören, wie die neuen Glocken des Münsters läuten würden und ob auch von denen eine herabstürzte, falls auch hier am reinen Erz gespart wurde, auf jeden Fall wollte man mitbekommen, wie der allgemeine Handel eröffnet und die ritterlichen Turniere ausgefochten wurden an den Rhein-Ufern und im Pfalzhof, in den Gassen und vorm Münster und wie alsdann wahrscheinlich auch das neue Schafott genützt und Urteile vollstreckt würden und dem neuen RomGott gedient, der zwar reiner Geist sei, hieß es, der aber um so blutigere Opfer verlange, auch Menschenopfer.

Ja, die neuen Priester spießten auch Menschen auf, steckten sie auf Pfähle oder hängten sie, solche Schauspiele durfte man sich unmöglich entgehen lassen, die Stimmung der Menschen am Ufer war hochgespannt vor Erwartung, und man hatte sich, wie Kilian mir später erzählte, die neusten Verfügungen des Bischofs Ringwolf weitergesagt, wonach alle Ungläubigen von der neuen Religion aufregende Namen bekamen, *diabolicus*, *haereticus*, *index*, *perturbator*, *celator* oder *contaminator*, und zu jedem dieser neuen Namen kursierten wüste Geschichten von dem Umgang, den diese Verwirrten mit dem Teufel und seinen vielbrüstigen Teufelinnen getrieben hatten, ach, noch kein Papst hatte gegen all diese Befleckten und Beschmutzten so viele Aufrufe zur Verfolgung und Vernichtung erlassen wie der heilige Vater *Simplicius*, von dem Bischof Ringwolf den reinen Bergstein auf der Brust trug.

Die Gäste an den Ufern, sofern sie Hochgeborene waren, wollten nun ebenfalls viel erleben, vor allem, wie nun bald, wahrscheinlich doch gleich beim Tag der Ankunft, in der Königshalle das Ehegelöbnis doppelt geschworen würde und wie von da an sieben Hochzeitsnächte lang zu feiern wäre, Nächte, von denen auch die Edlen sich tolldreiste Unterhaltungen versprachen. Die Armen jedoch, also die meisten, erhofften sich eine Woche lang nicht nur Spektakel, sondern Essen und Trinken ohne Entgelt. Und wahrhaftig, das genossen sie alsbald, und zwar in einer Fülle, wie das im Leben dieser Leute danach nie wieder möglich wurde.

All solche Aussichten hatten Zehntausende zur doppelten Hochzeit nach Worms gelockt, Menschen aus Metz, aus Basel, aus *Argentoratum* Straßburg und natürlich aus Alzey und Trier, auch aus Bingen und Koblenz und Konstanz und Weißenburg, ja, sogar aus *Colonia*, *Bonna* und freilich aus Xanten und selbst aus Soest kamen sie.

Als sich unser Schiff dem Ufer näherte, sahen wir ihn nun leibhaftig vor uns, *novus turbo populorum et a vero in urbana versatione*, »den neuen Völkerwirbelwind, freilich in der freundlichen, in der städtischen Version«, die mir seit je gezähmter erschien und besser zügelbar als die Heerwürmer in Wäldern oder auf Schlachtfeldern, nein, in einem guten Stadtbetrieb, glaube ich, kann sich kaum je einer unbehindert aufführen wie ein Despot.

Das Burgunderreich schien aufgehört zu haben, ein Sorgenreich zu sein. Der Haus-, Hof- und Zeremonienmeister Dankwarth hatte mit vorzüglichen Arbeiten das Fest vorbereitet, hatte Hafen und Gassen und Königspfalz säubern, ausbessern und schmücken lassen. Freilich konnte er inzwischen mit bester Währung zahlen, im Namen des Königs zahlte er mit dem schier unerschöpflichen rheinischen Hort, mit jenem Schatz, der, so munkelten die Bescheidwisser, in Wahrheit König Attilas Hunnenschatz sei, schon vor vielen Jahren bei jener Schlacht auf den katalaunischen Feldern zusammengeplündert. Im Jahr 451 bei *Châlons-sur-Marne*, wo Westgoten, Burgunder und Franken unter dem römischen Feldherrn *Aetius* über Attilas Hunnen siegten

Andere behaupteten, schon die Hunnen hätten das Rheingold gestohlen, und zwar bei den helvetischen Kelten, Burgunds neuer Reichtum rühre von gälischen Helvetern, ja, Kelten hätten vormals dies alles besessen und das Kostbare sorglos verspielt und verschenkt, da den gallischen Leuten für das Besitzen der Sinn fehle. Kluge Männer, die in Rom gelebt hatten, glaubten aber zu wissen, der Hort stamme aus dem Fluchtschatz des letzten römischen Imperators *Romulus*, der vor dem Ansturm der Goten überstürzt aus seiner Kaiserstadt floh und mit hundertundfünfzig Eselsladungen an Gold und Juwelen dem niederrheinischen *Victori Placido* »Siegfried« geradewegs in die Fänge lief.

Andere kannten dagegen Bischof Ringwolfs Ansicht, beim Hort handele es sich um geraubtes Kirchengut. Und kaum jemand schien zu wissen oder wissen zu wollen, daß der Hortbesitz verflucht worden war und von wem und mit welchen Worten.

Unterdessen legten die beiden Boote aus Island am Hafen an, zuerst das Kuhschiff, dahinter das dunkelgraue Feuerschiff der isländischen Frauen. Da drängten nun all die Leute zur Anlegestelle, da riefen und winkten Tausende unterm Dröhnen von Trommeln, unterm Schallen von Hörnern und Trompeten. Niemand war da, der in die hinteren Reihen geriet und der sich nicht auf die Zehen gehoben hätte oder auf Mauern geklettert wäre oder auf die Schultern eines Nachbarn, um jetzt nur ja nichts zu verpassen und sogleich Bescheid zu wissen, vor allem über die Fremden, über das Frauenschiff, das von Herrn Geres Reitboten seit langem gemeldet worden war, ein Schiff mit Frauen aus der fernen nifhelheimischen Nebelwelt.

Truchseß Dankwarth hatte Königin Ute, die Blinde, in einem Sessel aus der Pfalz tragen lassen, direkt an das Rheinwasser hin zur Anlegestelle, in vielfache Felle war sie gehüllt, in weißen Hermelin, das kleine helle Greisenhaupt war in den Locken und Wuscheln der kostbaren weißen Häute kaum zu erkennen.

Oben über dem Hafen, hoch oben in den Burgfenstern sah ich schon vom Schiff aus den Koch *Rumolt* mit seiner Straßburger Suppen- und Soßenmannschaft, die johlten, winkten mit Tüchern und lärmten mit Töpfen, Kesseln und Kannen und schlugen mit langen Löffeln. Ja, überall auf den Mauern und auch auf den anderen Schiffen ringsum standen viele, da krakeelte, lamentierte die Menge. Zahlreiche Krieger zeigten sich in voller Rüstung, dunkel und stählern blinkten die Harnische aus Xanten, heller leuchteten die der Burgunder, denen die Brünnen für diesen Tag von den Sklaven hatten blank gescheuert werden müssen. Jeder bemühte sich, weit vorn zu stehen, in der ersten Reihe standen freilich auch jetzt die Fürsten. Markgraf Gere von Speyer sah ich vorn, Gottlieb den Dicken und Hofmeister Dankwarth und noch weitere Obere von Worms. Die Fürsten trugen bereits die neuen, die schwarzen Panzer, die stählernen, die der Nibelunge nach seinen Ruhrrezepten unter dem neuen Rheinhammer hatte schmieden und mit aufgeschmolzenem Kuhhorn hatte schwärzen lassen.

Auch Bischof *Rumoridus Rusticulus* Ringwolf war nicht zu übersehen, der trug seine leinene Sonntagskutte, die durch besondere Farbenpracht glänzte, ja, leinen mußte das alles sein, wollene Gewänder, tierische also, vermied er, auch an den kältesten Tagen. Am Ufer zeigte er sich, trug den schwarzen Rock mit dem großen blutroten Kreuz und hob nun langsam den Arm und segnete die Ankommenden mit dem Kreuzzeichen.

In gutem Abstand von ihm, ebenfalls am Kai, neben Königin Ute, da wartete Krimhild. Die liebliche junge Frau und ihre dreißig Hoffräulein warteten gemeinsam, und die Freundinnen winkten genau dort, wo unser Schiff zu vertäuen sein würde, ach, meine süße Schwester, sie sah in der Morgensonne so wunderbar aus, als sei sie die Frühlingsgöttin selber, *Freya*, nach der wir nicht nur den vorletzten Tag der Woche benennen, sondern auch das, was wir, ob geheim oder offen, als Liebstes wissen und wünschen, das Freien und Freuen.

Manchmal ist mir in meinem Schreibkeller, als wollte das blutige Chaos, auf das alles hinauslief, mit Macht zurück in meinen Kopf und drehte mich herum bis zur Besinnungslosigkeit. Dreimal fand mich der Wächter, der mir morgens den Brei bringt und die *latrina* leert, unterm Tisch. Die Schreibfeder hielt ich noch in der Hand.

Inzwischen notiere ich auf dem zwölften Zehnerpergament, es ist fast schon wieder Winter, und von einer Hinrichtung ist keinerlei Rede mehr, aber auch von einer Begnadigung war offenbar nichts zu hören. Der Wächter gab mir schon im Frühjahr zu verstehen, daß er mich laufen lassen würde. Aber ich lehnte ab, mir ist diese Isolation nur recht, ich will jetzt gar nichts anderes, als ohne Aufsicht und ohne Ablenkung die ungeheure Geschichte vollenden. So widerwärtig in diesem Loch manches ist, hier habe ich Ruhe und werde versorgt und redet mir niemand drein mit Mahnungen, Moral und Staatsvernunft, hier kann ich alles so aufschreiben, wie es gewesen ist, und bringt Kilian meine freien Notate auf seinem Esel *Äsop* umgehend in Sicherheit.

Kilian küßte mich heute wieder, so entzückt zeigte er sich über meine Berichte aus Island. Und er verriet mir, wie es draußen in der Pfalz inzwischen weitergegangen sei, ja, von mir rede derzeit niemand mehr, mich habe man aus den Gesprächen der Herrschaften so verdrängt, wie der Gast aus Xanten ebenfalls daraus verdrängt sei, der nun vor dem südlichen WormsTor unter den Steinen liegt. Krimhild habe sich seit Monaten eingeschlossen. Krimhild spreche mit niemandem. Vielleicht nur, heimlich, mit Ute.

Die Herren zu Worms hätten nun ganz andere Sorgen, als sich um die trauernden Frauen zu kümmern oder um den unbelehrbaren poetischen Bruder. Man habe erfahren, daß seit den *Idibus Octobribus* »seit dem 15. Oktober« hier ganz in der Nähe, hinter Odins Wald, der König Etzel mit vielen hundert kriegerischen Hunnen lagere, womöglich mit vielen tausend. Ach, dieses Jahr *CDLXXXVI* 486 ist wahrscheinlich gar kein besonderes, es ist wie alle Jahre davor und danach und die Welt bleibt, wie Hagen sagt, eine Mördergrube. Jedenfalls so lange, wie das Besitzdenken die Menschen besitzt.

Heermeister Hagen vermutet, König Etzel lauere auf eine *occasionem urbem thesauri opulenti diripuendi* »eine Gelegenheit, die Stadt des enormen Hortes zu plündern«, um Rache zu nehmen für die Schmach, die sein Vater Attila eine Generation zuvor hatte hinnehmen müssen an der Marne 451, detailliert beschrieben z. B. von *Iordanis* im 6. Jahrhundert in *De origine actibusque Getarum* (XXXVI-XLI)

Inzwischen meldeten aber Kundschafter, daß Etzels Krieger sich in südlichere Wälder abgesetzt hätten, was offenbar mehr ein Schachzug sei als ein Rückzug, denn auch vom Kraichgau aus könnte das Hunnenheer sehr rasch wieder ins Rheintal hinab, ja, von dort noch viel bequemer als aus dem Hinterland der OdinsWälder. Vom Kraichgau aus könnten sie sogar die Wege abschneiden zu unseren burgundischen Verbündeten und Verwandten im Süden, zum größeren Teil unseres Stammes in der *Sapaudia*. Erhöhte Wachsamkeit gelte jetzt und es herrsche unter Herrn Gunther und Herrn Hagen neue Sorge, ja, Angst.

Ehe Kilian meine Zelle verließ, beteten wir, und wenn ich mich nun frage, an wen wir unser gramvolles, unser betendes Latein eigentlich gerichtet haben, so scheint mir, wir haben uns an die Unerschaffene selbst gewendet. *Heu nos, pereant dies, in quibus concepti sumus nati. Quantas habemus iniquitates, pereunt spes nostrae. Quid in hoc sicarioro receptaculo faciamus de cetero, penitus ignoramus, ergo annales scribemus.* »Weh uns, verflucht seien die Tage, an denen wir gezeugt, an denen wir geboren wurden. Was für ein Unglück haben wir. Dahin sind alle unsere Hoffnungen. Was wir in dieser Mördergrube jetzt noch machen können, das wissen wir ganz und gar nicht. Also schreiben wir diese Chronik.« – Schazman hat *annales* eingeklammert, womit er andeutet, daß er dies Wort, also »Chronik«, hinzufügen mußte. Sinn ergibt sich aber auch, wenn es wegbliebe und dadurch der Gegensatz von *facere* und *scribere* verschärfte: *ergo scribemus*

Die neuen Nachrichten über Etzel haben mich wieder aus meiner Chronologie gerissen, diesmal aus der Hochzeitsbeschreibung, mit der ich doch gerade erst begonnen hatte, o *Loki* und auch du, mein irischer Kilian, steht mir bei, und auch du, du unerschaffene und unfaßliche Weltmacht.

Bei unserer Ankunft in Worms, beim frühlingshellen Bild unserer Schwester, bei den Wörtern »Frau« und »*Freya*« hatte ich mich ablenken lassen lassen vom Empfang am Hafen. Markgraf Gere von Speyer sollte ich doch nochmal hervorheben, jenen, den der Frankenkönig *Chlotari* hatte überfallen lassen und von dem alle Welt wußte, daß er selber zu gerne Krimhild gefreit hätte. Nun führte und hielt Gere an der Mole Krimhilds Pferd am Zaum und hatte soeben der Braut des Nibelungen mit Anstand aus dem Sattel geholfen. Und ich erinnerte mich wieder an meine peinliche Frage an der Abendtafel auf dem isländischen Isenstein, ob »Braut« und »Zaumzeug« verwandte Wörter seien. Ja, sie sind es, bestätigt mir Kilian.

Schon beim Anlegemanöver wurde aufs Schiff heraufgemeldet, es seien zur großen Hochzeitsfeier auch die Eltern des Niederländers eingetroffen, die Mutter allerdings mit einem eigenen kleinen Boot von der Lippe herab, der Vater mit einem größeren, mit einem Handelsschiff aus Köln. In der Menge am Ufer erkannte ich dies Königspaar vorerst nicht, da stand nur breit und behäbig der Herr Gottlieb *corpore amplo patruus* »der korpulente Onkel«, den die Leute nicht, wie er gern hätte, den Frommen nannten, sondern den Dicken, und der sich am liebsten von zwölf Sklaven in gepolsterten Säften herumtragen ließ. Da stand aber auch Herzog *Liudger*, der Sachse, der nun Herr der neuen Länderein in den Bannwäldern war, nicht nur am Main, sondern auch an der östlichen Grenze des Burgunderreichs, beim *Limes*. An diesem Märzmorgen stand *Liudger* offenbar gänzlich ohne Sorgen da, dieser neue burgundische Markgraf bei Sachsenheim, wie man den Ort jetzt nennt, der ihm und den Seinen zugewiesen wurde. In der Sonne leuchtete *Liudgers* butterblumengelbes Haar und ich meinte, ich sähe bis auf unser Schiffdeck hinauf seine Zufriedenheit. Aber nicht weit von ihm standen auch einige Herren aus Metz, gruppiert um die Witwe des Ortwin, den *Liudgers* fälische Verwandte erschlagen hatten, als Vergeltung für unsere burgundische UnTat in Würzburg.

Schon vom Schiff her beeindruckten all die würdevollen Gesandtschaften aus den Bischofsstädten. Neben Ringwolfs Kreuztracht leuchteten die Ornate der Herren aus Trier, die Herren lächelten, die glänzten vor Wohlbefinden, wohlwollend und gewiß dankbar, daß Krimhilds künftiger Gemahl die räuberischen Dänen zurückgetrieben hatte, den Rhein wieder hinab, und daß er das Geplünderte nicht nur zurückerobert, sondern den Trierer Kirchenherren auch wieder ausgehändigt hatte. Neben den Trierern erkannte ich die obersten Priesterschaften aus Mainz, Köln, Metz und Würzburg. Doch sah ich leider nirgends meinen irischen *Wunnibald*, suchte in der Menge lange nach der freundlichen Figur, so lange, bis mir einer seiner Schüler zurief, Kilian treffe erst morgen ein, lasse sich dies Fest gewiß nicht entgehen.

Unterdessen waren beide Boote vertäut, die Landungsbretter wurden ausgelegt, wir konnten an Land. Drüben, im anderen Schiff, erblickte man nun auch die Isländerinnen. Kaum hatte König Gunther Mutter Ute umarmt und die Schwester, ging er ohne weiteren Aufenthalt und geradezu forsch zum anderen Boot hinüber, eilte über den Steg nach oben und trat, für jedermann sichtbar, der Frau Brünhild entgegen. In diesem Augenblick sahen die Wormser die Schöne zum erstenmal.

Ging auf die hohe Gestalt zu und küßte sie, hoch oben auf dem Schiff, in der hellen Vormittagssonne, so daß alles es mitbekamen, ja, unser König küßte sie, die schlanke Frauengestalt, küßte sie auf beide Wangen. Und geleitete sie dann über das ausgelegte Bretterbrückchen auf den Kai hinab. Dem Paar folgten die zwölf Freundinnen vom Isenstein, darunter *Baldinai*, jedoch nicht *Helinga*. Die war, hörte ich, bei der Deutschburg ausgestiegen. Ich wollte das als gutes Zeichen nehmen, *Helinga* wäre die dreizehnte Fee gewesen, die, wie man weiß, Unglück bringt.

Wenig später vertraute *Baldinai* mir an, ihre Schwester habe nicht länger mitansehen wollen, wie bei dieser isländischen Brautwerbung des burgundischen Königs irgendeine Art Betrug am Werk gewesen sei. – Betrug? – Die Dunkelhäutige sah mich eine Weile sehr ernst an und fragte dann, wo ich meine Augen gelassen hätte und meinen Kopf.

In dem Moment, in dem die Isländerin und Gunther das Ufer betraten, umarmten sich drüben, vor dem Schiff des Xanteners, Krimhild und ihr Freund. Und das taten die beiden so heftig, so fröhlich und ausführlich, daß es niemand ignorieren konnte. Als sie einander endlich losließen und beide in ihrer Wiedersehensfreude noch ein bißchen wanken mußten, da war es Krimhild, die sich als erste zu dem anderen Schiff umwandte und der neuen fremden Frau entgegenging. Und dann standen sie einander gegenüber, die beiden »Herrinnen«. Krimhild rückte mit ihren weißen Händen an dem Kopfputz, den unverheiratete Burgunderinnen tragen und den diejenige, die ein bißchen verlegen ist, wohl zurechtrücken muß.

Dann breitete Utes Tochter ihre Arme aus und küßte die Isländerin in sehr freundlicher Weise ebenfalls auf beide Wangen und sagte, wie man mir kurz darauf hinterbrachte: Frau Brünhild, so hätte sie geredet, seid mir und allen hier in Worms von Herzen willkommen. Vor allen anderen freut sich hier meine alte Mutter, Ute, die Königin und Mutter des Königs Gunther. – Und führte die Fremde dorthin, wo Gundomars Witwe in dem Sessel saß, zwischen ihren vielen Fellen.

Als Ute die Hand der Brünhild in der ihren spürte, zog sie die Brünhild-Hand sehr dicht zu sich heran, die Isländerin beugte sich, und die Blinde legte ihr die Finger auf das Haupt, das so dunkelhaarig schien wie das der eigenen Tochter. Und tat dann mit Brünhild so, wie sie beim Abschied mit uns Söhnen und mit dem Xantener getan hatte, und sprach:

Uuologa elenti!
Harto bist thu filua suar
Thaz sagen ich thir in alauuar
Enti do uuas thiu almahtico krapft

Enti do ist ther manno miltisto
Bittemes thera worolt thruht
allasamma upparlut!

»Fremdland, du bist sehr hart, du bist sehr schwer. Damit sage ich dir die bittere Wahrheit. Aber auch hier lebte schon immer die allmächtige Gottheit. Und es lebt hier der mildeste der Männer. Beten wir zur Kraft der Welten, alle zusammen, und laut genug«

Nachdem ich diese Segensworte übersetzt hatte, wurde gerätselt, wen Ute gemeint haben könnte mit dem »mildesten der Männer«. Gewiß Gunther. Und mit der »Gottheit«? Den Niederländer hielten viele gern für wild, doch mit seinen vielerlei Fertigkeiten hatte auch er, hieß es, für Gutes gesorgt, für Friedenssiege. Brünhild küßte die alte Ute, küßte sie auf den Mund, richtete sich wieder auf und schien nun so fröhlich, daß sie gegen Krimhild noch einmal ihre Arme ausbreiten mußte, ja, die beiden umarmten sich lächelnd ein zweites Mal, nach dem Ute-Segen enger nun und herzlicher.

Keiner konnte sich erinnern, daß ein Gast je mit mehr Freundlichkeit empfangen wurde. Krimhild zeigte und nannte der neuen Frau ihre weiteren Verwandten, stellte ihr, wie es sich gehört, die *palatini nobiles ac ministri* vor »die adeligen Höflinge wie das Hofgesinde«, aber auch den Speisemeister *Rumolt* und seine winkenden und rufenden Helfer oben in den Fenstern der Pfalz. Und dann bewegten sich viele Recken und Frauen und Leute den sanften Hügel hinauf, zur Burg hin, gingen viele Zuschauer parallel zum König und zu dieser Frau aus dem fernen Land, und wer das Glück hatte, ihr vorgestellt zu werden, der verbeugte sich tief vor der sagenhaften Gestalt und lief dann doch auch weiter nebenher und wollte auf alle Fälle, wenigstens kurz mal, einen genauen Blick auf diese Gestalt erhaschen.

Als es Krimhild schien, daß genug Höflichkeiten getauscht wären, sprang die Burgunderprinzessin wieder zu ihrem Bräutigam, flog ihm wieder schier an den Hals und herzte den Heimgekehrten so ausgelassen, daß Brünhild es mit Verwirrung wahrnahm, ja, ich sah, daß sie wegsehen mußte. Und Herr Gere beteuerte später, daß Frau Brünhild erbleicht sei, als sie diese Art der Umarmung hätte mitansehen müssen. Krimhild bemerkte Brünhilds Blicke nicht, die drückte ihr Gesicht dicht gegen das Gesicht ihres Falken und sagte ihm, wie unaussprechlich sie sich freue. Er antwortete, er habe ihr versprochen, auch von den weitesten Flügen stets zurückzukehren und möglichst mit den prächtigsten Fängen. Wie es dem GerFalken gehe?

Gelehrig ist er, in der abgedunkelten Kammer zeigt er alles Zutrauen, nur ein einziges Mal hat er bis heute geschrien, erbärmlich schrie er nur damals, als der stinkende Vetter in meinem Raum war. Seit ich den hinauskugelte, ist dein GerFalke friedlich.

Beide mochten sich kaum trennen, flüsterten wieder und wieder, küßten und umarmten sich und waren schwelgerisch. Brünhild und Gunther gingen voraus in den inneren Pfalzhof, Dankwarth hatte ein Zeichen gegeben, und so wurden beim Erscheinen des Paares Trommeln geschlagen, vom Bergfried schallten Tuba, Trompeten und Hörner, und der König durchschritt mit seiner Braut eine breite Zuschauer-Gasse. Auch hier war niemand, der beim Winken und Hochrufen das genaue Hinblicken vergessen hätte, ja, Gunther und Brünhild gingen nun den Weg, den nur wenige Tage später die Trauergesellschaft gehen würde, ebenfalls durch ein Spalier der Leute, dann durch ein schweigendes und entsetztes.

Für einen aufmerksamen Betrachter war es einmalig, all diese wohlgebildeten gemeint ist körperliche Bildung, Schazman: *well formed* und zumeist hochgewachsenen Herrschaften sehen zu können, ihre feinen Manieren und ihre kostbaren Gewänder. Und wer die Höflinge wie ihre Zuschauer zu überblicken hatte, dem wären in diesem funkelnd hellen Frühlingslicht die Unterschiede aufgefallen, die Größe der ritterlichen Herrschaften im Vergleich zur Kleinheit, zum Geduckten, ja zum Krummen der Unfreien, der »Deutschen«, der kahlgeschorenen Landleute und Handwerker.

Die Sklaven und die Bauern hielten ehrfürchtig Abstand und bestaunten, daß bei den Herren selbst die Rösser kostbarer hergerichtet waren als sie selber je in ihrem ganzen Leben. Doch bei dieser Doppelhochzeit hatte Dankwarth auch an die Leute gedacht, für die *diet* standen im großen Pfalzhof unter den Arkaden lange Tische und Bänke, auch die Niederen, die Deutschen sollten sieben Tage lang schlemmen und ihre Herrschaft bewundern lernen und gut im Gedächtnis bewahren.

Mit dem Zug der Oberen drängte sich die Menge in den inneren Burghof und warf Blumen, vor allem auf den Kapitän, Frühlingsblüten, Anemonen, Schneeglöckchen und Schlüsselblumen, kleine und große Primeln, einige zu Kränzen geflochten. Auch die isländischen Frauen ehrte man so. Nach diesen geheimnisvollen Gestalten, über die fast jeder andere Wunderdinge wußte und die bei einigen als Walküren galten, nach denen reckten die Edlen ihre Hälse ebenso wie die Niederen.

Die Edelherren beäugten und taxierten die Frauen aus dem Mitternachtsmeer unverhohlen, als wollten sie neue Sklavinnen kaufen. Vor allem die isländische Königin nahmen sie ins Visier, von der so Erstaunliches zu hören gewesen war, dorthin starrten sie und beobachteten, als müsse man dieser Braut irgend etwas Sonderbares ansehen, etwas »Ungebärdiges« oder »Ungebändigtes«.

So viel man aber spähte und Blicke haschte und so unterschiedlich auch die Männerträume und Männerängste sind und die entsprechenden *praeiudicata* »Vorurteile«, da fand sich keiner, der nicht hätte zugeben müssen, daß diese Brünhild eine Frau war wie alle. Das einzige, was an ihr sofort auffiel, war ihre Schönheit, ihre schlanke Gestalt und ihre anmutigen Bewegungen. An ihrem dunkel strahlenden Gewand beeindruckte der Gürtel, der war auch an diesem Tag dreifach um den Leib geschlungen und zeigte eine kunstvoll gearbeitete Gürtelschnalle, die das Leder zusammenhielt wie ein vielfach verknüpftes Weidengeflecht, das war aber kein hölzernes oder leinenes Flechtwerk, sondern Silberfiligran, in überaus zierlichen Verschlingungen gearbeitet aus versilbertem Stahl, und die feinen Glieder des Verschlusses schlangen und wanden und ringelten und kreiselten labyrinthisch um einen wunderbar schimmernden Stein. Das war jener Kraftstein, den ihr der vormalige Gefährte geschenkt hatte, der erste Mann, der die isländische Lohe bezwang.

Die Männer verfolgten ihren Gang bewundernd, ja entzückt, bemerkten aber auch den Ernst ihres Blicks. Die Kundigen und solche, die sich dafür hielten, entdeckten an dieser Gestalt keinerlei Hilfsmittel, mit denen sich auch zu Worms manche Hof-Dame in römischer Manier schöner zu machen versuchte als sie war.

Markgraf Gere von Speyer und mit ihm die sogenannten Frauenkenner, die räumten ein, Gunthers Eroberung im Reich der Riesen sei der großen Mühe wohl wert gewesen, doch wollten sie Krimhild nach wie vor den Vorzug geben. Noch um 1200 meldet die Sankt Galler Handschrift (Vers 549ff): *Dô speheten mit den ougen di ê horten jehen / daz si alsô schoenes heten niht gesehen / sô die vrouwen beide: des jach man âne lüge / auch kôs man an ir lîbe dâ deheiner slahte trüge . . . dô sprâchen dâ die wîsen, die hetenz baz besehen / man möhte Krimhilden wól für Prünhilden jehen.* »Da luchsten besonders die ganz genau hin, die schon immer gehört hatten, daß so etwas Schönes nie gesehen worden sei wie diese beiden Frauen. Das stimme tatsächlich, hieß es, auch entdeckte man an ihrem Leib keinerlei Hilfsmittel, nur meinten einige Kenner, die es wissen mußten, man zöge denn doch Krimhild der Brünhild vor«

Auf den Plätzen und Gassen von Worms standen in fast allen Winkeln neue Hütten und neue Zelte, zahlreiche gute Ställe und Unterkünfte waren entstanden, geräumige Herbergen. Und überall schrien nun die Händler, boten Suppen, Socken, Stoffe, Spielzeuge oder Essenssachen oder Menstrualblut gegen das Rom-Fieber *malaria* wörtl.: »schlechte Luft«, es schien, daß die doppelte Hochzeit längst schon begonnen hatte, Küchengeruch und Brotduft und Dünste von Kot und Brei wehten durch alle Straßen und Höfe, Süßes wie süßlich Stechendes strich in Schwaden um hohe wie niedere Nasen, da roch und dampfte alles, was in den Schlamm der auftauenden Frühlingswege eingewühlt war an Ausscheidungen von Mensch und Schwein, von Pferd, Rind, Hund und Katze.

Kaum hatten wir den gepflasterten Innenhof betreten, da lärmten und schrien auch hier die Leute, lärmten gegen die Musikanten, riefen die Jongleure, die Gaukler, neue Händler und seltene Fakire, da zeigten Artisten mit Bären und Krokodilen unerhörte Kunststücke, riefen Wahrsager und Krämer und Kesselflicker Kunden herbei, krakeelte viel Volk heftig durcheinander und wollten sich fast alle Kaufleute gegenseitig überbieten, ja, so war das, überall im sonst so gemächlichen Worms lockten geldschneidende Neulinge, warben Grindsalber, priesen Geschwulststecher ihre *artes dubias* »zweifelhaften Künste«, da sah und hörte man die Färber und Gerber, die Messerschleifer, die Schreiber, die Silberschmiede, die Wechsler, die Sattler, Töpfer, Losverkäufer, Seifensieder und Pergamentverfertiger und die Zahnbrecher, die alle und die vielen Wormser Gaffer und auch die Kölnischen und Basiliensischen und die niederländischen Gäste aus Xanten, schier alle waren sie auf den Beinen, auch die weitgereisten Klerikalen und Mönchlein und Taschendiebe und Scharlatane und Lustfräulein, die alle hatten ihren geschäftigen und hoch unterhaltsamen Tag und ersehnten sich sieben weitere solche Tage und viele von ihnen dachten vor allem an die Nächte, allen voran die Buhlerinnen und Schächer und Lorbasse und noch manche listige Leute mehr, die Sänger und Clowns und Schneider und Hütchenzauberer und Lauser und Schuhmacher und Kartenleger und Erzähler und *ioculatores* »Spaßmacher« und all die beliebten Schalke und Spielleute, Wagehälse, Aufschneider, Traumdeuter, Gewürzkrämer, Metzler, Weinschröter, Kürschner, Gerber, Weingärtner, Wunderheiler, Sackträger die in Worms im Mittelalter eine eigene Zunft bildeten, Wanderprediger, Schlangenmenschen, Pendelerklärer, Handleser, Sternenkenner, Schlepper, Feuerschlucker, Beutelschneider, Landstreicher, Hirten, Lehrer, Rhetoren, auch Sklaven, die ihren Herrschaften davongelaufen waren, auch solche, die behaupteten, Gladiatoren zu sein, Schwertkämpfer, Bocksreiter, Kuriere, Falschmünzer, Schnapphähne, Quacksalber, Kräutersammler, Senftenträger, Salmfischer, Vaganten, Pfaffen, Kessel- und Pfannenflicker, Pilger, Schicksen, Schlimmchen, Beischläferinnen, Metzen, Bettler, Sieche, Strolche, Freudenweiber, Klageweiber, Aussätzige, Krüppel, Krawallbrüder – ach, die alle prattelten, kreischten und kauten Kichererbsen und warben sich Zuschauer und Kunden weg, und die meisten machten die seit langem erstaunlichsten Geschäfte und Erfahrungen, denn wahrlich, so viele und ach so unterschiedliche Menschen wie an diesem Tag, eine so vielfarbige Fülle an *Diutisken* oder Deutschen war nie zuvor in Worms gewesen.

Auf diesem großen Hochzeitsmarkt handelte auch ein neuer, ein ziemlich junger Wechsler. Dem war das Haar noch sehr kurz, offenbar war er Sklave gewesen und erst seit kurzem freigekauft. Ich erkannte ihn. Der hatte am Tag vor der Weihnacht die Nachricht von der Ankunft des Cheruskers nach Worms gebracht, hatte dafür von Gunther den Pokal bekommen. Vom Erlös beim Herrn Hirsch hatte der sich in der Tat freikaufen können, mußte keinen Botendienst mehr tun für Markgraf Gere, und vom Rest der Summe konnte er so viele Münzen erwerben, daß es ausreichte für einen ersten Handel.

Seine Münzen hatte er auf einem Scheunentor ausgebreitet, wo sie in der Sonne blinkten, römische Silberdenare, Sesterzen, wie sie Hagen für Burgund hatte gießen und prägen lassen, aber auch einen *Quadrigatus* besaß er bereits, eine Doppeldrachme mit einem Vierergespann als *Signum.* Vom Gold hatte der neue Händler freilich noch kein Stück, aber doch schon allerhand *As* römische Pfundmünzen aus Kupfer, auch einige Sesterzen aus Messing. Auf manchen waren die Köpfe der alten Kaiser zu sehen, auch von den neuen göttlichen Kaisern aus OstRom sah ich Gesichter und von Papstköpfen einige Bilder. Schöne Stücke besaß dieser Wechsler. Schon machte auch er Gewinn. Seinen zweiten.

Als der Zug der Herrschaften vor dem Burgportal erschien, legten dort die jungen Kämpen auf den Stechbahnen schlagartig so viel Eifer in ihre Ritte und Stöße und Schreie, daß alles andere Getöse davon noch einmal übertönt wurde, ja, plötzlich waren all diese Jungmänner schier ungebärdig im Dreinfahren und Wegdrängeln und Niederstoßen und mühten sich, ihre Widersacher unbedingt in diesen Momenten, da ihnen so viele wichtige Herrschaften zuschauten, aus den Sätteln zu heben, sie just jetzt zu Boden zu hauen oder wenigstens Schienen und Schuppenpanzer so nachhaltig zu verbiegen, daß jeder burgundische Fürst das sehen und bewundern mußte und jeder Kämpfer ganz offensichtlich dastand als der Bessere oder als der Beste.

Ach, wie viele Streiter dürften schon immer nur deswegen gekämpft haben, weil sie mit einem Sieg Aufmerksamkeit gewinnen wollten, Bewunderung vor allem der Frauen. So ein marktschreierischer Turnierplatz ist, scheint mir, kaum etwas anderes als das immerwährende *Ginungagap* in der Form des Menschengetümmels. Kluge Leute wie mein bärentapsiger Freund Kilian oder wie der Abt Eginhardt auf der Siegburg wollten mir erklären, die scheinbar so friedlichen Edelfrauen in den Burgen, auch sie seien in Wirklichkeit allesamt Walküren, denn sie brächten mit ihren Träumen und ihrem Begehren den Männerstreit in die Welt, auch den blutigen.

Jedenfalls klang an allen folgenden Hochzeitstagen der Lärm der Hofgefechte durch die Pfalz, immer neu drangen aus den Stechkreisen die Schreie der Kämpfer, der siegenden wie der unterliegenden wie auch derer, die sich noch einmal verzweifelt steigern wollten.

Freilich waren das hier immer nur Spiele, nein, da tönten keine Schreie wie die der zwölf Sterbenden vor der Eisgrotte im Wald vorm Main.

Oben in der Pfalz wiesen Pagen und Fräulein den Gästen die Schlafstellen an und die Kammern. In der großen Burghalle quäkten bereits die Trompeten, knörzelten Fiedeln und Flöten, da wuselten, trabten und lavierten allerlei *famuli* »Dienerschaften« durch die Gänge, schallte plattländisches Brabbeln und Pratteln und Quatteln aus *quat* (= schlecht, mies) vgl. »quatschen«, wie die Niederländer alles ungezügelte Gegackere nennen. Da war ein Besuchen und Begrüßen und Wiedersehen und Umtrieb und Geknarfel und voreiliges Gelächter der Leute aus Xanten, und da kam auch schon der neue Abort zu Ehren, der, wie der dicke Herr Gottlieb großmäulig beteuerte, nach byzantinischem Vorbild erbaut sei, auf dem man zu dritt nebeneinander sitzen konnte und wo der menschliche Unrat über drei Stockwerke frei hinabstürzte, direkt in Herrn Siegfrieds neuen gut durchströmten Seitenkanal, den er eigentlich für die größeren Hämmer der Schmiede hatte bauen lassen – nun landete darin alsbald überreichlich, plumpsend und platschend das, was übrigblieb von Koch *Rumolts* wunderbaren Künsten und von der allgemeinen Gefräßigkeit, freilich schwammen die Reste da unten nun auf sehr moderne Weise fort, trieben umgehend hinüber in den Rheinstrom und waren aus dem Weg.

Im großen Burgsaal glänzte die römische Decke neu, fast alles in der Halle leuchtete nun um vieles prächtiger, das Gold der Saaldecke schien wieder tief zu gründen im Unendlichen und Paradiesischen, aber auch das Rot der Wände, der Säulen und der Vorhänge strahlte ochsenblutfrisch, und die imperiale Adlerfigur an der hinteren Wand zeigte sich scharf umrissen. Das Kaminfeuer lohte, die Tafeln waren fast alle gerichtet, noch rückten Kahlköpfe die Sitze – Burgunder wie Cherusker und auch die Isländerinnen, sie alle konnten an den Tischen gut vermischt sitzen, bekamen ihre Plätze persönlich angewiesen von Herrn Dankwarth.

Fast als letzte, als beinahe schon alle anderen saßen, erschienen auch sie im Saal, die RanTochter und der GundomarSohn, das königlich burgundische Brautpaar. Ihnen folgten die zwölf isländischen »Jungfräulein«, wie Gere und der Bischof sie nannten, weil sie Wörter wie Walküre oder Feen nun durchaus vermeiden wollten. Auch jetzt trug Brünhild eines ihrer anthraxfarbenen Kleider, ein diamantschwarzes, und über den schimmernden Hüften wieder den dunklen Gürtel, dreifach geschlungen und darin den Mondstein, die milchige Trübe mit den irisierenden Adern in den Farben des Regenbogens.

Als das Paar Platz genommen hatte am oberen Ende der großen Tafel, erhob sich der Bischof, machte eine Bewegung mit beiden Armen, worauf sich alle im Saal ebenfalls von den Plätzen erhoben. Dann trat der Kirchen-Vetter *Rumoridus Rusticulus* hinter Gunther und Brünhild, legte ihnen seine Hände aufs Haupt und sprach sie zusammen *in nomine Jesu Christi*. Alsdann redete er eine Weile mit möglichst wenig Latein von ehelichen Pflichten und erinnerte an den großen und weisen byzantinischen Bischof *Chrysostomos*, der die Ehe als *remedium sanctum concupiscentiae* definiert hätte, nämlich, wie Ringwolf sich zu übersetzen beeilte, als Heilmittel gegen den *appetitus bestiarum*, was er hingegen nicht übersetzte, so daß mein Bruder nur vage ahnte, wovon die Rede war. Statt den Vergleich mit den Bestien näher zu erläutern, pries Ringwolf wider besseres Wissen Frau Brünhild als eine vorbildliche Jungfrau, und zwar als eine, die von wunderbaren Gottesflammen behütet worden sei, was ihn, den Bischof, an die heilige Maria denken ließ, deren Empfängnis des göttlichen Samens *per spiritum sanctum* gleichfalls gar nicht anders zu denken sei als durch ein göttlich Flammendes, so wie das zum Pfingstfest den treuen Jüngern in feuriger Form begeisternd ins Haupt gefahren sei. Auch *Ringwulfilas* sprach dann das Wort, das schon auf dem Isenstein zu hören gewesen war, nannte Brünhild zwar »Herrin«, aber »dem König Gunther untertan«.

Damit schien die *doctrina catholica collocationis* »die katholische, die verbindliche Lehre von der Verheiratung« hinreichend skizziert, nun durften alle Platz nehmen, Ringwolf zog seine Finger von den Brautleuten und setzte sich ebenfalls, nicht ohne sich zuvor dorthin umgeschaut zu haben, wo eigentlich meine Schwester mit dem Xantener hätte sitzen sollen, dort standen nur zwei leere Stühle.

An der großen Tafel beim Kamin saßen die Vornehmsten, neben dem König und Brünhild die Fürsten und ihre Gemahlinnen, nicht weit von mir auch das Paar aus dem Niederland, Sieglind und Siegmund. Wie gern schaute ich diese Frau an, als sei auch sie eine, in die ich mich verlieben könnte. Wie gern sah ich ihre großen grauen Augen und ihr Haar, das dicht war, weder aschfarben noch rötlich, sondern von einem weißlichen Gold. Noch jetzt, im Kerker, spüre ich, daß von dieser Gestalt die Kraft einer immerwährenden Verjüngung ausging, als wirke da ein Zwang, in Frau Sieglinds Gegenwart alles zu vermeiden, was zerstörerisch werden könnte. Wann immer ich diese Priesterin ansah, schien mir alles fröhlich zu werden und leicht.

An den übrigen Tischen im Saal saßen die Ministerialen mit Brünhilds zwölf Begleiterinnen und mit Krimhilds Freundinnen. Dankwarth hatte die neue Sitte beachtet, wonach an den Herrentafeln auch Frauen einen Sitz hatten. Für Krimhild und den Nibelungen war an der Haupttafel die andere Schmalseite freigehalten, Gunther und Brünhild gegenüber.

Nun fehlten aber noch immer diese beiden, die sich so stürmisch begrüßt hatten. Schon kreisten vergnügte Anmerkungen, die Ringwolf nicht gutheißen konnte. Dankwarth gab das Signal, schon jetzt die Speisen aufzutragen. Da brachten wohl fünfzig Pagen Wasserschalen, Becken aus rotem Gold mit warmem Wasser für die Hände, die reichte man jedem Gast, dazu friesische Tücher, echte, aus Hanfleinen, mit Spitzenrändern.

Während noch das Rotgold der Schalen gelobt wurde, ein Rotgold aus der Stadt am Bosporus, erschienen endlich auch die anderen Brautleute. Statt aber Platz zu nehmen, ging der »Schippmann« zum hinteren Ende der Herrentafel, trat vor meinen königlichen Bruder und erinnerte ihn mit einer Fröhlichkeit, von der ihn auch der ernste Blick der Isländerin nicht abhielt, an das, was ihm, wie er erklärte, für Schiffsarbeiten, für Schmiededienste und für die Fehden gegen Dänen und Falen vom König versprochen worden sei.

Du brauchst mich nicht zu erinnern und zu mahnen, Freund. Noch ehe wir hier den ersten Bissen essen, wird dir das alles entgolten. – Der König erhob sich, und mit ihm taten das abermals alle im Saal, an allen Tischen standen sie auf, auch die Isländerinnen und Brünhild selbst. Der Ruhrschmied ging an seinen Platz, stellte sich neben

Krimhild und blickte von dort über den langen Tisch, blickte König Gunther erwartungsvoll an. Doch als sich nun auch dem Cherusker der Bischof näherte, als der Vetter nun auch diesem Paar die Hände auflegen wollte, da rief der Xantener: *Leibide Quirumpil* weg mit deinen *yerra* Raubkrallen!

Ringwolf, die Hände um seinen Kristall klammernd, ging zurück an seinen Platz.

Der König zögerte, wußte eine Weile nicht weiter und stellte dann aber, noch immer im Stehen und während auch alle anderen noch standen, gut vernehmlich die Frage, ob Gundomars Tochter Krimhild diesen Freund des burgundischen Hauses zum Mann nehmen wolle, diesen wackeren und verdienstvollen Sohn des Königs Siegmund und Sohn der Königin Sieglind.

Krimhild brach in heftiges Lachen aus und sagte: Ich meinte, das hätte jeder längst begriffen, sogar in WurmsWorms. Selbst der komische RaubkrallenAdler hier an der Hallenwand, der spreizt seit kurzem seine Federn so weit und so aufgeregt wie nie, nur weil er weiß, daß ich nicht ihn und auch sonst kein anderes Wesen »zum Manne« will als nur diesen Schiffs- und Schmiede-Kerl hier, meinen cheruskisch-niederländischen Falkenfänger, den Nibelungen.

Über Krimhilds Antwort wurde gelächelt. Nur den Markgrafen Gere von Speyer, den sah ich schlucken.

Und du, Freund aus Xanten, willst auch du diese Nachbarin, unsere burgundische Prinzessin, die Tochter des Gundomaris und der Ute?

Der küßte die, von der die Rede war, küßte sie unüberhörbar laut und unterm Lachen und Beifall der Umstehenden.

Ita fiat, sagte Gunther wieder das einzige Latein, das er perfekt beherrschte und das er, wie Hagen ihm beigebracht hatte, immer dann zu sagen hatte, wenn eine Entscheidung zu bekräftigen war »so soll es geschehen«. – So erkläre ich hiermit, da sich beide Brautleute vor diesem Hof, vor all seinen Herrschaften und auch vor seinen Gästen zueinander bekannt haben, so bestätige ich nunmehr mit meinem königlichen Recht, daß ihr beide Mann und Frau seid, von jetzt ab, auch ohne den Segen des Bischofs.

Liudger rief laut *Thar barr* »wundervoll« und Oheim Gottlieb und einige andere riefen *laudo!* und *bene factum!* und man setzte sich wieder. Und dann wurde endlich wirklich aufgetragen. Drei mal sieben Kahlgeschorene betraten den Saal und schleppten allesamt Platten und Schüsseln mit Gebratenem, Gekochtem, Gebackenem, Gedämpftem, Geselchtem, Gedünstetem und Gespicktem. Vom Goldküstenwein, also vom besseren, war ausreichend in Krüge gezapft worden und schon bald gab es bei einigen der Heimgekehrten Augenblicke, in denen sie nicht mehr klar wußten, auf was sie sich in der Fremde mehr gefreut hatten, auf *Rumolts* Soßen oder auf die rheinischen Eiergerichte mit den jungen Blättchen der Pimpinelle, des Ampfers und der frischen Brennesseln oder auf die Suppe vom Liebstöckel oder auf den Wein von der *Côte d'Or* oder auf all dieses gewürzte, krosse und sanft zu schneidende Fleisch oder doch auf die Straßburger Backwaren oder nur einfach auf einen Rotwein, der nicht durchgeschüttelt war von den Armen der zornigen Frau Ran.

Zwischen den Bissen wurde von der isländischen Unternehmung berichtet, kreuz und quer, zunächst nur in Andeutungen, dann auch ausführlicher, da wurde vom Sturm erzählt und von der himmelhohen Lichtmauer, vom dunkel-hellen Leben auf dem Isenstein, aber dann auch von jenem dreimaligen Prüfungsspiel in der strahlenden isländischen Nacht, das der König in wunderbarer Haltung bestanden hatte. Niemand zweifelte.

Der König hatte gesiegt. Das lief nun hin und her, in seinen sagenhaften Einzelheiten wurde das ergänzt und mußte verbessert werden, anfangs war das Essen noch viel zu wichtig und zu schmackhaft, als daß an dieser oder jener Tafel jemand bereit gewesen wäre, alle isländischen Abenteuer in einem einzigen großen Bogen zu schildern.

Derweil war Gunther nicht entgangen, daß Brünhild schwieg. Daß sie so gut wie gar nichts aß. Darum ließ nun auch er die Fasanenbrust, von der er nur wenig gekostet hatte, unbeachtet, ließ das zarte Stück erst mal in Ruhe, obwohl es gespickt war mit Nüssen, Rosinen und Mandeln und mit all dem Süßen, das er so liebte. Statt dessen überlegte er, wie er jetzt seiner Gemahlin eine geschickte Frage stellen könnte, eine, die ihm ihr Schweigen erklären würde, ohne daß es zu Mißstimmungen käme und zu langwierigen Wechselreden mit der Aufdeckung alles dessen, was bislang so gut getarnt geblieben war.

Immer wieder widmete er sich doch lieber den Geflügelbrüstchen. Danach auch noch einer Wachtelkeule in pikanter Würze und dann schon ein bißchen auch dem Pudding. Als er aber nicht mehr ignorieren konnte, daß die Frau neben ihm zwar von der Nachspeise sich einiges hatte auftun lassen, nach einem stummen Nicken und nachdem eine Sklavin auch ihr die goldene Platte entgegengehalten hatte für die *mensa secunda* »für den Nachtisch«, daß Brünhild aber von König Gunthers Lieblingsspeise ebenfalls nichts angerührt, daß sie nur ein wenig getrunken hatte, da schaute er sie nun doch an. Und sah, wie ihre schwarzen Augen glänzten.

Sie sprach nicht. Sie schluchzte nicht. Schien nur bedrückt. Schien bewegt von einem heftigen Kummer, den sie nicht zeigen wollte, der ihr aber aus den Augen schaute, aus diesen dunkel glänzenden Augen. Wohin ging jetzt ihr Blick? Wohin wanderte der? über die Saaldecke? vom paradiesischen Goldhimmel wieder herab? Kein Zweifel, sie schaute auf das Paar am anderen Ende der Tafel.

Dort hockte neben dem Schippmann der alte Herr Siegmund von Xanten, den der Sohn, wie wir wissen, bei geheimen Verabredungen mit den römischen Besatzern erwischt und den er dann *abiecto communis* »zum allgemeinen Gespött« sieben Wochen lang im Hof des Xanten-Kastells unter einer Treppe eingesperrt hatte, damit Herr Siegmund endlich abschwören sollte und Abstand nehmen von seiner Hörigkeit gegenüber der imperialen Weltfresserei, wie der Sohn das genannt hatte.

Dieser Alte, als der nun in der Wormser Pfalzhalle so viele Pracht sah, da konnte der sich nicht verkneifen, seinem *Victori Placido* ein paar neugierige Fragen zu stellen. – Sohn, so ließ er sich vernehmen, aus kaum zerkautem Bohnengemüse drang das und aus Lammfleisch, Sohn, so nörgelte Herrn Siegmunds Stimme, ist dir klar, daß Waffenmeister Hagen ein falscher Hund ist? – Der Herr Hagen ist mir so klar wie mein Vater mir klar ist. – Es heißt, du hättest all diesen Menschen hier von deinen Schätzen geschenkt, Sachen vom Lindwurmfelsen. – Nichts von den Schätzen. – Nichts? – Sondern alles. – Bist du bei Sinnen? – Selten so sehr wie jetzt.

König Siegmund, als er weiter keine Erklärung bekam und ihm das nölige Geknumpfel im Maul seines großen Sohnes ganz unverständlich blieb, beugte sich etwas nach vorn und lauschte aufs Knacken und Summen im genießenden Sohn und schließlich, da von dort weiterhin keine Auskunft kam, gurgelte es aus dem väterlichen Bohnenmund: Wirklich hergeschenkt? alles? an dies trübe Pack hier? an den falschen Hagen-Hund? Wirlich alles? *O truncus et idiota et homo plumbeus!* »O Tölpel (Klotz) und Stümper und Dummkopf«

Wirklich alles. An dies Pack hier. – Der Sohn knumpfelte und küßte an seiner Braut herum. Und der Vater, da er nicht weit von den beiden entfernt saß, schluckte, wollte neues Gemüse stopfen, zögerte aber. – Und für all diese Geschenke und für all diese burgundische Arbeit, was war dein Preis? Für die Fahrt nach Island, für Gunthers Hochzeit mit dem Wutweib und für den Riesenhort, was bekamst dafür du? – Meine eigene Hochzeit. – *Bombax!* Alles Geld der Welt an ein Schrumpfpack! *Veri simile sine vectigal, totaliter in immunitate! O deliratio, o animi imbecillitas!* »Wahrscheinlich ohne Zinsgroschen, total zinsfrei! O Wahnsinn! O Schwachsinn!« Dann Glück zu, *puer stultus!* »törichter Junge«

Der Sohn hatte trinken wollen, setzte nun aber den Becher wieder ab.Und da seine hochgemute Stimmung ihn offenbar glauben ließ, wenigstens an diesem Hochzeitstag könnte er seinem Vater irgend etwas begreiflich machen, sagte er: Die Wurmsleute, da hast du recht, die sind ein trübes Schrumpfpack. Sind just nicht anders als du. Sind, wie du, aufs Gold aus, aufs Besitzen und Besetzen. Sind in der Tat halbiert und geschrumpft. Und träumen dennoch, sie wären ein neues Byzanz. Mein »Glück« aber, das du mir jetzt gewünscht hast, das sitzt neben mir. – Und begann wieder mit dem Küssen, und den Alten hörte ich knurren: *Bijobs coniunx sumptuosa pretiosaque.* »wahrlich eine teure und kostpielige Ehefrau«

Während hier das Gespräch grobe Keile auf grobe Klötze setzte, nahm sich am anderen Ende der Tafel der König endlich ein Herz und fragte: Was ist das, liebe Gemahlin, was Eure Augen trüb macht. Ich meinte, auch Ihr solltet Euch heute freuen können. Alles was Ihr hier seht, ist Euch untertan, von nun an und für immer. Euch so wie mir. All mein Land, die Kastelle, die Wälder, die Leute, die Klöster, die Herren, die Knechte, die Marken, sie alle gehören auch Euch.

Da stand die neue Königin plötzlich auf, schob ihren Stuhl beiseite und entfernte sich. Keinem entging, wie Gunthers junge Frau aus der Halle ging. Auch daß der König ihr sofort folgte, verkniffenen Blicks.

Im Gang vor ihrem gemeinsamen Gemach fand er sie, hinter einer Ecke der alten RomMauern. Auch dies gestand er mir am nächsten

Tag, in seiner großen Beichte. Hinter der stillen Ecke fand er sie schluchzend. Und auf diesem Gang, da hätte er nicht gewußt, sagte er, wie er sie ansprechen, wie er die Schluchzende hätte beruhigen sollen. Als er ihr dann die Hand auf die Schulter habe legen wollen, da tat sie, durchaus sanft, eine Armbewegung, um ihn auf Abstand zu halten. Doch er strauchelte.

Von ihrer sanften seitlichen Armbewegung.

Erschrocken hätten sich beide angesehen. Und er hat sich dort, wo er im Straucheln die Wand hatte berühren müssen, um nicht zu fallen, den Ärmel gewischt, als hätte er Staub zu entfernen. Und hat dann, in seiner Verlegenheit, mit dem Schuh über den Boden gescharrt, als stehe dort ein Stein zu hoch, als hätte der ihn stolpern lassen.

Da ist sie fortgeeilt, ist in dem Gemach verschwunden, das ihr als eheliche Kammer gezeigt worden war.

Der König trat dort ebenfalls ein. Fand sie in einem Stuhl, ihr Gesicht abgewendet, ihr Gesicht bedeckt mit beiden Händen.

Der »WirKönig« zögerte, schloß dann die Tür, kam ein wenig näher, zögernd, suchte wieder nach einer passenden Frage, ebenso dringend wie hilflos suchte er und fand die Wörter nicht, die genügend harmlos geblieben wären, um eine kompliziertere Unterhaltung zu vermeiden. Durch die offenen Fensterhöhlen hörte er von tief unten, vom Hof her, die Gefechte der Halbwüchsigen.

Warum mußt du weinen? Ausgerechnet an diesem Tag?

Allzu lang kam keine Antwort. Endlich nahm sie die Hände von ihren Augen. Trocknete sie mit einem Tuch, das Gunther reichte. Und sah ihn an. Diesen Blick ertrug er kaum. Nun war er es, der sich wegwendete, zum Fenster. Und bekam zu hören, wie sie folgendes redete, mit einer montonen Stimme.

Um deine Schwester weine ich. Denn wie, so frage ich dich, soll ich mitansehen, wie diese freundliche Krimhild, die mich am Hafen so herzlich begrüßt hat, wie sie, deine einzige Schwester, so edel und schön, nunmehr bei deinem unflätigen »Schippmann« sitzt. Bei deinem groben Knecht. Den machst du zu ihrem Herrn. Einen Unfreien, einen, der dir die Schuhe ausziehen mußte, der dir die Sandalen anziehen mußte und binden und offenbar auch andere Dienste tun. Wie kannst du deine wunderbare Schwester dermaßen in Schande stürzen. Noch im Epos des Hochmittelalters sagt Brünhild: . . . *jach des selbe Sifrit, er waere 's künneges man / des hân ich in für eigen, sît ich's in hôrte jehen* ». . . sagte (mir) dieser Siegfried, er stehe in den Diensten des Königs. Deshalb halte ich ihn für einen Unfreien, weil ich's von ihm selbst gehört habe«

Da ging er im Raum auf und ab und nickte. Hatte das Gefühl, gut zu verstehen, was sie bekümmerte. – Irgendwann, antwortete er, kommt wohl die Zeit, da werde ich dir all dies genau und ausführlich erzählen und erklären. – Erklär's mir jetzt. – Warum ich dem Herrn aus Xanten meine Schwester gab? – Erklär's mir. – Er hat Burgund dutzendfach geholfen. Aus Liebe zu Krimhild. Er hat unsere Wormser Werkstätten verbessert, hat uns seinen Schmiedezauber geschenkt. Stand uns bei gegen wütend blutgierige Falen. Gegen räuberische Dänen. Und schenkte uns seinen sagenhaften Hort. Dies alles war, was er soeben, du warst dabei, seine »Arbeit« nannte und seine »Dienste«. Und du siehst doch, daß Krimhild glücklich ist und fröhlich und keineswegs gram über diesem »groben Knecht«, wie du ihn nennst. Nicht nur wir beide, auch dies andere Paar steht hierzulande in bestem Ansehen. Wie kannst du sagen, du weintest um meine Schwester.

Ihr Bräutigam steht bei mir keineswegs in bestem Ansehen. – Wieso? – Brünhild zögerte lange mit der Antwort. Und sagte dann: Daß einer für Schmiede-Arbeiten die Tochter des Königs bekommt, ist wunderlich. Und auf deine späteren genaueren Mitteilungen bin ich neugierig. – Die Isländerin betrachtete ihn wieder aus so genauen Augen, daß er lieber zum Fenster hinaussah und hoffte, daß er vorerst alle peinlichen Fragen abgewiegelt hätte. Aber Frau Brünhilde redete weiter.

Höre, Herr WirKönig. Lange habe ich unterwegs mit meinen Freundinnen nachdenken können, und von diesen Zuschauerinnen hörte ich die unterschiedlichsten Ansichten über unser Wettspiel auf dem Isenstein. Da hörte ich die Meinung, daß nicht alles mit lauteren Dingen zuging. Nicht nur dein Sieg in der dreifachen Probe kam überraschend. Der erschien den meisten ganz und gar unglaubwürdig. Auch anderes, schon vorher, erschien zweifelhaft. Deiner Erklärung, du hättest die Lohe zum Erliegen gebracht, mochte niemand trauen. Der Schweiß auf deiner Stirn meldete, daß du uns betrogen haben könntest.

Wer die Lohe und den riesigen Bären besiegt, darf keinen Schweiß zeigen?

Sie schwieg, und als Gunther schon hoffte, nun sei der Kelch ihres Mißtrauens geleert, da sprach sie noch einmal. In das Dämmerlicht hinein. – Nicht nur die Schweißperlen an deiner Schläfe wunderten mich, sondern vor allem, daß sie an deiner Brünne nicht zu fühlen war, die Wärme vom Sonnenwind. Zu gut weiß ich, wie das heizt, das Stürmen und Nachtglühen. – Vom grauen Steinboden blickte sie hoch und sah ihn nun an. – Fleckig, so wie jetzt, glänzte dein Gesicht. Oben in meiner Halle, da zeigtest du dich rot und bleich zugleich. Doch kann es sein, daß auch in meinem Kopf das Netz nicht eng genug geknüpft ist, um eure Wormswelt zu begreifen. Nicht klein genug, um alle Schlangen einzufangen, die am Rhein herumschleichen. Im Imperium. Im WirHerrenland.

Sie stand auf. Gunther wendete sich zur Seite, schaute angestrengt aus dem Fenster. Hörte dann ihre Stimme hinter sich.

In deinem Worms, Morgenlandkönig, finde ich wenig Atemluft. Da ist, fürchte ich, für eine wie mich kein Raum. Wenn ich könnte, wie ich wollte, ich würde fliehen, schon jetzt. Noch um 1200 wird als erste Äußerung Brünhilds in Worms überliefert: *Wesse ich war ich möhte, ich hete gerne fluht.* »Wüßte ich, wohin ich könnte, ich würde am liebsten fliehen«

Königin Brünhild, ich werde alles beseitigen, was dich bedrücken könnte.

Das gäbe Gram. Lieber würde ich fliehen. Aber aus Herrn Ringwolfs Hochzeitsrede lerne ich nun, daß hier eine Gemahlin weder frei sein darf noch fliehen. Sie soll dem Mann leibeigen sein. Dienerin für seine Gelüste. Allmählich begreife ich, warum *Uuodan* und *Loki* die Feuerlohe aufrichteten. Gegen die neuen Morgenlandherren. Gegen die Schwitz- und Besitzwelt. In der mein Gemahl mich trösten will mit: Dies und das und jenes, das alles gehört nun auch dir!

Er drehte sich um und sah, daß sie inzwischen vor dem breiten Bett stand. Und hörte sie von dort her wieder reden, als spräche sie nur noch zu sich selbst. – Ein Alptraum, hier mit dir schlafen zu sollen. Mit einem Unglaubwürdigen. Schon in der kommenden Nacht? Es sei denn, der Herr Wir-König und Wirr-Kopf, er könnte mir endlich erklären, aus welchen wirklichen Gründen sein Dienstmann Krimhilds Gemahl wird. Weil Siegfried ein Schiff lenken kann?

Verehrungswürdige Brünhild, der Mann aus dem Niederland hat nicht nur nur ungeheure Arbeiten geleistet, sondern auch er ist ein Königssohn, ein hoch angesehener. Auch ihm gehören Kastelle und Märkte ebenso wie mir, und auch du bist nun eine Grundherrin. Egal, ob dir das etwas bedeutet. Hierzulande jedenfalls bedeutet es viel. Ich kann nur schwer begreifen, was daran Übles sein soll. Auch der Xantener gebietet über viele tausend Leute und über weites Land. Ihr Frauen seid mit euerem Schiff an Xanten vorübergefahren, du mußt sie gesehen haben, die türmereiche, die gut bewehrte Stadt. Freilich, auf der Fahrt nach Island war er unser Schippmann. Weil er den Weg kannte und weil er auch im wildesten Sturm das Schiff wunderbar beherrscht. Im übrigen ist auch er ein Fürst und ist das, was dir offenbar am meisten bedeutet, er ist frei, hat keinerlei Herren und Befehlen zu folgen. Ist das so neu und so fremd für dich, daß ein Mensch aus freien Stücken, aus Liebe zu einem anderen große Anstrengungen auf sich nimmt? Glaub mir, dieser Mann ist frei wie ich.

Wie du?

Und da er vormals auf Island war, lag es nahe, ihn um den Fährdienst zu bitten.

Um Fährdienst. – Das wiederholte sie, ohne die Stimme zu heben. Das klang, als frage sie jetzt nicht mehr. Als stelle sie nur noch etwas fest.

Von unten aus dem Hof kam Beifall. Gunther sah hinaus. Im Lanzenkampf hatte es eine Entscheidung gegeben, ein Reiter saß im Sand.

Abermals hörte er ihre Stimme. – Einen Blutjaspis schenkte mir dein Fährmann. Wenn ich all deine Fassungslosigkeiten richtig zusammenfüge, dann war dieser Jaspis ein nibelungisches Wahrzeichen. Ein Signal. Daß es um Blut gehen wird.

Im Hof wurden Lichter aufgesteckt. Der verwirrte König sah in das Zimmer zurück. Brünhild stand bei dem Bett, schaute aber nicht auf das Bett, sondern blickte ihn an. Da holte er tief Luft und sagte: Ach, Krimhilds Hochzeit scheint dich mehr zu interessieren als deine eigene. So daß ich fast vermuten muß, du bist gekränkt? Hast womöglich selber auf den Niederländer gehofft?

Er trat einen Schritt auf sie zu. Dann faßte er sich. – Warum nur malst du so finstere Bilder. Die isländische Kampfprüfung hat dir einen würdigen Bräutigam gezeigt. Den du aus freien Stücken lieben kannst oder sogar bewundern. Dieser Tag, Brünhild, ist nicht nur Krimhilds, der ist auch dein und mein Hochzeitstag. Warum nur verschüttest du alle Freuden mit Gramgedanken. Mir jedenfalls ist es keine grauenhafte, sondern eine wunderbare Vorstellung, dich heute nacht zu umarmen. Allzu lang hab ich davon nur träumen können. Nach der kommenden Frühlingsnacht leuchtet gewiß all das, was dich jetzt bedrückt, in hundert hellen Farben.

Hat sich ihr dann zwei weitere Schritte genähert, wollte sie berühren, vorsichtig. Sie blickte ihn aus solchen Augen an, daß er's ließ. Daß er dann doch lieber hinausging. Zurück in die Festhalle. Nahm in Kauf, daß dort alle bemerkten, wie er ohne Brünhild zurückkehrte. Das schien ihm erträglicher, als sich weiterhin den Blicken und Fragen dieser Isländerin auszusetzen. Diesem schwarzsauren Zweifelsblick.

Auch im Königssaal hatte Truchseß Dankwarth inzwischen für Lichter gesorgt, an den Säulen und an den Wänden flackerten Talg- und Unschlittlämpchen, auch unter dem Kreuz mit dem Leidensmann. An den Tischen wurde weiterhin getrunken, einige aßen noch oder schon wieder. Der Xantener hatte eine fröhliche Zwiesprache mit dem Bischof begonnen, nachdem der so leichtsinnig gewesen war, zu fragen, warum der Hürnerne seine, des Bischofs Segenshand ausgeschlagen und gar als »Raubkralle« bezeichnet habe und was der Niederländer gegen das Heil der RomKirche einzuwenden habe. Da lachte der *Victor Placidus* und sagte: Eueren liebenswerten Jeschu, den habt ihr zum Alexandriner verzwergt, habt ihn umgemünzt zum Geistgespenst.

Zur alexandrinischen Gelehrtenschule gerechnet zu werden, das würde mich stolz machen.

Dort erzählen sie von Jeschu so, daß es die Bäume verdorrt.

Wie könnte Christus, der das Leben ist und die Wahrheit, das Lebendige verdorren?

Nicht Jeschu versengt Wälder, sondern die, die ihn kreuzigen.

Die Juden?

Euere RomKirche kreuzigt ihn ein zweites Mal.

Das hörten einige am Tisch mit Entsetzen, andere mit Neugier, vor allem diejenigen, die abermals auf eine gute Unterhaltung hofften.

Der Cherusker lachte, rief einige seiner keltischen Rätselwörter und erzählte, daß in dem Kloster, in dem ihm geraten worden war, statt mit der närrischen Bischofsmütze lieber mit einem Eisenhelm auszureiten, die neue römische *integritas* »Reinheit« so weit getrieben worden sei, daß jedesmal vor dem Sonntag, an dem niemand zum Altar dürfe, der unrein sei, weil er etwa soeben seinen Nächsten geliebt habe, daß dort an allen *dies Saturni* an den Samstagen die Klosterbrüder etwas hinunterschlucken mußten, was die *milites christiani* kampfeslustig *crura dei* nannten. »Gottes Säbelbeine« Die friedlichen Brüder dagegen, die im selben Kloster nur beten wollten und arbeiten, die aber ebenfalls das reinigende Lederriemchen schluckten, die beteuerten, da müsse ein Buchstabe weggedacht werden, das segensreiche Reinigen heiße *cura die.* »Gottes Sorge«

Was haben sie dort geschluckt? fragte Gottlieb der Dicke, der gerne der Fromme wäre.

Ob als »Sorge« oder als »Säbelbeine«, in der Siegburg schluckten sie eine langfransige Schnur aus Rindshaut und nicht selten hatten sie viel daran zu würgen. Die war jedenfalls so lang, daß, wenn sie am heiligen Sonntag beim Frühläuten hinten hat ausfahren wollen, ihr anderes Ende noch vorn aus dem Maul herausschaute. Hebt euer Lachen auf, denn nun, ihr Leute, kommt das wirkliche *Rattaplui*, weil sich nämlich die Kapuzenmänner nun brüderlich halfen und nach dem ersten *Angelus*-Läuten die *cura* oder *crura*, also die langfransige Rindshautschnur, gegenseitig vor und zurück zerrten, so daß alles, was bis dahin in den Leibeswegen von der vergangenen Woche noch hatte gären wollen und faulen und für *malaria* sorgen, vorn und hinten gleichzeitig herausschoß. Wenn das endlich geschah, dann riefen die Brüder allesamt *Benedicamus Domino* »loben wir den Herrn« und *benedicat nos dominus omnipotens* »der Allmächtige segne uns« und sie waren glücklich.

Ich sah, wie der Bischof heftig auf seinen Vetter einredete, auf den Waffenmeister.

Erst nach diesen üblen Übungen waren an der Sieg alle Schwarzkutten befreit von den Schlacken der göttlichen Schöpfung, die sie offenbar für verächtlich halten. Am Tag des Herrn traten sie bleich vor den Altar, pur wie durchsichtige Engel, wankten vor das Heiligtum ihres *pontifex ac Imperator novus Romae* ihres »Brückenbauers und neuen Rom-Beherrschers« (des Papstes) und ehrten so, vollendet untertänig und absolut rein, Sonntag für Sonntag, Gottes Geist und ehrten nicht etwa *Gaias* Meisterstücke als da sind Brust, Arsch, Wamm und Frauenlust und Männerwonne. Als wäre nicht schon bei Jeschus Geburt das Firmament übervoll gewesen mit vergnügten Luftgeistern, die riefen: Geboren ist das »Wohlgefallen« Lukas 2,14. Ach, damals sollte das nicht bloß für wenige Herrschaften gelten, sondern ALLEN Völkern, so riefen diese Luftfrauen, so frohlockten sie, die Himmelsfeen und Luftsylphen, dem Diesseits und den Leuten sollte das Freuen gelten, den *Diutisken*, ja, fröhlich und leutselig, so riefen die Wonne-Engel, weissagten sie allen, die dem neuen Kinde folgten. Wo sind sie geblieben, diese Fröhlichkeiten? dieses Wohl und dies Gefallen und die »große Freude« samt »Frieden auf Erden«? All diese WonneWorte bei Jeschus Geburt habt ihr neuen KirchenHerren lieber zurückgehalten, habt sie den Leuten nie verraten. Die Brüder unter der Siegburg jedenfalls und noch viele andere, die sich für eifrig hielten im Frommsein, die wirkten immer sehr erschöpft und eigentlich ganz und gar freudlos, tatsächlich wie rein geistiges Papier aus Alexandrien. Über viele Jahrhunderte blieb der Wortlaut des Neuen Testaments den Laien unzugänglich

Die meisten im Saal hörten die Rede des Niederländers gern, lieferten Echos mit Gelächter und ließen sie nun kreisen, die Worte »Wohlgefallen« und »große Freude« und »Friede auf Erden« – solche Sachen also stünden in der heiligen LateinSchrift, in der Tat, nie hätte ihnen das jemand verraten.

Der Nibelunge beugte sich lächelnd zum »Karfunkelbruder« und bedauerte, daß der Bischof nun eine Leidensmiene zeigen müsse, Krimhilds Ehemann wollte auch mit dem Kirchen-Vetter Freundschaft schließen, rief »Friede in der Halle«, hob den Becher, um mit ihm zu trinken, doch Ringwolf rührte sich nicht. – Ach. Nun hockt er zusammengezuckt, der *Wulfilas*. Keine Sorge, ich erschlag dich nicht. Am liebsten niemanden. Das müßtest du inzwischen begriffen haben. Will jetzt nur versuchen, dich ein bißchen zurückzulocken ins *gaudium vitae malae citerioris*, in die Freude am bösen DiesseitsLeben. – Hob den Becher und wartete. Aber der Bischof blieb unbewegt.

Da nickte der Niederländer und sagte, wenn der geistliche Oberhirte schweige, dann müsse er sich gefallen lassen, daß sein rein geistiger Name durchleuchtet werde mit der Frage, ob nicht hinter dem stolzen *Rumoridus Rusticuclus*, ob hinter der »ländlichen Volksstimme« in Wirklichkeit ein neidgieriger *Ringwulflilas* lauere, und ob nicht mit dem »Ring« im »Ringwolf« die Leute nichts anderes sagen wollten, als daß er ein Umzingler sei, ein Einsperrer und Kerkermeister oder eben, was das Wort »Ring« im Lateinischen ebenfalls bedeute, nichts als ein *anus*, der nun mal im deutlichen Leutedeutsch nicht nur »Ring« heiße, sondern auch »After«, so daß der Name »Ringwolf«, wie die Leute offenbar treffend gemutmaßt hätten, nichts weiter meine als *anus lupi*, ein Wolfsärschchen oder ein Hundsfott.

Ringwolf schien zu erstarren. Auch andere am Tisch, vor allem Hagen, sah ich innehalten, mit Trinken oder gar mit Atmen. Ringwolf als *anus lupi*, als »Wolfsärschchen«?

Ach, von euerem Jeschu erzählten die Iren im *Asnithi*-Wald tatsächlich fröhlich. Als Alberichs Geselle ritt ich abends oft mit *Liudger* und mit anderen Gesellen die zweitausend Klafter den Ruhrfluß hinunter nach *Werethina* zu den Mönchen aus *Hibernia*, die keinerlei Angst hatten vorm nifhelheimischen Gewirbele und vorm alten Leutedeutsch, weswegen man an den Abenden dort die Jeschu-Geschichten noch so erzählt hat, daß sie den Leib nicht grämten und zwickten wie an der Sieg oder in Köln und in Rom, sondern wo sie wie die Glühkohlen aufs wohlgefälligste die Leiber wärmten.

Die Seele also nicht?

Ist da ein Unterschied? Die Iren und Schotten konnten erzählen wie Zauberleute oder wie euer Küchenmeister *Rumolt*, so daß wir in *Werethina* um den Gekreuzigten lachen mußten oder zittern, je nachdem, und daß wir am Ende über den gekreuzigten Befreier so traurig wurden und wütend, daß wir am liebsten, wie Rumolts Alban, mit tollen Hirschsprüngen über alle Herrenwelt und Besitzsucht hätten herfallen wollen. Ach *Rumoridus*, die fliegenden Frauen über dem Stall von Bethlehem, die verhießen das »Wohlgefallen« uns allen, und nicht erst im Himmel, sondern auf Erden. Statt dessen aber kam die paulinische HerrenHerrschaft. Statt dessen kam die Kirche.

Ringwolf hatte sich über seinen reinen Stein gebeugt.

Die gälischen Ruhrmönche machten uns tatsächlich »große Freude«, die kannten, wenn sie vom Heiland sangen und von seinen Freunden und Freundinnen, alle alten Kniffe der Heldenlieder und Gaukler und erzählten und berichteten, als wenn sie selber Spielleute wären und *varnde diet.* »Freie Fahrensleute«. Die Altgermanistik beteuert seit langem, daß die Übertragung der Geschichten des Neuen Testaments ins Altsächsische und ins Denken derer, die dort lebten, daß der »Heliand«, eines der ältesten Zeugnisse in deutscher Sprache, in einem Kloster an der Grenze zwischen Franken und Sachsen entstanden sein müsse (an der Grenze zwischen »Nordrhein« und »Westfalen«), am wahrscheinlichsten im Kloster Werden, im Süden Essens

Als wir einmal nicht genügend traurig werden wollten über den grausigen Karfreitagstod am Kreuzbalken, da erzählte Abt Patrick, wie die Christmutter übers Feld gegangen sei und jämmerlich plärrte und sörte »weinte«, verzweifelt über ihren genagelten Sohn. Da habe ihr Gezeter sogar das Vieh erbarmt, auch die Schweine und die Kühe und *allasamt* die Kreatur, die brüllten sämtlich mit, sogar ein glipschig Fröschgen, das quakte da aus vollem Hals durch Blatt und Gras und schrie: Ach Mariaken, wat quakelst denn du so unglücklich und gottserbärmlich? – Soll ich nicht quakeln? Mein Sohn ist umgebracht! – Huch, schnappte da das Fröschgen, ein einzig Söhneken? Vorgestern zermahlte eine RomKutsche alle meine neuen Neun in Klump und Mus. – Neun neue? – Yerra, rief der Glipsch, alle neun Fröschgens zu Ackerkrum und Erdmansch. – Da mußte auch die Jeschumutter lachen, ganz biestig hat sie geschiddert, bis ihr die Tränen liefen und bis rings um den FroschPfuhl ein Gequakel anhob und ein Quirumpeln und Gicksen die volle Mondnacht lang, daß den nächsten Mond all das Pfützenland voll war mit neun mal neunzig neuen Fröschgens. Ach Karfunkelwölfgen, wenn die Iren prattelten, wie Jeschu hochzeitete und mit seinen Freundinnen freundlich redete und tat –

Und »hochzeitete«? und »tat«?

Ja tat er nicht? War der nicht »Menschensohn«? Oh *poculus*! – Der Schmied hob seinen Pokal. – Hier erhebe ich, was die Proleten im Plattland »Schöppgen« nennen, erhebe es auf dich, Bischöppgen! Auf daß du lernen mögest von Koch *Rumolt* und von seiner Speise namens »Hirschsprung«, wie allein in Brot, Wein und Leib Geist und Seele sind und am Anfang von allem keine Hortgier, sondern Begehren.

Im Anfang war der Geist.

So hättet ihr's gern. Dir und deinen Herren wär's am liebsten, Brünhild wie Krimhild wären zimperdürre Jungfräulein und würden schweben wie Epheben. Auch Maria dörrt ihr euch aus zum *purus poculus dei.* zum »reinen Gefäß Gottes« (s. S. 296ff) Und macht ihren Sohn vom Befreier und Freier zum Knochenklapperer, der nicht schwitzt, nicht atmet, nicht begehrt und niemals liebt wie sonst allerwärts der matschgemachte Mensch. Und nannte sich doch selbst den »Menschensohn«, ihr dagegen geistert ihn zum Himmelsfürzgen, das ist schon futsch und fortgesäuselt, eh noch irgendwer hat's riechen können.

Da griff sich Vetter Ringwolf seinen Bergkristall und entgegnete: Der Himmel sei mir gnädig, wenn ich Euch jetzt mit Entschiedenheit solche Reden zurückweise. Was denn auch weiß einer wie Ihr vom Gottessohn. In Euerm Plattland lernt Ihr Märchen von den Heiden, die allerdings glauben, das Leben gäre aus Matsch und Laich. Die Barbaren, vordem die Griechen und heute noch immer die Kelten, wenn man sie ließe, sie würden noch immer nackend umhergehen, schamlose Statuen würden sie in ihre Tempel stellen. Über den Herrn Christus sollte mich ein Barbar belehren? Oder Koch *Rumolt*? Von Gottes heiligem Geist wissen allein die wahrhaft Weisen. Und die haben ihr Wissen mühevoll studieren müssen, haben es in Klöstern, zuerst in *Alexandria*, herausgefiltert und übertragen aus Sprachen, in denen die ewigen Weisheiten von anderen Weisen aufgeschrieben worden waren, die wiederum ihr Wissen geschöpft hatten aus noch älteren und noch reineren Quellen, aus dem Hebräischen und dem Aramäischen und ursprünglich von den Jüngern des Jesus selber, zum Beispiel vom heiligen Markus, der in *Alexandria* den Märtyrertod erlitt. Aus dem Aramäischen und Hebräischen ist das mit Markus über *Alexandria* in das Griechische gekommen und von dort nach Rom in das Lateinische und von dort endlich auch über die Alpen in unser höfisches Erzählen, das zum Glück die lateinische Form klar und rein bewahrt, was freilich neuerdings durch Iren und Leute wie euch verdreht wird in die platte Leutesprache »Deutsch«. Ihr da unten am niederen Rhein, ihr Kohlenschürfer im Nebelland, ihr kennt die reine Wahrheit nur verfiltert und verbogen, kommt aber nun daher, als wolltet ihr das ganze heilige Geistesgeschehen besser kennen als sämtliche Weisen rings ums Mittelmeer!

Ließen denn nicht schon diese weisen Filterer alles weg, was sie für unrein hielten? Und fügten schlau hinzu, von Herrschaft zu Herrschaft, was statt für Freude nur für Ruhe sorgte? So daß aus einem Befreier ein Geisterbote wurde? Der unser Leben als Leiden beschreibt? Der alle Fröhlichkeit und alles Wohlgefallen nur für das Paradies in Aussicht stellt? Der die Leidenden vertröstet mit dem Traum von fernen Himmelreichen? Die neue Geist-Maria, die Ihr jetzt entdeckt habt, beim Konzil zu Ephesus, die hatte Euer Herr Paulus in all seinen Briefen nie erwähnt. Marias *pocula coeli* »Himmelsgefäß« fiel den Kirchenvätern erst im letzten Augenblick ein, als ihr stolzer Kirchenbau fast fertig war und als gar zu viele Schäfchen in der nun dreifach männlichen Gottesherrlichkeit die Frau vermißten. Wenn Maria als »Mutter Gottes« *reapse et ipsa et aperta* »tatsächlich und unmittelbar und offenkundig« erfüllt war vom Heiligen und vom göttlich Reinen, warum war sie dann dem heiligen Paulus keine Rede wert? In seinem langen Schreiber- und Reise-Leben hätte er ihr oft begegnen können, auch Paulus war in Ephesus, wo Maria mit Johannes gelebt haben soll bis zu ihrer Auffahrt ins himmlisch Paradiesische. Erst jetzt, nach vier Jahrhunderten, plötzlich in Ephesus, wurde sie zur höchsten Mutter, zur Gottesmutter, und wir sollen sie anbeten als eine rein Geistige, als unbefleckte Gebärerin und nicht etwa diese *Gaia*, die ewig begehrende, verlangende, schaffend Unerschaffene.

So ging das noch eine gute Weile kreuz und quer und unterhielt viele Gäste, und es war ganz offensichtlich, daß zwischen dem Cherusker und dem Bischof kaum je Freundschaft wachsen könnte, nicht mal überm Roten von der Goldküste oder vom jurassischen Südfuß. Schließlich fragte der Hürnerne, was Ringwolf jedesmal täte, wenn er im Schreck seinen Bruststein umkralle.

Ich bete.

Für wen?

Für die Reinheit auch Eueres Herzens.

Reinheit und Herz, wahrlich, das sind sie, eure Säbelbeine! Einer wie du, der eigenhändig Heiden ausgeweidet hat, müßte wissen, das Herz ist ein starker Pumpenmuskel. Ihr aber blast das auf, pumpt das empor zur leeren Luftblase, so lange pustet ihr, bis auch das Herz auf und davon schwirrt, hinauf ins Spirituelle, wie über Ephesus neuerdings auch die »gottesgebärende« Maria, ach, so verduften sollen all eure Jungfrauen, wie die reingeistigen Heiligen, empor ins hohe Nichts. Und alles was hier unten bleibt, nennt ihr Schmutz und Dreck, ist Weib und Sünde und Jude und Höllenpfuhl. Tut mir leid, meine Freundin Krimhild ist weder rein noch will sie's sein, noch will das ich. Sind beide Bauch wie Kopf. Das Herz als Geistpokal, das haben sich in ihren Wüsten die *Caput*-Köpfe ausgedacht, die uns zertrennen in wüsten Leib und goldenen Geist. Schaut euch doch um in dieser Tafelrunde, kein Kopf zeigt sich getrennt vom Bauch, stecken allesamt unterm gleichen Fell. Im Zertrennen schürt ihr die Angst, die gut ist für eure neue Macht, im Zerschneiden macht ihr Ordnung im Wasser, *ordo* im Sumpf und im loderigen Weltwald, und so gnadenlos quälend treibt ihr das mit euren zerteilenden *regulis* »Meßlatten«, bis alle Leute eingeschüchtert sind, die Sümpfe vertrocknet und *Yggdrasil* verdorrt und die Welt zur Wüste wird. »Kohlenschürfer« sagst du, o ja, das war ich und deswegen weiß ich, es rumoren Ruhr und Stein wie Bauch und Kopf leibhaftig ineinander, und so rühren sich auch Gedanken und Gedärme so untrennbar wie dies kleine Kätzchen, das dir da um die runde Wade schnurren will, nein, stoß es nicht weg! *Musha yerra*, ihr mit euren aufgeblasenen Herzen. Wär dein Latein genauer, dann wüßtest du, wie VOR dem Herzen, *prae cordia*, das Zwerchfell zittert. »Zwerchfell«, lateinisch *prae cordia,* der Redner verwendet *prae* hier temporal Das ist der Muskel, der im Schreck schreit und in Lust lacht, der Geist mit Leib verquickt im Sonnengeflecht, worin Angst beißt, Liebe brennt, Zorn zwickt und Jubel und aller *appetitus* jücken, freuen, atmen, japsen, hoffen, hopsen, und zappelt Eins in Allem das Lebendige und lauert freilich auch der Aufruhr. Freunde, trinken wir auf *Gaias* Chaoswunder, auf die ins Denken geratene Erde, auf *materia inspirata inspirans!*

Wenn ich jetzt, in meinem naßkalten Lorscher Verlies, diese nibelungische Rede rekonstruiere und nachschreibe aus den Notizen, die ich auch an den Wormsischen Hochzeitstagen täglich erneuert habe, dann wird mir weh bis zum Zerreißen. Weil ich zum einen weiß, daß den Niederländer all diese Reden das Leben gekostet haben. Seine Freundlichkeits-Appelle, sie bewirkten alles andere als Freundlichkeiten, sie haben sein Verhängnis und seine Verdammung nur besiegelt. Ach, er redete übermütig, er redete in der Überfülle seines Glücks, im Hochgefühl, endlich alle burgundischen Aufgaben erfüllt zu haben und sich nun mit Krimhild für immer verbinden zu können.

Und allzu genau weiß ich inzwischen, daß all diese beschwörenden Reden umsonst waren. Seit dem Mord am Sieglindsohn verkerkern endgültig die Trenn- und *Ordo*-Mauern unsere Köpfe. Nun erst recht und wohl für tausend Jahre. Oder länger.

König Gunther nahm die Reden des Sieglindsohns mit Verwirrung zur Kenntnis, und diejenigen, die dem Cherusker fröhlich zustimmten, die wollte Gunther nun herrschaftlich zum Schweigen bringen, indem er dem Gast eine strenge Frage stellte. – Freund aus Xanten, sagte er, was meinst du, wenn du sehr häufig *ordo* sagst und wenn du von den *regulis* redest und wenn du dies alles, wie mir scheint, verunglimpfst?

Dann, glimpflicher *amicus* aus Worms, dann meine ich, daß die neuen Herren das, was ist, zerteilen in Gut und Böse, in Göttlich und in Teuflisch und in tausend Unterteile von diesen Hauptzerteilungen. Als sei die Welt eine *taberna medicamentorum* »Apotheke« mit Myriaden Schächtelchen und Töpfchen, wo ich immer nur das richtige öffnen muß, um ein Heilmittel zu finden oder ein Gift. Die letzte Synode der heiligen Bescheidwisser verfügte folgendes: Wenn ein Mann Witwer wird und wenn er die Schwester seiner verstorbenen Frau heiratet, dann, so verfügen sie, soll diese Schwester fünf Jahre lang exkommuniziert sein. Das wußten diese Weisen ganz exakt und mußten das auch gar nicht erst begründen. Das nenn ich *ordo* machen im Wald. Fünf Jahre Ausschluß aus der rettenden, aus der alleinseligmachenden Kirche, das heißt: jahrelang die Gefahr der vermeintlichen ewigen Höllenqual. Und woher die Zahl fünf? Und warum nur für die Frau diese Strafe? Weshalb nicht für den Mann dieselbe Meßlatte? Sankt *Augustinus* nennt uns den ach so ordentlichen Grund: »Unschicklich«, sagt er, ist eine solche Hochzeit, weil man einer Person, der man auf Grund der Verwandtschaft Ehrerbietung schuldet, also dem Schwager, nicht, wie der heilige August sagt, »mit unreiner, wenn auch der Zeugung dienender Lust nähertreten darf«. Das solltest auch du wohl beherzigen, Hochzeitsmann Gunther, und ich ebenso, wir beide sind drauf und dran, uns unschicklich zu beflecken oder sogar teuflisch. Mit »unreiner, wenn auch der Zeugung dienender Lust«. Luther: »Der Antichrist« (gemeint ist der Papst) »lehrt anstatt des Wortes Gottes seine Dekrete.«

Ich sah, wie die beiden Vettern Hagen und Ringwolf wieder heftig miteinander zu flüstern hatten und ich sah auch, daß der Cherusker dies Getuschele sah, aber er redete weiter. – Wie grämlich und ach, wie ordentlich ordnet der erleuchtete August, zusammen mit Herrn Paul, diese vielverknäuelte Welt. Augustin tut das in seinem »Gottesstaat«. Titel der Hauptschrift des *Augustinus*. Die zitierte Bestimmung von der unreinen Zeugung findet sich in den Abschnitten 15 und 16

Allein für seine Ordnung der Ehe-Wüste gebührt diesem *auctor terroris terrarum* »dem Stifter (Urheber) des Schreckens der Erde« das höchste *insigne ordinis* »Ordnungs-Orden«. Schmeck, Freund Gunther, das Scheidesalz, das Drachenhafte dieses Drakonikers nur gründlich aus: »wenn auch der Zeugung dienend«. Mit solcher Apotheken-Kunst im Bestrafen füllt unsere *ecclesia sancta* »heilige Kirche« inzwischen große Bibliotheken. Im Konzil von *Neocaesarea* im Jahr 314 wurde zum Beispiel folgendes befunden: Wenn eine Frau den Bruder ihres verstorbenen Mannes heiratet, dann soll sie – die Frau, nicht etwa der Mann – ebenfalls fünf Jahre lang ausgeschlossen sein von den Segnungen und Vorzügen der Kirche, die ja inzwischen kaum etwas anderes ist als eine Höllenvermeidungsgemeinde. Dann soll diese unschickliche Frau fünf Jahre lang überm Satansschlund hängen und eventuell rettungslos hinunterstürzen. So ordnet sie unsere Wirrnisse, die neue hohe Geistesweisheit, in ihrer unendlichen Furcht vor allem diesseitigen Wohlgefallen und Freiheitsglück, so daß mir scheint, die Wormser Königsmutter Ute hat den neuen *horror* exakt getroffen: Geist-Idiotie.

Bischof *Rumoridus*, der inzwischen den Heermeister Hagen nicht mehr bearbeitete, schnaubte und wendete sich jetzt auf seinem Sitz hin und her und rief endlich: Unser Gast aus dem Niederland, der ist wie jener Lehrling *Safran* aus Utes *Buochenheim*-Geschichte! Er liest die Zauberbücher, aber er begreift sie nicht! Es nützt ihm gar nichts, in Rom gewesen zu sein und einigermaßen Latein zu können. Wo der heilige Glaube fehlt, da bleibt der Verstand ein Knecht!

Ach, guter *Rumoridus Rusticulus*, wenn ich euere neuen Bücher lese, dann meldet mir mein Verstand stets aufs neue, wie scharf ihr bei den Ahnungslosen die Ängste schürt durch ordentliches Unterscheiden und durch scheinbar gelehrtes Drohen.

Durch Drohen? Wie kannst du sie so unmäßig schmähen, *nostras taxas sapientes et sacras poenitentiarias* »unsere weisen und heiligen Bußsteuern«

Delectans ludere me libet. »Es gefällt mir, unterhaltsam zu spielen« Mit horrenden Bußen und Strafen bedroht ihr sogar die Ehepaare. Zum Beispiel dann, wenn Eheleute »beim Verkehr«, wie eure heiligen Kirchenherren *ludum amoris* umschreiben, wenn sie also bei der Leibeslust »von der vorgeschriebenen Haltung abweichen«. Um solches Abweichen zu verhindern, stellen eure Heiligen sich offenbar dicht neben unsere Betten, halten ihre »Vorschrifts«-Schriften aufgeschlagen in der Hand und sind stets bereit, alles genau nachzumessen mit ihren *regulis sapientiae.* »Meßlatten der Weisheit«. Die Kilianschronik verwendet für »Verkehr« laut Schazman, der das mit *intercourse* wiedergibt, auch im Keltischen das Lateinische, und zwar das bürokratische *concubitus;* auch im Latein, sagt der Übersetzer ins Englische, hätte es volksnähere Ausdrücke gegeben, weniger juristisch/beamtenmäßige, der Redner im Wormser Festsaal habe mit den Kirchen-Termini offenbar parodierend gespielt.

Du königlicher Hochzeiter Gunther, merk dir's, die heiligen Väter aus der Wüste schreiben allen Hochzeitern »Haltung« vor, meinen damit aber weniger *habitum* oder liebevolle *liberalitatem*, sondern *positionem in concubitu* »Stellung beim Beischlaf«, ja, sie legen genau fest, ob wir beim Freien den Daumen links und das Knie rechts von unseren Freundinnen halten dürfen und die Nase unten oder oben oder sonstwo, o doch, ihr lacht, aber sie verbieten uns exakt das jeweils Wunderbare, zum Beispiel, daß der Mann beim »Verkehr«, wie sie das in ihrem unsäglichen Abscheu immer wieder nennen müssen, daß der Mann bei diesem Zwischeneinandergeschlingel jemals nach unten gerät und die Frau nach oben, ganz unvorstellbar ist ihnen das und absolut ein Teufels- oder *Lilith*-Werk. Und auch hinter solchen Verboten, lieber Künneke Gunther, steckt *ordo*, nämlich des *Augustinus*

Scheidesalz, wonach ein »solcher Verkehr ganz offenbar nur der Lust dient«. »Nur« sagt er ausdrücklich. Hört es euch genau an, ihr Hochzeitsfreunde, mit einem »nur« verdammen der heilige August und seine Freunde all unser Wohlgefallen an dem, was wir Kindsköpfe für Gottes Schöpfung halten, ohne daß wir merken, daß Frau Lilith uns in böse Schlünde lockt. Die neuen RomHerren erlauben uns leibhaftige Fröhlichkeiten und Wohlgefallen höchstens dann, betend und zähneknirschend, wenn es dem Kinderzeugen dient. Tausend strenge *regulas* erdachten sich die Kirchen-Erfinder, und die Päpste halfen mit eigenen Vorschriften, jede noch ausgedörrter als die vorige und wenn sie mir jetzt wieder einfallen, muß ich unbedingt trinken. – Er trank.

Fürwahr erstaunlich, rief Ringwolf, mit welchem Eifer du unsere Vorschriften studiert hast. Und ich werde keinen Moment leugnen, daß du sie dem Buchstaben nach richtig wiedergibst, leider aber keineswegs dem Geiste nach. Aber schon dieser Unterschied, so durften wir inzwischen begreifen, ist ja für dich keiner.

Der Bischof war aufgestanden und blickte angriffslustig in die Runde. – Euch alle, die ihr diese nifhelheimischen *suasiones atque consilia ludificationesque* »Empfehlungsreden und Ratschläge und Spottreden« gehört habt, euch alle frage ich, waren unsere Kirchenväter denn allesamt Schwachköpfe? Haben sie zu ihren Vorschriften und *regulis* nicht vielleicht doch Gründe gehabt? Und liegen diese Gründe womöglich in der Weisheit vielfältiger Lebenserfahrungen? Und nicht zuletzt in dem, was uns die heiligen Schriften der Apostel lehren? Hat unser heiliger Vater in Rom, hat der Papst mir den Ehrennamen *Rumoridus Rusticulus* in einem Anfall von *delirium* verliehen? Ach, noch einmal wiederhole ich, was in Worms inzwischen jeder gehört haben müßte: Nicht jeder, so ist es eingerichtet, ist ausersehen, die Gedanken Gottes zu denken. Dem heiligen Geist nahe zu sein. Seht euch um, seht, was ringsum geschieht, was Hunnen oder Dänen oder blutrünstige Sachsen mit uns anstellen wollen und schon angestellt haben, seht sie euch an, die Witwe des Fürsten Ortwin – ist denn nicht all das, was unser Herr aus Xanten für ein bunt »verknäueltes Leben« hält, ist das nicht in Wahrheit ein Jammertal, nämlich ein fortwährendes Gieren und Rauben und Morden? Und helfen gegen all diese Schlangengruben nicht einzig Gesetze, die streng sind und klar? Die so stark und deutlich sind wie römische Mauern? Notwendig also, so sagt es jede Erfahrung, sind Gesetze und Vorschriften, die strikt sind und unmißverständlich und die ebenso strikt und eisern zu befolgen sind. Denn wahrlich, wir können dem dreieinigen Gott und der Gottesgebärerin die heilige Kirche nicht in den Wolken errichten. Sondern wir müssen sie mit dicken Mauern bauen, müssen sie schützen vor dem Mordleben auf dieser tückischen und verteufelten Erde. Und wahrlich, alle Höllenstrafen, die unser junger Freund hier soeben genannt und verhöhnt hat, sie sind mit Weisheit und mit Recht verhängt, mit himmlischem Recht, auf daß wir im Labyrinth des Erdenlebens wissen, woran wir uns klammern können. Und das solltet ihr wissen, es kriegt keiner seine Höllenpein erspart. Die Vergebung der Sünden durch einen Priester heißt noch keinesfalls, daß mit dem *ego te absolvo* »ich spreche dich los« die Höllenstrafen für immer erlassen sind. Von denen kann allein der ewige Herr befreien, nur er selber kann uns wirklich begnadigen am Ende aller Tage, beim jüngsten Strafgericht.

Während sich Bischof Ringwolf wieder in seinen Sessel sinken ließ, sumselte der Nibelunge, er sei tief beeindruckt. – Weh, zerknirscht seht ihr mich, denn unser Hirte hat recht, das Leben ist wüst und düster und labyrintisch, ja, es ist im Grunde aussichtslos, so sehr, daß man's entweder abschaffen sollte oder, falls das nicht gelingt, einmauern. Alle Lebenslust, in der Tat, die muß hinter dicke und eiserne romanische Mauern. Vor allem das Lebendigste, die Frauen, die *feminae*, diese *Minus*-Menschen s. S. 265 ff dürfen auf keinen Fall länger frei herumlaufen, die gehören tief hinten ins Haus, in die Schlafkammern. Denn wahrlich, die *Lilith*- oder *Freya*-Frauen wären sonst uns Männern ein immerwährendes Verhängnis, eine *confusio dubia* »bedenkliche Verwirrung«, was der lustgeplagte Mann, wenn er ein Poet ist, hilflos lallend dadurch ausdrückt, daß er diese Frauen für »bezaubernd« hält oder für »hinreißend« oder »fesselnd« und mit ähnlichen Wörtern verziert. Denn weiß der Teufel, ihre Schönheit sendet Signale in unser Zwerchfell, die uns betäuben und benebeln, und hilflos torkeln wir Männer mitten hinein in Herrn Augusts Höllenglut.

Ich sah, wie der Vetter das Kreuz schlug.

Aber, ihr Freunde hier, ihr Hochzeitsfeierleute, wir haben hier und heute eine doppelte Hochzeit, und da kommt uns die Geisteskirche nicht etwa mit wolkigen Empfehlungen, sondern mit sehr genauen, »strikt und eisern« und romanisch festgemauert. In seiner letzten großen Weihnachtspredigt sagte der als Allerweisester gepriesene Papst *Leo*, Leo der Große, Amtszeit 440–461 daß jederlei »Eheverkehr« Sünde sei. Jeder, auch der vorschriftsmäßige. So beschied das Herr Leo, der sich als erster *papa* benennen ließ »Papst«, als *pontifex maximus*, also als »allergrößter Brückenbauer«. Und auf seiner großen Brücke direkt hinauf zum allerhöchsten Geist hat dieser *Leo*, der Große und Erste, durchschaut, daß jede Hingabe des nur teilweise sündhaften Mannes, der anderenteils doch auch dem reinen Geist anhänge, daß für diesen so zerteilten Mann jede Hingabe an das ganz und gar materielle *Minus*-Weib eine Versuchung sei und daß in der fröhlichen Leibeslust nichts weniger als eine furchtbare Beschmutzung des Geistigen stattfindet, eine *contaminatio* »Befleckung« des männlichen Anteils am *spiritu sancto*. O, diese Krimhilden oder Brünhilden, sie ziehen uns, wenn wir den neuen römischen Herren glauben dürfen, aus all unseren edlen Plänen und heldenhaften Höhen ganz offensichtlich tief hinab bis in elende *cloacas*. Und die beim ehelichen und sogar auch beim vorschriftsmäßigen »Verkehr« leider fast unvermeidliche Lust des Mannes, so verkündete es der allerweiseste Papst *Leo* in seiner Weihnachtspredigt, die verunreinige automatisch auch das Kind, das da eventuell gezeugt wurde. Dies arme Kind, es hat einfach keine Chance. Jeder Säugling kommt als Sündenbalg zur Welt. Ach, unser Elend, ihr Leute, solltet ihr endlich in seinem ganzen Ausmaß zur Kenntnis nehmen: Niemand von uns hat, will er auf sich selbst gestellt bleiben, eine Chance. Diese schlaue neue Kirche hält jeden von uns fest in einer ungeheuren Falle, in der wir, was immer wir tun, automatisch Ertappte sind und Sünder und *portenta turpitudinis atque locorum infernorum* »Ausgeburten des Lasters und der Hölle«, und so bleiben wir alle automatisch angewiesen auf die Gnade und Heilkraft dieser alleinseligmachenden Angstbeamten. Fürwahr, eine geniale Fabrikation ist diese Kirche. Geschickt gemauert aus SatansFurcht und GnadenGunst. Ach, und welch fröhliche Ansichten lehrt uns diese Armee des *Augustinus*. Ein Dreck, sagt sie, ist diese Schöpfung. Wenn man sie nur genau genug betrachtet, ist da nirgends ein Anlaß, wie die Wolkengeister im »Wohlgefallen« zu jauchzen. *Per se* beschmutzt sind wir, schon als Kindlein. Wohin wir blikken, warten Kreuz und Leid auf die Oberen wie die Unteren, die *a priori* »von vornherein« angewiesen bleiben auf das Rettungs- und Heilsamt der alexandrinischen Höllenverwalter.

»Die Verwirklichung der Nachfolge Christi – Handbuch der katholischen Sittenlehre« (Düsseldorf 1936, Bd. 4 S. 412f) verbietet »die Trennung des Geschlechtsgenusses vom Willen zur Zeugung«. Diese Trennung sei zu einer großen Gefahr geworden, »die jedem Volke und seiner Zukunft droht; ihre Bekämpfung ist eine der dringendsten Aufgaben aller staatserhaltenden und vaterlandsliebenden Mächte«. Gottes Segen ruhe auf der »naturgetreuen, kinderreichen Familie«. Erläutert werden alsdann – 1936 – die Begriffe »der erbgesunden und der erbkranken Familie«

Ich sah, wie Ringwolf, bleich und zornbebend, sich aufrichten wollte, aber neben ihm saß Hagen und hatte seine Hand auf des Bischofs Schulter gelegt, Hagen drückte den Vetter in den Sessel zurück und beschwichtigte ihn, und mir schien es fast, als wünschte der Waffenmeister, der Cherusker solle sich nur weiter so um Kopf und Kragen reden.

Der Xantener hatte auch dies bemerkt, mußte lächeln und setzte seinen Trinkbecher vorsichtig zurück auf die Tafel. – Aber beneidet sie nicht, die Papier- und Geistesbeamten haben es schwer. Ihre Bußvorschriften sind nämlich nicht immer so klar, wie sich Herr Ringwolf das wünscht. Manche bedrohen die Frauen mit drei Jahren Verdammnis, andere für denselben Frevel mit fünf, wieder andere gar mit zehn Jahren. Und meist hat man Mühe, in all diesen Strafen einen Rest *ratio* zu finden. Die armen Seelenquäler, die all das ständig vermitteln und exekutieren müssen, wie sollen sie je die Schwere unserer Sünden »strikt« taxieren und »eisern« festmauern und das richtige Mittel finden in ihrer Straf-Apotheke. Klar und konsequent sind ihre Vorschriften nur in dem Grundsatz, daß Lust böse ist. Erblickt zum Beispiel ein solcher QuälGeist ein Öllämpchen, das aussieht wie ein Lustglied, so muß er es sogleich zerschlagen und muß doch zugleich herausfinden, wer sich davon hat leuchten lassen. Und welcher Mann seinen Samen nicht in das dafür vorgesehene *poculum* füllt – der Sieglindsohn hob seinen Pokal –, der ist, so erklären alle alexandrinischen Weisen, nichts weniger als ein »Menschenmörder«. Zum Wohl ihr alle hier! ihr Mörder, ihr *Lilith*-Liebhaber und Hurenböcke, auf diese strikten RomMauern laßt uns trinken, *prosit*!

Fast alle tranken, prusteten und prosteten, das kircherte und lachte ohne jede Ordnung durch Frauen wie Männer, durchbrumselte die Dienstleute wie die Fürsten, und Gottlieb der Dicke platzte schließlich mit der Frage heraus, wie denn, wenn all dies dem Buchstaben nach richtig wiedergegeben sei, wie dann der burgundische und der niederländische Bräutigam in dieser Nacht der Hölle entgehen wollten.

Keine Chance haben wir. Diese alles umfassende neue Kralle aus WestRom und aus OstRom ist von allen Fallen die vollkommenste, ist in der Technik ihrer Freiheitsberaubung *perfectus*. Und dieser Geisteskerker besetzt derzeit unser gesamtes Europa und ist, weiß der Teufel, *in usu ordo perfecta imperialis* »in der Praxis ein vollkommenes Befehlssystem«, eines, wie es sich bislang kein Machthaber und kein BesitzBesessener je besser hätte ausklügeln können.

Da sahen wir, wie der Bischof den Saal verlassen wollte. Aber auf halbem Weg blieb er stehen. Betrachtete den Nibelungen und erklärte: *Fili, a iuventute tua excipe doctrinam, sed usque ad canos invenies sapientiam*. – Und verließ erhobenen Hauptes die Halle.

Da wollten viele von mir wissen, was Ringwolf dem Cherusker gesagt hätte. Einen Bannfluch? Einen Höllenwunsch?

Der Xantener lächelte, und es lachte auch seine schöne junge Frau und ließ sie funkeln, ihre glitzrigen, ihre kristallenen Augen. Ich konnte die Versammelten beruhigen, Ringwolf habe auf scheinbar freundliche Weise ein Kirchenbuch zitiert. Dasjenige, von dem er die meisten Weisheiten und Kunstgriffe seiner Hirtenkunst hat lernen können. Einen guten Rat an einen jungen Wißbegierigen habe er zitiert. »Sohn, in deinem jugendlichen Begehren solltest du getrost versuchen, recht gelehrt zu werden, aber im Alter, mit grauen Haaren, da wirst du dann womöglich sogar noch weise.« *Liber Ecclesiastici, Cap. VI,18*

Ach, wir wissen, der Weg ins Alter, in die Zeit der grauen Haare, dieser Weg wurde dem Xantener früh und hinterhältig versperrt. Und dennoch erschien der Tolldreiste vielen, trotz seiner Jugend und Wildheit, nicht nur ausgestattet mit enormen Kräften und Fertigkeiten des Leibes, sondern auch, schon in so jungen Jahren, mit denen des Verstandes. Denn früh schon hatte er das Glück, Frauen zu treffen, die ihm geraten hatten, auch seinen Kopf zu benutzen.

Noch in dieser Nacht versuchte ich, in meinem Burgwinkel den Wortwechsel mit dem Bischof Ringwolf zu notieren, ehe mir dies und jenes durcheinandergeriet. Da kam aber Gernot in meine Schreibnische, sprach leise und fragte mich, was *pereat* heiße. sprich: per/e/at

Warum er das wissen wolle. – Während der Xantener noch weiteres von den neuen Kirchenherren geredet hätte, habe er, Gernot, die beiden Vettern aus dem Saal gehen sehen. Erst den geistlichen, kurz drauf den weltlichen. Die beiden hätten sich Zeichen gegeben. – Denen bin ich gefolgt und bin, im düsteren Quergang, gerade in dem Augenblick vorübergekommen, als Ringwolf dem Waffenmeister zuraunte, was Hagen sicherlich gut verstand, nicht aber ich. Dieses *pereat*.

Da mußte ich es ihm wohl sagen, was das heißt. – »Der möge zugrunde gehen«.

Kaum waren auch die Hochzeiter aus der Halle, da versuchte jeder im Saal, sich klarzumachen, was er an diesem Abend an Neuem und Unglaublichem über die Kirchenmacht gehört hatte. Aber statt sich zu entsetzen und zu erschaudern, zog man es vor, zu lachen. Und reichlich Stoff lieferten ja auch die meisten Begebenheiten und Zitate, vor allem die Geschichte von Marias Bauchlust und von der Erneuerung des Lebens aus Laich und Lachen, die wurde gern wiederholt und variiert und mußte erneuert und bestätigt werden, doch auch der Bericht von der Reinheitssucht der siegerländischen Christussoldaten und ach, all die paulinischen, augustinischen und päpstlichen Strafregeln, sie schienen überaus köstlich und seltsam und daß sie auch fatal waren, wurde lieber nicht wahrgenommen.

Gunther, bevor er den Saal verließ, hat sich noch neben mich gesetzt. Er müsse mit mir reden. – Also reden wir, sagte ich. – Nicht jetzt, nicht in diesem Lärm. Vielleicht morgen, ausführlich? – Wir verabredeten uns für den nächsten Vormittag. Noch vor dem Mittag wollten wir uns auf dem äußeren Pfalzwall treffen, auf dem ich tags wie nachts sehr gern gehe. – Nur eins schon jetzt, sagte er. Der Xantener hat mir versichert, wenn er, Gunther, in Sorgen sei und etwa in Not mit der Feuerfrau, dann sei er, der Steuermann, jederzeit bereit, zu helfen und notfalls das Ruder zu führen, gegen jede Art Betäubung und Lähmgeist. Notfalls auch auf dem Nachtlager. Was denkst du von diesem Angebot? – Was denkst du selber? – Er ist ein Alberichgeselle. – Vertrau ihm. Er ist ein wirklicher Helfer.

Ich spielte ein wenig auf meiner Fiedel, als wollte ich ihm Hochzeitslust machen, den »Lähmgeist« bannen. Ich fand einen schön schwingenden Ton zu *von den elben wirt entsehen vil manic man.* »Von den Elfen werden sehr viele Männer verwirrt«. Giselhers Gesang wird von Schazman nur in Andeutungen wiedergegeben, hier mit sehr frühem »Minnesang«

Als im Saal bemerkt wurde, daß ich musizierte, wollte man mehr davon hören. Da sang ich *ze vröiden swinget sich din muot als der valke envluge tuot.* »Zur Lust schwingt sich dein Mut, wie's der Falke im Fluge tut« Und bevor ich schließlich in meine Schreib- und Schlafnische ging, weil ich bemerkte, wie dort eine von den Brünhilden-Freundinnen auf mich zu warten schien, nämlich die Dunkle, die Alberichtochter, da sang ich als letztes etwas, das den meisten in der Halle gut bekannt war, und das gefiel ihnen so sehr, daß sie's sofort mitsingen mußten. *So mugest du vröide biezen, o wol dich danne langer naht! Wie kunde dich der verdriezen.* »So wirst du nun Freude genießen, o wie schön ist jetzt eine sehr lange Nacht. Wie könnte sie dir je zu lang werden«

Auf welche wirre Weise es tatsächlich geschehen kann, daß eine Liebesnacht, die seit langem heiß ersehnt wurde, am Ende um sehr vieles zu lang wird, davon habe ich jetzt zu berichten. Daß nämlich König Gunther diese »lange Nacht« aufs ärgste und aufs quälendste »zu lang« wurde, so elend lang wie gewiß nie einem Hochzeiter zuvor.

Am anderen Morgen, etwas verspätet, weil ich in meiner Nische allen Konzilsbeschlüssen zum Trotz eine höllisch heiße Heimsuchung mir hatte »wohlgefallen« lassen, als ich da, wie es auch sonst meine Gewohnheit ist, im morgendlichen Sonnenlicht über die Burgmauern an der Hafenseite ging, nur daß die Sonne diesmal schon viel höher als sonst über dem Rhein stand, da kam auch der, mit dem ich verabredet war und von dem ich gehofft hatte, auch er tauche nun aus paradiesischen Wonnereisen auf.

Aber ich sah ihn zittern. Bleich schien er, ja, Gunther schien zu torkeln. Als er mich erkannte, erschrak er, tat, als wollte er sich verbergen. Dann aber, todesmatt, wankte er auf mich zu, umarmte mich, nein, klammerte sich an mich und schluchzte.

Ich war besorgt, daß er von der hohen Wand herabstürzen oder in seinem Jammer diesen Sturz sogar suchen würde, rasch führte ich ihn dorthin, wo ich geschlafen hatte, wo es noch warm war und wo er sich setzen konnte und einen Schluck trinken und dann ungestört reden, stockend zuerst, lallend und fast unverständlich, so daß ich erst durch vieles Nachfragen zu begreifen begann, was er durchgestanden hatte.

Da hörte ich nun seine große Beichte. Da gestand er mir nicht nur, was ihm an Unheimlichkeit in seiner Hochzeitsnacht widerfahren war, sondern da berichtete er auch, anfangs sehr verworren, all das, was sich beim Kampf im Hof des Isenstein in Wirklichkeit ereignet hatte. Doch allein schon diese Hochzeitsnacht hätte ausgereicht, um einen Mann vollends verzagt zu machen und ratlos.

Und weil das entscheidend ist für den Fortgang der Geschichte und für ihr Ende und weil ich im genauestmöglichen Erzählen herausbekommen will, aus welchen Gründen der Mord an dem Freund Burgunds geschah, an diesem Freund der Leute und der Lebenswildheit, werde ich nun auch diese absonderliche Nacht beschreiben, so getreu wie möglich.

Als er an dem Abend aus der Halle gegangen war zu seinem »ehelichen Gemach«, da traf auch er, wie Gernot, in einem der Pfalzgänge auf Hagen und Ringwolf, die dort noch immer ihre geheime Unterredung führten. Als sie den König und seine Fackelpagen kommen sahen, hat Hagen getan, als hätte er mit dem Bischof soeben von seinem Rheuma gesprochen und von Zitter-Aalen im Meer, mit deren Kraftschlägen man rheumatische Gelenke wärmen und heilen könne, mit denen aber auch nifhelheimischen Bannkräften zu trotzen sei.

Wild sind Frau Rans Krafttiere, sagte er, aber wenn du sie richtig einsetzt, dann sind sie auch hilfreich, ja, auf der Fahrt ins Eis-Land wurde klar, wie gewaltig Rans Elemente toben können. Und könnten dennoch nützlich sein, auch diese Wotanstochter und all diese Ausgeburten der unabschaffbaren *Gaia*. Und wenn ich hier den König kommen sehe, dann bin ich sicher, nun erfüllt sich auch ihm der letzte seiner tollkühnen Träume. Der Waffengang im Schlafgemach verwandelt bekanntlich auch die eigensinnigste Krähe in eine sanfte Ringeltaube. Glück zu, Freund.

Gunther dankte dem Gneisschädel mit einem stummen Nicken. Hätte jetzt ganz gern das eine oder andere angedeutet von seinen Sorgen, traute sich aber nicht unter den Augen des Kirchenvetters.

Im Ehegemach sollte die neue Glut der schwarzen Steine für Wärme sorgen. Der König spürte sie nicht. Kälte kroch ihm durchs Zwerchfell. Bis in die Knie. Brünhild hatte sich in dem Halbdunkel offenbar schon niedergelegt.

Mein großer schmaler Bruder stand wie gelähmt. Hat nicht gewagt, zu dem breiten Lager zu schauen, wo sie jetzt lag, wo er sie im Kerzenschimmer gut hätte betrachten können. Kein Geräusch war zu hören. Nur von fern das Fest. Und dazwischen, aus seiner Erinnerung, all das, was der Niederländer auf dem Eisfeld unter der Feuerwand gespottet hatte. Sie hat auch ihre eisigen Seiten. Bete sie nur tüchtig an!

Schließlich hat er sein Beinkleid heruntergezogen, hat das Kerzenlicht ausgeblasen, ist zwei Schritte nähergetreten und hat in den dunklen Hintergrund geblickt, dorthin, wo das Schlaflager stand. Und erkannte im Schein der Kohlenglut ihre Gestalt. Im leinwandweißen Kleid sah er sie liegen, sie, die er so sehr ersehnt hatte. Die Augen hatte sie geöffnet. Und sah ihn an.

Da hat er noch einmal glauben wollen, daß nun jener Moment endlich gekommen war, für den er so unsägliche Arbeit geleistet hatte. All diese Mühen konnten doch unmöglich ohne Ernte bleiben. Also wollte er diese Schönheit nicht bloß betrachten, sondern hier und jetzt genießen.

Und hat leise zu singen begonnen. Leise, fast wie für sich selbst sang er, was er zuvor gehört hatte. *Ze vröiden swinget sich min muot.* Und: *Ich waene, mir liebe geschehen will – min herze hebet sich ze spil.*

Und hat dann, in den matten Schimmer der Kohlenglut hinein, leise gesprochen. – Brünhild, flüsterte er, dir gehören nicht nur all meine Güter und mein Reich. Dir gehört auch all meine Liebe. – Als keine Antwort kam, ist er ein bißchen weiter nach vorn gegangen, ein oder zwei Schritte, bis neben die Lagerstatt, und wollte sich dann niedergelegen, vorsichtig. Hat seine lange Gestalt tatsächlich auf dem Bett ausgestreckt, zunächst sehr hart bei der Kante. Und ist dann, von dort aus, nähergekommen, ist schließlich neben sie gelangt, nicht etwa ungestüm, sondern mit Sorgfalt. Seinen Schweiß hat er wieder gespürt, auf der Stirn, auf der Schläfe, in den Händen. Die Finger, die er im Dunkel vorstrecken wollte, die haben ihm gezittert. Und als er dann im rotgoldenen Steinlicht ihre Gestalt so deutlich sah, so nah und so liebenswert, da hat er sie umarmen wollen.

Hätte ihm das nur die Isländerin erlaubt. Die Abfuhr, die er nun erhielt, war hart. Statt auf offene Arme und auf Gegenliebe stieß er auf Grimm. Wo er, wenn schon keine Leidenschaft, dann wenigstens Freundlichkeiten erhofft hatte oder das, wovon noch auf Island die Rede gewesen war, »Untertänigkeit«, da trafen ihn Groll und erbitterte Abwehr. Nach einem kräftigen Stoß, der ihn auf seine Seite zurückwarf, hart gegen den Bettrahmen, hörte er Starktöne. Knack- und Knarzlaute. – *Lat dat! rrat ik dik! As lank lat dat, as dau mik quidst, bi watz din »Eiginmann« Grimmahilti irstreit. Watz was sin arabeit!* »Laß das! rat ich dir. So lange laß das, bis du mir sagst, mit was sich dein Dienstmann Krimhild verdiente. Was war seine Arbeit!«

Schon ihr Ton war es, der ihn erstarren ließ. Schon daß sie gar nicht mehr daran dachte, sich um höfisches Sprechen zu bemühen, wenigstens zum Schein, so wie sie es den Tag über gut gekonnt hatte. In seiner Verwirrung und statt ihr zu antworten, und sei es wieder mit ausweichenden Bemerkungen, beging er den Fehler, es in der Weise zu versuchen, die als die Männerweise gilt, mit Gewalt. Er begann, mit ihr zu ringen. Er zerwühlte ihr Hemd. Noch in der St.Gallener Handschrift: *unt zerfuorte ir diu kleit.*

Da erkannte die Frau, daß ihm der Kopf nach Dingen stand, die seine Glieder niemals meistern konnten. Da schwang sie plötzlich den Gürtel, das dunkle Leder, das sie tags ins dreifacher Schleife um den schönen Leib geschlungen trug und worin der Stein vom Drachenfels steckte, die Alberichkraft. Mit diesem Gürtel erwiderte sie Gunthers Umarmung. Und band ihren Herrn kurzerhand zusammen. Überraschend rasch verschnürte sie ihn, zuerst die Hände, gleich drauf auch die Füße. Das Leder war zwar lang, aber dem König der Burgunder wurde der Leib doch arg gekrümmt.

Als mein Bruder nun so vor ihr lag, verknotet und auf dem Steinboden, da bekam er zu hören: *Lob ond Gruß, dau machtigo Morgenlandkunnik*. – Und dann auch wieder im höfischen Ton: Gruß dem Sieger über die Frau! Der den Sonnenwind löschen wollte und die Frau überlisten. Und hat sich, in Wirklichkeit, heiß geschwitzt vor Angst.

Packte dann den unglücklichen Mann bei dem Rindsgürtel, hob ihn ganz und gar hoch und trug ihn, gut verschnürt, als Paket, neben die Tür. Drückte dort den langen Menschen hoch, so wie sie beim dreifachen Kampf auf dem Isenstein den Felsen gestemmt hatte, und hängte ihn, den König von Burgund, an die Wand. Recht hoch oben hin, an einen starken Nagel.

Dort bleibst du, fürs erste. – So redete sie, so handelte sie. Seine »Untertanin«. Diese schlanke zarte Frau. Und fügte dann noch hinzu: Niemals mehr schläft Rans Tochter mit einem Lügner.

Das war, in dieser Hochzeitsnacht, ihre letzte Auskunft. Ferner war nur noch zu hören, wie sie sich wieder niederlegte. Wie sie sich ausstreckte, auf dem breiten Lager.

Gunther hätte über diese rasche Lösung froh sein können. Wäre es zu weiteren Handgreiflichkeiten gekommen mit dieser schönen Riesin, er hätte wahrscheinlich den Tod gefunden. In eisiger, in knochenbrechender Umarmung.

Nun aber hing er dort oben, neben der Tür. Als Beweis dafür, daß Brünhild bei der dreifachen isländischen Kampfprobe getäuscht worden war. Als *homo fraudulentus* hing er dort, als *corpus fallacis*. Als »Betrüger«, als »betrügerischer Gegenstand« (Termini aus der römischen Rechtsprechung)

Vertrackt hing er, auf engstem Raum verzurrt, vom eigenen Gewicht beengt und bedrängt. Überaus unbequem, nicht nur, weil die Wärme aus dem Steinkohlenkamin sich verströmt hatte und weil die Mauer, gegen die er sich gepreßt fühlte, Winterkälte spüren ließ, sondern auch, weil er zu keinerlei Bewegung in der Lage war. Oder vielmehr, weil jede Bewegung ihn nur noch bewegungsunfähiger machte, indem die Knoten, die diese unheimliche Frau schier im Handumdrehen geknüpft hatte, sich immer dann um einen weiteren Zug zusammenzogen, wenn er sich doch noch einmal aufbäumen wollte.

Das Blut in seinen krumm gebogenen Langgliedern begann zu stocken. Aber er wurde nicht ohnmächtig, und er erstarrte nicht. König Gunther lebte weiter. Und in Panik dachte er nun rasend rasch darüber nach, wie er sich jetzt, in dieser blamablen Lage, richtig verhalten müsse. Dieser Frau gegenüber, die ganz offenbar über Kräfte verfügte, von denen selbst seine libellische Riesensehnsucht, sein nifhelheimisches Traumbegehren nie etwas geahnt hatte, die ihn dermaßen blitzartig verladen konnte, so überraschend und offenbar so voller Wut und Haß, ihn, den Herrn dieses Hauses und dieses Reiches, daß dieser Schock sein Blut noch mehr stocken ließ als das stramme Leder an Händen und Füßen.

Schließlich begann er, in den fast dunklen Raum hinein, zu sprechen. Von der oberen Türkante her schickte er leise flehende Worte, er, der doch König Gundomars Sohn war und selber König zu sein gedachte, bat um sein Leben. Winselte wie ein Kahlköpfiger. – Löst jetzt, zauberische Frau, löst sie bitte wieder, diese elenden Fesseln. Ich ertrag sie nicht länger. Diese strengen Knoten. Diese *clubodun*, diese *cuoniouuidi* –

Auch das Altdeutsche half ihm nichts. Die Frau schwieg. Er mußte es anders versuchen.

Ehrwürdige Herrin. Mächtige und Kundige von geheimen Kräften. Um des Reiches willen, das seit heute auch das Euere ist, bindet mich wieder los! Ich weiß nun, ich KANN Euch nicht bezwingen. Wenn Ihr mich frei machtet, würde ich sorgsamer sein. Würde ich Euch nie mehr, vorerst gewiß nie mehr, so nahe kommen, wie Ihr es offenbar verabscheut. Wie es aber im ehelichen Verkehr üblich und gestattet ist. Glaubt's mir, gegen Eueren Willen werde ich euch keinesfalls mehr berühren. Bindet mich nun wieder los! Ich vergehe! Es zerpreßt mir die Gelenke, es ist in Eueren Knoten entsetzlich eng –

Sie schien sich um sein Gebettel nicht zu kümmern. Soviel im Schein der Kohlenglut zu erkennen war, hatte sie sich's bequem gemacht. Sie lag entspannt. Das breite Königslager hätte genügend

Platz geboten, auch für zwei Wesen, die sich so fremd waren wie diese beiden.

Die Frau blieb still. Wahrlich, sie ließ ihn hängen. Im schwächer werdenden Licht der Ruhrsteine glaubte er sogar zu erkennen, daß sie quer lag. Einfach »zwerch« lag sie. Und schien, wenn er die Atemgeräusche richtig deutete, eingeschlafen.

Es blieb ihm keine Wahl, er mußte sehen, wie er diese grauenvolle Lage lebendig überstand. Jedes Überleben, so hatte Hagen gewußt, auch das Weiterleben im Kerker und in noch übleren Lagen, das schaffe nur, wer seinen Kopf gebrauche.

Als Hagen mit dem Hunnenherrscher Attila nicht hatte mitziehen wollen gegen Rom, da hat Attila den burgundischen Waffenmeister in einen ausgetrockneten Brunnen werfen lassen. Vier Tage lang lag Hagen dort unten, mit gebrochenen Gliedern. Wann immer der Waffenmeister das erzählte, hat er beteuert, daß, wo der Leib bezwungen sei, wenigstens der Kopf arbeiten müsse.

Gunther probierte das. Versuchte, seinen Verstand zu nutzen. Seine Gedanken zu ordnen. Die, so gestand er mir am Morgen, stürzten allerdings durcheinander, die zerfielen geradezu, die taumelten und hinterließen in der Wüstenei seines Kopfes immer wieder nur dies eine, wie schnell das alles gegangen war, wie plötzlich, wie überfallartig rasch diese Frau ihn verknotet hatte.

Nicht nur ihre Energie verwirrte ihn, mehr noch ihre Geschicklichkeit. Da wirkten die Kräfte, von denen Kilian gesungen hatte, Frauenfreiheit. Baumverstand. O ja, Hexenwerk. Und gegen diese nebelländischen Künste richtete Rittertum bekanntlich nichts aus, war Mannesstärke verloren.

Denn was ist das, was jetzt meine Fäuste zusammendrückt, hier, direkt vor meiner Nase? Ein »Schippmans«-Knoten? Was nun meine Handgelenke schmerzt und kneift, was mir meine Fingerspitzen in die eigene Wange bohrt, ist das ein Matrosenwitz? »Kniffe« sind das. *Diutiske* »Kniffe«. Leute-»Kniffe«. Fangnetze aus der Mitternachtswelt, der Unterwelt. Falschheit aus Alberichs Geisterwelt. Oder von freien Frauen. Von *Freya*-Frauen. »Kniffe« nennt der Xantener das, wann immer er jemanden überlistet. »Geriebenheit«. Ein Kelte ist er, er ebenso wie diese Isländerin, die RanTochter. Wie gern erzählte er von den Tricks der irischen Mönche in *Werethina*. Sie alle, auch diese

Brünhild, es sind Kelten. immer noch Kelten. Sind vom übelsten, vom untersten Stamm. Die RanTochter wie der Sieglindsohn.

Diese verdammten Knoten sind so, daß es mein eigenes Gewicht ist, das mich ineinanderquetscht. Das mich zum Klumpen knifft. Wie soll ich das überleben! eine ganze Nacht lang? Und was da in meinem Rücken drückt und brennt, o ja, das ist dieser Mondstein, den ihr der Drachentöter geschenkt hat, gleich bei seinem ersten Besuch auf der Eis-Insel. Ihr »Genosse«. In meinen Rücken preßt das, was von Zwerg Alberich übrig blieb. Da bohrt *Ginungagaps* Elementarkraft. Ein Drachenbrocken. *Materia inspirans*. Erlkönig selbst schraubt sich mir ins Kreuz.

Nicht genug, daß die peinigenden Gürtelschlingen meinen langen Leib wie eine Wurst zusammenkrümmen. Nun sorgt auch noch mein Verstand für Peinliches, nämlich für seltene Klarheit. Für das, was unter Roms Denk-Ordnung immer ins Bittere geraten muß, für Erkenntnisse.

Die Karten und die Träume, die Traum- und Kartenbilder und die Warnungen der Mutter, sie alle hatten recht. Bloß den guten Anfang der Bilder wollte ich zur Kenntnis nehmen, nur die Schönheiten. Die Hochzeiten. Nun kommen schon die Tiefzeiten, ehe es einen guten Anfang überhaupt gegeben hat. Und auch Hagen hatte recht. Mein Begehren bleibt Libellengeschwirr.

Und Krimhilds Falkentraum? Ja wer hängt denn nun in der Falle. Allein ich. In der elendesten der Schlingen. In teuflischen Kniffen. Im Zwergenverdreh. In Riesenfalschheit.

Wie sie mich ansieht. Wann immer die Rede auf ihn kommt. Dann blickt sie mich aus ihren dunklen Wakürenaugen an. Die blicken wie Steinkohlen. Wie Anthrazit. Diamant-Augen. Schon bei der Ankunft in Island, in dieser viel zu hellen Halle, schon da hat sie mich verfolgt mit diesem unerträglichen Blick. Hat mich geradezu gepeinigt mit diesem Blick. Als hätte sie gewußt, was mich nach Island trieb. Pure *Lilith*-Lust.

Gekränkt ist sie. Weil nicht der *Nidgir*-Töter um sie warb, sondern nur ich. Nur dieser seltsame »WirKönig«. Der »WirrKönig«. Der Zimperling, mit Schweiß an der Stirn. Den Sieger wollte sie. Siegfried als Bespringer. Nicht mich, den Schwitzzitterer. Es ist der Betrug, den sie ahnt. Für den ihr der Beweis noch gefehlt hat. Wehe, jetzt hängt der Beweis an diesem Nagel. Mein schlapper Leib als *argumentum.* In der römischen Rechtsprechung »Beweis«

Und wenn sie mich morgen erpreßt? Falls ich dann noch bei Verstand bin oder noch am Leben? Wenn ich ihr, eh sie mich losbindet, alles gestehen soll? Den Betrug mit der Alben-Kappe? mit Herrn Siegfrieds magischem Bischofshut? Dann Gnade mir Christ. Oder Wotan. Oder *Loki*. Oder Ran oder *Gaia*. Oder wer immer die Weltmacht hat. Wahrscheinlich der Teufel.

Nur scheinbar bekam Burgund Hilfe, seit der Berserker in Worms ist. Nur scheinbar vertreibt er Feinde. In Wirklichkeit türmt ein Betrug sich auf den anderen. In Wirklichkeit werde ich verknotet von Riesenkräften, von Zwergenlist.

Ute hatte recht. Am Anfang von allem war die Täuschung. Die Weltverwandlung. Und auch Hagen hat recht. Die Welt ist eine Mördergrube. Und mit den Niedermenschen begann »Arbeit«. Unterwühlende Mühsal und Arbeit. Und wenn beide recht haben, dann kann auch allein dieser Xantener, dieser Arbeitsriese, dann kann nur er mich auch wieder herausarbeiten, aus dieser Klemme, aus dieser SchadAlbenFalle.

Aber wie. Wie sollte ich ihn jetzt rufen, den Cherusker.

Wenn wenigstens ein Kammerherr käme. Wenn nun einer nach dem Feuer schauen wollte? Sollte ich den Kahlkopf aufmerksam machen? Auf mich hier oben? am Nagel? Und dann, wenn er mich losgebunden hätte, damit er den Mund hält, bestechen? Erschlagen? Hagen hat den Hirten, der ihn aus dem Brunnen zog, der ihn hilflos sah, köpfen lassen. *Damnatio memoriae.* Vernichtung der Erinnerung.

Und diese Vernichtung, weiß Gott, die ist notwendig. Wehe, wenn diese Nacht je bekannt würde. Wenn mich jetzt irgendwer so sähe. Bislang wußte außer diesem so hinterhältigen Ruhrschmied niemand von meinen Schwächen. Nun kennt sie auch diese Feuerfrau. Meine sogenannte Braut. Diese bornholmgezeugte Frau. Mit der Schönheit einer Göttin. Und mit der Kraft einer Riesin. Gegen *Gaias* Mächte gibt es keinerlei Mittel. Als der Niederländer, als dieser »Mächtigste« ihr »Genosse« war, da hatte sogar der Kraftkerl seine Not. Mußte sich drei Tage lang erholen. O ja, mit Sternenkraft hat sie mich überwältigt, mit *Gaias* Gewalt aus dem *Ginungagap*-Chaos. Und nun weiß sie, daß sie bei der dreifachen Kampfprobe getäuscht wurde.

Dies Elend hier an dieser krummen kalten Wand, das muß, das KANN allein ER wieder aus der Welt schaffen. Der Nibelunge. Von dem ich gehofft hattte, ich fände einen Freund. Einen wirklichen Helfer. Weil er das Imperium ebenso haßt wie die Mitternachtsgnome, die Rausch-Idioten. Warnen hätte er mich müssen vor einer wie ihr. Schien froh gewesen zu sein, diese Furie an mich loszuwerden. Und statt dessen jetzt, in diesen Stunden, süßeste Leibeswonnen zu genießen. Mit König Gundomars einziger Tochter. Zwerchfellwonnen. Mit meiner Schwester. Der Niederländer. Der Ruhrschmied. Was hat er mir zugeflüstert beim Isenstein-Kampf? Solange Drachengift Macht habe, so lange helfe nur die Kappe. Die Kutte. Die Tarnung.

Ja wenn das so ist, dann helfe die gefälligst auch mir.

Aber wie. Der Arbeitsriese hier? Mit ihr unter einer Decke? Mit dieser engelhaft schönen Teufelin? Die Himmels-Energien verwandeln kann in Speerstöße? in Steinwürfe? in Lederknoten?

Die Gelenke brennen mir. Die werden taub. Sterben ab. Mich lähmt Leichengift.

Auch diese Schmach hier, die Blamage an dieser ekligen Wand, auch die hat er sich ausgehext, der Nibelunge. Als übelsten von all seinen Kniffen. Warum wohl hat er mich auf Brünhilds Burg in Verlegenheit gestürzt, als er ihr den Blutjaspis schenkte, vor aller Augen, diesen verruchten Stein, den mir der Bär aus dem Rückenpanzer kratzte. Uns ALLE will er in Fesseln schlagen. *Irslac!* rieten ihm die Nornen. Nicht ich, ER verschafft sich Macht. Schafft sich ein neues Rom, sein Nord-Rom. Der neue *Arminius*. Der Leute-Freund, Siegfried deutsch. *Spartacus*. Proletarischer Herkules.

Preßte seine Kiefer, seine Zähne zusammen. Das Kinn zitterte ihm, schlotterte. Er versuchte die Hände zu ballen. Die Fingernägel bohrten sich ihm in die Wangen. Und in diesem ohnmächtigen Schmerz faßte er seinen Plan. Nur auf eine einzige Weise werde er diese Erniedrigung überstehen. Nur dann, wenn beide Nebel-Ungeheuer aneinandergerieten. So bald und so hart wie möglich. So wie Heermeister Hagen das vorausgewünscht hatte, am Abend vor der Ankunft. Diese letzte, diese erlösende Arbeit, die müssen die beiden Barbaren schon selber erledigen. Die Arbeits-Ungeheuer. Gleichgültig, wer von beiden dabei zugrunde geht. Am besten beide. Am geriebensten die RanTochter ebenso wie dieser SieglindSohn. Die Unmäßige ebenso wie der Großartige.

Der hängende König versuchte zu gähnen, sich im Gähnen zu entspannen. Es wurde ein Seufzen daraus, ein Stöhnen. Der sonst so traumleichte Mann, immer nochmal versuchte er, seinen Kopf arbeiten zu lassen, einen Reim zu finden auf das Unfaßliche. Und sich schließlich in Erinnerung zu rufen, wie noch an diesem Abend von der Kirchenschlauheit die Rede war. Von der perfekten Menschenfalle. Wie Rom sie ausnütze, des Mannes Dummheit und Ehrgeiz, des Mannes Angst vor den Frauen. Des Mannes Lust, sich ins Große und Geistige zu denken und die Frau ins Materielle und ins *Minus*.

Den ich am meisten verachte und fürchte, der Bischofsvetter, sollte der recht haben? mit all seinen Warnungen vor dem Leib und seinen Lüsten? vor den gallisch-keltischen Mächten, vor den Frauen, vor allem Wässrigen im unteren Bauch und all dem, was die Heiligen mit Höllenstrafen belegen. Sollte es wahr sein, daß, wonach ich mich so sehr gesehnt habe, daß davon tatsächlich nur Chaos kommt? Mord?

Immer wenn mein Bruder meinte, Brünhilds ruhige Atemzüge zu hören, packte ihn was wie Wahnsinn. Schlugen ihm Demütigung und Schmerz quer durch seinen zentralen Leib, quälte ihn eine zerreißende Verzweiflung und kippte das alles am Ende um in mordwütigen Haß. Und der Haß stürzte ab und zerfloß zu Tränen.

Ja, weil ich hier in allem immer nur das berichte, was wirklich geschah, muß ich nun auch dies mitteilen. Der König hat geweint. In seiner Verzweiflung darüber, daß seine hohen Träume vom Schönen jedesmal scheitern sollten. Immer nur Träume bleiben, süße Ideen. Libellenflausen.

In diesen Tränen sah er am Ende nur noch, wie die Kohlenglut zerfiel, wie das letzte Licht erlosch. Und wie er, wohl schon im Traum, wieder die Stimme der Mutter gehört hat, immer wieder und immer deutlicher ihre alten Worte *Suma hapt heptidun.* »Einige (Frauen) legten Fesseln«

Allein schwarzsaurer Zweifel bohrte dann noch. Bohrte und drückte und hielt ihn lange noch halbwach. Gramvoll und grauenvoll und mordlüstern halbwach.

Mag sein, mein Bruder hat einige Momente schlafen können. Plötzlich schien der Morgen durch das Fenster. Wenn Burgunds König je über Körperkräfte verfügt haben sollte, in diesen Augenblicken waren die ein Wind. Wie ein Säugling sei er sich vorgekommen, nein, nicht mal das, Säuglinge können strampeln, er dagegen –

Draußen hörte er Frühlingsvögel, die lärmten, die schrien nach Liebesgesellen. Und er? – Nicht mal Begehren, alles schien dahin. – Doch dann hörte er ihre Stimme. Wieder in dem ordinären Tonfall. – *Nu quid mik, wou samfti heft ji gislafan?*

Er zog es vor, keine Antwort zu geben.

Tot süd ji? Musetot? Mik dücht, ik hett ji murmuron gihort.

Wieder hielt er still.

Wär ük that nit gar gram, käm nu ein BurGunthertan ont sähe then bi war mahtigo Morgenlandkünnek? Su krumpilik virpackt? Su knifflig virknotit? Vun Frowenknüttilskenskünst? »Täte dir das nicht sehr leid, käme nun ein BurGunthertan und säh den wahrlich mächtigen Morgenlandkönig? So krumm verpackt? So knifflig verknotet? Von fraulichen Knotenkünsten?«

Da antwortete der Held. – Das würde weniger auf mich zurückfallen als auf Euch. Und der Bischof, da bin ich mir sicher, der führte einen Prozeß gegen Euch. Wegen Teufelei. Der verurteilte Euch auf den Pfahl.

Da hörte er, wie sie das wiederholte. – »Teu – fe – lei«, sagte sie. »Auf – den – Pfahl«. – Das sprach sie sorgfältig. Als lerne sie die höfische, die Herrensprache.

Ja, des Bündnisses mit dem Teufel würde er euch verklagen, fuhr der verschnürte Ritter fort, der würde meine Regentschaft zu reinigen versuchen. Und neu einsegnen. Zugegeben, auch mir bringt es kaum Ehre, so gefunden zu werden. Wie ein Schlacht-Kalb, wie ein Geschenkpaket ans Kloster. Aber so viel weiß inzwischen jeder, gegen Hexen kämpfte noch jeder Mann vergebens. Darum bedenkt, Brünhild, auch Euer Ruf wäre ein für allemal dahin, sähe man, wir Ihr die Sitten der Ehe handhabt.

Da begann sie wieder mit dem Wörter-Nachsprechen. – »Sit – ten – der – E – he.« – Als lerne sie die Sprache des Imperiums und die »Meßlatten« der Kirche.

Und weil das alles so ist, verehrte Zauberfrau aus Island, weil jetzt auch Euer eigenes Ansehen in Gefahr ist, flehe ich Euch an, zu Euerem eigenen Vorteil: Laßt mich frei! Bevor nun die Sklaven hier reinkommen. Seit ich so nachhaltig zu begreifen hatte, wie sehr Euch meine Zuneigung verhaßt ist, werde ich, gegen Euren Willen, nicht mal mehr Eure Kleider berühren. O gebt mir endlich Bewegungsfreiheit!

Da stand sie nun doch auf und kam langsam heran. Betrachtete meinen Bruder aus nächster Nähe, und tat das unerträglich lang. Als entziffere sie eine rätselhafte Schrift. Mit demselben verwunderten und verstörenden Blick sah sie ihn an wie schon auf Island, damals, als sie mit zarten Händen seine Eisenrüstung prüfte und die Schweißperlen auf seiner Stirn. Auch jetzt lachte sie nicht, spottete nicht, strich nur mit schmalen Fingern über seine Stirn.

Und sagte: Jede Nacht hängst du neben dieser Tür. So lange, bis du aufhörst zu lügen. Bis du mir erklärst, wie einer wie du gegen mich in Island hat gewinnen können. Und welche Rolle dort dein sogenannter Eigenmann spielte.

Er schwieg. Sie aber sagte: Gib's zu. Der *Nidgir*Töter half dir.

Da antwortete Gunther: Nicht mal nicken könnte ich jetzt. So widerwärtig schnüren mich deine Knoten.

Da streckte sie endlich ihre Arme empor, hob ihn hoch, nahm ihn vom Nagel und legte ihn vor sich hin, auf den Boden. Betrachtete ihn abermals lange und sagte dann: Nun nicke! Sag ja! der Hürnerne half, der Cherusker.

Lös mir zuvor diese Fesseln. Meinen Rücken zerreißt dein Stein. Im Kreuz scheuert mich dein Gürtelstein, dein DrachenfelsMondstein.

Da knotete sie ihn auseinander. Und packte ihn dann bei seinem Nachthemd, richtete ihn auf und stellte ihn vor sich hin. – Nun nicke!

Da schwankte er, brach vor ihr in die Knie. Als bete er sie an.

Kroch zum Bett, vorm Bettrand blieb er liegen, japsend. Warf den Kopf in die Kissen. Und bekam zu hören, schwerlich werde er sieben Hochzeitsnächte an diesem Nagel überleben. Der byzantinische, der lügnerische WirHerr.

Während mir Gunther, mein bleicher, mein zu großer Bruder, seinen unsäglichen Jammer beschrieb, bestrich und rieb ich ihm den zerschundenen Rücken mit Wollfett, salbte die alte, die wieder aufgescheuerte Wunde in seinem Kreuz. Der Mondstein hatte die Jaspis-Wunde erneuert. Auch die Glieder massierte ich ihm, die Gelenke, und riet ihm schließlich dringend, über all dies offen mit dem Nibelungen zu reden. Der sei ein Freund, der werde helfen. Nein, klagte er, ausgerechnet diesen Urheber von allem, diesen UrRuhrArbeiter wolle er nicht um Rat fragen, sondern allein mich, den gelehrten Bruder.

Wer hier der Urheber ist und wo das Betrügen wirklich anfängt, das scheint mir sehr viel komplizierter, als du das jetzt, in deiner Ohnmacht, in deiner Wut, erkennen willst. An diesem Hochzeitsmorgen bleibt vorerst gar nichts anderes übrig, da müssen wir, nach außen hin, so tun, als verlaufe alles wie üblich und in Güte. Ich zum Beispiel habe Krimhild versprochen, jetzt in der Halle eine fröhliche Frühstücks-Kanzone vorzutragen, dies Versprechen werde ich halten.

Da nickte Gunther und wollte ebenfalls in die Halle, raffte sich hoch, nahm sich zusammen und kam mit, statt sich auszuruhen in meinem gut geschützten Schlafwinkel. Dem Feiervolk wollte er sich zeigen. Und wollte dann auch versuchen, mit dem Niederländer zu reden. Obwohl ihm der Hürnerne mit all seinen Taten und Reden mehr und mehr als Unheil erschien. Abermals versuchte ich ihm zu erklären, daß der Xantener die freundlichsten Absichten verfolge. Gunther schwieg, glaubte das nicht mehr. War von Grund auf verzagt.

Hinkte hinüber zu seinem Ehegemach. Um Brünhild zu holen. Und ich überlegte wieder, ob ich dem Ärmsten nicht doch die geheimen sieben Sieglindsätze zeigen sollte.

In der großen Pfalzhalle herrschten schon jetzt wieder so viel Gedränge und Gelächter, daß mir in diesem Lärm ein wenig schwindlig wurde. Aber dann sah ich die andere, die lachende Braut. Während sich die unsäglichen Bitterkeiten meines Bruders durch meinen Kopf drehten, flatterten durch diesen Saal die allervergnügtesten Frühlingsvögel. Ringwolf mahnte vergebens, man habe zur Messe zu gehen. Nein, beschied Dankwarth, erst morgen, erst am dritten Tag erfolge nach der fürstlichen die kirchliche Ehe-Weihe; die Priesterhandlung im Münster habe Zeit bis morgen. Auch für seine Auferstehung habe Herr Jesus drei volle Tage Zeit benötigt.

Das Lachen über Dankwarth und über die Empörung des Bischofs dauerte nur kurz und es verstummte, denn nun erschienen Gunther und Brünhild. Das Königspaar nahm Platz an der Schmalseite der Fürstentafel. Es war, als würde dieser Auftritt Schrecken verbreiten, als hätten unfrohe Gespenster den Saal betreten. Dabei haben König und Königin kein Wort geredet, aber diese beiden schweigenden, diese fahlen Gesichter legten sich wie Nebeldämmerung über einen Frühlingsmorgen.

Als ich zur Fiedel griff, wurde das lebhaft begrüßt, und so trällerte ich denn, schon um meine eigene Verwirrung zu überspielen, ein leichtsinniges, ein Spottliedchen auf den Morgen nach der Hochzeitsnacht. Die Schlußzeilen sangen fast alle im Saal sehr gerne mit.

Kommt, ihr Jungfrauen, helft mir klagen,
meine Jungfernschaft ist hin
Mein Herr Bischof will verzagen,
MEIN Verlust trübt IHM den Sinn –
  Wann wird ER mal Sprünge wagen!

Ach, der Bischof täuschte mich
Gestern war ich wie ein Engel,
zitterte und forchte mich,
war die Rose ohne Stengel –
  Freut euch, ich bracht's hinter mich!

Fortgeflogen ist die Not,
Priester, spar die frommen Mühen,
meine Tugend, die ist tot
Ohne Stengel gibt's kein Blühen –
  Ohne Blühen gibt's kein Brot!

Wenn ich blaß bin im Gesicht,
ist's die Angst vorm Teufel nicht,
nicht die Furcht vorm Bischofszügel
ist's allein der Freudenspiegel –
Nun erst schwirren mir die Flügel!

So schwirrte das nun durch die Halle und durch die Köpfe der feierfröhlichen Leute, und im Wirrwarr und unterm Gefreu und Geschrei bemerkte kaum einer mehr, wie das burgundische Königspaar an der oberen Tafel weiterhin bewegungslos geblieben war und stumm.

Ich kümmerte mich um Ute, leitete die Mutter an ihren Platz, eine halbe Tischlänge von dort entfernt, wo Brünhild und Gunther saßen wie Grabmonumente. Krimhild setzte sich an Utes andere Seite und beobachtete die Blinde aus glitzrigen Augen. Und Ute, obwohl sie fast nichts sehen konnte, schien Bescheid zu wissen und fragte: *Sint saligeru ziti theru bruti?* »Ist dies eine glückliche Zeit für die Braut«

Da behauptete Krimhild, in dieser Nacht habe sie ähnlich geträumt wie am Abend vor der Weihnacht – Wie? – Tollhäusig, doch mit gutem Ende. Der Schreiberbruder kann ruhig mithören, der hat mit seinem Lied vom Flügelschwirren alles gut verstanden.

Was hast du geträumt?

Ein gefräßiger Bär drang in die Pfalz, hat bis zum Morgen in der Burg herumgepoltert und verspeiste alle meine Freundinnen, dreißig in einer einzigen Nacht. Wütete so lange, bis er auch mich entdeckt hat.

Da gurgelte es aus Utes Sandelsaftmund. – Und dann befahl das Biest, setz dich auf meinen Schwanz, und war rotblond und ein märchenhafter Königssohn. *Wola si thio brusti inti thio barm, thio ther kneht io gikusti.* »Gesegnet sei die Brust und der Schoß, die dieser Mann geküßt hat«

Das alte Imperium, sagte ich, war offenbar ahnungslos, wenn dort erklärt wurde: *Post coitum omnia animal triste.* »Nach dem Beischlaf sind alle Wesen traurig«

Den Gislahar sah ich mit einer von Brünhilds Freundinnen – wie geht es dir jetzt? ebenfalls *triste*? Oder wie in deinem Lied?

Die Römer waren gut präpariert für den neuen Glauben, wonach der *coitus optimus* allein der reinen Maria mit dem *spiritui sancto* gelingt.

Wie gelehrt der Schreiber vermeiden kann, über sich selbst zu reden.

Du selber hast poetisch erzählt, vom Bärenbesuch.

Da nörgelte Ute. – Regenbogenbunt verkappt ist das Blutige. Hast du dir den Schlafbären genau angesehen?

Das Mal an seinem Rücken hat Handform. Und seit kurzem kennt auch Giselher diese Hand. – Sie küßte der alten Blinden die Wangen und zog gleichzeitig frech an meiner Nase herum. – O Ute, hör dir's an, das Heiratsgerumpel im Saal, im Hof. Über den Bischof wird gelacht. Nie polterten so viele Freiheiten durch Worms. Was kümmern mich die Mondlieben und die Islandlieben meines Niederländers. Schon seit dem Abend vor der Weihnacht hat er sie vergessen. Richard Wagners Siegfried muß, um Brünhild zu vergessen, einen »Vergessenstrank« trinken

Gib acht. Tief geht der Sturz. An dem arbeitet *Ringwulfilas*, der WormsWurm.

Am anderen Ende der langen Tafel setzte inzwischen Truchseß Dankwarth dem Königspaar Morgenspeisen vor. Milch, Honig, Wein, frisches Brot, Eier, Gebäck, Süßquark, Käse und Fruchtmus. Als das alles aber gar nicht erwünscht schien, servierte er einiges von *Rumolts* neuen Einfällen, Semmeln, gefüllt mit Äpfeln und Vogelherzen, gewürzt mit gesalzenen Speckscheibchen, mit Pfeffer und Safran. Aber der König ließ auch dies unberührt. Sogar das Wachtelherzfleisch ließ er liegen, obwohl das pricklig duftete, weil es mit säuerlichen Äpfeln fein verquickt war.

Schließlich reichte der Mundschenk dem stummen Paar vom ganz anderen, von süßsauer eingelegten Lampretfilets. Neunaugenfilets

Zu diesen Fischen sagte Brünhild nur »Schmarotz«. Sie wußte offenbar, daß es sich um ein Tier handelte, das sich an anderen festsaugt, das vom Blut anderer lebt. Ach, es halfen den beiden Unglücklichen weder Pfeffer noch Muskatblüte, auch nicht Ingwer und *Rumolts* gutes Schwarzbrot. Gunther hörte von seiner Nachbarin nur das zischende Schmarotz-Wort. Und sah dann, wie sie wieder, ohne eine Speise angerührt zu haben, aus der Halle ging.

Und die Halle betrat, im selben Augenblick, der Xantener. Der setzte sich aber nicht zu seiner jungen Frau, sondern neben den König. Im Eingang der Halle war er an Brünhild vorübergekommen, und es hatte ihn ihr Blick getroffen. Nun schaute er meinen Bruder an.

Der nahm Brot, brach sich ein Stück ab, legte es aber auf den Teller zurück. Dann begannen er zu reden. Flüsternd und zögerlich. Später mußte Gunther mir jedes Wort wiederholen, das zwischen den beiden geredet wurde.

Es bleibt unter uns, hat er dem Hürnernen gesagt. – Aber dir, dem Urheber, muß ich es melden. Eine wahrlich einmalige Nacht genoß ich.

Einmalig?

Was du gestern abend »bitteres Scheidesalz« genannt hast, das hatte ich auszukosten. Aber keine Romkutte rieb mir das in die alten Wunden, sondern Keltenkraft. Die Frau, die ich so sehr ersehnt hatte, die wir unter so viel Mühen herbeigeschafft haben, die ist des Teufels.

Was ist passiert.

Verhext hat sie mich. Lügner nannte sie mich. Nie, sagte sie, hätte ich die dreifache Probe gewinnen können. Und fragte, für welche Dienste mein Schippmann und Eigenmann die Prinzessin bekäme. Und da ich nichts verriet, hat sie mich bestraft.

Bestraft?

Mit ihrem Gürtel hat sie mich gefesselt, blitzartig, an Händen und Füßen. Hat mich an die Wand gehängt, die ganze lange Nacht lang, an einen Nagel neben der Tür, dorthin, wo sonst die Rüstung hängt. Der Nagel war stark. Ich war es weniger. Der Mondstein, den du ihr geschenkt hast, der steckte in dem Gürtel und bohrte sich in meinen Rücken. Die ganze Nacht lang. Dein Alberich, dein Feuergeist zerspleißte mir das Kreuz. Und diese Wunde brennt exakt dort, wo auf Island der Blutjaspis rieb. Und jetzt schmerzen meine Arme so, daß ich dies Brot kaum halten kann. Zusammengepreßt hing ich, gefesselt an der kalten krummen Mauer. Sie lag bequem, schlief gut auf dem breiten Bett. Eine Kleinigkeit wäre es für sie, mich auch hier und jetzt, vor aller Augen, in ein Fenster zu hängen. In einen Türbogen. Noch erläßt sie mir die öffentliche Schmach. Hat mir aber versprochen, jede Nacht an diesen Nagel zu kommen. Es sei denn, ich wollte endlich sagen, was wirklich geschah auf Island. Nie mehr, sagte sie, nie mehr ein Lügner in meinem Bett.

Sie war es, die als erste für Täuschung sorgte.

Egal, wer damit anfing. Egal, mit welchen *Loki*-Künsten sie arbeitet, du hast sie hierhergeholt. Hast sie mir empfohlen. Hast sie, so scheint mir, an mich loswerden wollen. Nicht helfen hättest du mir sollen, warnen hättest du müssen. Du kanntest sie, diese *Loki*-Braut. Nun ist es an dir, sie wieder fortzuschaffen. Dies Ungeheuer. Wenn du tatsächlich den Drachen erschlugst, woran ich nicht zweifele, dann müßtest du auch mit dieser Furie fertigwerden. Mir jedenfalls ist *Prunnahiltis* Kraft mindestens so niederträchtig wie das Drachentrachten. Oder noch übler, denn bei ihr tarnt sich Wotans Wutrausch und Alberichs Neidgier in einer wunderbaren, in einer hinreißend schönen Frau.

So sprach Gunther, ich sah ihn reden, hörte seine Worte nur ungenau, konnte mir ausmalen, worum es ging. Sah, wie der Niederländer auch diesmal seine Hand auf Gunthers Schulter legte. – Bruder, hätte er jetzt gesagt, hörte ich später, Bruder der liebsten Frau und der freiesten, die es unter dieser Frühlingssonne gibt, wir werden das Ungeheuer ebenfalls fesseln. Wir werden sie zähmen, die Schöne. – Und der Riese hätte ihm gut zugeredet und Mut gemacht. Er wisse eine Arbeit, wenn die getan sei, dann schlafe die *Loki*Braut noch in der kommenden Nacht mit ihrem König so süß und so sanft, wie er sich's nur immer wünschen könne. Und auch die Isländerin selber werde darüber hundertmal glücklicher sein als jetzt.

Als Gunther mir dies in meiner Schlaf- und Schreibnische erzählt hatte, schaute der »Zwaraber« mich am Ende bekümmert an und schien ohne Hoffnung, biß auf seinen Zeigefinger und sagte: Nach dem, was ich mit ihr erlebt habe, glaube ich nicht ans Zähmen. An keinerlei Verwandlung ins Süße oder Sanfte. Aber irgendwas muß er nun tun, der Ruhrschmied, so oder so. Wenn diese Frau weiter dermaßen frei waltet, wird dies Reich, diese Pfalz, wird unsere Regierung zugrunde gehen. Unsere Zukunft, unser Heil hängt davon ab, daß dieser *Freya*-Frau der Übermut zerbrochen wird.

Warum, fragte ich, willst du nicht mit ihr reden? In aller Offenheit? Erklär ihr, daß du aus übergroßer Liebe zu täuschenden Mitteln gegriffen hast. Einen Rauschtrank hätte dir der Nibelunge gemischt, der dich gestärkt hätte wie nie zuvor –

Ich kann ihr keine weiteren Lügen auftischen. Früher oder später durchschaut sie das alles. Hat Diamant-Augen. Härter als Steine. Er ist es, der mir das eingebrockt hat. Er muß es auch wieder beseitigen. Mag sein, der Riese weiß gegen diese Frauenmacht irgendeinen Zauber. Den soll er anwenden. Ach, ich wollte, diese beiden barbarischen Kelten, die führen wie die Blitze gegeneinander und verbrennten sich gegenseitig.

Vordem warst du begeistert. Von ihr wie von ihm.

Du hast keine Nacht am Nagel gehangen.

Der Niederländer hat uns noch jedesmal geholfen.

Noch diesen Abend, so hat er mir versprochen, käme er in mein Ehegemach. Hinter mir her, heimlich. In der Kappe schleicht er sich in die Kemenate. Und damit niemand was hören kann, soll ich meine Pagen rechtzeitig fortschicken. Sobald ich sähe, wie das Kerzenlicht flackere und verlösche, dann wüßte ich, auch er sei im Raum. Dann sollte ich ihm meinen Platz einräumen. Auf dem ehelichen Lager. Ich sehe dein Staunen. Glaub mir, das Beilager mit dieser Teufelin ist alles andere als ein Vergnügen. Auf der Bettstatt, sagte er, sollte ich ihn frei schalten lassen. Vertrauen solle ich ihm. Was, bitte, meint er mit »frei«? Und mit »vertrauen«?

Mehr als wir.

Gunther blickte verzweifelt, kaute auf seinen Fingern. – Jetzt, Giselher, rate mir. Kann ich ihm glauben? Macht er mich nun endgültig zum Narren? Sag mir, was Brünhilds »alter Genosse« gemeint hat mit »frei schalten«. »Rumpelknacksen« würde es auf meinem Lager. Ganz unverfroren hat er geredet. Ich solle ihm meinen Platz unter der Decke einräumen. Am Ende werde die Kraftfrau mein »süßester Untertan«. Ich fürchte, am Ende ist er abermals der Hürnerne. Und ich der Gehörnte.

Mein armer Bruder schien nun ganz offensichtlich nicht nur hilflos, sondern geradezu verzweifelt. Da ging ich nun doch zu meiner Truhe, schloß auf und holte das Blatt mit den sieben Sieglindsätzen. Und gab sie ihm zu lesen. Er studierte sie aufmerksam. Seufzte, nickte und seufzte wieder.

Das ist es. Ich wußte es. Er preist das Chaos. Das Zügellose, das Frei-Sein. Die *Freya*-Frauen. Dieser Urheber von allem Unheil, er glaubt an nichts als an sein *Ginungagap*. Respektiert keinerlei Hauptstadt, keinerlei Herrschaft. Ich ahnte es. Nirgends *ordo*. Alles was er schürt, dieser Feuerkünstler, hat als geheimes Ziel den Aufruhr. Hast du uns nicht von *Spartacus* erzählt? Der mit dem Plebs Aufruhr machte gegen Roms Herren? So einer ist er. Unter der Tarnkappe von vielerlei Hilfen und Kniffen und Freundlichkeiten schürt er Aufruhr. – Gunther gab mir das Blatt zurück. Seit er das gelesen hatte, ängstigte er sich nur noch mehr und nährte verhängnisvollen Haß.

Läßt du ihn ein in deine Kammer, kommende Nacht?

Eine Bedingung habe ich gestellt. – Der König zögerte, wollte plötzlich nicht mehr weiterreden.

Welche?

Er schluckte. – Mit der *Freya*-Frau oder *Lilith*-Tochter oder was immer die Isländerin ist, mit der soll er tun, was er für richtig hält. Was immer ihre Kraft bricht, es ist mir recht. So hab ich's ihm gesagt. Und wenn alles nichts hilft, dann solle er diese Teufelin, ja, dann solle er sie erschlagen. Rasch und spurlos. Selbst das würde ich ihm verzeihen. Denn sie ist, hab ich ihm erklärt, das Gefährlichste, was einem Mann, der herrschen will, widerfahren kann. Ist so anmutig wie eine Frau nur sein kann und so schön, wie ich sie seit *Wunnibalds* Gesängen begehrt habe. Und ist gleichzeitig selbstherrlich, eigensinnig, lähmend und gewaltig.

Gunther schaute sich in meiner Nische um, ob irgendwer lauschte. Von drüben trillerte schrilles Hochzeitsgedröhn. Aber kein Spion war in meinem Schreib- und Schlafwinkel, obwohl ich nicht sicher bin, ob nicht doch meine neue Freundin anwesend war, denn sie wußte wenig später fast alles und erstaunlich genau.

Mißtrauisch rückte er näher, beugte sich dicht an mich heran. – Alles, hab ich ihm gesagt, dürfe er mit ihr machen. Nur eines nicht, und das war meine Bedingung. Ich möchte nicht, daß am Ende auch über mich Wonnegau-Geschichten im Umlauf sind wie über Herrn Gere oder über den gelüstigen Ringwolf. Geschichten, in denen dann der König von Burgund selbst die lächerliche Rolle spielt. In denen am Ende die Königin als Nebenfrau eines Cheruskers umhergeistert. Was immer der Nibelunge mit Brünhild anstellt, zu nahe darf er ihr nicht kommen. Hab ich ihm gesagt, und er hat mich verstanden. Alles andere sei mir gleichgültig. Ist ihre Kraft nicht anders zu brechen als über das *ben zi bena, so se gilimida sin* »Glied zu Glied, als seien sie aneinandergeleimt«, dann solle besser der andere, der Nornenspruch gelten. *Irslac!* – So hab ich's ihm gesagt. Und du, Giselher, bist nun Zeuge. – Der Bruder sah mich an, schmerzvoll, mit klagendem Blick, voller Kummer über die teuflisch mörderische Geliebte.

Was antwortete er dir?

Zweideutig hat er geantwortet. Er nehme alles auf seine Kappe. Helfen wolle er mir auch dieses Mal, Krimhild zuliebe. Diese Liebe gehe ihm über alles. Und ich solle ganz beruhigt sein und unbesorgt. Er benötige keine Nebenfrau. Hortbesitz und Frauenbesitz seien ihm so zuwider wie Frauenliebe lieb.

Der zweite Tag seiner Hochzeit, sagte mir Gunther später, der sei ihm länger erschienen als hundert andere Tage. Nach unserem Gespräch in der Nische war er aufgestanden, verließ er meine Schreib-Ecke wie schlafwandelnd. Ging zwar gemessenen Schritts, aber doch hinkend, da ihn die Hüften schmerzten und die Fußgelenke. Ich ging ihm nach, obwohl ich zunächst auch dieses Gespräch hatte notieren wollen. Aber ich war zu aufgeregt und verwirrt und ahnte nun, daß Unheil bevorstand und nicht mehr lange warten würde.

Auf den Gängen grüßte man meinen Bruder wie immer, aber es schien, daß er's gar nicht bemerkte. Die Leute schauten ihm nach und dürften gesehen haben, daß er ein Bein nachzog. Ach, nun hatte er kaum mehr die Kraft, seine geliebte Haltung zu wahren.

Ich sah, wie er sich seinem Gemach näherte und wie er dort eintrat. Ich folgte ihm bis an die offene Tür, ein Kahlgeschorener säuberte die eheliche Kammer, auch den Kamin, und ich hörte, wie Gunther ihm befahl, den Raum zu verlassen und dafür zu sorgen, daß in der kommenden Nacht im Kamin kein Feuer gemacht werde. Es sei in der letzten Nacht viel zu heiß gewesen, schließlich sei Frühling, was solle jetzt noch die Kohlenhitze.

Der Sklave kam aus dem Raum, wie mir schien, grinsend. Hinter ihm verriegelte Gunther die Tür. Er sei dann, gestand er mir später, zu seinem Bett gehumpelt und sei tief hinabgefallen in Albans kreisrunden Schlafsee.

Frühlingshell strahlte auch an diesem zweiten Hochzeitstag die Sonne, überall wurde geschachert, und heftig wogten wieder die Turniere, ehrgeizig wurde da gestoßen und gefochten. Die Zuschauer, auch und vor allem die »Fräulein«, die zog es jeweils dorthin, wo am wütendsten gestritten wurde, wo tatsächlich Helme zersprangen und Schilde splitterten und wo Wut- und Schmerzens- und Triumph-Schreie gellten.

Die Kaufleute suchten von diesen Spektakeln abzulenken, desgleichen die Clowns, Bäcker, Schreiber, Gaukler und Landstreicher. Märchenerzähler priesen ihre Geschichten von Mohren und von Drachen, versprachen Ereignisse mit Elefanten und Krokodilen und ägyptischen Weltwundern und fanden Zulauf. Zwar versuchten sich auch Mönche in der Erzählkunst und berichteten von Heiligen und Märtyrern, doch kauerten bei ihnen nur ältere Frauen, einige Kinder mußten neben ihnen stillsitzen.

Bei dieser milden Frühlingsluft blieb fast niemand mehr in der Königshalle. Ich holte meine Pergamente aus der Truhe, trug sie zum Pult neben meiner Nische und begann, zu notieren, was ich von meinem Bruder gehört hatte. Und war nach einer guten Arbeitszeit eben dabei, auch Gunthers Verabredung mit dem Xantener festzuhalten, als sich draußen im Hof, unter dem Fenster, ein Rufen und Heulen erhob, das anders klang als Jubel, Spott und Schadensfreude, wenn wieder einmal einer, der sich soeben noch auf hohem Roß aufgeblasen hatte, über einen Pferdehintern hinweg in den Sand flog und mühsam befreit werden mußte aus verbogenen Schienen und zerdrücktem Harnisch.

Ich sah hinaus und hörte, daß man am Hafen einen Erschlagenen gefunden hätte, gleich hinterm Tor. Ich nahm mir vor, später genauer danach zu fragen, ging zurück zum Schreibpult und notierte weiter. Vielleicht hatte Ringwolf einen, den er als Lästerer angezeigt bekam, erwürgen lassen oder hatte ihn eigenhändig aufgespießt, vor aller Augen, zur Abschreckung. Ach, es bleibt wohl so, daß gerade die höchste Moral ständig abstürzt in die höchste Unmoral.

Doch kaum war ich dabei, das Neuste zu notieren, da hörte ich wieder Hoflärm, jetzt schlugen Musikanten krachenden Takt. Aus dem Fenster sah ich, wie Jünglinge vom Niederrhein und auch einige der Frauen, die von Island gekommen waren, einen sonderbaren Tanz aufführten. Die heulenden Schläge der Musikanten erinnerten mich an die Steinmusik, die in der langen Nacht auf dem Isenstein in den Himmel gestiegen war und zuvor unter dem Drachenfels als Begrüßung des Tieflands *nifhel*.

Ja, im Hof wurde getanzt, wurde paarweise gehüpft, als balzten hier und dort und überall Kraniche um ihre Weibchen, die *Banditus*-Musik trieb immer mehr Paare zu immer höheren, immer verzückteren Sprüngen. Schon fanden auch burgundische Leute ihr Vergnügen daran, die Zuschauer klatschten nicht mehr bloß im Takt, sondern Frauen, die gerade noch gelacht und geklatscht hatten, sahen sich plötzlich gepackt von einem Niederländer oder einem Sachsen, und immer mehr schlossen sich dem Leute-Wirbel an und alsbald hüpfte, grunzte und juchzte das heftig über den weiten Hof und durchs Tor hinaus zum Hafen hin, auch am Rhein-Ufer entlang und rumpelte unterm Lärm von Trommeln, Zinken, Trompeten und Pfeifen, dröhnte *allasamma upparlut* und war am Ende tatsächlich so laut, daß die Waffengänge unterbrochen werden mußten und die Lanzenstößer und Schwertschläger ärgerlich ihre Visiere aufklappten, um nachzusehen, weswegen ihnen das Publikum fortlief, wer da mit Steinschlag- und Sprungmusiken mehr Aufmerksamkeit auf sich ziehen konnte als edle Zweikämpfe mit den allerneuesten Ruhrwunderwaffen.

Hin- und hergerissen zwischen den Schauspielen dort unten und meinem Versuch, die Ängste und Verwünschungen meines Bruders zu notieren, ging ich schließlich doch wieder zu meinem Pult, versuchte mich zu konzentrieren und die Blätter zu beschriften, die mir nun, in meinem Lorscher Loch, helfen, auch diesen zweiten Hochzeitstag korrekt zu beschreiben *ut nemo despiciat haec verba libri sed respiciat documentum ex vero.* »damit niemand diese Schrift verachte, sondern respektiere als ein Dokument, das zutreffend ist«

Da platzte vom Hof her ein Hochrufen durchs offene Fenster, ein Jubel und Beifallrauschen, so stark, daß sogar die hämmernde Musik verstummte. Und ich sah, daß nun der *Nidgir*-Töter selber für Aufsehen sorgte. Nein, der tanzte nicht, der zerschlug auch keinem der jungen Kämpen den Panzer, sondern der bot nun ein ganz anderes und eigenes Spiel, der führte durch das Hoftor einen Stier herein. Einen mächtigen störrischen Bullen, dem er die Augen verhängt hatte mit einem schwarzen Tuch.

Die Leute wichen aus, verzogen sich zu den Seiten, traten unter die Mauern der inneren *arena palatina*. In der Hofmitte angelangt, gab der Niederländer das Seil, an dem er das Tier führte, seinem Kumpan *Walthari*. Der Cherusker aber stellte sich vor den Bullen, der sehr stark war, und schien mit dem Tier zu sprechen. Das Tier hielt still, blieb bewegungslos, als seien ihm die Füße gefesselt, als könne es nun nichts anderes mehr tun, als sich anzuhören, was dieser Nibelunge ihm zu sagen hatte.

Ich wußte einiges von grausamen und blutigen Spielen, die sich in manchen Gegenden die jungen Leute herausnehmen, wenn sie an wilden Tieren ihren Mut beweisen wollen. Ich hoffte, ich müßte nun dergleichen Horror nicht auch von meinem Freund zu sehen kriegen, für den ich so viel Bewunderung hegte, für seine externsteinischen wie für seine römischen Künste, zwischen denen er, so schien es, eine menschenfreundliche Mitte suchte.

Die Zuschauer hatten einen großen Kreis gebildet, und der mächtige Bulle stand nun in diesem leeren Feld mittendarin, stand weiterhin ruhig, schlug nur bisweilen mit dem Kopf, als wollte er die lästige Augenbinde abwerfen. *Walthar* faßte die Leine recht locker. Und der Xantener zog sich nun seine Weste aus, die hatte Krimhild ihm gefertigt, ein zobelbesetztes schwarzes Stück war das, das gab er der Prinzessin, die mitten unter den Zuschauern in der Sonne stand. Dann ging ihr Freund bis an das äußerste Ende des offenen Ovals und stellte sich dort so auf, daß er dem Stier gegenüberstand, nun aber gut fünfzig Schritte entfernt.

Und als nun *Walthar* dem Bullen das Tuch vom Kopf nahm, herrschte gebannte Stille. Eine Weile schien nichts anderes zu geschehen, als daß Mensch und Tier einander betrachteten. In großer Ruhe. Vieh und Spielteufel sahen sich an. Die Zuschauer schwiegen oder unterhielten sich nur noch flüsternd. Und der Ruhrgeselle schien nichts anderes zu tun, als das Tier zu betrachten, das um sein mächtiges Haupt gelockt war wie ein Wisent und das nun ganz frei stand und das doch nun, wenn es gewollt hätte, über den Platz hätte springen und Unheil anrichten können. Aber es stand wie gebannt. Rötlich leuchtete das Haar des Cheruskerprinzen in der Sonne.

Beide Gegenüber beobachteten einander. Und die Zuschauer beobachteten beide.

Der Stier schlug nicht mehr den gehörnten Kopf, sondern blickte auf die Menschengestalt. *Walthar* ließ die Führleine immer lockerer und entfernte sich mit sachten Schritten nach rückwärts. Das Tau glitt ihm durch die Finger, so wie der Xantener dem roten Papierdrachen Freiheit gegeben hatte, und *Walthar* gab endlich so viel Seil frei, daß auch er unter den Zuschauern stand. Die blickten wie atemlos auf die beiden Kontrahenten und es schien, als seien sie allesamt verzaubert und wollten sehen, ob das Tier nun still stehenbleiben und den Menschen immer nur anstarren oder wie es sich verhalten würde.

In seinen leichten Lederschuhen begann der Ritter, fast unmerklich zu wippen, begann, sich auf die vorderen Fußballen zu stellen. Und breitete dazu, sehr langsam, seine Arme seitlich aus. Führte dann die Arme langsam empor, ohne diese Bewegung durch einen Ruck oder Halt zu unterbrechen, hob die Arme am Ende über die Schultern und weiter hinauf und stand schließlich ebenfalls da wie ein Tierwesen, wie ein noch größeres, stand da als ein Hörnerner mit noch längeren, mit noch stärkeren Kopfwaffen.

Da war zu beobachten, wie der Stier, ohne den Blick von dem Gegenüber zu lassen, sein Haupt allmählich senkte, als erwarte er von dem, der da ebenfalls Hörner zeigte, einen Angriff. Und in der Tat, es begann eine Art Angriff. Beide Arme nach wie vor emporgestreckt, wippte der Riese nicht nur auf den Fußballen, nun ruckte die ganze große Gestalt einmal kräftig durch und begann, aus diesem wippenden Schwung heraus, mit erhobenen Armen auf das Tier loszurennen, als wollte er es überfallen – umwerfen – bei den Hörnern packen –

– vor der heranstürmenden Gefahr, vor diesem offensichtlichen Gegner senkte die Bestie ihr Hörnerhaupt tief hinab, bis an den Boden, sicherlich, um seine Hornspitzen dem Angreifenden im entscheidenden Moment entgegenzuschleudern und in den Bauch zu stoßen. Zwei Schritte aber vor dem abwehrbereiten Bullen sprang der Nibelunge ab, im Absprung wie ein Stier brüllend, sprang auf beide Füße zugleich und schnellte in hohem Bogen über den Kopf des Tiers hinweg, das, zu spät, erst kurz hinter dem Fliegenden, seine Hörner hochstieß, als der Springer schon mit beiden flachen Händen auf Stierrücken griff, sich dort abstützte und weiterschwang und seinen Sprung in einen freien Überschlag verwandelte, so daß er hinter dem Tier auf dem Hofboden landete, aufrecht, das Tier im Rücken.

Mit ausgebreiteten Armen, die er ein wenig auf und ab bewegte, als bedauere er den Vorfall und bäte um Nachsicht, so stand er dort mit dem Rücken zum gehörnten Biest, das den Widersacher nicht mehr sah. Beide Arme hob der Springer, grüßte die Zuschauer, und die, als seien sie befreit von einem Schrecken, jubelten.

An der Schreibfeder in meiner Hand war die Tinte getrocknet. Ich sah, wie *Walthar* dem Stier wieder die Blende über die Augen hängte und wie der Niederländer zu Krimhild ging, sie küßte, die hellschwarze Zobelweste wieder anzog und dann von Dankwarth ein Horn gereicht bekam, ein langes Trinkhorn, einem Stierhorn nachgebildet, groß und vergoldet und gefüllt mit Wein. Das hob der Springer hoch, zeigte es allen in der Runde und trank. Und den Oheim Gottlieb hörte ich singen, in mißratenen Tönen, »der Sprung wurde getan«. s. S. 277f

Da *Walthar* mit der Bestie noch immer im Hof stand, achteten die Leute auf guten Abstand und bildeten noch immer einen großen Kreis. Als der Xantener getrunken hatte, zögerte er einen Augenblick, schien nicht recht zu wissen, zu welcher Seite er das Gefäß in den Kreis hineinreichen sollte, Krimhild stand links von ihm, links herum aber sollte das Trinkhorn offenbar nicht kreisen. Also stellte er sich, unterm Gelächter der Leute, an die linke Seite der jungen Frau, so daß nun als zweite sie, rechts von ihm, zu trinken bekam und das Horn nach rechts weitergereicht werden konnte, rechts herum, so wie die Sonne kreist.

Da hörte ich dicht hinter mir eine weibliche Stimme. Links herum, rief die Stimme. Rief es aber so wenig laut, daß nicht die Menschen da unten gemeint sein konnten, sondern nur ich. Hinter mir stand eine der isländischen Frauen, jene, die mir seit der Nacht auf Island die liebste ist, die dunkle, die Anthraxfarbene, die Ruhrnymphe. Flüsternd befahl sie die andere, die linke Richtung, als sei vor allem ich es, der die Gegenrichtung beachten sollte. Dann beugte sie sich über mich, sah ebenfalls aus dem Fenster, ich spürte ihren Leib, ihre Hände in meinem Nacken, wobei sie aber immerzu tat, als tadele und beschimpfe sie die Vorgänge in dem Pfalzhof. Ihr paßte die rechte Richtung nicht? – Links herum ist die Mondrichtung, sagte ich, und die bringt Unglück.

Nur den Schrapphälsen, zischte sie, nur denen knotet sie die Gurgel zu. – Die zarte Gestalt hockte sich auf den Fenstersims, in die Frühlingssonne. Ich sah den hellen Flaum auf der dunklen Haut. – Warum, fragte sie, war jetzt die neue Königin nicht im Hof? Die und der König? Wie können die fehlen in der Brautlaufgesellschaft?

Sah mich an und ging dann zu meinem Pult, hob dort das obere Pergament, tat, als wollte sie einen meiner Notizbögen zerreißen. Kam aber rasch wieder zurück und redete sehr schnell und in einer kaum begreiflichen Sprache, die ich hier buchstäblich nicht wiedergeben kann, die, würde ich das aufschreiben können, kaum jemand entzifferte. Soweit ich ihre diutisken Platt- und Zauberwörter verstand, wollte sie mir klarmachen, daß ich, der Schreiber, mich noch so sehr mühen könne, sie, die überhaupt keine Schrift wisse, spüre, wann ein Mensch unglücklich sei. Das hänge nicht ab von der Korrektheit der Buchstaben, weder auf dem Papier noch im Kopf, auch nicht von der Größe eines Reichs und seiner Reichtümer, nicht vom Zobel auf einer Weste oder von der Kraft eines Sprunges über den Stier, auch nicht von der Länge und Menge und Pracht der goldenen Hörner und Kreuze und Kelche.

Während sie in dieser Weise redete, ging sie sehr rasch zwischen dem Pult und mir hin und her, als jage da eine Schwalbe an den Pfalzmauern entlang, um dumme Gedanken wegzufangen. – Unter euerem Bergfried, sagte sie, gab's jetzt ein anderes Schauspiel. Ein sehr viel trüberes als das, was hier auf der Sonnenseite dein Sprungkind Siegfried spielte. In der hinteren Hafengasse hat Hagen einen Gaukler gepackt, der den Gaffern auf Schiefersteinen Kühe und Hirsche zeichnete, zuletzt einen Zwölf-Ender, der sich bespringen ließ von einer Kuh. Den Kopf des Hirschen hatte der Kerl als GuntherKopf gemalt. Deutlich ist dieser HirschKopf zu erkennen gewesen als Haupt des burgundischen Königs. Bis plötzlich der Waffenmeister dazwischenfuhr und mit dem Schwert das Bild zertrümmerte und das Haupt des Zeichners. *Ahî glücke, ahî heil, nu hastu mir daz swarze teil allenthalben zugekart.* »Holla Glück und Heil, nun zeigst du mir überall deine schwarze Kehrseite«

Die schöne Dunkle umschwirrte und verwirrte mich, verlegen schaute ich wieder ins *palatinum* hinab, wo nun das Tier fortgeleitet wurde, aber ich hörte die Nymphe hinter mir reden, hörte, wie sie sagte, dieser geköpfte Gaukler habe die Wirklichkeit gezeichnet. Hohl und lächerlich seien wir Besitzsüchtigen.

Ich kniff die Augen, als blendete mich die Sonne, und hörte sie sagen, Rans Tochter sei jetzt drüben im Bergfried bei ihren isländischen Gefährtinnen. Gunther habe auf all ihre Fragen geschwiegen oder gelogen. Seit der letzten Nacht sei ihr klar, daß sie auf Island betrogen wurde. Und der Cherusker, so sehr ich den bewundere, der betrüge sich selber. Verschwende in übergroßer Freiheitslust seine überschüssigen externsteinischen Kräfte.

Da mußte ich sie fragen, ob denn der Cherusker, als er zum erstenmal nach Island kam, nicht ebenfalls betrogen, nämlich betäubt worden sei. – Hatten nicht Brünhilds Rauschtränke, haben nicht *Lokis* Wut- oder Wotansspeisen auch ihn verführt, ihn, der den *Balmunk* geschmiedet hat, den Betäubervertreiber? So wie auf Bornholm Ran hintergangen wurde? Lähmte so Brünhild nicht auch ihn?

Da ist die Schwarze wieder zu meinem Pult gesprungen, wütend, als wollte sie dort meine Blätter nun wirklich vernichten. Hat eine Weile nicht mehr geredet, als sei in dieser wurmsischen Halle alles Reden zwecklos. Und hat dann mit einemmal noch schneller geredet als bisher, noch rascher, noch fremdartiger, einen Wörterwirbel, einen Strudel und Sog aus Drohungen, Flüchen und Verwünschungen und Beschwörungen, keltische Kaskaden, wie sie gewiß auch der Drachenkämpfer auf der Isenburg hören ließ, Wörter, die ich erst später, als sie fort war, einigermaßen hab verstehen können, erst am Abend dieses Tages, als ich sie wiedertraf und befragen konnte. Auch dann begriff ich nicht alles. Erst jetzt, nach dem mörderischen Ende, erst in meinem Kirchenkeller ahne ich, was die Anthraxfrau mir hat mitteilen wollen.

Nach einem Silbensturzbach aus Lauten wie *Erbaria bruja larva masca lamia indivinia Venefica Malefica striga Haag maga wicca xorgunia tunritdisse Hagazussa* faßte sie sich einigermaßen. Schazman, der dies, wie er mitteilt, unverändert aus der Kilianschronik wiedergibt, spricht von männlichen »Verfluchungsformeln« (*wordings of damnation against free women*) Und sagte dann ungefähr folgendes: Alles im Weltkreis werde bewegt von Wandel, Verwandlung, Trug, Täuschung und Selbsttäuschung. Kraft samt Gegenkraft, Richtung samt Gegenrichtung seien die Kräfte der ewig wandernd verwandelnden Unerschaffenen in den Tiefen von *Ginungagap*, seien *Hugin* und *Munin*, das Gedächtnis und der Gedanke, seien Trug und Selbstbetrug, seien in immer neuer Form der Motor und bewegten und trügen und durchmischten die Welt wie Wasser und Feuer.

Und entfachte nun ein Sprechfeuer mit dem Wort »Tragen«, worin bis zum Schwindligwerden »Zwerge« flackerten und »Verdreher« und »Trug« und »Trügen« und »Betrügen« und »Zwerch« und »Zwerg« und »Zwar« und »Quer« und »drunter« und »drüber«. – Und weil dies die *motores mundi* sind »Beweger der Welt«, ist jeder und alles fortwährend in der glücklichen Gefahr, vertauscht und verändert zu werden, vom Lebenden ins Tote und zurück ins Lebendige, vorwärts, rückwärts, verquer und umgekehrt. MenschenRumor und SachenWirbel im Wandelchaos *Ginungagap* verschlingen die Zeiten und die Dinge und die Leute, und jeder versucht, vor dieser Allmutter zu fliehen, jeder auf seine Weise. Die Herren in Rom schützen sich durch Steinhäuser und hinter immer dickeren und härteren Mauern, hinter sichtbaren wie unsichtbaren in Burgen, Rüstungen und Stadtmauern ebenso wie in Gesetzen und anderen Vorwänden und Festschreibungen, vor allem in den neuen kirchlichen Büchern und Regeln und Vorschriften. Die Herrschaften in Nifhelheim jedoch suchten ihr Heil in Spielwitz und elementaren Elfenmächten, in begehrenden und zehrenden Wasser- und Feuerkräften.

Wie immer aber man sich absichern wolle und bewahren, ob durch strenge Meßlatten, starke Mauern oder durch List und Geriebenheit, der verwandelnde Tausch durchdringe die dicksten Wände, der Trug mache vor Steinmauern nicht Halt und die Angst erst recht nicht. Sucht, Gier und Neid durchbohrten jederlei Hornhaut und Rüstung, und der am dicksten Gewappnete sei, ohne es zu wissen, schon deswegen zerfressen, weil er sich so sehr habe wappnen müssen.

Weh, was hat mir da meine kohlendunkle Nymphe *Baldinai* an Finsternissen und Lichtblitzen vorgefunkelt, nichts weniger behauptete die Nifhelheimische, als daß alle, die aus Nifhelheim kämen, lögen. Als unaufhörlicher Wandel dringe das Verdrehen bis nach Rom und Jerusalem und bis in unsere Träume. Dagegen behülfen sich die neuen Imperialen mit priesterlichen Tugend-Regeln, mit Hornissenbissen, die ins pochende Blut stächen als Furcht und Gewissensqual, was zum Vergnügen der Machthaber all diesen Ängstlichen vorgaukele, es gebe im Auf und Ab des Feuerwasserlebens Gutes, Böses und Wahrheiten, die festzuschreiben wären.

Und als ob sie mich daran hindern wollte, je irgend etwas festzuschreiben, überfiel sie mich nun wieder mit neuen keltischen Verfluchungskaskaden, diesmal mit Verwünschungsformeln gegen die Männer. – Diejenigen aber, die alle Ordnungsmauern hassen, Feuerwitzige wie Sigurd, Sieglind, Siegfried und andere Freie, die schützen sich vor dem unerschaffenen Klaffen mit dem, was sie dem Chaos abluchsen an Kräften und Verstand, rüsten sich mit Gegenlist und Spielkniffen und Wissen aus *muspel* wie *nifhel*. Dritte schließlich, die Iren und die Isländer, die suchen ihr Heil im verwandelnden Reisen durch Gegenwelten, auf sternenhohen Wogen in Liedern, Tönen, Märchen, Rausch und liebenden Libellenflügen.

Auch als Schreiber von ordentlichen lateinischen Chroniken, sagte sie, sollte ich die isländischen Flugkünste nicht verachten und als Betrug und Betäubung abtun und als zwergische Verdrehkunst und Täuschung. Nein, Brünhilds Empfang für den Xantener bei seinem ersten Besuch sei kein Hinterhalt gewesen, sondern hätte ihre Liebe zu diesem Schönen und Lebenslustigen traumhaft hinaufheben wollen in Anderswelten. Aber der Gast, er kam vom Rhein. Der hatte einen römisch denkenden Vater. Und hatte allzu lange gelernt in der imperialen Kapitale. Nie mehr, fürchte ich, kann er gelingen, der Taumelrauschtausch zwischen *nifhel* und *muspel*.

Fuhr mit ihrer Hand über meine Stirn, fuhr mit ihrem Mund auf meinen Mund und mit einer anderen Hand unter mein Hemd, ließ lange nicht los, summte mit ihrem Mund in meinem, löste sich dann plötzlich, wie im Zorn tat sie das und rief: Nun solle ich mal probieren, ob es mir gelänge, von all dem, was ich jetzt gehört hätte, auch nur eine einzige Einsicht auf mein kluges Pergament zu zwingen. Auch ich sei längst Opfer der Mauernbauer und Waldverwüster, der alexandrinischen Buchstabenbestien und Welt- und Leibzerschneider. Selbst der Hürnerne, indem er sich um Macht mühe, und sei es auch nur in Worms, selbst der sei, obwohl er die Besitzgier durchschaut und *Nidgir* getötet habe und alles Horten verachte und den Hort verschenke, trotzdem hänge der schon jetzt hilflos in den Fängen und Fallen *potestatis, id est ordo mortis et Martis.* »der Macht, nämlich der Ordnung des Todes wie des Mars«. Mars ist als römischer Kriegsgott und als mythischer Vater von *Romulus* und *Remus* der Gründungsgott des *Imperium Romanum*

Da sah sie den Bischof kommen und wiederholte sehr rasch das letzte, damit es auch der Priester hören sollte: Ja, selbst der Xantener hängt längst in den römischen Schlingseilen. – *Baldinai* zischte und pfiff das und noch einmal das *potestatis ordinis mortis et Martis*, wie ein Windhauch war sie davon und das Pergament auf meinem Pult hob sich, als wollte es hinter ihr her.

Ringwolf hatte Mühe, zu erkennen, wer da vorübergehuscht war und legte sicherheitshalber die Hand über seinen Kristall. – Das dachte ich mir, sagte er, Frauen, isländische Frauen sitzen natürlich auch Giselher längst im Pelz. Feuerblenderinnen. Hexen, Sylphen, *Freya*-Frauen. Nicht mehr nur der Hürnerne verwirrt meinen Freund. Und nicht mehr bloß der irische Saufbold Kilian, der vermeintliche Christ. – Er schnaufte. – O wie sinnvoll, wie hilfreich wäre es gewesen, du hättest meinen Rat befolgt, den alten Wunsch von Hagen und von Gunther, dann wärst auch du jetzt ein Kleriker, allein deiner Klugheit lebend und der ewigen Wahrheit, im Inneren heilig und rein und einsam wie die Mönche in der ägyptischen Wüste. *O omnipotens genitor* »o allmächtiger Schöpfer«, steh mir bei, denn nun hat Giselher Umgang mit Nebelfrauen.

Er befingerte das Blatt, das der Elfenwind gehoben hatte. – Sicher hast du hier auch schon den gestrigen Abend notiert mit all den Lügen des Niederländers. Womöglich auch bereits die Bespringtänze dort draußen im Hof. Und dazu den anmaßenden, diesen barbarischen Flug des Cheruskers über den Tod. Und den Jubel, den dieser AntiChrist mit solchen Gaukeleien beim Plebs erntet, mit solchen Teufelssprüngen. Als sei nicht einzig Jesus der Todesbezwinger, er und seine katholische Kirche. Als überwinde den Tod nunmehr ein Ruhrschmied. Ein Alberichgeselle. Ein Kirchenfeind und Verräter. Ein *Spartacus redivivus* »ein wiedergekehrter Spartakus«. Oder ein Wieland. – Ringwolf mußte sich setzen. – Wohin ich auch schaue, *perturbatio capitum*. »Verwirrung der Köpfe«

Vom Frühstück standen noch allerhand Karaffen und Becher halbvoll auf den Tischen, ich gab Ringwolf zu trinken. – Wurmt dich, fragte ich, daß erst morgen dein Hochamt ist?

Es ist nicht mein Hochamt, sondern das unseres Herrn. Daß es erst morgen sein soll, wurmt mich allerdings. Aber das paßt zu allem.

Hat Dankwarth nicht recht? Mußte nicht auch dein Christus hinab in die tiefste Hölle? Um erst am dritten Tag wieder aufzufahren zum Hochamt aller Hochämter, zur Auferstehung? zum Osterfest?

Ach, kluger Giselher, ja, auch Christus litt drei höllische Tage. Aber warum mußt du mir jetzt diesen Schmerz zufügen und »dein Christus« sagen. Unser ALLER Erlöser ist er. Gehofft hatte ich immer, eines Tages würdest du mir helfen, den haushohen Unrat wegzuschieben, der seit je den Rhein heraufquillt. Sollte meine Lebenszeit noch ausreichen, dann errichte ich zu Worms eine Hohe Schule. Und an dieser Schule würden dann wir beide, wenn du nur wolltest, die Vorsteher sein, ja, wir würden gemeinsam zwischen Rhein und Donau alle Gelehrten und Künstler in den Bann der geheiligten Lehre ziehen. Wärest du nur endlich *sancti spiraminis plenus, multis infectum quo sis medicamen in aevum. Nam nulla salus extra sanctam ecclesiam.* Wärest du nur »erfüllt vom heiligen Geist, du wärest für so viele Menschen ein lauterer Heiltrank für die Ewigkeit. Denn es gibt kein Heil außerhalb der heiligen Kirche«

Er stand dicht hinter mir, ich blickte wieder aus dem Fenster, streckte die Nase weit hinaus in die Frühlingsluft. – Ach, hörte ich ihn seufzen, stündest du nur halbwegs im Bann unserer neuen Lehre, der einzigen wahrhaft befreienden. Denn ich merke durchaus, daß es dir und den jungen Leuten um dies verhängnisvolle FreiSein geht. Nimm zur Kenntnis: Unsere neue frohe Freiheits-Botschaft will, daß sich die Dichter niemals mehr wie Orpheus nach der irdischen Eurydike umsehen müssen, sondern daß sie ihre Blicke einzig auf die verklärte, auf die überirdische Frau richten dürfen, auf die rein geistige, die dein Freund so unflätig lästert, auf Maria. Wisse, *poeta*, nach dieser unserer Freiheitslehre wäret ihr Schreiber nicht länger verführbar und abhängig vom Teufels-*Loki* und seinen verführerischen Botinnen, sondern ihr eitlen Poeten könntet euch, wenn ihr nur wolltet, erleuchten lassen vom Glanz der ewigen Heiligkeit, vom Licht der paradiesischen Herrlichkeit.

Er trank einige Schlucke und sah mich prüfend an. Ich dachte nicht daran, ihm seine missionarische Mühen zu erleichtern, ich schwieg.

Von Hagen hörte ich, du notierst deine Chronik nicht, wie das üblich ist unter allen ernstzunehmenden Leuten, in lateinischer Sprache. Gehofft hatte ich, daß du deine Kenntnisse nutztest und die *Historia Burgundiae* auf die rechte Weise festhieltest.

Nicht linksherum?

Er schaute irritiert, wischte sich mit dem Ärmel Schweiß von der Stirn. Nahm dankbar an, daß ich ihm seinen Becher wieder füllte. – Ich weiß, du kennst inzwischen auch die Wege linksherum. Und es mag gut sein, auch die Höllenwege zu wissen. Nur Gefahren, die man kennt, sind zu beherrschen. Höre, Gundomarsohn, spätestens wenn das heilige Jahr Fünfhundert beginnt und wenn ich dann, ein halbes Jahrtausend nach Christi Geburt, noch immer lebendig sein sollte, spätestens dann will ich bei Gunther und Hagen befürworten, daß an achtundzwanzig Wintertagen hintereinander, daß im Februar des Jahres *D* 500 hier in dieser Pfalzhalle, jeweils nach der Abendtafel, vorgetragen wird, was du bis dahin als burgundische Chronik verfaßt hast. – Er trank. – Allerdings nur, wenn du *res gestae urbis et regum Wormatiae descripseris qua pars gubernationis aeternae dei.* wenn du »die Geschichte (wörtl.«die Kriegstaten») der Stadt und der Wormser Könige beschrieben haben wirst als Teil der ewigen Herrschaft Gottes« Denn wisse, Segen bringt nur, was die Grundregel beachtet.

Die Grundregel?

Die Grundregel ist Christus. Daraus folgt das Gebot, daß alle Orpheusjünger lernen müssen, vom höllischen Begehren in Richtung Eurydike oder Venus wegzuschauen und auf Maria zu blicken. Nimm es als Zeichen für alle Künstler, daß aus Byzanz jetzt gemeldet wird, die zwölf Meter hohe Statue des griechischen Zeus, die man für einen Gipfel der Kunst hielt, sei verbrannt. Was jahrhundertelang auf die Orgien von Olympia herabsah, auf die nackten Leiber der Lüsternen und Perversen, das hatten sie nach Byzanz geschleppt, weil sie dort alles für toll halten, was nur irgendwie schmückend scheint oder außerordentlich. Zwölf Meter hoch, aus Gold und Elfenbein, so stand das Götzenbild am Goldenen Horn in Ost-Rom, in Konstantinopel. Der thronende sogenannte Weltengott, nun ist er dahin. Begreif das als

Lehre. Jede gottesfürchtige Pergamentseite, die du in reinen Absichten herstellst und im Dienst am dreieinigen heiligen Geist, sie erspart dir eine volle Stunde im Höllenfeuer.

Ich fürchte, keine einzige Höllenstunde erlassen zu kriegen. Und im Jahr 500 auch keine einzige Vorlesungsstunde in dieser Pfalzhalle zu bekommen. Sobald du nämlich merken würdest, daß meine Grundregel weder Rom noch Christus noch Jerusalem noch Maria ist, sondern einzig die schwachen Erkenntnisse meines Kopfes und die Erfahrungen meines Leibes, dann würdest du meine Schriften verbrennen lassen.

Er stand auf. Ging beunruhigt im leeren Saal umher. – Das Streben nach Erfahrungen und nach Erkenntnis, mein Lieber, auch das ist nichts anderes als Sünde. Das gottlose Erkennen-Wollen, laß dir das gesagt sein von einem, den der Heilige Vater zum *Rumoridus Rusticulus* erhob, die Sucht nach egoistischer Erkenntnis ist sogar eine extreme Sonderungssucht oder Sünde. Ist im Grunde der verhängnisvollste aller Frevel. Ist die Sucht, das Ich neben Gott zu stellen, wo sich dies Ich für den großartigen Augenblick einer einsamen Erkenntnis so weise dünkt wie der Schöpfer selbst. Erkenntnis ist Teufelswerk. Solange sie nicht die Erkenntnis Gottes ist. Mein Sohn, in der Hölle hilft uns keinerlei Wissen mehr. Nicht für den eigenen Ruhm hast du zu schreiben, im Grunde nicht einmal für den Ruhm einer irdischen Herrschaft, sondern allein für die Glorie des einen reinen Königs Christus. Und seines geistigen Vaters und seiner Mutter im Himmel. *Ut hoc facias, dominum iugiter precor verum omnitonantem.* »Damit du das tun mögest, darum flehe ich unablässig den wahren Gott an, der das All erfüllt mit seiner Harmonie«

Der Vetter tappte wieder in der menschenleeren Halle umher. – Alle Künste, die dem *spiritui sancto* nicht dienen, bleiben Gaukelei, Geplärr, Geleier. Torheit und Possen. Ach, die Todsünde von euch Künstlern ist, daß ihr immer wieder nur eurer Selbstliebe dient. Und nicht der Liebe zum rein Heiligen. Das verdirbt euch nicht nur euer ewiges Heil, sondern am Ende sogar eueren irdischen Ruhm. Denn Werke der Ichsucht zerfallen. So wie nun auch die protzige Zeusstatue zergehen mußte, obwohl sie doch als Weltwunder galt.

Er blieb vor mir stehen und sah mich bekümmert an. – Von Hagen hab ich mir sagen lassen, daß du in deinen Papieren zwar auf die unterhaltsamste Weise Begebenheiten an diesem burgundischen Hof zeichnest, als würdest du tatsächlich eine Hofchronik verfassen, daß du auch mit großer Sorgfalt die wormsischen Hochzeitsfeierlichkeiten beschreibst –

Hat Hagen in meinen Papieren gelesen?

– daß du aber in all diesen Aufzeichnungen den Namen des Jesus Christus nicht ein einziges Mal auch nur erwähnst. Statt dessen das »Unerschaffene« und alles Krause und Wüste von diesem Cherusker und von Leuten wie *Wunnibald* und *Rumolt* mit ihren keltischen Vorgestrigkeiten. Nicht ein einziges Mal preist du die *civitas Vangionum* römischer Name für Worms als einen Hoffnungsort für die *civitas dei* für den »Gottesstaat«, für das gesegnete Wachstum der neuen Lehre. Unseren Wohnort nennst du »das lächerliche *Wurmiz*«. Wahrlich, Giselher, wer nur schreibt, weil er sich mit den Leuten vergnügen will, wer nur lebenslüstern schreibt und ichsüchtig, der trägt sich ein in die Liste der für immer Verdammten, der wird am Ende über den Weltenrand abstürzen in den Höllenschlund. Ich weiß, dich ängstigen solche Vorhersagen nicht. Aber nimm zur Kenntnis, daß du ohne die Grundregel der Kunst sogar im Diesseits ungehört bleiben wirst. Daß du nach deinem Tod zerstauben wirst in dein ehevormaliges Nichts. Wenn nämlich der wahre Weltenherr sagen kann: *Solum per me regnantes vivunt* »Allein durch mich leben die Regierenden«, um wieviel mehr gilt, was für die Könige gilt, auch für die Scribenten die »Schreiber« und für andere Machtlose.

Ich schreibe nicht, um mich und die Leute zu vergnügen, sondern, um mich und die Leute vergnüglich von der Wirklichkeit zu unterrichten. So wie Horaz es empfahl: *Et delectare et prodesse.* »Sowohl erfreuen als auch nützlich sein«. Horaz aber wörtlich: »*Aut prodesse volunt aut delectare poetae*« (»Entweder wollen die Dichter nützlich sein oder aber erfreuen«)

Kluger Giselher, du und ich, wir alle sind Sünder, sind Gesonderte. Schon deshalb, weil wir sind. Um uns von dieser Grundsünde unseres Daseins zu erlösen, nur darauf muß unsere Arbeit gerichtet sein.

Ich weiß, bereits beim Gezeugtwerden geraten wir durch die Leibeslust in sündhaft teuflische Befleckung.

So ist es. Mit den mutterfleischlichen Materien sondert der Teufel uns in der Tat, von Anfang an. Nicht die Kirche ist der Sonderer und

Zertrenner, wie dein Niederländer erklärt, sondern der Teufel ist es, der uns von Gottes Reinheit absondert, vom reinen Geist hinab in ewige Erbsünde. Sieh ihn dir an, den du da so sehr bewunderst, als wäre er eine Lichtgestalt. Selbst dein Held aus dem Niederland ist ein Totschläger, ein respektloser Lästerer der wohlgeordneten Schöpfung. Der die heilige Ordnung verachtet, was du Unglücklicher leider bewunderst als Freiheitsarbeit.

Was schlägst du vor? was sollte ich schreiben, statt »keltischer Vorgestrigkeiten«?

Von göttlicher Klarheit und Vernunft solltest du schreiben, wie sie seit je sämtliche Weisen gepriesen haben. Auch in Athen. Nicht nur *Aristoteles*. Die Besten der Griechen wie der Lateiner verachteten alles Krummsinnige, alles Chaotische. Und von einem der Klügsten in Rom weißt du gewiß, daß von ihm folgende poetische Erkenntnis überliefert ist. *Cicero negat, si duplicetur sibi aetas, se habiturum tempus, quo legat lyricos.* »Cicero erklärt, selbst wenn ihm seine Lebenszeit verdoppelt würde, nie würde er sich die Zeit nehmen, Lyriker zu lesen«

Was meint er mit *lyricos*?

Alles Krause und Verworrene. Alles Vorgestrige und eigensinnig Verstiegene.

Mein Vetter wollte sich nun selber wieder den Becher füllen, weil ich nach seinen Drohungen und Erpressungsversuchen diesen Dienst nicht mehr leisten mochte. Kaum war er bei dem Tisch, auf dem die halbvolle Kanne stand, da lärmten Küchenjungen in den Saal hinein, rüpelnde Gesellen kamen da, die begannen unter unflätigem Lärm die Festtafel zu richten, rülpsend und grölend taten sie das und bemerkten uns nicht.

Ringwulfilas flüchtete sich zu mir zurück wie vor wilden Hunden, trank hastig von dem wenigen, das er sich in der Eile hatte einschenken können, und stellte sich dann neben mich in das offene Fenster. – Alle *historia*, mein Sohn, das ist bekannt, wird *in omnibus aetatibus novis* »in jeder neuen Epoche« immer wieder auf andere Weise erzählt. Vom Ungehobelten schreitet das Erzählen fort ins Feinere und wird jedesmal reiner, jedesmal erleuchteter. Ich weiß, schon jetzt hältst du deinen Fürwitz für Erleuchtung. Ich kann dich aber nur warnen, weiter auf diesen nibelungischen Finsternissen zu beharren. Denn dann wärst du nur einer der vielen Elenden, die ihre eigene Gaukelschöpfung höher stellen als die Werke des Weltenschöpfers. Spätestens im allerheiligsten Jahr Tausend, wenn das Diesseits dann noch existieren sollte, werden andere und bessere Sänger deine Arbeiten umgeschrieben und gesäubert haben. Im Licht der wahren Klarheit, zum Lob des dreieinigen Gottes und der jungfräulichen Himmelskönigin, die das Konzil zu Ephesus endlich erkannt hat als die eigentliche AllMutter, als die von uns allen zu verehrende allerseligste Himmelsjungfrau und wahre Gottesgebärerin.

Er wandte sich kurz um, wendete sich angewidert von den Rüpeln weg und kam mir nun sehr nahe. Legte seinen dunstigen Arm um meine Schulter. – Spätestens im Jahr Eintausend werden gottesfürchtige Sänger, angesichts des nahenden Weltuntergangs, keinerlei Sinn mehr sehen in Feuerzauber, in Stiersprüngen oder in lauthalsigen Bespringtänzen. Oder in eigensinnigen Dickschädeln, die sich in Schwarzwaldsümpfen mit zweifelhaften Undinen herumtreiben. Wahrlich, dem Nichts fällt anheim, wer die alleinseligmachende Mutter übersehen zu dürfen meint und statt dessen der teuflischen Verblendung anheimfällt, dem *experimento medietatis orbis.* »der Versuchung, das Zentrum der Welt sein zu wollen«

Ich löste mich aus seinem Arm, der Geruch war unerträglich. Hinter uns wuchs der Krawall der Küchengehilfen. Eine kurze Pause in deren Grölen und Messer- und Schüsselgetöse nutzte der Bischofsvetter, um mir zu sagen: Geben wir ihn endlich auf, unseren hochmütigen Verstand. *Tandem aliquando ad destructionem munitionum nostrarum mentis interioris. Consilia superba destruentes et omnem altitudinem animae nostrae arrogantis extollentem se adversus scientiam Dei re vera omnitonantis et in captivitatem redigentes omnem intellectum in solum obsequium Mariae.* »Zerstören wir endlich die Befestigungswerke in unserem Innersten. Reißen wir unsere stolzen Gedankengebäude nieder und jedes emporragende Bauwerk unseres Hochmuts, das sich erhebt gegen die Erkenntnis Gottes, des wahrhaft Allwaltenden. Werfen wir all unseren Verstand ins Gefängnis und folgen allein Maria« (vgl. Vulgata, 2. Korinther 10,5)

Zum Kessel-, Schüssel-, Stühle- und Messer-Klappern wiederholten die jungen Leute das Brüllen des Stier-Überspringers. Und in den Krach hinein rief Ringwolf: *Habere non potest deum patrem, qui ecclesiam non habet matrem!* »Der kann Gott nicht zum Vater haben, der nicht die Kirche zur Mutter hat«

Die Kerle um uns herum rückten mit vielem Quietschen die Tische und auch die schwere Tafel über den Steinboden, rückten sie an passendere Orte, immer nochmal hoben sie das Gewicht unter Bullengebrüll, hoben auch die Eichenholzsitze mit Rindsrumoren, mit Einschüchterungsgeschrei, mit Siegesgeheul, ja, das mußte ständig neu geübt und verbessert werden. Und weil das Gedröhn in ihren halbgaren Hälsen oft barst, sich überschlug und verunglückte, wiederholten die Kerle ihre Schreie von Mal zu Mal wirkungsvoller und mit krachendem Gelächter-Echo.

Ringwolf wandte sich mir nun so dicht zu, daß ich seinem Ottern-Waz nicht mehr ausweichen konnte. – Du Pöbelpoet, dort hast du dein Publikum. Du Leute-Liebling, du Deutsch-Narr! Das junge Volk, sieh und hör es dir an, das ist ein *belua multorum capitum.* ein »vielköpfiges Ungeheuer« Giselher, wisse, es ist der Pöbel ein geistlos wirres Tier. Mit Vernunft unregierbar. Und glaub mir, bei der Jugend, zumal bei der deutschen, da hilft allein das Peitschen.

Toll und dreist sind sie doch seit je, die Jüngeren. – Aber nie, rief er, so sittenlos, so haltlos lasterhaft wie jetzt, im Adel wie im Plebs, da wächst ein Rattenvolk. – Aber erzählte denn nicht schon vor vielen tausend Jahren die älteste aller Geschichten vom Sittenverfall bei den Jungen? In Alexandria hörte ich, *Hesiod* habe geklagt, es gebe »keine Hoffnung mehr für die Zukunft unseres Volkes, angesichts der leichtfertigen Jugend von heute.« Hesiod, griech. Poet um 700 vor Chr Laut Platon haderte auch Sokrates 399 vor der westl. Zeitrechung beim Freitod nach dem Gerichtsurteil, er habe »die Jugend verführt« : »Die Jugend liebt den Luxus, hat schlechte Manieren, mißachtet die Autorität und hat keinen Respekt vor dem Alter«.

Ringwolf sah sich für einen kurzen Augenblick sorgenvoll um, fürchtete, daß nun auch in meiner Fensternische der Platz zu räumen sei für die Vorbereitungen zur Mahlzeit, aber die halbgaren Lärmbrüder bemerkten uns in dieser Ecke noch immer nicht.

Du *homo argutus* »Klugschwätzer«, rief er, morgen, beim Hochamt im Münster, da hoffe ich sehr, daß du zugegen bist und daß du anschließend in deiner burgundischen Chronik dem reinen Weltgeist angemessenen Raum widmest. – Nun lehnte er sich gegen mich, tat fast so, wie zuvor die zarte Nymphe, berührte mit seiner Wange die meine, summte mir ins Ohr. – Küsse du nun diesen heiligen Stein, zum Zeichen, daß deine Kunst von nun an einzig dem wahren Herrn aller Zeiten gehört, ihm und der von ihm erwählten Jungfau, küsse diesen Kristall an meinem Herzen, diese steinerne Reinheit aus dem Grabe und dem Leibe unseres Erlösers, unseres Befreiers aus der Gefangenschaft unserer verwirrten Sinne und unseres kläglichen Verstandes, küsse ihn, den Stein des Retters, der aus dem Schoß der einzigen kam, die unbefleckt blieb, küsse ihn, diesen verklärten durchsichtigen Edelstein! Wenn du das tust, dann will ich bei Gunther und Hagen bewirken, daß du spätestens zum großen Jahreswechsel jenes Fest haben wirst allein für dich und deine Schreibkunst, achtundzwanzig Abende in dieser königlichen Halle. Ach, wer ein wahrer und ein erleuchteter Dichter ist, der ist seit je, ob er das will oder nicht, ein Gehilfe des Priesters.

Er hatte das transparente Kleinod aus seiner Kutte gezerrt und drängte es nun dicht vor meinen Mund. Ich starrte das gekappte Kügelchen mit einer Grimasse an, als könnte ich den Vetter mit solch sehr deutlicher Erschrockenheit auf Abstand halten. Doch der hob seinen heiligen Brocken immer noch näher an meine Lippen, noch fordernder, ja, zitternd drückte er ihn fast schon gegen mein Gesicht, und da jetzt im Saal neuer heftiger Lärm schlug und weil zugleich von unten aus dem Hof wieder die Rumpelmusik dröhnte zu neuen »Bespringtänzen«, drückte er tatsächlich seine halbe Kristallkugel auf meine Lippen, auf meine zurückweichenden, und rief begeistert: Gebenedeit bist du unter den Chronisten! – Machte das Kreuzzeichen und eilte davon.

Mir drehte sich's. Das Tischgeschramme und Stuhlgescharre auf den Steinböden, das Schüsselgeschepper und die Schreie des jungen Ungedeihs und alsdann Ringwolfs Versprechungen und Drohungen und zuletzt sein übler Geruch inmitten seines Reinheitsgeredes, das kreiselte in meinem Kopf zu einer *vertigo horribilis* zu einem »schrecklichen Schwindel«, und immer noch hörte ich doch *sub suo sermone ac susurru penetranti* »unter seinem duchdringenden Gerede und Gesäusel« die Worte meiner süßen Nymphe, die mich so unendlich viel mehr interessiert hatten.

Daß der Vetter vor dem ungestümen Jungmännertumult flüchtete, darüber, ich weiß, bist du, mein Leser, womöglich noch froher als ich. Ich kenne deinesgleichen zu genau, als daß ich nicht wüßte, wie erleichtert du zur Kenntnis nimmst, daß dieser Aussauger der Seelen und Verkümmerer der Körper sich endlich getrollt hat. Von nun an, so hoffst du, wird wieder mitgeteilt, wie es weiterging auf der Doppelhochzeit zu Worms. Aber das Ansinnen des Bischofs und die Technik des Seelensaugens, dieser Angriff auf die Freiheit, das alles scheint mir viel zu wichtig, als daß ich dir diese Schilderungen hätte ersparen dürfen. Wer das unterschlüge, der würde ebenfalls den Schmuck der Herren küssen. Und würde von der wirklichen Ursache des Mordes und vom Grund des burgundischen Untergangs nichts erkennen und nichts vermitteln.

In der Halle brannten wieder die Fackeln, durch alle Teile der Pfalz ließ Dankwarth die Schellen schlagen. Glocken und Gong und Horntuten riefen zur Abendtafel. Und dann sah ich sie alle eintreten, beobachtete ihre Gesichter, die glänzenden, die erhitzten der Tänzer, die ereiferten der Fechter und die strahlenden der Verliebten.

Aber ich sah auch die Bedrückten. Welch eine Kraft ging von denen aus, die getanzt und gesungen hatten, welche Beklemmung dagegen von meinem königlichen Bruder. Mit seinem Pagengefolge betrat er die Halle, bleich. Neben ihm ging die Isländerin in ihrem dunklen Kleid. Über den Hüften, vorn, vor ihrem unteren Leib, da schimmerte auch jetzt in ihrem Gürtel der matte Glanz des Mondsteins.

Plötzlich fühlte ich einen Mund an meinem Ohr, glaubte im ersten Schreck, wieder den Mund des Vetters zu spüren, und als ich das Weibliche bemerkte, hoffte ich, ach wie gern, auf meine Nymphe. Das war aber die süße Schwester, die in meine Ohrmuschel vertrauliche Nachrichten rauscheln mußte, und soviel ich im zunehmendem Tafellärm verstand, fragte sie mich, ob ich nicht schon am Abend vor der Christgeburt erzählt hätte, daß man allein im Niederland wisse: Nur wer freie, werde friedlich? Und nur der Begehrende erkenne?

So sumselte sie mir ins Ohr, ich spürte ihre Lippen, ihren munkelnden Mund. Aber dann ruckte sie mich beiseite, damit ich nicht länger aus dem Fenster schauen, sondern sie anblicken sollte. – Fällt es nicht auch dir schwer, dort hinzublicken, wo unser Bruder sitzt mit der Isländerin? Ich dachte, ich hätte gestern am Hafen Frau Brünhild so freundlich wie möglich begrüßt. Als ich ihr eben auf dem Gang begegnete und sie wieder umarmen wollte, wie ich nun immer fast alles umarmen will, da schaute sie mich an mit einem Blick, mit einem Bitterblick, mit einem säuerlichen Grauen – das macht mir Angst.

Der Xantener stand neben uns. – Angst? Vor wem? warum?

Sie hängte sich an seine Schulter, flüsterte mit ihm und knabberte an seinen Armen, Ohren und Fingern und schien mit küssenden Worten in ihn hineinzutuscheln. Am Ende sah ich, wie er nickte. Und hörte, wie er ihr leise versprach, mit Gunther zu reden. Noch diesen Abend und in bestem Vertrauen. – Zog sie mit sich fort, in einen Winkel hinter dem Kamin. Was er mit ihr dort besprochen hat, hat sie mir später weitergesagt. Er hat sie für die kommende Nacht um einen Urlaub gebeten. Er wolle sehen, wie er dem Paar helfen könne, das auch ihm unglücklich scheine, ähnlich zerworfen wie seine Eltern Siegmund und Sieglind.

Ja, sprich mit ihnen, bat sie, hilf ihnen. – Froh muß der Niederländer gewesen sein darüber, daß er in der kommenden Nacht nicht heimlich in Gunthers Kammer schleichen mußte, sondern mit dem Wissen, ja sogar auf Bitten seiner jungen Frau.

Wieder wurden im Saal die Wasserbecken gereicht, die rotgoldenen Schalen und dazu die friesischen Tücher, auch byzantinische, unter pfeifender und schlagender Musik bedienten Pagen und Gesinde, und alsdann dampfte in den Schüsseln nicht mehr Fleisch bloß von Saubär, Schaf, Huhn oder Gans, sondern, seit über den Hort verfügt werden konnte, fehlte es an nichts mehr von all dem, was als *egregie delicatum* galt und als *luxuria*. Da lockte in den irdenen Töpfen sowohl an den hinteren Tischen wie in den goldenen Schalen auf der Fürstentafel Leckerkost vom Kranich und vom Schwan, gespickter Kapaun, Ente, gefüllt mit Früchten und Gewürzen aus der *Sapaudia*, aus *Arabia*, auch aus *India*, da gab es Tauben und Tauben-Eier und nicht nur die Fische aus den Rhein-Armen, nicht nur Salm, Aal, Karpfen, Hecht, Zander und Forelle, nach Straßburger Art bereitet, sondern auch daumendicke Fettfischschnitten vom jungen Schaid, gesalzen, gesotten und mit Limonensaft gewürzt und in Butter gebraten. Und nun dufteten auch wieder, was wir schon als Morgengabe kennen, die Lampreten, die Saugfische, aber auch, reichlich gespickt mit Speck und scharfen Zwiebeln, Hase, Reh, Rebhühner und weiteres Wild, gefüllt mit Maronen- und Nuß-Pastete, ebenso Wachtel und Reiher, und da schmurgelte auch ein heißer Berg aus Stücken von Hammelbrust, am Spieß geröstet, bestreut mit gerebbeltem Majoran, vom selben Tier Halsschnitten, krustig gebacken, in rotem Goldküstenwein gedämpft. Und es fehlten nicht die Salate vom frischen Ampfer mit Rettichen, die auf allen Tischen für Frühlingsfarben sorgten zusammen mit Petersilie und Löwenzahn und mit dem Mangold-Gemüse. Und zusammen mit gesottenen Hopfenkeimen waren die Salate die Beigaben zu Backfisch und zu den Koteletts und zu all dem anderen reichlichen Fleischvergnügen.

Als man nun mit dem Essen beginnen wollte und auf ein Zeichen des Königs wartete, da hat der Bischof aufstehen wollen, um die Mahlzeit zu segnen mit frommer Rede. Da stand aber plötzlich schon derjenige da, von dem jeder wußte, daß er *non ecclesiae sed vitae cupidus* war »weniger kirchenfromm als lebenslustig«, und der sprach: Bei so wunderbarer Tafel, vor so viel lockendem Fleisch und Früchten und Getränken unter so viel fröhlichen Essern, da war es am Rhein, heißt es, vormals Sitte, daß man die älteste Frau bat, den Segen zu sagen. War es nicht so, Frau Ute?

Da richtete meine Mutter sich auf, da stellte Ute sich vor ihren Stuhl. Das Süßholz in ihrer Backe züngelte sie zurück und sagte: So war es zu Gundomars Zeit. So war es allerdings vordem in Worms. So lange bis der *vicarius vicarii* kam »Stellvertreter des Stellvertreters« mit den knochigen Gespenstern der Geist-Idiotie.

Und trat dann, die blinde Alte, zwei Schritte vor ihren Sitz, so daß Ute für alle sichtbar in der freien Halle stand. Und begann *verba magica* zu reden, in leicht wiegendem Vortrag, mit sanft bewegtem Leib, zu halb gesungen Worten. Weil Schazman nur Stichworte mitteilt (*song of night and nature*), werden sie hier wiedergegeben durch einen Indianer-Gesang, worin Natur ebenfalls nicht »verbessert« und »maximiert« werden muß, sondern erkannt und gehegt (»Kultur« von *colere*: »pflegen«, »erkennen«)

Unterm Echo des Windes flüstert die Nacht
wirkt ihren Bann
spürt die Saat

den Gang der Stunden
öffnet die Wurzeln, schickt aus den Steinen
zaghafte Schößlinge
zieht Wasser in Adern hinauf
läßt Knospen entrollen, Tag und Nacht zu erkunden,
läßt Triebe und Blätter sich strecken
Klanmutter weiß den Gang der Gestirne
Klanmutter kennt die drehenden Jahresschatten
lauscht der Unerschaffenen
weiß, wie im WechselLicht Muster sich zeichnen
wie Himmelswind die Knochen prägt
das Dunkle mustert, das Helle
in steten Spiralen
im Wispern von Wind und Nacht und Licht

Still blieb es in der Halle. Für eine Weile stand da ein Klang im Raum, ein wiegender Gesang, der die Glieder ergriff. Aus dem Winkel, in dem Krimhilds »Fräulein« saßen, hörte ich lateinisches Gezischel, Utes Lieblingsgelispel. *Finis operis finis terrorum terrarum finis operum errorum finis ordinis mortis et Martis.* »Schluß mit den Taten, mit den Schrecken der Welt, mit den Werken der Irreführung, mit der Todesdrohung des Kriegsgottes Mars«

Und dann wurde mit um so größerer Lust gegessen und getrunken, gelacht, gesungen und gefeiert. Nur am oberen Tafel-Ende und an der Seite, an der die Vettern saßen, herrschte Verdruß. Ich sah, wie der Bischof aufgeregt auf unseren Waffenmeister einredete, Gernot hinterbrachte es mir später, wie, so hätte Ringwolf gefragt, könne, da ein christlicher Ehebund in Wahrheit im Paradies geschlossen würde, nämlich vor Gottes Angesicht, wie könne da so unverfroren die Rede sein von Stein und Schößlingen und Trieben und Klanmutter und Licht. Seit der Mann aus Xanten hier das Wort führe, welche Freiheiten nähmen sich seitdem auch die Frauen heraus, die alten wie die jungen. In diesem burgundischen *Palatium* ginge es neuerdings ständig um die »Unerschaffene«, seien die Weiber getrieben vom Fürwitz dieses Nibelungen, der alles hineinzuziehen suche in seine gottlose Sternenküche, ja, in dieser romanischen Halle höre er, Ringwolf, das Schwirren der Nifhelhölle.

So hätte er geredet, sagte Gernot. Und Hagen habe geantwortet, der Bischof möge unbesorgt bleiben, ihm, Hagen, entgehe nichts. Ringwolf solle morgen im Münster das Nötige klarstellen oder verklären. Amt des Priesters sei es, diese alten Garküchen auszudörren und stillzulegen mit den bewährten Höllen-Ängsten. Und die Leibesfeuer seien bekanntlich nur zu löschen mit dem vom Priester überwachten *matrimonium.* Mit der »Ehe«

Seit Utes Lied gesungen war, lärmten wieder die Musikanten. Wein, Met und Bier und Sauertränke füllte man reichlich ab, am Herrentisch in rotgoldenen Pokalen, an den hinteren Tischen in Schalen aus Ton und Holz und auch in Hörnern, in echten wie in künstlichen. Das heiße Fingerwasser mußte wiederholt erneuert werden, die bekleckerten Hand- und Mundtücher wurden ersetzt durch frische, ach, da war nun ein Kauen und Brechen, das dampfte, sirmelte und duftete, Dunst, Gerüche, Gerüchte und lustige Reden zogen immer dichter um die Köpfe, überdröhnt von Schellen, Krummhörnern, Pfeifen, Trommeln, Trompeten, Fiedeln, Flöten und Leiern, die ohne Unterlaß schmetterten und schlugen, klingelten, quinkelten und die, so schien es, jederlei Sorge zirbimbelten.

Und im Nu war er in Gebrauch, der neue Abort, die luxuriöse *sella familiarica* wörtl. »Familiensitzgelegenheit« nach byzantinischem Muster, der dreisitzige Ort, immerzu hockten von nun an auf allen drei Löchern im weißen Marmelstein Männer wie Weiber, *alvos grassos exoneratum ibant* »und gingen dorthin, um ihre fetten Leibeshöhlen zu entleeren« und es scholl nun durch die Rindshäute am hinteren Ende der Halle, gleich neben der Wand mit dem riesigen RaubAdler, unablässiger Leibeslärm, ja, das rumorte bis zu den Gefräßigen in der Halle, scholl durch die Rindswand als Ungebärdigkeit, Quietschen, Kreischen und Schwartenkrachen.

Ich aber genoß weniger Laberdan und Knoblauchwurst und Wirsing und in der Zeit der Nachspeisen weniger die Apfelkuchen und Quarkstollen und Vogelherzchen, ich horchte auch nur flüchtig auf den immer neu hochschwellenden Lärm vom neuen Abort, sondern sah mit Bangen dort hinüber, wo mein ältester Bruder saß und seine junge Frau. Die saßen nebeneinander wie erstorben. Steif, als seien sie selber die Sessellehnen. Oder steinerne Wotanssäulen aus Bornholm. Menhire.

Ihre Arbeit schien jetzt nicht das Häuten und Zerkleinern von Felchen zu sein, die Gunther sich und seiner Gemahlin hatte auftun lassen, sondern das Bewahren einer aufrechten Sitzhaltung. Und die Bewegungen, die man beim Fischzerlegen zu zeigen pflegt, die schienen sie beide nur noch zu zelebrieren. Sichtbar führten sie den Becher zum Mund, sichtbar hoben sie einzelne kleine Bissen, als sollte das jeder im Saal bemerken. Wer genauer hinschaute, sah aber, daß sie gar nichts aßen und kaum tranken.

Plötzlich ließ der König das Messer eine Handbreit hinabfallen. Auf die Tischplatte polterte das.

Wie er mir später verriet, hat Gunther in diesem Augenblick neben sich wieder die heisere Stimme gehört, eine Mitteilung, die ihm das Messer aus den Zitterfingern stieß. – Ob er sich neue Lügen ausgedacht habe, hatte die Stimme zunächst gefragt. – Was nennst du neue Lügen? – Antworten auf meine Frage, wofür der Dienstmann aus Xanten Krimhild zur Frau bekommt. – Ich hab es dir erklärt. – Eine Prinzessin für Sklaven-Arbeit? Eine Königstochter für Alberichs RuhrArbeiter? – Eine Weile war es still. – Mein »WirKönig« weiß keine Auskunft? War auf Island das andere Ich in deinem verwirrten Wir dein »Eigenmann«?

Darauf mochte und konnte der König nichts antworten. Konnte nur noch mit dem Messer auf der Platte herumstochern und hat das Felchenfleisch, das längst mundgerecht zerteilt war, noch einmal zerteilt, ins noch Kleinere. Konnte dann ein bißchen husten und sagen, er habe ihr all das gestern genau beantwortet. Und bekam zu hören, daß, während sie jetzt hier äßen oder so täten, als äßen sie, ein zweites Bett in ihre Kemenate gestellt würde. – Da entfiel ihm das Messer.

Und sie hat gesagt, falls er aber doch noch die Wahrheit gestehen wolle, solle er getrost im Ehegemach schlafen, jedoch in einem eigenen Bett. Falls er aber die Wahrheit weiter verschlucke, hinge er auch in der kommenden Nacht am Nagel.

Da er keinerlei Erwiderung gewußt hätte, war es ein Glück für den Hausherrn, daß in diesem Moment mein irischer Freund die Halle betrat und mit großem Hallo begrüßt wurde, der gallische Mönch, der Kelte Kilian *Hilarus*, der Leuteliebling *Wunnibald*. Lauthals wurde der willkommen geheißen, mit Musikantentusch und mit dem Geschrei der Fresser. Kilian dankte, lachte, und als es wieder ruhig war, redete er. – Genießt sie, diese doppelte Fürstenhochzeit, und doppelt mal doppelt gut wird sie euch schmecken, wenn ihr wißt, was ich soeben aus Trier und Metz hörte und weswegen ich verspätet kam. Von der Mosel drang die Nachricht zu Fuß und beritten bis in meinen Wackeswald, bis in die Vogesen, wo die Mosel entspringt und über mich dringt sie nun über meinen Esel *Äsop* bis hierher nach Worms, nämlich, daß zehn Jahre nach der Eroberung Roms nun auch die letzte römische Provinzmacht in die Flucht geschlagen wurde, jawohl, unser merowingischer Nachbar Chlodwig hat ihn vertrieben, den letzten Präfekten des Imperiums. Auch Gallien, Freunde, ist also endlich frei, das Reich der Generäle ist kaputt! Kilian meldet hier den merowingischen Sieg über den römischen Präfekten *Sygarius* bei *Soissons*, nordöstlich Paris, im Jahr 486

Da sprangen sie fast alle auf, erhob sich Beifallsgeschrei, Becher wurden geschwenkt, Hälse umarmt, Küsse getauscht, da war die Halle bis zur Kuppel voll mit Grölgedröhn, und in dies rumpelknacksig *diutiske* Tafelgetöse grunzten plötzlich aus dem Hintergrund, von dort, wo die Gäste aus dem Niederland saßen, die niederrheinischen Verse, die sich aus *Colonia* weit verbreitet hatten, das *Orbi et urbi*, *döin RheinMi ond RuhrMi*, dieser Plebs- und Anti-Papstgesang, dies Leute-Lied *in thes tihtonnes reini in thiu diet zungalon rhenaniae* »in der reinen (fehlerlosen) Dichtkunst der rheinländischen Leutesprache«, die den alten römischen Macht-Anspruch mit überaus fließenden Vergleichen kennzeichnete als Einmischung und die statt dessen Umkehr empfahl, kehrseitige Rührung oder gar Aufruhr, nämlich als hitzig köchelndes Zusammenwachsen des Zertrennten oder als schmurgelndes Einrühren ins wechselhafte Wassergemisch, ach, nie zuvor, so hieß es später, hätten die rheinischen Burgunder dermaßen gefeiert, o ja, noch einmal becherten sie bornholmisch.

Dieses Jahr *CDLXXXVI* 486 erschien nun fast allen wie ein Jahr des Glücks. Die Sachsen waren befriedet, die Dänen aus dem Land, Trier fast so reich wie zuvor, die Hunnen scheinbar fern, und doppelte Hochzeit war zu feiern. Ein Bündnis mit diesem niederländischen Kraftkerl, den die gelehrten wie die kahlen Köpfe als »Mächtigsten« respektierten und als Fähigsten. Obendrein gab es die Heirat des Königs mit der Mitternachtsfürstin, über deren Qualitäten freilich noch Zweifel herrschten, undeutliche Zweifel. Man würde sehen.

Und nach blutigen Jahrhunderten war mit der Provinz Gallien die letzte Kolonie Roms vom Joch befreit. Da wurden nun in Worms, als wäre jetzt alles Mörderische aus der Welt, die Humpen neu gefüllt, kreiste der *Saône*-Wein aus Herrn Chlodwigs Land, der glutrote von der Goldküste Côte d'Or. Selbst König Gunther war bei dem allgemeinen Jubel aufgestanden, trank dem Kilian zu und liebte solch glänzende Posen doch auch sehr und gab dann seinen Hochzeitspokal weiter, in der Sonnenrichtung, an Brünhild, nach rechts, in feierlichem Ernst.

Auch sie trank. Ihr bleiches Gesicht blieb unbewegt.

Als da mein Kilian leutselig fragte, warum der König so düster blicke zu dieser frohen Sache, antwortete der, Chlodwig habe zwar Roms letzte Militärmacht vertrieben, doch sei ungewiß, ob der Merowinger seine eigene Macht kenne und deren Grenzen, die bekanntlich an die Grenzen Burgunds stießen, ob sich also dieser ehrgeizige Herr der Franken nun nicht etwa auch gegen das rheinische Burgund wenden werde, Markgraf Gere habe da böse Erfahrung gemacht.

Gunthers Pokal kreiste weiter, wurde neu gefüllt, und nachdem Gunthers Mahnworte eine Weile bedacht worden waren, wuchsen doch wieder Lärm und Gelächter und überdeckten am Ende Brünhilds Frage an ihren Nachbarn, ob wohl auch Künneke Gunther einer sei, der seine Grenzen nicht genau genug kenne. Er tat, als hätte er nichts vernommen, blickte dorthin, wo sein schöner Pokal von Mund zu Mund wanderte.

Und dann scholl wieder laut der Name *Wunnibald*, der irisch-gallische Wandermönch solle vortragen, was er sich an neuen Erlustigungen ausgeheckt hätte. Doch der, inzwischen am hintersten Tisch, duckte sich. Als die Rufe jedoch nicht enden wollten, stand er noch einmal auf, kauend, und sagte, man möge sich gedulden und nicht ausgerechnet ihm das Essen vergällen, auch wolle er ungern schon jetzt den Zorn des Bischofs auf sich lenken, wisse man doch, wie wenig Herr *Ringwulfilas* die irischen Wanderprediger schätze. Ehe der Geisteshirte auch ihm, Kilian, den Bauch auf einen Pfahl pfropfe, fülle er den lieber selber, und zwar mit Bauch und Brust von Huhn oder Schwan. – Da ließ man lachend den Pokal weiter kreisen und neu füllen und zischelten die Niederländer zusammen mit den Frauen den *Banditus Finis mortis et Martis*.

Den König sah ich geradeaus starren. Und sah, wie seine Gemahlin ihn betrachtete. Sie forderte eine Antwort. Gunther blickte nun jedoch geradewegs hinüber, zum anderen Ende der Tafel, zu dem Glückskerl und Leutefreund. Für manchen mochte es immer noch so aussehen, als bedächten Gunther und Brünhild ernste Themen, wie es den Regenten eines Grenz- und Sorgenreichs wohl anstand.

Die Isländerin, so hätte man glauben mögen, hatte sich jetzt gewiß nach diesem fränkisch-merowingischen Nachbar-König erkundigt, welche »böse Erfahrung« Herr Gere mit diesem *Chlotari* zu machen gehabt hätte, der Grenzgraf, der wie alle Burgunder wußten, Krimhild umworben hatte und der in diesem Saal an diesem Tag so zierlich gekleidet ging wie ein Edelmann vom Tiber oder gar wie einer aus der Stadt des Kaisers Konstantin, von der bekannt war, daß dort die Pracht der Gewandmeisterei alles Bisherige in den Schatten stellte. Wer aber genauer hinsah, der merkte, daß zwischen König und Königin gar keine Reden getauscht wurden. Nur sehr gelegentlich, nach langen Pausen. Eisworte. Stichworte.

Heißkalt, so gestand er mir später, trafen ihre Stiche. – *Dau mahtigo kunnik, nu quid mik, wat wahr is.* Wer brachte sie zum Erliegen, *Lokis* Lohe? Du? Nichts bringst du zum Erliegen. Auf deiner Traumstirn glänzen neue Glitzperlen. Dank für so edlen Hochzeitsschmuck. Keine Angst, Held, ich tu jetzt kein dreifaches Probespiel. Doch kommt zur Nacht ein zweites Bett in dein Gemach. Die Freundinnen haben das längst aufgebaut. Im breiten »Himmelsbett«, da schlaf allein ich. Und in dem neuen, hinterm Ofen, da wäre Platz für dich, falls du aufhörst, der Lügenkönig zu sein. Falls nicht, bleibt dir der Nagel.

Der Pokal hatte inzwischen die Fürstentafel umrundet und kam wieder zum König, der nahm ihn und trank und wünschte sich flehentlich, der Nibelunge werde in der kommenden Nacht sein Versprechen halten. Hörte dann wieder dicht neben sich, im Trinken, als er tief in den fast leeren, in den schimmernden Pokal blickte, ihre stahlscharfe Stimme.

Betrübt dich das sehr, das getrennte Schlafen? Oder das Schlafen am Nagel? Denkwürdig fand ich, was dein Schippmann über euer Hochzeiten redete, über euer Freien und Roms Ehe-*Ordo*. Was bei euch erlaubt ist im »Verkehr«, was nicht. Daß die oberste Medizin der KirchenApotheke ein Scheidesalz ist. Mit scharfen Meßlatten, die Reines von Unreinem trennen. Hohes von Niedrigem. Und obwohl das alles so messerscharf geschieden wird, darf ein Schmied vom unteren Rhein eine Prinzessin vom oberen freien? Du Morgenlandmann, erklär mir eure »Sitten der Ehe«. Mir scheint es unbegreiflich, *taz im Rumu Riche ist gifuagit al in ein so helphantes bein.* »daß im Romreich sonst alles so sorgfältig geordnet ist, als sei es aus Elfenbein geschnitzt«

Auch im Wormser Münster, in Ringwolfs Kirchenbau könntest du solche beinerne Feinarbeit bewundern.

Wenn das so Sitte ist hier, das Zerstückeln, Zertrennen und Ordnen, wie kannst dann allein du dagegen verstoßen? und kannst eine Königstochter mischen und schänden mit einem leibeigenen Schuhputzer?

Da holte er gut Luft und sagte, mit zitternden Lippen, er habe keine Lust, fortwährend dasselbe zu sagen, nämlich daß Siegfried kein Sklave sei und kein Leibeigener und daß sie, wenn sie seinen Worten keinen Glauben schenke, schon noch erfahren werde, ob sie wahrhaft so mitternächtlich groß sei, wie sie sich das einbilde.

Und blickte weiterhin zu dem Paar am anderen Ende der Tafel, wo sich die Burgunderprinzessin dem herkulischen Menschenfreund auch jetzt an die Schulter hängte, um ihm Schmunzelwörter und Heimlichkeiten ins Ohr zu flüstern und Lockungen.

»Schon noch erfahren« werde ich was? Will Gunther mich herausfordern? Will der WirrKopf mich bedrohen?

In der vergangenen Nacht, Brünhild, da warst du beim ersten Griff um eine Sekunde zu rasch. Hast mich übertölpelt. In der zweiten Nacht bin ich besser vorbereitet. Wir werden sehen.

Möchtest du, daß ich dich hier und jetzt auf den Kaminsims hebe?

Er schluckte. – Dann sag ich es dir zum letztenmal. Krimhilds Mann ist weder untertan, noch ist er für meine Schwester eine »Schande«. Sondern er ist, wie ich, ein freier, ein würdiger, ein königlicher Mann.

Der vor dir in die Knie geht. Aber so sind wohl die neuen Sitten am Rhein. Weltherrschaftssitten. Wo Könige knien. Wo Fährleute reiche Männer sind. Wo Sklaven für Ruderdienst und Segelarbeit burgundische Prinzessinnen kriegen. Märchenhaftes Imperium.

Gunther blickte geradeaus. Traute sich nicht mehr, in die schwarzen großen Augen zu blicken. Doch die Augen der Frau meinte er auch dann noch zu spüren, wenn er sie nicht ansah. Schaute über den langen Fürstentisch und bedeckte dann sein Gesicht noch einmal mit dem leeren Goldpokal, trank begierig letzte Tropfen. Und schwieg.

Am Ende, Wunderburgunder, werde ich wissen, wie er dir half. Ob er sich in dich verwandeln konnte. Ob er dir Mischungen in den Wirrkopf rührte, Mischungen, die selbst Schwitzzitterer für drei Probespiele »mitternächtlich groß« machten. Und neugierig bin ich, wie du kommende Nacht meine Griffe parieren willst.

Vom Geradeausstarren begann ihm der Kopf zu zittern.

An diesem zweiten wormsischen Hochzeitsabend durfte Markgraf Gere in Frau Krimhilds Nähe sitzen. Daß er sie verehrte, das wurde damit anerkannt, nach den höfischen Sitten. Freilich saß der abgewiesene Freier nicht an ihrer Bräutigamsseite. Zwischen ihm und der Angebeteten hockte nicht nur der Sieglindsohn, sondern auch, sandelholzkauend, die blinde Mutter. Seit Frau Ute die alten Worte im Körperwiegen gesungen hatte, schien sie eingeschlafen. Ab und an bewegte sich ihr Mund.

Herr Gere gab sich nun einen Ruck, beugte sich vor und richtete, um ein rechtes Herrengespräch zu beginnen, eine Frage an den niederländischen Hochzeiter. Meinte, sich nach dem unerhörten Kampf über der Ruhr erkundigen zu sollen und fragen zu müssen, welches beim Sieg über *Nidgir* die cheruskische Hauptlist gewesen sei. Von elbischen »Kniffen« habe er reden hören, von verbrannten Bergen, von kohlschwarzen Wäldern, ja, von des Ungeheuers *woroltswende.* »Weltzerstörung«

Der Mann aus Xanten hörte in diesen Augenblicken viel lieber das, was ihm der Kußmund ins Ohr knispelte. Jedenfalls zerkaute er erst einmal mehrere prickelige Wachtelherzen, ehe er den Höfling ansah, der sich noch immer vorbeugte. – Wie ich den *Nidgir* metzte? Willst du das wirklich wissen? – Gere nickte heftig. – Der Hochzeiter kaute eine Weile weiter, wischte sich dann mit dem Flämmchentuch den Mund, trank und meinte: *Beest Vihu Nidgir inescatus quirumpil zwerch in manibus proletarii putei rivirorum!* Schazman präsentiert dies wörtlich so und nennt das *double dutch,* Kauderwelsch. »Biestvieh Nidgir wurde verlockt und verdreht, in den Pranken des Proleten der Reviersümpfe«

Gere nickte. Schien verstanden zu haben. – Aber wie, hochberühmter *Victor Placidus*, gelang dann letztlich der Sieg? – Der gelang mir *per tormina abdominis monstri.* »Durch Grimmkrämpfe im Schmerbauch des Ungeheuers« *Schlurfschlack mürspriem as ji yerra irslact thiu Roms-Würms, as uuart musha drupjitrappt. Matsch uit Armin.*

Der Hofherr von feinen Sitten nickte, gab vor, auch dies verstanden zu haben und lächelte, obwohl ihm schwante, daß hier die Kirchenformel *Amen* frevelhaft mit magisch-heidnischen Kriegs- und Siegesworten verquickt wurde. Jedenfalls nickte er an diesem Abend noch oft, tief in Gedanken über das offenbar Entscheidende beim Kampf gegen das Böse, über *drupjitrappt* und *schlurfschlack* und was er sonst sich hatte merken können aus der nifhelheimischen Wörterküche, das rekapitulierte er von nun an sinnend, als sei die Plattsprache die neue Mode, die man zu kennen habe.

Da erhob sich Vetter Ringwolf, der von den cheruskischen Sprachspäßen einiges mitgehört und der nun die Musikanten gebeten hatte, ein Signal zu blasen, und zwar in reineren Intervallen als sonst. Die Trompeter taten ihm den Gefallen, der Trommler haute mächtig drein, so lange, bis es an fast allen Tischen einigermaßen still war. Und der Bischof bat dann mit seiner Sorgenstimme auf den nächsten Morgen ins Münster. Dort werde er den Himmelssegen herabbitten auf das Haus der Burgunder. Denn nun sei klar, Burgund erblühe nicht, wie manche dächten, nur in der *Sapaudia*, nicht bloß an der Rhone, sondern, wie nun jeder sähe, auch am Rhein und sogar in diesen Zeiten, da der alte Schutz aus Rom vollends zerfalle.

Über diesen Zerfall, ihr lieben Freunde, ist euer Bischof nicht ganz so glücklich wie offenbar manche hier im Saal. Neben allerhand Grausamkeiten haben uns die Mächte des Imperiums auch viele Jahrhunderte lang Schutz und Segen gebracht und ein vernünftiges Regieren. – Und betrachtete dann den Niederländer und redete lateinisch weiter. – *Et quod in Rhenania lingua theodisca barbarica est et inculta et indisciplinabilis, insueta capi regulari freno grammaticae consiliique artis, homines doctos et eruditos revoco ad rationem sanam et robustam artium latinarum.* »Und weil am Rhein die Leutesprache barbarisch ist und ungebildet und undisziplinierbar, unfähig, sich den lenkenden Zügeln der Grammatik und des Verstandes zu fügen, darum rufe ich die Gebildeten und die Kenntnisreichen zurück zur starken und gesunden Vernunft der lateinischen Künste«

Und wo, lieber Vetter, findest du die Vernunft, die du in der Sprache der Weltherren beschwörst, so daß dich die Leute mal wieder kaum verstehen? – Das fragte Krimhild.

In diesen wüsten Zeiten, rief Ringwolf, gibt es ein Überleben nur mit der allerhöchsten, mit der absoluten, mit der reinen Vernunft, und die findet sich einzig in der Obhut unserer neuen Lehre, die uns bewahrt vor jeder Ichsucht. Denn wahrlich, die Eigenliebe ist es, die uns ins Verderben führt, und mit den vernünftigsten Gründen gilt sie in Roms geistlicher Weisheitslehre als der Hauptfrevel. Auch die pure Leibeslust, wie sie bei Hochzeiten gern gepriesen wird, gehört zu dieser Ichsucht, egal, ob ein Koch sie in einem Märchen aus *silva nigra* süß verherrlicht oder ein Schmied in dem, was er in Rom und *Alexandria* gelernt zu haben vorgibt oder Frau Ute aus ihrem heidnischen Gedächtnis oder unser Hofpoet aus einem Ort namens Krähenkamp *cum licentia poetica.* »Mit dichterischer Freiheit« Wahrlich, ihr Hochzeiter, Mond und Wind und Leibeshitze und schweinische *voluptuosae volutationes* »wollüstige Herumwälzereien« bescheren uns keine Freiheit, sondern das genaue Gegenteil, nämlich allertiefste Unvernunft und Willenlosigkeit, entsetzliche Ausgeliefertheit an das vollkommen Nichtige, an das *vanum vanitatis.* »Wahn und Schein« Davor bewahre uns Maria, *aula regia pudoris rationisque, vera alma mater.* »Die königliche Halle der unversehrten Keuschheit und Vernunft, die wahre Mutter der Weisheit«

Mitten in Ringwolfs schönstem Reden, als sich seine Bischofsstimme aufgeschwungen hatte zu singend verzückten Hochtönen, da hörten wir plötzlich einen ganz anderen Klang, einen krächzend schabenden mit rollendem Geschnarre. – *Ringwulfilas Rabenaas finis operis mortis et Martis.*

Geflissentlich überhörte der Kirchenherr die irdische Mutter Burgunds, tat, als habe es sich um einen eigenartigen Scherz gehandelt, lächelte und redete weiter. – Der muß blind sein, der jetzt nicht sieht, wie unter der Königin Maria die Reinheit der Himmels golden leuchtet, wie die vernünftige ewige Ordnung des Schöpfers auch auf Erden hervortritt, strahlend wie nie zuvor, und wie unter dem neuen

Licht des Heiligen Geistes auch der Wohlstand der Welt zu blühen beginnt und wie sich gerade hier in unserem sogenannten Sorgenreich Worms der Segen zeigen will der neuen Maria-Zeit und des Christus-Imperiums.

Auf dieses Glück hob der Bischof nun seinen Kreuzbecher und trank, Gunther, Hagen, Gere, Gottlieb und Gernot tranken mit, wobei allerdings Gernot einige mißmutige Fragen murmelte, wie wunderlich rasch sich in den Reden des Vetters der höllische Hort in Marias Himmelssegen habe verwandeln können.

Da suchte neben ihm die schöne Königin Sieglind den verwirrten Stoppelkopf aufzuklären. – Euer Bischof ist einer von den schlauen Gauklern, die auch in Köln das Sagen haben und am liebsten auch im Niederland. Der eure hat soeben in seinem Regierungslatein aufgerufen, zurückzukehren *ad rationem sanam et robustam*, zu einem »gesunden und robusten Verstand«, und meint damit durchaus auch die Freude am Horten und am Zusammenraffen von kapitaler Macht, von irdischen Gütern. Kenner versichern mir, bei diesen neuen Priestern sei nichts so toll wie das, was sie »Wandlung« nennen, die Verwandlung von Wein zum Blut, vom Brot zum Leib. Und so wandelt sich nun auf wunderbare Weise auch das Geld zum Gut und das Höllische ins Himmlische.

Als Vetter *Rumoridus* merkte, wie stark rings in der Halle noch immer das Gegendenken und Selberdenken blieb, äußerte er einen weiteren Wunsch. – Wenn ich solchen Eigensinn höre, dann bitte ich nun doch den belesensten unter den Königsbrüdern, unseren weitgereisten Freund Giselher, uns zu beschreiben, wie sie *realiter* aussieht, die Kapitale, die derzeit als die prächtigste gilt, als die mächtigste aller Hauptstädte, die mehr und mehr zum hohen Vorbild wird nicht nur für Trier und Köln, sondern auch für Worms und alle, die gerne mächtig sein wollen. Der gelehrte Schreiberbruder sollte uns die Stadt schildern, die das neue Rom sein will, *caput mundi* »die Welthauptstadt«, in deren Schatten jetzt offenbar alle früheren geraten, sogar Athen und *Alexandria*. Giselher, zeichne uns Gundomars hohes Ziel, beschreibe uns *Byzantium*!

Nun war ich es, der offenbar in eine Probe geriet. Vetter Ringwolf wollte nichts weniger, als daß ich beim Beschreiben von Konstantinopel durchblicken ließ, wie ich nun wirklich über Kirchendinge und

Weltbeherrschung dachte. Ich zögerte also. Doch schon war im Saal Geschrei, o ja, der Schreiber solle unterhalten, hört ihn an, den königlichen Sänger, so riefen die Gebäckbeißer und die Konfektknakker. *Drupjitrappt*, hörte ich Herrn Gere, der von seiner neuen Sprechmode so rasch nicht lassen wollte, obwohl Ringwolf sie soeben in seinem Latein noch einmal ausdrücklich verwünscht hatte.

Einige andere aber wollten lieber Liebeslieder, vor allem die Matrosen auf den hinteren Plätzen, die nicht nur ihre Blicke und Gespräche, sondern unter den Tischplatten auch manches andere ihren Nachbarinnen zugewendet hatten.

So erhob ich mich denn, sang aber kein Liebeslied, sondern dankte dem Vetter und sagte, ich hätte nach dem Gesang, den ich diesen Morgen vortrug, kein neues *carmen amoris* vorbereitet, nur noch einen Lobpreis auf den klugen Herrn Hagen. Dies Lied auf den Waffenmeister zu singen genierte ich mich aber, denn schon mit meinem *Cantus* gegen die fälischen Sachsen sei ich ein schlechter Prophet gewesen, weil statt des Gemetzels vor der Stadt Frankfurt ein schöner Frieden gewonnen wurde und neue Freunde. Ich grüße *Liudger* und seine westfälischen Gefährten!

Das Lied über die Schlacht am Main war trotzdem ein guter Gesang, bemerkte Gernot. Dein *Cantus* machte Mut und gute Stimmung. – *Drupjitrappt*, sagte Herr Gere und blieb offenbar verwirrt. – Ich weiß nicht, sagte ich, ob Kampfstimmung je eine gute Stimmung gewesen ist, doch was das Liedsingen betrifft, so bin ich sicher, daß *Wunnibald* hier bald das Passende vorträgt, etwas liebenswert Fröhliches. – Das freute nun wieder die Handgreiflichen und alle schauten in den Winkel, in dem Kilian saß, und sie sahen, wie der Mönch sich mit Vergnügen durch Rumolts Künste kaute.

Wenn Bischof Ringwolf meint, sagte ich, daß wir wissen sollten, wie die Stadt aussieht, von der auch burgundische Herren schon immer gern schwärmten, dann halte auch ich es, bevor man sich so hoch hinausträumt, für sinnvoll, genauere Kunde einzuholen. Wir neigen noch immer dazu, auf bunten Bornholmflügeln abzuheben, um dann wie Nachtwandler von hohen Zinnen in die Wirklichkeit abzustürzen, womöglich in Abortkanäle, freilich nunmehr in unsere neuen, die, wie beteuert wird, ebenfalls byzantinisch seien. – Bei dieser Einleitung, die freundlich belacht wurde, streifte mein Blick das königliche Paar. Gunther und die Isländerin saßen aufrecht. Als seien, in Stein gehauen, Pharaonen aus Ägypten zu Gast.

Worms, sagte ich, lebt seit langem in der Bewunderung von *Konstantinopolis*, der *Roma Nova*, und beginnt nun ebenfalls mit Säulenbauten und runden Tempeln und Kuppeldächern. Schon der goldene Himmel über dieser Pfalzhalle ist Zeichen unserer Nachahmungslust. Mag sein, der Schwächere verliebt sich in die Herrlichkeit des Größeren, um die eigene Kleinheit zu vergessen. Die byzantinische Größe, so viel sollten wir wissen, hat viel bloßen Schein, doch dreht sich Byzanz nicht wie das alte Rom um den kriegerischen Mars, hat wenig Martialisches, sondern ist eher das, was auch Worms gern sein möchte, eine Kapitale des Schönen.

Dankwarth hatte mir neu eingeschenkkt, ich nahm einen Schluck, um die nächsten Worte gut zu überdenken. Mehr und mehr merkte ich, wie verfänglich Ringwolfs Auftrag war.

Die Stadt des göttlichen Christenkaisers Konstantin hat schon heute zehn mal hundert mal tausend Bewohner und steht wie Rom auf sieben Hügeln, aber nicht bei einem stinkigen Flüßchen wie Rom, sondern an großen klaren Wassern, an der kräftig durchströmten Verbindung zweier Meere. Um diese Durchfahrt, um den Bosporus, ihr wißt es, führte Athen zehn Jahre lang den Krieg gegen die Trojaner. Und in diesem stolzen OstRom sind die Häuser nicht halbleer und halb kaputt wie in WestRom, ist auch nichts verschüttet zwischen allzu hohen Stadtmauern und pompösen Ruinen, sondern das Rom der Griechen ist gefüllt mit *alacritas ac vivendi consuetudo*, mit Lebendigkeit und Lebensart. Diese Stadt hat doppelte Mauern, und gekrönt sind sie mit insgesamt hundertundelf Türmen. Und zu öffnen sind diese Mauern mit elf Riesentoren. Quer durch die neue Stadt der Städte, deren Größe höchstens noch vom alten *Alexandria* erreicht wird, führt eine breite Straße, die doppelt so breit ist wie unser großer Pfalzhof. Diese Allee begleiten auf beiden Seiten goldglänzende Arkaden mit prunkvollen Läden der Gold- und Silberschmiede, der Teppich- und der Tuchhändler und der Geldwechsler.

Die Allee mündet im großen Forum, wo sich die Seidenmagazine erheben, wahre Häuser des Lichts, ja, so heißen sie dort, denn die tausend Fenster der Magazine sind auch in den Nächten hell erleuchtet. Noch üppigere Handelshäuser aber stehen zwischen dem kaiserlichen Palast und dem *Zeuxippos*-Bad. OstRom ist eine Stadt der Kaufhäuser, der Bäder und der Hospitäler, von denen wir in Worms weder das eine noch das andere kennen. Ärzte und Bader gelten in Byzanz als göttlich erleuchtet, denn, so heißt es, sie erahnen die Pläne des Schöpfers. – Ich sah, wie Bischof Ringwolf mit kritischem Wohlwollen nickte. – Selbst vom Atlasgebirge und von *Massilia* Marseille schicken die Reichen ihre Kranken nach Konstantinopel, und die meisten Patienten kehren heim und sind gesund.

Die Häuser der Vornehmen dort, und das sind mehr als die Hälfte dieser Stadt, errichtete man nicht wie bei uns aus Holz, Lehm und Geflecht, sondern aus Stein und Marmor und sind fast alle vier und mehr Stockwerke hoch und aufs Beste gemauert. Die meiste Pracht aber entfalten sie gar nicht nach außen, sondern nach innen, wo in den schattigen und begrünten Höfen vergoldete Brunnen klares Wasser spenden und wo wunderbare Bilder aus Türkis-Mosaiken verwunschen schöne Gärten schmücken.

Ich trank und sah bei einem kurzen Seitenblick, wie Ringwolf mir abermals zunickte. Ich war nicht sicher, ob er zufrieden bleiben würde. – Zu all diesen Wundern, auch zur Kunst der Ärzte, solltet ihr wissen, daß diese große Stadt am Bosporus ganz und gar untergraben ist von steingefügten Kanälen. Das Schmutzwasser steht dort nicht wie bei uns in den Gassen, stinkt nicht aus dem Hafen und dünstet Pest und Leberwürmer und Todesfieber, sondern die Abwässer fließen dort, ehe sie gären und faulen können, unter der Erde fort, und Hunderte *curatores* sind als Beamte beschäftigt, für die Sauberkeit der Kanäle zu sorgen und für die Reinheit in den Straßen.

Diesmal galt mein Blick beim Zwischenschluck dem Freund Kilian, und ich sah, daß er ahnte, nun würde es bald brenzlig, denn er kannte meine Ansichten über Byzanz und über die oströmische Menschenverachtung, die der in WestRom nicht nachstand. – Bei all dem vergaß ich, vergebt's mir, Vetter Ringwolf, die Kirchen. Von denen gibt es in Byzanz mehr als zweihundert, nicht gezählt die Kapellen in den Klöstern und privaten Villen. Vergessen sollte ich auch nicht der Welt beste Universität, nachdem das ägyptische *Alexandria* nur noch von Mönchen verwaltet wird und nachdem dort statt des Wissens nur noch das Glauben herrscht und die freie Lehre von den beschränkenden Meßlatten der Frommen umzingelt ist.

Wie kannst du die alexandrinische Schule so schmähen, rief der Vetter. Als seien nicht die ägyptischen Klosterbrüder die gelehrtesten.

Laß Giselher erzählen, bat Krimhild.

Hat nicht Ringwolf, fragte Gernot, mit Begeisterung von den ägyptischen Mönchen in der Wüste berichtet, die gegen fleischliche Versuchungen nur im Sitzen schlafen dürfen und nie ohne lederne Kratzgürtel zwischen den Beinen? s. S. 114

Da lachten wieder viele und überhörten, wie der Bischof rief: Spricht das gegen deren Gelehrtheit?

Odin prodin, kauderte Ute. – *Urbi et orbi*, murmelten Männerstimmen, und Krimhilds und Brünhilds Frauen zischelten ihr *finis ordinis mortis et Martis*.

Es ist noch nicht lange her, sagte ich, daß im einst so klugen *Alexandria* die Mathematikerin und Philosophin *Hypatia* als erste Frau gelehrte Vorlesungen hielt. Und gar nicht lange ist es leider her, daß alexandrinische Männer, von Heidenhaß getrieben wie von Frauenhaß, diese gelehrte *Hypatia* in einer Christenkirche zu Tode quälten s. S. 146 – Ins Bittere verzog sich Ringwolfs Gesicht. Mag sein, an diesem Abend bereitete ich das Fundament, auf dem vier Tage später das Todes-Urteil auch gegen mich fällig war.

Inzwischen, sagte ich, meiden die besten Wissenschaftler die alexandrinische Universität und ziehen Konstantinopel vor, wo man in den Gelehrtenschulen, Bibliotheken und Museen wie früher in Ägypten fast alles studieren kann, was je Wissenschaften und Künste vermochten. Zwölf Meter hoch war die Statue des thronenden Zeus, aus reinem Gold und Elfenbein stand sie tausend Jahre über Olympia und danach in Byzanz. Eben jetzt aber ist sie verbrannt, wahrscheinlich ebenfalls ein Opfer der Heidenhatz. Ja, verstecken wir auch die düsteren Zeichen nicht.

Aber vergessen wir auch nicht das Schönste, Krimhild, verzeih mir, wie kann ich erst jetzt auf die byzantinische Kleiderkunst zu sprechen kommen. – Die Schwester, neben der ich stand, kniff mich ein bißchen in mein Hinterteil, ohne daß es bemerkt wurde. – Schier unbeschreiblich erschien mir am Bosporus der Prunk der Verhüllungen und der Hofzeremonien, und zwar mit ständigen, mit überaus eifrigen Gewänderwechseleien. Gegen diese Pracht ist hier und heute unsere Doppelhochzeitsfeier, seht mir's nach, eine Bauerntafel. Denn in Konstantinopel wird der Kaiser tatsächlich und täglich wie ein Gott verehrt, abgeschirmt von Hunderten Leibwächtern regiert er in einem riesigen Palast, und es darf, wo immer er sich zeigt, niemand ein Wort reden. Mit Brokat und Samt und Seide und mit den kostbarsten Pelzen und Geschmeiden ist er gekleidet und was das Merkwürdigste ist, stündlich wechselt er seine Gewandungen, er ebenso wie sein Hofstaat.

In diesem Moment, gestand mir Gunther später, habe er neben sich wieder die Stimme der Nachbarin gehört. Ohne daß sie ihn angesehen habe, hätte sie gefragt, ob auch die RheinHerren sich für göttlich hielten und ihre Schwächen hinter byzantinischer Größensucht versteckten. Er sei durch ihre Frage sehr abgelenkt gewesen, so daß er eine Weile Mühe hatte, meinem Bericht zu folgen.

Auch gilt im Kaiserpalast von Byzanz die Vorschrift, sagte ich, daß der unumschränkte Herr von allen niederen Leuten sorgfältig ferngehalten wird. Beides, das Fernhalten der Leute vom Unsterblichen wie das dauernde Kleiderwechseln, es gründet in der Sorge, es könnte ein Meuchler den Kaiser erkennen, könnte ihm zu nahe kommen und sich rächen und ihn ermorden, wie es unter den Caesaren seit je Sitte war, auch unter den sogenannten christlichen, also unter den Päpsten, von denen bekanntlich kaum einer an Altersschwäche starb oder an Krankheit.

Wie kannst du unsere obersten Geisteshirten solcher Untaten zeihen!

Wenn du meinst, ich lüge, will ich mich gern setzen und andere berichten lassen, ist doch hier im Saal auch der *Victor Placidus* ein guter RomKenner. – Ich setzte mich.

Da erhob sich der Niederländer. – Unbedingt muß Freund Giselher weiter berichten, doch will ich zwischendurch gern bestätigen, was er sagt, indem ich erzähle, wie zum Beispiel jener hochverehrte Kaiser *Valentinian* aus dem Leben schied, jener, der alle Lust, die nicht dem Kinderzeugen dient, mit dem Verbrennungstod bedrohte und nicht nur bedrohte, sondern auch tatsächlich bestrafen ließ, mit Folter, Feuer und Mord, der aber bei fast allen Gelehrten als »starker Kaiser« gilt, als »wirklicher Christ« Kaiser *Valentinian* (Kaiser von 364 bis 375) beurteilen in dieser Weise noch moderne Theologen und Historiker, etwa A. Bigelmaier, P. P. Joannou, W. Neuss, F. W. Oediger: »Die starke Regierung Valentinians brachte ruhige Verhältnisse.« Oder: »*An earnest Catholic*« (*Oxford Classical Dictionary*)

Dieser Weltenherrscher Valentin, dem wir die Kastelle am Rhein zu danken haben und die verbesserten Befestigungen in Mainz, Augst, Basel, Andernach und hier in Worms, dieser sogenannte Christ ließ am liebsten Magier quälen und Weissager und Sternkundige, ließ sie tagelang foltern und hinrichten. Alle die, die lieber ihren eigenen Verstand nutzten als den der Bischöfe, die warf er am liebsten seinen zwei Bärinnen vor, deren Käfige in der Kaiserstadt Trier vor seinem Schlafzimmer standen, weil auch dieser Gottähnliche ständig um seine Ermordung fürchten mußte. Seine beiden gefräßigen Türwächter nannte er *Innocentia* und *Mica aurea*, »Unschuld« und »Goldchen«. Als er wieder einmal Verhandlungen führte mit den sächsischen Quaden, die er, wie üblich, in der folgenden Nacht auffressen lassen wollte, nachdem sie ihm günstige Dokumente unterzeichnet hätten, da, als nach der Unterzeichnung noch ein bißchen getrunken und geplaudert wurde, fragte ihn der Quadenkönig *Gabinus*, was denn am Christentum weniger barbarisch sei als am Götterglauben anderer Völker, wenn doch auch diese neue Religion geradeso wie alle früheren immer wieder zu Blutbädern führte und zu Massakern. Da brachte schon diese Frage den frommen und wahren und starken ChristenKaiser dermaßen in Wut, daß er blaurot anlief und tot unter den Verhandlungstisch fiel. Am 17. November des Jahres 375 Von solchen und von noch wüsteren Häuptlingen auf dem Thron, die sich anmaßen, die Welt zu lenken, von solchen Imperatoren, die von den kriecherischen Staatsschreibern und Klostergelehrten als gerecht und weise gepriesen werden, könnte ich bis zum kommenden Morgen erzählen. Aber zum einen haben wir bis dahin Besseres zu tun, und zum anderen sollte Freund Giselher uns das große Worms-Vorbild ausmalen, Byzanz.

Ihr seht, sagte ich und stand wieder auf, warum die Herren am byzantinischen Hof ihre Kleiderpracht stündlich erneuern mußten, aus Angst vor all den Untergebenen, die man auch in Konstantinopel ebenso verachtete wie fürchtete. Ja, ihre Tarnungen wechseln die oströmischen Herrschaften inzwischen stündlich, was insbesondere der Schneiderzunft zu guten Gewinnen verhilft. In Byzanz wären Gunther oder Hagen oder Ringwolf in den anderthalb Tagen, die wir hier inzwischen feiern, mal griechisch erschienen, mal ägyptisch, mal römisch, mal persisch oder indisch oder chinesisch.

Das gab Gelächter, weil man sich vorstellte, wie Hagen chinesisch aussähe und Herr Ringwolf griechisch, also doch wohl nackt und nur mit seinem heiligen Steinchen bekleidet. – In Konstantinopel, Freunde, da wechselt der vermeintliche Christengott fortwährend auch die schweren Diademe, und auch die Damen tragen morgens Halbmond-Ohrringe, mittags das glänzende *Loros*, einen Brustbehang aus Diamanten, oder das *Manakion*, einen Juwelenkragen, und abends erscheinen sie mit denjenigen Insignien, die ihnen der Kaisergott persönlich dediziert hat, als da sind massiv goldene Buckel-, Kegel- und Scheiben-Fibeln. Spangen Die Kaiserin selbst schmückt sich mit einer goldenen Adler- und Pfauen-Fibel, wobei die Raubvogelfedern aus durchbrochener Emaille sind und wobei der Adler, das Macht-Zeichen auch dieses Imperiums, eine Pfauenkrone trägt mit einem Pfauenrad aus Golddraht, besteckt mit Perlen und Juwelen.

Täglich sah ich am Goldenen Horn die Massen in Prozessionen wallfahren zum Kaiserpalast, haben doch diese Leute das Glück, ihren Gott leibhaftig erblicken zu können, jedenfalls aus der Ferne. Man huldigt ihm im Hippodrom, wo vierzigtausend Menschen überdacht beisammen sind. Aber nur aus großer Distanz dürfen sie den Himmlischen anbeten und bejubeln. Das bestätigen neuere Forschungen des Freiburger Althistorikers Jochen Martin (»Spätantike und Völkerwanderung«): »Abgeschirmt residiert er in seinem Palast, der ein *sacrum palatium* ist, ebenso wie alles ›heilig‹ ist, was mit dem Kaiser in Zusammenhang steht. Im Palast vollzieht sich alles in zeremoniellem Schweigen, der ›Wink‹ wird zum Ausdruck der Macht. Seit der Mitte des 4. Jahrhunderts wird die Abgehobenheit des Herrschers noch durch Vorhänge (*vela*) betont, die den Kaiser vor den Blicken der Sterblichen schützen«

Schon Kaiser Konstantin hat bekanntlich seine Minister umbringen lassen, auch diejenigen, die mit ihm verwandt waren. Sobald er nur vage einen Verdacht schöpfte, sie könnten seiner Macht gefährlich werden, wurden sie beseitigt. Auch seine Geschwister tötete er, sogar seinen Sohn.

Wo, bitte, siehst du bei all dem unser Vorbild? – Hagen juckte sich den unteren Rücken.

Si veritas, id est granditas amoris sui, antwortete Ringwolf. »Wenn es wahr ist, dann ist das Größenwahn« (wörtl. »Unmaß an Eigenliebe«)

Und nur weil sich dieser Konstantin für all seine Untaten im Paradies Vergebung erhoffte, weil er im Jenseits für sein mörderisches Diesseits ein *absolvo te* »ich spreche dich los« von allen seinen Sünden wollte, nur deswegen ließ er sich auf dem Sterbebett, in seiner Todesangst, christlich taufen. Und damit war Europas Schicksal besiegelt. Seither funktioniert sie, und aus blutigen Mordgeschäften entstand sie, die Verklammerung von Staats- und Priestermacht.

Bei uns, hörte ich Hagen, bringt König Gunther weder seine Mutter um noch seine Brüder noch seine Gemahlin.

Ja, sagte ich, wir sollten auf die Unterschiede achten, aber auch aufs Gemeinsame. Seit Konstantin ist der Kaiser in Konstantinopel göttlich, seitdem ist er nicht nur überirdisch wichtig und wird sein Amt nicht nur unablässig verhüllt und verklärt mit den wunderbarsten Schönheiten eines Paradieses auf Erden, bei dessen Anblick nicht nur König Gunther zerschmelzen würde, sondern der Kaiser in Byzanz ist auch der oberste Besitzende in dieser Stadt. Vor allem ist er der reichste Seidenhändler. Liegt Byzanz doch an der Seidenstraße nach China. Diesem Gott gehört fast alles Gehortete in den Lagerhäusern und Magazinen und in den Webfabriken am Bosporus. Er besitzt aber nicht nur in unübersehbaren Mengen die kostbarsten Stoffe, sondern verfügt auch über die seltensten Preziosen des Orients, ganze Häuser läßt er damit füllen. Diesen über allem schwebenden, diesen hoch einsamen Kaiser zu beschreiben und nichts auszulassen an denkwürdigen Zeichen und Signalen, ich spür's, mir gehen die Worte aus.

Krimhild reichte mir meinen neu gefüllten Becher. – Auch für Byzanz, sagte ich, wird die Macht verklärende Pracht zum Wolkenkuckucksheim. Auch diese Macht wird die Zeit fortpusten ins Nichts, so wie jetzt beim Brand im Lauros-Palast die Statue des olympischen Zeus verschwand, die der Künstler *Phidias* schuf als Weltwunder. Die heiligen Stätten der griechischen Vorzeit werden inzwischen als Steinbrüche genutzt für die neuen Christuskirchen. In *Alexandria* sah ich kostbare Sarkophage aus der Zeit der großen *Cleopatra*, die als Waschwannen dienten oder als Freßtröge für die Kamele. So wie dort die weltberühmte Bibliothek auf Geheiß der Kleriker verbrannt wurde, weil die heidnischen Zeugnisse verschwinden sollten, und so wie im selben Ort auch der Leuchtturm als zweites Weltwunder im Erdbeben zerfiel und in Byzanz der Glanz des alten griechischen Göttervaters, so ist auch OstRoms übergroßer und größenwahnsinniger Kaiser längst nicht mehr der wirkliche Herrscher, sondern das byzantinische Staatsschiff wird gelenkt von kirchlichen Patriarchen, zum Beispiel vom Erzbischof Johannes, dem *Chrysostomos*, der den Judenhaß und den Frauenhaß propagierte und der diesen Haß auf alles Diesseitige mit seinem Trenn- und Scheidesalz ins Grauenhafte verschärfte und der so gewaltig zu predigen verstand, daß ihn schon zu Lebzeiten auch das einfache Volk »Goldmund« nannte.

Wie kannst du diesem wunderbaren Heiligen Machtwünsche unterstellen. – Bischof Ringwolf sprach leise, tat, als resigniere er.

Chrysostomos hatte den Kaiser und seine Schranzen fest am Gängelband, konnte ihnen allen seine höllischen Drohungen tief ins Hirn träufeln. So beschied er bis ins Kleinste, wie sich der Mann zu schützen habe vor irdischen Versuchungen, ob durch Frauen oder Juden oder Heiden. Mindestens so heftig, wie er vor den Frauen warnte, so daß alle Männerohren bis zum Zuschwellen erröten mußten, mindestens so wirksam predigte er gegen die Juden, und wo immer ein Unglück geschah, gab Goldmund jüdischer Triebhaftigkeit die Schuld. Hitler (Mein Kampf, S. 278): »Unser gesamtes öffentliches Leben gleicht heute einem jüdischen Treibhaus sexueller Vorstellungen und Reize«

Dieser Erzbischof »Goldmund« predigte, wie es hieß, mit Engelszungen, der beschrieb in genauen Einzelheiten, wie die Juden auf nichts als auf lasterhafte Finsternisse sännen und den Weltkreis verderben wollten und ganz und gar verkauften. Sicher bin ich, daß die Schüler dieses sogenannten Christen *Chrysostomos* inzwischen mitteilen, daß Juden nicht nur Christus ermordeten, sondern auch die Zeus-Statue vernichteten. Mit seinem strengen Rat, sich vor jeder diesseitigen Lust zu schützen, steht Herr Goldmund in Byzanz in höchstem Ansehen, ja, er gilt als heilig. Auch in WestRom gehört er heute zu den Vätern der Kirche. Freunde und Gäste hier in diesem Saal, was immer wir über das traumhaft schöne Konstantinopel hören, laßt es beim Traum bewenden. Gunther, du libellischer Bruder, dir trinke ich zu und wünsche, du würdest dein Glück und das unseres burgundischen Landes auf festen Grund stellen, nämlich auf menschenfreundlichen.

Man hob die Becher und trank gleichfalls, und als die Gefäße klappernd auf die Tische zurückgestellt wurden, ging ich zur Truhe, holte meine Fiedel, was mit fröhlichen Zurufen beantwortet wurde. Doch als ich das Instrument einstimmte, unterbrach mich Ringwolf und machte sich Mut mit einem *Qui tacet, consentire videtur* »Wer schweigt, scheint zuzustimmen« und fragte mich, ob denn nicht auch ich wisse, daß allerdings die Juden es gewesen seien, die den Heiland gekreuzigt hätten.

Zögernd stimmte ich immer nur dieselbe Saite und überlegte mir meine Antwort. – Kreuzigen ließ ihn Roms Staatsmacht in Palästina. Diese Staatsmacht freilich ist inzwischen verklammert mit der Kirchenmacht. Da war am Ostrand des *Imperium Romanum* ein Unabhängiger gewesen, der »Wohlgefallen« und Freude und alles Freiheitliche auch für die jüdischen Leute wollte. Auch für die Armen. Auch für die Sklaven. Der nicht mit Gewalt, sondern mit Weisheit dasjenige anstrebte, was dem *Spartacus* mit Gewalt nicht gelungen war. Ja, ein weiser aramäisch-galiläischer Schöpfer-Erzähler war dieser Jeschu. Und nach seiner Hinrichtung verging er ganz und gar. Denn nachdem Roms Staatsmacht für sein leibliches Verschwinden gesorgt hatte, konzentrierte sich Roms Kirchenmacht auf das Verschwinden seiner Weisheiten. Die ihn zu verehren vorgaben, die fälschten, was zu berichten gewesen wäre, zum Beispiel seine Frauenfreundlichkeit. Erster Verfälscher war der römische Herr Paulus. Denn eure juden-, heiden- und frauenfeindliche Kirche, sie ist ein Geschöpf des Herrn Paulus.

Was redest du da! rief Ringwolf.

Ich rede, was wenige Kluge auch in Rom gut durchschauten. Die Weisheit des Jeschu wurde umgebogen zu einer Religion des Todes und des Leidens. Altgermanist Friedrich Maurer beschreibt in seiner ausführlichen Analyse der großen hochmittelalterlichen Epen (*Parzifal, Tristan und Isolde*, Nibelungenlied, Der arme Heinrich u.a.) das »Leid« als deren gemeinsamen und zentralen Begriff. (Leid, Studien zur Bedeutungs- und Problemgeschichte, Bern/München 1951) Am Anfang war die neue Religion die Hoffnung gewesen für die Menge der Unfreien, die in Inbrunst auf Erlösung sannen, nicht in einem fernen Paradies, sondern hier und jetzt, nicht im Jenseits, sondern gleich an der nächsten Ecke wollten die Geknechteten ihr Joch loswerden. Als aber unter dem großen Kaiser Konstantin der Glaube an den Gekreuzigten zur Staats-Religion wurde, war Jeschu nicht mehr die Hoffnung der

Unterdrückten, sondern eine willkommene Hilfe für die Unterdrükker. Da wurde seine Weisheit zur Angst- und Todes-Religion, zur List der Herrscher, zum Schutz von Reichtum und Macht, weil von nun an alles Volk eine schöne Zukunft nur noch in einem fernen Jenseits erträumen durfte. Und die Freiheitsbotschaft für das Diesseits war von nun an ein süßes ewiges Lulleliedchen vom fernen Jenseits, ein reines Märchen, das mit traumhaften Paradiesesbildern über alle Leiden und Plagen wunderbar hinweghob ins traumhaft Geistige.

Ringwolf wollte aufspringen. Hagen hielt ihn auf dem Sitz.

Schon früh hatte der römische Kontrolleur *Saulus*, der sich auffallend rasch zum *Paulus* gedreht hatte, die Weisheiten des Jeschu vorbereitet für den nützlichen Gebrauch der Machthaber. Mancher hält Herrn Paulus für Europas ersten und besten Menschenfallensteller.

Einige im Saal blickten, als ich dies sagte, auf den Cherusker, von dem dies Wort stammte. Und als ich das bemerkte, wie sie jetzt zu dem Niederländer hinsahen, da wärmte mich die Freude darüber, daß meine Zuhörer wachsam zuhörten, daß sie mich gut verstanden.

Seit der Inthronisation als neue imperiale Staatsreligion war Schluß mit »großer Freude«, mit »Wohlgefallen auf Erden«, waren Erde wie Leib und Frauen verachtenswert und unrein und durften vernachlässigt werden, ja, ausgeplündert und verteufelt. Laut *Paulus* verhieß der neue Jeschu die Erlösung in einem Reich, das unfaßbar war in der Höhe des Heiligen und rein Geistigen und das deshalb ungefährlich blieb für alle Reichtums- und Reichsbesitzer. Statt der Freiheit hatten die Leute nun das Ertragen von Not und Elend zu lernen, als Probespiel für ein besseres Später, von nun an übten die *diutisken* Gläubigen Geduld und Gehorsam als das tägliche Kreuz. Ja, das Kreuz wird nun ringsum zum praktikablen, zum allgegenwärtigen Zeichen der Angstbeamten, der Elendsverwalter, die dafür sorgen, daß keine Freuden über uns kommen, sondern daß wir eine Menschenquälerei anbeten, einen zu Tode Gefolterten.

Luft zu empörtem Zwischenruf holte sich Ringwolf, doch Hagen verschloß ihm den Mund. – Morgen im Münster redest du, und dann so lange du willst.

Seither, so sagten mir einige Weise in Rom, darunter auch ein alter frommer Rabbi, seither erhoffen die Leute sich eine bessere Welt nur noch in einer höheren Sphäre, und die Kirche, obwohl sie sich auf Christus beruft, spiegelt die Hoffnung auf die prächtige Jenseits- und Anderswelt im byzantinischen Prunk ihrer Gewänder und Altäre und Gottespaläste und zelebriert in pompösen Messen sichtbar einen Vorgeschmack auf den paradiesischen Geisteswahn und Himmelszauber. Und damit die leidenden Armen und Sklaven und Heiden und Barbaren endgültig ruhiggestellt wurden, schufen ihnen die Kirchenherren als Letztes, weil sie ja nun ebenfalls Macht hatten und um Macht bangen mußten, einen innigen Ersatz für *Gaia* oder *Artemis*, boten ihnen eine traumhaft schöne *compensatio* für die unerschaffene Begehrenskraft und ihr ewig leibliches Verwandeln, das alles durchdringt und beherrscht mit immer neuem Hunger nach neuen Freiheiten: statt der Gottheiten, die nun Götzen waren, bieten sie nun jene geistige AllMutter, die beruhigende, die lieb und süß einlullende, ihr wißt, von wem ich rede, von der überwirklichen, von der rein geistig zeugenden, von der stillenden WunderMutter des Jeschu.

Verräter, hörte ich Ringwolf.

Von Maria wurde von nun an verschwiegen, daß sie oft empfangen und geboren hatte, von nun an war sie kein Mensch aus Kopf, Lust, Leib und Querfell, sondern eine »unbefleckte«, die der darbenden Menge Trost spenden konnte als Botin aus der reinen Geisteswelt, als wunderbar Säugende, als »Stillende«. Ja, sie macht von nun an still, macht mit ihrem leidenden Sohn unsere Seelen untertänig und still, für tausend Jahre macht sie das und gewiß noch länger. Seither, so sagte mir der alte Rabbi in Rom, werden selbst diejenigen, die einst Gerechtigkeit und Freuden »auf Erden« wollten, brav und geduldig, bisweilen zu kindischen Säuglingen. Denn die neuen Herren trennen streng und unleutselig alles Irdische vom Überirdischen und folgen darin dem Herrn Paulus oder dem furchterregenden *Chrysostomos*, dem Goldmund der Weltverachtung. Vgl. z. B. Erich Fromm, »Die Entwicklung des Christusdogmas« (1930)

Da war nun der Bischof nicht mehr länger zu halten. Als ich mich jetzt setzte, da stand er schon vor seinem Stuhl. – Welch eine Raserei, welch eine Barbarenlitanei! welch einen jüdischen Verrat müssen wir uns hier anhören. Welchen Schmutz wirft Giselher *ad beati Petri et Pauli apostolorum vocem.* »auf die Lehre der seligen Apostel Petrus und Paulus«

Dankwarth reichte ihm einen neu gefüllten Becher, aber das beruhigte ihn nicht, er wies den Becher zurück, wollte, nein, mußte nun nur reden und richtigstellen. – Wäre ich Richter in diesem burgundischen Reich, es gäbe für den, der da sprach, nur ein *exilium ad inremeabile*. Ein »Exil ohne Wiederkehr« Aber noch fehlt uns Gottesdienern, entgegen all diesen lügenhaften Behauptungen, jegliche irdische Macht, und leider regiert am Rhein noch immer kein *princeps christianissimus* »allerchristlichster Herrscher«, und so muß ich hier und jetzt wieder alles selber ordnen. – Er sprach fast weinerlich, einige schienen ihn zu bemitleiden, besonders die lateinischen Wendungen taten Wirkung.

Was unser Schreiber, so fuhr er mit bebender Stimme fort, von irgendeinem Rabbi weiß, das beweist gerade nichts anderes, als wie recht die Kirche hat, vor den Juden zu warnen. Außerhalb von Marias reinem Hause wird niemals ein Heil sein, weder im Jenseits noch im Diesseits. Ich wollte, auch die Herrschaften zu Worms verstünden endlich, daß sie sich wenigstens in Fragen der Religion unter die Aufsicht der Bischöfe Christi zu stellen haben und daß nicht etwa umgekehrt die Kirchenlehrer sich zu richten hätten nach den kruden und wüsten Ansichten der größensüchtigen Fürsten. – Hob beide Arme und rief: *Subdere et non praeferre*, »sich beugen und nicht erheben über« so muß man es von den Laien erwarten, auch von den fürstlichen! Und so, mit diesen Worten, so beschwört das auch unser neuer Papst Felix Felix III., Papst von 483 bis 493, so verlangte er dies eben jetzt in einem viel beachteten Brief an den oströmischen Kaiser Zenon, ja, dem übermütigen Herrscher in Byzanz schleuderte er dieses Wort *subdere* entgegen, »sich beugen«, jenem Herrn, der sich dort allerdings aufspielt und über alles erhebt wie ein Gott. Alle heiligen Mysterien, auch die hochgeistigen Vorgänge beim heiligen Abendmahl, die, so erklärte Sankt Felix diesem Hochmütigen, die hat nicht der Kaiser zu lehren und die hat auch kein sonstiger Fürst zu deuten, schon gar keiner im kleinen Burgund, nein, umgekehrt, die weltlichen Herrschaften und auch der Kaiser selbst, sie alle haben zu akzeptieren, was die Hüter der Religion erklären und verkünden, wie sie Gottes Gedanken nachdenken in ihrer ständigen brennenden Sorge um das Heil ihrer Herde. Gott selbst hat es so gewollt, daß in Fragen der Religion nicht die Menge der Leute entscheidet, auch nicht die Majestäten dieser Welt, sondern Niedere wie Obere haben allesamt ihren Nacken zu beugen vor der Weisheit der Kirche. *Subdere*!

Nun reicht es, rief Hagen und reckte sich in seinem Sessel hin und her. – Was höre ich hier, ich höre *subdere* und »Nacken beugen«? – Und der Heermeister zerrte den Vetter erstaunlich unsanft zurück auf den Stuhl. – Ich hatte dich daran erinnert, daß du morgen im Münster reden magst, so lange du willst, aber hier in der Königshalle wirst du weder mir noch Giselher noch Gunther das Wort verbieten mit deinem *subdere*. – Und damit erhob sich das Gneisgesicht, rumpelte mit seinem Holzsitz, rieb sich den Rücken und grinste. – Unerträglich scheint mir Vetter Ringwolfs Geheuchel. Dieser Kleriker verdirbt mir den Appetit, der läßt alte Wunden jucken, und wenn wir nicht aufpassen, dann springt uns dort drüben der frisch ausgemalte römische Adler aus der Wand und dann bin ich neugierig, auf wen er sich stürzen wird, ich bin sicher, er schnappt sich als erstes unseren *patruelis Rumoridus Rusticulus et admirabilis Episcopus et animarum venditor.* Unseren »Vetter ländliche Volksstimme, unseren bewundernswerten Bischof und Seelenverkäufer«

Mit seinen Salbadereien jedenfalls lenkt Herr *Rumoridus Rusticulus* gründlich davon ab, daß zwischen OstRom und WestRom seit langem handfeste Machtkämpfe toben. Und die List der tüchtigen Jesus-Verwalter war es schon immer, Volk durch Volk auszuschalten und jedesmal rechtzeitig auf der Seite der Sieger zu stehen. Erst wendete sich der Papst mit den Goten gegen OstRom. Dann vernichtete er umgekehrt, mit der Hilfe von OstRom, just die soeben noch so hilfreichen Goten. Danach auch die Wandalen. Anschließend aber verbündete er sich mit den Langobarden erneut gegen OstRom, und demnächst bekämpft er gewiß wieder seiner vorherigen Retter, die Langobarden. Nein, Vetter, hör mir auf mit Euerem Gerede vom rein Geistigen und überhaupt von Reinheit und von der überwirklichen Maria, mir wird übel. Wenn Giselhers Rabbi wußte, Weltverachtung sei die neue Religion, dann füge ich hinzu, Schamlosigkeit ist ihre oberste Regel. All deine paradiesischen Ausreden und Himmelsmärchen, *Ringwulfilas*, die heb dir auf fürs morgige Hochamt.

Der Heermeister schob sich seinen Bart um die Nase. – Und du, Schreiber Giselher, du solltest dich hüten, diesen Vetter über Gebühr zu reizen. *Etiam periculosum est, ridendo dicere verum.* »Auch im Scherz ist es gefährlich, die Wahrheit zu sagen« Auf Dauer haben immer die Schamlosen die Macht. Eher jedenfalls als die Narren und die Schreiber. Und nimm es einfach mal zur Kenntnis und klag nicht weiter dran herum, daß unsere Imperiumswelt aufgeteilt ist, die eine Hälfte geht an die Maden aus Rom, die andere an die in Konstantinopel. Überlaß mir die Politik und sing uns jetzt endlich dein versprochenes Liedchen von Byzanz.

Lange hatte ich hier im Lorscher Loch Zeit, über Hagens Mahnung nachzudenken. Erst im Dunkel des Klosters scheint mir klar, daß er nicht nur mich hat warnen wollen, sondern zugleich wohl auch den Störenfried Siegfried, der am Abend zuvor den Machtweg der Kirche ähnlich deutlich geschildert hatte, als Europas Menschenfalle. Hagen hat klarstellen wollen, wer im neuen Imperium in Wahrheit die »Mächtigsten« seien, aber auch, wer allein das Recht hätte, sie zu kritisieren, ihnen zu widerstehen mit Rat und Gegenbefehlen, nämlich allein er, Hagen, vormals der Exekutor des römischen Vasallentums in Worms, nun der Lenker einer freien burgundischen Königsmacht.

Für uns andere dagegen galt, das wollte er deutlich machen, tatsächlich das *subdere sed non praeferre*. Mochte sein, das war als Ermutigung auch an seinen König gerichtet, an den bleichen Gunther.

Ach, diese einsame Zelle, dies winterliche Dunkel birgt auch eine Chance. In dieser Finsternis erkennt man in aller Klarheit die wirklichen Zusammenhhänge, die weltbeherrschenden Mächte. Inzwischen geht es mir gut in meiner Isolation. Heute früh gelang mir ein Violinspiel, zum erstenmal wieder.

Damals, in der Hochzeitshalle, hob ich ebenfalls die Fiedel und sang eine Ballade vom byzantinischen Größenwahn und vom Witz und Mut unseres Heermeisters, unseres Vetters Hagen. Und davon, wie der als »göttlich« geltende Machthaber in der orientalischen Welthälfte in Wirklichkeit ebenfalls nichts weiter ist als nur ein klägliches Bündel aus Angst und Heuchelei.

Gundomar, der edle König,
seiner Wormser Wohl bedenkend,
sandte einst den jungen Hagen
hin zum Hofe nach Byzanz

Dort empfing man ihn mit Ehren
prächtig an des Größten Tafel
Hagen ward ein Platz gewiesen
dicht beim allerhöchsten Gott

Doch war ein Gesetz erlassen,
an des Gottes Tische solle
niemand auf die andere Seite
wenden, was ihm vorgelegt

Eh der Kaiser selber wendet
das Geflügel, die Pastete,
darf das niemand vor ihm tun –
rüde Regeln schafft die Angst

Weh, Herr Hagen, mit der Regel
nicht vertraut, drehte arglos
seinen Fisch, die Gegenseite
auch zu essen und mit Lust

Da erhoben sich die Schranzen
Fürst um Fürst, des Gottes Ehre
wiederherzustellen gegen solche
unerhörte Freveltat

Und Gott Kaiser sprach mit Seufzen
Ach, dein Leben ist verfallen
Doch es steht vor deinem Tode
dir noch eine Bitte frei

Was du immer bittest, will ich
dir gewähren. Nur das Leben,
Hagen, dir zu schenken,
das ist nicht mehr möglich

Kalt sind in Byzanz die Sitten,
sagte Hagen, stolz und kalt
Doch als braver Schüler Roms
muß ich dem Gesetz wohl folgen

Eine letzte Bitte hab ich
allerdings, o Allergrößter
Und der göttlich Große sprach: Wohlan,
sprich, sie ist voraus gewährt!

Nur vorm Tod dich zu bewahren,
ginge gegen unsrer Väter
altgeheiligte Bestimmung –
alles andere steht dir frei!

Drauf Herr Hagen: Gerne sterb ich.
Nur ein einziges begehr ich,
eh sie mich zum Galgen führen:
Außer mir stirbt auch ein zweiter

Wer? So fragt' der Kaiser ängstlich.
Wer den Fisch mich wenden sah.
Beim Herrn Christus, andre sahn es!
Ich? Ich habe nichts bemerkt!

Und die Kaiserin desgleichen:
Bei der reinen Gottesmutter,
bei der Königin des Himmels
schwör ich, daß ich nichts gesehn!

Auch Byzanzens Fürsten schworen
beim Herrn Jesus, bei Maria!
Niemand hat die Tat bezeugt.
Nicht bezeugt hieß: Nicht geschehen!

Also schlug der Waffenmeister
sie mit ihren eignen Waffen.
Und er kehrte wohl und heiter
wieder heim zu Gundomaris

Da wurde Hagen gepriesen, da wendete man die Speisen und aß man mit noch mehr Vergnügen und erzählte mit Gelächter von jenem Gastmahl, an dem Hagen dem römischen Statthalter der Rheinprovinz in dieser Wormser Halle getrockenete Fuchsleber hatte ins Essen rühren lassen, was Wirkungen hervorrief, von denen jeder, der dabei war, wüstere Erinnerungen auftischte. Grün, nein bleich wie ein Gespenst sei der römische Provinzfürst gewesen, wäre am Ende gar nicht mehr vom Loch überm Höllenstunk heruntergekommen und seit dieser Nacht hätte der Präfekt das Burgunderreich peinlich gemieden.

Da stand der dicke Oheim Gottlieb auf und sagte: Vergeßt nicht, daß Hagen außer der Fischleber und Fuchsgift auch Niesmittel einrühren ließ, die den hohen Gast plötzlich explodieren und nach allen Seiten auseinanderspritzen ließen. Zwei seiner Generäle benötigte die Staatsmacht als Stützen, die mußten den Präfekten dort drüben hinter das Rinderfell schleppen, wo Feldmarschall *Severus* sich erleichtern wollte auf unserer alten, auf der dunstwabernden *WAZ-Cloaca* aus schmierigem Holz und ohne Abfluß, wo *Rumolts* Kochkunst allzu viele Jahre lang die gräßlichsten Verwandlungen fand. Schon auf dem kurzen Weg dorthin hatten die Generäle ihrem niesenden Kommandanten Gürtel und Toga abgenommen, weil er so elend hat klagen müssen und alles so durchaus dringend war. Trotzdem ist der schwere, der schon halbnackte Herr kurz vorm Vorhang zu Boden geglitten und sind ihm, dem mehrfach Niesenden, Braten, Wein und Soße als grüne Fontänen hinten herausgepfiffen, o ja, grün und braun schoß sie empor, die harsche Mischung, schoß bis an die Gold-Decke und auch gegen das Wandbild, gegen das rote Macht-, Raub- und Wappentier.

Im Gelächtersturm erhob sich noch einmal das krummsinnige *caput regni burgundionis* »der burgundische Regierungschef«, es wurde wieder still, und das Gneisgesicht erzählte. – Ich besitze die Abschrift eines Provinzprotokolls aus dem Jahr *CDLXXIV* 474, unterzeichnet von *Horatio Severus Titus Maximus* vom »Ehrenvollen, Grausamen und Größten«, also von eben jenem Präfekten der oberen Rheinprovinz, der das Loch trotz Unterstützung der Generalität in der Tat nicht mehr hat erreichen können. Der erklärte in seinem letzten Bericht nach Rom, daß die Speisen der burgundischen Barbaren für den römischen Feingeschmack durchaus ungenießbar seien, ja gefährlich. Man solle, so der Herr »Grausam«, die Legionen künftig weiträumig um die oberrheinische Regionalkapitale *Warmatia* herumleiten und damit jeder Schwächung von Roms Militärkraft vorbeugen.

Auch diese Mitteilung verbreitete keine Trauer, breitmäulig schmurgelten Vergnügen und Behagen und mehr und mehr wuchs die Bereitschaft, die byzantinische Erstarrung unseres Königspaares zu ignorieren. Vielleicht aber war deren Schweigen der Grund, weswegen auch Hagen komische Erinnerungen servierte, ach, schon immer war vor kritischen Zuspitzungen und Streit und Kampf jede Sorte Ablenkung sehr willkommen. – Nicht vergessen will ich, fügte der Waffenmeister noch hinzu, Giselher für sein Lied zu danken. Daß ich aus OstRom lebendig heimkehrte, beweist, wie auch in der Ohnmacht Hilfe ist. Dem Überlebenden ist es egal, ob es *Lokis* List war, die ihn rettete oder die des *Chrysostomos* oder die »Kniffe« unseres Hochzeiters aus Xanten oder die unseres Kirchenvetters. »Kniffe« wünsche ich in passenden Portionen all unseren vier Hochzeitern!

Er griff nach seinem Becher, trank aber nicht, sondern holte ein Pergament aus seinem Wams. – Hört, was Goldmund *Chrysostomos* am Ende seines Lebens, als auch ihn seine Kirchenkollegen zu Tode hetzten und verfluchten als *contaminatus* als »Räudigen«, hört, was der Kirchenvater in seinem letzten Brief schrieb: Niemanden fürchte er, der abgesetzte und verbannte Bischof, niemanden fürchte er so sehr wie die Bischöfe. Auf diese späte Einsicht, ihr Freunde, sollten wir trinken! *Fiducit!* Ungebräuchlich gewordene Analogie zu *prosit* (»zum Wohl«), wörtl.: »Habt Vertrauen« (*fiducia* = »Vertrauen«)

Man trank nun und befand sich in einer seltsamen, in einer aus Komik und Ernst bunt verrührten Stimmung. Überaus ernst jedenfalls erschien dies alles unserem Bischof, den ich seinen Kristall umklammern sah. Inzwischen war jedoch Hagen immer noch stehen geblieben und wandte sich plötzlich an die Gäste aus Xanten und sagte, daß nun auch sie Interessantes aus ihrem Reich erzählen müßten, gewiß hätten auch sie besondere Erfahrungen mit dem alten wie mit dem neuen Rom. Jedenfalls sollten sie davon berichten, bevor Herr Ringwolf morgen im Hochamt allen klarmache, wie sündhaft, geistlos und gottlos das Nebelland Nifhelheim sei, aus denen Gunther und Krimhild nun ihre Ehegemahle gewonnen hätten und wie uns arme Erdenwürmer allein das *matrimonium* die Ehe vor allen Lastern bewahre, besonders vor den keltischen und heidnischen. Da wüßte man doch gern Genaueres, zum Beispiel über die Cherusker, und bezöge diese Nachrichten besser nicht von den Römern und ihren Staatschronisten und Bischöfen, sondern am besten von den Beschriebenen selber, von denen, über die bislang nur wüste Gerüchte und *Tacitus*-Märchen umliefen.

Da erhob sich lächelnd die große Weißhaarige. Statt des Bärenfells, das Hagen ihr angedichtet hatte, trug sie wie ihr Sohn ein kragenfreies Hemd aus hellgrauem Stoff, fast bodenlang, mit rotem Gürtel, gezeichnet mit zarten Mustern in Orange und Schwarz, mit Glut- und Flammenzeichen, mit Kuhbildern. Ich hab dir, unbekannter Leser, bereits gestanden, wie gern ich diese Frau von Beginn an betrachtete, als würde man unter ihren freundlichen grauen Augen jünger, besser und fröhlicher.

Dank für die Ehre, für das Vertrauen, sagte Sieglind. Ich weiß nicht, wie weit hier Roms BarbarenMärchen geglaubt werden. So üppige Bilder, wie Giselher sie aus Byzanz beschrieb, kann ich aus unserem Nifhelheim nicht schildern, nicht mal annähernd. Nicht in Samt und Seide leben wir, und schon gar nicht als Götter. Im Niederland leiden wir auch kaum an Größenträumen. Eher an Roms neuem Kirchenregiment, das Giselher und sein Rabbi und Herr Hagen gut erklärt haben. Dies neue Regiment wurde weder von Herrn Chlodwig zerschlagen noch von Herrn Theoderich, im Gegenteil, die meisten Fürsten nützen nun sehr gerne den neuen Geisterglauben aus den Wüsten rings um Jerusalem. Und dies Regiment lebt nun wohl lange noch. Auch Xanten am Rhein war und bleibt *colonia ad ultima*, wie Köln. Was helfen *Sigurds* uralte Siege, was helfen Odoakers oder Totilas oder Theoderichs Triumphe in Rom oder Chlodwigs nun in Gallien. In der neuen Kirche regiert das alte Imperium nunmehr von Ewigkeit zu Ewigkeit und listiger denn je zuvor, ja, dies Denken beherrscht selbst diese Wormser Königshalle. Die ist gebaut wie eine priesterliche Kopfhöhle, golden romanisch das Gewölbe, an der Stirn noch immer der befehlende Adler, der menschenverachtende. Roms Bilder wirken gewiß lange noch.

Dann sagte sie einiges in der fremden, in der Plattsprache, was nur an den hinteren Tischen verstanden wurde. Das Unerschaffene, so glaubte ich ihre Rede zu begreifen, sei nicht hinter Mauern zu bergen, sei nicht mit Steinwällen zu sichern und nicht mit Büchern zu bändigen. Die unzerstörbare Wandelkraft durchdringe mühelos alle Grenzen und Hecken und Mauern, überfliege wie der Wind alles Menschenwerk und dies freie Fliegen benötige auch keine Apotheke und fürchte keine *ordo* und sei unabschaffbar.

Wenn ich erzählen soll, sagte sie dann wieder in Wörtern, die alle verstanden, wenn ich schildern soll, was zu Xanten der Motor ist oder der Bremsklotz, wer da die Bewegung macht und wer *bitter balowerek* »bittere Übel«, offenbar im Anklang an das »bittere Scheidesalz«, von dem ihr Sohn geredet hatte so ist das unsere Furcht vor der lateinischen *industria*. Die ist, scheint mir, die hauptsächliche Kopfmedizin der neuen Religions-Apotheke. *Industria* heißt »Tüchtigkeit« und will uns weismachen, Gottes himmlischer Segen erweise sich im Besitz von Macht und Glanz und Gut und Gold. So schlecht das auch zusammenpassen will mit den Geschichten von der Armut des Herrn Jesus und von der heiligen Distanz zu allem Irdischen, wonach wir alle eigentlich leben sollten wie jene rein geistigen Mönche in den Wüsten hinter *Alexandria* oder Jerusalem.

Nach einem Wink von Krimhild reichte Truchseß Dankwarth der Frau aus Xanten einen neu gefüllten Silberbecher, sie dankte und trank. – Wenn Giselher meldet, in Rom gebe es fast nur noch Ruinen, so berichten mir Romreisende, zumindest die Tempel dort seien erneuert worden und viele neue seien tüchtig gebaut, ja, es stimmt, Kirchenprunk wie Kleiderpracht, so lehren die neuen Herren, sie beweisen schon auf Erden Gottes Gnade. Und weil sich alles der Kirchenmacht zu beugen hat, *subdere*, so erscheint uns in Xanten wie auch sonst im Niederland der heilige Geist wie ein Raubgeist, wie ein

General oder Landesherr, denn als Fürst ist der Bischof zugleich sein eigener Richter. Des Bischofs leibeigene Richter jedenfalls rauben oder verkaufen die Gerechtigkeit. Und wer den oberen Seelenhirten sich nicht beugt, *subdere*, der hat von den Richtern alles zu befürchten. Dazu ein Beispiel.

Still war's im Saal. Ernst schauten jetzt nicht nur Gunther und Brünhild. Ringwolf und Gere tuschelten mit ihren Nachbarn, wollten wissen, was dieses oder jenes Plattwort bedeute. Und König Gunther hörte von seiner isländischen Nachbarin die Frage, ob auch am Rhein nun alles käuflich sei und leibeigen, ob der burgundische König also dem Niederländer die Schwester verkauft hätte und was der dafür zu zahlen hatte. – Gunther tat, als müsse er dringend hören, was Sieglind erzählte.

Alva, sagte sie, so hieß meine beste Freundin, eine Keltenfürstin, die mit mir bei den Externsteinen aufwuchs. Die hatte einen Gutshof geerbt beim Rhein, nicht weit von Köln. Ihr Mann, der von diesem rheinischen Gut stammte und der dem neuen RomGott nicht hatte dienen wollen und zu den Ostfalen geflohen war, der hatte mit *Alva* ein neues Leben begonnen in den sächsischen Ländern bei der Elbe. Als er sich dann um seinen väterlichen Hof am Rhein hat kümmern wollen, wurde er dort gefangen und in Köln gequält wie die weise *Hypatia* in *Alexandria* und ist am Ende, weil er den elbischen Elfengeistern nicht hat abschwören wollen, gevierteilt worden. Nein, sie haben in Köln keine »Unschuld« und kein »Goldchen«, die so etwas in Trier erledigten, sie haben dort eigene Quälmaschinen. Da meine Freundin *Alva* niemanden kannte, der sich um ihren armen Mann und um das Gut am Rhein hätte kümmern wollen, wollte sie selber dorthin reisen. Ich warnte sie sehr, und schließlich beauftragte Frau *Alva* einen Vornehmen aus Köln mit der Verwaltung der Ländereien am Rhein. Einen Herrn namens *Kuonrad* empfahl man ihr, denn dieser Herr *Kuonrad* sei dem Kölner Bischof direkt unterstellt und genieße solches Ansehen, daß ihm sogar die Leiber der drei heiligen Zauberkönige überantwortet seien, jener drei Weisen, die das Kind in der Krippe gefunden, besucht und beschenkt hatten. Deren Leiber ruhten derzeit zwar noch in Mailand, in goldenen Schreinen, doch werde der Herr *Kuonrad*, so hieß es, die Gebeine der drei Magier demnächst nach Köln schaffen, das sei gewiß. Als *Alva* hörte, daß

Kuonrod die Leiber von Kaspar, Melchior und Balthasar hüte, die sich auf die Himmelsweisheiten und auf die Sternenkunst verstanden, da stand ihr Entschluß fest. Diesem Manne überantwortete sie die Sorge um die Landgüter ihres getöteten Mannes.

Doch später mußte sie hören, daß *Kuonrad* dies Anwesen am Rhein längst als eigenen Besitz betrachtete. Da klagte sie beim Kölner Bischof. Ihre schriftliche Klage jedoch wurde von den geistlichen Dienstleuten nicht weitergeleitet. Die Freundin gab nicht auf. Vor gut einem Jahr reiste sie selber nach Köln, vom elbischen Hammaburg über Hildisheim und Soest und *Buochenheim* zu mir nach Xanten. Und von dort fuhren wir dann gemeinsam an den Hof des Fürstbischofs.

Praesul sanctus dei »der heilige Bischof Gottes«, als er hörte, daß sich nun auch die Mutter des Offiziers *Victor Placidus* um *Alvas* Fall kümmere, da hat er uns empfangen und hat danach *Wala*, seinen Vetter, beauftragt, die Sache zu untersuchen. Als der Anwalt *Wala* alle Machenschaften des Herrn *Kuonrad* ermittelt hatte und schon ein Urteil verkündet werden sollte vom Bischof, da ist meine Freundin wiederum von der Elbe an den Rhein aufgebrochen, ist aber unterwegs an der Ruhr, ist im *Asnithi*-Wald überfallen worden, kurz vor *Werethina*, nicht weit von dort, wo der SchadAlbe Alberich seinen Sitz hatte, bei der Isenburg. Vgl. die Ballade der Droste und das Lied Walthers von der Vogelweide (S. 85f)

In Xanten jedenfalls kam *Alva* niemals an. Nie haben wir wieder von ihr gehört. Doch ich gab keine Ruhe, habe persönlich in Köln den Herrn *Wala* und den Bischof bedrängt, all diese Umstände aufzuklären und den Spuren nachzugehen. Da erfuhr ich endlich, daß *Kuonrad* inzwischen sehr reich geworden war durch den Verkauf der drei Könige und daß er meine Freundin hatte beseitigen lassen. Um sicher zu gehen, daß von diesem Mord nichts verraten würde, hat er den Meuchler durch einen zweiten umbringen lassen, so daß niemand die Ermordung der *Alva* bezeugen konnte.

Solche geistlichen Morde gibt es inzwischen überall in Europa, besonders von Basel bis Köln sind die neuen Herren uns feindlich gesonnen, jedenfalls so lange wie Niederländer oder Sachsen sich nicht taufen lassen auf den von Giselher so genau geschilderten, auf den abwesenden, auf den jenseitigen Gott. Für den kölnischen Herrn *Kuon-*

rad war ein Vertrag mit einer Frau und mit einer Barbarin kein Vertrag. Inzwischen ist er ein wichtiger Mann in Rom, beim Papst Felix. Ich fürchte, Roms Besitzsucht und *industria* und der Geist, der daraus wächst, der weltfressende *Nidgir*-Geist, der denkt und lenkt wohl lange noch *urbes et orbem.* »die Städte und den Weltkreis« Den vier Hochzeitern hier im Saal, denen wünsche ich, sie träumten andere Träume. Und sie fänden die Chaos-Waage zwischen FreiSein und GerechtSein, eine Kunst, die wohl auch der liebenswerte Jeschu zu lehren suchte. Doch der scheint, das ist wahr, endgültig gekreuzigt. *Wela, hu sculun wi nu libbian, efto hu sculun wi an thesam kruzi wesan.* »Weh, wie sollen wir nun leben, und wie können wir unter diesem Kreuz leben« Doch was hilft das Geklage, hilflos bleibt das Gejammer der Sklaven und der Barbaren. *Nam dum agrestis linguae nostrae inculta theodisca verba inseruntur latinitatis planitiae, quin etiam verba iustitiae atque veritatis cachinnum dominis audientibus etiam episcopis provocant.* »Streut man nämlich die ungeschliffenen deutschen Worte unserer bäuerlichen Sprache in die feine Glätte des Lateinischen ein, so rufen sogar Worte der Gerechtigkeit und der Wahrheit bei den zuhörenden Herrn, auch bei den Bischöfen, nur Spott hervor und schallendes Gelächter«

Darum werden Geschichten, wie ich jetzt nur eine einzige von vielen Tausenden erzählte, von den Machthabern ganz und gar verschüttet. Geschichten von *Alva* oder von *Hypatia* oder von *Spartacus* oder wie der Christus wirklich gewirkt hat, das alles stört die Ordnung der selbstherrlich Mächtigen. Und einer Frau bleibt nichts übrig, als die Sprache der Herren zu lernen, das herrliche, das kriegerische Latein. *Studium semper primus omnium.* Und ich hoffe, das Totschweigen gelingt nicht für alle Zeiten. Die Unerschaffene wird niemals still bleiben. *Saxa loquuntur. Tellus nobis aetherque chaosque aequoraque et campi omnes et etiam Rhenaniaeque saxa loquentur. Sic homines, qui Christiani vocantur, tacuerint, lapides ac feminae clamabunt.* »Die Steine sprechen. Erde und Äther und das Chaos und die Meere und alle Lande und auch die rheinländischen Felsen, sie werden sprechen. Ja, sollten die sogenannten Christen weiterhin schweigen, die Steine und die Frauen werden anklagend schreien« (s. S. 26 und 430)

Sie erhob ihren Becher. – Auch in der Schrift über den Jesus ist es geweissagt. »Wo die Menschen schweigen, da werden die Steine schreien«. Lukas 19,40 Darum sage ich auch euch Burgundern den

Rat eines unkriegerischen Lateiners: *Sapere aude!* Horaz *(Epistulae)*, wörtl.: »Wage es, weise zu sein«. Kant übersetzte das 1784 in der »Berlinischen Monatsschrift« (S.481) unter dem Titel »Beantwortung der Frage: Was ist Aufklärung?« mit den Worten: »Habe den Mut, dich deines eigenen Verstandes zu bedienen«. Und erklärte dies zum »Wahlspruch der Aufklärung«

Trank aus ihrem Becher und nahm wieder Platz, während rings Wispern zischelte, das Gefrage nach dem, was hier die lateinischen und dort die alten *Diutisk*-Worte gemeint hätten. Wir waren überrascht, hatten von Frau Sieglind keltische Zaubermärchen erwartet oder magische Formeln und bekamen statt dessen auch von ihr einen politischen Blick auf das Ende des alten Imperiums und auf den Anfang und die Dauer des neuen.

Gunther hat im aufbrodelnden Gerede, im Schlucken und Becherklappern Brünhilds Stimme gehört. – Bist auch du so ein Totschweiger? Und wird dereinst auch all das, was mein Morgenlandkunnik lügt, von den Mauern herausgeschrien? Warum redet die nibelungische Mutter von der neuen allwaltenden Heimtücke? vom Bestechen, vom imperialen Verkaufen und Verschütten?

Mein allzu großer Bruder richtete seinen Blick wieder in den großen blinkenden Becher, als könnten ihm darin die wechselnden Lichtschimmer und Schatten raten, was er antworten sollte. Und hat dann von seiner Nachbarin weitere Fragen gehört. – Ist auch für dich eine Heidenfrau, sind freie Frauen ein Greuel? oder Grund für heimlich schallendes Gelächter? Verträge mit Heidenweibern ein Nichts?

Für die Tafelnden ringsum schien es so, als redete die neue Königin mit eindringlicher Freundlichkeit. Ihr höfliches Gesicht blieb in der schönen dunklen Blässe unbewegt. Steinern erschien dies Gesicht, aber sprechend. Meinem Bruder war es, als schreie dies SteinGesicht schon jetzt.

Glück für ihn, auch jetzt gab es wieder eine Ablenkung, nun wollte auch der kurze Breitstämmige eine Hochzeitsrede halten. Plötzlich war mein Bruder Gernot aufgestanden, ja, nun begann sogar der Stoppelköpfige zu sprechen.

Nachdem Königin Sieglind uns erzählt hat vom römischen *Kuonrad* aus Köln und von den Felsen, die am Ende reden werden, möchte ich nicht warten, bis die Felsen am Rhein all das erzählen, was an

Schrecklichem bei diesem Fluß passiert ist. – Der Borstenkopf nahm einen Schluck, das Reden war nie seine Sache, aber was er jetzt sagen wollte, das mußte er wohl loswerden. Und das rundete die wahre Geschichte von Siegfried auf unheimliche Weise. – Auf meiner letzten Rheinfahrt, als jene ostfälischen Räuber an der Lahnmündung über uns hergefallen waren, als sie alle geschlachtet hatten bis auf mich, da ist mir folgendes begegnet. Mit Ortwins Arm, die meisten hier wissen es, mit Ortwins totem Arm als Fehdezeichen mußte ich zurückreiten, ritt am Ufer rheinauf, mutlos. In Erbitterung, in Trauer um die toten Freunde wollte ich zurück zu der Stelle, wo wir unser Schiff geankert hatten. Verzweifelt, daß ich nun allein war und niemand mehr, der das Schiff hätte lenken und rudern können, ach, nun brachte ich nach Worms keine Hilfstruppen, keine neuen Verbündeten, sondern nur neue Not.

Als ich ans Ufer hinabritt zum Schiff, da stellten sich mir zwei Geharnischte in den Weg. Der Größere hat gefragt, was ich in dem Fell verberge. Eh ich antworten konnte, riß der Riese mir das Vlies aus der Hand, entdeckte darin den Arm und begann laut zu wüten. Ich wollte ihm alles erklären, er aber stopfte mir den Mund mit einem schönen Tuch und schrie, nun habe er endlich den zweiten Meuchler, der den ersten beseitigt hätte, der eine reisende elbische Frau überfallen und umgebracht hätte, jetzt also wäre ich unterwegs in den Süden, nach Mailand und brächte dem Hüter der drei Weisen aus dem Morgenland als Mord-Beweis diesen Armstumpf. Der junge Held, offenbar ein Rächer einer reisenden elbischen Frau, der wollte mir auf der Stelle ebenfalls die Arme abschlagen, der packte, der umklammerte mich, so daß sein Knappe mir die Schienen herunterreißen konnte, den Eisenschutz wegnehmen und mich wehrlos machen, mir die Arme abhauen.

Der Knecht holte bereits aus, sah aber auf meinem Arm den Reif, den rotgoldenen mit unserem burgundischen Adlerzeichen. Da ließ der das Schwert sinken und fragte seinen Herrn, ob nicht auch er dies Zeichen kenne, auf diesem Armreif sei der Adler als Orakelvogel abgebildet, gerade so wie bei den älteren Burgundern vgl. J.Grimm, »Mythologie«, Bd.II, S. 948 und sie sahen nach und fanden, daß dies Bild auch an dem Armstumpf zu sehen war, und weil es sich in beiden Fällen um schwarze etruskische Keramik auf Gold handelte, könnten das keine kölnischen Zeichen seien, sondern vielmehr solche von König Gundomars rheinischem Burgund.

So erkannte das auch der junge Herr, und da ihm zuvor von einer schönen dunkelhaarigen Burgunderprinzessin erzählt worden war, ließ er mich los und ließen sie mich endlich berichten und gerieten in große Verlegenheit. Der junge Herr bereute seine Unbeherrschtheit und fragte, wie er's wieder gutmachen könne. Nun, ihr ahnt, wer der war. Der Xantener Sieglindsohn war das und sein Waffenmeister *Walthari*, beide auf der Suche nach dem Mörder jener Frau *Alva*. Zwei Tage später, das wißt ihr, landeten seine Segler und Ruderer mit mir hier in Worms und luden sich alsdann, das wissen wir, große Arbeiten auf, vor allem deshalb, weil der Cheruskerprinz Gundomars Tochter Krimhild gewinnen wollte. Und weil er die weltfressende Tüchtigkeit tilgen wollte.

Gernots Erzählung löste Staunen aus, und da nun wieder alles mit allem sehr dicht zusammenhing und geklärt schien, ließ man die vier Hochzeiter abermals hochleben, kam es zu allseitigem Bechergrüßen und rief man jetzt sehr laut nach Kilian *Hilarus*. Mein gallisch-keltischer Mönch zerteilte soeben gefüllte Äpfel, lächelte, wartete noch ein bißchen, ob die ersten Rufe auf Zustimmung träfen und da dies der Fall war, zierte er sich nicht länger, rückten Pagen König Gunthers Harfe in die Hallenmitte und stellten einen Stuhl daneben und brachte Dankwarth ein gutes Getränk.

Da tappte der endlich heran, den sie *Wunnibald* nennen, klein und gut beleibt. In seiner braunen bärenhaften Rupfenkutte wirkte er wie ein armes Abbild des Bischofs Ringwolf, aber wie anders sah es in seinem Inneren aus. Auch sein Geschwitze glich dem unseres Vetters, aber dieser hier schwitzte nicht nur von Trunk und Essensmühsal, sondern auch von ebensovielem Lachen. Und hockte sich nun, die hellen Augen hierhin und dorthin lenkend, hinter das goldfunkelnde Instrument.

Schielte jedoch auch jetzt immer mal wieder nach jenem Herrn, der in Zweifelsfällen Jesusfreunde wie Kilian zu verschneiden liebte, zu zerteilen und aufzuspießen oder zu ersäufen. Griff in den Harfensaiten einige Vorspiele. Brach ab, spannte diesen und jenen Strang neu, schien die passenden Töne umständlich suchen zu müssen und begann schließlich, während er präludierte, folgendes zu sprechen.

Auch mich interessiert, was Giselher als Ziel Burgunds geschildert hat. Und ob dies Ziel mit denen unserer großen neuen Kirche irgendwie zusammenpaßt. Bewegend fand ich, was Frau Sieglind wußte von der Chaoswaage zwischen FreiSein und GerechtSein. Und von der *industria*, vom Fleiß und Eifer der BesitzSucht. Und ebenso bewegt mich, was Herr Gernot ergänzt hat über das Zusammenfließen der Geschichten bei *Confluentes.* »Koblenz« Ach, von Herrn Ringwolf wie von Herrn Hagen wissen wir, wie gern und rasch die beiden Vettern die Menschen nicht nur aufspalten durch ihre *doctrinis* »Theorien« von Leib und Geist, sondern wie nachhaltig sie das Spalten betreiben *non solum in rationibus, sed etiam in usu* »nicht nur theoretisch, sondern auch praktisch«, nämlich mit Schwert und Spieß. Diese Unsitte ist mit dem, der »Frieden auf Erden« stiften wollte, leider nicht verschwunden. Selbst unser kluger und gewitzter Nibelunge, so mußten wir soeben hören, hat in seiner Wut um ein Haar den wackeren Herrn Gernot amputiert. Und erst heute hörte ich aus Trier, daß König Chlodwig nicht nur den letzten RomPräfekten in die Flucht trieb, sondern daß er zu *Soissons*, weil dort einem Sklaven bei der Siegesfeier die Amphore hinfiel und zerbrach, daß der König *Chlotarus* dort, als die zerklirrte, auf der Stelle dem armen *famulus*, dem sie hinfiel, den Schädel spaltete. Nicht in der Theorie, sondern in der Tat. Als wären Menschenköpfe Amphoren. Als wäre nicht auch ein Kahlkopf und Sklave ein Geschöpf des Schöpfers und nicht des Töpfers. Ach, wie schnell unsere Herrn, auch die klugen, schneiden, spalten und zerteilen. Zu gern zerhacken sie auch die Geschichten der Erzähler. Das war's, Freunde, warum ich zögerte, hier meine Sachen vorzutragen. Bin lange nicht so kühn wie der, von dem ich hörte, daß er hier, in dieser Hochzeitshalle, Marias Zwerchfell lobte. Von Marias Lachen hätte der erzählt und von ihrem lustigen Geschidder mit den Fröschen. Der war wohl auch der erste, der einen lachenden Jesus leben ließ und segnend über das Rheinland fliegen. Und soll dann auch empfohlen haben, die Kirchenstrafen sehr zu fürchten. Er nannte sie, so hörte ich, des Papstes Säbelbeine.

Kilian ließ einige hurtige Harfentöne durch die Halle schwirren. – So hab auch ich als Klosterbruder meine Ängste. Und hoffe, daß es stimmt, was alte Kirchenmänner wissen: *Clericus clericum non decimat.* »Ein Kleriker nimmt von einem Kleriker keinen Zehnten« (Eine

Krähe ...) Wozu auch sollte euer *Wunnibald* geplündert und gevierteilt werden. Allzu kläglich ist, was der erzählt, allzu ärmlich sind seine irischen Geschichten, vergleicht man sie mit Athen, mit Rom und mit Byzanz.

Widerspruch wurde laut, Kilian solle sich nicht kleiner machen als er sei. – »Kilian« heiße nicht »klein«, hörte ich von Ute, sondern »Kirchenfreund«. – O ja, ergänzte ihre Tochter, Kirchenfreund Kilian solle ausnahmsweise mal was wirklich Kirchenfrommes hören lassen, etwas, das beim Knien helfe und beim Anbeten morgen im düsteren Münster.

»Wirklich Frommes«? fragte der Harfenspieler. – Was wäre das. Ist nun die Falschheit fromm, die sich als Heiliger Geist so vollendet tarnt, wie sich noch keine Religion je zu verkappen wußte, mit süßestem Paradiesessäuseln ebenso wie mit hornissischem Höllendrohen? Also gut, ich will versuchen, Hilfreiches zu erzählen. *Sed etiam lingua nostra Hiberniae enim velut agrestis habetur.* »Aber auch unsere irische Sprache gilt nur als bäurisch« Im Deutsch der Leute hat das Fromme wenig Chancen. Gegen das erhabene Latein versinkt es hilflos wie jene Dänen-Schiffe vor Herrn Siegfrieds Stahlnetzketten. Von *Britannia* könnte ich erzählen, daß dort die Leute teuflisch Christliches und Heidnisches vermischen und »Kirche« und »Mord« neuerdings ganz ähnlich klingen lassen, keltisch *Kil-*, englisch *kill* so daß die Sache auch mit meinem Namen so ihre Häkchen hat. Ansonsten weiß ich nur Erbärmliches aus Irland. Zum Beispiel die Geschichte von der Kuh bei *Kilkenny*, die nachts so jämmerlich zu husten hatte und zu schreien, daß niemand mehr im Haus des Bauern *Kilmanroy* hat schlafen können. Bis Landmann *Kilmanroy*, schlau und wißbegierig, um die Krankheit seiner HusteFreundin zu erkennen, einen Kienspan zündete und mit dem Feuerchen in ihren gasstinkenden Rachen hineingeleuchtet hat, bis Bauer *Kilmanroy* von seinem Rindvieh plötzlich Feuerstöße um die Ohren kriegte, ja, Flammen schnob die Kuh und raste flammenwerfend durch den Stall, weh, wie konnte je ein ach so liebes Rindvieh, so nahrhaft und so fromm, so plötzlich sich verwandeln in ein Ungeheuer und zum Drachen werden, feuerspeiend, flammenhustend sprang unsre Kuh durch Heu und Hütte und säte Brand und *exitus* bei *Kilkenny*, hat Hof und Bauer ruiniert und auch sich selber. Am Morgen nach der fürchterlichen Nacht fand ich Freund *Kil-*

manroy auf dem Besitzrest, klagend saß er auf Verschmortem und auf Schwelendem. Hoffen wir, daß es so dem neuen Europa mit seinem uralten Neidgeist *Nidgir* nie ergeht, so feuereifrig aus dem Hals der lieben Dummheit, so versengend und erstickend mit unseren ach so vielen Feuerköpfen *in hac terra continenti.* »auf diesem Kontinent«

Da wurde geschmunzelt und ich schaute nicht ohne Verlegenheit hinüber zu denen, die unter einem Kuh-Wappen nach Worms gekommen waren, und Kilian zupfte nun Töne, die nicht recht zusammenpassen wollten, widerborstige Barbaren- oder Springtanztöne, machte auf seiner Harfe eine Steinmusik, vor der höfische Ohren lieber zugehalten werden. Aber dann, gegen alle Erwartung, sprach er auf lateinisch einen Satz, mir mitten aus dem Herzen, offenbar all jenen gewidmet, die das Lateinische beherrschen und als Herrensprache nutzen, zum Regieren und nicht selten zum Verhüllen übler Tricks. – *Res mira tamen multos permagnos viros, prudentiae deditos, cautela praecipuos, alio loco semper agilitate suffultos, sapientia latos, cuncta haec solum in linguae academicae gloriam transferre, et usum at amorem scribendi in propria theodisca non habere.* »Es ist überaus erstaunlich, daß so viele sehr bedeutende Herren, ergebene Anhänger der Wissenschaft, Männer von außerordentlichem Abwägungsvermögen und sonst immer voll geistiger Beweglichkeit, bedeutend also durch Weisheit, daß sie all diese ihre Fähigkeiten nur zum Ruhm einer akademischen Sprache einsetzen und im Schreiben ihrer eigenen, der Leutesprache, weder Übung haben noch Liebe«

Umgehend übersetzte Kilian sein lateinisches *monitum* »Mahnung« an die Lateiner ins burgundische *Diutisk* und sagte: Mag jedoch sein, dieser heutige Tag ist endlich ein Glückstag für Worms. Schon deshalb, weil Königin Ute, nach so vielen Jahren wieder, in denen sie am kleinen Tisch zu sitzen hatte, in ihrem Königinnenstuhl hat Platz nehmen dürfen. Aber auch, weil sie an diesem Tag, nach so vielen Jahren wieder, bei der Abendtafel das erste Wort hatte. Wohl deshalb hat Frau Ute reden können, weil in dieser Halle wieder einer ist, der sich nicht scheut, außer der *lingua imperii* auch Leuteworte zu benutzen. Als folgten wir wenigstens in diesem Punkt endlich der heiligen Schrift, die in ihren Psalmen singt, daß wir gastfreundlich sein sollten, ja, da wir alle bloß Gäste seien, für sehr kurze Zeit Gäste auf dieser seltsamen und von Grund auf unfaßlichen Welt. Psalmen 39,13; 119,19 Und diese neue Wormser Leutefreundlichkeit, die ermutigt nun auch *ioculatorem vestrum aulicum* »euren Hofnarren«, gegen so viel byzantische Pracht, die nicht zu kennen und zu fürchten scheint den Fraß der Motten und der Maden, gegen allen Wahn und alles Drachentrachten von dem zu erzählen, woran die alten Iren glauben und was sie anbeten, heimlich, selten öffentlich.

Dankwarth füllte ihm seinen Becher neu, mein Kilian nahm einen langen Schluck, setzte das Gefäß aufs Adlermosaik zu seinen Füßen und schlug wieder die herberen Töne an, die zweifelhaften Zweierschläge. – Einst, nach einem starken Sturm, da lag ein warmer Sommerabend über meinem schönen Irland. Das Lebenslicht stand schon tief, stand nur noch knapp über dem Meer, ach ja, groß, in dunklem Rot leuchtete das, wie *terra sigillata maxima*. Riesengroße Keramik aus rotem Ton In den grünen Mulden hinter den Hügeln war's schon fast finster, und hinter den Bergen von *Killarney* lebte, in einer kleinen Bauernhütte, ein frommer Landmann mit seiner Frau und saß bei der abendlichen Mahlzeit.

Wie die beiden so beisammensitzen in der Dämmerung und kaum noch ihre Gesichter erkennen können, klopft es. Der Mann geht zur Tür, sieht nach, und draußen steht ein Wanderer. Der ist so alt und so jung wie der Bauer, scheint aber einäugig, und bittet um Herberge. Der Bauer läßt den Pilger gerne ein und ist so gastfreundlich wie fast alle Iren, zumal dieser Wanderer schon vorweg bezahlt mit einer Münze, die fast so rotgolden blinkt wie draußen überm Meer das Himmelslicht. Da sagt der Landmann seiner Frau, sie soll dem Gast zu essen geben, er selber müsse in den Stall und Streu und Futter schütten für Kuh und Ziege. Geht hinaus mit Licht, arbeitet im Stall, und als er wieder eintritt in die Stube, sieht er im Kienspanlicht, wie der Fremde bei seiner Frau liegt. Oha, denkt der Bauer, die Frau ist meine, und greift zum Ochsenjoch, reißt sich von der Wand den Eichenholzschwengel und will den Gast erschlagen. Der aber zerzaubert das Joch in eine Kugel, die friedlich in die Ecke rollt.

Da sinkt der Landmann auf die Knie und betet unseren Wanderer an als einen Heiligen. Laß dein Geflenne, antwortet der, du glaubst an keine Heiligen, du glaubst an Mein und Dein.

Nach Harfentonsprüngen aus Hellem ins Dunkle und zurück redete Kilian weiter. – Der weise *Karpokrates* alexandrinischer Ketzer, 3. Jh. hat in einem Traktat »Über die Gerechtigkeit« daran erinnert, daß der Himmel wie ein Dach die gesamte Erde ganz und gar überdeckt und daß er beim Überdecken kein einziges Stückchen dieser Welt ausläßt, nicht mal das fernste und verdorrteste und einsamste Stück Wüste. Den Himmel wie das himmlische Sonnenfreuer habe der Schöpfer, sagt *Karpokrates*, über allen aufgehen lassen, nicht bloß über Patriarchen, Kaisern und Fürsten, sondern auch über Sklaven und Frauen und über all denen, die als Sünder gelten. Noch nie habe er beobachtet, daß diesem oder jenem die Sonne oder der Himmel versagt werde, ja nicht mal von den Mördern wende die Sonne sich ab. So seien gewiß auch die Weinstöcke und die Getreide und das Wild und die Fische und sämtliche Früchte für ALLE geschaffen, auch für die *diet* mit ihrer bäuerischen Sprache und mit ihren kahlgeschnittenen Köpfen. Erst seit die Welt und das allen Gemeinsame von den Herrenköpfen zerdacht werde in Mein und Dein, sei quer durch die Welt der Diebstahl entstanden, nämlich Gier, Neid, Raub und gegenseitiges Erschlagen.

Kilian ließ seine kleinen flinken Finger fix von oben bis unten durch die Harfensaiten gleiten und sagte dann, nach zwei unpassenden Quertönen: Über das biblische Verbot, seines Nächsten Weib schön zu finden, machte sich *Karpokrates* besonders lustig und sagte, die Leibverdammung und Weltverachtung seien beide eine Gottverachtung, die ihm die schönste Schöpfung madig mache.

Da wurde gerufen, ob Kilian für seinen weltlichleiblichen Glauben nicht auch ein Lied wisse.

Ich weiß ein altes Glaubenslied der Iren, das sich freilich gegen den heiligen Herrn Paulus wendet, der uns erklärt hat, alle Fleischeslust sei Feindschaft gegen Gott Galater 5,17; Römer 8,7; Erster Korinther 7,1–8; 32 u. 33. Den Schluß von jeder Strophe, den könnt ihr, wenn ihr wollt, wiederholen *cum ingenio flexibili.* »Mit geschmeidigem Können« Und sang dann aus vollem Hals.

Ich empfinde Gram und Grauen
daß ich, Paulus, für und für
las und lernte nur bei dir.
Es ist Zeit, hinauszuschauen!

Es ist Zeit, hinauszuschauen! echote die Versammlung.

Ehe wir es innewerden,
gleiten wir ins Ende, blind,
taumeln in den Feuerwind,
werden Asche, werden Erden.

Werden Asche, werden Erden, klagte es durch die Halle.

Seht die zarten Blumen sprießen,
seht den Falken, die Forellen,
lernt die Sonne, Baum und Quellen
MIT den Frauen zu genießen!

MIT den Frauen zu genießen! kam von fast überall her die lebhafte Zustimmung.

Wozu dienen Geiz und Streben,
als zu saurem Ungemach,
unterdessen leuchten, ach,
anderswo Lust, Licht und Leben.

Anderswo Lust, Licht und Leben, wurde ringsum seufzend gesungen.

Mancher sich bei Hort und Kronen
mühevoll zu grämen pflegt
und mit Neid zu Bette legt.
Soll der Papst die Münzen schonen!

Soll der Papst die Münzen schonen! – Auch dies wurde kraftvoll wiederholt, Kilian aber grüßte mit seinem Becher in die Runde, trank und schloß mit einer seiner älteren Strophen, die zu Worms inzwischen fast alle Leute auswendig kannten, einer Strophe, die alle sofort mitsangen, von Anfang an.

Nicht erst morgen blüht das Leben,
nicht in Jahren sind wir reich,
heute, hier und jetzt, ihr Freunde,
leben wir im Himmelreich!

Leben wir im Himmelreich! wurde lauthals wiederholt, und dann tuschten, pfiffen und trompeteten die Musiker, dann knarzten raumzerrupfende *RheinMis* und *RuhrMis* und *Finis operis* und *Drupjitrappts* und fand man plötzlich Platz für die Tanzwut, taten sich rüttelige Schläge auf, streichelten Fiedeln und pfiffen Krummhölzer und lärmte das alles durch Köpfe und Querfell bis in die Beine »heute, hier und jetzt, ihr Freunde« »soll der Papst die Glieder schonen« und verwandelten sich fast alle in der Halle in jenen gälischen Wanderer, der an das Schöne glaubte und der das MordJoch nachtwandlerisch verzauberte.

Die Isländerin aber neigte sich ihrem Gemahl zu und tat, so sah es aus, wieder sehr vertraut mit ihm und hat, so sagte er mir später, mit Messerschärfe geflüstert. – Mancher sich bei Hort und Kronen mühevoll zu grämen pflegt? und mit Neid zu Bette legt? – Da er schwieg, sagte sie nach eine kleinen Weile: Verspottet dieser Ire deinen Schmied? und seine Mutter? die beide die Kuhzeichen zeigen? Was denn soll die Geschichte von dem feuerspeienden Rindvieh?

Gunther blieb nichts übrig, als auch jetzt zu lächeln und gelegentlich zu nicken, als gewähre er der Gemahlin Huld und Wohlwollen. Doch beim Lächeln fühlte er sich kalt, über den Rücken hinab begann er zu frieren, bis ins Zwerchfell hinein und hat, kaum merklich, gezittert.

Seine Nachbarin redete währenddem weiter, wiederholte den Vers vom Neidbett und sprach von »saurem Ungemach«. – Meine isländischen Freundinnen, die wußten von einem Gaukler, den erschlug heute dein Herr Hagen. Der Gaukler hatte ein Spottbild gezeichnet von dir, vom großen Morgenlandkünnek. Zerspaltet Herr Hagen am Ende auch mir den Kopf?

Um so mehr ist zu hoffen, daß ihm von deinem Benehmen nichts zu Ohren kommt.

Mein Herr will wieder drohen? Was wäre, wenn jetzt auch wir ein bißchen tanzten? Und wenn ich dich zwischendurch nur kurz mal hinaufwerfen würde, gegen die goldene Hallendecke? Oder sollte ich dich besser an Herrn Ringwolfs Kreuz knüpfen? Oder, zum Abkühlen, aus dem Mauerloch halten? In den neuen byzantinischen Kotkanal plumpsen lassen?

Gunther blickte mit Anstrengung über die lange Tafel und bemerkte, wie der Xantener ihm abermals unmerklich zunickte, so wie er das auf dem Isenstein getan hatte, kurz vor der dreifachen Probe. Und dann sah es so aus, als wollte der Nibelunge, mit Krimhild, die Halle und den Tanztrubel verlassen.

Da faßte mein Bruder Mut, besann sich auf seine aufrechte Haltung, erhob sich, nahm die Hand der Königin in die seine, verneigte sich knapp vor der Frau, lächelte, obwohl seine Lippen verkrampft und seine Hände eiskalt waren. Da stand sie ebenfalls auf, aber er spürte, wie seine Hand von der ihren zusammengepreßt wurde.

Doch mochte sie ihm ihre Begleitung nicht ausschlagen, hier noch nicht, wollte wohl den byzantinischen Schein, von dem nun so oft die Rede war, gleichfalls wahren, als müsse sie das üben. – Naß ist euer Händchen, Herr Pauluskopf. Und ich muß euch wohl gehorchen, euch mehrfachem König? – Und ging neben ihm her, folgte dem König durch den Saal, quer durch die Springtanzereien.

Als sie den Ausgang fast erreicht hatten und Gunther schon hoffen konnte, nicht mehr nach allen Seiten Gruß und Lächeln zeigen zu müssen, da sah er, und mit ihm fast alle im Saal, wie der Nibelunge, statt ebenfalls hinauszugehen, etwas von dem anstellte, womit wir Burgunder von Anfang an gerechnet hatten. Nein, er zerdrückte keine Säule, warf auch niemanden an die goldene Hallendecke oder hielt einen *assentator aulicus* aus dem Fenster »höfischer Schmeichler, Speichellecker«. Nein, er hatte sich von hinten über den Sitz gebeugt, auf dem Ringwolf saß, und hatte ihn in ein Gespräch verwickelt. – Das größte Rätsel, guter Vetter, muß du mir endlich doch erklären. – Welches? – Das der göttlichen Dreieinigkeit. – Wo ist das rätselhaft? – Dort, wo ich mich frage, wer denn der wirkliche Vater war vom Jeschu. – Christi Vater? Das ist der Gottvater. – Aber Kleidung und Futter gab ihm ein Zimmermann? – Wir alle haben auf diese Weise zwei Väter, einen irdischen und einen himmlischen. – Aber Jeschu hatte deren drei? – Drei? – Gezeugt hat ihn doch, so wird erzählt, dein Heiliger Geist. – Ringwolf schwieg. – Nun rätselst auch du? Wundersame Dreieinigkeit der Väter? – Und beugte sich von hinten über den Bischof und hob ihm den kostbaren Kristall vom Bauch, zog die transparente halbe Simpelkugel samt Silberkette blitzschnell über das geistlichen Haupt und hielt Kette und Kugel hoch in die Halle. Zu spät griff Ringwolf danach, der Riese hielt das Kleinod längst sehr hoch über seinen Kopf, so daß alle im Saal es sehen konnten.

Die Musik verstummte, die Tänze brachen ab. Selbst die Saufnasen mußten nun erschrecken und ihre Becher sinken lassen, und sie alle verfolgten nun mit nicht geringer Neugier, wie Ringwolf, der Verwalter von Gottes Sorge oder Säbelbeinen, langsam aufstand, wie er mit schreckgeweitetem Mund und mit viel zu kurzen Armen über sich griff, nach seinem Bergkristall. Ach, er reichte mit seinen zutzeligen Händchen nicht halbwegs bis dorthin, wo der Bärenkerl die heilige Kostbarkeit baumeln ließ. Nun griff der Bischof und Herr des Lorscher Klosters dem Hochzeiter mit großer Hilflosigkeit an die Schultern und an die Brust und wollte ihm den Arm niederziehen, erreichte den Arm freilich ebenfalls nicht. Der Ruhrschmied lachte nur wie im Kitzel, warf den Stein in seine andere Hand. Bischof *Rusticulus*, rot im Gesicht und ratlos, wendete sich zu der anderen Hand.

Gib zuvor zu, sagte der Riese, der ewige Himmel überwölbt auch Heiden und Sklaven. Und euch Kirchenmänner ebenso wie die Frauen und die Juden.

Ringwolf mühte sich, aber das Geschmeide sprang über ihm hin und her, ohne daß er's packen konnte. Statt dessen mußte er Spott hören. – Dein Stein ist nur halb rund, aber durchsichtig rein. Du dagegen bist nicht halb, sondern ganz rund, dafür aber ein unrein stinkiger *WAZ*-Troll. Wahrlich, wahrlich, Ringwolf, ich sage dir, *horribile oles*. »Du riechst schauerlich«

Da trat unser Heermeister vor den Nibelungen hin und herrschte ihn an. Der *Victor Placidus* solle sofort den römischen Stein zurückgeben und möge sich jetzt nicht seine neuen Freundschaften verspielen und verscherzen. Hagen, der um einiges größer war als der Vetter, griff nun seinerseits nach dem Stück aus Rom oder Golgatha. Da warf der Niederländer das Halbkügelchen quer durch die Halle, die Kette glitzerte hinterdrein, *Baldinai* fing das auf, wirbelte das um ihren Kopf und warf es geschickt weiter, und schon hüpfte das Geschmeide durch die hintere Halle, nunmehr von Isländerin zu Isländerin.

In einem Kloster beim Bodensee, sagte der Xantener, da schenkt man jedem reisenden Bischof einen solchen Bergkristall. Jedem, der nach Rom pilgert. Beim Abbas Eginhardt unter der Sieg sah ich so einen, desgleichen einen beim Abt Patrick in *Werethina*. Nur ist denen nie eingefallen, vom Wunderklunker zu erzählen und gar vom verklärten Leibe des Herrn Jesus und vom Papst, der dieses Wunder mit ihnen geteilt hätte. Dort hörte ich nur, all diese Quarzkügelchen kämen von frommen Gälen, aus einem gallischen Kloster hinter *Constantia*. Konstanz

Der Stein ist meiner, rief der Vetter.

Auch du glaubst allein an Dein und Mein?

Er ist aus Rom! ist mir vom Papst zugeeignet, privat, jawohl, der heilige *Privatus* selbst wird mir beistehen. St. Privatus erklärte im Jahr 222 in Rom, die heidnischen Götzenbilder seien zu enteignen oder zu zerstören. Am 28. 9. 222 wurde er gesteinigt (Stadler, Vollständiges Heiligen-Lexikon, Augsburg 1875)

Inzwischen flog aber das gute Stück in vielerlei lustigen Bögen durch die Halle, zog das Kettchen als Schweif hinterher, der Xantener fing es nun wieder auf und zeigte es seiner jungen Frau. Die betastete gern das glatte, das geschliffen Schimmernde und auch die blanke Bruchstelle. Als Hagen nun danach greifen wollte, reichte Krimhild das Stück in Ruhe an Königin Sieglind. Auch die prüfte das Juwel mit zarten Fingerspitzen, hielt es gegen ein Fackellicht. – So ist es. Solch einen Bergstein trug auch der in Köln, dem ich die Kappe vom Kopf riß.

Kappenraub oder Steinraub, Räuber seid ihr alle! rief Ringwolf. – Dies Juwel gehört mir, ganz und gar privat und heiligmäßig ist es mein Eigentum, denn wahrlich, dieser Stein hat seine eigene Weisheit und diese Weisheit, fürwahr, sie weiß: Die Menschen haben wenig Mut, der Mensch braucht Trost und benötigt wahre Märchen! nein, nicht trübe und nicht teuflische, sondern heiligmäßig reine! glasklar reine!

Da war freundliches Nachdenken ringsum, und der Nibelunge fragte laut seine Mutter: Und die Weisheit der Wörter, was weiß die von dem Wort *privatus*?

Jeder in der Pfalzhalle hat Frau Sieglinds Antwort deutlich verstanden, obwohl sie leise gesprochen wurde. – *Privatus*? Das heißt seit je »geraubt«. »Enteignet«.

Da glaubte Gunther, der noch immer kurz vor dem Ausgang der Halle stand, nach wie vor Hand in Hand mit der isländischen Ran-Tochter, hervortreten und sich empören zu müssen. – Geraubt? – Die Stimme versagte ihm, zumal seine Hand heftigen Druck spürte. – Hagen, du Lateinkopf, du weißt, was *privatus* in Wahrheit bedeutet.

Der Waffenmeister verzog sein Gneisgesicht, wie im Schmerz. – Frag deinen Schreiberbruder.

Gunther blickte über die Menge, sah mich neben *Baldinai*. – Giselher, auch du kennst die Wörterwirrsal. Hat Frau Sieglind unseren Bischof einen Räuber genannt?

Da gab mir meine Nymphe den Stein in die Hand. Ich stand mitten in der Halle, inmitten der verwirrten Menge, die mich nun anstarrte, hielt in der Hand das Betrugsstück und sah, wie alle mich anblickten und daß es jetzt auf mich ankam, auf meine Wahrheitsliebe oder Feigheit. Drohend blickte Ringwolf, der mich belehrt hatte, daß beim Jüngsten Gericht nicht gefragt würde, was man wisse, sondern was man glaube und tue, und daß in der Höllenglut keinerlei Kenntnisse mehr helfen würden und keine Wahrheit.

Da trug ich das Lügenkügelchen in hohlen Händen vor mir her, ging dorthin, wo der Bischof stand, und sagte ihm: *Privatus*, das heißt in der Tat »geraubt«. Heißt aber auch »gesondert«. Also wuchs das Wort »privat«, auf das du, lieber Vetter *Rumoridus*, offenbar großen Wert legst, aus dem Wort und aus der Tat des »Sündigens«. Und weil du und deine Kirchenväter uns mit dem Drohwort und Angstwort »Sündigen« nun mit heftigem Eifer in eine ewige Falle locken wollen, nimm ihn getrost wieder zurück, deinen sündigen Märchenstein, den du vom Papst bekommen haben willst und den ich heute um ein Haar hätte küssen müssen.

Da schritt Waffenmeister Hagen mit rasselndem Stiefelgeklirr quer durch die Halle zum Ausgang, man wich ihm aus. – Waffen, rief er, Waffen! Übersetzer Schazmann legt Wert auf die Feststellung, daß der Ruf »Waffen!« ursprünglich ein allgemein gebräuchlicher Klage- und Weheruf war Dieser Abend, rief Hagen, ist keine Gelehrtenschule! ist keine paulinische und keine alexandrinische und keine externsteinische *academia*, sondern dies hier, *furciferes* »ihr Galgenvögel«, ist eine Hochzeit! Was ist los mit den Trinkern, Springern, Freiern, Tänzern! Wieso faulenzen die Spielleute! Schlagt! Tutet! Sauft! Hochzeit! Hochzeit, sage ich, und zwar sofort! Hochzeit!

Stürmte aus der Halle, im Zorn. Und in der neu aufquietschenden Springmusik eilte auch der Kirchenvetter hinaus, eilte dem Waffenvetter nach, folgte ihm mit vielen raschen Schritten; und dem Bischof wiederum folgte ich und trug das kristallene Kügelchen und vernahm draußen in den dunklen Gängen, wo ich dem Vetter das Steinchen übergeben wollte, wie er dem Heermeister zum zweitenmal den Rat gab, der Mord bedeutet. In der Dunkelheit hab ich das deutlich verstanden, diesmal war das statt des *pereat* ein *deleatur*, »der ist auszumerzen« und ich, Giselher, kann nicht sagen, ich hätte das nicht gehört.

FÜNFTES BUCH

CAEDES VICTORIS PLACIDI PRINCIPIUM NOVI IMPERII EUROPAEI

»Der Mord an Siegfried als Anfang
des neuen europäischen Imperiums«

In diesem fünften Buch gibt es:

König Gunthers zweite Hochzeitsnacht ∽ Unheimliches Handgemenge ∽ Frauenfreude ∽ Frauenschändung ∽ Kraft als Recht ∽ Gürtelraub und Zähmung der »Braut« ∽ Erklärung des heiligen Hochamts durch den Bischof ∽ Wie in aller Freundlichkeit mörderischer Streit entsteht ∽ Königinnen im Käfig ∽ Die Waffen der Schneider- und Kleiderkunst ∽ Stichworte vor dem Münster ∽ Ratlosigkeit beim lateinischen Hochamt ∽ Wortgefecht der Frauen ∽ Unterbrochene Eidesleistung der Männer ∽ Beratung der isländischen Freundinnen im Bergfried ∽ Beratung der burgundischen Freunde im Wehrturm ∽ Ungeheure Wut des Niederländers gegen sich selbst und gegen alles ∽ Gere von Speyer am Speier ∽ Versenkung des Bischofs Ringwolf ∽ Jagdszenen im Rheinrevier ∽ Siegfrieds Erklärung des Waldes ∽ Sein Einfangen und Freilassen der Tiere und sein BärenSpiel als Verwüstung der burgundischen Bequemlichkeit ∽ Der gerechte Wettlauf zur Quelle ∽ Hinterhältige Erstechung des Arbeiters ∽ Bitte des Sterbenden an den Schreiber ∽ Hagens schnelle Sprachregelung ∽ Verwandlung des Großen Jägers *Orion* ∽ Krimhilds unendliches Frauenschreien ∽ Drei Nachtwachen ∽ Versenkung des Herrn Hirsch ∽ Verwandlung des Waffenmeisters Hagen zum *Tronje* ∽ Kilians Totenrede und Begräbnis des Cheruskerprinzen

Inzwischen ist seit der Doppelhochzeit mehr als ein Jahr vergangen, und Kilian, der in meine Todeszelle neue Blätter bringt und die beschriebenen in Sicherheit schafft, berichtet von seltsamen Ereignissen. Die Burgunder, sagt er, bezeichneten sich nun so, wie sich der Erschlagene genannt hat. Seit der Xantener unter den Steinen liegt, redeten Gunther und Hagen von sich als von »Nibelungen«. So auch noch in den großen Handschriften des Hochmittelalters, ohne daß um 1200 dieser Namenswechsel kommentiert würde, weder von den Autoren der »Lied«-Fassung noch von denen der »Not«-Version

Mein irischer Freund erklärt mir diese Verwirrung mit dem Drohen der Hornissen, mit der Pein des schlechten Gewissens. Ich vermute aber, dahinter steckt die Angst vor König Etzel, vor dessen hunnischen Hundertschaften, die nur wenige Tagesreisen von Worms entfernt ihr Winterlager bezogen haben und die unser Heermeister Hagen mit dem berühmten Namen Nibelungen abschrecken will, mit dem Namen des Hortbesitzers und Drachentöters.

Noch immer weiß niemand, was Attilas Sohn im Schilde führt. Ob die Hunnen das rheinische Burgund überfallen wollen, ob sie Worms erobern werden und zerstören oder was sonst.

Erzähle ich also den Schluß der Geschichte, der mindestens so denkwürdig ist wie die großen Mühsale und Verwirrungen bei der Brautwerbung und wie die Doppelhochzeit, die sieben Tage lang hatte dauern sollen.

Was in der zweiten *nox nuptiarum* »Hochzeitsnacht« geschah, darüber habe ich aus zweierlei Quellen zu schöpfen. Die eine war mein verstörter Bruder, der mir auch nach der zweiten Nacht alles zu berichten versuchte. Wäre ich freilich allein auf sein Gestammel angewiesen, könnte ich nur unvollkommen erzählen.

Zum Glück ergab es sich, daß außer meinem irischen Mönch auch die Alberichtochter Zugang fand in meinen Lorscher Schreibkerker. Plötzlich stand sie vor mir, die glimmende Dunkelgestalt. Wie sie hereinkam, ob sie den Wächter bestach oder täuschte, ich weiß es nicht, ich war zu überrascht und viel zu glücklich und nun gab es viel zu viel zu tun, als daß ich nach Kleinigkeiten hätte fragen wollen. Hauptsache, sie war bei mir und handelte und redete gern und wunderbar, und so weiß ich seither alle Einzelheiten auch über die zweite Hochzeitsnacht und über das, was dann folgte. Seit dem Mord an dem Xantener respektiert auch die Nymphe meinen Schreibeifer, seitdem hilft sie mir und macht mir meine Arbeit überaus angenehm.

Längst sind mir die Locken wieder gewachsen, sind sie wieder so lang wie zuvor. Kilian hatte mir im Herbst warme Winterfelle gebracht, ach, und nun, seit den Besuchen der *Baldinai*, wüßte ich kein angenehmeres und sinnvolleres Schreibversteck als diese abseitige Zelle, in der ich in glücklicher Ruhe arbeiten kann. Kilian hatte angeboten, mit mir zu fliehen, mich in die Vogesen zu bringen oder nach Irland, aber inzwischen ist mir dies Schreibnest zum Paradies geworden. Außerdem brauche ich die Nähe zu den weiteren burgundischen Ereignissen.

Draußen auf den Gängen, wo auch in der zweiten Hochzeitsnacht die Pagen dem burgundischen Königspaar mit Lichtern vorangingen und wo der Tanztumult nach und nach leiser wurde, da gab Brünhild die Hand meines Bruders endlich frei. Nebeneinander gingen sie dahin und folgten den Dienern, schweigend. Kamen wieder an der Ecke vorüber, wo Gunther diesmal nicht straucheln mußte. Wo diesmal auch kein Hagen stand und so tat, als rede er vom Rheuma, von Meerestieren und von elektrischer Heilkraft.

Vor dem Gemach blieben sie stehen, der König ließ die Tür öffnen und nahm den Dienern eines der Lämpchen ab. Das war als Kännchen gebildet, nicht als Phallus. Dann wies er die Pagen an, fortzugehen. Die Frau trat vor ihm ein, Gunther blieb einen Augenblick in der Tür, um sie dann selber zu schließen. Nach dem langsamen Zuschieben hat er die Tür nicht verriegelt. Die Frau war stehengeblieben und beobachtete das und schien zu lächeln, genau konnte er das nicht erkennen. Jedenfalls fragte sie spöttisch, ob er sich einen Fluchtweg offenhalte.

Der König schwieg. Blieb eine Weile beim Eingang stehen, wie unschlüssig. Sah sich um. In der Kammer, in der hinteren Ecke, da stand in der Tat ein zweites Bett. Ein kleineres.

Brünhild hängte ihren Gürtel ans obere Gestänge des Bettes. Da baumelte sie nun wieder, diese Alberichschlinge, griffbereit. Gunthers Blick ertastete das lange Leder, und er meinte den milchigen Mondstein gut zu erkennen, den Kraftstein, der ihm in der vorigen Nacht das Kreuz zerbohrt hatte.

Die Frau, statt sich niederzulegen, war vor dem breiten Lager stehengeblieben. Im schwachen Flackerlicht des Lämpchens sah er sie stehen. Und sah die kühle kahle Kammer unter langen und ungewissen Schatten. Der Mann blickte auf das unruhige Lampenlicht in seiner Hand. Hörte von fern, aus der Halle, den Festlärm. Hat dann rasch auch nach dem Nagel sehen wollen, oben neben der Tür, an dem seine neue dunkle Rüstung hätte hängen sollen. Dort war aber nur der Nagel.

Da erlosch in seiner Hand das Licht.

Und es blieb still im Ehegemach. Den Weg zu dem zweiten Lager, zum hinteren, zum kleineren Bett, den mußte er nun im Dunkeln finden. Als er dorthin tappte, hörte er ihre Stimme. Die klang sehr nahe. – Daß du das Licht hast ausgehen lassen, das hilft dir nicht. Bevor du in das kleine Bett darfst, gestehst du mir jetzt endlich, was du verschwiegen hast. Falls nicht, kommst du nicht in das Bett, sondern an die Wand.

Er tastete sich weiter. Keine Kohlenglut, kein Lampenlicht zeigte den Weg, schwarz war's. Von fern dröhnten Musikschläge. In den Schläfen pochten Pulsschläge. Angstschläge. Schließlich spürte er an seinen Knien das neue Lager und setzte sich und horchte in die Dunkelheit. Zwischen den Trommeltönen und Nachtgeräuschen, wenn er genau genug lauschte, da schien es zu rascheln. Da glaubte er jetzt ein

Schaben zu hören, ein Schieben. Wie wenn zwischen Laken und Tüchern Körper sich bewegen. Ein Körper oder zwei. Wie wenn dieser oder jener oder beide Körper sich strecken und vorwärtskriechen. Wie wenn sie sich gegenseitig zur Seite drückten und wegschöben.

Er versuchte, sich auszudenken, wie dies Rascheln und Knistern zustandekam. Das machte ihm sehr zu schaffen, so sehr, daß er ins Zittern geriet. Daß es ihm heiß wurde und kalt zugleich.

Und dann hörte er ihre Stimme. – DoppelKünnek traut sich hierher? So war das nicht verabredet. Hast du vergessen, daß kein Lügner jemals –

Die Stimme erstarb. Ächzen war zu hören. Gunther wollte aufstehen, setzte sich aber, leise. Sein neues Bett wollte knarren, das kleinere Holzgestell war leichter und beweglicher als das schwere Doppelbett, er mußte sich vollkommen ruhig verhalten. Denn derjenige, der jetzt außer ihm im Raum war, der sollte als Gunther gelten.

Der Nibelunge war also auf dem anderen Bett. Auf dem Ehelager. All diese Töne dort, dies Rascheln, dies schnellere Atmen, für Brünhild mußte das so sein, als käme das von ihm, von Gunther. Das Schlurfen und Schieben und Atmen, das sollten nun des Königs Töne und Handlungen sein, er aber, der wirkliche Gunther, der hatte sich jetzt ganz und gar herauszuhalten. Hatte sich schier aufzulösen, ins Lautlose. Er horchte in die Finsternis, hörte das Rascheln, das Keuchen. Auch der andere redete nicht, ließ keine Stimme hören.

Aber in der Schwärze hörte er dies drückende, dies reibende Knistern. Ein schmatzendes? Ein Körperknistern? Jedenfalls war da ein enges Aneinander. Haut traf da auf Haut. Im Gegeneinander? Im Miteinander? In der Schwärze zeigten sich Bilder aus Gunthers süßesten Träumen. Und zugleich schrecklichste Fratzen.

So schnell die Bilder entstanden, so rasch zerflogen sie wieder. Denn was da für Knistern sorgte, für Rascheln und Keuchen, das hat er sich kaum ausdenken können, da wurden die Einbildungen schon wieder vertrieben von Verhängnissen, von verrückten Befürchtungen, wonach all das, was jetzt in dieser Dunkelheit geschah, eine noch fürchterlichere Hochzeitsnacht entfachte, als es schon die erste gewesen war.

Die zweifelhaften Geräusche dort drüben auf dem breiten Lager, die entzündeten vor Gunthers Augen glimmende Spiralen, die zauberten grelle Fratzen, rollende Trollfeuer, als sähe er ihn hier wieder, den lodernden isländischen Nachthimmel.

Aber dann drang durch die Schwärze ihre Stimme, barsch und knapp. – Wenn dir dein Leben lieb ist, dann geh jetzt weg. Geh rüber, in das andere Bett. Oder du mußt an den Nagel.

Er lauschte. Der andere antwortete nicht. Handelte statt dessen? Wie denn nur reagierte der jetzt? Wie machte der das, mit welchen Griffen. Mit zarten? Gewiß mit Körperkraft. Mit Lakenknistern. Eine Weile war nun gar nichts mehr zu vernehmen. Nicht mal mehr die Geräusche zwischen den Leinentüchern. Was lief da ab? »Heimliche Liebe«?

Plötzlich aber erhob sich eine irrwitzige Unruhe. Schlagartiger Aufruhr. Da prügelten, rangen, droschen schwere, große, schnelle Kräfte, da tobten Bewegungen, die unfaßlich rasch an Geschwindigkeit gewannen und immer mehr an Energie, die überraschend rasch rasend wurden, die prasselten, die hämmerten, die steigerten sich ganz eindeutig zu hemmungslosem Handgemenge, zu Gliedergedränge, und hörten dann ebenso plötzlich wieder auf. Wichen einem heftigem Keuchen. Doch kurz danach entbrannte das neu und abermals aufs heftigste, beschleunigte sich ins allerwildeste Gezwinge und Pressen, Schieben, Schnaufen, Drücken.

Und dann war da ein außergewöhnlicher Schlag. Der schien die große Schlafstatt förmlich fortzustoßen, der verschob unter eisenrumpelndem Poltern den hohen Schrank. Und nun dieses Stöhnen. Blieben noch Zweifel? Sie hatte ihn vom Lager geworfen. War der Xantener ihr nur beim Turnier überlegen? nur auf dem Kampfplatz? Nicht aber hier, auf dem Beischlaflager? Hatte der Bettkampf ihn nicht auch vormals schon, in seiner ersten isländischen Nacht, überfordert? hatte nicht auch auf Island der Liebesrausch und Rauschkampf drei Tage lang gedauert und hatte auch damals die Kraft des Cheruskers so gefordert, daß danach volle drei Tage Schlaf nötig wurden mit schweren Träumen?

Inzwischen hätte Gunther sich an die Finsternis längst gewöhnen müssen, aber nichts in diesem Raum wurde sichtbar. Nur in seinem inneren Auge immerzu diese drehenden Blitze und Feuerspiralen, der Lichtertumult aus seinen Erinnerungen. Dazu hörte der »Zwaraber« unablässig ein ungewisses Geknirsche, ein Rumpeln und Zerren, Quietschen, Scharren, auch das Schieben von Möbeln, das Schrammen von Holz auf Stein. Und das Stöhnen und die Flüche der Frau. *Schiddie Biest* und nach wütenden Japsern *Bock din Priest* und schließlich *Go dtachta tú ar mo chac.* Schazman bezeichnet dies Keltisch als *improper* (»unanständig«) und läßt es unübersetzt. »Erstick du an meiner Scheiße«

Schabendes Tuch hörte er, und dann plötzlich ein reißendes. Der Niederländer schien aufgesprungen, und der warf sich dann, da war kein Zweifel, auf die Frau, mit aller Macht, Klatschen war zu hören, Packen, Stoßen, Drücken, riesenhaftes Ringen ging da um, dann wieder ein prügelndes Faustgefecht, sehr schnell, kurz zwischenhinein, weil eine Umklammerung sich gelöst hatte, danach wieder ein Zwängen und ein Heben mit ganzem Körperdruck, das Bett knackte, verschob sich erneut, scheuerte und jammerte in den Fugen, so wie auch die beiden Menschen zu ächzen hatten, *lid zi geliden*, das knackte, krachte, spannte, stöhnte, barst und riß.

Gunther, den Zitternden, den Schnatternden, den verließ jeder Mut. Unmöglich, sich auszudenken, was das alles bedeutete. Geräusche des Gürtels glaubte er zu erkennen. Ja, mit dem schlug sie jetzt nach ihm, gewiß. Oder? In Wirklichkeit er sie? Unmöglich. Die Feuerfrau wollte nun auch ihn mit ihrem magischen Gürtel fesseln, klar. Wollte nach den Schlägen ihr Mondsteinleder auch dem Xantener um die Handgelenke schlingen, um die Fußgelenke. Und wozu?

Wehe, dort geschah Knochenarbeit, da wüteten Kraftwerke, *bitter balowerek*. Der Gürtel-Überfall, der gelang der Meertochter offenbar nicht, jedenfalls nicht so blitzartig wie in der vorigen Nacht bei ihrem Übergriff auf Gunther. Und weil das diesmal fehlschlug, begann nun etwas anderes, ein Neues, ein gräßlicher Zweikampf, nun schien die Frau ihn mit ihren bloßen Händen gepackt zu haben – oder er sie?

Unter ungeheurem Ächzen traf da das eine auf das andere, etwas Oberes auf etwas Unteres, schlug herunter und wieder zurück, rammte Leib gegen Leib, traf Kraft auf Kraft, Rumpf auf Rumpf, und dann stieß einer dieser Rümpfe gegen Holz, gegen Bettrahmen oder Schrankrahmen. Jedenfalls fiel da was aus der Bettstatt heraus, etwas Gleiches hinterdrein, stürzte in doppelt rumpsendem Aufschlag auf den Steinboden, schlug Körper auf Körper.

Das Handgemenge und Gliedergezwinge wurde auf dem Steinboden zu wütendem Bodenstreit, fuhr mehrfach herum, fand immer nochmal zu einem neuen Tumult, zu unerklärlichem Gewürge, unterbrochen von lauerndem schwerem Atem, von unentschiedenen Versuchen mit anhaltenden, mit abwartend tastenden Betätigungen, aus denen dann plötzlich wieder Schläge explodierten, erbittertes Stoßen, Klatschen, Drücken und Niederschieben.

Und dann war aus dem hochgepreßten Ächzen, aus der überkippenden Stimme der Frau zu schließen, daß die zarte Isländerin es fertiggebracht haben mußte, den Helden so zu greifen und an sich zu klammern, daß sie ihn auch ohne Gürtel, im direkten Zugriff zusammenzwang, daß sie ihn quetschen konnte und gewaltsam aufhob und fortrug – oder er sie?

Stöhnen jedenfalls, ersticktes Seufzen näherte sich jetzt dem zweiten, dem kleinen Bett, von dem taumelte Gunther eilends davon, tastete sich zitternd an der Wand weiter weg, flüchtete auf Zehenspitzen in die Ecke, hinter den Kamin, drückte sich in den Ofenwinkel, mit angehaltenem Atem, mit klopfendem Puls im Hals, horchte und starrte mit weit aufgerissenen Augen in die Schwärze, suchte zu verfolgen, was nun drüben, auf dem kleineren Bett, geschah und sah doch nur wieder dies springende Flammmenlodern im eigenen Schädel.

Weh, schoß es ihm durch diesen Schädel, wie hab ich mir dies hier herbeigesehnt, nun ist das endlich da, nun geschieht das endlich und rast das und ist unentwirrbar und wird zum Grausigen, zum Todeskampf zwischen Riesen und Nachtmonstern, nun sind sie tatsächlich aneinander, so wie Hagen sich's von Anfang an gewünscht hat, die *Freya*-Frau und der »Mächtigste«, die sollten, sagte er, sich wechselseitig erledigen, aber nun will da gar keine Entscheidung fallen, nun ist da alles andere als Ruhe, nirgends eine Lösung, wie ich sie mir geträumt habe, nun ist da nur Wut und schwere Arbeit und undurchsichtiges Leibergemenge und überall und unablässig schwindelerregender Kampf wie in *Gaias* unaufhörlichem *Tohuwabohu* s. 1. Buch Mose (1,2), wo es von der soeben geschaffenen Erde heißt, sie sei *tohuwabohu* (»Chaos«)

Der Ruhrschmied jedenfalls, der muß sich in Brünhilds Umklammerung sehr stark gewehrt haben und muß dann doch erfolgreich gewesen sein, das Aufheulen der Frau, ihr Zornstöhnen, ihr Fluchen verriet das. Ihr Plan, den vermeintlichen Gatten zurückzuzwingen ins zweite Bett, ins niedere Nebenlager, den mußte sie aufgeben, mit vernehmlicher Klage tat sie das, mit jammernder Empörung, mit Verwunderung, mit Grollen.

Ein bretterndes Quietschen kreischte jetzt, die Isländerin oder aber der Niederländer, irgend jemand drückte jemanden *in hoc vero certamine ambiguo* »in diesem wahrhaft zweideutigen Zweikampf«, da drückte ein Wesen das andere zwischen Bett und Eichenschrein, preßte einer dieser Menschen den anderen und sich selbst zwischen Brett und Brett, mißtönend schabten Schrankfüße über die Steinplatten, ja, zweifellos steckte da Mensch mit Mensch in der Enge, in Bedrängnis, der Nibelunge? Sie? Nur er? Oder beide?

Und war das noch Wut? nicht auch Wonne? Brunst? Der zu große Gunther, hinter dem Kamin einigermaßen in Sicherheit, geriet in Not und Schock. In zitternden Zweifeln hielt er sich den Daumen zwischen die Zähne, die nicht klappern durften, ihn nicht verraten sollten. Was, wenn dieser UrRuhrschmied diese Furie jetzt NICHT bezwänge? Was dann? Das Ende Burgunds. Das Ende aller Herrlichkeit der Herren.

Was aber, wenn der Nibelunge es tatsächlich schaffte, die Teufelin zu unterwerfen? Diese Schöne mit der Göttervatergewalt, niedergerungen mit Alberichkraft? Was würde ihr »alter Genosse« dann mit ihr machen? Ohne daß er, Gunther, der rechtmäßige Gatte, davon hier und jetzt mehr mitbekäme als üble Geräusche, Hautklatschen und Regenbögen und Wetterleuchten im überdrehten Kopf?

Wenn aber der Bärenstarke unterlag? Wenn die Frau sich als das erwies, als was man die Isländerinnen bezeichnet hatte, als »Herrin«? Welcher Aufruhr, welche Frechheiten erschütterten dann Pfalz und Reich. Was alles würde sich dann diese Walküre, diese bornholmische *Fafnir-* und *Freya-*Verwandte herausnehmen. Und wenn sie dann erführe, daß sie in Wirklichkeit nicht den König Gunther, sondern den *diutisken* Herkules in die Knie gezwungen hätte, den »Mächtigsten«, ach, zweifellos würde sie dann jegliche Männerherrschaft für immer zum Teufel jagen.

Gunther umklammerte seine flatternden Hände, hielt die eine Hand, die bebende, mit der anderen fest, mit der gleichfalls bebenden. Spürte seine naßkalten Finger, preßte die schlotternden Finger gegen die Schweißstirn, heiß war ihm, kalt war ihm. Klemmte die Finger zwischen die Zähne. Schnatternd vor Entsetzen und zugleich auch wieder in gierigen Hoffnungen, so starrte er in die schwarze Kammer, ins finstere Gewirr der Geräusche.

Die Knie hatte Gunther sich vor sein Gesicht gezogen, als könnten seine Knie ihm die Schrecken fernhalten und diese unablässig lärmenden Veränderungen, die stets das noch Schlimmere befürchten ließen, schließlich das Allerärgste, die unumschränkte Gewalt dieser herrischen Frau, ihren Triumph über den Unübertrefflichen.

Wie immer das da auch hintrieb und zurückkrachte, wie tollwütig das drückte und gegenschob, drängte und wuchtete, dieses Stampfen und Gegenrammen, dies Röcheln, Keuchen und Würgen und Aufbäumen, all das bezeugte nur, hier trafen die Barbarischsten der Barbaren aufeinander. Da bekämpften oder vereinten sich Kräfte aus den Niederwelten, *cuoniouuidi*, Baumverstand, Energien von Nebel und Sonne, Gewalten, die selbst er sich, der traumbegabte Gunther, nicht mal im Traum hatte ausmalen können.

Aber nur so, in ihrer gegenseitigen Vernichtung, nur so, hatte Hagen gesagt, wären diese Riesen aus der zivilisierten Welt zu schaffen.

Aber wollten die einander jetzt wirklich vernichten? erschlagen? Und nicht vielmehr durchdringen, in Brunst?

Meinem Bruder war es, als hörte er das Knacken von Gelenken, als sähe er Feuer, ja, da tanzten nun wohl wirklich Irrlichter durch den Raum wie regenbogenfarbene Flammen. Weil Gunther sich seine Fäuste sehr heftig vor die Augen gedrückt hatte?

Aus der Abfolge der Wutschläge versuchte er, sich statt der Schrekken immer wieder etwas Angenehmeres zu denken. Aber dies zweideutig Schöne zerstob sofort wieder unter grausigen Gegenbildern. Doch nun? was passierte jetzt? In den Irrlichtern und Rätseltönen röchelte die Frau – vor Erschöpfung? vor Lust? O dies entsetzliche Wechselbad. Nein, keine Lohe fuhr da durch sein Ehegemach, sondern plötzlich hörte er, wie sie aufschrie. Flehentlich rief sie, bat um eine Pause, um Gnade. Ja, sie wimmerte. In der Finsternis war Frauenjammer zu hören. Die Fremde flehte, die weinte.

War es möglich, daß sein Arbeitsmann nunmehr auch diese Mühsal bewältig hatte? Und daß er, Gunther, auch aus dieser Angst noch einmal herausgekommen war?

Nun hörte er, wie die Frau, im Schluchzen, zu sprechen begann. – Laß mich, Gunther. – Diesen Namen hörte er. Den hörte er von dieser Frau zum erstenmal. Seinen Namen sagte sie. Den des burgundischen Herrschers. Von Gunther glaubte sie sich bezwungen.

Heiser klang ihre Stimme. Die traf nun nicht mehr spitz, nicht mehr mit scharfer und eisiger Sicherheit. Die zitterte nun. Die klang rauh, kläglich klein. – Laß mich frei. – Und dann, wenig später, noch jämmerlicher. – Wahrhaft groß bist du. Verzeih, daß ich dich verspottete. Ich gebe auf. Bin von nun an dein Untertan. Auch auf diesem Lager. Unmäßig ist deine Kraft. Allzu gewaltig. Die ist auf ewig mein Leid. Laß mich. Ich füge mich. Fluch deiner Kraft. Ach, so viel Gewalt, die wird dir Unglück bringen, im Lieben wie im Leben. Gefangen bin ich, im Käfig.

Wieder weinte sie. Gunther, wie erstarrt, drückte sich noch immer hinter den Kamin, spürte nun aber einen Luftzug. Da wehte jemand dicht an ihm vorüber. Der Alberichgeselle glitt da, der verschwand.

Mein Bruder sagte mir, der andere sei wie ein glimmendes Leuchten aus der Kammer geflogen, wie ein Strahl von den Leuchtkräften des isländischen Nachthimmels. Und er, Gunther, hätte dann versucht, auf die Beine zu kommen, vorwärtszugehen, hätte sich dem ehelichen Lager genähert, auf wankenden Knien, und das sei ihm schließlich gelungen, mit kalten, mit zitternden Händen habe er sich dort niedergelassen. Naß vor Schweiß und hastig kroch er auf die Bettstatt, schob sich näher, nahm auf dem zerwühlten Laken die Stelle des anderen ein, hurtig, mit flatternden Fingern tastete er nach ihr, spürte, daß auch sie schweißbedeckt war, und er umfing sie, die Isländerin, die wehrte sich nicht, die fügte sich, die war ihm nun »untertan«.

Und nachdem sie die unmäßige Männerkraft verflucht hatte, ließ sie ihn nun gewähren, blieb von nun an sanft, seine traumhaft schöne, seine rechtmäßige, seine für ihn ausgesonderte private Gattin.

Ihre Umarmung spürte er. Nein, sie zerpreßte ihn nicht. Seufzte nur. Litt, hatte Schmerzen. Weinte. In Gehorsam gab sie sich hin. Fügte sich, ohne Lust, so wie es die Priester wünschten, *in obsequio ac modestia.* »in Gehorsam und Bescheidung«

Auch das hatte nun der Nibelunge geschafft. Mit solcher Kraft und so nachhaltig, daß Brünhild diese Kraft als unabänderlich begreifen mußte. Daß die Frau glauben mußte, dieser hastige Liebhaber, dieser zerschwitzte zittrige Mann, der habe nun für immer Gewalt über sie. In einem Imperium, in dem Kraft als Vorzug galt, als Macht und als Recht.

Die Ruhrnymphe versicherte mir, daß Brünhild seit dem Augenblick, in dem Gunther den letzten Lichtreflex gesehen haben wollte, nicht stärker gewesen sei als jede andere Frau. Wörtlich so sagte es mir die Elfe aus jenem Fluß, der aus der Unruhe und aus dem Aufruhr seinen Namen hat Vgl. S. 82. Noch 700 Jahre später, noch in Hs. B des hochmittelalterlichen Epos heißt es über Brünhild in Strophe 682/1: *Done wás ouch si niht starker danne ein ander wíp* »Seitdem war auch sie nicht stärker als jede andere Frau«

Warum der cheruskische Mann dem König derart geholfen hat und die Frau aus dem Fremdland mit so viel Gewalt niederzwang? Warum ausgerechnet er, der immer wieder die List und alle Kopfkräfte als das Bessere pries und der vom Kampfkrampf geredet hatte, warum ausgerechnet dieser »friedfertige Sieger« in diesem Fall gegen seine eigenen Ideen gehandelt hat, das läßt mich immer wieder aufs neue grübeln und unglücklich sein.

Aber wenn ich den sehr genauen und intimen Berichten meiner Freundin glauben darf, den Erzählungen der Alberichtochter, dann ist nach dieser Kampfnacht auch der Xantener nicht glücklich gewesen. Dann war er merkwürdig verzagt und wortkarg, als er wenig später Krimhilds Kemenate betrat.

Und warum der Niederländer Brünhilds Gürtel mitnahm? Im Übermut? Aus Jägerstolz? Weil er Trophäen liebte? Weil er Erfahrungen auf der eisländischen Insel vergelten wollte? Weil in dem Mondsteinleder die Kraft war, die er rauben mußte, wenn er, Krimhild zuliebe, dem bedrängten Gunther noch einmal helfen wollte, und zwar wirksam und dauerhaft?

Jetzt, in meiner Klosterfinsternis, will mir oft scheinen, daß dieser wunderbare Mann aus dem Niederland nicht nur hilfreich war und nicht nur segensreich. Mut, Hornhaut und »unmäßige Kraft« sind nicht nur dienlich. Der Xantener hat zwar versucht, mit seinen Gaben gut umzugehen, aber das gelang nicht immer. Auch dieser Hoffnungsmensch war nur ein Mann. Wenn auch ein sehr besonderer.

Es scheint, Krimhild hat am ehesten verstanden, warum ihr geliebter Mann das Leder raubte, jenen Gürtel, den Brünhild tagsüber dreifach um ihren Leib schlang und der Siegfrieds isländische Nachtgabe umfaßte, jenen Stein, zu dem Alberich auf dem Drachenfels erstarrt war, der König im Nachtgeisterreich.

Vom Grund für diesen Gürtelraub wird zu berichten sein. Mag sein, der Xantener handelte aus purem Übermut, in der Allmachtslust des ach so erfolgreichen Machers. Jedenfalls geschah das. Und so verlor die Frau aus Island in dieser Nacht durch den Nibelungen all ihre Möglichkeiten, die des Tages wie die der Nacht. Noch das Epos um 1200 sagt zum Gürtelraub (Hs.B, 680,2): *ine weiz, ob er daz taete dûrch sînen hôhen muot.* »Ich weiß nicht, ob er das aus Übermut tat«. Und wenig später: *swaz er ir geben solde, wie lützel erz belîben lie!* »Er konnte es leider nicht bleiben lassen, ihr (Krimhild) das zu schenken«

Auch in dieser zweiten Wormser Hochzeitsnacht habe ich in meiner Schreib- und Schlafnische die Stimme der Alberichtochter gehört. Dicht neben mir in der Dunkelheit summte sie wie schon in der Nacht zuvor, und diesmal hörte ich ihre sanft geflüsterte Frage, welchem Glauben ich, der Schreiber der schönen Schriften, denn nun anhänge, ebenfalls dem gälischen? oder noch immer dem römischen oder gar dem byzantinischen, dem Glauben an Mein und Dein? oder womöglich doch, wider Erwarten, dem berauschenden isländisch-irländischen *Loki*-Feuer? So wie jener verwandelnde einäugige Wanderer hinter den abendlichen irischen Bergen?

Da wollte ich ihr umständlich erzählen, daß ich am Tag zuvor, kurz nachdem *Baldinai* aus meiner Nische verschwunden war, einen Glaubenskuß hätte leisten sollen auf Ringwolfs römischen Lügenstein. Doch kaum begann ich von meines Vetters Menschenfalle zu klagen, da spürte ich ihre Hand, diejenige, die schon in *Nidgirs* bauchwarmem Drachensee für Offenheiten gesorgt hat, und diese Hand vertrieb mir alle Erinnerung an den kalten Zwangskuß, ja, es schien, als verbanne die Ruhrnymphe jeden Gedanken an den neuen Todesgötzen am Kreuz, als vertrieb sie all diese Leidens- und Geistesgespenster mit ihrer himmelhohen Flugkunst und leibhaftigen Rauschlust.

Nur mit ihrer Hilfe, nur übers erhellende Handauflegen dieser grenzenlosen *Hagedisse* »Hexe«, mit ihrer *materia inspirata inspirante* konnte ich in meinem Klosterloch die zweite, die verhängnisvollste der Hochzeitsnächte dermaßen strikt erzählen, *fide dignus* »glaubwürdig und authentisch«, die Nacht, in der die Frauenkraft betrogen wurde und zerbrochen. Zur *materia inspirata inspirans* vgl. Kafka über Madame de Staëls und Goethes Gespräch über die »Glut« (S. 202). Schazman sieht in dieser Formel ein »archaisch kombinierendes Begreifen« von Geist und Materie (*combining comprehending*). Neueste Physik entscheidet bekanntlich nicht, ob Licht (»Lichtkraft«) Materie ist oder Welle

Als in dieser Verhängnisnacht der Xantener zurückkehrte in Krimhilds Kammer, da lag die junge Frau noch wach und bedrängte ihren Liebsten sogleich mit Umarmungen und mit Fragen und wollte hören, ob er nun wisse, weswegen ihr Bruder so bedrückt und geradezu verbittert wirkte inmitten all der Wormsischen Hochzeitsvergnügungen und warum auch Brünhild seit kurzem so unbegreiflich verschlossen bleibe und vergrämt.

Da wollte der Niederländer anfangs ausweichen, wollte schweigen. Nicht mal mehr für ihre Zärtlichkeiten schien er empfänglich, suchte sich ihren Fragen zu entziehen und ihren Armen und schien müde, ja unglücklich. Und sagte schließlich einen alten lyrischen Vers, den vielleicht auch sie kenne, o hätte er dieses Latein vermieden, welch falschen Bescheid gab er seiner wißbegierigen Geliebten mit diesem poetischen Bild. – *Militat omnis amans* »Kriegsdienst leistet jeder Liebende« (*Ovid, Amores*, 1,9,1)

Diese Auskunft war zweideutig und mißverständlich, dies Bild trug bei zum Verhängnis. Der Niederländer wirkte erschöpft. Schließlich, da Krimhild um nichts nachgeben und wissen wollte, was er mit »Kriegsdienst« meinte, und als sie dringend um einen genauen Bericht bat, da ging er zur Tür zurück, zu dem Nagel, der auch in dieser Kammer neben der Tür in der Wand steckte, und brachte und zeigte ihr das, was er beim Hereinkommen dort aufgehängt hatte. Kam mit dem Gürtel. Fragte sie, ob sie den kenne und als Geschenk wolle.

Verwirrt betrachtete sie den Mann. – Gewiß kenn ich den.

Dein Bruder hat nun keine Not mehr. Seit Brünhild diesen Gürtel nicht mehr trägt, ist ihre Wutkraft zerbröselt. Ihre Tagesstärke. Ihre

Nachtkraft. Der Konflikt ist verschwunden. *Uugir enti luft iz allaz erfurpit.* »Feuer und Wind, alles ist hinweggefegt«

Das Leder mit dem glimmenden Stein hängte er zurück, an den Nagel neben der Tür. Legte sich wieder neben die Frau und wendete sich ihr nun doch zu, streichelte sie zärtlich. Und begann nach und nach, einiges zu erklären, fast alles. – Die Frau aus Island war, wie die Unerschaffene, von unbändigem Begehren.

»War«?

Deinen Bruder dagegen, den »Zwaraber«, den lähmt, den zerschneidet die »GeistIdiotie«. Dem mußte ich helfen. *Mea res agitur, domus cum proxima ardet.* »Es geht auch mich etwas an, wenn des Nachbarn Haus brennt«

Was hast du getan?

Der Mann warf sich herum, wie in Abwehr. Wollte keine Geheimnisse verraten. Und wollte doch auch nicht lügen. – Meine letzte Arbeit für den König, die war von allen die schwerste. Da auch diese Ehe gelten sollte, mußte sie wohl auch vollzogen werden, leibhaftig.

Was also hast du getan?

Ihre Kraft ist hin. Dort an dem Nagel hängt sie. Alberichs Nachtkraft. Nun kann Gunther ihren Leib genießen, ohne Angst und Gram. Ihren schönen, ihren wütig hitzigen Leib.

Der ist, ich spür's, so hitzig, daß er auch dich in hitziges Schwitzen trieb. Ach, Friedel, wieso soll die Isländerin von der Leibeslust, aus der dir und mir die Kräfte wachsen, die ihren verloren haben? »Nun erst schwirren mir die Flügel«. Der Isländerin erging es umgekehrt? Das mußt du mir erklären, bitte genau.

Nun hätte der Niederländer wohl zugeben und genauer sagen müssen, daß er mit Brünhild keineswegs geschlafen hatte. *Hanc distinctionem supremam vitabat.* »Diese wichtige Differenzierung vermied er« Und redete weiterhin so, daß Krimhild aus fast all seinen Andeutungen falsche Schlüsse ziehen mußte. Aus dem Gürtelgeschenk. Aber auch aus der Hitze in seinem schweißbedeckten Leib, der zu dampfen schien. Das alles mußte ihr so erscheinen, als käme ihr Liebster aus einem Liebesgefecht.

Warum ließ er die entscheidende Einzelheit offen? Aus Spielfreude? Im Stolz des Jägers, der ein Tier gefangen hatte, ohne es zu töten? Weil in diesem Fall sein Wahlspruch *studium semper primum omnium* »immer zuerst Erkenntnisse« sich auf Erkenntnisse aus seinem ersten Islandbesuch bezog? und daraus eine Opposition ableitete gegen jede Art Betäubung? Weil nicht nur sein Schwert »Betäubervertreiber« sein sollte, auch er selber? Oder aber weil er nun spürte, wie Krimhild die Vorstellung, ihr Liebster habe soeben die isländische Königin beschlafen, so sehr erregte, daß sie nun neben ihm, o ja, das spürte er sehr gut, ebenfalls ins Schwirren geriet?

Und dann redete ihr Bettgenosse ausführlicher. – Dein Bruder hängt in der römischen Menschenfalle. Betäubt ist er von Sündenlehren und Höllendrohungen. Das verschreckt und verscheucht ihn in die Kopfsucht. In das, was Kilian in seinem Lied verspottet hat als »paulinisch«. Im Träumen ist Gunther ein Riese. Im Handeln ein Zwerg. Unfrei und betäubt. Unfähig, eine freie, eine *Freya*-Frau zu ertragen oder gar zu lieben. Ach, die neue Kirche, die will nicht, daß die Frau im Flügelschwirren ins Freie fliegt, sondern daß der Mann die Frau zur »Braut« macht. Zur Gezähmten. Gezügelten. Und dein Bruder ist einer von all denen, die unter der neuen Angstkirche und Leidensreligion ins Träumen ausweichen. Irgendwohin, ins Schönere, ins Ausgedachte, in *regiones illusionis.* »in die Räume des Scheinbaren«

Du hast Brünhild »gezügelt«? gezähmt?

Er schwieg.

Da küßte Krimhild ihren Riesen. Flüsterte, er müsse sich nicht grämen. Auch sein neuerlicher und letzter Dienst oder Falkenflug, auch diese Hilfe für den König solle ihm nicht leidtun. Und liebte ihn auch in dieser Nacht ganz und gar und so hingegeben und froh, daß beide auch diesmal überzeugt waren, so felsenstark, so berghoch noch niemals geliebt zu haben, zumal sich die beiden auch jetzt wieder gegenseitig alle Zauber von Liliths Lustritt bereiteten, weit über die Welt hinweg und dennoch mitten hindurch.

Am Morgen fand ich den König und die Isländerin schon früh in der Halle. Beide schienen verwandelt. König Gunther lächelte, der versuchte sich an der Harfe und spottete über sein Mißlingen. Auch Brünhilds Miene schien aufgehellt. Ja, die Morgensonne, die über den Rhein von Odins Wald her in den Saal hineinleuchtete, mitten hinein ins Rot und Gold der Königshalle, die zeigte nun, wie auch die Isländerin zu lächeln wußte. Nun blieb sie nicht mehr stumm oder murmelte nur, sondern bewegte sich höflich und freundlich und benahm sich so wie bei der Ankunft vor drei Tagen im Hafen. Grüßte jedermann, tat, was Sitte war, umarmte auch Krimhild wieder, trug ein grünes und nicht mehr das schwarzglitzernde Kleid, das kraftknisternde. Freilich sah man auch den starken Gürtel nicht mehr an ihrem Leib.

So genau ich Burgunds neue Königin auch beobachtete, außer einer bleichen Erschöpftheit und einer neuen Freundlichkeit fiel mir nichts auf. Beflissen gutherzig schien sie. Was immer sie jetzt noch an Zweifeln heimsuchen mochte, jetzt, da ihr Gewalt angetan worden war, verbarg sie das gut, das verschwand unter den edlen burgundischen Manieren, unter den »Sitten der Ehe«. Unter all jenen byzantinischen Verhüllungskünsten von Frauenzucht und Herrenprunk. Der Kummer verhüllte und verkleidete sich nun unter den Umständen und Regeln, nach denen im neuen alexandrinisch-paulinischen Imperium Mann und Frau miteinander zu leben haben, in den Umständen der von den Priestern gestifteten Ehe, über die Frau Ute gesagt hatte, dieser KirchenKerker, der ersticke das FrauenFreuen.

Wie auch immer, am Morgen des dritten Hochzeitstags, leuchtete eine strahlende Frühlingssonne in die Halle und über die Pfalz, und rings um die Burg krachte abermals der Waffenstahl bei heftigen Turnieren, ereiferten sich die jungen Streiter und schrien die Händler auf den Plätzen und in den Gassen. Und auch die Herren Hochzeiter schienen bester Laune, die schritten wie schöne Pfauen über die Märkte und die Stechbahnen, wollten gemeinsam den Spielen zuschauen und liebten es, Sieger zu beglückwünschen und Streitfälle zu schlichten.

Unvorstellbar, welch blutiger Streit sie wenige Stunden später entzweite. Unzertrennlich wirkten sie an diesem Vormittag, die Arme legten sie einander um die Schultern und lachten. Später hörte ich noch, daß ihnen unter den Arkaden der Bischof in seiner festlichen Kreuzkutte entgegengetreten sei und daß der, kaum habe er den Niederländer erblickt, die kristallene Halbkugel in seinem Halsausschnitt vesenkt hätte. Aber dann blieb Ringwolf stehen und hat die beiden Hochzeiter gemahnt, zur kommenden Mittagsstunde nicht das Hochamt im Münster zu vergessen.

Da hat ihn der Cherusker gefragt, welchen Sinn dies Amt hätte. Und der antwortete: Den geistigen Leib des Herrn, den wirst auch du irgendwann küssen müssen, du und die Herren dieses Reiches, und dies tut ihr am besten bei diesem Hochamt, möglichst alle hohen Gäste dieses Festes. Brot und Wein wird auch ein Heide wie du bekommen und wirst sie zu teilen haben mit unserer Gemeinde, wirst sie empfangen als Leib und Blut des ewigen dreieinigen Geistes, ja, und zwar als die wahre Kraft von Ewigkeit zu Ewigkeit, als den einzig wirksamen Schutz vor den Nöten der Hölle.

Da habe der Xantener gesagt, er liebe wie alle Märchen auch die des Bischofs sehr, liebe auch Brot und Wein, wolle davon aber nicht nur Zeichen empfangen und teilen, sondern wolle die wirklichen Speisen genießen, gut gekeltert und gut gebacken, und wolle die auch gern mit anderen teilen und zwar mit jedem, ob hoch oder niedrig, nicht nur mit den Herren, auch mit den Frauen, da für ihn alle heilig seien und verehrungswürdig, auch die Heiden und die Knechte und die Frauen und die Juden und sogar die Gnome und Nymphen und Baumkräfte und alle anderen Teilnehmer am Heiligen, und am Ende sogar die Vertreiber des Jesus, die Bischöfe. – Und hätte nun auch den *Rumoridus Rusticulus* leibhaftig umarmen wollen. Der aber schlug das Kreuz, rief alle Heiligen um Hilfe an und eilte davon. Um sein Hochamt vorzubereiten.

Mit Krimhild und Brünhild und mit vielen anderen Frauen saß ich zu dieser Zeit auf einer der neuen Tribünen und beobachtete mit den Königinnen die Kampfspiele im Hof. Sah dort unten die beiden Könige umhergehen, sah, wie sie Streitfälle regelten und wie sie dann dem Bischof begegneten und auch mit ihm offensichtlich viel Vergnügen hatten. Auch die beiden Herrinnen betrachteten ihre Männer mit Wohlgefallen.

Die Frau aus Island saß neben der aus dem rheinischen Burgund und beide schienen nun ganz und gar ohne Groll und Arg, nicht nur, weil die Frühlingssonne sie umstrahlte. An Brünhilds Hals schimmerte die kleine Kette, die sie auf Island bekommen hatte, die wertvoller war als ein Schiff. Statt steinerner Dunkelheit zeigte Brünhild lächelnde Ergebenheit, plauderte, erwies Aufmerksamkeiten, trug maßvollen Schmuck, ja, über Nacht schien sie verwandelt und beherrschte wie selbstverständlich, was als Art gilt und als Artigkeit, und schien plötzlich all die Gesichter und Gebärden verstanden und gelernt zu haben, mit denen man im Imperium erfolgreich ist und bei Hofe willkommen.

Ohne daß irgend jemand auf dieser Tribüne davon wußte, war sie in der vergangenen Nacht ein weiteres Mal betrogen worden. Überlistet, enteignet, mit Gewalt ins Private überführt. Und noch ahnte niemand, auch sie selbst nicht, daß noch an eben diesem Tag auch ihr Lebensrest zerbrechen würde. Ohne daß ich bis heute weiß, ob für all dieses Unglück Bosheiten am Werk gewesen sind. Nein, im Gegenteil, fast all diese Menschen, scheint mir, hatten einander helfen wollen, wollten Glücksträume verwirklichen, für sich und für andere.

Als diese beiden so offenkundig friedfertigen Frauen zu den Fechtern und Reitern hinabschauten, da sahen sie, und ich mit ihnen, wie einige Sklaven mit viel Geschrei einen ihrer kahlgeschorenen Freunde auf den Schultern dahertrugen. Diese keltischen Leute machten diutiskes Felsengetöse und hatten dem, den sie trugen, einen Buchsbaumkranz auf den Kahlkopf gesetzt. – Warum feiert ihr den? rief ich. – Dieser hier, rief einer der Sklaven zurück, hat sich gewehrt. – Was heißt das? Wer ist der?

Der Mann kam näher. – Das ist *Terloh*, der war Sieger bei den Kahlschädeln im hinteren Hafenhof, beim Turnier, das auf Eseln geritten wird.

Komm herauf. Erzähl es genau.

Der Mann kam auf die Tribüne, verbeugte sich vor den Königinnen und vor mir und erzählte. – Aber als *Terloh* gesiegt hat, ist Fürst Gottlieb gekommen, Gottlieb der Dicke, der als der Fromme gelten will, und hat gehöhnt, selbst dieser *Terloh*, der Beste der Kelten, sei so miserabel, daß er, Gottlieb, den *Terloh* mit Leichtigkeit ausstechen würde. Das bezweifelten wir, und Herr *Wunnibald* half uns, der nahm Oheim Gottlieb beim Wort.

Und dann wurde das ausprobiert?

Terloh hat ein Pferd besteigen dürfen, keinen Esel, sondern ein Pferd, und ist auf der großen Stechbahn dreimal gegen den Gottlieb geritten. Beim ersten Gang hat keiner den anderen abgeworfen. Beim zweiten und dritten aber fiel der Dicke, fiel zweimal aus dem Sattel. Den Kranz jedoch hat sich Herr Gottlieb aufgesetzt. Diesen Betrug hat *Wunnibald* dem niederländischen Königssohn gemeldet, und der kam und hat den *Terloh* und uns alle beschimpft, wieso wir uns das gefallen ließen. *Terloh* hat es ihm erklärt. Dieser Herr Gottlieb der Fromme, so hat *Terloh* geantwortet, der ist der Bruder des Bischofs, wie kann ich behaupten, daß er lügt. Auch hab ich nur zwei von drei Gängen bestanden. Den ersten nicht, weil Ritter Gottlieb sehr schwer ist, der sitzt auf dem Gaul wie sechs Gerstensäcke, und meine Lanze zerbrach. Erst als Gernot mir seinen Ger lieh, gelang mir der Stoß.

Zweimal gelang er dir, also warst du zwei von drei Malen pfiffiger als er, ach, du bleibst ein *amadán.* »Idiot« *Mo chac ort.* »Scheiß auf dich« Wieviel wollt ihr euch noch gefallen lassen von solchen Lügengockeln, fragte der Prinz aus Xanten, der Nibelunge, und dann sagte er uns allen und vor allem dem *Terloh*: Dort drüben seht ihr ihn zechen, den fetten Gottlieb, nun geh hin, *Terloh*, schnapp ihn dir, den Kranz von seiner Glatze. Da ist der *Terloh* tatsächlich hin und hat ihn sich geschnappt und nun lassen wir ihn hochleben, unseren Mann und schreien keltische Wörter, mit denen wir sagen wollen »Kahlschädel schlägt Glatzenschädel« und haben uns im Trunk allesamt geschworen, uns nie mehr etwas gefallen zu lassen.

Der Mann, nachdem ich seinen Bericht gut belohnt hatte, rannte von der Tribüne zurück zum Rhein-Ufer, rannte den Seinen hinterher und rief in zerrupftem LeuteLatein: *Finisch substumus* »Schluß (mit dem) wir sind unterlegen«. Das sangen sie dort unten alsbald alle und zogen lärmend am Ufer entlang.

Als die Frauen auch dies gesehen und gehört hatten, fing Krimhild zu reden an, wie man wohl so reden muß, wenn einem ganz und gar wohl ist in der Morgensonne und bei solch fröhlichen Gelegenheiten. Krimhild sprach fast wie zu sich selbst. Aber immerhin so, daß Brünhild und ich sie gut hören konnten. – Ach, sagte sie, was habe ich für einen Mann.

Etwas so Beiläufiges murmelte sie. Und jeder, dem ich gesagt hätte, daß diese Äußerung noch an diesem Tag Blut und Tränen kosten würde, daß sie Mord brächte und Verzweiflung und Verhängnis, der hätte mich für verrückt erklärt. Diese kleine Bemerkung aber, ach, sie war der Schneeball, der sich in eine Lawine verwandelte. Und diese scheinbar harmlose und heitere und freundliche Bemerkung war, wie alles durch und durch Lebhafte, überhaupt nicht harmlos.

Diese Bemerkung jedenfalls, die mußte an diesem frühlingslichten Hochzeitsmorgen wohl so gesagt werden. Als Antwort auf das fröhliche Leutegetöse, das aus dem Hof und vom Rhein herüberscholl.

Als Brünhild sich nach der Rednerin umschaute, da meinte Krimhild offenbar, daß sie ihren Glücksseufzer wohl noch ein wenig erklären sollte, damit er nicht falsch verstanden würde. Aber dann sagte sie nur: Naja, du wirst wissen, wie ich das gemeint habe.

Wie meinst du es? In der englischen Vorlage jeweils mit *to mean* (»meinen«, wortverwandt mit *minnen*)

Der Niederländer, dieser »Prinz aus Xanten«, der ist, so meine ich, nicht nur wild und groß und kraftvoll, er ist zum Glück auch listig und witzig. Ja, seine beste Waffe ist nicht mal sein *Balmunk*.

Sondern? Was ist bei ihm das beste?

Sein Kopf. Seine schnelle Klugheit, seine Kenntnisse, die ihm von einigen sehr verübelt werden. Wie gewitzt antwortet er immer wieder unserem Bischof, wie klug hat er Gunthers burgundischen Sorgen vertrieben, hat er die Ostfalen überwunden. Die Sachsen befriedet. Wie »gerieben« hat er die Dänen überlistet und wieder heimfahren lassen. Und wie spielend leicht hat er noch gestern abend unseren *Rumoridus* als Lügner und Märchenmann bloßgestellt und zugleich all die Tücken und Kirchenkniffe, die uns Frauen einengen und ängstigen sollen. Auch den Weg zu dir, liebe Freundin, den Weg über das Eismeer hat er gefunden. Das grausige Meer, haushohe Wellen, so hörte ich, besiegte er nicht nur mit Körperkraft, sondern vor allem mit Klugheit. Ach, einem wie ihm, der nicht nur kraftvoll ist, sondern auch kenntnisreich, dem sollten alle Mächtigen dienen. Du siehst es, die Machtlosen, die lieben ihn längst, die Leute, die Unfreien, die Kahlgeschorenen. Unüberhörbar ist, wie sie ihn verehren und ihm ergeben folgen. Würden dem Cherusker auch die Mächtigen folgen, wäre alles im Land viel friedlicher und besser. Früher habe ich immer lachen müssen, wenn es hieß, dieser Mann aus dem niederen Land, dieser Ruhrschmied, der sei ein neuer Herkules. Oder ein neuer *Arminius*. Heute glaub ich es selber.

Die Königin aus Island wollte einen Augenblick lang so tun, als habe sie überhört, wie wunderlich und schwärmerisch die Schwägerin geredet hatte. Weil das aber nicht zu ignorieren war und weil sie sah, daß auch ich Krimhilds Worten interessiert zuhörte und ebenso einige Nachbarinnen auf der Tribüne, so konnte Brünhild nun, bei all ihrer neuen höflichen Zurückhaltung, die Behauptung nicht einfach unwidersprochen lassen, daß für Krimhild der Mann aus Xanten rundheraus der Beste von allen sei und mithin ein Fürst, dem alle anderen in Bewunderung folgen sollten. Ganz ähnlich noch Jahrhunderte später die Sankt Galler Hs., zunächst spricht Krimhild: *Ich han einen man, daz elliu disiu rîche ze sînen handen solden stân. – Dô sprach diu vrouwe Prünhilt: Wi kunde daz gesîn?* »Ich habe einen Mann (so herrlich), daß alle Reiche ihm dienen sollten. – Da sprach Frau Brünhild: Wie kann das angehen?«

Also seufzte nun auch die isländische, die neue Königin von Burgund, und redete dann mit sehr liebenswürdiger Stimme. – Ja, das mag wohl so sein. An einem so milden und sonnigen Morgen wird das gerne so gesehen. Zumal von einer glücklichen Frau. Im süßen Rausch, nach zwei Liebesnächten, da mußt du, liebe Freundin, solche Worte wohl seufzen. – Die Isländerin machte eine Pause, zögerte noch, sah kurz zu mir hinüber. Ach, wäre sie jetzt stumm geblieben. Sie hielt es dann aber für nötig und womöglich ebenfalls für ganz und gar harmlos, noch folgendes hinzuzufügen. – Lebte in Burgund kein anderer Fürst als nur dein Mann, dann hättest du wirklich recht. Dann sollten in der Tat alle Reichen und alle Mächtigen und mit ihnen auch alle *diet* deinem Niederländer dienen und folgen. Aber das ist nun mal nicht so. Am Rhein lebt auch mein Mann, dein Bruder, der große Künneke Gunther.

Krimhild nickte und schien immer noch zu lächeln. Nickte. Schaute eine Weile zu den beiden Männern hinab, von denen da die Rede war, zu den beiden hochgewachsenen, zu diesen herrscherlichen und wahrlich ansehnlichen Männern. Auch Gunther zeigte wieder, wie früher, seine aufrecht hohe Haltung; sein fröhliches Einherschreiten, ja, sein Gang erinnerte mich an das Stolzieren der Hähne.

Und was ihre Ehefrauen oben auf der Tribüne über die dort unten redeten, das war doch, so sollte man denken, nur ein beiläufiges, ein ganz und gar wohlwollendes Gespräch. Aber beim ewigen *Ginungagap*, auch diese Bemerkungen hatten einen glutflüssigen Kern. Im Inneren waren das Mordreden. Gespickt mit Neidstacheln, die sich auswachsen wollten zu Dolchen. Vorerst jedoch blieben die scharfen Schneiden verkapselt, blieben verkappt in scheinbarer Freundlichkeit; waren aber bereit, jeder Zeit auszufahren zu mörderischen Haken und hackenden Drachenkrallen, zu Giftzähnen. Ach, diese beiden Frauen, die jeder, der sie sah, bewundern mußte und beneiden wollte, sie steckten beide in jenem Käfig, in dem Krimhild in ihrem Traum den Flugfalken hatte sterben sehen.

Kilian erklärte mir kürzlich, wer immer seine Rede oder auch nur seine Gedanken in Bewegung bringe mit den Wörtern »mein« oder »haben«, der sei dabei, Streit zu stiften. Bei den Kelten würden solche Wörter sorgfältig vermieden, dort lerne man, sie listig zu umspielen.

Gewiß, liebe Freundin, sagte nun Krimhild. An diesem wunderbaren Morgen mußt auch du, die neue Königin in Worms, so reden wie du soeben geredet hast. Und ich möchte dir wirklich nicht zu nahe treten oder gar wehetun, doch mich solltest du ebenso verstehen wie ich versuche, dich zu verstehen. Wenn ich nämlich sehe, wie da unten zwischen all den anderen mein lieber nibelungischer Gemahl einhergeht, so kraftvoll und so groß, aber zugleich so leicht, als flöge er auf Federn, als schwebe er wie ein Falke über allen anderen, wenn ich sehe, wie er dort sämtlichen Herren voransteht und wie sie alle immer wieder ihn anblicken und ihm zuhören, wenn ich beobachte, wie wonnig er sich bewegt, wie geschickt und schön, was unser Dichter vielleicht »anmutig« nennen würde oder *iucundus* oder *dulcis* oder *aureolus* »erfreulich«, »liebenswürdig«, »allerliebst« (wörtl. »golden«) oder wozu er gewiß noch viel süßere Worte fände und weil das dort unten im Hof nun immerzu so aussieht, als sei dieser Riese ständig auf dem Sprung und als wollte er fliegen wie ein Falke oder wie ein Fafnir, und weil ihm keine Arbeit und keine Mühsal zu schwer scheint und weil er alles mit einer so freundlichen Überlegenheit tut, da fällt mir nur noch ein einziges Wort für ihn ein: er ist herrlich. – Nach dieser langen Glücksrede schaute sie sich um, zu mir herüber, ich lächelte und nickte.

Die Frau aber aus dem Mitternachtsland, die wartete nun eine Weile und redete dann recht leise. Als spreche sie nur zu sich selbst. – Ich lernte vom Glücklichsein etwas anderes. Ich lernte die Kunst der Frau *Freya*. Von älteren isländischen Frauen lernte ich, es sei gut, eine

Frau zu sein und kein Herr und kein Sieger, auch kein Herrlicher. Statt dessen sei es gut, eine Bezauberin zu sein, eine Hüterin der Kräfte, von denen noch gestern deine Mutter Ute ein denkwürdiges Lied sang, ein Lied vom Erkennen. Aber auch ich habe nun wohl zu begreifen, daß eure herrlichen Herren glauben, es beherrschen zu können, das Unerschaffene, das ewige *Gaia*Leben. Es ausplündern und verachten zu dürfen. Spätestens seit die neue Kirche ihnen im Irgendwo paradiesische Wonnen verspricht. Ich bitte dich, liebe Freundin, sei ein wenig vorsichtig mit deinem »herrlich«.

Ach doch, herrlich ist er, mein Liebster, dabei bleibe ich. Mir jedenfalls leuchtet er gerade so in der Nacht wie der lichte Mond, und zwar in den Tagen, in denen der Mond ganz zu sehen ist und alle Sterne überstrahlt. Verzeih mir, aber so muß ich ihn sehen. Nicht nur, weil ich ihn nach unseren Liebesnächten verkläre, sondern weil er tatsächlich so ist, ein Strahlender. Jeder, der Augen hat, kann ihn auch jetzt dort unten beobachten. Sieh, wie viele Leute und Herrschaften immer wieder stehenbleiben, nur um ihm zuzuhören, um ihn zu betrachten und ihn zu bewundern. Und das macht nun auch mich so herrlich leicht, so »schwirrend«. Dies Falkenwort sang Giselher von einer jungen Frau, die nach der Hochzeit glücklich ist, fröhlich und frei, mit *Freyas* Künsten freudetrunken oder, wie wir manchmal sagen, »geil«.

Krimhilds Rede wäre gut und gerne noch länger geworden, noch schwärmerischer, hätte die Isländerin jetzt nicht gelacht. – »Geil«, sagte sie, das ist ein uraltes Wort aus *Nifhel.* Seltsam, es von dir zu hören, in Roms Worms. Wie schön, daß manches aus unserer Welt hinüberspringt in euer Imperium. Laß uns die guten Klänge lieben so wie Ute und so wie dein »Herrlicher«, ja, laß uns beide auch »geil« sein oder, wie es in euerem Hofdeutsch heißt, »fröhlich«.

Auch in seine ruppeligen Wörter, sagte Krimhild, auch in die hab ich mich verliebt, in all die knurpsigen Knackstöne aus Nebelland, die er wie ein Spielteufel lossprudeln kann, um zum Beispiel den Herrn Gere zu verwirren oder den Bischof, Worte, die auch du, liebe Freundin, manchmal zu sprechen scheinst. Unsere lateinischen Lehrer beargwöhnen diese Klänge sehr, da sie den Herren undurchsichtig erscheinen und verdächtig und schmutzig. Lieben lernte ich diesen vergnüglichen Wörterschmutz zuerst durch meine Mutter und jetzt noch einmal durch meinen Mann, obwohl auch Giselher in unserer Pfalz schon allerhand wortverrückte Ulkigkeit und Zauberlitanei hat hören lassen – sie unterbrach sich, merkte wohl, daß sie nur so vor sich hinredete und gar nicht mehr wußte, ob die Frau neben ihr noch zuhörte und mit all ihren Ansichten einverstanden sein konnte.

Die isländische Nachbarin schwieg. Betrachtete die höfischen Herrschaften auf den Turnierplätzen. Und als nun Krimhilds begeisterte Rede nicht mehr fortgesetzt wurde, sah sie wieder zu Krimhild hinüber, mit Anstand, maßvoll, aber mit den großen, mit den prüfenden dunklen Augen. – Du hast wohl recht. Dein *Victor Placidus* ist, gemessen an dem, was hierzulande bereits als großartig gilt, wahrlich beträchtlich. Oder um es mit Knackstönen aus *nifhel* zu sagen: *Uuelthit er githiuto io so edil thruhtin scal.* »Herrlich handelt er, wie es ein edler Herr soll« Auch ich bewundere nicht nur seine Kraft, sondern auch sein Wissen und seinen Witz. Für Worms leistete er erstaunliche Arbeiten. Bewundernswert, so sagten es mir meine Freundinnen, habe er den Stier übersprungen, ohne Angst vor den reißenden Hörnern. Dein lieber Mann, so höre man das jetzt bei den Leuten, der »siegfriedet den Tod«.

Da beugte sich Krimhild ein wenig zu ihr hin und schlang, überströmend vor Glück, ihre Arme um die andere Frau und küßte sie. Und alles schien nun gerade wieder so harmonisch wie vor drei Tagen, als meine Schwester die Fremde am Hafen mit der gleichen Geste begrüßt hatte. Unmöglich, in diesem schönen Moment zu glauben, daß es wenig später keine zwei Menschen geben würde, die sich tödlicher haßten als diese beiden.

Aber, fuhr dann Brünhild fort, auch an diesem Sprung über das Wilde magst du ablesen, wie alles auch ganz anders zu werten wäre. Da bei dem Sprung sonst keiner im Wormser Pfalzhof war, der es so hätte tun wollen wie der Niederländer, wie hätte dein Mann da nicht alle anderen überragen sollen. Da fehlte in diesem Augenblick mein Gemahl. Der burgundische König. So erstaunlich dein Mann ist, liebe Krimhild, so solltest du darüber deinen eigenen Bruder nicht vergessen. Und wenn ich dein schönes Mondbild weitermalen wollte, dann leuchtet nachts über Worms so etwas wie ein DoppelMond.

Ich bewunderte damals und bestaune noch jetzt, in meiner Lorscher Gruft, wie maßvoll Rans Tochter redete, die doch auch die

Tochter der Wotanskraft war, des Wutrauschs. Ich merkte, wie sie, als erkenne sie das heranrückende Unheil, immer wieder kleine Friedens-Angebote einschob, begütigende Bilder bot sie an und Formeln, auf die sich beide Frauen jetzt immer noch hätten einigen können, zum Beispiel auf das Bild vom DoppelMond. Was half es. Der spitzige Eisklumpen war ins Rollen gebracht.

Nun rückte Utes Tochter unruhig auf ihrem Platz hin und her. Überlegte eine Weile. Wahrscheinlich ahnte sie, daß sie jetzt besser hätte gehen sollen? Hätte sie das nur getan oder hätte sie jetzt geschwiegen, wieviel Unheil wäre vermieden worden. Neben ihr aber hatte inzwischen Markgraf Gere Platz genommen, und da auch der Höfling Gere Frau Brünhilds Wendung vom DoppelMond gehört hatte, und da dies, wenn nicht von mir, dann doch gewiß von ihm weitergetragen werden würde, da verlangte Brünhilds Behauptung, beide Männer seien gleich hell und strahlend und gleich bedeutend und mächtig, eine Korrektur im imperialen Befehlssystem. Ja, ich fürchte, diese Korrektur verlangten die Regeln der Herren, nämlich *regulae normaeque imperii militaris, ratio ordinis dignitatis.* »Richtschnur und Regeln des militärischen Befehlssystems, das Denken in Rangordnungen«

Keine Ruhe fand meine schöne Schwester, bis sie endlich eine Gegenrede fand. – Liebe Schwägerin, sieh es mir bitte nach, ich habe meinen lieben Mann, deinen früheren Freund, nicht ganz ohne Grund sozusagen in den Himmel gehoben, nämlich bis an den Mond hinauf. Mag sein, das schien dir ein wenig übertrieben. So müsse nun mal geredet werden von einer Braut im Hochzeitsglück. Aber es gibt am Firmament bekanntlich nur einen Mond. Und eh wir uns jetzt festrennen mit unglücklichen poetischen Bildern vom doppelten Mond und eh wir uns womöglich zu streiten beginnen, gebe ich zu, dein wie mein Gemahl, beide sind außerordentliche Männer. Beide Herren gelten mit gutem Grund als vortrefflich und sind in vielem gewiß ebenbürtig. Magst du dem zustimmen? Philipp Graf Eulenburg-Hertefeld im Dezember 1899 an seinen Intimfreund Wilhelm, den letzten deutschen Kaiser: ». . . die Ebenbürtigkeitsfrage ist Eurer Majestät Grundgedanke«

Mit »ebenbürtig« schien nun auch Krimhild noch rechtzeitig eingelenkt zu haben. Hatte allerdings nicht vergessen, in ihre Leckerei Widerhaken einzubacken, zum einen die Mitteilung, daß sie nicht einlenke, weil sie sich korrigieren müsse, sondern nur, um Streit zu vermeiden, daß sie also in Wirklichkeit beide Herren nach wie vor unterschiedlich einschätzte. Zum anderen versteckte sie in ihrem Freundlichkeitsversuch die spitzige Bemerkung über »deinen früheren Freund«.

Die ausländische, die isensteinische Frau blickte nun meine Schwester aufmerksam an. Das sah aus, als wollte sie prüfen, wie aufrichtig das »ebenbürtig« gemeint sei oder wie sehr das nur den burgundischen Höflichkeitsgeboten folgte. Immer noch mußte Brünhild ja glauben, in der letzten Nacht sei es Gunther gewesen, der sie bezwungen hatte. Nun bewegten sie wieder alte Zweifel und Fragen. Warum diese Prinzessin den Schippmann und Eisenschmied mit so viel Energie als »ebenbürtig«, ja als überlegen beschrieb und für welche geheimen Dienste dieser Niederländer Gundomars einzige Tochter zur Frau erhalten konnte. Ob es wirklich nur Kriegs- und Fährdienste gewesen waren, die diesen nifhelheimischen Siegfried in Krimhilds Augen zu einer so einmaligen Erscheinung machten. Aufs neue erwachte in der Frau aus dem Feuerreich die alte Unruhe, nun wollte sie endlich erfahren, welche Art Hilfsdienst der Alberichgeselle auf Island in Wirklichkeit geleistet hatte.

Darum schüttelte sie nun leicht den Kopf. – So wie du das jetzt geschildert hast, so möchte das wohl jeder im Liebestaumel sehen. Aber so kann es, wenn man es in Ruhe anschaut, kaum stimmen. Und ich bitte dich, Krimhild, versteh das recht und nicht etwa als Mutwillen oder gar Bosheit, wenn ich dir sage, daß auch ich meine Bemerkungen nicht ohne Grund gemacht habe. Es sieht alles ganz danach aus, als ob unsere beiden Männer tatsächlich ebenbürtig sind. Die isländische Himmelslohe, die durchdrang sowohl dein cheruskischer Feuerkünstler als auch mein Mann, Burgunds König. Und laß es dir gesagt sein: Als dein Mann das letzte Mal zum Isenstein kam, da wurde mir erklärt, der Alberichgeselle sei nunmehr des König Gunthers Knecht. Oder Dienstmann. Oder Eigenmann. So hieß es wörtlich. Du brauchst jetzt nicht zu erschrecken. »Eigenmann« nannte dein Mann sich selber, vor Zeugen. Deine Brüder müßten es dir bestätigen können. Oder sie sollten es dir längst erzählt haben. Hier sitzt dein Bruder Giselher, er stand damals neben Gunther und neben dem

Xantener, frag ihn. Nannte der Niederländer sich Eigenmann? Schippmann? Dienstmann? Du siehst, Giselher nickt.

Krimhild blickte nun sehr rasch hierhin und dorthin und schien sehr aufgeregt. Sie sah von mir zu Herrn Gere hinüber und wieder zurück zu mir und dann auch zu all den anderen, die inzwischen um uns herum Platz genommen hatten, und sie schüttelte heftig den Kopf.

Da setzte Brünhild ihre Rede fort, ihre freundliche, aber sehr bestimmte. – Laß mich jetzt sehr frei reden und sagen, daß es nun mal so ist, daß nur die Gemahlin jene Dinge über ihren Mann wissen kann, die gewöhnlich verborgen bleiben und meist mit gutem Grund. So kann jedenfalls nur ich, des Königs Ehefrau, exakt wissen, wie wahrhaft kraftvoll nicht nur dein Mann aus Xanten ist, sondern auch mein Gemahl, der König Gunther. Reden also wir beiden Frauen ganz offen: Wer wohl sollte die unerschaffene Kraft, das Begehren, mit der Gunther mich begehrte und bezwang, besser kennen als ich? Das erste Mal bewies er diese Kraft in der himmlischen Feuerlohe, die vor ihm nur dein Mann überwand. Das zweite Mal zeigte er's in der dreifachen Prüfung im Hof von Isenstein, die außer meinem Gunther noch nie ein Mann bestand. Und das dritte Mal? Dir, der Freundin und Schwester, dir darf ich es getrost anvertrauen und verrate damit nur ein offenes Geheimnis, das dritte Mal bewies er's in der Nacht, in der sein Wille mit großer Lust an mir geschah.

Da sah es so aus, als ob in Krimhilds Augen die Feuer von *herdubreid* flackerten. In diesem intimen Punkt, bei diesem »offenen Geheimnis«, da glaubte sie alles sehr viel genauer zu wissen und ganz und gar anders. Nun drehte sich durch ihren Kopf, was ihr in der letzten Nacht der Nibelunge anvertraut zu haben schien, in seiner vorsichtigen oder übermütigen Ungenauigkeit.

Auch Brünhild blickte nun mit Unruhe, aber auch voller Hoffnung, denn sie mußte glauben, daß sie jetzt alles klargestellt hätte, daß nun Offenheit mit Offenheit erwidert worden war und Freundlichkeit mit Freundlichkeit. Doch beide, die sich wiederholt »Freundin« genannt hatten, spürten, daß noch immer etwas Unbeherrschbares in der Luft lag, ja, Ungeheures wälzte sich nun näher, etwas Zerberstendes und Ätzendes kroch da aus verborgenen Gründen, aus den Winkeln in den Köpfen, von denen Ute gewußt hatte S. 45, und dies Verhängnis schien nun unaufhaltsam. Schazman weist darauf hin, hier verwende die Kilianschronik Vokabular vom Beginn des *Nidgir*-Kampfes

Zu viele Gefühle, Gewißheiten, Gewohnheiten und Wünsche stürzten jetzt in Krimhild durcheinander, als daß sie nach Brünhilds Geständnis noch hätte schweigen können. – Gunthers Wille an dir? Der träumereiche Phantasierer hätte deinen Leib bezwungen? Soll ich das nun ebenso glauben wie deine kuriose Mitteilung, mein Freund hätte auf dem Isenstein erklärt, er sei Gunthers »Knecht«? Davon weiß ich bis heute nichts. Hat König Gunther selber dir so etwas erzählt? Oder ist mein Bruder im Eisland tatsächlich vor dich hingetreten und hat gesagt: »Seid gegrüßt, Frau Brünhild, dieser Mann aus Xanten, den ihr dort seht, der ist nur mein Mond, ich aber bin die Sonne«? Ich weiß nur, daß der Königssohn aus Xanten, da er auch das Schiffshandwerk und die Segelkunst beherrscht, Kapitän war auf seinem Kuhschiff, daß er die Befehlsgewalt hatte auf der Reise übers Eismeer. Gewiß war das ein Dienst. Aber als die Burgunder vormals den römischen Feldherren halfen, den Hunnenkönig Attila zu besiegen, auch da leisteten sie Dienste, ohne deswegen Knechte zu werden. Giselher, sag uns, war auf Island mit »Dienst« der Schiffsdienst gemeint?

Ich nickte. Ich hob und senkte meinen Kopf so deutlich wie möglich. – Jaja, das war so, und das wüßte, dachte ich, inzwischen jeder. – Und verließ nun lieber die Tribüne. Verließ diesen Kampfplatz der Frauen und tat, als sei mit meiner Antwort nun alles geklärt, als sei alles weitere von nun an nebensächlich. In Wirklichkeit ahnte auch ich die drohende Zuspitzung und bin in diesen Augenblicken sehr feige gewesen.

Wenig später erfuhr ich jedes der Wörter, die anschließend hin- und hergeschossen wurden, spitz und widerhakig wie keltische Pfeile und am Ende wie tödliches Schwertblitzen. *Sed tantummodo relata refero.* »Aber ich gebe nur wieder, was man mir erzählt hat«

Brünhild, so hörte ich, hätte nun geantwortet: Eh wir unser Sonne- und Mondspiel noch weiter treiben und uns endgültig verwirren, muß ich dir sagen, mir ist jetzt nicht nach kindlichen Scherzen zumute. FreiSein ist mir allzu kostbar, als daß darüber nur wie in einem lustigen Kinderspiel zu plaudern wäre. Ums FreiSein war es mir seit je zu tun, die Lohe auf Island hatte just diesen Sinn, daß mir nichts zu nahe kam von imperialer Niedertracht und Feigheit und Falschheit. Nicht anders halte ich das hier in eurem Rheinland. Dein Mann, der Alberichlehrling, der hat mir auf dem Isenstein erklärt, und alle, die dabei waren, müßten es bezeugen, er stehe in Gunthers Diensten, und nicht nur in Fährdiensten.

Er stand in Diensten, die auch ein freier König dem Verbündeten leisten kann. Als König hat er gedient und nicht als Vasall und Eigenmann.

Auf Island korrigierte mich niemand, als ich deinen Mann »Eigenmann« nannte. Als ich ihn sogar verspottete als Schuhanzieher des Königs Gunther, ja, auch diesen Dienst hat er meinem Gemahl geleistet, den du nun unter ihn setzen willst. Ist einer, der meinem Gunther die Stiefel auszieht, der ihm in die Sandalen hilft, ist der ein »Ebenbürtiger«? Beunruhige dich nicht unnötig. Wegen der früheren Besuche deines Nibelungen auf Island mach dir keine Sorgen. Meine Freundschaft mit dem Xantener ist verflogen wie *Lokis* Sonnenwind, der mal hier, mal dort und immer nur für Augenblicke aufleuchtet. Ich neide dir deinen Kapitän in keiner Weise.

Dies hätte beschwichtigend klingen können, rieb aber an wunden Punkten, so wie in der Nacht am Nagel der Mondstein in der Jaspiswunde. Krimhild, so hörte ich wenig später, sei jetzt empört aufgesprungen, hätte sich aber in ihrer Aufgeregtheit ebenso rasch wieder gesetzt, um zu sagen: Wenn auf Island vom »Eigenmann« geredet wurde, dann hätten mich meine Brüder schmählich hintergangen. Und mein Mann ebenso. Wie hätte ich je einen Knecht zum Ehemann genommen. Was du da erzählst vom Schuh-Anziehen und vom Sklavendienst, das kann ich unmöglich glauben. Warum nur mußte Giselher uns gerade in diesem Moment verlassen.

Giselher hat deutlich genickt. Zustimmung hat er gezeigt.

Ich werde ihn genauer befragen, ihn und alle anderen. Herr Gere war nicht auf Island, also werde ich jetzt mit meinen Brüdern reden und mit Hagen und mit dem Xantener selber. Da ich aber nicht annehmen kann, daß meine Brüder mich hintergehen, muß ich fürchten, daß du das jetzt tust. Wie könnten die Söhne des Gundomar je gutgeheißen haben, daß ich die Gemahlin eines Unfreien werde! Welche Unterstellung! Stand im fernen Island alles auf dem Kopf? Hier in Worms dagegen redet jeder davon, daß der Niederländer, den du nun so schmähst, der »Mächtigste« ist und daß Namen wie Nibelungen und Nifhelheim keine Herabsetzungen sind, sondern Ruhmesnamen. Auch mir ist nicht nach Kinderscherzen zumute, ja, auch mir geht es ums FreiSein. Muß ich nun etwa meinen Kopf kahlscheren lassen? Wehe über diese Niedertracht! Ich fürchte, nun frißt auch uns Frauen diese ewige Made, dieser unausrottbare *Nidgir*.

Ach, wie war da aus einem Freundschaftsdienst plötzlich ein Giftstachel geworden. Der gutmütige Sieglindsohn hatte auf Island, um die Brautwerbung gelingen zu lassen und um Gunther hervorzuheben, sich selbst herabgesetzt, zweifellos in übertriebener Weise. Nun rächte sich dies Spiel. Nun sorgte eine scheinbar harmlose Flunkerei für Verwirrungen, die unaufhaltsam größer wurden, und es schien, daß nun auch die anderen »Kniffe« ans Tageslicht kämen, zumal nun Krimhild offen gespottet hätte, wie denn wohl der träumereiche Gunther Brünhild hätte bezwingen sollen.

Nach Krimhilds »Weh über diese Niedertracht«, obwohl mit diesem Schimpf auch ihre Brüder gemeint sein mochten, war Brünhild blaß geworden, sie war nun verwirrt, fühlte sich verletzt, glaubte, mit einer Made verglichen worden zu sein, mit dem hinterhältigen *Nidgir*. Endgültig jetzt wird sie erkannt haben, was es hieß, vom flammenbehüteten Isenstein nach Worms gekommen zu sein, ins koloniale und imperiale Romland, wo die *lingua claritatis rationisque* »die Sprache der Klarheit, der Aufklärung« nur scheinbar für Helligkeit sorgt, in Wirklichkeit für komplizierte Tarnungen und Ordnungen und Vorwände und Grenzen. Brünhild wollte die Tribüne nun ebenfalls verlassen, sah sich nun um, nach welcher Seite sie am besten, ohne zu viel Aufsehen zu erregen, den Ort der Streiterei verlassen könnte.

Krimhild bemerkte das und sagte: Brünhild, verzeih meine Erregung. Wenn etwas in mir lebt, worüber ich alles andere vergessen könnte, wogegen sogar meine Herren Brüder unwichtig werden, dann ist das auch bei mir der Wunsch, NICHT leibeigen zu sein. – Sie sah kurz zu Herrn Gere hinüber, der verkrümmt saß und nicht wußte, wohin er in seiner Verlegenheit hätte blicken und was er hätte raten sollen.

Sie kaute kurz an ihrer Hand, wie es in Bedrängnissen auch ihr königlicher Bruder tat, biß in zwei Finger und wickelte eine ihrer dunklen Locken drumherum. O ja, auch Utes Tochter taumelte nun durch vielerlei Ängste und Aufregungen und konnte jetzt unmöglich schweigen, sondern mußte weiterreden, obwohl sie ahnte, daß sie nun über ein allzu dünnes Eis ritt.

Allzu demütigend ist, was du meinem Mann unterstellst, nicht nur dem Niederländer, sondern damit auch mir. Wunderbare Brünhild, gerade du, die du so großen Wert darauf legst, niemandes Knecht zu sein, müßtest einsehen, warum ich empört bin. Als *Freyas* Frau hast du in Island auf ritterlichen Prüfungen bestanden, von denen mir viel erzählt wurde. Und auf Island haben *Gaias* oder *Lokis* Sonnen-Energien dafür gesorgt, daß du hinter Lichtwänden behütet bliebst, in Sicherheit vor all dem, was an Betrug in der Welt umgeht, was ins UnfreiSein stürzt. Und weil du ohne Übung geblieben bist mit der Hinterhältigkeit der RomWelt, verkennst du, was meinen Liebsten in all seiner Spiellust übermütig antrieb, dem König in jeder Weise zu helfen, zum Spaß auch beim Anziehen der Schuhe. Wie kannst du meinen, ich spürte die *Freya*-Lust nicht, ich bände mich an einen Diener, an einen Unterwürfigen, an einen »Eigenmann«! Ach, ich bitte dich sehr, obwohl mich das alles maßlos aufregen will, ich bitte dich jetzt noch immer in Freundlichkeit, laß künftig solche Bemerkungen ganz und gar sein! Denn ich spüre, deine Behauptungen machen mich rasend.

Nun sei Brünhild aufgestanden, berichtete man mir, nun schien es auch ihr offenbar gleichgültig, daß man den Wortwechsel der Frauen überall im Hof hören konnte. Gere von Speyer blickte entsetzt. – Was verlangst du, rief sie. – Und als nun aller Augen auf die beiden Streitenden gerichtet waren, da habe sie sehr laut folgendes erklärt: Meine Bemerkungen, Freundin, sind keine Unterstellungen, keine Behauptungen. Es sind Feststellungen, auf die ich allerschärfsten Wert lege und die ich wahrlich nicht unterlassen KANN. Dieses »Kann« hat ein spätes, scheinbar abgeschwächtes Echo noch 700 Jahre später in der mittelhochdeutschen Epos-Version. Auch hier redet Brünhild: *Ine mác ir niht gelâzen.* Das wurde anfangs falsch übersetzt mit »Ich mag (die Bemerkungen) nicht lassen«. *mac* hat aber zu tun mit »Macht«, »machen« und »Vermögen« und muß auch noch in der Sprache der späteren Jahrhunderte verstanden werden als »ich KANN nicht anders«

Auch Brünhild habe sich nach dieser Erklärung setzen und sofort wieder aufstehen müssen und weiterreden. – Auf der Gewißheit, daß dein Ruhrschmied nicht frei ist, sondern daß er ein Eigenmann ist, darauf ruht nichts weniger als meine Selbstachtung. Auf Island beugte er für alle sichtbar, beugte er vor dem Tor zur Isensteinburg die Knie vor Gunther, um ihm die Streitstiefel auszuziehen, um ihm die leichten Riemenschuhe anzupassen und festzubinden. Ist es in Worms unbekannt, daß wir auch Achtung haben sollten vor uns selber?

O was sagst du da! habe Krimhild nun gerufen und sei aufgesprungen und habe nach Luft geschnappt. – Du bestehst darauf, daß ich einen Unfreien zum Mann genommen habe? einen Dienstmann? Ich merke, diese Verrücktheit führt uns Frauen in verhängnisvolle Verwirrung. Wir schelten uns hier und die Herren und unsere Freundinnen hören sich das an und sind ratlos. Giselher wurde das peinlich, der hat uns, bevor wir allzu laut wurden, rechtzeitig verlassen. Ich denke, es wird Zeit, sich auf das Hochamt vorzubereiten. Und dann fragen wir nachher, wenn wir ohne Zuhörer sind und die Aufrichtigkeit eine größere Chance hat, unsere Männer. Fragen wir sie, was auf dem Isenstein gesagt und getan wurde und was nicht und in welcher Absicht.

Auch Krimhild habe sich danach noch hin und her gewendet, als hätte sie einen Fluchtweg gesucht. – Ich bin sicher, du hast dich verhört. Falsche, mißgünstige Zeugen haben dir die Sache mit dem Schuhebinden hinterbracht, haben unnötige Scherze getrieben. Nie und nimmer hätte mein Falke die Knie im Ernst vor Gunther gebeugt. Er hat das Schiff gelenkt, sonst nichts. Und deswegen ist er kein Knecht des Königs. Und auch das KANN ich jetzt nur wiederholen und hoffe, dich nicht zorniger zu machen, als du es offenbar schon bist: Auch mein Stolz hängt ab vom FreiSein. Was du meinem Freund jetzt anhängst, das heißt nichts weniger, als daß ich die Frau eines Mannes sei, der das Eigentum eines anderen ist, so privat und geraubt und ehrlos wie Ringwolfs Lügenkügelchen. Das ist so aberwitzig, daß ich darüber jetzt nicht weiter reden KANN, ich müßte sonst –

Du müßtest du sonst was? Was verschweigst du mir jetzt? Laß es heraus! Bitte!

Brünhild, ich müßte laut zu schreien anfangen.

Dann tu es! Laß alles heraus!

Erregt hätten beide Frauen voreinander gestanden. Beide unfähig, noch irgendein höfisches, ein angemessenes Wort zu finden. Wendeten sich lieber weg, verließen lieber rasch den Platz auf der Empore, jede nach einer anderen Seite, jede mit ihren Freundinnen, jede erfüllt von Zorn und Angst.

Hätten beide noch vielerlei Wörter gezischt und gemurrt. *Nidgir* hat Gere verstanden. Und *Freya*-Furie hätte Krimhild gefaucht. Wer immer den Streit gesehen und gehört hatte, der war verstört, ja erschrocken. Auch meine Nymphe *Baldinai* schien ratlos. Wie konnten diese beiden, die sich soeben noch in der Morgensonne herzlich und innig begrüßt und umarmt hatten, wie konnten diese beiden derart aneinandergeraten und nun so grimmig auseinander gehen, mit funkelnden Zornzeichen im Gesicht, mit roten Flecken, wankend und wie mit blinden Augen.

Kaum war Krimhild in ihren Gemächern, kaum war sie bei ihren »Fräulein«, da rief sie: Es wird von dieser isländischen Königin behauptet, wir alle seien ihr Gesinde! Auch mein Mann, der Unvergleichliche! Wir alle hätten von nun an allein ihr zu folgen und zu dienen, hätten ihr die Schuhe zu binden, die Schleppe zu tragen! Dienstleute wir alle, Sklavinnen!

Das traf, das rührte Empörung auf, und in dieser Stimmung schien sich Krimhild endlich wieder zu fassen. Plötzlich fand ihr Zorn einen Weg, einen, den man den typisch burgundischen nennen muß oder gar den byzantinischen, den Weg der schönen Dinge, der Kunst. Das war bei Krimhild der Weg der Gewänderkunst, das waren jene zauberischen Verwandlungswege, die beide einander sonst so fremde Welten, die mittägliche Bischofskappenwelt und die mitternächtliche Tarnkappenwelt, doch auch zu Verwandten machten. Die HagenArt glich in vielem durchaus der HeckenArt. Beide hätten das freilich erkennen müssen.

In zwei Stunden, so rief Krimhild, in zwei Stunden, ihr Freundinnen, ist an diesem Mittag Vetter Ringwolfs Hoch-Amt. Bevor wir jetzt nur wehklagen und uns womöglich die Haare abschneiden lassen und uns dieser Nebelfrau zu Füßen werfen, wollen wir doch mal sehen, wer in Worms wem zu folgen hat. Richtet alle Kleider, alle Mäntel, sämtlichen Schmuck, breitet das alles hier auf diesen Tischen aus, damit ich wählen kann. Selbst die Dümmsten rheinauf und rheinab werden an diesem heutigen dritten Hochzeitstag kapieren müssen, wer hier wessen Untergebene ist und wer Geschmack hat und wer Schönheitslust und wer Überlegenheit und wer Vorrang.

Wenn jemals auf wunderbare Kleidung peinlich genau Wert gelegt worden ist und je die Pracht eines Auftritts mit ingrimmigerer Sorgfalt vorbereitet wurde, und wenn je der Sinn all dieses Aufwandes und dieser scheinbar rein äußerlichen Umstände hätte klar werden können, nämlich als Durst nach dem FreiSein, dann geschah dies an diesem dritten Tag der siebentägigen Doppelhochzeit zu Worms, an jenem Tag, der bereits der letzte sein würde.

Schon immer zeigten wir Burgunder für kaum etwas mehr Sinn als für glänzendes Erscheinen, dem galt bei Gunther wie bei Krimhild ein geradezu byzantinischer Eifer. An diesem Frühlingsmorgen des Jahres *CDLXXXVI* 486 jedoch, kurz vor Ostern, einige sagen, es habe sich schon um den Karfreitag gehandelt, da haben Krimhild und ihre dreißig Freundinnen ein Wunderwerk vollbracht. Nicht einmal die Kaiserinnen in Byzanz, heißt es, hätten je so vielen Prunk sehen lassen wie Krimhild bei diesem entscheidenden Gang zur Kirche. Was je fürstliche Herrschaften an Prachtgewandungen vorführten, das war, sagten später die Kenner, lächerlich im Vergleich zu dem, was nun für Krimhilds Auftritt vor dem Wormser Münster vorbereitet wurde.

Über all ihren Kleiderkostbarkeiten trug meine schöne junge Schwester einen frisch gearbeiteten Mantel aus hellem Hermelin, gearbeitet aus den feinsten Fellstücken des winterlichen Raubmarders. Aus etwa hundert weißen Quadraten hatten die Helferinnen nach Krimhilds Plänen diesen Mantel wochenlang zusammengenäht. Die weißen Recht-Ecken hatten sie mit dunklen Streifen abgesetzt, mit anthrazitfarbenen Zwischenstücken aus schwarzem Pantherfell. Jedes einzelne Quadrat und jedes einzelne Verbindungsstück galt als so kostbar wie der Becher, den Hagen in den Rheinstrom geschleudert hatte.

Als die Braut endlich fertig hergerichtet schien und sich im Spiegel betrachtete, fand sie ihr Werk gelungen, ja vollendet, in diesem Prunk wollte sie sich endlich wieder wohlfühlen, in diesem Gitterwerk als Mantelgewand. Sie öffnete die Hülle, wendete sich hin und her und hielt diesen Anblick nicht ohne Grund für unübertrefflich. Das Englische verwendet hier *unsurpassable*, wie bei der Beschreibung von Siegfrieds Ruhr-Rüstung

Der Niederländer hatte vom Wortgefecht der Frauen nichts bemerken können, fern auf den Turnierplätzen spielte der weiterhin übermütige Eisenspäße und auch an diesem Tag zeigte er schließlich, oben über dem Galgenberg, seine Flugtiere und seine Drachenkunst, diesmal verwandelte er ein Kirchenkreuz zum fliegenden *Fafnir*, die vier Kreuz-Enden hatte er mit feinstem Draht verbunden und umspannt und die Fläche mit zarter schwarzer Segelhaut verkleidet und hatte das Dunkle mit einem großen roten Kreuz bemalt, als handelte es sich um Bischof Ringwolfs Feiertags-Ornat. Dies Papiertier mit dem Bischofs-Signal ließ er dann emporsteigen mit dem Ruf: »*Salvete* «willkommen», ihr Luftgeister, nun feiert mit diesem Fafnir euer eigenes Hochamt!« und ließ es unter vielem Leutegelächter in den Frühlingshimmel fliegen, sein GegenHochamt.

Dann aber, als die Münsterglocke rief, zog Frau Krimhild mit den Ihren über den Pfalzhof. Geleitet wurde sie von ihrem Verehrer, dem Markgrafen Gere, der seine neueste Rom-Toga trug. An seiner Hand und mit ihrem großen Frauen-Gefolge schritt meine Schwester von den Pfalzhöfen über die Gasse zum Münster hinüber. Vier ihrer Freundinnen trugen den Saum des wunderbaren Mantels, hoben ihn über den Straßenkot. Durch ein Spalier von Gaffern und Beifallspendern gingen sie, durch lange dichte Reihen sehr vieler Leute, die auf diesen Auftritt seit dem Morgen gewartet hatten und die für ihr Warten nun belohnt wurden mit einem einmaligen Anblick. Und danach mit einem einmaligen *spectaculum*.

An dem Saum, den die Frauen zu heben hatten, hingen blitzende GerKeile, Nachbildungen jener eisernen Waffenstücke, die an den Lanzen die keilförmigen Spitzen bilden und die man »Ger« nennt, nach denen auch die Lanzen »Gere« heißen und derentwegen manche Römer glauben, die Stämme im Norden ihres Imperiums seien Ger-Mannen. Versteht sich, daß an Krimhilds Mantelsaum keine wirklichen Waffenspitzen hingen, sondern Nachbildungen aus Silberfiligran, freilich ebenfalls mit zierlich spitzigen Widerhaken.

Kurz vor dem Münsterplatz mußte Markgraf Gere von Speyer, wie es die Sitte verlangte, die Verehrte, da sie nun auch kirchlich die

Gemahlin eines anderen wurde, ungeleitet weitergehen lassen. Außerdem legte Bischof Ringwolf seit langem Wert darauf, daß in seinem Dom die Geschlechter getrennt blieben. Schon vor dem Betreten des Münsters sollten sie voneinander lassen, erst recht beim Gottesdienst und beim Hochamt, auch dann, wenn es, wie an diesem Tag, um das Segnen von Ehebündnissen ging.

Als nun aber Krimhild mit ihren dreißig Freundinnen auf dem Platz vor der Bischofskirche erschien, da konnten alle, die Augen hatten, sehen, zu welch ungewöhnlicher Gewandmeisterei diese junge Frau fähig war. Doch wenig später mußten sie auch mit ansehen, wie aus einer anderen Gasse, vom Bergfried der Pfalz her, die andere Frau nahte, die neue burgundische Königin, ebenfalls begleitet von ihrem Frauengefolge, von den nebelländischen Gefährtinnen. Was bei all dem aber am meisten überraschte und irritierte, das war der Umstand, daß Königin Brünhild im Vergleich zu Krimhilds Aufwand einen ebenbürtigen Geschmack bewies. Ja, die isländische *Freya*-Frau trug einen ganz und gar ähnlichen Mantelputz. Und wenn ich den Bemerkungen meiner Ruhrnymphe trauen darf, dann hatten Brünhilds isländische Freundinnen seit langem Kunde gehabt von der Art, wie Krimhild sich zur Hochzeit im Dom würde kleiden wollen.

Auch Brünhilds Mantel war aus weißem Hermelin. Nur hatten ihre Feen die Marderfelle nicht zu Quadraten, sondern in der Form von Rhomben zugeschnitten. Das Gitterwerk der dunklen Streifen, in diesem Fall geschnitten aus dunklem Robbenfell, lief auf dem Mantel der Isländerin nicht waagerecht und lotrecht, sondern in Diagonalen. Wie ein kostbarer Käfig jedoch wirkte auch dieses Gewand.

Die Frauen, noch gut dreißig Schritte vom Portal der Bischofskirche entfernt, erblickten sich im gleichen Moment gegenseitig. Und hielten beide gleichzeitig an. Die Isländerin schien ruhig, aber steingesichtig.

Krimhild aber konnte sich kaum fassen. Über diesem Anblick zerstürzte ihre Sicherheit, verwandelte sich ihr Übermut in Wut, in Enttäuschung und Empörung, ja, in Angst. Doch auch Utes Tochter zögerte nur kurz und bewies Haltung. Sie überwand den Schrecken, warf den Kopf auf und ging dorthin, wo die Tore des Münsters offenstanden und wo Ringwolf auf der oberen Stufe wartete, um sie zu empfangen, die »Herrinnen«, wie auch er sie nannte.

Kaum jedoch hatte Krimhild sich mit ihrem Troß wieder in Bewegung gesetzt, da traf sie's. Da traf es sie so spitz und so schmerzhaft, wie sie keiner ihrer silbrigen GerPfeile je hätte verletzen können. Da schallte quer über den Platz, von keinem der zahlreichen Zuschauer zu überhören, der Ruf der Konkurrentin. – Vor des Königs Frau, so rief des Königs Frau, sollte doch wohl keine Leibeigene dies Gotteshaus betreten!

»Leibeigene« war da gerufen worden. Das war *subita incursio et maledictio in publico.* »Überfall und Schmähung in aller Öffentlichkeit« Die neue burgundische Königin ließ aber nicht ab und rief noch Weiteres hinterher. – Dein Herr Gemahl, dein Niederländer, auf Island hatte er zu knien vor dem, der nun mein Gemahl ist. Die Frauen hier um mich herum, die alle sahen deinen Ruhrschmied knien vor König Gunther. All diese Freundinnen blickten aus dem Isenstein und haben allesamt gesehen, wie er ihm die Schuhe band. Wer sollte da noch zweifeln, wer hier den Vortritt hat. Niemals eine Leibeigene.

Brünhild, aus den Kenntnissen, über die sie verfügte, und in der Not, in die sie geraten war und in den lodernden Zweifeln, die sie nach ihrem Streit mit Krimhild erneut befallen hatten, sie konnte gar nichts anderes rufen. Was sie da freilich rief, allein das Wort »Leibeigene«, das war für Krimhild mörderisch, war tödliche Beleidigung.

Utes Tochter war stehengeblieben. Wandte sich langsam, mit zitterndem Mund, dorthin um, wo, nur wenige Schritte hinter ihr, die Rivalin stand. Die Glocke des Doms beendete ihr Geläute, es war nun ganz still geworden auf dem Platz, und Krimhild redete sehr leise und deutlich, fast heiser. Und was sie da antwortete, war unüberhörbar.

O hättest du jetzt geschwiegen. Dann hätte ich dich verschonen können. Wir hatten verabredet, wir wollten unseren Streit im Geheimen halten und wollten unsere Männer befragen. Nun aber, nach dieser Schmähung, zwingst du mich, herauszulassen, was dich bitter ankommen wird. Du selbst, Isländerin, bist in Wahrheit leibeigen. Du selbst tatest deinen schönen Leib in die Sklaverei. Seit der letzten Nacht bist du nichts weiter als die Nebenfrau eines Mannes, der nach deiner Meinung unfrei ist und Leibeigener. Wie konnte eine Stolze wie du, die vom FreiSein große Worte weiß, sich so vergessen. Geh, schere nun du deinen Kopf kahl, während ich dort drinnen beten werde, auch für dich Unglückliche. Ja, jammere und beklage deine Selbst-Entehrung, klage sie den Rheinfischen und den Wutgöttern und den Feuerkräften und melde sie Thors Tochter, der Liebesgöttin *Freya*.

Da war es nun Brünhild, die zu wanken schien. Stützen mußte sie sich, wurde gehalten von der Alberichtochter und den anderen Gefährtinnen. Als sie dann aber sah, daß die andere den Weg zur Münsterpforte weitergehen wollte, da faßte sie sich wieder und rief: Was war das! Bleib stehen! Was hast du behauptet? »Nebenfrau«? Eines »Leibeigenen«? »In der letzten Nacht«? Bist du von Sinnen? Wen und was meint dein Wörterdrachenfraß!

Dich meine ich, Brünhild. Du verstehst mich vollkommen richtig, und ich bin keineswegs von Sinnen. Deinen schönen Körper, ich wiederhole es, den liebte zuerst, und zwar in der letzten Nacht, mein von mir so sehr geliebter Mann, der offenbar auch von dir brünstig begehrt wird. Deine übermenschlichen Kräfte, deine elbischen *Loki*-Kräfte, vor denen dein Gemahl zittert und bangt, die bezwang in der vergangenen Nacht, um dem König Gunther ein letztes Mal zu helfen, mein lieber Mann vom Niederland. Da du mich hier, vor aller Augen und Ohren erniedrigen wolltest mit dem Ruf »Leibeigene«, zwingst du mich, zu enthüllen, wer in Worms in Wirklichkeit leibeigen ist. Es war nicht Gunther, der dir heute Nacht nahekam. Wo denn, Bedauernswerte, waren auf dem Ehelager deine Sinne? Oder etwa verfolgtest du da einen argen alten Plan? Ergabst du dich womöglich mit Absicht dem, der als erster die isländischen Himmelsfeuer zum Erliegen brachte? Und von dem du nun so tust, als sei er unfrei und leibeigen? Da hättest du dich selbst enteignet, selbst geschändet. Die Frau, die so etwas tut, die höre auf, sich zu beklagen und Siegfried und Krimhild zu verhöhnen, die ihr zugetan waren in Freundlichkeit.

Ach, es schien, diese beiden Herrinnen, sie hatten sich verbissen wie die Kampfvögel in *Rumolts* Erzählung aus *silva nigra*, sie hackten, als wollten sie einander lähmen und bei lebendigem Leibe zerfressen. Ach, sie hatten sich in Vorstellungen verrannt und in Regeln und in Zwangsgitter und Rangordnungen, sie steckten in Käfigen und Kenntnissen, in denen sie weder vor- noch zurückgehen konnten und schon gar nicht mehr aufeinander zu.

Die Isländerin murmelte, über Krimhilds Mordrede werde sie mit dem König reden. Und mit Herrn Hagen. – Auch dies hörte die andere, so daß Krimhild sofort, wiederum aus ihrem Gedankenkäfig heraus, nichts anderes rufen konnte als: Ja, sprich mit dem Waffenmeister! Und mit König Gunther! Dann wird endlich auch denen klar, was du hier insgeheim planst, warum du mich hier vor allen Herrschaften demütigen willst mit dem Märchen, der *Nidgir*-Bezwinger habe vor deinem Mann gekniet und sei sein Leibeigener. Dieser sogenannte Eigenmann ist nun dein Bezwinger geworden. Mag sein, du hättest ihn gern *privatim* besessen, als Sklaven. Aber seine Sklavin und Nebenfrau wurdest nun du selber, bist nun nichts weiter als des Nibelungen Nebenfrau und Hure. Noch im Epos um 1200 wird gefragt: *Wie möhte mannes kebse werden immer künniges wîp* »wie kann je eine Hure die Frau eines Königs werden«. Im damaligen (kirchengesteuerten) Denken galt Ehebruch nur bei der Frau als strafbar, nicht selten als todeswürdig

Bei dem Wort »Hure« brach die andere in Tränen aus und schien zu stürzen, ihre Freundinnen fingen sie auf, umringten und umarmten sie. Bei diesem Turnier, so schien es, war Krimhild die Siegerin.

Als erste betrat Krimhild das Münster. Im Portal begrüßte sie der Bischof, verwirrt lächelnd hielt er Krimhild seinen Kristall entgegen. Die Frau aber beachtete weder den Stein noch den Vetter, rauschte in ihren kostbaren Roben an ihm vorüber, wortlos, grußlos, die Hoffrauen hinter ihr her.

Dann näherte sich, gestützt, die Königin. Gesenkten Blicks, mit gerötetem Gesicht stieg sie die wenigen Stufen zum Portal. Ringwolf hielt auch ihr den Sankt Galler Stein hin und war offenbar überzeugt, daß alles, was der Ruhrschmied über dessen Herkunft mitgeteilt hatte, von niemandem geglaubt worden sei und daß sein heiligmäßiges Märchen seine magische Wirkung behalten habe. Sah dann aber auch Brünhild stumm vorübergehen, blicklos, wortlos. Hatte vom Zank der Frauen wenig verstanden, mochte jedoch ahnen, daß, wo Frauen sich stritten, irgend etwas zu seinen Gunsten sich wendete.

Im Münster, beim Gottesdienst, bei den lateinischen Gebeten und Gesängen, da zeigte sich fast jeder ratlos, hilflos und bedrückt, ja, da waren viele Augen naß. Und die Herren, die das heilige Haus durch eine andere Pforte hatten betreten müssen, bemerkten nur allmählich und sehr ungenau, was sich auf der Seite der Frauen tat. Jedenfalls konnten sich nur wenige auf das heilige Latein konzentrieren. So viel man auch dem neuen dreieinigen Gottesgeist diente und seiner Tochter oder seiner Gemahlin Maria, so viele Strophen man auch sang von den frommen hohen Liedern und so tiefsinnige Gedanken nun auch vom wahren, vom reinen Geist gepredigt wurden und vom seligen Leben nach dem Tode, das Leben davor irritierte allzu sehr.

Welch steinerne Wirrnis bot aber auch allein diese Halle. Der Bau war wehrhaft errichtet, mit breiten Mauern, den Kirchensaal erhellten nur wenige enge Fensterlöcher, und der Raum bildete ein halbdunkles, ein keltisch-römisch-germanisches Heiligensteinchaos. Ringwolf hatte überall in Burgund heidnische Säulen sammeln lassen, hatte von Mainz bis Basel marmorne Male und Stützen und Steine in Schiffe laden und nach Worms schaffen lassen, und so trugen nun die unterschiedlichste Tempelbrocken gemeinsam das dicke Gewölbe.

Und da die Säulen und Skulpturen nicht nur sehr verschiedene Verzierungen und Ornamente und Bilder zeigten, Bilder von Diana und Mars, von Merkur oder Jupiter oder von Mithras, Kreuzzeichen wie Sonnenzeichen, aber auch Kuhbilder und griechische wie lateinische Inschriften, und weil die gesammelten Stücke auch verschieden schwer und breit waren und aus den unterschiedlichsten Materialien und weil diese Säule höher hinaufragte, jene dagegen sehr viel weniger, so hatten sie alle unterschiedlich tief in den Grund gegraben werden müssen, damit sie wenigstens oben in einer gemeinsamen Ebene das neue schwere goldene Kirchendach tragen konnten, das feste starke Gewölbe über der düsteren Hallengruft.

Auch in einem so sonnigen Frühlingslicht wie in der Mittagsstunde dieses dritten Hochzeitstages blieb das Innere des Münsters trüb und dunkel, und es spiegelte damit das Innere all derer gut wider, die hier nun singen und beten sollten. Was immer der Seelenhirte von Reinheit redete und von oben herab deklamierte, was immer er hören ließ, der *vir sacer* »der heilige Mann«, *sacer* bedeutet aber auch »verflucht«, das paßte wenig zu dem, was in fast allen Köpfen und Zwerchfellen rumorte an Schmerz und Zweifeln und Fragen und Säuernis und Aufruhr. In dieser Steingruft spürten fast alle nur die Enge eines offenbar unabänderlichen Käfigs, gegen dessen rostige Stäbe weder Gebete halfen noch Höflichkeiten noch Hofmanieren, weder pompöse Hermelingewänder noch das prächtige Kreuzgewand des emsigen Bischofs noch die lateinischen Klänge und die märchenhaften Botschaften vom Glück in einer jenseitigen Geisteswelt.

Was nutzte es, daß die Zerstrittenen dann nach vorn kommen mußten, von dieser Seite die Frauen, von jener die Männer, daß sie vor die Stufen zu treten hatten, wo sie zur Weihe ihrer Ehen den vermeintlichen Papstkristall küssen sollten und, mit Ausnahme von König Gunther, nur so taten oder sogar darauf spuckten, zum Beispiel der Mann aus dem Niederland, der, statt in diesem Säulengrab dem Gemurmel des Kirchen-Vetters zu folgen, viel lieber draußen überm Hafen seine eigene Sorte Hochamt fortgesetzt hätte, draußen, über den Armen des frühlingsstarken Rheinstroms, den Höhenflug seines segelnden Feuervogels.

Nur König Gunther küßte, was Ringwolf den »Leib des Herrn« nannte. Ach, nichts in dem düsteren Gewölbe schien nun mehr übrig von der leutseligen Hochstimmung in der Pfalz- und Feierhalle, wo es noch so hoffnungsfroh gedröhnt hatte im Widerhall von Kilians Gesang »heute hier und jetzt«, »mit den Frauen«, »lieben wir das Himmelreich«. Wenn dieses Lied das eine Ende der Welt war, so waren die Angstvollen und Verstörten und die Grollenden in der Imperiumskirche das andere Ende.

Mit großer Sicherheit murmelte der Bischof seine lateinische Litanei, scherte sich nicht ums Brodeln, Zagen, Zweifeln, Lodern und Wüten, und brachte nach fast zwei Stunden endlich seine Handlung zum Schluß, erteilte den Segen und sprach das Gebet des Jesus, das als einziges die Situation zu erfassen schien. *Et dimitte nobis debita nostra, sicut et nos dimittimus debitoribus nostris.* »Und vergib uns unsere Schuld, wie wir sie unseren Schuldnern vergeben«

Die Isländerin verließ die Domhalle als erste. Doch draußen, umgeben von ihren Freundinnen, blieb sie stehen, wendete sich zurück und wartete, bis auch Krimhild erschien, und rief dann: Bleib stehen, GuntherSchwester. Du hast dich vergessen, weh über deine Beschimpfungen. Aber du Scharfzüngige, du kennst offenbar Beweise. Beweise, die ich seit langem suche. Beweise für einen alten Verdacht. Wonach alles, was die Wormser auf Island taten und womöglich nun auch in Worms, Blendwerk war und ist. Lüge von Anfang an.

Noch auf der Kirchentreppe war Krimhild stehengeblieben. Wieder standen sich die Frauen gegenüber. Die burgundische vorerst einige Stufen höher als die isländische. Beide eingesperrt in gleichartige Ängste und *praeiudicata* »Vorurteile«. Blickten sich an, ganz ähnlich wie gestern im Burghof der Springer und der Stier.

Eine Weile schwieg dort oben die Frau unterm Portal. Dann kam sie herab, ohne geantwortet zu haben. Wollte an der Königin vorüber. Wollte die Bitte ignorieren, die Bitte um den Beweis. Wollte wohl auch jetzt noch mit dem, was sie an Beweisen zu wissen glaubte, die andere verschonen.

Da rief Brünhild: Du hast mich auf unerhörte Weise verletzt. Nanntest mich »Hure«. »Nebenfrau« eines Sklaven. Das ist todeswürdig. Es sei denn, du zeigst sie mir, deine Beweise.

Krimhild blieb stehen, schaute aber in eine andere Richtung, als fände sie sich belästigt. Und sagte dann leise: Ja, so hab ich dich genannt. Nebenfrau. Und das bist du.

Ich verlange, daß du das sofort hier und jetzt zurücknimmst und mich um Verzeihung bittest. Hier, vor denselben Leuten. Oder aber du nennst deine Beweise.

Da sah Krimhild die andere Frau weiterhin nicht an. Sprach dann aber. Mit schmalen Lippen und leise. – Du solltest mich jetzt unbedingt gehen lassen. Mir die Antwort ersparen. Und dir diese Beweise. Das wäre wahrlich besser für uns alle.

Ich KANN dich nicht gehen lassen. Gar nichts kann ich dir erlassen. Ich muß Auskunft haben und Anwort. Oder es ergeht ein Sühnegericht über dich und deine elende Lügenhaftigkeit.

Nun blickte meine Schwester die Isländerin an. Unter ihrem Diadem sah ich in der Sonne ihr dunkel funkelndes Feuerhaar. – Es scheint, sagte sie leise, daß du dich noch immer nicht genug hast erniedrigen können. Dann schau dir also an, ja, ihr alle hier auf diesem Platz vor der Kirche, seht es euch an, was die elende Brünhild zur Nebenfrau gemacht hat.

Der Kreis um die beiden Frauen herum war groß genug, so daß fast alle, die sie umgaben, gut sehen konnten, was Krimhild nun tat. Sie öffnete ihren Hermelinmantel. Unter dem kostbaren Panthergitter trug sie bronzeglimmenden Brokat, mit Zobel besetzt, mit Diamanten, mit Aquamarinen.

Aber solche Pracht schien plötzlich unwichtig. Belanglos gegenüber dem, womit sie sich ebenfalls geschmückt hatte. Denn da hing, dreifach um ihre Hüfte geschlungen, der Gürtel. Den kannten alle. Den mit dem mondfarbenen Stein.

Die Königin mußte von ihren Gefährtinnen gehalten werden. Die Freundinnen schrien auf und schluchzten. Rans Tochter, die überbehütete, sie erlebte keinen entsetzlicheren Tag.

Begreifst du nun, was ich dir zu sagen versuchte? – So hörte ich Krimhilds Frage. Und es schien mir, als hörte ich eine andere Stimme, eine andere Krimhild, als sei unter der freundlich milden jungen Frau die »Grimmkämpferin« zum Vorschein gekommen, Gundomars Tochter *Grimhildis*. – Erkennst du nun, daß du selber nichts anderes bist als ein PrivatGut? ein LeibEigentum? Nämlich nichts weiter als die »Nebenfrau« dessen, der dir in der vergangenen Nacht diesen Wundergürtel aus deinen Händen wand?

Die isländischen Frauen, die ihre Königin umarmten, die sich abgewandt hatten, die verfielen in grollendes Ächzen, die stöhnten in abgrundtiefem Zorn. Aber auch die burgundischen Hoffräulein, die so fleißig gearbeitet hatten für ihre Herrin, sie flennten. Auch Markgraf Gere mußte schluchzen. Die übrigen Männergesichter schienen erstarrt. Ach, da stürzten Träume ab. Da zerfielen die tollsten Höhenflüge. Ordnung zerflog, und es zersplitterten die Bilder von einem NordRom, von einem Byzanz am Rhein. Das alles zerplatzte und zerbröselte in diesem Moment ins Lächerliche.

So schwer Brünhild getroffen war, nun schaute sie auf, nun blickte sie sich um. Hilfe suchend, ja fordernd. – Herr Gunther soll kommen, flüsterte sie. – Man gab diesen Wunsch weiter. Die Leute wichen ein wenig zurück und so konnten nun alle den König erblicken, der im Hintergrund geblieben war, der gehofft hatte, Ringwolfs Vorschrift, die Geschlechter getrennt zu halten, würde ihm helfen, sich auch auf dem Kirchplatz um diesen Frauenzwist herumzubewegen. Doch was hier und jetzt geschah, das war nicht nur ein Frauenzwist. Nun mußte Herr Gunther nähertreten. Mußte nun wohl zu ihr stehen, zu dieser Frau, für die so unmäßige Arbeiten geleistet worden waren, mit vermessener *industria*. Langsam kam König Gunther heran, zögernd, erstaunt. Und blieb dann fünf Schritte vor Brünhild stehen.

Ist das, was deine Schwester mir hier antut, dasjenige, was du »Teufelei« nennst? die auf den Pfahl gehört? Sind dies die »Sitten der Ehe«?

Wovon sprichst du. Was tut sie dir an?

Sie verhöhnt mich, und damit dich, den König. Eine Hure sei ich. Siegfrieds Nebenfrau. In der letzten Nacht seist nicht du mein Schlafgenosse gewesen, sondern der Cherusker.

Unverzeihlichen Unsinn hätte sie dann geredet.

Unsinn? Aber dennoch keine Lügen? Sieh hin, wo sie steht! Sieh, was sie in aller Offenheit zeigt. O daß ich je geboren wurde. *Fallad sterron, fallad hwit hebentungal, bibut thisiu brede werold.* »Es fallen die Sterne, es fällt das helle Licht des Himmels. Es bebt die ganze Erde«

Ich sehe, sie trägt deinen lieben isländischen Gurt.

Den kennst du gut, du WirKönig. Den hat mir in der letzten Nacht ein Dieb geraubt. Wahrscheinlich ein Privaträuber, und zwar ein Alberichgeselle.

Der Cherusker? Wie sollte der das getan haben?

Das frage ich dich!

Dann gebe ich die Frage weiter. – Gunther sprach tonlos, als gebe es keine Frage mehr, als wisse er die Antwort. Er blickte zu Boden, nickte und redete sehr leise. – Hiermit sage ich Herrn Dankwarth, daß auf der Stelle derjenige herzukommen hat, der sich offenbar mit diesem Gürtel einen elenden Scherz erlaubt. Was der Nibelunge sich gestern mit dem Bischof gestattete und mit dessen heiligem Stein, das allein war schon unmäßig frech. Was er sich jetzt mit dem König zu leisten scheint und mit der Königin, das, träfe es zu, überschritte alle Grenzen. Auf der Stelle hat er solchem Heunenjokus abzuschwören, hat er die Reden der Krimhild zu widerlegen und zu widerrufen, der Herr vom Niederland.

Gunther, der, wie wir wissen, auch in mißlichen Lagen die aufrechte Haltung liebte, ertrug kaum, wie unglücklich die isländische Frau vor ihm stand. Wie unter mächtigen Felsbrocken stand sie, so daß sie weiterhin von ihren Freundinnen gestützt werden mußte. Ach, es schien, als habe man diesem schönen Leib die Glieder gebrochen. Gunther blickte zu Boden, überließ es dem Truchseß Dankwarth, den Xantener zu holen.

Da war nun auf dem Platz vor der Kirche kaum jemand, der sich und anderen die letzten Wortwechsel nicht immer nochmal wiederholte, der sie nicht mit seinem Nachbarn im Flüsterton durchsprach, der nicht fassungslos gewesen wäre über dieses und jenes Wort, über den plötzlichen allseitigen Zwiespalt und Haß und Abgrund. Entsetzen war durch die Gesichter gesprungen und hinterließ Ratlosigkeit, nackten Schrecken über die schrillen Töne, die alle hatten mit anhören müssen und deren Ursache fast allen ganz unerklärlich war.

Nur ich, vielleicht auch Kilian und insgeheim wohl auch Gunther, einige wenige nur begannen von diesem Zeitpunkt an zu grübeln *de intima absurdaque familiaritate coniunctione coniunctionis cum potentia.* »Über die ebenso intime wie verrückte Verbindung des Beischlafs mit der Macht«, *coniunctio* hat ebenso sexuelle wie politische Bedeutung, Giselher und Kilian sichern in kritischen oder doppeldeutigen Fällen ihre Chronik immer wieder durch lateinische *termini,* wollen zwar verstanden werden von den »einfachen« Leuten (den *diet,* den »Deutschen«), wollen zugleich doch auch akzeptiert sein von den Gelehrten

Der Kreis der Menschen auf dem Münsterplatz öffnete sich nun zur anderen Seite, der Riese kam. Scheinbar heiter näherte sich da der allzu hilfbereite, der leutselige Nibelunge, der allzu vertrauensvolle Ritter. *Victor Placidus* stellte sich neben den König. Gunther hob den Blick nicht vom Pflasterboden. – Es heißt, Freund, du hättest dich gerühmt, in der letzten Nacht Brünhilds Gemahl gewesen zu sein.

Wer –

Und es heißt, du habest der burgundischen Königin in der letzten Nacht den Gürtel geraubt. Den mit Erlkönig Alberichs Mondkraft.

Wer behauptet solche *amentia*! »Schwachsinn«

Gunther hob den Kopf ein wenig und blickte dorthin, wo Krimhild stand und den Gürtel nach wie vor zeigte. Da sah der Xantener ebenfalls dorthin. Und erschrak. Und tat in seinem Zorn einen raschen Schritt auf die Frau zu, auf die schöne Gestalt in den prachtvollen Kleidern. So forsch, so glaubwürdig war diese Bewegung, daß nun auch Krimhild, im Schrecken, zwei Schritte zurückwich. – Das, so rief der *Nidgir*-Töter, wird dir leid tun! – Der Xantener sollte damit recht behalten.

Nun aber war meine süße Schwester sehr blaß geworden als überkäme sie schon in diesem Augenblick eine Ahnung, *se morituram sentiens*. »Vorgefühl des Sterbens« Aber Krimhild gab sich einen Ruck und dann rief sie dem Niederländer zu: Brünhild hat dich und mich aufs schmählichste beleidigt. Gunthers Sklave seist du! Einen Leibeigenen hätte ich zum Mann!

Da wandte sich der Cherusker an den König, breitete seine Arme, zeigte seine flachen Hände, schaute hierhin und dorthin und sagte dann: Ich verstehe deine Empörung, Gunther. Auch die der Königin begreife ich. Auch das Grollen eueres Heermeisters. Ich begreife eueren Unmut so sehr, wie es mir unbegreiflich ist, was die Königin ihrerseits an Schmähungen verbreitet. Ja, wenn zuträfe, was hier unglaublich leichtfertig geredet worden ist, dann wäre das allerdings ein wechselseitiges und ein unverzeihliches *crimen laesae maiestatis*. »Verbrechen der Majestätsbeleidigung«, nach römischem Recht mit dem Tod zu sühnen

Er blickte sich um, sah noch einmal auf seine geliebte Frau mit Augen, in denen es zu blitzen schien, und wendete sich dann zurück zum König. – Darum, auf diesem Platz, vor allen Menschen, die sie anhören mußten, diese hirnlose *amentia*, die Zeugen waren bei dieser unsäglichen wechselseitigen Leichtfertigkeit, bin ich auf der Stelle bereit, mit Eid zu schwören, daß ich nichts von dem tat oder sagte, was hier behauptet oder indirekt unterstellt worden ist. Und wenn das gewünscht wird, dann schwöre ich hier und jetzt Stein und Bein und Eisen, daß ich die Königin von Burgund, daß ich Frau Brünhild achte und ehre, vormals wie jetzt und immer. Und daß alle Vorwürfe gegen mich aus der Luft gegriffen sind, auch solche *ineptiae* »Albernheiten« wie diejenigen über die letzte Nacht.

Gunther blickte auf, sah den Cherusker an, blickte dann auf Hagen. Mir scheint, daß Hagen genickt hat. – Dann schwöre, sagte Gunther. Dann beeide uns laut und unüberhörbar, was du für Wahrheit hältst. Auch ich wünsche, daß dies Frauengeschwätz so rasch, wie es aus der Luft gegriffen wurde, wieder davonfliegt. Denn wenn gestern der Bischof von den heiligen, von den reinen Märchen geredet hat, so hörten wir heute, scheint mir, ein ganz und gar unreines, ein teuflisches.

Dann winkte der König dem Truchseß Dankwarth. Und Dankwarth rief nun die Namen der Fürsten. Und von allen Seiten traten die herbei, die er aufrief, traten die Herren und Verbündeten des Burgunderreichs zusammen und bildeten einen großen Kreis, die wichtigsten Männer stellten sich zu dem für solche Fälle vorschriebenen Ring zueinander. Gunther, Hagen, Gernot, ich, Gere, Gottlieb, Bischof Ringwolf, die Bischöfe von Köln und Trier und Metz, Dankwarth, Siegmund von Xanten, Liudger von Sachsenheim, all diese und noch mehr Edle traten als Schwurzeugen zusammen, schlossen einen Zirkel, *ut sacramentum integritatis Victoris Placidi audiant apud regem.* »Um Siegfrieds Reinigungs-Eid zu hören, den Eid auf den König«

Schon hatte sich der Nibelunge in die Mitte dieses Zirkels gestellt und hob bereitwillig den Arm. Und Dankwarth, der *dominus caeremoniae ritus regis* »königliche Zeremonienmeister«, der erklärte nun mit lauter Stimme das für solche Fälle Nötige. – *Domini et amici nobiles Burgundionis convenerunt in civitatem, quae Uuarmatia vocatur aut Wurmiz vulgo dicitur, et nunc audiunt regis filium Victorem Placidum iurantem sacramentum integritatis theodisca in lingua plebem circumfusum et principibus imperii Burgundionis Rhenaniae.* »Die Herren und vornehmen Freunde Burgunds haben sich versammelt in der Stadt, die Warmatia heißt oder in der Volkssprache Worms, und hören nun den Königssohn Siegfried, wie er den Reinigungseid leistet in der Volkssprache, umringt vom Volk und von den Fürsten des rheinischen Burgunderreichs«

Sieglinds Sohn reckte die Schwurhand und begann: Ich, von Xanten Siegfried, Sohn des Siegmund von Xanten, schwöre hiermit, daß ich nie und nimmer die Königin Burgunds –

Da fiel ihm der König ins Wort. – Halt! Laß das! Ich sehe, und alle anderen sehen es ebenso, wie sehr du bereit bist. Aber ich denke, ein solch feierlicher Schwur ist der Sache, um die es hier geht, unwürdig. Ja, mir scheint es ganz und gar unangemessen, einen Weiberstreit vor den versammelten Herrschaften des Reichs und aller seiner Freunde mit einem öffentlichen MännerEid auszuräumen. Wenn hier jemand ist, der wahrlich wissen muß, wie unschuldig unser Freund aus dem Niederland ist und wie absurd und lächerlich Krimhilds Behauptungen sind, dann bin ich es, der König, der Gatte der Königin. Darum bin ich auch nun derjenige, der es uns allen hier erspart, die Dummheit einer geschwätzigen Frau aufzuwiegen mit einem feierlichen Fürstenschwur.

Da kam aus der Runde der würdigen Herren Beifallklatschen. Und dann kam auch, etwas dünner wohl, Beifall aus der Menge der Leute. Der Bärenmann ließ seine erhobene Hand sinken. Trat auf den König zu und umarmte ihn. Und damit umarmten sie sich zum drittenmal.

Einige Leute aber, auch manche Ritter blickten irritiert. Auch Hagen schien Mühe zu haben, Gunther zu verstehen. Wer in diesem Moment hätte durchschauen wollen, warum Gunther dem Xantener das *ius iurandum iurare* »den Eid zu leisten« (als öffentlichen Rechtsakt) erließ, der hätte des Königs verzweifeltes Herrengewissen kennen müssen.

Ach, diese Zerspaltenheit, sie würde sich alsbald blutig ausrasen. Noch an diesem dritten Hochzeitstag. Und immer wieder frage ich mich, wie das alles nur hatte anfangen können. Mit einer offenbar ganz harmlosen Bemerkung? Mit Krimhilds Seufzer »was habe ich für einen Mann«?

Wer auch hätte das Gewicht ihrer morgenfrohen Frage ermessen können, die *natura* dieses Seufzen und seine Folgenschwere. Mit einem scheinbar nebensächlichen Verwundern begann alles, in offenbar glücklichster Zufriedenheit. Aber es steckte in Krimhilds »Haben«-Seufzer das ganze Übel. Nämlich die *Nidgir*-Sucht und, als imperiales Verhängnis, das »herrliche« und eheherrliche Besitzdenken, von dem die Königin Ute gesagt hatte: *Thurh that thorrot thiu thiod* »Dadurch gehen die Menschen zugrunde«. Offenbar steht auch dies Altdeutsch wörtlich so in der Kilianschronik, da Schazmann es unübersetzt stehenläßt. In seinen Anmerkungen teilt er mit, der Seufzer der Krimhild (Was habe ich für einen Mann) müßte in wörtlicher Übersetzung heißen »Was ist das für ein Mann, mit dem ich lebe«, da im Keltischen alles »Haben« als Drachentrachten gelte und in der Kilianschronik das Besitzverb fehle und beim Übersetzen ins Englische auch hier ergänzt werden müsse

Von dieser Stunde an haben Brünhild und Krimhild kein Wort mehr miteinander geredet. Auch nach dem Ende dessen nicht, den doch beide gewiß sehr liebten.

Was half es, daß der *Victor placidus* vor dem Münster offensichtlich hatte schwören wollen. Mitansehen zu müssen, wie Brünhild seitdem litt, das hätte das härteste Wesen erweichen müssen. Aber gerade das zarteste, meine Schwester, die den Falken liebte und ebenfalls das FreiSein, sie steckte längst selber in der Imperiumsfalle, gefangen in jenen eisernen Käfigregeln, von denen Kilian am Abend zuvor in der Halle zu reden versuchte und auch ich in meinem Byzanzbericht und am Abend zuvor der Niederländer, als er von der Menschenfalle und den Fallenstellern gesprochen hatte. Seit den Völkerwendezeiten, seit die neuen Patriarchen die Macht übernahmen, die mit ihrem Paradieswahn das Denken einmauern und das Fühlen und das Fliegen, seitdem sind die Menschen zerspalten und sind die Verwandlungsfreiheiten gelähmt und gestutzt in einem Imperium der Angst, allen voran die Frauen, die als niedere *materia* gelten, als Männerbesitz.

Nach dem schrecklichen Schimpfkampf vor dem Münster, nach dem Haß- und Hornissenton der Königinnen schien alles Leben in Worms wie erstarrt. Die Isländerin mußte umsorgt werden von ihren nifhelheimischen Gefährtinnen. Im abgelegenen, im hinteren Turm der Wormser Pfalzburg, im Bergfried kümmerten sich die isländischen Freundinnen um die RanTochter, dort, wo Dankwarth ihnen Gemächer zugewiesen hatte. Dort wohnte nun auch Brünhild. Nur einen Tag und eine halbe Nacht noch.

Wie ich von meiner Ruhrnymphe weiß, berieten sie sich dann. Bereiteten aus Pilzen und Wurzelsud, aus Mohn und Hanf jene klärenden und beflügelnden Getränke, mit denen Brünhild vor Jahr und Tag den Gast aus dem Niederland empfangen hatte, mit denen auch schon Ran auf Bornholm den unbekannten Wanderer hatte bewirten müssen. Im Rausch und im Traumflug wollten die *Freya*-Frauen die Schrecken verscheuchen und zugleich versuchen, die Rätsel aufzuschlüsseln.

Da türmte sich alsbald eine Mutmaßung über die andere und geriet, was sie herausfanden, ins unablässig Widersprüchliche, da stellte eins das andere in Frage, noch sehr viel seltsamer als das vom Bischof Ringwolf landauf und landab zusammengeklaubte Münster. Brünhild war zwar anwesend und schien den Beratungen zu folgen, blieb aber stumm. Was ich hier notiere, weiß ich aus den Einflüsterungen meiner Handlangerin vom Ruhrfluß.

Nicht Gunther hätte Brünhild bezwungen, sondern der Nibelunge? Der Eid, den er vor dem Münster anbot, der, wäre er geschworen worden, wäre also ein Meineid gewesen? Oder aber war in der letzten Nacht in Gunthers und Brünhilds Kammer einer eingedrungen, der, in der Dunkelheit, die Frau niedergerungen, und war es dann Gunther, der, in der Dunkelheit, mit ihr geschlafen hatte? Oder hatte das eine wie das andere derselbe getan? Beides Gunther? Oder beides, in der Schwärze der Nacht, der Nibelunge? Warum hatte in dieser zweiten Nacht im Kamin kein Kohlenlicht geleuchtet? Und wenn sich in dieser zweiten Nacht der Nibelunge einschleichen mußte, weil Gunther zu schwach war auf dem ehelichen Lager, was war dann in Wirklichkeit bei der dreifachen Prüfung im Hof des Isenstein geschehen? Waren da nicht den Zuschauerinnen die Bewegungen des Königs mehrere Male unglaubwürdig erschienen? allzu leicht? leer? zuweilen geradezu schwebend übermütig? wie bloße Posen? Und was war dann zuvor geschehen, beim Gang durch das himmelhohe Sternenfeuer?

Hätte einer, der auf dem Isenstein glitzrige Schwitzperlen auf der Stirn trug, hätte so ein Angstvoller je den Sonnenwind löschen können? Hatte denn König Gunther nicht immer mal wieder angedeutet, wie fremd ihm der Umgang war mit *Gaias* grenzenlosen Geistermaterien?

Immer nochmal gingen die Frauen die Ereignisse durch. Auch sie versuchten, im genauen Erzählen das herauszufinden, was wirklich geschehen war. Und am Ende kannten dann auch die Freundinnen die Geheimnisse der ersten Nacht, als der König hilflos am Nagel hatte hängen müssen. Die Alberichtochter *Baldinai* hat den Isländerinnen erzählt, was da passiert war, und das rekapitulierten sie nun und verglichen und rätselten, ohne daß die Frauenrunde hätte lachen können. Diese erste Hochzeitsnacht, die verstärkte nur die Rätsel der zweiten. Hatte in der zweiten der König sich tatsächlich besser vorbereitet? sich geschickter und schneller gewehrt gegen das Verknoten und Verschlingen? Hatte dieser groß gewachsene Mann plötzlich tatsächlich Kraft und Wendigkeit? Oder aber traf zu, was die Ruhrnymphe andeutete, daß in der zweiten Hochzeitsnacht Alberichs Nebelkappenkraft ins Spiel kam? der getarnte Nibelunge? So wie zuvor schon im Hof der Isenburg, bei der dreifachen Probe?

Und der Mondsteingürtel an Krimhilds Leib, was bewies der? Und der Erlaß der Eidesleistung, der so verdächtig schnell gekommen war, noch bevor der Kraftkerl das entscheidende Wort gesprochen hatte, was bewies dieser Abbruch? Dieser rasche Bund der Männer gegen die »geschwätzigen« Weiber, legte das irgend etwas nahe? Bewies das König Gunthers Mitwissen? in einem abgekarteten Spiel?

Dieser plötzliche Wutausbruch des Xanteners, seine heftige Bewegung gegen die geliebte Krimhild, diese Bewegung schien echt, die wirkte aufrichtig. Bewies das, daß Krimhild eine geheime Absprache verraten hatte? Sieglinds Sohn, wenn er denn tatsächlich mit geheimen »Kniffen«, wenn auch er räuberisch und »privat« mit der Königin umging, stand er dann noch auf der Seite von Gunther? War er dann noch dessen Dienstmann oder »Untertan« oder »Eigenmann«? Tat er all seine enormen Dienste für Burgund nur zur Tarnung? zum Spott? Um Gunther am Ende lächerlich zu machen? Gab er sich nur deswegen als »Eigenmann« aus, weil er Brünhilds *Gaia*-Kräfte kannte und ihnen aus dem Weg zu gehen suchte? weil er den König Gunther zunächst in schöne Träume heben und in Sicherheit wiegen wollte, um ihn danach um so gründlicher bloßzustellen?

Stahl er den Gürtel auf eigene Faust? oder ebenfalls in Gunthers Auftrag? Weil er der isländischen Frau auf jeden Fall die Albenkraft rauben sollte, die nifhelheimische Hexenkunst schwächen und entlarven? in Gunthers Auftrag? Oder handelte der Niederländer in ganz anderen, in eigenen Interessen, mit imperialen Zielen? wollte er dies wurmstichige Wormsreich in seiner Schwäche bloßstellen, um es sich alsdann einzuverleiben? Wollte er den König als Schwächling und Hohlkopf vorführen und ihn danach verjagen, so wie er in Xanten seinen Vater abgesetzt hatte? Sollte dies schaurige Schauspiel vor dem Münster, sollte dieser Zank der Frauen den König als Gehörnten vor aller Augen unmöglich machen? einem cheruskischen NordRom zuliebe? Krimhild zuliebe? War auch der plötzliche Zorn gegen die geliebte Frau nur vorgetäuscht?

Daß Gunther den Eid erließ, das hieß ja wohl, hier machten zwei Männer gemeinsame Sache, schützte einer den anderen. Weil der Niederländer zwar unredliche Arbeit geleistet hatte, aber zum Vorteil des Königs? Oder aber war der Überlegene in Wirklichkeit der Xantener, der sich schon auf Island nur zum Schein erniedrigt hatte? Um Brünhild von sich abzulenken und auf den Burgunder hinzulenken? Nur deswegen half er König Gunther bei der Prüfung? Mit Alberichs Nebelkappe? Und nur deswegen in der zweiten Hochzeitsnacht ein weiteres Mal? Und im entscheidenden Moment auf dem Lustlager, da trat dann der Cherusker zurück? Tut so etwas ein Mann? Verzichtete je ein Herr im Imperium wie im Wotansreich auf das, was als Besitzrecht gilt? Die Frau erst erniedrigen und unterwerfen, dann aber nicht beschlafen? nicht »haben«, nicht »besitzen«? war das vorstellbar im Imperium der Besitzsucht?

Wirrsal und Zweifel überall. Es handelte wohl auch dieser Hürnerne in der zweiten Hochzeitsnacht drachenhaft »privat«, also enteignend. Indem auch er nackte Gewalt siegen ließ und auf diese Weise die RanTochter erniedrigte und zur Leibeigenen des Königs Gunther machte. Wieso tat so etwas ausgerechnet der Nibelunge, der nie genug anprangern konnte, wie unmenschlich die neue Jerusalem-Religion von den Frauen dachte, daß für die neuen RomHerren die Frauen nichts weiter seien als verführerische *materia* des Teufels, Fallgruben und Versuchungen auf dem Weg des Mannes hinauf ins rein geistig Göttliche? Tat das alles der Nibelunge immer noch allein seiner Krimhild zuliebe?

Vom Mittag bis in die Nacht hinein gingen die Frauen diesen Grübeleien nach, tief hinab tauchten sie durch die verschlungenen Beweggründe der Herren und des RomReichs *muspel* wie des Rauschreichs *nifhel*. Brünhild blieb stumm. Ihre Freundinnen fragten, kreisten ein und kamen mit ihrem süßbitteren Rauschgebräu dem, was gewesen war und dem, was kommen würde, dicht auf die Spur. *Baldinai* sagte mir, wer *muspel* und *nifhel* habe verbinden wollen, Feuer und Wasser und Tag und Nacht, der gerate ins endlos Zwielichtige, in die klaffenden Widersprüche und Antriebe und Motoren von all dem, was ist, der verdrehe sich in *Gaias* unerschöpflichen UrTrug und GrundTwerch.

Am Mittag, als die Frauen im Bergfried ihr Grübeln und Fragen soeben erst begonnen hatten, da traf sich im gegenüberliegenden Turm, im Wehrturm über dem Rhein, König Gunther mit uns Brüdern und mit dem Heermeister Hagen. Nicht mit dem Niederländer.

Als ich hinzukam, beriet sich noch vor der Turmtür der Waffenmeister mit dem Bischof. Als ich bei ihnen vorüberging, fielen lateinische Urteile. *De modo excesso* hörte ich. »Vom überschrittenen Maß« Und als ich stehenblieb, sagte der Bischof, ja, Freundchen, hör dir nur an, was ich jetzt denke, dir gegenüber mache ich kein Geheimnis mehr aus dem, was ich soeben dem Waffenmeister gesagt habe. *Iam diu censeo hoc monstrum draconis esse delendum.* »Schon seit langem bin ich der Meinung, dieses Drachenmonster ist zu vernichten« An euch alle appelliere ich und vor allem an dich, Hagen, an deinen Treueschwur *qua advocatus et defensor ecclesiae.* »Als Anwalt und Verteidiger der Kirche« (fast tausend Jahre kirchliche Formel für die weltliche Macht) Und dann folgte noch einmal Ringwolfs *pereat.* »Er möge verrecken«

Ich ging weiter, wie benommen, trat in den Turmraum, blieb aber hinter der halb offenen Tür stehen, wo sie mich nicht sahen, wo ich aber ihre weiteren Reden hörte. Und bekam mit, wie Hagen einen Einwand erhob gegen das *pereat* und dazu den Namen Krimhild nannte. Nicht etwa deswegen, weil auch Krimhild eines der Kinder war, für die er an Gundomars Sterbelager den Schutzschwur geleistet hatte. Der Graubart zischelte und nuschelte etwas anderes an seinen Kirchenvetter hin, etwas, woraus klar wurde, daß er Krimhild besser zu kennen meinte als wir alle. Berechnend nannte er sie. Eine scharfblickende Schlange. Ein solches *pereat* erfordere nicht nur Mut, sondern vor allem Klugheit und Sorgfalt, bestmögliche Vorbereitung. Sonst sähe er fürchterliche Folgen.

Da kam der Bischof mit Hagen ins Turmzimmer, redete auch auf uns ein und wiederholte ganz offen sein Todesurteil. Gunther widersprach nicht. Konnte nach dem Schock vor dem Dom noch gar nicht wieder reden. Ließ den Bischof ungehindert verwünschen und drohen und Vernichtung fordern. Der Nibelunge sei der AntiChrist, erklärte der Kirchenmann, der untergrabe alle Ordnungen im Burgunderreich, der respektiere keine Grenzen, der unterhöhle Gunthers Herrschaft. Und Krimhild, diese Gewandmeisterin und Verwandlungskünstlerin, die sei, so leid es ihm tue, schon als brünstiges Weib nichts anderes als ein Feuersud aus gelüstigen Säften und sündigem Gierfleisch. – Und was ist dagegen zu tun? – So fragte dann Ringwolf selber. – Nur als des Mannes klar definierter und gut gesicherter Besitz sind Weiber kein Schaden und kein Verderben. Alle Kirchenväter, auch die heiliggesprochenen, haben das erkannt und in wunderbare Weisheitslehren gefaßt und alsdann in ewig gültige Vorschriften. Stiftet nämlich der Mann, dem die Frau nach diesen heiligen Gesetzen gehört, Schaden und Unruhe oder ist er unvorsichtig und läßt seine Gemahlin für Unruhen sorgen und für Aufsässigkeiten, so vernichte man möglichst nicht nur den, der die Frauen mit seinen Freiheitsgedanken zu Teufelsfrauen machte, sondern dann reiße man, so heißt es in den Büchern der Heiligen, dann reiße man seinem Besitz als erstes die Sündenhügel ab, die schönen, die verführerischen Brüste. So ist es zum Glück in Chlodwigs Frankreich seit langem üblich. Dort exekutiert man die wohlbegründete Lehre der Heiligen mit rostigen Kneifzangen. Nur auf solch klare Weise haben meine Brüder im Frankenreich gegen das keltische Frauen-Unwesen erste wirkliche Erfolge errungen. Und wir hier? In unseren schaurigen Sumpf-Ebenen am Rhein, wollen wir uns hier klüger dünken als die Erleuchteten namens Paulus, Clemens, *Pachomios*, *Augustinus* und *Chrysostomos* und all die anderen ehrwürdigen Konzilsväter, wollen wir weiser sein als sämtliche Päpste und Weisen unserer heiligen Kirche?

Niemand von uns hat darauf etwas zu entgegnen vermocht. – *Pereant*, wiederholte der Bischof sein Urteil, nun im Plural. Und fällte das Urteil über Siegfried und Krimhild. Und fügte hinzu: *Iusto iudicio dei iudicati sint. Iusto iudicio dei damnati sint.* »Dem gerechten Urteil Gottes seien sie ausgeliefert. Und nach dem gerechten Urteilsspruch Gottes seien sie verdammt«

Sah uns alle streng an, nickte dann dem Vetter Hagen zu und wandte sich zum Gehen. Draußen eilte er eine Wendeltreppe hinunter in den Hof, weil er unter dem Wormspalast verabredet sei, hatte er gesagt, mit einem Schlüsselschmied.

Als wir dann mit Hagen allein waren, entstand lange Zeit kein Gespräch. Erst einmal war da nur Ratlosigkeit. Sprachlosigkeit. Wie drüben im Bergfried, so war auch hier im Wehrturm, unter den burgundischen Herren, die Stimmung bedrückt, herrschte Hilflosigkeit. Und hier, im Wehrturm, da wurde nun kein klärender Trank gebraut, wurde nicht mal von dem Wein genommen, den Dankwarth bringen ließ. Wir schienen gelähmt. Erstarrt. Die Vollstreckungsforderung des Mannes im Kuttenrock, die half uns überhaupt nicht weiter, jedenfalls verhalf sie zu keinerlei Klarheit in unseren verwirrten und überforderten Köpfen.

Und wie wir noch lauerten, ob endlich einer von uns ein erstes Wort fand, da wurde die Königin Ute hereingetragen. Die ließ sich an ein Tischchen bringen und begann dort, ihre Karten zu legen. Während wir noch immer nach Fassung suchten und Worten, nützte die Witwe unser Schweigen und begann, kartenlegend und Sandelsaft schmurgelnd, das rheinische Reich zu verwünschen. Unsere byzantinischen Träume verhöhnte sie, unsere Größen- und Besitzsucht. Und fabulierte wieder von den friedlich sicheren Wohnorten in der *Helvetia* und *Sapaudia*. Den Weg, den die meisten Burgunder dorthin schon gefunden hätten, den rieten uns, sagte sie, nicht nur die Karten, sondern ebenso dringend jede Romvernunft und jede Nifhelheimweisheit.

Eine Weile redete sie ohne Unterbrechung, so lange maulte und lispelte sie, bis Heermeister Hagen sich einen Ruck gab und erklärte, in dieser Stunde benötige niemand dringender den Rat der Königsmutter als ihre Tochter Krimhild, um die es, wie sie wohl wisse, einen großen Streit gebe, einen öffentlichen wie einen internen. Dann folgten Dankwarth und Gernot dem Wink des *Dux Burgundiae*. Mit freundlichen Worten hoben die Männer die gebrechliche Alte zurück in ihre Sänfte und gaben Kahlköpfen die Anweisung, sie hinüberzutragen zu Krimhild.

Krimhild benötigte in der Tat dringend Rat und Hilfe. Kurz zuvor war bei ihr der Xantener aufgetaucht, hatte die Kleiderfräulein mit derbem Geschrei aus der Kammer gejagt, hatte den starken langen Gürtel aus Island an dem Nagel erblickt und hielt diesen Gurt plötzlich in seinen Händen, schrie *Tronje* und schlug mit dem Leder um sich, hieb gegen die Mauern. In der späteren Kloster-Überlieferung, die Siegfried gerne als wild und maßlos kraftvoll zeichnet, wird mitgeteilt, er habe keineswegs bloß die Wände geschlagen (St.Galler Handschrift, es spricht Krimhild): *Ouch hât er sô zerblouwen dar umbe mînen líp*

Hieb schreiend und wie rasend gegen die Wandsteine, auch auf die Steinlatten am Boden und dann wieder gegen die Wände, bis auch der GerFalke aufschrie und Krimhild sich kaum mehr Gehör verschaffen konnte mit ihrer Bitte, ob der Niederländer nicht statt solch keltischen Gerumpels ihr endlich sagen wolle, was auf Island wirklich gewesen sei. – Wie konnte Brünhild dich und mich »leibeigen« nennen!

Tronje brüllte er und schlug gegen die Wand.

Krimhild, zitternd, rief schließlich, ob er sich auf Island tatsächlich zum Untertan gemacht habe.

Ja, *Tronje!* hab ich getan.

Warum?

Damit die Wutfrau mich vergessen sollte. Jetzt vergißt sie nichts mehr! – Und hieb wieder zu. Doch dieser Kraftkerl, der für den Bischof ein Barbar war und ein Teufel, ja, die Bosheit in Person und der AntiChrist, er wagte es nicht, mit dem schweren Leder auch die Frau zu treffen, die er liebte und an der er festhalten und an die er glauben wollte, für die er alles getan hatte und tun wollte.

Ungestüm hieb er herum und es schien ganz so, als meine sein Zorn niemand anderen als sich selber. Schrie immer wieder dies *Tronje* und schleuderte endlich das eisländische Mondsteinleder aus dem Fensterloch, daß es draußen in der sonnigen Frühlingsluft kreiselte und, bevor es in die Rheinstrudel stürzte und versank, sich schlangengleich zu ringeln hatte.

Im Wutrausch schlug der Cherusker dann mit bloßen Fäusten gegen die Mauern und gegen Schränke und schlug und schrie *Tronje*, trommelte, und ist endlich, in heller Verzweiflung, zur Tür hinaus, mit dem *Tronje*-Schrei. *Tronje* erfuhr im Zusammenhang mit »Hagen von *Tronje*« zahlreiche Deutungen. In dieser ältesten Überlieferung der Kilianschronik erhält Hagen diesen Beinamen erst, nachdem er Siegfried ermordet hat. Das Wort erscheint aber auch schon beim Ritt durch die Todesschneise nach dem Kampf mit *Nidgir.* Einige Sprachforscher verweisen auf *Troja,* traditionsbewußte Römer hätten sich gern auf ihre sagenhafte Abstammung von den geflohenen Trojanern berufen. Xanten hatte als Römersiedlung des Kaisers *Trajan* den Namen *Colonia Ulpia Traiana.* Schazman vermutet eine Nähe zu *destroy* (»zerstören«, »vernichten«) und verweist auf Utes und Giselhers Äußerung (S. 666 und 697, »Zerstörer«), danach wäre *Tronje* verwandt mit »Drehen« (*Twerch*, »Zwerg«, »Trug«), also mit dem Resultat, zu dem die Beratung der Isländerinnen gelangt

Der Nibelunge ist an der alten Königin, die in diesem Augenblick in Krimhilds Kemenate getragen wurde, vorbeigestürmt, immerzu das Wort rufend, das niemand verstand. Hat Ute offenbar gar nicht bemerkt, sondern stürzte, wie von Sinnen, in den Pfalzhof, um in die Turniere einzugreifen. Wen immer ich fragte, was der Ruhrschmied von nun an am Rhein-Ufer und in den Höfen getrieben hat, jeder hatte andere und noch wüstere Erinnerungen. Festzustehen scheint, daß er in seiner Wut auf sich selbst oder auf die Gesamtheit der imperialen Dinge reihenweise ritterliche Zierbengel aus ihren Sätteln warf, daß er edelste Herrschaften von den Beinen hob, burgundische wie sächsische wie alamannische und fränkische, daß er diesen und jenen durch die Luft wirbelte und daß er, als ihm genügend Harnische zerbleut schienen, mit dem Schrei *Tronje* auch Lanzen verbog und Schwerter, und daß er die Spitzen der Waffen allesamt umknickte und zerdrückte.

Um dann denen, die gaffend stehenblieben, die Köpfe gegeneinanderzuhauen und um mit den Rufen *Romköpp* und *Knörrip* und *Tronjeköpp* und *Caputköpp* den Gauklern die Spiele zu verderben und den Händlern die Marktstände umzuwerfen mit dem Schrei *Tronje* und mit *virtus post nummos!* »erst die Münzen, dann der Anstand«, um Geldwechslern die Kassen zu zerknicken, Märchenhändlern die Märchenwörter zu verdrehen und den Priestern den Mund zu stopfen, die Stände der Juwelenhändler nicht zu schonen, Ärzte, Schreiber, Erzähler und Geschwulststecher als Scharlatane zu beschimpfen, fast alle zu verprügeln und am Markt gründlich aufzuräumen.

Hat dann auch jenen neuen kurzhaarigen Münzenverkäufer erblickt und hat dem das große Scheunentor mitsamt den blinkenden Geldstücken unter *Tronje*-Gebrüll über den mörderischen Schädel geschlagen. So daß Schädel und Bretter krachten und die glitzrigen Sesterzenbilder und kupfernen Romköpfe und all das andere Private rings über den Frühlingsschlamm sprangen.

Herr Gere, Markgraf von Speyer, der trug an diesem dritten Hochzeitstag, weil ja soeben das feierliche Hochamt gewesen war, noch seine neue weinrote römische Toga, die er sich von dem kunstsinnigen Sklavenschneider für wenig Geld hatte anfertigen lassen. Dieser fast fußlange Umhang war an den Rändern mit goldenen Litzen abgesetzt und den hatte er, wie in Rom zu der Zeit noch üblich, mit einem kräftigem, mit einem opalbestückten Leder um Brust und Arme kunstvoll verschnürt. Den größten Vorzug hatte sein neues Kleiderwerk allerdings in der behenden Manier, mit der Herr Gere das Wallende jedem seiner Schritte und allen Bewegungen seines gelenkigen Leibes anzupassen wußte, mit der er die Toga in immer wieder andere und noch interessantere Falten warf. Dieser vielfach verzierte Herr trat nun dem tobenden Cherusker entgegen, auf dem Münsterplatz, ungefähr dort, wo sich knapp eine Stunde zuvor ein reichseigener Eidschwur angebahnt hatte, entschlossenen Schritts tat der Markgraf das, des unheimlichen *Tronje*-Gebrülls nicht achtend, und erklärte dazu mit kesser Entschiedenheit: Krimhilds Mann, so rief er, der ist es in Wahrheit, der die römischen Pfalzsitten mit Füßen tritt.

Jawohl, ich trete, murmelte der Angesprochene, und es sah so aus, als wollte der Rasende den Grenzgrafen übersehen und an ihm vorüberpreschen. Doch als er ihn bereits passiert hatte, schien Gere plötzlich gefangen, bemerkten Kelten und Höflinge, daß der Nibelunge in die Lederverschnürungen der Toga hineingegriffen hatte und den Markgrafen im Weiterstürmen in sein weinrotes Romtuch hineindrehte und rasch und vollkommen verwickelte und verschnürte und dann dies Paket ein paarmal sehr wild um seinen feuerfarbenen Haarschopf herumwirbelte, mit Schreien wie *Tronje* und *Simpf* und *Ümpf* und *Üpfetapf* und *Drupjitrappt* und immer nochmal mit diesem *Tronje*-Gebrüll. Im Schockschreck vergaß der Speyerische Edelmann, zu flehen und um Hilfe zu rufen, zappelte auch gar nicht, sondern schien zu Tode erschrocken, zu Stein erstarrt.

Und landete unversehens in einer ansehnlichen Reiterposition, ja, der starre Herr Graf endete rittlings auf dem Rand des niederen Münsterdachs, und zwar auf jenem Wasserspeier, der von der Ecke des Kirchendachs auf den Marktplatz hinausragt und den der Bischof als Drachengestalt hatte bilden lassen. Dort, in mehr als anderthalb Mannshöhen, fand sich der verwickelte Edle rittlings befestigt und blieb ihm nichts übrig, als sich an dem Drachenstein festzukallen. Erst dort oben soll er begonnen haben, leise um Hilfeleistungen zu bitten, mit zarten Rufen, zumal ihn dort oben nun sein altes Leiden zu plagen begann, *sanguis per nares fluens.* »Nasenbluten« Kilian *Hilarus* versichert mir hier in meinem Klosterkerker, es gebe inzwischen niemanden mehr in der burgundischen Pfalz, der den Markgrafen seither nicht ausführlich und gern mit dem vollen Namen bezeichne, nämlich als den Herrn Gere von Speyer vom Speier.

Dem Berserker im *Tronje*-Zorn, dem schien die hohe Not des Fürsten gleichgültig, der raste weiter, der zerschmiß Waren und Buden, so daß Kaufleute und Gaukler begannen, in den Dom zu fliehen, weil sie fürchten mußten, nun werde es auch ihnen ans Geschäft gehen oder ans Leben und an die Münzen, der Lindwurmbezwinger, der würde mit ihnen nicht anders umspringen als mit dem kurzhaarigen jungen Geldverkäufer oder mit dem Grafen von Speyer auf dem Speier.

Doch plötzlich schien der Wüterich Ruhe zu geben. Ach, er hatte den Herrn der Wormskirche entdeckt. Und darüber gibt es Informationen, die einander gut ergänzen. Es begann wohl damit, daß der jüdische Händler Hirsch gemeint hatte, den Schrei *Tronje* gut zu durchschauen, Ähnliches sei auch vom armen *Aureus* geschrien worden, kurz bevor ihn auf dem Drachenfels der *Nidgir* verschluckte. Jedenfalls rief der kluge, der wortgewitzte alte Händler, Herr Siegfried sollte sich jetzt lieber um den wirklichen Verdreher kümmern, um den wüstesten aller Landesdrachen und den eigentlichen *Tronje*, der sie alle spalte, ausplündere, verängstige und verschachere.

Da hat der Tollwütige sofort gewußt, wer und was da gemeint war, der *Rumoridus* und der Hort. Und schon ist der Tobende zu einer Treppe gestürzt, zu einem Kellergewölbe unter der Burg, wo König Gunther die Hortschätze hatte verschließen lassen, und hat dort unten den *Ringwulfilas* auf frischer Tat ertappt, ja, den erwischte er mit dem Schmiedegesellen, der soeben dabei war, aus einem großen Bund mit Schlüsseln einen nach dem anderen an der Eichentür auszuprobieren und den passenden herauszufinden.

Da erschien über ihnen mit *Tronje*Geschrei der Fauchende und Kreischende, der offenbar vor Tatendurst bebte wie der Dämon in Frau Utes Geschichte vom buochenheimischen *Safran*, erschien plötzlich über dem Ringwolf und hat den kirchlichen Herrn mit *Tronje*Getöse die Kellertreppe hochgehetzt und dann mit Verwünschungen zwischen den Leuten hindurchgejagt über diese Gassen und Plätze, hat den Ringwolf bis zum Hafen hinunterrennen lassen und dort auf einen Steg hinaus, gerade dort, wo aus dem neuen Wormser Kanal nach byzantinischem Vorbild der Kot in den Rheinstrom hinausquoll, an diesem dritten Hochzeitsfeiertag reichlich wie nie.

Und über der Jauche hat er den Japsenden an Hals und Hintern gepackt, hat ihn hoch in die Luft gestemmt und über sich zappeln lassen, so hoch und so lange, daß sehr viele Leute von des Herrn *Rumoridus* Gefiepe zum Hafen gelockt wurden und dort das Strampeln ihres geistlichen Herrn sehr gut beobachten konnten und mit vielerlei Schadenfreude.

Ihren Bischof, so bekamen sie zu hören, den werde er jetzt im Arschwasser versenken, weil dieser Giftsack ein vollkommenes, ein reines und absolutes KotzÜbel sei, bis zum Platzen voll mit Scheiße, die schon jetzt aus all seinen Löchern garstiger quelle als selbst der *Nidgir* über der Ruhr je gequalmt habe.

Der geistliche Herr in seiner Höhe flehte, der klammerte sich an seinen vorgeblichen Papst- oder Jesus-Kristall gerade so, wie sich wohl jeder von uns am Ende an seine allerliebsten Lügen klammern muß. – Loslassen! rief er.

Turpilucricupidus! schrie der Ruhrschmied. »Nach schändlichem Gewinn Begieriger« Erst dann laß ich dich los, wenn du zugibst, daß deine Kirche gebaut ist auf einem Berg aus Blut und Leichen und daß Frau Sieglind mit ihrem *saxa loquuntur* alle Jenseitspriester meint, also Scheinheilige wie dich.

Das habe ich vollkommen begriffen, ich weiß, du liebst es, *ridendo dicere verum* »im Scherzen das Wahre zu sagen«, aber laß mich nun endlich um Gottes willen los.

Nur wenn du zugibst, daß unter allen Priesterschaften und Seelenverkäufern die west- und oströmischen die schamlosesten sind und die hinterhältigsten.

Teurer Freund, wir sind allzumal Sünder. Sagt schon der von dir so sehr geschmähte *Paulus* Brief an die Römer 3,23. Sünder sind selbst die, die wissen, wie der Himmel ist zu küssen. Aber begreife, Menschen brauchen Märchen, sieh das endlich ein und laß mich los!

Nur wenn du zugibst, daß der gierigste aller Märchenlügner Ringwolf heißt, nämlich Wolfs-*Anus* (vgl. S. 474), und daß dein *Imperium catholicum* weltmörderisch ist.

Der Bischof hechelte, ächzte. Und schwieg.

Gib zu, daß es der Weltschlachthof ist!

Nemo, klagte der Ärmste, *nemo infallibilis est nisi deus ipse.* »Niemand außer Gott ist unfehlbar«

Dreimal gestunken und gelogen, schrie der Drachentöter und *Tronje!* und schleuderte den geistlichen Herrn mit Zorn und Wucht in die Brühe. Dort habe das stark geplumpst, hieß es, schmatzend habe es geklatscht und geschwappt und der Bischof sei ganz und gar weggewesen, für erstaunlich lange Momente. Auch dies hat, wie man weiß, wenig geholfen gegen das Trachten des Weltschlachthofs, höchstens für diese wenigen winzigen Augenblicke. Nach denen der Ritter auch diesen Mann sorgfältig aus der Patsche zog.

Unterdessen saßen wir Gundomarsöhne oben im Wehrturm, hockten mit dem Waffenmeister an dem kleinen Tisch, an dem Ute die Karten zu legen begonnen hatte und auf den Dankwarth Brot und Wein setzen ließ. Ute war wieder fort. Keiner aß oder trank. Auch reden konnte lange Zeit niemand.

Dankwarth hielt Wache an der Tür. Lauscher waren hier kaum zu befürchten.

Das Gneisgesicht war es schließlich, das zu reden anfing. Hagen erklärte, man solle vergessen, was der wormsische Angstbeamte soeben habe hören lassen. Solche höllischen Ansichten und Greuelsachen seien gut für die Köpfe der Unfreien, nicht für die der Herrschenden. – Vielmehr sollten wir jetzt mit klarer Vernunft erkennen, was sich vor Ringwolfs Dom ereignet hat. Nie ist Beleidigenderes gegen einen König vorgebracht worden. Auf offenem Markt. Da hat nicht nur, in aller Unverfrorenheit, Gunthers Manneskraft in Zweifel gestanden. Auch seine Herrschaft über das burgundische Reich. Denn Krimhild hat nichts Geringeres behauptet, als daß der Herr über Burgund so schwach sei, daß er sich zur Gemahlin eine Nebenfrau seines leibeigenen Kapitäns habe nehmen müssen. Wobei er dann, im Beilager, so hat sie hinausposaunt und es ist klar, wer ihr dies eingeflüstert hat, wobei der König dann *in coniunctione matrimonii* nicht einmal in der Lage gewesen sei, *potentiam florentem feminae privare.* »der Frau die blühende Kraft zu nehmen«. Auch hier verwendet die Kilianschronik« Begriffe, die zugleich Sexuelles wie Politisches meinen. Hier offenbar mit der ursprünglichen Bedeutung des erst später üblichen »deflorieren«. In der Bedeutung von »Macht rauben«

Ja, begreift, was schier unfaßlich ist. Die Gemahlin des Xanteners hat öffentlich verbreitet, daß Gunther nicht einmal diese Nebenfrau hätte bezwingen können und daß er sie nur genommen habe, weil ein anderer sie zuvor beschlafen hätte. Wir müssen uns das Ausmaß der Schmach klar vor Augen halten, bevor wir hier irgendeinen Entschluß fassen. Müssen wissen, was von nun an im Land erzählt wird, nicht nur in Kastellen, auch in Kaschemmen und Hütten. – Der Waffenmeister schaute uns alle mit großem Ernst an, zeigte uns sein faltenreiches, sein Grimmgesicht. – Derjenige, der euerem Vater Treue schwor bis in den Tod, der muß nun der Ursache solcher Schmach an die Wurzel. Der Ursache und dem Urheber.

Ich preßte die Lippen. Gernot sah ich, wie er sich die Augen mit der Hand bedeckte. Nur Gunther schien zu nicken, kaum wahrnehmbar. – Urheber, sagte Gunther mit enger Stimme, Urheber all der Unruhe ist der Sau- und Kraftbär. Zwar hat er uns geholfen, das stimmt. Aber je mehr Hilfe er leistet, desto deutlicher wird, welche Drachenzähne er ausspuckt. Welches Gift er uns zu schlucken gibt.

Was heißt das, fragte ich und war sehr verwirrt, was heißt »an die Wurzel gehen«? Und wieso ist der Xantener der Urheber?

Gunther wollte zu einer Erklärung ansetzen. Und fand doch, als er mich ansah, die genauen Worte nicht. Zu sauer setzten ihm die Zweifel zu, wann immer er mich ansah. Wußte er doch, daß ich die Wirklichkeit kannte, die Wirklichkeit seiner Hochzeitsnächte und auch diejenige der Nacht auf dem Isenstein. So sehr grämte und spaltete ihn die Verzagtheit, daß er sich auch jetzt nicht traute, Hagen und Gernot zu gestehen, was in diesen Nächten tatsächlich passiert war.

So sehr Gunther klar war, daß der Xantener die Isländerin in der vergangenen Nacht zwar niedergerungen, aber nicht berührt hatte, so wenig mochte er das eingestehen. Auch von den Peinlichkeiten der ersten Hochzeitsnacht mochte er nicht reden ebensowenig davon, wie sehr ihm schon auf Island dieser »Urheber« hatte beistehen müssen. Ach, wo immer ein Mann als Held gelten will, da hat die Aufrichtigkeit keinen einfachen Stand.

Immer noch wurmte es meinen Bruder, daß der nibelungische Riese vordem Brünhilds »Genosse« war, ihr *concubinus* »Beischläfer«. Wozu also sollte er nun dessen selbstlose Zurückhaltung rühmen, ja, er sah nicht ein, warum er des Cheruskers ritterlichen Dienst für den Freund auch nur erwähnen müßte. Ich spürte, wie es in ihm arbeitete, wie er versuchte, sich in seinen vielerlei Lügen einzurichten. Wobei er wußte, daß ich's besser wußte. Und was immer er mir in seiner Beichte nur ungenau gestammelt hatte, das wußte ich bis ins Kleinste von der Ruhrnymphe.

Er atmete tief, nahm wieder Anlauf. Und mochte doch nicht reden. So sehr er es liebte, imposante Haltung zu zeigen und interessante Äußerlichkeit, so gern klammerte er sich, wenn etwas aussichtslos schien, an Hagens Rat. Nicht mal seinem Ratgeber hatte er gestanden, welche Arbeiten der »Urheber der Unruhen« geleistet hatte.

Immerhin hatte er dem Xantener den Eid erlassen, sozusagen als Gegengabe. Oder nicht doch aus einem anderen Grund? Gunther wußte, und ich wußte es ebenso, daß Krimhild mit ihren wüsten Unterstellungen Unrichtiges verbreitete. Siegfried hätte den Eid getrost leisten können, hätte keinen Meineid geschworen. Mit dem Abbruch des Schwurs hatte Gunther zusätzlich Zwielicht auf den »Mächtigsten« gelenkt, hatte ihn noch undurchsichtiger, noch mondsteiniger gemacht.

Freilich hatte auch der Xantener mit dem nur schwer verständlichen Gürtelraub und mit dem Geschenk an seine geliebte Krimhild einen Fehler gemacht, hatte aus purem Übermut geheime Vorgänge an die Öffentlichkeit geraten lassen und für bedenkliche Gerüchte gesorgt, ja, für Lächerlichkeiten. *Nunc duo viri, qui amici vocantur, ipse pares rationes habuerunt.* »Nun wären die beiden Männer, die als Freunde galten, eigentlich quitt gewesen«

Endlich begann Gunther zu reden. Verstockt und stockend, als sei ihm die Kehle verdorrt. – Schon unterwegs, schon auf der Heimreise auf dem Schiff, da hat mich niemand von euch verstehen wollen. Als ich euch sagte, wie sehr mir der Cherusker unheimlich ist. Glaubt mir das endlich. Auch ohne daß ihr im einzelnen wissen könnt, warum und wie sehr er mich bedrückt, dieser »Arbeiter«. Hagen hat recht, all unsere neuen burgundischen Sorgen, sie haben ihn als Urheber.

Da ihm die Stimme geborsten schien und den Dienst versagte, fuhr Hagen fort. – Mit eigenen Ohren bekam ich zu hören, wie der Nibelunge noch heute morgen, auf dem Turnierplatz, wo er dem Kelten zu seinem Kranz verhalf und wo diese Kahlköpfe ihm begeistert Dank sagten, wie er da den gallischen Häuptling *Ambiorix* zitierte und so laut redete, daß ich es nicht überhören konnte und gewiß auch hören sollte. »Eine gute Herrschaft ist von der Art, daß die Leute ihrem Herrscher genausoviel zu sagen haben wie der Herrscher seinen Leuten«. Überliefert auch in Caesars *Bellum Gallicum*, dort beschreibt *Ambiorix* die Qualität einer solchen Herrschaft am eigenen Beispiel Wer solche Flausen in die Leute-Köpfe pustet, der ist Urheber von Unruhe und Irrsinn. Ja, seit wir diesen Gast aus Xanten haben, will jeder hier am Rhein das sein, was als »frei« gilt. Kahlschädel wie Frauen, sie faseln vom Frei-Sein. Jeder am Ende sein eigener *Arminius*. Oder *Spartacus*.

Oder *Ambiorix*, murmelte Gunther. – Oder Wieland.

Ach, von all diesen Leuten, sagte Hagen, auch von den Frauen könnte keine einzige auch nur einen einzigen Tag ertragen, an dem sie wirklich frei wäre! – Der Vetter rieb eine Weile an seinem Rükken. – Gunther hat recht, der Ruhr-Urheber brachte Unruhe. Und bevor aus der Unruhe Aufruhr wird, müssen wir handeln. Und wenn von nun an Ringwolfs Höllen- und Himmelsgeschichten nicht mehr helfen, seit ein Cherusker zeigt, wie man über das Priesterlatein hinwegspringt oder fliegt, dann – dann – er stockte.

Ich schnappte nach Luft, sprang vom Stuhl auf und war sehr aufgeregt. – Bin ich in einem Tollhaus? *Deleatur* hörte ich und *pereat* und demnächst gewiß Ringwolfs Ratschlag vom Peitschen! Dreimal bekam ich mit, wie der Bischof einen Exekutionsbefehl gab. Wie, so frage ich, kann ein so treuer Freund, wie Gunther und Hagen niemals einen hatten, dermaßen Haß auf sich ziehen! Einer der sich in seiner Liebe zu Krimhild unserem Sorgenreich verdingte mit Haut und Haar. Habt ihr vergessen, daß er uns seinen Hort schenkte, den unter Todesnot erkämpften *Nidgir*-Besitz? Und daß allein mit *Nidgirs* Rheingold diese Doppelhochzeit so prunkvoll auszurichten war? Ist es euch gleichgültig, mit welcher Energie er unsere verrottende Herrschaft von den wirklichen Sorgen befreite, von den Feinden ringsum?

Ich blickte jeden in der kleinen Versammlung an, mit Wut und Mut. Da meine Brüder vom Wirrwarr der neusten Ereignisse sowieso sehr irritiert waren, schienen sie dankbar, daß hier einer eindeutig Stellung bezog. Also redete ich weiter. – In geradezu irrsinniger Tapferkeit hat er für uns die zwölf Mörder Ortwins erschlagen. Die kriegslustigen Sachsen hat er mit Klugheit friedlich gestimmt, hat sie zu fröhlichen Landleuten in der Nachbarschaft gemacht. Dieser barbarische Wild-Eber, dieser Bär, der nun von Ringwolf die lateinische Zerschneidewörter auf den Hals kriegt, er hat die wütigsten »Heiden« besänftigt, hat die wilden Dänen vertrieben mit List wie mit Kraft, und schließlich führte er uns über unsägliche Hindernisse zu Brünhild. Dieser lebenswilde Kluge hat unermüdlich Dienst geleistet, redlich, vor allem für den König, den er aus fürchterlichen Notlagen befreite. Gunther weiß, wovon ich jetzt rede. Und als Lohn will Hagen ihm »an die Wurzel«? Und ausgerechnet Gunther ist einverstanden?

Ich zitterte am ganzen Leib und rannte, um das Zittern zu verbergen, durch den Raum, an Dankwarth vorbei zur Tür, riß die Tür auf und tat, als wollte ich sehen, ob dort jemand lauschte, in Wirklichkeit brauchte ich Luft. Dort draußen war niemand, da floh keiner, ich kehrte zurück, hatte mir das Hemd geöffnet. Die Brüder starrten mich an, als sei nun ich es, der Wirrnis stiftete. Unbewegt blieb Hagens Steingesicht.

Ich versuchte einen anderen, einen besonnenen Ton. – War es denn nicht der Xantener selbst, der sich erniedrigt hat für Gunther? Freiwillig? Und war es denn nicht so, daß allein mit dieser Erniedrigung die Werbung auf Island gelingen konnte? Dieser wirkliche Freund hat sich doch nur uns zuliebe, fast wie im Spiel oder im Scherz, zum »Leibeigenen« gemacht. Nur um Brünhilds Begehrlichkeit von sich auf unseren König zu lenken. Und diese List – ist das so schwer begreiflich – die war nun, im Streit der Frauen, Ursache für Verwirrung und Mißverständnis. Weil auch die Frauen meinten, in unserem Imperium an Grenzen und Ränge denken zu sollen, an Reihenfolgen und Meßlatten und *ordo* und an all die Regeln, von denen sie um ihre Freiheit fürchten müssen. Nicht geschadet hat uns der Nibelunge, sondern er hat uns geholfen, hat uns uneingeschränkt gedient, so wie, ja, wie sonst höchstens Hagen.

Ich sah Gernot nicken. Hagen aber furchte seinen Graubart, warf seinen Gneiskopf auf, als brauche auch er Luft, und juckte wieder seinen Grindrücken.

Da er aber still blieb, redete ich weiter. – Noch soeben hat Gunther vorm Münster selbst beteuert, er allein, als Brünhilds Gatte, müsse ja wohl wissen, wie haltlos Krimhilds Unterstellungen sind. So ist es. Sie sind haltlos und grundlos. Der Niederländer hat sich keine von all den Frechheiten herausgenommen, die ihm nun von euch angedichtet werden. Ich fürchte, bei all dem, was euch jetzt umtreibt, plagt euch eine wirre Mischung aus Bewunderung und Neid. Ja, Neid habt ihr, weil dieser Alberichgeselle bei all seiner Klugheit so tolldreist ist und ausgelassen, so feuerköpfig wie kunstfertig, mit dem Handwerk wie mit dem Mundwerk, daß euch der blanke Neid kommt. Einfach deswegen, weil er so ist, wie wir selber es nie sein werden. Ärger macht euch das und womöglich Sorge, weil die Leute dort draußen anfangen, ihn nicht nur zu verehren, sondern auch herzlich zu lieben. Als wüchse daraus irgendeine Gefahr für Gunthers Herrschaft oder für Hagens strenges Regiment. Lächerlich! Weil Gunther offenbar noch immer viel zu verzagt ist von der Entgleisung, die sich unsere Schwester leistete, so verrate ich jetzt, was er mir anvertraut hat in einer langen Beichte, o doch, Gunther, es bleibt mir, bevor wir uns hier alle nur unglücklich machen, gar keine andere Wahl. Bevor wir hier und jetzt irgendein Urteil fällen, sollte jeder diesen Umstand kennen. Gunthers wunderbarer Sieg bei der dreifachen Prüfung im Hof von Isenstein, wem wohl, frage ich euch, war dieser Triumph zu danken?

Der König blickte entsetzt. Aber einer mußte nun für Offenheit sorgen, *pro humanitate ac intelligentia*. – Allein der verkappten Kraft des Alberichgesellen ist zu danken, daß wir alle auf Island weder geköpft wurden noch versiegelt. Und daß diese ungewöhnliche Frau uns nicht im Himmelsfeuer verlodern ließ, sondern mit uns hierher kam nach Worms. Und daß eben diese Frau dann in der Hochzeitsnacht unseren Bruder nicht einfach an einen Nagel hängte, sondern daß sie, wie alle beobachten konnten, nach einem anfänglichen Mißtrauen, das ich gut verstehe, unsere Gebräuche höflich und freundlich beachtete, auch dies ist allein ihm zu danken. *Solum vires vicit non dominae existimationem atque dignitatem*. Das wiederholte ich *diutisk*: Nur die Kräfte besiegte er, nicht auch Ansehen und Würde der Herrin.

Gunther blickte dankbar. Ich hatte ihn geschont, hatte mit der Erwähnung des Nagels die Peinlichkeit der ersten Nacht beschrieben und dennoch verschwiegen. – In beiden Fällen, rief ich, in Island wie bei der Hochzeit hier, hat der Ruhrschmied unter Alberichs Tarnkappe härteste Freundes-Arbeit geleistet. Für Burgund. Und jedesmal tat er das so zurückhaltend und dermaßen uneigennützig, daß mir dieser barbarische Kraftkerl manchmal sehr viel eher wie ein Heiliger vorkommt als die verdorrten Alten aus den Wüsten namens *Clemens* oder *Paulus* oder *Privatus* oder *Pachomios*. Nein, wir stehen bei diesem märchenhaften Mann in großer Dankesschuld und wären die Dümmsten, die Ruchlosesten und die Feigsten, dächten wir an irgendwas anderes als an Dank. Gewiß, dem Bischof gefällt so ein Außergewöhnlicher nicht, der fürchtet diesen lustvoll Freien, weil der Mut hat und ohne das RomKreuz zu leben weiß. Weg mit dem, wünscht sich der Bischof. Wollen wir Burgunder ewig Knechte bleiben? Vormals unterm KaiserKommando, nun unterm PapstImperium? Verkaufen wir statt unserer Krieger nun unsere Seelen? O Freunde, würden wir diesen Gast und Freund vertreiben oder gar ermorden, wir vernichteten unseren eigenen Ursprung. – Hastig ging ich im Raum umher. – Ich, Giselher, werde das verhindern. Und ginge es mir an mein eigenes Leben.

Blieb nun vor Gunther stehen, mit halb gehobenen Armen, mit gespreizten Händen. Das Gesicht, ich spürte es, übergossen von flammender Empörung. Sicherlich lodernd rot. Aber so mußte ich reden.

Hagen, im Stuhl neben Gunther, legte die Hand auf den Arm des Königs und sagte in sehr ruhigem Ton: *Interdum dormitabat praeclarus Homerus.* »Dann und wann schlief sogar der hochberühmte Homer« Wehe, wenn ich von all diesen kindischen Ereiferungen unseres Wormser Dichters je auch nur eine einzige in unserer burgundischen Chronik fände. Eigenhändig zerfetzte ich sie. – Der Waffenmeister erhob sich und schaute zum Fensterloch hinaus. – Seltsam, was unser Poet an Wolken durch unsere Köpfe schiebt. Statt *punctum salientem* abzuwägen, »den springenden Punkt«, nämlich, ob uns dieser Ruhrgeselle immer noch nützt oder ob er inzwischen sehr viel mehr schadet. Und das tut er, seit er unserer Königin in der letzten Nacht den Gürtel raubte. Der mehr ist als nur ein Stück Leder. Und wahr ist, er hat diesen Gürtel Krimhild geschenkt. Und wahr ist, daß ihm seine Dienste für Gunther durch die Hochzeit mit Krimhild reichlich entlohnt wurden. Und wahr ist, daß er mit seinem frechen Übergriff ins intime Eigentum der Königin all das an Unruhe auslöste, was uns jetzt umtreibt als peinliche Sorge. Als Sorge um das Reich. *Ergo detrimentum captum est.* Hagen verwendet juristische Formeln aus Roms militärischer Imperialzeit. »Es ist also Schaden zugefügt worden«

Da keiner von uns Brüdern eine Entgegnung wußte, konnte der Heermeister nun ungestört schlußfolgern. – Und auf dieses *factum* gibt es nur eine Antwort. Nach dem besten, nach dem klügsten, nach dem römischen Recht. Das auch dieser Wild-Eber zu respektieren vorgibt. Und dieses Recht verfügt: *Omnis enim postulatio rerum reddendarum vel ex contractu nascitur vel ex delicto.* »Denn jeder Anspruch auf Schadensersatz entsteht entweder aus einem Vertrag oder aus einem Delikt«

Er sah uns an, als wollte er wissen, ob wir gegen diese Grundformel des RomRechts irgend etwas entgegnen könnten. Zog sich den Bart über die Backe. – Im übrigen zittere ich vor Giselhers Widerstand. Wackerer Schreiber. Nicht mal einen halben Gedanken haben wir ausgesprochen seit dem argen Schauspiel vorm Münster. Haben versucht, Klarheit zu gewinnen über die Ursachen. Von Delikt und von Schadensersatz reden wir, von nichts sonst. *Episcopusculus* »das Bischöfchen« hat hier sein übliches Kirchenlatein salbadert, und schon malt unser Sänger Schauerbilder von Mord und Hinterhalt. Es werde unserem Gast das Leben genommen. Wer denn hier sagt so etwas außer unserem Paradiesbeamten mit seinem glasklaren Volksbelustigungssteinchen?

Du sprichst sehr kalt, sagte ich, sprichst nur noch *in modo forensi* »juristisch«. Redest von Vertrag und Delikt. Einen Vertrag mit dem Xantener gab es nie. Statt dessen eine dreimalige Umarmung zwischen Gunther und dem, den du nun nur noch Ruhrgeselle nennst *cum animo frigido* »kaltblütig«. Wo, bitte, siehst du jetzt ein Delikt? auch schon in bloßem Übermut?

Hagen murrte nun, grollend und grantig. – Verstehst du also nicht, Bube, daß der Streit der Königinnen, ausgelöst durch deinen geliebten sogenannten Königssohn, durch sein *donum fallax* »intrigantes Geschenk«, daß dieser öffentliche Zwist das Ansehen unseres Königs aufs übelste entehrt? lächerlich macht? Daß dies fatale Gürtelgeschenk das Reich und jede burgundische Herrschaft in akute Gefahr bringt? Völlig unabhängig davon, wie zutreffend Krimhilds Vorwürfe waren oder wie falsch, und unabhängig davon, ob Herr Siegfried in der nächtlichen Kammer die Königin entehrt hat oder nicht, ob er sich in unwahrscheinlich hohem Edelmut zurückhielt. Rumor tost jetzt durch die fürstlichen Wirrköpfe ebenso wie durch die keltischen Kahlköpfe. RuhrRumor. Und verstehst du denn wirklich nicht, daß man im Zorn über solche Schmach, die mir ein wenig wichtiger scheint als das Wenden des Fisches von einer Seite auf die andere, entsetzt aufspringen kann und im ersten Zorn ausrufen kann, nun reicht es? nun sollte der besser weg?

Er schaute wieder aus dem Fenster, das ähnlich eng war wie die Fenster im Münster. – Burgund hat nur scheinbar gewonnen durch ihn. Auch durch seine Tarnkuttenkniffe, von denen du Andeutungen machst, gewann niemand. Wurde nur unser traumbegabter König angestiftet, die verrückte Fahrt nach Island zu wagen. Und ihr seht ja, welchen Streit uns das einbrockt. Und wenn du meinst, mit dem Verrat von Gunthers Geheimnissen lieferst du unserem Urteil die entscheidenden Argumente, dann schätzt du das ein wie ein Halbgarer, wie jener Lehrling in *Buochenheim*, der seinen Namen *Safran* aus den Frühlingskrokussen sog. Safran (arabisch) = Krokus

Wieder polkte er mit Fingernägeln in seinen Zahnlücken. – Im Gegenteil, was Giselher uns jetzt verraten hat, bestärkt nur meine Zweifel. Gunther hat das schon auf Island zu sagen versucht. Wir sind in der Hand eines Unheimlichen. Dieser Held von der Ruhr und von der Lippe, der beherrscht mit seinem *Nifhel*-Wissen, mit seinen *Loki*-Künsten, mit Stein-, Wasser- und Sonnenkräften nicht nur unseren verängstigten Bischof, sondern unser öffentliches LeuteLeben, die Handwerker, die Schmiede, die Märchenerzähler, die Herbergen und die *diet* und mit den Proleten auch die Frauen. Und nun seh ich, wie sehr er längst auch Gundomars Kinder beherrscht. Und welche Gefahr davon ausgeht, daß er eingeweiht ist *in infirmitates intimas* »in die intimen Schwächen« unseres Königs. Da hat er eine entscheidende Grenze überstiegen. Einzig der Nibelunge ist es, der sich ins »Private« mischt. Räuberisch. Nicht nur, indem er Gürtel stiehlt. Sondern indem er sich einschleicht in familiäre Geheimnisse.

Gunther selber, sagte ich, bat ihn ausdrücklich darum, ins nächtliche Ehegemach zu kommen, ihm zu helfen.

Hagen seufzte, ließ nicht ab, aus dem Fenster zu blicken. – Als ein alter RomVasall weiß ich zu genau, unter welchen Ängsten der Schwächere den Stärkeren um Hilfe bittet. Und wie geschickt es mancher Mächtige einzurichten weiß, daß der Ohnmächtige ihn bitten MUSS. Wie schlau erst kann dies der »Mächtigste«. Als ihr alle erst seit kurzem auf dieser mörderischen Welt gelebt habt, da geschah es, daß euer Vater Gundomar die Sachsen, mit denen er zum Schein ein Bündnis geschlossen hatte gegen die Übermacht der Römer, an die Römer verriet. Vor Würzburg haben Burgunder und Römer diese Sachsen überwältigt, die dann auf Ringwolfs Rat gerichtet wurden, unter der Marienburg. Weil Gundomar hatte sterben müssen und weil es Heiden waren, die ihn töteten. Diese Geschichte wißt ihr. Aber ihr wißt nicht, daß Gundomar dies schlaue Machtspiel, daß er diesen »Verrat« mit seinem Halbbruder *Ermanarich* abgesprochen hatte, der dann nicht von einem Sachsen gemeuchelt worden ist, wie ich bislang erzählt habe, sondern von euerem Vater. Als ich wissen wollte, warum er *Ermanarich* erschlug, sagte er mir, ich höre ihn noch: *Cognitum habuit punctum lubricum nostrum*. Das heißt in unserer Leutesprache: Er kannte unseren wunden Punkt. Den Betrug kannte er. Den Verrat an denen, mit denen wir uns scheinbar verbündet hatten. So sprach euer Vater, nachdem er ihn gemeuchelt hatte, seinen Halbbruder. Und so spreche nun auch ich. Der Wild-Eber, auch der kennt nun unsere wunden Punkte. Der mich in dem Brunnen fand, in dem ich hilflos lag mit gebrochenen Knochen, auch den hab ich aus dieser Welt befördert, so daß es niemanden gibt, der mich je im Elend sah. Wehe über die Augenzeugen.

Mir verschlug es die Sprache. O wie hasse ich *hunc dominum durum, qui summam imperii Burgundiae tenet* »diesen harten Machthaber Burgunds«

Und der war fähig, so kaltblütig in Ruhe weiterzureden. – Diese Hochzeit, so hörte ich, die ist deswegen »ansehnlich« und »üppig«, weil der Xantener uns den Hort schenkte? Als wüßtet ihr nicht, daß Bratenduft vorüberweht. Übrig bleibt von diesen Gelagen ein Berg an stinkendem Mist und Lächerlichkeiten, an dem wir noch Jahre zu arbeiten haben. Unruhe und Gerüchte geistern schon jetzt. Unsere Fräulein zischeln *finis operis mortis et Martis*. Ute piepst es ihnen vor. Und ihr habt ihn gesehen, den Heldenkranz auf dem kahlschädeligen

Terloh. Und hörtet, nehme ich an, auch von dem Gaukler, der Guntherfratzen verkaufte an das Mischpack der Deutschen. Und nach gründlicher Beratung unter Männern, die nicht mehr gar so grün und wolkig sind wie unser Chronist, erwägen wir schon auch noch *meliora consilia reddendi contra Spartacum resurrectum* »bessere Vorschläge für einen Schadensersatz gegen den wiedererstandenen Spartakus«

In diesen Augenblicken wäre ich zu gerne dorthin versunken, wo ich die Haut und die Hand einer Nymphe wüßte, die mir unendlich viel mehr bedeutete als die *meliora consilia* von Männern, die nicht Vernunft schätzen, sondern allein *potentia* und *potestas.* Über alles gehen ihnen Macht und Reich und Einfluß und Imperium. Während Hagen uns in dem Wehrturm seine imperiale Art von Vernunft erläuterte, glaubte ich, Utes Verwünschungen der Wald- und Weltfresser zu hören, ihre Warnung: *Thurch that thorrot thiu thiut.* »Daran verdorrt die Welt«

Hagen sah mich an, schüttelte ein wenig den Kopf und murmelte, wie lange es wohl noch dauere, bis auch ich begriffe, wie Räuberhöhlen und Mordwelten zu verwalten seien. Vielleicht helfe es mir, wenn nun auch er, in dieser Stunde der Wahrheit, ein intimes Geheimnis verrate und sogar ein privates und räuberisches, nachdem er nun schon die Offenbarung der Umstände, unter denen *Ermanarich* ums Leben kam, für *rei publicae munera* erklärt habe. Für eine »Angelegenheit im Sinne der öffentlichen Pflichten«

Mit Vetter Ringwolf habe ich mir den Schlüssel besorgt zu deiner Schreibtruhe. Ringwolf kennt einen geschickten Schlüsselschmied. Noch letzte Nacht, als du es vorgezogen hast, mit einem Nebelfräulein zum Mond oder zu Herrn *Loki* zu fliegen wie jener gelehrte Herr zu *Buochenheim*, da haben wir deine neuen Blätter zu lesen begonnen. Nein, haben keines zerrissen oder verbrannt. Aber haben zu lesen begonnen, was du als wissenswert ansiehst. Zum Beispiel die Geschichte vom gälischen Glauben. Oder Kilians Lied gegen den verdorrenden Kirchenvater Paulus. Von daher kannte ich auch längst all die Nebelkappenkniffe deines Freundes aus dem Niederland. Fanden auf deinen Kuhhäuten in Überfülle vorgestrigen Keltenkrempel. Mit Grimm und Schmerz entdeckte Ringwolf die *Rumolt*-Geschichte vom Hirschsprung und die Sage von Gottes Säbelbeinen und von Marias Lachlust.

Wie in Ratlosigkeit wandte sich das Fuchsgesicht weg und ging nahe heran an das winzige Fenster. – Solchen PlebsQuark notiert er sich, unser Gelehrter. Nach Rom und nach OstRom haben wir ihn reisen lassen, damit er Schädelrisse in die burgundische Chronik malt und alles notiert, was der tolldreiste Xantener den Kirchenvätern an Seltsamkeiten ablauerte.

Von unten, vom Hafen her, drang plötzlich aufgeregter Lärm, kreischten Keifereien, tosten Zetern und Hilferufe, da wurde geschrien. Der Xantener, so riefen die Leute, der zertrete Käfige, der verwüste Wechselstuben und Gänsegatter und Zelte und Schweinekoben, der werfe die Marktstände um, der brülle immerzu *Tronje* und treibe Menschen, Säue, Hühner und Eber vor sich her und vor allem die Krämer und die Wechsler.

Schon sprangen sie heran, jaulend und quietschend taumelte eine wilde Jagd vorüber, da humpelten und flüchteten und hüpften Kaufleute und Geldhändler und sprangen Spekulanten durch den frühlingsweichen Gassenschlamm und versteckten sich in Hütten und Ställen und drüben im Dom.

Als es endlich wieder still wurde, sagte Hagen: Ein Unglück bleibt der. *Vanus laboris, horror imnis ordinis.* Ein arbeitswütiger, ein nichtsnutziger Plackerer, ein Schrecken für jede Ordnung. Ringwolf meldet mir, der Niederländer habe heute morgen, vor dem Hochamt, Eisendrähte um die Enden seines höchsten Wandkreuzes gespannt, habe das mit schwarzer Segelhaut beklebt und im Frühlingswind aufsteigen lassen zum »nifhelheimischen Hochamt«. Ja wäre er bloß ein Irrwisch und lebenslustiger Vogel, wir würden schon mit ihm fertig und könnten ihn nutzen. Seinen Arbeitswahn, seinen Tatendrang. Aber leider ist er grenzenlos und zielt, das wird nun immer deutlicher, auf Burgunds Zentrum.

Hagen wartete auf Widerspruch. Bekam keinen zu hören. Ich vergrub mein Gesicht in den Händen. Und von nun an ging es in diesem Turmzimmer gar nicht mehr um die Frage, was falsch war oder richtig an den Vorwürfen gegen den Nibelungen. Nun ging es nur noch um die Schmach für König und Reich und wie man den Auslöser und Urheber loswürde.

Keiner, so hörte ich hinter meinen Fingern den Heermeister reden, keiner versteht sich so auf die Ängste der Leute wie Vetter Ringwolf. So wunderlich er ist, er kennt sie, die deutschen Wandervölker, kennt alle Sorten ihrer Furcht wie ihren *furor.* »Ihre Verrücktheit« Und zum drittenmal gibt mir nun *Rumoridus Rusticulus*, gibt mir diese »ländliche Volksstimme« das Signal, was zu tun sei. Die Pfaffen sind seit je diejenigen, die exakt wissen, wie *divide et impera* »teile und herrsche« zu praktizieren ist und warum und wie man Paradiesmärchen erzählen und verbreiten muß. Wie man beim Pöbel Ängste schürt und listig beschwichtigt und auf erpressende und nachhaltige Weise Ruhe herstellt und Ordnung. Ringwolf spürte als erster, schon an jenem kalten Tag vor dem Christusgeburtstag: Hier kommt einer, der bringt Aufruhr. In der Tat, seit der unser Gast ist, wachsen auf den Kahlköpfen nicht nur Krokusse und Himmelsschlüssel, sondern auch Dolche, und es ist kein Irrsinn, wenn der ängstliche Vetter sein *deleatur* murmelt.

Aber weh, hörte ich König Gunther, weh über die Nornenkräfte dieses Unheimlichen. Gegen die gibt es kein Mittel. Sein Nifhelkopf läßt ihn rascher handeln, als wir je denken können. Hornhäutig ist er und unverletzbar.

Auch am Eschenbaum aus Xanten, sagte Hagen, kann genagt und gebohrt werden. Und auch ein hürnerner Bespringer wird plötzlich zum Besprungenen. Ich jedenfalls werde nicht ruhen, bis seine *Sigurd*-Träume zerhagelt sind, mit Kniffen wie mit List, so wie er selber es liebt. *Vincere scis, Victor Placidus, victoria uti nescis.* »Zu siegen weißt du ja wohl, Siegfried, aber den Sieg zu nutzen, das weißt du nicht« (vgl. *Livius, Ab urbe condita*, 22,51,4)

Ich nahm die Hände vom Gesicht. Auch Gernot blickte erschrokken. Schließlich fragte der Stoppelkopf den Vetter: An welche Kniffe, an welche List denkst du?

Hagen sah vom Fenster her auf mich, denn ich war aufgesprungen. Ich hob dem Heermeister beide Hände entgegen, als wollte ich ihm an die Gurgel. Der aber fragte: Hab ich etwas gesagt von zerschnittener Kehle? vom zerschlagenen Hirn? Falls ich das tat, dann hau ab und schreib und weih deine Blondlocken dem Herrn aus *Ad Sanctos!* »Xanten«

Da stürzte ich, weil ich merkte, wie mir die Hände zitterten, an ihm vorbei aus dem Wehrturm, aus der geheimen Versammlung. Gernot mußte mir später sagen, was der Heermeister weiter geredet hat, als ich fort war.

Endlich, so habe er erklärt, kann ich deutlicher werden. Giselher erträgt es nicht. Jetzt rennt er in den Bergfried, zu den Weibern. Ihr aber, Gunther und Gernot, schaut nun aus diesem Fensterloch. »Es ist Zeit, hinauszuschauen«, hat Kilian gesungen. Seht die Waldungen, die Forste und die Gewässer im Süden. »Ehe wir es innewerden, gleiten wir ins Ende, blind«. Kilians Lied hat mir gefallen. Seht überall die Dickichte über den verschlungenen Armen und Ärmchen des Rheins, die in jedem Frühjahr neu bis an unseren Wormshügel herangurgeln. »Seht die Falken, die Forellen«. Wenn ihr das alles betrachtet und bedenkt, dann wißt ihr auch wieder, daß zu einer ordentlichen Fürstenhochzeit die Jagd gehört. Erst am siebten Tag soll sie beginnen, sagt Dankwarth. Nach diesem überaus ergötzlichen Hochamt aber, da wäre mir schon heute nichts lieber und willkommener. Seht, wie tief und wie üppig die Wälder blühen *in meridiem spectans.* »wenn man nach Süden blickt« Bis hin zum fernen Waskenwald reichen die Forstreviere, die in Worms seit je als die wildreichen gelten, als die ertragreichen. Als diejenigen, die gemolken sein wollen, weil die Waldkühe es verlangen. Alte Jäger erzählen sich, wer die Bärin speere oder die Hirschkuh, der paare sich mit ihnen. Wenn König Gunther nun verzagen will und glauben, gegen die unabschaffbaren *Gaia*- und Wald- und Nornenkräfte gebe es kein Mittel, so sage ich, Hochzeit und Jagd, sie gehören seit je zusammen. Worauf warten wir? Hat nicht unser tüchtiger Bischof den weisen *Heraklit von Ephesus* zitiert? »Töten muß das Gemeinwesen. Für sein Gesetz wie für seine Mauer«.

Da Gunther und Gernot taten, als begriffen sie nichts, sagte Hagen: Bevor wir wieder in die Königshalle gerufen werden, nur um bei *Rumolts* Kochkünsten abermals sehen zu müssen, wie die Frauen verweinte Gesichter zeigen oder versteinerte, bleich vor Kränkung, reiten wir jetzt lieber auf die Jagd. Worauf warten wir? Um mitansehen zu müssen, wie auch unser König immer ratloser wird, immer bleicher? Und unser Sänger Giselher immer fliegender und flüchtiger? Sollen wir warten, bis es aufs neue zu unerträglichem Streitgeschrei kommt zwischen den Königinnen? bis womöglich auch die Kahlschädel kapieren, was Giselhers römischer Rabbi über den Christus verbreitete, wonach es dem in Wahrheit um Befreiung gegangen sei? so daß auch unsere keltische Mischbrut der *diet* oder Deutschen sich einen der Ihren zum göttlichen Befreier erhebt? Zum Beispiel diesen Arbeitswütigen? den aus dem Eschenwald? Indem sie ihn mit ihrem *furor*- und *banditus*-Gegröl zum neuen Jeschu erhöhen? Indem der Cheruskerprinz die alten libellisch bornholmischen Flugträume und Midgardmärchen wieder auferstehen läßt? Ihr Söhne Gundomars, laßt Dankwarth schon jetzt zur Hatz blasen, zur besten Ablenkung, die ich mir wünschen kann.

Da erhob Gernot, ziemlich zögerlich, seine Stimme und erinnerte daran, daß er es war, der diesen Xantener als Bundesgenossen gewann, als Helfer für Worms, damals, als er mit Ortwins blutigem Arm hilflos heimreiten mußte.

Was willst du damit sagen? Spürst du nicht, wie er aufwiegelt? Wie, was immer dieser Alleskönner anfaßt oder redet, wie selbst seine Art zu helfen nichts als Unruhe stiftet? Und wie seine Allmachtslust nur den Trotz und den Eigensinn der Plebejer aufstachelt?

Was also willst du in Wirklichkeit jagen? »speeren«?

Tief habe der Waffenmeister Luft geholt. Wie in Trauer darüber, daß seine Zöglinge ihn offenbar schlecht verstünden. Und er habe dann, bartfurchend, gesagt: Ihr wißt, wie einem anderen großen Schmiedekünstler und Feuerzauberer, wie dem Schmied Wieland die Gelenke zerschnitten wurden. Das wißt ihr. Sobald die Sonne nicht mehr in dieses Rheinfenster scheint, zur zweiten Mittagsstunde also, da läßt Dankwarth die Krummhörner hören, das Signal zur Jagd. Bis dahin will ich dafür sorgen, daß auch unser Gast aus Xanten die Kuhlust kriegt. Die Lust, einen lüsternen Stier herbeizulocken. – Darüber hätte Hagen lachen müssen und husten, habe sich sein Fell gejuckt und sei auf seinen Streitstiefeln hustend und lachend aus dem Turmraum gerasselt.

König Gunther sei dann wie aus einem Traum aufgeschreckt und habe gesagt: Ja, zur zweiten Mittagsstunde, nicht erst am siebten, sondern schon am dritten Hochzeitstag, wunderbar! Noch bevor auch bei uns wieder Frauengeschrei sich erhebt und ein neuer Wieland zum Drachenflug, einer, der meint, Weiber retten zu müssen und Frauenfreiheit. Schmied Wieland, dem die Gelenke zerschnitten wurden, hatte sich mit einem selbstgebauten Flugdrachen in die Freiheit erhoben Ja, Dankwarth, laß *Rumolts* Vorräte richten, laß Wein und Speisen in die Boote schaffen, die Hetzhunde, die Pferde, präpariere zwei Schiffe. Hagen hat recht, die Jagd, noch heute, in die Südrichtung, die Kuhlust, das täte uns gut. *Ita fiat!*

Geschrei dringt in meine Schreibzelle. Schreie eines Todeskandidaten. Das ist nun der Münzenhändler, der Weihnachten vor einem Jahr den Pokal von Gunther erschwindelte. Der auf den Wachtposten im Wächterzelt einstach. Den Wachtposten hatten seine Verwandten gefunden, der Verletzte lebte noch, den Verwundeten haben sie gepflegt und haben ihn Monate später, als Genesenen, als die siebentägige Hochzeit gefeiert wurde, in unseren Pfalzhof gefahren, und dort hat er die Geschichte in allen Einzelheiten erzählt. Da wurde klar, Hagen hatte den Falschen hängen lassen.

Nun wird nebenan das Urteil an dem Richtigen vollstreckt. An dem jungen Kaufmann, dem der Nibelunge den Münzentisch über den Schädel geschlagen hat. Das hätte genug sein können. Aber nun wird es nebenan ausgeübt, *ius rei publicae cum duritia inexorabili* »das Staatsrecht mit unerbittlicher Härte«, wird Mord mit Mord vergolten, mit dieser grausigen ewigen Untat des Mächtigen.

Kaum war ich aus der mörderischen Beratung geflohen, zum Bergfried hinüber, da spürte ich unterwegs, im engen Gang der Pfalzburg, die geliebte Berührung, die Hand der Alberichtochter. Ich blieb stehen und hörte an meinem Ohr ihre Stimme. Endgültig seit dem Streit der Frauen trage nun sie, *Baldinai*, ihres Vaters Nebelkappe. Die Bischöfe und alle anderen Herren hätten mit dem *Gaia*-Zauber nur Törichtes angerichtet. Höchste Zeit sei es, den Frauen die Nornenlist zurückzugewinnen.

Und von der verkappten Alberichtochter erfuhr ich dann nach und nach, wie alles weiterging, wie nun Kniff in Kniff griff und wie das Mörderische möglich wurde. Nur wenig später betrat der Waffenmeister Krimhilds Gemach und traf dort auf Ute, die er selbst dorthin geschickt hatte mit dem Rat, sich um die Tochter zu kümmern. – Gute Nachricht! hat Hagen gerufen, es gibt Jagd! Noch diesen Mittag ziehen die Männer rheinauf und toben sich aus.

Und hat, da die Frauen schweigen, gesagt: Ute, du hast dir gewünscht, vor jedem Jagen die Tiere zu segnen, eigenhändig. Wolltest mit deinen alten heiligen Worten die Waldkräfte um Verzeihung bitten, um Frieden. Um Vergebung für all das, was du die räuberisch römische *waltswende* nennst, *silvas aequantes.* »Wald- oder Welt-Vernichtung«

Finis operis, zischelte die Alte.

Diesmal sag ich dir's beizeiten. Rösser und Hunde hörst du schon bald im Hof.

Ute hat geantwortet, die Sonne rolle heute schwerer als sonst. Der Wald schwitze. Der benötige Kraft und Tröstung. – Und hat ihren Helfern gewinkt, sie zum Hafen hinunterzutragen.

Der Waffenmeister, der sie damit in einer Stunde zum zweitenmal aus dem Weg schaffte, begab sich nun an seine dritte List. An die folgenreichste. Schob hinter der greisen alten Königin die Türriegel zu, wandte sich um und sah in ein entsetztes Gesicht. Hörte die kleinen Warnschreie des weißen Falken hinter den Holzgittern. Und fragte Krimhild, was sie erschrecke.

Es stand heute schon einmal einer dort, wo du jetzt stehst. Ja, der war zum Erschrecken.

Der hatte wohl weniger Freundliches mitzuteilen als ich.

Was hast du mitzuteilen?

Ging an dem flatternden Vogel vorüber, der das Frühlingskleid zeigte. Die Sommerfedern wuchsen über die weißen. – Daß wir Männer auf die Jagd gehen, das teile ich nun auch dir mit. Für ein oder zwei Tage wird gejagt. Und ich sage dir, daß darüber Erleichterung herrscht unter deinen Brüdern. Nach deinem Zank mit der Königin hat keiner mehr Appetit auf *Rumolts* Küchenkunst.

Jagt er mit?

Der Heermeister ging zurück zu den Gitterstäben, hinter denen der Vogel sich duckte. – Wer, frag ich dich, hätte nun Jagd und Ablenkung nötiger als er. Der dir in deinem Traum als Jagdfalke erschien.

Im Traum war er ein Falke. In der Wirklichkeit ist er der wunderbarste der Männer. Froh wäre ich, es würde ihm niemand entgelten, was ich herausschwatzte, aus Angst.

Angst hattest du?

Brünhild hatte erklärt, und so fing der Zank an, mein Freund habe sich auf Island zu Gunthers Knecht gemacht. Alle, die mitgefahren seien, könnten es bestätigen. König Gunthers Knecht sei er, ein Eigenmann der burgundischen Herren.

Der graue Vetter wendete sich von dem Vogel zu der Frau, die geduckt stand. – Bereden wir nicht *talia inepte dicta.* »Solche Albernheiten« Bedenken wir mal nicht deine Ängste, sondern die des Königs und der Königin.

Ängste?

Mit seinem nächtlichen Gürtelraub hat dein Falke Unheil angerichtet. Hat das burgundische Königspaar in Verruf gebracht.

Ich war es, nicht er. Ich hab das herausgeschwätzt, es tut mir leid. Weil ich glaubte, Brünhild setzt mich öffentlich herab.

Du könntest es wiedergutmachen.

Wie meinst du das?

Wie ich es sage.

Glaub mir, es reut mich, was ich vor dem Münster, in meiner Not und Verwirrung, herausgelassen habe. Ihr Herren hättet es mir anvertrauen dürfen, daß der Sieglindsohn, aus Liebe zu mir, Gunther geholfen hat bei der Werbung, mit vielen Mitteln, daß er nur, weil er helfen wollte, auf Island so tat, als gehörte er zu Gunthers Gefolge. Und ihr alle habt dort gewiß mit zweideutigen Reden und Gesten beigetragen, daß Brünhild meinen mußte, der Niederländer sei meiner nicht würdig, sei ein »Eigenmann«, womöglich ein Leibeigener. So daß Brünhild bis heute glauben mußte, mein Mann sei Gunther untertan, so daß ich ebenfalls fürchten mußte, der Xantener und ich wären in ihren Augen unfrei, wären Dienstleute, Sklaven. Mein Freund aber, das weißt du, hat seine Dienste aus freien Stücken erwiesen. – Krimhild redete nun sehr hastig, schien irritiert und abermals voller Ängste. – Wieso geht, was ihr Herren unter euch verabredet, uns Frauen nichts an? Nun wütet er, der Cherusker, der Ruhrschmied. Auch gegen sich selbst tobt er. Weil er mir im Übermut den Gürtel schenkte und ich glauben mußte, er sei in der vergangenen Nacht Brünhilds Genosse gewesen. Du siehst, was alles passiert, wenn ihr es für sinnlos haltet, *etiam feminas certiores facere.* »auch den Frauen Informationen zu geben« Weil ihr uns für »*Minus*-Menschen« haltet. Ach, inzwischen hab ich gebüßt. Nicht schlecht hat er getobt.

Wir hörten es. Es dröhnte durch alle Wände. Hat er dir erklärt, warum er den Steingürtel stahl?

Aus Übermut. Er liebt das Lachen, das Spielen. Liebt einen lachenden Christus. Läßt Ringwolfs Leidenskreuz aufsteigen zu Freudenflügen. Mit dem Gürtelraub, denke ich, wollte er aufknoten, was ihn an Brünhild band. Hat vergelten wollen, was er als isländische Kniffe und Rauschtrankkünste kennenlernte. Aber nun, nach Gunthers Erklärung vor dem Dom, er, der König, kenne die Wahrheit am besten, da ist doch nun alles wieder gut, oder?

Das hoffe ich.

Wie meinst du das?

Wie du. Wenn bei der Jagd jeder sich austoben konnte, wird alles wieder gut sein. – Der Heermeister ging durch den Raum zu dem Fenster hin, durch das noch kurz zuvor der Gürtel hinausgeflogen war, zusammen mit dem Alberichstein, mit schlangengleichen Bewegungen.

Ich hoffe, sagte sie, es gibt nun niemanden mehr, der auf Rache sinnt.

Im Fenster, im Mittagslicht sah sie den Vetter nur noch als Schatten. Und bekam von dort zu hören: Wenn du eine bestimmte Furcht vor Rache hast, vertrau sie mir an. Ich bin von deinem Vater eingesetzt als Schutz. Auch für dich. Der Schwur, Gundomars Kinder zu hüten, gilt auch für die Tochter. Die ich nicht für einen *Minus*-Menschen halte. Und seit dieser Hochzeit gilt mein Schutzschwur auch für den Falken, den du dir »gezogen«.

Der Schutzschwur an Gundomars Sterbelager gilt auch für mich?

Alle die in Würzburg dabei waren, werden es dir bestätigen.

Das tut mir gut, dich so reden zu hören. Und da du mein Vetter bist und wenn der Schwur tatsächlich auch für mich gilt und für ihn, dann vertraue ich dir. Und gestehe, daß ich tatsächlich eine Sorge habe. – Sie machte eine Pause.

Sag mir deine Sorge.

Wenn er jagt, trägt er keinen Harnisch.

Wir alle tragen dann keine Panzer.

Gestern hörte ich, durch die Wälder vor Speyer ziehen alamannische Räuber.

Auch ich hörte das. Ich wollte Gere mit zehn Leuten dorthin schikken, damit er sie vertreibt, aber dann kamen andere Dinge dazwischen, und Fürst Gere hing plötzlich am Kirchendach. Doch wenn heute in der südlichen Richtung alle unsere Herren zur Jagd ausreiten, dann erübrigt sich der Auftrag an Gere. Diese Räuber sind Sachsen, die nicht siedeln wollten, Abtrünnige von Herrn *Liudger*, die sich dem Schiedsspruch deines Gemahls nicht beugen wollten. Einige sah man heute morgen beim Frankental. Also kommen sie näher.

Wären es wirklich Sachsen von Lippe und Ruhr, dann wären es seine Freunde.

Kaufleute, die auf dem Rhein von Basel her kamen, die sagten, es seien Ostfalen. Ein letzter Rest. Die zürnen dem Nibelungen ebenso wie dem Herzog *Liudger*, weil beide sich mit uns verbündeten und weil dein Mann zwölf von ihrem Stamm erschlug. – Im lichten Fenster trat er ein paar Schritte vor. – Und weil wir in der Tat auf der Jagd keine Brünne tragen und keine schweren Waffen, versteh ich deine Furcht. Da ist auch dein Unübertrefflicher in Gefahr.

Als der Mann im Fenster schwieg, sagte sie: Aber bei der Jagd geht er gern eigene Wege, auch da ist er viel schneller als alle anderen. Weh, mit diesem Wüterich über so etwas zu reden fällt mir im Moment sehr schwer. – Der Schatten blieb stumm. – Der Niederländer ist gutgläubig. Meint, alle Welt müsse ihm Freund sein, weil er aller Welt Freund ist. Ich glaube, nur Giselher oder *Liudger* oder Kilian oder *Rumolt* verstehen ihn wirklich. Und die keltischen Leute. Ich wollte, auch du würdest ihn endlich ganz und gar anerkennen. Aber dein Beruf ist das Mißtrauen. Du sagst, die Welt ist voller Maden und Räuber. Er aber, bei der Jagd, ich seh's schon, da stürmt er wieder allen voran und dringt am weitesten vor, in die fernsten Reviere. Und gerät in eine Falle, ohne sein Stechpalmenpanzerhemd, ohne seinen *Balmunk*.

Er ist hürnern. Es heißt, er sei unverletzbar.

Du weißt es so gut wie ich. Giselher erzählte, daß es in seinem Rükken den verwundbaren Punkt gibt. Hinterm Zwerchfell, da ist er ungeschützt.

Als der Vetter nun weiter schwieg und als er die besorgte Frau getrost reden ließ, da nahm sie alle ihre Kraft zusammen und sagte: Hagen, wozu soll ich meine Angst verstecken. Ich weiß inzwischen, daß dieser wunderbare Ritter auch Mißgunst auf sich zieht und Neid, und ich weiß, wer ihm grollt.

Herr Gere ist freilich gekränkt. Wird aber auf die Jagd nicht mitgehen können. Der liegt zu Bett. Hat Schmerzen. – Der Gneiskopf wendete sich ab und blickte auf Krimhilds Schneiderinnentisch. Tat, als interessiere ihn das perlenbestickte Nadelkissen, das in der Fenstersonne blitzte.

Hagen, die du selber als Maden bezeichnest, die wurmt es und peinigt es, wie sehr er ihnen überlegen ist. Daß er frei fliegen kann, falkengleich, kraftvoll und schön und mutig. Da wünscht sich mancher diesen Kerl insgeheim in einen Käfig. Schon unter der Siegburg hatte ihn Abt Eginhard überlisten wollen und zu niederen Arbeiten bewegen. So versuchte es dann auch Alberich, und so ging's ihm wohl auch auf dem Isenstein, wo Frau Brünhild ihn einfangen wollte. Bei uns aber haßt ihn am meisten der Bischof. Der jeden hassen muß, der ohne Angst ist und der ihn deswegen gar nicht nötig hat, ihn und seine Kirchenlügen.

Auch Ringwolf geht nicht mit auf die Jagd, auch der liegt zu Bett. Muß sich erholen von seinem Kloakenschock, läßt sich pflegen und trösten von *Lavinia*. Dein Falke tunkte ihn tief.

Das Nadelkissen zeigte in der Sonne mit seinen hundert bunt glitzernden Perlenkügelchen einen Adler, Burgunds Wappentier. Das stieg zum goldenen Himmel und hielt in den Fängen einen Fuchs.

Dir, dem treuen Vetter sag ich es offen. Ringwolf wurmt es, daß da einer ist, der seinen sonst so gehorsamen Schäfchen die Gedanken freimacht. Ihn fuchst es, daß dieser Ritter keinerlei Untertänigkeit übt, weder vor Herrschaften noch vor Ordnungen und am wenigsten vor den neuen Totenbildern.

Hagen hatte im Sonnenlicht begonnen, einige Nadeln aus dem Perlenkissen herauszuziehen und dort wieder einzustecken, wo der Adler seine Flügel breitete.

Du, Hagen, bist kein solches Neidtier *Nidgir*, weil du selber genügend mutig bist und klug, weil du selber genügend Taten vollbracht hast und Ruhm geerntet. Noch gestern besang Giselher deine Überlebenslist in Byzanz. Bist nun wohl auch zu alt, als daß dich die Schönheit und das Strahlende des Cheruskers wurmen müßten. Du weißt, was es heißt, wenn einer der Tüchtigste ist, der Witzigste, der am meisten Bewunderte.

Die längste der Nadeln setzte der Waffenmeister nun auf die Vogelbrust. Und stieß sie langsam ein.

So wie du das jetzt mit diesem aufsteigenden Adler machst, so, exakt so, so sieht meine Sorge aus.

Er legte das Kissen zurück in das Fenster und sagte: Wir sollten öfter miteinander reden. Ich fürchtete schon, deine Blicke bleiben bei schönen Gestalten hängen und bei schönen Kleidern und sehen nicht, was sie verhüllen. Selten hat mir jemand *rerum condicionem Victoris Placidi* »Siegfrieds Situation« so genau geschildert.

Ach, Vetter, es fällt mir schwer, jetzt nicht besorgt zu sein. Außer dir hat noch niemand diesem Sorgenreich so sehr geholfen wie dieser Niederländer. Ich bitte dich, schütze du meinen lieben Freund. Auch jetzt, heute, auf der Jagd. Schütze damit zugleich Gunthers Reich.

Das versprech ich dir. Ich will in seiner Nähe bleiben. Ihm notfalls Deckung geben.

Wenn du mir das versprichst, dann will ich, aus Liebe zu ihm, dir, dem geschworenen Diener Gundomars, dem will ich – sie verhedderte sich, holte tief Luft, fing nochmal von vorne an – dir Hagen, unserem geschworenen treuen Diener und Beschützzer, dir allein will ich die Stelle sagen in seinem Rücken, an der er, wie Giselher es richtig erzählt hat, verwundbar blieb beim Bad im Ruhrblutsee.

Ich erinnere mich. In seinem Rücken sah ich die Hand der Albentochter. Statt der Hand haben sich die frommen Geistesbrüder das Lindenblättchen ausgedacht. Zwischen die Schulterblätter haben sie sich das hingedacht, allein dort sei er verletzbar.

Zwischen die Schulterblätter? Nein, tiefer war die Hand. Nicht so hoch, sondern hinterm Zwerchfell.

Im Kreuz?

Sie faßte sich in den Rücken. – Hier, in der Mitte, wo, wie die Mutter sagt und die Kelten, wo jeder die erschütterbare Mitte hat im Leib. Wo die Ängste nagen oder explodieren ebenso wie Lust und Lachen. Hinterm Querfell, da ist er verwundbar.

Wenn ich deinen Falken wirklich schützen soll, wär's gut, du nähtest auf sein Jagdkleid ein Zeichen, dorthin, wo er in Gefahr ist, ein kleines Kreuzchen nur, damit ich weiß, wo er ihn braucht, den Schutz.

Sie ging zu dem Nadelkissen und sah wieder, wie er es geschmückt hatte. Blieb eine Weile stehen, zitterte. – Ja, er braucht Schutz. Wir verlören den Allerbesten, wir alle, der König, meine Brüder. Und du und ich.

Hagen tat, als wollte er gehen, sie folgte ihm bis zur Tür, dort blieb er stehen.

Hagen, du meinst es gut?

Wie ich es gesagt habe.

Rote Seide nehm ich. Daraus hatte ich die rote Blume gebunden, vorm Ritt an den Main. Das Rot siehst du auf dem Lederwams sofort. Ja, ein Kreuzchen kommt vor sein Kreuz. So wie sein Jagdkleid all diese Feuerzeichen zeigt, wunderliche Kuhschädel und zurückgebogene Spitzen. Ach, in seinem Zorn hat er nun auch in Worms Dolche und Lanzenspitzen zerkrümmt, die Mordspitzen.

Ich bin sicher, du machst es richtig. – Sagte der Vetter und ging hinaus.

Der Riese saß auf der Treppe, die zum Hortkeller hinabführte, saß, scheinbar erschöpft, und hielt von den verbogenen Waffen noch zwei in der Hand. Blickte nun auf, sah den Truchseß Dankwarth kommen, brummte noch einmal das *Tronje* und sagte dann dem Truchseß, er fürchte, den Verstand zu verlieren in diesem byzantinischen *Wurmiz*.

Da plauderte Dankwarth, als wäre weiter nichts geschehen, vom wunderbaren Frühlingswetter, sah einer schimpfenden Sperlingsschar hinterher und meinte, wenn dem Niederländer in der Enge der alten Pfalz manches zusetze, dann wäre vielleicht auch ihm die Jagd willkommen, und zwar schon heute. Auch die anderen Herren hätten den Wunsch geäußert, schon heute zu jagen. In der Mittagsrichtung gebe es nicht weit von Worms, zwischen den wildernden Rheinläufen, Tiere in Mengen, Rotwild, auch Schwarzwild, sogar Bären, zum Austoben mehr als genug.

Als der Cherusker hörte, daß nicht erst am siebten, schon an diesem dritten Tag Jagd sein sollte, da sprang der auf, schleuderte die verbogenen Waffen durch die Luft, daß die Dohlen schimpfend von den Burgzinnen stiegen, umarmte den Truchseß und rief, den Herrn Gere habe er heute an die Kirche gehängt und den Kirchenvetter im Rhein versenkt und leider aus der Stinksoße auch wieder herausgezogen, dringend *yerra* benötige er in der Tat freie Falkenluft, Waldluft, Jagdluft.

Schon gab Dankwarth Winke und rief Kommandos, man solle dem Cheruskerprinzen die fiepende jaulende Meute bringen, und dann bat er den Niederländer, sich seine Hilfstiere auszusuchen. Der wollte aber keine Hetzhunde, ein einzelner guter Spürhund, sagte er, würde ihm genügen, ein Bracke, der Wild aufstöbere, mehr benötige er nicht, hetzen und fangen werde er Wisent, Hirsch oder Eber schon selber. Und rannte davon und rief dem Dankwarth zu, die Jagdherren sollten warten, bis er sich von Krimhild verabschiedet habe.

Schon beluden Kahlgeschorene zwei Schiffe. Das vordere war für die Herrschaften bestimmt, das hintere für die Treiber und die Rösser, auch für Grani und für *Rumolts* Küchenmannschaft und für die Tiere und für die Speisen. Unter all den Leuten, die da nun zu schleppen hatten und zu arbeiten, ging wie ein Scherzspiel die Frage um, was der Bischof zuletzt gerufen hätte, bevor ihn der Ruhrschmied in den Rhein fallen ließ. Da wußte jeder andere Wendungen, und dann wollten einige wissen, was *Tronje* meine, und auch dieses Wort verstand jeder anders.

Unterdessen hatte Frau Ute sich vor das Lastschiff tragen lassen, um die Tiere zu segnen, und hörte, worüber die Leute redeten. *Tronje*, sagte sie, ist das Verdrehen. Das ist das Betrügen, Zerschneiden, Zerstören. Das ist die Verwüstung, der *terror terrae, thurh thaz thorrot thiu thiot.* »wodurch die Leute verdorrt werden«

Ihre Arme hob die Blinde mit flachen Händen und murmelte dann und sprach in das Lefzengefiepe, in das Getrappel, das auf dem Steg dicht vor ihr vorüberzog:

Kirr! Sssit! swini sind hussa!
Nu sprink du vihu minas ussa!
Wala hiuta dero hunto!
Fridu frono in Odins munt!
Heim zi kommone elliu gisunt!

»Kirr Sssit. Die Schweine sind los, nun springt hinaus, meine Tiere, gesegnet seid ihr heute, meine Hunde, auch ihr seid Odins Geschöpfe, kommt alle gesund wieder heim« Dieser Tiersegen fand sich noch im 10. Jahrhundert auf der Rückseite einer lateinischen Kirchenhandschrift im Kloster Lorsch

Die Tür zu Krimhilds Raum hatte der Nibelunge noch nicht verschlossen, da vergingen ihm seine ungefügen Schritte. Denn er fand seine geliebte Freundin blaß, ja verweint. Sacht, fast lautlos näherte er sich ihr, wartete, bis sie ihn ansah, und brauchte dann noch immer viel Zeit, bis er ihr etwas sagen konnte. – Das Toben, Krimhild, das, glaub mir, wütete gegen mich selbst. Nichts hasse ich so wie Dummheit. Am meisten bei mir selber. Und weil ich nun einige Dumme verhauen und allerhand Neidgeier zerknickt habe, ist mir schon fast wieder wohl. Dir aber nicht?

Da sie nichts antworten konnte, kam er noch einen Schritt näher, strich ihr vorsichtig über das Haar. – Sag mir, und hab keine Angst, ich brüll jetzt nicht mehr, sag mir, welcher Alb hat dich geritten, vorm Münster.

Brünhild hat aller Welt erklärt, ich sei ihr untertan. Du seist Gunthers Leibeigener. Hättest dich selbst so genannt.

Er zog sie zu sich heran. Sie fiel ihm in die Arme, er hielt sie. – Wie schnell verdrehen uns die Ängste. – Schwiegen eine Weile, und dann sagte er, wieder sehr leise: Ich muß dir noch viel erzählen. Was tatsächlich passiert ist auf dem Isenstein. Zuvor, beim ersten Besuch, im Rausch. Und dann beim zweiten. Und zuvor an der Ruhr. Und in Rom. Und gestern nacht bei Gunther, bei deinem verzweifelten Bruder. Von mir hörst du kein Bischofsgesäusel. Kein Hornissensurren. Sondern die wirklichen Dinge will ich erzählen, und das geht nicht in Kürze. Verachte nicht dein Schimpfbiest.

Ich liebe dich sehr.

Ihr dunkel glimmendes Haar streichelte er, küßte sie auf die Stirn. Dann auf den Mund, lange und wie im Traum. Und sagte dann: Du meine süße, meine heilige Sau. Merkst du, spürst du, wie ich dampfe? Noch schlottere? Fast wär ich zersprungen.

Vor Zorn.

Auch auf mich?

Auf uns alle. Wir sind versperrt. Unsere Köpfe, unsere Leiber. Priester waren schon immer vom Übel, aber die neuen in Rom sind tatsächlich Käfighalter. Mauern die Welt ein. In Tod und Angst und zugleich in Besitzsucht. In Lust auf paradiesischen Prunk schon hier.

Edward Gibbon (»Verfall und Untergang des Römischen Reiches«): »Tacitus führt als Tatsache an, daß die Deutschen ... die römischen

Mauern und Bauten als Plätze der Einkerkerung verachteten, um sie alsbald zu imitieren.«

Nimm dich in acht vor dem Bischof. Du entlarvst ihn vollkommen, und dafür haßt er dich wie den Teufel.

Ich geh jetzt auf die Jagd. Schon deshalb, weil da kein Bischof ist. Nur Füchse und Rehe, vielleicht auch Bären. Mit einem Bären, kann sein, freunde ich mich an. Das Wildgetier, das ist nicht versperrt. Raus muß ich jetzt aus diesem Wurmskäfig. Gib acht, daß der Kirchenwolf dich hier nie wieder besucht.

Die Krummhörner hab ich gehört, den Jagdruf. Und hatte gehofft, du gehst nicht mit. – Mit großen Augen sah sie ihn an, als warte sie, daß er nun widerrufen, daß er sich lieber bei ihr erholen würde vom Eingemauertsein in Worms. – Wildgetier hältst du doch auch hier und jetzt im Arm.

Er lächelte und nickte. – Noch diesen Abend bin ich zurück. – Da löste sie sich aus seiner Umarmung und ging zu dem Tisch, an dem sie gearbeitet hatte. Hob das Pirschgewand, das weiche, hellbraune Leder, das bestickt war hier und da mit den regenbogenfarbenen Zeichen. Und mit dem Kreuzchen. Ihre Augen waren naß. Ihre Gesichtsfarbe weiß wie die Federn des Winterfalken.

Dies Stück, sagte er, ist von den Externsteinen. Sieglind stickte die Zeichen. Sieh die Glutfarben. Die Kuhzeichen, Flammenzeichen. Bilder aus *Sigurds* Zeit, sagte die Mutter. Irrlichter, die den *Quinctilius* vorm Weserfluß in den Sumpf lockten. Was ist dir? Warum weinst du? Ach. Verzeih deinem *üpfetapf* Brüllkopf. Nach der Jagd, noch heute abend ist alles gut. Waffenspitzen hab ich verbogen, soviel ich konnte. Und du mußt es mir glauben, ich bin in Brünhilds Leib nicht gedrungen. Obwohl es fast aussah, als hättest du's dir gewünscht. Verzeih deinem Spielratz, deinem *amadán.* »Idiot«

Wieder umarmten sie sich. – Immer, sagte sie, möchte ich dich festhalten. Nie mehr fortgehen lassen. Zu den Hinterhältigen, zu den Lügnern.

Ich geh zu den Säuen und Ebern und Bären, die lügen nicht. Warum weinst du jetzt? – Sie konnte nicht antworten, schüttelte nur den Kopf. Er nahm sein Tuch aus dem Gürtel, ein neues, ein frisches, trocknete ihr die Tränen, küßte sie ihr fort. – Auch deine Tränen sind die allerschönsten. Aber warum! warum noch immer?

Weil mir einfiel, wie in der berühmtesten Geschichte, beim Kampf um Troja, die Frau des Hektor, wie die junge *Andromache* beim Abschied vor Hektors letztem Kampf auf ihn eingeredet hat, lange hat sie eingeredet auf den geliebten Mann, er solle nicht fort ins Gemetzel und mir fiel ein, daß auch den nichts zurückhalten konnte, auch ihre Tränen nicht und nicht mal der Anblick des gemeinsamen Söhnchens, ins Getümmel mußte er sich stürzen, in den blutigen Wahnsinn.

An diesem dritten Hochzeitstag geht es um kein Gemetzel und keinen Wahnsinn. Sondern um fröhliches Jagen und Fangen, im Frühlingswald.

Ich weiß. – Und dann half sie ihm, die Jagdweste anzuziehen, und sagte, er solle sich umdrehen, sie wolle sehen, ob Sieglinds Weste ihm gut passe.

Das Kreuzchen zeigte die richtige Stelle.

Er hörte sie hinter sich seufzen, drehte sich um, zog sie wieder in seine Arme. – Du willst, daß ich nicht mitgehe? – Sie nickte. – In Worms ist mir's jetzt viel zu eng.

Ich mach dir's weit. Bis hinter die Externsteine, bis zum Mitternachtsstern fliegen wir.

Vorher muß ich morsche Bäume ausreißen. Muß Maden zermanschen.

Sie nickte. – Reisende soll man ziehen lassen, Falken müssen fliegen, sagt Ute. Eben noch war sie in dieser Kammer.

Deine süße Mutter, küß sie von mir. Ich begreife inzwischen, warum sie immerzu Schwarzholz kauen muß. Die Wurmslurche machen Stickluft. Fürchterliche Stink- und Stickluft.

Krimhild in seinen Armen, nickte heftig. Lachte und weinte gleichzeitig. Und dachte immer genauer und schmerzlicher an das, was sie soeben dem Waffenmeister verraten hatte. Wagte nicht, mit Siegfried darüber zu sprechen.

Obwohl nun alles wieder offen schien und liebevoll und stark und zugleich frühlingsleicht wie zuvor. Aber Krimhild hatte ja nun erfahren, wie ungeheuer sein Zorn werden konnte, wie unmäßig seine Wut. Und schon wieder hatte sie eines seiner Geheimnisse preisgegeben. Diesmal nicht das vorgebliche Wissen um seinen nächtlichen Beischlaf mit Brünhild, sondern das tatsächliche Geheimnis um seine verwundbare Stelle. Hinterm Zwerchfell, beim Kreuz.

Wie sollte sie ihm jetzt, wo er noch immer zu zittern schien, wo er noch immer schweißbedeckt war von seiner Raserei quer durch die Pfalz, die neue Verfehlung gestehen. Die doch gewiß, darauf war ein Schwur geleistet worden an einem Sterbelager, keine Verfehlung war, sondern ein bestmöglicher Schutz. Sie seufzte, und es schudderte sie. Sie ängstigte sich, daß es fast über ihre Kräfte ging. Da blieb ihr nichts, als sich anzuschmiegen an ihren Riesen, sich fest an ihn zu klammern. Und als er nun abermals fragte, was sie bedrücke, brachte sie nichts mehr hervor, beteuerte nur unter Tränen, wie sehr sie ihn liebe und daß sie ihn keinen Augenblick vermissen könne.

Ich liebe dich auch. Alles, was ich getan habe an Arbeiten und Mühsal, das galt allein dir.

Glaub mir, ich liebe auch alle deine heimlichen Lieben.

Thu quad su dulcis goldlic sam ther manon skin. »Du sprichst so süß und herrlich wie der Mond scheint« Was du sagst, macht mich fast verrückt vor Freude. – Er streichelte und küßte sie und wiederholte, er werde ihr nach der Hochzeit alles erzählen, alles, was sie noch nicht wisse, auch alles von seinen heimlichen Lieben. – »Heimliche Liebe« nennen jetzt die Ruhrgesellen den Ort, an dem mich die allererste Frau fast verschlungen hat, die Alberichtochter. Alles sollst du wissen, Geschichten bis hinters warägerische Meer Ostsee und von dort hinauf in die Höhe, bis zum Mitternachtsstern und von dort zum Orionjäger, der in Wirklichkeit die Kuh ist.

Als sie das hörte, mußte sie lächeln. – Der Große Jäger ist in Wirklichkeit eine Kuh? Und auch du? – Er nickte und lachte. – Und was bleibe dann ich?

Du bist die *Freya*, die in die Friedlichkeit verwandelt *then grimm enti grada jakman* »den grimmigen und gierigen Jäger«, die den *Victor* verwandelt zum *Placidus*. Im Niederland sagt man, nur wer freit, wird friedlich.

Als sie sah, daß auch ihm, in seiner Liebesfreude, die Augen ein wenig naß wurden, mußte sie noch einmal lächeln, ein bißchen, und streichelte ihrem Ritter die Wangen. – Du großer Held, willst auch du nun weinen? Das werde ich Hagen sagen, damit er spotten kann. – Beide preßten sich eng aneinander, und es wurde ihnen warm und wohl. Fest legte sie ihre Hand auf seinen Rücken, eng und warm genau auf jene Stelle, die sie zu schützen hoffte und die sie in großer Gefahr sah. Und nun wünschte sie, sie wüßte einen von Utes Segenssprüchen und könnte mit Hand und Mund Zauberwörter in seinen verletzlichen Rücken hineinrufen. Aber von draußen riefen jetzt wieder die Signale, die Jagdhörner.

Heute abend bin ich zurück.

Da begann sie, unter Tränen hastig zu reden: Aber ich träumte heute früh, daß dich ein Saubär über die Heide trieb. Der stieß dir seine spitzen Hauer in den Rücken, daß alle Blumen sich rot verfärbten. Im Schlaf hab ich laut geweint.

Was sollte der Traum?

Zu oft schon hab ich wahrgeträumt. Deine Ankunft hab ich geträumt. Dein Ende will ich nicht träumen. Und du selber weißt: Mancher hier im Haus hat Haß auf dich. Neid. Weil du sie überragst und weil man sagt, du wolltest am Ende aller Königreiche König sein, der neue *Sigurd*, der *Irmin* oder *Theodericus*. Du bist zu gutgläubig, o bitte, bleib hier!

Ich kenne die Giftzwerge. Ringwolf ist der ärgste, aber der jagt Frauenseelen, nicht Hirsche, nicht mich. Vor dem mußt vor allem du dich hüten. Ein Lähmgift ist er, ein Einsperrer, ein Nebel, verwirrend wie ein Lügenwind.

Auch Brünhild haßt dich nun gewiß. So heftig, wie sie dich geliebt hat.

Auch Brünhild jagt nicht.

Kann sein, sie gibt Gunther einen Wink, sagt ihm oder Hagen oder Gernot, sie könne in Worms nicht leben, solange du hier lebst. Und Gunther kauft sich einen Knecht.

Gunther hat mich von allen Vorwürfen freigesprochen. Und würde Brünhild mich bekämpfen, dann täte sie das offen. In den klösterlichen Überlieferungen des Hochmittelalters gibt Brünhild den Mordbefehl

Man hat Räuberhorden gesehen, im Süden. Dort, wo ihr jagt. Die ziehen durch die Wälder beim Frankental, Alamannen oder sächsische Räuber, Ostfalen, die nicht siedeln wollten, Ortwins Mörder, von denen du zwölf erschlagen hast. Die wollen Rache!

Wie schön, sie einzufangen und zu *Liudger* zu bringen, nach Sachsenheim oder nach Sachsenhausen. Krimhild, woher kommt deine Angst? Deine Mutter hat jetzt unten am Fluß alle Tiere gesegnet und damit auch die Jagd.

Diese Räuber sind Meuchler, lauern hinterhältig.

Ich werde die Tannenbäume mit ihnen schmücken.

Nein, das ist alles gar nicht komisch, rief sie in heller Verzweiflung und wagte trotzdem nicht, ihren Geheimnisverrat zu gestehen. – Warum erkennst du nicht die Gefahr, du blickst doch sonst durch Mauern und durch Hecken.

Warum nur redest du vom Tod, ich fühle mich lebendig wie nie.

Als sie sah, daß er sie nicht verstehen wollte oder konnte, da erfand sie rasch und rasender Angst einen zweiten Traum. – Glaub es mir, ich sah dich fallen heute nacht! Zwei Hügel stürzten sich über dich, ein Herrenberg und ein Kirchenberg, *montana monstra* »berghohe Ungeheuer« wälzten sich über dich, so daß du verschüttet lagst unter unendlichen Gewichten. – Sie zerrte an seinem Kittel, drängte sich unter sein Pirschgewand, in seinen Gürtel schmiegte sie sich. – Tu's mir zuliebe, laß deine Jägergenossen lachen über dich, bleib hier!

Als er nun wieder den Kopf schüttelte, da nahm sie all ihren Mut zusammen, blickte ihn an aus schreckgeweiteten Augen und erzählte ihm endlich einen dritten Traum, den Schluß des Falken-Albtraums, das mörderische Ende des Vogels im Eisenkäfig.

Einen winzigen Moment lang schaute er ernst. Dann fragte er, wie es ihrem wirklichen Falken gehe.

Welchem?

Den ich dir gefangen habe.

Dem geht es gut. Wieso redest du von dem?

Auch mir geht es gut.

Liebster, meine Ängste und Träume meinen nicht das Tier, DICH meinen sie! *Hi montes nocturni* »diese nächtliche Berge« (Albdrücken) und meine Tränen, die meinen allesamt dich!

Musha, nun glaub's mir doch, mir ist es wie dem Iren *Wunnibald*, mir ist es ganz und gar *warm enti wunsam* »warm und wonnig«, zerspringen könnte ich vor Rauslauflust, so wie es Kilians Lied über die paulinischen *Caput*Köpfe gesungen hat.

In meinem Wahrtraum mußte er verbluten, der Falke. Im Eisen!

Durch meine Hornhaut muß so ein Eisen erst einmal hindurch.

Sie stockte. Schluckte. Und sah nun wohl ein, was immer sie jetzt noch vorbringen würde, dieser Vogel hier, der ließ sich nicht zurückhalten. Selbst dann nicht, wenn sie ihm jetzt gestehen würde, was sie dem Waffenmeister anvertraut hatte. Erführe das dieser spielteuflische Nibelunge, dann ritte der erst recht hinaus und spielte auch mit der Todesgefahr.

Eng preßten sie sich aneinander, sie drückte, wärmte und streichelte die Stelle in seinem Rücken. Er küßte ihre Tränen und spottete wieder über die neue Todesreligion und nannte Krimhild seine heiligsüße Mißgeburt. Schüttelte dann nochmal heftig den Kopf und wunderte sich. – Wie sehr du zitterst. Dein Zwerchfell zuckt. Hör, Frühlingslicht, uns zwei kann gar nichts begraben. Die Kirchenberge sind viel zu löchrig, sind zu erbärmlich und zu verlogen, steckt viel zu viel Stunk und Neid und Giergift drin, als daß sie nicht an sich selbst erstickten. Ja, die lähmen zuvor sich selber, diese benebelnden *Tronje*-Priester. Und wenn sie endlich dahin sind, dann kommt allen Unfreien und allen Frauen das freie Wohlgefallen, das der Jeschu ihnen versprochen hat und das die Jerusalem-Heiligen gründlich zerspalten.

Da versuchte sie es in einem letzten Aufbegehren, versuchte es mit der Sprache der Kirche und der gelehrten Priester: *Quid, si nunc coelum corruat atque moriatur?* »Und was, wenn nun der Himmel einstürzt und stirbt«

Da antwortete er: *Nescio, quid ego magis aequo animo ferrem quam coelum. Si rueret, quae occasio pro orbe terrarum! Vive alacriter!* »Ich weiß nicht, was mir mehr Wurst wäre als der Himmel. Stürzte er ein, welch eine Chance für die Welt. Lebe mit Lust!«

Und als er sie, schon in der Tür, noch immer in Tränen sah, da erzählte er ihr, um sie zum Lachen zu bringen, wie er den *Rumoridus Rusticulus* über die Wormsjauche gehoben und wie der Angsthändler überm Abwasser, zappelnd wie Trugzwerg Alberich, dreimal scheinheilig zu allen Wahrheiten JA geschrien hätte und dann trotzdem oder vielmehr eben deswegen, weil er schon wieder und nun gleich dreimal gelogen hatte, hinuntermußte in die Wazbrühe.

Da lachten sie beide, aber Krimhild wollte sofort wieder flehen, wie in Atemnot rief sie, unter Lachen wie unter Weinen: Und dann hast du auch dem wieder herausgeholfen, dem infamsten der Heuchler! – Und war so atemlos und so ratlos, daß sie nur noch schluchzend lachen konnte.

Dies war er. Ihr letzter gemeinsamer Augenblick. Ein hilfloses, ein tränenreiches Gelächter.

Immer nochmal wiederhole ich in meiner Schreibzelle sein letztes Latein, fast wie ein Gebet. *Nescio, quid ego magis aequo animo ferrem quam coelum. Si rueret, quae occasio pro orbe terrarum! Vive alacriter!*

In Riesenschritten war der Cherusker über die Treppen hinabgesprungen in den Hof und hat nicht mehr hören können, wie hinter der geschlossenen Tür die junge Frau zusammengestürzt ist, mit einem erbärmlichen Schrei. Den haben aber von der anderen Seite der Kammer ihre Freundinnen gehört, die nun von dort hereinstürzten und ihre Königin am Boden fanden.

Kurze Zeit später fuhren zwei Schiffe von Worms aus rheinauf, mit der Kraft von je zwölf Ruderern. Vornweg fuhr das Boot mit der fürstlichen Jagdgesellschaft. Auch Herzog *Liudger* war im vorderen Schiff, auch König Siegmund. Dem Fürstenboot folgte das Boot mit dem Gesinde und den Tieren und den Vorräten. Eine gute Stunde lang fuhr man zwischen Inseln und Halbinseln dahin, da war kräftig zu rudern gegen den strömenden Rhein. Aber nicht über die Schnellen im Hauptstrom, sondern über Nebenarme ging die Fahrt, durch Auwälder und dichtes Gestrüpp. Noch Jahrhunderte später teilt die Sankt Galler Handschrift (Handschrift B) mit, die Jagd habe *hin zem Waskenwalde* stattgefunden, also von Worms aus in südlicher Richtung. Handschrift C überliefert: sie zogen *von Wormez ub den Rin*. Das *ub* haben Germanisten gern mit »über« übersetzt. Als ob die Wormser über den Strom gesetzt hätten, hinüber zum Odenwald, der den Verklärern unter den Germanisten schon bald der liebste Mordort war. Als könnte *ub* nicht auch einfach das bedeuten, als was es nun hier, aus dieser ältesten Quelle fließt: »auf«. Auf dem Rhein fuhren sie. Noch neuere Herausgeber von C ergänzen aber das *ub* (in ihrem Nachdruck) zum *über*

Auf dem Schiff sah ich den Xantener einzeln stehen. Er mied die Gesellschaft, schien nun ganz ruhig geworden und blickte voraus über das Wasser. Ich stellte mich neben ihn. Und konnte mir schließlich die Frage nicht wegdrängen, was ihn so bedrängt, was ihn in so große Wut gebracht hätte. Er schwieg noch eine Weile, sah mich dann an und fragte zurück, ob ich mich noch an die sieben Sätze erinnerte. – Ich weiß sie auswendig. – Auch den sechsten? – »An selbstherrlichen Herrschaften und Hauptstädten ist das einzig Gute der Widerstand gegen sie.«

Er nickte und schien zu lächeln. – Und manchmal muß das Widerstehen auch Wut sein gegen eigene Selbstherrlichkeit. Weil sie jedesmal Dummheit ist. Aber das Ärgste hier am Rhein – er sah sich um, als fürchte er einen Lauscher – das sind die Käfige im Kopf. O wie freue ich mich auf das Toben im Wald. – Als er sah, daß hinter uns König Gunther mit Oheim Gottlieb sprach, redete er lateinisch weiter. – *Scito, nihil umquam fuisse tam infame, tam peraeque omnibus feminis atque omnibus aliis inferioribus offensum, quam hunc statum qui est hic et nunc.* »Wisse, daß es zu keiner Zeit und niemals etwas so Infames gegeben haben kann, das allen Frauen und allen anderen Untergebenen so verhaßt sein muß wie der Zustand, der jetzt und hier herrscht«

Die Schneeschmelze hatte *Rhenum horridum* »den schauerlichen Rhein« stark anschwellen lassen, hatte Inseln und Sandbänke überflutet und die Dickichte unterspült. Auch in diesem Frühjahr wollte der Strom wildern und neue Läufe finden. Die Kahlgeschorenen und die keltischen Treiber mußten energisch mit den Ruderhölzern arbeiten, fast eine Stunde lang, dann erst, beim Frankental, wurde angelegt, in einem ruhigen Alt-Arm. Die Reit- und die Schlepptiere wurden herausgeführt, Waffen und Proviant den Tieren aufgeladen, Wein und Schinken, Brot und all die Zutaten für Suppen, Soßen und Braten.

Die Herren aber stiegen zu Pferde und freuten sich des sonnigen Tags, begannen spielerisch zu plaudern und waren unternehmungslustig. Auch den Nibelungen hörte ich nun wieder reden und lachen. Ich selber blieb still, schluckte und würgte an Wörtern, die ich ihm hätte sagen sollen, oder müssen. Keck teilten die anderen einander mit, wie erfolgreich sie heute jagen würden, so treffsicher wie nie zuvor. Die Überflutungen würden ihnen die Tiere geradezu in die Fänge und vor Pfeil und Bogen treiben.

Was gilt die Wette, foppte Hagen, der berühmte Recke vom Niederrhein, hier, in unserem uralt ureigenen Jagdrevier, in diesem Rheinwald werden doch wohl auch wir mal besser abschneiden als immer nur der Baumriese, der Ruhrschmied, der Alberichgeselle? – Während der Waffenmeister so redete, war er dicht hinter den Xantener geritten. Erst später wußte ich es, in diesem Moment erkannte er auf dem Gewand das rote Seidenkreuzchen.

Krimhilds Mann drehte sich um, lächelte, sah Hagen ins Gesicht. – Mehr Hasen als ich fängt Burgunds Heermeister gewiß. Ich aber, ich schnappe euch einen Bären. Was wollen wir wetten?

Einen Bären will der Sieglindsohn uns aufbinden? Hast du Fell-Eisen bei dir?

Ich pack ihn mit der Hand. Gebt mir den Bracken mit. Nichts weiter, nur den Spürhund.

Hagen meldete den Wunsch weiter, und Dankwarth war vorbereitet, brachte den Hund und gab *Walthar* die Leine. – Abgemacht, sagte Hagen, gehen wir verschiedene Wege. Der Xantener zieht geradeaus. Wir anderen in Gruppen seitwärts. Zwei Mann oder so viele du willst, begleiten dich. Vielleicht wieder Giselher und *Walthari*, dein Steuermann? Und am Abend treffen wir uns alle vor *Otenhaim*. Dort sorgt *Rumolt* vor, empfängt uns diesmal nicht mit lausigen Schwarzwaldmärchen, sondern mit Würzbraten und jurassischem Saft oder mit dem von der Goldküste.

Und ich bring euch den Bären. – Und wenn du keinen bringst? – Dann verteile ich *Rumolts* Suppe, an Herren wie Sklaven. – Das wurde begrüßt und weitergesagt, und schon ritten und trieben die Wormser und die anderen Gäste seitwärts davon, quer durch das Wasserland. Jagdsignale eröffneten die Hatz. Und der Nibelunge behielt als Gefährten den *Walthar* und mich. Dazu den Bracken als Spürhund.

Wie im Fieber überlegte ich an meinen Worten. Von Hagens List, vom roten Kreuzchen hinterm Kreuz wußte ich noch nichts, aber alles von Hagens und Ringwolfs Mordgelüsten. Und fiebernd überlegte ich, wie ich nun dem »Mächtigsten« Hinweise geben könnte, ohne zugleich meine Brüder zu verraten. Ich sah diesen Mittelweg nicht. In meiner Verwirrung fand ich auch kaum einen Pfad durchs Gestrüpp, verlor zuweilen den Kontakt zu den beiden Xantenern und zu dem gierig hechelnden Hund.

Nein, zu diesem Zeitpunkt wußte ich noch nichts von der Pirschjacke und von der Verabredung, die Krimhild mit Hagen getroffen hatte. Kannte nur die lateinischen Urteile des Kirchenvetters und die römisch rechtlichen Schuldsprüche des Heermeisters. Hagen hatte meinen Brüdern zuletzt noch erklärt, wenn der Nibelunge seine lokkeren Spottspiele dermaßen ungehindert weitertreiben könne, dann seien am Ende alle burgundischen Herren öffentliche *gouche* »Narren«. Hs. B um 1200: *Suln wir gouche ziehen? sprach aber Hagene.* »Sollen wir Narren großziehen«

Wie lächerlich fand ich es plötzlich, wenn ich in dieser Einsamkeit den Xantener vor Gefahren gewarnt, wenn ich in diesem Urwald dem Nibelungen gesagt hätte, Hagen verlange »Schadensersatz« von ihm. Der Cherusker würde mich auslachen. Und würde vielleicht fragen, wie groß wohl der Nutzen war, den er den Burgundern brachte. Ach, wie konnte ich ihn hier und jetzt warnen, ohne von dummen Urteilen und Vorurteilen zu reden. Welche Argumente hatte ich, die eine akute Gefahr bewiesen? Wie sollte ich ihm erklären, was nur ein vager Verdacht war. Krampfhaft überlegte ich, wie ich den Kraftkerl aus seinem frohgemuten Leichtsinn herausholen, wie ich ihn wachsamer und mißtrauischer machen könnte. Etwa mit einem Vers vom *Vergilius*, den auch er gelernt haben dürfte? *Latet anguis in herba.* »Im Gras liegt eine Schlange verborgen« (Vergil, *Bucolica* 3,93, vollständig: »Die ihr hier Blumen sammelt und Erdbeeren, ihr Knaben, flieht von hier, hier verbirgt sich im Gras eine Schlange«)

Ach, ich schwieg und seufzte nur. Und litt und fühlte mich elend. Und beobachtete den, der vor mir auf seinem Rappen Grani durch immer dichteres Gestrüpp setzte, durch Wasserflächen und über die vielen niedergesunkenen Auwaldstämme und Baumleichen. Ich seufzte und sah, wie *Walthar* den Spürhund mit Mühe am Leder hielt. Im engeren Wald sprang der Niederländer vom Pferd und hielt dem Bracken ein frisch ausgerissenes Fleisch vor die gierige Schnauze, das Fleisch hatte er von einem Hasen, der in wilder Flucht von der Seite her geflohen war, wahrscheinlich vor den Wormser Hundemeuten, die in der Ferne bellten, quer vor uns her war der gerast, direkt vor den Bracken und war von dort nicht mehr weitergekommen. Einen ausgerupften Lauf hielt der Sieglindsohn dem Spürhund vor, das Blutige, sagte er, das mache ihn schärfer als er schon sei, so gierig, daß er auch vor einem Bären nicht mehr davonrennen würde.

Der Hund zog nun, würgte, gierte in der Leine, hechelte, fiepte, pfiff. Der Cherusker nahm eines der zarten Tücher aus seinem Gürtel und ließ mich daran schnuppern, er hatte es getränkt mit dem Geruch des Panthers, mit einer Salbe aus *Alexandria*. Deren Duft würde auch größere Tiere beunruhigen, locken und aufschrecken. In den sonnigen Wind hielt er das Tuch, band es schließlich an einen Zweig.

Überall in diesem Waldwasserland wollte es grünen, von allen Seiten lärmten Singvögel, rauschten Frühlingsgewässer. Vor einem dichten dunklen Tann gab der Niederländer plötzlich den Bracken frei. Der preschte hinein in das düstere Gehölz, sprang durch die Büsche, und schon drang, heftig krachend, durch die kahlen alten Winterzweige eine Wildsau, galoppierte geradewegs auf den Ruhrschmied los, der packte die und warf sie um, ließ sie aber wieder davontrampeln, denn die, sagte er, sei trächtig. Stürzte sich aber seitwärts auf einen, der ebenfalls mit großen Sprüngen davon wollte, auf einen Hirschen, den foppte er, den packte er an Hals und Geweih und ließ ihn stolpern und fallen, gab dann aber auch den wieder frei. So trieb er's mit weiterem Rotwild, keineswegs aber mit irgendeinem Löwen, wie mir inzwischen mein Kerkerwächter in Lorsch hat weismachen wollen. Noch die Klosterhandschrift um 1200 weiß von einem *ungefüegen lewen* (Hs. B, 935/4). In Europa lebten die letzten »Höhlenlöwen« vor rund 10000 Jahren

Statt dessen fing der Nibelunge in einem Sumpfgelände einen Kranich, ließ aber auch den wieder los, ließ ihn von seiner Hand davonfliegen mit einer verzückt gestreckten Bewegung seines ganzen großen Körpers, als hätte er wieder nur einen seiner Papierdrachen gebaut und wollte sein schönes Werk über den Rhein segeln lassen.

Gleich drauf, im Schilfgelände nebenan, stürzte er sich auf etwas Massiges, das war ein Wisent, den hatte er an den unteren Beinen gepackt, auch den warf er herum, als lebe das struppige Ungeheuer auf knickbaren Stelzen. Dem schmückte er das Gehörn mit frischem Weidengrün und ließ auch ihn davonstampfen, den Bekränzten, den Schnaubenden.

Wenig später wollte eine flüchtendes Rebhuhn ihm dicht über den Kopf flattern und hatte sich mit aufgeregtem Flügelklatschen vorzeitig verraten, diesem Kreischvogel stupste er so vor die dicke Daunenbrust, daß es für Momente aussah, als puffe eine Wolke feinsten Schnees nach allen Seiten. Meckernd flog das verschreckte Tier davon, erregt und mit zerrupfter Brust.

Der Bracke trieb dann einen prächtigen und ungewöhnlich eleganten Elch aus dem knackenden Gebüsch, auch den fing sich der Jäger, den schien er umarmen zu wollen, zwang ihn in der Umarmung in die Knie und spießte ihm das Schlußstück vom Hasenfell auf das Geweih, den weißen Schwanzstummel, die Blume, mit der durfte auch dieses Großtier frei wieder davonspringen, geschmückt und in beflissenen und umständlichen Bewegungen. Die Rheinsümpfe waren, mehr als 1300 Jahre vor der Kanalisierung des Stroms, Europas artenreichste Landschaft, eine amphibische Brutsuppe

Ich fragte ihn schließlich, warum er nicht jage und eigentlich immer nur spiele, Hagen werde ihn verspotten, wenn er am Abend keine Beute zur Strecke brächte. Der Cherusker lachte und fragte, wieso ich ihn noch immer nicht kenne, und rannte und trieb weiteren Spaß und schien selbst im schwärzesten Dickicht lichte Straßen zu sehen. Mir aber war nicht nach Spaß und Kraft zumute, ich wendete mich ab. Da stand er plötzlich hinter mir und erkundigte sich: Finster blickt der »fröhliche Giselher«? Sieht aus *qua finis omnium saeculorum* »wie das Ende aller Zeiten«, bleich und aschgrau wie *muspil*? »Weltenbrand« Gibt es Streit mit der Alberichtochter?

Als ich nicht sofort reden konnte, bellte der Bracke und ein Reh sprang vorüber. – Da flieht sie, deine Elfe. – Nein, keine Sorge um die Elfe. – Um wen dann? – Um dich. – Um mich? Mir geht es gut! wie selten!

Ich holte tief Luft und wußte nun erst recht nicht, wie ich meine Angst plausibel machen könnte, und redete von anderen Dingen. – Wenn du so weitermachst, besiegen dich heute die Burgunder. Warum läßt du alles Wild wieder laufen?

Schon *Plinius* klagte, wenn Roms Raubraserei so weitermache, zerstöre sich am Ende auch Rom. Plinius der Ältere, 23 bis 79, in *Naturalis historia*, in der er alle damals bekannten Erscheinungen der Natur zu beschreiben versuchte. Vgl. auch *waltswende* oder »Welt- und Waldfresser« als Name für die Herren des Imperiums

Irgendwann, Schreiberling, ist unser Wald leergeplündert bis auf zwei kranke Tauben und ein lahmes Einhorn. – Er lachte und es schien, als wollte er Bäume umarmen. *Pulchrum, pulcherrima ipse, mundum tuum capio ut das* »Deine herrlich schöne Welt, herrlich Schönste, ergreife ich, damit du sie gibst«

Da, als er die Unerschaffene anrief, da nahm ich mir Mut und fragte, ob er glaube, daß jene drei Frauen, von deren Untergang er geträumt hatte, inzwischen gerettet seien vor der altneuen Romraserei? – Hat Sieglind nicht vom Tod der Frau *Alva* erzählt? Wird nun auch Brünhild folgen? Und am Ende die Unerschaffene?

Die Unerschaffene ist immer gewesen, ist die Unabschaffbare, wird auch dann sein, wenn von uns nicht mal mehr Staub ist. Laß uns drüber reden, wenn wieder Zeit ist. – Und wollte wegstürzen, aber ich hielt ihn fest.

Jetzt sag's mir, in aller Kürze, hier lauscht keiner: Stimmt es, was die Leute munkeln und was Herr Hagen fürchtet? Daß du die Elenden freikämpfen wirst? die Unterdrückten, die belogenen Betrogenen? als ein neuer *Spartacus*, so heißt es, willst du sie losbinden vom alten wie vom neuen Imperium?

So reden sie?

Auch Hagen.

Ach, überall Angst vorm Elbischen, vorm Keltischen. Sogar im Hagen. Auch über mich will der nur Imperiums-Gedanken denken. Ja, auch über Hagen müssen wir sprechen, wenn die Jagd vorbei ist und diese verquere Hochzeit. Dann reden wir sieben mal sieben Stunden über die sieben Sieglindsätze und wie man Sieglinds Ratschläge auf Wurms anwendet, wie man Freiheitslust zusammenbringt mit dem GerechtSein. Mit den klügeren unter den römischen Ordnungen.

Er wollte wieder ins Dickicht, dorthin, wo der Spürhund wütend Laut gab. Doch drehte er sich nochmal um und kam heran, etwas langsamer. Ließ einen Ast sinken, den er sich aus einer Erle herausgerissen hatte. – Hast ja recht. Mit meinen Spieldummheiten bin ich ein Kind. Als könnten Tollheiten die Hohlheiten wegzaubern. Die Lügenherrschaft. Die GeistIdiotie. Das *Tronje*. Das Zerstören zerstören. Das will ich, obwohl das Zerdrehen das Dasein ist. Ach, Giselher, auch wenn wir sie allesamt in den Rhein tunkten, die Zertrenner von Kopf und Leib, die dann, wenn sie genug entzweigedacht haben, alles was sie für dinglich halten und geistlos, in Grund und Boden plündern, die geben ihr Imperium niemals mehr her, nicht auf tausend und nochmal tausend Jahre.

Er bückte sich, griff sich eine Handvoll feuchter Erde. – Was für die Jerusalem-Religionen Schmutz ist, hat mehr Wesen und Schößlinge, als es Menschen im Weltkreis gibt. Aber für die neuen Geistesriesen ist es Dreck. Nicht in der Reinheit, sondern in solchen Brocken ist Heiligkeit. Und ist nicht anzubeten mit Wundergewaber, sondern *summa cum intelligentia.* »Mit bestmöglicher Intelligenz« Aber die Paradies-Idioten werden alles zu Asche machen. – Er schleuderte den Matsch fort, dorthin, wo am Erlenstamm das helle Holz leuchtete, wo er den Ast herausgerissen hatte. Und danach redete er noch, sehr leise, als ob Mehltau auf seiner Stimme läge.

Su egilisc, wala, su nis fridu hwergin. Wirdid wig so manec obar thesa werold alla hetelic afhaben, meginfard mikil, muspilli, wirdid managero open urlagi su unsagelic egilisc sulik mord, thero witeo, thero Tronje. Die letzten Mitteilungen Siegfrieds an Giselher erscheinen auch bei Schazman durchgehend altsächsisch. »So ekelhaft, weh, so wird es nirgendwo Schutz geben. Statt dessen Kampf überall. Schöpfungszerrüttung. Haß wird sich erheben, große Völkerwanderung« – (*meginfard mikil*) – »und es kommt zur Hinschlachtung von Mengen. Es kommt zu offenem Gemetzel. Wie unsäglich ekelhaft solcher Mord, solche Qual, solches Zernichten der Welt«

Warf sich ins Gestrüpp und schien nun einem besonderen Wild zu folgen. Für diesen einmaligen Mann war freilich jedes ein besonderes. Alle Dinge wie Wesen, sie spornten, sie reizten ihn zu ungewöhnlichen Taten.

Dies aber war nun sein letzter Fang. Als er davon war, blieben *Walthar* und ich stehen und lauschten. *Walthar* hielt die Pferde, wir schwiegen eine Weile, und ich versuchte, mir zu merken, was er gesagt hatte mit den uralten Worten. Als ahnte ich, daß dies die letzten Worte waren, die er mir sagen konnte.

Und meinte nun, im Forst die Klagen der Kreatur zu hören, als sirrte Hornissenton von irgendwoher. Dabei blieb es zugleich merkwürdig still, da duftete der dichte feuchte Sumpfwald, dünstete Moorwasser. Gewiß wehte auch hier, wahrnehmbar nur für die Tiere, der Panthergeruch. Im wuchernden Urwald knisterte es und gurgelte. Wir warteten, horchten in die rauschende Stille. In der Ferne bellte nochmal der Bracke, nur kurz.

Schließlich, die Sonne stand hinter den Wipfeln, hörten wir von sehr weit einen Hornstoß. Dann einen zweiten. Das war das Zeichen, daß der König das Nachtlager bezog. Daß die Jagd beendet war. Freilich, es folgten dann noch zwei Fänge. Ein Bär und ein Mann. Und keiner der beiden, die unters Eisen kamen, überlebte den Fang.

Dem ersten war der Nibelunge auf den Fersen. Während die Wormser ihr weitläufiges Waldrevier verließen und sich zusammen mit den Xantenern und mit den anderen Gästen vor *Otenhaim* versammelten, auf einer großen Lichtung, drang Krimhilds Falke unbändig noch einmal tief in das Landwassergelände und war endlich seinem Bären auf der Spur.

Walthar ging mit den Pferden weiter, zog in die Richtung, in der er den Niederländer vermutete. Ich blieb stehen, setzte mich dann auf einen der vielen umgesunkenen Stämme und wiederholte mir, was er gesagt hatte. Lauschte auf all das Geflüster und Gemurmel ringsherum, auf das Gewisper der Frühlingswelt. Und plötzlich meinte ich wieder, ihre Hand zu spüren, die inzwischen auch mir vertraut war und sehr lieb, die nornische, die verkappte, die Handlungshand, die im Kreuz hinterm Zwerchfell der Männer Entscheidungen zu fällen und zu beschleunigen wußte. Ich meinte, eine Lichtbewegung zu erkennen, und redete schließlich laut in das Dickicht hinein. Wollte in meiner Ratlosigkeit, in meiner Verzweiflung die Frage hinausgestammelt haben, ob denn meine Nymphe, wenn sie jetzt schon hier sei in der Kappe ihres Vaters Alberich, ob sie dann nicht auch ihren nibelungischen Freund schützen könnte und ihm helfen, ihn retten vor den Hinterhältigen.

Und meinte, sofort die Antwort zu hören. Als ob ich selber redete. In Form einer Gegenfrage. Ob denn auch er eine Hilfe gewesen sei, für die Frauen. Nein, nicht mal für die drei Gefährdeten, die er im eisländischen Rauschschlaf als Opfer erkannt hatte, nicht mal denen sei er eine Hilfe gewesen, sondern ein Störenfried, ein Wahnfried, ein entzückter Tollpatsch.

Der Himmel schien schon mit den Abendfarben zu spielen. Es knackte im Gezweig, das Dickicht lebte. Und dann meinte ich deutlich zu hören, wie *Baldinai* weiterredete. Die Herren, hörte ich, müßten ihr Imperium alleine erbauen und auch alleine kaputtmachen. – Da mischen wir uns nicht ein. Erst dann erkennen sie vielleicht, was sie anrichten. Auch der Ruhrkraftriese war in der Hochzeitsnacht kopflos. Gegen seine kindische Gewalt setzen *Gaias* Nornen den *Domes Dag* »Gerichtstag«. Noch an diesem Abend. – So etwa, meinte ich, ist da geredet worden. Oder es wurde gedacht, in mir oder um mich herum.

Aus diesen Gedankenreden wurde ich herausgerissen, weil ein großer Schatten an mir vorübersprang, dicht vorüber wie ein Schrecken, eine schwarzbraune pelzige Masse rannte da in elegant schaukelnder Schnelligkeit, war aber kein Schatten, sondern ein murrendes Monstrum, das mich nicht zu bemerken schien, das aber neben mir anhielt und den Kopf aufwarf und grämlich knarzte. Dann zotteltrabte das Ungeheuer davon, duckte sich weg in engeres Unterholz. Gleich drauf sah ich den Menschen hinterherspringen, aber statt Pfeil oder Ger zu schießen, warf der Jäger sich selber durchs Gestrüpp dem Tier hinterher, und als ich der Gasse folgte, die sie in die Büsche geschlagen hatten, traf ich auf einer Lichtung den *Walthar*, der die Pferde hielt und den Hund und der mit der Hand auf eine seltsame Szene wies am anderen Ende des offenen Waldstücks.

Da hatte der Ruhrschmied das Biest angesprungen, packte den Bären mit bloßer Hand, verwundete ihn mit keinem Eisen, sondern zwang ihm die Vordertatzen bei den Gelenken blitzartig zusammen, gewiß so rasch, wie Brünhild das mit den Armen des umarmenden Gunther gemacht hatte, zerrte und zwang das Wild aus dem Gesträuch ins Freie, wo es auf seine vier Füße niederfiel und sich wegducken wollte, wo es aber der Niederländer im Nackenfell gepackt hatte und gut festhielt und wo er sich nun zu ihm hinabbeugte, zu den Ohren hin, um auf den Braunen einzureden. – *Musha*, hörten wir und andere keltische Worte, sei nicht wilder als der Stier, sei vernünftig, Bestie, *kirrr*, *sssit*, *hussa*, hör gut zu, du SauBär, auch ich bin SauBär, gefräßiger noch als du, wir passen gut zusammen und bleiben jetzt zusammen und walken friedlich durch den Forst dorthin, wo es gute Suppe gibt für dich und mich.

Das Tier, auf allen vieren, schien sich nach dem harten Zugriff und nach dem freundlichen Tonn nicht mehr wehren zu wollen, sondern ging mit, ging friedlich, wie gebannt, neben dem Riesen her, hörte auf, sich zu schütteln, fügte sich. So schritten sie nebeneinander her, und das Ungetüm versuchte weder zu beißen noch zu kratzen oder zu schlagen, sondern mußte mitkommen, ließ sich führen und ging schließlich sogar ohne den Griff ins Nackenfell, ging freiwillig neben dem Nibelungen her, der sich lachend zu mir umdrehte und stolz auf seinen Begleiter zeigte.

So gingen wir denn am Ende zu viert durch das Wormsische Jagdrevier. Vorn der Niederländer und sein Bär, hinten *Walthar* mit Grani und mit dem Bracken, dazwischen ich. Und zogen so zu dem Ort *Otenhaim*, wo sie nun lagerte, am Ende dieser fürstlichen Hatz, die Jagdgesellschaft. Otenhaim nennt noch die Donaueschinger Kloster-Handschrift C als Mordort (Vers 1013), teilt aber mit, der Ort läge *vor dem Otenwalde* – immerhin nicht *im*, sondern *vor*. Die etwas ältere, die von der heutigen Germanistik am meisten geschätzte Sankt Galler Handschrift B sagt, daß die Jagd *hin zem Waskenwalde* stattfand, »in Richtung Vogesen«, also von Worms aus nicht in östlicher, sondern in südlicher Richtung. Allen Überlieferungen ist gemeinsam, daß nirgends von Hügeln oder Höhenlagen die Rede ist, ein Wettklettern wird nirgends beschrieben. Gemeint ist also offenbar die Rhein-Ebene. Am Wasser, in sumpfigen »Revieren« (= Flußregionen) waren Wildhatz und Tieretotschlagen schon immer sehr viel ergiebiger als in Gebirgen. Heutige Schreibweise von *Otenhaim*: Edigheim. Der kleine Ort liegt am Nordrand von Ludwigshafen. Noch bis ins 19. Jahrhundert war hier, in den Auwäldern des wildernden Rheins, nur 10 km südlich Worms, das Jagdrevier der Wormser Fürstbischöfe. Den frühesten Germanisten galt Edigheim als Tat-Ort, sowohl Ehrismann als auch dem Freiherrn Friedrich von der Hagen, dem ersten neuzeitlichen Herausgeber der Sankt Galler Handschrift. Dann kamen die romantischen Epochen mit idealisierenden und/oder nationalistischen Gelehrten, die einen bedeutenden Mordort in erhabene Höhen dachten. Oben im Odenwald, in bester Hanglage, pflegt man seither ein Dutzend Siegfried-Brunnen, freilich alle ohne Belege in den Überlieferungen. Am Mordort, am ehemaligen Wormser Jagdrevier führt heute die Autobahn A 6 dicht vorüber, man fährt von Mannheim aus westwärts über die Rheinbrücke, dann, hinterm Rhein gleich rechts, da ist die alte Brunnenstelle (die bei von der Hagen noch »Siegfriedbrunnen« hieß) und ist auch heute, auch von der Autobahn aus, gar nicht zu übersehen. Die uralte Waldquelle ist nämlich nicht verschwunden, sie ist nur überbaut, und zwar von der »Groß-Klär-Anlage« der größten Chemiefabrik des Planeten, der BASF, vormals IG Farben. Über dem Quell, aus dem der Niederländer als Letztes getrunken hat, stinkt es heute. Bestialisch, sagen die Leute. Der Philosoph Ernst Bloch (»Prinzip Hoffnung«) schildert dieses Revier, in dem er Kind war (»Wildwest am Rhein«, in »Spuren«): ». . . mit Sumpflöchern und Wassertümpeln, eine Art Prärie, zu der Fabrikmauern und Feuerschlote bedeutend passen . . .«

Als der Nibelunge nun mit dem starken Tier durch den Wasserwald schritt und ich dicht hinterdrein, da hat wohl auch der Sieglindsohn die Stimme der Alberichtochter gehört. Erst glaubte ich noch, das Jagdlager sei in der Nähe und es wehten von dort Gespräche herüber, aber dann merkte ich, wie vor mir der Xantener Flüsterworte wechselte, nicht mehr mit dem Pelztier, sondern mit einem anderen Wesen. Seine Worte sprach er hastig, und endlich konnte auch ich die weibliche Stimme unterscheiden und verstand: *Wala mîn hand.* »Weh über meine Hand«

Ins seitliche Dickicht richtete der Bärenfänger die Frage, welche Hand gemeint sei. Er war stehengeblieben mit seinem braven Biest und lauschte. Als keine Antwort kam, rief er: *Kappist dîn hand?* »Verbirgst (verkappst) du deine Hand« – Und lauschte wieder. Wie hätte er wissen sollen, daß mit *wala mîn hand* die Stelle in seinem Rücken gemeint war, die unter dieser Hand verwundbar geblieben war, ohne Drachenhaut. Und daß von nun an nichts nötiger gewesen wäre als eben die Hilfe der »Heilkräftigen in den Auen«. (s. S. 89)

Als ich noch versuchte, mir klarzumachen, was da im Gewirr dieses sumpfigen Waldes lebte, da hörten wir plötzlich vor uns, im abendlichen Goldlicht Schreckensschreie. Zwischen den Baumstämmen schrien Küchenjungen, die dürres Holz sammeln sollten für *Rumolts* Kochfeuer, jetzt rannten sie davon, zurück ins Lager und meldeten atemlos, sie hätten gesehen, wie der berühmte Ritter sich nähere mit einer gewaltigen Bestie, die führe er mit seinen bloßen Fäusten, nein, riefen andere dazwischen, die lasse er frei laufen, ja, einen lebenden Bären zwinge der heran, von dorther käme der, Herr Gunther oder Herr Hagen würden das bald selber sehen und sollten sich nur vorsehen, empfahlen die Kochgehilfen und liefen noch um einiges weiter, zum anderen Ende der Lichtung.

Burgunds Herrschaften aber hatten sich's mit ihren Gästen schon bequem gemacht, hatten sich ausgestreckt mit Brot und Weinbechern, nun sprangen die alle wieder auf, sahen sich um und sahen nach ihren Waffen. Die Hundemeuten begannen zu lärmen, die Tiere witterten, daß da was anderes herankam, nicht erschossenes, sondern lebendiges

Wild, die Tiere kläfften nun so aufgeregt, daß es die Ohren schmerzte und daß die Pferde ebenfalls unruhig wurden, einige stiegen hoch, mußten enger gebunden werden.

Der Xantener führte seinen Bären heran. Den packte er jetzt wieder mit hartem Griff im Nackenfell, leitete ihn auf die Waldlichtung, mitten zwischen die Höflinge und Knechte und Köche, zwischen die aufgeregten Rösser und Hunde. Hielt dann mit dem Tier vor dem Hauptzelt, zerrte seinem Ungeheuer ein bißchen das Nackenhaar, so daß es sich aufrichtete. Und alle erschraken. Denn was sich da erhob, das war größer als der Riese.

Und was nicht mal die zu wünschen gewagt hatten, die bis zum Waldrand gewichen waren, weil sie keine Jagdwaffen hatten, die Unfreien, die sich aus der sicheren Entfernung ein schönes Schauspiel erhofften, das begann nun tatsächlich: Mitten auf dem Herrenplatz vorm Hauptzelt, als der aufgerichete Bär, vom Getöse der Hunde bedenklich unruhig geworden, sich freireißen wollte, da ließ der Nibelunge ihn frei.

Der Ruhrschmied ließ ihn los und tat, als zeige er seinem zottigem Gast den Platz mit den interessanten Menschen darauf. Als sollte der Bär sich, bitteschön, im Lager umschauen und nach Herzenslust bedienen. Das Tier, kaum weniger verschreckt als die Jagdgesellschaft, zögerte einen Moment. Wippte dann ein wenig, wendete sich hierhin, dorthin, trabte dann drei oder vier Sprünge. Und schnupperte als erstes an Herrn Hagen, der sich unbeeindruckt zeigen wollte, der als einziger sitzen geblieben war, schnupperte an dessen Socken und Wadenwickeln, so daß der Waffenmeister seine Beine ein bißchen näher an sich heranzog. Von dieser Bewegung erschreckt warf der Besucher seinen Pelzkopf seitwärts, tat drei oder vier zottelige Sprünge, schnupperte dann am Boden und trottete auf das Zelt zu. Denn aus dem wehten die schönen Küchendüfte.

Währenddem lärmten die festgebundenen Hunde wie rasend, wüteten wie toll. Der dunkle Gast aber setzte sich in Trab und lief nun geradewegs in das große Fest- und Küchenzelt hinein, wo *Rumolt* mit seiner Mannschaft mitten in den Vorbereitungen war für die Abendmahlzeit. Zorn- und Schreckensschreie gellten aus dem Zelt, Eisenrumpeln tönte dadrinnen und Klapperplatschen und gleichzeitig Schimpfschreie, nicht nur aus Angst, auch aus Empörung. Im Zelt klirrte und schwallte es wüst, untermischt mit Verwünschungen, mit Hilferufen, der Nibelunge setzte dem Tier zwar nach, riß beim Hineinstürzen den Vorhang am Eingang weiter auf, so daß auch wir ein wenig ins Innere sehen und erkennen konnten, daß dort drinnen alle Hilfe zu spät kam. Von den Feuerstellen waren die meisten Kessel, in die das *monstrum* hatte hineinschauen wollen, bereits heruntergekippt, andere kippten soeben, aus heißen Häfen stürzte Wasser, daß es dampfte und zischte.

Dies Krachen und Fauchen im Feuer- und Wasser-Gemisch scheuchte den Bären nur um so heftiger herum. Erschrocken fuhr der ungeheure Fremdling zwischen den Herdstellen einher, Küchenjungen flüchteten aus *Rumolts* Reich, unter den Zeltfellen spülte es rot heraus, floß hinaus auf den Platz, jurassischer Wein schoß aus umgestürzten Behältern, und fast alles, was da an Kuchen, Rotwein und Braten, was da an Suppen und Soßen vorbereitet war, rann in den Sand. Auch Koch *Rumolt* selbst floh endlich aus dem Zelt, als ein tapferer Speisekapitän ließ der Straßburger seine Herdfeuer als letzter im Stich und mußte, während das Tatzenvieh inzwischen die Zeltdecken zu verwüsten begann, von außen mit ansehen, wie sich seine liebvolle Küchenkunst ineinander vermengte und mit Kohlenglut und Asche und Sand verrührte, ja, spratzend und zischend stürzten *Rumolts* Speisen. Und bunte und, ach, wohlduftende Schwaden zogen über die abendliche Lichtung.

Gerade wollte der Bär sich aus der Zeltruine wieder heraustrauen, da geschah es, daß Hagen die Hunde freiließ. Da fiel nun die wütende Jagdmeute den Besucher an, sprangen die Hetztiere an ihm hinauf, der Bär teilte Prankenhiebe aus, wendete sich dann aber, floh zurück, die lärmenden Kläffer rasten hinter ihm her, fiepend und heulend hetzten die Hunde den Bären zurück in die Küchentrümmer, und nun hörte und sah man, wie dort drinnen, unter dem Wutbrüllen des Kochs *Rumolt*, der gerade noch das Letzte hatte retten wollen, alles, was bis dahin etwa noch aufrecht stand, vollends zu Boden fuhr und wie das, was schon am Grund lag, weitere Male umgemanscht wurde und durchgepflügt und mit dem Waldwiesenboden gewürzt und gemengt zu fein geöltem warmem Wein-Sand und zu Speise-Erde.

Weil in diesem Getöse und Gehetz die letzten Fellfetzen von den Tragstangen flogen und das Zeltgestänge sich stark verbog und schließ zerbrach und auflöste und umfiel, bekamen wir nun auch von außen alle sehr genau mit, wie die Bärenjagd weiterging, wie die durch Brei und Brodelmatsch hindurchwirbelte, kreuz und quer und eins ums andermal um die letzten burgundischen Glutpunkte herum.

Und schon polterte der Zug der unmanierlichen Giertiere vom Kochplatz weg und hastete quer durchs Jagdlager. Viele Hunde sah ich dicht verbissen in dem springenden und schüttelnden Pelzwild, das mit dem Kopf verzweifelt herumstieß. In guter Entfernung hielten inzwischen die Herren Jäger ihre Lanzen wurfbereit und zielten, andere hatten Bögen gespannt mit scharfen Pfeilen. Der Xantener rief, man solle nicht werfen, nicht schießen, man treffe die Hunde, Frau Ute hätte die Hunde gesegnet.

Hagens Hetzmeute war in den riesigen Gegner so verkrallt und verhackt und verbissen, daß in der Tat jeder Schuß auf den Bären auch Hunde getroffen hätte, die aber, hatte Ute gesagt, sollten gesund heimkehren. Und dann war es der Schmiederiese selber, der dem Mordwirbel ein Ende bereitete. Aus Granis Sattelzeug hatte er das Isenburgschwert *Balmunk* hervorgezogen, trat an das Geknäuel der Tiere dicht heran und rief: *Ik enphilch dik in den frid, der gisworn wart, da die heilac werlt giborn wart.* »Ich empfehle dich in den Frieden, der geschworen wurde, als die heilige Welt geboren wurde« Schwang nach diesem Gebet den gefräßigen Stahl und erschlug den Braunen mit einem einzigen Streich so, wie er unter dem Isenstein den Eisbären getroffen hatte, mit ungeheurem Schwung trennte er auch hier Kopf und Rumpf.

Da schallte Gejohl, vor allem von ganz hinten, vom Waldrand her. Von dort näherten sie sich nun wieder, die Kahlköpfe, die Waffenlosen. Hagen sah das, hörte das keltische Leute-Gelächter, die barbarischen Freudenrufe *tharr barr* »wunderbar« und *an-lá* »toller Tag«, Hagen blickte zu Gunther, zu Gernot, und nickte. Unmerklich.

Als die Hundemeute endlich zurückkommandiert war und die Tiere wieder an die Leinen genommen und an die Bäume gebunden waren, da betrachtete jeder mit Trauer das zerwühlte Küchengelände. Das war ein Schlachtfeld. Das war ganz und gar umgestülpt. Und darüber mochten die Herren nicht annähernd so jubeln wie die Sklaven. Am kläglichsten sah es bei den Herdstellen aus, trüb blickten Kochgesellen und Meister, ratlos betrachteten sie den gespickten Kampfplatz. Mitten im Suppensee stand Herr *Rumolt*, hob die Schultern und schien in seiner Not fast vergnügt. Was er habe servieren wollen, das sei verrührt zu Ackermus, zu Erdsoße. Gerade so wie jene neun neugeborenen Fröschchen in der Geschichte von Frau Marias Lachlust. Nicht mal zu trinken sei übrig. Der Straßburger stapfte durch den Grundbrei hinüber zum Bärenbändiger, ging auf den zu und umarmte ihn vor aller Augen so, wie der ihn, *Rumolt*, umarmt hatte für die Erzählung vom Hirschsprung. – Und jetzt, Freund, jetzt koche du! sagte der Koch.

Rumolts Mitteilungen bekümmerten allerdings auch den Niederländer. Der maulte, Hagen hätte die Hunde nicht loslassen sollen. Der Waffenmeister hielt dagegen und fragte, wer denn den Bären losgelassen habe. Und was denn der Xantener sonst noch zur Strecke gebracht hätte.

Die anderen hatten ihre Hasen, Rehe, Wildschweine und Rebhühner ordentlich aufgereiht zur Strecke, einige Reihen waren nun freilich zerwühlt von der Bärenjagd. Man richtete das wieder her, säuberte und ordnete Vögel und Felltiere. Gunther zählte bei seiner Trefferstrecke drei Hasen mehr als bei Hagen. Oheim Gottlieb hatte eine Elchkuh gespeert, der dicke Ritter legte ihr jetzt zwischen die Zähne, als letzten Gruß und Biß, eine Schlüsselblume und einen Krokus. Diese Kuh, aber auch eine Sau, die Gunther umgebracht zu haben vorgab, die begann Koch *Rumolt* nun auszuweiden. Blutdampf strich um die Nasen. Das half aber nicht gegen den Durst, das verstärkte ihn nur.

Da trat Hagen auf den Nibelungen zu, reichte ihm seinen Becher und gab ihm, was er noch übrig hatte an Wein. Der Waffenmeister tat überraschend freundlich und nannte den Niederländer einen griechischen *Orion*: Dem Xantener, dem großen Jäger gebühre nun, sagte er, nicht nur das Bärenfell, sondern da er diesmal rein gar nichts habe fangen können außer diesem pelzigen Tollpatsch, gehöre ihm zum Trost dieser letzte rote Tropfen.

Der Xantener lachte, dankte und trank. Und als er trank, fügte Hagen hinzu, zum Verzagen sei kein Grund. Drüben, wo die Lichtung sich öffne zu einer Wiese und wo jetzt in der Ferne die letzten Sonnenstrahlen den höchsten Baumwipfel träfen, dort, unter jener hellgrün leuchtenden FrühlingsEsche am Ende der Wiese, da wisse er eine Quelle. Bis dorthin seien es nur gut siebenhundert Klafter. Rund 1000 m, das Gelände hieß bis zum Autobahnbau »Pfingstweide« Dort gäbe es einen Brunnen, dort fließe frisches Wasser. Da Dankwarths Sklaven mit neuen Fässern aus Worms nicht vor der zweiten Nachtwache zurück seien, bleibe, bis zur Mitternacht, nur diese ferne reine Quelle.

Der Niederländer gab Hagen den Becher zurück und wollte gleich eines der Fässer schultern, wollte Wasser von dort heranschaffen. Aber Hagen hielt ihn am Ellenbogen fest. – Wie oft hatten wir zu hören, Sieglinds Sohn sei der Beste. Eigentlich in allem. Herr Siegfried sei der Fähigste und einfach unübertrefflich. Nur beim Jagen war er heute auffallend wählerisch. Und ich frage mich, ob er auch beim Laufen, dorthin zu der Quelle, der Erste sein würde.

Wie meinst du das?

Wie ich es gesagt habe. Die alte Waldmutter, wem öffnet sie ihren Schoß? Wem am weitesten? Wem gebar das Moos die meisten Geschöpfe? Nur immer *Victori Placido*, dem Sieger in allem und jedem. Gönn uns, Falke, ein Wettfliegen. Laß sehen, wer als erster dort hinten bei der Quelle ist, unter dem schönen Baum dort, im Abendlicht.

Der Nibelunge sah ihn prüfend an, schien einen Moment lang zu rätseln, was der RomKopf in Wirklichkeit wollte. Dann schien ihm aber der Vorschlag zu gefallen. – Wer denn will gegen mich, den fürchterlichen Siegfried, wettlaufen?

Ich.

Du? du Steinkopf? du Hustehagen? – Er setzte das Faß wieder ab, mit dem er hatte loslaufen wollen und Wasser holen, stellte das Faß auf den Suppenmatschboden zurück und schaute noch einmal den Waffenmeister an, als wollte er fragen, wie ernst der's meinte. Als könne er unmöglich glauben, daß der nur ein Wettrennen meinte.

Im Gneisgesicht war viel zu lesen. Und auch wieder gar nichts. – Ist etwas unklar? Gefällt dir die Idee nicht?

Ita fiat, rief Gunther, der schon fürchtete, der Xantener würde ablehnen. – Damit es dir mehr Vergnügen macht, laufe auch ich mit.

Auch der König will wettrennen? Das würde mir sehr gefallen. Aber so ein Rennen gegen mich, gegen einen, der ständig siegt, scheint mir nicht aufregend genug. Und nicht gerecht.

Jesses, was ist gerecht, fragte der König.

Ich, als der Jüngere und Schnellere, ich sollte zum Ausgleich Lasten schleppen.

Schon forderte man Platz und sprach es sich herum, nun folge ein weiteres Schauspiel, ein Wettlauf. Gunther erklärte allen, wo das Ziel sei, dort, wo jene besonders hohe Esche mit ihrem jungen Grün noch jetzt in der Abendsonne leuchte, dort sei eine Quelle, dort sei das Ziel.

Da sagte der Cherusker: Den Wettlauf mache ich nur mit, wenn ich auch *Balmunk* mitschleppe. Nimm's mir nicht krumm, Humpelhagenkrück. Außer meinem *Balmunk* pack ich mir meinen Schild auf den Buckel, auch Ger und Bogen und Köcher. Und losrennen werde ich nur, wenn ich dir und Gunther hundert Klafter Vorsprung geben darf. Erst dann wird es gerecht.

So viel Vorsprung? Mitsamt Waffen? Meinst du etwa, die Quelle sei gefährlich?

Hörte man nichts von fälischen Räubern? von merowingischen?

Wenn der deutsche Herkules das so wünscht, soll er's so haben. Soll er seine *calumniae* schleppen »die Schikanen«. Auch den Unübertrefflichen *enpfilch ik in den frid*. Hauptsache, bis morgen früh bist du bei der Esche.

Noch vor euch beiden bin ich da. Mein Durst jagt mich. – Der Nibelunge lud sich nun tatsächlich seine Waffen auf, nahm den Schild auf den Buckel und trat dann hinter Gunther und Hagen zurück, mehr als hundert Schritte.

Gernot sollte das Startzeichen geben. Ich hatte mich abseits gehalten, war schon vorausgegangen, dorthin, wo sich die Waldlichtung zu einer langen Wiese öffnete und wo in der Ferne der schöne Eschenbaum in der Abendsonne grün zu glühen schien. Mir würgte es die Kehle. Hornissenton schien zu surren.

Als Gernots Hand sank, rannten die drei Herren los. Siegfried sprang durchs Lager, und die beiden Burgunder liefen schon drüben auf die Aue zu, und dann hetzten alle drei durch das lange frische Wiesengrün, wo den Tag über die Krokusse geblüht hatten und Primeln und wo die Blumen nun, in der ersten Dämmerung, sich schließen wollten, über einen Frühlingsteppich rannten die drei Männer und eilten dahin wie ein ewiges Rätsel, *mors vitaque aeterno in conflictu mirabili.* »Tod und Leben, ewig im wunderlichen Kampf«

Deutlich sah ich, wie der Ruhrschmied den Rückstand aufholte und wie er, trotz der schweren Geräte, meinen Bruder bald eingeholt hatte, schon auf der halben Strecke. Und am Ende, kurz vor dem Baum und vor der Quelle, da überholte er auch Hagen. Ja, der Cherusker war auch diesmal der Beste, gelangte als erster unter die mächtige Esche.

Die war nicht halb tot wie *Yggdrasil*. Hier lauerte wohl auch kein *Nidgir*. Vor dieser Esche sprudelte vielmehr eine klare Wiesenquelle, die strömte in einen tiefen klaren Tümpel hinein. Ich sah, wie der Sieger seine Waffen wegwarf und auch den Schild und wie er sich zu dem Wasser hinabbückte und kniete, um zu trinken.

Statt aber zu trinken, sah er sich um. So sehr das Wasser ihn locken mochte, er beherrschte sich, wollte seinen Durst nicht löschen, bevor nicht die Verlierer getrunken hätten. Und wollte wohl vor allem, nach diesem Tag der »Dummheiten« und nach der öffentlichen Demütigung der Königin und des Königs, irgend etwas wiedergutmachen, wollte Respekt erweisen dem Herrscher von Burgund, dem Bruder derjenigen, die er über alles liebte. Der Xantener, er war als Falke nun sehr gut gezähmt. Zwang sich zu Mäßigung und Zurückhaltung, wie schon in König Gunthers Hochzeitsbett.

Was half es ihm, es wurde ihm übel gedankt. Noch um 1200: *des sagt' er im vil boesen danc* (er =Gunther)

Als erster näherte sich Hagen, keuchend.Und als er sah, wie Siegfried sich benahm, da hielt auch der sich zurück, trank noch nicht. Aber aus anderen Gründen. Auch der Waffenmeister, so schien es, wollte nun auf den König warten und trat zur Seite.

Endlich wankte Gunther heran, der zu große Bruder. Der sank sogleich auf die Knie, hielt die Hand unter das Sprudelnde und schluckte lange.

Siegfried kniete neben ihm, beobachtete ihn. Schließlich machte der König Platz und wollte auch den anderen trinken lassen.

Inzwischen hatte Hagen die schärfste der Waffen versteckt, den Betäubervertreiber *Balmunk*. Aber nicht den Schild und nicht den Ger. Mit dem Eschenspeer näherte er sich jetzt und trat hinter den, der sich da zum Trinken gebückt hatte. Hob den Ger und zielte.

Gunther sah, was Hagen tat. Auch ich sah, was Hagen tat. Und war unfähig, einzugreifen. Wenigstens einen Schrei hätte ich tun sollen, einen Warnschrei. Das hätte mir doch gelingen müssen. Wenigstens ein Ruf, ein erschrockener, ein rettender.

Aber in diesem entscheidenden Augenblick war ich so lahm und so unfähig, daß ich inzwischen meine, den Henkershieb hier in Lorsch, wenn er mich denn doch noch treffen sollte, den hätte ich verdient. Der wäre, so scheint mir oft, der passende Lohn für mein schreckgelähmtes Zögern.

Hagen zielte auf das Zeichen im Jagdkleid, stieß den Ger genau dorthin und tat es mit Wucht. Tief bohrte sich die Eisenspitze in Siegfrieds Kreuz.

Das Rückgrat hat es ihm nicht gebrochen, aber es schoß sogleich Blut aus der Wunde, das sprang aus dem Querfell, das spritzte hoch bis auf den Schild, den Hagen nun wegwarf, das schoß im pumpenden Strahl bis auf Hagens Gewand. Der Waffenmeister sah zu, daß er sich in Sicherheit brachte vor dem Todwunden.

Einen Moment lang mochte der Cherusker gar nicht fassen, was ihm geschehen war. Wer auch kann das je fassen. Als er nun aufsprang und das Blut sah überall und wie er nun den Ger in seinem Rücken spürte, den schwächenden EschenGer mit der Stahlspitze, da packte ihn ein wahnsinniger Zorn. Da wollte er die Waffe aus seinem Rücken reißen, verzweifelt versuchte er das.

Wollte sich das Eisen aus der Rückenwunde ziehen, schrie Gunther an, ihm zu helfen, der tat, als könne er das nicht, als sei er einer Ohnmacht nahe, endlich dagegen gelang mir das, ach, als es längst zu spät war, da half ich ihm, zog dem Schwerverletzten die Waffe aus dem Zwerchmuskel, das Blut sprang noch stärker, schoß ihm aus dem Kreuz, der Nibelunge erblickte seinen Schild und im gleichen Moment den Waffenmeister, wie der sich duckte hinter dem Baum.

Zwar war er tödlich getroffen, aber da blieb dem Niederländer noch eine Kraft, noch einmal, ein letztes Mal packte er eine Waffe, packte den Schild und riß ihn hoch, gerade so wie er die Brocken aus der Isenburg gerissen haben muß gegen den Drachen, noch einmal hatte er die Kraft, dorthin zu springen, wo der Mörder sich duckte, gegen den schleuderte er den Eisenschild, schrie *Tronje* und traf den Hinterhältigen heftig in die Seite. So schwer traf der Schild, daß Hagen ins Gras stürzte, daß der imperiale Heermeister weitere Schläge nicht mehr überlebte hätte.

– wäre nun der Todwunde nicht selber zu Boden gesunken. In den frischen Klee sank er, zwischen die Frühlingsblumen. Aus seiner Rükkenwunde floß das Blut, sprang in Herzstößen. Er atmete schwer, und in seiner lichten Haut zeigte sie sich, die Todesfarbe. Wand' er des tôdes zeichen in liehter varwe truoc

Da ging ihn seine Not, daß er jetzt sterben sollte, hart an, ja, da faßte ihn die Angst, die namenlose Todesangst. Da wälzte er sich, schnappte nach Luft. Und begann zu klagen, zu schelten. Laut zu hadern mit seinen burgundischen Mördern. Ich sah und hörte das alles. Mit großen, mit geweiteten AngstAugen schaute der, der da am Boden liegen mußte. Schaute uns alle an, auch mich, den Schreiber. Auch dich, meinen Leser, sieht dieser Sterbende an. Alle diejenigen, die von oben her auf ihn hinabblicken wollen, die nicht geholfen haben und nichts abgewendet, die sah und sieht er an, alle, die mitanzusehen lieben, wie das, was hatte leben wollen, geschändet wird.

Warf seinen Kopf mit weit aufgerissenen Augen hin und her, rang nach Luft, hechelte nach Atem. Und hat noch gesprochen. Was er da herausstieß, als Letztes, zusammen mit dem Blut? Er hat uns verwünscht. Uns alle. Das Imperium.

Tronje, japste er. – Drachenpack. – So dankt ihr – Arbeit –

Warf den Kopf zu den Seiten, schlug ihn hin und her, als fände er so Erleichterung. Trieb ein irrsinniges Kopfschütteln. – Giselher, höre! Schwör mir – hilf – Krimhild. – Hat noch seinen Kopf etwas gehoben, damit er mich sehen konnte. Ich zeigte ihm, daß ich ihn hörte, daß ich nickte. Und hob meine Hand ein wenig, wie im Schwur.

Ließ den Kopf wieder fallen. Aber hat dann den Gunther gesehen. Und Hagen. Atmete in heftigem Pumpen. Drehte den Kopf ein wenig zu Gunther. Wollte reden. Die Stimme erstickte.

Hagen hielt sich im Hintergrund. Aber von dort hörten wir den Heermeister sprechen. – Einer, sagte der, mußte das tun. Froh bin ich, ja, froh, daß es getan ist. *Volenti non fit iniuria*. »Dem, der es so wollte, geschieht kein Unrecht«

Siegfried, in seinem letzten Augenblick, hat das gehört. – *Wala Tronje*, röchelte er. – Und dann: Triff sie – Giselher – die – *Luginari* –

Dies als Letztes. Dem Schreiber.

Die Wiese, die Blumen allenthalben, sie waren naß. Das Gelbe, das Grüne, das war ins Rote gefärbt, das dunkelte nun tiefrot. Die Quelle, der Tümpel, übel getrübt waren die. Und nun konnte er nicht mehr reden, der Niederländer. Zuckte, krümmte sich. Wurde gekrümmt. Hatte jetzt nur noch mit dem Tod zu ringen. Und dessen scharfe Waffen, die schnitten tief und unerbittlich. Dann bäumte er sich auf, Krimhilds Liebster. Fiel nieder. Verreckte.

So ist er entlohnt worden, der Nibelunge. Beendet war sie, seine starke Arbeit, die befreien sollte, *contra terrorem terrae*.

Eine Weile wagte keiner zu reden. Dann, humpelnd, trat Hagen vor. Hielt gleich wieder still. Aber jeder hat es gesehen, wie ihm die Hüfte lahmte. Stand da und brachte es auch jetzt fertig, zu reden. – Wir sollten, sagte er, wir sollten auch jetzt, wie er uns im Schiff riet, mit einer Zunge reden. Auch das Staatsschiff braucht eine klare Tat. Und eine klare Rede. Krimhilds Mann, denke ich, dieser Hochverräter, der ist von Räubern erschlagen worden. Hinterrücks. Als erster kam er hier an. Gewann zum letzten Mal einen Sieg. Und trank von der Quelle. Und als auch wir kamen, da lag er in seinem Blut. Und starb. – Hagen sah uns an, auch mich. – War es nicht so? – Niemand widersprach.

Als wir die lange Wiesenstrecke zurückgegangen waren in das Waldlager, zur Jagdgesellschaft, und als dort alle wissen wollten, warum wir allein kämen, warum wir so schweigsam seien und bleich, da sagte Hagen dem Knappen *Walthar* und Gottlieb, Dankwarth und *Rumolt* und auch dem Vater, dem Siegmund von Xanten, denen allen und auch den Treibern wurde gesagt, der Nibelunge sei der erste gewesen bei der Quelle unter der Esche. Hätte am Wasser seine Waffen weggeworfen, habe sich dort niedergekniet und getrunken und sei gemeuchelt worden. Von Ostfalen, die, als Gunther und Hagen zum Brunnen kamen, noch aus dem Dickicht gehöhnt hätten, bevor sie flohen, gehöhnt über den Drachentöter.

Aufstöhnen. Sprachloses Klagen. *Walthar* stürzte in die Knie, schluchzte. Herr Siegmund stand bleich, gegen einen Baum gelehnt, war unansprechbar. Auf dem verwüsteten Küchenplatz standen die verwirrten Leute. Die Hilflosen, die Unfreien. Unfrei seit langem und von nun an endgültig. Mindestens für tausend Jahre, oder für nochmal tausend.

Die Jagd wurde abgeblasen. Man hatte das Edelste erlegt. Sklaven trugen das, im Dunkeln, auf einer Bahre. Zuerst über die dunkle Wiese zurück ins Waldlager. Von dort bis an den Rhein. Und die beiden Jäger-Boote trieben schließlich, in tiefer Nacht, über die verschlungenen Flußläufe hinunter, zurück nach Worms.

Auf dem Schiff, am Bug, standen Gernot und ich nebeneinander. Borstiges Kurzhaar neben den schulterlangen Locken. In die Nacht schwiegen wir beiden. Dann drehte Gernot sich um, weil er Lauscher fürchtete. Stellte sich sehr dicht neben mich, schien mir etwas sagen zu wollen, fand aber erst einmal kein Wort. Und sagte dann: Du warst weit vorn bei der Quelle. Hast alles gesehen. Keine Räuber, keine Falen? Er selber also? Hagen hat es getan?

Ich nickte. Wollte sagen »wir alle«. Konnte aber nicht reden.

Die Nacht schien mondlos. Der Himmel ohne Wolken, das Firmament sternenübersät. Der Mond blieb auch in dieser Nacht hinter den fernen schwarzen Abendbergen. Statt dessen wanderte leuchtend der Große Jäger. Tief im Westen ging er jetzt, der *Orion*, als wollte er dort verschwinden, wo die Sonne verschwunden war. Und quer über das ganze schwarze Firmament zog sich die glitzrige Sternenstraße, die keinen Anfang hat und kein Ende und von der die Leute sagen, es sei eine Milchstraße.

Lange fiel es mir schwer, mit dem Bruder zu reden. Die Wirrnis der Bilder war zu schauerlich. Ängste hemmten, lähmten. Wie kläglich waren meine elenden Fragen gewesen, meine hilflosen Rettungsversuche. Und jetzt meine Gedankenversuche.

Vor uns, unter dem Bug, seufzten vielerlei Wellen. Mein Schweigen schien mir das einzig Erträgliche. Doch dann hat Gernot gefragt, ob der Freund im Sterben noch habe reden können. Als ich nickte, wollte er wissen, was.

»Triff sie«.

»Triff sie«? Wem hat er das gesagt?

Mir, dem Schreiber.

Wen sollst du »treffen«?

Die *Luginari*. Das »Drachenpack«. Uns alle. Ich sollte ihm schwören. Krimhild zu helfen. Ich hab die Hand gehoben. Hab geschworen. Und will es versuchen. Zu helfen. Zu »treffen«.

Gernot blieb still. Hatte nun einiges zu bedenken. Wohl ihm, daß er vorerst nichts redete. Hätte er mir jetzt Hilfe angeboten, den Schwur zu erfüllen, nun, nachdem er wußte, wer da gemordet hatte, dann hätte er einem Reichsfeind Hilfe zuschwören müssen. Laut Hagen einem »Hochverräter.«

Gewiß hat mein sprachloser Bruder nun Rechtfertigendes gesucht. Daß der Ermordete tatsächlich zu viele »wunde Punkte« gewußt hätte. Daß er eine Gefahr geworden sei für Burgunds Herrschaft.

Schließlich gelang ihm wieder das Reden, und er stellte eine einfache Frage. Ob ich das letzte Wort verstanden hatte. Dies *Luginari*. Mit dem er offenbar »uns alle« habe »treffen« wollen.

»*Luginari*«. Eine Weile hörte ich den Rheingeistern zu. Ihrem Atmen, ihrem Klagen. Erst nach langer Pause, unterm Schlucken und Gurgeln des großen Stroms vor uns und unter uns, konnte ich antworten. – *Luginari* hat zu tun mit dem anderen Wort, das er an seinem letzten Tag immerzu hat rufen müssen, mit dem *Tronje*.

Ich verstehe weder *Tronje* noch *Luginari*.

Ich sah zum Himmelsjäger hinüber, der über den westlichen, über den fernen schwarzen Bergen ging. Und mir schien, als fordere *Orion* mich auf, nun nichts zu verschweigen. – In unserem Hofdeutsch heißt das eine »Zerstörer«. Und das andere heißt »Lügner«. Und beide scheinen untrennbar.

Der Schreiber soll die Lügner treffen?

Das ist unter den Schreibregeln wahrscheinlich die beste. – Auf dem fahrenden Schiff hörte ich wieder das Wassergemunkel. Und redete dann ins Dunkle hinein. – Oft aber ist mir, als ob auch der Schreiber nur ein Lügner ist.

Du selbst hast gesagt, Wahrheiten finden sich höchstens in den Märchen. Also in den Lügen.

Ich sah wieder zum westlichen Gebirge hinüber und meinte nun zu erkennen, wie der gestirnte Riese sich veränderte. Ja, der Himmelsjäger verwandelte sich. Plötzlich erschien der mir wie ein unerhört riesenhaftes Milchtier. Ich sah wieder und wieder dorthin und sah jedesmal dies Himmelsrind. Fürchtete, ich hätte einen *raptus*, einen Irrsinn. Und vermied es, darüber zu sprechen.

Komm, sagte ich dem Bruder und ging zurück, über die ganze Länge des Schiffes gingen wir bis an das Heck. Stellten uns dort neben die Bahre.

Bei der bleichen Totengestalt stand *Walthar*. Hielt Wache. Und hielt den Rappen Grani. Auf der Tragbahre schimmerte, im fahlen Sternenglanz, dieses helle Gesicht. Neben ihm wachte *Walthar*. Der Mann, der das Wissen hatte vom Nachtlauf der Sonne. Der auf der Fahrt nach Island beschrieben hatte, wie das Feuergestirn sich nachts durchs Finstere biegt und in unausweichlichem Bogen zurückkehrt.

Auch hier redete nun nur der Strom. Unter seidigen Nebelstreifen hörte ich ihn, *rhenum horridum*. Und hörte nun auch den, der da lag, hörte ihn immer nochmal keuchen. Die Stimme, wie sie im Ächzen das Letzte gerufen hat. Hilf Krimhild. Triff sie. Die Lügner.

Mich fror. Nebelkappen zogen über das schwarze Wasser. Von den grauen Schatten suchte ich wegzuschauen und blickte wieder hinüber zum Horizont, zu meinem Himmelsbild. Sah dort aber, so oft ich auch hinschaute, daß die Jägersterne, ob ich es wollte oder nicht, ein neues Bild zeigten. Die bildeten nun ein großes Himmelsmilchtier. Friedlich freundlich stand das über den Bergen im Westen. Foppte da, log dort nun *Loki*? Das Wintergestirn *Orion* zeigt in der »unteren« Hälfte die klaren Umrisse einer Kuh, als Ansicht von der Seite (abgelichtet in den Erstausgaben von »Der Jahrtausendflug« und von »Essen Viehofer Platz«).

Weit nach Mitternacht erst legten wir in Worms an. Den Hafenwächtern erklärte Hagen mißmutig, ohne daß sie irgendwas verstehen konnten, weil Hagen Latein sprach, die Jagd sei vorzeitig beendet. Ein *horror inanis*, eine *calamitas improvisa* sei geschehen. »Ein unsagbarer Schrecken, eine unvorhergesehene Katastrophe« Und da er sah, wie die *Diutisken* oder die Deutschen »die Leute«, »das Volk« nichts begriffen, fügte er hinzu, der Freund

und Helfer aus Xanten sei in einen Hinterhalt geraten. Räuber oder wildernde Ostfalen oder vertriebene Juden hätten den Nibelungen feige erstochen, hinterrücks, als er ungeschützt war, als er sich gebückt habe und aus einer Quelle trinken wollte vor *Otenhaim*. – Der Heermeister betrieb sie von Anfang an, die *damnatio memoriae*. Nach römischem Recht »die Vernichtung des Gedenkens«, die Auslöschung der Erinnerung an einen wegen Hochverrats Verurteilten, an einen Hingerichteten

Da ergriff die Hafensklaven großes Entsetzen. Nahmen die Trage, hoben sie hoch und klagten über die unsicheren, über die mörderischen Zeiten und schafften die Last hinauf in die Herrenpfalz. Noch im Hof herrschte Hagen die Kahlköpfe an, sie sollten ihren Jammer zügeln, sollten still sein. Und dann, in der mitternächtlichen Burg, als die Bahre durch die Gänge getragen wurde, verbot Hagen, Lichter zu zünden. Im Dunkel ließ er den Leichnam vor Krimhilds Kammer niederlegen. Direkt vor Krimhilds Tür. Heimlich. Die Dienstleute stahlen sich fort. Ich sah, daß viele weinten.

Ich hab Hagen gefragt, ob ihm wirklich nichts leid tue. Da sagte er, ihm seien die Tränen der Frau gleichgültig, die König Gunther und das Reich ins Wanken gebracht habe. So gleichgültig seien ihm die Tränen, die Krimhild nun vergießen werde, daß er mir verbiete, nun etwa zu ihr zu gehen und sie zu wecken und aufzuwiegeln, wie das der Sterbende von mir verlangt hätte. – Mir hat dein sterbender Vater aufgetragen, die Herrschaft zu wahren. Und das tust auch du.

Statt sie zu wecken, hielt ich Wache vor ihrer Tür. Stand bis zum ersten Frühlicht neben dem Leichnam. Und dann geschah es, daß noch vor der Morgendämmerung meine Schwester aus der Kammer wollte. Wie im Schlaf kam sie hinaus, blieb stehen. In der Tür tat sie einen kurzen hellen Schrei. Überall war es dunkel, aber ihr Gesinde kam, Frauen näherten sich mit Licht. Dort, quer vor ihrer Tür, da lag er.

In die Dunkelheit hinein, leise, bebend, mit flatternden Händen, die das Leichentuch hoben, sagte sie einen Namen. Den Namen Hagen. Sofort und fast flüsternd: Hagen von *Tronje*.

Die Frauen kamen mit Fackeln, beleuchteten den Gang, die Tür, sahen sie am Boden knien vor dem Leblosen, sahen sie in der Erstarrung zittern, sahen, wie sie das Haupt ihres Mannes in schüttelnden Händen hielt, erkannten nun alle, wer da lag, sahen das Blut auf dem Bahrentuch und hörten die Frau leise abermals nur dies eine sagen, den Namen Hagen.

Dann schien sie gegen die Wand zu sinken, richtete sich aber wieder hoch und hielt, nun heftiger bebend, den Kopf, hielt wie eine Frühlingsgöttin das Zerstörte, hielt in die flackernde Stille hinein das Haupt des Toten in ihren weißen Händen. Bis jetzt schien sie unter dem Zittern fast starr geblieben. Und hat den Mördernamen ein drittes Mal gesprochen, geflüstert hörten wir: Hagen von *Tronje*.

Nun aber schlotterte sie mächtiger, bekam endlich Atemluft, jetzt schüttelte es sie am ganzen Leib, und mitten aus ihrem erschütterten Querfell heraus packte es sie nun bis in die Hände und bis in den Kopf, und jetzt, als begriffe sie erst jetzt, daß diesmal alles kein Traum mehr war und kein Spiel, sondern daß hier und jetzt das Unfaßliche tatsächlich geschehen war, daß jetzt ihr Falke wirklich erschlagen vor ihr lag, da schrie sie gewaltig.

Schrie.

Wie eine Rasende schrie sie.

Von Krimhilds unerwartet starkem, von ihrem unglaublichen Schreien, von ihren Schmerzensschreien und Wahnsinnsschreien und Racheschreien ertosten von nun an die Mauern. Ja, von jetzt an schrie sie über alle Maßen. Schrie über die mondlosen Dämmerungsstunden hindurch bis in den hellen Tag hinein. Schrie so lange, bis am Mittag ihre Stimme so zerstört war, daß nur noch schwarzsaures Grollen durch die Pfalzgänge kroch, nur noch hustend bellendes Ächzen.

Da gab es niemanden und nichts, was sie hätte hindern können, zu schreien. Da war nichts, was sie hätte ablenken oder still stellen oder gar trösten können. Nicht einmal Frau Ute gelang es, sie zu beruhigen. Auch nicht mir und nicht dem Iren Kilian *Hilarus*. *Done kúnde némen getroesten daz Sîfrides wîp*

Uns alle stieß sie weg. Mit ihren schauerlichen Schreien. Mit diesen untröstlichen, mit diesem ganz und gar hemmungslosen, zornglühenden, hochlodernden und niederstürzenden und zu immer neuem Irrsinn aufbegehrenden Frauenschreien.

Diese Töne, so schien mir, waren so ungeheuer, daß sie ihr den Kopf hätten zerspalten müssen. Aber der platzte nicht, der zersprang nicht. Nibelungische Kämpen erschienen mit dem Herrn Siegmund, die banden sich vor ihren Augen, damit sie das sehen mußte, schwarze Rüstungen um, schlugen Eisen gegen Eisen, gelobten Vergeltung.

Sie aber schrie.

Mit Feuerton, mit Eisenstimme schrie sie. Hörte nichts. Sah nichts und niemanden, wollte nichts anderes wahrnehmen und tun, als von nun an und für immer ihren wahnsinnigen Schmerz schreien. Ihren Mauern und Käfige zerbrüllenden Schmerz.

Den kreischte sie, den stieß sie, den heulte sie heraus. Was sie je an Haltung und Höflichkeit gezeigt hatte, und wahrlich, das war nie wenig gewesen, ach, alles was diese Krimhild je an Schönheit ausgezeichnet hatte, all das zerkreischte sie.

Ihre gellende Klage verstummte erst, als ihre Stimme zerborsten war und tot. Da stand die Sonne schon tief hinter dem Mittag und leuchtete in den Burgflur hinein. Schien auf den Leichnam. Wie unter Trümmerpoltern erstickte ihre Stimme. Starb in schwer hustenden Atemzügen. In kratzenden, in krächzenden Luftzügen mußte sie es untergehen und ersticken lassen, ihr heiseres Bellen, ihren erbärmlichen Jammer. Der erstarb im zerzuckten Zwerchfell, im ausgewrungenen.

Hüllte sich in das schwarze Tuch, das ihr die Mutter über die Schultern gelegt hatte. Zog sich das über den Kopf, verbarg sich darin ganz und gar. Schlotternd.

Da, als sie nur noch beben konnte und keine Laute mehr hatte, da nahm ich mir, in meiner *misericordia* Mitgefühl wie von Sinnen, ein Herz, näherte mich ihr sehr dicht und redete in das zuckende dunkle Tuch hinein. Sagte ihr leise all die Worte, die der zuletzt gesprochen, dessen Leib hier vor ihr lag. Sprach ihr das wortwörtlich vor, auch noch die Worte zuvor im Wald, vom *muspil* über die *heilac werlt* bis zu *mord* und *mihil meginfard* und bis hin zum Letzten, bis zu *Tronje* und *Luginari* und »Triff sie!«

Die Zitternde antwortete nicht. Hat aber, da bin ich sicher, alles gehört.

Als ich dann den Leichnam mit dem Auerochsenfell ganz bedeckte und als dann Kahlgeschorene den Erschlagenen, nachdem ich ihr's gesagt hatte, hinüber zum Münster tragen sollten, da wollte sie sich aufrichten. Ich stützte sie und, auf meine Schulter gestützt, folgte sie der Bahre. Durch den Burghof schleppte sie sich, der Last hinterher, ihrem Falken, dem »Bauernopfer«, dem »AntiChrist«, dem »Hochverräter«. Ein schwarzer Krummleib hinkte da hinter der Totentrage her, stöhnend, zerknickt, hustend. So schlurfte sie an meinem Leib, wankte unter dem SchwarzTuch über den Platz vor dem Münster, über die Treppe hinauf in das Grufthaus hinein.

Als die Bahre in der Kirche abgesetzt war, sank sie davor auf die Knie. Ich stellte mich neben sie, neben den dunkel verhüllten Leib und sagte, daß ich hier ebenfalls wachen und ihr helfen wolle. – Ich wartete. Die Sklaven hatte ich hinausgewunken.

Da hörte ich, wie sie etwas zu sagen versuchte. Aus dem stimmlosen Rachen kamen einige wenige Worte. Tonlos, rasselnd kamen die. Flüsterte, ich solle sie alleinlassen. Drei Tage, drei Nächte werde sie hier wachen. Neben dem, der *libertatem* hätte wecken wollen.

Drei Tage knie ich. Drei Tage. Drei Nächte. Weil auch ich ihm nicht half. Weil auch ich ihn belog. Mit dem Mörder betrog, mit dem *Tronje*. So lange knie ich auf diesen Steinen, wie die Hochzeit noch hätte dauern sollen. Stell draußen die Wachen. Daß hier niemand stört. Mich und meinen Geliebten. Daß niemand hereinkommt in unser Lager. Die Vettern, die müßte ich zerfleischen. Drei Tage lang und drei Nächte will ich mich an meinem lieben Mann ersättigen.

So, mit diesem Liebeswort, so hat sie's gesagt. Und hielt Wort. Draußen vor dem Portal standen von nun an *Walthar* und ich und Kilian und *Rumolt* und andere und ließen niemanden ein. Auch den Bischof ließen wir nicht in das Haus seiner Kirche. Drei Tage und drei Nächte lang kauerte die junge Frau neben dem Toten. Regungslos. Ohne den Blick von dem Riesen zu wenden. Sich »ersättigend«.

Noch im klerikalen Epos um 1200: *Drî tage und drî nahte will ich in lâzen stân, unz ich mich geniete mînes vil lieben man* ». . . bis ich mich ersättigt habe . . .« – Vgl. ihren Brief vor der ersten Liebesnacht: *adimplebo*

Nun, nach fast einem Jahr, fürchte ich, schon die nächsten Zeiten werden erweisen, ob und wie sich Krimhilds Voraussage erfüllt. Die vom Zerfleischen und vom Ersättigen. So wie ihr Traum vom Falken sich erfüllt hat, so könnten nun, scheint es, auch diese Worte Wirklichkeit werden. So daß die Witwe sich sattfressen wird am Fleisch.

Kilian, der soeben meinen Bericht von Siegfrieds Erschlagung aus meinem Schreibkerker trug, hinüber in die Sicherheiten außerhalb des Zwingers, der sagte mir, eine Delegation der Hunnen unter Markgraf Rüdiger von Bechelaren Pöchlarn bei Wien biete den Burgundern Frieden. Fünfunddreißig Jahre nach dem katalaunischen Krieg hätte er gesagt, sei es Zeit, sich zu versöhnen. Bei der »Völkerschlacht« auf den katalaunischen Feldern an der Marne besiegten im Jahr 451 Römer, Westgoten, Burgunder und andere Verbündete und Vasallen die Hunnen unter Etzels Vater Attila. Man schätzt die Zahl der Opfer auf 150 000. So der Historiker *Iordanis*, ein romanisierter Gote des 6. Jahrhunderts

Die Burgunder in Worms, meldet Kilian, wollten aber Herrn Etzels Botschaft nicht glauben. Die Vettern und die Brüder erinnerten sich an allzu vielen Betrug auf beiden Seiten, ja, auch an die vielen Fälle, in denen sie selber Verträge gebrochen hatten. Nicht nur an *Ermanarich* dachten sie, nicht nur an die sächsischen Ostfalen bei Würzburg und nicht nur an den Nibelungen. Wie auch könnte den Burgundern von nun an noch irgendwer ehrliche Absichten zutrauen. Wer denn sollte diesen Volksstamm nun nicht mit guten Gründen in jede Art von Falle laufen lassen.

Doch von den Hunnen und von ihrem Botschafter Rüdiger höre man Ungeheures, sagt Kilian. Kaum ein Jahr erst liege der niederländische Königssohn unter der Erde und nun, so heiße es, biete der hunnische Herrscher in aller Form an, die Witwe zu heiraten, Krimhild.

Diese Werbung verbreite Schrecken wie Hoffnung. Bislang habe noch niemand gewagt, mit der Trauernden zu reden. Das scheine noch immer vollkommen unmöglich.

Als Krimhild damals, in der ersten Nacht, am Leichnam wachte, da zog vom Bergfried ein summender Ton über die Pfalz, ein Surren. Der Hornissenton? Schon als man im Bergfried den Streit der Königinnen zu ergründen versucht hatte, drang solch ein Ton aus dem hohen Turm. Nun wehte wieder dies Surren durch die Nachtschwärze, tönte je später desto schärfer und desto schneidender. Was anfangs wie ein wehes Klagen klang, schien sich mit fortschreitender Nacht zu verändern, schien bedrohlich zu werden, schien mehr und mehr zu grollen. Da stieg aus Wotans Wutgetränken abermals dieser steinern schlagende, dieser seherische Zorn empor und rumorte düster von der Turmspitze herunter bis zu den Zelten unten vor der Pfalz, bis zu den Nachtfeuern der Sklaven, bis in die kahlgeschorenen Schädel der Unfreien.

Hagen hatte Vorsorge getroffen, hatte von Beginn an die Gerüchte gesteuert. Wo immer in Worms zwei über das Geschehene redeten, entstand Verwirrung, gab es Streit. Die einen glaubten, daß es in der Tat Ostfalen gewesen sein müßten, die sich am Xantener gerächt hätten, solche, die sich hätten betrogen und überlistet fühlen müssen. Andere meinten zu wissen, daß es keine Ostfalen mehr gab, sondern daß es die öffentlich entehrte Königin war, die den Auftrag zur Ermordung gab. Wieder andere schworen, der weise *Chrysostomos* hätte recht, solches Unglück käme in jedem Fall von den Juden.

Den Edelsteinkaufmann Hirsch, dem der Nibelunge bei der Reise an den Main das Juwelengeschäft verdorben und der ihm statt der wertvollen Steine eine Eule in die Kiepe getan hatte, der stand plötzlich in furchtbarem Verdacht. Nicht umsonst hätte der sich gerühmt, das *Tronje*-Gebrüll zu durchschauen und den Hortjäger besser zu kennen als alle anderen im Land. Von diesem Herrn Hirsch hieß es mit einemmal, er sei es, der ihn hätte umbringen lassen, den Leutefreund.

Und dann hetzten dummköpfige *diet* in ihrer hirnlosen Wut den reichen armen Kaufmann Hirsch durch die Gassen, jagten ihn zum Hafen, so wie der Niederländer den Ringwolf gejagt hatte, nur war das diesmal kein Spiel, sondern der Herr Hirsch versank in allem Ernst, als sei dies der Beleg für seine Schuld, in der Jauche. Erstickte im Stadtdreck, an der Stelle, an der Sieglinds Sohn den Bischof wieder herausgezogen hatte. Viele sahen dabei zu, keiner half dem Ohnmächtigen, auch der Bischof nicht. Der und Seinesgleichen am allerwenigsten, weder jetzt noch gewiß je irgendwann später. Konrad Adenauer, katholisch, 1949 bis 1963 erster Kanzler der Bundesrepublik, am 23. 2. 1946 an einen katholischen Geistlichen: »Nach meiner Meinung tragen auch die Bischöfe eine große Schuld an den Vorgängen. Das deutsche Volk, auch Bischöfe und der Klerus . . . hat sich fast widerstandslos, ja zum Teil mit Begeisterung gleichschalten lassen . . . Im übrigen hat man gewußt – wenn auch die Vorgänge in den Lagern nicht im ganze Ausmaße bekannt waren –, daß die persönliche Freiheit, daß alle Rechtsgrundsätze mit Füßen getreten wurden, daß in den KZs Grausamkeiten verübt wurden, daß unsere SS und zum Teil auch unsere Truppen in Polen und Rußland mit beispiellosen Grausamkeiten gegen die Zivilbevölkerung vorgingen. Die Judenpogrome 1933 und 1938 geschahen in aller Öffentlichkeit. Die Geiselmorde in Frankreich wurden offiziell bekannt gegeben. Man kann wirklich nicht behaupten, daß die Öffentlichkeit nichts gewußt habe, daß die NS-Regierung und die Heeresleitung ständig gegen das Naturrecht, gegen die Haager Konvention und gegen die einfachsten Gebote der Menschlichkeit verstießen. Ich glaube, daß, wenn die Bischöfe alle miteinander an einem bestimmten Tage öffentlich von den Kanzeln Stellung genommen hätten, daß sie dann vieles hätten verhüten können. Das geschah nicht, dafür gibt es keine Entschuldigung.«

Von der tödlichen Beweisführung gegen den Juden Hirsch hielten sich nur die fern, die zu wissen vorgaben, daß in Wahrheit die isländischen Frauen die Ursache allen Übels seien, jene Pechbotinnen und Unglücksraben, deren Düsterton nun über die Dächer strich. Die Mitternachtsfrauen, da habe Ringwolf recht, die Frauen noch weit eher als die Juden, die seien die wahren Schad-Alben und Albdrückerinnen. *Nifhel*weiber und Heckenreiterinnen hätten König Gunther wie auch den Nibelungen in Bann geschlagen, hätten die Herrlichkeit Burgunds verhext.

In der ersten Nacht, in der Krimhild wachte und in der die Schwachköpfe Herrn Hirsch ertränkten, stand ich nach Mitternacht noch vor dem Münster und war in diesen späten Stunden ein einsamer Wächter. Hörte aus der Höhe das Zornsurren und sah fern am westlichen Himmel den Jäger, der, das war kein Irrtum, von nun an als himmlisches Vieh erschien. Und bemerkte dann, zum Burghof hin, ein Fackellicht und eine Gestalt.

Die zeigte ungleichen Schritt. Trug ein Paket. Eine Weile beobachtete ich den Mann, der sich da näherte und der kaum damit rechnete, daß ihn so tief in der Nacht noch jemand beobachtete. Am Humpeln war er zu erkennen, auch an dem friesischen Filzmantel, den er beharrlich trug.

Schlich sich unter der Mauer dahin mit einem Paket. Trug etwas, das in Schaffell gehüllt war, das er halb unterm Mantel verbarg. Ich verhielt mich still und bekam mit, wie der burgundische Waffenmeister unterhalb der Kirche seine alte Schmiede betrat, die seit langem ungenutzt war, wo er, bis der Nibelunge mit seinen anderen Künsten kam, die Esse mit Schwefelkohlen aus dem Land hinter *Colonia* geheizt hatte. Dort drinnen zündete er nun ein Licht. Ich näherte mich, ging bis unter das Fensterloch neben dem Kohlenkoben und sah, wie Hagen neben dem Amboß das Fell auseinanderwickelte und wie er ein Schwert herauszog. Den Schwertgriff meinte ich zu erkennen. Die Kuhschädelform.

Mit den alten, mit den übelriechenden braunen Kohlen machte er Feuer, trieb und blies es zur Glut und brachte endlich auch *Balmunk* dort zum Glühen, wo der Ansatz zum Griff ist, beim oberen Ende der Klinge. Als ihm die Glut passend erschien, klemmte er den Griff in den Schraubstock, preßte das Eisen in die Metallbacken und begann, mit einer Zange die Klinge am Glutpunkt zu biegen, ja, *Balmunk* sollte gebrochen werden, der Betäubervertreiber. Hat die Klinge, mit gekniffenen Augen, unter großer Anstrengung abwärts gekrümmt, legte sein ganzes Körpergewicht auf die Zange und das Krümmen, bog die Waffe tiefer und tiefer. Aber sie zersprang nicht. Da wiederholte er den Vorgang, entfachte das Feuer mit den alten Wormsischen Braunkohlen noch stärker, wollte *Balmunk* ganz und gar aufschmelzen, hielt den keltisch-römischen Mischstahl in die Kohlen, die stark rauchten und schweflig stanken, aber in den schlechten schwachen Kölnkohlen zerschmolz *Balmunk* nicht und zeigte nur wieder, im stinkenden Rauch, die Glutfarbe. Da klemmte Hagen die Waffenklinge abermals in den Schraubstock, bog sie diesmal so weit hinab, daß die ungeheure Spannung im vielfältigen Stahl plötzlich blitzend zersprang, zersprang aber nicht wie andere Schwerter und wie der Waffenmeister das wollte, brach nicht in zwei Hälften oder in wenige Stücke, sondern zerstob zu Hunderten winzig spitzigen Eisenfeilsplittern, die dem Mann in der nächtlichen Schmiede dutzendfach ins Antlitz fuhren, ins Gneisgesicht.

Der Schwertstahl, vor Jahren über der Ruhr vielfach zerteilt und zermahlen und immer wieder neu erschmolzen, zuletzt aus der tierischen Freßgier der Gänse, über den *Asnithi*-Glutsteinen zu immer neuen Schichtungen ausgeschmiedet mit römischer wie druidischer Feuerkunst, dieser unter so vielfachen Spannungen gelungene Betäubervertreiber *Balmunk* hat dem Herrn Hagen das Gesicht verrissen, hat ihm Stirnhaut und Wangen zerfetzt zu feinsten Löchern, zu dünnen violetten Wunden.

Hagen von *Tronje* heißt er seither auch bei den Leuten und bei den Oberen, unser burgundischer Heer- und Waffenmeister. Der Mörder war gezeichnet, der Zerstörer als Zerstörer. Der am Ende, wie Ute es vorausgesagt hatte, sein eigenes Gesicht traf und der es doch auch bis zuletzt gewahrt hat, sein elendes Treuegelöbnis, sein kurzsichtiges Gefolgschaftsgesicht, sein »eingesperrtes« Denken im Romkäfig, im Dienst an der Staatsmacht. O, ich muß aufhören mit Schreiben, der Zorn übermannt mich, der schreibt schlechte Sätze.

Ebenfalls in dieser Nacht, in der Hagen zum *Tronje* wurde, in der Herr Hirsch in der Hafenjauche erstickte und in der Krimhilds Schreie in der düsteren Heiligensteinhalle ganz und gar verstummt waren, in dieser Nacht endete auch das Zornsurren im Bergfried. Ritt eine vermummte Gestalt über den Kirchenplatz, kurz drauf auch die Frauen aus Island, die folgten ihr, gleichfalls beritten. Die Gefährtinnen vom Isenstein versuchten, sie aufzuhalten, die Königin aus dem Eis- und Feuerreich. Brünhild war nun auf jener Flucht, von der sie schon an ihrem ersten Tag in Worms gesprochen hatte, im Gespräch mit König Gunther. *Wess' ich, war ich möhte, ich hete gerne fluht.* »Wüßte ich, wohin, ich würde am liebsten fliehen« (Hs.B, Strophe 622,2, vgl. S. 469)

Die Rantochter wollte zurück in das Land, das als barbarisch galt, als Nifhelheim oder Nebelland, aus dem Männer sie mit mehrfachem Betrug gelockt hatten. Die Nacht war klar, der Polarstern deutlich zu erkennen. Auch die linke Tatze des Großen Bären, auch *Orion*, zum Milchtier verwandelt. Die Himmelslichter zeigten Brünhild den Fluchtweg. Sie war nun nicht etwa von allen guten Geistern verlassen, war auch nicht etwa in Mohnwut oder Mondrausch, im Gegenteil, es darf vermutet werden, daß nun auch sie, wie der Nibelunge, zu viel wußte und klar durchschaute, unerträglich viel.

Sie kannte jetzt die Geschichte, sah nun, was der Cherusker nach jenem Wettkampf auf dem Isenstein dem König noch wie vergnügt zugeraunt hatte, aus der eigenen Verkappung heraus, daß im neuen Imperium Trug und Tarnung die obersten Gesetze seien. Dies auszuhalten und da mitzumachen, und sei es auch nur im Spielerischen, so wie der Xantener es konnte, das war ihr nicht möglich. Von dem, den sie unaussprechlich liebte, sah sie sich verraten, ja, gedemütigt. Den sie für ihren »Genossen« gehalten, der war, Krimhild zuliebe, ein Betrüger geworden, auf Island wie in Worms. Und der war darüber nun selber zugrunde gegangen.

Die RanTochter durchquerte die Ebene und die Wälder, das oberrheinische Plattland, beim Tagesanbruch erreichte sie Mainz und den Rhein, dort, wo der Strom nach Westen umbiegt. Dort ließ sie sich übersetzen.

Ratlos sind die Gefährtinnen zurückgeblieben, nur sie, meine Freundin, die Alberichnymphe, hat die Verfolgung fortgesetzt, hat sich ebenfalls über den Strom fahren lassen ans andere Ufer und hatte dann die Isländerin noch lange im Blick, als eine schwarz dahinwehende Gestalt, unterwegs in der nördlichen Richtung.

Doch waren Wolken aufgezogen, es hat zu regnen begonnen, und die Frau hat die Mitternachtsrichtung verloren. Hinterm Rheinbogen endet die große Ebene, beginnt das Taunusgebirge. Rans Tochter ist schließlich, als es wieder dunkelte, dort, wo das Gebirge am steilsten ist oder die Rheinschlucht am tiefsten, entweder, um die Verfolgerin abzuschütteln, oder aber aus schierer Verzweiflung, auf eine Felsenkante gestiegen, auf eine hohe Klippe, und von dort oben habe der Nachtwind ihre Rufe heruntergetragen, mahnende Töne, klagende Schreie. Frauenschreie.

Uuologa elilenti harto bistu herti
Sorgan mac diu krapft, unzi dat twingan slingit
Gradag logna ist kiuuafanit
Danne wirdit untar ük forhta arhapan
Diu marha uuirdit farprunnan in fiur vluot
Ia land enti thiut logna farterit!

Muor uuarswilhit sih, suilizot louc der himil
Te hui sculan wit uuerdan nu?
Latad iu an iuuuan mod sorgan
Diu freya stat piduuungan
Ni uueiz mit uuiu haptbandun heptan
uuiu gripan diu luginari
So verit sie za himilzungalon

Und hätte sich nach diesen Rufen in die Tiefe gestürzt. Die schwarze Schlucht hätte getönt *subito terrae motu* »in plötzlichem Erdstoß«, ja, ein Klang sei da gewesen und ein Aufflammen gegen die Nachtwolken und hätte gezuckt wie das isländische Feuerleuchten. Und ihr Fluch, in unserem Hofdeutsch, meinte folgendes:

Wehe, elendes Land, Fremdland,
Hart bist du, unmäßig hart
Verkümmern muß hier die Kraft
Bis sie das Zwingen verschlingt
Denn die Gier hat sich bewaffnet
Darum wird unter euch Angst sein
Ja, diese Länder werden verbrennen in Feuerflut
Und Flammen fressen das Land wie die Leute

Selbst das Moor wird verdorren, ja, es schwelt in Glut der Himmel
Welches Wissen kann uns jetzt noch helfen
Bereitet euch vor in euerem Denken
Die freie Frau steht bezwungen
Sie weiß nicht, mit welchen Schlingen sie sich wehren
Wie sie die Lügner packen soll
So fährt sie davon, zu den Himmelsfeuerzungen

Als am nächsten Tag das Gerücht ging, Brünhild sei geflohen, da wollten in ihrem Schrecken alle Söhne Gundomars zu ihrem Ratgeber und Waffenmeister und trafen sich zu einer geheimen Besprechung im Wehrturm. Auch ich ging dorthin, obwohl ich nach den Nachtwachen müde war und nach wie vor gelähmt von Trauer.

Im Turmzimmer stand er, und wir erkannten ihn zuerst nicht. Erschraken vor diesem weiß gesalbten Gesicht. Gernot faßte sich zuerst und wollte wissen, was diese Salbe bedeute, ob er sich verbrannt habe. Hagen antwortete, wir wüßten doch, Mörder, um gegen Rache gefeit zu sein, hätten ihr Haupt zu salben.

Von wem er und wofür er Rache fürchte, fragte Gunther. – Der Königin Brünhild jedenfalls hast du nie ein Leid zugefügt. Und den Nibelungen, das wissen nun alle, den erschlugen Räuber beim Frankental.

Er nickte, der weiße Kopf. – Ob wir denn nicht hörten, sagte er, wie jetzt den barbarischen Leuten der kahle Schädel schwirre, im libellischen, im Krokustaumel. Und ob wir nicht auch die Niederländer bemerkten. Überall zeigten sich die Xantener in ihren dunklen Waffen und Rüstungen, die keltisch-cheruskischen Gäste.

Da sagte Gernot, den Zorn der Xantener müsse man verstehen. Ob es jetzt nicht sinnvoller sei, statt sich auffällig zu salben und zu kennzeichnen oder zu tarnen, die Gäste aus Xanten zu besänftigen. – Ich würde ihnen den Hort zurückgeben. Der Hort hat ihm gehört, ihrem Königssohn.

Kein Geschenk geht zurück. Nichts wird hier verschenkt. Schon gar nicht den Niederländern. – So redete der unter der Maske.

Da sagte ich: Bevor nun wieder ein neuer Neidstreit beginnt, bitte ich unseren Freund und Ratgeber Hagen, die Frage zu beantworten, die uns allen sehr viel mehr den Atem nimmt als die Frage nach dem Rheingold, eine Frage, die uns den Schlaf raubt und die Fassung. Warum, um Burgunds willen, konntest du tun, was du getan hast. Gefaßt frage ich dich, auch wenn ich jetzt viel lieber brüllen wollte, brüllend durch Worms rennen und das Wort MORD brüllen und das Wort Hagen von *Tronje*, ja, eigentlich müßte ich das schreien, fassungslos schreien, so wie unsere Schwester hat schreien müssen.

Als ich schwieg, sahen sie ihn alle an, den verwandelten Heermeister. Der nickte, holte Luft und sagte Wörter, die aus seinem Graubart wie eine Rede kamen, die er sich vorbereitet, die er sich gut zurechtgelegt hatte.

Schreiber, was du Mord nennst und was ich jetzt, unter der Schminke, selber Mord genannt habe, das war in Wahrheit die letzte mögliche Rettung für Burgunds Reich am Rhein. Das war Rettung aus hochnotpeinlicher Gefahr. Wie ich es dir, Giselher, auf Island vorausgesagt habe: Der Bauer hatte sich verwandelt. In die Große Jägerin, in die königliche Verwüsterin des Schlachtfelds. In den Störgeier, der die UnruheSucht verbreitet, jene Krankheit, die alle Regierungskunst und Disziplin untergräbt. Das ist der Wahnsinn, der allenthalben träumen muß vom FreiSein. Der jede Art Macht für einen Drachen hält, den man bekämpfen muß. Egal, ob die Macht eine Krone trägt oder eine Mitra. Dein Freund, der Kraftklotz von der Ruhr, der war von Grund auf ein Ordnungsfresser. Der blies unseren Leuten den alten keltischen Wahn in die Hirne, trieb den Bauern und Sklaven und Deutschen und Frauen Freiheitsflausen ins Hirn. Ja, dieser Hürnerne hat in Zelten und Küchen und Werkstätten die bornholmischen Geister geweckt, von denen wir uns glücklich entfernt hatten. *Speciem horribilem praebuit*, der versursachte Schreckliches, Aufruhr und Konflikte, libellisch rebellisch, und darum war es höchste Zeit, diejenige Instanz vor der Lächerlichkeit zu retten, die am Rhein für *ordo capitum* sorgt, für die Ordnung in den Köpfen. Nämlich die königlich weltliche und die kirchliche. Noch in Hunderten Jahren werden die Fürsten Europas einem wie mir danken, daß der Zündfunken noch einmal ausgetreten wurde. Noch in tausend Jahren, Freunde, werden die Mächtigen einen wie mich den »Treuen« nennen, im Dank für das, was nur bei Hirnlosen als Mord gilt. Wann immer Politiker heute von den Nibelungen reden, wissen sie was von der »Nibelungentreue« (s.S. 805)

Er sah uns der Reihe nach an, jeden der burgundischen Brüder. Keiner wagte Widerspruch. Dann schabte er sich, als sei nun alles geklärt und alles so wie früher, kratzte sich seinen grindigen Rücken und sagte: Zu beseitigen war nicht nur der Ordnungsverächter und Grenzenstörer. Löschen wir nun auch die Erinnerung an ihn. Statt immer noch Gedanken an diesen Barbaren zu verschwenden, reden wir statt dessen von so entscheidenden Sachen wie denen, die Giselher jetzt offenbar nur ungern zur Kenntnis nimmt. Reden wir vom Hort. Alle Kelten erklären uns *subtili oratione* »tiefsinnig«, wie wenig ihnen Besitz bedeutet. Sollen wir also die cheruskischen Kelten mit Besitz belästigen?

Da sagte ich: Vielleicht reden wir zuvor noch davon, daß diese Nacht die burgundische Königin floh.

Wer floh?

Ins Taunusgebirge ist sie geritten, Brünhild. Und von dort oben hat sie unser rheinisches Land verflucht. Unser Land und uns alle. Verbrennen würde dies Reich, ja, beides werde über uns kommen, Feuer wie Wasser, eine Flut aus Flammen. Und ist dann, so hörte ich, auf und davon, zu ihren Himmelsfeuerzungen.

Da ächzte der veränderte Vetter. – Nehmt es zur Kenntnis. Diese sogenannte »tüchtige Königin«, sie lebte in Kilians Gesängen. Die war nichts anderes als eine der bornholmisch libellischen Einbildungen im Kopf unseres Königs, damals, als er von keltischen Harfenklängen wirrsinnig wurde. Und da es diese sogenannte Königin in Wahrheit immer nur als Irrlichterei gab, schon auf Island nur als *Loki*-Feuer, so meine ich, gab es in der letzten Nacht auch keine Flucht. Merk dir das, Schreiber. *Damnatio memoriae* gilt auch für deine, für die burgundische Chronik. – Die Augen in seinem Kalkgesicht glänzten feucht, wie faule Astlöcher.

Auch ich, sagte Gunther, fände es hilfreich, ja geradezu befreiend, wenn von nun an niemand mehr von ihr reden würde, niemand mehr von meiner Männerpein und Demütigung. Ja, von nun an, ich bitte euch, kein Wort mehr von meinem allzu schönen Hirngespinst. Wahrlich, darum ersuche auch ich euch, flehentlich. Brünhild wird in der bislang ausführlichsten Überlieferung, im klerikal verfaßten Epos (in allen Fassungen) nach dem Mord an Siegfried mit keinem Wort mehr erwähnt, zum letzten Mal in Strophe 1100 (Sankt Galler Hs. B), danach in den weiteren 1279 Strophen nicht mehr

Aber über den Hort dürfen wir noch reden? fragte Gernot, und er schien grimmig.

Da sagte König Gunther: Nachdem diese Verhängnisse und Nebel endlich gelichtet sind, fände ich es gut, wir verschenkten es, das Rheingold. Das verfluchte Drachengut. Auch das ist ein schauerliches Erinnerungsstück. Geben wir das alles der Witwe. Lieber ihr als den Xantenern, den unberechenbaren Cheruskern.

Krimhild, sagte Hagen, scheint mir aber von allen am wenigsten berechenbar. Zorngeschwollen ist sie. Rasend ist sie. Sie sollte über den Hort verfügen? Über die Drachenscheiße, die unterm Trachytfelsen der Jude *Aureus* verfluchte? Ehe Burgund sich an diesem Gift totfrißt, in Gier und Neid, sollte das alles vollkommen verschwinden.

Da holte unser »Zwaraber« und »Wirr-König« tiefen Atem und sagte: Es stimmt, daß er verflucht ist. Aber so viel Schönheit sollte verschwinden? vollkommen?

Könnte sein, sagte Gernot, Hagen hat recht. Besser, es besäße niemand dies fatale *privatum*. Weder Alberich überlebte den Hort noch der Drache. Und nun auch der Nibelunge nicht. Hagen hat recht, wir gerieten in Neidstreit. Ob mit Krimhild oder mit den Cheruskern oder mit den Merowingern und mit wem sonst noch alles.

Brünhild, sagte ich, hat vom rheinischen Gebirge herab den Fluch des *Aureus* fürchterlich erneuert. Die Isländerin rief über unser Reich: *lant enti thiut logna farterit*, Land und Leute werden verzehrt von Flammen –

Da hat Hagen mich von hinten gepackt, hat mich auf den Steinboden geschleudert. – Schluß damit! – Und erinnerte mich und die Brüder auf seine Weise, daß es die jüngste Geschichte Burgunds gar nicht gegeben haben durfte.

Wie benommen raffte ich mich vom Boden auf. Blieb von nun an stumm. Blieb verstockt. Bis zu jenem Augenblick nach der Beerdigung des Niederländers, als wir vom Grab zurückkamen und durch das Spalier der Leute in den Pfalzhof gingen. Und als ich die beiden MörderNamen hab hinausschreien müssen.

Ehe wir Brüder uns klar entschieden, was mit dem Hort geschehen sollte, hat Hagen gehandelt. Noch in der nächsten Nacht ließ der *Tronje* hundert Kahlköpfige die Schätze wieder dorthin schleppen, wo sie vor drei Monaten herausgeholt worden waren. In der Finsternis polterte das alles zurück in die Schiffe unter den schwarzen Segeln, all die klingenden Spangen, die gleißenden, juwelenbesetzten Pokale und Diademe und Vortragskreuze, die Kelche, Kerzenleuchter, Monstranzen, Reliquienschreine und Münzen und all der Glitzerschein, mit dem das Imperium Politik und Gewinn macht, ebenso im Orient wie im Okzident und ebenso diesseits wie jenseits der Alpen.

Von meiner Mauer über dem Rhein ging ich hinunter zum dunklen Hafenkai und sah in der Schwärze der mondlosen Nacht die Geschmeide schimmern, sah sie im Fackellicht blitzen, die Gold-Denare aus Byzanz und aus Rom, auch die Münzen aus Köln und die Prachtgewänder der Könige Kaspar, Melchior und Balthasar, die Schleppe und die perlenbesetzte Hochzeitsrobe der ptolemäischen Kleopatra, und da war wohl auch das Schweiß- und Grabtuch des Gekreuzigten, und da waren Silber, Goldbarren, Zauberketten, Ringe, Elfenbein und Karfunkelsteine aller Art und Größe, obendrein Teppiche, Lapislazuli, Türkise, Rubine, Smaragde, die rot blinkenden Granate und die Mengen vom Onyx, auch vom blutgesprenkelten Jaspis die schönsten Stücke sowie von Drusen und Jadefiguren, dazu Donnerkeile aus Quarz, Karneol, Aquamarin, und all das Perlmutt an den Fibeln und der Bärenstein oder Bernstein und unter all dem sah ich auch, aufgehängt an Goldbändern, die aus Dutzenden feinsten Golddrähten geflochten waren wie Zöpfe, da sah ich zwei fürstlich schimmernde Falken, im Fackellicht glitzerte prächtig ihr Gefieder, das glänzte in den Lieblingsfarben der Grimmhildis, in Rot, Schwarz und Gold –

Und über den vielerlei Metallen und Steinen schwebte wie ein neuer Mond das gesalbte Gesicht, und aus diesem Gesicht tönten Kommandos, kamen kurz geknurrte Befehle. Am Himmel stand im Osten in leuchtender Kontur der verwandelte Jäger, da stand als *monumentum memoriae* das himmlische Milchvieh. Der Waffenmeister hat weder dies Himmelsbild bemerkt noch auch mich, den Augenzeugen.

Deutlich dröhnte durchs Dunkel seine Anweisung, daß in die Schiffe nicht auch die brennbaren Diamanten sollten, nein, die schwarzen Glutbrocken, die Kraftklumpen von der Ruhr sollten in den Gewölben bleiben, die hielt der Waffenmeister für nutzbar im Sinn der *industria*, die behielt er für die wormsischen Schmieden. Aber es verschwanden im Bootsleib die mit Smaragden besternten indischen Silberfalken, es verschwanden die dreimal in tiefrotem Purpur getränkten Tuniken, auch die Stahlspiegel, in den Goldrahmen mit Edelsteinen geschmückt und auch all die Kleider, so dünn und so seidenzart, daß man sie durch einen Fingerring ziehen konnte.

Die Boote mit den gefüllten Bäuchen sah ich dann stromab gleiten. Der sagenhafte Schatz trieb hinab, noch ehe sich Widerstand rühren konnte. Eine Nacht lang hat Hagen dann überwacht, daß alles im Rhein versank, das Gold, der Drachen-Hort. Versenkt wurde er dort, wo die Kelten seit je im Strom besondere Kräfte erkannten, wo die Frühjahrsfluten immer aufs neue gewaltige Strudel entfesselten und für vollkommene Verteilungen sorgten und für Verwirbelungen. *Er sanct' in dâ ze Lôche allen in den Rîn* (»Er versenkte da alles ...«, Hs.B, Strophe 1137). *Lôche* deutete man als »Lochheim«, wo Goldwäscher noch im 19. Jahrhundert in den Sandbänken fündig wurden. Der wirkliche Hort-Ort jedoch liegt, wenn alle Wirbel-Metaphern in Geltung bleiben sollen, in der geometrischen Mitte zwischen Basel, Frankfurt, Köln, Ruhrrevier und Rotterdam, überall dort, wo sie sich am schärfsten zeigen, die »Drachenzähne« oder Brünhilds *elilenti,* so wie Heermeister Hagen das am Etzel-Hof noch in der Version von 1200 mitteilen wird: *Den hiezen mîne herren senken in den Rîn / dâ muoz er waerlîche unz an daz jungeste sîn* (B, 1742): »Meine Herren ließen ihn in den Rhein versenken / dort wird er wahrlich bleiben bis zum jüngsten Tag«

Wehe, wie entscheide ich mich. Neben mir in meiner Zelle sitzt mein Freund Kilian, und im Auftrag meines königlichen Bruders erklärt er mir *res meas adversas* »meine unglückliche Lage«. Da ich auch nach einer einjährigen Gnadenpause, so läßt Gunther mir mitteilen, offenbar nicht willens sei, den Weg zu wählen, der mich vor dem Henkerschwert bewahrt, den Weg in den römisch-christlichen Kirchendienst, so sei meine Gnadenfrist nun endgültig abgelaufen und sei das Todesurteil nunmehr zu vollstrecken.

Doch hätte, wie ich inzwischen wohl wisse, Markgraf Rüdiger von Bechelaren für den Hunnenkönig Etzel um Krimhilds Hand angehalten und dieser Antrag sei inzwischen durch Königinmutter Ute der Witwe zugetragen werden. Und Krimhild hätte, wider Erwarten, zugestimmt.

Diese Zustimmung sei dem Herrn Rüdiger übermittelt worden, der Werber sei daraufhin abermals in Worms erschienen mit allen

Zeichen von Frieden und Versöhnung und habe Frau Krimhild schützendes Geleit geboten ins Etzelland und habe auch Burgunds Ritterschaft dorthin eingeladen.

Herr Rüdiger habe dabei von einer großen Hochzeitsfeier gesprochen, bei der auf ausdrücklichen Wunsch von König Etzel auch die Verwandten der Krimhild keineswegs fehlen dürften. Gunther habe zugesagt. Gleich nach dem heiligen Pfingstfest würden sie allesamt zur Donau hin aufbrechen, würde Burgunds König zusammen mit Gernot und Hagen und mit mehr als tausend bewaffneten Männern über Passau ins Hunnenland reisen, nach Esztergom, zu Herrn Etzels Burg, um dort Krimhild eine hoffentlich glücklichere Zukunft bereiten zu helfen, bei einem verständigeren und gefügigeren Gemahl.

Frau Krimhild aber hätte sich vor ihrer Abreise mit Herrn Rüdiger nach ihrem jüngsten Bruder erkundigt und hätte darauf bestanden, daß auch ich, Giselher, der Einladung des König Etzel folgen sollte.

Dazu wußte Kilian, daß Krimhild beim Abschied in der Halle der Wormser Pfalzburg laut die Frage gestellt habe, wieso eigentlich ihr Bruder Giselher im Lorscher Kerker schmachte und nicht Hagen und nicht Ringwolf.

Der Bescheid, den mir nach all diesen Mitteilungen nunmehr mein königlicher Bruder verfügt hat, der lautet nun: Wenn ich diese Hochzeits- und Pfingstreise ins Hunnenland mitmachte, wenn ich dorthin mitführe, wo künftig *Grimhildis*, genannt Krimhild, mit Herrn Etzel herrsche, dann sollte ich als frei gelten. Allerdings sei nicht auszuschließen, daß Etzels Einladung in Wirklichkeit Krimhilds Einladung sei und daß es sich um eine bitterböse Falle handele. Man reise schließlich zu Attilas Sohn. Und zu Siegfrieds Witwe. Und es halte sich das Gerücht, die Witwe rede noch immer von Mord. Sie sinne noch immer auf Rache. Zöge ich jedoch nicht mit auf diese zweifelhafte Fahrt, dann müsse, noch vor der Abreise, das Urteil vollstreckt werden. *In proditorem regni.* »Am Verräter des Königreichs«

Wehe, wie entscheide ich mich. Dies zweischneidige Angebot, es überfordert mich, zwischen Pest und Cholera habe ich zu wählen. Immer wieder fragte ich auch meinen irischen Freund um Rat. – Habe ich denn nicht in jedem Fall Strafe verdient? Freilich nicht für *laesa maiestas* »Hochverrat«, sondern für *intermissio auxilii lationis*? »Unterlassene Hilfeleistung«

Diese Fahrt über die Donau hinab, antwortete mir Kilian, die wird, fürchte ich, eine Fahrt in den Tod. In eine gnadenlose Vergeltung. Nicht nur dies Rheingoldland scheint durch alle Zeiten verflucht. *Damnata est etiam probabile tertia pars orbis, amice, quae nunc Europa vocatur.* »Verflucht ist wahrscheinlich auch der dritte Teil der Welt, derjenige, Freund, den man nun Europa nennt«

Offenbar kann auch Kilian alles, was fürchterlich ist, nur in der Imperiumssprache sagen. Jedenfalls seufzte er tief, mein sonst so fröhlicher Ire, und fuhr fort: *Caedes Victoris Placidi non solum finis rerum gestarum regis Gundomaris videtur, sed etiam ut timeo principium est historiae novi imperii Europaei.* »Es scheint, die Ermordung Siegfrieds ist nicht nur das Ende der Geschichte des Königs Gundomar, sondern sie ist auch, fürchte ich, der Anfang (das Prinzip) der Geschichte des neuen europäischen Imperiums«

Ach, klagte er, unter einem Fluch liegt nun diese Weltgegend. Auch wenn der Hort im rheinischen Wirbelloch versenkt wurde, die Drachenzahnsaat wird dennoch aufgehen, rheinauf rheinab *cum industria*, nein, an der Weltverachtung und an der Besitzsucht wird sich nichts mehr ändern, *in hac terra continenti* »auf diesem Kontinent« wird sie herrschen, tausend Jahre oder länger. Schon jetzt stecken vor dem furchtbaren Mord an dem Cheruskerprinzen alle in Worms den Kopf in den Sand, schwirren libellisch davon, allen voran König Gunther, der in seiner kapitalen Verwirrung sich selbst und die Burgunder neuerdings »Nibelungen« nennt.

So nennt er sich?

So nennt er sich und alle Burgunder. Und Hagen tut es ihm nach und bestärkt ihn darin.

Nibelungen nennen sie sich?

Die Verfälschung der Geschichte ist ihre liebste Beschäftigung.

Was also rätst du mir?

Mit deinen Brüdern mitzuziehen in den Osten und doch nicht mitzuziehen.

Du redest orakelig.

Unterwegs, in Regensburg, kenne ich beim Bischof *Emmaran* einen irischen Mönch mit Namen *Flann Kavan*, bei dem solltest du Unterschlupf suchen und dann heimlich zurückkommen und mit mir nach Irland fliehen. So weit wie möglich weg von Rom.

So redete Kilian. Weh, wie entscheide ich mich. Bis heute abend soll er dem König die Antwort bringen, dem König und den beiden Vettern, den Regenten des rheinischen Burgund. Ob ich nun hierbleibe oder ob ich mitfahre, ach, beides bereitet mir den Tod. Einzig wichtig bleibt doch, daß die Geschichte gerettet wird. Auch die Totenfeier im Münster muß noch aufs Pergament. Und dann muß die Chronik *in tutum ab inquisitoribus ecclesiae.* »In die Sicherheit vor den Geheimspionen der Kirche«

Nun sitzt Kilian neben mir, massiert mir den Rücken, gibt mir zu trinken und wartet, daß ich fertig werde mit der Beschreibung. Und murmelt zwischendurch, mitten in mein Arbeiten hinein, auch die Reise zu König Etzel und zu Krimhild sollte geschildert werden.

Wenn er recht hat, dann darf ich mit Kilians Regensburger Freund *Flann Cavan* nicht fliehen, dann muß ich durchhalten bis ans Ende. Ach, dies Schreibenmüssen, es macht mich sterbenselend, ich will wieder an die Luft, will reiten, will notfalls kämpfen. Ein halber Tag bleibt noch, heute abend soll ich erklären, ob ich die Reise mitmache, ob ich mich Krimhilds Rache ausliefere oder dem Henkerschwert. Welche eine Entscheidung. Wenn ich den letzten Rest der Siegfried-Chronik notiert habe, dann fällt sie mir leichter, hoffe ich. Denn dann habe ich sie »getroffen«, die *luginari.*

Wenn Burgunds Herren sich nun tatsächlich »Nibelungen« nennen, ach, dann ist das *Tronje* tatsächlich die neue Imperiums-Religion. Die Angstbeamten sorgen für Gehorsam, für *terror* und nie mehr für irgendeinen Mut zum *experimentum veritatis.* »Wagnis der Wahrheit« Dahin ist sie, die Liebe der alten Philosophen, die Leidenschaft, frei zu denken. Freiheitsarbeit gilt von nun an für tausend Jahre oder länger als *eversio rerum publicarum* »Umsturz aller öffentlichen Verhältnisse«. Sieglinds sieben Sätze, in König Gunthers Ohren klangen sie wie Aufruhr. Aber ich merke, ich klage nur und vertue die letzte Gelegenheit, meinen Auftrag zu erfüllen.

Wenn Europas Dichter tatsächlich nur noch mit den Wölfen heulen und die Ohren kitzeln und die Wörter und Namen verdrehen, dann sollte ich, statt zu klagen, lieber froh sein und stolz, daß ich im Begriff bin, diese denkwürdige Chronik zu beenden und zu retten. Vielleicht kann auch Kilian mitfahren ins Hunnenland und kann helfen, daß auch der letzte Teil der Geschichte nicht entstellt wird oder verlorengeht, der Schlußteil, der wahrscheinlich wird heißen müssen »Krimhilds Rache«.

Kilian sagt mir einen Gruß von meiner Mutter Ute. Darin mischt sie auf geheimnisvolle Weise das Ernste mit dem Freudigen. – *Ni laz thir zît des ingân, in thina zungun wirken duam in thina buochen elliu dati thera freya giscriban, solo theis thines lîbes krapft. Solum res vera et severa verum gaudium.* »Laß keine Zeit vergehen, in deiner Sprache zu wirken und in deinen Büchern alle Taten der freien Frauen aufzuschreiben. Nur das macht dir Leibeskraft. Nur ernsthafte Angelegenheiten bereiten wirkliche Freuden«

Nach der dritten Nachtwache der Krimhild ließ Kilian den toten Sieglindsohn von der Bahre umbetten in den eisernen Sarg, den *Walthar* und die anderen Xantener Freunde gearbeitet hatten. Und erst an diesem siebten Tag, an dem die Doppelhochzeit hätte beendet werden sollen, näherten sich auch meine Brüder Gernot und Gunther dem erschlagenen Gast. Traten im Münster neben die schweigende junge Frau, neben die Erstarrte. Und schienen bedrückt und ratlos.

Auch viele andere kamen und wollten Abschied nehmen. Wollten dabei sein, wenn der Leichnam nun beigesetzt würde, nicht auf geweihtem Grund, sondern, so hatte Bischof Ringwolf verfügt, draußen vor den Pfalzmauern, dort, wo die Kelten ihre Toten beerdigen.

Hinter Gunther und Gernot näherte sich auch Hagen. Der zog ein Bein nach. Und trug das Gesicht unter der Maske. Gegen die Verwundungen durch den Betäubervertreiber verbarg er sein Gneisgesicht unter weißer Heilsalbe.

Als der *Tronje* aber dem Sarg sehr nahe kam, damit auch er sich vor dem Eisenbett verneigen konnte, der Erschläger vor dem Erschlagenen, da meinte ich zu sehen, wie sich im eisernen Leichenkasten die roten und die goldenen Seidenkissen verdunkelten. Auch die anderen in der Kirche, diejenigen, die in der Nähe standen, die müssen das gesehen haben. Vor dem *Tronje* blutete sie noch einmal, die Rückenwunde, das Zwerchfell des Geliebten.

Krimhild rührte sich nicht.

Dann redete aber, in die Stille hinein, der König. – Ich sollte, Schwester, so sagte er, dir versichern – er sprach mit kleiner, mit rutschender Stimme – deinen Siegfried, den schlugen Schächer. Räuberische Leute. Hinterhältige Schächer. Hagen, falls du das vermutest, hat es nicht getan.

Da hörten sie, nach drei Tagen zum erstenmal wieder, Worte von der Erstarrten. Gut war zu verstehen, was da aus der rauh geschrienen Kehle kam. – Diese Schächer, Herr Gunther, die sind mir gut bekannt.

Wovor sollte Gunther mehr erschrecken. Vorm tonlosen Ton dieser Stimme? Vor der Anrede »Herr Gunther«? Vorm hornissenhaften Drohton? Vor dem erstorbenen Glanz der Frühlingsgöttin?

Was danach folgte, war eine lange hilflose Stille. Insgeheim hörten wir alle noch einmal, da war ich mir sicher, ihr Schreien. Ihr irrsinniges, ihr vergebliches, ihr unumgängliches, ihr mordwütiges Schreien.

Zum Glück war da niemand so vermessen, ihr in diesem Moment, im Anblick des Leichnams, etwas zu entgegnen oder Trost zu spenden. Zum Glück versuchte niemand, Worte des Mitgefühls zu sagen. Der Hohn wäre zu arg gewesen, zu niederträchtig.

Zum erstenmal ließ sie jetzt den Blick von ihrem Freund und richtete ihren Blick, aus ihrer schwarzen Verhüllung heraus, auf den, dessen Gesicht mit der weißen Kruste bedeckt war.

Da wäre sonst niemand in diesem Raum gewesen, der diesen Blick hätte ertragen können. Der *Tronje* aber, der sich für den »Treuen« hält, der stürzte nicht um. Allen im Münster schien, als höre man in der kalten Halle nun die Worte, die von Brünhild hinterbracht worden waren und die nicht gewußt werden durften. Ja, es schien, als sagte in diesem eingemauerten Dämmerlicht eine Stimme das Wort »Fremdland«. Und Worte wie »hart bist du«. Und: »verkümmern muß hier die Seele«. Und: »die Frau steht bezwungen«.

In der düsteren Münstergruft waren dann zum Glück Schritte zu hören. Da näherten sich schlurfende, tapsende Schritte: nun kam mein Ire Kilian. Und ihm folgte, im Sessel getragen, Ute. Und hinter Ute kamen *Liudger* und die erschütterte Frau Sieglind. Und auch Siegmund.

Man machte Platz. Die Eltern aus Xanten traten an den Sarg. Atmeten heftig. Betrachteten den großen Erschlagenen. So tat es dann auch Herzog *Liudger*. Und danach ließ Frau Ute sich herantragen.

Die legte ihre Hand dem toten Riesen ins Haar und murmelte, wie wenn man ein Kind trösten will.

Danach tat Kilian, als studiere er, was die niederländischen Schmiede in den stählernen Kastensarg als Zeichen gehämmert hatten. Kreise, Spiralen, Kerben waren da zu sehen, rätselhafte Dreiecke, Flammenzacken, Zeichen wie von Feuer und vom Umriß des großen Milchtiers. Die Hörner zurückgebogen.

Und dann hat mein Kilian zu predigen versucht. – Bischof *Rusticulus*, sagte er, der erklärte mir soeben, er werde diesen hier nicht unter die Erde segnen. Er hält ihn für den AntiChristen. Anstelle des Bischofs nehmt vorlieb mit dem Iren *Hilarus*. – Er räusperte sich, schaute sich um. – Heute, so sagte er dann, ist der Kreuzigungstag. Heute vor 453 Jahren hat Jesus gelitten. Litt für uns alle. Auch für den, der hier liegt. Und der hier liegt, der hat ihn geliebt, den Jeschu. Und dabei sollte es bleiben. Bei der Liebe. Dem Leidenden jedenfalls, dem sollten wir nicht nacheifern. Wir sind nicht Gott.

Nachdem Kilian uns eine Weile betrachtet und neu nachgedacht hatte, sagte er: Daß er wie Gott sei, hat dieser wunderbare junge Mann nicht einmal insgeheim geglaubt. So wie viele das heutzutage lieben. Nicht nur in Byzanz. Denn es sind immer nur Winzlinge, die so tun, als seien sie wie Gott. Dieser hier, der hat sehr oft, wir alle haben es beobachtet, über sich selber laut lachen müssen. Vielleicht zu oft.

Der Ire hustete. Schaute auf die Schwarzverhüllte. Und auf ihren zu großen Bruder. – Der hier so beträchtlich vor uns liegt, der war nicht nur jung und kräftereich und hoffnungsvoll, der war von seiner Mutter gut gesichert gegen jeden Größenwahn. Gegen die paulinische *Caput* Sucht. Diese Sucht oder Kopfkrankheit, die befällt uns, seitdem Sankt Paul die Welt so wunderlich zerschneidbar machte. Die Freude trennbar von den Leibern. Die Weisheit trennbar von den Weibern. Diese Zerspaltung in das böse Niedere und in das hohe Ausgedachte ist manchen Menschen so sehr zu Kopf gestiegen, daß sie angefangen haben, auch sich selbst und andere entzweizuspalten. – Als Kilian dies gesagt hatte, richtete mein Mönch einen langen Blick auf Hagen und auf Gunther. – Gegen diese Paradies- und KopfSucht war dieser Tote hier beneidenswert gefeit. Statt dessen war er noch einmal einer, der aufs *Ginungagap* aus war, aufs abenteuerlich verquere Leib-, Leute- und Leben-Lieben.

Und war doch einer, der zugleich und immer auch den Kopf übte und liebte, im *studium semper primum omnium*. Der das Erkennen nie trennen wollte vom Begehren. Der mit Lachen und Freuen und mit allem Wetterleuchten Erfahrungen suchte mit dem, was den Kopf mit den Sinnen verbindet, was all unsere Widersprüche verkuppelt und was den Menschen menschlich macht, nämlich zum guten Gast, zum neugierigen, zum erschütterbaren Quergeflecht.

Wehe, wir haben diesen Gast schlecht bewirtet. Was für uns Furcht ist vorm Fremden, das war für ihn Ansporn. Wißbegier. Wie der heilige Thomas der Evangelien, den die RomKirche ignoriert, so wollte auch dieser hier berühren, um zu erkennen.

Kilian *Hilarus* machte eine Pause und sah sich noch einmal um. – Sagen will ich, daß der Gekreuzigte für alle gelitten hat, so wie die Sonne über allen aufgeht und nicht nur über erleuchteten Bischöfen. Sondern auch über Juden wie Iren wie Frauen und Hunnen. Und Jesus litt nicht, wie heute gepredigt wird, damit auch wir leiden sollen, bis die Welt nichts anderes mehr ist als ein Leidenstollhaus. Litt nicht, damit wir uns in vielerlei Kerkern zerteilen und zergrämen und uns aus dieser Welt der Qualen hinauswünschen. Nein, der Gekreuzigte litt, damit wir leben mit Wohlgefallen und so klug und gern und leidenschaftlich wie dieser hier, den ich für einen wirklichen Jesusfreund halte.

Die Leidenswege des Jesus gehen zu wollen wäre Hochmut, wäre Frevel. Tun wie der Allmächtige, *Imitatio Christi* wäre vermessen, weil wir dann den unfaßlich schönen Schöpfer nicht respektieren würden und seine unbegreifliche Größe nicht achteten. Hören wir auf, die Welt noch einmal zu erlösen, auch nicht von der niederen Materie hinauf in die Höhe des Geistes. Das beleidigte die Schöpfung.

Wer sich zum Erlöser macht, der wird zum Lähmer, Blender und Vergewaltiger. Auch dieser hier wollte niemanden erlösen, wollte aber arbeiten und wollte bessern und klären helfen. Wie Gott zu wissen, wer AntiChrist ist und wer Christ, ein solcher Dünkel ist Gottversuchen. Zu wissen, wer des Teufels ist und wer Gottes Vorzugskind, diese paulinische, imperiale, herrenhafte Zerteilung der Menschen in böse und gute, sie endet in Dürre und Tod. Und wurde nicht umsonst verflucht von der isländischen Königin, die wir alle hier, so hoffe ich, sehr vermissen.

Kniete dann nieder. Betete still vor dem Stahlkasten. Richtete sich wieder auf, schaute sich um und sah in die fahlen Gesichter. Wir burgundischen Herren standen wie gelähmt. Gunther sah ich in die Knie sinken. Der Prediger hielt sich einen Finger gegen die Nase.

Oder aber, so fragte Kilian plötzlich, haben die recht, die sagen, in allem liebend Lebendigen ist von Beginn an auch die Unglück schaffende, die trügerische Wandelkraft? sind im Lieben von Beginn an auch Neid und Lüge? Hat Herr Hagen recht, der sagt, die Welt regieren Täuschung und Selbsttäuschung? Unsere Welt sei eine Räuberhöhle? Hat also Satan die Welt im Griff? Und ist Gott längst fern hinaus aus seiner Schöpfung, weil der Satan sie ihm mit den neuen Angstbeamten zutiefst verdorben hat in ein selbstzerstörerisches Tollhaus? In eine betrügerische Spelunke, wo einer den anderen belügt und jeder sich selber am meisten? Und wir bemerken das nicht, weil wir uns über uns selber am geschicktesten täuschen? Wahn, überall Wahn?

Er faltete über dem Leichnam die Hände und sagte: Um so vergeblicher wäre all unsere Freiheits-Arbeit. All unsere Liebe. Jeder nur ein gehetzter Hetzender.

Und sah dann vom Sarg her den Hagen an. – Kraft, so lehrte diesen jungen Menschen die Mutter, muß nicht Macht sein. Kraft sollten wir nutzen so wie dieser hier. Im Gebrauch unseres freien Kopfes und liebevoll, *semper humaniter*. Doch an dieser Bahre scheint klar, unsere Liebes- und FreiheitsVersuche, sie mißlingen. Die Spalter und Zwinger aus Jerusalem halten uns im zerschneidenden Giftgriff. So wie dieser hier erschlagen wurde, so umkrallen uns alle die zertrennenden Konzilien und Kirchenväter, nun fester denn je. Und es wird, im *industria*-Reich, der Lebenswald gerodet und verachtet, bis er verdorrt.

Beim Münster, so befahl mir der Bischof, darf dieser Leib nicht beigesetzt werden. Schon daß dieser Leib in seinem heiligen Haus nun drei Tage und drei Nächte gelegen hat, das empört ihn sehr. So sieht er das. So teilt er das ein. Tragen wir also diesen schönen Leib nach draußen, betrauern wir ihn unter dem freien Himmel, tun wir ihn aus Worms hinaus und senken ihn vor den Toren in die Frühlingserde, legen ihn dort ins ErdEi, wo Frau Sieglind eine junge Esche fand.

Und wendete sich zum Schluß wieder an den Waffenmeister, in der Herrensprache. *Dux, si occideris, dominatio ad manus percussorum aut idiotum convolabit. In signo huius Victoris Placidi inquirere studeamus, quomodo prudentius regere ac melius humaniusque vivere debeamus. Nunc surgamus et illud corpus honorifice sepeliamus.* »Führer, wenn du tötest, dann wird jede Herrschaft entweder in Mörderhand übergehen. Oder in Idiotenhände. Im Sinn dieses Siegfried sollten wir uns bemühen, herauszufinden, auf welche Weise klüger zu regieren und auf welchen Wegen vernünftiger und menschlicher zu leben ist. Nun laßt uns aufstehen und diesen Leib ehrenvoll beerdigen«

So predigte Kilian *Hilarus*. Erhob sich dann und ging vor uns her. Tappte aus der Halle, aus dem Haus der widersprüchlichen Heiligtumsbrocken.

Kahlgeschorene trugen den keltischen Eisenkasten. Wir folgten, gingen hinaus in das Frühlingslicht, traten unter die Ostersonne. Brachten den Geliebten zurück, senkten die allerschönste Erdfrucht in die Grube.

Und danach, ach, bei der Rückkehr in die Pfalzburg, im Spalier der schweigenden Leute, auf deren Gesichtern allzu deutlich die bittere, die dringende Frage geschrieben stand, da hab ich dann, mitten im Burghof, die beiden Mörder laut beim Namen genannt. Als riefe in mir die Stimme, die gesagt hat: Triff sie, die Lügner. Und erfüllte mit diesen Schreien den Auftrag zum erstenmal. Gewiß ermutigt durch Kilians Predigt. Nachdem ich vor *Otenhaim* so hilflos gewesen war. So gelähmt und so feige.

Mit dieser Rückkehr zum Anfang meiner Blätter fülle ich hier mein letztes Pergament. Und bekenne nur noch, daß ich mich nunmehr entschlossen habe, mitzufahren in das Hunnenland. Die Unerschaffene sei meinem Leben gnädig. Weh, nur eine Stunde noch. Und nur noch eine halbe Seite. Wie beende ich jetzt meine Chronik. *Heu, quam praeceps mersa in profundum mens hebet.* »Wehe, wie sinkt zum Grunde nieder mir die Seele, vollkommen ermattet«

Roms neuer Gott, bist du ein Moloch, ein gefräßiger Kapaun, der sich in einer Sänfte über unser Elend hinwegtragen läßt in unerreichbare Fernen? Hast du die Fenster deines »heiligen Geistes« verhängt mit byzantinischen Seidentüchern? Weil dir der Jammer, den du in deiner Welt sähest, unerträglich wäre? Ach, du Geistgott aus Jerusalem, die Ohren hältst du dir zu und läßt dich hinauftragen in eisige Goldwüsten, wo niemand dich hört und wo du allein bleiben wirst tausend Jahre und länger.

Und weil du nun so unfaßbar geworden bist und vergeistigt, deswegen sind sie auch so dringend nötig geworden, all die neuen Vermittler und Botschafter und Brückenbauer und Fürbitter, die im geheimen offenbar sehr viel bessere Beziehungen haben zum rein Geistigen, all diese Unmengen an Engeln und die noch größeren Mengen an Heiligen und neuderdings sogar Maria. Eine riesige Heerschar an Hilfsfiguren marschiert da nunmehr heran, offenbar endlos, ach, allesamt nichts anderes als Beweise für eine imperiale Fehlspekulation. Für die Geist-Idiotie der Regenten, die an diesem weltweiten Irrweg ihr Interesse haben, ihr Macht-Interesse.

Als wäre nicht alles Geschaffene, eben indem es geschaffen ist, immer in unmittelbarer, in sinnlicher Nähe zu der Kraft, die schafft. Gerade so direkt wie alle Klänge meiner Fiedel in Kontakt bleiben mit dem Instrument und mit dem Spieler.

Aber Kilian hat recht, all unser Denken über die Gottheit zeigt nur, wie kläglich klein solches Denken ist. Die Lebensgöttin *Gaia* haben wir verloren an den neuen unnahbaren Leidensgott der Herren. Und weil daran auch meine irischen Freunde nichts mehr werden ändern können, so beende ich, bevor ich nun mitziehe zu den Hunnen, meine Chronik mit einer Klage über des Menschen Not, die von nun an fest eingemauert ist. Wehe, der Liebhaber, der Freiheitsfreund, der Freund der »Leute«, er wurde beseitigt. Wehe über die Ächtung des Begehrens, das immer ein Begehren nach Freiheit des Kopfes war wie nach liebender Nähe, *quod hic et nunc succubuit dominationi terroris terrarum.*
»was hier und jetzt unterlag einer weltweiten Schreckenherrschaft«

Gislaharus hoc scripsit manu proprio
Laureshamensi ante diem quartum Kalendas
Iunias CDLXXXVII, die pentecoste
»Giselher hat dies eigenhändig geschrieben
Lorsch, am 29. Mai 487, am Pfingsttag«

SECHSTES BUCH

DEAE IN AETERNUM INCOGNITAE

»Der ewig unerkennbaren Göttin«

In diesem sechsten Buch gibt es:

Aufbruch der Burgunder ins Hunnenland ∾ Ringwolfs Kaplan *Pius Eulogius* führt den Zug an ∾ Warum Heermeister Hagen die Burgunder Nibelungen nennt ∾ Über Würzburg und durchs Altmühltal zur Donau ∾ Suche nach einem Donau-Übergang ∾ Hagen von *Tronje* trifft drei Meerfrauen und will eine Prophezeiung ∾ Die Frauen prophezeien, daß außer den Geistlichen niemand die Fahrt überlebt ∾ Es erscheint ein Fährmann, der die Frömmigkeit der Bayern preist, aber ihre Fremdenfurcht fürchtet ∾ Hagen will den Kaplan *Pius Eulogius* erschlagen ∾ Der Heerzug meidet Regensburg und wird in Pöchlarn von Graf Rüdiger empfangen ∾ Giselher verliebt sich in Rüdigers Tochter Dietlind ∾ Dietlinds geistlicher Lehrer warnt vor dem Kot der Frauen ∾ Vor Wien begreifen die »Nibelungen«, daß Krimhilds Hochzeit schon vor Wochen stattfand ∾ Weiterreise auf vierzig Schiffen ∾ Wie König Attila in seiner Hochzeitsnacht zu Tode kam ∾ Ankunft in Esztergom ∾ Begrüßung durch Theoderich, den Imperator ∾ Wie Krimhild Gunther und Hagen begrüßt und wie anders ihren Bruder Giselher ∾ Wie Giselher Hagen zu Umkehr und Reue bewegen will ∾ Der Kampfkrampf mit Namen Nibelungentreue ∾ Wie Giselher nur die Sprache der Musik bleibt ∾ Schwager Blödels Überfall auf Wehrlose ∾ Etzels Kind Ortlieb ohrfeigt Hagen ∾ Die blutigste Saalschlacht der Geschichte ∾ Saalbrand und Durst ∾ Blutsaufen und Schmähreden ∾ Zweikämpfe ∾ Leichenberge ∾ Der oströmische Bischof verwünscht die Gottesleugner ∾ Krimhild köpft ihren Bruder Gunther und den Heermeister Hagen ∾ Krimhild wird in Stücke gehauen vom Dienstmann des Theoderich ∾ Kilian rettet sich und die Geschichte nach Irland

Giselhers Weheruf über den fliehenden KirchenGott ist das letzte, was er selber hat aufschreiben wollen. Nun muß ich, Kilian *Hilarus*, an seine Stelle treten. Der königliche Poet, so scheint es, kann jetzt nur noch trauern und schweigen. Ja, ich werde zu notieren versuchen, wie Giselher mit seinen burgundischen Brüdern und mit Hagen von *Tronje* und mit mehreren tausend Rittern und Knappen von Worms aus die Reise ins Hunnenland bestehen wird. Laut Schazman beginnt mit diesen Notizen der Schlußteil der keltischen Kilianschronik, der nicht in Strophen mit rhythmischen Langzeilen geschrieben sei, sondern in Prosa, tagebuchähnlich, *on a daily basis*

Noch kurz vor dem Abschied, als schon alle Reiter am Wormser Ufer bereitstanden und darauf warteten, auf Schiffen über den Rheinstrom gefahren zu werden, als viele Menschen sich umarmten und weinten und als fast allen Frauen Tränen in den Augen standen, da hat auch Frau Ute sich dorthin tragen lassen, wo die Schiffe abfahren sollten, und hat noch einmal ihre dürren Finger den drei Söhnen aufs Haupt gelegt, um sie zu segnen und gute Geister zu beschwören, mit altertümlichen Worten, damit kein Waffentor sich öffnen möge und auch sonst kein blutiger Schlund auf dem ungewissen weiten Weg in den Osten, auf der Fahrt zur Donau und dann die Donau hinab, bis zur Etzelburg im Hunnenreich.

Als ich diese Abschiedsgesten beobachtete und erfuhr, daß Bischof Ringwolf die beschwerliche Reise nicht mitmachen würde, da wollte ich mich glücklich schätzen, denn in meiner großen Liebe zum Chronisten und Sänger Giselher hatte ich mich entschlossen, den jungen Dichter zu begleiten als geistlicher Helfer, mitzufahren in das ferne Reich am unteren Donaustrom. Wunderbar erscheint es mir, ohne die Aufsicht des Bischofs reisen zu dürfen und meinen Freund bei dieser Fahrt in die Morgenrichtung nicht alleinzulassen, wenn nunmehr er und seine Burgunder viele Wochen lang gegen die allgemeine Bewegung der wandernden Stämme und Völker unterwegs sein werden. Ja, bei dieser Fahrt will ich Zeuge sein, will schriftlich Zeugnis ablegen von all dem, womit auf dieser Reise zu rechnen ist, zu der Krimhild ihre drei Brüder eingeladen hat in ihr neues hunnisches Königreich, die Brüder und den Hagen von *Tronje*.

Die Chronik von der Ermordung des Nibelungen liegt nun in sicherem Gewahrsam, ist verborgen oben im Waskenwald. Meinen fleißigsten und treuesten Schülern hab ich gesagt, sie sollen die Chronik in meiner Einsiedelei sorgfältig bewachen und sollen sie gleichzeitig in ihre Heimatsprachen übertragen. Ich bin sicher, sie machen das gut, einer von ihnen will versuchen, alles ins Lateinische zu übersetzen, in die Sprache der Gelehrten und der Priester.

Aber auch das neue Abenteuer Burgunds, diese Reise mit dem ungewissen Ausgang sollte, so meine ich, beschrieben werden. Was immer den fürstlichen Herren widerfährt, wenn sie über das *ostarrîchi* hinaus in die Fremde reisen früheste Erwähnung von »Österreich«, auch das sollte nicht den fälschenden Chronisten der imperialen Machthaber überlassen bleiben und ihrer *propaganda*.

Als ich dies alles am Rheinufer zu Worms bedachte, am Morgen des Aufbruchs, da nahm mich plötzlich Dankwarth bei der Hand und führte mich zu Hagen, den sie jetzt fast alle den *Tronje* nennen. Niemand traut sich, von »Hagen, dem Mörder« zu reden, selbst im verborgenen nicht, man wählt das geheimnisvolle *Tronje*.

Der Mann mit dem verwüsteten Antlitz hatte von Dankwarth gehört, daß ich mitreisen wollte. Als ich dies nun bekräftigte, nickte Hagen und erklärte, einer von den dreitausend fahrenden Wormsern solle durchaus ein Priester sein, er erinnere sich gut an meine Predigt an der Leiche des Xanteners, damals, vor einem Jahr, als ich ihn während der Rede immer wieder mahnend angeblickt hätte, so als habe er, Hagen, Burgund ins Wanken gebracht und nicht etwa der, der an diesem Karfreitag in dem keltischen Eisenkasten lag. Er hoffe, daß ich unterwegs und in Esztergom keinen Unfrieden stifte und im Fall der Not diesem oder jenem Helden beistehen werde, vor allem dem zarten Sänger und Dichter Giselher. Zwar sei ich ganz offenbar ein Widerborst, ein irischer Irrgänger und libellischer Eigenbrötler und alles andere als ein Freund des Bischofs Ringwolf, mit dem er, Hagen, die schwierigsten politischen Machtmanöver lenken müsse, aber von den staatstragenden Ränken und Notwendigkeiten durchschauten die keltisch-irischen Phantasierer seit je nur wenig, und das sei auch besser so, und darum sollte ich wunderlicher *Wunnibald* getrost mitreisen.

Und so fahre ich nun, begleite den burgundischen Heerzug auf seiner Reise in den Orient und werde dabei stets in größtmöglicher Nähe zu Giselher bleiben. Täglich, ja stündlich will ich versuchen, mit ihm zu klären, welche Ereignisse unterwegs beachtenswert sind, welche vermerkt sein sollten. An der Chronik will ich nun Abend für Abend arbeiten, auch jetzt möglichst nicht in der Kirchensprache, sondern *theodiska in lingua* »auf deutsch«, mit den Worten der Leute.

Am Ende, mag sein, muß ich auch diesen Bericht hinüberretten in meine Klause in den Vogesen und von dort wohl noch weiter weg, hinüber auf meine irische Insel am westlichen Ende der bewohnten Welt, wo man heidnische Zeugnisse nicht als teuflisch verdammt und nicht verbrennt, schon deshalb nicht, weil dort der rätselhafte Wandelzauber des Daseins nicht eingeteilt wird in die Apotheke von Gut und Böse, über die der Nibelunge so trefflich gespottet hat, sondern wo man das labyrinthische Diesseits als unendliche Vielfalt besingt in unendlichen Geschichten.

Ach, war das im Hafen von Worms ein aufgeregtes und trauerndes Abschiedsgedränge, ein Weinen, ein Rufen, ein Wehklagen. Und als Ute, die Blinde, ihre Finger den Söhnen aufs Haupt legte und der elegante Graf Gere über Frau Utes unmoderne Art des Betens zu lästern suchte, da fuhr der Waffenmeister den Markgrafen plötzlich an, ausgerechnet der Kirchen-Lästerer Hagen, das grimme Steingesicht: *Veto ridere! Matrem, qua nihil nobis carius est, amamus!* »Ich verbiete das Lachen. Wir lieben die Mutter, wir haben nichts Teureres als sie« Und als Hagen schon weitergegangen war, drehte er sich noch einmal zurück zu dem irritierten Gere von Speyer und wiederholte dasselbe in anderen Worten, und jeder schien nun zu spüren, daß die Reise ins Hunnische ebensowenig Grund bot zu leichtfertigem Gewitzel wie die alte blinde Königin des burgundischen Reichs, über die Hagen selber doch ebenfalls gern gespottet hatte. Nun aber verbat der Heermeister sich jede herablassende Bemerkung über die Greisin. *Matres*, rief er und viele hörten es, *qua nihil nobis carius esse constat, amamus*! Mit Eifer hab ich auch dies den Leuten übersetzt. »Daß wir nichts Teureres haben als die Mütter, steht fest! Also lieben wir sie!« Das klang fast wie ein Tagesbefehl des burgundischen Anführers. Viele Mütter am Ufer, viele mit Kleinkindern im Arm, als sie dies hörten, schluchzten laut auf. Und Giselher sah ich, wie er seine alte weise Mutter umarmte. Lang und stumm.

Weh, obwohl dieser Tag als strahlender Frühlingsmorgen begann, es lag keine fröhliche Stimmung über den Rhein-Ufern. Da war wenig Hoffnung auf ein Wiedersehen, und es schien, als sei das Todesurteil nun nicht bloß über Giselher verhängt, sondern über alle, die in die ferne Fremde ziehen sollten.

Auch dem Herrn Gere war das Lächeln vergangen. Der sollte in Worms mit wenigen Kriegern die Stadt und die Frauen und Kinder bewachen und schützen. Die Xantener Gäste, die Eltern des Ermordeten, die waren mit *Walthari* und mit den anderen cheruskischen Rittern schon vor vielen Monaten trauernd den Rhein hinab heimgekehrt, zurück ins Niederland. Sieglind hatte mit großer Strenge und mit wenigen Worten den Zorn der Xantener beschwichtigt, hatte jeden Gedanken an Vergeltung weit von sich gewiesen, erst recht alle Rufe nach blutiger Rache. In großer Trauer um ihren Sohn fuhr sie mit wenigen Freundinnen den Rhein hinab zur Lippe-Mündung. Und als Krimhild weiterhin stumm blieb und verbittert schwieg, da fuhr auch König Siegmund mit den cheruskischen Kriegsleuten aus Worms hinab ins Niederland.

Vor zwei Monaten war nun Krimhild mit Herrn Rüdiger von Bechelaren vorausgeritten in die Morgenrichtung, ins Etzelland, nach Esztergom *bî Tuonouwe* »an der Donau«, dorthin, wo der Donaustrom, wie es heißt, breiter sei als der Rhein. Und noch beim Abschied in Worms hatte sie ihre Brüder eingeladen, Ende Mai ebenfalls nach Esztergom zu kommen, um ihre Hochzeit zu feiern im Hunnenland.

Der freundliche Bote Rüdiger, der Markgraf von Bechelaren, hat diese Einladung bestätigt, ja, ausdrücklich heiße auch König Etzel Krimhilds Verwandtschaft herzlich willkommen, spätestens zur Sonnenwende sollten sie in Esztergom eintreffen, zum Hochzeitsgelage.

Und als wir nun aufbrachen und über den Rheinstrom wollten, da waren die FlußArme aufgeschwollen von den Schmelzwässern in den fernen höheren Bergen, und in dieser starken Frühjahrsströmung dauerte das Übersetzen der vielen hundert Reisenden mit all ihren Geräten und Waffen und Tieren einen ganzen Tag lang, und mancher begann sich zu fragen, weswegen eigentlich der Heermeister so viele Krieger und Waffen auf die weite Strecke mitnehmen wollte, wenn doch Krimhilds Einladung nichts weiter war als eine Einladung zu einer Hochzeit.

Auf dem Fährschiff, das die Fürsten hinüberbrachte, gelang es mir, neben dem *Tronje* zu stehen. Und da hörte ich, wie er dem Gernot, dem Stoppelköpfigen, den er von allen Burgundern am meisten schätzte, etwas Lateinisches sagte und in seinem grimmigen Eifer vergaß, daß Herr Gernot gar keine oder nur wenige Wörter des Lateinischen kannte, so daß ich's ihm übersetzen mußte. Da merkte ich, daß es sich hier wohl um eine wichtige Mitteilung des Heerführers an seinen tüchtigsten Ritter handelte, womöglich um ein Geheimnis.

Denn selbst Ritter Gernot, der kampflustige Krieger, als er den großen Aufwand an Zurüstung und Geräten und Wehrhaftigkeit sah, hatte Zweifel laut werden lassen an der Größe und an den martialischen Umständen dieses Heerzuges. Die damaligen Rüstungen der kämpfenden Ritterschaft erinnern bis in die Details an die Zurüstung moderner Sportler, etwa beim Radrennen oder bei der Formel 1 oder beim *american football*, heute wie damals mit je optimaler Materialnutzung und mit gockelhafter Imposanz

Und als Herr Gernot diese Zweifel geäußert hatte, antwortete Herr Hagen: *Istroganum optimis in armis proficiscemur, non modo quod in urbe sescenti bellatores esse dicuntur sed etiam cum causa singulari.* Schleunigst übersetzte ich das dem Stoppelkopf: »Wir werden nach *Istrogranum* in bestmöglicher Bewaffnung reisen, nicht nur, weil in dieser Stadt unzählige Bewaffnete sein sollen, sondern auch aus besonderem Grund.« – *Istroganum*? fragte Gernot. – Esztergom, sagte ich, heißt bei den Lateinern *Istroganum*, gemeint ist Etzels Burg über der Donau. Die steht dort, so hörte ich von Herrn Rüdiger, wo der Fluß Gran in den Donaustrom fließt. Darum heißt Esztergom bei manchen Gran. – Und Hagen ergänzte: Diese Stadt war die letzte Burg und Regierungsstadt von Etzels berühmtem Vater, dem Hunnenherrscher Attila, der bekanntlich Europa in Schrecken versetzte, von Wien bis Paris. *Oppidum Parisiorum* (Paris), von den Römern auf keltischen Resten errichtet, wurde im Jahr 486 vom Frankenkönig Chlodwig erobert. Zu Wien: s. S. 783

Gernot schwieg und schien ratlos und grimmig. – Streit oder Fest?

Etzels Bote, sagte Hagen, schilderte den Plan zu einem einundzwanzig Tage langen Fest, das so lange dauern werde, daß wir keineswegs zu spät kämen. Schon auf den Ebenen vor Wien soll es zu einer großen Begrüßungsfeier für Krimhild kommen. Etzel will dort seine Braut empfangen mit einem siebentägigen Extrafest. Herrn Rüdigers Einladung an uns betraf ausdrücklich nur das *nuptias facere*. – Was heißt das? – »Hochzeit feiern«. – Hochzeit?

Das Wort Hochzeit, sagte ich, ist vieldeutig.

Hochzeit in Gran. Hieß nicht so der Rappe des Nibelungen?

Der hieß Grani. Aber fragt nach solchen Sachen nicht mich, den irischen Phantasierer, sondern den *Tronje*.

Im Menschengewirr auf dem Schiff fand ich meinen Giselher am Heck der Fähre. Dort hockte er und blickte zurück nach Worms. Hat uns allen auf dem Schiff den Rücken zugekehrt. Saß auf seinem Fiedelkasten und hielt auf dem Schoß einen Brustpanzer, einen Helm und ein Schwert. Diese Eisensachen hatte ihm Herr Hagen zugeworfen. Auch hierüber wollte er jetzt nicht reden. Schwieg verdrossen in die Wellen. Mir schien, er hatte zuletzt mit der Albentochter gesprochen. Und die Nymphe aus dem Stechpalmenwald, die hat ihm keine guten Nachrichten gesagt.

Die Wellen waren hell und glitzerten. Ach, es läßt sich kaum ein größerer Gegensatz denken als dieser sonnige Morgen, dieser letzte Tag im Mai, wo überall auf den Inseln und an den Ufern die Bäume blühten und alles Leben in den Wäldern und Sümpfen sich im Frühlingsjubel schier zu überschlagen schien, wo aber in den Gesichtern der Menschen fast nur Finsternis fror, als ahnten sie allesamt, daß Grauenhaftes bevorstand. Daß womöglich niemand von all diesen Reisenden den Rhein je wiedersähe.

Was half es, daß ich aus meinem Lied, das ich am ersten Hochzeitsabend gesungen hatte, einige Zeilen zu murmeln begann, so laut, daß Giselher das hören mußte. »Unterdessen leuchten, ach, anderswo Lust, Licht und Leben.« Giselher schien das nicht bemerkt zu haben. Sagte dann aber plötzlich den Anfang. »Ich empfinde Gram und Grauen. Gleiten wir ins Ende, blind. Taumeln in den Feuerwind.« Starrte in die Wellen und sagte dann eine alte Dichterklage. *Et fugit interea, fugit inreparabile tempus.* »Und es schwindet derweil die Unwiderbringliche, die Zeit« (Vergil, »Georgica«, III,284)

Vom Beginn der Reise notiere ich nun den Halt vor dem Kloster Lorsch. Dort hielt uns Bischof Ringwolf eine kleine Ansprache und erklärte, daß er nicht mitzöge, weil er die am Rhein zurückbleibenden Frauen und Kinder und Greise geistlich schützen müsse, so wie Markgraf Gere den weltlichen Schutz übernehme mit seinen Wachtposten. Am Klosterhafen sprach er und führte eine letzte Unterredung mit seinem weltlichen Vetter. Er wollte den Heermeister segnen, wollte ihm die Hand aufs Haupt legen, aber Hagen verbat sich das. *Rumoridus* tat enttäuscht und bestand dann darauf, daß ein Lorscher Kaplan den Heerzug begleiten solle, einer, der darauf zu achten hätte, daß die dreitausend Ritter und Knechte von den heidnischen Hunnen keinerlei Schaden erlitten an ihren Seelen, da in Etzels Reich der Persergott Mithras Verehrung fände und andere Götzen. Da schmeichelte es mir, daß Hagen auf mich wies und sagte, der irische Kilian *Hilarus* reiche als geistlicher Schutz vollkommen aus.

Ausgerechnet! rief Ringwolf, just dieser irische Irrwisch, der macht mit dem verwirrten Giselher seit je gemeinsame Sache und hat den fürchterlichen Nibelungen bewundert so wie fast alle unsere plebejischen und keltischen Tölpel, ausgerechnet der sogenannte *Wunnibald* soll Burgunds Schutz sein? einer, der vom wahren Heil so weit entfernt ist wie Irland von Rom?

Falls dieser Irrwisch sich unpassende Späße erlaubt, weiß er, was ihm blüht.

Nimm statt dessen meinen Kaplan *Pius Eulogius* »Frommer Gesegneter« (s.S. 39). Der ist römisch gebildet, der ist mein Freund und ist zuverlässig. Und vor allem, nimm um aller Heiligen willen, zum Schutz unserer wahren Religion, nimm auch – Ringwolf sprach jetzt leiser, aber später hörte ich von Giselher, was der Bischof dem Heermeister nun anbot – nimm auch diesen beflügelnden Sud mit, sieh her, in einem irdenen Topf hab ich ihn unter Kork gut verschlossen. Der wird euch im entscheidenden Moment beseelen und ermutigen!

Du Kirchendrache, hat Hagen gemurrt, ist der »Sud« in deinem Korktopf so schlau wie dein Brustkristall?

Da hat Ringwolf schmerzlich seufzen müssen und hat sich an seine Brust gefaßt, wo er den schönen Kristall nach wie vor baumeln ließ, und sagte dann feierlich: Was ich Sud nannte, ist eine Mischung aus Weihrauch- und Lorbeer-Extrakt, eine Mixtur, die, wie du weißt, schon auf dem Marienberg über Würzburg Wunder tat. Wann immer euch unterwegs Feinde begegnen, wenn ihr zu kämpfen habt im Namen des Herrn, da laß unsere Krieger nicht nur Stahl gegen Stahl schlagen, laß sie nicht nur die ehernen Glockenklänge mit den Schwertern herbeizaubern, sondern in solchen Momenten verteil unter deinen Rittern mit Marias Segen Proben von diesem Extrakt, der macht selbst den Verzagtesten groß und mutig, ja, Weihrauch und Lorbeer machen ihn zum opferbereiten Helden!

Berauschte kann ich in Esztergom nicht gebrauchen.

Da blickte der Bischof in die Runde – Ich sehe, wie dein irischer Kilian *Hilarus* schon jetzt seine roten Ohren spitzt und alles, was ich dir anvertraue, zu belauschen versucht. Höre, Hagen, nimm wenigstens meinen Freund mit, unseren Klosterbruder *Pius Eulogius*. Die richtige Richtung zeigt auch dir allein das Kreuz des Herrn, das mein guter *Pius* euch vorantragen wird. – Der Lorscher Abt winkte den Kaplan herbei, der sich bis dahin schüchtern im Hintergrund gehalten hatte. Der war ein kleiner und schmächtiger Mann, doch er hielt in beiden Händen ein Kreuz aus Holz, an dem der dürre Leib des Jesus hing in all seiner Marterqual, freilich trug dieser Jesus eine weltliche Krone auf dem Kopf, eine, die mit den burgundischen Adlerzeichen geschmückt war und mit dem Christogramm, mit dem X im P.

Kreuz und Christus trug Kaplan *Pius* wie ein Feldzeichen hoch vor sich her, als wollte er mit diesem Gerät schon jetzt jeden Heiden bannen und vor allem den grimmen Hagen.

Der hat dann noch einiges gemurrt, wovon ich nur so viel verstand, daß er es abermals für ein großes Glück halten müsse, daß hier und jetzt der Nibelunge fehle, denn der hätte auch aus diesem Lattenkreuz in Windeseile einen seiner fliegenden Vögel oder Drachen gebaut.

Weiß Gott ist das ein Glück, daß er hier fehlt, rief Ringwolf. – Der Ruhrschmied, vor dem ich euch alle immer gewarnt hatte, dieser cheruskische Spartacus hat Burgund immer nur geschadet.

So ist es, knurrte der Vetter. Und zum Zeichen, daß ich dir in diesem Punkt recht gebe, nehm ich ihn also mit, deinen Lorscher Lehrling.

Und so zog nun, der Kaplan voran, die burgundische Kriegskarawane von den Ufern des Rheins ostwärts, hinauf in die Waldberge, zog durch »Odins Wald«, und es war wirklich ein bewegender Anblick, zu sehen, wie da eine lange blinkende Schlange dahinzog, ein stählerner Wurm aus mehreren tausend Kriegern und Knechten, aus Freien und Unfreien, die ritten und wanderten bergauf und zogen in lang gezogen Kurven auf den Pfaden, die nach Würzburg hinüberführen, zum Main hin. Und allenthalben schimmerten in der frühsommerlichen Sonne jene dunklen Eisenrüstungen, die der Alberichgeselle in den neuen Wormser Wasser- und Feuer-Schmieden hatte arbeiten lassen.

Vorn also, an der Spitze des Zuges, da trug Kaplan *Pius*, der zu Fuß ging wie ein frommer Pilger, das Kreuz und sein Opfer, hielt das neue Kirchenzeichen vor jeder neuen Biegung besonders hoch, vor jedem neuen Wald, vor jeder neuen Lichtung, vor jedem düsteren Dickicht, als müsse dieser Anblick jeden Widersacher in Bann schlagen, Alamannen wie Sachsen, aber auch Feen, Nymphen und andere Geister.
Das Kreuz fand erst in diesen Jahrhunderten Eingang in die katholische Liturgie.

Ja, *Pius Eulogius* trug das Kreuz wie ein Feldzeichen, hob es gut sichtbar vor sich her, mit Augen, die flink nach hierhin wie dorthin blickten, hinter alle Büsche und in alle Schneisen, offenbar stets gewärtig all der Feinde, die sein Bischof so lebhaft zu schildern verstand und die, so wußte es der Kaplan sicherlich mit großer Genauigkeit, aus all diesen Wäldern ständig drohten, wenn nicht hier, dann spätestens am Ende der Reise, auf der Felsenburg Esztergom.

Ach, auf dieser wehrhaft frommen Fahrt gen Osten hätte ich von Giselher zu gern gewußt, ob auch er diesen Heer- oder Lindwurm für einen *Nidgir* hielt, für eine andere Art Kriechvieh. Aber mein Dichter schwieg und kniff die Lippen eng. Und so ritt ich meist stumm hinter ihm drein, ritt auf meinem fabelhaften, auf meinem gutwilligen *asinus Äsopus* »Esel Äsop«, benannt wahrscheinlich nach dem fiktiven griechischen Fabeldichter *Aisopos*. Ach, ich hatte an diesem ersten Tag niemanden, mit dem ich hätte reden können. Statt dessen beobachtete ich mit Staunen den riesigen Zug in den Osten, mit dem eifrigen, wichtigen und gewiß recht mutigen Geistlichen an der Spitze.

Am Abend kamen wir bis zu dem Ort Miltenberg. Im abendlichen Lager unter dem freien Himmel suchte ich die Nähe des Herrn *Pius* und saß dann mit dem Kaplan eine Weile gemeinsam bei einem Feuer. Schließlich erklärte der mir seinen Auftrag. Den halte er für überaus ehrenvoll und sinnvoll. – Sinnvoll? – Bischof *Rumoridus Rusticulus* hat mir die Weisung erteilt, nicht nur die Heilsbotschaft von der Wahrheit des Paradieses bei den burgundischen Rittern zu schützen, sondern diese Botschaft auch gehörig auszubreiten, dorthin, wo sie bislang ihren schwersten Stand hat, bei den heidnischen Hunnen. Von König Etzel weiß man, daß er sehr schwankend ist, daß er den rechten Glauben nur vorübergehend akzeptierte, nur wegen seiner ersten, wegen seiner christlichen Ehefrau Gisela, daß er aber nach deren Tod mit seiner zweiten Frau Helche wieder von der wahren Religion abfiel und in den überaus dämonischen Mithraskult zurückgesunken ist, in die Sonnenanbetung. Bei diesen gottlosen Hunnen gibt es also sehr viel zu tun, und ich hoffe, daß du, Bruder Kilian, mir in den entscheidenden Augenblicken zur Seite stehen wirst.

Ich seufzte eine Weile, schwankte zwischen freundlichen und spöttischen Kommentaren und sagte ihm schließlich, daß er bei den Hunnen in der Tat schwere Arbeit bekäme, die Mission dort sei mindestens so mühevoll wie dieser lange Marsch in den Osten. – Ach, hörte ich ihn, der Prophet hat gesagt: Nur durch große Mühsale können wir eingehen in das Himmelreich. Apostelgeschichte 14,22

Da fragte ich den schmächtigen Gotteskrieger, warum wir den Herrn Etzel nicht glücklich sein lassen könnten mit seinem Sonnenglauben, es sei doch die Sonne von allem, was die unfaßlich schöne Gottheit geschaffen habe, das Hellste und Wunderbarste, die Kraftquelle für jedes Leben.

Unsere wahre Kraftquelle ist Gottes heilige Dreieinigkeit. Samt der unfaßlich schönen und wahrhaft heiligen Gottesgebärerin.

Das habt ihr gut gelernt, lieber Bruder, aber seht euch doch um, *Eulogius*, seht diesen herrlichen Abend über dem Maintal, hört, wie es aus allen Sträuchern am Ufer und aus dem Wald heraus klingt und zirpt und kullert und gurrt, hört das herzzerreißend süße Ach und Weh der Nachtigallen. Und seht, wie unbeschreiblich zart jetzt die scheidende Sonne das Land noch einmal überstrahlt, wie sie unsere Erde für einige Augenblicke in ein goldenes Versprechen taucht, als wollte sie beteuern, ich komme wieder, schon morgen werde ich abermals erstrahlen, ja, als wollten ringsum all diese Schönheiten verkünden: Solange diese unbegreiflich große Welt vorhanden ist, wird die Lichtspenderin aus der Finsternis immer wieder am östlichen Himmel auftauchen aus dem unfaßlichen Meer der Ewigkeit. Ja, so unfaßlich hell strahlt sie am Mittag, daß niemand ihr ins Auge sehen kann, und jeder ahnt, sie könnte, wenn sie wollte, uns alle auf der Stelle verbrennen. Statt dessen gönnt uns *Gaias* gewaltigste Kraft wohltätige Wärme, umarmt uns mit zuverlässigen Helligkeiten. Und lieber Bruder, auch dann, wenn wir selber längst zur Erde geworden sind, auch dann, denk dir, wird immer wieder neu ringsherum und allenthalben dies lüsterne Blühen sein und wird, von der Sonne geweckt, immer von neuem solch zwitschernde, betäubend duftende Zeugungsfreude sich tummeln, in unendlicher Lust, voller Begehren nach neuem Leben.

Ach, neues Leben hängt für mich nicht davon ab, ob Vögel süß singen oder die Sonne golden scheint oder nur trübe, sondern meine Freude, die sonnt sich einzig in der Glorie des Ewigen. Und für dies Licht der Wahrheit bin ich bereit, mein eigenes winziges diesseitiges Licht jederzeit zu opfern. – Dann schränkte er ein und wollte freundlich tun. – Bei meinem Lehrer *Rumoridus* lernte ich, daß leider nur wenige auserwählt sind, Gottes Gedanken zu denken. *Credo in unum deum.* »Ich glaube an den einen Gott« – Er bekreuzigte sich und murmelte. – *Vanitas vanitatum et omnia sunt vana.* »Alles ist eitel« Bruder, nach einem so hellen Prächtigkeitstag wie diesem heutigen, da ist es leicht, an die Sonne zu glauben. Ach, in Wahrheit umgibt uns eine Welt der Qualen, *eximia vallis lacrimarum* »ein gigantisches Tal der Tränen«, ein Jahrtausend der Hölle. *De profundis clamo ad te, Domine!* »Aus der Tiefe rufe ich, Herr, zu dir« – Er bekreuzigte sich.

Ich schwieg eine Weile, nickte dann und fragte: Sollen wir uns für Jesus wirklich nur martern lassen? Sollen wir das Leben im Diesseits ausschließlich als Last empfinden, als Qual? Der Prophet *Amos* hat gesagt, Gott will Gerechtigkeit, keine Opfer.

Der Lorscher Bruder schien betrübt. In mir konnte er offenbar nicht den Helfer erkennen, den er für seine hohen Aufgaben benötigte. – *Credo in ecclesiam militantem et triumphantem.* »Ich glaube an eine streitbare und an eine triumphierende Kirche«

Niemand, so murmelte ich, niemand weiß wohl Genaueres über diese rätselvolle Welt. Zu staunen hab ich über alle, die mit Erleuchtung unterscheiden können zwischen gut und böse, wahr und unwahr und Gottesgedanken und Teufelsgedanken. Ist doch das Innen ein Außen und das Außen ein Innen. Ist doch unser Fleisch auch Seele und unsere Seele auch Fleisch. Und ist eben dies Doppelte der große Lebenszauber. So daß alle Weisen uns seit langem daran hätten hindern sollen, die Menschen einzuteilen in Schwarze und Weiße, in die Kinder des Himmels hier und in die Beute der Hölle dort. Abraten hätten sie müssen, aus der Welt das zu machen, was der Niederländer so fröhlich verspottete als Ordnungsapotheke. Mir jedenfalls erscheint die Welt wie ein Rätsellabyrinth. So unerforschlich wie prächtig und zugleich schauerlich.

Nun schwieg *Eulogius* erst recht. Er schloß sogar die Augen, als müsse er sich schützen. Wären auch die Ohren zu verschließen, er hätte sie gewiß zugeklappt. Ich dagegen konnte mich nicht sattsehen an dem Farbenspiel überm Main. Flußab sank die Sonne dahin, als leuchte da eine Feuersbrunst. Aus einer anderen Welt und doch zugleich aus unserer.

Das Geheimnis ist groß, sagte ich noch schnell, um den Bruder *Pius* nicht allzu sehr zu bedrängen und meine Demut zu bekunden. Doch dann hat sich mein geistlicher Freund, der gewiß wenig Geheimnisse wußte, aber viele Wahrheiten, abermals bekreuzigen müssen, als hätten seine armen Ohren Sündiges und Heidnisches gehört. Der Gute jedenfalls blickte mich von nun an gar nicht mehr an, sondern sah auf den Boden, wirkte verschämt, so, als hätte ich ihn eingeladen in eine vergnügliche Spelunke im Städtchen Miltenberg. Dies und jenes murmelte er noch vom ganz anderen, vom erhabenen Paradies, auf das er in der Ewigkeit hoffe. – *Dixi et monui et salvavi animam meam.* »Ich habe gesprochen und gemahnt und habe meine Seele gerettet« – Und dann sah er zu, daß er einen Schlafplatz fand, einen einsamen, abseits, wo ihm niemand des Teufels Jammertal als wunderbare Lustbarkeit pries und als Zauber so wie dieser tapsige Ire mit dem zweifelhaften Namen *Wunnibald.*

In der Nacht, als ich in unserem kleinen Fellzelt unter dem Talglicht notierte, was von diesem Reisetag bemerkenswert schien, da sah es so aus, als würde neben mir mein Herr Giselher schon schlafen. Plötzlich aber richtete er sich auf und starrte mich im Licht des Unschlitt-Lämpchens an, so sonderbar, so schwermütig, daß ich zu zweifeln begann, ob ich die richtigen *notabilia* »Bemerkenswertes« aufgeschrieben hätte. Gewiß würde er mich nun belehren, wie belanglos das Gespräch mit dem Lorscher Kaplan gewesen und was an dieser Reise statt dessen wichtig sei.

Und in der Tat, er gab mir einen solchen Wink. Aber ganz anders, als ich es erwartet hatte. – Schreib bitte auf, wie prächtig der Wald blüht. Wie wunderbar er wächst. Wie schwarz dagegen unser Inneres ist. Wie schwarz und todessüchtig. Schreib, daß unseren Heerführer die Lust der Lemminge treibt. Die Untergangslust. In schlechtem Gewissen. Da lobt er plötzlich meine alte Mutter. Hast du das gehört? Ausgerechnet die lobt er, die er zuvor nie genug hat herabsetzen können. Und schreib über das Schlußkapitel unserer Chronik die Überschrift: *Legitima vindicta.* »Die gerechte Vergeltung«. *Vindicta* hat auch die Bedeutung von »Befreiung« und »Rettung«. Noch im Epos von 1200 (Hs B) rät Krimhild in Worms den Xantenern (Vers 1033, nach der Ermordung Siegfrieds), sich nicht sofort rachedurstig gegen die Übermacht der Burgunder zu wenden (und damit die eigene Vernichtung zu riskieren). Die Rache ist für sie auch noch in der Version von 1200 ein

Langzeitunternehmen. Da wird mitgeteilt: *Jâ ist vil lancraeche des künec Etzelen wîp* (»Die Rache von Etzels Gemahlin hat einen langen Atem«)

Und schreib, sagte Giselher, daß dieser *Tronje* uns alle hineinziehen will in seinen eigenen Untergang. Schreib über diese selbstherrlichen Herren Hagen und Ringwolf, daß deren großartiges Werk am Ende nichts weiter ist als *vim inferre in animis sicut in corporibus.* »ein Vergewaltigen der Seelen wie der Körper« – Er machte eine Pause. – Und schreib, daß wir es wahrscheinlich nicht besser verdienen. Denn wir alle tragen Schuld. Niemand hat den Niederländer gewarnt. Niemand zeigte ihm die Mörderhöhlen in Hagens Kopf. Und in Ringwolfs Kopf. – Damit sank mein Sänger und Poet wieder zurück auf sein Lager. Schloß die Augen. Hat aber gewiß noch lange nicht schlafen können.

Während ich weiterschreibe, wird mir klar, wie viele Gründe er hat, nicht zu schlafen. Sein Todesurteil hat er gegen ein anderes eingetauscht. Wahrscheinlich gegen ein schrecklicheres, gegen eines in Esztergom oder Gran. Und nun grübelt er darüber, daß er dem Mord an dem *Victor Placidus* nur zugeschaut hat. Wie ein Zuschauer *in theatro*, wenn auf der *scaena* »Szene« dieser oder jener erdolcht wird. Auch schon vorher hatte er sich, so glaubt er, schuldig gemacht, als er sah, wie die Frauen, wie Brünhild und Krimhild sich um ihre Kraft brachten und um ihr Glück, wie maßlose Herren beide wunderbaren Frauen hinausgetrieben haben in eine ferne Fremde. Die Isländerin in den Tod sogar. All das, so hat er's mir schon in seinem Klosterkerker gestanden, all dieses Unrecht hat er immer nur beobachtet oder betrauert, aber nie verhindert.

Am nächsten Tag haben wir den Ort Würzburg erreicht, und die Söhne des Gundomar ließen es sich hier nicht nehmen, den Berg zu besteigen, der nun *Mons Sanctae Mariae* heißt »Marienberg«, der von ihrem königlichen Vater und seinen Recken getränkt wurde mit dem Blut der ostfälischen Heiden. Ach, Tausende haben nach Gundomars Tod auf diesem Hügel über dem Main ihr Leben gelassen. Und oben auf der Kuppe war damals Burgunds König begraben worden, zwischen Mauern, die stark genug schienen.

Kaplan *Pius Eulogius* wollte Hagen und die Königsbrüder auf den Berg hinaufbegleiten, wollte auch zu Gundomars Grab das Kreuz vorantragen und versprach König Gunther mit vielen sanften Worten, er werde an dem Grab eine *ceremonia sacra memoriae regis* halten »eine Gedenkmesse für den König«, für den, wie Herr *Pius* erklärte, seligen und tüchtigen und christlichen Herrscher von Burgund. Als Gunther diesem Ansinnen gern zustimmte, weigerte Hagen sich, teilzunehmen an diesem *cultus*. – Hier unten am Main gibt es genug zu tun. – Statt um eine kirchliche Feier für seinen alten königlichen Genossen Gundomar kümmerte sich der Waffenmeister lieber um seine kriegerische Heerschar am Würzburger Main-Ufer. Und dort, soviel ich beobachten konnte, vermehrte er die burgundischen Hundertschaften um neue keltische und germanische Vasallen, um Hilfstruppen und Söldner, so daß es seit diesem Tag viertausend Kämpfer sind, die unter seiner Führung in den Osten ziehen.

Giselher kam als erster vom Marienberg wieder herab. Mit einem Gesicht, leichenblaß, totenstarr. Das heuchlerische Gesäusel des Kaplans *Pius*, murrte er, habe er nicht ertragen können. Vom Grab des Vaters sei gar nichts mehr zu sehen gewesen. Die Mauern seien weggeschafft bis auf wenige Reste, die Steine hätten räuberische Leute fortgetragen und anderweitig benutzt, zum Häuserbauen. Auch die vergoldete Rüstung und die kostbaren Geschenke, die Gundomar in die Ewigkeit hatten begleiten sollen, seien verschwunden, gestohlen von Grabräubern. – So geht es, murmelte er. So geht es mit uns allen. Noch in diesem Sommer. Mitten in diesem lustigen Sommer. Ich weiß, wozu Krimhild uns einlädt. Schon immer hat sie erreicht, was sie gewollt hat.

Unser vormals so fröhlicher und leutseliger Sänger, er schien so ingrimmig betrübt, daß ich mir wünschte, seine gute Freundin, die *nympha fluviatilis* würde sich zu unserem Zug gesellen. Dieser Zug aber ist ein Zug der Männer. Nirgends klingt eine weibliche Stimme, zeigt sich ein weiblicher Anblick, hören wir etwa den Hauch und das Rauschen eines Rockes im Vorüberhuschen, womit die Albentochter meinen Giselher so oft überrascht hatte, zuletzt in seiner Lorscher Schreibzelle.

Nein, Weibliches täuscht nur der Langrock des zierlichen Kaplans vor, seine bodenlange, seine zart bestickte Kutte, ach, nirgends, so muß ich es an diesem zweiten Abend in die Chronik schreiben, nirgends in Würzburg hört man eine *tibicina* »Flötenbläserin« oder sieht man gar eine *sacerdos voluptatis* »Priesterin der Lust«, ach, dieser burgundische Zug der kriegerischen Männer, allen christlichen Gelehrten und jedem freundlichen Leser sei es versichert, er ist ein *agmen tristitiae* »Heereszug des Traurigkeit«

Mehrere Tage zogen wir dann von Würzburg aus weiter, halb östlich, halb südlich, der Frühlingsritt der rund viertausend gut bewaffneten Kämpfer wanderte unter dem freundlichsten Himmel immerzu in einer düsteren Stimmung dahin, offenkundig auf einem Weg der Ausweglosigkeit. Auf meinem gutmütigen Esel *Äsop* folgte ich dem jüngsten der Brüder, meinem Giselher, immer möglichst dicht, als könnte mir irgendeines seiner Worte entgehen. Aber er redete wenig, an den meisten Tagen rein gar nichts.

Der Ritt ging bisweilen über sehr alte Straßen, die schnurgerade über die Hügel führten, die lange vor den Römern offenbar schon von Kelten oder von noch älteren Stämmen eingerichtet wurden. Die Römer hatten diese uralten Straßen nur ausgebaut und verbessert. Inzwischen aber sind die meisten dieser Wege wieder überwuchert von Gestrüpp, einige sogar schon vom Wald. Doch unter dem Waldboden traten die Pferde mit ihren neuen Eisen, die der Xantener den Hufen hatte anmessen lassen, alte feste Straßenreste frei, da wurden gefügte Steine sichtbar und Fahrspuren aus lange vergangenen Zeiten. Unter den harten Pflasterflächen zeigten sich auch Mörtelschichten und aufgestreuter Sand, ja, diese steinalten Alleen sind vormals gut befahrbar gewesen, im Winter wie im Sommer.

Endlich erreichten wir, zwei Reisetage nach dem Tag in Würzbug, das *Castellum Rufum* »Rothenburg« und kamen von dort in das Tal der Altmühl, gelangten nach Eichstätt und schließlich vor den großen Donaustrom.

Auch das Tal der Donau ist jetzt, im beginnenden Juni, überschwemmt, die breiten üppigen Auen stehen, so weit wir sehen können, unter Wasser. Unser Heerführer schien ratlos. Niemand wußte hier eine Antwort auf die Frage, wie unsere vielen Krieger und Tiere über diese breiten und wilden und strudelnden Gewässer auf die südliche Seite gebracht werden könnten.

Die Dunkelhäutige, die *Baldinai*, die wüßte einen Ausweg, murmelte ich. Und verbesserte dann und sagte, auch der Nibelunge.

Von hier aus, sagte mein Freund, hätte der seinen Wunder-Kanal gebaut. Wahrscheinlich von hier aus.

O ja, mischte Hagen sich ein, der unruhig hin- und herritt und das Ufergelände prüfte, o ja, euer Held aus dem Niederland, hier hätte er seinen tolldreisten Kanal gebaut, für seine Schiffe auf Rädern, seinen wahnwitzigen Wasserweg vom Rhein und Main bis hierher zur Donau. Bis zu dieser drohenden und drängelnden, bis zu dieser gierig gurgelnden Frau *Danubia* »Donau«, einen solchen Kanal hätte er gewiß geschafft, aber wie dann wohl hätte er uns hinübergebracht auf die andere Seite? – Und galoppierte davon und schien wieder sehr mürrisch. Noch bevor es Nacht wurde, wollte er wissen, wie dieser Strom zu überqueren wäre.

Er hatte befohlen, ein Lager einzurichten, und während das geschah, in der Nähe von Möhring heute Großmehring, wollte er selber auskundschaften, wie in diesem unwirtlichen Wasserland die große Fährarbeit zu leisten wäre oder ob es nicht doch irgendwo noch eine Furt gäbe, die schon von den Römern genutzt worden war, oder aber ob sich hier ein Fährmann fände mit tüchtigen Schiffen.

In voller Waffenrüstung machte sich der Heermeister auf die Suche, forschte im trüben Abendlicht flußauf und flußab. Bis zur Sonnenwende, so hatte er dem Markrafen Rüdiger versprochen, wollten die Burgunder in Esztergom sein. Und dies war nun schon der fünfte oder sechste Tag im Monat Juni.

Hagen suchte unterhalb von Möhringen, suchte auch beim alten Römer-Kastell *Celeusum* Kelsheim. Unter dessen Felsenhöhen gelangte er schließlich an die Quellen des Kelsbachs. Dort wollte er in der Dämmerung möglichst rasch vorüberreiten, um wieder zurück an den großen Strom zu kommen.

Bei den tiefen Quellen dieses Seitenbachs aber, so gestand er später Gunther und Gernot, und Gernot berichtete das noch in der Nacht auch Giselher und mir, dort widerfuhren dem Waffenmeister eigenartige Dinge. Mochte sein, gestand Hagen, er war nicht mehr ganz bei Trost, weil er in seinem Ärger über das wirrsalige Donauhochwasser bereits eine erste Probe vom Lorscher Bischofssud genossen hatte. Mochte auch sein, die Nebel, die durch die kühl dämmernden Auen strichen, diese feinen grauen Schwaden, die wie mit tausend Silberfäden über die trügerischen Sümpfe zogen und durch die verworrenen Schilfdickichte, die hätten ihm den klaren Blick genommen. Er genierte sich fast, den burgundischen Brüdern zu gestehen, was ihm nun begegnet war. Gunther und Gernot erzählte er das, und Gernot sagte es noch in derselben Nacht seinem Giselher weiter, so daß ich nur die Ohren zu spitzen hatte, um es nun notieren zu können.

Unter der dunkelnden Karstwand, in dem großen Quellbrunnen des Kelsbachs bei Ettling etwa 2 Kilometer oberhalb Pförring, da hätten grüne Fischnetze im Wasser gelegen. Im Zwielicht schienen aber diese Netze voller Leben, voll silbrig bewegter Leiber, und diese Leiber hätten sich geringelt und gewunden und hätten schließlich unmißverständlich geredet, ja, verschiedene Stimmen hätte Hagen deutlich gehört und die hätten ihn verspottet, ihn, den Heermeister. Ob er denn plötzlich, gegen seine berühmte Gewohnheit, sein Heer nicht mehr führen könne? Sei nun auch er wie alle RomKöpfe dermaßen verrottet und verwahrlost, daß er seine Krieger nur noch in die Irre führe, daß er von der Welt nichts mehr verstehe, weil auch er nur noch die Wolken liebe?

Er sei vom Pferd herunter und sei den schwirrenden Weiberstimmen gefolgt, die ihn an die Nymphe erinnert hätten, von der Giselher *res varias iucundas festivasque* »allerhand Vergnügliches und Amüsantes« aus dem Ruhrtal erzählt habe, an die Alberichtochter, die wohl auch unter Brünhilds Gefährtinnen aufgetaucht sei. Diese drei Fischweiber hier, die hätten ihn aber keineswegs erfreut, die hätten ihn nur wütend gemacht, hätten ihn über die Maßen gereizt, so daß er, als er diese nebelhaften Netzgeister habe packen wollen, ins tiefe Wasser hineingerutscht sei, ja, er sei, statt zurück zum Donau-Ufer zu gelangen, mit seiner schweren Bewaffnung in den tiefen kalten Kelsbachquellgrund geglitten und sei mehr und mehr außer sich geraten vor Zorn. Die drei weißen Frauen Schazman: *the three white women; um 1200: diu wisiu wîp*, diese drei nackten Gestalten hätten sich kaum anders benommen als die schönen Nornen unter der Welten-Esche beim »Heiligenhaus«. (s.S. 62f)

Die drei Flußgeister jedenfalls lockten und foppten unseren grimmigen Waffenmeister ausführlich, und es half ihm gar nichts, daß er die Frauen in seiner Not und in seinem Zorn beschwor, sie sollten endlich begreifen, daß auch die Burgunder »Nibelungen« seien, ja, auch die Bewohner von Worms kämen im Grunde aus Nifhelheim, aus *Burgundarholm* »Bornholm«. Und spätestens seit der *Nidgir*-Töter den Burgundern seinen Drachenhort geschenkt hätte, gehörten auch die Herren von Worms zu denen, die über elementare Kenntnisse und Künste verfügten.

Da hätten die drei nur gelacht, auf eine harte, auf eine heisere Weise, hätten von *Loki* geraunt, von Neid und von Gier und seien immer fürchterlicher geworden in ihrem Hohn über den *Tronje*, über den Mörder mit dem zerstörten Gesicht, der sich mit dem Namen »Nibelunge« von allen Frechheiten die allerärgste erlaube. Und eine von den Frauen, die von den anderen Sieglind genannt wurde, die hätte plötzlich gefragt, wo denn der Hort inzwischen sei, wo Hagen ihn denn gelassen habe, den wunderbaren Drachenschatz, ja, und wo nun auch der berühmte *Nidgir*-Töter bleibe, der ach so hilfreiche Arbeiter für das rheinische Burgund. Einen Weg auf die andere Donau-Seite hätte der gewiß längst gefunden oder hätte ihn über Nacht gebaut. Und dann hätten alle drei Weiber gefragt, ob Hagen etwa nicht wisse, daß auch *diu wisiu wîp* überaus begabt seien, zum Beispiel als Töterinnen.

Da hätte er gerufen: *Cavete ducem! Irascor celerrime, tamen placabilis essem, si re vera sapientiam offenderem.* – Red nicht lateinisch, hätten die Frauen geantwortet. – Da habe er sie zu warnen versucht, *cavete ducem* hieße, sie sollten sich hüten vor dem Führer, denn er, Hagen, geriete sehr rasch in Zorn, würde sich aber auch wieder beruhigen, wenn er wirklich auf Weisheit träfe, auf *wisiu wîp*. Und dann hätte er im Dämmerlicht die Kleider der drei Wasserweiber erblickt, ihre drei gräulichen Gewänder, die lagen in gut dreißig Klaftern Entfernung 50 m, die hingen unter der düsteren Felswand in einem Gesträuch, dort habe er sie sich gegriffen, diese spinnenfädenfeinen Gewandungen und habe sie versteckt und hätte dann gehöhnt, ob sie von nun an ewig nackt umherschwimmen wollten, barbarisch und tierisch und unbekleidet wie Frösche, Schlangen und Kröten oder aber ob sie ihm nun endlich helfen wollten, eine Furt über die Donau zu finden. Falls sie freilich störrisch blieben, werde er dafür sorgen, daß sie für immer nackt blieben und sittenlos und unrespektiert bis ans Ende aller Tage.

Da sei es dann geschehen, daß die drei dem zerlöcherten Gneisgesicht sehr nahekamen und ihn behelligten und raunten zärtlich seine eigenen Worte , »barbarisch nackt« und »sittenlos«. – Und auch das wisperten sie, was mir bekannt vorkam, *finis operis mortis et Martis* und dergleichen und sind immer noch näher gerkommen und gaben sich schmeichelhaft und waren ganz und gar nackt, und alles Scheußliche haben sie vertauscht mit dem Lieblichen und Zärtlichen, mit den süßesten Stimmen und sanftesten Berührungen und taten so, als wollten sie mir tatsächlich beistehen beim Durchdringen all dieser hochflutenden Donaugewässer. Und die drei jungen Frauen sind sicherlich auch sehr schön gewesen in ihrer Nacktheit und Jugend und haben jedenfalls genau gewußt, daß ich sie bei aller Verachtung sehr gern betrachtete und daß ich ihre Hände sehr angenehm fand auf meiner Haut. Plötzlich aber haben sie wieder gespottet, ziemlich zwecklos sei es, ihnen die Kleider zu verstecken, auch in der grauen Donaudämmerung sähen sie die grauen Gewänder deutlich, nämlich dort, wo Hagen sie drüben in der finsteren Karsthöhle versteckt hätte.

Wütend habe er gerufen, diese fadenscheinigen Kleider könne er ihnen mit Leichtigkeit zerreißen und ihre zarten Leiber mit seinem Schwert gewiß ebenso leicht, und wenn sie wirklich so scharfe Augen hätten, daß sie sogar in der dunklen Höhle ihre wassergrauen Kleider sähen, dann sollten sie ihm doch auch verraten, was sie, diese weitsichtigen weisen Weiber, von seiner Zukunft voraussähen.

Da schauten sie sich kurz an. Gernot, tief in der Nacht noch in Giselhers Zelt, der erzählte dies alles nun so, als ob er selber all das gesehen hätte, was Hagen berichtet hat, der schien nun ganz und gar bezaubert von dem Bericht, der freilich uns alle betraf, alle viertausend reisenden Krieger vom Rhein.

Dann sagte diejenige, die sie Sieglind nannten, sie alle drei sähen die Zukunft der sogenannten Nibelungen nur sehr finster. Schon deswegen sei die Zukunft der viertausend Ostlandfahrer aussichtslos schwarz, weil alle die, die hier über die Donau wollten, in Wahrheit keine Nibelungen seien, sondern nur Wormswürmer, auf die sich die Donaufische freuten.

Was nennst du finstere Zukunft?

Bist du wirklich so mutig, die Wirklichkeit zu ertragen? fragte die erste, und die zweite meinte: Schon was Ute immer wieder voraussagte, wenn sie vom sicheren Helvetien sprach, wolltest du ungern hören. Und die dritte sagte: Hol uns unsere Kleider, bring sie zurück, dann beschreiben wir dir die Zukunft.

Da überlegte Hagen kurz, ob er ihnen erst die Kleider geben sollte oder ob sie erst prophezeien müßten. Währenddem berieten sie sich und trafen geheime Absprachen, widerwärtiges Kichern hörte er. – Wahrheit will ich hören, rief er, keine Flunkereien.

Wahrheit ist, sagte diejenige, die ihm bekannt vorkam seit dem Isenstein, die Wahrheit ist, daß keiner von euch länger leben wird als bis zur Sonnenwende.

Wirklich? Keiner?

Überleben werden nur die Priester. Nur *Pius* und *Kilian* kehren zurück nach Worms.

Nur die Priester?

Die Angsthändler, müßtest du wissen, sind nie auszurotten. – Zu keiner Zeit, sagte die zweite. – Auch in tausend und abermals tausend Jahren herrschen die Angsthändler, sagte die dritte.

Und dann sah Hagen, daß die Frauen längst ihre Netzkleider in ihren Händen hielten. Da zog er sein Schwert, das er dem *Balmunk* nachgebildet hatte und das den nibelungischen Kuhgriff zeigte, mit dem schlug er zu und hieb wütend auf die Kleider und auf die schönen Gestalten.

Aber die Frauen wichen auseinander wie Nebel, die lachten und höhnten, die verschwanden hierhin und dorthin in der Dunkelheit und spotteten. Zuletzt war nur noch zu hören, wie hoch in der Dämmerung Wasservögel dahinzogen, als flatterten dort oben riesige Fledermäuse oder Kraniche oder Schwäne, die lärmten und höhnten von sehr hoch und später noch aus der Ferne. Und rings um die Kelsquellen rauschte in der grüngrauen Dämmerung vielstimmiges Gequake, Geschwätz und Geschwirre.

Gernot hat das so berichtet, hat erzählt, was Hagen erzählte, und hat dann noch mit Erstaunen ergänzt, daß der *Tronje* sehr verwirrt gewesen sei und Gunther sehr bestürzt. Von dem, was die drei Frauen prophezeit hätten. Daß unsere Fahrt in den Osten ein tödliches Ende fände.

Ziehen wir also weiter? fragte Giselher. – Wirklich bis nach Esztergom? Gehen sehenden Auges in Krimhilds Rache-Falle? Weil Hagen bei seinem Stolz bleibt? bei seinem *Tronje*-Trotz?

Der Heerführer, sagte Gernot, als er alles erzählt hatte über die Quellgeister, hat viele verworrene Worte geknurrt. Nun wisse er, warum *Ecclesia Romana* »die römische Kirche« nicht nur großen Wert lege auf den Kult mit Maria, sondern neuerdings auch auf die Verehrung von vielerlei Engeln. Die barbarischen Kelten oder Germanen, auch wo sie christlich täten, seien in Wirklichkeit noch immer nicht bekehrt zu dieser neuen rein geistigen Religion, darum verwandele die RomKirche die alte Liebe dieser Leute zu *Gaia* und den Elementargeistern in einen Umgang mit Mutter Maria und mit allerhand neuen Engeln.

Und dies vielstimmige Engelwesen, hat Hagen germurmelt, dies Engelgeschwirre sei nichts weiter als der verkappte alte Gnomen-, Kobold- und Elfenbetrieb. Der fromme Herr *Pius* müßte es ihm bestätigen, alle Gefahren in diesem höllischen Diesseits, ob nun durch Frauen, Kelten, Juden oder Hunnen, die bestehe man nicht mit den himmelhohen Erzengeln Michael, Gabriel und Raphael, nein, die Kelten und Avaren, die Hunnen und Germanen, die hätten mit solchen himmlischen Geistesriesen nicht viel anfangen können, nicht umsonst rede Frau Ute von Geist-Idiotie, nein, die Leute verlangten handfesten Ersatz für ihre Nymphen, Undinen, Salamander, Trolle, Luftgeister und Sylphen und erfreuten sich nun an deren vielfältigen Verwandlungen ins engelhafte Gewimmele. Mit dem Segen der Bischöfe böten sich nunmehr vielerlei Engel, für jederlei Gelegenheit jeweils ein anderer Engelsgeist.

Während er das redete, sagte Gernot, habe Hagen in Gunthers Königszelt seine nassen Kleider abgelegt, habe Wams und Socken und Beinwickel und sich selbst am offenen Feuer zu trocknen versucht und habe bei all dem viel geschnauft und geflucht. Doch Gunther sei unmutig geworden, ja, zutiefst bedrückt und am Ende fast zornig und hätte den Vetter gebeten, endlich aufzuhören mit dem üblen Unken und Voraussagen. – Heermeister, nun such uns eine Furt! oder laß eine Brücke bauen, von Insel zu Insel, eine Brücke für die Recken und für Pferde und Wagen, oder aber gib zu, daß auch wir noch immer barbarisch leben und nichts begriffen haben von all dem, was der Nibelunge uns hat lehren wollen! Wenn uns von nun an der Name Nibelungen schmückt, wo denn bleiben die entsprechenden Künste?

Diese Rede war ungewöhnlich, sagte Gernot. Noch nie ist Hagen von dem jungen König so energisch gerügt worden. Und nun gar im direkten Vergleich zwischen dem *Tronje* und dem klugen Ruhrschmied. Der hätte gewiß, sagte Gunther, dies Donau-Hindernis längst überwunden, mit List und mit vielerlei »Kniffen«.

Da verwünschte Hagen Gunthers Angst und verhöhnte ihn auf so zweitdeutige und unheimliche Weise, daß ich nun immer öfter daran denken muß, was uns Ute einst über den Hagen verriet, als wir sie gefragt haben, warum Hagen so häßlich ist. Gundomars Bruder Ermanarich, hat sie gewußt, der hätte diesen Vetter mit einer Wassernymphe gezeugt, mit einer Schwägerin des Alberich.

Er ist ein Lemming, sagte Giselher. Er will entweder riesig sein oder aber untergehen. Gernot, geh jetzt mit uns hinüber in Gunthers Zelt, wir müssen ihm beistehen, unserem verzweifelten Zwar-Aber-Bruder, wir müssen reden mit diesem fürchterlichen Vetter.

Und so gingen wir dann mit Gernot in die Nacht hinaus, wo es zu regnen begonnen hatte. Gingen hinüber zu dem großen Zelt, das dem König und seinem Heerführer errichtet worden war.

Mitten darin stand der *Tronje* noch immer in aller Nacktheit, stand beim Feuer, schabte sich den Rücken und verhöhnte jetzt den Kaplan *Pius*, verspottete den Himmelsfreund, wie er ihn nannte, und bat den *Pius Eulogius*, mit seinen geistigen Heerscharen schleunigst für Abhilfe zu sorgen und mit seinen göttlichen Engelsvölkern eine vernünftige Fähre herbeizuschaffen oder eine Furt zu finden oder eine Brücke zu bauen. Wenn Jesus übers Wasser lief, dann zeig auch du uns solche Künste mit deinen Himmelsgeistern!

Der zierliche Kaplan *Pius* stand im Eingang des Zelts, der hatte sich von der nackten Gestalt abgewendet und blickte verängstigt nach draußen, in die Regennacht. Hinter seinem Rücken spottete der

Heermeister über die Schläue der neuen Priesterschaften, die hunderterlei Himmelsheilige aus ihren Bischofsmützen zauberten, aber nichts anderes zuwege brächten als eine fortschreitende Benebelung *hominum regnantium atque regnatorum plebeiorum et obnoxiorum.* »der Regierenden ebenso wie der Regierten, der abhängigen Plebejer«

Auch wir waren beim Eingang stehengeblieben, neben dem Kaplan, unter dem Vordach. Draußen wehten über das Lager und durch die finsteren Donau-Auen immer dichtere Regenschauer, da schwebten durch die Dunkelheit schwere nasse Nebelschwaden, und dann sahen wir, wie sich aus dem wässrigen Dunst ein hagerer großer alter Mann näherte. Der fragte den Herrn *Pius*, wer in diesem Zelt der *Tronje* sei. Der Fremde hatte eine kantig harte Stimme, der wirkte barsch und unfreundlich.

Ringwolfs Kaplan wandte sich erschrocken um und wies auf den Waffenmeister. Der hatte den Ankömmling ebenfalls gesehen und rief nun boshaft: Aha, nun zaubert unser Kaplan seinen ersten Gespenstergreis. Einen Frechling, der mich *Tronje* nennt. – Und dann wollte Hagen sich, nackt, wie er noch immer war, auf den Unbekannten stürzen und rief, er werde diesen Kerl erdrosseln. Aber der hagere Alte parierte den Griff des Heermeisters, der ihm an die Gurgel wollte, mit einem geschickten Abwehrschlag, schlug Hagen die Arme weg, so daß der strauchelte. Da drohte der Waffenmeister: Waldschrat, dir zeige ich, wer hier der Zerdreher ist und der Zerstörer. S.S. 638 und 666

Aber König Gunther fragte den Alten, was er zu melden hätte.

Ich bin *Verge.* »Fährmann«

Dann kommst du wie gerufen.

Gerufen haben mich drei Vogelweiber. Von denen hörte ich, viertausend Männer wollen an das andere Ufer.

Ja, ans südliche Ufer müssen wir, sagte Gunther und warf dem Hagen einen langen Rupfenrock zu, damit der sich endlich bekleiden sollte. Der König ging mit dem *Vergen* vor das Zelt und erklärte ihm: In der Tat, hier lagern viertausend burgundische Krieger, und möglichst morgen noch müssen die alle auf die Mittagsseite des wütigen Stroms. Wie hast du uns in dieser Dunkelheit gefunden?

Ich wohne an diesem wütigen Strom seit fünf Dezennien. Wie sollte ich euch nicht bemerken.

Wie viele Schiffe hast du?

Eins.

Eins? – Dem König rann das Regenwasser in den Nacken, das tropfte kühl, und er wußte nicht, wie er sich nun entscheiden sollte, ob er jetzt zurück ins Zelt gehen sollte oder mit dem Fährmann hinaus ans Ufer, damit der ihm sein Schiff zeigte. – Wir würden dir's reichlich lohnen mit gutem Gold, wenn du uns morgen alle auf die andere Seite brächtest, ans südliche, ans Mittagsufer.

Ans südliche, ans Mittags-Ufer, wiederholte der Fremde und schien Gunthers Stimme nachzuäffen. – Ich werde es tun.

O ja, wir würden's dir reichlich lohnen, knurrte von hinten der Vetter, nun im Rupfenrock. Und zischte so laut, daß jeder es hören mußte, auch der Fährmann: Mit Vogelweibern verkehrt dieser Himpfel. Und weiß, daß wir viertausend Männer sind. Ein Albe ist er, ein bayerischer. Dieser sogenannte Fährmann ist nichts weiter als ein Alberichgenosse oder eines von diesen neuen geflügelten Wandelgespenstern, die sich die Kirche aus dem Meerweibersumpf herausholt und zu Engeln macht, ich sag's euch, auch Bayern ist Nifhelheim.

Der Fremde, obwohl er draußen im Regen neben dem König stand, schien all das gut verstanden zu haben, der wandte sich nun direkt an Hagen. – Euer Heermeister, euer Herr namens *Tronje*, der ist tatsächlich ein heldenhafter Nibelunge, das spüre ich deutlich. – Und dann zeigte der große alte Mann über die Pfützen hinweg in die nächtlichen Nebel hinaus, stromaufwärts, wo wir im Abendlicht mehrere zerzauste Bäume gesehen hatten. – Dort am Ufer, bei den vier Eschen findet ihr morgen früh eine Fähre, zwanzig kräftige junge Männer müssen sich bereithalten als Ruderer. Die rudern jedesmal hundert Mann hinüber, und wenn die Arbeit früh genug beginnt, sind am Abend alle eure Kriegsleute am anderen, am bayerischen Ufer, an der südlichen, an der Mittagsseite.

Mit den letzten Worten wiederholte er noch einmal Gunthers Worte, imitierte auch diesmal täuschend ähnlich den klagenden Tonfall des Königs und schien in der dunklen Regennacht zu lächeln, so daß Hagen ihm abermals an den Hals wollte. Gernot legte ihm beruhigend den Arm auf die Schulter.

Selten haben wir den Heerführer so aufgeregt gesehen, so zornig und aufbrausend. Da aber der Borstenköpfige den Waffenmeister festhielt, konnte der Fährmann unbehelligt davonstapfen, der verschwand in der Dunkelheit, ungefähr in der Richtung, in der wir im letzten Tageslicht die drei oder vier zerborstenen Bäume gesehen hatten, vermutlich Eschen. Schazman teilt mit, die Kilianschronik mache hier ein gälisches Wortspiel, das mit der düsteren Weissagung der drei Donau-Frauen operiere und das er im Englischen nicht nachbilden könne, statt dessen nutze er den Gleichklang der englischen Wörter für »Asche« und »Esche«, *probably ash-trees*

Mit Giselher ging ich zurück in unser kleines Zelt, in unsere Hütte aus Elch- und Schaffellen. Als er sich in die Decke gewickelt hatte, hörte ich ihn murmeln. – Ist also alles vorherbestimmt. Wie soll ich da seinen Wunsch erfüllen, seinen letzten. Hilf ihr, Krimhild.

Wäre alles vorherbestimmt, sagte ich, wäre die Unerschaffene keine ewige Wandelkraft.

Er schien zu nicken. Und wiederholte dann nochmal das andere Siegfried-Wort vor *Otenhaim*, das von den Lügnern, die Giselher »treffen« sollte. Er hatte zu grübeln und schien sehr unmutig und grämlich. Noch das Kloster-Epos um 1200 berichtet in dieser Situation, nach der Weissagung der »Meerfrauen«, von *ungemuoten recken*

Ich begann meine Tageschronik zu schreiben. Und als ich schon meinte, Giselher sei längst eingeschlafen, da hörte ich ihn flüstern. – Die Meerfrauen, sagte er, sie haben recht gehabt. Immer nur die Priesterschaften werden weiterleben und leiten und lenken.

Nur weiß ich nicht, sagte ich, ob die Wasserwesen auch mich zur Priesterschaft zählen.

Du verfügst über niemanden. Lenkst niemanden, sagst keinem, was er denken oder glauben soll. Dein Lied vom gälischen Glauben brachte alle ins fröhliche Lachen. – Dann schwieg er wieder. Und als ich dann alles über Hagens Abenteuer an den Kelsbachquellen notiert hatte, lauschte ich eine Weile dem Regen, der auf unser Zeltdach trommelte.

Und plötzlich redete er wieder. – Gleich bei seiner Ankunft, noch im Pfalzhof, hat der Xantener dem Bischof gesagt, daß der nicht warten solle, bis Jesus zurückkommt. Der käme nicht. Mutig müßten wir sein, müßten lernen, ohne ihn zurechtzukommen. Ach. Nach der Sonnenwende wird von all denen, die sich nun für Nibelungen halten, nur noch Ringwolf leben. Und sein Kaplan *Pius*. Aber auch Kilian *Hilarus*. Und zwar als Retter der Chronik. – Und dann, nach einer weiteren schweigsamen Weile, sagte er: Die Wunden *Victoris Placidi* schmerzen noch tausend Jahre, und länger.

Noch in dieser Nacht, so hörten wir später von Gernot, begann Hagen ein ernstes Gespräch mit König Gunther und habe den König vor dem Fährmann gewarnt. – Dieser schlaue, dieser listige, dieser gauklerische *Verge*, dieser dürre Kobold, der steht entweder im Dienst von nifhelheimischen Vogelweibern, oder aber er ist in Wirklichkeit ein Knecht bei einem bayerischen Grenzgrafen, dem der Bayernherzog den Auftrag erteilt hat, die Donau zu bewachen.

Da hat König Gunther gemeint, man wisse doch, daß alle bayerischen Herrschaften berühmt seien für ihre Geldgier. Nur deswegen habe er diesem seltsamen nächtlichen Besucher sofort und ausdrücklich reichlichen Lohn versprochen, gutes Gold.

Lohn hab auch ich ihm versprochen, knarzte das Gneisgesicht. – Und dann, so berichtete Gernot, schickte Hagen mich noch an diesem späten Abend hinaus in die Nacht, zu den Zelten im sumpfigen Gelände, zu den Unfreien, damit ich schon jetzt die zwanzig Kahlgeschorenen bestimmen sollte, die am nächsten Tag zu rudern hätten.

Und an diesem neuen Morgen, an dem der Regen endlich nachließ, bewegte sich dann sehr früh eine erste Hundertschaft samt zwanzig kräftigen jungen Rudermännern durch die sumpfigen Wiesen dorthin, wo drei alte Eschen standen. Dort wartete der hagere Alte. Der stand breitbeinig in einem langen Boot am Donau-Ufer und verlangte als erstes von König Gunther den versprochenen Lohn.

Mein bayerischer Herzog, erklärte der Fährmann, hat viele Feinde. Und hat mir deshalb verboten, Fremde ins Bayernland zu lassen, auf keinen Fall Ausländer. Noch um 1200 sagt der verge: *ez habent fiande die lieben herren mîn / darumbe ich niemen vremden füere in diz lant* Ich leiste euch also einen Dienst gegen das Gebot meines Landesherren. Schon darum tu ich das nur gegen rotes Gold.

Ja, den roten Lohn sollst du haben, rief Hagen und sprang ins Boot. – Weiß der Teufel, redlich verdient habt ihr bayerischen Fremdenhasser härtestes Metall! – Rief er und schlug seine Schwertscheide, in der er die Waffe hatte stecken lassen, dem Fährmann so stark gegen den Hals, daß dem der Kopf halb abriß und Kopf und Rumpf ins Schiff stürzten. Wir anderen, wir standen noch am Ufer und sahen, wie der Fährmann niederstürzte und wie in dem Boot das dampfende rote Blut des Erschlagenen eine Lache bildete.

Da zögerte König Gunther und wollte das blutige Gefährt nicht besteigen.

Weh, ächzte Hagen, weh über euch Wormser, die ihr Nibelungen sein sollt. – Und dann herrschte er verschiedene Sklaven an, sie sollten gefälligst den falschen Fährmann ins Wasser werfen, Rumpf und Kopf. *Ita fiat*, brüllte er. – Das ist das einzige Latein, das euer König kann, und das brülle jetzt ich! »So wird's gemacht« Und mit meinem und mit Gernots Helm schöpft ihr das Blut aus dem Boot. Und die edlen Rösser bleiben draußen, die schwimmen gefälligst, wenn sie zum mittäglichen Ufer wollen. *Hoc fieri volo, hic et nunc!* schrie er »ich will, daß dies hier und jetzt geschieht« – Obwohl nur sehr wenige Unfreie Latein verstanden, war doch der drohende Ton des Waffenmeisters unüberhörbar. Nach dieser schrecklichen Erschlagung des *Vergen* wird auf dieser Fahrt künftig wohl niemand mehr zögern, ob Herr oder Knecht, Herrn Hagens Befehle auszuführen, egal, ob er sie versteht.

Endlich war die erste Schiffsladung unterwegs zur anderen Donauseite, die zwanzig stärksten Kerle ruderten mit großer Anstrengung in die Strömung hinein. Niemand im Boot traute sich zu reden.

Nur Ringwolfs frommer Kaplan, der auch jetzt mit seinem Kreuz die Spitze des Heerzuges bilden wollte, der meinte schließlich, ein *commentarium* sprechen zu müssen, etwas, das die verwirrten Seelen wieder aufrichten und ermutigen sollte. Ach, hätte er's nur gelassen. Mitten auf dem breiten Strom hörten wir, wie *Pius Eulogius* erklärte, auch wenn die bayerischen Herren als Fremdenhasser seit langem berüchtigt seien, ebenso lang seien sie doch auch als gute Kirchenfreunde bekannt und man solle diese Bayern darum respektieren.

Da kam dem *Tronje* in den Sinn, was die weisen Weiber vorausgesagt hatten, und er rief nun deren düstere Prophezeiung laut über den wirbelnden Strom: Hört, ihr Herren und ihr Knappen, es gibt hier neuerdings das Gerücht, Wassergeister hätten geweissagt, niemand von uns würde heimkehren nach Worms. Einzig unsere beiden Kirchenknechte. Wenn ihr wissen wollt, wieviel Glaubwürdigkeit solche nebelhaften Prophezeiungen haben, all dieses Geschwalle der nifhelheimischen Grottenolme, dann seht jetzt hierher!

Und in seinem rauschhaften Zorn und in trotzigem Eigensinn, als wollte er den Triumph der Vernunft vorführen, begann er die Weissagung der Weiber öffentlich zu widerlegen und holte abermals weit aus mit dem Schwert in der Scheide, diesmal gegen den Kaplan *Eulogius*. Der aber, noch jung und gelenkig und weil er ja noch deutlich vor Augen hatte, wie soeben der *Verge* erschlagen wurde, hat rechtzeitig einen Arm gehoben und seinen Hals geschützt, so daß ihm der Hieb nicht den Kopf und nicht den Geist raubte, sondern nur das Gleichgewicht und die Armkraft: kopfüber kippte Ringwolfs Kaplan über den Bootsrand, überschlug sich im Sturz und fuhr hinab in die dahinschnellenden Wellen. Und hat dann, im Hochwasser, mit dem noch heilen linken Arm heftig gerudert.

Und die hundert und zwanzig Krieger auf der Fähre sahen dann, wie sein schöner heiliger Rock, wie sein frauengleicher Kirchenrock sich im Wasser aufwulstete zu einer großen bunten Wunderkugel voller Luft, zu einem spirituellen Engelsgebilde, das den Herrn *Pius Eulogius* alsbald rings umhüllte und das den Verletzten, der seinen rechten Arm nicht mehr bewegen konnte, in guter Verpackung davontrug. Einige von den Wormsern bekreuzigten sich und beteuerten, diesen Rock habe kein Geringerer erfüllt als der *spiritus sanctus*, ja, Gottes heiliger Geist wirke hier höchstselbst, und wahrlich, nur der könne uns nun noch retten.

Hagen aber, der grimme Mann, spottete wieder und sagte, dort blähten sich bloß Bohnenfürze vom Mahl am gestrigen Abend. Und dann warf er dem Geistlichen noch das hölzerne Kreuz hinterher, das dünne Gestell mit dem angenagelten Leidensmann. – An dem halt dich fest! *In hoc signo vinces!* »In diesem Zeichen wirst du siegen«. Das zitiert die damalige historische Wende, die Anerkennung der neuen Staatsreligion, denn mit diesen Worten, die am Himmel erschienen seien, sei Kaiser Konstantin im Jahr 312, hieß es, zum Christentum bekehrt worden, s. S. 333

Obendrein hielt der Heermeister die irdene Korkflasche des Bischofs hoch, so daß alle sie sehen konnten. – Und als Wegzehrung, rief er, nimm mit, was dein Bischof uns gönnte, den Sud aus Lorbeersaft und Weihrauch, der mir nichts als Kopfschmerzen gemacht hat und ekelhafte Alptraumweiberleiber ins Hirn! – Und warf das dem Kaplan hinterher.

Ringwolfs frommer Gehilfe beachtete das aber nicht und trieb auf seiner schönen Lufthülle rasch davon, konnte zwar nicht schwimmen und mit dem einen Arm schon sowieso nicht, aber er ruderte mit dem gesunden Arm und gelangte so, getragen von seinem bunten Rock oder vom heiligen Geist oder vom Bohnendunst, zurück an das Ufer.

König Gunther stand starr und schreckensblaß. Giselher und Dankwarth und viele andere nickten sich zu. Jetzt waren wir uns sicher. Der Lorscher Klosterzögling würde Worms wiedersehen, als einziger Mann vom Rhein. Die Weissagung der Wasserweiber würde in Erfüllung gehen, offenbar in allen Teilen. Giselher legte mir die Hand auf die Schulter. – Und auch du, Kilian. Mit dir überlebt die Chronik.

Da packte mich aber der grimme Vetter, schüttelte mich im Nacken und gab mir zu hören, daß sein nächster Schlag auch mich hätte treffen sollen und daß ich mein Leben jetzt nur einem *dubium phaenomenon* zu danken habe. »Einer zweifelhaften Lufterscheinung« Wenn die Wasserweiber allein den Priestern Rettung und Heimkehr weissagen, dann, Giselher, du Freund der Märchendünste, dann sorge gefälligst du *moribundus* »Todgeweihter« dafür, daß von dem, was wir taten und bis zuletzt tun werden, in Burgunds Chroniken nichts Gelogenes hineingeschrieben und nichts geflunkert wird *neque propaganda neque vanitas.* »Weder Propaganda noch Lügenhaftigkeit«

Nichts erfüllen wir dir lieber als diesen Wunsch.

Da glaubte ich, mich einmischen zu müssen. – Von meinem irischen Lehrer *Patricius* St. Patrick, Apostel Irlands, geboren 385 lernte ich, daß man fast jedem Herrn auf dieser Welt, wenn er beteuert, die Wahrheit zu sagen, auf den Kopf zusagen kann: *Alia dicis ac sentis.* »Du sprichst anders als du denkst«

Da antwortete der Fürchterliche: Wenn ich verlangt habe, daß von nun an Schluß ist mit Lügen und Propaganda, hab ich ausnahmsweise gesagt, was ich denke. Und werde das auf dieser Fahrt von nun an so halten. Schon deshalb, weil wir inzwischen keine Herren mehr sind. Von nun an haben uns die Dinge. Die *materiae*. Die Weiber.

Einen vollen Tag benötigte das burgundische Heer, um die Donau zu queren. Als endlich die letzten Kämpfer am Mittagsufer waren, nicht weit von dem Dorf Manching, da sahen wir am späten Abend, wie hinter uns der *Tronje* das Fährboot zerschlug. Eigenhändig drosch er mit dem Schwert gegen Ruder und Reling und hieb und stieß Löcher in den Bootsboden, daß die Fähre voll Wasser lief und versank. Mit Flüchen tat der *Tronje* das, mit Flüchen auf die bayerischen Fremdenhasser und Geldscheffler und auf die Meerweiber. Ruder und Holzstücke und das Steuerblatt sah ich den Fluß hinabstrudeln. Und sah die Leute tuscheln und rätseln und verzagt fragen, was nun alles bevorstünde.

Am nächsten Morgen ritt der stählerne Zug am südlichen Ufer stromab und kam an diesem Tag bis in die Nähe der vormaligen Legionärsburg *Castra Regina* Regensburg, zu dem Ort, in dem ich meinen irischen Freund *Flann Kavan* kannte. Aber an ein Wiedersehen war nicht zu denken. Der Heermeister warnte uns, diese Stadt sollten wir auf keinen Fall betreten, Kaufleute seien eh schon eine mißratene Menschensorte, die ständig auf kleinlichste Vorteile sänne, wie sehr aber schachere und wuchere erst die bayerische Untersorte, die arbeite mit überaus anrüchigen Vorteilsgeschäften, ja, in Regensburg mische sich Protzsucht mit scheinheiligem Gefrömmele, das einem einrede, alles was geschehe, sei Gottes Wille, also auch jedes *lucrum facere*. »Profit machen« – Wer in Regensburg eine Glocke kauft oder eine Eisenrüstung oder ein Brot, der muß sich nicht wundern, wenn das alles bei der ersten Handhabung zerbricht, zerfällt und zerbröselt.

Darum verbot er Rittern wie Knappen jeden Umgang mit Bürgern von *Castra Regina*, auch der Wein und das Bier dort seien vom Übel, ja, alle Waren seien hier schon immer fehlerhaft gewesen, schon in seiner Jugend habe man die Frage diskutiert, was in dieser vormals königlichen Burgstadt falscher sei, die Geldwechsler oder die Lustfräulein. Die Handelsleute oder die Kirchenleute.

So lagerten wir denn in gutem Abstand vor dieser offenbar gleisnerischen und lügenhaften bayerischen Ansiedlung und mußten am anderen Morgen so früh wie möglich weiterziehen, an Pledelingen vorbei. Heute Plattling Immer weiter an der Donau entlang zog er durch die weite Tal-Aue hinab, unser schweigsamer Heerwurm der Verzagten und Vergrämten, unser Trauer- und Todeszug.

Was die Elementargeister vorausgesagt hatten und weshalb Hagen den Kaplan hatte töten wollen, das hatte sich inzwischen von Trupp zu Trupp herumgesprochen. Stumm bewegte sich die meilenlange Kette der viertausend Bewaffneten durch das üppige Frühlingsland, durch fruchtbares Wiesengelände, immer längs des breit wildernden Stroms. Viele Reiter beobachtete ich, die totenblaß waren und bedrückt. Handschrift B um 1200: *des gie in waerlîche not* »das ging ihnen wahrlich nahe«

Nachdem wir dem scheinbar verruchten Regensburg glücklich entkommen waren oder vielmehr dem, was der redegewaltige Hagen von diesem Regensburg vorgegaukelt hatte, näherten wir uns zwei Tage später der Stadt Passau. Dort vereinigen sich drei Flüsse, dort wird die Donau zu jenem Strom, der mächtiger ist als der Rhein. In Passau herrscht der Bischof Siegmar. Der empfing die Burgunder und ihre Hilfstruppen recht freundlich und ließ die vielen hundert Männer aus Worms samt ihren Vasallen im alten römischen Lager *Boiodurum* übernachten und zelten, am südlichen Donau-Ufer, gerade dort, wo die Flüsse Ilz, Inn und Donau zusammentreffen.

Dem Bischof gehörte inzwischen auch, weiter unterhalb, das *Castrum Lauriacum* Lorch, das die Römer auf einer keltischen Fluchtburg errichtet hatten. Nordwestlich vom heutigen Enns Dorthin gelangten wir am nächsten Tag, und dort, auf einem freien weiten Feld, schien endlich wieder eine warme Sommersonne.

Obendrein begrüßten uns dort, unterhalb des Flusses Enns, friedliche Leute, jedenfalls keine Bayern, wie Hagen betonte. Da begrüßte uns als erster ein Dienstmann des Markgrafen Rüdiger, jenes Fürsten und Vasallen des hunnischen Königs Etzel, der für Krimhilds Heirat die Botschaften hin- und hergetragen hatte zwischen Esztergom und Worms.

Bis hierhin, bis an diese Enns also reicht derzeit das mächtige Hunnenreich, ja, Rüdigers Markgrafschaft bildet nun, könnte man sagen, die Grenze zwischen Morgenland und Abendland, zumal »Markgraf« bekanntlich nichts weiter heißt als »Grenzgraf«. Herr Rüdiger gilt als König Etzels wichtigster Grenzwächter, als der höchste Dienstmann des Hunnenherrschers, und seine Aufgabe ist es hier, jede Art von Feind schon an der Grenze des Hunnenreichs abzufangen und zu vertreiben oder aber, wenn es sich um Freunde und Verbündete handelte, sie zu begrüßen und ins Innere seines Reichs zu begleiten, zur Königsburg Esztergom.

Markgraf Rüdiger hatte am Donau-Ufer, dort, wo wir vorüberkommen mußten und wo er uns täglich erwartete und wo die Reichsgrenze gleich neben dem Fluß mit einem Steinturm markiert ist nach dem Vorbild des römischen *limes*, einen getreuen Wächter aufgestellt, den alten Herrn *Galahad* von *Albion*. Albion = Britannien. Ein *Galahad* gilt als Großvater des Artusritters *Lanzelot* (vgl. S. 72) Dieser Galahad hatte als ein väterlicher Freund schon an der Ruhr mit dem Sieglindsohn zu tun gehabt, von ihm hatte Giselher in Köln viel Interessantes über den *Victor Placidus* erfahren, auch Intimes. Mit dem Xantener war *Galahad* in Rom gewesen und in *Alexandria*. Hier nun aber, rechts der Donau, an der alten römischen Grenz- oder *Limes*-Straße, hier hätte dieser Herr *Galahad* aufpassen sollen und die Gäste vom Rhein abfangen, um sie als erster möglichst freundlich zu begrüßen und zur Burg Bechelaren zu begleiten.

Doch weil an diesem Tag die Sonne heiß vom Himmel schien und weil der gute Ritter, dieser rothaarige Herr aus Schottland, nicht mehr der Jüngste war, hatte er sich neben das Türmchen in den Schatten gelegt und war zwischen Blumen und Gras eingeschlafen.

Hagen, der, seit er den Kaplan vertrieben hatte, an der Spitze des Zuges ritt, gebot Stille. Er sprang vom Pferd und schlich sich näher, sah dem sommersprossigen Helden ins Gesicht und fand, daß der fest schlief und ziemlich laut und daß dieser Herr *Galahad* sein Schwert leichtsinnig neben sich in das Gras gelegt hatte, ja, das lag neben dem Schlafenden in seiner Scheide aus Bärenleder und war gewiß ebenfalls ein gutes Ruhrschwert.

Der *Tronje* griff sich die Waffe, stupste die Leder-Spitze gegen den schnarchenden Wächter und rief: Erwache! Nibelungen umzingeln dich!

Erschrocken schlug der Rotschopf die Augen auf, erkannte seine mißliche Lage und klagte: Weh, Schande über mich! Für einen ordentlichen Empfang sollte ich sorgen, sollte eure Ankunft rechtzeitig Herrn Rüdiger in Bechelaren melden, ach, nun bin ich schutzlos, klagte er, bin blamiert, bin lächerlich.

Da tat der Waffenmeister, was er sonst fast nie tat, er schien zu schmunzeln, was aber in seinem zerrütteten Gneisgesicht aussah wie ein Grinsen. Und drehte dann Herrn *Galahads* Waffe um und reichte dem alten Recken den Griff, der so gebildet war wie der Griff vom *Balmunk*, nämlich als ein Kuhschädel, reichte dem alten *Galahad* das Schwert so, daß der es wieder nehmen konnte. – Sei den rheinischen Eindringlingen nicht gram. Versöhn dich mit uns, sei ein Freund, rede gut über uns und bring uns zu Graf Rüdiger.

Dank, Fremder, Ihr tut und redet so, als wärt Ihr tatsächlich keine Eindringlinge, sondern diejenigen, die unsere neue Herrin einladen ließ zur Hochzeit nach Esztergom, und wenn mich nicht alles täuscht, dann steht vor mir kein Geringerer als der berühmte Herr Hagen, von dem es heißt, er habe meinen allerbesten Freund erschlagen, meinen lieben Ruhrgenossen.

Solche Märchen erzählt man sich im Hunnenland?

Dies Märchen kennen inzwischen alle.

Die Wahrheit ist, daß deinen Ruhrgesellen ostfälische Raubritter erschlugen und daß dein Ruhrfreund sich manches an frechen Späßen erlaubte.

Da haben die Ostfälischen offenbar geahnt, was Herr Hagen wünschte. Und das mit dem Spaßmachen, das sieht dieser so, jener anders, jedenfalls wird man Euch, Herr Hagen, in Etzels Reich nicht überall freundlich empfangen, zumal eure *propaganda* bis hierher noch nicht gedrungen ist, wonach es Ostfalen gewesen sein sollen, die meinen Freund meuchelten. Und obwohl Ihr mich nun als *homo somniculosus* erwischt habt als »Verschlafenen«, verachtet jetzt meinen Rat nicht allzu sehr und glaubt mir meine Warnung: Spätestens auf der Etzelburg in Esztergom schaut euch gut um.

Würdest auch du mich am liebsten erschlagen?

Hättet Ihr mir nicht meine Waffe im Schlaf stibitzt und großzügig zurückgegeben. Da muß ich mich nun dankbar erweisen. Und durchschaue mal wieder, wie ein kluger Heerführer seine Feinde rechtzeitig dezimiert, indem er sie milde stimmt, indem er sie mit freundlichen Gesten friedlich macht. Das riet schon die wunderbare Sieglind ihrem wunderbaren Sohn.

Sie fand wenig Gehör bei ihrem rauflustigen Sohn.

Anfangs war er wohl unmäßig rauflustig, aber was man später hörte, zeugt von Witz und genauen Kenntnissen. Euch jedenfalls rate ich, im Hunnenreich Frau Sieglinds Lehren zu beherzigen. Das Friedenhalten braucht bekanntlich hundert mal mehr Verstand als das Kriegmachen.

Längst waren auch Gunther und die anderen Herrschaften näher herangekommen und hörten die Reden und die Warnungen des alten *Galahad* und bekamen nun mit, wie der Waffenmeister in großer Entschlossenheit lateinisch auf den schottischen Krieger einredete, in einem Latein, das einer, der in Rom war und in *Alexandria*, zweifellos verstehen würde, was ich nun aber Gunther und Gernot übersetzen mußte, die in solchen Fällen sich nicht mehr an ihren schweigsamen Bruder Giselher wendeten, sondern an dessen ständigen Begleiter und Schatten auf dem Grautier *Äsop*. Ausgerechnet mich also, den vom Bischof verachteten Iren baten sie, Herrn Hagens lateinische Erklärung in die Sprache der Leute zu übersetzen. Noch im 16. Jahrhundert, als die irische Räuberin Grace O'Malley am Ende ihres Lebens in London der Königin Elisabeth I. vorgeführt wurde, unterhielt sich die Piratin von der europäischen Westküste mit der englischen Herrscherin lateinisch

Hagen sagte dem Schotten *Galahad* von *Albion* folgendes. – *Audite, frater Galahade, non is sum, qui ullo tempore periculo terrear. Aliter curriculum vitae meae in nostro profano et ecclesiastico sicariorum receptaculo tantummodo tremor fuisset permanens.* »Höre, Bruder Galahad, ich bin nicht der Mann, der sich je von einer Gefahr abschrecken ließe. Sonst wäre mein Lebenslauf in unserer weltlichen wie in unserer kirchlichen Mördergrube nichts als ein ständiges Gezittere gewesen«

Der kluge Alte von der angelsächsischen Insel, nach dieser Erklärung seufzte der, nickte und raffte sich endlich aus der sitzenden Haltung empor, sah uns alle an und sah den langen Zug der bewaffneten Reiter und der Knechte, die am Ufer entlang warteten. Und das Ende des Zuges war gar nicht zu abzusehen. Da sagte *Galahad*: Seit je habe ich Burgunds Waffenmeister so eingeschätzt, wie er sich mir jetzt vorgestellt hat. Schon mein junger Freund aus Xanten warnte mich vor den RomKöpfen, denn, so sagte er, denen ist von altersher das Kriegmachen dasselbe wie das Schöne, für beides haben sie mit *bellum* nur ein einziges Wort. Und ich sehe nun, wie der *Dux Burgundiae* auch beim Ritt ins Ostland offenbar mehr Krieger und Waffen mitbringt, als nötig wäre, wenn man unterwegs Räuber abwehren muß. Jedenfalls könnt Ihr mir nicht vorwerfen, ich hätte Euch nicht beizeiten gewarnt. Hier und jetzt habe ich nur noch den Auftrag, die Herren von Worms mit allen Rittern und Knechten freundlich zu begrüßen und auf ein großes weites Lagerfeld zu führen, nicht allzu weit von hier, auf ein Gelände, das demjenigen gehört, der Euch seit fast einem Jahr wohlbekannt ist, dem Markgrafen Rüdiger. Dort will Etzels Vasall Euch in Ehren und in Frieden empfangen, auf den Wiesen unterhalb seines starken Schlosses Bechelaren, zusammen mit seiner gütigen Frau Gotelind und mit seiner wunderschönen Tochter Dietlind.

Dort, auf einem weiten hellen Wiesenfeld vor Bechelaren, zwischen schattigen Erlen und Eschen, empfing Herr Rüdiger in der Tat die burgundischen Geschwister mit großer Aufmerksamkeit, dort begrüßte er auch die Hundertschaften in ihrem Gefolge. Vom Schloßberg herab kam er uns gleich bei unserem Eintreffen entgegen, zusammen mit seiner Frau Gotelind und mit seiner sehr jungen und in der Tat sehr schönen Tochter. Und mir fiel auf, wieviel Mühe sich der sonst so grimme Hagen auch hier gab mit dem Freundlichtun.

Dem König Gunther freilich waren alle großen Gesten und hochtrabend höfischen Manieren schon immer recht angenehm gewesen, Gunther von Burgund, das sah jeder, fühlte sich in diesem Bechelaren auf unserer unheimlichen Reise zum erstenmal wohl. Allein der Anblick der beiden kostbar gekleideten Frauen stimmte ihn froh, zumal Herr Rüdiger seiner Frau und seiner Tochter offenbar geraten hatte, die fremden Königsbrüder aufs herzlichste zu begrüßen, nämlich mit Küssen auf beide Wangen. Lächelnd näherten sich die beiden Schönen in der sommerlichen Sonne, wie paradiesische Erscheinungen traten sie den gepanzerten Reisenden entgegen, trugen im Haar golden glänzende Bänder, ach, ihre wehenden Gewänder schienen von arabischer Seide zu schimmern, und ihr Lächeln war so, als sollte es alles Eisen schmelzen, wahrlich, diese Gestalten paßten weitaus besser zu der frühlingswarmen Milde rings um uns her, jedenfalls um vieles mehr als die dunkel schimmernden Harnische der viertausend Männer und die finsteren Gestalten, die uns bisher entgegengetreten waren.

Seid willkommen! rief Rüdiger schon von weitem, laßt euch begrüßen! und schüttelte viele Hände, auch die des jungen Giselher, den er bislang nicht hatte kennenlernen können, tat, als sei ringsum alles in bester Ordnung, und ließ einen guten Trunk reichen, roten Wein aus König Etzels südlichem Donauland. Zum Glück hatte ich meinen *Äsop* in genügend großer Entfernung an einen Baum gebunden, so hielt man auch mich für einen Würdenträger, und so bekam auch ich einen Becher gereicht, ach, diese Schlucke taten gut, die wärmten tief von innen und schienen fast alle Ängste und Sorgen zu verscheuchen, die der Schotte *Galahad* aufgerührt hatte.

Doch war mir klar, daß Herr Hagen auch jetzt aufmerksam jeden Schritt und jede Höflichkeit bedachte, nicht erst, seit Herr *Galahad* in seiner Verlegenheit so ehrlich gewesen war, herauszulassen, was man hierorts von den Burgundern dachte und besonders von ihrem tatkräftigen Heerführer. Seit den Ereignissen bei der Donau-Überquerung und bei den Kelsbachquellen schien der *Tronje* mißtrauischer denn je.

In der sommerlichen Sonne vor Schloß Bechelaren aber zwang er sich und seine grimmige Natur immer mal wieder sehr ins Freundliche Schazman: *he had to constrain himself*, und das schien ihm von Mal zu Mal besser zu gelingen, erstaunliche Gesten, ja, fast liebenswürdige Worte fand er vor allem gegenüber den Frauen, auch gegenüber dem Burgherren und wußte mit diesem Gebaren unsere Unsicherheit wunderbar zu verhüllen. Dabei bin ich mir sicher, schon beim Willkommenstrunk und im Anblick der schönen Frauen sann er darüber nach, wie er die freundschaftlichen Bande zu diesem Markgrafen Rüdiger von Bechelaren nicht nur aufrechterhalten könnte, sondern sogar verstärken.

Während hinter uns auf dem weiten Feld die Knappen erste Zelte errichteten, Holz herbeitrugen und Feuer schürten und lärmten, begrüßten die drei Gundomarsöhne Frau Gotelind und ihre Tochter in aller Form und bekam jeder, auch Dankwarth, von den Frauen freundliche Küsse auf jede Wange. Als aber die zarte Tochter auch dem Waffenmeister Hagen die Wange küssen wollte, da zögerte sie plötzlich, blickte das verwüstete Gneisgesicht und die vielen violetten Löcher darin wie im Schrecken an und tat, als stünde sie vor einem Ungeheuer. Handschrift B: *dô blihte si in an / er dûhte si so vorhtlîch*

Das bemerkte Hausherr Rüdiger mit peinlicher Verlegenheit, und der gute Markgraf ermunterte nun seine Tochter, auch den Mann mit den vielen Gesichtswunden zu küssen, das täte einem, der wie dieser Herr Hagen allerhand im Leben zu ertragen gehabt hätte, besonders gut. Als die Tochter weiterhin zögerte, wollten fast alle die Situation überbrücken helfen mit einem breitmäuligen Gelächter.

Da gab sich die junge Frau einen Ruck und tat, was der Vater wollte, doch dabei wurde sie blaß und rot zugleich, zumal das Gelächter rings nicht verstummen wollte und gar nicht aufrichtig klang. Dann aber, weil sie sah, wie ihre Mutter den Herrn Gunther bei der Hand genommen hatte, um den burgundischen König zum Schloß hinaufzuführen, da wollte sie dasselbe tun mit einem der Königsbrüder und ging, ohne wohl lang nachzudenken, auf den jüngsten zu, den auch ich für den schönsten gehalten hätte, trat vor meinen Giselher und ergriff seine Hand. Und so kam es, daß dies junge Geschöpf, so morgenfrisch und schön wie eine aufgehende Sonne, meinen schweigsamen Freund hinaufgeleitete zu Herrn Rüdigers Burg.

Die komischen und zugleich ernsten Vorgänge beim Empfang hatte Hagen sehr genau beobachtet, und ich bin sicher, daß er in diesem Augenblick, als er sah, wie Rüdigers Tochter Giselhers Hand ergriff, insgeheim seinen Plan faßte, nämlich, unseren gelehrten Schreiber mit Markgraf Rüdigers Tochter zu verloben, schon einfach deswegen, weil die Burgunder in dieser feindlichen Fremde auf jederlei Freundesband angewiesen waren. Die Behausung des Grenzgrafen war auf einem massiven Felsbuckel errichtet, die stand auf den festen Mauern eines vormaligen römischen Kastells, auf den Fundamenten des *Castrum Arelape*.

Zunächst wurde dort oben im großen Burgsaal, nachdem die Herren ein Bad genommen hatten, ausgiebig gegessen und getrunken, in einer angenehmen Duftwolke aus Gewürzen von Fenchel, Minze, Salbei und Rosmarin, mit denen Schwanen, Fasanen, Hühner und Rind köstlich zubereitet waren. Und zum roten Wein berichteten Gunther und Gernot den Gastgebern gern und ausführlich, welch denkwürdige Hindernisse unsere Reise über die Donau und durch Bayern zu überwinden gehabt hatte, da wechselten abermals Spottsprüche und Erstaunen über Besitzgier und Fremdenhaß, und Gernot wußte zu loben, wie Herr Hagen die Durchtriebenheit des Grenzwächters rechtzeitig durchschaut und dessen Goldgier ausmanövriert hätte.

Hagen redete auch jetzt von der Reise der »Nibelungen«. Freilich, vom Töten des *Nidgir*-Töters fiel in all diesen Tischgesprächen kein Wort, auch im Zweideutigen nicht. Und es verriet hier auch niemand, was die Elementargeister vorausgesagt hatten.

Meinen Giselher sah ich, wie er mit entzückten Blicken seine Nachbarin betrachtete und wie er inzwischen auch schon, sehr leise, dieses oder jenes kurze Wort an sie richtete, Worte, die bei Herrn Rüdigers Tochter ein Lächeln auslösten, das ich unbeschreiblich fand, eines, das wie die abendliche Sonne überm Main aus einer schöneren Welt zu strahlen schien und das in Giselhers Gramgesicht die alten jugendlichen Helligkeiten zurückzuzaubern wußte.

Plötzlich ist dann Herr Hagen aufgestanden und hat sich bedankt für den freundlichen Empfang im Hunnenreich und hat gesagt, wenn er, der Waffenmeister, jetzt noch so jung wäre wie Gernot oder Giselher, er würde die schönen Frauen, von denen er sich hier umgeben sähe, mit noch mehr Wohlgefallen betrachten und, ja, auch mit heiteren Absichten. – Mit Absichten? fragte Herr Rüdiger. – Wäre ich Giselher, ich hätte die Hand dieser schönen Gotelind-Tochter gar nie mehr losgelassen, und, offen gesagt, ich würde schon jetzt ihren freundlichen Vater bitten, mir dies wunderbare Wesen nicht bloß beim Gang auf den Schloßberg und nicht nur bei diesem gastfreundlichen Mahl an die Seite zu geben. Giselher, gib's zu, solche Gedanken sind in diesem Moment auch dir nicht fremd. Seit einer Stunde seh ich's dir an, wie du deine Nachbarin ganz und gar liebreizend findest, und wenn das stimmt, dann wäre es gewiß eine Dummheit, eine solche Gelegenheit achtlos vorübergehen zu lassen, zumal das nicht nur deinem eigenen Wohlbefinden diente, sondern auch dem Glück der anderen Nibelungen, auf einer Reise, die nicht nur beschwerlich ist, sondern die mancher sogar für gefährlich hält. So weit ich dich kenne, Sänger und Dichter, ist es dir mindestens so klar wie mir, daß wir in dieser wechselhaften Welt auf eine gute Zukunft nicht immer nur warten sollten, sondern daß wir auch manches dafür tun müssen.

Diese Worte wurden mit freundlichem Lächeln bedacht, und Hausherr Rüdiger, der bei Hagens Rede ebenfalls gelächelt hatte, fragte nun den Giselher, ob er mit den Worten seines kriegerischen Vetters irgend etwas habe anfangen können, ja, ob das Rätsel vom Nie-mehr-Loslassen einer guten Gelegenheit womöglich nicht allgemein gemeint sei, sondern konkret, und ob er dies Rästel nun für alle hier im Saal auflösen könne.

Dies war eine sehr deutliche Aufforderung. Und so mußte sich nun auch Giselher von seinem Stuhl erheben, schien verwirrt, eigenartig wechselten und schwankten in seinem Gesicht Gram und Freude, und dann sagte er mit leiser Stimme, er habe, obwohl er als Dichter gelte, stets große Mühen mit den richtigen Wörtern, und obwohl er als Träumer gelte, sei er wiederum nicht gar so blind, wie mancher glaube, ja, auch er sei entzückt über die Gastfreundschaft auf der Bechelarenburg und noch mehr freilich über seine liebliche Nachbarin, und er habe die gute Rede seines Vetters, *qui in alio tempore semper modo versatur in republica* »der sonst immer nur Politiker ist«, als eine Friedensrede verstanden, als eine Freundschaftsrede in einem fremden Land, bei dessen Durchquerung man viel von Gefahren raune und von Argwohn und von Durchtriebenheit, schon darum hätten Hagens Worte ihm um manches mehr gefallen als fast alles, was der Kriegs- und Heermeister sonst in letzter Zeit gesprochen habe. So, als Friedensbotschaft, nur so könne er dem Hausherrn das Rätsel lösen, auch wenn einige hier im Saal schon jetzt, wenn von einem Freundesband die Rede sei, sehr viel lieber zwei Namen hätten hören wollten.

Giselher setzte sich wieder neben die Schöne und da ich ihm gerade gegenübersaß, konnte ich beobachten, wie er unter der Tischkante ihre Hand ergriff, wie er tief Atem holte und zu seinem Handgriff lächelnd die Bemerkung raunte *In rem Burgundionis apertum est.* »Es ist offenbar von Vorteil für Burgund« Und die Bechelaren-Tochter, da sie nun von fast allen im Saal beobachtet wurde, schien wieder ein wenig erröten und gleich danach blaß werden zu müssen, was alle, die es bemerkten, auf wunderliche Weise begeisterte. Aber dann bekamen die Tischnachbarn zu hören, oder, wer ihre leisen Worte nicht mitbekommen hatte, bekam ins Ohr geflüstert, was Dietlind auf die flapsigen Worte über die vorteilhaften *res Burgundionis* geantwortetet hat, ebenfalls in Latein: *Sed odium habeo in omnes res publicas virorum nostrorum militarium.* »Aber ich hasse all die politischen Angelegenheiten unserer militärischen Männer«

Da rief der Waffenmeister Hagen, der noch immer stehen geblieben war: Was heißt hier und jetzt »Freundschaftsrede«? Was heißt nun »Friedensbotschaft«? Ich meinte konkrete Gelegenheiten, die *fortuna* uns so bald nie wieder bescheren wird! Bitte, warum nicht »Verlobungsrede«?

Da klatschten Rüdiger und Gunther heftig Beifall, auch Gernot und Dankwarth klatschten, und Hagen setzte sich, zum Zeichen, daß er sich endlich richtig verstanden fühlte. Und es klatschten auch fast alle anderen im Saal, und es wurde beschlossen, daß der Ruhetag auf der Bechelarenburg auszudehnen sei auf mindestens drei Tage, nämlich auf drei Verlobungstage.

Nein, diese drei Tage, so hieß es, die brächten keine Verspätung bei der Ankunft in Esztergom, diese drei Tage könnten auf dem letzten Teil der Fahrt zur Etzelburg gut ausgeglichen werden, denn die rheinischen Reisenden würden ab *Vindobona* Keltische Siedlung und römisches Militärlager, »Wien« auf Schiffen die Donau hinabfahren, König Etzel hätte bei *Vindobona* vierzig Schiffe bereitlegen lassen für die Gäste aus Worms, so daß niemand Sorge tragen müsse, die Burgunder kämen zur Etzelburg nicht rechtzeitig vor dem *solstitium.* »Sonnenwende«

Mir war klar, diese Verlobung hatte Hagen geschickt eingefädelt, mit dieser Verbindung hatte er im letzten Augenblick neue wichtige Bundesgenossen gewonnen. In Krimhilds hunnischem Reich war nun Herr Rüdiger nicht nur Etzels Vasall, sondern auch ein Verbündeter der Gäste aus Worms, so daß, falls es zu Feindseligkeiten käme in Esztergom, die Krieger des Markgrafen Rüdiger nicht mitkämpfen könnten, *sed neutras partes sequi debent.* »sondern Neutralität befolgen müßten«

Zum Glück erschien diese Fügung nicht einmal aufgezwungen, nein, während ich die politischen Umstände zu bedenken versuchte, bemerkte ich, wie die beiden jungen Leute innig miteinander zu sprechen wußten, ach, betörend schön ist diese Dietlind, endlich schien mein melancholischer Giselher wieder reden zu können und der Fröhliche zu werden. Er hatte sich seiner Tischnachbarin ganz zugewendet, hielt mit beiden Händen ihre Hände und betrachtete ihr Lächeln mit Wonne. Und zu meiner Erleichterung hörte ich, daß da nichts von dem üblichen Geschwätz der jungen Leute gewechselt, sondern daß da vernünftig geredet wurde, merkwürdig vernünftig.

Höre, hörte ich meinen Freund reden, diese Herrschaften hier, du merkst es, sie verfügen über uns, als wären wir ihre Schachfiguren. Zwar keine Bauern, aber doch Springer oder Läufer, jedenfalls nützliche Dienstleute für die Fürsten.

Ach, Giselher, solch ein Verfügtwerden Schazman: *such a being at one's disposal*, das kann nur einen herrscherlichen Mann wie dich erstaunen. Mutter wie Großmutter haben mir hundertundsieben Geschichten erzählt über die Fesseln, in denen wir Frauen uns an diesen Höfen bewegen dürfen. Schon immer, scheint es, sind Fürstenfrauen nichts weiter als Figuren *in ludo rei publicae.* »im politischen Spiel«

Nur könnten diesmal Springer und Läuferin auch zufrieden sein.

Zufrieden?

Womöglich glücklich.

Womöglich?

Nun sahen sie sich wieder eine Weile an, und in ihren Gesichtern wechselten wieder auf eigenartige Weise Ernst und fröhliches Überraschtsein.

Ich hoffe, ich kann dir bald erklären, was ich meine mit dem »womöglich«.

Erklär's mir schon jetzt.

Hinter dir sitzt euer Geistlicher, in solcher Nähe kommen meine Erklärungen oft ins Stottern.

Eine Weile betrachteten sie sich wieder, so lange, bis Giselher sagte: *Galahad* hat nicht übertrieben, als er sagte, du seist sehr schön.

Ich sei?

Ich dagegen sage: Du bist es.

Mein Magister Paulus, der hinter mir sitzt, der ist in unserem Bechelaren Roms Priester, bei dem lerne ich Latein und strenge Frömmigkeit. Der beachtet sorgfältig alle grammatischen *differentia*s »Unterschiede«, vor allem die zwischen Indikativ und Konjunktiv.

Dafür sollte man ihn loben. Das sage ich im Konjunktiv. Und im Indikativ sage ich: In fast allem erinnerst du mich an meine Schwester Krimhild.

Soll auch das ein Lob sein? Soviel ich weiß, kam über Krimhild ein großes Leid.

Neuerdings hören wir aus dem Hunnenland, daß ihr Leid verflogen ist, inzwischen feiert sie prunkvolle Feste.

Warum erinnere ich dich an sie?

Weil auch du nicht nur zauberhaft bist, sondern obendrein witzig und offenbar gelehrt. Und je klüger, schöner und witziger ich dich finde, um so mehr wundert's mich, daß du dir deinen Namen stehlen läßt.

Was lasse ich mir stehlen?

Diese Herren Schachspieler rings um uns herum, die haben dir deinen Namen genommen. Hätte ich den nicht schon vor drei Stunden unten an der Donau von dem alten schottischen Herrn *Galahad* gehört, ich wüßte gar nicht, wie du heißt. Weder Hagen noch dein Vater noch sonst jemand hat ihn in dieser Halle genannt. Es wäre eigenartig, wenn ein Bräutigam den Namen seiner Braut nicht erführe. Dietlinds Name (wörtl.: »Balsam für die Leute«) fehlt auch im großen mittelalterlichen Epos der Passauer Kloster-Autoren

Das »wäre« eigenartig? Das wäre wieder ein Konjunktiv, und das ist so denkwürdig wie der Umstand, daß auch ihr Herren aus dem rheinischen Reich euch euren Namen stehlen laßt.

Was tun wir?

Auch du hast mich genau verstanden. Euer Heermeister tut so und redet, als wärt ihr Nibelungen. Dabei seid ihr Burgunder. Seit eh und je Roms burgundische Vasallen. Und jeder weiß es auch hier, daß ihr Burgunder den wirklichen Nibelungen getötet habt.

Hagen tat es.

Hagen? allein Hagen? – Sie betrachtete ihren neuen Freund mit großen schönen Dunkelaugen. Wartete auf eine Antwort. Meinem Giselher sah ich an, daß er von ihrer Frage überrascht, ja verwirrt war und daß er ihr nun sehr viel hätte sagen wollen, daß er jetzt im

Grunde die ganze labyrinthische Geschichte hätte erzählen müssen. Er seufzte und sah über den Tisch herüber, sah mich an, dann wieder zurück zu der jungen Frau. – Ich muß dir noch viel Wichtiges erklären und erzählen.

Schmerzvoll fiel mir ins Gedächtnis, daß auch der Nibelunge damals, vor der Wormser Jagd, sich mit eben diesen Worten von seiner jungen Frau verabschiedet hat. Für immer.

Lieber Giselher, ich heiße also Dietlind. Daß von meinem Namen hier keine Rede ist, das zeigt nur wieder, daß die Frauen recht haben, die meinen, sie seien nur Schachfiguren im Spiel der Männer. Du solltest nicht allzu lange warten mit dem, was du mir erzählen willst.

Das ist hier kaum möglich, wo uns alle beobachten und wo es mir so vorkommt, als müßte hier jeder Mann und jede Frau bestimmte Regeln befolgen wie in Byzanz. – Er beugte sich dicht zu ihr und hat sie jetzt, wie er mir später sagte, gebeten, ihm einen Ort zu nennen, an dem sie unbelauscht reden könnten.

Nun flüsterten die beiden, wie es Brautleuten wohl erlaubt ist, und später sagte mir Giselher auch Dietlinds Flüsterworte. – Wenn ich jetzt gehe, dann bleib ruhig sitzen, unterhalte dich eine Weile mit deinem Freund aus Irland oder mit meinem gestrengen Lateinlehrer, dem Erzieher *Paulus*, meinetwegen über die Regeln, von denen er sehr froh wäre, wir beiden würden sie beachten. Sei geduldig mit ihm, rede eine Weile, aber dann folge mir. – Und dann beschrieb sie ihm den Weg zu einer Kammer in der hinteren Burg.

Ich sah, wie sie sich entfernte und wie sie so tat, als wollte sie in den hinteren Saal zu ihren Gespielinnen. Überm Scherzen, Kichern, Trinken und Lachen dort hat dann außer mir kaum jemand bemerkt, wie sie durch eine Nebentür die Halle verließ.

Nun saß Giselher ohne Nachbarin, saß zwischen mir und diesem Magister *Paulus* und fühlte sich sichtlich unbehaglich, als ahnte er, daß dieser friedlich schöne Aufenthalt in Bechelaren eine letzte unverhoffte Glückspause sein könnte, womöglich seine letzte gute Lebenszeit. Gewiß wollte er über diese Dinge nun unbedingt mit seiner jungen Braut reden.

Aber nun saß er neben dem Priester, den sie als streng und fromm bezeichnet hatte und unter dessen wachen Augen er sich nicht traute, Sitz und Saal schon jetzt ebenfalls zu verlassen. Lateinlehrer *Paulus* war kaum älter als er selber und wußte gewiß seit langem, wie schön seine Schülerin war. Als ahnte der, was der junge Bräutigam vorhatte, wandte er sich jetzt über Dietlinds leeren Stuhl hinweg an den burgundischen Sänger und Schreiber, legte ihm die Hand auf den Arm und schien ihn förmlich festhalten und daran hindern zu wollen, fortzueilen, ach, nun waren die uralten geistlichen Ermahnungen fällig gegenüber einem Bräutigam, der nach Ansicht dieses Herrn *Paulus* zweifellos an nichts anderes dachte, als sich mit seiner Braut zu ergötzen. – Wißt Ihr, gelehrter Herr Giselher, was behauptet wird von den Luchsen in Böotien? Griechische Landschaft, mit der Hauptstadt Theben

Soviel ich weiß, erzählt man sich in Böotien, die Luchse hätten von allen Geschöpfen die schärfsten Augen.

So ist es. Mit ihren ungeheuren Augen blicken sie durch Fell und Federkleid und Haut hindurch und sehen bis ins Innere der Geschöpfe.

Habt auch Ihr Luchs-Augen?

Ich glaube, die Unruhe bemerkt zu haben, mit der Ihr Eure Braut betrachtet. Mit der Ihr Euch nun nach ihr umschaut *commotus perturbatusque*. »nervös«

Ihr seid wahrlich ein Luchs.

Wenn doch nur auch die Männer endlich lernten, unter die Haut zu blicken. Dann sähe –

Konjunktiv.

Wie bitte?

Konjunktiv, sagte ich. Aber redet nur weiter.

– dann würde ihnen der Anblick auch der schönsten Frau nur noch ekelerregend sein.

Ekelerregend?

Alle Schönheiten des Leibes, will ich Euch sagen und sage es im Indikativ, sie bestehen im Innersten aus Schleim, aus Blut, aus Säften und schwarzer Galle. Sähe der Mann, was sich hinter dem Hals und dem Bauch, die ihn so überaus entzücken wollen, in Wahrheit verbirgt, er würde vor Schreck erstarren.

Der kluge Herr *Paulus* sah meinen Freund eine Weile nachdenklich an, blickte dann auch zu mir herüber, weil er bemerkt hatte, wie ich dem Gespräch neugierig folgte.

Selbst studierte Männer, sagte er, Männer, die sonst jeden Schmutz sorgfältig vermeiden, lassen sich täuschen und hinreißen, sobald dieser Schmutz unter einer glatten und schmiegsamen und linden Haut verborgen ist. Zu »lind« siehe S. 85 und »Dietlind« Alle Herren hier im Saal und gewiß auch Ihr, Herr Giselher, sie würden sich weigern, Kot auch nur mit den Fingerspitzen zu berühren. Wieso nur sind aber fast alle aufs heftigste darauf aus, ihn zu berühren, wenn er sich mit einer schlangenglatten Haut verhüllt, wieso lassen selbst Klügste alles andere unbeachtet, sobald es darum geht, einen schmutzgefüllten Stinksack zu umarmen.

Ach, ich sehe, die Theologie der römischen Kirchenväter, sie sorgt für immer neue Überraschungen. Wollen nunmehr die Weisen aus Jerusalem, aus Byzanz und Rom unsere unfaßlich schöne Schöpfung endgültig madig machen? Wollen sie den jungen Leuten die Leibes- und Liebeslust vollends verderben und verekeln?

Der junge Herr *Paulus* blickte betrübt zu mir herüber und schien von mir kirchenphilosophische Hilfen zu erbitten. Seufzte dann und sagte: Einsichtige und erfahrene Väter der neuen Kirche, die wollen nichts weiter, als jeden Bräutigam rechtzeitig warnen. Vor zauberischem Blendwerk. Vor Satans immer wieder neu verwirrendem Schein.

Auch vor dem, den Eure Lateinschülerin verkörpert? so bestürzend anmutig? Statt dessen sollen wir Euer grausiges Gerippe anbeten? ein Folterkreuz? Deswegen hängt es ja wohl auch schon in diesem Saal an der Wand? Hatte der Leib Eures germarterten Herrn Jesus gar kein Gedärm?

Herr *Paulus* schien nun ganz und gar unglücklich, blickte verdrießlich und sah mich strafend an. – Euer Schüler spricht von »eurem« Herrn Jesus?

Herr Giselher ist ein freier Mann.

Da wendete sich Magister *Paulus* wieder an Giselher. – Dieser unser aller Herr Jesus riet den Gläubigen wie den Ungläubigen: *Respice finem et fuge homines nefarios.* »Bedenke das Ende und meide die Teufel in Menschengestalt«

Und damit meinte Jesus, behauptet ihr, die Frauen? Ich dagegen hörte in *Alexandria*, daß Jesus kluge und schöne Begleiterinnen sehr geschätzt hat. Seine Freundin Magdalena trug langes volles Haar und trocknete ihm damit die Füße, gewiß mit den geschmeidig einschmeichelnden Bewegungen, wie sie nur Frauen so unnachahmlich beherrschen. Ach, und die Frauen des Jesus waren nicht nur betörend, sondern sie waren auch die tapfersten.

Tapfer?

Tapferer als die, die nunmehr als seine Jünger gelten. Die Frauen jedenfalls wichen nicht, als er gefoltert wurde. Die blieben bei ihm bis in seinen letzten qualvollen Augenblick.

Auch Ihr, fürchte ich, seid ein Satansopfer.

Wahrscheinlich war es Satan, der mir in *Alexandria* sagte, daß in Jerusalem anfangs weise Bischöfinnen walteten. Jedenfalls hörte oder las ich nie, daß Jesus jemals gewarnt hätte vor »schmutzgefüllten Stinksäcken«. Die Warnung vor Leibern voller Kot etc. ist noch um 900 Basis der Cluniazensischen Klosterreform, der Kirchenerneuerung durch Odo von Cluny. Ähnlich materiell und orthodox katholisch belehren auch »moderne« Autoren, z. B. Michel Houellebecq

Bei den großen Kirchenvätern ist unumstritten, daß Haut und Glieder der Frau zu den magischen Werken Satans gehören.

Da lehrten mich andere Priester eine andere Theologie, eine fröhlichere, auch dieser irische Kilian *Hilarus* an der anderen Tischseite, der mit Grund den Beinamen *Hilarus* bekam. »der Fröhliche« Mein Freund Kilian jedenfalls zählt des Menschen Haut, Glieder und Leib zu den wohlschmeckendsten Werken des Weltenschöpfers.

Als wüßte nicht auch Herr Kilian, daß die Zaubergestalt der Frau verführt und verwirrt, ja, so ist es, sie betäubt uns mit paradiesischen Versprechungen, lockt uns Männer weit weg vom Geistigen, vom eigentlichen Garten Eden.

Ich bedanke mich sehr für Eure Fürsorge. Aber kämen diese Mahnungen tatsächlich von dem liebenswerten Jesus, dann hätte der – Konjunktiv – uns Männer nicht nur vor den schleimigen und scheißegefüllten Bäuchen der Frauen gewarnt, sondern noch heftiger vor den Körpern der stinkenden Männer und am heftigsten vor Drecksäcken wie Euch. – Dazu erhob sich Giselher, erhob sich sehr ruhig. Und verließ Tafel und Saal.

Drüben im Bergfried hat er dann mit seiner jungen Braut von ganz und gar anderen Gefahren reden können. Dort hat er ihr in aller Sorgfalt zu verdeutlichen versucht, in welch verhängnisvoller Lage sich die Burgunder befänden und daß Dietlind, wenn man alles bis zu Ende denke, damit rechnen müsse, ihren Bräutigam nach diesen drei Tagen in Bechelaren nie wiederzusehen. – Und dann erzählte er ihr die wichtigsten Begebenheiten in Worms, auch die in Island und zuletzt die Ereignisse bei der Doppelhochzeit am Rhein.

Unter Tränen gestand ihm die junge Frau, daß sie Siegfrieds und Krimhilds Geschichte so genau niemals gehört habe. Ihr Vater erfülle in Bechelaren, an der Grenze zwischen Morgenland und Abendland, eine schwierige Aufgabe, und all die Probleme der Markgrafschaft pflege er an der großen Abendtafel offen zu diskutieren, darum seien *ludi rei publicae et disciplina imperii* ihr einigermaßen vertraut »die politischen Spiele und die Regeln im Befehlssystem«, um so mehr verwirre sie nun, zu hören, was in Worms tatsächlich geschehen sei. Ihr Vater habe kürzlich bei der großen Hunnenhochzeit auch der neuen Königin Krimhild treue Dienstleistung geschworen, gerade so wie er zuvor und seit langem dem König Etzel Gefolgschaft leiste mit Treu-Eid und allen Siegeln. Daß die neue Herrscherin Herrn Etzel nur aus Rachegedanken heirate, das sei ihrem Vater offenbar unvorstellbar. Über diesem Argwohn, sagte mir Giselher, sei Dietlind totenbleich geworden, zu Tode erschrocken.

Ja, Etzel und Krimhild hätten inzwischen, so wußte Dietlind, die größte aller Hochzeiten zu feiern begonnen, nicht sieben Tage lang wie sonst an fürstlichen Höfen üblich, sondern sieben Wochen lang sollte dies Fest dauern, und zwar an verschiedenen Orten. Begonnen habe das Fest schon vor sechs Wochen auf dem Tullner Feld vor Wien mit pompösen Begrüßungsfeiern, alsdann auch mit festlichen Tagen in Wien selbst. Und am Schluß, als Höhepunkt dieser Hochzeit aller Hochzeiten, da wolle man, so sagte Dietlind, auf Etzels Burg in Esztergom mit allen Größen und Gästen des Reichs die Ankunft von Krimhilds burgundischer Verwandtschaft feiern.

Doch nun fürchtete auch sie, daß sie mit ihrem Bräutigam wohl nur noch eine sehr kurze Frist habe. Eine noch kürzere womöglich als zuvor Krimhild mit ihrem Niederländer. Jetzt erst verstehe sie, was

Giselher gemeint hatte mit der Bemerkung, Dietlind habe Ähnlichkeiten mit Krimhild. Über den neuen Mitteilungen sei Rüdigers Tochter ganz untröstlich gewesen und hätte ihren Gast und Bräutigam und Freund schließlich nur noch heftig umarmt, unter immer heißeren Tränen.

Spät in der Nacht noch haben wir für unsere Chronik Giselhers Gespräche mit Dietlind rekonstruiert, auch das mit dem Priester *Paulus*. Schreib das auf, sagte Giselher, denn ihn empörte, wie sehr die neuen Priester die Menschen und den Jesus verachteten. Vor allem aber über Dietlinds Unglück befielen ihn Trauer und Verzweiflung. Und obendrein ist ihm nun klar, daß Krimhild und Etzel längst geheiratetet haben und daß die Ute-Tochter ihre Verwandten nicht zur eigentlichen Hochzeit eingeladen hat, sondern nur noch zu einem Hochzeits-Finale, womöglich zu einem mörderischen. Ach, auch schon Krimhilds erste Hochzeit hatte ein blutiges Ende.

Und dieser gute Herr Rüdiger, sagte Giselher, der ahnt offensichtlich nicht, in welche Lage er sich bringt dadurch, daß er sowohl dem Hunnenherrscher Treue schwor und Gehorsam als nun auch uns. Den Mördern von Krimhilds Mann. Mit denen ist er nun durch seine Tochter verbunden. So verwunderbar wie verwundbar.

Auch in dieser Nacht konnte mein guter Freund keinen Schlaf finden, ich hörte ihn murmeln und schluchzen, immer wieder wälzte er sich auf seinem Lager herum und verwünschte bald diesen, bald jenen Menschen und immer mehr unsere offenbar unabänderliche Lage.

Am Abend des zweiten der drei Verlobungstage bildeten alle Herren in der großen Burghalle von Bechelaren einen weiten Ring, das junge Paar hatte sich in die Mitte zu stellen, und dann sagte Priester *Paulus* eine Litanei, wonach der wahre Bund der Liebenden im Himmel geschlossen würde, und den Segen des Herrn flehe er auch auf dieses irdische Paar herab. Priester *Paulus* endete dann mit dem altüberlieferten Verlobungsruf, den nach dem Geistlichen alle in der Runde mit lauter Stimme wiederholten: *Hic et nunc Gislaharus Dietlindam sponsam habet.* »Nunmehr besitzt Giselher Dietlind als Verlobte«

Aber statt der alten starren Formel, die allzu sehr an Recht und Gericht erinnert, sollte ich diesen Papieren anvertrauen, daß in der letzten Bechelaren-Nacht das Schlaflager neben dem meinen, auf dem der jüngste der Königsbrüder hätte übernachten sollen, leer blieb.

Am folgenden, am dritten Tag in Bechelaren wurde beschlossen, daß die Braut, wenn die burgundischen Recken bei ihrer Heimkehr wieder hier vorüberzögen, sogleich mitfahren sollte an den Rhein, nach Worms, und daß dann Herr Rüdiger und seine Gemahlin Gotelind, falls König Etzel dazu die Erlaubnis gäbe, mitreisen würden, um am Rhein Dietlinds und Giselhers Hochzeit zu feiern. Ferner wurde verabredet, daß Markgraf Rüdiger nun seine neuen burgundischen Freunde persönlich zur Etzelburg begleiten sollte.

An diesem dritten Tag des Verlobungsfestes, an diesem Abschiedstag schmückten und befestigten Herr Rüdiger und Frau Gotelind das neue Bündnis zusätzlich mit üppigen Geschenken. Zwar erklärte König Gunther in einer ersten Reaktion ziemlich großspurig Schazman: *arrogant*, er, der König von Burgund, habe es bislang nie nötig gehabt, ein Geschenk anzunehmen, doch als Hagen ihn unter dem Tisch auf die schönen Sandalen getreten hatte und als Markgraf Rüdiger freundlich sagte, er erinnere sich, daß Krimhilds berühmter erster Gemahl vieles für Burgund getan hätte, was man als Geschenk betrachten könne, da schien Gunther verlegen zu sein. Irritiert dankte er für Rüdigers Großherzigkeit, stand auf, verneigte sich feierlich und erklärte, das wunderbarste Geschenk freilich habe bereits Giselher erhalten. Doch dann ergriff er, was Rüdiger ihm reichte, und freute sich über einen kostbaren hunnischen Waffenrock aus wohl zweitausend kleinen feinen Eisenringen, die golden eingefärbt waren und die für undurchschneidbar angesehen wurden.

Dann trat Frau Gotelind vor, die Markgräfin, und übergab dem Herrn Gernot ebenfalls ein ansehnliches Präsent, ein vorzügliches arabisches Schwert. Der Stoppelköpfige lächelte und bedankte sich, und Hagen meinte, Gernot, der Kämpferische, der könne durchaus eine zweite Waffe gebrauchen, denn käme es je zu einem Streit, dann würde Gernot Hiebe austeilen, die ein einziges Schwert gar nicht überstehe. – Gespannt bin ich, sagte Gernot, gegen wen dieses schöne Bechelaren-Eisen je wird wüten müssen. Durch dieses Schwert fällt auf Esztergom Rüdiger

Und welches Geschenk wünscht sich nun der Waffenmeister? fragte Gotelind.

Hagen blickte sich um und tat verwirrt. – Auch ich soll hier beschenkt werden? Derjenige, den die einen fürchten, die anderen verfluchen? Von all dem, was ich hier in diesem Saal zu sehen bekomme, beeindruckt mich am meisten jener Schild, der große dunkle dort an der Wand.

Als Gotelind das hörte, brach sie in Tränen aus. Nun war es Rüdiger, der verlegen schien und Auskunft erteilen mußte. – Dieser schöne Schild, sagte er, der hat Gotelinds Bruder *Nudung* gehört. Den jungen Mann haben kürzlich Avaren heimtückisch erschlagen.

Verzeiht mir, sagte Gotelind, daß die Erinnerung mich überkommt, daß ich weinen mußte. Diesen Schild, Herr Hagen, will ich euch gerne geben, ich wollte nur, der unerforschliche Weltenschöpfer, er hätte meinen lieben *Nudung* besser beschützt vor allem Hinterhältigen und Wilden.

Hagen verneigte sich und versprach, den prächtigen Schild in Ehren halten zu wollen und gut einzusetzen. – Gegen alles Hinterhältige und Wilde.

Schon wurden unter der Bechelaren-Burg die Lasttiere mit den Waffen, mit neuen Lebensmitteln und mit Getränken beladen, vor allem mit Wein, mit Dörrfleisch und mit Schinken. Markgraf Rüdiger selbst und mehrere hundert Gefolgsleute sollten den burgundischen Heerzug begleiteten. Rüdiger küßte seine Frau Gotelind und seine Tochter. Und die totenblasse Dietlind umarmte heftig und innig und unter Schluchzen und Tränen den totenblassen Giselher.

Und dann wurden alle Burgfenster geöffnet, grüne und rote und weiße Tücher und Wimpel wehten im Frühlingswind, und noch lange sah man über das weite Land an der Donau, wie da von der hohen Burg herab gewinkt wurde, noch lange hörte man von Hörnern und Trompeten die Freundschaftssignale.

Als wir am nächsten Abend in den Donau-Auen endlich *campum apertum Tullinum* erreichten »das offene Feld bei der Tulln«, empfingen uns dort überall die Spuren und Reste eines ungewöhnlichen Hochzeitsfestes, wie es sich pompöser, prächtiger und üppiger und riesiger nur schwerlich denken läßt. Alle Leute, die uns hier begrüßten, erzählten von wochenlangen und großzügigen Einladungen und Feiern und Spielen und Wettkämpfen und Gesängen. Mancherlei Wanderer und viele arme Leute stöberten rings um das alte *Castrum Commagene* noch immer in den Resten der ungewöhnlichen Festivität und taten das noch jetzt mit Gewinn, sie zeigten uns Becher und Pokale und Schmuck und edle Tücher und nützliches Gerät für die Küche, und immer wieder wurde von allen Seiten versichert, daß auf diesem Tullner Feld, daß auf dieser großen freien Fläche bis noch vor gut zwölf Tagen eine einmalige Begegnung vieler mächtiger Völkerschaften stattgefunden habe. Im Mittelpunkt sei es aber, so beteuerten Augenzeugen und so bestätigte es Herr Rüdiger, um die christliche Hochzeit der burgundischen und nibelungischen Königin Krimhild gegangen mit ihrem zweiten Ehegemahl, mit dem Herrn Etzel, mit dem Sohn des hunnischen Königs Attila, einem Sohn, der nach dieser Heirat längst ebenso berühmt sei wie sein Vater und fast so berühmt wie jener sagenhafte Siegfried, der erste Gemahl der schönen neuen Königin, der, so wußte man auch hier, am Rhein hinterrücks erschlagen worden sei.

Diese Nachrichten beunruhigten den König Gunther sehr, auch Hagen schien unmutig, Herr Rüdiger aber beteuerte, daß die Begebenheiten auf dem Tullner Feld nur das große Willkommens- und Begrüßungsfest gewesen seien für die neue Königin aus Burgund, die über all diesem festlichen Pomp das Leid vergessen sollte, das ihr zweifellos angetan worden sei. Auch er, Rüdiger, habe mit Gotelind und mit seiner Tochter an diesen Feiern einige Tage lang teilgenommen, doch der Höhepunkt und die eigentliche Hochzeit würden nun erst folgen, auf der Felsenburg über Gran oder Esztergom. Jedes wochenlange Fest benötige nun mal eine Steigerung, einen Höhepunkt, eine Hochzeit der Hochzeit, und diesen Gipfel, den liefere nunmehr die Ankunft von Krimhilds Verwandten, die berühmt seien für ihren Prächtigkeitssinn.

König Gunther wurmte dennoch, was er da zu hören bekam, er

zürnte und fragte, wozu nun von Worms her zwölf Lastpferde Gewänder und Schmuck und Schuhe für die Hochzeitsfeiern hätten geschleppt werden müssen, wenn inzwischen die meisten der vor kurzem hier versammelten Völkerschaften offenbar wieder zurück in ihre Heimatländer gereist seien und wenn die nun alle gar nichts von dem allerdings byzantinischen Prächtigkeitssinn Burgunds zu sehen kriegten, ihm schiene, es käme hier im Hunnenreich wahrscheinlich zu gar keinem fröhlichen Fest mehr, sondern nur noch zu einer bitterbösen Abrechnung seiner allzu klugen Schwester.

Und es vergrößerte nur seinen Zorn, als ihm verschiedene Leute berichteten, wer alles teilgenommen hatte an dem riesigen Fest auf diesem Tullner Feld, Christen und Heiden, Bischöfe und Fürsten, und Tausende Menschen mit den unterschiedlichsten Sprachen. Noch die 700 Jahre jüngere Handschrift meldet (Hs.B, Vers 1338): *von vil maniger sprache*

Auf diesen Plätzen, hörten wir, sei ein einmaliges Völker- und Fürstengewimmele gewesen, Herzöge, Grafen und Könige hätten mit Hunderten und Tausenden Kriegern gefeiert, mit Russen und Griechen, Polen, mit grausamen Kämpfern aus der Walachei, mit starken Rittern aus Kiew, auch wilde Petschenegen seien dabei gewesen, die im schnellen Reiten mit ihren Bögen und Pfeilen die Vögel aus dem Himmel herabschießen konnten, diese wilden Himmelsschüsse, so versicherten vor allem die jüngeren Leute, die seien in all der vielen Pracht wahrscheinlich das Prächtigste gewesen, allen voran aber bewunderten sie noch immer den rauflustgien Herzog *Ranung* aus dem Land der Walachen, doch auch ein Herr *Harwart* aus Dänemark war ihnen aufgefallen mit einigen vergnügten Damen, die in Jagdgewändern sich wie Männer benommen hätten und seien wüst geritten, beeindruckend fanden andere auch einen Ritter Hornbogen aus dem Frankenland. Und ein Herr *Irnfried* aus Thüringen habe mit wunderbarer Bewaffnung geglänzt und mit einem Eisenrock aus vielen tausend kleinen Ringen, so wie Herr Gunther nun einen trage. Aus Ungarn, wußte man, sei auch der Herzog Blödel erschienen, der Bruder des Königs Etzel, ein Mann, von dem nicht nur Gutes berichtet wurde.

Und als Krönung der ungeheuren Versammlung von gut zwanzigtausend Rittern und zwanzigtausend Knechten sei am letzten Tag der alleroberste Herrscher des Imperiums höchstpersönlich in Erscheinung getreten, Herr Dietrich von Bern Theoderich der Große, sein Geburtsjahr wird mit 451 angegeben Dieser kaiserliche Herr Theoderich, obwohl er noch so jung und erst bei Attilas Tod geboren wurde Attilas Tod war 453, der könne nun bereits als der mächtigste König diesseits wie jenseits der Alpen gelten, ja, als ein neuer strahlender *Imperator Imperii Romae*, o doch, denn dieser Herr *Dietrich* oder »Leuteliebling«, der sei so geschickt, daß er sich zum *Caesar* »Kaiser« von germanischem Geblüt habe aufschwingen können, und zwar mit dem Segen der höchsten römischen Kurie, mit dem Segen des Papstes *Simplicius* wie auch seines Nachfolgers, des Papstes *Felix*, ach, dieser Herr Theoderich sei auf diesem weiten *campus*, *qui vocatur Tullinus* »auf dem Tullner Feld«, ohne Zweifel wie die Sonne selbst erschienen.

All diese Mitteilungen regten König Gunther nur immer noch mehr auf. Bei diesen Feierlichkeiten hätte auch er allzu gern mit bedeutenden und ansehnlichen Auftritten geglänzt, ja, er war sich sicher, daß er gut bestanden hätte, selbst neben diesem Herrn Dietrich, und daß auch ihn die Leute am Ende eine Sonne hätten nennen müssen oder einen »Leuteliebling«, hätte er nur die Chance gehabt, ebenfalls auf diesem Fest zu erscheinen. Es trösteten ihn alle Beschwichtigungen nicht, er war *post festum* gekommen. »nach dem Fest« = röm. Redewendung für »zu spät«

Der kluge Markgraf Rüdiger versuchte weiterhin, ihn zu beruhigen und sagte, daß Gunther dem neuen Kaiser Dietrich gewiß auch auf der Etzelburg begegnen werde und daß dort auch Blödel und *Harwart* und viele andere Berühmte ihn erwarteten und ohnehin das königliche Paar, Krimhild und Etzel. Die hätten die Verwandtschaft vom Rhein nur deswegen nicht schon zum Pfingstfest, sondern erst zum Höhepunkt der Feierlichkeiten eingeladen, weil doch jeder wisse, daß es bei Verwandtentreffen mitunter *quaestiones* gebe offene »Fragen«, und inzwischen sei es doch auch ein offenes Geheimnis, daß insbesondere zwischen Krimhild und ihrer Wormser Sippschaft noch einige Dinge nicht beantwortet seien, so etwas regele man am besten unter sich oder in einem kleineren Kreise, unter der vermittelnden Aufsicht wichtiger Leute und besser nicht unter den Augen so vieler europäischer Völkerschaften, wie sie sich hier, auf dem Tullner Feld, zu Pfingsten in der Tat friedlich und in einer allerdings einmaligen Menge versammelt hätten.

Am letzten Tag dieses großen Begrüßungsfestes, so berichtete Rüdiger, da seien die Vornehmsten allesamt weitergezogen, und zwar an den wonnereichen Hof zu Wien. – Ich habe mich an der Fortsetzung in Wien nicht mehr beteiligt, weil ich rechtzeitig in Bechelaren sein wollte, um euch zu empfangen. Aber ich will in allem ehrlich sein: An den gloriosen Feiertagen hier ist mir aufgefallen, daß immer dann, wenn Pomp und Pracht überwältigend schienen, Frau Krimhilds Augen voller Tränen standen. Davon berichtet auch die bislang älteste schriftliche Überlieferung, das hochmittelalterliche Epos: *Sie hetes vaste haele, deiz iemen kunde sehen* »Sie suchte das zu verbergen, damit es niemand sehen konnte«

Da sagte Hagen, König Gunther habe vom Herrn Rüdiger einen prächtigen und bewunderswerten Waffenrock erhalten, dies Hemd aus fast zweitausend Eisenringen erscheine ihm, Hagen, als das am ehesten passende Gewand in diesen Zeiten der Unsicherheiten. Auch Schwert und Schild für Gernot und für ihn erkenne er als sinnvolle Bechelarengabe. – Waffen und Waffenrock werden uns helfen, Frau Krimhilds spezielle Nachfeier auf der Felsenburg Gran zu genießen. – Dazu lachte der zerstörte Zerstörer krähenhaft rauh und fragte den Markgrafen nach dem Weg zum Donauhafen.

Als die Leute, die uns umstanden, diese Frage hörten, liefen die Jüngeren sofort diensteifrig voraus, auch Herr Bechelaren war gern zu Diensten und zeigte den Weg. So gelangten wir zum Hafen, und bald waren alle viertausend Reisende auf vierzig Donauschiffe verteilt, und noch an diesem hellen Mittag trieb die erstaunlich große Flotte die Donau hinab, vierzig Schiffe mit viertausend burgundischen Herren und Knechten, die sich allesamt sehr gern mit dem Namen »Nibelungen« schmückten, was vor allem bei den jüngeren Leuten Eindruck machte, *quod huius aetatis erat.* »Weil es modern war«

Zu unseren viertausend waren nun dreihundert Krieger des Markgrafen Rüdiger hinzugekommen, und die alle trieben nun in einem riesigen Boots-Zug unter bunten Segeln dahin und kamen alsbald an Wien vorbei. Dort hatten die Römer vormals ihr Kastell *Vindobona* errichtet, dicht neben dem Fluß, ein Lager, das freilich unter den Frühjahrshochwässern seit Jahren zerfiel. Mit *Vindobona*, mit *Carnuntum* und mit *Laureacum* hatten die römischen Imperatoren in dieser Grenz- und Durchfahrtsregion ihr Weltreich sichern wollen gegen all die anrennenden Völker aus dem Orient. Mit denen mußte sich nun das hunnische Reich einigen, mit den Stämmen der Hermunduren, Markomannen, Quaden, Avaren, Slawen, Ungarn, Russen, Walachen, Slowaken, Kroaten und Serben.

Im Vorbeifahren sahen wir in der verfallenden Burg *Carnuntum* ein hohes Bauwerk, das Herr Rüdiger »Heidentor« nannte. Gespenstisch stand das im Mittagslicht, gegen die Sonne, vier gewaltige Pfeiler trugen in mehreren hundert Ellen Höhe gut 20 Meter ein mächtiges Tonnengewölbe, und Graf Rüdiger wurde nicht müde, uns im Vorbeigleiten all diese großartigen Reste und die Pracht der alten Tempel zu preisen, vor allem die zwei großen Amphitheater, von denen dasjenige in der Zivilstadt *Carnuntum* 25000 Zuschauer gefaßt hätte, sagte er, und das Theater der Legionäre immerhin 8000. Eine Weile habe Herr Etzel überlegt, ob er seine Hochzeit nicht besser in dem großen römischen Rund feiern sollte, doch hätten mehrere Weise und Gelehrte abgeraten, denn mit diesen Theatern verbänden sich im Gedächtnis der Leute blutige Kämpfe zwischen Tieren und Gladiatoren und aufsässigen Christen, und Herr Etzel habe doch, so hieß es, allerhand Grund, mit seinen vielen grimmigen Nachbarn ein Fest des Friedens zu feiern.

Markgraf Rüdiger, der inzwischen auch die Geschichte von den drei Meerfrauen in einigen Andeutungen erfahren hatte, berichtete, daß in der Militärstadt *Carnuntum* ein besonders schöner Altar den Nymphen geweiht gewesen sei, den Flußgeistern und Undinen, in großem Respekt vor der Macht der Elemente.

Niemand mußte rudern, immer nur mit der Kraft der Strömung und des Windes fuhren wir und kamen wenig später an Hainburg vorbei. Einige Zeit steuerte Markgraf Rüdiger selber das Boot der Königsbrüder und der wichtigen Dienstleute, zu denen ich mich inzwischen ebenfalls zählen darf. Dies hier schreibe ich im Schatten von Herrn Gunthers Zelt. Gegen die sommerlich starke Mittagssonne haben Dankwarths Gesellen in der Mitte des Schiffs ein Zelt errichtet, Gunther und Hagen können es sich darin bequem machen, der König jedenfalls versucht, sich auf dem weichen Lager zu erholen von seinem aufrichtigen Ärger über das verpaßte Völkertreffen bei Wien.

Markgraf Rüdiger lenkte den König gut ab, indem er ihm die Geschichte von Attilas Ende im Jahr 453 erzählte, jenem Jahr, von dem es heißt, daß damals auch der neue Kaiser Theoderich geboren worden sei. In seinem letzten Lebensjahr jedenfalls, so wußte Rüdiger, hatte der alte Attila zu seiner berüchtigten zweiten Gemahlin *Helche*, die als sehr streitsüchtig galt, zusätzlich eine junge Frau von den Markomannen geheiratet, eine *Hiltiko* oder *Iltiko*. »Hildchen«? In der Hochzeitsnacht jedoch hätte sich der Hunnenherrscher so unmäßig betrunken, daß er einen Blutsturz erlitt, nicht ohne zuvor, beim öffentlichen Gelage, das verhaßte *Imperium Romanum* noch einmal gründlich verflucht zu haben.

Am nächsten Morgen fanden Attilas Wachen in der Schlafkammer der Etzelburg ihren Herrn leblos neben der jungen verwirrten *Hiltiko* liegen. Von *Iltiko* spotteten alsbald böse Zungen, daß sie selber es war, die mit der Kraft ihres leidenschaftlichen jungen Leibes den alten Herrn zu Tode gebracht hätte. Jedenfalls war allen klar, warum *Hiltiko*, nachdem sie eine Tochter zu Welt gebracht hat, kein langes Leben mehr genoß, daß sie an einem Fischgericht sterben mußte, wogegen *Helche*, die Mutter des Etzel, bekannt als Giftmischerin, noch lange auf Esztergom zu herrschen wußte.

Zwei Tage vor der Sonnenwende kam endlich abends, am südlichen Donau-Ufer, der Felsen in Sicht, über dessen steiler Schattenwand die Etzelburg leuchtete. Wie ein fernes Totenreich schimmerten dort oben, im Schein der tiefen Sonne, die Mauern von Gran oder Esztergom. Während Rüdiger wieder unser Vorausschiff steuerte und das Boot auf den Hafen unter der bleichen Felswand lenkte, starrten wir, die Menschen aus Worms, schweigend dort hinauf. Dort oben also hauste jetzt Krimhild, zwischen hunnischen Kriegern. Von dort wehten zur Begrüßung keine Wimpel, keine bunten Willkommensfahnen.

Das einzige, was während dieser stummen Annäherung laut wurde, war eine mißmutige Äußerung des Waffenmeisters. Der bedauerte, daß er mit dem Lorscher Kaplan *Pius Eulogius* und mit dessen Leidenskreuz leider auch Bischof Ringwolfs beflügelnde Mitgift in die Donau geworfen habe, den berauschenden, den ermutigenden Sud aus Lorbeer-Extrakt und dem Gummiharz *Olibanum*. Weihrauch –

Freunde, so hörte ich Hagen reden, was immer wir uns von nun an libellisch ausdenken, als Ausweg oder als Flucht, dieser kalte Felsklotz, der wird unsere letzte Station.

Dazu hörte ich von niemandem einen Kommentar. Im Ernst hat da auch keiner einen Trost gewußt oder einen Rat. Nur Markgraf Rüdiger schien verwirrt und murmelte einiges von der berühmten Gastfreundschaft und Friedlichkeit des Attilasohns Etzel. Es herrschte Stille. Nur in den Segeln zerrte ein Wind. Unterm Boot rumorten die Wellen.

In einem Burgfenster dort oben schien sich etwas zu bewegen. Zweifellos wurden wir von dort beobachtet. Wie ich später von Waffenmeister Hildebrandt hörte, vom alten Dienstmann des Königs Theoderich, hat in diesen Augenblicken, da unser erstes Schiff sich dem Hafen näherte, tatsächlich die neue Burgherrin in einem der Fenster gestanden und von der hohen Felsenfestung Ausschau gehalten. Neben ihr hätten er, Hildebrandt, und auch Herr Blödel gestanden, der Bruder des Königs Etzel, und hätten allesamt auf den Fluß hinabgeschaut, auf den langsam sich nähernden Zug der vierzig Schiffe. Schazman bringt den für ihn rätselhaften Namen »Blödel« in Verbindung mit *blood*. Es scheint bemerkenswert, daß Blödel, der das Massaker auslösen wird, noch um 1200 einen Namen trägt, der auch damals kaum Bewunderung finden kann. Wortgeschichtlich kommen »Blödel« und »blöd« von »bloß« (mit der Bedeutung »schwach«, »hinfällig«)

Als sie den schwimmenden Zug der Schiffe sah, der bis zum fernen Horizont reichte, da habe die junge Königin dem Blödel erklärt, was sie empfand. – Eigentlich, so hätte Krimhild gesagt, müßte ich jetzt schreien. Lauthals schreien müßte ich. Vor Zorn, vor Schmerz. Aber ich bin nicht Grimhildis. Ich bin Krimhild. Nicht Grimm, sondern Gerechtigkeit will ich. Wer von euch Lust hat auf Gold, auf Ländereien oder wer sonst irgendeinen Wunsch erfüllt haben will oder eine Gier, der möge das bedenken.

Da sei der Herzog Blödel zu seinen Kriegern gegangen und habe denen gesagt, was die junge Frau erklärt hatte, und sei dann gleich wieder zur neuen Schwägerin zurückgekehrt, um keine weiteren Äußerungen zu versäumen. Als dann aber die Königin nichts weiter hinzufügte, hat er sie gefragt, was die Herrin mit ihrer Bemerkung gemeint hätte.

Deine dreitausend Ungarn hab ich gemeint. – Die stehen Euch zu

Diensten, das wißt Ihr. – Zu deinem *Aquincum* ein Römer-Kastell auf dem Gebiet des heutigen Budapest könntest du dir einiges hinzuverdienen. Zum Beispiel paßt Etzels südliche Markgrafschaft zu deinem Ungarn-Kastell wie angemessen. – Wie könnte ich die verdienen?

Die Königin hat sich umgedreht, hat auch die anderen und den Hildebrandt angeschaut und hat dann mit ihrer heiseren Stimme so deutlich gesprochen, daß jeder im Raum sie gut verstand. – Diese wackeren Helden dort unten, die nennen sich neuerdings, so meldet mir Freund *Galahad*, Nibelungen. Stehlen nun auch Namen. Zuvor raubten sie mir den riesenhaften Hort. Und sind zugleich die erbärmlichsten Mörder. Meinen unvergeßlichen Mann, der ihnen hundertmal half, haben diese Zwerge und Tagediebe umgebracht. Heimtückisch. Weil sie eine so strahlende Erscheinung nicht ertragen konnten.

Da mußte der ungarische Fürst, so erzählte Hildebrandt, tief Luft holen, weil er jetzt wußte, wie er seiner neuen hunnischen Königin Krimhild dienen könnte. – Ihr solltet mir glauben, so hat Blödel schließlich geredet, daß ich Euch ebenso schätze wie meinen Bruder, Euren neuen Gemahl. Aber ich werde es kaum wagen dürfen, Gäste, die in seinem Namen auf seine Burg gebeten und freundlich eingeladen wurden, zu beschimpfen oder gar zu bekämpfen. Das verziehe Etzel mir nie. Ich kenne ihn.

Krimhild hätte keine Miene verzogen, hätte wieder nur aus dem Fenster geblickt. – Es geht mir um das Steingesicht. Um den breiten Mann, der eben jetzt dort unten an das Ufer steigt. Das ist der Waffenmeister, den sie nunmehr *Tronje* nennen. Er ist der Erschläger. Unehrenhaft und treulos und ganz und gar hinterhältig hat er gehandelt. Blödel, merk dir das gut. Und auch du, Hildebrandt. Ihr alle wißt es, ein gerechtes Gericht, obwohl überall davon geredet wird, gibt es nirgends. Jedenfalls nicht in den römischen Reichen. Weder in Rom selbst noch in Esztergom noch am Rhein findet sich so etwas wie Gerechtigkeit. Am wenigsten in Worms oder in Köln. Und schon gar nicht dann, wenn eine Frau so frei ist, *sanctam iustitiam* zu verlangen. Für die heilige Gerechtigkeit in diesem verfluchten Imperium, das wißt ihr, sorgen deswegen seit je die nächsten Verwandten. Gerechtigkeit gibt es nicht *qua potestate rei publicae* nicht »von Staats wegen«, sondern allein aus eigener Kraft. So leid es mir tut und so leid es denen da unten tun wird, im Imperium schafft allein Rache Recht. *Sancta iustitia est sanctum officium propinquitatis.* »Heilige Gerechtigkeit ist die heilige Pflicht der Verwandtschaft« So war das im großartigen Rom. Und so war das schon immer bei den Barbaren. Und wer denn wohl könnte nun mir, einer Frau, dieses *officium* leisten, wenn nicht mein neuer Stamm, ihr, meine neuen Verwandten, mit denen ich seit sechs Wochen verbunden bin vor aller Welt.

So hat sie gesprochen. Argumentierte listig mit den ungeschriebenen Regeln des Imperiums des »Befehlssystems«, das ihr verhaßt war *a fundamentis.* »von Grund auf« Blickte sich um und sah, daß sie aufmerksame Zuhörer hatte. Die Könige allerdings, so erzählte Hildebrandt, König Etzel und König Theoderich, die seien nicht in dem Turmzimmer gewesen. Die hätten sich unten beim Königssaal bereitgehalten für den Empfang der neuen Gäste.

Und Krimhild habe weitergeredet. – Wenn ihr glauben solltet, in Rom sei je Recht gesprochen worden, streng nach den edlen Gesetzen der Republik, dann nehmt euch ein Beispiel an dem vornehmen Römer *Lucius Cornelius Sulla*, der seinen besiegten Bürgerkriegsgegner öffentlich hat zerstückeln lassen. Den Kopf ließ er auf eine Stange spießen und durch die Hauptstadt tragen. Das mag genügen. Ihr alle wißt, daß Rom mit seinen Feinden kein Erbarmen kannte. Und wie im Inneren dieses vorbildlichen Reichs, so werden wir uns auch hier, an seinem Rand, ein wirkliches Recht nur mit unseren eigenen Taten schaffen. *Vae victis!* »Wehe den Besiegten« (überliefert u.a. bei *Livius*)

Ich seh euch schlucken? nach Luft schnappen? O ihr Helden. Solltest zum Beispiel du, Schwager Blödel, diesen *Tronje* auf irgendeine Weise bezwingen und mir diesen Kerl vor die Füße legen, lebend oder tot, dann erhieltest du von Etzel und von mir nicht nur die Grafschaft an der Theiß, die dein Ungarn-Reich gut ergänzt, sondern dann bekämst du auch, Herr Hildebrandt und ihr anderen seid Zeuge, hundert Lasttierladungen mit rotem Gold. Hörst du die Zahl? Hundert! Und obendrein kriegtest du endlich diejenige junge Frau zur Gemahlin, auf die viele von euch, wie ich während der vergangenen Wochen bemerkte, ständig die engen kleinen Augen richten und die nicht ganz ohne Grund als die Schönste gilt hier im Hunnenreich, ja, derjenige bekäme dann *Helge*, die Enkelin jener wilden *Iltiko*, mit der Herr Attila seine letzte Nacht verbrachte. Schwager, dieses Hildchen könntest du dann umarmen und so lange durchpflügen, bis womöglich auch du auf einem Mädchenleib deinen letzten Seufzer getan hast. Denn danach gierst du nun schon seit fast sieben Wochen. Im späteren Epos (Strophe 1906, Hs. B): *sô maht du gerne triuten den ir vil minneclîchen lîp*

Vorerst aber haltet euch zurück. Bleibt vorsichtig. Vor allem hütet euch vor dem Mörderischen, dem Waffenmeister. Dem *Tronje*. Bleibt höflich. Empfangt jetzt diese burgundische Bande so, wie sie das von uns erwartet. Es wäre klug, lieber Hildebrandt, wenn jetzt auch dein Herr Dietrich den Gästen unten am Ufer entgegenginge. Um sie zu empfangen nach all den alten römischen Regeln der herrschaftlichen Scheinheiligkeit. Bei Schazman: *with all our imperial sanctmoniousness* Sorgt für würdige Begrüßung, o doch, so etwas mag er, mein zu großer Bruder Gunther. Wiegt sie in Sicherheit, die Drachenbrut.

Kaum war unser Vorausschiff in dem kleinen Hafen eingelaufen, da sahen wir die ersten dienstbaren Leute die steile Straße vom Burgfelsen herablaufen. Und sahen, wie ihnen dann die würdigen Herrschaften folgten, fürwahr, die Vornehmsten kamen geritten auf prächtigen Pferden, obwohl die Steilstrecke von den älteren Herren nicht mehr so ganz einfach zu reiten war. Nicht nur Krimhild hatte an einen ansehnlichen Empfang gedacht, auch Hunnenkönig Etzel selbst hatte alles gut vorbereitet und ließ seine bedeutendsten Verbündeten den fremden Gästen entgegengehen, ja, auch denjenigen schickte er, der als der neue Kaiser gilt. König Theoderich erschien auf einem mit goldenen Zügeln und mit Silberglöckchen geschmückten Rappen, ja, ich hab es gesehen und ich durfte dabei sein, allen voran begrüßte Theoderich die Burgunder.

Am Kai, wo wir erst einmal stehengeblieben waren, schwangen sich viele fremde Ritter von ihren Pferden, blieben aber in guter Entfernung und musterten uns mit großer Neugier, als wollten sie zunächst nur herausfinden, wer von denen, die da das Schiff verließen, der König war und wer dieser *Tronje*. Die niederen Herren warteten mit der Begrüßung, bis auch Herr Dietrich und Herr Blödel herangeritten und von ihren Pferden gestiegen waren. Dem König Dietrich ließ man den Vortritt. Und dann kam der neue König oder Kaiser des Imperiums, kam zu Fuß auf uns zu, schritt die letzten zwanzig Klafter allein und schwenkte einen prächtigen dunkelroten Hut.

Salvete, amici Burgundionis, propius accedite! Nam et hic dii sunt! »Willkommen, Freunde aus Burgund, kommt näher! Denn auch hier sind Götter« – Und immer wieder: Seid willkommen! rief der große kräftige Mann und wollte alles recht feierlich machen und großartig. – Gern begrüßen wir euch alle! Esztergoms Hausherr König Etzel freut sich mit seiner Gemahlin, mit eurer Schwester, daß euch die lange Reise gelungen ist. Glückwunsch und herzlich willkommen! – Und ergriff die Hand von König Gunther, der einige Schritte auf den Kaiser zugegangen war. – Hier, dieser große Mann vor unserem Herrn Rüdiger, das ist gewiß König Gunther. Von Herzen willkommen, König von Burgund. Ebenso deine Brüder, aber auch der Herr Hagen, von dem wir so vieles gehört haben. Von euch allen hörte ich Geschichten von großen Siegen, von Schlachten gegen die Sachsen, gegen die Falen, gegen Dänen und Norweger, die neuerdings die Flüsse hinauffahren, um friedliche Stämme zu überfallen. Zum Glück habt ihr euch gut gewehrt und mit List und kommt nun auch heil und vollzählig bis hierher, seid unterwegs offenbar unbehelligt geblieben. Aber wer wollte so viele rüstige Männer auch überfallen, zumal, wie wir alle wissen, Krimhilds erster Gemahl euch alle in wunderbarem Stahl gerüstet hat.

Während er so plauderte, klopfte er dem Gernot gegen die dunkle Eisenrüstung und reichte allen die Hand, auch Dankwarth, auch dem dicken Gottlieb und am Ende sogar mir, der ich doch auch jetzt keinen wunderbaren Stahl, sondern nur die einfachste Mönchskutte trug. Aber Giselher stellte mich vor als Burgunds geistlichen Freund aus Irland. Da machte der Herr Dietrich ein paar murmelige Bemerkungen über die Iren und Schotten und ihr wunderliches Treiben und trat dann wieder vor die erste Reihe und blickte auf Gunther und auf Hagen und schien plötzlich sehr ernst.

Wißt aber auch, ihr Herren, so hörte ich ihn leise reden, daß ich zugleich beunruhigt bin. Laßt uns ein bißchen beiseite treten zu einem vertraulichen Gespräch.

Während hinter uns aus dem zweiten Schiff die gut geschmückten Pferde der burgundischen Fürsten an Land geführt wurden, wo man sie sattelte, begab sich der neue Rom-Kaiser mit den drei Königsbrüdern zu einer Bank unter einer Linde, ließ sie dort Platz nehmen und blieb selber stehen und ging dann redend vor den Gundomarsöhnen auf und ab. Seinen Heermeister hatte König Gunther auch jetzt mitgenommen in die geheime Runde. Giselher sagte mir später, was da besprochen wurde. Der Vogt des Imperiums erklärte, fast jeden Morgen in Esztergom beobachte er und habe das auch schon in Wien und auf dem Tullner Feld bemerkt, daß Etzels Gemahlin insgeheim sehr zu leiden schien, nicht selten wirke sie verbittert. Vor wenigen Tagen habe er sie offen gefragt, was sie bedrücke. Da habe sie ihm ihr Leid geklagt. – Ehrlich gesagt, ich bedaure, daß ihr diese lange Fahrt gewagt habt. Ich hatte gehofft, Rüdiger hätte Frau Krimhilds geheime Pläne durchschaut, der Markgraf hätte euch gewarnt.

Geheime Pläne? fragte Gunther.

Da hat Hagen sich eingemischt. – Reden wir nicht drumherum. Die Beseitigung des Siegfried, das ist die Tat, an der sie leidet. Diese Tat aber war unumgänglich. Es sei denn, Burgund hätte aufhören sollen zu existieren. Burgund mit allen Mitteln zu bewahren, das habe ich dem Vater dieser drei Herren, das habe ich König Gundomar am Sterbelager geschworen. Der Niederländer war drauf und dran, Burgund zu einer cheruskisch-keltischen Provinz zu erniedrigen. Inzwischen liegt er friedlich in der Erde am Rhein. Und Krimhild sollte sich um ihren neuen Gemahl kümmern, sollte das Vergangene vergessen. Zur Not klagt sie ihr Leid einigen gescheiten Chronisten, deren Klugheit bekanntlich mit der Summe wächst, die ein Fürst ihnen zahlt oder eine Fürstin.

Hagen, du scheinst tatsächlich der Felsklotz zu sein, auf dem das Burgunderreich steht. Dann schau du auch jetzt und hier in Esztergom zu, wie du dein RheinReich weiterhin bewahrst, nämlich vor dem Untergang. Mir bleibt jetzt nicht anderes, als euch zu raten, in Esztergom so vorsichtig und so höflich wie möglich zu sein.

Warum, rief da König Gunther, redest du von Untergang, wozu ist Vorsicht nötig, wenn der mächtige Hunnenkönig uns höflichst hat einladen lassen und wenn uns nun auch noch der Mächtigste im Reich so freundlich begrüßt. Attilas Sohn, so versicherte uns schon in Worms Herr Rüdiger, der will, daß seine neue Frau sich mit ihrer rheinischen Verwandtschaft von Grund auf versöhnt. Diese gute Botschaft hat in den letzten Tagen auch Markgraf Rüdiger im Bechelaren-Schloß bekräftigt und hat seine einzige Tochter unserem Giselher zur Frau versprochen. Versöhnen wollen auch wir uns mit Krimhild, von wo also droht nun Gefahr?

Guten Willen, Herr Gunther, gibt es oft, bevor die Schlacht beginnt. Nicht selten sogar auf beiden Seiten. Ich fürchte, in allen Reichen an der Donau und am Rhein ist derzeit der Wille eurer schönen Krimhild der allerstärkste. Ich habe lange mit ihr geredet. Sie ist tödlich verletzt. Und ihr Zorn ist nur zu gut zu verstehen. Seid nun sehr gesittet, laßt die Herrschaften dort oben nicht länger warten, reitet hinauf und beachtet peinlich genau die Regeln am Hunnenhof, die allerhand Ähnlichkeit haben mit denen von Byzanz. Liefert nirgends Vorwand zu irgendeinem Streit. Was immer ich tun kann, um Frieden zu wahren, will ich tun.

Und da Theoderich nun doch noch einmal den Herrn Hagen anblickte, so rührte der sich auf der Bank unter der Linde, rührte sich in seinem eisernen Gewand unwillig hin und her und hat dann gemurmelt: Redet, was ihr wollt, mir ist klar, diese sogenannte Hochzeit, die ist für uns alle der Anfang vom Ende. Bei Schazman: *That is the true beginning of our end.* Der Übersetzer aus dem Keltischen hat sich hier offensichtlich an Shakespeare verhört (Sommernachtstraum V,1)

Danach begrüßten auch Fürst Blödel und andere Vonehme die burgundischen Herrschaften, und dann bildeten sie allesamt einen herrlichen Reiterzug hinauf zur abendlichen Etzelburg. Schon auf dem Schiff hatten die Ritter vom Rhein ihre eisernen dunklen Ruhrpanzer mit kostbaren Gewändern überdeckt. Nur bei Hagen und bei Gernot war der Harnisch unverhüllt geblieben. Nun zogen sie alle die steile Straße zur Festung hinauf, und die Könige Dietrich und Gunther ritten voran. Ihnen folgten, ebenfalls nebeneinander, Gernot und Graf Rüdiger, dann Giselher und Hagen, Blödel und Hildebrandt, Dankwarth und Gottlieb, Harwart und Irnfried. Zum Glück hatten die Kahlgeschorenen inzwischen auch meinen lieben Esel *Äsop* vom Schiff geholt, so daß ich die steile Strecke nicht zu Fuß gehen mußte.

Oben auf der Höhe bildeten schon vor dem äußeren Burgtor viele hundert Hunnen Spalier, neben den Kahlköpfen auffallend viele Bewaffnete. Dies vielgestaltige Spalier verlängerte sich bis in den inneren Hof, und all diese Menschen, auch die vielerlei *diet* oder *Diutisken* oder Deutsche »Leute«, »Volk«, sie betrachteten den Einzug der Gäste mit großer Neugier, und wie ich aus den Zurufen hörte, wollte fast jeder einen Blick erhaschen auf den, von dem es hieß, er habe den stärksten aller Krieger erschlagen, den, der auch hier als der »Mächtigste« galt und von dem man sich bis hierher, bis zur Donau, Ungeheures erzählt hatte.

Wer immer dann den zerstörten Zerstörer erkannte und es weitersagte, ja, da reitet er, das ist er, der graue breite Klotz, der Gneiskopf, der mit der Bullenbrust und mit dem häßlichen Gesicht, das ist der Hagen von *Tronje*, der Mörder, selbst wenn ihm nur ein kurzer Blick auf den *Tronje* gelang, der mußte zugeben, fürwahr, dieser Mann war furchterregend. Am allermeisten aber beeindruckte sein eiskalter Blick. Noch im Epos des Hochmittelalters: *eislîch sîn gesihene*

Oben, im innersten Burghof, da zeigte man uns dann unsere Unterkünfte, und es erwies sich, daß von den drei starken Gebäuden, die den oberen inneren Burghof umgeben, das unterste für die Knappen vorgesehen war. Die Unfreien sollten also nicht in der Nähe ihrer Herrschaften übernachten, sondern unsere Dienstleute wurden gesondert untergebracht, alle Wormsischen Kahlköpfe hausten in einer Halle über der Felswand, hoch über dem Donaustrom.

Die burgundischen Fürsten und Ritter dagegen bezogen das Haus auf der oberen Seite des Hofs, übernachteten im zweitstärksten Bau. Mein Giselher nahm mich mit hinein in dies Herrenhaus und erklärte den hunnischen Wächtern, die mich zunächst nicht einlassen wollten, ich sei der Vertreter des Wormser Bischofs Ringwolf. So zog ich mit ein in einen prächtigen Saal, wo viele breite Betten aufgestellt und angenehm hergerichtet waren mit kostbaren Steppdecken, mit Zobel und Hermelin, in deren Fellen sich wunderbar hätte schlafen lassen, wären wir auf dieser Felsenburg wirklich ganz und gar willkommen gewesen und hätte nicht jeder diese und jene bösen Zweifel gespürt, dort, wo der Nibelunge des Menschen Mitte gesehen hatte, im Zwerchfell, wo Geist und Sinne sich verbinden und wo der Mensch erschütterbar bleibt.

Hagen ordnete an, daß jetzt niemand seine Waffen ablegen dürfe. Vorläufig solle man sie unter den festlichen Gewändern verbergen. Er selbst allerdings verzichte weiterhin auf den Mummenschanz und wollte auch in der Festhalle in blanker Brünne erscheinen. Schon schallte vom Hof her ein Hornruf und ein Bote meldete, man bitte die Gäste in den Burghof, wo Frau Krimhild uns begrüßen wolle.

Die Gundomarsöhne sah ich, wie sie an ihren zivilen Gewändern zupften, an Seide und Brokat über den Panzern und Kettenhemden, und dann traten die burgundischen Fürsten hinaus auf den weiten Hof, wo unter mächtigen Linden ein letztes Sonnenlicht aus der Ebene heraufleuchtete, wo aber auch viele Diener schon bereitstanden mit Fackeln und mit Getränken. Nur Truchseß Dankwarth fehlte noch, der hatte erklärt, er bleibe beim Gesinde in der unteren Halle, bei den Unfreien.

Dann erschien Krimhild. An der Hand von Kaiser Theoderich trat sie aus dem größten, aus dem oberen Gebäude, das mit den stärksten Wänden ummauert war. Die Schöne erschien auf einer breiten Terrasse, geführt vom Kaiser. Kam mit langsamen Schritten über die Palasttreppe herab. Auch auf dem Hof schritt sie sehr langsam, an der Hand des Herrn Theoderich, und demonstrierte so ihrer Verwandtschaft, in wessen Schutz sie sich nunmehr glaubte.

Hinter ihr näherte sich zahlreiches Gefolge. Die letzten Schritte jedoch ging Krimhild allein, näherte sich uns im Licht von vielerlei Fackeln, die auf beiden Seiten von Dienern gehalten wurden. Auch jetzt bezauberte mich Krimhilds schlanke Gestalt, fast so strahlend erschien sie mir wie bei der Hochzeit mit dem Niederländer, auch jetzt bewunderte ich ihr dunkel glimmendes Haar, und auch hier trug sie ein weißes Kleid von chinesischer Seide, jetzt jedoch dreifach umschlungen von einem dunklen Gürtel, der dem nachgebildet schien, den die isländische Brünhild getragen hatte. Krimhild schien noch schöner geworden, noch schlanker, vielleicht auch gebrechlicher. Unter dem Dunkelhaar bleicher als vordem. Aber sie schien zu lächeln. Ach, diese Frau dachte nun gewiß nicht daran, schon mit ihrem Mienenspiel ihre geheimen, ihre wirklichen Absichten zu verraten.

Nicht mit ihren Mienen, aber mit der Art ihrer Begrüßung irritierte sie die Gäste. Nicht daß sie etwa sofort zu reden begonnen hätte, von Mord oder vom Recht oder von Rache, nein, sie blieb stumm und lächelte. Gegen alle Sitte aber ging sie, mit diesem gefrorenen Lächeln, an König Gunther vorbei und begrüßte nicht etwa ihn, den ältesten und wichtigsten ihrer Brüder, sondern tat, als gebe es den König gar nicht und als gebe es auch Gernot und Hagen nicht, ja, sie schritt an all denen vorbei, so wie Brünhild es auf dem Isenstein getan hatte, als auch die Isländerin an all denen in der ersten Reihe vorübergegangen war, gewiß hatte der niederländische Geliebte seiner Krimhild erzählt, wie das dort gewesen war. Vielleicht aber wiederholte die neue Hunnenkönigin dies alles nur zufällig, wiederholte, ohne es zu ahnen, jene peinlichen Augenblicke, in denen die Ran-Tochter allein Siegfried begrüßt und die anderen Herrschaften unbeachtet gelassen hatte. Jedenfalls trat die Frau jetzt dicht vor den jüngsten ihrer Brüder hin, vor meinen sichtlich verwirrten Giselher, den sie freilich schon immer bevorzugt, ja, den sie geliebt hatte, umarmte und küßte ihren Giselher und hielt seine beiden Hände fest und sah ihn an, stumm. – Nun, Bruder, ist der Tag endlich gekommen. Nun, mein Lieber, »treffe« auch ich sie.

Als Hagen dies hörte und als er diese Kühnheit beobachten mußte, diese öffentliche Mißachtung des Königs Gunther, da band er sich seinen Helm fester. Noch 700 Jahre später, in Hs.B: *Si kuste Gîselheren und nam in bî der hant. Daz sah von Tronege Hagen: den helm er vástér gebant*

Und unüberhörbar war, was der Waffenmeister beim Zerren am Helmband murrte. – Wahrlich, es war kein guter Einfall, die Einladung zu dieser merkwürdigen Hochzeit anzunehmen. Welch sträfliche Dummheit, mit dieser eigensinnigen Grimhildis ein Fest feiern zu wollen. *Wir haben niht guoter reise zuo dirre hôhgezît getân.* Ähnliche Einschätzungen finden sich noch bei Heinrich Heine: »Kein Turm ist so hoch und kein Stein so hart wie der grimme Hagen und die rachgierige Krimhilde«

Da die junge Königin Hagens Worte kaum überhören konnte, ging sie nun wieder nach vorn, trat vor die Brüder Gunther und Gernot und redete mit erstaunlich fester Stimme. – Freilich, ihr alle hier seid willkommen. Jedenfalls jedem, der euch gerne sieht. Und jedem, der so wie ich euch sehnlichst erwartet hat.

Auch dieses Krimhild-Wort erschien mir wie eine *ambiguitas incorrupta.* »Aufrichtige Zweideutigkeit«. Die Kilianschronik bleibt dabei, in rechtlich relevanten Momenten das Lateinische einzusetzen, ohne deswegen auf das Spiel mit Doppelbedeutungen zu verzichten

Nun aber verratet mir, was ihr mir von meinem alten Worms mitgebracht habt, als *donum nuptiale.* »Hochzeitsgeschenk« So daß ich tatsächlich gute Gründe hätte, außer Giselher auch alle anderen mit Freude willkommen zu heißen, zum Beispiel dich, den großen Morgenlandkünnek, den »Wunderburgunder Gunther«!

Noch immer schien sie zu lächeln, auch jetzt, wo sie Worte benutzte, mit denen Brünhild und ihr geliebter Cherusker den König verspottet hatten. – Keine Antwort? Kein Geschenk? Nicht mal ein *munusculum* habt ihr mir mitgebracht? »Geschenkchen« Wenigstens eine *placenta nuptiarum* hätte doch Koch *Rumolt* mir backen dürfen. »Hochzeitskuchen«

Da antwortete Gunther: Wenn ich gewußt hätte, daß wir dir Geschenke hätten mitbringen sollen, obwohl ich dachte, die Mühen einer viele Wochen langen Reise seien Geschenk genug und nun, als Königin des großen Hunnenreichs, fehle es dir an nichts mehr, dann wäre ich wohl reich genug gewesen, dir die kostbarsten Gaben zu bringen.

Ist das wirklich wahr? – Ihr Lächeln schien zu erstarren. – Kostbarste Gaben besitzt du? Seit wann? – In ihrem schönen Gesicht ging eine Veränderung vor. Mochte sein, die wechselnden Fackelschatten im abendlichen Burghof irritierten ein wenig. – Meinst du die Gaben des Nibelungen? den Hort? Wo ist der? Warum ist dieser Reichtum nun nicht in Esztergom? Liegt der jetzt schon unten im Hafen? in Siegfrieds zwölf Schiffen? Oder aber wartet der Hort noch immer im Gewölbe unter der Wormspfalz? Gewiß ist er jetzt unterwegs, hierher, auf tausend Lasttieren, sicherlich trifft der erst später ein in Gran. Denn ihr wißt doch, diese Schätze sind alle von Rechts wegen *res familiaris mea.* »Mein Eigentum« Und bei all dem Streit, der zwischen uns über den Mord an meinem Mann hochzulodern droht, wäre es nun doch höchst hilfreich gewesen, schlau, ja geradezu weise wäre es gewesen, wenn du, Herr »WirrKönig«, mir den Hort zu dieser Hochzeit mitgebracht hättest als *donum nuptiale*.

Gunther schien sehr verlegen und schielte zu seinem Berater hinüber. Da trat Hagen zwei Schritte vor, so daß auch er nun in der ersten Reihe stand, zwischen Gernot und dem König. Doch bevor der

Heerführer zu reden begann, sah ich mit Erleichterung, wie jetzt zwischen die Burgunder und die neue Hunnenkönigin der römische Herr Dietrich trat und wie er mit besorgter Miene zwischen beiden Parteien hin- und herblickte, so daß Hagen zunächst tief Luft holen mußte, bevor er sprechen konnte.

In der Tat, schöne Krimhild, sagte der Vetter mit dem zerstörten Gesicht, das wäre eine glänzende Idee gewesen, Euch den Hort mitzubringen. Aber Ihr wißt ebenso gut wie wir, daß die rheinischen Reichtümer, von denen Ihr gesprochen habt, sehr früh verflucht wurden und daß sie danach tatsächlich jedem, der sie besaß, Unglück brachten. Zwar glaube ich lieber an die Kräfte des Verstandes als an nifhelheimische Flüche, doch behaupten manche Vorwitzige ja gern, auch ich sei vor Zeiten von einem Alben gezeugt worden. Wie auch immer, meine burgundischen Herrschaften, Eure Herren Brüder, sie waren klug genug, dies verhängnisvolle *privatum* (s.S. 578f), diesen RaubSchatz des *Nidgir* vollkommen verschwinden zu lassen. Jawohl, diese Pest und immerwährende Ursache zu neuem Neidstreit haben deine Brüder tief im Rhein versenken lassen, dort, wo dessen Strudel am wildesten sind. Dort wird der Hort noch lange liegen und wird sich auf Dauer, da bin ich sicher, durch geheime Kanäle und Adern auf das feinste verteilen und wird sich in die Herzen und Köpfe aller nachlebenden Europäer als Besitzwahn hineinfressen bis an den jüngsten Tag. *... unz an daz jungeste*

So klug, den Drachenschatz vollkommen zu versenken, so weise sollten meine drei Brüder gewesen sein? tatsächlich ganz allein? ohne jeden Berater? auch der Jüngste hätte da mitgewirkt, derjenige, der die Lügen verabscheute und deswegen in den Klosterkerker kam *ad sententiam, qua quis capitis damnatur?* »unter das Todesurteil« Ach, Herr *Tronje*, da habt Ihr abermals höchst übel gehandelt. Mir geht es nicht um Geld oder Gold, von dem hab ich in der Tat beim neuen Gemahl übergenug. Mir geht es nicht mal um Gerechtigkeit, so tollkühn, die als Frau zu fordern, so libellisch bin ich gar nicht. Es geht mir um einen Anschein von Freundlichkeit. Womöglich um Eure Reue.

Dann laß es dir hier, vor all deinen neuen Freunden, deutlich gesagt sein, rief Hagen, als Hochzeitsgeschenk bringen wir dir den Teufel! Nämlich einen Dreck! Nämlich nichts! Um 1200: *Jâ bringe ich iu den tiuvel, sprach aber Hagene* (Str. 1744) – Nach diesem schrecklichen

Ausbruch versuchte er sowas wie einen Scherzton, der ihm aber gründlich mißlang. – Du siehst doch selbst, allein an meinem üblen Schild hier hab ich dermaßen viel zu schleppen und auch an meiner Rüstung viel zu viel, da blieb mir einfach keine Hand mehr frei und keine Kraft und kein Platz, nicht mal für ein Küchelchen. Doch wenn du es unbedingt wissen willst: Allein dir zuliebe, erhabene Königin, glänzt auf meinem Kopf dieser Helm. Und als ich sah, wen du zuerst und als einzigen begrüßt und geküßt hast, da hab ich diesen Helm noch ein wenig fester an meinen Kopf gebunden und werde von nun an das Helmband nie mehr lockern, es sei denn, ich kriege in dieser Granburg keinen Trinkbecher und müßte aus meinem Helm saufen.

In der Tat hielten unterdessen alle Gäste schon Becher in der Hand und hatten zu trinken, nur dem gepanzerten, dem unheimlichen Hagen hatte kein Page einen Krug zu geben gewagt.

Wieso kommst du in Waffen? und schleppst sogar ein Schwert?

Deinetwegen, schöne Königin, weil in dieser Etzelburg, scheint mir, ich der einzige bin, der deine Einladung richtig einschätzt.

Schon als Hagen vom Teufel und vom Dreck gesprochen hatte, sahen wir, wie Herr Dietrich sehr unglücklich schien und beschwichtigende Gesten machte. Und wie Krimhilds Lächeln ganz und gar erstarb. Nun flüsterte sie mit unterdrücktem Zorn Worte, die, wenn ich sie richtig verstand, von drachenhafter Niedertracht redeten. Dann raffte sie sich wieder auf zu ihrer vorigen stolzen Haltung und fragte den Waffenmeister: Und dies Schwert, das du da schleppst, du Kraftklotz, du Steinkopf, ist das *Balmunk*? Gehört das nicht ebenfalls mir? Am Griff erkenne ich im Umriß den Kuhschädel.

Balmunk gibt es nicht mehr.

Unmöglich. Der Betäubervertreiber *Balmunk* war unzerstörbar.

Balmunk war, zum Glück, ebenso wenig unzerstörbar wie der, der ihn besaß.

Du steinerner Vetter, du hast noch immer ein Herz aus Eisen. Bist nie was Besseres gewesen als ein kläglicher Raubritter, ein elender, ein heimtückischer Dieb. Nicht nur meinen Besitz hast du *latro caninus* »hündischer Wegelagerer« mir weggenommen, auch meinen Liebsten, der Burgund gedient und genützt hat wie nie einer zuvor. Ihn ebenso wie mich hast du hintergangen, hinterhältig, barbarisch und ganz und gar treulos.

Wahrlich, dein Held war so stark, fast so stark wie deine Worte. Aber glaub mir, ebenso stark waren seine Fehler.

Und ebenso stark, rief sie, brennt noch jetzt meine Liebe zu ihm! Und darum tust du sehr recht, dir deinen Helm gut festzubinden. Trinkbecher haben wir hier genug. Behalt deinen Helm auf deinem verwüsteten RomKopf. Auch an der Tafel und auch heute Nacht laß nur ja nie die Hand von deinem lächerlichen Schwertchen. Aber nun kommt alle her, ihr Erbärmlichen, die ihr diesem Scheusal und Räuber Burgunds Führung überlaßt, kommt nun alle hinauf in König Etzels Saal. Mein Gemahl ist ein sehr freundlicher Mann und meint, daß man seinen Verwandten am Ende fast alles verzeihen muß. So milde und nachgiebig war er auch mit seiner Mutter *Helche* und mit seinem Bruder Blödel, obwohl beide ihm übel mitspielten. Kann sein, er ist nun auch nachsichtig mit einem wie dem *Tronje*. Aber am Esztergomer Königshof ist es ebensowenig üblich wie am Hof von Byzanz, daß man in des Königs Festsaal Schwert und Rüstung mitnimmt. Gebt eure Waffen her!

Das werde ich nicht dulden, erklärte Hagen, bei meinem Eid an Gundomars letztem Lager. Wie könnte ich auch einen so dicken klobigen Schild und ein so ekelhaftes Schwert von einer so zarten Frau wie von der Hunnenkönigin zu meiner Unterkunft schleppen lassen, so schlecht hat mich mein elbischer Vater denn doch nicht erzogen.

Solch müde Scherze lassen sich meine Brüder von ihrem Berater bieten? Und wollt nun alle in Waffen erscheinen? bei einem Willkommensmahl? Plagen euch Hornissenbisse? So wie ihr auf dem Isenstein vor Brünhild gezagt und gezögert habt, so zittert ihr jetzt vor mir? Seht sie euch an, Kaiser Dietrich, seht, wie diese stolzen Herrschaften sich weinerlich und memmenhaft ducken, diese Wormswürmer, die zernagt sind von ihrer allzu üblen Schuld. Auch ihr, meine hunnischen und ungarischen Freunde, seht sie euch an, diese berühmten Burgunder, die sind so mutig, so tapfer und edel, daß sie selbst vor ihrer Schwester ihre Mordwaffen nicht ablegen mögen. Schwarz wie die Raben sind ihre Gewissen, fürchten sich sogar im Haus eines so liebenswerten Gastgebers wie König Etzel. Wahrlich, sie werden sich noch zu Tode grämen. Nur wüßte ich zu gern, wer ihnen von Etzels Gastfreundschaft ein derart falsches Zeugnis gab, daß sie nun verschreckt sind wie Zittermäuse.

Da rief Fürst Dietrich: Ich bin es gewesen, der die Burgunder gewarnt hat! Aber nicht vor Etzels Gastfreundschaft, sondern vor Euch! So ist es, Frau Krimhild, und nun mögt Ihr mich dafür bestrafen!

Verwirrt blickte sie, mußte erkennen, daß der Mächtigste im Rom-Reich ihr nicht unbedingt zur Seite stand. Eine Weile zögerte sie nun und schien unentschlossen, den neuen Kaiser wollte auch sie respektieren, der sollte auf keinen Fall ihr Gegner sein. – Also ist niemand bereit, mir zu helfen? gegen den verbrecherischen Vetter? – Da wendete sie sich plötzlich zu mir, hatte in den hinteren burgundischen Reihen den irischen Mönch entdeckt. – Da sehe ich einen, den mein erster Mann sehr geliebt hat, weil er lustige Geschichten erzählte. Kilian ist das, Kilian *Hilarus*. Höre, du Mönch aus Irland, du bist einer, der ihn genau verstanden hat, meinen Liebsten, du hast ihn mit wunderbaren Worten unter die Erde gepredigt, aber was, so frage ich dich nun, was würde der Xantener mir jetzt raten, wenn er noch reden könnte, was sollte ich wohl tun angesichts dieser Lügner und Verräter, was würde meinem Niederländer in diesem Moment einfallen?

Sie war einige Schritte auf mich zugegangen, ich konnte mich unmöglich zur Seite verdrücken, mußte mich zeigen, mußte nun wohl antworten. – Das ehrt mich sehr, daß Ihr glaubt, ich wüßte, welchen Weg Sieglinds Sohn jetzt vorschlagen würde als Ausweg, wenn viele Lügen für Leid sorgen und für Feindschaft. Ach, der *Victor Placidus*, er legte Wert auf das Befrieden und zog statt blutiger Kämpfe mehr und mehr jene Klugheiten vor, die den Kampfkrampf umgehen. Könnte sein, daß er hier in Esztergom den Hauptkontrahenten die Kreuzprobe anraten würde, wobei sich die Gegner bekanntlich lange Zeit Auge in Auge gegenüberstehen mit ausgebreiteten Armen, so wie der Herr Jesus seine Arme am Kreuz hat ausbreiten müssen und wobei am Ende, ohne das jemand gequält oder getötet würde, derjenige Recht bekommt und am wenigsten als Lügner gilt, der seine Arme am längsten seitwärts ausstrecken kann und die Augen vom Gegenüber in keinem Augenblick abwendet.

Dank dir, Kilian, wenn's so weit ist, mache ich von diesem Rat Gebrauch, da ich schon jetzt sehe, wie meine burgundischen Helden meinen Augen ausweichen. – Damit warf sie Gunther und Hagen noch einen höhnischen Blick zu, wiederholte das Wort von den Wormswürmern und mein Wort von Feindschaft, Leid und Lügen und lästerte über die burgundischen Zimperlinge und ließ sich von Herzog Blödel über den Hof zurückgeleiten, wieder die breite Treppe hinauf und über die breite Terrasse in König Etzels großen Festsaal.

Also? fragte der *Tronje* seine Schützlinge. – Warum zögern wir? Folgen wir diesem lieblichen Weib. Alles andere hat sie im Sinn als eine Kreuzprobe. Statt dessen ein blutiges Gastmahl. Das Unheil ist nun nicht mehr aufzuhalten. Offen bleibt nur noch und darauf bin ich neugierig, welchen Verlauf es nehmen will. Der irische Übersetzer nutzt hier abermals, beim Übersetzen aus dem Keltischen, Shakespeare, bewußt oder versehentlich (Julius Caesar III,2): *Mischief, thou art afoot / take thou what course thou wilt!*

König Etzels Halle betrat Krimhild zur Verwunderung des Hunnenherrschers nur mit ihren Frauen und mit Herrn Blödel und mit *Galahad*, nicht aber mit den Gästen aus Worms und auch nicht mit Theoderich. In dem großen Raum saßen nun nur die zierlichen Frauen in ihren schönsten Kleidern, saßen dort und waren überaus neugierig auf diejenigen, die da hätten kommen sollen. Auch jene »Schönste« saß da, *Helge*, die Enkelin der *Iltiko*, auf die nicht nur Herr Blödel sein Augenmerk richtete.

Später, bei der Tafel, saß ich neben dem schottischen Haudegen *Galahad*, und der berichtete mir, wie sehr Herr Etzel habe staunen müssen, daß seine junge Frau ohne ihre Brüder in die Festhalle kam. Da aber die Herrscherin sehr aufgeregt schien, hätte er nicht gewagt, die Gemahlin nach der Ursache zu fragen, sondern erkundigte sich bei seinem Bruder Blödel. – Wo bleiben die Wormser Gäste! warum wirkt Krimhild abermals verstört?

Das hat soeben Herr Hagen getan. Unten im Hof.

Da erhob sich der König von seinem Thron, ging zu einem der Saalfenster und sah hinab. – Hagen? Ist das der dort unten, dem Herr Theoderich jetzt die Hand auf die Schulter legt? als wollte er ihn beruhigen?

Da trat Krimhild neben ihren Gemahl. – Ja sieh ihn dir an, das ist er, der *Tronje*. Häßlich ist er, außen wie innen. Neuerdings nennt er sich Nibelunge. Nahm meinem Falken nicht nur das Leben. Nicht nur den Hort. Nun auch den Namen. Ja, guter Etzel, der da unten, das ist ein steinerner Klotz, ein zerlöchertes Gneisgestein, ein ganz und gar Liebloser. Und vollkommen untreu. Er ist es, der den berühmten Schmied meuchelte.

Als alle sahen, wie bitter die Königin litt, da drängten sich einige Krieger heran, darunter Blödel mit seinen ungarischen Recken und auch mein schottischer Freund *Galahad*, die umringten Etzel und Krimhild und beteuerten: Verehrte Königin, wenn euch jemand Leid getan hat und wenn ihr uns beauftragt, dies Leid zu rächen, so soll es ihm ans Leben gehen, und sei er noch so stark und noch so berühmt, vorausgesetzt, König Etzel akzeptiert die *vindicta.* »Vergeltung« – Zaudernd hätten die Helden sich angeboten, berichtete *Galahad.*

Ja, helft mir, zischte die Frau, rächt mich an diesem Unhold. Auch jetzt wieder hat er mich vor aller Welt verhöhnt.

Da rüsteten sich an die sechzehn hunnische und ungarische Raufbolde, Krimhild zuliebe, sagten sie, wollten sie auf der Stelle den burgundischen Heermeister erschlagen. Als aber die Königin sah, wie wenige sich wappneten, betrachtete sie die Männer mit Verachtung. – O laßt es sein. Es sei denn, ihr wollt euch blamieren. Wollt nur die Spottpfeile des *Tronje* in eure Bäuche geschossen kriegen. Einer so lächerlichen Zahl erlaube ich auf keinen Fall das *aggredi.* »Angreifen«

Auch Herr Etzel bat, Frieden zu wahren und Gastfreundschaft. An der Abendtafel werde er versuchen, mit Gunther und Hagen in ein vernünftiges Gespräch zu kommen, außerdem werde er Herrn Theoderichs großes Ansehen nutzen, um Streit und blutige Fehde zu vermeiden. Auf dem Höhepunkt dieser Hochzeit solle es um Versöhnung gehen, nicht um Mord.

Aber die kriegerischen Ungarn hätten sich, so erzählte mir *Galahad*, weiter gerüstet und nach einem Weg gesucht, wie sie sich dennoch den von Krimhild versprochenen Lohn verdienen könnten. Am Ende, so erzählte der alte Ritter, seien an die zweihundert Recken bereit gewesen, den cheruskischen Königssohn Siegfried zu rächen, an *Galahads* altem Schmiede-Freund von Lippe und Ruhr.

Doch auch Krimhild hätte nun zur Klugheit geraten und die Krieger gebeten, sich vorerst friedlich zu verhalten. Die Bewaffneten sollten im Hintergrund bleiben, sollten auf ihre Anweisungen warten. – Herr Etzel habe sich diese Ratschläge angehört und noch einmal betont, daß er's im Guten versuchen werde. Dann sei Herr Blödel an das Fenster getreten und habe mit verächtlichen Tönen die burgundischen Ritter als allzu derb und allzu kläglich beschimpft und habe dann seine lüsternen Äuglein wieder dorthin gerichtet, wo im Saal die Burgfräulein saßen, und sei mit seinen Blicken förmlich eingedrungen in die junge *Helge*, in die zierliche Enkelin der *Iltiko*.

Inzwischen hatten sich fast alle burgundischen Herren in ihre Unterkünfte zurückgezogen, nach dem heftigen Gespräch zwischen Krimhild und Hagen wollten sie beraten, ob sie bewaffnet an Etzels Tafel erscheinen sollten oder besser unbewaffnet.

Hagen und Giselher waren im halbdunklen Hof geblieben. Hagen, weil ihm klar war, daß er bewaffnet bleiben würde. Giselher, weil ihm klar war, daß er ohne Rüstung und Schwert zur Abendtafel gehen werde. Diese beiden gegensätzlichen Menschen saßen nun unter einer Linde, auf einer der Steinbänke und redeten miteinander, und ich hatte mich zu wundern, wie zwischen diesen beiden Grundverschiedenen nun doch eine Wechselrede möglich war, jetzt, da alle Signale Sturm meldeten und Tod.

Giselher gab mir seinen Fiedelkasten, den er unter die Steinbank gestellt hatte. Beim Willkommensmahl hatte er musizieren wollen, um sich und den anderen eine bessere Stimmung zu zaubern, doch jetzt, nach dem Streit, war er ratlos und wollte mit Hagen reden. Das Schwert, das Krimhild für *Balmunk* gehalten, lag auf Hagens Knien. Ich trug den Geigenkasten in unsere Unterkunft, ließ die beiden Männer allein, wollte nicht stören, weil ich ahnte, was Giselher da ein letztes Mal versuchen wollte. Später, tief in der Nacht mußte er mir das Gespräch genau erzählen.

Ja, der Sänger und Poet hat einen letzten Anlauf genommen, um den Waffenmeister umzustimmen, den wahrlich versteinerten und verbiesterten *rector rerum publicarum Burgundionis*. »den Regierungschef der Burgunder« Das war so, als wollte er versuchen, einen steinernen Klotz zu bewegen und zu erweichen. Mein Dichter und Sänger bat, ja, er flehte Hagen an, Krimhild um Verzeihung zu bitten. Und ihr eine gehörige Wiedergutmachung anzubieten.

Hagen schwieg lange. Bewegte das Schwert auf den Knien. In sanftem Auf und Ab tat er das, als wiege er ein Kind. Rings standen die Lindenbäume im Hof in voller Blüte, verströmten ihren süß betäubenden Sommerduft, honigsüß, jasminsüß. Schließlich hörte Giselher in der Dämmerung die knarzend harte Stimme. – Streit, Freund Giselher, blutiger Streit ist nun nicht mehr zu vermeiden. Und dieser Streit wird tödlich enden. Wenn die Donau-Nornen recht haben, bringt er den Tod für uns alle.

Aber Vetter, nun komm wieder zu Verstand, oder willst du auch diese Schuld auf dich laden, willst du nicht nur Krimhild, sondern noch tausende weitere Leute unglücklich machen? Nun auch Rüdigers himmlisch schöne Tochter Dietlind?

Nein, will ich nicht. Tut mir leid, aber ich kann nicht anders.

Du bist tatsächlich ein Stein.

Ausgerechnet Giselher beschwert sich und klagt. Dabei war er es, der den Felsen, der uns alle hier begraben wird, ins Rollen brachte.

Ich?

Mit deiner weibischen Wahrheits-Idiotie. Mit deinem kindischen Gerechtigkeits-Grimm. Weil unser Poet meinte, unbedingt ausposaunen zu müssen, von welcher Hand sein cheruskischer Freund erschlagen wurde. O hättest du's für dich behalten. Der Niederländer, und danach auch du mit deinem Verrat, ihr beiden habt für lange Zeit Burgunds Ehre untergraben. Habt das Reich ins Wanken gebracht.

Was redest du da. Was meinst du mit »Ehre«.

Wenn ich »Ehre« sage, ist das kein Libellengeschwirr. Das meint die Macht. Die Sicherheit unseres Reichs. Die Stärke oder Schwäche unseres Königs. Die beiden Todesurteile, erst gegen den Xantener, dann gegen dich, sie bestanden zu Recht. Beide habt ihr sie von Grund auf zersetzt, *potestatem utilitatemque rei publicae.* »Staatsmacht und Staatsraison«

Eine Weile haben sie dann wieder geschwiegen, die beiden Männer in der Dämmerung. So lange, bis mein Giselher gesagt hat: Wenn du das so siehst, dann hast du einen Kopf aus Eisen. Und Augen aus Marmor. Dann kommt unser Untergang, hier auf diesem Fels über der Donau, mit vollem Recht.

Willkommen in der Wirklichkeit, *poeta*.

In Wirklichkeit bist du ein jämmerliches Kaninchen, das sich von einer Schlange bannen und lähmen läßt. Statt Haken zu schlagen und rettende Sprünge zu machen, wie die Springer im Schachspiel, statt dessen willst du dich hier auf Gran fressen lassen und muß sich nun, deiner Sturheit wegen, auch Burgund und halb Hunnenland fressen lassen. Nochmal, Vetter, wo bleibt dein Verstand! Mach Rochade! Tausch die Positionen, hör endlich auf, beinharter Staats-Turm zu sein, unbiegsam und unbeugsam wie der Fels, als den dich Dietrich bezeichnet hat.

Stütze, Fundament hat er mich genannt. Um 1200: *trôst der Nibelunge* (Strophe 1726) – Erst nach einer Pause hat Hagen dann weitergeredet. – Was also rätst du, was soll der Turm tun? nach der Rochade?

Die eigenen Fehler zugeben. Wo bleibt dein berühmter politischer Kopf. Du stößt uns alle, in deinem ehernen Ehrentrotz und Stolz, in den Abgrund. Willst ausgerechnet du so dumm sein wie die eitlen Gockel oder Kampfhähne, die sich ineinander so lange zerkratzen, zerkrallen, zerhacken, bis sie verblutet sind?

Nach einer längeren Pause kam Hagens Antwort. – Was du die Dummheit der Hähnchen nennst oder Sturheit oder Eisenklotzigkeit, das nenne ich Treue. Du kennst den Schwur, den ich geleistet habe für Gundomars Kinder. Das war für König Gundomars Königreich ein Treueschwur.

Deine Burgundertreue, die ist der allgemeine und immerwährende Schwachsinn der Gockel. Der Kampf-Idioten, die aus dem Wahn, hacken zu müssen, nicht mehr herrausfinden. Die Untertanenstaaten des Wilhelminismus wie des Faschismus beschworen Gefolgschaft und »Nibelungentreue« als positiven Wert, z. B. der deutsche Reichskanzler Bethmann von Hollweg im Weltkrieg I als Bündnistreue zu Österreich (bis in den Untergang) oder z. B. Göring in Welkrieg II, nach Stalingrad, als »Durchhalten« und »Disziplin« (bis in den Untergang). Adorno (»minima moralia«, 1946/47): »Jeder Befehl zur Treue . . . ist Befehl zur Unfreiheit«. Vgl. auch Theodor Lessing (»Geschichte als Sinngebung des Sinnlosen«, S. 101): »Das Nibelungenlied dürfte das hohe Lied des Verrates sein.« – »Betreuen« wurde Nazi-Vokabel, in der Bedeutung von Entmündigung (bis zur Exekution). Vgl. Dolf Sternberger, »Wörterbuch des Unmenschen«

Was denn wohl findest du sinnvoller und was denn wohl ist wertvoller als Treue?

O du versteinerter Vetter. Unterm TreuEid versteint. Ich hatte dich immer bewundern wollen als einen unabhängigen, als einen frei denkenden Mann. *Fidem totam et absolutam servare indignum est homini libero et sui iuris* »Totale und unbedingte Treue ist eines freien und selbstbestimmten Menschen unwürdig«

Sagte dir das dieser Freiheitsteufel aus Xanten?

Meister Eginhardt sagte mir das, der Abt auf der Siegburg. Der Nibelunge, als er unseretwegen mit den zwölf ostfälischen Sachsen kämpfen mußte, mit den Mördern Ortwins, da hat er mir hinterher, in der Erschöpfung, den blutigen Kampf erklären wollen. Hat er das *bellum* nicht *bellum* genannt den »Kampf« nicht das »Schöne«, sondern »Kampfkrampf«. Aus dem es kein Entrinnen gebe.

So ist es. Wir sind mittendrin, im Kampfkrampf.

Mehr Witz, riet der Ruhrschmied. Mehr List, mehr Kunst des Kopfes!

Mir kann niemand nachsagen, ich hätte je List vermieden.

Doch, ich muß es dir nachsagen. Du vermeidest die List, die den Kampf vermeidet. Du nutzt nicht den Verstand, den ungleich schärferen, der nötig ist, um Frieden zu wahren. Die beste List ist immer diejenige, die Auswege findet. Die den Käfig aufbricht, in die uns die Sitten oder die Kirche oder die Ehre oder die Macht oder die Wutgeister einsperren. Oder der Gehorsamswahn, den du Treue nennst. Ach, Hagen, wer sich gegenseitig hündisch ineinander verbeißt, der ist nicht nur unwürdig, sondern der ist aller Freiheitsfreude wahrhaft untreu. *Ergo* allem Leben.

Du bist jung, du bist ein Dichter. Wie edel du reden kannst. Was also rät mir der Dichter? Reue? Unterwerfung? Höre, finge ich noch diesen Abend in Etzels Saal damit an und fiele vor der Königin auf die Knie und bäte sie vor aller Augen und Ohren um Verzeihung, sie würde mir, wenn's kein anderer täte, mit eigener Hand den Kopf abschlagen.

Wir würden sie daran hindern.

Schon wäre der Kampf im Gang. Nein, Giselher, du Träumer von libellischen Freiheiten, ich muß unsere Geschichte zu ihrem Ende führen, in aller *consecutione morum nostrorum et legum.* »Befolgung unserer Sitten und Gesetze« Für dich und für deine Braut Dietlind tut es mir leid.

Ja, Dietlind, aber auch hundert andere, sogar Tausende werden weinen, nur weil du keinerlei Haken schlägst.

Die Geschichte hier ist unentrinnbar. Und sie ist ewig. Es werden noch in hundert und in tausend Jahren Menschen weinen und bluten. Und noch in hundert und tausend Jahren werden Herrscher mir dankbar sein, weil ich gezeigt habe, wie man Macht bewahrt und Gefolgschaft und Treue.

Wie man in Dummheit verharrt, unerbittlich in Dummheit.

Unerbittlich ist deine kluge, deine schlangenglatte Schwester.

Ihr beide seid es! Versteinert seid ihr!

Lieber gelehrter Gundomarsohn. Würde Burgund in diesem Augenblick, wo Augen aus allen Ländern auf uns gerichtet sind, sich weich zeigen nach Art mancher Heiliger oder Dichter oder Weiber, das würde sich herumsprechen durch ganz Europa. Du kennst meine Litanei von den Maden, die uns benagen. (s. S. 29) Dann wüßten sofort alle Stammesherren zwischen Nordsee und Mittelmeer, an Burgund kann man sich bereichern und bedienen nach Herzensgier. Nur aus diesem Grund zeige ich mich nun so felsenhart, wie die meisten glauben, daß ich es tatsächlich bin. *Nam aliter in omne tempus morum demutatio atque debilitas instant. Si res est in summo discrimine, homo ut constat homini lupus, nunc et in perpetuum.* »Denn sonst drohen für alle Zeit Demoralisierung und Schwäche. Kommt es zu den entscheidenden Augenblicken, ist der Mensch dem Menschen bekanntlich ein Wolf, jetzt und immerdar«

Du Unerschütterbarer. Wenn du recht hättest, was sollen dann die Jahrtausende der schönsten Künste, der kühnsten Träume, was sollen all die Träume von Schönheit und Freundlichkeit, wenn du recht hättest, wenn der Mensch *in summo discrimine* »im entscheidenden Moment« ein erbärmlich dummer Wurm ist, nur dazu da, gefressen zu werden oder zu fressen! – Giselher stand auf, wankte davon, erschöpft und sterbenstraurig. Und drehte sich dann nochmal um, zu dem *Tronje* auf der Bank, und sah, wie der burgundische Heermeister zum großen Königssaal hinaufwies, dorthin, wo in den Fackellichtern Männer hin- und hergingen und wo deutlich zu sehen war, daß es Bewaffnete waren.

Schau sie dir an. Diese Luft hier, die duftet nicht nur im süßholzigen Lindenduft, sie schmeckt nach Eisen. Ihre Panzerung verhüllen diese Edellinge mit arabischem Ziertuch. Und ich weiß, ihre Angriffslust gilt mir. Vor allem mir. Mag ja sein, wenn es ihnen gelingt, mich zu erschlagen, dann kommt ihr anderen lebendig davon, und deine Dietlind darf hoffen. Obwohl die Elfen bei der Donau es anders wußten. Ach, sieh an, nun kommt sie sogar selber nochmal, die Hochzeiterin. Lädt uns zum zweitenmal zur Vesper. Nähert sich freilich ohne ihre Waffenbrüder. Nur mit ihren Freundinnen kommt sie, einen Goldkranz im schwarzroten Haar. Wer hätte je geglaubt, daß Teufelinnen so elfengleich leuchten und blühen. Schade, jetzt bleibt sie stehen, jetzt überlegt sie sich's, ob sie sich ohne Männer zu mir hertrauen sollte. Hör dir an, wie sie mit den Frauen lacht. Kennst du die Geschichte von Samson? Giselher nickt, kennt natürlich auch dies, weiß also, was passiert, wenn eine Frau einen Mann durch ständiges Wiederholen derselben Frage dermaßen reizt, daß der Mann ihr am Ende sein letztes Geheimnis preisgibt, seine Ehre und seine Stärke. Ich liebe die Samsongeschichte. Weil sie mich vor der Macht der Frauen warnt. Weil sie mich erinnert an das weise Zerteilungsgebot der Priester. Die Geister von den Leibern. Die Weisheit von den Weibern.

Giselher hatte sich wieder neben Hagen gesetzt. – Auch dein Samson kann sagen, daß er durch sein Sterben mehr Menschen in den Tod riß als zuvor in seinem ganzen kämpferischen Leben.

Stimmt. Aber nun nähert sie sich, die Schlangenschöne, die *valandinne.* »Teufelin«

Wir sollten höflich sein, sollten vor ihr aufstehen. Sie ist Königin.

Wenn ich mich jetzt erheben würde, bildeten sich die Männer dort drüben ein, ich täte es aus Angst.

Giselher stand vor der königlichen Schwester auf, verneigte sich sogar ein wenig. Hagen dagegen wendete sich ab, blickte wieder auf das Schwert, das er abermals auf den Knien wiegte, als wollte er ein eisernes Kind beruhigen.

Im Wechsellicht der flackernden Fackeln stand sie nun dicht vor ihm, stand da in Weiß und Gold, wie eine Feenkönigin. – Vetter Hagen, wer eigentlich hat dich hierher eingeladen? Wie in aller Welt konntest du nach Esztergom reisen? wo doch aller Welt bekannt ist, was du mir angetan hast? Wo nur ließ der Kanzler am Rhein seinen berühmten Verstand?

Nun erinnert mich hier dauernd jemand an meinen Verstand. In der Tat hat niemand mich nach Esztergom eingeladen. Markgraf Rüdiger lud die burgundischen Königsbrüder ein. Aber ist dir das neu, daß ich Berater deiner Brüder bin? Berater und Gefolgsmann? Bei keiner Reise hab ich sie je allein gelassen.

Umgekehrt ließen bisweilen sie dich *sine custodia*. »Ohne Aufsicht« Zum Beispiel als es um den Hort ging. Und als es um den Mord ging. Mein Falke half diesen Königsbrüdern aus hundert Nöten. Aber der unbeaufsichtigte Hagen wollte selber in Burgund der Mächtigste sein. Der duldete keinen neben sich.

Dein Falke hat büßen müssen, daß eine leichtsinnige *Grimhildis* Burgunds innerste Geheimnisse ausplaudere.

Weh! Was habe ich?

Hagen blickte sich um, außer Giselher war nur Krimhild in seiner Nähe, die übrigen Frauen und Fräulein, weil sie spürten, hier ging es um ernste Dinge, womöglich wieder um Streit, die hatten sich zurückgezogen. – Öffentlich, vor dem Münster, vor aller Augen und Ohren hast du geglaubt, die Schwächen deines Bruder, des Königs Gunther verraten zu müssen, *res secreta de coniunctissime vivendo.* »Geheimes Wissen über Intimstes« Hast seine mangelhafte Manneskraft ausposaunt. Und daß der schöne Leib der burgundischen Königin zuerst dem Nibelungen gehört hat. Als eitle Frau, ohne deinen sonst so berühmten Verstand, hast du den König und seine Gemahlin öffentlich beleidigt. Und vor soviel Übermut, vor so viel libellischer Frechheit gegen die burgundische Herrschaft blieb mir kein Ausweg, da mußte ich, eh ich mich womöglich an dir vergriff, die Ursache des Übels beseitigen. Den Urheber. Glaub mir, dieser machtvolle Mann war am Ende keine Hilfe mehr für Burgund. Nur noch unberechenbar und gefährlich. In Treue zu König Gunther und zu seinem Vater mußte ich handeln, mußte Leid mit Leid vergelten.

Da drehte Krimhild sich um, rief Blödel und Rüdiger herbei, die ebenfalls in höflicher Entfernung stehen geblieben waren. – Kommt her, ihr Herren, o hättet ihr das gehört, ihr Fürsten und Krieger an Herrn Etzels Hof! Hagen von *Tronje* gibt es zu. Herr Giselher wird es bezeugen. Niemand kann von nun an abstreiten, was dies Scheusal getan hat. Dieser hier war es, der meinen unübertrefflichen Mann ermordete, hinterhältig meuchelte. Was immer ihn von nun an trifft, er hat es verdient. Helft mir, ihr Herren, im Namen der heiligen Gerechtigkeit!

Die Ritter sahen einander verlegen an und schienen sich zu fragen, ob Krimhilds Bitten dem König Etzel recht seien, ob es erlaubt sein könnte, einen so bedeutenden Gast wie Herrn Hagen anzugreifen und gefangenzunehmen oder gar zu erschlagen. Und der ungarische Herr Johannes, ein schöner Mann und Dienstmann des Herzog Blödel, der hat geknurrt: Diese Frau, von der es heißt, sie hieße in Wahrheit *Grimhildis*, schenkte sie mir ganze Türme aus rotem Gold, so wollte ich dennoch diesen schrundigen Hagenklotz nicht angreifen. Allein schon seine Blicke stechen mich, die schneiden quer durch den Magen.

Unterdessen stritten sich in diesen Momenten im prächtigen Schlafsaal Gunther und Gernot, ob jetzt nicht freundliche und friedliche Gesten viel besser seien als Hagens aufreizende Reden und ob man nicht doch, so meinte der König, statt in Waffen zur Abendtafel zu kommen, zivile Kleidung tragen und ein großzügiges Freundschafts- und Hochzeitsgeschenk anbieten sollte, ob nicht König Gunther die Schwester nunmehr ganz offiziell um Verzeihung bitten könnte. Und baten nun mich, ihren irischen Geistlichen, um die Formulierung eines klugen und trefflichen Lateins, o ja, in aller Offenheit wollte man *veniam petere erroris et delicti causa.* »um Verzeihung bitten für Irrtum und Vergehen« Und man sollte doch nun, so riet Gunther, alle jene prächtigen Ritter-Gewänder, die von gut hundert Lasttieren zur Hochzeit hierher geschleppt worden waren und die fast alle noch aus Krimhilds eigener Schneiderwerkstatt stammten, die sollte man schon morgen der hunnischen Königin als Geschenk überreichen.

Zur selben Zeit näherten sich aber im Hof der Etzelburg etliche Fürsten der Steinbank, auf der Hagen saß und vor der Krimhild stand. Da näherte sich Dietrich von Bern Verona mit Waffenmeister Hildebrandt, außerdem Irnfried von Thüringen und Harwart und Rüdiger von Bechelaren. Die alle traten nun näher heran, weil man sich im

Königssaal zu wundern hatte, daß zur Abendtafel noch immer keiner von den burgundischen Gästen erschienen war.

Und aus dem schönen Schlafsaal, der den burgundischen Rittern zugewiesen war, näherten sich der Bank unter der Linde nun auch König Gunther und Gernot und der dicke Herr Gottlieb. Gernot hatte sich gegen den Bruder durchgesetzt, unter ihren Festgewändern hatten sie die Rüstung nicht abgelegt. Giselher stand noch immer neben der Steinbank. Hagen aber hatte sich weggewendet, der schien all seine Aufmerksamkeit seinem Schwert zu widmen. Freilich hörte nun auch er, was Herr Dietrich, der neue RomCaesar, den Versammelten unter der Linde zu sagen hatte.

Der meinte, sie alle hier seien nun Etzels Gäste und Freunde und täten gut daran, *controversias vetustas postponere* »alten Streit hintanzustellen« und statt dessen die Gastfreundschaft und die Kochkünste des Hunnenhofs zu genießen. König Etzel lade nunmehr in den Festsaal zum Willkommensmahl, ja, auch Herrn Hagen bitte er zu kommen. Und dann riet sogar Herzog Blödel, den verjährten Streit zu vergessen, und bat die Burgunder dorthin, wo seit einer Stunde die Abendtafel bereitet sei und wo in der Küche Suppen und Braten zu verdampfen drohten oder anzubrennen.

Da nahm Krimhild die Hand ihres Lieblingsbruders Giselher und ging mit ihm voran. Führte die Herrschaften zur großen Königshalle hinauf, die burgundischen wie die hunnischen Fürsten folgten, auch der neue Großkönig von Rom und der Ungar Blödel und hinterdrein ich, mit gemischten Gefühlen.

Im festlichen Thronsaal begegneten nun endlich die Reisenden vom Rhein dem hunnischen Hausherrn, dem König Etzel. Der stieg von seinem erhöhten Prunksitz herab und empfing auf das freundlichste Gunther, Gernot und Giselher, bot einen Begrüßungstrunk, dienstbare Leute reichten den Burgundern in goldenen Schalen Met, Maulbeermost und roten Wein, Wein aus der Region hinter den südlichen Donaubergen, aus Dacien. Heute Rumänien

Und als dann auch Hagen die Halle betrat, aber in voller Rüstung und ungetarnt, da sah ich, wie der hunnische König für einen winzigen Augenblick verwirrt schien, ja erschrocken, aber dann begrüßte Etzel auch den eisernen Waffenmann, ließ auch ihm einen Trunk reichen und freute sich, daß so tüchtige und berühmte Krieger wie Herr

Hagen den Weg zu jenen Hunnen gefunden hätte, die er von früheren Zeiten her gewiß nicht immer in guten Erinnerungen hätte.

Und als wollte Hagen nun eigene Fehler nicht mehr verschweigen und ebenfalls versöhnliche Stimmung stiften, hörte ich, wie er eine alte rhetorische Weisheit zitierte aus der »*Institutio oratoria*« des *Fabius Quintilianus* (ums Jahr 92 nach westlicher Zeitrechnung): *Mendacem optime memorem esse opportet id quod doleo.* »Ein Lügner muß nun mal über das beste Gedächtnis verfügen – das ist es, was ich auszuhalten habe«

Über diese Einsicht mußte der Hunnenherrscher ein wenig lächeln und sagte: Mir kann derzeit nichts Lieberes auf der Welt geschehen, als daß gerade Ihr, Herr Hagen, und all die anderen Verwandten meiner guten Gemahlin mit freundlichen Erinnerungen hierherkommen und sich in meinem Esztergom wohlfühlen. Nur auf diese Weise kann ich hoffen, daß die Schwermut und das Heimweh, von denen Frau Krimhild bisweilen befallen wird, doch endlich ganz verschwinden.

Gesellig und beinahe vergnügt gab sich der Hunnenkönig, ließ seinen erhöhten, seinen sonnenfarbenen Thronsitz ungenutzt, nahm Platz in einem großen Sessel am Kopfende der Tafel und bat seine rheinischen Gäste, sich auf den Sitzen neben ihm niederzulassen. Dann wurde aufgetischt, üppig und reichlich, und unter Strömen würzigen Dufts erblickte ich Gebratenes und Gedünstetes von Schwänen und Gänsen und Hühnern, Kapaunen und Wildfleisch, aber auch viele Sorten Fisch aus der Donau und aus verschiedenen Meeren.

Dann ließ König Etzel den Herrn *Philagathos*, einen Bischof aus Byzanz, einen christlichen Segen sprechen, so wie er in OstRom neuerdings üblich sei. Und niemand rührte eine Speise an, bevor nicht der Herrscher zu essen begonnen hatte. Als dann endlich der Attila-Sohn sich seinen Braten zerteilte und gleich zu Beginn auch von allerlei Früchten nahm, von roten wie von goldenen, da aßen und tranken auch die anderen im Saal sehr gern. Und der Hunnenkönig ließ sich von König Gunther ausführlich erzählen, was den Burgundern auf der Reise begegnet war, und sorgte mit seinen Fragen und Anmerkungen für eine offenbar arglose Laune, so daß nur noch wenige glauben mochten, über dieser Versammlung schwebe irgendein Unheil. Vor allem über die vermeintliche Habgier der Regensburger und über die

Fremdenfurcht der frommen Bayern lächelte Herr Etzel gern und konnte diese Erfahrungen bestätigen, auch seine Vasallen pflichteten ihm bei, und im Spott über die Bayern waren im nu fast alle in einer scheinbar guten Stimmung. Krimhild saß entfernt, an einem der kleineren Tische, an denen nur Frauen Platz genommen hatten, von den Männern saßen dort nur einige Ungarn, Herr Blödel und der schöne Herr Johannes, von dem es hieß, er sei ein *trût der vrouwen.* »Weiberheld«

Mein Platz war zwischen dem alten *Galahad* von *Albion* und dem alten Hildebrandt, die miteinander viel zu bereden hatten und aus deren Gespräch ich mitbekam, welche Reden Krimhild zuvor gehalten hatte über ihre rheinischen Brüder und ihren Vetter Hagen und mit welchen Versprechungen sie Streitlust geschürt hatte und Hab- und Machtgier. Unterdessen war dem aufmerksamen Hausherrn Etzel nicht entgangen, daß ich meinem Giselher den Geigenkasten unter den Stuhl gestellt hatte. Schon machte der König darüber einige muntere Bemerkungen und wünschte sich ein Reiselied oder auch etwas ganz und gar eigensinnig Burgundisches, jedenfalls eine gute Abendunterhaltung und Tafelmusik. – Meinetwegen ein Lied darüber, wie listig und tollkühn Burgunder zu kämpfen wissen. Alsdann soll aber auch unser Herr Wärbel, ebenfalls ein weitgereister Sänger, die hunnischen Taten preisen, und wir werden ja dann sehen und hören, wer's am besten kann, der Poet vom Rhein oder der von der Donau. Krimhild jedenfalls hat ihren jüngsten Bruder, den schönen jungen Herrn Giselher, wiederholt gelobt, als Sänger wie als Poet. Aber auch als Bruder.

Doch mein trauriger, mein vormals so fröhlicher Giselher, noch immer bedrückt von dem Gespräch mit dem unerbittlichen Vetter, lehnte die Bitte um einen Gesang freundlich ab und bat um Nachsicht. Er sei nach der langen Fahrt müde und habe heute abend noch nicht die Stimmung, in der gut vorzutragen sei.

Da nickte der Hausherr und bot seinen Gästen eine andere Art Überraschung. Von einem Mohren-Sklaven ließ er schwarzseidene Fingerhandschuhe bringen, streifte sie über, winkte mit seinen eigenartig verdunkelten Händen eine *femina Aethiopiae* heran. »eine Frau aus Äthiopien«, Umschreibung für eine schwarze Frau oder »Mohrin« Ja, dann näherte sich zu einer süßen Trommel- und Flötenmusik eine sehr schöne dunkelhäutige Frau, die war über und über bekleidet mit Goldkettchen und mit glitzernden Perlenschnüren und trug einen kleinen zierlichen Rundschild vor sich her und brachte auf diesem Schildchen so etwas wie einen Berg goldener Kugeln. Als sie diesen erstaunlichen Pyramidenberg allen Leuten vom Rhein mit schönen Bewegungen gezeigt hatte, erklärte Herr Etzel, dies seien chinesische Äpfel. Apfelsinen 24 Fruchtkugeln in Apfelgröße leuchteten da in der Goldfarbe und glänzten kostbar, besonders jetzt, da nun der Hunnenkönig diese Bälle mit seinen schwarzen Händen ergriff und unter seinen Gästen mit leutseligen Worten verteilte. Die sollten wir getrost zum Dessert kosten. Die schöne Dunkle zog aus ihrer Perlenverhüllung dort, wo man es am wenigsten vermutet hätte, für jeden Gast einen winzigen Dolch hervor, jeder Dolch war am Griff mit roten Edelsteinen bestückt. Mit diesen Messerchen ließen sich die Goldschalen leicht von der Frucht lösen, König Gunther begeisterte sich dafür sehr und öffnete mit geschickten Händen die sonnenhell leuchtende Hülle, als zaubere er eine neue prächtige *flos solis.* »Sonnenblume« Nur Heermeister Hagen lehnte ab und erinnerte mit eisigem Geknurr daran, daß schon manch einer die Lockspeisen an byzantinischen Höfen nicht überlebt habe.

Nachdem wir die saftig süßen Früchte genossen, ließ König Etzel von der schwarzen Frau abermals die chinesischen Äpfel anbieten, als erstem wiederum seinem Tischnachbarn Gunther, doch der dankte und sagte, er habe nun genug, er habe schon zwei genossen. – Es waren drei, antwortete der Hausherr, aber bitte, bedient Euch! – Da wirkte der Burgunder verlegen, der unsichere Mann, der außer von den Goldäpfeln nur wenig gegessen hatte, und dem Hausherrn erklärte er nun, daß auch er reisemüde sei und sehr gern schlafen wolle. – Das verstehe ich gut, sagte Etzel. Ihr wißt, wir haben auf dem Tullner Feld und in Wien schon im voraus einige Wochen lang Krimhilds Ankunft gefeiert, sozusagen ein riesenhaftes Verlobungsfest, auch wir benötigen Erholung, beinahe so dringend wie ihr. – Da erhoben sich die beiden Könige, verneigten sich voreinander, und der Hunnenherrscher und sein byzantinischer Bischof, die entließen uns mit überaus freundlichen Wünschen für die Nacht, wozu Bischof *Philagathos* einen oströmischen Mitternachtsegen erteilte, in der griechischen Sprache.

Draußen, im dunklen Hof, wo nur noch wenige Fackeln und Öllampen leuchteten und wo die Linden unbeirrt ihren verführerisch süßen Duft verströmten, da umdrängten uns hunnische und ungarische Kämpfer und Knechte und kamen so dicht heran, daß Giselher, der seinen Fiedelkasten unter dem Arm trug, sich aufregte und rief: Wieso so seid ihr so unhöflich, wieso haltet ihr keinen Abstand! Sind zivilisierte Sitten hier fremd?

Da polterte ein besonders aufdringlicher Kerl: Wir hörten, die burgundischen Ritter trügen eiserne Unterwäsche. Davon würden wir jetzt sehr gern eine Probe ertasten, mit unseren Fingerchen. – Und langte mit breiten Pranken unter Giselhers golddurchwirkte Weste.

Wenn ihr nicht tut, was sich gehört, werde ich euch enthaupten mit diesem scharfen Bogen! – Darüber, daß der Sänger tatsächlich seinen Streichbogen über dem Kopf herumschwirren ließ, mußten einige doch auch sehr lachen, zum Glück, und Herr Hagen sagte dem Fremden: Unser tapferer Spielmann gab euch den richtigen Rat. Geht zu Bett, ihr Helden der Frau Krimhild! Hs. B: *ir Krîemhilden helde, ir sult zen herbergen gân*

Da leuchteten uns am Ende nur noch einige hunnische Dienstleute heim, begleiteten uns bis in den weiträumigen schönen Schlafsaal, wo unter daunenleichten Steppdecken aus *Arvas*, unter wunderbaren, unter samtweichen Fellen aus Hermelin und Zobel fast alle guten Schlaf fanden. Mit einigen Ausnahmen.

Vor allem mein Freund Giselher mochte an Schlaf nicht denken. Aufregungen und Trauer und die vielen unerbittlichen Worte, die er an diesem Tag zu hören bekommen hatte, hielten ihn lange wach. Und als dann Herr Hagen seinen Harnisch auch jetzt nicht ablegte, sondern erklärte, er werde von nun an draußen vor dem Saal Wache halten, und zwar die ganze Nacht hindurch, da sagte Giselher, schlafen könne auch er nicht, er werde mit dem Vetter hinausgehen in den Hof. Zuvor aber wolle er mit seinem Freund Kilian den Tag rekapitulieren und alles aufschreiben lassen, was auf dieser Burg an Worten gewechselt worden sei, damit später nicht herrschaftliche *propaganda* wieder einmal alles verfälsche.

So kam er dann zu mir in die hintere Nische des Saals, wo ich ein Talglicht entzündet und mit der Tageschronik begonnen hatte. Wann immer ich ihm dann sagte, was ich schreiben wollte, nickte er nur. Und schien unendlich müde. Nach dem Gespräch mit Hagen sah er zu klar, wie unausweichlich das Verhängnis nahte. Seufzte eins ums andere Mal und murmelte die Namen von Frauen. Wenn ich ihn richtig verstand, dann nannte er nach und nach alle diejenigen, die ihm teuer waren. Ich unterschied die Namen Dietlind und *Baldinai* und *Helinga* und Ute und Sieglind und Krimhild und *Grimhildis.* Und auch den Namen Brünhild. Nein, auch den vergaß er nicht. In der klösterlichen Dichtung um 1200 bleibt Brünhild in der zweiten Hälfte des Epos ohne Erwähnung. Schon Kilians Vorrede erinnerte an die bei Hinrichtungen im Imperium übliche *damnatio memoriae* (S. 9ff, 699)

Als mir endlich die Chronik vom Tag der Ankunft zu gelingen schien und ich Giselher fragte, ob ich irgend etwas vergessen hätte, schwieg er eine Weile. Und fragte mich dann, ob ich wisse, warum der Nibelunge so großen Wert auf das Quer- und Zwerchfell gelegt habe. – Weil das Zwerchfell die Mitte aller unserer Erschütterungen ist. Aller Angst oder auch Lust. Weil wir von dort her unsere Schrecken herausschreien müssen ebenso wie unsere Freuden. Über dem neuen *sursum corda* »empor die Herzen« vergessen wir, wo Gelächter und Liebesglühen wirklich zu Hause sind. Schluchzen und Weinen, Fürchten und Freuen.

So ist es, sagte er. Das Querfell verknüpft Leib und Geist, die nun von den neuen Kirchenvätern gnadenlos zerschnitten werden. So rigoros wie verhängnisvoll. Das eine gilt nun als das Höchste, das andere als das Tiefste. Und wenn wir beide jetzt diesen Tag der Ankunft in Esztergom zu erinnern versuchen, und wenn mir nun wieder klar wird, wie erbärmlich, wie unwürdig die Qualen und Mühen sind, mit denen wir, die angeblich vernünftigen Wesen, uns gegenseitig verfolgen bis in den Tod, mit denen wir uns unfrei machen und unfroh und unglücklich, und wenn ich jetzt in aller Ruhe voraussehe, was bald, vielleicht schon in der kommenden Nacht auf dieser Burg geschehen wird, wo Vernunftbegabte so hirnlos sein werden wie die Hähne beim Hahnenkampf oder wie ineinander verbissene Hunde, wenn ich dies unendliche Armutszeugnis desjenigen Wesens bedenke, von dem der Dichter Sophokles erklärt hat, kein Wesen dieser Welt sei gewaltiger als der Mensch, wenn ich diese würmerhafte Niedertracht so klar vor

Augen sehe wie hier auf Gran, dann merke ich, wie es auch mir sich jetzt *reapse* »tatsächlich« umstülpen will, unser Zentralfell – er sprang auf, stand eine Weile heftig atmend und stürzte dann hinaus. Was er an Kostbarem an Etzels Abendtafel genossen hatte, erbrach er über der Felswand, zur Donau hinab. Michael Gershon, Chef des Departments für Zellbiologie an der Columbia Univ. New York: »So unpassend das klingen mag, ... da ist ein Gehirn in unserem Bauch. Mehr Neuronen als im gesamten Rückenmark, ein »zweites Gehirn«, Quelle zahlreicher psychoaktiver Substanzen«

Nachdem ich meine Notizen nochmal durchgesehen und ergänzt hatte, war auch mir nicht nach Schlaf zumute. Ich schlich zur Tür, ging auf die Terrasse. Sah über die Treppe in den Hof hinab. Erkannte im schwachen Sternenschimmer Hagen und Giselher, die beiden burgundischen Wächter, sah sie auf der Steinbank sitzen, unter den Linden.

Der rote Mars war gut zu erkennen. Freilich nicht *Orion*, der zeigt sich nur in den Wintermonaten, zuletzt Anfang April. Und seit der mörderischen Jagd bei Worms ist er kein »Großer Jäger« mehr, seitdem ist er verwandelt, ist er von jedermann deutlich zu erkennen als himmlisches Milchtier.

Tief unter der steilen Felsenwand hörte ich die Donauströmung. Aber dann, Mitternacht war wohl längst vorüber, erklang in der Stille ein ganz anderer Ton.

Freund Giselher hatte zu spielen begonnen. Durch die Dunkelheit drangen sanft klagende Töne, ach, die stiegen durch den Duft der Frühlingslinden bis hinauf zu den Sternen. Und diese Töne ließen mich plötzlich, ob ich wollte oder nicht, schluchzen. Denn mir schien vollkommen klar, dies war Giselhers Todesmusik. Keine Worte mehr wußte er mehr, nur noch diese Töne. Und die trieben mir die Tränen in die Augen. Seine letzten Äußerungen werden, so fürchte ich, diese Klänge gewesen sein, diese unendlich traurigen, diese sterbenstraurigen wehmütigen Töne. Voller Gedenken gewiß an seine Dietlind. Im Gedenken wohl auch an das Los des zerrissenen Menschen. Der, weil er zerissen wurde, zerreißen muß.

Während ich lauschte, dem Abschiedsgesang des burgundischen Spielmanns, bemerkte ich, daß Hagen sich beim Beginn des Fiedelspiels den Helm abgesetzt hatte. Im blassen Sternenlicht schimmerte jetzt neben Giselhers hellem Langhaar der Graukopf. Und wenn ich in die Richtung sah, in die der Waffenmeister zu blicken schien, dann erkannte ich drüben, vorm Eingang zum großen Etzelbau, schimmernde Rüstungen. Da hatten sich offenbar Krieger versammelt, mordlüsterne Leute.

Doch auch die hörten nun diese traurig schönen Töne. Und ob sie nun von der Schwermut der Klänge gebannt waren oder nicht, sie mußten zur Kenntnis nehmen, daß unser burgundisches Nachtquartier bewacht war. Und obendrein geschützt von einer besonderen *ars magica.* »Zauberkunst«

Da griff ich mir endlich zwei Eisenlöffel und hockte mich hinunter auf die Steinbank und schlug dem Spielmann den Takt, den schweren, den eisernen klappernden Takt, schlug wechselnd gegen Bank oder Bein, mußte das tun, eine Stunde lang, zwei Stunden lang, nicht nur im schweren Tritt und Takt, sondern mit den zinkigen Löffeln immer wieder neu in trauertrotziger Lustigkeit.

Als Giselher sein Spiel beendet hatte und das Instrument wieder im dunklen Kasten verschloß, da hat Hagen sich die metallene Halbkugel wieder aufs Haupt gesetzt. Und hat dann leise gesprochen, der Siegfried-Mörder. – Deine Künste, mein Lieber, so hat er geredet, die bewundern alle. Sogar die Maden aus der Donau. Und sogar ich, der ich aus hartem Material bin. Und nur weil du ein *artifex* bist »Künstler«, mußtest vor allem du diesen Niederländer bewundern. Weil auch dieser *homo faber* »Handwerksmeister« die unterschiedlichsten Künste beherrschte. Darunter freilich auch *insidias.* »Betrügereien« Die Wieland-Künste.

Ach, Hagen, hat mein Liebling geantwortet, was wären die Poeten, wenn nicht auch sie das Betrügen nutzten. Wahrheiten haben wir nur über gelungene Lügen. Ich bin sicher, in unserer Lage hier in Esztergom, die du aussichtslos nennst, selbst in dieser Lage hätte der Xantener mit seinen hundert Künsten und Kenntnissen einen Ausweg gefunden. Einen Versöhnungsweg. Und das ist es, was ich an ihm bewunderte. Daß er sich nicht unwürdig verhielt wie wir anderen fast alle. Ja, ein Freier war er. Und ein Künstler und Kenner vieler Handwerke und Witzigkeiten.

Hagen schien den Kopf zu schütteln. Bei unserer Ankunft hat Theoderich gesagt, »guten Willen« gäbe es bisweilen auf beiden Seiten, nicht selten noch kurz vor dem Blutbad. Und gerade deswegen, weil dein Freund allerdings unübertrefflich war, nicht nur in gutem Willen, sondern auch in seinen freien und unberechenbaren Taten und Kunstfertigkeiten, war er nicht nur nützlich für Burgund, sondern im selben Maß auch gefährlich.

So versuchst du nachträglich zu rechtfertigen, was nichts weiter war als dein Neid. Dein Gram über den Schöneren, den Besseren, den Tatkräftigeren.

Da erhob plötzlich Herr Hagen seine Stimme und rief laut über den Hof, rief in das Zwielicht hinein, in die Richtung, in der das Blinken und Schimmern sich bewegte: *Pfi! ir zagen boese!* »Pfui, feige seid ihr und falsch« Ist es hier Sitte, Gäste im Schlaf zu überfallen?

Da verschwanden die blinkenden Erscheinungen. Und von da an sind, in dieser Nacht, die beiden Wächter unbehelligt geblieben. Ich ging in die Schlafhalle und schrieb alles auf. Und ab und zu noch hat Giselher im freien Geigenspiel seinen Bogen melancholisch singen lassen. So süß wie schwermütig drangen die Töne durch alle Mauern hindurch, so wie der Duft der Lindenbäume, traurig und herzergreifend schwang sich die Musik in die Sommernacht. Als gingen da Elfen umher und Nymphen und alle Geister der Unerschaffenen.

Mir wird die Rüstung kühl, hat der alte Vetter schließlich bemerkt. – Ich glaube, es kommt schon der Morgen. Der Tag wird heiß. – Giselher lauschte in die Stille. – Hörst du sie? unten am Fluß, die Hähne? Aus allen Ecken kräht einer. Schreien gegeneinander. Selbstherrlich. Wie ihre Herrschaften.

Laß uns unsere Herren Ritter wecken. Heute, scheint mir, müssen sie rechtzeitig gewappnet sein. Und so wach und so schnell wie nie zuvor in ihrem Leben.

König Gunther, als er geweckt wurde, wollte nun endlich sein kostbarstes Gewand ergreifen, Giselhers Bruder malte sich aus, wie er dies Kostüm gleich beim Frühstück vorführen würde, eines von denen, die Krimhild ihm geschneidert hatte für die Fahrt nach Island. Da wurde Hagen zornig und fragte, ob er noch immer nicht bemerkt habe, was in dieser Etzelburg an Fallen und Abgründen klaffe. – Nimm keine Rosen und parfümierte Tücher, jetzt nimm deine Waffen, schütz dich unter deinem neuen Eisenhemd, unter Gotelinds tausendneunhundertundneunzig Panzerringen. Auch ihr anderen, laßt die Stirnreifen in den Kästen und Säcken, setzt die Helme auf! Ob wir wollen oder nicht, an diesem längsten Tag des Jahres werden sie ausführlich miteinander verglichen, die hunnischen Schmiedekünste mit den nibelungischen.

So traten denn die Gäste aus Burgund allesamt gerüstet und in Waffen auf die breite Terrasse vor ihre Herberge. Draußen auf dem Hof erschien in dieser Frühe, weil er zur Messe wollte, auch König Etzel mit seiner Familie, mit dem Söhnchen Ortlieb und mit Krimhild, mit der schlanken, mit der elfengleichen Königin. Als Etzel auf der Terrasse die Bewaffneten sah, mußte er sich sehr wundern. – Weshalb gehen meine Freunde noch immer so unbequem und unfreundlich und streng in Waffen?

Da antwortete Hagen: Heute nacht hörten und sahen wir alles andere als Freundlichkeiten. Obwohl Giselher auf seiner Fiedel tiefe Gedanken gedacht hat.

Wer war unfreundlich heute nacht?

Gewappnete schlichen hier herum. Hätte der Spielmann nicht seine traurigsten und klügsten Weisen gesponnen, dann hätten diese Schleicher uns die Kehlen durchgeschnitten. Zum Glück haben wir's uns angewöhnt, bei allen größeren Festen in den ersten drei Tagen bewaffnet zu bleiben. Das ist gute rheinische Sitte, geschmiedet aus hundertundsieben Erfahrungen.

In eure Sitten will ich nicht dreinreden, obwohl ich meinte, ihr wärt Burgunder und keine Barbaren. Und es täte mir leid, ihr würdet bei mir unfreundlich behandelt. Nach der Messe, die Herr *Philagathos* aus Konstantinopel jetzt mit uns feiern wird, werden auf diesem Hof Ritterspiele geboten, so daß jeder, der raufen will, sein Mütchen austoben und kühlen kann.

Da tauschte Gunther in Eile seine Rüstung mit dem schönen isländischen Gewand von der Hand seiner Schwester und sah zu, daß auch er noch rechtzeitig bei der Messe erschien, da er wußte, daß während der langen lateinischen oder griechischen Reden und bei den mehrfachen ausgedehnten Gesängen die Blicke der frommen Leute gern umherzuschweifen pflegen, um hüben wie drüben Kleidung und Schmuck zu mustern. Und so geschah es, daß in Herrn Etzels Kirche Bischof *Philagathos* auch ihn begrüßen konnte und dem burgundischen Herrscher einen Platz in einer erhöhten Loge anwies, neben dem hunnischen Königspaar. So fand Gunther sich endlich angenehm und zur Genüge beachtet und genoß die östliche Messe.

Nach der Messe unterhielt sich Gunther noch mit dem Königspaar, so wie es nach dem Kirchgang bei allen Leuten beliebt ist, und er versprach dem Hunnenherrscher, noch an diesem oder am nächsten Tag ein kostbares Brautgeschenk, hundert Eselsladungen mit den edelsten Gewändern und Schmucksachen, die zu großen Teilen von der jungen Frau des Königs selbst erdacht und gemacht worden seien.

Und dann lieferten sich in der Tat die jüngeren Ritter im Hof die heftigsten Waffengänge bei vielerlei Turnieren, und das wurde so laut und so wütend, daß man nicht recht wußte, ob das noch ein Spiel blieb oder ob es schon Ernst war. Da erschien nun auch der geckenhafte Weiberheld Johannes, der kam daher auf einem prächtigen Apfelschimmel, dessen Mähne zu dicken Zöpfen geflochten war, und auch der schöne Herr selbst war ungewöhnlich herausgeputzt, der spreizte sich wie die Geliebte eines alten Ritters, überall hatte er seinen Harnisch verziert mit Frühlingsblumen, mit Fähnchen und mit Kränzen aus Lorbeer und Lilien. Und seinen schönen Schimmel ließ er hüpfende Schritte tun, tänzerische Sprünge, so daß einige Damen ringsum auf den Terrassen jauchzen mußten und in die Hände klatschen und sich allerlei in die Ohren tuscheln.

Diesem eingebildeten Schwengel, rief Gernot, dem werd ich's zeigen. Und bestieg sein Roß und schon war unser Stoppelköpfiger drauf und dran, den imposanten Herrn Johannes mit einer langen Lanze aus dem Sattel in den Hof zu wischen. Doch da kam ihm einer zuvor, ein anderer, mit einer ebenfalls spitz angelegten Lanze sprengte der heran, und das war jener wunderliche Rothaarige, der schottische Herr *Galahad*, und dieser alte Feuerkopf erschien jetzt keineswegs verschlafen wie am Donau-Ufer zu Bechelaren, sondern der kam dahergeprescht mit Lust und Kraft wie ein Berserker aus den Mitternachtsländern und schob den gockelhaften Herrn ohne weiteres und mit Wucht vom Pferderücken, ja, den vielfach verzierten Rittersmann Johannes schleuderte der wilde alte Schotte *Galahad* mit Geschrei, mit Klirren und mit Krachen aufs Hofpflaster, den Ritterfasan, den aufgeblasenen Weiberer. Ältere Bezeichnung für einen, der hinter den Frauen her ist und von dem es heißt, auch die Frauen seien hinter ihm her

Da setzte es Beifall von fast allen Seiten, nur einige Hoffräulein schienen erschrocken. Immerhin, diese lustigen Spiele schienen die nächtlichen Sorgen gut zu verdrängen, zumal sich von nun an auch Gernot, Gottlieb und Dankwarth an den Turnieren handfest beteiligten und außer ihnen viele Leute aus Bechelaren, aus Ungarn, aus der Walachei, aus Thüringen und aus Dänemark.

Unterdessen hatte sich der Herr Blödel, der ebenfalls als ein ungarischer Frauenfreund gelten wollte, nachhaltig vergafft in *Helge*, in die schöne Enkelin der sagenhaften *Iltiko*. Als er nun auf einer der breiten Terrassen das lustige Lachen des Fräulein *Helge* hörte und als er ihr witziges Augenblitzen sah und ihren schlanken Leib, da machten ihm Krimhilds Versprechungen sehr zu schaffen, und er sann auf immer neue Wege, wie er diesen grimmen *Tronje* bezwingen oder in eine Falle tappen lassen könnte. Doch als er an diesem hellen Vormittag die burgundischen Fürsten und ihre Ritter in ihrer dunklen nibelungischen Rüstung beim Turnier erblickte und erkennen mußte, wie gut die sich schlugen und wie eng und wie freundschaftlich sich diese gut bewaffneten, diese scharfkantig gepanzerten Herren um ihren Waffenmeister scharten, da hat er eingesehen, daß er das, was ihn umtrieb, sehr klug beginnen müßte. Da hat er weder dem Bischof *Philagathos* bei seinen prächtigen heiligen Handlungen beigewohnt, noch hat er sich den Waffenspielen zugesellt, sondern Herzog Blödel hat sich abgewendet und hat begonnen, jene untere abseitige Halle auszukundschaften, das Gebäude für die burgundischen Knappen.

Dies tat er in den Momenten, in denen König Etzel die vornehmen rheinischen Ritter ausdrücklich zu einer ersten allgemeinen Mahlzeit in den oberen Königssaal gebeten hatte, wohin auch er selbst mit Krimhild und mit König Gunther von der Messe zurückkehrte. Als wir im Festsaal alle wieder Platz nahmen, da erschien mir Frau Krimhild sehr unruhig, ich sah sie heftig mit König Dietrich reden, den sie offenbar zu dem bewegen wollte, wozu sich Herr Blödel vorerst noch um einiges zu schwach fühlte. Aber der kaiserliche Gast aus Rom und Verona, der lehnte Krimhilds Ansinnen ganz offensichtlich ab. Auch Herrn Hildebrandt sah ich seinen weißhaarigen Kopf schütteln, ich hörte ihn Nein! rufen und: Nochmals nein!

Da eilte sie aus dem Saal und kam alsbald mit raschen Schritten zurück und führte Etzels Söhnchen Ortlieb an der Hand; mit dem setzte sie sich nun nicht etwa an einen der Frauentische, sondern nahm an der großen Tafel Platz, nicht weit von ihrem Ehegemahl, gleich neben Hagen von *Tronje*, so daß der Knabe unmittelbar neben den eisernen Krieger zu sitzen kam.

Als Giselher das sah, entsetzte er sich sehr. Und in seiner Aufregung und Sorge, daß nun bald etwas Schreckliches geschehen könnte, zischte er seiner Schwester zu: Mit Haß ist noch kein Kind groß und stark geworden.

Aber die Königin antwortete: Und mancher Große und Starke hat hinterhältigen Haß nicht überlebt.

In einer entfernten Ecke des Saals sah ich jenen würdigen weißhaarigen Mann sitzen in prächtigem Langgewand, der uns als Bischof *Philagathos* vorgestellt worden war und von dem ich hoffte, daß er vielleicht einer war, der auf die kampflustigen Gemüter beruhigend einwirken könnte. Vorerst bemerkte ich aber nur, wie er mit den Fingern wiederholt auf mich zeigte, als ob er wissen wollte, wer denn wohl ich sei, dieser fremde Geistliche war nicht bei seiner Meßfeier gewesen.

Ein junger Mann, der sich als griechischer Erzieher des kleinen Ortlieb bezeichnete und der nun an der Tafel dem Kind gegenübersaß, der belehrte mich, Bischof *Philagathos* käme aus der byzantinischen Gelehrtenschule des Kirchenvaters Goldmund, des *Chrysostomos*, dieser Herr *Philagathos* sei Herrn Etzels bevorzugter Prediger und ich sollte besser nicht versuchen, in Gran meine weströmischen Ansichten zu verbreiten, unter dem oströmischen Priester hüte man in Esztergom die byzantinischen Regeln eifersüchtig und mit großer Strenge. Ich nickte und schwieg und merkte mir alles genau.

Inzwischen stieg König Etzel wieder von seinem besonderen Thronsitz herab und ging um die Tafel herum dorthin, wo Krimhild, Ortlieb und Hagen saßen und neben ihnen die burgundischen Brüder. Etzel legte seinem Söhnchen die Hand auf den Kopf und sagte: Seht, meine Freunde, dies ist mein einziger Sohn. Und ihr könnt euch über ihn sehr freuen, ihr burgundischen Könige, denn nunmehr ist dieser Ortlieb auch das Kind eurer Schwester. Die wunderbare Verbindung mit eurer Krimhild ebenso wie dieses Kind Ortlieb, sie können uns allen einst, so hoffe ich, sehr nützlich sein.

Der Hunnenherrscher ging dann wieder zurück zu seinem Sessel am Kopfende der Tafel, blieb dort aber stehen und hielt eine Rede, mit der auch er, wenn ich's richtig verstand, einen letzten Versuch machte, den notdürftig geknüpften Frieden zwischen seiner neuen Frau und ihren Verwandten aus Worms zu befestigen.

König Gunther und ihr anderen Gäste vom Rhein, hört, um was ich euch jetzt bitte. Mein Vater Attila, ihr wißt es, der war als junger Mann lange Zeit in Rom und hat dort all das lernen können, was als seine Klugheit gerühmt wurde und was ihn am Ende ohne Zweifel zum mächtigsten Fürsten seiner Zeit gemacht hat. Ich dagegen war in meiner Jugend viele Jahre in OstRom, das wir als Byzanz kennen oder als Konstantinopel, benannt nach dem Kaiser, der alle Völker Europas mit der neuen Religion *beati fecit* »beglückt hat«. Ob auch ich in meinen oströmischen Lehrjahren ein wenig klug geworden bin, das wollen manche bezweifeln, ich jedenfalls bin mir darin nicht sicher. Ihr bemerkt ja, wie *infirmum et fragile* das Latein ist, mit dem ich zu euch zu reden versuche, und daß ich das Lateinische lieber vermeide, statt es zu nutzen. Nunmehr aber will ich euch, König Gunther und ihr anderen burgundischen Fürsten, nun will ich euch in allem Ernst um etwas bitten. Wenn ihr wieder an den Rhein zurückreist, dann solltet ihr diesen meinen Sohn Ortlieb mitnehmen, um ihn an eurem Hof lateinisch erziehen zu lassen, in Worms und in Lorsch, wo meine junge Frau so erstaunlich viel Wissen und Können erlernte. Es wäre wunderbar, ich wüßte, daß Ortlieb bei tüchtigen lateinischen Lehrern wohnte und daß er zugleich in allen guten ritterlichen Künsten unterwiesen würde, begleitet und umsorgt von eurer verwandtschaftlichen

Zuneigung und von eurem so oft gepriesenen Sinn für Geschmack und edle Sitten. Mit Ortlieb hätten dann unsere *res nostrae futurae coniunctionem admirabilem et pignus bonum amicitiae et prudentiae.* »Unsere zukünftigen Angelegenheiten ein wundervolles Band und ein Unterpfand der Freundschaft und Klugheit«

Diese Worte hörten fast alle in der großen Halle mit Erstaunen, und nicht wenige glaubten, der Hunnenkönig male mit seinem schönen Zukunftsbild einen Traum oder ein Märchen an die Hallenwand. Die meisten lauschten atemlos. Es schien, Herr Etzel spürte offensichtlich noch immer nicht den Haß zwischen Krimhild und dem burgundischen Heerführer. Oder aber gerade weil er ihn spürte, wollte er mit dem Angebot, seinen einzigen Sohn den Burgundern anzuvertrauen, alle Ängste und Spannungen beseitigen.

Mochte aber auch sein, daß Krimhild es bislang geschickt vermieden hatte, ihrem neuen Gemahl offen zu gestehen, aus welchen Gründen sie so oft bedrückt war und schwermütig, warum sie auf dem Tullner Feld, in Wien und in Esztergom, warum sie sogar bei der prächtigen siebenwöchigen Hochzeit immer wieder unglücklich wirkte und mit welchen geheimen Absichten sie ihre Verwandtschaft nach Esztergom geladen hatte.

Obwohl König Etzel sich ausdrücklich an Gunther gewendet hatte, antwortete ihm nun der Wormser Waffenmeister. Der stählern gepanzerte Herr Hagen hat sich erhoben, und schon bei dieser Bewegung waren die eisernen Töne seiner Bewaffnung unüberhörbar, sein Schwert schabte an der Sessellehne. – Dank, König Etzel, für so viel erstaunliches Vertrauen. Ja, es wundert mich, daß du glaubst, wir würden dies Vertrauen verdienen. Falls dieser Junge hier neben mir, falls dieser Ortlieb tatsächlich zu einem bedeutenden Krieger und Herrn heranwachsen würde, könnte er uns allerdings nützlich werden für unsere kommenden Bündnisse, dann wäre er ein guter Mitstreiter bei all den Problemen, die wir auch am Rhein mit vielerlei Nachbarn haben. Doch scheint mir, die Situation hier in dieser Halle ist leider weit entfernt von Vertrauen und von Freundschaft, ja, um es noch deutlicher zu sagen: Auch dieser junge Mann hier neben mir ist bereits vom Tode gezeichnet. In der keltischen Kilianschronik heißt es laut Schazman an dieser Stelle in lateinischer Sprache, offenbar im christlichen Sinn: *hic puer iam crucem fert* »dieser Knabe trägt bereits das

Kreuz«. Dagegen heißt es im hochmittelalterlichen Epos: *doch ist der künec junge sô veiclîch getân / man sol mich sehen selten ze hove nâch Ortlíebe gân* (»doch ist dieser junge König schon so sehr vom Tode gezeichnet / daß man mich selten an Ortliebs Hof sehen wird«) – *veic* meint »Unheil« und »Tod«

Da entstand eine schreckliche Stille. Ja, ein lähmendes Entsetzen ging durch den großen Raum. Einige glaubten, nicht recht gehört zu haben, andere meinten zunächst, Hagen hätte jetzt nur wieder einen seiner harten groben Scherze gemacht. Doch er sprach offenbar in grimmigem Ernst. Und nach seiner ungeheuren Äußerung war er stehengeblieben, der Hagen von *Tronje*, und blickte nun so eisern wie eisig in die Runde. War zu allem anderen als zu Scherzen aufgelegt.

König Etzel schien ratlos, er setzte sich und ließ sich von seinen Leuten wiederholen, was Hagen gesagt hatte. Herr Iring und Herr Harwart konnten das arge Wort »vom Tode gezeichnet« nur bestätigen, ja, das war kein Irrtum, Hagen hatte den kleinen Ortlieb einen Todeskandidaten genannt. König Dietrich tauschte fassungslose Blicke mit seinem getreuen Hildebrandt.

Nun verlangte König Etzel Auskunft. Der Hunnenherrscher wollte wissen, was Hagen mit seiner Bemerkung hätte sagen wollen. Da antwortete Hagen: Euer Kind sieht zwar gesund aus und kräftig, aber ich glaube kaum deinen schönen Versöhnungstraum. Denn die Geschichte von Siegfried und Krimhild ist um vieles verschlungener, als ihr je vernehmen konntet –

– da, in diesem Moment, als alle mit gespanntem Schrecken darauf warteten, was Hagen nun erklären oder tun würde, da hörten wir von draußen, vom Hof her, einen furchtbaren Lärm. Schreie tönten da und Waffengeklirr. Und diese Schreie klangen ganz und gar anders als bei den Reiterspielen am Vormittag. Und damit du, freundlicher Leser, verstehen kannst, was dort draußen vor sich ging, muß ich nun erst einmal berichten, was sich unterdessen, während wir an der Tafel hockten und mit Entsetzen auf den *Tronje* starrten, in der unteren Halle ereignet hatte.

In dem unteren Gesindehaus wohnten, wie gesagt, unsere burgundischen Knappen, viele hundert, und Truchseß Dankwart beaufsichtigte sie und lenkte dort mehr als tausend unfreie und kahlköpfige Dienstleute. Die hochmittelalterlichen Epen melden 9000 Der ungarische Herzog Blödel aber, überaus begierig auf all das, was die neue Regentin ihm versprochen hatte an Geld und Frauen- und Landbesitz, und kaum daß er begriffen hatte, daß dieser Herr Hagen eine für ihn nur sehr schwer zu erstürmende Festung war, da gedachte der, es sich einfacher zu machen und den Kampf gegen die Burgunder dort zu beginnen, wo am wenigsten mit Widerstand gerechnet werden konnte, er überfiel die Kahlgeschorenen, die ungeschützten Knechte. Die hatten in der unteren Halle dicht gedrängt übernachtet und besaßen, wie alle Unfreien, keine eigenen Waffen oder nur sehr unvollkommene.

Mit vierhundert Kriegern aus Ungarn fiel der großartige Herr Blödel über die Wehrlosen her und richtete ein Blutbad an. Die Ärmsten verteidigten sich tapfer, schlugen mit Schemeln zurück, mit Brettern und mit Bettgestellen, mit Knüppeln und einige mit den Waffen, die sie für ihre Herren hatten säubern und ausbessern und polieren sollen. Es half ihnen wenig, sie wurden von den gutgerüsteten Mördern erbarmungslos niedergemetzelt.

Grausam und gnadenlos stachen und hieben die Herrschaften all die vielen jungen Leute nieder. Ein einziger, mein Schüler Volker, konnte sich aus dieser Hölle retten, der erzählte mir später alles sehr genau. Verzweifelt wehrten sich die Sklaven mit Pferde- und Hetzpeitschen, manche mit einem Rinderjoch oder mit Steinen, die sie aus den Mauern gebrochen hatten, was half es ihnen. Die übermächtigen, die gut gepanzerten Herren warfen am Ende die Toten und auch die Verwundeten aus den Fenstern, so daß die Körper über die steile Felswand hinabstürzten bis in die Donau. Und wer da noch am Leben gewesen war, dem zerbrachen im Sturz Schädel und Glieder, dem wurde der Leib zerschmettert an den steinernen Kanten.

Womit der Feigling Blödel aber nicht gerechnet hatte, das war der Umstand, daß Burgunds wackerer Truchseß Dankwarth sich sehr gut um all seine jungen Leute, um die Schüler und um die kahlköpfigen Sklaven zu kümmern pflegte und daß er die Nacht in ihrem Gesindehaus verbracht hatte und dort auch jetzt mit ihnen *cenavit apud pran-*

dium »zu Tische saß bei einem späten Frühstück«, daß Dankwarth just in dem Moment dort an der Tafel saß, in dem Blödel den hinterhältigen Überfall begann.

Und als dem Blödel nun plötzlich, zwischen all den hilflosen Knappen, ein bewaffneter Ritter entgegentrat und als der Ungar den hohen burgundischen Dienstherrn sehr wohl erkannte, da schrie er den an, auch Dankwarths Ende sei nun gekommen, auch dieser Siegfriedmörder werde nun mit Haut und Haar gefrühstückt.

Doch Mundschenk Dankwarth, der kampfgewandte Mann vom Rhein, der griff sich von der Morgentafel einen irdenen Humpen und schleuderte das Gefäß dem Blödel so heftig an den Kopf, das der für einen Augenblick benommen wankte und seine Umgebung nicht mehr richtig erkennen konnte; dieser Augenblick reichte aus, der dauerte lang genug, der gab dem Herrn Dankwarth Gelegenheit, mit einem tüchtigen Schwerthieb den Kopf des Etzelbruders abzuschlagen.

Die Knappen, als sie das sahen, faßten wieder Mut, das reizte sie zu noch wütenderen Verteidigungen, Blödels Ritter dagegen schrien nach Rache für ihren kopflosen Herzog, die Kahlschädel schlugen zurück, türmten Bänke und Tische und warfen ebenfalls Humpen und stachen mit Brotmessern und schlugen tatsächlich Beulen in die ungarischen Helme, und vorübergehend schien es, als könnten die armen Wichte die mörderischen Ritter aus dem Saal treiben. Aber dann, vom Lärm und vom Wehgeschrei der Verwundeten und Sterbenden herbeigerufen, drangen hunnische Kämpfer hinzu und halfen den Ungarn beim Schlachten.

Was nützte da Dankwarths Tapferkeit, was half da der verzweifelte Mut der Knappen und Dienstleute, unter denen einige meine Schüler im Waskenwald gewesen sind und einige im vergangenen Jahr Giselhers Helfer und Beschützer bei der Wache vorm Lorscher Verlies (s. S. 17), fast all diese jungen Leute waren Bewunderer des Mannes aus Xanten gewesen, was half es ihnen, daß einzelne laut den Namen des Nibelungen schrien oder den ihrer Mutter, andere den des Jesus von Nazareth, wieder andere den des berühmten *Spartacus*, sie alle mußten sterben. Bis auf den wunderbar gerüsteten und überaus wütigen Herrn Dankwarth und bis auf den jungen Volker, der mir die entsetzlichsten Einzelheiten erzählte.

Dankwarth war bestens gerüstet, der hieb sich eine Gasse frei, der focht so wild und so schnell, daß sich ihm nur wenige Hunnen oder Ungarn in den Weg zu stellen wagten, ja, er schlug sich durch die Mörder hindurch, haute sich mit dem Volker heraus aus dem blutigen Saal, hinaus in den Hof, ins Freie.

Aber auch im Hof hatte er hart zu kämpfen und hätte jetzt zu gerne einen Boten hinaufgeschickt zum Königssaal, der melden sollte, daß Hagen und Gunther zur Hilfe kämen, aber auch Volker, der mit ihm hinausgeflohen war, einer, den ich liebte, weil er fast so gut musizieren konnte wie sein Lehrer Giselher und der zufällig ebenfalls eine gute Rüstung am Leib hatte und ein Schwert in der Hand, auch der konnte sich zwar wunderbar verteidigen, aber unmöglich Bote sein.

Jetzt mußt du schon selber den Boten spielen, höhnten Dankwarths Gegner *der bote muostu sîn*, als tote Nachricht werden wir dich vor deinen König werfen. – Dem sonst so lebenslustigen Truchseß ließen sie keine Wahl, er und Volker mußten sich, den Rücken an der Wand des Gesindehauses, Schritt um Schritt in den oberen Hof hinaufschlagen. Und durch ihre vielen tödlichen Hiebe machten sie sich allmählich dermaßen verhaßt, daß ihre Gegner vom Kampf Mann gegen Mann lieber Abstand nahmen und aus guter Distanz Speere gegen die beiden zu schleudern begannen.

Diese eisernen Geschosse warfen sie in großen Mengen und diese Lanzen blieben bald in so großer Zahl in Dankwarths Eichenholz stecken, daß ihm das *scutum* »Schild« zu schwer wurde und aus der Hand glitt. Da er nun keinen Schutz mehr hatte, hofften die Hunnen, diese zwei endlich bezwingen zu können, doch die fochten sich mit ihren wilden Hieben eine Gasse frei, schlugen sich bergwärts bis in den oberen inneren Hof hinauf, empfingen zwar schmerzliche Wunden, aber es kämpfte da jeder wie ein wilder Eber Um 1200: *als ein eberswîn* und so hauten sie sich in den oberen Hof der Etzelburg hinauf, durch die Meute der Blutrünstigen, der Geldgierigen.

Und so, blutend und erschöpft, so erschienen die beiden nun zu unser aller Entsetzen in der Etzelhalle, wo Hagen von *Tronje* mitten in seiner rauhbeinigen Erklärung über die Zukunft des kleinen Ortlieb innehalten mußte, denn jetzt sah er Dankwarth und Volker hereinstürzen, sah sie heranwanken in Eisenrüstungen, die über und über verschmiert waren, sah den Jüngling und den Truchseß mit blanken, mit triefenden Waffen in der Hand, sah sie durch die Saaltür torkeln und schreien, ein Bild des Grauens und der ungeheuren Empörung.

Worauf wartet ihr! schrie Dankwarth, ihr Kuchenfresser, ihr Helden! Hunderte Knappen, alle Wehrlosen aus Worms liegen tot dort unten in den Unterkünften, treiben blutend im Donaustrom! kommt endlich! Helft! Schlagt zurück!

Hagen riß sich sein Schwert aus der Scheide. – Wer tat das!

Herr Blödel, Etzels Bruder, die Gier auf Gold machte ihm seinen Kopf so blöd, daß ich ihm den hab abschlagen müssen.

Da sprangen alle auf, die hunnischen wie die burgundischen Herren, auch Gunther stand plötzlich da und starrte auf das tropfende Blut an Dankwarths und Volkers Rüstung und fragte, ob die Schmerzen groß seien.

Gut geht es mir, schrie der Truchseß, das ist wie sanfte Salbe, das Blut von Herrn Blödel und von seinen ach so mutigen Rittern!

Da drängten sich im hinteren Teil der Halle die hunnischen Fürsten und Krieger und berieten aufgeregt, was zu tun sei.

Endlich, ihr Freunde, rief Hagen, endlich sehen wir Etzels Gastfreundschaft ohne Tarnung! O ja, König Dietrich, schon diese Nacht über suchten seine Hunnen heimlich Wege, uns zu massakrieren. Und weil Krimhild, die Grimmige, bereitwillig allen erklärt hat, welch großes Herzeleid sie bedrängt, so laßt uns nun auf den Ruhm ihres großen Toten trinken, jawohl, trinken wir auf das Gedächtnis ihres selbstherrlichen Riesen, trinken wir auf ihn mit Königs Etzels wahrhaftem Wein! Im »Nibelungenlied«: *Nu trinken wir die minne unde gelten's künneges wîn*

Da aber sahen wir mit Entsetzen, wie Etzels Söhnchen Ortlieb auf seinen Stuhl geklettert war und wie der Fünfjährige mit seiner Kinderhand dem fürchterlichen Mann ins Gesicht schlug. Dieser Moment findet sich nicht mehr im Epos um 1200, erst später wieder in der altnord. (norweg.) Thidrekssaga (im 13. Jh.)

Jawohl! rief Hagen, so soll es sein! trinken wir vom besten Saft, den diese Welt zu bieten hat! – Und schwang seine blanke Waffe und hieb dem Kind Ortlieb den Kopf weg, der rollte über die große Tafel, und wo Ortliebs Hals gewesen war, da schoß ein schneller Strahl von rotem Blut in Hagens Hände, von dem »Saft«, den er hatte trinken wollen, ach, nun begann mit gellenden Schreien, mit irrsinnigem Gebrüll das allgemeine, das unaufhörliche, das gräßlich große Morden, der allseitige Kampfkrampf.

Als zweiten erschlug der eiserne Hagen sofort und ohne auf die gellende Stimme der Königin zu achten, auch den Erzieher des Kindes, der sich ihm in den Weg hatte stellen wollen, um das Kind zu schützen, dazu höhnte Hagen, schlechte Erzieher bezögen zu Recht den jämmerlichsten Lohn. Um 1200: *Ez was ein jaemerlîcher lôn*

Ähnlich grauenvoll trieb er es in seiner Raserei gleich anschließend mit Etzels Spielmann Wärbel, der doch soeben noch für gute Stimmung hatte sorgen sollen mit einem Lied auf die Herrlichkeit der hunnischen Regentschaft, dem schlug der *Tronje* seinen eisernen Fiedelbogen auf die rechte Hand, so daß die Hand auf den Boden fiel und der Sänger Wärbel schreien mußte und wehklagen. – Wie soll ich nun je wieder musizieren, rief er *wie klenke ich nu die doene* und hob den zerschlagenen Stumpf. – Wer sagt denn, daß du musizieren sollst, rief Hagen und ließ es dem Spielmann nicht anders ergehen als dem Lehrer des Ortlieb und brüllte dazu, Wärbel sei ein Lügner, der habe Etzels Einladung mit falschen Zungen nach Worms gebracht, habe in Worms nicht verraten, welch blutiger Plan hinter der Einladung steckte.

Schon fand Hagen andere Interessen und neue Opfer, ach, nun war weder hier noch dort irgend etwas aufzuhalten oder gar zu wenden Hs. B (Strophe 1968) meldet, es sei nun alles *ungescheiden* = »nicht mehr zu schlichten«, ja, nun geriet das Schlagen und Erschlagen in seinen vollkommen hemmungslosen Rundumwirbel, zitternd duckte ich mich unter einen Tisch, kroch in den hintersten Winkel, Gernot dagegen, so sah ich, wehrte sich mit starken Hieben und ebenfalls Gunther und, ja, auch mein Giselher, auch diese beiden mußten nun sehen, daß nicht auch sie durchbohrt und zerschnitten würden und hatten mit stählernen Stößen alle Hände voll und unentwegt zu tun. Unterdessen war König Etzel auf seine Knie gesunken, untröstlich kauerte er an der Leiche seines Söhnchens, hob die Hände, weinte, klagte sehr und heulte erbärmlich.

Der stoppelkopfige, der kampflustige Gernot stürzte sich von Beginn an mitten in das grausamste Getümmel, sein gutes Festgewand, das auch er über der Eisenrüstung getragen hatte, war sofort zu Fetzen zerrissen, der Mann mit dem Kurzhaar, der sah nun aus wie ein wahnsinniger Greifvogel, wie ein zerrupfter Adler, und als ich mich angstbebend in die hintere Nische flüchtete, bemerkte ich auch wieder unseren König Gunther, sah, wie der groß gewachsene Mann auf hunnische Helme eindrosch und eine sehr verdrossene Miene machte, und dicht neben ihm hieb nun auch Gernot, der schlug mit jenem Schwert, das ihm noch vor wenigen Tagen Rüdiger und Gotelind von Bechelaren, Etzels Vasallen, feierlich geschenkt hatten. Aber was mich am meisten wunderte, das war, wie heftig auch Herr Gunther haute, wie energisch er prügelte und wie der hochgewachsene Mann von oben herab sehr erstaunliche Schläge verteilte, wie in einem abgrundtiefen Ärger schlug Herr Gunther auf all diese Helme und Schultern unter ihm, mit einem angewidertem Gesicht hieb er, ja offensichtlich mit Ekel, wie wenn er auf einem schlechten Fest zu feiern hätte, ach, von überall hörte ich nun die schauerlichsten Schreie und wahrlich, keine Chronik auf dieser Welt berichtete je über eine dermaßen mörderische Saalschlacht.

Mir scheint, nun erst, erst durch dies grauenhafte Kinder-Opfer, hatte Frau Krimhild ihren Gemahl für den Kampf gegen ihre Verwandten gewonnen. Und ich werde den Verdacht nicht los, daß sie mit Absicht Etzels Söhnchen neben den Waffenmeister setzte und dem Kind heimlich den Rat gegeben haben muß, auf den Stuhl zu klettern und dem *Tronje* ins Gesicht zu schlagen.

Von draußen, vom Hof her wollten nun hunnische und walachische Kämpfer zur Hilfe eilen, aber in der Tür des Festsaals stand noch immer Dankwarth, der blutüberströmte Haudegen, der zornentbrannte Truchseß, und er und der junge Volker, sie ließen von nun an keinen mehr in die Halle und ließen auch keinen mehr hinaus. Als dann an der Tür das Gedränge immer wilder wurde, da rief Hagen dem dicken Ritter Gottlieb zu, er sei der Richtige, dem Dankwarth als Torwart zu helfen Kilianschronik: *qua custos portae*, mit seiner Leibesfülle solle er sofort die Saaltür abschirmen. So geschah es. Von nun an wachten draußen Dankwarth und Volker und schlugen jeden zurück, der eindringen wollte, und drinnen machte der gepanzerte dicke Gottlieb all denen, die hinausflüchten wollten, das Leben sauer oder zunichte, ja, diese drei versperrten sorgfältig und mit tödlichem Ernst Eingang und Ausgang, und drinnen in der Halle, als nun überall der Schwerthagel prasselte und die Burgunder in ihrer Todesangst rasten und wüteten wie toll, da schwand den Hunnen mehr und mehr die Hoffnung, diesen Festsaal jemals lebendig verlassen zu können. Selbst König Etzel schien in großer Gefahr, was half es ihm, daß er des großen Attila einziger Sohn war und der König der Hunnen und daß er herzzerreißend zu jammern hatte über sein totes Kind.

Als König Dietrich sah, wie viele Helme allein der grimme Hagen mit seinem dunklen Schwert spaltete und daß fast immer auch die Köpfe darunter zerschnitten wurden und wie sich nun auch die Lage des Hunnenkönigs bedenklich zuspitzte, da sprang der hohe Gast auf eine Bank und rief mit starker Stimme: Hört auf! Schluß jetzt! Schluß mit der Blutgier! kommt zur Besinnung!

Es hörte niemand auf ihn.

Da flehte Krimhild den Herrn Theoderich an: Helft uns aus dieser Hölle! Wenn der *Tronje* sich durchkämpft bis zum König oder bis zu mir, dieser Wahnsinnige, der macht es mit uns wie mit unserem armen Ortlieb! helft uns, *Theodoricus*, beendet diesen *imbrem odiosum sanguineum!* »widerwärtigen Blutregen«

Wie soll ich helfen, ich kann rufen, was ich will, die Burgunder rasen blind vor Zorn, als wären sie tatsächlich Nibelungen. Aber wenigstens euch, das Königspaar will ich retten. – Und dann schrie der kaiserliche Herr noch einmal und diesmal so gewaltig, als ob er getroffen wäre, durchbohrt von einem Spieß, aber er war gesund und wollte nur, daß man ihn endlich hörte, und da scholl nun seine Stimme so tosend wie aus einem Wisent-Horn alsam ein wisentes horn, und alle Leute in dem großen Saal drehten sich nach ihm um, so wie es der Name Theoderich verlangte und verhieß. »Reich an Leuten« (an »Volk«)

Nach Herrn Dietrichs Kommandoschrei ließ als erster Herr Gunther die Waffe sinken, auch Giselher. Und mein burgundischer Sänger rief, ja, *bene factum*, Schluß mit der Raserei. – *Ita fiat!* rief Gunther, hört auf! Hört auf Herrn Dietrich!

Der war inzwischen von der Bank auf einen Tisch gestiegen, breitete die Arme aus und rief von dort oben: Schluß mit dem Irrsinn! Burgunder wie Hunnen, kommt zur Besinnung! Und ihr Burgunder laßt jetzt wenigstens diejenigen aus diesem Saal, die mit euerem Zorn nichts zu tun haben.

Da rief Irnfried von Thüringen: Aber diese gepanzerte Eisenkugel versperrt uns den Ausgang.

Da erklärte Gunther: Niemand von uns hat einen Zorn oder eine alte Rechnung gegen König Theoderich, dem will ich gern erlauben, dies Schlachthaus zu verlassen. Und seine besten Freunde mag er mitnehmen.

Sed nullum hostem Burgundionis, rief Hagen. »Aber keinen Feind Burgunds«

Da stieg Herr Theoderich vom Tisch und von der Bank herunter, breitete seine Arme über Krimhild und über Etzel under árme er beslôz, ja, er legte die linke Hand auf die Königin, und die rechte legte er auf den klagenden, auf den immer noch am Boden kauernden König und wollte sie beide mit sich hinausführen ins Freie. Da riß sich Etzel seinen Mantel vom Leib, sein bodenlanges prächtiges Purpurgewand, das warf er über seinen toten Knaben, hüllte den blutigen Rumpf und den Kopf in den Mantel, umwickelte sein Kind und hob, was von seinem Ortlieb geblieben war, und trug das, geleitet von Herrn Theoderich, begleitet von Krimhild, zur Saaltür hinaus, schluchzend trug er das Blutbündel aus dem schrecklichen Festsaal.

Wenn das so gelten soll, rief Giselher, dann darf auch Rüdiger von Bechelaren hinausgehen. Gunther stimmte zu, und so gaben die Türwächter Gottlieb, Dankwarth und Volker auch Rüdiger und seinen Leuten den Ausgang frei.

Als aber einer der ungarischen Krieger sich unter die Ritter von Bechelaren mischen wollte, schwang der aufmerksame Gernot sein Schwert und versetzte dem Ungarn einen solchen Hieb, daß ihm der Kopf geradeso vor die Füße geriet wie zuvor dem Herrn Blödel der seine. Auch diese Gräßlichkeit sah ich aus meinem Versteck, sah das alles von dort, wo ich unter dem Tisch hockte, zitternd und schlotternd.

Kaum waren Etzel, Krimhild, Dietrich, Rüdiger, Irnfried und ihre Freunde draußen im Hof, da begann drinnen wieder der schreckliche Lärm, das metallene Rasseln, das stählerne Schlagen. Der widerwärtige *tumultus et furor*, »Aufruhr und Raserei« war sofort in der alten Heftigkeit neu entbrannt, und wer bis dahin im großen königlichen Thronsaal noch immer am Leben geblieben war als Hunne oder als Ungar, der lebte nun nicht lange mehr. In seiner Wut über die Meuchelei an seiner wehrlosen Dienerschaft hieb auch Gunther ohne

Nachsicht, und nun schlug auch mein Giselher nicht nur Schmuckzeichen und Zierleisten von den Helmen der hinterhältigen Mörder. Und Hagen mochte die Bemerkung nicht lassen, wie sehr es ihn freue, daß Burgunds Sänger an diesem Sonnenwendtag seine Lieder und Märchen endlich tief in Helme und Panzer dringen lasse und in die Köpfe und daß hier ein Dichter endlich in der Wirklichkeit eintreffe. *Ad effectum perducitur!* »Ins Tatsächliche eingeführt«

Endlich ebbten Lärm und Schreien und Klagen ab, schon einfach deswegen, weil sich im Saal kein Gegner mehr rühren konnte und nur noch wenige Verletzte winselten. Da kroch ich unter dem Tisch hervor und sah, wie die Gäste aus Burgund ihre Waffen niederlegten, wie sie sich auf die Sessel fallen ließen, müde, erschöpft und durstig. Einige verbanden dem Dankwarth und dem Volker die Wunden, andere machten sich über die Reste an Wein und Met her, sofern sich auf den verschobenen Tischen noch unzerschlagene Kannen und Becher fanden und Amphoren.

Nur Giselher setzte sich nicht, der schritt erregt hin und her und meinte, ihm sei es unmöglich, in dieser dampfenden, in dieser blutigen, in dieser dreckigen Hölle Ruhe zu finden, mitten zwischen Toten, zwischen Sterbenden, zwischen Jammernden. – Diese elenden Leiber, wir sollten sie hinaustragen, die sollten uns nicht ausgerechnet beim Trinken zwischen den Beinen und Bänken liegen und geradezu vor unseren Füßen. *sine sûln uns under füezen ligen*

Da befolgten einige Burgunder seinen Rat, und auch ich half ihm bei der grausigen Arbeit. Viele Dutzend zerstückelte Körper schleppten wir hinaus zur breiten Terrasse, zogen sie über die Terrasse bis zur Palasttreppe. Dort stieß Hagen die Körper weiter, ließ sie über die Stufen hinuntergleiten, die Leiber wie die Leiberteile, Dankwarth half ihm bei diesen Stößen und tat das mit viel Zorn und sagte, dies täten sie jetzt just so, wie Blödels Ungarn und Hunnen es mit den armen Knappen in der unteren Halle getan hätten, als sie die hilflosen Knechte über die Felsen in die Tiefe stürzten.

Im großen Hof sahen dies die hunnischen Männer, aber auch Frauen und auch die Ritter von Bechelaren beobachteten, was die Burgunder taten, auch die Thüringer und die von den anderen Stämmen, und viele Festgäste seufzten oder heulten vor Wut, wenn wieder einer der Ihren über die Treppe hinabgeworfen wurde. Es heißt, es seien mehr als tausend gewesen. Die Epen um 1200 melden 7000 Und dann geschah es, daß ein Vater seinen Sohn erkannte und sein Kind vor der untersten Treppenstufe im Blut liegen sah *gevallen in das bluot* – da stürzte der alte Mann vor und umfing seinen toten Sohn mit den Armen und wollte laut jammernd den Leichnam wegtragen, doch als er sich über ihn beugte, erschoß ihn mit einem langen Speer unser dicker Ritter Gottlieb und grinste und freute sich, daß er so gut getroffen hatte.

Da passierte es dem Giselher, daß er den Gottlieb zitternd anschrie, ob er nicht wisse, was es heiße, wenn ein Vater sein Kind beweint.

Ein Kind? Ein Mordbube!

Giselher, du Guter, rief Hagen, begreif endlich, daß jetzt Schluß ist mit dem Kindergezirpse. Wenn mich mein Alter auch nicht vor Verrücktheiten schützt, so doch vorm Kindischsein. Schazman: *Though age from folly could not give me freedom, it does from childishness.* Der gebildete Galwayer nutzt beim Übersetzen aus dem Keltischen auch hier Shakespeare (diesmal Antonius und Cleopatra, I,3)

Die Tat Gottliebs, des Frommen, die steigerte, falls das noch möglich war, die Wut der Menschen im Hof. In ohnmächtiger Erbitterung verfluchten sie den burgundischen Heermeister und seine Wormsischen Gesellen, ja, sie verwünschten nun alle Menschen vom Rhein. Doch von der Treppe, gegen die sie vorgedrungen waren, wichen sie unter Hagens Schlägen und Drohungen erschrocken zurück, auf den Stufen ließen nun wieder mehrere ihr Leben, ach, auch der alte *Galahad* von Albion, der Freund des Niederländers, brach auf den Stufen unter Gernots Schlägen schreiend zusammen und entleerte sich mit Blut und Eingeweiden, so daß alle Überlebenden in den Hof flüchteten, unter die Linden. Alle, die das zu sehen bekamen, waren ratlos und fassungslos; auch Giselher schien untröstlich.

Ach, diese Treppe, diese verdreckte Palasttreppe. Mit welchem Hochmut hatte sich am ersten Abend die neue bleiche Herrin der Granburg über diese Stufen herabführen lassen vom neuen Imperator. Und nun traten dort die Stiefel der Kämpfer durch Därme und Kot, durch Pisseschmier, durch Blutglitsch.

Und über die Verzweifelten und Hilflosen dort unten bei den Linden, über die schüttete nun obendrein der Waffenmeister seinen Spott, dieser offenbar todessüchtige Mann zeigte sich auf den oberen

Treppenstufen und höhnte in den Hof hinab. – Hier seht ihr's, hier zahlen wir euch Blödels Gemeuchel heim, bei uns aber, beim Stamm der Burgunder, da kämpft auch der König, da sind sich auch die königlichen Brüder nicht zu schade für den blutigen Männerkampf. Wo jedoch, ihr Memmen, wo bleibt jetzt euer Herr Etzel? Der hält sich zurück? feige? hält Zwiesprache mit seinem byzantinischen Bischof? Oder sind ihm seine Glieder und Kräfte wie bei seinem Vater schlapp geworden vom vielen Weinsaufen, schlapp und klumpig? Kann er nun nur noch, nach Art der dunklen Weiber, mit schwarzen Fingerhandschuhen goldene Chinesenäpfel verteilen? Ja, seht sie euch an, hier unten vor dieser Treppe, seht euch die hunnischen und ungarischen Leiber an, seht, wie aus klaffenden Schwertkerben das Blut geflossen ist: Das taten Königsbrüder vom Rhein! Wahrlich, solchen Herren diene ich bis in den Tod! Ihr aber, ihr jämmerliches Geschmeiß dort unten, was habt ihr für einen kläglichen König! Fürwahr, ihr bietet uns, euren Gästen vom Rhein, einen traurigen Anblick, bietet uns einen hinkenden, einen schlurfenden, einen schachmatten König, der offenbar nur noch die allerkleinsten Schrittchen machen kann. Und an der Stelle, wo sonst der König und der Herrscher steht, rast nun eine Dame, die wie von Sinnen durch das Spielfeld stürmt, die dies weite Feld unbedingt beherrschen will und die es doch zu nichts anderem machen kann als zu einem Schlachtfeld.

Diesen Hohn, diese Beleidigungen, die hörte auch König Etzel. Und nun, als es auch um Krimhild oder *Grimhildis* ging, da sahen wir, wie er einem seiner Krieger den Schild entriß, wie diesen Schild aber seine junge Frau festhalten wollte und wie beide an dem Schutzholz hin- und herzerrten und wie sie einander fast umwarfen, ja, der bislang so freundliche Hunnenherrscher, dem man das Söhnchen ermordet hatte und den man nun auch noch verspottete, der wollte jetzt tatsächlich selber kämpfen, was bei einem so hochgestellten Fürsten heute sehr selten ist. Um 1200: *daz von sô rîchen fürsten selten nu geschiht*

Der rauhe Hagen sah das Gezerre des hohen Paares mit sehr großem Vergnügen, kommentierte mit Lust und mit Gelächter das Hin und Her des Ehepaares, rief neue bissige Bemerkungen und reizte und demütigte die Gegner mit seinem üblen Schimpf aufs Äußerste. – Nicht mal mit den schwachen Kräften seiner jungen Frau vom Rhein wird er fertig, der Attila-Sohn, ach, arglistiger König Etzel, warum nur locktest du uns mit scheinbaren Freundlichkeiten hierher in diese Falle? Wenn du uns doch nun, da wir in deinem Käfig stecken, nicht mal mehr erschlagen magst? Darfst du's nicht? Kannst du's nicht? Gehören die Mordwaffen im Hunnenland allein den Frauen? wie im wüsten eisigen Island? Da war doch Krimhilds erster Gemahl aus sehr viel härterem Eisen, der hätte sich das von seiner Gemahlin nie gefallen lassen, der durchbohrte nicht nur mit eigener Hand Dänen oder Sachsen, sondern sogar das ärgste von allen nibelungischen Ungeheuern, den Hortraffer *Nidgir*. An dessen fettem Drachen-Bauch, so erzählte er uns, waren allenthalben schwielige Warzen voller Eiter und Gift, überall dort, wo dem Herrn *Nidgir* beim Hortbewachen hunnische Königskronen die ölige Haut zerdrückten, ja, ungarische Goldpokale zwickten den Wurm, byzantinische Weihrauchkessel und Kuchengabeln bohrten sich in seine Wamme und machten ihn so faul und gefräßig, wie nun auch Herr Etzel schwerfällig wurde und klumpig.

Das alles regte die junge Königin abermals sehr auf, das erboste sie bis in Zwerch und Mark, ihren Kriegern im Hof rief sie zu: Wer immer mir dies Scheusal dort oben zerschmettert, wer mir diese Warzen- und Narbenfratze mit Namen *Tronje* vor die Füße schmeißt, tot oder lebend, dem fülle ich auf der Stelle sieben große Langschilde mit rotem Gold! bis zum Rand! hört ihr? Sieben!

Die hunnischen und die anderen Ritter schauten zu Boden oder in wechselnde Richtungen, einige in ihrer Verlegenheit auch zum Himmel, als wollten sie sehen, ob das Wetter bis in den nahenden Abend hinein so sommerlich bliebe, wie es in diesem Moment noch war. Dies peinliche Zögern währte so lange, daß Hagen, nachdem er sich auf der oberen Terrasse auf das Steingeländer gesetzt hatte, hinunterhöhnen konnte: Starke Helden hast du, Frau Krimhild. Ach, noch nie habe ich so viele bedeutende Recken so verschüchtert herumstehen sehen. *ine gesâch nie helde mêre sô zägelîchen stân* Dein König Etzel sollte diese dickfelligen Freunde allesamt vom Hof jagen. Sie saufen euren Wein, lassen aber deinen neuen Gemahl, wenn er sie braucht, im Stich. O wie lächerlich drücken sie sich allesamt in die Ecken, träge und feige und mit butterweichen Knien. Ach, Attilas Sohn, nicht nur du selber bist siech und weich, auch deine Ritter sind weinerliche Hinkefüße und Duckmäuser, die, sobald der Kontrolleur kommt, ihre Köpfe einziehen wie *magistri aerarii.* »Finanzbeamte«.

Da hörten wir Krimhilds Stimme, die ihren Sklaven befahl: Holt sie! holt sieben Langschilde! Füllt sie bis obenhin in Esztergoms *thesaurus!* »Schatzkammer«

Da raffte sich endlich einer der Fürsten im Hof auf und schien bereit zum Kampf. Das war der Markgraf Iring von Dänemark, der dem Thüringer Irnfried diente, der rief ärgerlich, er benötige jetzt keine Geschenke, er sei zornig genug über all das, was er auf dieser Etzelburg zu sehen bekäme, man solle ihm seine Waffen bringen, er wolle gegen diesen Maulhelden dort oben kämpfen, gegen diesen sogenannten Zerstörer oder *Tronje*.

Laß das bleiben, rief der, oder soll auch dich ein so schönes Gesicht schmücken wie mich? Und willst am Ende auch du wie ein Mehlsack diese Treppe runterschloppern? Hs. B: *vil ungesunde die stiegen wider hin zetal*

Warte, du Mißgeburt, rief der Herr Iring, mit Lust werde ich gegen dich antreten, und zwar alleine. Von dir, du Grobklotz, hört man, Nachtgeist Alberich selbst habe dich mit einem morschen alten Ast gezeugt.

Das amüsierte den Waffeneister. – Richtig, rief er, und dem Zwerg und der Wurzel, bevor diese Wurzelzwerge mich zeugten, denen hatte zuvor der Molch *Nidgir* ein warmes Bett geschissen!

Warte, du Untier, du Großmaul, warte, bis ich gewappnet bin, dann helfen sie dir nicht mehr, deine Hohnreden, deine lästerlichen Gräßlichkeiten.

Da wappneten sich außer Iring auch Herr Irnfried von Thüringen und der starke Harwart, und beide wollten dem Iring beistehen, mit hervorragenden Waffen und mit Gefolge.

Als diese Kämpfer nun in beträchtlicher Menge anrückten, da fragte Giselher den Hagen so laut, daß jeder es hören konnte, auch die Männer im Hof. – Die da jetzt heranschleichen, sind das die Maden, vor denen du uns in Worms immer gewarnt hast? Ritter scheinen es nicht zu sein, denn Ritter, hörte ich, sollten niemals lügen. Iring erklärte soeben noch großspurig, er wollte gegen Hagen allein antreten, im Zweikampf. Nun aber drängeln und schlängeln sich widerwärtige Haufen heran.

Als Iring das hörte, drehte er sich zurück zu seinen Leuten und bat, ihn in der Tat allein kämpfen zu lassen. Dann wandte er sich wieder nach vorn und wollte die Stufen emporsteigen. – Lügen, das weiß hier jeder, Lügen, die ihr mir unterstellt, diese Lügen regieren euer Reich am Rhein, wo man gutwillige Gäste aus Island anlockt oder aus dem Niederland und in übler Weise ausnützt, um sie am Ende, wenn die Arbeit getan ist, hinterhältig zu vertreiben oder zu erstechen. So lügenhaft, Herr Giselher, so exekutierte das dein großartiger Vetter. Nun endlich darf er beweisen, ob er außer zum Lügen und Betrügen auch sonst zu was taugt.

Da mußte Iring auf den Nachweis nicht lange warten. Plötzlich lärmten die Schwertmetalle und entbrannte ein erbitterter Zweikampf, schlugen sich Iring und Hagen. Keinem gelang ein tödlicher Treffer. Palast und Hof und die Türme der Etzelburg erdröhnten von ihren gründlich geübten Attacken. *Das hûs erdôz* (Hs. B um 1200)

Schließlich stieß dieser Herr Iring den Waffenmeister mit dem Schild zurück, warf ihn gegen die Hauswand, ließ ihn dort unverwundet stehen und wendete sich mit seinen Schlägen plötzlich gegen König Gunther, ließ alsbald aber auch den stehen, wobei er ihn als schwächlich und gebrechlich verhöhnte, und sprang statt dessen den Gernot an. Dieser dänische Iring wollte offenbar aller Welt zeigen, welch schlagkräftiger Kämpfer er war, und darum nahm er sich gleich anschließend auch den Herrn Gottlieb vor. Vom Hof aus sah man dies alles und schrie Beifall, und als Iring nun den frommen Gottlieb anging, da schrien die Zuschauer dort unten besonders heftig, o ja, den feigen, den hinterhältigen Dicken, den solle der Däne zerstückeln und zerhacken, und in der Tat, nach wenigen Hieben hin und her stieß Iring dem Herrn Gottlieb das Schwert dort in den Leib, wo der den größten Umfang hatte, stieß es ihm unter dem Harnisch in den unteren Teil seiner großen Wamme, wo nun eine riesige Menge Bauchgedärm und stinkfaule Luft hervorpfiff, so daß Herr Gottlieb sogleich verreckte.

Da packte den wackeren Gernot neue Kampfwut, nun sprang der Stoppelkopf den Dänen an und schlug ihn so stark auf den Helm, daß Iring zu Boden taumelte und liegen blieb wie tot. Doch der Helm war ganz geblieben, und auch Iring lag unversehrt, er war nur ohnmächtig und als er wieder zu Bewußtsein kam, da muß er angestrengt überlegt haben, wie er aus dieser Lage am besten herauskommen könnte. Klug nutzte er's aus, daß man ihn für tot hielt. Wie ein Rasender sprang er plötzlich vom blutverschmierten Terrassenboden hoch *wie rechte tobelîche er ûz dem bluote spranc!* und schon warf sich Herr Iring abermals gegen den Heermeister Hagen. Der jedoch sagte nur: *Nunc moriturus es!* »Nun mußt du sterben«

Doch es kam anders. Nicht Iring wurde getötet oder auch nur verwundet, sondern Hagen bekam von Irings Schwert *Waske* einen heftigen Helmhieb, so stark, daß über Hagens zerstörtes Gesicht ein Blutstrom floß. Als der *Tronje* die Wunde spürte, da redete er abermals lateinisch, rief *facinus laudandum* »eine Tat, die zu loben ist«, ohne daß man glauben mochte, der wilde Recke aus Dänemark verstünde sie, die Sprache der Gelehrten und der Geistlichen. Und da der verletzte Heerführer nun den Iring grimmiger bekämpfte als zuvor, war der am Ende doch müde und suchte endlich sein Heil in der Flucht, sprang die verwüstete Treppe hinunter, hielt dabei den Schild hinter sich, hielt ihn als Schutz über den Kopf und den Rücken und rannte hinab und empfing, noch im Weglaufen, etliche hartnäckige Schläge vom Wormser Waffenmeister.

Unten an der breiten Treppe ließ der *Tronje* den Dänen laufen, und jeder, oben wie unten, konnte sehen, wie stark Hagen am Kopf verletzt war und blutete. Krimhild umarmte den keuchenden, den blutenden Iring, achtete nicht auf ihr helles Gewand, nahm dem Erschöpften selber den Schild aus der Hand. O wie lieblich stand da die junge schöne Frau und trug den schweren, den verwüsteten Kampfschild der Männer.

Schon hörten die Hofleute von oben herab wieder Hagens Gespött, für seine Kopfwunde dankte der, aber die nütze den Hunnen nur wenig, so rief er, die mache ihn und die Nibelungen nur um so gieriger auf Kämpfe und auf Todesstöße. – Kommt endlich heran, kommt die Treppe rauf! her mit euch, ihr hunnischen Hochzeiter, begreift das *bellum*! wo bleibt ihr, ihr Schwindelsüchtigen!

Da riß Iring den Schild aus Krimhilds Hand, packte noch einmal das zerhaune, das verschmierte, das metallgerahmte Holz und stürmte wieder vor, bis zur unteren Stufe der Treppe, wo Hagen grinsend auf ihn wartete, und nun schlugen beide abermals aufeinander los, daß es von feuerroten Funkenbögen seltsam zu leuchten begann, ja, fast wie ein isländisches Himmelsfeuerwerk tosten nun die Stahltreffer, zuckten als Blitze durch die Dämmerung dieses schrecklichen Tages, sprangen als wilde Eisenlichter hin und her. Und am Ende traf den mutigen Iring ein Hieb, der ihn lähmte, der seinen Arm zerdrückte, so daß er den Schild nicht mehr halten konnte, nicht mehr hoch genug heben, sogleich traf Hagens Speer ihn so fürchterlich, daß der Schaft dem Iring aus dem Kopf herausragte. *daz im von dem houbte diu stange ragete dân*

Drei, vier Schritte noch torkelte der Däne zurück, ein Hunne riß ihm den Speer aus dem Kopf, der Tod kam schnell.

Irings Sturz war das Zeichen für alle, die des Dänen Bitte befolgt und die sich bis jetzt zurückgehalten hatten. Nun stürmten die anderen vor, die Dänen und die Thüringer und die Ungarn, sofern sie noch lebten, und die Hunnen, und nun gerieten Hagen und Harwart aneinander, andere drangen vor bis tief in den zerrütteten Festsaal, wo es fürchterlich herumging, wo nun viele Dutzende starben und schrien, ja, da fielen sie auf beiden Seiten, junge Leute in Mengen, Jammer und Grausen und Raserei überall, auch der junge Volker fiel nieder, weh, ich duckte mich hinter das obere Steingeländer neben dem Treppenaufgang und wollte und konnte das alles gar nicht mehr sehen, hielt mir die Augen zu, duckte mich weg, weinte und hatte für alle Fälle den eisernen Brustschutz des dicken Gottlieb an mich gerissen, hatte mir Gottliebs breiten blutigen Brustharnisch über Schultern und Bauch gestülpt, dorthin tat ich den Schutz, wo die Chronik verborgen war, wo ich fast hundert Kalbshäute über meinem Leib verteilt hatte, beschriebene und unbeschriebene, meinen Kopf aber versuchte ich mit des dicken Ritters dunklem Helm zu schützen und sah nun, ob ich wollte oder nicht, durch die Geländersprossen, wie in diesen heil- und hirnlosen Augenblicken so vielen schönen jungen Männern der Kopf niedergedrückt und weggehauen wurde, ach, wieviel Sorge hatten da Mütter und Ammen und Erzieher aufgewendet, um all diese Jünglinge möglichst groß und klug und schön aufwachsen zu sehen, und hier sank das alles zusammen, zerbrachen die jahrelangen Mühen und Hoffnungen, gerieten auf die Schlachtbank, geriet die Machtgier in den tobenden Kampfkrampf, kam die Wotanswut hüben wie drüben über die Herren wie über die Herrin und wurde Mensch um Mensch erschlagen, ein ums andere Mal ein einmaliger Mensch.

Am Ende lagen im Saal und auf der Treppe alle Angreifer tot am Boden. Endlich, als es schon fast dunkel war, trat Stille ein. Ich blickte auf, traute mich nur unter Zittern und Grauen aus der geduckten Enge heraus. Sah mit Entsetzen, wie das dampfende Blut durch den Rinnstein in ein Abflußloch rann. Hagen riß einem der toten Hunnen einen seidenen Hemdenrest vom Leib, auch dieses Hemd hätte einen Harnisch tarnen sollen, ein großes Stück riß Hagen sich heraus und wischte und verband sich die blutende Kopfwunde.

Und dann hörte ich ihn ächzen. – Und jetzt muß ich trinken. – Und schon band der Waffenmeister seinen Helm auf, hielt ihn unter einen der Rinnsteine, von denen das Blut tropfte. Und ich sah, wie er aus dem Helm das warme Blut getrunken hat, das dampfende.

So taten das nach ihm auch Gernot und Dankwarth. Gunther und Giselher dagegen, die hatten zwar ebenfalls die Helme abgenommen, mochten aber kein Blut trinken. Schienen totenblaß. Ihre Haut sah ich zerschunden von vielerlei Rissen und Beulen. An hundert Schmerzen litten sie alle, und alle schienen sterbensmüde.

Über diesen unsäglichen Schrecken war nun das Tageslicht ganz verschwunden. Ich zündete eine Fackel und half Giselher auch diesmal wieder, den Eingang freizuräumen. Half ihm, die vielen neuen Toten beiseite zu ziehen und über die Treppe hinunterzuschaffen. Im hinteren Hof sahen wir noch immer, unter den Pechlichtern, Etzel und Krimhild, umringt von fast hundert Kriegern. Da richtete sich Giselher auf und rief hinüber, der Herr des Hunnenreichs solle das Leiden endlich beenden. Solle als Herr dieses Hauses endlich ein Machtwort sprechen und Frieden schaffen.

Da trat Etzel ein wenig näher. – Was verlangst du, Giselher. Du Blinder, du Hirnloser. Krimhild hält dich für klug. Hast du mein Kind vergessen, das Hagen aufs widerwärtigste geschlachtet hat? Und soll ich all die Verwandten vergessen, die ihr hier herunterstoßt? verstümmelt und entstellt?

Aber wer denn hier in deinem Esztergom fing an mit diesem Irrsinn? Dein ehrwürdiger Bruder Blödel, der ermordete unsere wehrlosen Knappen! als erster aufs widerwärtigste! der massakrierte unsere Freunde in der unteren Halle, die Wehrlosen, die wurden grundlos und ganz und gar unbarmherzig überfallen, heimtückisch und niederträchtig! Und was, bitte, haben wir Gundomarsöhne euch, dem Herrn Etzel, je an Leid zugefügt? Ihr seid in Gran derjenige, der als Hausherr diesen mörderischen Kampfkrampf endlich beenden könnte, mit einem einzigen herrscherlichen Machtwort.

Da mischte sich Gernot ein, der wischte sich die Stirn und rief: Jawohl, König, nun zeig dich so großzügig, wie laut Herrn Wärbel, auch dein Vater oft gewesen sein soll. Gönn uns für die kommende Nacht Ruhe! oder laß uns wenigstens aus diesem stinkenden Leichensaal hinaus! gib eine Atempause, im Freien!

Wenn du denn wirklich als *rex suae potestatis* gelten willst als »großzügiger Herrscher«, dann schaff uns wenigstens frisches Wasser, rief Giselher. Und wenn du schon keinen Frieden stiften kannst, dann laß uns jetzt unten auf dem Hof so lange weiterkämpfen, bis deine Krieger alle deine rheinischen Gäste erschlagen haben, deinen Ruhm wird das unsterblich machen! Aber beende endlich die Quälerei in diesem blutverdreckten Totenhaus, in dieser BlutKloake, in diesem KotAbort!

Etzel wendete sich ab. Wortlos.

Unter den Fackellichtern im Hof schien vielerlei Bewegung. Ich erkannte die Herren Dietrich und Rüdiger, die führten jetzt offenbar heftige Gespräche mit Etzel. Kurz danach redete Krimhild ebenso aufgeregt mit König Theoderich, und dann redete sie wieder mit ihrem Gemahl. Fackeln wanderten da hin und her. Hinter mir standen Hagen und Giselher, und ich hörte, wie Heermeister Hagen in Roms Sprache murmelte, was er immer dann tat, wenn er nicht wollte, daß jeder ihn verstand. – *Timeo ne uxor diabolica nunc draconem novam generet. Atrium nostrum urgebit cum incendio. Nox horrida.* »Ich fürchte, die teuflische Gemahlin erzeugt jetzt eine neue Drachenschlange. Sie wird nun unsere Halle mit einer Feuersbrunst heimsuchen. O schauerliche Nacht«

Nur zu bald wußten wir, warum Frau Krimhild so heftig auf ihren Gemahl eingeredet hatte. Etzel war offenbar bereit gewesen, Gernots und Giselhers dringende Bitte zu erfüllen und uns alle für die kommende Nacht in den Hof und in die freie Luft hinauszulassen. Aber nun, so spürten wir, wurde uns diese Erleichterung, noch ehe sie vom König beschlossen war, wieder genommen. Zwar schwiegen vorerst die Waffen, aber die Stille im Hof war nicht geheuer.

Da rief Giselher in die Dunkelheit hinab: Schöne Schwester, hör mich an. – In der Dunkelheit meinten wir zu erkennen, daß ihre helle Gestalt ein wenig näherkam. – Krimhild, ich verstehe deinen Gram. Deinen unsäglichen Zorn. Und ich halte dich selbst jetzt noch, trotz deines unglaublichen Furors, für nicht wirklich böse oder gar für teuflisch, wie Hagen dich nennt. Sondern ich meine, dich zu verstehen. Und ich weiß es: tödlich bist du verletzt. So urteilte noch im späteren Mittelalter ein erster »Rezensent« des Epos aus der Zeit um 1200, der namhafte Prediger Berthold von Regensburg, aus dessen Erörterungen Wilhelm Grimm und Ursula Schulze folgendes zitieren: *Dicitur quod crimhilt omnino mala fuerit, sed nihil est* »Man sagt, Krimhild sei ganz und gar böse gewesen. Aber das stimmt nicht«. – In einigen Überlieferungen folgte der Handschrift des »Nibelungenlieds« (noch im selben Codex) die »Klage«. Und diese »Klage« mahnte schon im 13. Jahrhundert: *Swer ditze maere merken kann/ der sagt unschuldic gar ir lîp / wan daz daz vil edel werde lîp / taete nach ir triuwe / ir rache in grôzer riuwe* »Wer diese Geschichte richtig versteht, wird merken, daß sie (Krimhild) ganz und gar unschuldig ist, denn die edle Frau betrieb ihre Rache in großer Trauer«

Aber mir bleibt unbegreiflich, rief Giselher in die Dunkelheit hinein, dorthin, wo er zuletzt Krimhild gesehen hatte, mir bleibt unfaßbar, rief er, warum ein unbestreitbarer Irrsinn auch diesmal wieder mit einem neuen, mit einem noch verrückteren Irrsinn beantwortet werden muß. Schwester, du bist klüger als alle Männer hier, du kannst als einzige jetzt ein Schlußzeichen setzen, kannst ihn beenden, *hunc sanguineum circulum vitiosum*. Wörtlich »diesen blutbespritzten fehlerhaften Kreis« oder »blutige falsche Konsequenz«, den sogenannten »Teufelskreis« Falls du dazu nicht bereit bist, dann erkläre mir doch bitte, wofür einer wie ich den Tod verdient.

Da hörten wir aus der Dämmerung unter den Lindenbäumen ihre Stimme. Rauh klang die. Fast so wie in den Tagen zu Worms, als sie den Tod ihres Geliebten hatte beschreien müssen. Und diese Stimme tönte in der Dunkelheit unheimlich nah. – Giselher, du weißt, ich liebe dich. Ich liebe dich gewiß noch immer. Dich habe ich nicht umsonst als ersten und einzigen auf dieser Burg willkommen geheißen. Du appellierst an meine Klugheit. Ach, auch du wärst damals klug genug gewesen, Hagens Machtgier zu durchschauen. Wärest klug genug gewesen, den Irrsinn aufzuhalten, mit dem mein Liebster ermordet wurde. Hättest genug Kenntnisse und Erfahrungen gehabt, das Unheil kommen zu sehen und zu verhindern. Ihr alle in Worms habt zugelassen, daß dieser lieblose, daß dieser machtlüsterne Lügner meinen Geliebten heimtückisch hat umbringen können. Um 1200: *meinen holden vriedel* O Giselher, willst du denn noch immer nicht begreifen, welch fürchterliche Zeit begonnen hat, seitdem der tot ist, der das Spiel zwischen Priestern und Regenten rechtzeitig durchschaute und aufklärte und verspottete?

Es hilft jetzt wenig, uns gegenseitig unsere Fehler vorzurechnen. Auch du, liebe Schwester, bist zu klug, als daß du dich in deine fatalen, in deine verhängnisvollen Irrtümer hättest verrennen dürfen. Öffentlich schmähtest du Brünhild auf die unsinnigste, auf die beleidigendste Weise. Und im Gespräch mit Hagen, kurz vor der Jagd, da bist du in kindischem Vertrauen dem Lügner auf den Leim gegangen.

Du rührst jetzt an Punkte, die mir Nacht für Nacht den Schlaf nehmen. Anfangs hatte ich unseren LügenVetter immer nur bewundern wollen, unseren RomKopf, sein fortwährendes *diligentiam collocare in re publica administranda.* »Sorgfalt-Verwenden auf die Staatsführung« Ja, auch ich hab die dümmlichsten Fehler gemacht, in simplem Glauben an Treue, an Pflicht und Fürsorge. Und im Stolz auf meinen unvergleichlichen Mann. Dieser *Tronje*, dieser Furchenkopf, dieses zerlöcherte Nichtgesicht, zusammen mit dem anderen, mit dem kirchlichen *monstro hominis* »Unmensch«, zusammen mit dem sogenannten Geistlichen hat Hagen uns alle aufs übelste hintergangen. Aber was helfen jetzt solche Einsichten. Das Verhängnis ist da, die Zeitenwende ist unumkehrbar. Für tausend Jahre oder mehr werden die JesusVerräter und die SiegfriedMörder unsere Köpfe betäuben. Darum hört jetzt, ihr da oben, was ich euch zu sagen habe. Mir hier in

Esztergom bleibt in diesen Finsternissen nur noch ein einziger möglicher Lichtblick. Wenn ihr mir das Scheusal ausliefert, den *Tronje*, wenn ihr mir diese *machina rei publicae* wörtlich »Staatsmaschine«, übertragen: »Machtmensch« (*machinae* waren die Werkzeuge und Gerüste zur Eroberung von Burgen und befestigten Städten, zum Zerstoßen der Mauern und fürs Feuerschleudern), wenn ihr mir diesen imperialen Gneiskopf als Geisel herausgebt, dann sollt ihr anderen davonkommen! ja, Giselher, gib ihn her! als Geisel! dann soll Gnade vor Recht ergehen, dann könnt ihr übrigen unbehelligt heimkehren in euer wurmstichiges Worms. Denn ihr seid meine Brüder, ach, wir haben dieselbe wunderbare Mutter.

Ja, Krimhild, wir sind, was die Römer *germani* nannten »aus gleichem Stamm«, weswegen sie meinten, alle Leute nördlich der Alpen müßten »Germanen« sein, Männer mit dem Ger, mit dem Speer, nämlich Barbaren, die man auslöschen muß oder unterwerfen, o ja, du hast recht, wir sind von denselben Eltern, und im Namen Utes, die wir beide über alles lieben: Mach nunmehr du ein Ende mit dem unsinnigen Gemetzel zwischen denen, die allesamt Opfer sind der neuen allgemeinen Scheinheiligkeit, die ausgerechnet Hagen soeben Schwindelsucht nannte, ja, auch Hunnen und Burgunder sollten miteinander gegen alles Imperiale und Besitzsüchtige gemeinsam agieren und nicht gegeneinander. *Invar vîgandun! Insprinc haptbandun!* (s. S. 41)

Da mischte sich aber Gernot ein. Der stoppelköpfige, der bullenstarke Krieger ging hinter meinem Giselher auf der Terrasse heftig hin und her, da rasselte nun an ihm all das Metall, mit dem er sich gepanzert hatte. – Schreiberling Giselher, hör auf zu plärren! Zum Teufel mit deinem weibischen Gewinsel. Und zum Teufel mit Krimhilds elendem Angebot! Schwester! wir alle werden hier und jetzt eher sterben, als dir unseren Beschützer und Lehrer und Freund auszuliefern als Geisel. Denn wisse, dieser Hagen ist der einzige, der uns bis zuletzt die Treue halten wird.

Weh, Gernot. – So hörten wir Krimhilds Stimme. Die klang nun so rauh und so hart und zerstört wie ein altes Holz, wenn es gegen ein anderes reibt. – Weh über solch einen »Freund«. Über solch blutige, solch hirnlose Treue. Über solch einen steinhart heillosen Lehrer. Wann endlich kommen Männer zur Vernunft.

Nie kommen sie zur Vernunft, rief Gernot, wenn eine Frau diese Männer in eine elende Falle lockt und maßlos verfolgt. Obwohl diese Männer ihre eigenen Brüder sind, jawohl, *germani*.

Da weinte Krimhild. In der Dunkelheit hörten wir ihr Schluchzen. Der heisere Jammer entfernte sich langsam, verging ins Schwarze.

Und dann vernahmen wir aus dem Finsteren, wie ihre Stimme sich verwandelt hat. Wie ihre Stimme zur harten Herrenstimme geworden ist und wie sie auf dem Hof die Umstehenden angeherrscht hat, ja, mit berstender Stimme, mit der Stimme der Grimmkämpferin *Grimhildis* befahl sie, jetzt nicht länger mehr zu warten, sondern entschlossen zu handeln. – Hört, ihr Hunnen, ihr Walachen, Ungarn, Thüringer, Dänen, nun rückt vor, geht näher heran an die Treppe, die besudelt ist vom Blut eurer Verwandten, eurer Freunde! Und ihr anderen dort hinten, laßt jetzt die Feuergeschosse fliegen! die Palasthalle hat hölzerne Balkendecken, auf! schießt brennenden Pechpfeile auf das Pfalzdach nun los! bewegt euch! und laßt keinen entkommen. Denn wer diesem Herrn Hagen Gehorsam leistet, der will nichts anderes, der will den restlosen Untergang. – Dies letzte wiederholte sie und rief es beim zweitenmal zu uns hinüber.

Bene! hörten wir aus der Dunkelheit eine andere Stimme, das war die des byzantinischen Priesters *Philagathos*, was »Gutmensch« heißt, und der rief nun griechische und lateinische Worte durcheinander und fällte vielerlei Verdammungsurteile und beschwor die Himmelskönigin Maria und den KampfesEngel Michael und schalt die Nibelungen als Teufel. – Stürzt diese Gespenster hinab *ad igneos inferos!* »in die feurige Unterwelt« In den Höllenschlund mit den Gottesleugnern! *Deinde cuncta sunt bona!* »Danach ist alles gut«

Und dann begann sie, die scheußlichste der Nächte. Brennende Geschosse flogen über den dunklen Himmel, landeten auf der Terrasse, landeten auf dem Dach über uns, auf dem Schindelgebälk der Königshalle, binnen kurzem stand das Gebäude in Flammen, brannte der Fest- und Thronsaal. Und seither quälten Rauch, Feuer und Hitze die knapp hundert Burgunder, die bis jetzt überlebten. Nun kam sie über uns, die Lohe, das Lodern, weh uns, *Wewurt skihit.* Auch Kilian zitiert das Hildebrandslied. »Das Verhängnis nimmt seinen Lauf«

Wir Eingeschlossenen wichen zurück, aber der Feuerwind trieb Qualm und Brand überallhin, Rauch schwelte und biß und ätzte die Augen, lähmte die Köpfe, Tränen sprangen uns über die Wangen, Atemnot und Husten peinigten auch mich, ich hatte mich tief hinten in den unteren Saal zurückgezogen, dorthin, wo es eine kleine Tür gab, die zu den Küchenräumen führte, die Hagen aber nach den ersten Kämpfen mit Tischen und Bänken hatte versperren lassen.

Giselher kam ebenfalls dort hinab, wo es bessere Luft gab, und sah, wie ich mit zitternden Händen den Leib hinauf und hinab meine vielfältigen Häute überprüfte, ach, ich fürchtete, mein Angstschweiß würde das Geschriebene aufweichen. Einzelne Blätter zog ich unterm Kittel hervor, betrachtete sie im Schein der Flammen, fand zum Glück nichts verwischt und sortierte nun die Kalbshäute so, daß die unbeschriebenen als Schutz überall in die äußeren Lagen kamen, so daß zwischen den frischen, den unbeschriebenen Pergamenten die fertiggeschriebenen Tagesblätter überleben könnten, jedenfalls dann, wenn kein Schwerthieb dazwischenfuhr und nicht nur meinen Leib zerriß, sondern auch die Chronik.

Diese mehrfachen Hautschichten schob ich an die passenden Stellen im Rücken, auch an Brust und Bauch, und dann schloß ich mein braunes Mönchskleid wieder, das in der oberen Hälfte die Holzknöpfe hat, die ich rasch öffnen konnte, um immer mal wieder mit wenigen Griffen innen alles zurechtzurücken und dorthin zu schieben, wo das Geschriebene nicht zerdrückt und zerknickt wird oder buckelt und auffällt und wo es von meinem Schreckensschweiß und von meinem Angstschwitzen nicht erreicht und aufgeweicht wird.

Giselher legte mir seinen Arm um die Schultern, blickte kurz nach allen Seiten und raunte mir dann zu, jetzt, in dieser *omnium rerum perturbatio* »Chaos« sollte ich mich davonmachen, im Schutz dieser Nacht sei die letzte Gelegenheit, mich durchzuschlagen, als Pilger sollte ich die Donau aufwärts fliehen und den Rhein zu erreichen suchen, am Ende meinen Waskenwald, das blutige Sterben hier in Gran sei nun unausweichlich. – Wichtig ist jetzt nur noch, daß die Chronik gerettet wird. Daß wenigstens ein Schatten der Wahrheit überlebt in diesen imperialen Reichen des Wahnsinns, der Lüge, der Lebensverachtung, in denen Krieg als das Schöne gilt, wo der Paradieswahn alles verdreht, fälscht und entstellt, o Mönch, nun schaff unsere Papiere in Sicherheit, ins Irische, ins Keltische!

Ich schüttelte den Kopf und zog meinen Freund dorthin, wo es am tiefsten Punkt der Halle noch Atemluft zu geben schien, zur hinteren Tür zog ich ihn, aber genau dort, wo Hagen die Tische und Stühle als Sperre getürmt hatte, da stürzte aus der Höhe und prasselte nun von oben herab ein Teil des Daches mit brennenden Balken, mit glühenden Sparren, fielen Glut, Staub, Asche und Ziegel über die Barrikade und erhöhten das Hindernis, ach, überall loderte es, biß und rauchte und quälte. Giselher hatte mich rechtzeitig unter einen Tisch geworfen, dort aber, bei einem Abflußloch, war alles Blut zusammengeströmt, es dauerte lange, bis wir unter einem anderen Tisch einen trockeneren Platz fanden, einen vorläufig sicheren.

Vom oberen Teil der Halle her hörten wir die burgundischen Kämpfer husten, hörten sie ächzen, schelten und fluchen, die standen dicht vor der äußeren Feuerwand und versuchten, die Brandgeschosse zurückzuschleudern in den Hof, und wir hörten, wie sie den Durst verfluchten und wie Hagen mit Hohn daran erinnerte, daß in dieser Hunnenhölle Blut am besten schmecke, viel besser noch als *Rumolts* jurassischer Roter. So rief er, und in den wechselnden Schatten und Blitzen und im Funkenregen mußten wir mitansehen, wie er einen Dänen, der noch zu leben schien, köpfte, um sein frisch aus dem Hals schießendes Blut im Helm zu sammeln und zu trinken, und ich sah mit Entsetzen, wie auch Dankwarth und Gernot und einige andere Ritter ihm in ihrer Qual das nachmachten. Rings rasselte die Lohe, stürzte feuriges Gebälk aus dem berstenden Dach und reizten und ätzten Rauch und Qualm, als träfe uns nun hier, auf der Burg Gran, der Wutgott Wotan samt der fürchterlichen Verfluchung seiner Tochter Brünhild mit ihrer Warnung *logna farterrid.* »Flammen werden fressen«

Rauch und Hitze mischten sich ins Unerträgliche. Unablässig fiel Feuer in den Saal, brennendes, fauchendes und pfeifendes Dachholz zerstob, glühende Balken schlugen auf die festlichen Tischplatten, ich sah, wie Gernot die herabfallenden Flammen mit seinem Schild abwehrte, auch die trinkenden Ritter mußten sich die Helme zur Sicherheit wieder auf den Kopf tun, auch ich war froh über meinen großen breiten Gottliebhelm. Obwohl es heiß war und stickig im krachenden und heulenden Feuerwind, traute sich jetzt niemand, die Brünnen abzulegen, die schweren, die drückenden Panzer, die mußten nun gegen den Feuerregen schützen.

Hagen befahl, zur Sicherheit solle sich jeder dicht unter die Wand stellen, der Brand nähme jetzt seinen letzten Gang. – Nun fallen die schweren, die Eichenbalken. Tretet das Feuer mit den Füßen weg, tiefer in den Saal, stoßt das runter in die Blutsuppe. – Dazu stieß er selbst ein glühendes Bündel mit dem Stiefel weit von sich weg, so daß es bis unter unseren Eichentisch flog und Giselher und ich zur anderen Seite wegspringen mußten, unter den hintersten Tisch.

O über Brünhilds Weissagung, hörte ich Giselher. – Und was die liebliche, die arme Krimhild hier feiert und feuert Schazman: *as an celebration of feast and fire*, das ist nichts anderes als *Nidgirs* Gift, das ist die niederträchtigste Drachenrache. Und die Besitzwut, fürchte ich, die ist von nun an isoliert und darum ewig.

Allmählich waren aber alle Balken und Sparren und Latten und Steine herabgestürzt, die Feuer glühten und schwelten nur noch am Boden. Etzels goldener Thronsitz schien schwarz verkohlt, ja, der war überschüttet mit Trümmern, mit Dachziegeln und schwelenden Hölzern. Und wann immer die Rauchschwaden über uns sich teilen wollten, erschien in der Höhe für wenige Momente der große schwarze Himmel. Ach, ich war sehr erleichtert über die wachsende Stille, über die bessere Luft. Kühle Nachtluft wehte jetzt aus dem freien Dach herab.

Sollte ich jetzt tatsächlich zu fliehen versuchen? Im Schutz der Finsternis wäre nun freilich die letzte Gelegenheit, mich davonzustehlen. Aber mir war klar, ich durfte das nicht ausgerechnet jetzt tun, wo alles Mißliche an sein Ende kam, in seine letzte Konsequenz und wo in all diesen Schrecknissen ich der einzige zu sein schien, der das überleben sollte. So hatten das die drei Donaugeister vorausgesagt und ich bezweifelte die Prophezeiung der Nornen nicht eine Sekunde lang.

In dieser Nacht wollten Gernot und Dankwarth Wache halten. Draußen vor dem Eingang des verbrannten Palastes standen sie bereits auf der Terrasse. Auch Giselher mochte und konnte nicht schlafen. Und auch ich überdachte nun immer wieder seinen Vorschlag, in der Dunkelheit zu fliehen und die Chronik zu retten. Nach wie vor saß ich im tieferen Bereich der Königshalle und wollte nun all diese letzten fürchterlichen Ereignisse zu notieren beginnen, vor allem den letzten Wortwechsel zwischen Krimhild und Giselher. Aber meine Hände zitterten allzu sehr.

Und dann sah ich, wie mein Sänger und Dichter seinen Kopf auf die Brust eines Toten gelegt hatte. Das war der Volker gewesen. Der hatte ebenso wie Giselher als Schüler in Lorsch gelebt, war ebenfalls in Rom gewesen, ja, das war der Tapfere, der sich mit Dankwarth aus der Gesindehalle herausgekämpft hatte und durch den Hof hinauf bis hierher in den Königspalast. Ach, so wie Giselher nun den Kopf auf Volkers Körper gelegt hatte, sah das so aus wie eine letzte Umarmung mit dem Freund.

Utes jüngster Sohn schien zu schlafen, aber in seinem blassen Gesicht öffneten sich immer wieder die Augen. Durchs zerbrochene dunkle Hallendach starrte er hinauf in die rauchende, in die unerforschliche Schwärze.

Ich tastete dorthin, wo seitlich an meinem Gürtel das Ledertäschchen hing mit dem Schreibzeug, wollte nun endlich auch von diesem Tag und von dieser Nacht der Schrecken das Wichtigste notieren. Als ich dann eine der frischen Kalbshäute hervorzog, hörte ich seine Frage.

Sag mir, flüsterte Giselher, sag mir nun noch eins, bevor auch ich so hier liegen werde wie mein Volker aus *Lubodunum* Ladenburg, verrat mir, du alter weiser Ire, der du dir von keinem Kirchenherren vorschreiben läßt, was du denken und wie du deinen Jesus lieben sollst, sag mir, wie kam er unter die Menschen, der Schwachsinn, den wir Kampf nennen und der fast allen Männern als Höchstes gilt. Daß Gott Mars das so gewollt hat oder Gott Thor, das will ich nicht wissen. Jetzt, hier. In meiner letzten Lebensnacht. Sondern wissen will ich, was die Wahrheit sein könnte.

Da holte ich tief Luft. Und konnte dann nur stammeln. – Woher der Kampf kam, das ist unfaßlich. Unfaßbar wie die Musik, die dir in den Sinn kommt und in die Geige. Wie deine Fiedel die Freude besingt oder die Trauer, so durchdringt uns das Kämpfen. Dein schönes Instrument legtest du drüben auf Etzels Thron. Jetzt ist es verschüttet. Erschlagen von Steinen und Balken.

Weich nicht aus. Sag mir, wie das Kriegmachen in die Welt kam und in unsere Hirne.

Alle, die vorgeben, eine Antwort zu wissen, verachte ich, als Heuchler. Immer wieder versuchen Eiferer, mit tollen Behauptungen wichtig zu tun. Reden vom Bösen, vom Teufel. Wollen das Denken der anderen lenken, wollen auf ihrem eigenen Denken *artes atque praecepta constituere* »Systeme errichten«. Oder auch gleich eine Kirche. Machen aus der Angst der Leute ihre Macht. Erinnerst du dich an den Spott des Nibelungen, als er die Schubladen der Romkirche beschrieb, die »römische Angst-Apotheke«? Die wisse auf wunderbare Weise immer genau, ob dies oder jenes böse ist oder gut und wieviel Strafe dies verdient oder jenes. Diese Apothekenkirche, die von nun an die Köpfe lähmt für tausend Jahre oder mehr, die wisse zum Beispiel, sagte er, daß eine Frau für die gleiche Tat doppelt oder dreifach mehr zu büßen hat als der Mann. Noch in Bechelaren warnte mich Dietlinds Priester vor dem Schmutzleib der Frauen.

Weiß die Romkirche, woher der Kampf kommt? Weiß es jemand anders? Weich nicht aus.

Die Romkirche sagt, der Streit ist das Böse. Und das Böse komme von Satan, dem Gegengott. Deswegen benötigten wir Erlösung, die Befreiung von Sünde und Materie. Und diese Erlösung vermittele die römische Priesterschaft. Sie allein sei ein *pontifex* »Brückenbauer« ins heilige rein Geistige.

Und was sagen deine keltischen Geschichten über das Kämpfen?

Hast du mit deinem Cherusker nie darüber gesprochen?

Giselher schwieg eine Weile. – Schließlich begann er leise zu erzählen. – Als wir nach Island fuhren, in einer der Nächte auf dem Schiff, als die anderen unter Deck schliefen und ich oben neben ihm am Steuer stand, da leuchtete fern, überm Schiffsbug, der Nordstern. Da hat er mir eine Geschichte erzählt. Fast immer wenn ich ihm Fragen stellte, hat er keine Schubladen geöffnet, sondern Geschichten erzählt. So wie es auch Ute tat. Und der Nibelunge erzählte, wie Wotan sein zweites Auge verlor, den genauen Blick.

Den genauen Blick?

Die Weltwurzel, so sagte mir der Kapitän, die wird bekanntlich benagt, von *Nidgir*. Aber nicht nur an *Yggdrasil* nagt im Grund der *terror terrae*. Auch oben bohrt er, im Kopf der Welt. Von Sieglind wußte der Nibelunge, wie vormals der oberste Weltengott beschloß, sich wehrhaft zu machen, sich eine ungeheure Waffe zu verschaffen. Eine, die unübertrefflich war. Die ihm seine Macht und seinen Weltbesitz für immer sichern würde. Diese Waffe sollte besser sein als Thors hohl dröhnender Donnerhammer. Und stärker als alle drachenhafte Besitzgier. Die sollte ein Speer sein, der in jedem Fall träfe. Einen solchen Speer, so riet ihm *Loki*, den gewänne er nur aus dem Holz der WeltenEsche. *Yggdrasil* werde allerdings bewacht von den Schicksalsfrauen, von den Gehilfinnen der Unerschaffenen. Da probierte *Uuodan* aus, wie er die drei schönen Nornen ablenken könnte. Es gelang ihm. Nackt trat er auf, in schöner junger Gestalt. Auch die *Gaia*-Töchter treibt nun mal das Begehren. Die Lust aufs Vermischen, aufs Verwandeln. Und so wie sie später den Jüngling aus Xanten gern begrüßten, so gern betrachteten sie auch den geschmeidigen und kraftvollen Gott. Sahen ihn mit Wonne und ließen ihn nahe herankommen an den heiligen Baum, so nahe, daß auch er seine Hand anlegen konnte. Wotan aber legte seine Hand ausnahmsweise nicht an eine schöne Frau, sondern an den stärksten Ast des Weltenbaums. Und als er dann, machtgierig und gewalttätig, den Ast herausriß aus dem Stamm, da sprang ihm ein Eschensplitter ins Auge. Und zerstörte ihm den genauen Blick. Den Sinn für die Mischung in den Dingen. Schazman: . . . *and killed his perspective view* So wurde auch aus dem Gewaltigsten der Männer ein *Tronje*. Mit dem einäugigen Blick. Mit dem der Machtgier, der Besitzgier. Mit dem des zerstörten Zerstörers.

Eine genauere Antwort, sagte ich, wissen auch meine irischen Geschichten nicht. Wahrscheinlich ist auch diese Wotanssage eine keltische. Und inzwischen ist nicht Wotan der Weltbeherrscher, sondern die RomKirche.

Auch die sieht die Dinge flachsichtig, flüsterte er. Als geistlose *materia*. Und der Feuerkünstler, der Schmied von der Ruhr hörte von seiner Mutter, daß der nun einäugige Wotan in seiner Lieblosigkeit viele Geschlechter zeugte, fast immer mit Kampf, mit Gewalt. Gezeugt hat er nun auch die Alben. Die Kräfte unter König Alberich, der die Herrschsucht vermehrte und die Besitzsucht und von dem auch Hagen abstammen soll, unser burgundischer *Tronje*. In seinen Speer aus dem Holz der WeltEsche, in den habe Wotan Runen geritzt, ein oberstes Gesetz, wonach er, *Uuodan*, von nun an der Mächtigste sei und keinen Gott neben sich dulde. Das alles war noch in den Zeiten, in denen die Trojaner das RomImperium noch nicht gegründet hatten, die Weltherrschaft des Mars. Der Nibelunge sagte mir, Wotan hätte wissen müssen, daß der Weltenbaum und die Nornen und die allwaltende Mutter *Gaia* nie zu beherrschen sind und nie zu besitzen. Daß in *Gaias* ewigem Wandelchaos das Festhalten an Besitz und Herrschaft das Allerlächerlichste ist. Und das Verhängnisvollste.

Wir schwiegen eine Weile. Dann sagte er: Die Unerschaffene berauben zu wollen, den Weltenbaum zu verletzen, das bleibt der Fehler. Zwergenhaft flachsinnig und kenntnislos wie Wotan, so sagte der Nibelunge, so kurzsichtig gingen auch die römischen Caesaren mit der Welt um. Und so handeln nun die Päpste. *Silvas aequantes.* Die Weltwälder verwüstend. Materie ignorierend. Zerstörend, mindestens tausend Jahre lang. Wahrscheinlich länger.

Mit einem Augenverlust kam der Krieg in die Welt? Mit einem Blickverlust?

Der die Maßgebenden maßlos machte. Und in der Bedrängnis dann auch die Frauen. Wie die Königinnen beim Streit vorm Münster. Und wie Krimhild auf dieser Schreckensburg.

Er schwieg wieder. Lag auf dem blutigen Boden. Den Leib von unten bis obenhin im Eisenpanzer, von den Beinschienen bis zum Kopf im Stahl. Mit dem Kopf auf der Brust des toten jungen Freundes.

Rings im Schimmer der glimmenden Feuer lagen zahlreiche andere junge Leute. Erschlagene, zerstückelte. Ich wußte nicht recht, ob Giselher es noch hörte oder ob er nun doch endlich eingeschlafen war, als ich redete. – Manchmal denke ich, gäbe es statt Lüge und Gier nur Frieden, nichts würde –

Ich schwieg, weil ich ihn schlafen lassen wollte. Aber er fuhr fort: – nichts würde sich streiten, nichts mischen, nichts ändern. Nichts sich lieben. Das ist nicht zu fassen. – Darüber war er dann tatsächlich eingeschlafen.

Auf einem der Tische fand ich noch eine kleine Öllampe, die entzündete ich an den Glutbalken und begann mit der Schreibarbeit. Das ging mühevoll. Nach dem Schreckenstag wollten die Finger nicht aufhören zu zittern. Mit Anstrengung vermerkte ich Taten und Worte und den fürchterlichen Saalbrand. Am Ende auch die Geschichte vom Verlust des korrigierenden Blicks. Von der nachhaltigen Einseitigkeit und von unserem immer wieder neu dampfenden und verkochenden Leben zwischen Feuer und Wasser.

Als das Notieren endlich beendet war, schien es mir ganz und gar unheimlich in der großen stillen Totenhalle. Das Glühen rings war erloschen. Die letzte noch lebende Hundertschaft aus Worms schlief zwischen den Toten. Schlief unruhig. Vorm Eingang hielten Dankwarth und Gernot Wache.

Wie angenehm wär es gewesen, wir hätten wieder wie in der ersten Nacht drüben im Gästesaal auf weichen Daunen schlafen können, unter Zobel-Decken. Über mir, in der verschwundenen Hallendecke, zeigte sich der Sternenhimmel. Sollte ich jetzt, bevor der Morgen anbrach, mit meinen Notizen tatsächlich fliehen? Von diesem Burgberg, im Schutz der Dunkelheit, rasch hinab zu meinem Eselchen *Äsop*, vom Stall dann zur Donau hinunter und dann tagelang westwärts, bis an den Rhein?

Vor mir atmete der junge Poet. Und rings lagen die Gleichaltrigen, denen das Atmen genommen war. Ich sah, daß dem jungen burgundischen Krieger, daß dem toten Volker eine kleine Schrift aus der Armschiene rutschen wollte, ein winziges Büchlein, ein *libellum*, das er sich offenbar aus Rom mitgebracht hatte, nur handgroß war das. Noch auf dem Schiff hatte ich ihn beim Lesen beobachtet. Auch dieser junge Mann hatte in Lorsch und in Rom die Herrensprache gelernt. Ich griff mir das kleine Lateinbuch und sah, daß er Zeichen an den Rand gemalt hatte. Was da zu lesen war, das kam mir sehr bekannt vor, ja, das war ein kleines Kapitel aus dem großen Bericht des Feldherrn *Gaius Julius Caesar*, aus der Chronik über seine Kriegszüge gegen die Gallier, und in dem Büchlein stand davon nur ein winziger Ausschnitt, ein kurzer Text über die Kelten. Rot angestrichen hatte der junge Mann die Rede eines Galliers, des *Critognatus*, der sich einst ebenfalls, wie wir jetzt hier in Gran, in einer verzweifelten, in einer aussichtslosen Lage befunden hatte. Die Rede an seine keltischen Freunde hielt dieser *Critognatus* in der Stadt *Alesia*, die von den Römern seit Monaten belagert wurde. Alesia wurde nach der Eroberung dem Erdboden gleichgemacht. Zwischen Dijon und Troyes wird *Alesia* derzeit ausgegraben

Der junge *Critognatus* rief seine Mitbewohner zu letzten mutigen Taten auf, zum Widerstand gegen die römische Übermacht. Nach dem Tod von 80000 Menschen, so sagte er, gehe es nun darum, *paene in ipsis cadaveribus proelio decertare*. »fast auf den Leichen selbst um die

Entscheidung zu kämpfen« Auf den Körpern der Toten müsse von nun an gestritten werden, wie auf Barrikaden. Angestrichen hatte sich der junge Burgunder alsdann die Passage, in der sich die hungernden Krieger in *Alesia* »mit den Körpern derer am Leben hielten, die wegen ihres Alters für den Krieg nicht mehr tauglich schienen, Hauptsache, sie ergeben sich den Feinden nicht«, *eorum corporibus, qui aetate ad bellum inutiles videbantur, vitam toleraverunt neque se hostibus tradiderunt.* (De Bello Gallico, 7. Buch, Kap. 77)

Die verzweifelten Alesier, sie hatten nicht nur vom Blut der Erschlagenen trinken, sondern hatten sich auch vom Fleisch der Väter ernähren müssen. Und das Büchlein des jungen Burgunders schloß mit einem *passus*, den der junge Leser doppelt angestrichen hatte. Mir schien, diese Sätze zeugten von einer seltenen, einer einmaligen Wahrheitsliebe, ja, es scheint geradezu unerhört, was da der große Caesar über das politische Ziel des *Imperium Romanum* preisgegeben hat, freilich nur indirekt, indem er es dem jungen mutigen *Critognatus* als Rede in den Mund gelegt hat. *Romani vero quid petunt aliud aut quid volunt nisi invidia adducti nobis aeternam iniungere servitutem? Neque enim umquam alia condicione bella gesserunt. Respicite finitimam Galliam, quae in provinciam redacta, securibus subiecta perpetua premitur servitute.* »Worauf aber sind die Römer, die allein der Neid auf uns bewegt, worauf sind sie sonst aus, was denn wollen sie anderes, als uns in ewige Sklaverei bringen! Niemals haben sie Kriege mit einem anderen Ziel geführt. Blickt nur auf das übrige Gallien, das wurde zur Provinz gemacht. Und Gallien schmachtet, den römischen Herrschaftsbeilen unterworfen, in ewiger Knechtschaft«

Verwirrt legte ich das winzige Lederbüchlein zurück, in die Hand des toten Volker. Nahm es dann aber wieder an mich, steckte es zwischen die Pergamente an meinem Leib. Vielleicht finde ich später, am Rhein, die Eltern dieses armen Jungen? Ach, hier hat ein intelligenter Jüngling, ein 19jähriger, bevor er fiel, die unverhüllten Ziele des Imperiums *expressis verbis* gefunden, hat in seinem letzten Lebensmoment die immerwährende Gier der Macht durchschaut, Neid und Besitzsucht als die Stacheln, die uns gegeneinanderhetzen, statt daß wir gemeinsam das unterdrückende *Imperium* »Befehlssystem« beseitigen, die weltliche wie die geistliche Flachsicht auf die Dinge und die Menschen, statt daß wir ein Miteinander suchen wie jener Keltenherzog *Ambiorix*, der so regieren wollte, daß die Leute ihrem Herrscher genausoviel zu sagen haben sollten wie der Herrscher den Leuten. s. S. 646 Statt dessen massakrieren wir Unfreien uns gegenseitig. Auch in dieser Etzelburg, ohne Erbarmen, ohne Verstand, mit dem flachsichtigen, mit dem Wotansblick.

Dann war auch ich eingeschlafen. Giselhers Stimme weckte mich, ich hörte, wie er sagte, der Tag komme, er spüre den kühlen Morgenwind, die Hähne schrien, ich solle mich beeilen, ich müsse mich nun schleunigst davonschleichen, er werde mir Rückendeckung geben. Ich schüttelte den Kopf.

Und ich fühlte, daß ich schweißnaß war. Schlimme Angstbilder hatten mich in den Träumen geplagt, und es schienen das alles immer wieder Bilder gewesen zu sein aus der eben vergangenen höllischen Nacht und aus dem Tag davor. Dann stürzte auch schon Dankwarth in die Halle und sagte, im Hof herrsche Unruhe und Erbitterung, weil das Feuer die Gäste wider Erwarten nicht vernichtet hätte. Und schon hörten wir, wie Herr Gernot von der Terrasse herab die Wut der Etzelleute schürte und wie nun auch er, wie in Todessucht, die Hunnen als Feiglinge verhöhnte.

Über uns, im offenen Dach, zeigte sich der Himmel in der lieblichsten Morgenröte. Der Waffenmeister warnte uns, unsere Gastgeber würden es ausnutzen, daß nun kein Dach mehr schützte. In der Tat, schon flogen Geschosse. Die Wütenden im Hof schleuderten Speere, schossen Pfeile in den Saal. Hagen riet, die Speere und Pfeile zu sammeln und von der Terrasse zurückzuschießen. Ich duckte mich neben dem Eingang gegen eine Mauer, preßte mich gegen die schützende Innenwand.

Dankwarth berichtete, die Königin habe tatsächlich sieben Langschilde, gefüllt mit rotem Gold, auf eine Steinbank schaffen lassen, und Krimhild habe diesen Schatz noch einmal lauthals demjenigen versprochen, der ihr den Hagen von *Tronje* brächte.

In einem stilleren Moment schlich ich mich rasch nach vorn, auf die Empore über der Treppe und blickte durch die Geländersprossen. Und sah, hinten auf der Bank unter der Linde, was Dankwarth beschrieben hatte, sah in der Morgensonne die Goldstücke leuchten. Auf der Bank, auf der Hagen und Giselher in der Nacht zuvor gesessen und wo dann Giselher so herzergreifend musiziert hatte. Rings im Hof sah ich die aufgeregten Kämpfer, wütend und ungehalten darüber, daß wir Wormser die Feuersbrunst überlebt hatten. Gernot höhnte von der Terrasse hinab, sie sollten nur kommen, näher heran, könnten hier oben ihre hunnische Hochzeit fortsetzen, sollten ihre Wut und Enttäuschung nicht mit Schimpfen und Fußstampfen und erhobenen Fäusten austoben, sondern im Kampf. – Es passiert euch und uns hier und jetzt gar nichts Besonderes. In diesen Tagen fallen nur die, die sowieso sterben müssen. – Schon flogen neue Geschosse, Gernot fing etliche mit seinem Schild auf, und bald waren fast alle burgundischen Schilde so dicht bespickt, daß sie kaum mehr zu halten und zu heben waren. Ich half den Kämpfern, die Widerhaken und GerKeile herauszuziehen, die Schilde zu befreien von den mörderischen Eisen.

In diesem Augenblick aber erschien im Hof der Etzelburg Rüdiger von Bechelaren. Der Markgraf, unser Freund, der betrachtete den verwüsteten Dachstuhl, hörte Gernots übermütigen Hohn und konnte nun das allseitige Leid schwerlich ignorieren. Und erkannte nun, wie wenig er sich aus diesem Streit heraushalten durfte, obwohl er gehofft hatte, *neutrius partis posse*, »ein neutraler Teil bleiben zu können«. – Weh! will denn niemand dies Verhängnis endlich beenden! – Er sah sich um und erblickte den Dietrich von Bern, der bei den gefüllten Goldschilden mit Krimhild sprach. Rüdiger redete nun heftig ein auf den neuen Caesar und kam dann mit ihm näher heran zu dem verbrannten Gebäude, stand am Ende gar nicht weit von der Stelle, wo ich mich hinter dem Steingeländer versteckt hielt und ihre Wechselrede gut verstand.

Rüdiger beredete den römischen Herrscher und rief, ob denn nun nicht er, Theoderich, der Mächtigste hier, endlich eine versöhnliche Wendung finden könnte. – In dieser blutigen Raserei warten wir alle dringend auf einen wie Euch, auf einen *princeps sui iuris!* »einen Souverän«

Da antwortete Theoderich, daß nach allem, was geschehen sei, weder der König der Hunnen noch die Königin eine friedliche Wendung wollten. – Sieh sie dir an, die Menschen hier und die stolze Burg Esztergom! Rings brennen offene Wunden!

Da meldete sich der alte Hildebrandt und fragte, ob nicht vielmehr Rüdiger jetzt derjenige sei, der als einziger noch Versöhnung und Frieden stiften könne oder wenigstens einen Waffenstillstand organisieren und freien Abzug für die Gäste, mit einer einzigen Ausnahme, mit der Ausnahme dieses seelenlosen Herrn Hagen. – Herr Rüdiger, Ihr kennt beide Seiten, seid mit beiden freundschaftlich verbunden. Was Ihr von meinem Herrn Dietrich verlangt, das wäre jetzt Eure eigene Aufgabe!

Rüdiger seufzte, doch dann mischte sich Irnfried von Thüringen ein und beschwerte sich, Herr Rüdiger von Bechelaren besitze erstaunlich viele Burgen, habe von König Etzel Land und gute Güter und verfüge über zahlreiches Gefolge, leiste aber keinerlei Waffendienste, jedenfalls nicht gegen diese schrecklichen Gäste vom Rhein.

Irnfried, ich merke, was du in Wahrheit sagen willst. Du hältst mich für feige. Nimm zur Kenntnis, daß ich nicht den geringsten Grund habe, diese Gäste vom Rhein »schrecklich« zu finden und tödlich zu hassen. In den Monaten, in denen ich in Worms für Etzel um Krimhild zu werben hatte, sind sie mir immer näher gekommen, gewannen sie *consensum meum ex animo.* »mein herzliches Einverständnis« Im Namen Etzels hab ich sie hierher eingeladen nach Esztergom, habe sie freundschaftlich in dies Land geleitet. Mir gegenüber haben sie sich wie Freunde benommen. Und auch am Rhein wohnen sie keineswegs »schrecklich«, wie du sagst, sondern in ansehnlichen Burgen und Sitten. Zuletzt gab es obendrein zwischen meiner Tochter und dem jüngsten der burgundischen Königsbrüder ein liebliches, ein wonnereiches Verlobungsfest. Unmöglich kann ich gegen diese Freunde kämpfen.

Diese Rede ließ Krimhild ihrem Gemahl Etzel hinterbringen. Da erschien der Hunnenherrscher nun ebenfalls im Burghof und wirkte ungehalten, ja zornig, denn er fragte seinen Markgrafen laut, wo Rüdigers Augen blieben, wo sein Verstand, wenn er hier diejenigen seine Freunde nenne, die ihm, Etzel, das Allerschlimmste angetan hätten, den einzigen Sohn ermordet und zahllose Freunde.

Auch Krimhild fragte, wo eigentlich die Hilfe des Herrn Rüdiger bleibe, der von König Etzel die wichtigste Markgrafschaft zum Lehen habe. Graf Rüdiger sei es gewesen, der ihr riet, sich mit König Etzel zu verbinden, um in dieser Ehe den unsäglichen Schmerz zu lindern, den ihr die Wormser Verwandten zugefügt hätten. Spätestens jetzt sähe er doch selber, um welche Monster es sich in Wahrheit handele, die er merkwürdigerweise seine Freunde nenne.

Macht die Augen auf, Rüdiger, rief Etzel, seht, wie meine liebe Frau, wie Eure neue Herrin alle nur denkbaren Leiden heimsuchen, wie hier eine Frau dringend Beistand braucht, eine Frau, der Ihr zuvor persönlich jede Hilfe geschworen habt. Jetzt braucht sie Euren Vasallendienst so nötig wie nie! Ihr aber, so höre ich, preist vor dieser blutbesudelten Treppe lauthals die Güte dieser Mörder? und erklärt uns, welch zivilisierte und angenehme Leute sie seien, diese sogenannten Nibelungen?

Mitten in diesem erbitterten Wortstreit hörte ich, wie Hagen, der neben Giselher stand, etwas in seinen Graubart zischte, was unten im Hof niemand mitbekam, einen alten römischen Rat knurrte er, einen Spruch, der, wenn nur je römisches Recht wirklich praktiziert worden wäre, auch in diesem verzweifelten Fall hätte helfen können. Hagen sprach das Latein leise und es war klar, daß er an wirklicher Hilfe oder an einem Rat längst nicht mehr interessiert war. Giselher nickte und nannte den Namen *Ulpianus*, und der Satz hieß: *Nemo ultra posse obligatur.* »Niemand ist verpflichtet über das hinaus, was er vermag.« In Rom ein anerkannter Rechtsgrundsatz, der zurückgeht auf den Juristen *Domitius Ulpianus* (170 bis 228) Ach, sie alle, die dort unten wie die hier oben, so schien mir, sie waren nun nur noch eines aus, auf ein absolutes *ULTRA*. »Äußerstes«

Eure Worte, so hörten wir dort unten den Rüdiger stammeln, die bedrängen mich, die beschweren mich sehr. Aber begreift, daß ich nicht nur Euch Bündnistreue schwor, sondern ebenso den Burgundern. Wehe, wie soll ich hier nun niemandem wehetun, niemandem von all denen, die mir wichtig sind und lieb. Wahrlich, nur eines habe ich bei meinem Treu-Eid nie geschworen, nämlich, daß ich für meinen Gefolgschaftsdienst und für meine gutwillige Treue nun auch noch meine Seele verlieren soll. Handschrift B um 1200: *daz ich die sêle vliese*

Diese Bemerkungen versetzten die Königin und den König in große Unruhe. Denn Ritter Rüdiger und seine Leute aus Bechelaren waren offenbar die letzten, die noch ohne Verletzte und Tote waren, und dann geschah es, daß König und Königin in ihrer Verzweiflung vor dem Markgrafen Rüdiger niederknieten, daß sie ihn inständig anflehten, ihnen beizustehen gegen die fürchterlichen Männer vom Rhein, die nicht mal vor einem Kindermord zurückschreckten, die sich widerrechtlich Nibelungen nennten, die sich Krimhilds Besitz angeeignet hätten und an deren Händen seit mehr als einem Jahr das Blut eines Mordes klebe, des niederträchtigsten in der Geschichte der Völker.

Da war Rüdiger sehr bedrückt. Er schaute zu der Terrasse hinauf, auf der seine burgundischen Freunde standen und mithörten. Rüdiger wandte sich weg und ging im Hof umher, ging im Kreis, als fände er irgendwo zwischen den Linden einen Rat. Wir sahen, wie er sich an seine Brust schlug, und wir hörten, wie er laut rief und schrie, daß alle es vernahmen, auch wir dort oben über der blutverkrusteten Treppe.

Weh, rief er, weh über mich armseligen Mann, daß ich diesen Tag erleben muß. Wie immer ich jetzt handele, man wird mich verachten, wird mich verfluchen. O ja, ich sehe es, jetzt kann nur noch mein Tod mir die Schande nehmen. Was immer ich nun lasse, um das andere zu tun, in jedem Fall werde ich übel gehandelt haben. Auf welche Seite ich jetzt auch gehe, im selben Moment bin ich für die andere Seite unehrenhaft, treulos, mörderisch. Ach, ihr Wotans, ihr Marias, ihr Mithrasgeister und all ihr weisen Kirchenväter, nun helft mir aus der Hölle, in die ihr mich hineinstoßt! Was immer ich mache, ich richte Unheil an. Und verweigere ich mich beiden Seiten, dann wird man mich erst recht verfluchen. In ausweglosem Dreck stecke ich. Nun helfe mir die Kraft, die mich in dieses Leben rief!

Allerdings, der freundliche Rüdiger, was immer er tat oder nicht tat, es sah ganz so aus, als müßte er unweigerlich in Schande enden. Seine Lage war, wie immer man sie ansah, aussichtslos. Schuldlos war er und belud sich dennoch mit Schuld. Dabei schien mir, daß dieser Rüdiger einer der seltenen Menschen war, der seine Lage genau ins Auge faßte, der sie ausnahmsweise durchschaute. Mit kritischen Augen, mit vergleichenden, mit korrigierenden. Nach fast allen wissenschaftlichen Gutachten zum Fall des Rüdiger (in der bislang ausführlichsten Hs. B sind das die Strophen 2154ff) sind die Bindungen dieses »höheren Angestellten« nach mittelalterlichem Recht und nach damaligen Vorstellungen von menschlicher Bindung zu beiden verfeindeten Gruppierungen gleich stark, dieser Mensch gerät also, für alle sichtbar, in einen unlösbaren Konflikt, der ihn »schuldlos schuldig« macht. Das ließ die Germanisten vermuten, der (unbekannte) Ependichter um 1200 müsse antike Tragödien gekannt haben. Auch die hier übersetzte älteste schriftliche Version der Begebenheit, auch die »Kilianschronik« beschreibt Rüdigers Situation so, daß ein strapaziertes und im neuen Deutsch ständig mißbrauchtes Wort unvermeidlich zu werden scheint: Rüdigers Situation ist tragisch. Was ihn in der Tat auszeichnet, ist, daß er seine Situation nicht übertüncht, sondern bewußt wahrnimmt

Der arme Mann von Bechelaren, er machte dann noch einen letzten verzweifelten Versuch, aus seiner Not herauskommen. Er wandte sich an Etzel und flehte ihn an. – Nimm alles zurück, was ich je als Lehen bekam. Nimm das Land, die Burgen, die Leute, das Gesinde, die Waffen, das Vieh. Ich will von nun an ein Bettler sein. Will mit meiner Familie zu Fuß ins Ausland gehen. *Ich will ûf mînen füezen in das ellende gân*

Wem würde das helfen! rief Etzel. Wer würde mir dann diese Mörder, die du hierher gebracht hast, von meinem Hof schaffen! Die Markgrafschaft, die hab ich dir geliehen, damit du mir hilfst und nicht, damit du mir in Notzeiten davonläufst! O Rüdiger, steh mir bei, nun erfülle deine Pflicht, du weißt, außer dem Kaiser und seiner Garde bist du mein letztes Aufgebot gegen diese Scheusale, räche mich an denen, die mein Kind und meine Freunde umbrachten, die meine junge Frau beleidigen, demütigen, erniedrigen.

Wie kann ich kämpfen, wie soll ich Haß empfinden gegen einen wie den jungen Giselher, dem ich meine einzige Tochter verlobte. Mein Kind Dietlind hätte keine bessere Wahl treffen können, nie lernte ich einen so gebildeten, einen so liebenswürdigen Königssohn kennen. Dem soll ich das Haupt zerspalten?

Seine edle Bildung, rief Etzel, die hat ihn nicht davon abgehalten, gemeinsame Sache zu machen mit dem ruchlosen *Tronje*. Dein kluger Herr Giselher und auch die anderen *homines subtilitatis* »Menschen der Spitzfindigkeit«, sie alle haben den Mörder ungehindert Unheil stiften lassen. Gebildet nennst du diese Herrschaften? Noch nie habe ich so schreckliche und hochmütige Gäste beherbergen müssen! weh über diese intelligenten und empfindsamen Monster, du hast sie hierher geführt, nun sorg dafür, daß wir diese hochgebildeten Waldfresser wieder vom Hals kriegen, diese gelehrten Lügner, diese scheinheiligen sogenannten Nibelungen oder gar Christen. Deinen Schwiegersohn laß meinetwegen am Leben, aber wehe, du brichst das eherne Gesetz der Gefolgschaft!

Da seufzte und schluchzte der arme Markgraf. – Dann muß ich ihn also leisten, den grauenhaften, den Treuedienst. Etzel und Krimhild, in eure Fürsorge befehl ich meine Frau, mein Kind, meine Leute in Bechelaren. Weh über mich, daß ich meine Freunde töten soll. – Er wandte sich an seine Ritter aus Bechelaren. – Bewaffnet euch. Holt mir mein Schwert. Wir gehen einen entsetzlichen Gang. Wir sollen sie erschlagen, unsere Freunde.

Von der Terrasse her sah ich, wie sich im Hof viele Bewaffnete sammelten. Die näherten sich alsdann, alle gemeinsam, Rüdiger voran, den Treppenstufen. Da kamen wohl mehrere hundert Krieger. Sie waren in der Überzahl, aber sie mußten nach oben kämpfen, über einen zerschmierten Treppenaufgang.

Giselher, als er in der ersten Reihe den Vater seiner Dietlind sah, schluchzte hell auf und glaubte, in der Angst seines Herzens, die schreckliche Situation noch im letzten Moment wenden zu können und sich einer wunderbaren Täuschung hinzugeben. – Wie gut, daß dort endlich unsere guten Freunde auftauchen, endlich kommt Hilfe!

Rüdiger blieb vor der unteren Treppe stehen. Seinen Langschild stellte er vor sich auf den Boden, und dann begann der Markgraf, in aller Form den Burgundern das Bündnis aufzukündigen.

Die ihr meine Freunde gewesen seid –

»Gewesen«? rief Giselher.

– hört mich an. Ihr wünscht euch von mir und meinen Kämpfern Hilfe? So weh es mir tut, ihr werdet von uns zu leiden haben.

Unmöglich, rief Giselher, wie kannst du, was uns verbindet, ungeschehen machen! Was immer dir die imperiale Treue befiehlt als Unterwerfung, als Gehorsam vor diesem ungnädigen Königspaar, das kannst du unmöglich höher stellen, das kannst du jetzt nicht plötzlich *nostris vinculis amicitiae praeponere!* »unseren Freundschaftsbanden vorziehen« Und erst recht die Liebe deiner allerliebsten Tochter, erst recht die kannst du jetzt unmöglich in den Schmutz treten!

Ich muß es. Und kann es schier nicht ändern, Giselher. Ich stehe bei Etzel und bei Krimhild im Wort. Und zwar seit längerer Zeit als bei euch. *Vincula amicitiae* binden mich auch und seit langem an die Menschen in Esztergom. Weder der König noch die Königin wollen mir das Kämpfen erlassen.

Ihr selber könnt es euch erlassen! rief Gunther. Haut ab, Herr Rüdiger, kehrt um! Ich trage ein wunderbares Panzerhend aus tausendneunhundert unzerstörbaren Eisenringen und bekam dies Streitgewand aus der Hand Eurer Gattin! Nie hat ein Hausherr seine Gäste liebevoller aufgenommen und besser bewirtet als Ihr. Nun, Freund, willst du deine Gäste erschlagen?

Hört auf, mich zu quälen, mich zu erinnern an all das, was ich selber nur zu genau weiß. Wir müssen kämpfen, wehrt euch!

Sieh doch dieses Schwert, rief nun Gernot und hob seine Waffe, du selbst, Rüdiger, hast es mir vor wenigen Tagen geschenkt, ein vorzügliches Eisen, in diesen fürchterlichen Tagen hat es mich keinen Moment im Stich gelassen. Soll ich dir mit deinem eigenen Geschenk das Haupt spalten?

Mein Kopf ist längst gespalten.

Was, rief Gunther, soll diese verrückte Kehrtwendung? diese Umstülpung aller Verhältnisse? Welch grausamer Widersinn!

Ja, rief Giselher, grausig ist das und allerhöchste Zeit für uns alle, endlich wieder zu dem zu kommen, was uns, wie es heißt, von den Würmern unterscheidet. Wir handeln hier nicht vernünftiger als Hunde oder Kampfhähne. Willst du deine eigene Tochter unglücklich machen? zur Witwe schon jetzt?

Ihr stellt mir das Grausige so deutlich vor die Seele, so haarsträubend, wie ich es selber sehe. Ach Giselher, mich zerreißt ein doppelter Eid. Ich bitte dich, falls du überleben solltest, bestrafe um des unbegreiflichen Himmels willen das junge Mädchen nicht und ihre Mutter nicht für das, was ich jetzt tun muß.

Da meldete sich Hagen. – Hört! Als hätten wir hier nicht blutige Sorgen genug, steigert ihr nun dies alles mit eueren Reden ins Unerträgliche. Unser Poet Giselher hält uns für Hähne, Hunde oder Würmer. Sieh her, Rüdiger, sieh diesen Schild, den mir deine Frau Gotelind geschenkt hat, den haben mir Etzels hunnische Freunde in den letzten Tagen fast schon zerschlagen. Wie wäre es, du würdest mir jetzt denjenigen geben, den du da unten vor deine Füße gestellt hast.

Gern, wenn ich es denn wagen könnte, dir diesen unzerbrochenen Schild unter Krimhilds Augen anzubieten. *torst ich dir in bieten vor Krimhilde* Doch wisse, die Gunst der hunnischen Königin kommt mir nun ebenfalls abhanden und wird mir gleichgültig. Also nimm ihn. Er soll dich schützen, ich greif mir einen anderen.

Als da der vielfach zerrissene, der zerspaltene Rüdiger, als der da so kurz vor seinem Ende dem Herrn Hagen von *Tronje*, den man in seinen letzten Jahren immer häufiger den »grimmigen« genannt hat, in einer letzten freundlichen Zuneigung den eigenen guten Schild übergab, da sah ich, daß viele Männer ergriffen waren und manche Augen rot von Tränen *von heizen trähen rôt*, ja, da weinten selbst harte Krieger. Wie kaltherzig und stählern auch dieser Vetter sein mochte, auch er stak fest eingekerkert in dem Streitkäfig, in den Zwängen des Befehlssystems, des Militärs und der Gefolgschaft, die Etzel »ehern« nannte und aus denen schon die königlichen Frauen vor dem Wormser Münster keinen Ausweg gefunden hatten. Alle, die nun sahen, wie hier, vor dem tödlichen Kampf, ein Schild überreicht wurde, die zeigten sich bewegt. Und Herrn Hagen hörte ich, wie er den Königsbrüdern sagte: Mit diesem Rüdiger stirbt an diesem Morgen ein vollkommener Ritter.

Dann geschah das offenbar Unausweichliche. Dann stürzten sie gegeneinander, die Burgunder und die Leute aus Bechelaren, wobei ich in all meinem Entsetzen immerhin noch so viel bemerkte, daß Giselher und Hagen anfangs zurückzutreten versuchten. Denn dies Gefecht ging ihnen wahrlich so nahe wie keines zuvor. Immer wieder hatten sie den Kopf zu schütteln, und ich sah, wie Giselher sein behelmtes Haupt verzweifelt gegen die Palastmauer stieß.

Die Burgunder wehrten sich energisch, kämpften lange gegen die Übermacht, schoben und hieben die andrängenden Recken des Fürsten Rüdiger über die Treppenstufen zurück, teilten abermals harte Schläge aus, diesmal gegen die Freunde, ach, auch dies waren Hiebe und Stöße, die immer wieder durch glänzende Ringpanzer drangen bis tief in den Sitz des Lebens. Einige von Rüdigers Gefolgsleuten kämpften sich bis in den verwüsteten Königssaal hinein, und als die Zahl der Eindringlinge so groß wurde, daß Dankwarth und Gernot und die anderen burgundischen Kämpfer in schwere Not gerieten, da konnten auch Giselher und Hagen nicht länger stillhalten, da verteidigten sie ihre Freunde gegen ihre Freunde, da schlugen sie zurück und töteten die, mit dem sie vor kurzem noch festlich gefeiert hatten.

Da sprangen nun auch unter Gunthers Hieben, die er wieder von oben herab schlug, kostbare Schildspangen aus den Beschlägen, aber da fielen nicht nur Edelsteine aus den Schilden und aus den Schulterstücken, da wurde auch das Kostbarste nicht geschont, das Leben, ja, das Unwiederbringliche wurde in unbeschreiblicher Blindheit in den blutigen Dreck getreten, in den schleimigen Schmutz sanken hier wie dort und überall die jungen rasenden Männer und wimmerten und schrien im Sterben die Namen von Heiligen und von Müttern und anderen Frauen und von Göttern.

Als wieder mehrere Kämpfer aus Worms wie aus Bechelaren gefallen waren, geriet der stoppelköpfige Heißsporn Gernot in sehr große Erregung und schrie wie von Sinnen. – Ihr Rasenden, ihr Ungeheuer, wollt ihr tatsächlich keinen meiner Freunde am Leben lassen? Dieser Irrsinn zerreißt mich, den kann ich nicht länger mitansehen, es sei, wie es wolle, nun, Rüdiger, sorgt dies Schwertgeschenk tatsächlich für Unheil. – Und schon stürmten hinten in der Halle Gernot und Rüdiger aufeinander los, stießen diese so hochherzigen wie ehrgeizigen Männer nun unmäßig wütig gegeneinander und brachte Markgraf Rüdiger dem Gernot schräg durch dessen steinharten Helm eine Wunde bei, aus der sofort sehr viel Blut floß, was den kämpferischen Gundomarsohn nur um so verzweifelter toben ließ. Wie todwund er auch war, er schlug einen mörderischen Hieb zurück, und, ach, den überlebte Gotelinds Mann nicht, und er stürzte zu Boden. Gleich nach ihm sank auch der stoppelköpfige Gernot, beide Kämpfer fielen kurz nacheinander, fielen auf Leiber, die schon im Dreck lagen und von denen einige noch krampften und röchelten, Gernot und Rüdiger bäumten und krümmten sich nun ebenfalls, reckten, streckten sich im Todesschmerz und ächzten und schrien ein letztes Mal und hatten sich gegenseitig erschlagen.

Als mein Giselher das sah, als er Dietlinds Vater und seinen geliebten Bruder Gernot sterben sah, da heulte er auf und schlug wie im Wahnsinn, schlug weinend um sich und ließ keinen der Leute aus Bechelaren am Leben und stach und hieb, als wollte nun auch er sich selber hier und jetzt nur noch umbringen, aber er kam davon.

Ächzend, keuchend stieg er über die Toten und stand plötzlich vor mir und redete und benutzte Rüdigers Worte, die der so verzweifelt gesagt hatte und ach, so *miserabilis* »herzergreifend«: Nun helfe mir der zu leben, der dies grausige Dasein erfunden hat! Fluch über jede Art Priesterschaft! Fluch auch über *Gaias* ewig blutverschmiertes Wandelchaos!

Tief hinten im Saal hockte ich, unter den Eichentischen, verlegen und verwirrt, zitternd und schlotternd, blickte zur Seite und sah in die stinkende dampfende Halle. Die schwappte und roch von Blut und Kot und Menschenfleisch. Da wurde jetzt nicht mehr gekämpft, da lebten jetzt keine Gegner mehr, eisige Stille kroch über die Leichenberge. Wo eben noch Schreie und schrecklicher Eisenlärm toste und Jammern war und Wimmern, da herrschte Grabesschweigen. Kein Winseln der Sterbenden mehr. Die »Nibelungen« hatten verruchte Arbeit getan.

Diese Stille aber gefiel denen nicht, die unten im Hof gewartet und gelauscht hatten in der Hoffnung, die Recken von Bechelaren würden endlich den lang erhofften Sieg erringen. Der Hunnenherrscher Etzel, der fürchtete, die Kämpfer dort oben im Saal, wo es so merkwürdig ruhig geworden war, die machten jetzt eine Pause oder dächten gar an Aussöhnung, Rüdiger und seine Leute fänden zurück zu ihrer Freundschaft. Der griechische Geistliche erschien in seinem langen Ziergewand, und dieser byzantinische Herr *Philagathos* stieß plötzlich, da er die weströmischen Vasallen besiegt glaubte, fromme Verwünschungen aus gegen die Irregeleiteten vom Rhein, verwünschte sie als Mörder, als Satansbrut, als Gottesleugner.

Da ging mein Giselher wieder hinaus auf die Terrasse und beantwortete diese unguten Rufe. – Beruhigt Euch, Herr Bischof. Herr Rüdiger hat getan, wozu ihn die idiotische Treue zwang, ja, vernimm es, Etzel: Markgraf Rüdiger hat im Gehorsam gegen dich meinen lieben Bruder Gernot erschlagen. Bekam aber von ihm, mit dessen letzter Kraft, gleichfalls den tödlichen Hieb. Wenn Ihr das nicht glaubt, dann bring ich die beiden aus dem Saal hierher, den tapferen, den armen, den verzweifelten Helden von Bechelaren ebenso wie meinen gleichfalls armen, meinen ebenso verzweifelten Bruder. Habt Erbarmen, beendet endlich diese unsägliche Scheußlichkeiten, dieses Brudermorden. Glaubt mir, niemand von den Bechelarenleuten hat überlebt.

Als man hörte, daß Rüdiger und seine Leute tot seien, ach, was da abermals an Schreien und an Zeichen des Schmerzes und der Bitternis zu vernehmen war, weiß Gott, das alles ist unbeschreiblich, das bleibt für immer unsäglich. *Ez enkunde ein schrîber gebrieven noch gesagen* »das könnte ein Dichter weder schriftlich noch mündlich schildern«

Und als dann Giselher wieder auf der Terrasse erschien, mit dem toten Rüdiger in den Armen, da stieg ein hundertfacher Schrei gegen den Himmel, der stieg aus dem Hof der Granburg empor durch den Lindenduft, als Wut- und Entsetzensgebrüll. Giselher kam auf die Terrasse und es sah aus, als umarme er den Rüdiger, trat mit dem Leichnam des väterlichen Freundes auf die freie Fläche, für alle sichtbar, so hielt er ihn in den Armen, den hochgeschätzten Mann, und trug ihn dann die Treppe hinunter, küßte ihn und legte ihn vor die unterste Stufe, blieb dort stehen, zeigte mit beiden flachen Händen auf den Toten und nickte, als wollte er sagen: Seht her, das ist das Ergebnis. Und ging dann die Treppe wieder hinauf, und es flog in seinen Rücken kein Spieß, kein Pfeil. Entsetzen und Trauer lähmten alle, die dort unten im Hof wie die dort oben auf der Empore.

Ach, in diesen drei Tagen rund um die Sonnenwende des Jahres *CDLXXXVII* 487 schien sich die Welt umzustülpen. Längst hab ich es aufgegeben, zu glauben, jemand könnte je all das Unerhörte, das in Esztergom geschah, korrekt notieren, all diese Verzweiflungsreden, diese Verzweiflungstaten. Im Kloster *Kilmacduagh*, in dem ich als Schüler gelebt habe und als Mönch und wo ich mein Latein lernte, da hing im Refektorium ein altes Gemälde, das ein Abt aus *Alexandria* mitgebracht hatte. Das zeigte die Enthauptung der Iphigenie und zeigte unter denen, die das Enthaupten mitansehen mußten, auch den Vater des Opfers, aber der Vater war gefesselt, und der Maler aus der antiken Zeit, er hat das Gesicht des verzweifelten Vaters gar nicht gemalt, er hat den Vater das Gesicht vom Betrachter wegwenden lassen. Ich weiß zu genau, ich bin kein Dichter und will auch keiner sein, sondern nur ein Chronist, aber ein sorgfältiger und genauer, ach, welcher Dichter hätte denn einen so hirnzerreißenden Irrsinn je wahrheitsgetreu beschreiben können, ein Gemetzel und Kopfzerspalten wie das in Etzels Esztergom.

Wenn ich mich sorgsam mühe, bin ich wenigstens ein wackerer, ein aufrichtiger Augenzeuge und Chronist. Dann habe ich immerhin die Fakten nach bestem Wissen ausgewählt und sorgfältig geordnet, so daß sie für jedermann gut lesbar werden müssen und als Unbegreifliches begreifbar. Alsdann hoffe ich auf die Kopf- und die Zwerchfellkräfte von Lesern, die mitdenken und mitfühlen und die all meine Bilder in ihrem Inneren vollenden, all diese hier nur höchst unvollkommen skizzierten Erscheinungen, *haec imagines certe paucis expositae et adumbratae.* »Diese Bilder, nur mit kümmerlichen Strichen dargestellt und angedeutet« (»schattenhaft«)

Längst hockte ich wieder in der hinteren Ecke des Saals, saß hilflos unter dem Tisch, schlotternd saß ich, unfähig, zu schreiben oder wenigstens zu helfen oder womöglich doch noch zu fliehen. Ach, auch von dort hinten wurde ich Zeuge neuer unvergeßlicher Bilder, denn nun sah ich den fürchterlichen Hagen niederknien an einer der Leichen, sah, wie er sein narbiges Gneisgesicht an Gernots blutigem Stoppelkopf barg. Der von allen mit guten Gründen als grimmig und als hartherzig verschriene Waffenmeister, er schien zu Tode erschüttert. Den kämpferischen Gundomarsohn, den hatte er insgeheim ins Herz geschlossen wie einen eigenen Sohn. Und wie immer, wenn ihm etwas sehr wichtig war, fand er auch jetzt nur lateinische Worte. – *Dies irae et delirationis infinitae. Utinam ille quidem ne mortuus esset!* »Tag des unendlichen Zorns, des unendlichen Irrsinns. Wäre doch wenigstens er nicht gestorben«

Zwischen Tausenden zerbrochenen Waffen lagen in der grauenhaften Halle nun hunderte Tote. Von den Burgundern lebten nur noch drei. Denn auch Dankwarth, der Gute, der Hilfreiche, er lag nun zerhackt, kaum mehr zu erkennen, blutüberströmt. Hagen rutschte auf seinen Knien von Gernots Leichnam zu dem des Truchseß hinüber, kroch durch den Dreck der Gliedmaßen und Gedärme hinweg dicht an den Leib des tapferen Dankwarth hin und schluchzte, murmelte auch hier Lateinisches, weinte über den wackeren Mundschenk, Kämpfer und Haushofmeister von Worms.

Nun lebten in dieser Todeshalle nur noch Gunther, Giselher und Hagen. Und ich.

Der todmüde Giselher kam noch einmal auf mich zu, gespenstisch nahte er sich, wie ein morscher kahler alter Baum wankte er heran und hatte ein großes weißes Seidentuch in der Hand, ein blutbespritztes. – Da, nimm das. Nimm das als weiße Fahne. Dem Volker riß ich's aus dem Hemd, das, lieber *Wunnibald*, soll dich schützen. Halt das über deinen Kopf, damit jeder sieht, daß du friedlich bist und waffenlos. Schau, daß du unzertrümmert nach unten kommst, mit den Pergamenten fort von hier, zum Strom hinunter, über die Donau nach Westen, *salve annales vastas verasque*. »Rette die ungeheure, die unverfälschte Chronik«

Ich nickte, schlug die flache Hand an meine Brust, wo unter Herrn Gottliebs Panzer und unter der geknöpften Kutte die Kalbshäute verborgen waren. – Geh, sagte er wieder, geh jetzt sofort. Meine wahnsinnige arme Schwester, sie wird nun den Kaiser selber schicken. Wenn du jetzt nicht fliehst, wirst auch du zerstückelt, und mit dir die Geschichte.

Ich nickte und schaffte es, mich aufzurichten und den lieben zitternden Sänger, unseren Schreiber und verzweifelten Kämpfer zu umarmen. Für Augenblicke war nur noch zu schluchzen. – Grüß mir meine alte Mutter. Ihre fünf Finger auf unseren Köpfen, die haben keine fünfundfünfzig HelferElfen geweckt. Nur eine einzige. Drei Tage lang. Die hieß Dietlind, die war die zauberischste. Und war, ach, so ohnmächtig. Grüß mir, wenn du es schaffst, meine arme Dietlind!

Ich küßte ihn und nahm das weiße Tuch, dieses besudelte Stück aus dem Hemd des toten Volker. Draußen war es derweil still. Im Hof bereitete man neue Attacken vor, womöglich nun mit der Garde des Imperators.

Ach Kilian, hörte ich meinen Freund, in Rom gab es einen einzigen Altar, dem ich Glauben schenkte. *Deo incogito*. »Dem unbekannten Gott« In dieser Hölle erweist es sich. Die Gottheit bleibt tatsächlich unerkennbar. Über den Weltenschöpfer hören wir nur Geschwätz. Lügen. Märchen. Das einzige, was wir ahnen könnten, das – die Stimme versagte ihm.

– das weiß deine Fiedel. Und die ist verbrannt.

Da umarmten wir uns noch einmal. Und weinten. Und küßten uns. Und ich flüsterte. – *Sed credo. Quamquam inexplicabile et absurdum.* »Und dennoch glaube ich. Obwohl es unerforschlich ist, ja absurd« In Rom fand ich unter allen Gesetzen wenige gute. Zum Beispiel *in dubio pro reo.* »Im Zweifel für den Angeklagten« Wann immer die Zweifel mich ersticken wollen, bilde ich mir dies heimlich ein bißchen um. Mit einem einzigen Buchstaben. *In dubio pro deo.*

Er schien zu lächeln, küßte mich, und half mir, über die Toten zu klettern. Leitete mich durch den schwelenden, den stickigen Trümmersaal. Tat mir das weiße Tuch über den Kopf und half mir weiter nach vorn, über die Leiber und über die Leiberteile, durch den Glitsch Schazman: *slush* aus Blut, Fleisch, Gedärm und Hirn.

Doch auf der Terrasse flogen wieder die Pfeile und die schwereren Geschosse, ich mußte mich ducken, hinter das Steingeländer. Durch die Sprossen sah ich, wie im Hof Trauer, Hilflosigkeit, Wut und Entsetzen wechselten, Wundärzte sah ich bei der Arbeit, die schienten zerhaune Glieder bei denen, die sich hatten zurückretten können, über die Treppe hinab, hinter die Linden. Dort hatte man unterm freien Himmel ein Hospital eingerichtet.

Und dann sah ich neue Angreifer heranrücken. Das waren *duodecim de cohorte praetoriana* »ein Dutzend von der kaiserlichen Garde«. Als Hagen sah, wie hochnäsig diese Gardisten daherkamen, nämlich mit offenem Visier, weil sie meinten, die letzten drei Burgunder würden sie nun im Handumdrehen erschlagen können, da packte er einen Bogen und rief nach den Pfeilen, und weil die auf der Terrasse reichlich gesammelt worden waren, überfiel die kaiserlichen Recken, kaum hatten sie die Treppe betreten, ein plötzlicher heftiger Beschuß, schier pausenlos und unbeirrbar wie Odysseus, als er die Freier der Penelope erschoß, so schoß Hagen rasch hintereinander Pfeil um Pfeil, Gunther und Giselher reichten sie ihm, der Waffenmeister zielte auf die jungen Gesichter, fast jedes Eisen traf, traf in die Augen und in die Hände, die vor die Augen gehalten wurden. Wieder wurde geschrien, mußten Verwundete behandelt, Tote beweint werden. In einer seitlichen Ecke des Hofs stand das Königspaar, das beriet sich in heller Aufregung mit Irnfried und mit Hildebrandt. Der alte Hildebrandt klagte um seine kaiserliche Garde und hatte Schild und Schwert auf den Boden gelegt, und wenn ich alles richtig verstand und deutete, was da geredet und geschrien wurde, dann wollte Hildebrandt jetzt unbewaffnet zu uns heraufkommen auf die Empore und wollte verhandeln. Sein Gespräch mit dem Herrscherpaar aber wurde lauter, Herr Irnfried mischte sich ein und ich hörte deutlich, wie der Ritter aus Thüringen rief: Wenn du ohne Waffen zu diesen Barbaren gehst, dann höre ich schon jetzt Hagens Hohn, seine Witze über deine Feigheit.

Sag mir nur offen ins Gesicht, daß auch du mich für feige hältst. – Schon bückte sich Hildebrandt, griff Schild und Schwert und schritt nun, offenbar unerschrocken, auf die verdreckte Treppe zu. Ich duckte mich tiefer hinter das Geländer.

Hagen! rief Hildebrandt herauf, Ihr habt meine Gardisten erschossen. Habt unseren Rüdiger getötet.

»Eueren«? Krimhild machte Herrn Rüdiger das Sterben so schwer wie keinem. Komm nur her, komm hier herauf, sieh sie dir an, die rostrote Krone, die neuerdings unser Gernot auf seinem bleichen Schädel trägt. Von Rüdigers letztem Hieb.

Die Krone auf Rüdigers Kopf ist ähnlich rot. Daß Giselher ihn hier vor diese Treppe legte, ist das Sitte so am Rhein? Ehrt ihr so eure toten Freunde?

Und ihr Hunnenknechte, wie ehrt ihr die lebendigen? bis vor einer Stunde war Gernot der Lebendigste. Gern krönte ich auch dich auf diese Weise!

Das kannst du haben! schrie der alte Hildebrandt, und schon stürmte der die glitschigen Steinstufen hinauf, sprang den Hagen von *Tronje* an. Ich duckte mich, gleich neben meinem Buckel prasselte der Eisenhagel. Wahrlich, ich hätte nicht entscheiden können, wer von diesen beiden erfahrenen Kriegern der Grimmigere war. Mag sein, daß ich unter so vielen Schrecken und Ängsten fast verrückt wurde, jedenfalls meinte ich zu sehen, wie von ihren blanken Schwertklingen ein feuerroter Wind wehte. Ach, das war kein Sonnenwind und kein Irrlicht, das waren Myriaden winzigste Blutstropfen.

Nun wollten dem Hildebrandt diejenigen Gardisten helfen, die weniger schwer verwundet waren, Kaiser Dietrichs restliche Kohorte drang herauf auf die Empore und Giselher schrie: Ja, kommt nur her! bringt's zu Ende! Wie lange noch soll das dauern, dieser hirnlose

Herrenspaß! – Und schlug sich gleichzeitig mit dreien, während Gunther zwei andere, die sehr viel kleiner waren als er, über die Treppe zurückschubste und dem, der sich empört zurückwandte, seinen Speer durch den Hals stieß. Giselher focht alsdann mit Herrn Irnfried, der wie ein Berserker auf meinen armen Poeten einschlug, so daß meinem Sänger und Träumer und Schreiber die Lederriemen vom Helm wegsprangen und zerrissen und gegen die Hauswand flogen und der Helm hinterher, und dann auch der schöne junge Kopf –

– da war ich betäubt und erschlagen, hatte mich im hellen Jammer und im wirren Schwindel erhoben, in den Händen immer noch die blutig weiße Fahne, die er mir gegeben hatte, die hielt ich hoch und schwankte und torkelte, ohne mich beeilen zu können, taumelte wie ein Todkranker die Treppe hinab, rutschte und fiel und weckte bei denen, die das sahen, wahrscheinlich vielerlei Mitleid mit dem »alten Mönchlein«, wachte erst sehr viel später wieder auf, unten bei dem *hospitium* »Hospital« tauchte ich auf aus meiner Benommenheit, als über mir die Stimme der jungen Königin zu hören war, die meinen Namen nannte.

Das ist er, der Kilian *Hilarus,* den sie »Wunnibald« nannten. Der uns riet, die Kreuzprobe zu machen und keine Saalschlacht. Sag, *Wunnibald*, hab ich das richtig beobachtet, wie geht es meinem und deinem Giselher? – Ich schlotterte noch immer, konnte nicht reden, aber an meinen schreckgeweiteten Augen, an meinem zitternden Mund mochte sie ablesen, wie es Giselher ging. Sie beugte sich über mich, wollte mir weitere Fragen stellen.

Aber da drängte sich dieser Prächtige vor, der an Etzels Hof als Bischof galt, der weißhaarige Herr *Philagathos*, »Gutmensch« aus Ost-Rom, das nun Konstantinopel heißt, gewiß war auch dieser *Philagathos* ein glänzender Gelehrter, doch stützte sich seine Gelehrsamkeit ausschließlich auf das Studium der griechischen Kirchenväter, wogegen er das Lateinische oder WestRömische nur unvollkommen beherrschte, weil er die westliche Lehre als Irrweg verachtete oder gar als Teufelslehre. Da aber an Etzels Hof neuerdings die lateinisch gebildete Krimhild den Ton angab und weil Herr *Philagathos* genau zu wissen schien, daß, wenn er in Esztergom *res potestatis et rei publicae* »die Machtpolitik« wirksam lenken wollte, das Lateinische nutzen mußte, so gab er sich, als er Krimhild auf mich einreden sah, einen

Ruck und warnte die Herrin mit folgender Rede: *Domina, vos moneo vehementer, hic homunculus est illorum hominum sui iuris atque suae sententiae, qui dicitant, res sacrae non essent res hominum doctorum sed proletariorum, sacerdotium oportet repere ventriose atque ululare cum plebeiis atque adorare non solum solem fervidum sed etiam terram sordidam et non mentem et mores et rationem et trinitatem dei. Hi solitarii et monstra Hiberniae docent et scribunt non Latina in lingua sed theodisca in lingua, in admiratione fabularum obscenarum et impiarum, re vera docent animum obstinatum Spartaci, odium concitant hominum in regna imperii, exitant hominibus pulegem libertatis atque sui iudicii. Cara domina, nostra continua cura pro munditia doctrinae sacrae maledicunt avaritiam esse et aviditatem potestatis. Ob eas causas vehementer moneo hanc pestem statim esse delendam. Sursum corda!*

»Herrin, ich warne euch inständig. Dieses Menschlein hier ist einer von den Eigensinnigen und Eigenbrötlern, die behaupten, Religion sei keine Sache der Gelehrten, sondern der Proleten, das Priesteramt habe auf dem Bauch zu kriechen und mit dem Pöbel zu heulen und es sei die glühende Sonne anzubeten und ebenso die dreckige Erde und nicht etwa Geist und Moral und Vernunft und die Dreieinigkeit Gottes. Diese irischen Einsiedler und Monster reden und schreiben statt in lateinischer Sprache in der Sprache der Leute und in der Bewunderung obszöner und gottloser Geschichten, fürwahr, sie predigen die Aufsässigkeit des Spartakus, stiften Aufruhr gegen die Regierungen des Imperiums und setzen den Menschen den Floh der Freiheit ins Ohr, des selbständigen Urteilens. O teure Herrin, unsere stete Sorge um die Reinheit der heiligen Lehre, die verleumden sie als Habgier und als Machtgier, und aus all diesen Gründen rate ich dringend, diese übelstinkende Person sofort zu beseitigen. Empor die Herzen!«

Da schrien plötzlich fast alle im Hof. Seit Hildebrandt und Hagen gegeneinander kämpften, hatten die Menschen zur Empore hinaufgeschaut und sahen nun, wie der grauhaarige Hildebrandt, von Hagen verfolgt, unter krachenden Schlägen die breite Treppe hinabfloh, auch Waffenmeister Hildebrandt hielt sich seinen Schild in den Nakken und fing so die ärgsten Hiebe ab, aber er blutete, Hagen blieb auf halber Treppe stehen, ließ den Alten laufen. Unten fing man ihn auf, diesen unglücklichen Mann, der einst seinen eigenen Sohn hatte bekämpfen und töten müssen. Den *Hadubrandt*. Die Handschrift vom

»Hildebrandslied« ist eines der wenigen deutschsprachigen Zeugnisse aus »heidnischen« Zeiten, die der Vernichtung entgingen, durch Zufall, im 18. Jahrhundert entdeckte man sie im Deckel eines frommen Buchs in Fulda, als Einbandmaterial

Hilfreiche Leute legten den Verletzten auf eine Bahre, reinigten, salbten und verbanden dem treuen Dietrichdiener die Wunden, seine Bahre trug man vor Krimhild und Etzel, dorthin, wo auch ich noch immer am Boden hockte, zitternd in meiner Angst, daß man mich töten würde, so wie es der griechische Bischof verlangt hatte, und daß man mit meinem Leib, wenn er durchbohrt würde, auch die Geschichte zerfetzte, dort wo ich sie versteckt trug, an Bauch und Rücken als vielfache Haut.

Doch als nun Herr Hildebrandt herangetragen wurde, wurde ich nicht mehr beachtet, zum Glück auch von Herrn *Philagathos* nicht, nun wollte man hören, was Herrn Dietrichs verletzter Waffenmeister zu stammeln hatte, und ich bekam mit, wie er meldete, daß von Kaiser Dietrichs römischen Gardisten nunmehr außer zwei schwer Verwundeten niemand mehr am Leben sei. Nur er selber noch, der Alte. – Auch Irnfried ist tot. Dem stach Herr Hagen in den Hals, so tief, daß ich nicht weiß, ob Irnfried verblutete oder erstickte oder beides zugleich. Denn der Irnfried hatte den Giselher erschlagen. Ja, weh, ach, auch Giselher ist verreckt. Den hätten wir singen lassen sollen im Königssaal, statt ihn in grausige Kämpfe zu zerren. Im Totenhaus dort oben, da leben jetzt nur noch zwei. König Gunther. Und sein Waffenmeister, der Hagen von *Tronje*.

Plötzlich erscholl ein Ruf, und es öffnete sich eine Gasse. Kaiser Dietrich schritt heran, der Theoderich. Der mächtige, der kraftvolle Mann kam daher mit großer Entschlossenheit, der hatte sich in all diese blutigen Streitereien als neuer Beherrscher des alten westlichen Imperiums nicht *in persona* einmischen wollen, »in diesen Streit der Stämme«, wie er das nannte. Als er nun aber hörte, Rüdiger sei erschlagen und sein Hildebrandt verwundet, da kam er rasch heran und rief schon von weitem, nun sollten sich alle seine Getreuen wappnen, nun solle es den Mördern Siegfrieds und Ortliebs und Rüdigers ans Leben gehen. – *Amen! Amen! Amen!* rief Herr *Philagathos*, der gute Bischof. – Bei der heiligen Gottesmutter Maria, so sei es! Nun endlich naht der kaiserliche Segen.

Als dann aber der junge Imperator vor der Bahre seines Getreuen stand, da richtete sich der alte Kämpfer ein wenig auf und fragte seinen Herrn: Wer, bitte, soll sich jetzt wappnen?

Alle meine Leute! *Hoc fieri volo!* »Ich will, daß dies jetzt geschieht«

Ach, Herr, hier vor euch, auf dieser Bahre seht ihr »alle eure Getreuen«. Eure kaiserliche Kohorte hat viel Blut verloren, *paene ego etiam cecidi.* »Beinahe wäre auch ich gefallen« Ich bin der einzige, der halbwegs überlebte. *Daz bin ich alterseine* (Strophe 2318, Hs.B)

Da erschrak er, der große junge Mann, der Imperator. Und schritt in heftiger Erregung im Hof hin und her. Und hat dann gesagt: Ich armer Wanderkönig. Wahrlich, ich bin ein sehr hochgestellter Mann gewesen, ein mächtiger, ein reicher König. *Ich was ein künec here, vil gewaltec unde rîch* In den Kellern dieser Burg Esztergom wohnen gewiß tausend gefräßige Ratten. Wahrscheinlich zehntausend. Wäre ich der Kaiser dieser Ratten, dann hätte ich jetzt ein rattenkaiserliches Lustleben und müßte nicht Herr sein über die, die sich Europas Christen nennen.

Dann aber raffte er sich auf, nahm wieder eine herrscherliche Haltung an, wandte sich an seinen Waffenmeister und rief: Wer von den Verrückten dort oben ist noch am leben? – Gunther lebt noch und Hagen. – Da begann Dietrich, sich mit eigener Hand zu wappnen, fing an, sich die Schienen zu schnüren, den Panzer zu schließen, den Helm zu binden. Krimhild half ihm. Und dann ergriff Kaiser Theoderich sein berühmtes Schwert, von dem manche behaupten, Wieland, der gelähmte, der gefangene Stahlkünstler, der hätte das hergestellt (s. S. 71ff)

Als Waffenmeister Hildebrandt sah, was sein Herr begann, da wollte der aufstehen und wollte ihm beistehen. Das gelang ihm kaum, Herr Dietrich aber war sehr behende, offenbar in großer Eile. Und gut war zu beobachten, wie dem trefflichen und kräftigen Herrscher, als er sich gepanzert fühlte, der Mut wieder wuchs und wie aus dem Dietrich wieder der *Theodericus* wurde. Schwert und Schild hielt er mit großer Verwegenheit und sah nun hinauf und erkannte dort oben, über der blutigen Treppe, im Schatten der Mittagssonne, zwei Gestalten. Die standen neben dem Eingang zum Festsaal, die lehnten offenbar an der Wand. Und der Imperator erklärte zwischen gepreßten Zähnen: Diese beiden also, die haben meine Getreuen verstümmelt. Bis auf einen. *Et unus mei gratia nunc consurgit. Spero te me prosecuturum posse.* »Und dieser eine erhebt sich nun, mir zu Gefallen. Ich hoffe, du kannst mich begleiten«

Da nahm sich der alte Hildebrandt zusammen, erhob sich, griff sich seinen Schild, der sehr zerhauen aussah, und folgte hinkend dem königlichen Helden, humpelte hinter ihm her, bis unter die Treppe. Dort war sein kaiserlicher Herr stehengeblieben. Die Frauen und alten Leute hatten Platz gemacht und hörten nun, wie der Kaiser sich an die beiden Gestalten wandte, die dort an der Burgmauer lehnten, und wie er ihnen bittere Vorwürfe machte. Daß ihretwegen ein friedliches Fest in ein Blutbad verwandelt worden sei und daß sie und ihre Mannen alle seine Freunde erschlagen hätten, zuletzt Rüdiger und Irnfried.

Da antwortete Hagen: Auf diesem Fest, daß ihr »friedlich« nennt, behandelte man uns alles andere als friedlich. Und keineswegs als Freunde. Tausend Knappen, Hunderte Ritter hat man uns erschlagen. Zuerst unsere Wehrlosen, dann all die anderen, auch unseren Gernot. Zuletzt Dankwarth. Und unseren Sänger Giselher.

Rings herrschte atemlose Stille. Und dann hörte man König Gunthers Stimme. Die tönte nicht mehr beherzt, nicht mehr keck wie sonst, die klang nur noch müde. Zu Tode erschöpft. – Dietrich, sagte Gunther, beende du jetzt dies gräßliche Blutvergießen.

Das tu ich, rief der. Beenden wir das. Hagen, du bist die Ursache von allem.

Die Ursache ist ein uralter Motor.

Ich halte mich an keine uralten Geister, sondern an den ersten, der als Mensch mit einem Mord all dies Unheil ausgelöst hat. Und für diesen Mord haftest nun du. Komm her, ergib dich als Geisel! der römischen *iurisdictio!* »Gerichtsbarkeit« Für deren gerechte Ausübung habt ihr meine kaiserliche Garantie. König Gunther, befiehl deinem lieblosen Gefolgsmann, daß er jetzt ohne Waffen hier herunterkommt. Dann mag der Hunnenkönig urteilen, was mit ihm und mit dir geschieht.

Das kann nicht sein, rief Gunther. – Und noch einmal versuchte Burgunds König, sich hoch aufzurichten. Schon Giselher hatte an Gunther oft die hochgemute Haltung bewundert, die ihm freilich zuletzt, nach seiner Hochzeit mit Brünhild, nur selten gelang. – Geisel soll mein treuer Hagen sein? Oder wir beiden sogar? Wir sind zwar erschöpft, aber immer noch wehrhaft! nach wie vor unbezwungen!

Ich gebe dir hier vor aller Augen und Ohren mein Wort, daß, wenn du mir deinen Hagen auslieferst, daß ich dann zusammen mit dir, mit dem König der Burgunder, in dein Rheinland reite. Daß ich dich sicher heimbringen werde nach Worms. Hagen aber bleibt hier. Untersteht dem römischen Urteil des hunnischen Königs.

Welch eine *iustitia* und *iurisdictio* soll das werden! Eine, die mir meinen treuesten Diener nimmt? Wie kann Gerechtigkeit walten an einem Ort, an dem mir tausend rheinländische Knechte gemordet wurden. Und nun auch meine Brüder. Und alle meine liebsten Freunde. Der König der Hunnen, der kann unmöglich gerechte Urteile fällen, der ist bis obenhin gefüllt mit Krimhilds Rachegedanken. Nein, wir beiden hier lassen uns weder gefangennehmen noch abtransportieren. Noch lassen wir uns trennen. Ein eisernes Band verbindet mich mit diesem Heermeister. Ein Band, das vor sieben Jahren mein Vater geknüpft hat, der König Gundomar, mit Schwur und Eid. Dies Band ist unlösbar.

Dann hörten wir wieder Hagens Stimme. Sehr ruhig klang sie, leise, ebenfalls todmüde. – Ich weiß, viele halten die Treue, von der mein König redet, für Zwang und Dummheit. Doch bis auf den heutigen Tag hat das Band, von dem Gunther spricht, Burgund vor hundert Kalamitäten bewahrt, ja, vor dem Untergang. Wer immer uns trennen will, tut dies über meine Leiche. Hier, Herr Dietrich, in meiner Hand seht ihr ein Schwert, das Frau Krimhild nicht ohne Grund für *Balmunk* hielt. Kommt, probiert seine Schärfe. Kommt her, kommt hier herauf, stolpert und rutscht aber nicht auf der Treppe so wie euer Streitgenosse Hildebrandt.

Da stürmte Dietrich hinauf und stolperte nicht und rutschte auch nicht aus, sondern dann focht auch er, dann lärmte und prasselte ein letztes Mal Kampfgetümmel. Dietrich, der rasche und starke, der gut ausgeruhte Mann, der hatte leichtes Spiel mit den beiden erschöpften Burgundern, im Nu versetzte er dem verwundeten Hagen eine neue tiefe und schmerzhafte Verletzung, und die schwachen Kräfte, mit denen der alte Hildebrandt Herrn Gunther zusetzte, schon die reichten aus, um den burgundischen König von Herrn Dietrich abzulenken, so daß Kaiser Theoderich den Wormser Waffenmeister mit den Händen packen konnte, ja, die Hände zwang Theoderich dem Hagen auf den Rücken und ließ ihn von Etzels Leuten fesseln und die Treppe hinabstoßen und unten über den Hof zu Krimhild hinführen und zu Etzel.

Auf der Terrasse gerieten dann die zwei Könige gegeneinander. Und während nun Herr Dietrich den Gunther bedrängte, ließ unten im Hof Krimhild ihren alten Widersacher Hagen zu Boden werfen.

Keiner, rief sie, hat jemals so sehr betrogen und hintergangen wie dieser. Dieser Entsetzliche. Der das Band rühmt, mit dem er Gundomars Kinder gefesselt hat. Gundomars Tochter galt ihm nichts. So wie alle Frauen im herrlichen Imperium nur Minusmenschen sind. Dieses Monster hier, dieser Räuber, dieser Mörder, er nahm mir alles, den Freund, den Hort und zuletzt den Namen. *Quamquam animus infamis est* »trotz seiner infamen Gesinnung« will ich ihm sein lügnerisches Leben lassen, wenn er mir wenigstens den Hort zurückgibt, den Hort meines Nibelungen. Wenn er mir mitteilt, wo er ihn verborgen hat. Antworte!

Ach, Frau Königin, rasende Krimhilde. Erstens weiß ich, daß du mich auch dann töten lassen wirst, wenn ich dir verriete, wo der Hort ist. Zweitens weiß ich, daß ich geschworen habe, niemandem zu sagen, wo ich ihn verbarg. Diesen größten und schönsten Schatz, den es je gab, *Nidgirs* sagenhafte Kostbarkeiten. Nie, so lautete einst mein Schwur, darf ich dies Geheimnis verraten, solange noch einer von Gundomars Söhnen lebt. Von dort oben aber hört jeder deutlich, daß Gundomars ältester Sohn weiterhin lebendig ist.

Eben jetzt jedoch drang Dietrich immer härter auf König Gunther ein und eben jetzt flog dem Burgunderkönig das Schwert aus der Hand, flog von einem kräftigen Hieb des Theoderich in hohem Bogen davon, landete klirrend auf den Treppenstufen und rutschte und glitschte, die Spitze voran, in den Hof der Etzelburg. Als Gunther noch erschrocken seiner Waffe nachblickte, hat Herr Dietrich auch ihn gepackt, hat ihn niedergeworfen und hat ihn fesseln lassen wie Hagen. Und führte nun auch den Burgunderkönig zu der Stelle im Hof, wo Etzel und Krimhild vor dem gefesselten Hagen standen.

Willkommen, »Wirrkönig«. – Krimhild betrachtete ihren Bruder mit Bitterkeit. – Aus hundert Nöten half dir der Nibelunge. Statt ihn zu bewundern und zu ehren, hast du ihn von diesem Scheusal erschlagen lassen.

Da ließ Gunther sich neben seinem Heermeister auf den Boden nieder und sagte: Den Rat, ihn zu erschlagen, gab der Bischof. Wahr ist, wir alle waren und sind gelähmt. Von einem dreifachen Fluch. Erstens von dem des Juden. Der noch in *Nidgirs* Tatzen jeden Hortbesitzer verwünschte. Zweitens vom Mordfluch der Brünhild, den sie im Sterben ausstieß über das Reich am Rhein. Und drittens sind wir gelähmt von der neuen GeistesKirche.

Du aber, rief Krimhild, bist nicht nur dreifach gelähmt, sondern bist verflucht bis in alle *funf fingirin!* – So rief sie, und es schien, als blitzte jetzt in ihren Augen das irre Licht derjenigen, die sie doch nie hatte sein wollen, der Zorn der »Grimmkämpferin«, der Gundomartochter *Grimhildis*. – Denn über allem, so rief sie, lähmt dich seit je die Fessel, die dich an diesen üblen *Tronje* kettet. Und zum fünften, elender Bruder, verflucht dich nun deine Schwester!

Und da Kaiser Dietrich in diesem Moment Gunthers Schwert dem Hunnenkönig hatte überreichen wollen, das Schwert des besiegten Gegners, den Griff voraus, und als da Etzel nur einen winzigen Augenblick zögerte, da hat die junge Frau diesen Schwertgriff gepackt, hat die Waffe hoch über ihren schönen Kopf gehoben und hat mit ungeheurer Verzweifeltheit dem gefesselten Bruder den Kopf abgehauen.

Die das sahen, die schrien und sprangen zurück vor der Rasenden, Blut spritzte, und der Kopf, der so viele und schöne Gedankenreisen geträumt hatte, der schlug auf das Hofpflaster, aber Krimhild packte ihn bei den Haaren, hob das blutende Haupt ihres Bruders und hielt es dem gefesselten Hagen von *Tronje* dicht vors Gesicht. – Nun mußt du keinem deiner Monsterschwüre mehr gehorchen!

Da sagte der Waffenmeister, mit ruhigem und müdem Ton: Nun, Grimmkämpferin *Grimhildis*, hast du alles zu Ende gebracht. Dein Fest ist nun so, wie du's gewollt hast. Und wie es die Donau-Nornen vorauswußten. Bis auf den Pfaffen und bis auf mich sind nun alle aus Worms tot, auch alle deine Brüder. Und den Ort, an dem der Hort liegt und kriecht und wurmt bis hin an den jüngsten Tag, den kennt nun außer mir, außer dem Neffen des Alberich, keiner.

Da wechselte die Schöne ihre Gesichtsfarbe, stieß gellende Schreie aus. – *Wewurt!* Wenn nicht der Hort, dann gehört mir wenigstens der Drache! – Schleuderte dem *Tronje* den GuntherKopf in den Schoß und schlug auch dem Waffenmeister den Gneisschädel weg.

Viele schrien, König Etzel taumelte und rief, in fassungslosem Schrecken, Dietrich solle das Reich schützen. – Wahn! Frauenwahn! Männerwahn! schrie die Frau.

Da wankte der verletzte alte Waffenmeister Hildebrandt auf die Frau zu, und was half es ihr, daß sie seinen Blick und seinen Zorn sofort durchschaute, was half es ihr, daß sie so irrsinnig schrie *daz si sô groezlîchen schrê* – der Dienstmann Hildebrandt, der hieb sie nieder, der zerspaltete die Schöne vor aller Augen, der zerstückelte sie in sehr viele blutspritzende Teile.

Das mochte der byzantinische Geistliche *Philagathos* noch so sehr gutheißen und segnen als heilige Gerechtigkeit, ach, so laut und so inbrünstig er das auch tat, niemand beachtete ihn.

Alles Glanzvolle, alles Leben war erloschen. Die prunkvolle Königshalle stand verbrannt. Stand als blutigschwarzes Skelett. König Etzels siebenwöchiges Fest war beendet. Endete in unstillbarem, in unbeschreiblichem Jammer.

Hier erst hat die Geschichte ihr Ende. Die Geschichte vom Untergang des Nibelungen. Siegfrieds und Krimhilds Chronik. Ich aber will nun erfüllen, was ich dem armen jüngsten Sohn der Ute versprochen habe. Ich werde nun all das, was ich weiß und was ich gesehen und gehört und aufgeschrieben habe, verbessern und in Sicherheit bringen. *Historiam conservabo contra inquisitores atque examinatores* »Ich werde die Geschichte retten vor den Häschern und Kontrolleuren«, vor denen aus WestRom wie vor denen aus OstRom, vor jeder Paradies-Priesterschaft.

Serva Religionem Vitae Sanctae

»Rette die Ehrfurcht vor dem heiligen Leben«

Was half es Frau *Grimhildis*, daß sie so gewaltig schrie. Seit der Ermordung ihres Nibelungen steht zwar nicht mehr *Orion* am Winterhimmel, sondern dort leuchtet seitdem riesenhaft die friedlich nährende Kuh. Doch schon in Gran hat niemand mehr »siegfrieden« können. Auf Burg Gran war es, als hätte sich der himmelhohe Schoß der gewaltigen *Gaia* entzweigespalten, um blutiges Unwetter zu erbrechen, all das Gräßliche, was je an Feuerlava in Menschenleibern lauerte. Als raste abermals der Moloch, der alles fressende Leviathan, als stürzten vom Weltgebäude herab Göttertrümmer in unsere Köpfe und zerstückelten uns und wäre am Ende ausgerechnet ich derjenige gewesen, der ohne Verletzung davon gekommen sein sollte, ach, ich armer Ire.

Dem Blutpfuhl von Esztergom entkam ich, auf meinem *asinus Äsop* ritt ich über Seitenwege durchs sommerliche Land, kam als Pilger unbehelligt über die Donau bis nach Bechelaren, von dort nach Regensburg, und nach zwei Monaten endlich nach Worms. Unterwegs glitzerte die sommerliche Welt, ach, die leuchtete, als wäre nicht in Wirklichkeit alles verschlungen vom klaffenden Irrsinn. Grün und purpurn und in den goldenen Farben des Korns strahlten die prächtigen Lande und waren doch ein Tollhaus und ein Totenhaus. Ein Schlachthof, genannt Europa.

Unterwegs wiederholte ich mir immer nochmal, im Trabtakt meines Eselschens, die lateinische Verwünschungslitanei des Bischofs *Philagathos*. Die wüsten Ermahnungen des Bischofs an die Herrschenden, an König Etzel und an Königin Krimhild. Warum ich sie mir wieder und wieder aufsagte? Mir scheint, alle Urteile dieses Herrn »Gutmensch« werden von nun an für tausend Jahre in Geltung sein, wahrscheinlich für zweimal tausend Jahre, werden feststehen als Wahrheiten. *Asinus Äsop* jedenfalls nickte zu all diesen schrecklichen Sentenzen, nickte und bejahte stumm, ach, mein weiser *Äsop* wird wohl auch diesmal recht behalten. Um des Herrn *Philagathos* zerschneidenden Urteile wieder zu verdrängen, sprach ich mir schließlich laut vor und murmelte es immer wieder, was als letzten Wunsch der Xantener dem Schreiber gesagt hat. »Triff sie, die Lügner.«

Erst im letzten Sommermonat war ich wieder in Worms, ging in Ladenburg zur Sippe des Volker, und danach ritt ich endlich wieder hinauf in den Wasgenwald, wo sieben treue Schüler inzwischen die große erste Hälfte der Geschichte abgeschrieben und wo der intelligenteste unter ihnen, der Bayer *Arminius de Campo Lato*, die Geschichte von Siegfrieds Ermordung vollkommen ins Lateinische übertragen hatte. Hier formuliert Schazman seine Vermutung, daß diese in Kilians Einsiedelei erstellten Dokumente zu jenen »heidnischen« Schriften gehörten, die im 9. Jahrhundert unter Kaiser Ludwig (»dem Frommen«) verbrannt wurden (s. S. 8 und S. 147). Während also die deutschsprachigen Abschriften damals in die erste deutsche Bücherverbrennung gerieten, hat die lateinische Fassung offenbar überdauert, in den Beständen des Bischofs von Passau, wo sie um 1200 zur Vorlage wurde für die klösterlichen Versionen des mittelhochdeutschen »Nibelungenlieds«

Den Schülern schärfte ich ein, ihre Exemplare gut zu hüten. Sie aber begehrten nun meinen Bericht über das blutige Fest auf der Granburg und wollten auch dies sofort sorgfältig abschreiben, ja, und der junge Bayer begann, auch diesen Kampfkrampf und Furor der sogenannten Christen in die Sprache der Gelehrten zu übersetzen, obwohl er meinte, sein gutherziger Bischof in Passau, der werde das im geheimen zwar lesen, dürfte aber darüber kaum glücklich werden, sondern werde dies Dokument, falls er es nicht sofort vernichte, verbergen *in sua capsa librorum veneficorum.* »In seinem Giftschrank«

Im Jahr danach reiste ich mit meiner keltischen Fassung über die Flüsse des Frankenlands hinab an die nördliche See und kam über das Meer glücklich zurück in mein Irland, dorthin, wo in Europas Wildheiten und unliterarischen Wüsten die schönsten Oasen der Schreibkunst blühen. Ja, *macte virtute* »wunderbare Tat«, gelungen ist es mir, allen Kontrolleuren zu entkommen nach *Kilmacduagh* und die Chronik dort im Keltischen zu sichern. Schazman: *At Kilmacduagh, County Galway, a church was founded in the late 5th century by St. Colman MacDuagh* (vgl. S. 9) *Quod scripsi scripsi.* »Was ich geschrieben habe, habe ich geschrieben«, so antwortete Roms Statthalter *Pontius Pilatus* den Priestern, als sie wollten, daß er die Inschrift über dem Kreuz Jesu verändern sollte.

Nun aber übe ich mich in Demut und achte die sieben Sätze Sieglinds, wonach alles Übel von dort ausgeht, wo der Mensch sich dem Menschen aufzwingt, nicht nur mit blutiger Gewalt, sondern auch mit Göttern, mit zertrennenden Wahrheiten und mit jederlei Imperien. Weh, die Herren dieser Welt werden immer weniger demütig. *Heu, qui carmina quondam studio florente bonaque spe peregi, heu, flebilis maestos cogor inire modos.* »Ach, der ich vormals Gesänge in blühendem Eifer und voll guter Hoffnungen vollendet, wehe, wie drängt das Geschick mir traurige Weisen auf«

Von nun an, so scheint es, ist die Welt in der Gewalt der Höllenverwalter und Angstbeamten, die den ewigen Lebenswirrwarr verachten, ja, verteufeln. So wie der Nibelunge es voraussah und auch, ach, mein armer Giselher, so verleugnen sie im Grunde alles Lebendige und mißbrauchen und plündern es, weil sie es insgeheim für unheilig halten. Weh, ein solches Denken wird unsere Welt verwandeln in Staub und in Asche. *Pulvis et umbra restabunt.* »Übrigbleiben werden Staub und Asche«

Materiam inspiratam inspirantem, Gottes wunderbar gemischte Schöpfung ist in den Augen der neuen Herren Niederland, geistlose Vorhölle, die wir von uns wegstoßen sollen, die wir ausplündern dürfen und die wir in der Tat verwüsten werden, unser unfaßlich schönes, unser rätselhaftes Weltgebilde. *Et pressus gravibus collum catenis declivemque gerens pondere vultum – heu, cogor cernere terrores terrae!* »Und im Nacken der Druck engender Ketten, zwingt die wuchtende Last mir den Blick hernieder – wehe, all dies nun wahrnehmen zu müssen, die Schrecknisse der Welt«

Wo nur blieb in dieser Zerschnittenheit in Geist und Materie das Wunderbare des unendlichen Mischens, des Schwebens, der Fehler und der Neugier und der Listigkeiten und des Spielens und des Lachens und des Fragens – wohin nur ist er geflogen, Siegfrieds lachender JesusLeib. Nach Irland?

Die Welt stand an einem Scheideweg. Die Entscheidung ist gefallen. Und sie fiel, von Grund auf, gegen die Welt. Weh über den einäugigen, über den wotanischen Weltbesitzblick.

Mir hier, am Rand Europas, bleibt immerhin eins, *qua speculum mundi* »als Spiegel der Welt« die gerettete Chronik. Und die Hoffnung auf dereinst bessere Zeiten. Und die Erinnerung an Menschen, die ebenso hellsichtig waren wie weltverschlungen oder auch schauderhaft. Und als Gebet bleibt mir neben dem *in dubio pro deo*, was der Erleuchtete von Apulien betete, noch bevor die Leidensreligion als neues Imperium errichtet wurde. Gemeint ist wahrscheinlich, obwohl Kilian hier nicht lateinisch zitiert, der Dichter *Lucius Apuleius* (ca. 125 bis 180 nach westl. Zeitrechnung)

Erbarme dich, Allmutter,
Beherrscherin der Elemente,
Erstgeborene der Zeiten,
Königin aller Kräfte
und sämtlicher göttlicher Möglichkeiten

Du Unerschaffene und Unabschaffbare, die du immer gewesen sein wirst, Urkraft, aus deren Feuer und Wasser die Sonne wurde und die Sterne und die Welt, ich flehe dich an –

UNIVERSITAS RERUM DIVINARUM, SERVA HOMINI SINGULAE VITAE SANCTAE RELIGIONEM ET HUIUS ORBIS MIRIFICI TERRARUM!

»Gesamtheit der göttlichen Dinge, rette dem Menschen die Ehrfurcht vor dem einmaligen, vor dem heiligen Leben und vor dieser wunderbaren Welt«

Kilmacduagh in Hibernia, Nonis Februariis
»in Irland, am 5. Februar« (vermutlich 489)

John J. B. Schazman: An meine Leser 6
Kilian Hilarus: Gib uns Aufklärung 9
Erstes Buch: Von den Anfängen 13
Zweites Buch: Folgenreiche Arbeit 143
Drittes Buch: Die Blitze zerbrechen 315
Viertes Buch: Doppelhochzeit 441
Fünftes Buch: Der Mord an Siegfried 581
Sechstes Buch: Der ewig unerkennbaren Göttin 727
Kilian Hilarus: Ehrfurcht vor dem Leben 883

Klett-Cotta

Stuttgart 2002

Printed in Germany
Schutzumschlag: Klett-Cotta-Design
Max Beckmann, Geschwister (Ausschnitt) 1933

Gesetzt aus der 10 Punkt Janson von Dörlemann Satz, Lemförde
Auf säure- und holzfreiem Werkdruckpapier gedruckt
und gebunden von Kösel, Kempten
ISBN 3-608-93548-7

d anfang von z

ebel bildeten

chen nebel nif

ohnt die uner

e immer gewe

nderer weise,

egehrt, das tri

nander ersch

d zeugt die un

rgund und b

s götter gelt